MATCHING SUPPLY with DEMAND

An Introduction to Operations Management

생산·서비스 운영관리

수요과 공급의 균형

4th Edition

생산·서비스 운영관리

수요과 공급의 균형

장병윤 · 정욱 · 황승준 · 이진표 · 이세원 공역

Gérard Cachon | Christian Terwiesch

MATCHING SUPPLY with DEMAND

An Introduction to Operations Management

Matching Supply with Demand, 9th Edition

1 2 3 4 5 6 7 8 9 10 JP 20 20

Original: Matching Supply with Demand, 4th Edition © 2020
By Gerard Cachon, Christian Terwiesch
ISBN 978-0-07-809665-5

This authorized Korean translation edition is jointly published by McGraw-Hill Education Korea, Ltd. and Jiphil Media. This edition is authorized for sale in the Republic of Korea

This book is exclusively distributed by Jiphil Media.

When ordering this title, please use ISBN 979-11-86674-66-6

Printed in Korea

MATCHING SUPPLY with DEMAND
An Introduction to Operations Management

생산·서비스 운영관리 4th Edition

수요과 공급의 균형

지은이 Gérard Cachon, Christian Terwiesch
옮긴이 장병윤, 정욱, 황승준, 이진표, 이세원
발행처 (주)지필미디어
주 소 경기도 파주시 문발로 132 402호
전 화 031) 957-4504
팩 스 031) 957-4503
이메일 book@jiphil.co.kr
홈페이지 www.jiphil.co.kr
발행인 김성남
발행일 2020년 2월 28일 초판 인쇄
등록번호 제 312-1997-000043호(1997년 7월 16일)
ISBN 979-11-86674-66-6 93320

가 격 36,000원

저자 소개

제라드 까숑(Gérard Cachon) 현재 펜실베이니아대학교의 와튼 스쿨에서 Operations and Information Management의 Fred R. Sullivan Professor로 재직하고 있으며 운영관리에 관한 학부, MBA 그리고 PhD 과정의 다양한 과목들을 가르치고 있다. 특히, 새로운 기술이 운영관리를 통해서 어떻게 기업의 경쟁력을 향상시키고 변화시키는지에 대한 내용을 가르치고 있다. 그는 과거 Manufacturing and Service Operations Society의 회장을 역임하였고 현재는 Distinguished Fellow이기도 하다. 그의 논문은 Havard Business Review, Management Science, Marketing Science, Manufacturing & Service Operations Management 그리고 Operations Research등에 게재되었다. 그는 또한 4R System, Ahold, Americold, Campbell Soup, Gulfstream Aerospace, IBM, Medtronic 그리고 O'Neil사와 같이 다양한 기업들을 대상으로 컨설팅을 해왔다.

2000년 7월 와튼 스쿨에 오기 전에, 까숑 교수는 듀크대학교의 푸쿠아경영대학원에서 교수로 재직하였고 그는 1995년에 와튼 스쿨에서 박사 학위를 취득하였다.

그는 자연 친화적인 교통수단인 자전거의 열렬한 애호가이며, 현재 부인과 4명의 자녀들과 하이킹, 스키, 낚시, 스노클링 그리고 다이빙 등을 즐기면 살고 있다.

크리스찬 터위쉬(Christian Terwiesch) 현재 펜실베이니아대학교의 와튼 스쿨에서 Andrew M.Heller Professor로 재직하고 있다. 그는 또한 와튼 스쿨에서 Operations and Information Management의 교수이기도 하며 동시에 Health Economics의 Leonard Davis Institute의 Senior Fellow이기도 하다. 운영관리, R&D 그리고 혁신 관리에 대한 그의 논문은 Management Science, Operations Research, Marketing Science 그리고 Organization Science와 같은 주요 저널에 게재되어 있다. 그는 와튼 스쿨의 다양한 강의에서 많은 우수강의상을 수상하기도 하였다.

터위쉬 교수는 BMW를 위한 동시 공학, Intel과 Medtronic을 위한 공급망 관리 그리고 Dell을 위한 제품 주문제작에 관한 다양한 연구 과제에 대해서 컨설팅을 해왔다.

현재 그의 연구는 대부분 의료와 혁신 관리에 집중되어 있다. 의료 분야에서의 터위쉬 교수의 최근 연구과제들은 캘리포니아대학교와 Penn Medicine에서의 심장 수술 절차를 위한 자원 배분 분석, Penn Medicine에서의 붐비는 응급실이 병원의 수용능력과 수익에 미치는 영향 그리고 필라델피아에 있는 소아병원의 집중치료실의 사용에 관한 것들이다. 혁신 분야에서의 그의 연구 과제를 살펴보면 Merck사의 임상 개발 포트폴리오 관리, 개방형 혁신 시스템의 개발 그리고 Veterans Administration Hospital System에서 환자 중심의 보살핌 프로세스(care process)의 설계와 같은 것이 있다.

터위쉬 교수의 최근 책인 《Innovation Tournaments》는 혁신 관리에 프로세스 기반의 새로운 접근법에 대해 설명하고 있다. 이 책은 BusinessWeek, Financial Times 그리고 Sloan Management Review에서 찬사를 받았다.

감사의 글

현재도 진행 중인 본 교재의 집필 작업에 여러 형태로 도움을 주신 많은 분들에게 감사의 말을 전하고자 한다.

초기 버전 교재로 수업을 진행하면서 오는 여러 어려움에도 잘 따라와 주었던 2004년 Wharton MBA 과정 학생들과 본 교재의 역사는 본격적으로 시작이 되었다. 우리와 많은 견해를 공유해준 모든 학생들을 언급하기 보다는 핵심 그룹으로 참여하였던 학생들의 이름을 언급하고자 한다: Gregory Ames, Maria Herrada-Flores, Justin Knowles, Karissa Kruse, SndeepNaik, Jeremy Stackowitz, Charlotte Walsh, and Thomas(TJ) Zerr. 2005년 MBA 과정 학생들은 좀 더 나아진 교재를 사용하게 되었으나 그럼에도 불구하고 좀 더 발전을 위해많은 제안을 해주었으며 남아있는 오자와 오류들을 지적해 주었다. 그 이후로도 Wharton에 재학하였던 학부 과정 학생들, MBA 과정 학생들로 부터 지속적인 피드백을 제공 받아 왔다. Wharton 재학생들뿐만 아니라 Texas A&M, University of Toronto 그리고 INSEAD 재학생들로부터도 의미 있는 피드백을 제공 받아 왔다.

학생들에게 뿐만 아니라 동료 교수들에게도 감사의 말을 전하고자 한다. NarenAgrawal, Krishna Anand, Omar Besnes, Morris Cohen, Marchall Fisher, Richard Lai, Chris Lee, PranabMajumder, SergueiNetessine, Kathy Pearson, Taylor Randall, Nicolas Reinecke, Daniel Snow, tephanSpinler, Anita Tucker, Karl Ulrich, SenthilVeeraraghavan, 그리고 Yu-Sheng Zheng. 교육적인 면에서의 충고와 질적인 면에서의 검수뿐만 아니라, 자신들이 가지고 있던 현실적은 문제들도 공유해 주었다.

본 교재는 운영관리 분야에서의 최초의 교재도 아니고 마지막 교재가 되지도 않을 것이다. 희망컨대 본 교재가 기존 교재들의 장점들을 잘 정리하여 포함시켰기를 바라고 또한 우리만이 가지고 있는 혁신적이 것들이 독자들에게 잘 전달되기를 바란다. Anupindi et al.의 책과 Harrison과 Loch의 책은 본 교재의 2장에서 8장까지 다루고 있는 프로세스 관점에 대한 내용을 정리하는데 많은 도움을 주었다. Chase와 Aquilano의 책은 본 교재 10장의 내용을 정리하는데 도움을 주었다. 본 교재의 내용을 크게 해치지 않는 한도에서 가능하면 출처에서 사용되었던 정의의 용어는 그대로 사용하도록 노력 하였다.

또한 여러 대학교들의 교수들에게도 직간접적으로 도움을 받아왔다. 콜롬비아대학교의 Garrett van Ryzin와 인시아드대학교의 Xavier de Groote의 재고관리 관련 노트는 본 교재 2장과 14장을 정리하는데 영향을 주었고 Warton의 Serguei Netessine과 다트머스대학교의 Rob Shumsky의 수익관리 관련 노트는 본 교재 16장의 시작점이 되기도 하였다. 노스웨스턴대학교의 Martin Larviere, 스탠퍼드대학교의 Michael Harrison, 그리고 인시아드의 Christoph Loch에 의해 작성된 프로세스 분석, 대기행렬 그리고 재고 관련 노트는 본 교재의 여러 장들을 정리하는데 많은 영향을 주었다. 연습 문제를 만드는데 천부적인 재능을 가진 Marin은 친절하게도 우리와 많은 연습문제를 기꺼이 공유해 주었다.

듀케인대학교의 Mattew Drake는 교재와 연습문제 해답에 대한 세밀한 검수 뿐만 이 아니라 귀중한 피드백도 제공해 준 것에 감사의 말을 전하고자 한다.

용감하게도 실제적으로 교재의 전체 내용을 읽고 세심한 논평을 준 사람들도 있었다. 이들은 Bernard M. Baruch대학의 Leslie M. Bobb, 웨스턴미시건대학교의 SimeCurkovic, 인디애나대학교의 Scott Dobos, 이스트테네시주립대학의 Ricki Ann Kaplan 그리고 텍사스대학교의 KathyStecke이 포함된다.

박사 과정 학생들인 Karan Girotra, Diwas KC, Marcelo Olivares, Fuqiang Zhang, RuchikaLal, 그리고 Bernd Terwiesch는 지루한 작업인 교재의 내용 확인에 자발적으로 동참해 주었다. Robert Batt, Santiago Gallino, Antonio Moreno, Greg Newbecker, Michael Van Pelt, 그리고 Bethany Schwartz는 데이터를 모으고 분석하는데 도움을 주었고 우리가 할 수 있는 것보다 빠르게 연습문제들을 풀 수 있었다. 본 교재는 이들의 도움으로 보다 깔끔해 질 수 있었다.

본 교재의 중심 개념을 설명하기 위해서 사용된 사례와 문제들은 여러 기업들과의 폭넓은 협업을 반영하는데 여기에 도움을 준 기업들로는 필라델피아에 있는 University of Pennsylvania Hospital System, 트리니다드에 있는 Circored 공장, 뉴햄프셔에 있는 Xootr 공장, 위스콘신에 있는 An-ser 콜센터, 캘리포니아에 있는 O'Neill의 운영관리 부서 그리고 미네소타에 있는 Medtronic의 공급망 관리 부서를 들 수 있다. 우리는 위

기업의 관리 책임자들과의 지속적인 만남으로 많은 도움을 받았다. 현실 세계에서 실제적으로 공급과 수요의 균형을 맞추는 것이 임무인 위 기업의 책임자들에게 자신들의 지식을 공유하고, 우리의 생각에 경청해 주고, 우리가 제안한 모형들에 여러 제안을 해준 것에 감사의 말을 전하고자 한다. 특히 Interventional Radiology의 Jeff Salomon과 그의 팀, Xootr의 Karl Ulrich, An-ser의 Allan Fromm, O'Neil의 Cherry Chu와 John Pope, 그리고 Medtronic의 Frederic Marie와 John Grossman에게 감사의 말을 전한다. Allan Fromm은 콜센터 회사의 CEO로 재직하면서 얻게 된 서비스 운영 관리에 대한 폭넓은 지식을 우리와 기꺼이 공유하고자 하였을 뿐만 아니라 본 교재의 전체 내용에 대한 교정도 해주었으며 연습문제 하나 하나에 대한 꼼꼼한 검토를 잊지 않았기에 특히 감사의 말을 전하고자 한다. 또한 McKinsey 운영 관리 부서와 Stephen Doig, John Drew, 그리고 Nicolas Reinecke은 린 관리와 Toyota 생산 시스템에 대한 그들이 실제 경험한 것들을 공유해 준 것에 감사의 말을 전하고자 한다.

시작 아이디어에서부터 표지 디자인을 포함한 마지막 세심한 디자인 과정까지 본 교재에 대하여 전반적으로 관여해 준 우리의 친구이자 동료이며 싸이클링 파트너인 Karl Ulrich에게 특별히 감사의 말을 전하고자 한다.

교재의 내용을 업데이트 할 때마다 우리는 McGraw Hill의 훌륭한 팀원들인 Scott Isenberg, Cynthia Douglas, Collin Kelly, KarthrynMikulic, Dick Hercher, Danielle Andries, 그리고 Erin Melloy로부터 많은 도움을 받아왔다.

마지막으로 교재 검수를 원하지는 않았겠지만 가족의 의무라고 생각하며 기꺼이 밝은 미소로 도움을 주었던 가족에게 감사의 말을 전하고 이만 줄이고자 한다.

제라드 까숑, 크리스찬 터위쉬

저자 서문

본 교재에서는 기본적인 생산 · 서비스 운영관리(이후 운영관리) 과목에서 필수적인 부분들을 다루고 있다. 본 교재는 운영관리에 대한 기초적인 과목을 수강하는 신입생부터, MBA 학생 그리고 심지어 PhD 학생들까지의 다양한 학생들을 상대로 성공적으로 사용되었다.

본 교재를 개발하는데 기본 원칙은 '현실적으로 적용 가능한 운영관리 그리고 현실적으로 적용 가능한 솔루션'이었다. '현실적으로 적용 가능한 운영관리'란 본 교재의 각 장에 쓰여진 내용이 실제 현장에서 논의되고 있는 문제들을 특정 회사의 관점에서 다루고 있다는 것을 의미한다. 이는 회사들과 제품들이 숫자와 공식들 보다 기억하기 쉽기 때문이다. 본 교재에서는 크고 작은 회사들, 서비스 회사, 제조 회사 그리고 소매업을 하는 회사 등등 다양한 회사들을 언급하고 있다. 완전히 모든 분야를 망라하지는 못하였지만, 이는 현실적으로 발생하는 운영관리에 연관된 문제들에 대한 큰 그림을 보여주는데 무리는 없을 것이라 생각한다.

'현실적으로 적용 가능한 솔루션'이라 함은 학생들에게 지적 연습을 위한 수학적인 훈련을 위한 공식들과 모형들을 의미하는 게 아니다. 학문적으로 엄격한 기준을 적용한다고 해도 전문적인 교육이라 함은 학생들로 하여금 적어도 실제적으로 적용할 수 있는 툴(tool)과 전략들을 습득하도록 해야 한다고 본다. 그래서 본 교재에서는 이를 시작부터 끝까지 현실적으로 경험하게 되는 운영 환경 하에서 다양한 모형들을 어떻게 적용할 것인가를 단계적으로 설명함으로써 달성하고자 하였다. 예를 들어 본 교재에서는 수요 예측 또는 비용 관련 계수등과 같은 정보는 주어져 있다고 가정하지 않고 실제적으로 이러한 정보를 어떻게 구하는지를 설명하고 있다. 뿐만 아니라 본 교재에서는 각 모형/전략을 적용할 경우에 발생하는 어려운 점들을 독자들에게 열어둠으로써 '고무를 바닥에 던졌을 때'와 같이 무슨 일이 벌어지는지를 독자 스스로 깨닫도록 하였 다.

'현실적으로 적용 가능한 운영관리 그리고 현실적으로 적용 가능한 솔루션'을 잘 전달하기 위해서 본 교재에서는 '굉장히 간단한'이라는 모토에 집중하였다. 하지만 이 모토가 분석적인 엄격함을 배제하고 시시한 말들로 가득 채웠다는 것을 의미하지는 않으니 걱정하지 않아도 된다. 오히려 반대로 '굉장히 간단한'이라는 것은 적어도 본 교재의 저자인 우리들에게는 엄격한 분석이기는 하지만 배우기는 쉬운 개념을 의미한다. 이는 운영관리 관련 교재들에게는 매우 결정적인 부분이다. 우리의 목표는 학생들을 비즈니스의 리더로 만드는 것이지 기술자로 만들고자 하는 것이 아니다. 실제적으로 학생들이 체계적으로 모형에 대한 기반을 빠른 시간 안에 체득하여 좀 더 큰 그림을 그릴 수 있도록 하는 것이다. 즉, 학생들로 하여금 어떠한 식으로 운영이라는 것이 변형되어 조직 또는 회사에게 지속적인 경쟁력이라는 이점 또는 우수한 고객 서비스를 제공 하도록 하는지를 배우도록 하는 것이다. 세세한 부분, 공식들 그리고 분석에 빠져 있는 학생들은 미래의 커리어에 도움이 되는 가치 있는 통찰력을 체득하지 못한다.

그럼 어떻게 '굉장히 단순한'이라는 것을 달성할 수 있을까? 우선 우리는 모든 학생들이 공학이나 수학적인 배경을 가지고 본 교재의 내용을 보게 되지는 않는다는 것을 인식하였다. 그래서 우리는 최대한 수학적인 기호의 배제, 현실적인 사례의 제공 그리고 일관된 용어와 표현을 사용하고자 노력하였다. 예를 들어, 분석할 때 사용한 각 단계는 명쾌하게 예제를 사용하여 설명하였다. 그리고 분석의 단계들에 대한 요약은 '정리' 부분에 제공하였고, 주 용어들과 공식들의 간략한 리스트는 각 장의 끝에 제공 되었으며 마지막으로 배운 것을 다듬질하기 위해서 연습문제에 대한 부분적인 풀이과정을 제공하였다. 본 교재에서 다루고 있는 수치적인 세밀함을 고려하면 '좀 더 단순한'이 '굉장히 단순한' 보다는 정확한 표현이라는 것을 겸손히 인지하지만, 우리는 본 교재로 충분히 학습된 학생들이라면 학생들이 기대한 것보다 훨씬 분석적인 능력을 배양하여 스스로 놀라기를 바라 마지 않는다.

초기의 《Matching Supply with Demand》는 2002~2003년 와튼 스쿨에서 운영관리 과목의 일부분으로 사용이 되면서 시작되었다. 이번 판은 지난 10년 동안 와튼과 외부에 있는 많은 학생들과 동료들로부터 받은 의견을 포함하고 있다.

제라드 까숑, 크리스찬 터위쉬

역자 서문

여러 해 동안 생산 · 서비스 운영관리(이후 운영관리) 과목들을 강의하면서 느끼는 점 이 한가지 있었다. 그것은 상대적으로 수학적 배경지식이 풍부하지 않은 학생들에게 어떻게 하면 운영관리에 대한 개념을 알기 쉽게 심어줄 수 있을 것인가 하는 것이었다. 기존에 나와 있는 많은 운영관리 교재로는 이러한 요구를 충족시키기에 어려움이 있었다. 시중에 나와 있는 많은 종류의 운영관리 교재에는 수학을 과도하게 배재한 나머지 운영관리에 널리 사용되고 있는 모형의 결과를 단순히 공식화하여 이를 암기한 다음 수치를 대입하는 방식을 종종 보게 되면서 안타까움을 느꼈다. 이러한 방식으로 운영 관리를 소개하는 것은 학생들로 하여금 운영관리 과목을 단순히 수학 공식의 암기만 반복하는 따분한 과목으로 인식시킬 수 있다. 그래서 좀 더 직관적으로 그리고 현실적으로 다가갈 수 있는 교재를 찾는 와중에 본 교재의 원서인 《Matching Supply with Demand》를 접하게 되었다. 원서를 읽으면서 느낀 점은 감동 그 자체였다. 즉 운영관리에서 사용되는 모형들을 설명하면서도 수학을 과도하게 배제시키지 않고, 경영대학생들이 가지고 있는 기본적인 수학적 배경으로도 충분히 이해할 수 있는 방법을 채택하였다는 데 감명을 받았다. 그렇다고 원서가 단순히 경영대학 학생들만을 위한 서적은 아니라는 것을 금방 느낄 수 있었는데 그 이유는 각 모형에 대한 필수적인 수학적 배경에 대한 설명이 직관적인 논리를 사용하면서도 그 설명의 정도가 운영관리를 공학적인 측면에서 공부하는 학생들이 생각의 지평을 넓힐 수 있도록 구성되었다는 점이다. 이러한 점은 원서의 저자들이 견고한 수학적인 배경지식을 가진 학자들로서 미국 최고 경영대학들에서 다년간의 강의를 통해 다져진 경험을 바탕으로 글을 쓴 결과라고 볼 수 있다.

본 교재의 또 다른 특징은 실제 현장에서 경험할 수 있는 다양한 사례들을 중심으로 운영관리에서 사용되는 많은 모형들을 사후적으로(ex-post) 설명하였다는 데 있다. 이는 독자들로 하여금 모형을 이해하기 전에 현장에서 실제로 겪을 수 있는 상황에 대해서 먼저 생각을 하도록 유도한 다음 이러한 상황들을 어떻게 우리가 사용할 수 있는 모형에 맞게 재설계하는지에 대한 실증적인 방법을 습득하도록 하였다. 이는 대부분의 교재들이 수리적인 모형에 대한 설명을 한 다음 이 모형이 적용되는 사례들을 보여주는 것과는 반대의 순서를 택하고 있다. 하지만 이 교재에서는 독자들로 하여금 상황을 먼저 스스로 생각하게 한 다음 사용할 수 있는 툴(tool) 즉 모형을 제공해 줌으로써 논리의 방향을 바로 세우는 데 역점을 두었다는 것이다.

본 교재의 또 다른 특징은 데이터의 실제 활용 방법들에 대한 친절한 설명을 들 수 있다. 대부분의 교재들이 이론적인 설명에만 국한됨으로써 실제 적용을 하고자 할 때 어려움을 많이 겪게된다. 하지만 본 교재에서는 데이터를 수집하고 정리하고 적용 및 분석하는 과정에 대한 자세한 설명과 이들에 대한 실제 적용 예를 보여주고 있다. 또한 데이터의 분석 과정에서 발생하게 되는 필연적인 오차를 어떻게 처리할지에 대한 설명도 잊지 않고 있다.

본 교재의 장점은 위에 열거한 것 외에도 많이 있지만 이들은 독자들이 읽으면서 느끼게 될 것이라고 믿어 이만 줄이도록 하겠다.

장병윤, 정욱, 황승준, 이진표, 이세원

4판에 대하여

본 교재의 네 번째 판은 전 세계의 학생들, 교수들 그리고 현장에서 일하는 관리자들 로부터 받은 지적과 제안을 바탕으로 작성되었다.

세 분야에 중점적인 변화를 주었다: 데이타와 사례, 이전 판에서는 없었던 내용들을 새롭게 첨가한 두 장, 그리고 기존 내용들의 전반적인 재정비 이전 판 이후로 세상은 많이 변화하였다. 승차 공유, 거주 공유 그리고 전기차 등은 이전 판에서는 존재하지 않는 산업이었다. 그 결과 우리는 이러한 내용을 고려하고 현재에 적용하기 위해서 교재 전반에서 데이터와 사례에 대 해서 업데이트를 하였다.

4판에서는 새로운 두 개의 장들이 추가되었다. 첫 번째 새로운 장은 많은 운영관리 과목에서 다루고 있는 부분이지만 이전 판에서는 누락된 부분인 예측(Forecating)이다. 가용 데이타의 증가로 예측은 점점 더 의미가 중요해지고 있다..

두 번째 새로운 장은 스케줄링(Scheduling)이다. 예전 판에서 다룬 적이 있었지만 서비스 운영에 우리가 중점을 둔 것에 비하면 그렇게 비중이 높지 않았다. 그래서 이번 판에서는 심도있게 다루고자 새롭게 넣었다.

학생들에 좀 더 쉽게 접근하고 학습하도록 세세한 부분들에 변화를 주었다. 예를 들어, 노동 활용률 계산에 대한 설명을 좀 더 쉽게 하고자 하였고 뉴스벤더 모델과 기준 재고 모형에서 다루는 기대 손실 함수는 덜 강조하였다. 손실 함수 대신에 '기대 재고 함수'를 제시하였는데 이는 좀 더 쉽게 필요한 답을 얻는데 도움을 주고자 한 것이다. 무엇보다 학생들이 재고 함수가 어떤 의미인지 손실 함수 보다 좀 더 쉽게 이해한다는 것을 알게 되었다.

차례

CHAPTER 17

위험통합전략을 사용한 불확실성 감소와 대비 521

CHAPTER 18

공급능력통제를 통한 수익 관리 569

CHAPTER 19

CHAPTER

01 도입

경제학의 가장 중심적 주제는 시장에서 가격이 결정되는 메카니즘에 관련한 것이다. 즉, 초과수요는 가격의 상승을 초래하고 반대로 초과공급은 상품과 재화에 대한 가격하락의 원인을 제공하게 된다. 경제학자들은 이러한 수요와 공급의 변화에 따르는 가격의 변화를 설명하는 이론에 대하여 만족할 수 있겠지만 현실의 경영자들의 입장은 좀 다르다. 경영자들에게 초과수요란 더 얻을 수 있었던 이익에 대한 손실을 의미하며 이와 대조적으로 초과공급은 자원과 물자, 재원의 낭비와 손실을 의미하게 된다. 그러므로 경영자들에게 공급을 수요에 맞추는 일은 대단히 중요하고도 어려운 일이며 단순한 가격결정 이상의 여러 수단들을 필요로 한다.

이와 관련하여 다음의 사례를 살펴보도록 하자.

- Tesla사는 2017년 인기가 있는 전기차인 Model 3의 배송을 시작하였다. Tesla사는 주당 5,000대의 생산률을 빠르게 달성하기를 원했지만 그 목표보다 훨씬 뒤쳐져 있었다. 그 동안 50만 명이 넘는 고객들은 그들이 선주문한 차를 위해 기다리고 있었다.
- 뉴욕에서 대부분의 도시에서 규제 요건이었던 택시 허가증(taxi cab medallions)은 한때 100만 달러 이상에 거래되기도 했다. Uber와 Lyft와 같은 새로운 이동 서비스가 등장하면서, 이러한 가격은 급락했다. 이러한 플랫폼은 필요한 때와 장소에 더 많은 운전자를 제공하는 유연성 때문에 성공했다.
- 독일 함부르크에서는 훌륭한 디자인의 세계적인 콘서트 장인 Elbphiharmonie를 완공했다. 이 새로운 음악적 장소의 프로젝트 관리 역시 훌륭했지만, 또다른 이유에서 더 알려져 있기도 하다. 2005년 지역 정부는 1억 8,600만 유로의 공사 비용과 2009년 개관을 예상하였다. 그러나 최종적으로 7억 8,900만 유로가 들었고, 2016년에 작업을 완료하였다.
- 30살의 John Verrier는 발진으로 인해 10시에 Bronx에 있는 응급실을 방문했다. 그는 8시간 후 여전히 대기실에서 기다리며 사망한 채 발견되었다. 나라 전역에서 응급실 대기시간이 두 시간을 초과한다.
- GoPro사는 대대적인 광고와 함께 개인용 드론인 Karma를 출시했다. 불운하게도, 출시 한 달 후 GoPro사는 드론을 회수해야만 했다. 위험한 오작동이 드론의 전원을 잃게 하여 땅으로 떨어지게 만들 수 있었기 때문이다. GoPro사는 3개월 후 Karma를 재 출시할 수 있었지만, 품질 결함으로 인해 중요한 연휴 시즌을 놓치고 말았다.

위의 모든 사례들은 수요와 공급의 수량 또는 타이밍의 불일치에 의해서 발생된 사례라는 공통점이 있다.

이 책은 기업의 운영방식을 설계함에 있어서 수요와 공급을 더 잘 맞출 수 있는 방법에 대한 것이다. 이 책의 목적을 단순히 표현하자면 수요와 공급을 더 잘 일치시킴으로써 경쟁사에 비하여 월등한 비교우위를 확보할 수 있도록 돕고자 함이다. 이를 위하여 이 책에서는 정확한 모델들과 운영전략들을 기업에 적절하게 적용할 수 있도록 다양한 방법을 제시하여 수요와 공급을 더 잘 일치시킬 수 있게 도와준다.

앞서 언급된 경제학의 가격결정 메카니즘에 관한 이야기를 좀 더 들여다 보자. 경제학 이론에 대한 어려움을 경감하기 위해, 우리는 가격 조정을 통해 수요와 공급의 불일치를 완화할 수 있다는 사실을 인지해야 한다. 예를 들어, Telsa사의 Model 3은 제품의 소유 가격이 정가를 넘어서면서 시장가격이 상승하였다. 그러나, 이러한 가격 조정은 Tesla사의 통제 하에 결정되지도 않았을 뿐만 아니라 Tesla사가 추가적인 수요의 발생을 유도했기 때문도 아니다. 다시 말하자면 경영자들은 경제학자들과 달리 이러한 가격 조정을 건강한 경제시스템이 작동하고 있다는 증거로 여기기보다는 이러한 가격의 변동을 수요와 공급의 불일치 문제를 나타내는 증상으로 받아들인다는 점이다. 더군다나 여타 대부분의 수요와 공급의 불일치 문제에 있어서 이를 조정하기 위한 적극적 방법의 일환으로써 가격조정이라는 기능이 작동하지 않을 때가 더 많다는 점에 유의해야 할 필요가 있다. 예를 들어 수요가 발생한 시점과 그 수요를 충족시키기 위한 공급 시점이 일치할 수 없을 때, 또는 시장에 오직 극소수의 수요와 공급만이 존재할 때가 그러하다. 좀 더 구체적인 예를 들자면, 응급상황에서 수술실이나 콜센터의 대기시간과 같은 것들의 수요와 공급의 불일치가 시장에서 가격결정의 메카니즘으로 해결될 수는 없다는 것이다.

그렇다면 수요와 공급을 일치시키는 일이 어려운 이유는 무엇일까? 여기에 대한 가장 간단한 답은 아마도 "수요는 예측가능성의 범위 내외에서 변동성이 심한 반면 공급은 이에 대응할 수 있는 유연성이 없기 때문"일 것이다. 평균적으로 대부분의 기업들이 수요에 대응하기 위한 적정한 양의 자원(인력, 제품, 또는 장치)을 보유하고 있다 하더라도 이러한 자원들이 적절한 시간과 장소에 적절한 양으로 공급되게 하는 데에는 어려움이 있다. 더군다나 이러한 자원들을 시간과 장소를 변경해 가면서 사용하기에는 상당한 비용이 초래되기 때문에 그러한 유연성의 확보가 어려운 것이다. 예를 들어, 의사가 환자의 수요 발생에 따라서 이 병원에서 저 병원으로 왔다 갔다 한다거나, 소매업자가 발생되는 수요에 따라서 이 지역에서 저 지역으로 제품을 즉각적으로 이동시키는 것은 현실적으로 매우 어렵다. 그러므로 기본적으로 수요와 공급의 완벽한 일치는 불가능에 가깝다고 할 수 있다. 하지만 성공하는 기업들은 이 수요와 공급의 일치라는 목표를 향하여 끊임없는 노력을 경주하고 있다.

[표 1.1]은 이 책에서 다루고 있는 여러 산업들을 열거하고 있으며 수요와 공급을 일치시키기 위한 노력들을 설명하고 있다. [표 1.1]의 마지막 칸에 언급된 항공 여행업에 대하여 좀 더 살펴보도록 하자. 20년이 넘는 기간 동안, 미국에서 운영하는 대형 항공사의 대부분은 비행기의 좌석 이용률(가격을 지불한 고객이 이용하는 좌석의 비율)을

표 1.1 수요와 공급의 불일치 사례

	소매업(전자제품)	제철업(철강제)	의료업(응급실)	제조업(심장박동기)	여행업(항공)
공급	전자제품	철광석	의료서비스	의료용 장비	비행기 좌석
수요	새로운 비디오 시스템을 구매하려는 고객	철강제품	응급 의료서비스	정확한 시간과 장소에 필요한 심장박동기	특정 시간에 특정 목적지로의 이동
초과공급의 결과	높은 재고비용, 낮은 재고회전율	가격하락	의사, 간호사, 의료 장비의 가동률 저하	심장박동기 재고 증가	빈 좌석
초과 수요의 결과	수익기회의 상실, 소비자 불만족	가격상승	응급실에서의 긴 대기시간과 엠뷸런스의 타병원으로의 회차	의료적 위험의 증가와 더불어 미 실현된 이익에 대한 손실	과다한 대기자 명단; 고객이 원하지 않는 비행기로 이동, 손실 발생
수요- 공급 일치를 위한 운영관리 방법론	정확한 수요예측, 신속 반응(QR)	지나친 가격 하락시 공장의 조업정지	수요에 대응하기 위한 자원의 배치 방법과 응급실 이용 우선순위 정책	지역별 심장 박동기 배치 시스템	수요 변동에 따르는 동적인 가격 차별화, 대기자 명단 작성 정책
경영 측면에서의 중요성	대부분의 경우 전자제품 개당 재고 비용이 개당 순이익을 초과	가격 경쟁이 매우 치열하여 생산비 절감에 중점	응급환자 처치의 지연이나 엠뷸런스 회차로 인한 환자의 사망	심장박동기(개당 2만불)는 사용되기전까지 보통 영업 사원의 가방속에서 4~5개월 간 재고로 대기	일반적으로 30% 가량의 좌석은 비어 있는 상태로 운행됨. 1~2% 정도의 좌석 가동률 상향으로도 기업의 손익에 막대한 영향
참고 장	2장. 조직을 프로세스 관점에서 바라보기 14장. 불확실한 수요에 대한 도전: 뉴스벤더 모델 15장. 주문 조립방식, 주문 생산방식, 그리고 반응생산 처리능력을 통한 신속대응	3장. 공급 프로세스에 대한 이해: 프로세스 처리능력에 대한 평가 4장. 인건비의 추정과 감축	9장. 변동과 프로세스 성과에 미치는 변동의 영향: 대기시간 문제 10장. 프로세스 성과에 미치는 변동의 영향: 산출의 손실	16장. 공급사슬에서 서비스 수준과 리드타임: 기준재고모델	18장. 수익관리

70~75%에서 80%가 넘는 비율만큼 증가시킬 수 있었다. 혼잡한 탑승 절차, 꽉 찬 객실, 비행기에서 부딪힐 확률이 높아짐에 따라 고객의 입장에서 짜증나게 하는 것들은 항공사의 재정적 성공에 있어 중요해졌다. 비행기에서 환승하는 한 명의 더 많은 승객은 비행기 운영 비용 상승에 대해 단지 아주 적은 비용을 상승시킬 뿐이다. 이와 대조적으로 수익은 크게 증가하는데, 좌석 이용률이 소폭 상승함에 따라 이윤은 두 배 혹은 세 배가 될 수 있기 때문이다.

이 사례는 좋은 시사점을 제공하고 있는데 가동률을 소폭 향상시킴으로써 순이익 증가라는 상당한 경영성과를 이루어 낼 수 있다는 시사점을 잘 보여주고 있기 때문이다. 이렇게 운영상의 미미한 개선이 중요한 경영성과로 나타나는 이유는 일반적으로 대부분의 기업 (이익을 내고 있다는 전제하에) 의 순이익이 매출액에 비하여 상대적으로 적은 비율에 머물기 때문이다. 그리므로 이 사례에서 보듯이 수요와 공급을 좀 더 잘 일치 시키는 것(가동률의 향상)은 기업경영성과의 향상에 막대한 영향을 미친다는 것을 알 수 있다.

[표 1.1]에서 제시된 사례들은 의료서비스 산업에서부터 소매업과 중공업에 이르 기까지 여러 산업의 형태에 걸쳐 흔히 발생하는 다양한 수요—공급 불일치의 사례들을 제시하고 있다. 각각의 산업들은 수요—공급의 불일치에 따라 발생되는 여러 현상들 때문에 어려움에 처해 있으며 이러한 어려움을 극복하고 관리하기 위하여 [표 1.1]에서 제시된 것과 같은 특별한 운영관리(Operations Management) 방법론들이 필요하다.

결론적으로 우리는 효과적인 운영관리의 핵심은 수요와 공급을 효과적으로 일치시키는데 있다고 강력하게 믿는다. 기존의 조직 운영방법에 효율적인 운영관리 방법론을 보다 적극적이고 과감하게 도입하는 기업은 경쟁사에 비하여 월등한 경쟁력을 확보하는 것이 가능하다고 믿는다. 특히 이러한 시사점에 대하여 경쟁이 심하고 수익을 얻기가 어려운 산업군의 경영진일수록 좀 더 귀를 기울일 필요가 있다.

1.1 학습의 목표와 프레임워크

이 책에서 우리는 조직(또는 기업)이란 그들이 생산하는 제품(또는 서비스)의 공급을 그들의 제품(서비스)에 대한 수요에 일치시키기 위해 활동하는 존재라는 관점으로 바라본다. 수요에 공급을 맞추어내기 위한 일련의 활동과정에서 필요한 많은 계량적 수리모형과 정성적 전략모형에 대하여 통틀어 운영관리 방법론(Operations Management tools)이라고 지칭하며 이 책에서는 이 방법론들에 대하여 소개하려고 한다. 여기서 “계량적 수리모형”이라 함은 입력값(수요예측치, 단위시간당 생산가능량 등)을 활용하여 관리자들에게 어떤 의사결정(얼마나 많은 물건을 구입할지, 얼마나 많은 간호사를 대기시킬지 등)을 내릴지에 관한 정보를 제공하거나 현장을 파악하기 위한 정보인 성과측정치(서비스를 제공받기 위한 고객들의 평균대기시간, 응급실에 대기중인 응급환자의 평균치 등)를 얻기 위한 수식이나 수리적인 계산절차를 의미한다. 또한 여기서 “정성적인 전략 모형”이라 함은 예를 들어 생산현장의 유연성 증가라던지, 생산하는 제품의 다양성 감소라던지, 또는 고객에게 서비스를 제공하기 위한 적절한 우선순위 적용과 같은 조직운영에 관한 가이드라인과 원리들을 의미한다. 다음 1.2절에서는 이러한 핵심적인 계량적 모형들과 전략모형들에 대하여 간략하게 소개하고 있다. 우리는 이 책을 통하여 최대한 간결하고 명료하게 언제 어떻게 운영관리 방법론을 적용할지에 관하여 학생들이 배울 수 있기를 바란다.

운영관리 방법론은 여러가지 형태가 있지만 아래와 같은 목적으로 적용된다.

1. 운영관리 방법론을 통하여 자원을 최대한 효율적으로 사용하고 있는지 확인할 수 있다. 즉, 우리가 처한 환경 하에서 최선의 결과를 얻기 위하여 이 방법론들이 사용될 수 있다.
2. 운영관리 방법론은 동시에 만족시키기 어려운 여러 목표들간의 상쇄효과(trade-off)를 바람직하게 조정해내기 위하여 사용될 수 있다.
3. 운영관리 방법론은 여러 측면에서의 다양한 조직의 성과를 향상시키기 위하여 현재의 운영방법을 재설계하거나 재구성하는데 사용될 수 있다.

이 책을 통하여 우리는 다양한 운영관리 방법론들에 대하여 기술할 것이며 이들은 상호보완적일 것이다. 다시 말하자면 이 책을 통하여 일방적으로 다른 한쪽을 배제한 체 계량적 수리모형이나 정성적 전략모형에 대해서만 집중하지 않을 것이란 뜻이다. 계량적인 분석이 수반되지 않은 전략모형만을 거론하는 것은 유효하지도 않을뿐더러 전략적 방향성 없이 계량모델만을 논하는 것 또한 독자들로 하여금 기술적 세세함에만 매몰되게 할 수 있기 때문이다. 다시 말해서 이 책은 생산운영관리에 관한 매우 정교한 이론적 체계를 바탕으로 기업의 전략적 생산운영관련 고위직 의사결정자나 컨설턴트들의 교육을 위하여 고안되었다고 할 수 있다.

우리는 이 책을 통하여 다양한 환경 하에서 상품을 생산하거나 서비스를 제공하는 여러 기업들(예를 들어, 의류생산의 사례로부터 콜센터의 서비스 제공, 심장박동기 제조, 스쿠터 제조, 철강재 생산에 이르기까지)에 대한 다양한 방법론의 적용사례를 제공한다. 이렇게 다양한 기업들의 운영환경을 제시하는 이유는 말하자면 “운영환경 표준”이란 것이 존재하지 않기 때문이며 따라서 단 하나의 방법론이 모든 회사의 운영환경에 적용되지 않는 것은 당연할 것이기 때문이다. 그러므로 이 책에서 제시하는 다양한 사례를 통하여 제시된 방법론들과 그들의 장단점을 익히고 이해함으로써 개별적인 여러 운영 환경에 대해서도 적절한 방법론을 적용할 수 있는 지식을 갖게 되길 바란다.

여기서 언급된 운영관리 방법론이 어떠한 형식으로 적용되는지에 대하여 콜센터의 사례를 통하여 알아보자. 이 사업에 있어서 가장 주된 문제는 걸려오는 고객으로부터의 전화에 응대하기 위하여 전화 상담원을 몇 명 고용하는 것이 적정한지 찾아내는 것이다. 더 많은 전화 상담원을 고용할수록 걸려오는 전화가 상담을 위해 대기할 확률은 줄어들

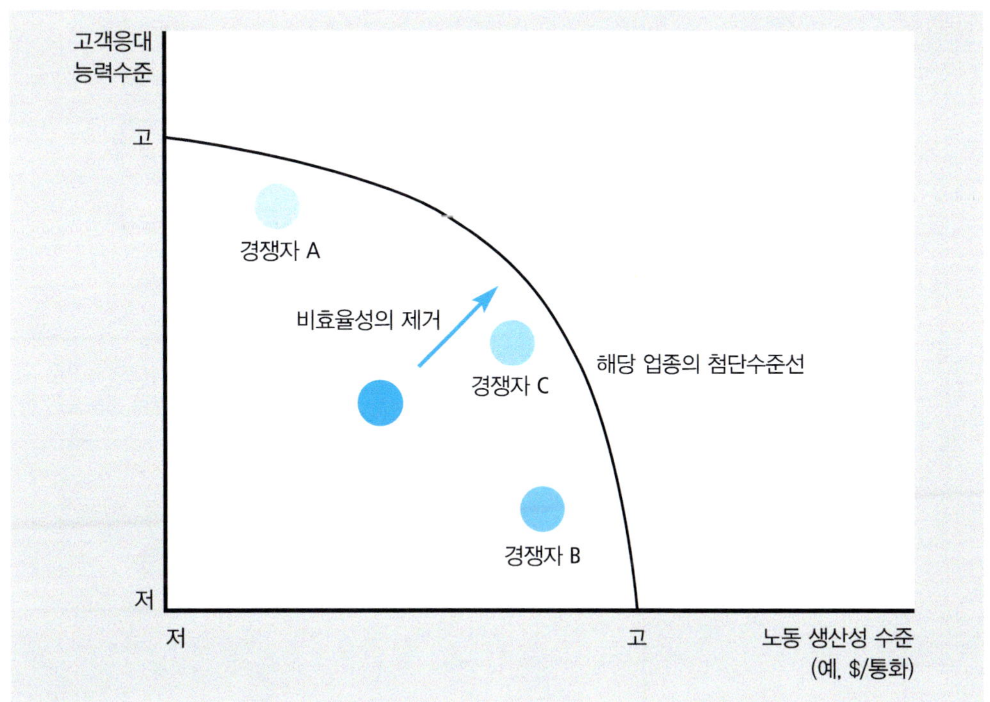

그림 1.1 혈액은행의 안전재고

고 따라서 고객 서비스의 수준은 높아진다. 하지만 이 사업에 있어서 인건비는 가장 중요한 비용요소에 해당하며 더 많은 전화 상담원을 고용할수록 단위 전화당 소요되는 비용은 증가하게 될 것이다.

위의 콜센터 경우에 대하여 앞에서 언급된 첫 번째 유형의 운영관리 방법론의 사용형태인 자원의 효율적 사용여부를 확인하기 위하여 다음과 같이 분석하였다. 우리는 이 콜센터의 성과를 타 콜센터와 비교하기 위하여 3개의 타 콜센터로부터 벤치마킹을 통하여 얻은 정보를 취득하였는데 이에 의하면 각 콜센터 A, B, C는 [그림 1.1]과 같이 운영되고 있었다. 경쟁사 A는 우리가 분석중인 콜센터 보다 빠른 고객응대 능력을 보인 반면 소요되는 비용은 많았다. 반면 경쟁사 B는 분석대상 콜센터보다 고객 응대시간은 길었지만 소요되는 비용은 적었다. 놀랍게도 경쟁사 C의 경우는 분석대상 콜센터보다 고객응대 능력은 높으면서도 동시에 비용은 더 적게 지출하고 있었다. 어떻게 경쟁사 C는 더 낮은 비용으로 높은 서비스 수준을 구현할 수 있었을까?

그건 아마도 경쟁사 C가 분석대상 콜센터보다 무엇인가 더 효율적인 방법으로 운영을 하고 있기 때문일 것이다. 다시 말해서 분석대상 콜센터에는 무엇인가 비효율적이거나 낭비적인 요소가 존재한다는 것을 의미하기도 한다. 이 관점에서 보면 분석대상 콜센터를 [그림 1.1]에 표현된 첨단수준(frontier)선으로 끌어 올릴 수 있는 방법론이 필요하다. 여기서 첨단수준선이라 함은 [그림 1.1]에서 표현된 것과 같은 선을 의미하는데 이

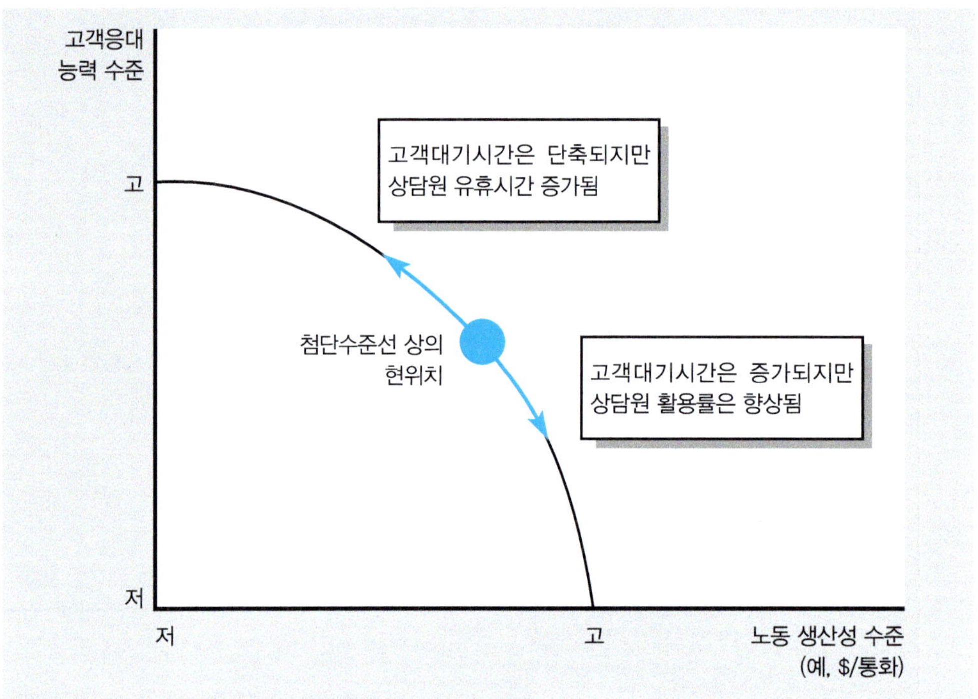

그림 1.2 노동생산성과 반응성 사이의 상충관계(trade-off)

선은 모든 비교대상 경쟁사들이 이 선의 왼쪽 아래쪽에 위치하도록 표현 되었다. 즉, 어떤 경쟁사도 이 첨단수준선 밖에 위치할 수는 없도록 고안된 선이다. 다시 분석대상 콜센터로 돌아와서 상황을 가정해 보자. 서비스 고급화를 이 회사의 주요 경쟁전략으로 설정하고 특정 서비스 수준을 유지하기 위한 비용을 지불할 용의가 있다고 가정해 보자. 좀 더 구체적으로 말해 고객서비스 고급화를 위하여 고객 전화의 90%를 10초 이내로 응답되게 하려는 서비스 수준의 목표를 세웠다고 하자. 이렇게 목표가 설정되면 계량적 기법을 통하여 이 서비스 수준에서 최소한의 인건비를 지출하고 있는지 여부를 확인할 수 있어야 한다. 이는 다시 말해 이 콜센터가 효율성 측면에서 첨단수준에 있음을 확인하기 위한 계량적 방법론을 사용할 수 있어야 함을 의미한다.

두 번째 유형의 운영관리 방법론의 사용형태는 서로 상응하는 경영목표의 가장 적절한 균형을 찾는 것이다. 예를 들어 서로 상반하는 경영목표인 서비스 고급화와 낮은 인건비라는 두 목표는 동시에 달성될 수 없다는 것이다. 이 상황은 [그림 1.2]에 잘 표현되어 있다. [그림 1.2]와 같은 상황에서 우리는 대기상황에서 발생하는 비용과 종업원의 인건비를 계량화 하여 상응하는 두 목표들 간의 가장 적절한 타협점이 어디인지 찾아내야 한다.

기업에게 있어서 첨단수준선 상의 어느 곳에 위치할 것인지를 결정하는 문제는 당연히 중요한 문제이다. 하지만 뛰어난 기업들은 거기에 멈추지 않고 세 번째 유형의 운영

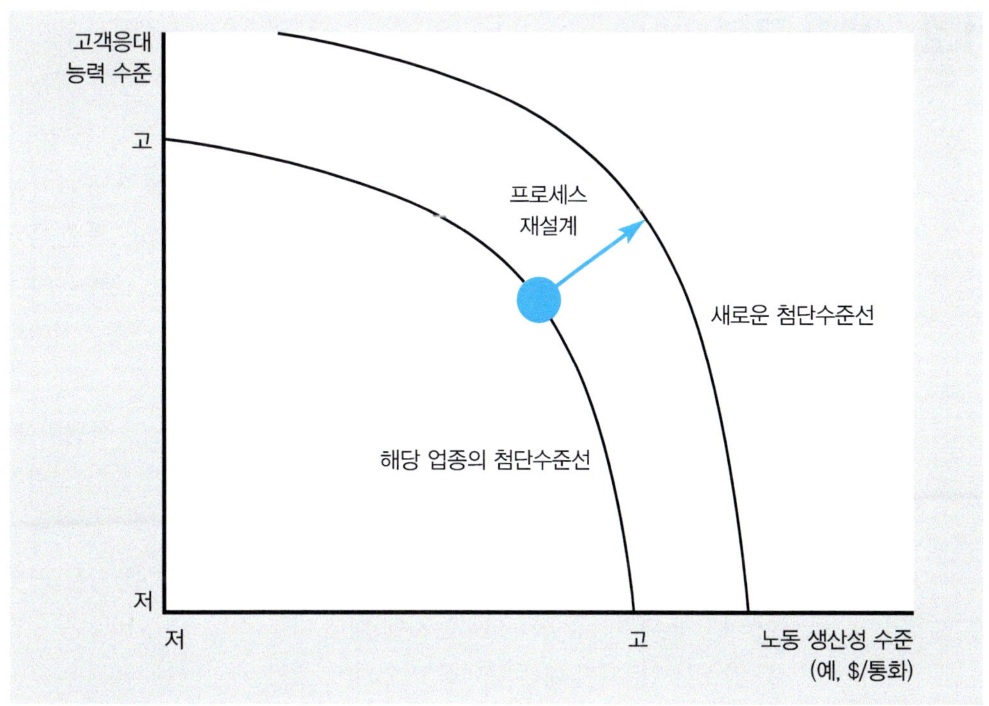

그림 1.3 새로운 첨단수준선에서의 운영을 위한 프로세스 재설계

관리 방법론을 사용하여 그 이상을 추구한다. 이는 기본적으로 기업의 시스템 설계에 관한 근본적 질문에서 시작한다. 예를 들자면 어떤 콜센터는 다른 콜센터의 인수합병을 통하여 규모의 경제효과를 달성할 수 있을 것인가에 대하여 고민해 볼 수 있다. 다른 대안으로서 콜센터는 고객 대기시간을 줄일 수 있는 신기술 개발에 투자하기로 결정할 수도 있다.

이러한 경우에 이 회사는 [그림 1.3]에서 보는 바와 같이 기존 첨단수준선을 밖으로 밀어내고 새로운 첨단수준선을 선도하는 기업이 될 수 있다. 즉, 이 콜센터는 타 경쟁사보다 빠른 고객응대능력과 동시에 낮은 인건비를 유지할 수 있게 된다. 하지만 불행히도 이러한 혁신적 변화는 흔히 쉽게 일어나는 것이 아니다. 이렇게 고객응대능력 향상과 효율적인 인력운용을 동시에 이루어내면서 첨단수준선을 밖으로 밀어낼 수 있는 밑바탕에는 상당한 시간과 노력이 필요한 법이다. 그러므로 위에서 설명된 운영관리 방법론을 활용하여 우리가 성취할 수 있는 발전이 어느 정도인지 계량화 해낼 수 있어야만 이에 상응하는 시간과 노력을 투자할 수 있게 된다. 기술투자를 통하여 고객대기시간을 줄일 수 있고 고객응대능력을 향상시킬 수 있으며, 높은 수준의 인력효율성을 확보할 수 있다고 말하기는 쉽다. 하지만 그러한 투자를 할만한 것인지에 대한 답을 내놓아야 한다. 이 책의 목표는 경영자들에게 "큰 그림"을 제시하는 것과 동시에 그것을 뒷받침하는 강력한 분석능력을 제공하고자 한다.

1.2 책의 구성

이 책은 대략적으로 서로 긴밀하게 연관된 5가지의 분야로 구성되어 있다.

첫 번째 분야인 2~6장은 비즈니스 프로세스(서비스를 제공하거나 제품을 생산하는 과정과 방법)를 분석한다. 서비스 시간이나 생산시간, 수요, 품질 등과 관련한 변동성을 고려하지 않는 프로세스를 다루고 있다. 그러므로 이 첫 번째 분야에서 다루는 목표는 가 용한 자원이 결정된 상태에서 비즈니스 프로세스의 공급을 최대화하는 것에 맞추어져 있다.

7~8장은 품질에 대한 내용을 다루고 있다. 7장에서는 품질관리를 위해 구체적인 정량적 방법을 다루며, 제8장에서는 품질향상을 최대화하기 위한 일반적인 원리들을 다루고 있다.

9~10장은 변동성을 고려한 비즈니스 프로세스의 분석을 다루고 있다. 9장은 변동성이 어떻게 대기시간을 유발하는지에 대해 다루고 있으며, 10장은 어떻게 변동성이 수요를 감소시키는지에 대해 증명하고 있다.

11~12장은 일정 관리에 대해 다루고 있다. 11장은 연속적인 작업을 관리하기 위한 다양한 방법에 대해 다루며, 12장은 하나의 대형 프로젝트를 위한 작업의 일정 관리를 위한 복잡성을 다룬다.

13~16장은 재고관리와 정보관리(information management), 그리고 프로세스 유연성에 대하여 다루고 있다. 여기에서는 수요예측, 재고량 계산, 성과측정, 응대시간에 대해 다룬다.

17~19장에서는 몇 가지 전략적인 주제를 제시하면서 책을 마치게 된다. 이 주제는 위험을 완화시키는 방법, 가격을 이용해 수요에 영향을 미치는 방법, 공급사슬의 조직과 관련한 것이다.

다음은 각 장에 대하여 좀 더 자세하게 살펴보도록 하자.

- 2장에서는 프로세스에 대하여 정의한 후 프로세스의 능력을 평가할 수 있는 여러 지표에 대하여 소개하고 또한 프로세스의 특징에 따라 프로세스를 구분해 내는 프레임워크(제품–공정 모형)를 제공하게 된다.
- 3장에서는 프로세스의 처리능력을 알아내는 방법과 프로세스의 활용률을 계산하는 방법과 같은 프로세스 관리자 입장(엔지니어 입장과 대비하여)에서 프로세스를 분석하는 방법론에 대하여 다루게 된다.
- 4장에서는 프로세스 평가에 있어서 아주 중요한 지표 중 하나인 인건비를 중심으로 조립공정에 대한 분석을 진행한다. 인건비는 어떤 프로세스의 장소(요사이 해외위탁 생산에 대한 논쟁들을 생각해 보자)를 결정하게 되는 동기를 제공하게 되는데 특히

서비스 프로세스에서는 더욱 더 그러하다. 인건비는 프로세스의 성과를 결정하는 근본에 해당하기 때문이다.

- 5장에서는 준비시간과 준비비용이 존재하는 생산(EOQ 모델)에 대하여 배우게 된다. 또한 제품다양성이 생산의 성과에 미치는 영향은 이 장의 주요한 주제이다.
- 6장에서는 투자수익률과 같은 기업의 핵심적 재무 성과지표와 프로세스의 운영의사결정 사항들과의 연관성에 대하여 배우게 된다. 이 장을 통하여 프로세스를 개선시키는 것이 어떻게 기업의 재무적성과 개선과 연결되는지 알아 볼 것이다.
- 7장에서는 6-시그마, 통계적 프로세스 관리, 강건설계(robust design)를 포함하는 자세한 품질관리 방법론에 대하여 다루게 된다.
- 8장에서는 세계적으로 유명한 Toyota 생산 전략을 통하여 Toyota사가 어떻게 낮은 비용과 높은 품질을 동시에 확보하게 되었는지에 대하여 다루게 된다.
- 9장에서는 변동성이 프로세스의 성과에 미치는 영향에 대하여 다루게 된다. 콜센터의 운영에서 발생하는 변동성이 고객의 대기시간을 늘리는데 어떻게 영향을 미치는지 살펴본다. 이를 통해 변동성이 서비스 조직에 미치는 영향이 지대하다는 사실을 알 수 있다. 또한 투자를 최소화하려는 목표와 고객에게 좋은 서비스를 제공하고자 하는 목표와의 상충관계를 어떻게 절충시킬 것인가에 대해서도 논의하게 된다.
- 10장에서는 변동성이 미치는 서비스 품질에 대한 영향에 대하여 논의가 계속된다. 이러한 관점하에 변동성으로 인하여 응급환자의 수요가 처리될 수 없는 상황에 처하는 응급실의 사례를 살펴볼 것이다. 특히 이러한 상황은 의료보건 산업에서 아주 중요한 의미를 가진다.
- 11장에서는 연속성과 관련한 결정(어떤 순서에 따라 수요의 대기 단위에 제공되어야 하는가?)과 일정 관리(우리는 고객들에게 공급을 미리 약속해야 하는가?)를 다룸으로써 대기시간에 대한 주제로 이어진다.
- 12장에서는 선박의 건조, 새로운 건물, 인공위성과 같은 다소 독특한 단일 프로젝트를 위해 설계된 프로세스인 프로젝트 관리에 대해 다루게 된다.
- 13장에서는 예측 기술에 기반한 미래의 수요를 위한 계획을 수립하는 방법에 대해 다루고 있다. 비록 우리는 미래에 대해 예견할 수 없지만, 과거의 실현된 수요로부터 가능한 많은 것을 배울 수 있도록 노력해야 한다.
- 14장에서는 공정단기 공급기회를 갖는 계절상품의 관리방법에 대하여 다룬다. 뉴스벤더 모델은 과소공급과 과잉공급 사이에서의 균형점을 찾도록 도와준다.
- 15장에서는 앞 장의 연장선상에서 계절의 중간에 추가적인 공급이 가능한 경우를 다루고 있다. 이러한 반응처리능력(reactive capacity)은 기업이 초기의 판매성과 정보를 통하여 시장에 잘 반응하도록 도와준다.
- 16장에서는 리드타임의 상황을 도입하여 재고관리에 대한 논의를 확장한다. 기준 재

고모델(order-up-to model) 예를 들어 재고충족률(in-stock probability)과 같이 측정되는 목표가용수준(target availability level)을 확보하기 위한 재고보충량(replenishment quantities)을 결정하는데 사용된다.

- 17장에서는 공급사슬에서 재고관리능력의 향상을 위한 리스크 풀링 전략에 대하여 조명한다. 예를 들어 로케이션–풀링, 프로덕트–풀링, 범용 디자인(universal design), 지연차별화(delayed differentiation, 또는 postponement), 캐퍼시티–풀링과 같은 것들이다.
- 18장에서는 수익관리(revenue management)에 대하여 살펴 본다. 공급량이 고정되어 있다는 가정하에서 수요를 공급에 더 잘 일치시키기 위해서 예약한도(booking limit)와 초과예약(overbooking) 방법을 사용하는 상황에 대하여 다루고 있다.
- 19장에서는 공급사슬의 효과적인 관리에 있어서 핵심 주제인 채찍효과(bullwhip effect)에 대하여 설명하고 공급사슬의 효율성 향상을 위하여 공급사슬을 구성하는 기업들간의 조정전략에 대하여 논의한다.

몇몇 장은 "도입수준"으로 구성되었기 때문에 그런 장은 나머지 부분들과 독립적으로 읽어도 무관하다. 나머지 장들은 좀 더 고급 수준이므로 다른 장에서 소개된 사전 지식이 필요하다. [표 1.2]은 각 장들의 내용과 더불어 선행되어 읽어야 할 장들에 대하여 정리해 두었다.

표 1.2 각 장에 대한 요약과 선행 장에 대한 안내

장	경영적 주제	핵심 정성적 프레임워크	핵심 계량적 방법론	선행 장
2장. 조직을 프로세스 관점에서 바라보기	비즈니스 프로세스에 대한 상위 수준의 이해: 프로세스 처리능력의 측정 재고, 흐름시간, 흐름속도	제품–공정 모형; 프로세스 흐름에 중점	리틀의 법칙, 재고회전율, 재고비용	없음
3장. 공급프로세스에 대한 이해: 프로세스 처리능력에 대한 평가	프로세스에 대한 자세한 수준의 이해	프로세스 흐름도; 병목지점의 발견과 이동	프로세스 처리능력의 계산과 활용률	2장
4장. 인건비 추정과 감축	인건비	라인 밸런싱; 노동력의 분배	인건비의 계산, 노동 활용률	2, 3장
5장. 배치생산방식과 기타 흐름 장애: 준비시간과 경제적 주문량 모형	준비시간과 준비비용; 제품다양성 관리	장애없는 프로세스 흐름확보, 셋업(준비)과 주문 회수의 결정 회수의 결정	EOQ모형, 베치크기 결정	2, 3장

6장. 운영관리와 재무관리의 연계	기업성과 향상을 위한 프로세스의 개선	투자수익률(ROIC) 나무	투자수익률의 계산	2, 3장
7장. 품질경영, 통계적 품질관리	품질의 정의와 향상	통계적 품질관리, 6-시그마	프로세스 역량 계산, 관리도 그리기	없음
8장. 린운영과 Toyota 생산 시스템	핵심 경쟁력을 위한 프로세스 개선	린 운영방식; Toyota 생산 시스템	–	없음
9장. 프로세스 성과에 미치는 변동성의 영향: 대기시간의 문제	서비스 프로세스에서의 대기시간	혼잡에 대한 이해; 서비스 처리능력의 통합(pooling)	대기시간 계산식	없음
10장. 프로세스 성과에 미치는 변동성의 영향: 산출의 손실	서비스 프로세스에서 수요의 손실	서비스 버퍼의 역할; 풀링	Erlang 손실계산식 떠나는 수요의 확률계산	9장
11장. 우선 순위 수요에 대한 일정관리	우선순위를 설정하는 방법, 능력을 보유하는 방법	우선순위 규칙과 예약 시스템	선입선출법, SPT 규칙	9장
12장. 프로젝트 관리	프로젝트 종료시각	주 경로	주 경로 분석	2,3장
13장. 수요예측	미래 수요예측을 위해 과거 수요 데이터를 사용하는 방법	시간의 순서에 따른 예측	지수평활법/수요 패턴	없음
14장. 불확실한 수요에 대한 도전: 뉴스벤더 모델	계절성 제품의 재고량 결정	수요예측 프로세스의 개선	수요예측, 뉴스벤더 모델에서 재고량 계산과 성과 측정	없음
15장. 주문조립방식, 주문생산방식, 그리고 반응 욕량을 통한 신속대응	수요-공급 불일치비용을 줄이기 위한 반응처리능력의 활용	수요정보의 가치,주문조립 방식과 주문생산방식 전략	반응처리능력 모델	14장
16장. 공급사슬에서 서비스 수준과 리드타임: 기준재고 모델	다양한 재고보충을 위한 재고관리	리드타임의 영향: 적절한 목적식 설정 방법	기준재고 모델의 활용과 평가	14장 선행 필수
17장. 위험통합전략을 통한 불확실성의 감소와 대비	보다 나은 수요-공급 일치를 위한 제품과 서비스의 공급망 설계	불확실성의 계량화, 감소, 회피 그리고 상쇄	뉴스밴더 모델과 기준재고 모델	14,16장
18장. 수익관리	공급 고정 상황에서의 수요 관리 방법	고 가격 지불 고객을 위한 역량확보; 역량을 초과한 예약확보	예약한도/보호수준모델: 초과예약 모델	14장
19장. 공급사슬의 조직화와 재고관리	공급사슬 전반의 수요 변동성 관리와 재고관리	채찍효과, 공급사슬 계약	공급사슬망 계약모델	14장

CHAPTER

02 조직을 프로세스의 관점에서 바라보기

만약 비즈니스 프로세스(조직이 부가가치를 만들어내는 과정)가 즉시적(즉각적)이어서 얼마의 양이건 필요한 수요량 만큼을 즉시 생산해낼 수 있다면 수요와 공급을 일치시키는 것은 어려운일이 아닐 것이다. 그렇다면 왜 비즈니스 프로세스는 즉각적이지 못한가? 어떠한 제약들이 비즈니스 프로세스가 더 많은 생산을 할 수 없도록 제한하고 있는 가?와 같은 질문에 대하여 이해하려는 것이 운영관리(Operations Management)의 핵심이라고 할 수 있다. 이러한 질문에 대답하기 위하여 우리는 비즈니스 프로세스가 실제로 어떻게 작동하는지 자세하게 관찰해보려 한다. 이를 위하여 이 장에서는 비즈니스 프로세스의 분석에 필요한 근본적인 개념에 대하여 소개할 것이다. 이 장의 핵심 아이디어는 기업이 우수한 제품이나 서비스를 제공하는 것만으로 충분치 않으며 기업은 동시에 그러한 제품과 서비스를 공급할 수 있는 비즈니스 프로세스를 효율적으로 설계하고 개선시켜 나가야 한다는 것을 이해하는데 있다.

기업이나 조직을 프로세스 관점에서 바라보는 연습을 위하여 미국 필라델피아에 소재하는 의료기관인 Presbyterian 병원의 영상의학과의 프로세스를 자세하게 들여다 보기로 하자.

2.1 Presbyterian 병원

영상의학과는 방사선과의 한 특수 분야로서 X-ray, 초음파, 단층촬영, 자기공명과 같은 의학적 영상기술을 이용하여 외과적 수술을 최소화하는 치료를 수행한다. 지난 십여 년 간 영상의학을 이용한 시술이 일반적인 외과적 수술에 비하여 많이 증가하였는데 이러한 이유 중의 하나는 수술을 바로 진행하는 대신 방사선 조형실 [그림 2.1]에서 진행되는 영상의학처리를 거침으로써 수술 효과가 좋아지기 때문이기도 하고 방사선 조형실을 이용하는 것이 바로 일반 수술실을 이용하는 것보다 여러면에서 경제적이기 때문이기도 하다. 영상조형술은 일반적으로 일반수술에 비하여 상당히 안전하며 환자의 회복시간 측면에서 보더라도 극단적으로 효율적이다. 그리고 영상의학을 통하여 특수한 형태의 간암과 같은 일반적 외과수술로 치료할 수 없는 병들에 대한 치료가 가능한 경우도 많다.

일반적으로 많은 사람들이 영상의학실을 방문한 경험이 있는 것은 아니지만 사람들은 일생 동안 한 번 쯤은 방사선과에 방문하게 된다. 환자의 관점에서 볼 때 병원에 입원을 하게 되건 아무 일 없이 집으로 돌아가게 되건 간에 방사선과에 가게 되면 다음의 몇 가지 단계를 꼭 거치게 된다. 우리는 다음의 이러한 단계들을 앞으로 '작업'(activity)이라고 부를 것이다.

작업(activity)

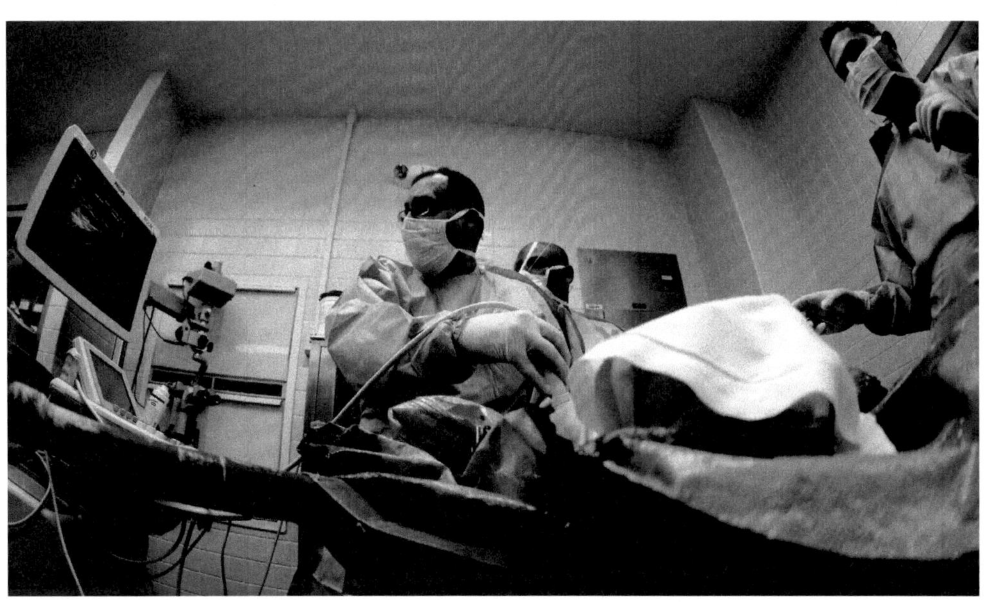

그림 2.1 중재방사선에서의 수속 혹은 절차의 예
Source: U.S. Air Force photo/Staff Sgt. Robert Barnett.

- 진료 접수
- 초기문진, 몇 가지 서류작업
- 시술 준비
- 시술
- 진료장비 해제
- 혈관조형실 밖으로 이동 후 회복
- 의사와의 상담

[그림 2.2]는 이러한 단계를 그림으로 표현한 것으로써 19세기의 제조업자인 헨리 간트(Henry Gantt)에 의하여 제안된 간트 다이어그램(gantt diagram) 또는 간트 차트(gantt chart)라고 불린다. 간트 다이어그램은 아래에 정리된 몇 가지 중요한 정보를 잘 표현하고 있다.

첫째로 간트 차트는 작업시간(activity time) 또는 처리시간(processing time)을 표현하고 있는데 이는 프로세스 상의 작업순서와 작업들의 소요시간을 잘 보여준다. 간트 차트에서 작업시간은 해당하는 작업의 막대기의 길이로 표현된다. 두 번째로 간트 다이어그램은 여러 작업들간의 상호관계에 대하여 표현해 준다. 예를 들어, 초기문진은 환자가 진료접수를 마친뒤에야 이루어짐을 알 수 있다. 또한 시술실 준비는 초기문진이 진행되는 동안 동시에 진행될 수 있음을 알 수 있다.

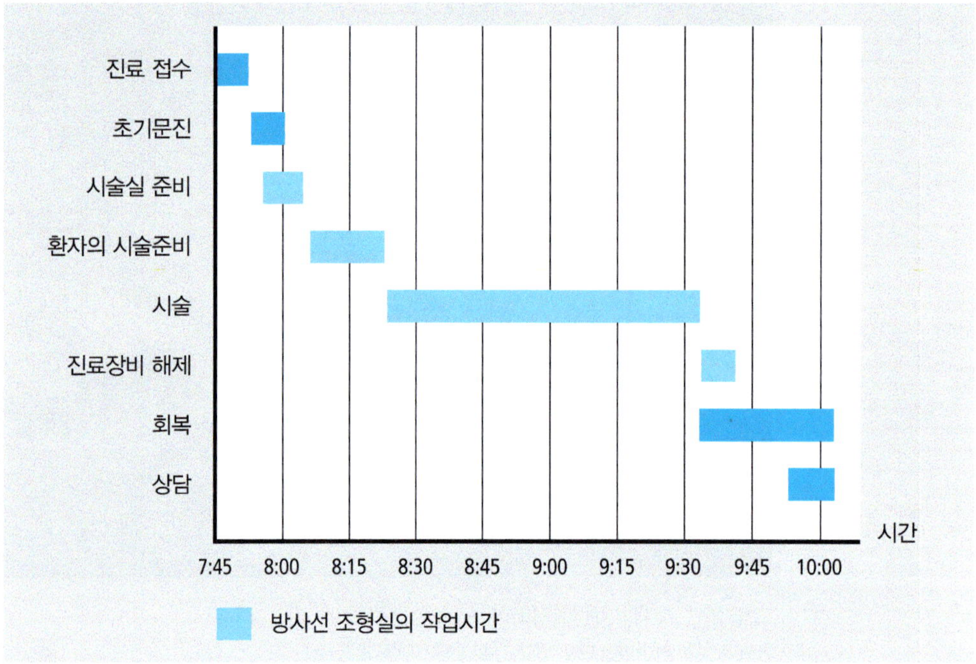

그림 2.2 방사선 조형실의 작업을 정리한 간트 차트

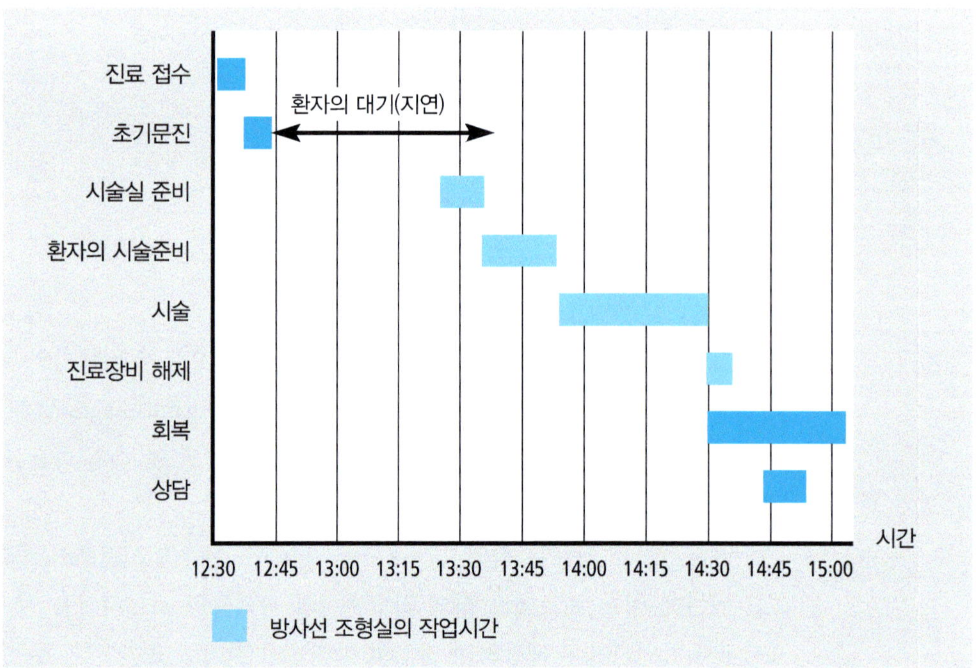

그림 2.3 방사선 조형실의 실제 환자의 작업시간을 정리한 간트 차트

아마도 몇몇 독자들은 간트 차트를 프로젝트관리와 관련하여 접한 경험이 있을 수 있다. 프로세스 분석상황과 달리 프로젝트관리에서는 주로 하나의 단위 프로젝트가 마감되는 시간을 단축하는데 관심을 가지게 된다. (프로젝트 관리와 관련한 자세한 사항은 12장에서 다루고 있으니 참조 할 수 있다.) 프로젝트 관리에 있어서 가장 잘 알려진 개념 중의 하나가 주 경로(critical path)라는 개념이다. 이 주 경로라는 것은 프로세스상의 작업들로 구성되는데 여러 작업들 중에서 그 작업이 지연 되었을때 전체 프로젝트 완료시간을 지연시키는 작업들을 의미한다. 즉 우리의 경우에 있어서 주 경로는 방사선 조형실에서 환자가 떠나는데 걸리는 시간을 지연시키는 모든 작업들의 집합을 의미하게 된다.

[그림 2.2]에서 표현된 8가지 작업들 외에 환자들은 주로 또 하나의 작업을 겪게 마련인데 그것은 바로 다른 작업을 위해서 기다리는 "지연 또는 대기(waiting)"라고 불리 우는 것이다. 좀 더 정확히 말해 대기는 아무런 부가가치를 창출하지 않기 때문에 실제로 작업의 일종이라고 볼 수 없다. 하지만 대기의 중요성을 절대 간과해서는 안된다. 일반적으로 대기는 환자를 지치게할 뿐더러 병원의 골칫거리 중 하나이다. 이러한 이유로 대기시간은 운영관리에서 중요한 관리의 대상이 된다. [그림 2.3]은 12:30에 방사선 조형실에 도착한 환자가 실제 거쳐간 작업들의 시간간격과 다음 작업으로 진행하기 위해서 대기했던 대기시간을 동시에 표현하고 있다.

그렇다면 왜 대기시간이 발생하는가? 결국 "대기"라는 것은 프로세스적 관점에서 보면 수요와 공급의 불일치에서 일어나는 현상이다. 만약에 공급이 무한하다면 [그림 2.2]에서 보는 바와 같이 환자들이 병원에 머무는 시간은 실제 작업시간들의 총합과 동일하게 될 것이다. 이 상황은 환자가 병원에 도착했을때 모든 간호사, 기술자, 의사들과 행정직원들 모두가 그 환자만을 기다리고 있다고 상상해 보면 쉽게 이해할 수 있을 것이다.

위와 같은 이상적인 상황이 발생하기 어렵다는 점을 이해한다면 병원의 프로세스를 바라볼 때 작업시간들에만 집중할 것이 아니라 좀 더 폭 넓은 시각으로 프로세스를 바라봐야 함을 알 수 있다. 병원관리자들은 여러 환자들의 움직임을 프로세스 상에서 작업과 작업 사이의 흐름(flowing)이라는 관점으로 바라볼 수 있다.

방사선 조형실에 있는 장비들과 사람들은 단 한 명이 아닌 여러 명의 환자들을 서비스의 대상으로 하고 있다. 이렇게 프로세스를 구성하는 장비들이나 사람들을 우리는 프로세스 자원(process resources)라고 부른다. 예를 들어 방사선 조형실의 간호사 입장에서 어떻게 조형실에서 시간을 보내는지 생각해 보자. 간호사 입장에서는 방사선관련 업무는 특별한 업무라기 보다 일상적으로 반복되는 업무임에 당연하다. 간호사들의 업무는 아마도 환자들과의 직접적 접촉일 수도 있지만 다른 업무들은 환자들을 위해서 진행되고 있음에도 불구하고 환자들이 인지하지 못하는 것들도 있다. 이러한 것들 중에는 시술실 준비를 포함해서 여러 가지 의학적 기록을 하는 과정 같은 것들도 포함된다.

이러한 반복적인 업무의 성격상 간호사뿐만 아니라 의사들, 기술자들과 병원의 행정

표 2.1 환자 방문기록표

번호	환자명	도착시간	배정된 시술실
1		7:35	주 시술실
2		7:45	
3		8:10	
4		9:30	주 시술실
5		10:15	주 시술실
6		10:30	주 시술실
7		11:05	
8		12:35	주 시술실
9		14:30	주 시술실
10		14:35	
11		14:40	

직원들은 방사선 조형실의 업무를 특별한 프로젝트성 일이 아니라 하나의 프로세스로 인식할 것이다. 하루 일과를 통해서 많은 환자들이 이 방사선 조형실을 거쳐가는 것을 일상적으로 보기 때문이다. 필라델피아의 Presbyterian 병원을 포함하여 많은 대부분의 병원들은 그들의 환자들이 병원에 언제 도착했는지를 기록한 환자의 방문기록(patient log)을 관리하고 있다. 이 방문기록은 환자들의 수요가 하루 종일 어떻게 발생했는지 잘 보여준다. 12월 2일의 환자의 방문기록이 [표 2.1]에 정리되어 있다.

대부분의 환자들은 일반적으로 일정시간 전에 미리 예약을 하고 병원에 도착한다. 우리는 환자가 방사선 조형실에 도착하면 어떤 일이 발생하는지 분석하였다. 이를 위하여 우리는 두 가지 다른 시각으로 동시에 분석하였는데 프로세스의 입장에서는 서비스의 시작을 요청을 받는다는 시각과 환자의 입장에서는 프로세스에 도착한다는 시각으로 두 가지 측면을 모두 분석하였다.

방사선 조형실은 12월 2일에 11명의 환자를 처리할 자원이 준비되어 있고 각 환자는 [그림 2.2]에 표현된 간트 차트 같은 형태로 프로세스를 통과하게 된다. 즉, 이러한 상황은 자연스럽게 대기시간을 초래하게 된다는 의미이기도 하다. 아래의 두 사례에서 표현된 것처럼 지연이 발생한다는 점은 다시 말해 여러 명의 환자들이 제한된 한 자원에 대하여 "경쟁"하는 상황에서 발생된다고 볼 수 있다.

첫 번째 사례를 이해하기 위해서 먼저 방사선 조형실의 주 경로(critical path)를 생각해 보면 대기시간이 발생하지 않는 경우 환자가 시술을 마치고 조형실을 떠나는데 약 2시간이 소요됨을 알 수 있다. 이날 병원은 11명의 환자를 하루(10시간 업무)동안 처리해야 한다. 그러므로 당연히 여러 명의 환자를 동시에 처리해야 될 것이다. 만약 우리가

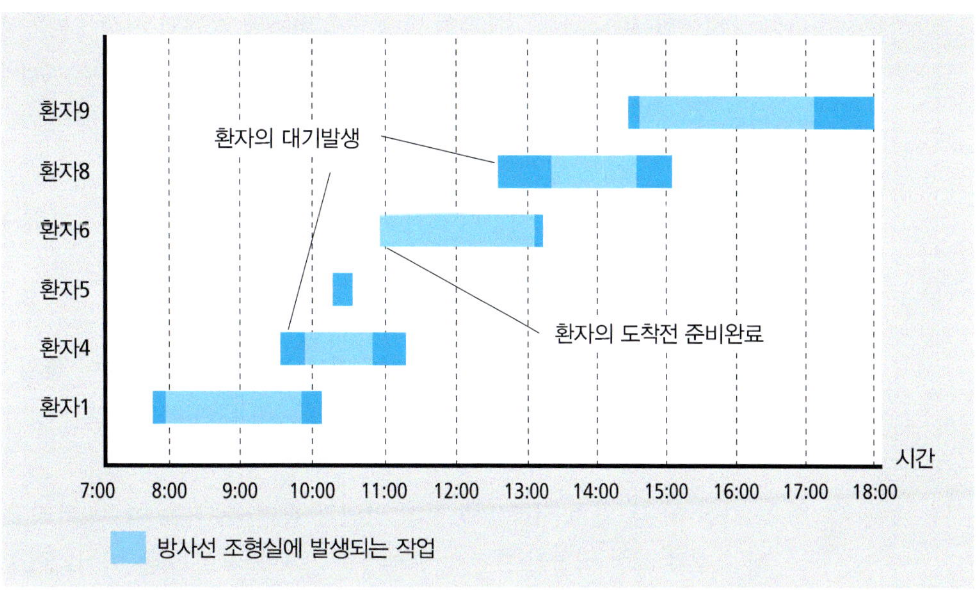

그림 2.4 시술실 준비시간을 포함한 주 시술실을 이용하는 환자의 방사선 조형실에서 소요시간

무한히 많은 자원(간호사, 의사, 의료장비, 행정직원, 방사선 조형실 등)을 보유하고 있다면 전혀 문제가 될 것이 없다. 하지만 현재 병원의 상황에 따르면 두 명의 환자가 같은 자원을 동시에 필요로 하게 되면(두 환자가 같은 자원을 동시에 요구하게 되면) 대기상황이 발생하게 된다. 예를 들어 두 번째 환자가 초기문진을 위하여 의사상담이 필요할 때 의사는 첫 번째 환자의 시술을 진행 중일 수 있다. 다음의 경우도 마찬가지로 환자 1, 4, 5, 6, 8, 9가 모두 같은 방에 배치되었다면(두 종류의 방이 있는데 하나는 주 시술실이고 다른 하나는 비교적 간단한 처리를 위한 보조실이 있다) 이 환자들은 모두 같은 자원에 대하여 동시에 경쟁을 하고 있는 상황이 되므로 대기상황이 발생하게 된다.

지연이 발생하게 되는 두 번째 원인은 여러 작업들의 불확실성에서 기인된다. 어떤 환자들은 다른 환자에 비하여 훨씬 오랜 시간이 소요되기도 한다. 예를 들어 환자1은 시술에 1시간 50분이 소요되었지만 환자9의 경우 2시간 30분이 소요되었다[그림 2.4]. 극단적인 경우 환자5 같은 경우 시술동의서에 서명하지 않고 15분만에 병원을 떠나버렸다.

이러한 불확실성 때문에 프로세스상의 각 자원들은 때때로 "넘쳐나(flooded)"거나 또

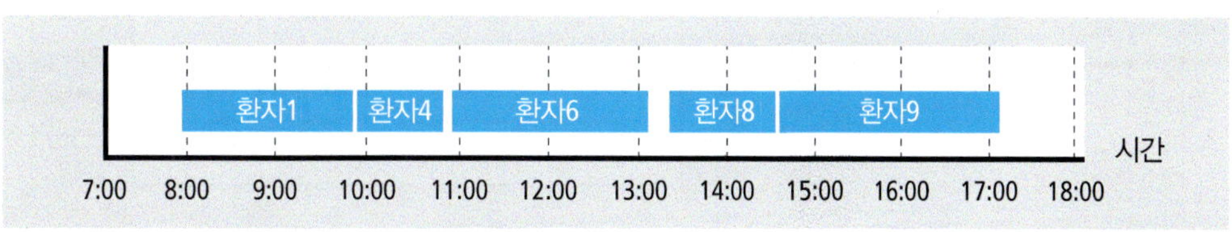

그림 2.5 주 시술실 활용 상황

는 "비어있는(starving)" 상황이 발생하게 되는데 자원의 시각에서는 바람직하지 않은 것이다. [그림 2.5]는 어떤 시간에 방사선 조형실이 사용되고 있는지를 정리하여 표현하고 있다. 이제부터 방사선 조형실의 두 가지 시각에 대하여 정리해 보자.

- 환자의 시각: 대기시간이 발생하지 않는 이상적인 상황은 [그림 2.2]에 표현되어 있다. 환자의 시각에서 수요와 공급의 불일치가 발생한다는 것은 하나의 수요(즉, 환자)가 공급(자원)을 기다리고 있는 상황을 의미한다.
- 자원의 시각: [그림 2.5]에 정리된 것과 같이 수요와 공급이 불일치하게 되면 때때로 작업이 넘쳐나기도 하고 때때로 작업이 없이 대기하기도 하는 상황이 발생하게 된다.

사실 이 두 가지 시각은 동전의 양면과 같다. 우리는 이 두 가지 시각을 동시에 고려해 보고자 하며 이것이 프로세스 분석의 가장 기본이 되는 아이디어 이기도 하다.

2.2 프로세스에 대한 평가를 위한 3요소

총체적인 시각에서 바라보면 프로세스는 일종의 블랙박스와 같은 것이라고 볼 수 있는데 이 블랙박스는 자원(노동력, 설비)을 이용하여 입력물(아직 진단 받지 않은 환자, 원자재, 서비스 받기 전의 고객)을 산출물(진단받은 환자, 완성품, 서비스 받은 고객)로 변환시키는 장치이다. [그림 2.6]은 이러한 개념을 표현하고 있다. 앞으로 3장에서는 [그림 2.6]과 같은 그림을 체계적으로 자세하게 표현해내는 '프로세스 흐름도'를 만드는 방법에 대하여 논의할 것이다. 제품을 생산해 내거나 서비스를 창출해내는 프로세스에 대하여 분석할 때는 우선적으로 분석의 기본 요소(unit)부터 정하게 된다.

방사선 조형실을 분석할 때는 환자를 흐름단위(flow unit)로 정의할 수 있다. 일반적으로 흐름단위를 정의할 때는 공급프로세스가 창출해 내는 생산물이나 서비스의 결과물

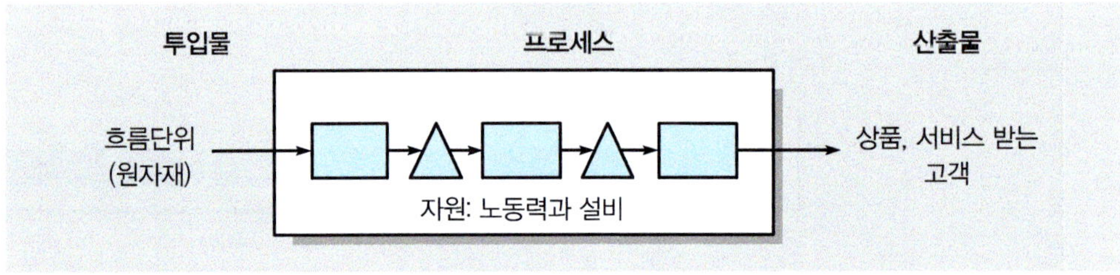

그림 2.6 조직을 바라보는 프로세스적 관점

의 형태에 따라 결정되는데 예를 들어 자동차 공장에서는 자동차, 항공사에서는 여행객, 맥주 생산공장에서는 맥주 1갤론이 흐름단위에 해당된다.

흐름단위라는 용어 자체에서 제시된 바와 같이 흐름단위는 프로세스를 흘러 다니게 되는데 처음에는 투입물의 형태로서 존재하다가 나중에는 산출물의 형태로 변형되어 프로세스를 떠니게 된다. 흐름단위를 적절하게 잘 정의하고 나면 다음으로 프로세스의 능력을 평가하기 위하여 아래와 같은 기본적인 세가지 평가지표를 사용하게 된다.

- 프로세스상에 존재하는 흐름단위의 수를 '재고'(서비스가 아닌 생산의 관점에서 보자면 재공품재고(WIP; work in process))라고 부른다. 우리의 분석대상이 생산공정에만 국한하지 않고 서비스 프로세스까지 포함하므로 여기서 재고는 처리 중인 보험료 청구건수나 세무당국의 처리 중인 세금환급 회수 등도 의미할 수 있다. 많은 독자들은 아마도 처음에는 방사선 조형실에 있는 환자들, 즉 사람들을 재고라는 용어로 표현하는데 대하여 불편함을 느낄 수 있지만 프로세스 상에서 재고라는 용어를 사용하는 데에는 여러가지 이유가 있다. 이와 관련하여 아래에서 자세히 다루게 될 것이다.
- 하나의 흐름단위가 프로세스상에 머무는 시간을 '흐름시간(flow time)'이라고 부른다. 흐름시간은 흐름단위가 프로세스상에서 다른 흐름단위와 동일한 자원에 대하여 경쟁하는 과정에서 발생하는 대기시간까지를 포함한다. 특히 대기시간은 서비스 프로세스나 또는 주문이 도착한 시점에서 생산을 시작하는 주문생산과 같이 지연상황에 대하여 특별히 민감한 프로세스에서는 더욱 중요한 평가지표로서의 의미를 가진다. 방사선 조형실에서 흐름시간은 환자들에게 중요한 의미를 가지는데 환자가 방사선 조형실에 도착해서 집이나 다른 병과로 떠나는데 까지 걸리는 총 시간을 의미한다.
- 마지막으로 프로세스가 창출해내는 산출물의 속도(rate)에 해당하는 측정치를 [흐름단위의 수/단위시간]으로 계산하는데 이를 '흐름률(flow rate 또는 throughput rate)'이라고 한다. 프로세스가 최대한 생산해낼 수 있는 속도를 특별히 프로세스의 '처리능력(capacity)'이라고 부른다. 우리의 예제에서 분석해 보면 11월 2일의 방사선 조형실의 흐름률은 환자 11명/일이었다.

표 2.2 흐름률, 재고, 흐름시간의 사례

	이민국	샴페인 제조	경영대학원	대형 PC제조
흐름단위	이민신청서	샴페인 1병	경영대학원 학생	컴퓨터
흐름률	비자 승인, 처리건수: 6백30만 건/년	2억6천만 병/년	학생 600명/년	5,000대/일
흐름시간	평균처리시간 : 7.6개월	저장고숙성: 3.46년	2년	10일
재고	미처리대기건수: 4백만 건	9억 병	학생 1200명	컴퓨터 5만 대

[표 2.2]에서는 여러 프로세스의 사례별로 해당하는 흐름률과 재고수준과 흐름시간들에 대하여 나열하였다.

독자들 중 일부분은 아마도 수요와 공급의 불일치와 관련된 논의에서 약간 멀어져 버린 것이 아닌가 생각할 수도 있겠지만 여전히 우리는 논의의 연장선상에 있다. 만약 최대 흐름률(처리능력)을 증가시킬 수 있다면 수요에 대응하기 위하여 부족했던 공급을 끌어 올릴 수 있다는 점에 주목해야 한다.

흐름시간을 단축하게 되면 수요의 발생시점과 공급의 충족시점 사이의 시간간격을 줄일 수 있게 된다. 그러므로 짧은 흐름시간을 유지시키는 것은 수요와 공급의 불일치를 줄이는데 상당한 도움이 된다. 일반적으로 대부분의 산업에서 짧은 흐름시간은 결과적으로 매출의 증대를 이룰뿐만 아니라 제품가격의 상승을 수반하므로 기업경영의 큰 그림에서 바라볼 때 매우 중요한 관리요소이다.

재고수준을 낮게 유지하게 되면 결과적으로 낮은 운영자본을 유지할 수 있을뿐만 아니라 이 책의 마지막 부분에서 다루게 될 품질측면에서도 이점을 얻을 수 있다. 높은 재고수준은 바로 이 장의 뒤에서 계속 설명될 바와 같이 긴 흐름시간을 의미하게 된다. 그러므로 재고수준을 낮추게 되면 동시에 흐름시간도 단축할 수 있다. 특히 이 세 가지 지표(흐름률, 흐름시간, 재고)중 재고는 수요와 공급의 불일치를 확인하는데 가장 용이한(현장에서 현재 공정 중에 있는 재고가 얼마인지 쉽게 확인할 수 있다) 지표이므로 이제부터 이에 대하여 자세히 다루어 보자.

2.3 리틀의 법칙

회계적 입장에서 보면 재고는 자산으로 인식된다. 하지만 운영적 측면에서 바라볼 때 재고는 부채이다. 회계적 개념을 부정하자는 것이 아니다. 대차대조표상 회계적 측면에서 재고는 자산 쪽에 위치하는 것이 회계적 정의이다. 일반적 의미에서 자산은 "보유하고 있으면 좋고 보유하고 싶은 것"에 해당하지만 부채는 "가지고 있으면 부담스럽고 불편한 것"에 해당한다. 이러한 측면에서 보면 재고는 확실히 부채라고 할 수 있다. 이러한 관점은 우리가 앞서 거론했던 병원과 같은 서비스 프로세스상에서 더 확연히 드러나게 되는데 치료를 받기 위해 대기실에서 대기 중인 환자는 이 병원 시스템에서 자산으로 파악 될 수 없기 때문이다.

다시 한번 방사선 조형실을 살펴보기로 하자. 병원경영의 전문가가 아니라 하더라도 우리는 쉽게 어떤 환자가 시술이나 서비스를 받고 있는지 (자원을 차지하고 있는지), 어떤 환자가 서비스를 받기 위해 자원을 기다리고 있는지 쉽게 파악할 수 있다. 유사한 예로, 우리가 제품을 생산 중인 공장을 돌아본다면 어떤 부분품 재고가 원재료로서 사용되고 있는지, 어떤 것이 재공품재고인지 아니면 생산이 완료되어 보관 중인 완제품재고인지 바로 확인할수 있다.

식기세척기 제조공장이건 방사선 조형실의 경우이건 어떤 프로세스를 한번 본다고 해서 단번에 프로세스의 운영을 잘 이해하긴 어렵다. 우리는 오로지 한 순간의 프로세스 운영상태 즉 스냅사진을 관찰하는 것에 불과하다. 이는 불행히도 대부분의 경영(재무) 보고서들이 취하는 방식이다. 병원에서 진료받기 전의 환자와 받은 후의 환자를 구분하여 정리 하듯이 재고를 원재료, 재공품재고, 완제품재고로 분류하여 표시해 놓은 대차대조표와 같은 스냅사진을 보는 식의 접근방법과 다를 바가 없다. 이렇게 스냅사진과 같은 순간만을 표현할 뿐인 보고서만 가지고서는 왜 이들 재고가 발생되는지를 이해하기는 어렵다. 그러므로 스냅사진을 보는 것과 같은 정적인 접근방법으로는 비즈니스 프로세스를 이해(왜 재고가 존재하는가?)하기도 어렵고 비즈니스 프로세스를 개선(이것이 적절한 재고량인가?)하기도 어렵다.

이제, 방사선 조형실을 단 한번 방문할 것이 아니라(스냅사진적인 접근) 좀 더 오랜 기간 동안 머무르면서 조사를 한다고 생각해 보자. 아침 일찍부터 방사선 조형실에 방문해서 환자들의 도착시간과 떠나는 시간 등을 기록하기로 하자. 지난밤에 방사선 조형실에 와서 시술을 받고 있던 환자는 없기 때문에 우리는 첫 번째 환자부터 확인할 수 있다. 이렇게 함으로써 환자가 프로세스로 유입하고 유출되는데 관련된 데이터 수집을 시작할 수 있다.

하루 동안의 조사를 마치고 나면 [그림 2.7]과 같은 그래프를 표현할 수 있는데 상

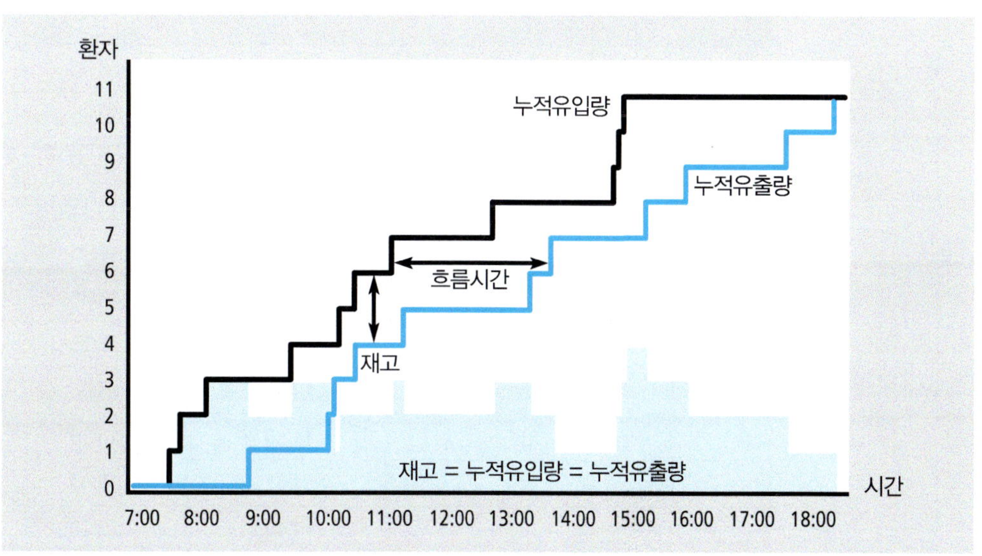

그림 2.7 누적 유입량과 유출량

단에 위치한 선은 방사선 조형실에 들어온 환자의 누적유입량을 표시하고 있다. 이 선은 기준시간 0시(7:00)에 0명의 환자에서 시작된다. 만약 밤새 머무는 환자가 있었다면 0이 아닌 다른 수로부터 시작될 것이다. 이 그래프의 하단에 표시된 선은 방사선 조형실을 떠난 환자들의 누적유출량을 표현하고 있다. [그림 2.7]에 의하면 정오(12:00)까지 총 7명의 환자가 도착했으며 이중 5명은 시술을 마치고 방사선 조형실을 떠난 것을 알 수 있다.

[그림 2.7]에서 특정시간의 두 선간 높낮이 차이(수직거리)는 해당시간에 방사선 조형실에 머물고 있는 환자의 수를 나타내고 있다. 프로세스적 관점에서 이는 그 시간에서의 재고수준에 해당한다. 그러므로 직접 우리가 방사선 조형실 안에까지 들어가지 않고도(유입과 유출만 확인하고도) 누적 유입량과 유출량을 확인함으로써 그 차이를 가지고 재고수준을 파악할 수 있다. 예를 들어 정오에 방사선 조형실의 재고수준은 2명임을 알 수 있다.

또한 두 선의 수평거리를 통해서 확인할 수 있는 것도 있다. 만약 환자가 들어온 순서대로 나가게 된다는 가정하에서 두 선간의 수평거리는 환자가 프로세스에서 머무는 시간에 해당된다. 하지만 일반적으로 먼저 들어온 환자가 꼭 먼저 치료를 마치고 떠나게 되지는 않는다. 하지만 우리는 이 두 선간의 평균 수평거리를 통하여 환자가 평균적으로 얼마의 시간 동안을 방사선 조형실에서 머물게 되는지 확인할 수 있다.

이를 통하여 [그림 2.7]은 앞서 설명한 프로세스 능력을 평가하기 위한 세 가지 평가

표 2.3 평균흐름시간의 계산

번호	환자명	도착시간	떠나는 시간	흐름시간
1		7:35	8:50	1:15
2		7:45	10:05	2:20
3		8:10	10:10	2:00
4		9:30	11:15	1:45
5		10:15	10:30	0:15
6		10:30	13:35	3:05
7		11:05	13:15	2:10
8		12:35	15:05	2:30
9		14:30	18:10	3:40
10		14:35	15:45	1:10
11		14:40	17:20	2:40
			평균	2:04:33

지표인 흐름률(두 선의 기울기), 재고(두 선의 수직거리), 흐름시간(두 선의 수평거리)을 모두 포함하고 있다는 것을 알 수 있다.

그래프나 환자 출도착정보를 통하여 12월 2일의 평가지표들을 계산해 보도록 하자. 이미 알고 있듯이 흐름률은 11명/일이다.

다음으로 재고수준을 생각해 보자. 재고수준은 시간대에 따라 유입과 유출의 변화 때문에 지속적으로 변한다. 좀 정교하지 못하고 단순한 방법이긴 하지만 매 5분 간격으로 각 시간대의 재고수준을 모두 확인하여 그 평균을 계산하면 2.076명으로 계산된다.

다음으로 환자가 시술실에서 보내는 시간에 해당하는 흐름시간을 생각해 보자. 이 정보를 계산하기 위해서 우리는 [표 2.3]에 표시된 환자의 출·도착 정보를 활용할 수 있다. 각각의 환자에 대하여 출발시간과 도착시간의 차이를 계산함으로써 각 환자별로 시술실에 머문 시간(흐름시간)을 계산해 낼 수 있다. 이렇게 계산된 시간은 앞서 [그림 2.7]에서 관찰한 선들과의 수평거리와 상당부분 일치함을 알 수 있다(만약 환자별 도착순서와 떠나는 순서가 일치한다면 정확히 일치하게 될 것이다). 계산에 의하면 12월 2일의 평균흐름시간은 2시간 4분 33초였고 이는 2.076시간에 해당한다.

이 시점에서 "평균재고수준은 평균흐름시간과 항상 일치하는가?"와 같은 의문점이 생길 것이다. 답은 "그렇지 않다"이다. 하지만 평균재고수준과 평균흐름시간이 이렇게 동일한 수로 발생된 것은 단순한 우연 때문도 아니다.

위의 두 값이 어떻게 연관되어 있는지 살펴보기 위하여 세 평가지표들인 흐름률, 흐름시간, 재고에 대하여 정리해 보자.

- 흐름률=11명 환자/일, 이는 정확히 1명 환자/시간과 일치한다.
- 흐름시간=2.076시간
- 재고=2.076명 환자

가끔 희귀하게 이번처럼 두 값이 일치할 수도 있지만 재고와 흐름시간이 항상 일치해야 하는 것은 아니다. 이 두 값은 다음의 다른 식으로 연결되어 있다. 이제 이 관계를 리틀의 법칙(John D. C. Little의 이름을 따라서)이라고 부르기로 하자.

평균재고수준=평균 흐름률×평균흐름시간(리틀의 법칙)

많은 사람들은 이 관계식이 별거아니고 당연한 것이라고 생각할 수도 있다. 하지만 결코 그렇지 않다. 변동성을 포함한 모든 고려사항을 포함하는 일반적인 상황에 대하여 이 관계를 수학적 표준을 통하여 증명하는 것은 상당히 복잡할 뿐더러 비교적 최근에 와서야 이루어지게 되었다.

리틀의 법칙은 위에서 언급된 세가지 프로세스 평가지표 중 두 가지를 알고 나머지 한 가지를 계산할 때 유용하다. 예를 들어, 방사선과에서 X-ray 촬영을 위해서 환자들이 평균적으로 얼마나 기다려야 하는지를 계산하려 한다면 다음과 같이 할 수 있을 것이다.

1. 하루 중에 임의의 여러 시점을 무작위로 정하여 그 시간에 병원에 있는 환자의 수를 조사한 후 평균값을 계산한다. 이 값을 편의상 7명이라고 가정해 보자. 그중 4명은 대기실에서 대기하고 있고 2명은 옷을 갈아입고 촬영실 앞에서 대기 중이며 한 명은 촬영실 안에 있다.
2. 그날 얼마나 많은 환자들이 촬영되었는지 확인할 수 있는 진료번호표 또는 다른 기록표들을 이용하여 처리 환자수를 계산한다. 예를 들어 8시간 동안 60명의 환자가 촬영을 마쳤다고 가정하자. 그러면 흐름률은 60/8=7.5명/시간 임을 알 수 있다.
3. 리틀의 법칙을 이용하면 흐름시간=재고/흐름률=7/7.5=0.933시간=56분임을 계산 할 수 있다. 이 흐름시간은 환자가 방사선과에 들어와서 X-ray 촬영을 마치고 떠나는 순간까지 소요되는 평균시간을 의미한다. 만약 이렇게 리틀의 법칙을 이용하지 않고 직접 계산하기 위해서는 추가적인 데이터를 앞서 보았던 [표 2.3]에서와 같이 모아서 계산해야 한다.

그렇다면 언제 리틀의 법칙이 성립하는가? 답은 '항상 그렇다'이다. 예를 들어, 리틀의 법칙은 흐름단위(예, 환자)가 서비스를 받는 순서(예, 선입선출(FIFO), 후입선출(LIFO): 회계수업시간이나 다른 수업시간에 이런 것을 배운 적이 있을 수 있다)와 무관하다(단, 이러한 서비스 순서는 개별 환자별 흐름시간에는 영향을 주지만 모든 환자를 대상으로 하는 평균흐름시간에는 영향을 미치지 않는다). 리틀의 법칙은 변동성 즉, 불확실성과도 무관하다. 다시 말해, 환자의 수가 시간에 따라 변동되거나 환자 별로 치료시간이 변동되거나 하는 이러한 불확실성과 상관 없이 성립된다는 뜻이다. 어떤 변동성 하에서도 평균 흐름률과 평균재고(환자 수)와 평균흐름시간과의 관계는 성립된다.

앞에서 제시된 예와 같이 평균흐름시간을 계산했던 것처럼 리틀의 법칙을 직접적으로 활용하는 것 외에도 이 법칙은 재고비용을 계산한다던지 향후 소개될 재고회전율을 계산하기 위해서도 사용된다. 이와 관련해서는 다음 절에서 다루도록 하자.

2.4 재고회전율과 재고비용

눈에 보이는 구체적인 물체를 흐름단위로 정의하는 것은 재고수준을 측정하기에 가장 직관적인 방법이 될 수 있다. 즉 자동차 판매업자에게는 자동차가 흐름단위에 해당하고,

병원에서는 환자, 정유공장에서는 기름의 단위무게(예, 톤)가 흐름단위에 해당한다.

그러나 여러 종류의 제품에 대한 총괄적 재고수준을 파악하는데 있어서는 물리적으로 보이는 형태로 흐름단위를 정의하는 것이 항상 최선의 방법은 아니다. 이런 경우 2,000개의 재고를 가지고 있다는 것과 같은 정보는 별 쓸모가 없다. 만약 1,000개는 서류철이고 나머지 1,000개는 컴퓨터라고 한다면 2,000개의 재고정보는 큰 의미를 가지지 못한다. 이러한 환경 하에서 재고수준은 주로 화폐가치로 측정되곤 하는데 예를 들자면 '$500만 가치의 재고'와 같이 측정되는 것이다.

화폐단위로 재고의 측정단위를 삼게 되면 여러 종류의 제품을 총괄적으로 통틀어 재고수준을 표현하는데 유리하다. 그러므로 미국 전체의 재고수준은 '미화기준으로 얼마'와 같은 형태로 보고된다. 화폐단위로 표현된 흐름단위를 사용하는 하나의 사례로 미국의 대형 소매상인 Kohl's사의 경우를 살펴보기로 하자. 물리적 형태의 음료수, 장난감, 의류, 화장지 등을 개별적 흐름단위로 보기 보다는 이 소매상점을 화폐가치로 표현된 상품들을 처리하여 판매로 전환시키는 프로세스라는 관점으로 바라보면 흐름단위를 화폐단위로 바꾸어 생각할 수 있다.

Kohl's사의 2016년 1월 31일 대차대조표에서 쉽게 발견할 수 있듯이 이 회사는 $37억 9,500만([표 2.4] 참조)의 재고를 가지고 있다. 흐름단위를 '$1'라는 관점에서 보고 Kohl's사의 흐름률을 측정해 보도록 하자.

화폐가치로 흐름단위를 결정함에 따라 흐름률은 '수익(revenue)'이라고 생각할 수 있다. 하지만 매출은 Kohl's사의 총이윤(gross margin)이 포함된 수치이므로 재고수준을

표 2.4 Kohl's사와 Walmart사의 재무제표로부터 발췌

(단위: 백만 달러)

	2016
Kohl's	
매출	$18,686
매출원가	$11,944
재고	$ 3,795
순이익	$ 556
Walmart	
매출	$482,130
매출원가	$360,984
재고	$ 44,469
순이익	$ 14,694

Source: Taken from 10–K filings.

과대 표시하게 하는 문제가 있다. 즉 매출이란 판매될 때의 금액을 합한 값에 해당하는데 재고의 가치는 회계기준에서도 마찬가지겠지만 재고분 만큼을 생성하는데 소요된 금액의 합으로 표시되어야 한다. 그러므로 흐름률을 측정하기 위한 측정지표는 매출원가(COGS; cost of goods sold)로 정하는 것이 적절하다고 볼 수 있다.

위에서 설명된 두 가지 측정지표인 흐름률과 재고를 이용해 리틀의 법칙을 적용해 보자. 처음에는 좀 억지스럽거나 가상의 값으로 여겨질 수도 있겠지만 리틀의 법칙을 적용하면 평균적으로 흐름단위($1 어치)가 판매로 이어지기까지 어느 정도의 시간 동안 Kohl's사의 시스템 내에서 머물게 되는지를 계산해 볼 수 있다. 이 계산의 결과가 다름 아닌 흐름시간에 해당한다.

$$\text{흐름률} = \text{매출원가} = 11,944\text{백만 \$/년},\ \text{재고} = \$3,795\text{백만}$$

그러므로 리틀의 법칙에 의하여 흐름시간은

$$\text{흐름시간} = \frac{\text{재고}}{\text{흐름률}} = \frac{\$3,795\text{백만}}{\$11,944\text{백만/년}} = 0.3177\text{년} = 115.97\text{일}$$

즉, Kohl's사는 평균적으로 $1가 시스템에 투입되면 116일 경과 후 이익창출 여부를 떠나서 매출로 변환되는 프로세스를 가지고 있다.

이러한 계산방식은 재고를 측정하는 여러 방법 중 하나일 뿐이다. 즉 재고의 수준을 공급일수(days of supply)로 표시하는 방식인데, Kohl's사의 경우는 116일치의 재고를 보유하고 있다고 표현할 수 있다.

다른 방식으로 표현하자면 Kohl's사의 재고는 1년에 365일/년/116일=3.15회 만큼 회전된다고 할 수 있다. 이러한 계산 값을 재고회전율(inventory turns)이라고 부르는데 이 측정지표는 유통회사들 뿐만 아니라 다른 회사들의 공급망관리에 있어서도 주요 평가지표로 활용되고 있다.

$$\text{재고회전율} = \frac{1}{\text{흐름시간}}$$

리틀의 법칙을 좀 더 살펴보기 위하여 Kohl's사의 경쟁사 중 하나인 Walmart사의 경우를 살펴보도록 하자. 앞서 살펴본 바와 같은 방법으로 Walmart사의 경우를 살펴보면

$$\begin{aligned}&\text{매출원가} = \$360.984\text{백만 \$/년}\\&\text{재고} = \$44,469\text{백만}\\&\text{흐름시간} = \$44,469\text{백만}/\$360,984\text{백만/년}\\&\qquad = 0.123\text{년} = 44.96\text{일}\end{aligned}$$

표 2.5 소매분야별 재고회전율과 이윤

소매분야	회사명	연간 재고회전율	총이윤
의류, 잡화	GAP	5.40	36.3%
통신, 우편 판매	Lands End	2.34	43.3%
백화점	Macy's	2.89	39.4%
약품, 잡화	CVS	10.07	16.3%
식료품	Kroger	11.40	22.4%
취미, 장난감	Toys R Us	3.00	35.6%
가정용 가구, 장치	Bed Bath & Beyond	2.63	37.5%
귀금속	Tiffany	0.70	62.2%
가전제품	Best Buy	6.16	24.0%
종합상품	Walmart	8.12	24.6%
전자상거래	Amazon	7.70	35.1%

$$
\begin{aligned}
\text{재고회전율} &= 1/44.96\text{회}/\text{일} \\
&= 365\text{일}/\text{년} \times 1/44.96\text{회}/\text{일} = 8.12\text{회}/\text{년}
\end{aligned}
$$

위에서 살펴본 바와 같이 Walmart사가 Kohl's사 보다 상대적으로 높은 수준의 재고회전율을 보이고 있다는 것을 알수 있다. [표 2.5]에는 소매분야별로 재고회전율을 정리한 표이다. 동시에 [표 2.5]는 소매분야별 총이윤도 표시하고 있다.(다음에 소파나 시계를 살 때 얼마나 깎을 수 있을지 가늠할 수 있겠다)

재고는 상당한 금액의 재무적인 부담일뿐만 아니라 재고를 유지하기 위해 발생되는 비용은 아래와 같은 이유 때문에 재무적인 이자비용의 수준을 훨씬 상회한다.

- 재고는 구식으로 변한다.(마이크로프로세서의 연간 유지비용을 생각해 보자)
- 재고는 물리적으로 부식될 수 있다.(신선한 장미꽃을 1년간 유지한다고 생각해 보자)
- 재고는 사라질 수 있다.(도난이나 소멸)
- 재고는 저장공간과 추가적인 간접비를 유발한다.(보험, 보안, 부동산 등)
- 대기시간의 증가에 따르는 (리틀의 법칙 때문에 발생됨, 향후 9장에서 추가적으로 거론될 예정), 또는 품질의 저하에 따르는 (향후 8장에서 논의될 예정) 추가적인, 잘 측정되지 않는 많은 비용이 존재한다.

만약 재고유지비용이 (예를 들어 연간 매출원가의 20%) 주어져 있다는 가정하에 앞서 계산한 재고회전율을 이용하여 공급망에서 발생되는 제품당 재고비용을 계산할 수

정리 2.1 재고회전율과 제품 단위당 재고비용의 계산법

1. 재무상태표에서 금액으로 표시된 재고의 가치를 파악한다.
2. 손익계산서에서 매출원가를 검색한다. 매출액이 아님에 주의한다.
3. 재고회전율을 계산한다.

$$재고회전율 = \frac{매출원가}{재고}$$

4. 단위당 재고비용을 계산한다.

$$단위당\ 재고비용 = \frac{재고유지비용}{재고회전율}$$

주의: 재고유지비용에는 재고에 해당하는 이자비용과 재고가치의 감소와 관련한 비용뿐만 아니라 기타 재고의 유지와 관련한 비용(예, 보관, 손실 등)을 포함한다.

있다. 이 계산을 위하여 연간 재고유지 비용을 연간 재고회전율로 나누면 다음과 같다.

$$제품당\ 재고비용 = \frac{연간\ 재고유지비용}{연간\ 재고회전율}$$

예를 들어 연간 재고유지비용이 연간 매출원가의 20%이고 이 회사의 연간 재고회전율이 6회라고 가정한다면 제품당 재고비용은

$$\frac{연간\ 20\%}{6회\ 재고회전} = 3.33\%$$

Kohl's사의 경우에는 앞에서 이미 계산한 바와 같이 연간 재고회전율이 3.15번이고 연간 재고유지 비용이 20%라고 할 때 위의 계산방식을 통하여 20%/3.15=6.35%의 매출원가 대비 재고유지 비용이 평균적으로 제품당 발생하고 있다고 볼 수 있다. 이 계산 방식에 대하여 [정리 2.1]과 같이 요약할 수 있다.

재고유지비용(이자비용과 진부화 비용으로 추산)이 30%인 전자제품을 판매하는 소매상을 통하여 소매업과 관련하여 좀 더 살펴보기로 하자. [표 2.5]의 Best Buy 사례에 의하면 전자제품 소매업종의 재고회전율은 연간 약 6회에 해당한다는 가정하에 우리는 이 회사의 단위당 재고비용을 30%/6=5%로 계산하였다. 이 소매상에서 $300에 팔리는 TV(이 소매상에 $200에 공급되었음)에 대하여 생각해 보기로 하자. 단위당 재고비용 계산방법에 의하면 이 소매상에서 팔리는 TV는 $200×5%=$10만큼의 재고비용이 포함되어 있다고 볼 수 있다. 이러한 계산법을 고려해서 다음의 [그림 2.8]을 관찰해 보자.

[그림 2.8]은 가전제품 소매업의 총이윤과 재고회전율과의 관계에 대하여 그림으로 표현한 것이다(출처: Gaur, Fisher, and Raman 2005). 이 표는 두 지표인 재고회전율과

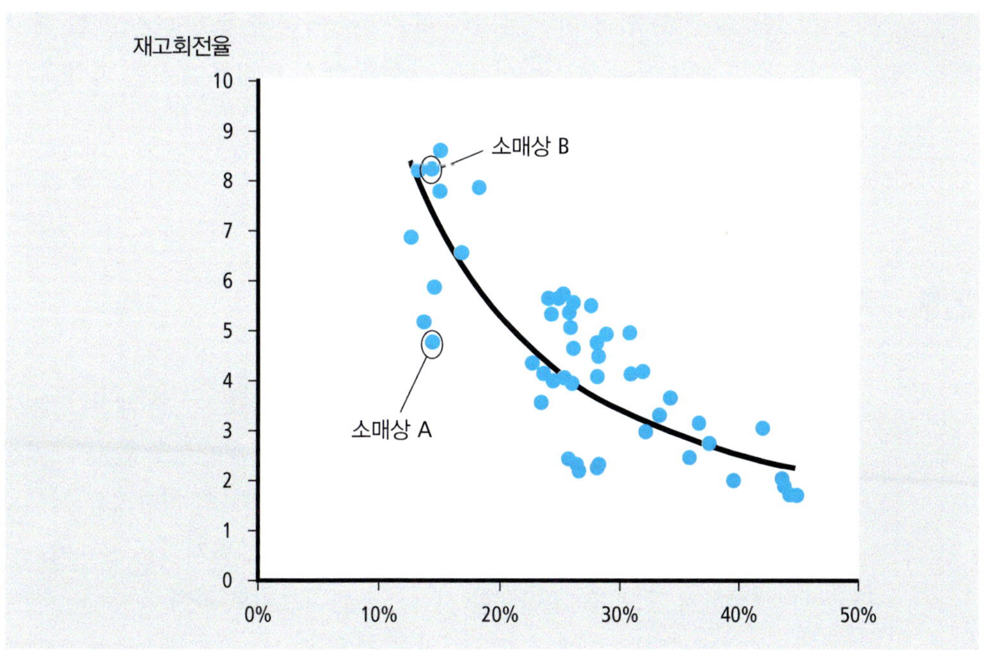

그림 2.8 재고회전율과 총이윤과의 관계
출처: Based on Gaur, Fisher, and Raman 2005.

총이윤이 원인과 결과의 관계로 연결되어 있음을 의미하지 않는다. 즉, 다시 말해 어떤 회사가 총이윤을 증가시킨다고 해서 그 결과로 재고회전율이 감소한다고 의미하는 것이 아니라는 뜻이다. 대신 우리는 이 그림을 다음과 같은 관점으로 이해할 수 있다. 즉, 경쟁적 기업환경에서 주어진 동일한 특정 제품에 대하여 총이윤은 고정되어 있다는 가정하에서 다음과 같은 두 가지 관점으로 이 그림을 바라볼 수 있다.

소매상 입장에서는 제품에 따라 서로 다른 재고회전율과 총이윤을 고려하여 판매하는 제품을 특성화할 수 있다. 예를 들어 Radio Shack사는 여러 종류의 다양한 제품들에 대하여 높은 이윤을 확보하는 것으로 알려져 있는데 상당수 제품들은 1년에 한번 내지 두 번 정도 회전되는 것으로 알려져 있다. 반대로 Best Buy사의 경우 인기가 높은 제품들을 주로 판매하고 있는데 (회전율이 높음) 대신 경쟁이 심할뿐만 아니라 판매하는 제품에 대한 총이윤의 폭도 작은 편이다.

주어진 총이윤하에서도 기업 별로 재고회전율의 차이가 극심하다는 사실을 알 수 있다. 예를 들어 15% 정도의 총이윤 수준에서 기업 별로 재고회전율이 4회에서 9회 정도로 차이를 보이고 있다는 점에 주목해야 한다. 연간 재고비용이 30% 수준이라고 가정할 때 소매상 A는 연간 재고회전율 4.5회를 기준으로 6.6%의 단위당 재고비용을 보이게 된다. 반면 소매상 B의 경우에는 연 8회의 재고회전율을 보이므로 단위당 재고비용은 3.75%이 된다. 그러므로 소매상 B는 소매상 A에 비하여 제품당 3%의 비용을 더 줄일 수 있다. 만약 이 소매업의 평균 순이익 수준이 2%대라고 할 때 이러한 경쟁력 차이를 통하여 어떤 회사는 성장을 지속할 수 있고 다른 회사는 파산에 이르게 될 수도 있다는 점을 주지해야 한다.

2.5 재고 유지의 다섯 가지 이유

리틀의 법칙을 이용하여 프로세스상의 평균재고수준을 계산(흐름시간과 흐름률을 안다는 가정하에)할 수 있다는 점을 배웠지만 이것만으로 앞서 제기한 질문(프로세스에 재고가 왜 존재하는가?)에 답하기는 어렵다. 재고의 필요성을 이해하기 위하여 프로세스를 밖에서 바라보는, 즉 투입물을 산출물로 전환시키는 블랙박스로 바라보는 시각에 국한하지 않고 좀 더 자세한 시각으로 바라보기로 하자.

앞서 [그림 2.7]에서 살펴본 바와 같이 재고는 프로세스로의 유입과 유출의 차이를 반영하고 있다. 프로세스의 운영관리 측면에서 바라볼 때 [그림 2.7]의 유입과 유출을 나타내는 두 선이 동일하다면 이상적일 것이다. 불행히도 두 선의 간격이 0인 이상적인 상황은 현실세계에 거의 존재하지 않는다. 이와 관련하여 De Groote(1994)의 연구는 재고를 유지해야 하는 (투입과 산출의 두선이 겹치지 않고 다른) 5가지의 이유가 (1)흐름단위가 프로세스상에서 소비하는 시간, (2)계절적 수요와 공급의 변동, (3)규모의 경제, (4)프로세스 안에서 서비스나 생산 단계들간의 차이, (5)수요의 변동성에 기인한다고 정리 하였다. 이와 같은 5가지의 재고원인에 따라 다른 이름으로 재고를 분류하여 부르는데 순서에 따라 수송중재고(pipeline inventory), 계절재고(seasonal inventory), 주기재고(cycle inventory), 완충재고(decoupling inventory), 안전재고(safety inventory)라고 한다. 다만 실제 상황에서는 재고를 유지하는 5가지 중 어떤 한가지 이유만으로 재고를 유지하는 것이 아니라 여러 이유가 복합적으로 작용된 결과임을 주지해야 한다.

수송중재고

재고가 발생되는 첫 번째 이유는 흐름단위가 투입물 형태에서 산출물 형태로 변환되는 과정에서 프로세스상에 머무는 시간 때문이다. 무제한의 자원이 있다고 하더라도 환자는 여전히 방사선 조형실에서 특정한 시간을 보내야만 한다. 특히 이 경우의 시간은 주경로(critical path)의 길이와 동일하게 될 것이다. 우리는 프로세스가 작동하는 과정에서 발생하는 이러한 기본적인 재고를 수송중재고라고 부른다.

수송중재고에 대하여 좀 더 쉽게 이해하기 위하여 상황을 단순화 해 보자. 정확히 환자는 1시간에 1명씩 도착하고, 각 환자는 자원이 가용해질때까지 기다리는 상황이 발생

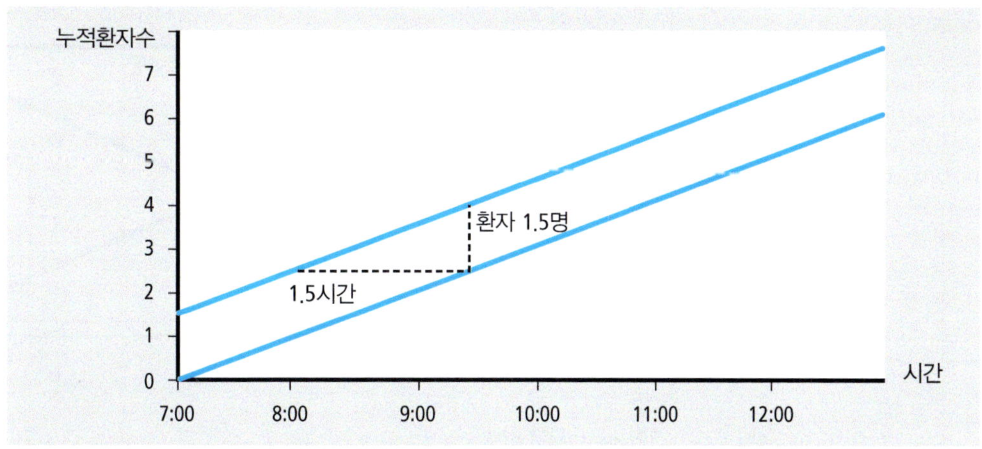

그림 2.9 수송중재고

하지 않고 (자원이 충분하다면 가능하다.) 정확히 1.5시간 마다 시술을 마칠 수 있다면 수송중재고는 얼마일까?

리틀의 법칙을 적용하여 이 값을 계산해 볼 수 있다. 우리는 프로세스 평가지표 3가지 중 2가지에 해당하는 흐름률(시간당 1명의 환자)과 흐름시간(환자당 1.5시간)을 이미 알고 있기 때문에 재고를 계산할 수 있다. 즉

$$재고량 = 1[환자/시간] \times 1.5[시간] = 1.5환자$$

이 환자의 수는 프로세스상에서 부가가치를 창출해내고 있는 흐름단위의 수와 일치한다. (만약 시술 받지 않고 대기중인 환자가 있다면 이 환자는 부가가치가 창출되고 있는 상태의 흐름단위가 아니다.) 이 상황이 [그림 2.9]에 표현되어 있다.

어떤 작업환경의 경우 종종 '재고수준 0을 달성하자'와 같은 슬로건을 볼 때가 있다. 만약 재고수준을 0으로 리틀의 법칙에 대입하게 되면 흐름률은 0이 될 것이 자명하다. (흐름시간이 0이 아니라면 프로세스는 아무것도 하지 않는 상태임을 의미한다.) 그러므로 프로세스 상에서 흐름단위에 대하여 짧은 시간동안이라도 무엇인가 행하여 진다면 프로세스는 최소한 수송중재고 만큼은 꼭 가지게 된다. 어떤 병원도 환자 없이 운영되거나 공정중에 있는 제품이 없이 공장이 운영될 수는 없다는 점을 생각하면 된다.

리틀의 법칙은 수송중재고를 줄일 수 있는 방법에 대한 고찰을 가능하게 해준다. 수요와 이익에 영향을 직접적으로 주는 흐름률을 줄이는 것은 당연히 바람직하지 않으므로 수송중재고를 줄일 수 있는 유일한 방법은 흐름시간을 줄이는 것이다.

계절재고

계절재고는 주로 생산능력은 고정되어 있는데 수요는 변동하는 과정에서 발생한다. 나

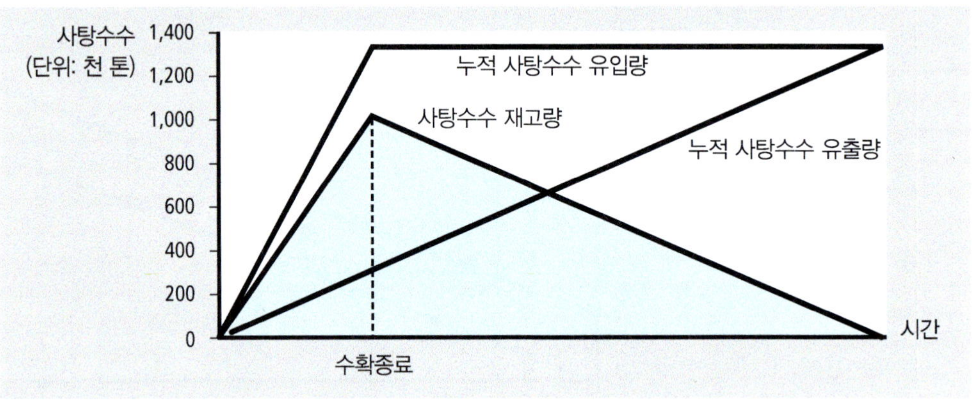

그림 2.10 계절재고–설탕 사례

중에 설명되겠지만 공급의 변동 때문에 발생되는 경우도 있으며 이 경우에도 마찬가지로 계절재고라고 부른다. 재고를 유지하는 두 번째 이유에 해당하는 계절재고를 설명하기 위하여 다음의 두 가지 사례를 살펴보기로 하자.

Campbell's Soup사는 닭국물면을 매년 1월에 가장 많이 판매하는데 이는 추운 날씨 때문이기도 하지만 그 시기에 닭국물면 할인행사를 하기 때문이기도 하다. 주로 매년 7월에 닭국물면 가격을 인상하기 때문에 매년 6월은 두 번째로 닭국물면이 많이 팔리는 시기이다.

1월에 판매량이 너무 많기 때문에 1월에 판매될 판매량에 대비하여 Campbell's Soup사는 몇 개월 전부터 미리 재고를 보유하기 시작한다. 물론 Campbell's Soup사는 재고를 만들지 않고 더 기다렸다가 생산할 수도 있다. 하지만 이 경우 1월 수요만을 대응하기 위하여 겨울에만 생산능력(노동력과 장비 측면)을 증가시키는 것은 1월이 지나고 나면 무용지물이 되기 때문에 비용측면에서 바람직하지 못하다.

다시 말해 생산능력을 늘이거나 줄이는데 많은 비용이 발생하는 경우 기업은 수요의 변동에 대비하여 생산량을 균등하게 유지하려고 하는데 이러한 과정에서 계절재고가 필요하게 된다.

계절재고의 다른 극단적인 경우는 농산물 생산업이나 식품가공업에서 살펴볼 수 있다. 미 중부의 대형 설탕제조 업체들은 농산물 수확의 특징상 설탕제조에 사용되는 원재료를 6주간에 걸친 수확기 동안 추수한다. 이때 추수되는 사탕수수가 100만 톤이 넘게 되는데 이는 67acre의 면적에 쌓여있게 된다.

식품가공업은 일반적으로 자본집약적인 업종인데 이 경우 식품가공 프로세스는 1,325천 톤의 사탕수수를 수확하여 다음 수확기까지 쉬지 않고 설탕을 생산할 수 있도록 고안되었다. 이 과정에서 최대 1백만 톤의 사탕수수가 재고로 보관되게 된다. [그림 2.10]에서 보듯이 사탕수수 유출은 시점에 상관 없이 일정하게 유지되는 반면 유입량은 수확시기를 제외하고는 0이다.

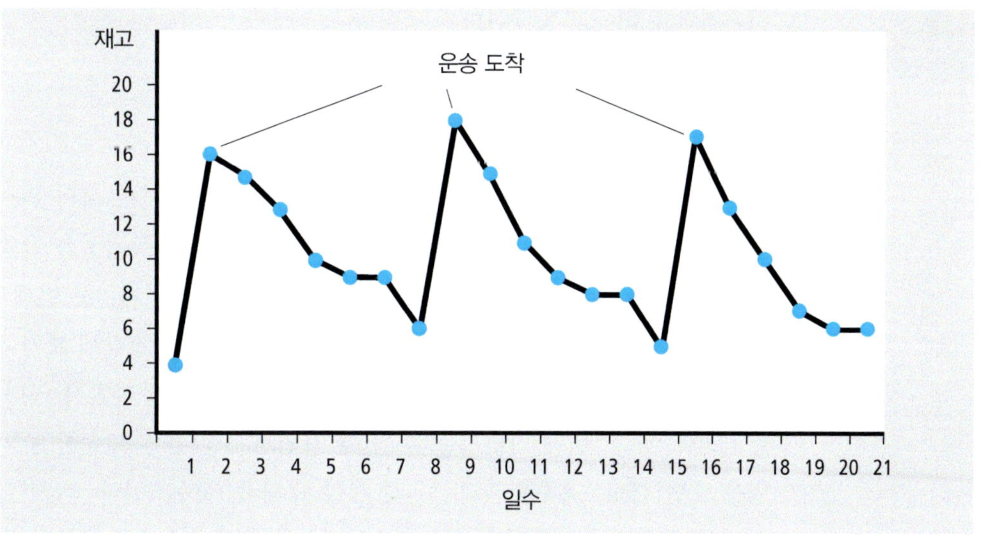

그림 2.11 주기적 재고

주기재고

이 책 전반에 걸쳐 우리는 규모의 경제 때문에 여러 흐름단위를 한 번에 모아서 처리하는 것이 프로세스의 운영에 유리한 상황을 자주 접하게 된다. 이 규모의 경제가 재고를 유지하게 하는 세 번째 이유에 해당한다.

배송 프로세스는 규모의 경제에 기인한 재고유지 이유를 가장 잘 설명해줄 수 있는 예제일 것이다. 트럭운전사에게 지불되는 비용은 트럭이 채워져 있던 비어 있던지 무관하게 고정적으로 발생한다. 또한 트럭의 마모 정도는 트럭에 채워진 양보다 운행된 거리에 비례한다. 다시 말해 트럭의 운송에는 운송량과 무관하게 고정비용이 발생함을 알 수 있다. 이러한 고정비용을 상쇄시키기 위해 우리는 될 수 있으면 트럭에 가득 실으려 하고 그럼으로써 고정비용을 분산하여 규모의 경제효과를 얻을 수 있다.

대부분의 경우에는 이렇게 고정비용을 분산시키는 것이 현명한 선택이 된다. 하지만 일반적으로 트럭은 당장 팔리게 될 양보다 많은 양을 배송하게 된다. 그러므로 한 트럭분이 전부 팔리기 위해서는 일정시간이 필요하다. 이렇게 반복적으로 특정량만큼 주기적(예, 1주일에 1회 배송)으로 운송되어지는 성격의 재고를 주기재고라고 한다.

[그림 2.11]은 방사선 조형실에서 시술중에 필요한 쟁반의 재고수준 변화를 나타낸 그래프이다. 한번에 불쑥 솟아오른 형태로 쟁반이 유입되는 반면 비교적 완만한 형태로 유출되는 모습을 확인할 수 있다. 이렇게 그래프가 형성된 이유는 행정적으로 주문처리를 1주일에 1회씩 처리하기 때문에 발생된 것이다.

주기재고와 계절재고의 가장 중요한 차이점은 계절재고의 경우 수요(닭국물면)와 공급(사탕수수)의 변동 때문에 발생하는 불균형을 해소하기 위하여 발생되고, 주기재고는 비용절감의 이유로 발생한다는 점이다.

완충재고/버퍼

프로세스상의 단계와 단계 사이의 재고는 완충장치(버퍼)로서의 필요성 때문에 존재한다. 이러한 완충재고는 프로세스상의 단계들의 운영의 독립성을 유지시키기 위하여 필요하다. 예를 들어 의류공장에서의 두 단계를 생각해 보자. 첫 번째 작업자(단계)는 셔츠에 옷깃을 재봉하고 두 번째 작업자는 단추를 단다고 생각해 보자. 두 작업자 간의 버퍼(완충재고)는 옷깃이 달려있는 셔츠들(단추는 아직 달려있지 않다)이 될 것이다. 이 버퍼 때문에 첫 번째 작업자는 두 번째 작업자가 작업을 계속하는 와중에서도 잠시 작업을 중단(휴식, 재봉틀 수리, 옷깃 색깔 교체 등)할 수 있다. 다시 말해서 버퍼는 선행 단계에서의 흐름률의 변동성을 흡수하고 (선행 단계에서 공급을 해주지 못하는 상황에서도 후행 단계에게 공급을 지속적으로 창출해 준다) 후행스탭에 지속적인 공급을 가능하게 해주는 역할을 한다.

생산 프로세스의 예로서 자동차 조립라인은 생산공정들 간의 연동성을 비동조화(decoupling) 시키기 위하여 버퍼를 활용하는 중요한 사례이다. 만약 버퍼가 없이 어떤 공정에서 생산중단이 발생되면 선행공정과 후행공정 모두를 포함하는 다른 공정으로 생산중단이 전이될 것이다. 한 줄로 서서 양동이를 날라 불을 끌 때(버켓브리게이드 방식) 중간에 버퍼가 없다면 어떤 소방관도 불을 완전히 끄기까지 중간에 쉴 수 없다.

안전재고

재고를 유지하는 마지막 5번째 이유가 아마 가장 이해하기 쉬운 재고유지의 이유가 될 것이다. 하지만 가장 다루기 어려운 수요의 불확실성과 관련되어 있다. 수요의 불확실성이란 실제 발생되는 수요와 예측된 수요를 구분해 내는 일이 필요함을 의미한다. 다시 말해, 예측된 수요에 비하여 실제 수요는 변동성을 가지고 있음을 의미한다. 이 표현은 수요의 예측 가능한 변동을 의미하는 계절요인(seasonality)—Campbell's사의 닭국물면에 대하여 1월에 발생되는 수요 폭증상황—과는 다른 것을 의미한다. 수요의 변동은 계절요인이 발생된 상황에서도 발생될 수 있다. 예를 들어 1월의 수요는 일반적으로 다른 달의 수요보다 많이 발생(계절적 수요; seasonal demand)하는데 1월의 실제 수요는 그러 한 예측치를 기준으로 더 발생하거나 덜 발생(변동적 수요—Stochastic Demand)하게 된다.

변동적 수요는 특히 소매환경하에서 또는 생산환경하의 완제품 수준에서 상당히 중요한 문제를 야기시킨다. 책 제목만 보고 얼마나 많은 책을 주문해야 하는지를 결정 해야 하는 책 소매상의 상황을 고려해 보자. 책 소매상은 이 책에 대한 수요를 예측하게 되는

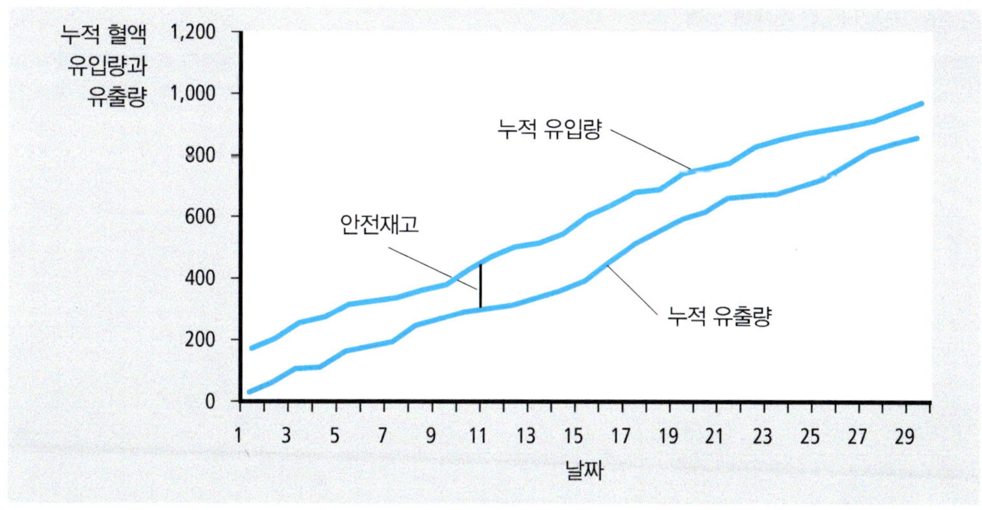

그림 2.12 혈액은행의 안전재고

데 잘해봐야 평균값에 맞출 뿐이지 실제 수요와 일치되기는 어렵다. 책을 너무 많이 주문했을 경우 팔지 못하고 남게 되고 너무 조금 주문하게 되면 판매기회를 많이 놓치게 된다. 이러한 상충관계(trade-off)는 앞으로 14장에서 다루게 될 내용처럼 관리 될 수는 있지만 예측오차를 0으로 할 수는 없으므로 이 상충관계를 제거해낼 수는 없는 것이다.

결과적으로 재고량이란 수요의 불확실성에 대응하기 위한 산물로 바라봐야 한다. 때때로 재고량은 단 한번의 의사결정의 결과물일 수도 있고 (예를 들어 잡지나 신문과 같이 수명시간(life-cycle) 이 짧은 제품에 대한 구매량 결정의 경우), 때로는 긴 시간을 두고 반복적인 주문을 통하여 (예를 들어 아동용 교재와 같이 지속적으로 판매가 가능한 수명시간이 긴 제품에 대한 구매량 결정의 경우) 발생되는 상황에서의 결과물일 수도 있다.

[그림 2.12]는 미국 Philadelphia 소재 Presbyterian 병원의 혈액은행 재고량에 대한 사례이다. 매일 혈액의 유입과 유출량에는 변화가 있지만 이 병원은 항상 며칠 분의 재고량을 보유하고 있음을 알 수 있다. 혈액이 빨리 부패하는 성질을 고려해 이 병원은 적은 양의 재고만을 유지하기 위하여 적십자(Red Cross)에서 운영하는 큰 규모의 지역 혈액은행에서 혈액을 보충받고 있다.

2.6 제품 – 공정 모형

제품이나 서비스를 제공하기 위한 프로세스는 여러 형태로 존재한다. 어떤 프로세스는 자동화가 많이 이루어져 있고 어떤 프로세스는 수동적으로 이루어 진다. 어떤 프로세스

표 2.6 프로세스의 형태별 성격

	사례	생산하는 제품의 다양성	단위제품의 생산량(생산단위/년)
주문생산	• 설계회사 • 공업용 프린터 • 포뮬러1의 경주용 자동차	높음(100 +)	낮음(1–100)
뱃치생산	• 의류제봉 • 제빵 • 반도체용 웨이퍼	중간(10–100)	중간(100–100K)
작업자속도 라인생산	• 자동차 조립 • 컴퓨터 조립	중간(1–50)	높음(10K–1M)
기계속도 라인생산	• 대형제조사 자동차 조립	낮음(1–10)	높음(10K–1M)
연속 생산	• 제지 • 정유 • 식료품 가공	낮음(1–10)	매우높음

는 전설적인 포드의 생산방식과 유사하게 보이기도 하고 어떤 방식은 동네에 있는 자전거 수리점과 같은 주문생산 형태의 프로세스를 보이기도 한다. 운영관리 측면의 실증적 연구관점에서 보면 수천 가지의 다른 형태의 프로세스들은 결과적으로는 5가지 형태의 "클러스터" 또는 프로세스의 형태로 분류될 수 있다. 동일한 클러스터 내의 프로세스는

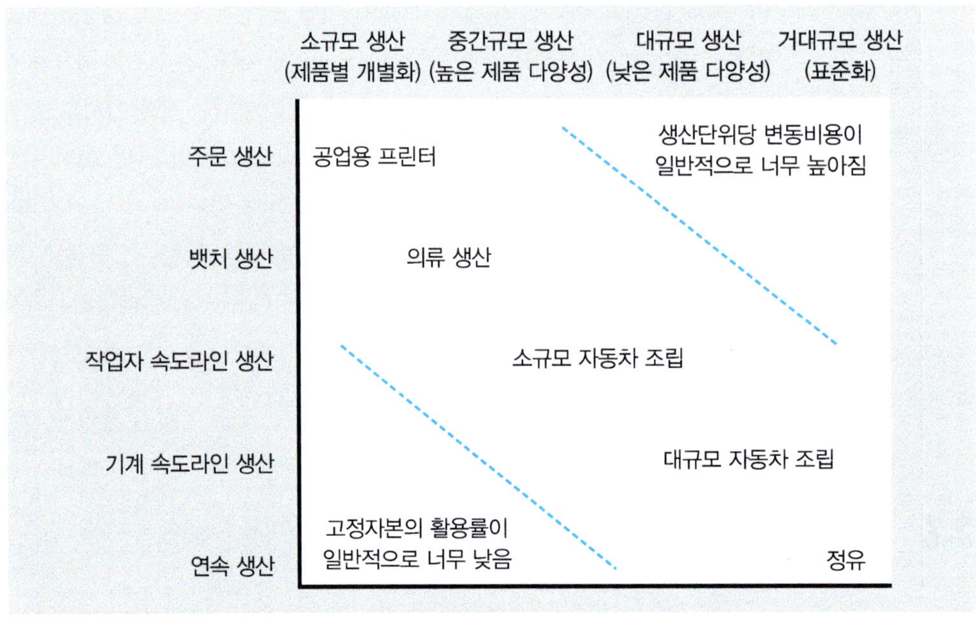

그림 2.13 제품–공정모형
출처: Hayes and Wheelwright(1979).

생산해내는 제품의 다양성과 제품별 생산량의 두 가지 측면에서 유사성을 가진다. [표 2.6]은 이러한 5가지 형태의 프로세스의 종류에 대하여 기술하고 있다.

Hayes and Wheelwright(1979)에 의하면 여러 산업들이 진화하는 과정에서 재미있는 특징들이 발견되는데 그들은 이것을 [그림 2.13]에 보이는 바와 같은 제품–공정 모형(product-process matrix)이라고 불렀다. 제품–공정 모형은 제품수명주기(product life-cycle)에 비추어 진화과정에 대하여 기술하였다. 제품은 일반적으로 초기에는 주문생산방식으로 생산되다가 차츰 생산량이 증가함에 따라 생산방식이 제품–공정 모형의 왼쪽 위에서 부터 오른쪽 아래쪽으로 변화해 간다.

예를 들어, 최초의 자동차는 한번에 하나씩 만드는 방식의 주문생산공장에서 생산되었다. 이때 생산된 모든 자동차는 각자 고유의 모습(색깔이나 몇가지 추가사항 정도의 차이가 아니라 크기나 외형을 포함한 여러 측면에서 근본적으로 다른)을 가지고 있었다. 헨리 포드(Henry Ford)식의 조립라인은 제품–공정 모형에서 대각선 방향으로의 중요한 이동(변화)을 의미한다. 몇몇 제품을 주문생산형 공장에서 만들어내는 대신 포드는 조립라인에서 몇 천대를 한번에 생산해냈다.

제품–공정 모형의 반대쪽 대각선(왼쪽 아래에서부터 오른쪽 상단으로의)쪽은 비어 있 음을 주지할 필요가 있다. 이는 생산량이 많은 제품을 주문생산방식으로 생산하는 것은 (매년 미국에서 판매되는 수백 만대의 자동차가 Gottlieb Daimler가 수작업으로 첫차를 생산할 때의 방식으로 만든다고 생각해 보자) 경제적으로 타당하지 않을 뿐더러 1년에 몇 개 되지도 않는 소규모 생산을 위해서 생산라인을 이용해 생산을 하는 것은 상식에 부합하지 않기 때문이기도 하다.

세상에 대량생산을 주문생산방식으로 하는 회사는 별로 없다. 그러나 어떤 회사의 프로세스의 형태를 구분하고 제품–공정 모형을 통해 들여다보는 것은 단순히 산업의 역사를 공부하기 위한 학문적 의미만 있는 것은 아니다. 제품–공정 모형은 여전히 아래와 같은 두 가지 관점에서 유용한 시사점을 제공한다.

1. 유사한 프로세스는 유사한 문제점을 가지는 경향이 있다. 예를 들어 4장에서 다루게 되겠지만 조립라인은 일반적으로 라인밸런싱(line balancing–어떤 근로자들은 다른 근로자들보다 일을 많이하는 문제)을 이루어내는 것이 문제이다. 앞으로 5장에서 다루게될 예정이지만 일반적으로 뱃치생산 방식은 고객의 수요에 대한 대응속도가 느리다. 그러므로 어떤 프로세스인지 형태를 파악하고 나면 어떤 문제를 갖고 있을 가능성이 높은지 빠르게 판단할 수 있으며 이에 상응하는 방법론을 적용하기 쉬워진다.
2. 어떤 산업이 [그림 2.13]에서 보여지는 바와같이 오른쪽 하단으로 자연스럽게 변해가는 과정을 예측함으로써 향후 특정 산업의 프로세스의 진화를 예측할 수 있게 도와준다. 예를 들어 시력교정 수술의 경우를 살펴보자. 1980년대까지 시력교정을 위한

수술은 주로 대형병원에서만 시행되었다. 그때 의사들은 환자 별로 다양한 이유와 상황에 따라서 수술을 진행하였다. 15년 후 이러한 상황은 극단적인 변화를 거치게 되었다. 고도로 전문화된 안과들이 몇몇의 상황에서만 시력교정술을 시행함에 따라 대량으로 환자의 시력을 교정해 줌으로써 높은 수준의 효율성을 달성할 수 있었다.

2.7 요약

이 장을 통하여 어떤 기업을 바라볼 때 그 기업이 생산해내는 제품뿐만 아니라 그 기업의 생산방식(프로세스)에 대하여 바라보는 관점이 중요하다는 것을 강조하였다. 수요-공급의 불일치 원인을 프로세스의 관찰을 통하여 밝혀내는 것은 매우 중요한 일이다. 제품의 관점에서 바라볼 때 수요-공급 불일치의 결과는 대기시간으로 나타나고 프로세스의 관점에서 볼 때 불일치의 결과는 재고 증가로 나타나게 된다.

어떤 프로세스이던 간에 프로세스의 평가를 위해 세 가지의 중요한 프로세스 평가지표를 사용하는데 이는 재고, 흐름시간, 흐름률이다. 이 세 가지 지표는 평균재고수준은 평균흐름시간에 평균 흐름률을 곱한값과 일치한다라는 리틀의 법칙을 통하여 서로 연결되어 있다.

리틀의 법칙은 나머지 두 지표를 알고 있는 상황에서 다른 하나의 지표를 알아내기 위하여 사용될 수 있다. 특히 이 방식은 흐름시간을 알아내기 위하여 많이 사용되는데 나머지 두 지표에 비하여 상대적으로 바로 측정하기 어렵기 때문이기도 하다.

흐름시간과 연관되어 있는 다른 중요한 지표는 재고회전율이다. 재고회전율은 1/(흐름시간)으로 계산할 수 있는데 얼마나 빨리 흐름단위가 프로세스에 유입된 후 유출되는지를 알려준다. 재고회전율은 많은 업종에서 상대평가를 위하여 주로 사용되는 지표이기도 한데 특히 소매업종의 프로세스 평가에 있어서 매우 중요한 지표로 활용된다. 또한 재고회전율은 단위제품당 재고비용을 추산해내는 데 활용되기도 한다.

- DeGroote(1994)는 재고의 기본 역할에 대하여 멋지게 설명하고 있다. 이 연구 결과를 포함한 다른 DeGroote의 연구에서 "린(Lean)" 방식의 운영관리에 대하여 기술하였는데 공학적이라기 보다는 전통적인 경제학적 관점으로 기술하였다.

- Gaur, Fisher, and Raman(2005)는 소매업의 경쟁력 평가와 관련하여 광범위하게 연구 결과를 기술하였다. 운영 경쟁력의 평가지표로서 재고회전율이 어떻게 재무적인 성과와 관련되는지에 대하여 기술하였다.
- Hayes and Wheelwright(1979)는 운영관리의 기업의 전략과의 연계성에 대하여 기술 한 선구적 저술로 널리 알려져 있다. Hayes, Wheelwright, and Clark(1988)은 운영관리 능력이 기업경쟁력의 핵심요소라고 밝혔다.

단원연습문제

다음 질문들은 이 장의 이해정도를 확인하는 데 도움을 줄 것이다. 각 질문 뒤의 [ ]는 관련된 해당 절을 나타내고 있다.

"*" 표시가 있는 문제의 해설은 부록 E에 있으며, Connect에서 영상을 참조하기 바란다.

2.1* **(Dell사)** Dell사의 연간 재고비용은 재무비용, 창고운영비, 진부화비용을 포함하여 연간 매출원가의 40%라고 가정해 보자. 즉 1년간 회사의 창고에 있는 매출원가 $100짜리 부품 중 $40은 재고비용에 해당함을 뜻한다. 2001년 Dell사의 공시자료에 의하면 이 회사는 $400mil. 어치의 재고를 가지고 있으며 매출원가는 $26,442mil.으로 발표되었다. 2001년 Dell사의 단위당 재고비용은 단위당 매출원가의 몇 %인가? [2.4]

2.2 **(항공사)** 소형 항공사의 수화물 접수과정에 대하여 생각해 보자. 접수자료에 의하면 아침 9시부터 10시까지 255명 고객의 수화물이 접수되었다. 또 한 탑승객의 대기 줄에서 대기하는 고객의 수를 세어본 결과 평균 35명의 대기자가 발생하는 것으로 파악되었다. 고객이 수화물 접수를 마치기까지 소비되는 시간은 평균적으로 얼마인가? [2.3]

2.3 **(재고비용)** 어떤 의료장비 제조업체는 $60,000,000어치 의료장비를 작년에 판매했다. 같은해 연말에 파악한 팔기 위해서 보관중인 의료장비는 판매 될 가치의 기준으로 $20,000,000어치를 가지고 있었다.

a. 매출원가에 의하여 계산된 단위당 제품의 가치는 $1,000이고 판매는 $2,000에 되고 있다. 이 회사의 재고회전율은 어떻게 되는가? 이 회사의 연간 재고비용이 25%라고 가정해 보자. 즉 만약 $1,000어치의 단위제품이 판매되지 않고 재고상태로 1년을 유지하게 되면 $250어치의 재고 비용을 지불해야 함을 의미한다. [2.4]

b. 매출원가가 $1,000인 제품에 대하여 실제 이 회사가 지불하고 있는 단위당 재고비용은 얼마인지 계산하라. [2.4]

2.4 **(의류 소매상)** 어떤 대형 의류 소매상은 작년 총 $100,000,000의 매출을 기록하였다. 같은해에 평균적으로 $5,000,000어치의 재고를 창고에 보관하고 있었다. 이 재고의 가치는 매출원

가 기준으로 측정되었고 이 소매상은 모든 취급하는 제품에 대하여 매출원가 대비 2배의 가격으로 판매한다고 가정하자.

a. 이 소매상은 일 년에 몇 번의 재고회전을 기록하고 있는가? [2.4]

b. 이 회사는 40%의 연간 재고유지비용 산정기준을 가지고 있다. 즉, 다시 말해서 $100어치의 매출원가의 제품이 1년간 창고에서 재고상태로 유지된다면 $40의 재고비용이 발생됨을 의미한다. 그렇다면 $30에 매출원가(COGS)에 해당하는 제품에 발생되는 재고비용은 얼마인가? 재고회전율은 제품의 가격과 무관하다는 가정하에 계산하라. [2.4]

2.5 (La Villa사) La Villa는 이탈리아 알프스 지역의 리조트 마을이다. 스위스, 독일 오스트리아, 이탈리아 지역에 스키타기 좋은 곳으로 널리 알려진 이 마을의 숙박업소는 겨울철에 늘 만원이다. 데이터에 의하면 평균적으로 1,200명의 스키관광객이 이 마을에 있으며 이들은 평균 10일간 이 마을에 머무르는 것으로 조사되었다.

a. 하루에 평균 몇 명의 새로운 스키관광객들이 이 마을에 도착하는가? [2.3]

b. La Villa 마을에서 가장 큰 호텔을 조사해본 결과 스키관광객들은 지역의 음식점에서 평균적으로 첫날 $50를 소비하고 다음날 부터는 평균 $30을 소비하는 것으로 나타났다. 이 연구 결과에 의하면 호텔의 숙박료가 지속적으로 오른 결과 2003년과 2004년에는 관광객들이 평균 5일만 머무르는 것으로 나타났다. 스키 관광객들이 10일씩 머루르던 작년과 비교하여 이번 년도의 이 지역의 음식점들의 매출액 변화율을 계산하라. 단, 호텔은 여전히 가득 찬다는 가정을 적용하라. [2.3]

2.6 (고속도로) 휴가기간에 집으로 가는 고속도로 상에서도 리틀의 법칙이 적용된다는 것을 확인해 보자. 이 도로에서 자동차의 평균속도는 60miles/hour이다. 어떤 교통정보에 의하면 당신이 운전하는 방향의 고속도로상 1/4mile 간격 안에 평균 24대의 차량이 운행 중이라고 한다. 이 방향의 고속도로의 흐름률(한 시간당 차량수로 표현)은 얼마인가? [2.3]

2.7 (제빵공장) Strohrman사는 Pennsylvania 지역에 있는 대형 제빵공장을 소유하고 있으며 여러 식품점 체인으로 빵을 배송하고 있다. 이 회사는 포장된 빵을 생산하는 새로운 설비의 도입을 고려 중이다. 빵을 굽는데 12분 소요되는데 얼마나 큰 규모의 오븐(한번에 몇 개를 동시에 구울 수 있는가로 측정된다)이 필요한가를 계산해 보자. 식품점 체인에 공급을 위해서 4,000개의 포장용 빵이 시간당 생산되어야 한다. [2.3]

2.8 (Mt. Kinley 컨설팅사) Mt. Kinley 컨설팅사는 기업의 전략컨설팅을 수행하는 회사로서 컨설턴트를 세 종류로 분류(수석컨설턴트, 책임컨설턴트, 전문연구원)하여 관리한다. 이 회사는 지난 20년간 안정적 고용수준을 유지했는데 이는 90년대의 성장기에 성장을 추진하지 않아서 21세기 초의 경제적 어려움에서도 인력감소의 필요가 없었기 때문이다. 현재 이 회사에는 구체적으로 200, 60, 20명의 수석컨설턴트, 책임컨설턴트, 전문연구원이 각각 존재한다. Mt. Kinley 컨설팅사의 근무환경은 상당히 경쟁적이어서 수석 컨설턴트의 경우 4년 근무 후에는 승진을 하던가 퇴사를 하게 된다. 즉 4년 후 책임컨설턴트가 되지 않으면 퇴사를 하게

되는 셈이다. 마찬가지로 책임 컨설턴트도 6년 근무 후 전문연구원으로 승진하거나 퇴사하게 된다. 이 회사는 경영대학원졸업자를 수석컨설턴트로 신규 고용하는데 책임컨설턴트나 전문연구원은 외부에서 영입하지 않고 있다. 전문연구원이 되면 10년간 회사에서 근무하게 된다. (그러므로 총 20년간 회사에서 근무히게 된다)

a. Mt. Kinley 컨설팅사는 매년 몇 명씩 신규 고용을 해야 하는가? [2.3]

b. 신규 고용된 수석컨설턴트가 전문연구원이 될 수 있는 확률은 얼마나 되는가? (4년 후나 10년 후에 퇴사하게될 확률은 얼마인가?) [2.3]

2.9 **(소매상 비교)** 아래의 표는 Costco사와 Walmart사의 재무상태표를 보여주고 있다.

(단위: 백만 달러)

	Costco	Walmart
재고	$ 3,643	$ 29,447
순매출(net)	$48,106	$286,103
원가	$41,651	$215,493

Source: Compustat, WRDS.

만약 두 회사 모두 연간 재고유지비용이 30%($10어치 제품을 1년간 보관하면 이와 관련한 $3의 비용이 발생한다)라고 가정할 때

a. 평균적으로 Costco사는 물건이 팔리기까지 얼마의 기간 동안 재고상태로 머물게 되는가? 연중 365일 가동한다는 가정하에 답하라. [2.4]

b. 매출원가 $5짜리의 가정용 세제의 경우 Costco사는 Walmart사에 비하여 얼마나 낮은 재고비용을 보이고 있는가? 이 가정용 세제의 매출원가는 양사가 모두 동일하다고 가정하고 가격과 재고회전율은 제품의 가격과 무관하다고 가정한다. [2.4]

2.10 **(McDonald's사)** 아래의 표는 2003년 McDonald's사와 Wendy's사의 재무상태표의 일부분이다. 단위는 $백만으로 표시되어 있다.[1]

	McDonald's	Wendy's
재고	$ 129.4	$ 54.4
매출	17,140.5	3,148.9
매출원가	11,943.7	1,634.6
총이익	5,196.8	1,514.4

a. McDonald's사와 Wendy's사의 2003년도 재고회전율은 각각 얼마인가? [2.4]

b. McDonald's사와 Wendy's사 모두 점심메뉴는 $4에 팔리는데 이들의 매출원가는 모두 $3이라고 가정하자. 또한 두 회사 모두 연간재고비용이 30%로 동일하다고 한다. 점심메뉴

1. 이 예제는 About.com(책에 있는 링크 그대로)에 나온 자료를 바탕으로 했고 재무관련 자료는 Morningstar.com에서 발췌 하였음.

하나당 McDonald's사는 Wendy's사에 비하여 대략 얼마의 재고비용을 줄이고 있는가? 재고회전율은 가격과 독립적이라고 가정하자. [2.4]

2.11 **(BCH사)** 영국의 대형 컨설팅 회사인 BCH사는 400명의 수석컨설턴트를 보유하고 있다. 평균적으로, 수석컨설턴트는 2년 근무 이후 30%가 책임컨설턴트로 승진하며, 나머지 70%는 퇴사하게 된다.

400명의 컨설턴트를 평균적으로 보유하기 위해서, BCH사는 매 해 몇 명의 수석컨설턴트를 채용해야 하는가? [2.3]

2.12 **(Kroger사)** 다음은 Kroger사의 2012년 재무정보이다.

(단위: 백만 달러)

	Kroger사
재고	$ 6,244
매출	$95,751
매출원가	$76,858

a. Kroger사의 2012년 매출회전율은 얼마인가? [2.4]

특정 절에서의 이해도를 확인하고 싶다면 아래의 각 절에 해당하는 문제를 참고하라.

- 2.3절: 2.2, 2.5, 2.6, 2.7, 2.8, 2.11
- 2.4절: 2.1, 2.3, 2.4, 2.9, 2.10, 2.12

CHAPTER

03 공급 프로세스에 대한 이해: 프로세스 처리능력에 대한 평가

공급 프로세스가 주어진 단위시간당 생산해낼 수 있는 최대 생산량을 프로세스 처리능력(process capacity)이라고 하는데 이는 프로세스의 매우 중요한 평가지표이다. 어떤 프로세스의 처리능력을 측정하기 위해서는 앞 장에서 살펴본 것보다 훨씬 더 자세히 프로세스를 관찰해야 한다. 특히 프로세스를 구성하는 여러 작업(activities)들과 그러한 작업들이 수요를 충족시키기 위해 각각 어떤 역할을 하는지 살펴볼 필요가 있다.

이 장에서 우리는 프로세스를 분석하는 방법에 대하여 배울 것이다. 프로세스를 블랙박스처럼 생각하는 관점(프로세스를 블랙박스처럼 안에서 무슨 일이 일어나는지 관찰할 필요 없이 밖에서만 바라보는 관점–즉, 흐름단위가 유입되면 완성된 제품이나 완성된 서비스의 형태로 밖으로 유출시키는 블랙박스로 바라보는 관점)을 이해하는데 필요한 3가지 지표인 재고, 흐름시간, 흐름률에 대하여 배웠던 2장과는 달리 이번 장에서는 프로세스를 좀 더 자세히 다루게 될 것이다.

이렇게 프로세스에 대하여 자세하게 다룬다고 하여 이번 장의 내용이 엔지니어의 관점에 부합할 정도로 자세하다는 것을 의미하지는 않는다. 오히려 이번 장은 꽤나 복잡한 운영시스템을 경영적 분석에 필요한 수준으로 단순화 시키고자 한다. 이를 위하여 프로세스 흐름도(process flow diagram)를 그리는 방법, 프로세스 처리능력과 병목(bottleneck)을 찾아내는 방법, 프로세스상 여러 단계에서의 할용률을 포함한 다른 지표들을 계산하는 방법들에 대하여 배우게 된다.

이러한 주제들에 대한 이해를 돕기 위하여 새로운 사례를 소개하려 한다. 독일의 엔지니어링 회사인 Lurgi AG사와 미국의 철광탄 생산업자인 Cleveland Cliffs사가 공동으

그림 3.1 Circored사 공장의 사진

출처: Terwiesch and Loch 2002.

로 투자한 Circored사의 공장을 살펴보기로 하자. Circored사의 공장은 철광석 원료를 철광탄(DRI; direct reduced iron)으로 제조하고 있다. 철광석 원료는 남미의 탄광에서부터 배송되어와서 프로세스를 거치고 난후 철광탄이 된후 미국 전역의 제철소로 보내진다.

Circored사의 제조공정은 이 장을 이해하기 위해 사용하기 아주 좋은 예제이다. 이 공장은 복잡한 프로세스를 프로세스 분석방법론을 동원하여 성공적으로 분석한 사례로 언급되기에 아주 적합하다(Terwiesch and Loch, 2002). 첫눈에 보면 공학적인 배경지식 없이 공정 프로세스를 이해한다는 것은 너무 복잡하고 힘들어 보인다. 하지만 이러한 어렵고 복잡한 예제를 통하여 프로세스 분석에 불필요한 복잡하고 어려운 기술적인 세부사항을 제외시키고 기업경영 측면의 중요하고 핵심적인 사항을 도출해 내는 "야수 길들이기"와 같은 과정을 통하여 프로세스 분석이 어떻게 사용될 수 있는지 이해할 수 있다.

3.1 프로세스 흐름도 작성법

어떤 프로세스건 이를 분석하기 위해서는 우선 프로세스 흐름도(process flow diagram)를 만드는 것이 최선이다. 프로세스 흐름도는 프로세스를 시각적인 형태로 표현하는 방법인데 사례분석이나 프로세스 향상을 위한 프로젝트를 수행하는 과정에서 모은 정보를 구조적으로 정리해내는데 활용할 수 있다. 어떻게 프로세스 흐름도를 그릴 수 있는지에 대하여 배우기 전에 우선 프로세스 전반에 걸친 정보를 어떻게 파악해야 하는지 생각해 보자.

위에서 거론된 공장에 대하여 [그림 3.1]과 같은 그림을 생각할 수 있다. 프로세스를 더 자세히 이해하기 위한 첫 번째 시도의 일환으로 [그림 3.1]과 같은 그림을 통하여 총체적인 관점에서 이 공장을 바라보기로 하자. 이 공장은 많은 양의 철광석 원료(투입물)가 있고, 공장(자원) 자체가 있으며, 제조가 완료된 철광탄(산출물)이 있다. 결국 이것은 그동안 언급하였던 블랙박스적 관점을 의미하며 경제학자들이나 많은 경영원리들이 이러한 블랙박스적 관점에 대하여 거론하고 있다.

좀 더 자세히 이 공장의 프로세스를 이해하기 위한 두 번째 시도의 일환으로 공학적 관점으로 이 공장을 바라보기로 하자. 엔지니어들은 프로세스를 구성하는 세부 단계별로 자세한 묘사와 각각의 단계들이 전체 공정에서 어떠한 역활을 수행하는지에 대한 기술적인 부분에 관심을 가질 것이다. 이러한 것과 관련한 묘사를 우리는 기술사양이라고 하며 실제 공장을 건설할때 사용한다. [그림 3.2]는 Circored사 공정의 기술사양에 대하여 묘사한 그림의 한 종류이다.

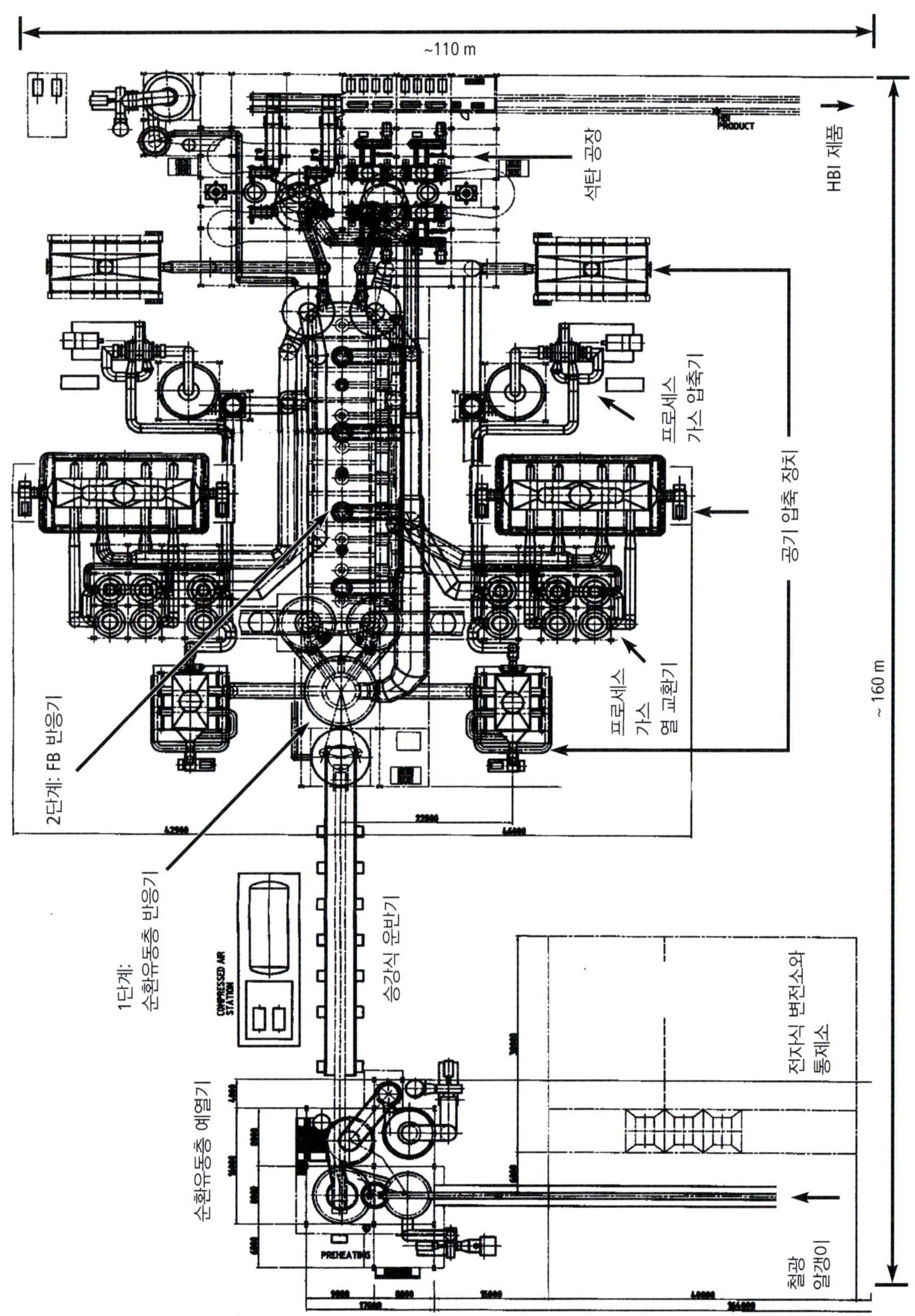

그림 3.2 공장의 청사진

출처: Terwiesch and Loch 2002

여전히 이러한 종류의 기술사양에 대한 묘사를 통하여 우리가 얻을 수 있는 정보는 상당히 제한적이다. 실제 공장사진의 경우와 마찬가지로 이 기술사양에 대한 묘사 또한 프로세스를 정적으로 보여주고 있을 뿐이다. 이것은 장비에 대하여 중점적으로 강조하고 있긴 하지만 어떻게 철광석 원료가 프로세스를 움직이며 통과하는지에 대하여 거의 알려주지 않는다. 많은 경우 이런식의 표현은 실제 병원의 사진을 보고 병원내의 환자에게 어떤 일이 일어나는지를 알아낼 수 있게 되기를 바라는 것과 다르지 않다.

세 번째이자 마지막으로 이 복잡한 프로세스를 자세히 이해하기 위하여 우리는 [그림 3.1]과 같은 공장 방문자적인 관점이나 [그림 3.2]와 같은 엔지니어적인 관점으로부터 벗어나 어떻게 철광석 원료가 프로세스를 통과하는지 철광석 원료의 입장에서 바라보는 관점으로 전환하는 시도를 하려한다. 그러므로 철광석 원료의 기준단위(예를 들어 1톤, 1파운드, 또는 1몰)를 우리의 흐름단위로 정의하고 프로세스 상에서 이 흐름단위를 따라갈 것이다. 이것은 병원의 자원 입장에서 프로세스를 바라보는 것과 비교해서 환자의 입장에서 병원을 바라보는 관점을 가지는 것과 마찬가지이다. 이제 우리는 철광석 원료 1톤을 흐름단위라고 정의한다.

작업
- 자원(resource)에 의하여 수행된다.
- 부가가치를 창출하며 흐름단위가 완성되기 위해서 필요한 단계이어야 한다.
- 재고를 유지하기도 하고 아닌 경우도 있다.
- 처리능력(단위시간당 해당 작업을 통과하는 최대 흐름단위의 수)을 가지고 있다.

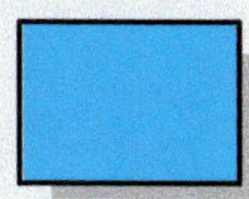

화살표
- 흐름단위의 흐름방향을 표시한다.
- 여러 형태의 흐름단위를 표시하고 있을 때도 있다. (3.6장 참조)

재고/버퍼
- 처리능력으로 표시/해석되지 않는다.(다만 특정 한계량 이상으로 머물 수 없을 수 있다)
- 여러 형태의 흐름단위의 형태로 존재할 수 있다.

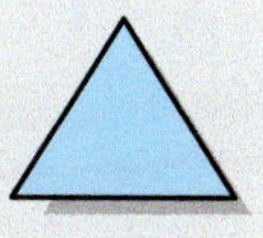

그림 3.3 프로세스의 요소

출처: Terwiesch andLoch 2002.

프로세스 흐름도를 그리기 위하여 우선 더 자세하게 분석하려고 하는 프로세스의 일정부분에 대해서만 집중할 필요가 있다. 다시 말해 우리는 프로세스 범위(process boundaries)를 정의하고 적정한 분석수준을 정해야할 필요가 있다. 프로세스 범위를 결정하는 것은 우리가 행하려는 분석 프로젝트에 따라 달라질 것이다. 예를 들어 병원의 운영을 분석하려 할 때 어떤 분석프로젝트는 환자의 대기시간에 관심이 있는 경우, 의료검사를 위해서 대기하는 환자에게 어떤일이 일어나는지(예를 들어 접수, 대기, 간호사와의 만남)를 확인하려 할 것이다. 이 프로젝트에서는 의료검사를 지시한 의사와의 만남은 분석의 범위에 포함되지 않을 것이다. 그렇지만 수술의 질과 관련된 다른 프로젝트의 경우 의료분석실이나 기타의 것보다 의사와의 만남에 대해 좀 더 자세하게 관찰하려 할 것이다.

프로세스는 흐름단위 다시 말해 프로세스를 통과하는 흐름의 단위(예를 들어 병원에서의 환자, 자동차 생산라인의 자동차, 보험회사의 보험청구서 등)를 처리한다. 프로세스 흐름도는 사각형과 삼각형, 그리고 화살표로 구성된다([그림 3.3] 참조). 사각형은 프로세스상의 작업(activities)을 나타내는데 이 작업들은 부가가치가 생성되는 행위만을 포함한다. 분석의 깊이에 따라 사각형으로 표현된 하나의 프로세스 단계 자체가 하나의 프로세스로 이해될 수도 있다.

삼각형은 재고를 가지고 있는 대기장소나 버퍼(buffers)를 나타낸다. 프로세스상의 작업의 경우와는 달리 재고는 부가가치를 창출시키지 않기 때문에 흐름단위가 버퍼에서 꼭 시간을 보내야 할 이유는 없다는 점에 주목하자. 하지만 앞 장에서 논의된 바와 같이 비록 재고의 형태로 존재하면서 가치가 증가되지 않더라도 흐름단위는 재고의 형태로 프로세스상에 존재하게 되는 몇 가지 필연적 이유가 존재한다.

사각형이나 삼각형 사이를 연결하는 화살표는 프로세스 상에서 흐름단위가 움직이는 경로를 표현한다. 만약 프로세스 상에서 다른 종류의 흐름단위들이 다른 경로를 따라 흐르는 경우에는 화살표의 색깔을 다르게 표시하여 구분하는 것이 좋다. 이러한 사례는 이 장의 마지막에 소개되어 있으니 참조하면 된다.

Circored사의 공장에서는 흐름단위가 첫 번째로 예열기(preheater)를 지나가게 되고

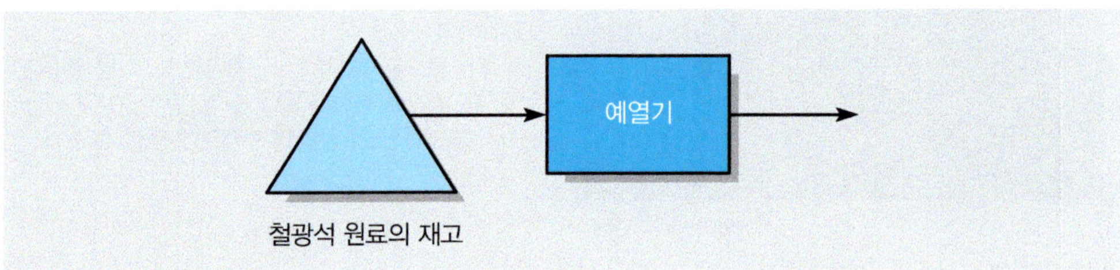

그림 3.4 프로세스흐름도, 첫 번째 단계

이것이 첫 번째 작업에 해당한다. 여기서는 철광석 원료에 열을 가하고 건조시키는 작업이 진행된다. 예열기 아래에서 고압의 공기를 예열기 안으로 유입시킨다. 이 고압의 공기와 모래상태의 철광석 원료 입자들이 섞여서 모래바람과 같은 상태로 예열기 안을 휘몰아치게 되는 과정에서 예열기의 온도는 850~900℃까지 이르게 된다.

경영자 입장에서 바라보면 예열기 안의 실제 온도라던지 그 안에서 일어나는 화학반응과 같은 것에 별 관심이 없다. 경영자들에게 예열기란 초기 철광석 원료의 재고를 받아서 처리해내는 프로세스상의 한 자원에 해당한다. 지금까지 흐름단위에게 일어난 일을 정리하자면 우리는 다음 [그림 3.4]와 같은 흐름도를 작성할 수 있다.

흐름단위가 예열기를 지나고 나면 대형 버킷 승강기(bucket elevator)를 타고 두 번째 작업인 로크 호퍼(lock hopper)로 이동하게 된다. 로크 호퍼는 두 개의 고정된 벨브로 나누어진 세 개의 큰 컨테이너로 구성되는데 산소가 풍부하게 공급되도록 한 후 수소가 가득한 공간으로 이동 시키게 하는 역할을 한다.

로크 호퍼를 거치고 나서 철광석 원료는 순환-유동반응기(circulating fluid bed reactor)를 통과하게 되는데 이것이 실제로 감쇠공정이 시작되는 첫 번째 반응기(reactor)에 해당한다. 이 감쇠공정은 반응기속에서 15분간 지속되는데 한번에 28톤의 철광석 원료를 처리할 수 있다.

첫 번째 감쇠공정이 지나고 나면 철광석 원료는 두 번째 반응기에 해당하는 고정-유동반응기(stationary fluid bed reactor)로 흘러들어가게 된다. 이 두 번째 반응기 속에서는 4시간의 처리시간이 소요된다. 이 반응기의 크기는 중간 정도의 가정용 집 두 채의 크기만한데 400톤의 용량을 한번에 처리할 수 있다. 여기까지 흐름단위를 추적하면 [그림 3.4]는 이제 [그림 3.5]와 같은 형태로 확장되어질 것이다.

이제 다음과 같은 사항을 확인해 보자

- [그림 3.5]를 그릴때 버킷승강기를 빼고 표현하였다. 프로세스 흐름도를 그릴 때 어느 정도의 단계를 생략해도 좋은지에 관한 명확한 규칙은 없다. 가장 일반적인 법칙은 프로세스의 흐름에 영향을 주거나 비용이 발생되는 단계라고 판단되면 프로세스

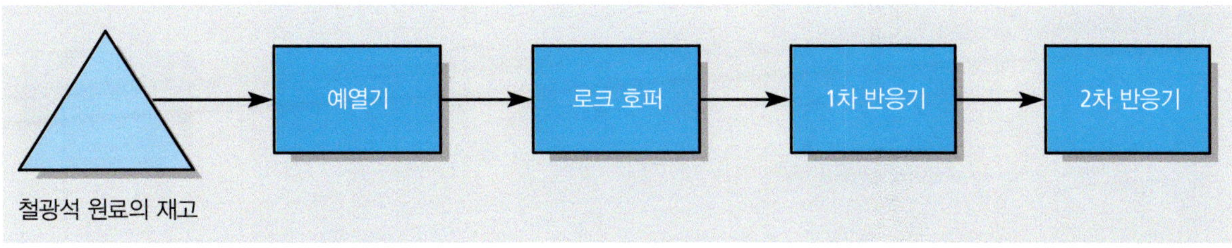

그림 3.5 프로세스 흐름도(계속)

흐름도에 포함시킨다. 버킷승강기를 통과하는 과정에서는 큰 비용이 발생하지도, 많은 시간이 소요되지도 않으며 이 통과 단계가 프로세스의 제약조건으로 작동할 여지도 없다. 그래서 흐름도에서는 생략되었다.

- 반응기를 통과하는 두 개의 단계는 비록 많은 양의 흐름단위가 멈춰있는데도(재고상태로 유지되고 있는데도) 불구하고 삼각형이 아닌 사각형으로 표현되었다. 이 두 단계는 꼭 거쳐야하는 단계에 해당하며, 이 단계를 통과하면서 부가가치가 창출된다. 어떤 철광석 원료도 이 두 단계를 거치지 않고 철광탄으로 만들어질 수 없다. 그렇기 때문에 반응기에서의 두 단계는 삼각형이 아니라 사각형으로 표현되었다.

두 번째 반응기를 통과하고 나면 감쇠된 철광석 원료는 플래쉬히터(flash heater)로 이동한다. 여기서 철광석은 고속의 수소를 포함하는 스팀을 통하여 685℃로 재가열되며 공장의 상단으로 이동된다.

프래쉬히터 이후에 철광석은 감압기(pressure let-down system; discharger)라고 불리는 단계를 지나면서 수소환경은 점차적으로 불활성의 나이트로겐 기체로 교체된다. 이 공정에서는 초기의 로크 호퍼에서의 공정과는 반대로 수소와 압력이 제거되는데 수소 센서를 통하여 철광석이 수소 없이 통과되고 있는지(그래야 다음 단계의 탄화공정의 안전이 확보된다) 확인된다.

다음의 탄화공정(briquetting)에는 3대의 기계가 있는데 각 기계는 서로 반대로 도는 두 개의 바퀴를 가지고 있고 각 바퀴의 끝부분은 철광탄 반쪽 만큼의 형태로 각인되어 있다. 철광석은 이 두 바퀴 사이로 부어져서 이 두 바퀴가 압력을 가하게 되면 철광탄의 형태로 바뀌게 되고 이후에는 완재품의 형태로 쌓이게 된다.

여기까지 흐름단위가 프로세스를 흐르면서 거치는 공정을 묘사하였다. 흐름단위가 거

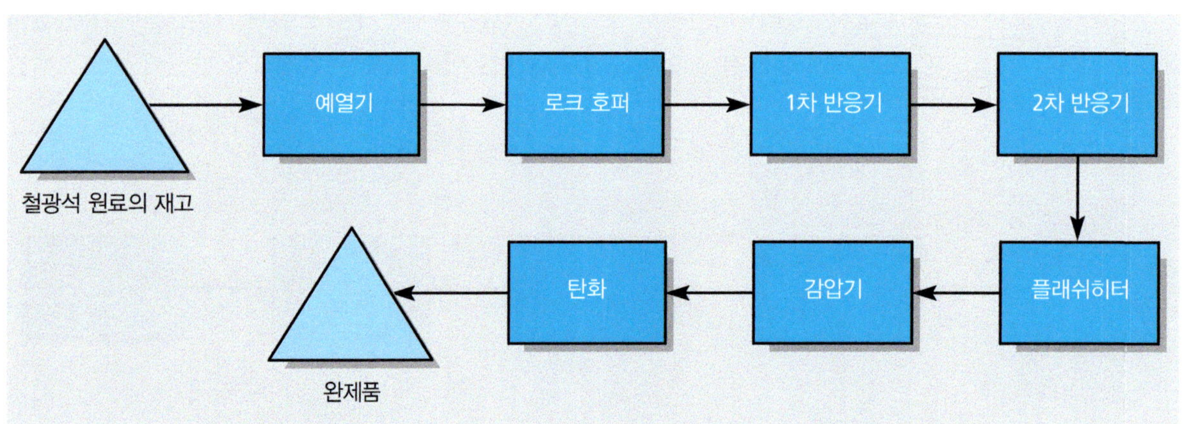

그림 3.6 철광탄 생산 프로세스 흐름도 완료

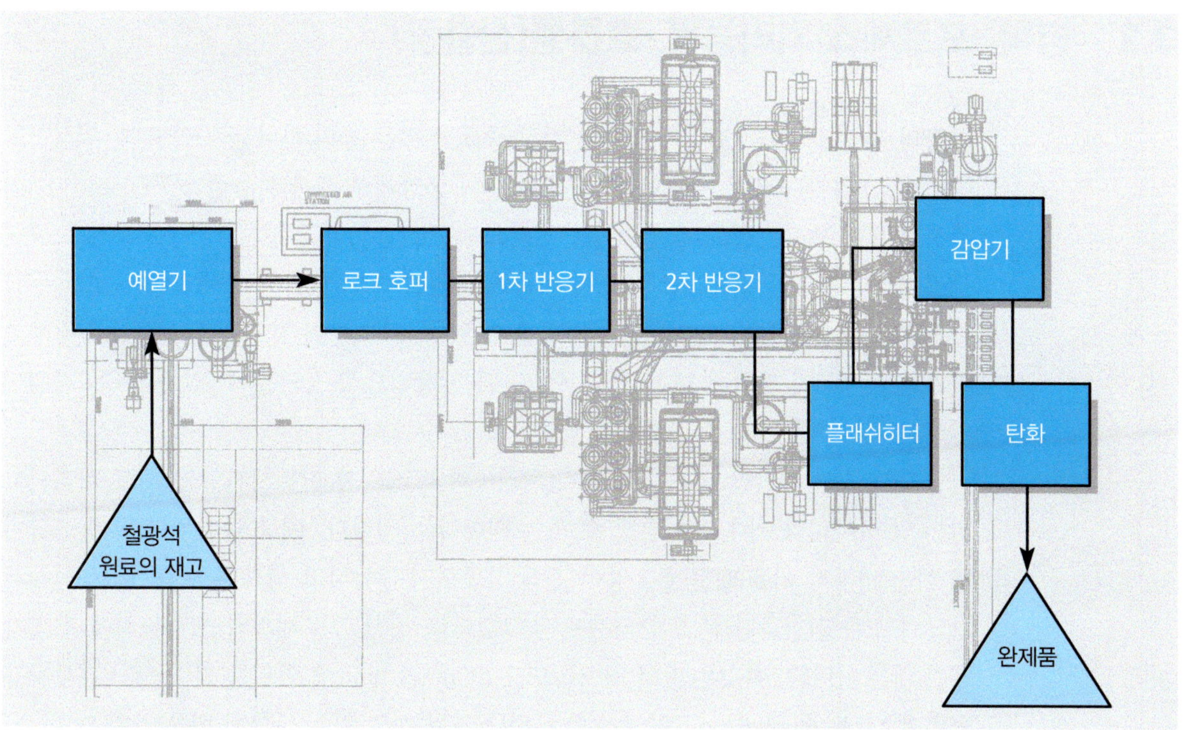

그림 3.7 철광탄 생산 프로세스 흐름도 완료

쳐온 공정에 대한 요약정리는 [그림 3.6]에 표현된 프로세스 흐름도와 같다.

프로세스 흐름도를 그릴때 사각형이나 삼각형과 화살표의 위치나 크기는 아무런 의미가 없다. 예를 들어 [그림 3.6]에서 보면 U자형으로 프로세스 흐름도를 그렸는데 단순히 책의 크기 때문에 이렇게 그린 것에 불과하다.

표현할 수 있는 공간의 제약이 없다는 가정하에 가장 단순히 프로세스 흐름도를 그리는 방법은 한줄로 길게 늘어뜨려 그리는 방법일 것이다. 오히려 우리가 주의해야 할 것은 프로세스상에 서로다른 여러 종류의 흐름단위가 있거나 하나의 흐름단위라도 방문한 자원을 다시 방문하게 되는 경우와 같은 복잡한 흐름을 표현하는 경우인데 이와 관련하여 이 장의 뒷부분에서 더 다룰 예정이다.

프로세스 흐름도를 그리는 다른 대안은 실제 공장의 모양과 아주 가깝게 그리는 것이다. 이 방법을 통해서 프로세스 흐름도가 엔지니어나 실제 공장운영자들에게 친숙하게 보일 수 있는데 [그림 3.7]에서 보는 것과 같이 청사진 위에 흐름도를 표현하는 방법은 실제 프로세스를 방문하여 프로세스를 보고 이해하는데 도움을 준다.

3.2 병목, 프로세스 처리능력, 흐름률(산출량)

공급의 측면에서 바라보면 무엇보다 가장 중요한 질문 중의 하나는 아마도 "단위시간당(예, 하루) 얼마나 많은 철광탄을 Circored사의 공장에서 생산 가능한가?"일 것이다. 이 측정 지표를 우리는 프로세스 처리능력(process capacity)라고 부른다. 이 프로세스 처리능력이라는 지표는 전체 프로세스에 대하여 측정될 수도 있고 프로세스를 구성하는 각각의 자원에 대해서도 개별적으로 측정될 수 있다. 프로세스 처리능력의 정의에서와 마찬가지로 각각의 자원에 대한 처리능력도 같은 방법으로 정의될 수 있는데 즉, 자원이 단위시간당 최대 처리(생산)가능한 양이라고 할 수 있다.

한가지 주의 해야할 점은 프로세스 처리능력의 정의가 단위시간당 실제로 처리되고 있는 양이 아니라 최대로 처리될 수 있는 양이라는 점이다. 예를 들어 어떤날에 고장이나 다른 외부적 이유 때문에 공장이 전혀 가동되지 않았다고 생각해 보자. 이로 인해서 그날의 흐름률(산출량)은 0이 되겠지만 그렇다고 해서 프로세스의 처리능력에 변화가 생긴 것은 아니다. 이것은 마치 최고속도가 130miles/hour에 이르는(처리능력) 자동차를 일반적으로는 65miles/hour의 속도로 운전(흐름률)하고 있는 상황에 비유할 수 있다.

흐름단위가 프로세스상의 모든 자원들을 방문하고 나야 프로세스상에서의 흐름이 종료가 된다. 그러므로 전체적인 프로세스의 처리능력은 처리능력이 가장 저조한 자원의 처리능력에 종속될 수 밖에 없다. 우리는 이러한 자원을 특별히 병목(bottleneck)이라고 부른다. 즉 이 병목이 프로세스의 연결 통로 중에서 가장 약한 부분이 되는데 프로세스의 처리능력을 강화하려면 이 약한부분을 강화하는 것이 필수적이다. 좀 더 정확히 표현하자면 프로세스의 처리능력은

프로세스 처리능력 = Minimum{자원1의 처리능력, 자원2의 처리능력, ⋯,
자원n의 처리능력}

으로 표현된다. 여기서 n은 프로세스상에 흐름단위가 거치게 되는 총 자원의 수에 해당한다. 어떤 프로세스가 실제로 생산해내는 처리량은 프로세스의 처리능력에만 달려 있는 것이 아니라 "실제로 얼마의 수요가 발생되고 있는지", 그리고 "원자재의 투입량은 얼마나 되는지"와 모두 관련되어 있다. 프로세스의 처리능력과 마찬가지로 수요와 원자재의 투입량은 속도(rate)로 측정가능한데 즉 단위시간당 흐름단위의 수량으로 측정한다. Circored사의 경우 우리는 흐름단위를 철광석 원료 1톤으로 정했으므로 수요와 원자재의 투입량도 마찬가지로 단위시간당 철광석 원료의 수요량과 투입량으로 각각 정하게 된다.

흐름단위의 투입량과 수요, 그리고 프로세스 처리능력을 모두 고려하여 실제로 프로세스가 단위시간당 처리해 내는 산출량은, 다시 말해 흐름률(flow rate)은 다음과 같다.

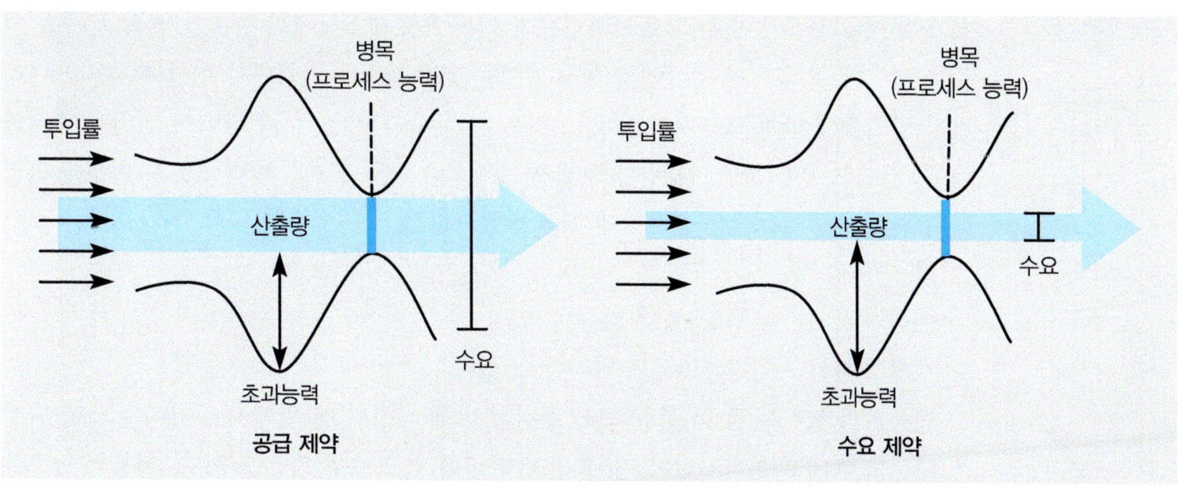

그림 3.8 공급–제약(왼쪽)과 수요–제약(오른쪽) 프로세스

흐름률 = Minimum{투입량, 수요, 프로세스 처리능력}

만약 수요가 공급보다 적은 경우(예, 충분한 투입량이 존재하고 프로세스는 충분한 처리능력을 가지고 있다고 가정)라면 이 프로세스는 처리능력과 상관없이 수요의 속도에 마추어 생산을 진행해야 할 것이다. 우리는 이러한 상황을 수요제약적(demandconstrained) 상황이라고 부른다. 수요제약적이라는 표현에서의 수요란 재고를 미리 축적시킬 필요에 의해서 조기생산이 요구되는 수요까지 포함하는 모든 수요를 의미한다. 예를 들어 Campbell사가 생산하는 닭국물면의 경우 11월에 고객으로부터의 수요는 11월의 프로세스 처리능력보다 현저히 적다. 하지만 Campbel사의 운영자는 1월에 고객으로부터 높은 수요가 발생할 것을 고려하여 11월에 미리 생산하여 재고를 보유하기 원할 경우, 수요는 고객으로부터의 수요를 포함하여 재고 축적을 위해 요구되는 수요까지를 포함하는 모든 생산요구량을 의미하게 된다.

만약 수요가 공급을 초과하게 될 경우 우리는 이같은 상황을 공급제약적(supplyconstrained) 상황이라고 부른다. 무엇이 실질적으로 공급의 양을 제한하고 있는지에 따라서 프로세스는 두 가지 상황으로 분류되는데 하나는 투입제약적(input-constrained)상황과 처리능력제약적(capacity-constrained)상황으로 구분될 수 있다.

[그림 3.8]은 프로세스 처리능력과 흐름률에 대한 개념을 수요제약적 상황과 공급제약적 상황하에서 각각 정리하여 보여주고 있다. 공급제약적 상황의 경우 투입량은 충분히 존재하고 있으므로 구체적으로 이 그림의 경우는 처리능력 제약적 상황에 해당된다고 할 수 있다.

프로세스 상에서 병목지점을 찾고 그 결과로 프로세스의 처리능력을 알아내는 방법에 대하여 살펴보기 위해 Circored사의 각 설비(자원)들을 다시 관찰해 보기로 하자. 여기서 모든 수치들은 톤단위로 표시되었는데 이는 프로세스상에서 산출될 때의 무게를 기준으로 정한 것이다. 공정상에서 실제 무게는 프로세스를 거치면서 변할 수 있다. 여러 가지 방법을 통하여 병목지점을 찾는 것은 마치 수사관이 수사현장에서 범인을 추적하는 것처럼 각 공정(설비, 자원)이 전체 프로세스의 속도를 제한하고 있는지 여부를 판별하기 위하여 각 공정을 용의선상에 놓고 판별하는 것과 비슷하다.

- 예열기는 시간당 120톤을 처리할 수 있다.
- 로크 호퍼는 시간당 110톤을 처리할 수 있다.
- 반응기의 경우는 좀 더 복잡하다. 관찰한 바에 의하면 첫 번째 반응기에는 어떤 시점에서도 최대 28톤까지만 첫 번째 반응기 내에 있을 수 있다는 것이다. 철광석 원료는 15분동안 첫 번째 반응기에서 처리되어야 하기 때문에 리틀의 법칙(2장 참조)을 적용하여 단위시간당 처리량에 해당하는 흐름률을 첫 번째 반응기에 대하여 계산해 낼 수 있는데 이는 28톤=흐름률×0.25시간 → 흐름률=112톤/시간이 된다. 그러므로 첫 번째 반응기의 처리능력은 112톤/시간에 해당한다. 여기서 반응시간이 짧으면 짧을수록 흐름률이 높아진다는 점에 주목하자.
- 두 번째 반응기에 대하여도 비슷한 계산방법을 적용할 수 있는데 두 번째 반응기는 400톤을 한번에 처리할 수 있으므로 400톤=흐름률×4시간 → 흐름률=100톤/시간이 된다. 그러므로 처리능력(공정을 통과하는 최대한의 흐름률)은 100톤/시간에 해당된다.
- 플레시히터는 시간당 135톤을 처리할 수 있다.
- 감압기의 처리능력은 시간당 118톤이다.
- 세 대의 탄화공정을 처리하는 기계는 각각 시간당 55톤의 처리능력을 가지고 있다.

표 3.1 공정별 처리능력의 계산

공정	계산과정	처리능력
예열기		120톤/시간
로크 호퍼		110톤/시간
첫 번째반응기	리틀의법칙: 흐름률=28톤/0.25시간	112톤/시간
두 번째반응기	리틀의법칙: 흐름률=400톤/4시간	100톤/시간
플레쉬히터		135톤/시간
감압기		118톤/시간
탄화공정	3대의기계로구성: 3×55톤/시간	165톤/시간
전체프로세스	두 번째반응기가병목으로결정됨	100톤/시간

이 세대의 기계는 마치 한대의 기계처럼 모아서 생각할 수 있으므로 탄화공정의 처리능력은 3×55=165톤/시간이 된다.

위에서 계산된 프로세스상의 각 공정의 처리능력을 [표 3.1]에 정리하였다.

이처럼 각 프로세스의 처리능력을 찾아 냄으로서 두 번째 반응기가 Circored사의 프로세스상의 병목지점임을 확인할 수 있었다. 전체 프로세스의 처리능력은 각 공정의 처리능력 중 최소치로 계산될 수 있다. (모든 공정별 처리능력은 시간당 톤으로 정리되었음에 주목하자)

$$\text{프로세스 처리능력} = \text{Minimum}\{120,\ 110,\ 112,\ 100,\ 135,\ 118,\ 165\} = 100$$

3.3 특정 공급량을 생산하는데 소요되는 시간의 계산

현실에서는 특정 공급량을 생산하는데 소요되는 시간을 계산해야 할 여러가지 상황이 존재한다. 예를 들어 Circored사의 경우 10,000톤을 생산하는데 얼마의 시간이 걸리는지 알고 싶다고 하자. 흐름률이 결정되었다고 한다면 이 계산은 아주 단순할 것이다. 이제 X를 필요한 생산량이라고 정하자. 그러면

$$\text{X단위 생산에 걸리는 시간} = \frac{X}{\text{흐름률}}$$

그러므로

$$\text{10,000톤을 생산하는데 걸리는 시간} = \frac{\text{10,000톤}}{\text{100톤/시간}} = \text{100시간}$$

이 계산은 이미 프로세스가 생산을 지속적으로 진행 중이었던 상황을 가정하고 있다. 즉, 10,000톤의 첫 번째 단위는 바로 생산되어 나온다는 것이다. 만약 프로세스가 비어 있는 상태에서 시작된다면 첫 번째 프로세스상의 흐름단위가 프로세스 전체를 거치는 시간이 포함되어야 한다. 4장에서 이런 경우에 대한 계산법을 제시할 것이다. 앞에서의 계산식에서 흐름률을 적용했던 점을 상기하자.

우리의 경우에서는 처리능력 제약적 상황이기 때문에 흐름률과 처리능력이 일치한다. 하지만 만약 우리 프로세스가 수요제약적 상황이라면 흐름률은 수요의 속도와 일치하게 될 것이다.

3.4 프로세스 활용률

Circored사 설립후 첫해 운영실적은 그리 좋지 못했다. 신규 공장 설립에 따르는 기술적인 어려움 뿐만 아니라 소비자인 철강생산 업자들에게 아직까지 생산품의 품질에 대한 확신을 주기 어려웠기 때문에 수요도 예상보다 적었다.

공장 운영과 관련하여 정기 보수시간, 검사시간과 같은 자세한 부분을 다 고려해서 Circored사의 공장은 1년에 876,000톤(100톤/시간×24시간/일×365일)의 처리능력을 갖도록 디자인된 반면 철광탄에 대한 고객들의 수요는 1년에 657,000톤에 그치고 있다. 그러므로 수요와 가능한 공급(프로세스 처리능력)간에 불일치가 발생하고 있다.

이와 관련하여 일반적으로 다음과 같은 측정치를 사용하는데 이를 프로세스 활용률(process utilization)이라고 부른다. 활용률의 정의는 다음과 같다.

$$활용률 = \frac{흐름률}{처리능력}$$

활용률은 프로세스가 실제로 생산해내는 양을 최대한 생산해낼 수 있는 양(즉, 처리능력)에 대한 비율로 표시한 측정치이다. 이것은 마치 최고속도(처리능력)를 130miles/hour를 낼 수 있는 자동차를 65miles/hour의 속도(흐름률)로 운전하고 있는 것에 비유할 수 있는데, 이때 활용률은 65/130=50%로서 즉 50%의 잠재능력만을 사용하고 있다고 이해할 수 있다.

처리능력을 계산하는 경우와 마찬가지로 활용률의 계산도 프로세스를 대상으로 측정될 수 있을 뿐만 아니라 개별 공정단위별로 측정될 수도 있다. 예를 들어 프로세스의 활용률은 프로세스의 흐름률을 프로세스의 처리능력으로 나눈값에 해당한다. 마찬가지로 특정 공정의 활용률은 그 공정에서의 흐름률을 그 공정의 처리능력으로 나누어 찾아낼 수 있다.

Circored사의 경우 활용률은 다음과 같다.

$$활용률 = \frac{657,000톤/년}{876,000톤/년} = 0.75 = 75\%$$

어떤 프로세스이던 활용률이 100%에 이르지 못하는 데는 일반적으로 다음과 같은 이유가 있기 때문이다.

- 수요가 공급보다 적을 때 프로세스는 처리능력 만큼의 속도를 내지 않고 수요의 속도에 맞추어 생산하기 마련이다.
- 프로세스에 공급되는 투입물이 충분치 않아 제한될 때 프로세스는 처리능력 만큼의

표 3.2 Circored사의 철광탄 제조 프로세스의 공정별 활용률 계산(고장시간 고려)

공정	계산식	활용률
예열기	657,000톤/년/(120톤/시간×8,760시간/년)	62.5%
로크 호퍼	657,000톤/년/(110톤/시간×8,760시간/년)	68.2%
1차 반응기	657,000톤/년/(112톤/시간×8,760시간/년)	66.9%
2차 반응기	657,000톤/년/(100톤/시간×8,760시간/년)	75.0%
플래쉬히터	657,000톤/년/(135톤/시간×8,760시간/년)	55.6%
감압기	657,000톤/년/(118톤/시간×8,760시간/년)	63.6%
탄화	657,000톤/년/(165톤/시간×8,760시간/년)	45.5%
전체 프로세스	657,000톤/년/(100톤/시간×8,760시간/년)	75.0%

속도를 낼 수가 없다.

- 프로세스 중의 몇몇 공정의 사용이 제한적일 때(예를 들어 고장이나 수리로 인하여)가 그러하다. 예를 들어 그 제한적인 공정이 사용가능한 경우는 처리능력 만큼의 속도를 낼 수 있다 하더라도 그 공정이 멈추어 있을때는 전혀 생산할 수 없으므로 결과적으로 프로세스는 처리능력 만큼의 속도를 낼 수가 없다.

병목지점은 가장 낮은 처리능력을 가지는 자원이고 흐름률은 모든 자원에서 일정하다고 한다면, 병목지점은 가장 높은 활용률을 가지는 자원이 된다. Circored사의 경우 프로세스내 공정별로 활용률을 [표 3.2]와 같이 정리하였다. 여기서 모든 공정별 흐름률은 모두 동일한데 이는 프로세스 전체의 흐름률과 동일하다는 점에 주의 하자. 즉 여기서는 연간 657,000톤에 해당한다.

자본집약적 산업에서 장비의 활용률을 측정하는 것은 매우 일반적인 관리방법에 해당한다. 제한적인 수요와 장비의 사용제한적 성격 때문에 Circored사의 공정 중 병목지점의 활용률이 100%에 이르지 못하고 있음을 알 수 있다. 앞서 계산된 활용률의 결과를 공정별로 정리하여 [그림 3.9]에 표현하였다.

활용률이라는 지표가 흔히 사용되는 익숙한 지표라 하더라도 이 지표를 해석하는데 있어서 주의를 기울일 필요가 있다. 특히 기업의 목표는 이 활용률을 최대화하는 것이 아니라 이윤을 최대화하는 것임을 잊어서는 안 된다. [그림 3.9]에서 보이는 바와 같이 개별 공정이 100%의 활용률을 보이지 않는데는 두 가지 이유가 있다는 점을 알 수 있다. 즉 Circored사의 경우는 두 종류의 설비 과잉상태에 있다고 할 수 있다.

- 첫째로 병목지점보다 높은 활용률을 보이고 있는 공정은 없다는점에 주목해 보자. 즉, 병목공정 자체를 제외한 나머지 모든 공정은 병목공정과 비교할때 낮은 활용률

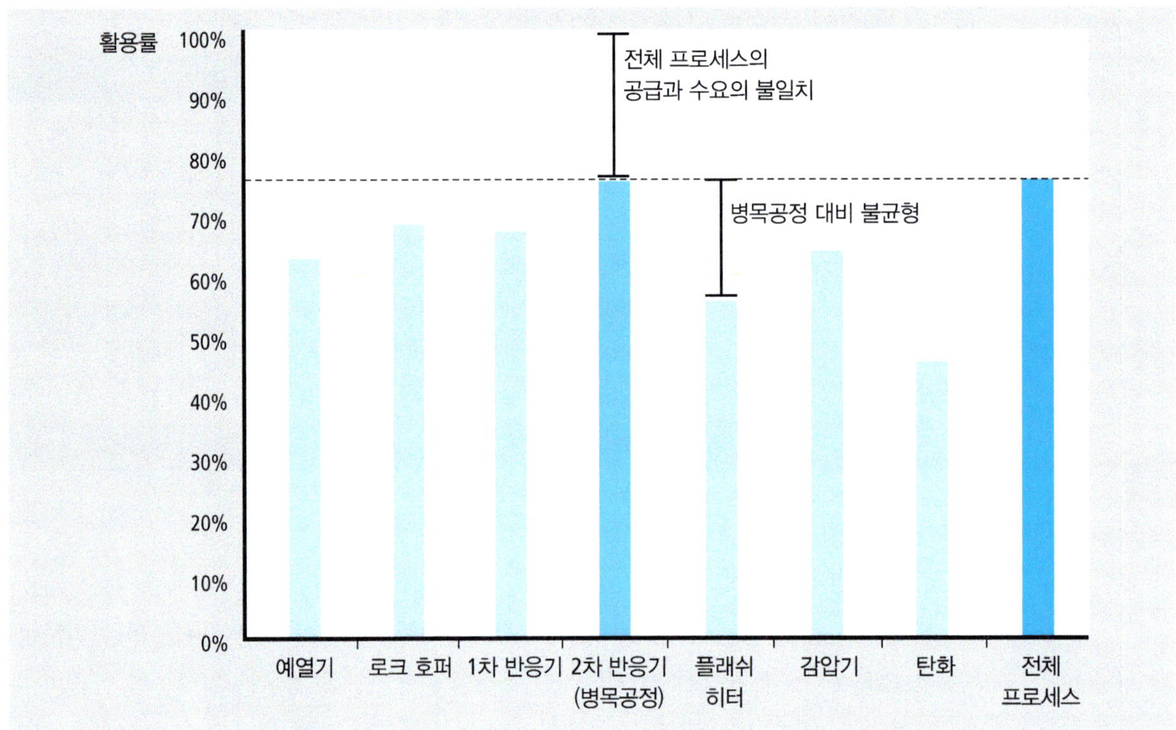

그림 3.9 공정별 활용률 그래프

을 보이고 있다.

- 두 번째로 병목공정의 활용률이 100%에 미달한다는 점을 고려할 때 Circored사의 공정은 처리능력제약적이라기 보다는 투입제약적이거나 수요제약적인 상황에 해당한다고 할 수 있다. 이 경우 모든 공정에서 최소한 프로세스의 흐름률과 병목공정의 처리능력 차이만큼의 기본적인 과잉설비 문제가 있음을 알 수 있다.

표 3.3 Circored사의 철광탄 제조 프로세스의 공정별 활용률(충분한 수요와 고장시간이 발생하지 않는다는 가정하에서)

공정	계산	활용률
예열기	100/120	83.8%
로크 호퍼	100/110	90.9%
1차 반응기	100/112	89.3%
2차 반응기	100/100	100%
플래쉬히터	100/135	74.1%
감압기	100/118	84.7%
탄화	100/165	60.6%
전체 프로세스	100/100	100%

만약 시장에서 충분한 수요가 발생하거나 모든 장비의 가용성에 제약이 없다면 상기의 두 번째 이유는 해당사항이 아니라고 할 수 있다. 이 경우에는 병목공정의 활용률은 100%에 도달하게 될 것이다. 만약 Circored사의 병목공정의 활용률이 100%에 도달하게 된다면 이 프로세스는 매년 876,000톤, 즉 시간당 100톤이라는 흐름률에 도달하게 됨을 의미한다. 이렇게 될 경우의 활용률이 [표 3.3]에 정리되어 있다.

3.5 요구작업량과 내재활용률

앞서 활용률을 정의한바에 의하면 (처리능력 대비 흐름률의 비율) 활용률은 절대로 100%를 넘어설 수 없다. 그러므로 활용률이라는 지표는 값이 100%보다 작을 경우에 얼마나 심한 설비 과잉 상태인지에 대한 정보만을 우리에게 제공해 준다. 반면 프로세스의 처리능력에 비하여 얼마나 많은 수요가 발생하고 있는지는 활용률이라는 지표를 통하여 알 수는 없다. 그러므로 이러한 정보를 표현할 수 있는 지표인 내재활용률(implied utilization)이라는 새로운 측정지표를 소개하려고 한다.

내재활용률은 다음과 같이 정의한다.

$$\text{내재활용률} = \frac{\text{수요}}{\text{처리능력}}$$

내재활용률은 프로세스가 얼마나 처리해야 하는지(수요)와 얼마나 처리할 수 있는지 처리능력)와의 차이를 측정한 값이다. 또 다른 용어로서 요구작업량(workload)이라는 어가 있는데 이는 "설비(자원)에서 처리되어야 되는 수요의 양"을 의미한다. 그러므로

표 3-4 Circored사 프로세스 설비별 내재활용률(수요는 시간당 125톤 발생, 고장시간 없는 조건 가정)

공정	계산	내재활용률	활용률
예열기	125/120	104.2%	83.3%
로크 호퍼	125/110	113.6%	90.9%
1차 반응기	125/112	111.6%	89.3%
2차 반응기	125/100	125%	100%
플래쉬히터	125/135	92.6%	74.1%
감압기	125/118	105.9%	84.7%
탄화	125/165	75.8%	60.6%
전체 프로세스	125/100	125%	100%

내재활용률은 요구작업량을 처리능력으로 나눈 값과 같다고 할 수 있다.

만약 Circored사의 수요량이 증가하여 1년에 1,095,000톤(125톤/시간)이 발생한다고 가정해 보자. 이때 Circored사의 프로세스내 설비별 내재활용률을 계산해 보면 [표 3.4]와 같다.

표에서 다음과 같은 몇가지 시사점을 찾을 수 있다.

- 활용률과는 달리 내재활용률은 100%를 넘을 수 있다. 내재활용률이 100%를 넘는 경우는 모두 자원이 수요를 충족할 수 없는 상태임을 의미하게 된다.
- 내재활용률이 100%를 넘는다고 해서 모두 병목지점이라고 할 수는 없다. [표 3.4]에서 처럼 여러가지 설비에서 내재활용률이 100%를 넘고 있다. 하지만 프로세스상의 병목지점은 오직 한곳이었다는 점을 상기하자. 즉 병목지점은 내재활용률이 가장 높은 값을 나타내고 있는 설비에 해당된다. Circored사의 경우를 살펴보면 당연히 병목지점은 2차반응기에 해당한다. 만약 우리가 Circored 공정을 시간당 100톤(1차반응기의 처리능력과 동일하다)을 생산하는 속도로 운영한다고 가정해 보면 모든 프로세스상의 공정에 시간당 100톤의 처리가 가능해 진다. 즉 여러 공정에서 내재활용률이 100%를 넘는다고 하더라도 병목공정을 제외한 나머지 공정은 여전히 과잉설비의 문제가 발생([표 3.4]에서 활용률은 여전히 100%보다 작다)하고 있다고 말할 수 있다. 그러므로 이러한 공정들에 대해서는 병목공정이라고 표현하지 않는다.
- 상기와 같은 논의점을 고려해 보면, 프로세스의 설비를 확장할때 당연히 병목공정을 포함하여 내재활용률이 100%를 넘는 공정에 대하여 설비를 추가하는 것이 좋다는 점이다. 즉, 설비를 확장하는데 소요되는 비용과 이윤에 따라서 가능하다면 내재활용률이 100%가 넘는 모든 공정에 대하여 설비를 확장할 필요가 있다는 것이다. 다시 말하자면 내재활용률이 100%를 넘는 여러 공정 중 병목공정에 대해서만 설비를 추가하게 되면(새로운 병목공정이 발생하게 됨) 새로운 프로세스는 여전히 처리능력제약적인 상황에서 벗어나지 못하기 때문에 다른 공정에서 추가 설비가 필요하게 됨을 의미한다.

3.6 여러 종류의 흐름단위를 다루는 방법

프로세스 흐름도를 작성할때 적절한 흐름단위를 정하는 것이 무엇보다 중요한 첫 번째 단계이다. 지금까지 우리가 보아왔던 사례들에서 흐름단위를 정하는 것은 상대적으로 단순하고 쉬웠다. 하지만 흐름단위를 정하는 과정에 상당한 주의를 기울여야 하는 경우가 많이 존재 한다. 가장 대표적인 두 가지 경우는 다음과 같다.

- 하나의 흐름단위가 프로세스를 흐르는 과정에서 여러 흐름의 형태로 나뉘어지는 경우가 있다. 예를 들어 조립 생산환경에서 검사공정을 마친후 양품은 다음의 프로세스상의 단계로 진행하고 불량품은 재작업의 단계로 이동하게 된다.
- 여러형태의 흐름단위가 존재할 수 있다. 예를 들자면 여러 고객의 유형이 존재하는 것과 같은 이치이다. 응급실의 사례를 생각해 보면 어떤 환자는 생명이 위독할 경우 덜 위험한 환자와는 다른 응급실에서의 처리과정(흐름)을 거치게 된다.

흐름단위를 결정하는데 있어서 핵심적 고려사안은 흐름단위를 이용해서 수요의 양과 공정의 처리능력등을 모두 표현할 수 있어야 한다는 점이다. 예를 들자면 Circored사 프로세스의 경우 1톤의 철광석 원료를 흐름단위로 선정하면 각 공정의 처리능력과 수요는 모두 "몇 톤의 철광석 원료"의 형태로 표현된다는 것이다. 만약 이 프로세스가 철광탄만을 생산한다면 흐름단위를 선정하는 문제는 아주 단순해 진다 하지만 여러형태의 제품을 생산(처리) 하거나 여러 고객을 서비스(처리)하는 다음과 같은 인력서비스 업체의 프로세스를 생각해 보자. 이 업체는 법률서비스업체와 경영컨설팅업체의 지원자들의 신원정보가 지원자들이 기록한 사실과 일치하는지 확인하는 일을 전문적으로 대행해 준다.

이 업체의 프로세스 흐름도는 [그림 3.10]과 같다. 흐름도 상의 첫 번째 단계(파일링)과 마지막 단계(합격확인서 발송)에서는 3가지 다른 종류의 지원서들이 모두 모이게 된다. 즉 3가지 흐름요소가 자원을 공유하게 된다. 하지만 다음에 정리된 바와 같이 중간과정은 3가지 흐름요소가 모두 다른 흐름을 보이고 있다는 점에 주목하자.

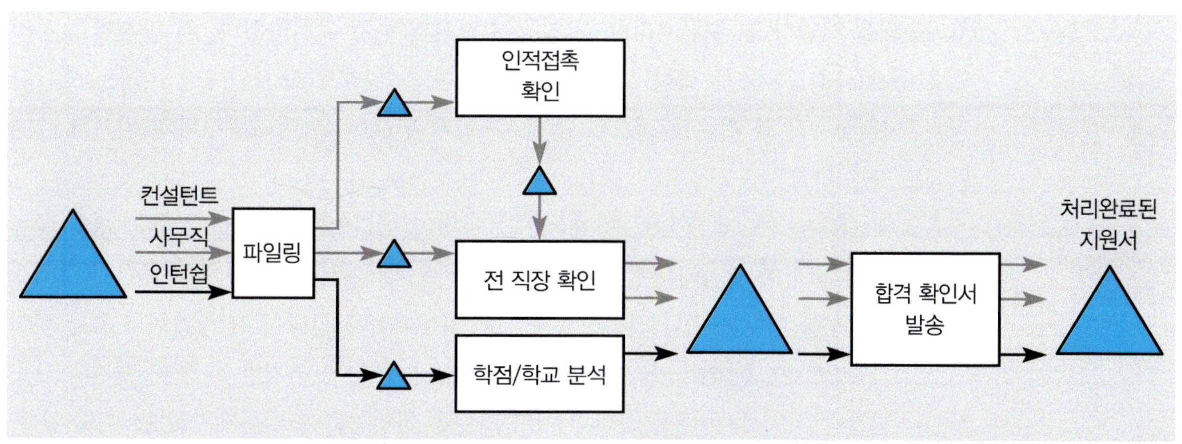

그림 3.10 복수의 흐름단위를 가지는 프로세스 흐름도

표 3.5 복수의 흐름단위를 가지는 프로세스에서 병목지점 찾기

				요구작업량[지원서/시간]				
	처리시간	작업자수	처리능력	컨설턴트	사무직	인턴	총합	내재활용률
파일링	3[분/지원서]	1	1/3[지원서/분] =20[지원서/시간]	3	11	4	18	18/20=90%
인적 접촉 확인	20[분/지원서]	2	2/20[지원서/분] =6[지원서/시간]	3	0	0	3	3/6=50%
전 직장 확인	15[분/지원서]	3	3/15[지원서/분] =12[지원서/시간]	3	11	0	14	14/12=117%
학점/학교 분석	8[분/지원서]	2	2/8[지원서/분] =15[지원서/시간]	0	0	4	4	4/15=27%
합격 확인서 발송	2[분/지원서]	1	1/2[지원서/분] =30[지원서/시간]	3	11	4	18	18/30=60%

- 인턴십 지원자에 대해서는 지원자가 현재 소속되어 있는 경영/법학 대학원과 출신대학의 재학 사실관계를 확인하고 가능한 범위에서 수강과목들과 장학금 수령여부에 대한 정보를 수집하게 된다.
- 정규 사무직 지원자에 대해서는 전 직장에 연락하여 추천서에 대한 확인과 분석을 진행한다.
- 경영컨설턴트나 변호사에 대해서는 전 직장에 연락하여 전 고용인에게 추천서에 대한 확인과 분석을 진행함과 동시에 전 직장의 직장상사와 직장동료들, 출신학교의 교수에게 직접 연락하여 지원자에 대한 평을 듣고 분석한다.

이 업체의 수요에 따르면 이 프로세스는 시간당 3명의 컨설턴트 지원서와 11명의 사무직 지원서와 4명의 인턴 지원서를 받게 된다. [표 3.5]는 프로세스의 각 단계(활동)별 처리능력을 시간당 몇개씩 처리할 수 있는 지원서의 수로 표시하였다. 각 단계별 요구작업량(workload)과 처리능력이 "시간당 지원서 수"의 형태로 표시된다면 우리는 흐름단위를 "지원서 1장"과 같은 방법으로 정할 수 있게 된다(비록 여러형태의 지원서가 존재함에도 불구 하고).

프로세스의 분석을 위한 다음 단계는 병목지점이 어디인지 밝히는 것이다. 여러 종류의 흐름단위가 섞여 있기때문에 병목지점을 밝히는 일은 복잡하다. 예를 들어 프로세스상에서 지원자를 아는 사람과 접촉하는 단계에서는 아마도 상당히 긴 시간이 소요될 것이므로 결과적으로 이 단계의 처리능력은 낮아지게 될 것이다. 하지만 만약 이 단계의 요구작업량(시간당 지원서)이 매우 작다면 아마도 낮은 처리능력이 별문제가 안될 수도 있다.

복수의 흐름단위를 가지는 경우도 마찬가지로, 프로세스 처리능력을 파악하기 위해

병목지점을 찾게 되는데 이때는 프로세스상의 각 단계의 수요와 각 단계의 처리능력을 비교해야 한다.

[표 3.5]에 표시된 것과 같이 어떤 단계에서 요구되는 수요를 계산하기 위해서는 어떤 단계의 경우는 여러 종류의 흐름단위로부터 수요가 발생될 수도 있고 단일 종류의 흐름단위에 의해서만 수요가 발생될 수 도 있다는 점에 주의해야 한다. 이 점은 프로세스 흐름도를 보면 바로 파악할 수 있다(그렇게 그려져야 한다).

각 단계의 수요를 각 단계의 처리능력으로 나누어 각 단계별 내재활용률을 계산해 보자. 이렇게 함으로서 어떤 단계가 가장 바쁜지 찾아낼 수 있다. 이 경우에는 전 직장 고용인 확인 단계가 가장 바쁜 단계였고 그러므로 그 단계가 이 프로세스의 병목지점에 해당한다. 내재활용률이 100%가 넘으므로 지금의 상황은 처리능력 제약적 상황이라고 할 수 있다.

이 예제 프로세스에서 흐름단위를 '지원서 1장'으로 적용하여 내재활용률을 각 단계에 대해서 계산할 수 있었다. 하지만 이것만이 유일한 방법은 아니다. 다른 방법으로 흐름단위를 '1분 어치 작업'으로 정의할 수 있다. 이렇게 정의하면 처음에는 좀 이상해 보일 수 있다. 하지만 이 경우 지원서 1장으로 정의 할 때보다 장점이 있다. 장점에 대해 살펴보기 전에 어떻게 새로운 흐름단위의 정의를 적용하여 내재활용률을 계산해 내는지 살펴 보도록 하자.

'지원서 1장'을 흐름단위로 정했던 경우와 마찬가지로 이번에도 각 단계별 수요와 처리능력에 대하여 흐름단위의 표시형태로 정리 해야 한다. 처리능력의 경우 각 작업자는 '60분 어치의 작업' 만큼의 처리능력을 단위시간당 보유하고 있다고 할 수 있다. 그러므로 단계별 처리능력은 (작업자의 수)×60[분/시간]이 된다. 예를 들어 '인적 접촉 확인(contact person)' 단계의 경우 2명의 작업자를 가지고 있으므로 처리능력은 2×60=120[분 어치의 작업/시간]이 된다. 당연히 각 작업자가 60분 어치의 작업을 시간당 처리 할 수 있으므로 2명이 처리하는 이 단계의 경우는 120분 어치의 작업을 시간당 처리할 수 있기 때문이다.

표 3.6 복수의 흐름단위를 가지는 프로세스에서 "1분 어치 작업"을 흐름단위로 지정하여 병목지점 찾기

				요구작업량[분/시간]				
	처리시간	작업자수	처리능력	컨설턴트	사무직	인턴	총합	내재활용률
파일링	3[분/지원서]	1	60[분/시간]	3×3	11×3	4×3	54	54/60=90%
인적 접촉 확인	20[분/지원서]	2	120[분/시간]	3×20	0	0	60	60/120=50%
전 직장 확인	15[분/지원서]	3	180[분/시간]	3×15	11×15	0	210	210/180=117%
학점/학교 분석	8[분/지원서]	2	120[분/시간]	0	0	4×8	32	32/120=27%
합격 확인서 발송	2[분/지원서]	1	60[분/시간]	3×2	11×2	4×2	36	36/60=60%

이제 수요에 대하여 새로운 흐름단위의 정의를 이용해 표현해 보도록 하자. 매 시간당 11장의 사무직 지원서를 처리해야 하고 각 지원서는 3분의 처리시간이 요구된다. 그러므로 사무직 지원서에 대한 수요는 11×3=33분/시간에 해당한다. 이제 어떻게 수요와 처리능력을 '분 어치의 작업'의 형태로 표현하는지 알았으므로 각 단계별 내재활용률은 각 단계의 처리능력 대비 수요의 형태로 표현할 수 있게 되었다. 이 계산을 [표 3.6]에 정리하였다. 당연히 이 방법으로 계산한 프로세스 단계별 내재활용률은 '지원서 1장'을 흐름단위로 정하고 계산한 프로세스 단계별 내재활용율의 값과 일치한다.

그러므로 만약 두가지 방법의 흐름단위 결정방법에 따른 결과가 동일하다면 두 접근방법 중 어떤 방법을 택하는 것이 좋은 것일까? 이 경우에는 두 가지 방법을 통하여 내재활용률을 쉽게 얻을 수 있으므로 직관적으로 이해하기 쉬운 흐름단위를 선정(적어도 '지원서 1장'으로 정하는 것이 그럴 것이다)하는 것을 선호할 수도 있다. 하지만 '1분 어치 작업'의 형태로 정하는 것이 좀 더 안정적(계산에서 틀리지 않고 계산상 착오를 일으키지 않을 가능성이 높은)이다. 그 이유를 살펴보도록 하자. 예를 들어 사무직 지원서의 경우 파일링 하는데 3분이 소요되고, 컨설팅직군의 지원서는 5분이 걸리고, 인턴쉽 지원서의 경우 2분이 걸린다고 가정해 보자. 이 경우 만약 흐름단위를 '지원서 1장'의 형태로 정의하게되면 어려움이 생긴다. 즉, 이 흐름단위의 형태로 파일링 단계에서의 처리능력을 단위시간당 지원서 몇개의 형태로 표현할 수 없게 되는 것이다. 만약 인턴쉽 지원서만 받게 된다면 파일링 단계에서는 60/2=30장의 지원서를 시간당 처리할 수 있는 셈이다. 하지만 컨설팅직군의 지원서만 받게 된다면 시간당 60/5=12장의 지원서만 처리할 수 있게 된다. 그러므로 파일링 단계에서 처리할 수 있는 시간당 지원서의 수는 지원서가 어떻게 섞여있는지에 따라서 변하게 된다. 하지만 '1분 어치 작업'으로 흐름단위를 정의하게 되면 이러한 문제를 깔끔하게 처리할 수 있다. 지원서가 어떻게 섞여있건 간에 순서와 상관 없이 1명의 작업자는 시간당 60분 어치의 작업량을 처리할 수 있는 것이다. 이와 마찬가지로 지원서가 어떻게 섞여 있던지 상관없이 요구작업량(workload)을 '1분 어치 작업'의 단위로 [표 3.6]처럼 측정할 수 있다.

흐름단위를 결정할 때는 그 흐름단위의 표시형태로 수요와 처리능력을 모두 표시할 수 있는 흐름단위를 결정하는 것이 중요하다. 여기서 '1분 어치 작업(또는 1시간 어치 작업, 1일 어치 작업)'의 형태로 흐름단위를 선정하게 되면 다양한 형태의 제품이나 고객이 프로세스를 통과할 때에도 프로세스 상의 각 단계별 수요와 처리능력을 일관성 있게 표현할 수 있는 장점이 생긴다.

이제 이 프로세스를 더 분석 하기 위해서 다음단계로 무엇을 해야 하는지 생각해 보자. 우리는 이미 이 프로세스 상에서 '전 직장 고용인 확인' 단계의 내재활용률이 가장 높고 그 값이 100%가 넘는 것을 확인했으므로 '전 직장 고용인 확인' 단계가 이 프로세스의 병목지점이며, 이 프로세스는 처리능력제약적 상황임을 알고 있다. 만약 우리가 이 프로세스에 처리능력을 추가하게 된다면 적어도 현 상황에서는 '전 직장 고용인 확인' 단계가 그 첫 번째 후보가 되어야 한다. 왜냐하면 지금 현재와 같은 식으로 지원서가 섞여 온다면 '전 직장 고용인 확인' 단계에서 처리능력이 요구작업량을 감당할 수 없기 때문이다. 만약 지원서가 섞여있는 비율이 지금과 달라진다면 상황이 달라질 수도 있다는 점에 주의 하자. 예를 들어 사무직 지원서(이 경우는 '전 직장 확인' 단계를 거쳐야 한다)를 적게 받고 인턴쉽 지원서(이 경우는 '전직장 확인' 단계를 거치지 않게 된다)를 많이 받게 된다면 '전직장 고용인 확인' 단계에서 요구되는 요구작업량은 감소하게 되고 결과적으로 이 단계에서의 내재활용률도 떨어지게 될 것이다. 이와 같이 수요의 비율변화에 따라 당연히 병목지점에도 변화가 발생하게 된다.

앞서 살펴본바와 같이 여러 종류의 제품이나 고객을 흐름단위로 고려해서 프로세스를 분석하는 유용한 방법들에 대해서 배웠지만 여전히 이것만 가지고 모든 프로세스 분석을 마치기에는 추가적으로 더 고려해야할 것들이 있다. 다음의 사례를 통해서 어떤 추가적인 복잡한 문제들이 있는지 살펴 보기로 하자. 미국의 어느 국제선 항공청사의 경우 분당 15명의 여행객이 도착하는데 이 중 10명은 내국인이고 5명은 외국인에 해당한다.

이들 여행객의 입국수속 절차(입국 프로세스)는 다음과 같다. 여행객들은 비행기에서 내린 후 에스컬레이터를 타고 입국장에 도착하게 된다. 에스컬레이터는 분당 100명의 승객을 이동시킬 수 있다. 에스컬레이터를 지나게 되면 승객들은 입국심사를 받게 된다. 두 종류의 입국심사대가 있는데 하나는 내국인을 위한 것(이 심사대는 분당 10명을 심사할 수 있다)이고 다른 하나는 외국인을 위한 것(이 심사대는 분당 3명을 심사할 수 있다)이다. 입국심사가 끝나면 모든 여행객들은 자신의 화물을 찾을 수 있다. 수화물처리(수화물을 비행기에서 꺼내서 여행객들이 화물을 찾는 컨베이어벨트까지 이동시키는 과정)는 분당 10명분의 처리능력을 가지고 있다. 최종적으로 모든 여행객은 세관심사를 거치게 되며 세관은 분당 20명의 처리능력을 가지고 있다.

내재활용률을 계산해 보면 [표 3.7]과 같다. 여기서 수화물 처리 단계의 내재활용률 계산결과를 보면 실제로 수화물 처리단계에 분당 15명의 여행객이 올 수 없다는 점을 인지하고(계산을 통해서 건 아니건) 있음에도 불구하고 내국인 10명과 외국인 5명의 수요

표 3.7 공항 입국장에서의 내재활용률 계산

프로세스의 단계	내국인수요[여행객/분]	외국인수요[여행객/분]	처리능력[여행객/분]	내재활용률
에스컬레이터	10	5	100	15/100=15%
내국인 입국심사	10	0	10	10/10=100%
외국인 입국심사	0	5	3	5/3=167%
수화물 처리	10	5	10	15/10=150%
세관심사	10	5	20	15/20=75%

가 발생하는 것처럼 계산(입국심사 단계의 처리능력 부족을 고려하면 이는 불가능) 하였음에 주의해야 한다. 이렇게 계산한 이유는 프로세스의 각 단계의 처리능력과 잠재적 수요를 비교 함으로서 각 단계별 내재활용률을 평가해 볼 수 있기 때문이다.

이 프로세스의 병목지점은 [표 3.7]의 계산 결과에 의하면 가장 높은 내재활용률을 보이고 있는 외국인 입국심사 단계이다. 더불어 이 단계의 내재활용률이 100%를 넘으므로 이 프로세스는 공급제약적 상황에 처해있음을 알 수 있다. 공급이 부족한 상황에서는 당연히 대기(waiting)가 발생하게 된다. 하지만 도착하는 여행객의 수요가 어떤 시간대에는 이 입국장의 처리능력 보다 결국 감소하게 될 것이고 이때 대기는 감소하여 없어질 (만약 여행객의 수요가 줄지 않고 지속된다면 대기자는 점점 많아져 공항을 가득 채우겠지만 일반적으로 이렇게 되지 않는다) 것이다. 이제 대기가 발생하는 단계에 대해서 관심을 가져보자. 여행객의 도착율이 공항의 처리능력보다 높은 시간 동안에는 대기가 프로세스의 어느 지점에서 생성되겠는가? 이 물음에 대한 답변은 우리가 어떤 우선순위(priority) 정책을 가지고 있는가에 따라 달라지게 된다.

에스컬레이터의 경우 충분한 처리능력을 가지고 있다. 그러므로 우선순위 정책이 별 영향을 미치지 않게 된다. 입국심사의 경우에는 내국인 10명과 외국인 3명을 처리할 수 있는 처리능력이 있다. 그러므로 분당 13명의 여행객이 입국심사를 마치고 수화물 처리장으로 갈 수 있지만 수화물 처리 단계에서는 분당 10명만 처리할 수 있다. 만약 우리가 내국인에게 우선순위를 부여하는 정책을 가지고 있다면 모든 내국인들은 지체 없이 수화물을 찾아서 다음 단계로 진행할 수 있을 것이지만 외국인의 경우는 분당 3명씩의 대기가 수화물 처리장에서 계속 발생하게 된다. 물론 외국인 입국심사장의 경우에도 분당 5명이 도착하는데 분당 3명만이 처리되므로 대기가 발생하게 된다. 이와 같은 우선순위 정책하에서는 전체 프로세스의 산출은 결과적으로 분당 10명의 내국인이 될 것이다. 하지만 만약 우리가 수화물 처리장에서 외국인에게 무조건적으로 우선순위를 부여하게 된다면 반대로 내국인의 대기가 수화물 처리장 앞에서 발생하게 되고 입국 심사장 앞에서는 외국인 대기가 발생하게 된다. 이때 이 프로세스의 산출은 분당 7명의 내국인과 3명의 외국인이 될 것이다.

이 입국 프로세스에서 외국인에게 가장 높은 우선순위를 부여하게 되더라도 내국인과 외국인의 산출 비율은 7대 3이 되는데 이는 내국인과 외국인의 프로세스로의 투입 비율인 2대 1과 비교하여 차이가 발생하게 된다. 만약 누군가 이 비율이 같아야 한다고 제약한다면 우리가 할 수 있는 최선의 방법은 내국인 산출을 분당 6명만 하도록 하는 방법이 유일하다. 즉, 이 입국 프로세스는 분당 3명인 입국 수속단계에서의 처리능력을 초과하여 외국인을 산출시킬 수는 없으므로 투입비율과 일치하는 산출비율을 유지하기 위해서는 내국인의 산출을 분당 6명으로 제약해야 한다는 것이다. 그러므로 이 경우 "평등조건"은 그만한 대가를 치루게 된다. 즉 이 프로세스는 분당 총 10명을 산출할 수 있지만

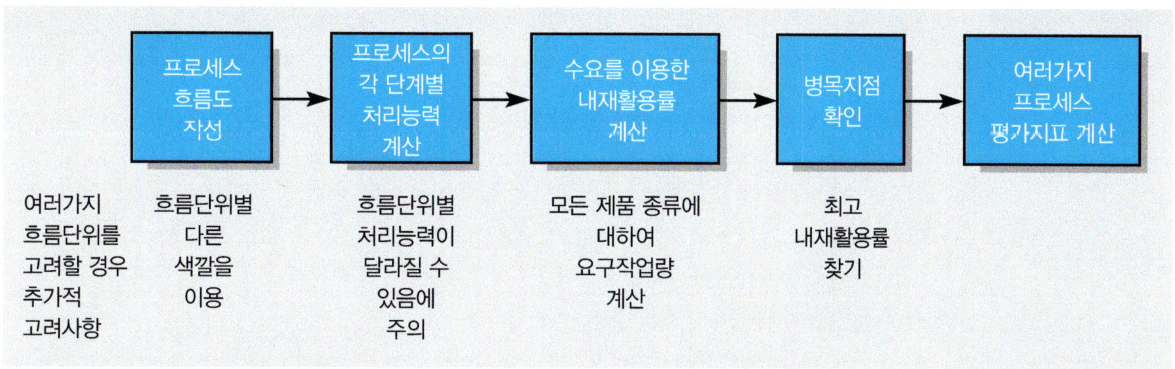

그림 3.11 프로세스 분석의 절차

평등조건이 부가 된다면 분당 총 9명을 산출하게 되는 것이다. 그러므로 만약 위와 같은 평등조건을 유지한다는 가정하에 산출을 늘이기 위해서는 외국인 입국심사 단계(병목지점에 해당)에 대하여 처리능력을 향상 시켜야 한다.

3.7 요약

[그림 3.11]은 프로세스 분석절차를 간략하게 그림으로 표현하였다. [정리 3.1]과 [정리 3.2]는 각각 프로세스 분석의 기본절차를 단일 흐름단위를 가지는 경우와 복수의 흐름단위를 가지는 경우로 나누어 정리하였다.

정리 3.1 단일 흐름단위를 가지는 프로세스의 분석 기본절차

1. 프로세스 각 단계의 처리능력을 계산한다; 만약 여러 설비가 해당 단계에 있다면 모든 설비의 처리능력을 합하여 계산한다.
2. 가장 낮은 처리능력을 보이는 단계를 병목지점이라 한다. 이 병목지점의 처리능력이 전체 프로세스의 처리능력(프로세스 처리능력)이 된다.
3. 흐름률을 계산한다.

$$흐름률 = Minimum\{투입량, 수요, 프로세스\ 처리능력\}$$

4. 프로세스의 활용률을 계산한다.

$$활용률 = 흐름률/처리능력$$

프로세스의 각 단계별 활용률도 이와 같이 계산할 수 있다.

정리 3.2  복수 흐름단위를 가지는 프로세스의 분석 기본절차

1. 프로세스 각 단계는 각각 몇 분을 시간당 생산할 수 있는지 계산한다. 즉, 60[분/시간] × 설비의 수
2. 프로세스 흐름도를 프로세스를 흐르는 제품의 종류별로 다른 색깔을 이용하여 작성한다.
3. 개별의 흐름단위들이 각 프로세스의 단계에서 얼마의 요구작업량을 발생시키는지 표시한 표를 작성한다.
    - 표에서 행은 프로세스의 단계에 해당한다.
    - 표에서 열은 여러 종류의 흐름단위에 해당한다.
    - 표의 각 칸은 다음 중 하나를 포함하도록 작성한다:

    만약 흐름단위가 해당 단계를 거치지 않으면, 0; 그렇지 않으면, 해당 흐름단위의 시간당 수요 × 작업시간.
4. 흐름단위의 형태별로 계산된 요구작업량을 해당 프로세스 단계별로 모두 합한다.
5. 각 프로세스 단계별 내재활용률을 계산한다.

    내재활용률 = 4번 단계의 결과값/1번 단계의 결과값

    이때 가장 높은 내재활용률을 보이는 프로세스상의 단계가 병목지점에 해당한다.

여기에 제시된 정리는 [표 3.6]과 같이 흐름단위를 "1분 어치의 작업"으로 정하였음.

프로세스 분석을 할 때는 우선 프로세스 흐름도를 작성해야 한다. 특히 복수의 흐름단위를 갖고 있는 프로세스를 분석 할 때는 더욱더 중요하다.

다음은 프로세스에서 병목지점을 찾는 것이다. 한 종류의 흐름단위만 존재하는 경우에는 간단하게 가장 낮은 처리능력을 보이는 프로세스의 단계가 병목지점에 해당한다. 하지만 대부분의 일반적 경우에는 좀 더 추가적인 분석을 해야만 한다. 특히 여러 종류의 제품이 특정한 비율로 섞여있을 경우가 그러한데 이때는 각 프로세스 단계별로 요구되는 수요량(요구 작업량)을 계산하고 각 단계의 처리능력과 비교해야 한다. 이 계산과정이 바로 내재활용률을 계산하는 과정에 해당하는데 가장 높은 내재활용률을 보이는 프로세스의 단계를 병목지점으로 판단하면 된다.

마지막으로, 병목지점을 파악한 이후 여러가지 프로세스의 평가지표를 계산해 볼 수 있다. 앞 장에서 다루었던 것과 같이 프로세스의 흐름률을 계산할 수 있을 것이다. 프로세스의 흐름률을 계산하게 되면 프로세스 활용률도 계산할 수 있고 프로세스상의 각 단계별 활용률도 마찬가지로 계산할 수 있다. 특정 수준의 활용률을 성취하는 것 자체가 어떤 사업의 최종적인 목적은 아니지만 여러 산업군에서, 특히 자본집약적 산업의 특성이 있을때는 더욱더 중요한 경영평가 지표 중의 하나임을 상기하자.

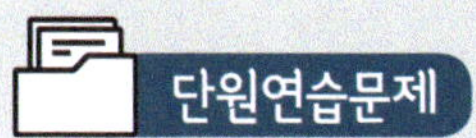

단원연습문제

다음 질문들은 이 장의 이해정도를 확인하는 데 도움을 줄 것이다. 각 질문 뒤의 [ ]는 관련된 해당 절을 나타내고 있다.

"*" 표시가 있는 문제의 해설은 부록 E에 있으며, Connect에서 영상을 참조하기 바란다.

3.1* **(프로세스 분석 – 단일 흐름단위의 경우)** 다음과 같이 3가지 단계(자원)로 구성된 프로세스에 대하여 정리한 표이다.

자원(단계)	처리시간[분/단위]	작업자수
1	10	2
2	6	1
3	16	3

병목지점은 어디인가? 프로세스 처리능력은 얼마인가? [3.2] 만약 수요가 시간당 8개라고 할 때 이 프로세스의 흐름률과 각 자원에 대한 활용률을 계산하라. [3.4]

3.2* **(프로세스 분석 – 복수 흐름단위의 경우)** 다음의 표와 같이 5가지 단계(자원)로 구성된 프로세스는 하루에 8시간 동안 운영된다. 이 프로세스에서는 3가지 종류의 제품 A, B, C를 처리한다.

자원(단계)	작업자수	A작업 소요시간[분/개]	B작업 소요시간[분/개]	C작업 소요시간[분/개]
1	2	5	5	5
2	2	3	4	5
3	1	15	0	0
4	1	0	3	3
5	2	6	6	6

세가지 제품 A, B, C에 대한 수요는 하루에 각각 40개, 50개, 60개이다. 병목지점은 어디인가? 수요가 위에 제시된 바와 같은 비율을 유지(4개의 제품 A수요에 대하여 5개의 제품 B와 6개의 제품 C의 수요가 발생)한다는 가정하에 각 제품의 흐름률은 얼마인가? [3.6]

3.3 **(크랜베리)** International Cranberry Uncooperative(ICU)사는 National Cranberry Cooperative (NCC)사와 경쟁관계에 있다. ICU사에는 시간당 150베럴의 크랜베리가 도착하고 있는데 시간당 100베럴의 속도로 계속 생산되고 있다. 트럭들이 오전 6시부터 오후 2시까지 8시간동안 동일한 속도로 (일양분포로) 도착한다고 한다. 트럭들이 충분히 작다고 가정하게 되면 크랜베리는 마치 물과 같은 연속흐름 상태로 공장으로 들어간다고 생각할 수 있다. 첫 번째 트럭은 오전 6시 정각에 도착하자마자 바로 프로세스는 시작되게 된다. ICU사는 크랜베리가 넘치기 전까지 200베럴을 보관할 수 있는 창고가 있다. 만약 창고가 가득 찬 상태에 트럭이

도착하게 되면 창고에 여유공간이 생길때까지 트럭은 대기하게 된다.

a. 어떤 임의의 시간에 최대한 몇 베럴의 크랜베리가 트럭에서 기다리게 될 수 있는가? [3.3]
b. 트럭이 대기를 하지 않게 되는 것은 언제 부터 인가? [3.3]
c. 창고가 비워지게 되는 시각은 언제인가? [3.3]
d. 크랜베리 가공을 위해서 ICU사는 임시 인력을 고용하려고 한다. 임시적으로 고용을 늘이게 될 때 처리속도는 시간당 125베럴로 증가하게 된다. 임시 고용자들은 오전 10시에 작업을 시작해서 트럭이 대기하지 않게 되는 시간까지 작업을 지속하게 되는데 이 경우 ICU사는 언제 크랜베리 가공을 마치게 되는지 계산하라. [3.3]

3.4 **(Western Pennsylvania Milk사)** Western Pennsylvania Milk사는 시간당 5000갤론의 우유를 고정된 속도로 생산한다. 이 회사의 고객은 하루에 걸쳐 100,000갤론의 우유를 요구하고 있다. 이 수요는 오전 8시부터 오후 6시까지 균등하게 분포(일양분포)하고 있다. 우유의 재고가 부족하게 되면 고객은 그들의 주문이 충족될 때까지 기다리게 된다.

이 회사는 오전 8시에 25,000갤론의 완제품을 보유한 채 생산하기 시작해서 모든 주문을 충족시킨 후에도 다음날을 위해 25,000갤론의 재고를 유지할 때 까지 생산한 후 마치게 된다.

다음 문제들의 답을 생각할때 트럭/우유를 연속 흐름 프로세스로 생각하라. 재고로 보유하고 있는 우유의 양과 하루 동안 미 충족된 우유의 양을 그래프로 그리기 시작해야 한다.

a. 고객들의 주문이 바로 충족되지 않아 기다리기 시작하는 시각은 언제인가? [3.3]
b. 고객의 대기시간이 끝나는 시각은? [3.3]
c. 1,250갤론씩 트럭을 통해서 우유가 배송된다면 최대로 대기하게 되는 트럭의 수는 얼마나 될까? [3.3]
d. 대기하는 트럭마다 시간당 $50불씩 부과한다면 하루에 부과 가능한 금액은 얼마나 되는가? [3.3]

3.5** **(베이글 가게)** 아래의 프로세스 흐름도와 같이 3가지 종류의 베이글을 생산하는 가게가 있다. 하루에 180개의 베이글 수요가 발생하는데, 이 중 30개는 구운고기 야채 베이글, 110개는 야채 베이글, 40개는 크림치즈 베이글이다. 각 설비별로 한 명씩 작업자가 하루에 10시간 동안 작업한다.

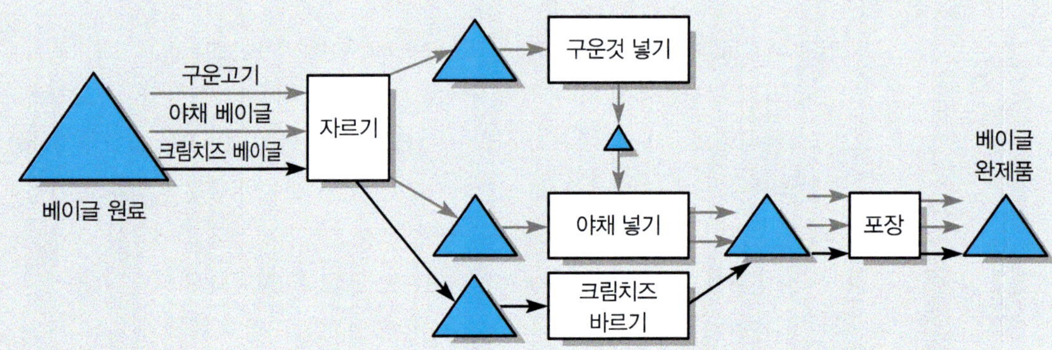

각 프로세스의 단계별 작업시간은 다음과 같다.

	자르기	구운것 넣기	야채 넣기	크림치즈 바르기	포장
작업시간	3[분/베이글]	10[분/베이글]	5[분/베이글]	4[분/베이글]	2[분/베이글]

프로세스의 각 공정(단계)의 작업시간은 베이글의 종류와 독립적이다. 즉 예를 들어 자르기 공정에서 야채 베이글을 자르던 크림치즈 베이글을 자르건 그 작업시간은 동일하다.

a. 이 프로세스에서 병목지점은 어디인가? [3.6]

b. 상품별 비율이 그대로 유지된다는 가정하에 한시간동안 생산하는 베이글의 수는 각각 얼마인가? [3.6]

3.6 **(Valley Forge Income Tax Advice사)** Valley Forge Income Tax Advice(VF)사는 부유한 개인을 대상으로 매년 소득세 신고서 작성을 도와주는 회사이다. 매년 12월에 VF사는 그들 고객에게 간단한 설문지를 돌리는데 여기에는 소득세 신고서 작성에 필요한 정보들에 대한 질문이 들어있다. VF사는 24년간의 경험으로 볼때 고객을 다음과 같은 5가지 분류체계로 나누어 관리한다.

- 그룹1(신규고객, 단순): 15%
- 그룹2(신규고객, 복잡): 5%
- 그룹3(기존 고객, 단순): 50%
- 그룹4(기존 고객, 복잡): 30%

여기서 '단순'과 "복잡"은 고객들의 소득세 신고서 작성의 복잡성 정도를 나타낸다.

소득세 신고서 작성 준비를 마치기 위해서 다음과 같은 작업들을 마쳐야 한다. 총 작업시간(어느 작업들이 필요하게 될지도 마찬가지)은 고객이 어떤 분류체계에 속하는지에 따라 달라지게 된다. 아래와 같은 작업시간은 모두 소득세 신고서 1장당 소요되는 시간(분)으로 표현되었다.

그룹	파일링	최초회의	준비	수석회계사 검토	작성
1	20	30	120	20	50
2	40	90	300	60	80
3	20	필요없음	80	5	30
4	40	필요없음	200	30	60

각 작업들은 다음의 3명에 의해서 진행된다.

- 사무직: 파일링과 작성
- 수석회계사(사장): 최초회의, 수석회계사 검토
- 책임회계사: 준비

이 세 사람은 모두 한달에 20일간 하루에 8시간씩 근무한다. 각 고객의 그룹별 비율이 변하지 않는다는 조건하에 다음 질문에 답하라. 만약 한 달에 50장의 소득세 신고서 작성의뢰가 있다고 한다면

a. 위 세 명 중 누가 병목지점에 해당하는가? [3.6]

b. 수석회계사의 내재활용률은 얼마인가? 책임회계사의 경우는? 사무직의 경우는? [3.6]

c. 만약 위의 4 그룹 중 어떤 그룹이 가장 이익이 되는 고객 군인지 분석하라는 의뢰를 받았다고 하자. 이 질문에 답하기 위하여 가장 중요한 요소는 무엇인가? [3.6]

d. 만약 워드프로세싱 시스템을 도입하여 소득세 신고서 "작성"에 소요되는 시간을 50% 감소시킬 수 있다면 VF사의 처리능력은 어떻게 변하게 되는가? [3.6]

3.7

(CC Car Wash사) CC Car Wash사는 자동차 세차서비스를 제공하는 업체이다. 이 업체의 서비스와 관련한 설명은 다음의 표를 참조하면 된다.

서비스	서비스 내용	작업시간	사용되는 자원
A. 세차	차량외부 세차 후 건조	10분	자동세차기 1대
B. 왁스	차량외부 왁스 처리	10분	자동왁스 처리기 1대
C. 휠세척	차량휠의 때 제거	7분	작업자 1명
D. 내부세차	차량내부의 때 제거	20분	작업자 1명

이 회사는 고객에게 다음과 같은 패키지화된 서비스를 판매하고 있다.

- 패키지 1: 차량의 외부 세차만 포함한다.(서비스 A)
- 패키지 2: 차량의 외부 세차와 왁스를 포함한다.(서비스 A, B)
- 패키지 3: 차량의 외부 세차, 왁스, 휠 세척을 포함한다.(서비스 A, B, C)
- 패키지 4: 차량의 외부 세차, 왁스, 휠 세척, 내부세차 모두를 포함한다.(서비스 A, B, C, D)

CC Car Wash사의 고객들은 세차장에 하루에 40명씩 균일한 속도(고객도착의 변동성은 무시하자)로 도착한다. 이 고객들 중 40%는 패키지 1을, 15%는 패키지 2를, 15%는 패키지 3을, 그리고 나머지 30%는 패키지 4를 구입한다. 이 비율은 하루 종일 변하지 않는다고 하자. 이 세차장은 하루에 12시간 영업한다.

a. 휠 세척 서비스를 수행하는 작업자의 내재활용률은 얼마인가? [3.6]

b. 어떤 자원이 가장 높은 내재활용률을 보이는가? [3.6]

CC Car Wash사의 내년 여름 예측에 의하면 하루에 80명의 고객이 있을 것으로 생각하고 있다. 단순히 고객만 증가하는 것이 아니라 고객들의 비율 또한 변할 것으로 예상하는데, 패키지 1, 2, 3, 4는 각각 30%, 10%, 10%,50%로 변하게 될 것으로 판단한다. CC Car Wash사는 서비스 A를 위하여 자동세차기 1대를 더 추가할 예정이다.

c. 새로운 병목지점은 어느 자원이 될 것인가? [3.6]

d. 하루에 몇명의 고객이 서비스를 받을 수 없게 되겠는가? 어떤 고객들이 대기하게 되는가? 이유를 설명하라. [3.6]

3.8

(Starbucks사) 기말고사 마지막 날 밤샘 공부를 마친 4명의 학생들은 교내 스타벅스 지점에서 커피를 구입하려고 하고 있다. 이들은 아침 8시 30분에 지점에 도착하였는데 많은 대기자들 때문에 아연실색하고 말았다.

다행스럽게도 스타벅스사 임원이 그들 앞에 서있었는데 그녀로부터 이 스타벅스 지점과 관련한 다음과 같은 사실들을 듣게 되었다.

I. 세가지 종류의 종업원

- 1명의 출납직원은 모든 주문을 받고, 비음료 식품들을 고객에게 제공하고, 커피를 갈고, 내리는 커피를 제공하는 일을 한다.
- 얼음음료를 만드는 1명은 차가운 음료를 포함하여 각종 블랜드 음료를 제공한다.
- 에스프레소 음료를 만드는 1명은 에스프레소, 라떼와 스팀음료를 제공한다.

II. 네 종류의 고객

- 내린 커피 고객은 오직 내린 커피만을 주문한다. 이 경우 출납직원이 커피를 부어 제공하는데 20초가 소요된다.
- 블랜드 음료와 얼음음료 고객들은 블랜더를 이용해야 하는 음료를 주문한다. 이 음료들은 평균적으로 2분 정도의 작업시간이 소요된다.
- 에스프레소 음료 고객들은 에스프레소나 스팀음료 둘 중 하나 또는 모두를 주문하는데 평균적으로 1분 정도의 시간이 소요된다.
- 갈은 커피 고객은 스타벅스사의 여러 커피제품 중 하나를 구입하며 자신들이 원하는 특정한 형태로 커피를 갈아주길 요구한다. 이 경우 출납직원의 총 1분의 시간이 소요되는데 20초는 커피를 붓는데 사용되고 40초는 커피를 갈아내는데 사용된다.

III. 아침 7시부터(이때부터 지점이 문을 연다) 아침 10시까지(아침 고객이 몰리는 마지막 시각) 균일한 속도로 고객들이 이 지점에 도착한다. 10시 이후에는 고객이 도착하지 않는다고 생각해도 좋다.

- 내리는 커피 고객 : 시간당 25명
- 블랜드와 얼음 음료 고객 : 시간당 20명
- 에스프레소 음료 고객 : 시간당 70명
- 갈은 커피 고객 : 시간당 5명

IV. 모든 고객은 주문과 관련하여 출납직원과 20초씩의 주문시간을 소비한다.

V. 약 25%의 고객은 음식(비 음료)을 추가적으로 주문하게 되는데 이 경우 출납직원은 25초의 추가 주문시간을 소비하게 된다. 대기 줄에서 기다리는 학생들은 상기의 사실을 반영한 다음의 질문들에 대답하게 되었다.

a. 얼음 음료를 만드는 직원의 내재활용률은 얼마인가? [3.6]

b. 어떤 자원이 가장 높은 내재활용률을 보이는가? [3.6]

스타벅스사 임원과 이들의 대화속에서 학생들은 스타벅스사가 제공하는 모든 종류의 비 음료 제품에 대하여 프로모션(반값!)을 하려고 한다는 사실을 알게 되었다. 마케팅 부서의 조사에 의하면 이 반값 할인 프로모션을 통하면 고객 중 비 음료 음식을 주문하는 비율이 30%까지 높아진다(고객의 도착율에 변화는 없다)는 예측을 하였다고 한다. 하지만 이 스타벅스사 임원은 고객들의 대기시간에 어떤 변화가 생길지에 대하여 우려하고 있었다.

c. 이 프로모션을 진행하게 되면 내재활용률은 어떻게 변화하게 되겠는가? [3.6]

3.9 **(Paris 공항)** Kim Opim은 매우 열정적인 학생이다. Kim은 Philadelphia(PHL)에서 Paris행 비행기를 타려고 한다. 과거의 경험에 의하면 PHL의 출국장 A까지 도착하는데 오랜 시간이 걸리는 것을 알고 있는 Kim은 그 이유에 대하여 운영관리 시간에 배운 지식을 이용해 알아보고 싶다. 항공사 직원의 설명에 의하면 출국장 A에는 4종류의 여행객들이 있다고 한다.

- 단거리 유경험 여행객(단거리라 함은 멕시코를 포함한 대서양 섬지역 관광객을 의미): 이 관광객들은 주로 온라인 상에서 미리 체크인을 마치기 때문에 체크인을 위해서 발권직원을 만나거나 공항에 있는 자동 발권기를 이용할 필요가 없다.
- 장거리 유경험 여행객 : 이 여행객들은 체크인을 위해서 발권직원과 3분을 소비한다.
- 단거리 무경험 여행객 : 이 여행객들은 자동 발권기 앞에서 2분을 소모한다. 하지만 발권직원을 만날 필요는 없다.
- 장거리 무경험 여행객 : 이 고객들은 체크인을 위해서 발권직원과 5분을 소비한다. 여행객들이 온라인에서 체크인을 하던 발권직원을 통해서 하던, 자동발권기를 통해서 하건 상관없이 모든 여행객들은 보안검사를 통과하게 된다. 이때 승객의 종류와 상관 없이 0.5분의 시간이 소요된다. 과거의 데이터를 통하여 확인한 바에 의하면 터미널 A에 도착하는 고객의 종류에 따르는 도착률은 다음과 같다.
- 단거리 유경험 여행객 : 시간당 100명
- 장거리 유경험 여행객 : 시간당 80명
- 단거리 무경험 여행객 : 시간당 80명
- 장거리 무경험 여행객 : 시간당 40명

이 터미널에는 4개의 보안검사대가 있고 6명의 발권직원과 3대의 자동발권기가 있다. 고객들은 오후 4시부터 8시까지 균일한 속도로 터미널에 도착하고 어떤 고객도 4시 이전이나 8시 이후에 도착하지 않는다고 가정하자. 터미널의 모든 직원들은 마지막 고객이 완전히 시스템을 떠나기(보안검색을 마치기) 전까지는 근무지를 벗어나지 않는다.

a. 각 자원들의 내재활용률을 계산하라. [3.6]

b. 마지막으로 여행객이 시스템을 벗어나는 시각은 언제인가? 어떤 타입의 여행객이 어떤 자원에서 대기상태라고 하더라도 그 자원에서 서비스 받을 필요가 없는 다른 타입의 여

행객은 대기하는 여행객을 추월해 갈 수 있다는 점에 주의. [3.6]

c. 장거리 유경험 여행객인 Kim은 공항에 저녁 6시에 도착하여 최대한 입국수속을 마치기 위해서 서둘렀다. Kim이 보안검사를 받기까지 얼마의 시간을 소비하였는가? [3.6]

d. 공항에서는 체크인 프로세스를 여행객들에게 설명해 주는 교육 프로그램에 대하여 구상하고 있다. 여행객들을 조사한 결과에 의하면 무경험 여행객(단거리, 장거리 모두)의 80%는 장거리 여행객처럼 행동할 수 있었다(즉, 새로운 여행객의 도착율이 단거리 유경험 여행객은 시간당 164명, 장거리 유경험 여행객은 시간당 112명, 단거리 무경험 여행객은 시간당 16명, 장거리 무경험 여행객은 시간당 8명으로 변화되었다). 이 경우 마지막으로 여행객이 시스템을 벗어나는 시각은 언제인가?[3.6]

특정 절에서의 이해도를 확인하고 싶다면 아래의 각 절에 해당하는 문제를 참고하라.

- 3.2절: 1
- 3.3절: 3, 4
- 3.4절: 1
- 3.6절: 2, 5, 6, 7, 8, 9

CHAPTER

04 인건비 추정과 감축

모든 프로세스의 최종목표는 가치를 창출(이익 창출)하는 것이지 프로세스상 자원의 활용률을 최대한으로 올리는 것이 아니다. 다시 말해 활용률이라는 평가지표를 높이기 위하여 시장에서 요구되는 수요량이나 후행 공정에서 요구되는 수요량 보다 많은 양을 생산하지는 않는다는 것이다. 하지만 인력 또는 장치와 같은 프로세스의 자원 활용률이 떨어져 있다면 이는 프로세스를 향상시킬 수 있는 기회가 되기도 한다. 프로세스가 향상되는 경우는 다음의 두 가지 경우를 포함하여 몇 가지 형태로 나뉘어 진다.

- 만약 몇몇 프로세스 단계에서 초과되는 처리능력(capacity)을 줄이게 되면 전체적인 프로세스는 더욱 더 효율적으로 변하게 된다(동일한 산출량을 적은 비용으로 처리함)
- 만약 프로세스 내의 활용률이 낮은 자원을 병목지점에서 활용하여 처리능력을 향상시킬 수 있다면 전체적인 프로세스 처리능력은 향상될 것이다. 만약 이때 프로세스가 처리능력 제약적 상황에 처해있었다면 프로세스의 흐름률이 증가하게 될 것이다.

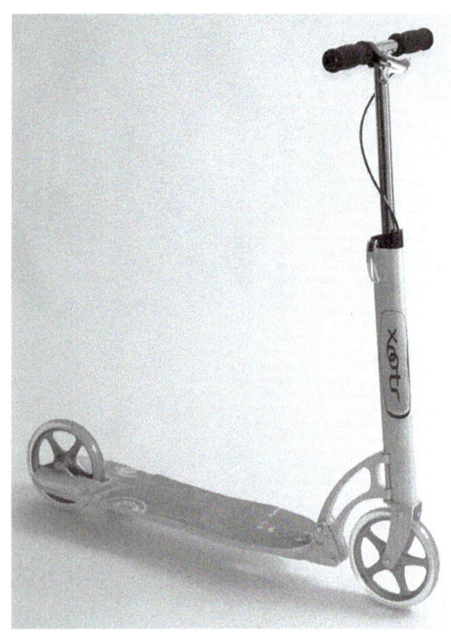

그림 4.1 Novacruz사가 생산하는 Xootr

이 장에서 우리는 어떻게 그러한 프로세스의 향상을 도모할 수 있을지에 대하여 논의해 보도록 하겠다. 좀 더 구체적으로 표현하자면 라인밸런싱(line balancing)이라는 개념에 대하여 거론하려고 하는데 이는 프로세스상의 어떤 공정에서 공급(supply)되어진 것과 프로세스상의 그 다음 공정(후공정)에서 요청(demand)되어진 것과의 불일치(missmatch)를 피하고자 하는 노력이다. 즉 라인밸런싱은 프로세스 안에서의 수요와 공급의 일치를 이루기 위한 노력이다. 앞으로 Novacruz사의 사례를 활용하여 라인밸런싱의 개념을 알아보고 더불어 프로세스 분석을 수행하는데 사용하는 일반적인 용어들에 대하여 다루어 보도록 하겠다. Novacruz사는 [그림 4.1]에서 보이는것과 같은 Xootr("주터"라고 발음)라는 고성능 킥스쿠터 제품을 생산하는 제조업체이다.

4.1 조립 공정의 분석

고성능 킥스쿠터에 대한 소비자들의 관심이 높아지고 특히나 고성능 제품에 대한 수요가 증가됨에 따라 Novacruz사는 생산 프로세스를 재구성해야 하는 중대한 상황에 처하게 되었다. 2000년 3월초의 스쿠터 수요는 주당 100대를 넘지 않았으나 2000년 가을에

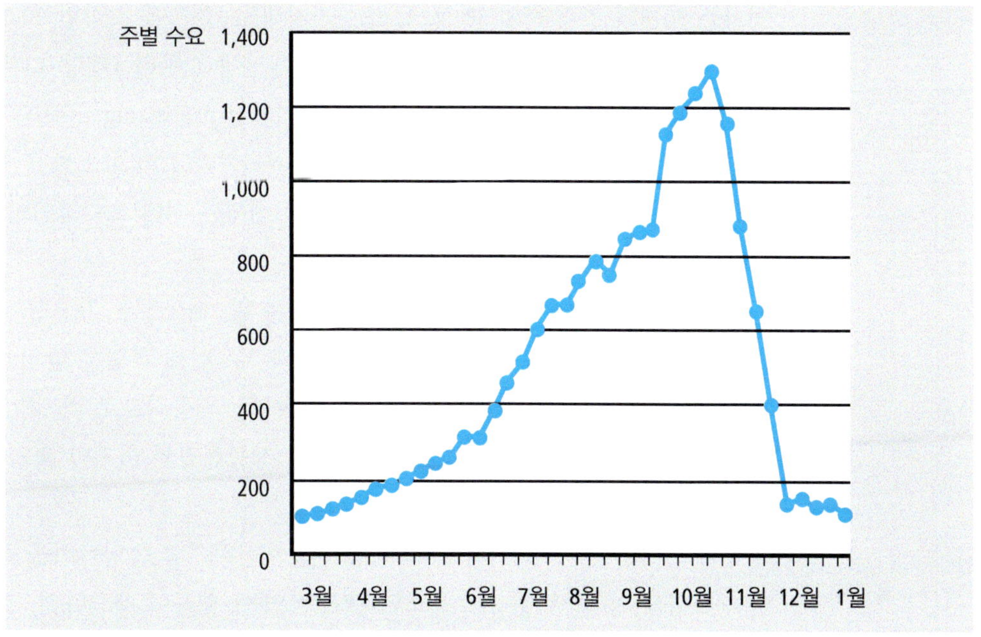

그림 4.2 Xootr 제품의 수요곡선

는 수요가 급격히 증가하여 바로 주당 1,200대 수준에 이르렀다. 스쿠터의 수요곡선은 [그림 4.2]와 같다.

우선 스쿠터 수요가 주당 125대이었던 2000년 3월의 상황을 살펴보자. 당시에는 [그림 4.3]에 보이는 바와 같이 조립 공정은 3명의 작업자(자원)로 나뉘어져 있었다.

각 작업자는 다음과 같은 활동들을 수행한다. 첫 번째 작업(activity)에서 한 명의 작

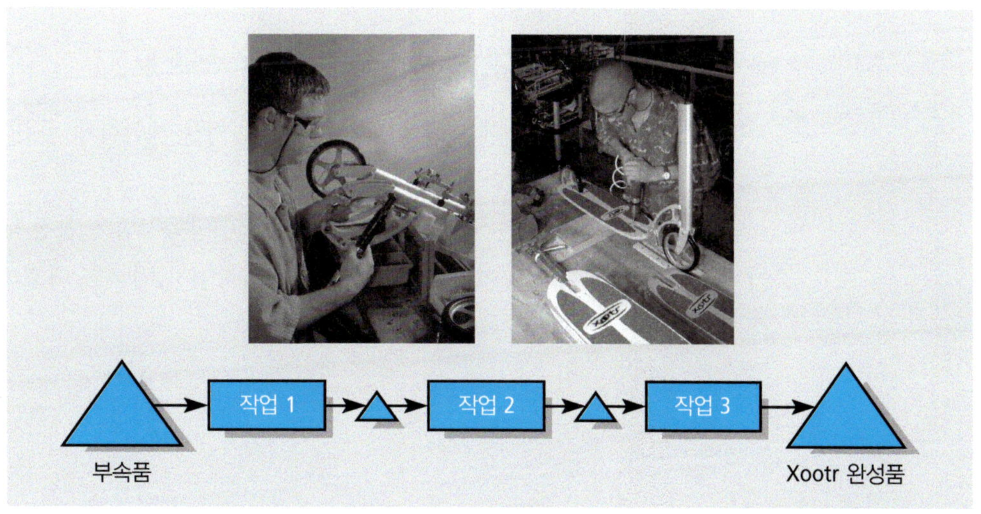

그림 4.3 현재 프로세스의 레이아웃

업자는 80개의 조립 작업 중 포크, 조향지지대, t-핸들을 포함한 30개의 부품을 조립하는 작업을 수행한다. 이 작업은 그 복잡성 때문에 스쿠터 1대당 13분의 시간이 소요된다. 여기서 13분/대에 해당하는 시간을 처리시간(processing time)이라고 한다. 상황에 따라서 이 시간을 때로는 작업시간(activity time)이라고 하기도 하고 서비스 시간(service time)이라고 부르기도 한다. 현재의 프로세스에서는 여러 조립작업이 한 작업자에 의하여 이루어 진다는 점에 주의 하도록 하자.

두 번째 작업(activity)에서 한 명의 작업자는 휠, 제동장치, 방향조정과 관련된 장치를 조립한다. 이 작업자는 데크 조립도 진행한다. 두 번째 작업은 앞의 첫 번째 작업에 비하여 좀 빠른 편인데 처리시간은 대당 11분이다. 최종적으로 마지막 세 번째 작업자에 의해 제품 세척, 문양작업과 테이프 붙이기, 성능점검의 마지막 과업들을 마치게 된다. 이때 총 처리시간은 대당 8분이 소요된다.

개별적 자원(설비, 작업자)의 처리능력을 계산하거나 동일작업을 하는 자원(설비, 작업자)그룹의 처리능력을 프로세스의 단계(작업)에 대하여 계산하면 다음과 같다.

$$\text{처리능력} = \frac{\text{자원의 수}}{\text{처리시간}}$$

직감적으로 인지되듯이 당연히 설비나 작업자의 수, 즉 자원의 수가 증가하게 되면 그에 비례하여 작업의 처리능력은 향상되게 된다. 예를 들어 첫 번째 작업자에 의해서 수행되는 첫 번째 작업의 처리능력을 계산하자면

$$\text{처리능력} = \frac{1}{(13\text{분/대})} = 0.0769$$

즉, 다음과 같이 다시 쓸 수 있다.

$$0.0769\text{대/분} \times 60\text{분/시간} = 4.6\text{대/시간}$$

마찬가지로 두 번째와 세 번째 작업자의 처리능력을 계산하게 되면 각각 5.45대/시간, 7.5대/시간을 구할 수 있다.

앞서 3장에서 토의했던것과 같이 이 프로세스의 병목지점은 가장 낮은 처리능력을 보이는 작업이 될것이므로 이경우는 첫 번째 자원(작업자)에 해당되고 결과적으로 프로세스 처리능력은 4.6대/시간이 된다.

4.2 비어있는 프로세스에서 X단위 생산에 소요되는 시간

Novacruz사가 Xootr 100대의 긴급 주문을 받아서 무조건 이 주문부터 생산하기로 했다고 가정하자. 이 주문은 아침 일찍 접수되어서 완성품재고(finished-goods-inventory, FGI)가 전혀 없는 상태일 뿐 아니라 작업 중에 있는 재고(재공품 재고: work-in-process, WIP)도 전혀 없는 상태에서 생산을 시작할 수도 있다. 이 긴급주문을 처리하는데 얼마의 시간이 소요되겠는가?

많은 양의 주문을 받은 상황에서는 당연히 최대한 빨리 스쿠터를 생산하기 위해서 노력할 것이 자명하다. 그러므로 이 상황은 처리능력 제약적 상황에 해당되고 프로세스의 처리능력은 병목지점의 처리능력(13분마다 스쿠터 1대)에 의해 결정된다. 프로세스에서 완성되어 산출되는 연속된 두 제품간의 시간간격을 프로세스의 싸이클 타임(cycle time)이라고 부르는데 좀 더 자세하게 다음 절에서 정의하도록 할 것이다.

100개의 주문을 처리하기 위해서 소요되는 시간을 단순히 100개/0.0769개/분=1,300분 처럼 계산할 수 없다. 왜냐하면 이 계산 결과는 이미 프로세스가 병목지점의 처리속도로 계속 생산하고 있었음을 가정하고 있기 때문이다. 하지만 위 예의 경우에는 주문을 받은 아침에 프로세스상에 작업중인 스쿠터는 전혀 없었으므로 (재공품 재고가 없었음) 첫 번째의 제품은 생산하는데 대당 13분보다 훨씬 더 많은 시간이 소요된다. 얼마나 시간이 더 걸렸는지는 이 조립라인이 어떤 속도(pace)에 보조를 맞추어 움직이는가에 달려 있다고 할 수 있다.

현재와 같은 시스템을 우리는 작업자 속도(worker-paced) 공정이라고 부르는데 그 이유는 각자의 작업자들이 자기 고유의 속도대로 자유롭게 작업을 진행하기 때문이다. 즉, 두 번째 작업자가 작업을 수행할 수 있기 전에 첫 번째 작업자가 작업을 마쳤다면 첫 번째 작업자는 작업을 마친 제품을 두 번째 작업자와 자신 사이에 재고로 쌓으면 된다. 그렇지만 결국 작업자는 병목지점의 처리속도에 맞추어야 될 것이다. 만약 그렇지 않다면 병목지점 앞의 재고는 물리적 공간 제약으로 넘쳐버리게 될 것이기 때문이다. 하지만 이러한 논의는 비어있는 시스템을 통과하는 첫 번째 제품에는 적용되지 않는다. 즉 첫 번째 스쿠터는 13+11+8=32분에 시스템을 통과하게 된다. 일반화 하자면 다음과 같이 쓸 수 있다.

작업자 속도 공정에서 비어있는 프로세스를 통과하는데 소요되는 시간
=모든 작업의 처리시간의 합

작업자 속도 공정과 대비해 [그림 4.4]와 같은 모습의 기계 속도 공정(machinepaced)을 살펴 보도록 하자. 기계 속도 공정에서는 공정내 모든 단계들이 동일한 속도로 작동해야 한다. 이 것은 공정이 비어 있는 상태에서 첫 번째 제품이 통과할 때도 마찬가지이

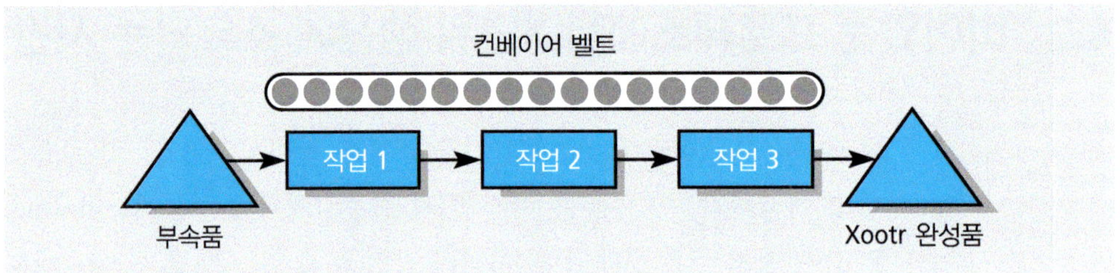

그림 4.4 기계 속도 공정 레이아웃(주의: 컨베이어 벨트는 예시에서만 보임)

다. 그러므로 기계 속도 공정이 사용되었다면 첫 번째 스쿠터 생산에 소요되는 시간은 3×13분이 될 것이다. 이것은 마치 모든 공정이 컨베이어 벨트로 묶여서 돌아갈 때 프로세스의 모든 단계가 동일한 속도로 움직이게 되는 것과 (하나의 컨베이어 벨트가 가장 느린 프로세스 단계에 묶여서 돌아가는 상황) 마찬가지이다. 이를 일반화 하자면 다음과 같다.

기계 속도 공정에서 비어있는 프로세스를 통과하는 데 소요되는 시간
=프로세스상의 단계 수×병목공정의 처리시간

다시 작업자 속도 공정으로 돌아가서 생각해 보자. 시스템이 비어 있는 상태에서 첫 번째 스쿠터가 프로세스를 통과하는데 32분이 소요되고 나면 다음 스쿠터가 프로세스에서 산출되는 데는 13분만 기다리면 된다. 그러므로 첫 번째 스쿠터는 32분이 소요되고 다음 두 번째 스쿠터는 13분이 소요되므로 32+13=45분이 총 소요되고 3번째 스쿠터도 13분이 소요되므로 총 32+(2×13)=58분이 소요되고, 4번째 스쿠터도 13분 소요되므로 총 32+(3×13)=71분이 소요된다.

정식으로 표현하자면 다음과 같은 수식으로 표현할 수 있을것이다.

$$\text{비어있는 프로세스에서 X대 생산에 소요되는 시간}$$
$$= \text{비어있는 프로세스 통과에 소요되는 시간} + \frac{(X-1)\text{대}}{\text{흐름률}}$$

정말 이렇게 첫 번째 제품을 생산하는데 걸리는 시간과 나머지 전체를 생산하는데 걸리는 시간을 따로 계산 하는 것이 항상 필요한가 의문스러울 수도 있다. 이 사례의 경우에는 주문 받은 스쿠터의 생산량이 상대적으로 작으므로 이러한 방식의 계산은 중요하다고 볼 수 있다. 하지만 크랜베리(cranberry; 요리재료로 쓰이는 신맛이 나는 작고 빨간 열매) 생산라인과 같은 연속생산 프로세스를 상상해 보면 꼭 그렇지만은 않다는 것을 알 수 있다. 만약 5톤의 크랜베리를 생산하는데 소요되는 시간을 알고 싶다고 가정해 보자. 하나의 크랜베리가 1그램에 해당한다고 가정해 보면 5톤의 크랜베리는 5백 만개의 크랜

정리 4.1  비어있는 프로세스에서 X단위 생산에 소요되는 시간의 계산

1. 한 단위가 프로세스를 통과하는데 소요되는 시간을 계산한다.
   - 작업자 속도 공정에서는 프로세스 단계별 처리시간의 총합에 해당
   - 기계 속도 공정에서는 사이클 타임×프로세스 단계의 수
2. 프로세스의 처리능력을 계산한다(지난 앞서 제시된 방법 참조). 우리는 X 단위를 최대한 빨리 생산하려 하기 때문에 처리능력 제약적 환경에 해당하므로

$$\text{흐름률} = \text{프로세스 처리능력}$$

3. X 단위 생산에 소요되는 시간

$$= \text{비어있는 프로세스 통과에 소요되는 시간} + \frac{(X-1)\ \text{단위}}{\text{흐름률}}$$

주의: 만약 프로세스가 연속생산 프로세스일 경우는 (X−1)단위 대신 X 단위로 사용 할 수 있다.

베리를 가공하는 일에 해당한다. 5백 만개의 크랜베리를 생산하는데 얼마의 시간이 걸리는가? 엄밀하게 말하자면 첫 번째 크랜베리가 프로세스를 통과하는데 소요되는 시간과 나머지 4,999,999개의 크랜베리가 프로세스를 통과하는데 소요되는 시간의 합을 구하여야 한다. 하지만 계산의 편의성 측면에서 고려해 보자면 5백만 빼기 1은 여전히 5백만으로 볼 수 있다. 그래서 이런 경우 첫 번째 크랜베리의 경우를 생략하고 다음과 같이 계산을 편리하게 하기도 한다.

연속생산 프로세스에서 X단위 생산에 소요되는 시간

$$= \text{비어있는 프로세스 통과에 소요되는 시간} + \frac{X}{\text{흐름률}}$$

비어있는 프로세스에서 X단위 만큼을 생산하는 데 소요되는 시간을 계산하는 식을 [정리 4−1]과 같이 정리 하였다.

4.3 노동량과 유휴시간

Xootr 생산에서 인건비(labor cost)는 어떤 의미를 가지는지 생각해 보자. 얼마의 노동력이 실제 Xootr를 생산하는데 사용되었는지 알아보기 위해 노동량(labor content)이라는 용어를 세 작업자의 처리시간(processing time) 총합으로 정의해서 사용하고자 한다. 이 경우의 노동량은

$$\text{노동량} = \text{작업자의 처리시간의 합} = 13\text{분/대} + 11\text{분/대} + 8\text{분/대} = 32\text{분/대}$$

여기서 32분/대의 의미는 스쿠터 한대에 투여된 작업시간의 총합은 32분을 의미하게 된다. 우리는 이 수치를 다음과 같이 시각적으로 표현해 보자. 생산하는 스쿠터 위에 종이 한 장을 붙여 놓고 각 작업자는 작업을 마치고 나면 얼마의 시간 동안 작업을 하였는지 적어두기로 하자. 모든 작업자가 적어놓은 시간의 총합이 바로 노동량에 해당한다.

작업자들의 평균 시간당 임금이 $12(즉 분당 $0.20)라고 한다. 그렇다면 앞의 계산결과를 활용하여 스쿠터 한대에 투여된 인건비는 32분/대×$0.20/분=$6.40/대인가? 대답은 당연히 "아니오"이다. 그 이유는 노동량은 흐름단위의 입장에서만 측정된 값일 뿐 실제로 프로세스를 운영하는 관점에서는 전혀 상관없는 측정치이기 때문이다.

예를 들어 만약 두 번째 작업에 1명의 작업자를 추가로 고용한다고 가정해 보자. 원래 2번째 작업자가 프로세스 한계를 제약하는 상황이 아니었으므로 1명의 작업자를 추가하는 것은 바람직하지 않다. 그럼에도 만약 이렇게 1명을 2번째 작업에 추가시키게 된다면 노동량은 어떻게 되겠는가? 전혀 바뀌지 않는다. 여전히 스쿠터 한대를 생산하기 위해 필요한 작업시간의 총합은 32분이다. 하지만 이 경우 우리가 지불하게 되는 직접노동(direct labor)인건비는 33% 증가하게 된다.

직접노동인건비를 바르게 계산하기 위해서 두 가지 측정치를 다음과 같이 살펴보도록 하자.

- 단위 시간당 스쿠터 생산량(흐름률)
- 같은 시간 동안 지불하게 되는 임금

우리는 이미 이 프로세스가 시간당 4.6대의 스쿠터를 생산할 수 있는 처리능력을 가지고 있음을 알아냈다. 즉 이는 일주일에 161대(일주일에 35시간 일한다고 가정)에 해당한다. 현재 스쿠터의 수요량이 일주일에 125대이면 이 프로세스의 흐름률은 주당 125대이다.

이제 이 상황을 고려하여 직접노동인건비를 계산해 보도록 하자.

$$\text{직접노동인건비} = \frac{\text{단위시간당 총 임금}}{\text{단위시간당 흐름률}}$$

$$= \frac{\text{주당 총 임금}}{\text{주당 스쿠터 생산량}}$$

$$= \frac{(3 \times \$12/\text{시간} \times 35\text{시간/주})}{125\text{스쿠터/주}}$$

$$= \frac{\$1,260/\text{주}}{125\text{스쿠터}/\text{주}} = \$10.08/\text{스쿠터}$$

좀 전에 계산했던 노동량 기준으로 계산된 인건비와 직접ㄴ동인건비와의 차이가 크게 나는 이유는 무엇인가? 이유는 작업자들이 업무 시간 동안 일을 100%로 하는 것은 아니기 때문이다. 평균 노동 활용률(average labor utilization)은 작업자가 일하는 시간의 분수로써 표현된다.

$$\text{평균 노동 활용률} = \frac{\text{노동} \times \text{흐름률}}{\text{작업자의수}}$$

$$= \frac{32\text{분}/60\text{분}/\text{시간} \times 3.57\text{대}/\text{시간}}{3}$$

$$= 63.5\%$$

방정식의 단위는 일치해야 한다는 점에 유의하라. 만약 흐름률이 시간 단위일 경우, 노동량 또한 분 단위가 아닌 시간 단위로 표현되어야 한다. 방정식을 설명하자면, 분자는 매 시간 완성되어야 하는 노동시간의 수이다. 3.57대가 매 시간마다 완성되어 도착하며, 이는 즉 한 대를 완성하는 데에는 32/60시간이 걸리는 것과 같다. 수치를 조금 더 쉽게 이해하기 위해서, 4명의 환자가 매 시간마다 방문하고 한 환자는 1/2시간 동안 의사의 진료를 필요로 하는 한 병원을 상상해 보라. 즉 그 병원은 매 시간마다 4×1/2=2시간을 필요로 하는 것이다. 분모는 사용 가능한 최대 노동시간을 의미하는데, 3명의 작업자가 시간당 1시간 동안 일을 할 수 있다면, 모두 합하여 한 시간에 3시간만큼의 작업을 처리할 수 있다. 만약 그 병원이 3명의 의사를 보유하고 있다면, 매 시간마다 3시간 만큼의 진료를 볼 수 있게 된다. 그러므로 요구 작업량과 최대 공급 가능 노동량의 비율은 평균 노동 활용률로 표현되는 것이다. 정리하자면 스쿠터의 평균 노동 활용률은 63.5%, 병원은 2/3=67%가 된다.

노동 활용률을 고려하는 다른 방법은 작업자들이 일을 하지 않는 시간인 유휴시간(idle time)을 통한 것이다. 이 경우 두 종류의 유휴시간이 발생하고 있다.

- 프로세스는 병목지점의 속도보다 절대 빠르게 생산할 수 없다. 이 경우 매 13분마다 한대씩의 스쿠터만을 만들 수 있다. 하지만 3번째 작업자는 오직 8분간만 한 스쿠터에 대하여 작업을 진행하고 있으므로 매 스쿠터 마다 5분 동안 일하지 않는 시간, 즉 유휴시간이 발생함을 의미한다.
- 만약 프로세스가 수요제약적인 상황이라면 병목지점에서 조차 자신의 처리능력보다 느리게 생산하게 되며 이에 따르는 유휴시간이 발생하게 된다. 현재는 주당 125대의

수요가 있으므로 이는 시간당 3.57스쿠터를 생산하는 것에 해당하고 즉 다시 말해 스쿠터 한대당 16.8분이 소요됨을 의미한다. 그러므로 모든 작업자는 스쿠터 한대당 3.8분의 추가적인 유휴시간을 갖게 된다.

3장에서 우리는 Circored사의 프로세스에 대하여 각 단계(자원)별 활용률을 계산해 보았는데 몇몇 활용률이 저하된 자원에서는 위와 같은 문제가 발생하게 된다고 볼 수 있다.

상기의 계산은 인건비가 고정되어 있다는 가정하에 계산되었다는 점에 주의하자. 만약 작업시간을 1주일에 7시간에서 5시간 25분으로 (25스쿠터/일×1스쿠터당 13분) 줄일 수 있다면 우리는 두 번째 종류의 유휴시간은 감소시킬 수 있을 것이다.

앞서 언급되었던 싸이클 타임에 대하여 정확히 정의 하자면 다음과 같다.

$$\text{싸이클 타임} = \frac{1}{\text{흐름률}}$$

싸이클 타임은 흐름률처럼 얼마나 빨리 프로세스가 생산해 내는가를 측정하는 지표로 사용될 수 있다. 우리가 스쿠터 한 대를 매 16.8분마다 생산해 내게 되면 싸이클 타임은 16.8분이 된다. 마찬가지로 직감적으로 위에서 계산했던 것과 같이 유휴시간을 각 작업자 i에 대하여 다음과 같이 계산할 수 있다.

$$\text{일인 작업자의 유휴시간} = \text{싸이클 타임} - \text{일인 작업자의 작업시간}$$

이 수식은 각 작업이 한 명의 작업자에게 할당되어 있다는 가정하에 성립된다는 점에 주의 하자. 유휴시간은 생산되는 제품 하나당 얼마나 많은 비생산적인 시간을 작업자가 소비 하는지를 측정하는 측정치이다. 이 경우에 대한 계산을 다음의 [표 4.1]에 정리하였다.

표 4.1 유휴시간과 관련된 기본계산

	작업자 1	작업자 2	작업자 3
작업시간	13분/대	11분/대	8분/대
처리능력	1/13(분/대) = 4.61대/시간	1/11(분/대) = 5.45대/시간	1/8(분/대) = 7.5대/시간
프로세스 처리능력	분{4.61대/시간, 5.45대/시간, 7.5대/시간} = 4.61대/시간		
흐름률	수요 = 125대/주 = 3.57대/시간, 흐름률 = 분{수요, 프로세스 처리능력} = 3.57대/시간		
싸이클 타임	1/3.57시간/대 = 16.8분/대		
유휴시간	16.8분/대 – 13분/대=3.8분/대	16.8분/대 – 11분/대 = 5.8분/대	16.8분/대 – 8분/대 = 8.8분/대
활용률	3.57/4.61 = 77%	3.57/5.45 = 65.5%	3.57/7.5 = 47.6%

만약 모든 유휴시간을 모든 작업자에 대하여 다 더하게 된다면 스쿠터 한대 생산에 소요되는 총 유휴시간을 다음과 같이 구할 수 있다.

$$3.8+5.8+8.8-18.4\text{분/대}$$

이제 시간당 $12의 임금에 대하여 일괄적으로 적용해 보면 ($0.20/분×18.4분/대) 처음에 우리가 직접노동량만을 고려하여 계산했던 인건비($6.40/대)와 실제 운영의 결과 지불되는 인건비와의 차이가 이 수치와 정확히 일치됨을 확인 할 수 있다.

이제 우리는 평균 노동 활용률을 측정하기 위해 유휴시간과 관련한 정보들을 이용할 수 있게 되었다.

$$\text{평균 노동 할용률} = \frac{\text{노동량}}{(\text{노동량} + \text{모든 작업자의 유휴시간 총합})}$$

$$= \frac{32[\text{분/대}]}{(32[\text{분/대}] + 18.4[\text{분/대}]} = 63.5\%$$

이 수치는 각 작업자의 활용률을 평균함으로써 얻을 수도 있다. 즉

$$\text{평균 노동 활용률} = 1/3 \times (\text{활용률}1 + \text{활용률}2 + \text{활용률}3) = 63.4\%$$

정리 4.2 인건비 계산 요약

1. 프로세스상의 모든 단계(자원)의 처리능력을 계산한다. 가장 낮은 처리능력을 가진 자원이 병목지점(앞서 제시된 방법 참조)에 해당되며 이에 따라 전체 프로세스의 처리능력이 결정된다.
2. 흐름률=Minimum{투입량, 수요, 프로세스 처리능력} 의 계산값을 이용하여

   싸이클 타임=1/흐름률

3. 단위시간당 지불되는 총 임금(모든 작업자를 포함하는)을 계산
4. 직접노동인건비는 다음과 같다.

   직접노동인건비=총 임금/흐름률

5. 평균 노동 활용률은 다음과 같다.

   평균 노동 활용률=노동량×흐름률/작업자 수

6. 자원 i의 모든 작업자에 대한 유휴시간은 다음과 같다.

   자원 i의 작업자 유휴시간=싸이클 타임×(자원 i의 작업자 수)−자원 i에서의 처리시간

7. 평균 노동 활용률 또한 구할 수 있다.

   평균 노동 활용률=노동량/(노동량+총 유휴시간)

여기서 활용률 i는 i번째 작업자의 활용률을 의미한다. [정리 4–2]는 인건비 분석을 위한 계산방법에 대하여 요약 정리 하였다. 여기서는 프로세스상의 하나의 단계에서 여러명의 작업자가 존재할 경우도 포함하고 있다.

4.4 라인밸런싱을 통한 처리능력 향상

작업자간의 활용률을 비교한 [표 4.1]을 보면 작업자들간 극심한 불균형(imbalance)이 발생되고 있음을 알 수 있다. 작업자 1의 경우는 전체 근무 시간 중 77%의 시간을 작업 중인데 반하여 작업자 3의 경우는 근무시간의 약 절반(정확히 47.6%)만을 작업에 사용한다. 이러한 프로세스 내의 라인 불균형은 미시적 관점에서 볼때 어떤 공정에서 공급(supply)되어진 것과 다음 공정에서 요청되어진 수요(demand) 사이의 불일치(mismatch)라고 생각할 수 있다. 라인밸런싱이란 이러한 불균형을 줄이는 활동을 의미한다. 그러므로 라인밸런싱을 통하여 다음과 같은 프로세스 성능향상의 기회가 있다는 의미이기도 하다.

- 프로세스 내 자원(이 경우는 작업자)의 효과적 사용을 통한 프로세스 효율성 향상
- 활용률이 떨어지는 작업자를 병목공정으로 이동시키거나 병목공정에 포함된 작업중 일부를 활용률이 떨어지는 작업자에게 재배치 함으로서 (추가적인 자원의 투입 없이) 프로세스 처리능력을 향상

지금과 같이 주당 125개의 수요가 발생하고 작업자는 고정 인건비로 주당 $35씩 받는 가정하에서는 라인밸런싱을 통하여 프로세스의 흐름률(프로세스는 수요제약적 상황임)을 향상시키지도 직접노동인건비를 줄이지도 못할 것이다. 그러나 Novacruz사의 경우처럼 나중에 수요가 급증하게 되는 경우에는 상황이 바뀌게 된다.

이제 5월에 접어들면서 [그림 4.2]에서 보는 바와 같이 스쿠터의 수요가 주당 200개에 도달하게 되었다고 생각해 보자. 그러므로 이제는 수요제약적 상황이 아니라 프로세스는 처리능력 제약적 상황에 처하게 되었다. 구체적으로 프로세스는 13분마다 1대의 스쿠터를 생산하는 작업자 1에 달려 있다고 할 수 있다. 하지만 시장에서의 수요는 매 10.5분당 한대씩을 (200대/주/35시간/주=5.714대/시간) 요구하고 있는 상황이다.

작업자 1이 이 프로세스에 제약을 가하고 있다는 가정하에 작업자 1의 유휴시간은 전부 제거되었다. 그러므로 작업자 1의 활용률은 100%가 되었지만 작업자 2와 3의 경우는 여전히 유휴시간을 가지고 있다.

- 이제 프로세스의 흐름률은 매 13분에 1대씩으로 증가하였다. 즉 분당 1/13대(=1/13×60×35=161.5대/주)의 흐름률을 보이는데 이는 작업자 1의 속도와 같다.
- 작업자 2는 매 11분마다 스쿠터 1대를 처리할 수 있는 처리능력을 가지고 있다. 즉 분당 1/11대를 처리할 수 있는데 이 작업자의 활용률은 1/13, 1/11=11/13=84.6%가 된다.
- 작업자 3은 매 8분마다 스쿠터 1대를 처리할 수 있는 처리능력을 가지고 있다. 즉 그러므로 이 작업자의 활용률은 1/13, 1/8=8/13=61.5%가 된다.

수요의 증가는 각 작업자의 활용률을 높인 것에 그치지 않고(평균 활용률은 이제 1/3×(100%+84.6%+61.5%)=82%) 아래의 계산식과 같이 직접노동인건비 또한 줄이게 하였다.

$$\text{직접노동인건비} = \frac{\text{단위시간당 총 임금}}{\text{단위시간당 흐름률}}$$

$$= \frac{\text{주당 총 임금}}{\text{주당 스쿠터 생산량}}$$

$$= \frac{(3 \times \$12/\text{시간} \times 35\text{시간}/\text{주})}{161.5\text{스쿠터}/\text{주}}$$

$$= \frac{\$1,260/\text{주}}{161.5\text{스쿠터}/\text{주}} = \$7.80/\text{스쿠터}$$

이제 다시 라인밸런싱 아이디어로 돌아가 보도록 하자. 라인밸런싱은 스쿠터 생산프로세스의 세 단계에서 요구되는 작업의 양을 균등(공평)하게 분배하는 일에 해당한다.

가장 이상적인 시나리오는 스쿠터 생산에 소요되는 작업시간의 총합 즉 노동량(labor content) 32분/대를 3명의 작업자에게 정확히 나누는 것이다. 그렇게 되면 32/3분/대인데 그렇게 되면 각 작업자는 10.66분/대의 균일한 작업시간 동안 작업을 수행하게 된다.

하지만 불행히도 대부분의 프로세스의 경우 이렇게 정확히 균일하게 노동량을 나눌 수 없다. 구체적으로 프로세스를 구성하는 작업이라는 것은 여러 과업들의 조합으로 이루어 진 것인데 그리 쉽게 나뉘어질 수 있는 성질의 것이 아니기 때문이다. 이 세 작업자의 작업을 자세히 분석해 보면 [표 4.2]와 같은 구조를 가지고 있다.

예를 들어 작업자 1의 마지막 과업(핸들캡 조립)을 살펴보면 118초가 소요됨을 알 수 있다. 이 과업은 통째로 다른 작업자에게로 옮겨질 수는 있다. 하지만 이 과업을 아무곳에나 자유롭게 위치시킬 수는 없다는 것이다. 예를 들자면 이 핸들캡 조립을 박스마감 과업 이후에 할 수는 없는 노릇이기 때문이다.

표 4.2 과업 시간

작업자	과업	과업시간[초/대]
작업자 1	케이블 준비	30
	케이블 이동	25
	와셔 조립	100
	케이블 마무리	66
	소켓헤드 나사조립	114
	핀너트 조이기	49
	브레이크 신발, 스프링, 피봇볼트	66
	앞바퀴 삽입	100
	축 볼트 삽입	30
	축 볼트 조이기	43
	브래이크 피봇볼트 조이기	51
	핸들 캡 조립	118
	총	792
작업자 2	브레이크 래버, 케이블 조립	110
	트림과 캡케이블	59
	첫 번째 립 위치시키기	33
	축과 클리트 삽입	96
	뒤 바퀴 삽입	135
	두 번째 립과 데크 위치시키기	84
	테이프 붙이기	56
	데크 조이기 삽입	75
	총	648
작업자 3	검사후 닦기	95
	스티커 붙이기	20
	백에 삽입	43
	박스 조립	114
	박스에 넣기	94
	박스 마감	84
	총	450

하지만 여전히 이 118초의 과업을 다음 작업자2에게 옮길 수는 있다. 이 경우에 작업자 1은 작업시간이 스쿠터 1대당 674초로 줄어들고 작업자 2(새로운 병목지점이 된다)의 경우는 스쿠터 1대당 766초로 작업시간이 증가하게 된다. 이렇게 되면 전체적인 프

로세스 처리능력은 향상되게 되니까 단위시간당 생산하는 스쿠터의 수는 증가하게 되며 평균 노동 활용률도 좀 더 100%에 가깝게 바뀌게 된다.

하지만 좀 더 좋은 방법은 없을까? 이 책의 범위 내에서는 적어도 이 과업들의 작업 순서는 고정적인 것이라 생각하기로 하자. 과업의 순서를 재배치 하게 되면 라인밸런싱은 더욱 더 복잡한 문제가 된다. 예를 들어 작업자 2의 마지막에서 두 번째 과업(테이프 붙이기)은 다음 과업(데크조이기 삽입)과 순서가 바뀔 수도 있을 것이다. 이렇게 과업의 순서를 바꾸어서 라인밸런싱하는 방법을 찾아주는 몇몇 간단한 알고리듬과 휴리스틱이 존재하긴 하지만 이러한 논의는 라인밸런싱을 경영적인 관점에서 바라보려고 하는 우리의 학습 목표에 비추어 너무 자세한 부분에 해당될 수 있다.

아무튼 우리가 과업의 순서를 지키면서도 위에서 제시된 766초의 싸이클 타임에서 더욱 더 향상된 라인밸런싱 결과를 얻을 수도 있다. 라인밸런싱의 핵심은 노동량을 모든 자원에 균등하게 나누는 것이라는 사실을 기억한다면 가장 최적의 작업시간은 대당 10.66분에 해당하게 되고 이는 640초의 마다 1대씩 생산하게 됨을 의미하게 된다.

이제 "핸들캡 조립" 과업을 작업자 1에서 작업자 2로 옮기게 되면 라인밸런싱 상황이 좋아지는 것은 확실하다. 그렇지만 작업자 2는 이상적인 작업시간과 비교해 대당 126초(766초/대 − 640초/대) 만큼 더 많은 시간을 할당받게 되었다. 상황을 향상 시키기 위해서 작업자 2의 마지막 두 과업(테이프 붙이기, 데크 조이기 삽입)을 작업자 3에게 옮기게 되면 56+75초/대=131초/대 만큼의 작업시간이 줄어들게 되고 상황은 좀 더 개선되게 된다.

새로운 작업시간을 다음과 같이 계산해 보자:

- 작업자 1: 대당 674초(792 − 118초/대)
- 작업자 2: 대당 635초(648 + 118 − 56 − 75초/대)
- 작업자 3: 대당 581초(450 + 56 + 75초/대)

이것이 최적의 답인가? 아니다! 여전히 작업자 1의 "브레이크 피봇볼트 조이기" 51초짜리 과업을 작업자 2로 옮기고 작업자 2의 84초 짜리 과업인 "두 번째 립과 데크 위치시키기"를 작업자 3에게 이동시키고 비슷한 계산을 다시 해 보자. 그 결과(마지막)는 다음과 같다.

- 작업자 1: 대당 623초(674 − 51초/대)
- 작업자 2: 대당 602초(635 + 51 − 84초/대)
- 작업자 3: 대당 665초(581 + 84초/대)

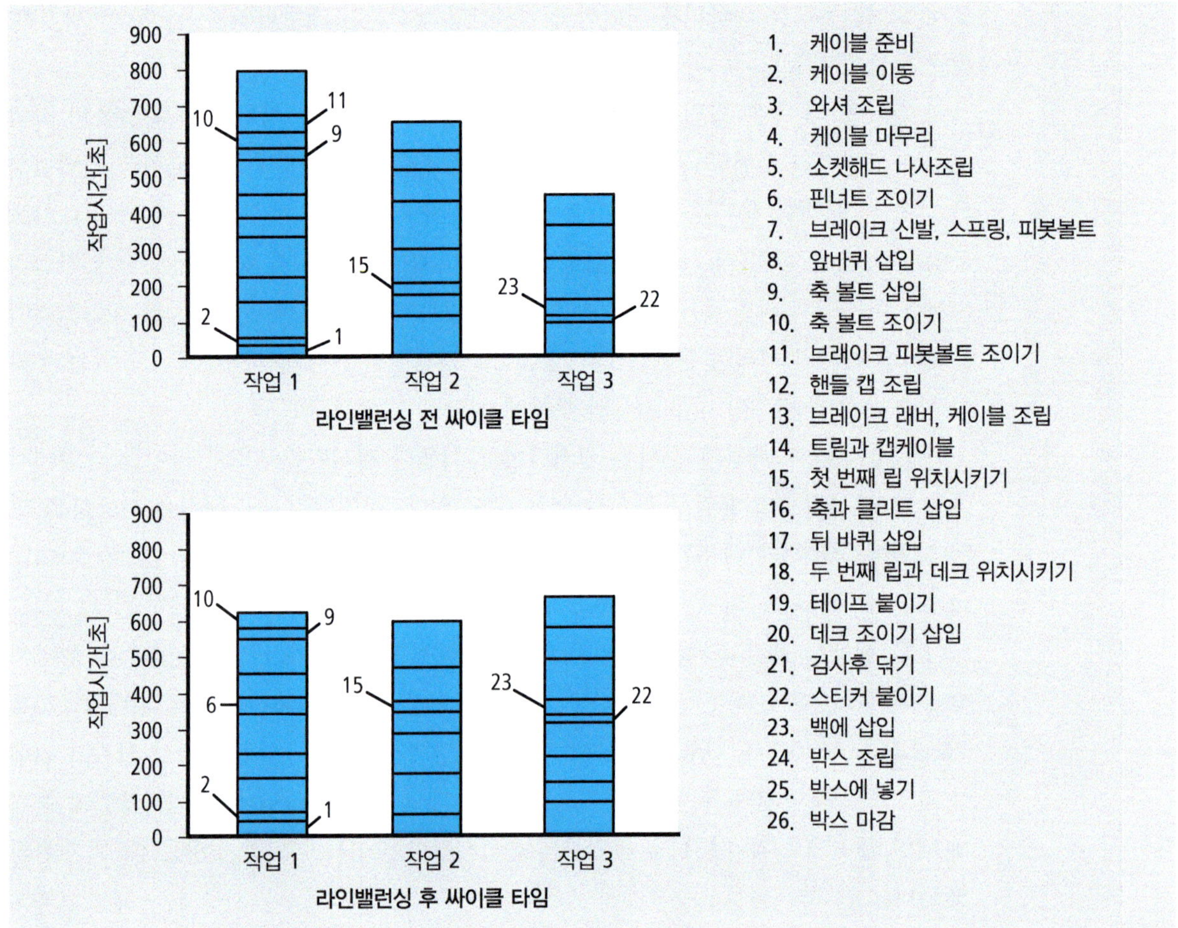

그림 4.5 라인밸런싱 전후 비교

이 세 가지 작업자의 작업시간을 모두 더하면 대당 1,890초가 소요되는 것으로 계산되는데 이는 노동량(labor content)과 같은 값을 가지므로 어떤 작업도 빼먹지 않았음을 확인할 수 있다. 결과적으로 평균 노동 활용률은 다음과 같이 변하게 되었다.

평균 노동 활용률=노동량/(노동량+모든 작업자의 유휴시간 총합)
=1,890/(1,890+42+63+0)=94.7%

라인밸런싱을 통한 프로세스 성능향상은 상당한 경제적 효과를 동반하였다. 새로운 병목지점(작업자 3)에 근거하면 이제 프로세스는 매 665초마다 1대씩 생산할 수 있게 되었고 결과적으로 프로세스 처리능력은 1/665대/초×3,600초/시간×35시간/주=189.5대/주로 향상되었다. 그러므로 라인밸런싱 전의 라인의 상태(주당 161.5대)와 비교하자면 추가적인 인건비 발생 없이도 프로세스 처리능력(흐름률)을 17%(28대) 증가시킬 수 있었다. 더불어 직접노동인건비는 $6.65/대로 줄일 수 있었다. [그림 4.5]는 싸이클 타임과 과업 재배치 상태를 라인밸런싱 전과 후로 나누어 비교 하였다.

4.5 대량생산으로의 확장 방법과 그 효과

앞서 [그림 4.2]에서 살펴본 바와 같이 이후 6개월간 Xootr에 대한 수요는 폭발적으로 증가하여 7월에는 주당 700개에 이르게 되었다. 그러므로 합리적으로 수요와 공급의 균형을 이루기 위해서는 프로세스 처리능력(공급)을 증가시켜야만 한다.

이러한 작업자 속도 공정라인의 처리능력을 향상시키기 위해서는 (이 경우에는 라인밸런싱 후 주당 189.5대에서 주당 700대로 향상시켜야 함) 추가적인 작업자가 필요하다. Xootr를 생산하는 기본적인 프로세스 단계를 변화시키지는 않는 범위에서 대량생산으로 전환하기 위해서는 아래와 같은 몇 가지의 선택이 있을 수 있다.

- 똑같은 레이아웃과 작업자 배치 방법을 사용하여 현재와 같은 라인밸런싱된 공정을 추가적으로 병렬 배치한다. 이는 3명으로 구성된 현재와 같은 라인을 그대로 추가하는 것이다.
- 현재 프로세스의 각 단계에 작업자를 추가할 수 있다. 이렇게 하면 각 단계의 처리능력은 향상될 것이다. 따라서 전체 프로세스 처리능력도 향상시킬 수 있다.
- 현재 3명의 작업자에 의해서 진행되고 있는 프로세스의 단계를 세밀하게 나누어 여러 단계로 세분화 함으로써 전문화를 꽤할 수 있다. 이를 통하여 작업시간을 단축시키고 프로세스의 처리능력을 향상시키는 것이다.

앞으로 이와 같은 세 가지 방법에 대하여 계산을 진행해 보려 한다. 각 방법에 대한 프로세스 흐름도를 표현하면 [그림 4.6]과 같다.

라인의 병렬적 추가를 통한 처리능력 증가

전체 프로세스의 생산능력은 복제되는 생산라인 개수의 증가비율대로 증가되므로 단순히 3개의 복제된 프로세스를 병렬로 추가 배치 함으로서 총 프로세스의 처리능력을 (4×189.5대/주=758대/주)=4배로 증가 시킬 수 있다.

이러한 접근법의 장점은 초기 프로세스의 레이아웃에서 얻은 지식을 그대로 추가되는 라인에 적용할 수 있다는 것이다. 비록 이러한 접근법이 꼭 최선인 것은 아니지만 이 접근법은 세 가지 프로세스 단계별 작업자의 비율(첫 번째, 두 번째, 세 번째 단계 모두 총 4명씩)을 그대로 유지시킬 수 있게 한다.

한가지 대안적 방법으로서 단 두 개의 라인 만을 추가로 복제하게 되면 프로세스 처리능력은 주당 568.5대가 되는데 부족한 131.5대(700~568.5대/주) 만큼의 처리능력은 초과근무(overtime)를 통하여 확보할 수도 있다. 초과근무를 통하여 주당 131.5대를 생산

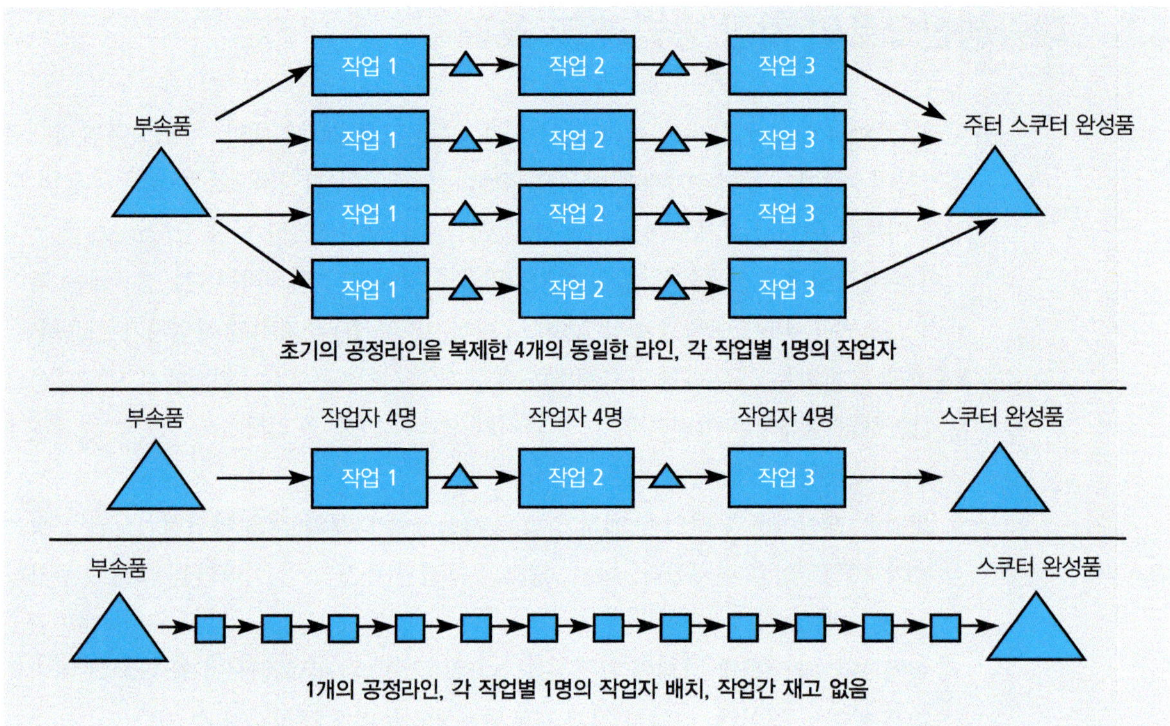

그림 4.6 대량 생산의 프로세스 레이아웃

하게 된다면 이러한 초과근무량을 세개의 라인에 균등하게 배분해야 할 것이다. 그렇게 되면 각 라인은 131.53/3=43.84대를 주당 추가적으로 생산하게 되는데 이렇게 되면 각 라인은 주당 8.1시간(43.83대/주/5.41대/시간)의 초과근무를 하게 된다.

초과근무를 사용할 수 있다는 가정하에서 이 방법을 통하여 평균 노동 활용률 94.7%를 그대로 유지할 수 있다.

프로세스 단계별 선택적 작업자 추가를 통한 생산 처리능력 증가

첫 번째 접근법에서는 각 프로세스 작업별 작업자의 수는 그대로 유지시키면서 처리능력을 증가시켰는데 이러한 작업배치 방법이 꼭 최적일 수는 없다. 구체적으로 우리는 프로세스의 세 번째 작업(라인밸런싱 이후)이 병목지점(스쿠터 한대당 처리시간이 665초)이라는 사실을 알 고 있다. 그러므로 프로세스의 첫 번째 두 작업(단계)보다는 더 높은 비율로 이 세 번째 작업(단계)에 추가적 인력을 배치하고자 한다.

각 자원의 처리능력을 '그 자원에서 근무하는 작업자의 수를 작업시간으로 나눈 값'이라는 정의를 이용하면 다음과 같은 표현이 가능하다.

$$\text{필요한 처리능력} = \frac{\text{작업자의 수}}{\text{작업시간}}$$

첫 번째 작업에 대하여 이 계산을 수행하게 되면 (주당 700대를 주당 35시간에 생산하는 것은 초당 0.00555대를 생산하는 것에 해당함)

$$0.00555\text{대/초} = \frac{\text{작업자의 수}}{623\text{초/대}}$$

그러므로 현재의 수요를 충족시키기 위해서 필요한 작업자의 수는 0.00555×623=3.46명의 된다. 즉, 작업자 0.5명을 고용할 수는 없다는 조건(초과근무는 잠시 보류하기로 하자)하에 첫 번째 단계에서는 4명의 작업자를 고용해야 한다. 이와 같은 방법으로 우리는 작업 2와 작업 3에 각각 3.44명과 3.69명의 작업자가 필요하다는 사실을 계산할 수 있었다.

세 가지 각 작업 모두 각각 4명의 작업자를 고용해야 한다는 사실에서 이미 상당한 라인밸런싱에 도달했다는 사실을 반영하고 있다고 볼 수 있다. 만약에 이러한 계산을 라인밸런싱을 하기 전의 프로세스에 적용하게 된다면 (작업자 1, 2, 3당 각각 792초, 648초, 450초 작업, [표 4.2] 참조) 다음과 같은 결과를 얻을 수 있다.

- 첫 번째 작업: 0.00555대/초=작업자의 수/792초/대, 즉 작업자의 수는 4.4명
- 두 번째 작업: 0.00555대/초=작업자의 수/648초/대, 즉 작업자의 수는 3.6명
- 세 번째 작업: 0.00555대/초=작업자의 수/450초/대, 즉 작업자의 수는 2.5명

즉 긴 작업시간을 소모하는 작업에 추가적인 자원(인력)을 배치하는 방법(작업 1에 5명, 작업 2에 4명, 작업 3에 3명)이 라인밸런싱을 이루어내는 다른 대안이 될 수 있음을 알 수 있다.

만약 라인밸런싱이 되지 않은 라인을 그냥 복제하여 추가한다고 가정한다면 라인밸런싱이 이루어진 라인의 경우에는 3개의 복제된 라인을 추가했었지만 이번에는 4개의(작업 1은 5명이 필요함) 복제된 라인을 추가해야만 한다는 점에 주목하자. 각 작업자의 관점에서 보면 작업시간 몇 초를 다투는 것처럼 보일 수 있지만, 전체적인 관점에서 보면 라인밸런싱을 통해서 직접노동인건비를 상당히 줄일 수 있다.

이 책 전반의 여러 곳에서 토요다 생산방식(Toyota production system; TPS)의 근본적 아이디어에 대하여 다루게 될 것인데 여기서도 라인밸런싱은 아주 중요한 요소로 다루어지게 된다. 토요타 생산방식 사고의 기저에는 유휴시간을 낭비(muda)라고 여기고 있으며 프로세스에서 최대한 제거되어야 할 대상으로 여긴다.

과업의 분화와 전문화를 통한 생산 처리능력 증가

프로세스의 처리능력 증가를 위하여 앞서 언급된 두가지 방법과는 다르게 세 번째 방법은 과업을 세분화하여 나누어 한 작업자에게 고유의 과업을 배분시킨다는 점에서 이전의 방법들과 근본적인 차이가 있다. 앞서 라인밸런싱에서 논의했던 것처럼 프로세스에서 하나의 작업이란 여러 과업들의 집합이라고 생각할 수 있다. 그러므로 우리는 작업자들의 전문화 수준을 높여서 한 작업자가 보통 하나나 둘 정도의 과업들만을 책임(이전의 경우는 한 작업자가 5에서 10가지 과업을 책임)지도록 배치 함으로서 작업시간을 단축 시키고 따라서 프로세스의 처리능력을 향상시키고자 한다.

구체적으로 수요의 변화에 따라 요구되는 목표 싸이클 타임을 결정함으로써 분석을 시작해 보고자 한다. 현재 수요에 따르면 우리는 주당 700대의 스쿠터를 생산해야 하며 이는 시간당 20대의 스쿠터에 해당하고 매 3분에 1대씩 생산하는 속도를 의미하게 된다. 매 3분당 한대의 스쿠터를 생산하기 위해서 몇 명의 작업자가 필요한가?

이 질문에 대한 답은 생각보다 복잡한 편이다. 그 이유는 다음과 같다. 우선 어떤 작업자가 어떻게 과업을 할당 받게 될지 모르는 상황에서 작업자의 처리능력을 계산할 수가 없기 때문이다. 동시에 몇 명의 작업자를 고용해야 할지 모르기 때문에 어떻게 작업자에게 과업을 할당할지 모르기 때문이다.

이렇게 돌고 도는 질문의 구조를 깨뜨리기 위해서는 앞서 계산했던 분석결과(라인에 12명을 고용)에 기초해서 분석을 진행하고자 한다. 다음의 [표 4.3]에 정리된 바와 같이 12명의 작업자가 스쿠터를 생산하도록 과업들을 나누어 할당하는 한 방법을 보여준다.

이 방법에 의하면 한 작업자가 습득해야하는 작업의 총량은 최대 180초 이내로 통제된다. 우리는 이 값을 통제범위(span of control)라고 부른다. 이 통제범위가 이전의 접근방법(665초) 보다 훨씬 적으므로 작업자가 과업에 대하여 훈련을 덜 받고도 작업을 진행할 수 있다. 또한 작업자는 전문화를 통한 학습효과의 상승으로 보다 짧은 작업시간에 작업을 수행할 수도 있게 된다.

이 방법의 단점은 평균 노동 활용률의 저하를 수반한다는 점이다. 평균 노동 활용률에 어떤 변화가 생겼는지 다음의 계산을 통하여 확인해 보자.

$$\text{평균 노동 활용률} = \frac{\text{노동량}}{(\text{노동량} + \text{모든 작업자의 유휴시간 총합})}$$

$$= \frac{1890}{1{,}890 + 25 + 0 + 65 + 7 + 11 + 11 + 51 + 45 + 40 + 10 + 3 + 2} = 87.5\%$$

평균 노동 활용률은 세 명의 작업자로 94.7%(라인밸런싱 후)를 보였었다는 점을 기억해 보자. 다시 말해 전문화(작은 통제범위)는 라인밸런싱을 더욱 더 어렵게 하는 경향을

표 4.3 전문화를 위한 작업자별 과업할당과 작업시간

작업자	과업	과업수행 소요시간[초/대]
작업자 1	케이블 준비	30
	케이블 이동	25
	와셔 조립	100
	합계	155
작업자 2	케이블 마무리	66
	소켓해드 나사조립	114
	합계	180
작업자 3	핀너트 조이기	49
	브레이크 신발, 스프링, 피봇볼트	66
	합계	115
작업자 4	앞바퀴 삽입	100
	축 볼트 삽입	30
	축 볼트 조이기	43
	합계	173
작업자 5	브래이크 피봇볼트 조이기	51
	핸들 캡 조립	118
	합계	169
작업자 6	브레이크 래버, 케이블 조립	110
	트림과 캡케이블	59
	합계	169
작업자 7	첫 번째 립 위치시키기	33
	축과 클리트 삽입	96
	합계	129
작업자 8	뒤 바퀴 삽입	135
	합계	135
작업자 9	두 번째 립과 데크 위치시키기	84
	테이프 붙이기	56
	합계	140
작업자 10	데크 조이기 삽입	75
	검사후 닦기	95
	합계	170
작업자 11	스티커 붙이기	20
	백에 삽입	43
	박스 조립	114
	합계	177
작업자 12	박스에 넣기	94
	박스 마감	84
	합계	178
	합계 노동량	1,890

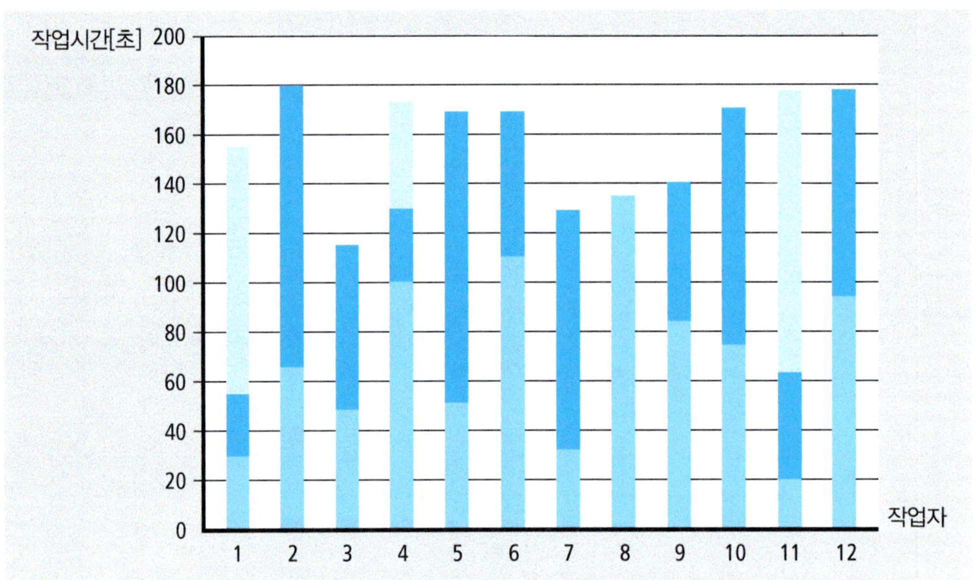

그림 4.7 고도로 전문화된 라인의 라인밸런싱(한 막대의 여러 색은 여러 과업을 의미) 결과

수반한다. 이와 관련한 [그림 4.7]을 확인해 보자.

이와 같이 노동활용률이 저하되고 결과적으로 라인밸런싱이 나빠지는 이유는 과업들의 비균질성(과업마다 수행시간이 균일하지 않고 제각각인 성격) 때문이다. 더군다나 하나의 과업을 더 세분화해서 개별과업으로 나누기 힘들뿐 아니라 하나의 과업을 한 작업자에서 다음 작업자로 이동하여 할당시키기도 상대적으로 힘들다. 예를 들자면 앞서 라인밸런싱을 수행하는 과정에서 51초/대의 과업수행시간을 다음 작업자에게 이동하여 할당하는 것은 해당작업(671초/대)의 8%에 불과하다. 하지만 이러한 12작업(단계)으로 작업할당을 하는 경우에서는 단위당 51초 소요되는 과업을 이용하는 일은 작업시간 169초에 비교하면 30%에 해당하는 양이 된다. 이러한 이유 때문에 [그림 4.7]에서 보는 것과 같이 작업자 간의 과업할당을 바꾸어서 효율성을 기하는 일이 어려워진다.

전문화를 향상시키면 라인밸런싱이 어려워진다는 사실을 이해하기 가장 쉬운 방법은 거꾸로 전문화를 감소시키면 라인밸런싱이 쉬워진다는 사실을 이해하는 것이다. 이 사실을 확인하기 위해서 만약 한 명의 작업자가 모든 과업을 다 수행한다고 가정해 보자. 그렇게 되면 노동 활용률은 100%가 될것이며 (최소한 한 명이 열심히 일할 정도의 충분한 수요는 있다고 가정하자) 따라서 동시에 병목의 정의에 의해 이 작업자는 병목지점이 된다.

한 자원(작업자, 공정)이 모든 과업을 수행하는 형태의 프로세스를 작업셀(work cell)이라고 부른다. 작업셀에 대한 프로세스 흐름도는 [그림 4.8]과 같은 형태를 가지게 된다. 작업셀의 작업자 한명의 작업시간이 곧 노동량(labor content)에 해당하므로 작업셀

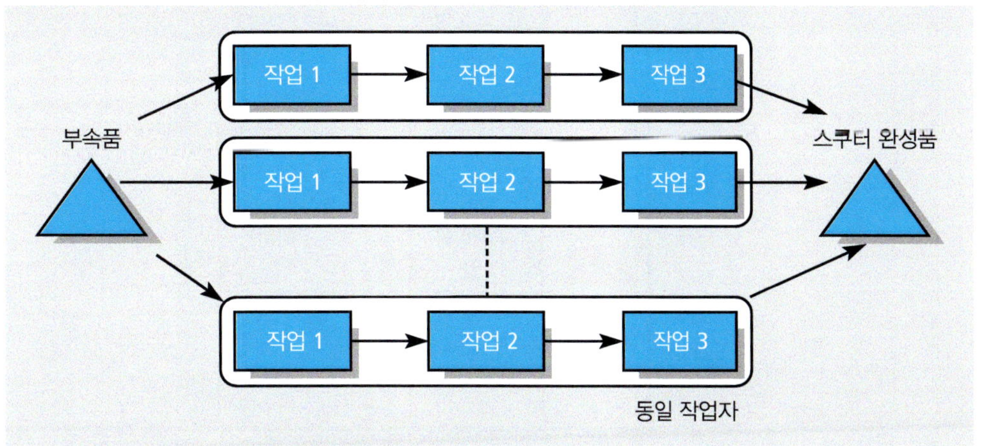

그림 4.8 병열 작업셀(단 3개의 작업셀만 표시하였다)

하나당 처리능력을 초당 1/1,890대로 표현할 수 있으며 이는 주당 66.67대에 해당한다. 이미 11개의 작업셀만으로 주당 700대의 스쿠터 수요를 충족시킬 수 있음을 알 수 있다. 다시말해 작업셀 구조를 이용하여 라인밸런싱이 개선되면서 효율성이 향상된다. 하지만 이러한 접근방법의 단점은 한 작업자가 30시간이 넘는 통제범위(span of control)의 작업에 대하여 모두 숙련되어야 하며 이는 각 작업자가 매우 전문적인 작업자이어야 함을 의미하게 된다. 더군다나 Novacruz사는 12명의 작업자가 한 라인에서 작업하는 방법을 찾아 전문화를 진행중이며 결과적으로 상당한 작업시간을 단축시킬 수 있을 것으로 판단하므로 이 방법을 적용하지 않을 생각이다.

4.6 요약

이 장에서는 라인밸런싱의 개념에 대하여 설명하였다. 라인밸런싱을 통하여 프로세스의 유휴시간을 제거함으로써 노동활용률을 높일 수 있다. 처음에는 라인밸런싱이란 사소하게 작업시간 다툼이나 나눠먹기라는 식으로 보여질 수도 있다. 하지만 라인밸런싱의 경영상의 중요성과 역할을 이해하는 것은 매우 중요하다. 특히 다음과 같은 세 가지 경영상의 이점을 이해하는 것이 중요하다.

- 무엇보다도 동전 아끼기에 대한 이야기 보다는 지폐 아끼기에 대한 이야기를 하고 싶은 것이 인지상정 이지만 동전아끼기의 중요성에 대한 인식이 필요하다. PC 제조업에서 그 사례를 찾아보자. 모든 PC 제조업체들은 마이크로 프로세서나, 저장장치,

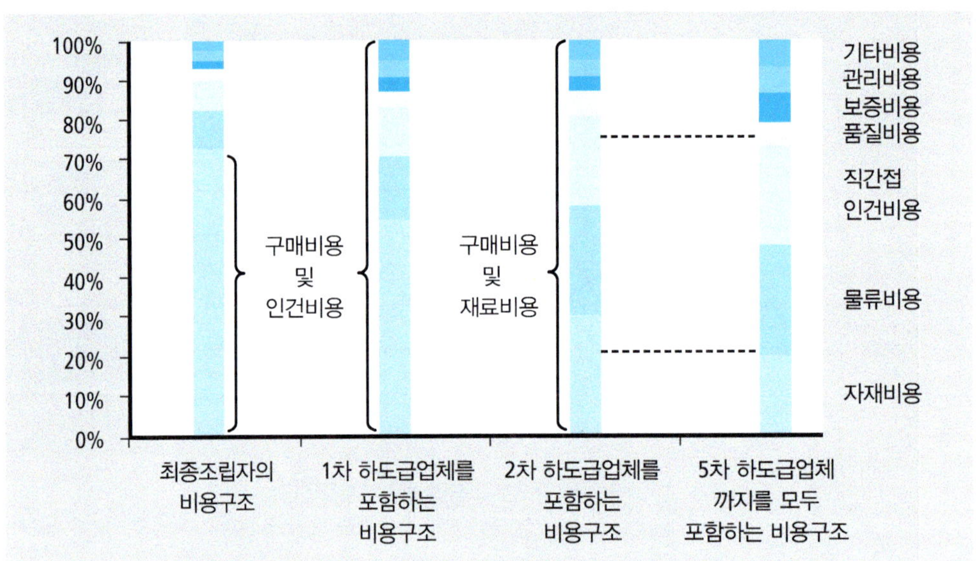

그림 4.9 공급망 전체의 비용구조

광학저장장치 등등의 부속품들을 공급자들의 풀(pool)에서부터 구매하여 조립한다. 그러므로 비록 컴퓨터 한 대에 포함되는 $10의 인건비는 다른 부속품 값에 비하여 상대적으로 작아 보일 수 있지만 그 $10만큼은 우리가 직접적으로 통제할 수 있는 대상이 되는 반면 나머지 대부분의 부속품의 값은 시장에서 가격이 결정되므로 그렇지 못하다.

- 도요타 생산 시스템(TPS)식 사고의 기저에는 유휴시간을 "무다(muda)"라는 말로 표현하는데 이는 낭비를 의미한다. 무다 즉 유휴시간은 생산 비용을 증가시킬 뿐만 아니라 많은 잠재적인 문제들을 포함하고 있다. 예를 들어 작업자는 할당된 작업시간 동안 완성하지 못한 과업을 마저 완성시키기 위해서 또는 재작업(rework)을 하기 위해 유휴시간을 이용할 수도 있다. 이 경우 유휴시간이 직접적으로 지불해야 하는 비용을 초래하는 것은 아니지만 표면상으로 나타나면 고쳐질 수 있는 문제의 근본원인을 숨기게 된다.
- 위에 언급된 PC 제조업체의 제조공정에서 발생되는 인건비 $10은 아주 사소한 숫자에 불과해 보일 수 있으나 실제 PC에는 $10보다 더 많은 인건비가 포함되어 있을 수 있다. PC 제조업체의 조달비용에는 그 부분품을 만드는 업체의 인건비가 포함되어 있다. 만약 우리가 완성품 PC에 이르는 모든 과정에서 발생되는 인건비를 모은다면 실제 인건비의 비중이 상당하다는 것을 알수 있다. 이러한 아이디어가 자동차 산업에 대하여 [그림 4.9]와 같이 정리되어 있다. 최종 자동차 생산과정에서 보면 인건비 비중은 얼마 되지 않고 70%정도는 구매비용에 해당하는데 이 구매비용은 다시 하도급 업체의 인건비와 구매비용을 포함하고 있다. 이러한 관계는 1차, 2차 3차의 하

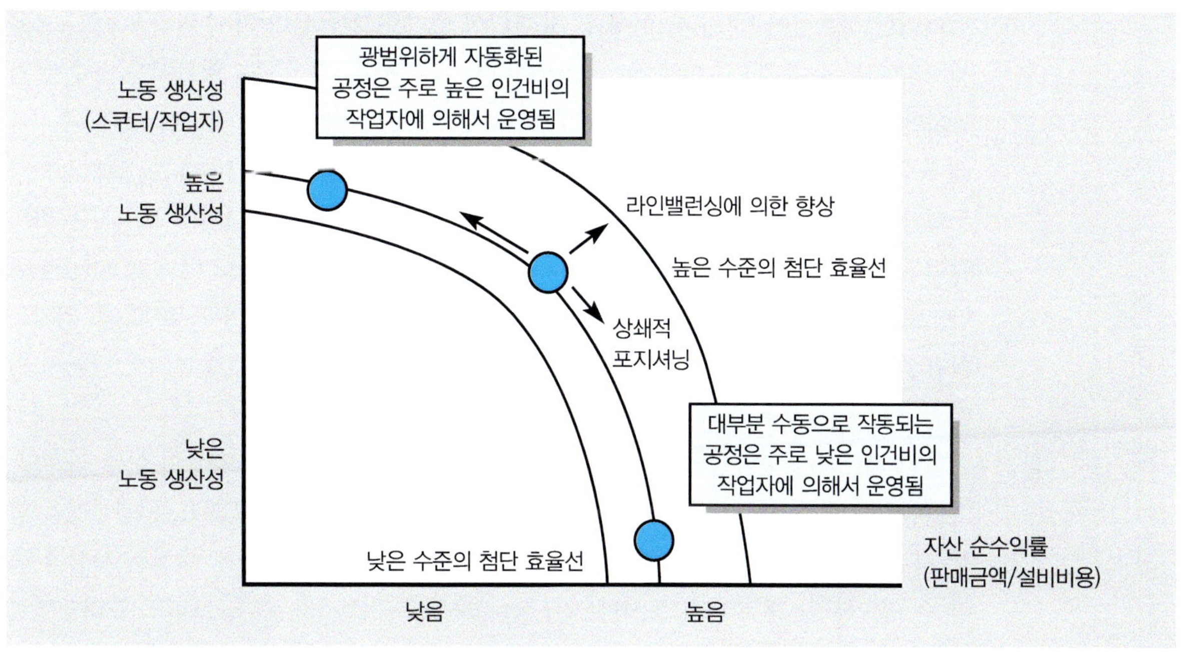

그림 4.10 노동 생산성과 자본투자 간의 상쇄관계(Trade-off)

도급 업체로 지속적으로 확장되어 진다. 그러므로 가치사슬(최종 자동차 생산업체로부터 5차 하도급업체까지)내의 모든 비용을 살펴보면 약 1/4 만큼의 비용은 인건비에 해당함을 알 수 있다. 이러한 사실에서 최종작업라인에서의 효율성 뿐만 아니라 공급망 전체에 걸쳐서 효율성 증진을 이뤄야 한다는 당위성을 찾을 수 있다. 하지만 일반적으로 이러한 부분에 대하여 경영자들이 잘 인지하지 못하고 있는 것이 사실이다. 토요타 생산방식의 주요 기본 컨셉 중의 하나가 바로 공급네트워크에 있는 모든 업체의 효율성 향상이라는 점은 시사하는 바가 크다.

앞서 언급한 경영상의 이점과 관련한 세 가지 요소 외에 라인밸런싱 또한 중요할 뿐더러 경영적 측면에서도 상당히 매력적인 요소이다. 라인밸런싱을 통하여 추가적인 재무적 투자를 하지 않고도 단위시간당 소요되는 인건비를 줄일(생산성 향상) 수 있다는 점이다. 노동 생산성을 향상시키기 위하여 일반적으로 조립공정에서 자동화를 진행하는 경우가 많은데 이와 같은 경우는 생산 단위당 투여되는 노동비용을 줄일 수는 있지만 반대로 자산에 대한 투자를 수반하게 된다. 이와 같은 접근법은 아마도 독일이나 프랑스와 같은 인건비가 상대적으로 매우 높은 국가에서 적용하기 좋은 방법일 것이다. 반대로 인건비가 저렴한 국가에서는 노동시간이 풍부하므로 자동화를 하지 않거나 최소수준만을 유지한 채 프로세스를 운영할 수 있을 것이다. 이러한 접근법은 아마도 인건비가 낮은 대만이나 중국에 적합하다고 할 수 있다.

이러한 상호성이 [그림 4.10]에 잘 표현되어 있다. [그림 4.10]의 수평축은 생산 프로세스의 자산 순수익률(return on asset)을 나타내고 있다. 자산 순수익률이 높을수록 자동화에 대한 설비투자는 최소화하는 대신 많은 노동력을 이용하는 경향이 있다. 수직축은 노동 생산성(labor productivity)를 보여주고 있는데 일반적으로 이 수치는 고도로 자동화가 이루어진 프로세스에서 가장 높은 값이 발생된다. [그림 4.10]에 보여지는 바와 같이 두축 간에는 상호성(상쇄관계: trade-off)이 첨단 효율선(efficient frontier line)의 모양으로 존재하고 있다. 즉, 프로세스 자동화의 수준이 변경됨에 따라 프로세스의 위치는 첨단선을 따라 변경되어진다는 의미이다. 다시 말해 한 축의 값이 좋아지면(나빠지면) 다른 축의 값이 나빠지는(좋아지는) 상쇄관계가 존재함을 의미한다.

한편 라인밸런싱이 나타내는 효과를 [그림 4.10]에 표현하면 그 양상이 아주 다르다. 라인밸런싱은 추가적인 설비투자와 같은 자산투자를 수반하지 않고도 노동 생산성을 향상 시킨다. 또한 라인밸런싱을 통하여 현재 활용률이 저조한 자원에 배치된 시설을 줄일 수 있도록 할 뿐 아니라 동시에 요구되는 자산도 감소시켜 준다. 그러므로 라인밸런싱은 기업의 전략적 관점에서 첨단효율선상에서 어디에 기업을 포지셔닝 시킬 것인가라는 단순한 문제가 아닌 다른 차원의 문제에 해당한다. 즉 현재의 프로세스는 변화 불가능한 대상으로 받아들이고(첨단효율선이 결정되었다고 바라보고) 이 상황에서 기업이 어느 지점에 포지셔닝을 해야 하는지 결정(좀 더 시설투자를 할 것인지 반대로 노동집약적으로 운영할 것인지를 결정)하는 전략적 의사결정의 수준을 넘어서, 기업은 동시에 두 가지 차원(노동 생산성과 자산 순수익률)의 향상을 통한 처리능력의 개선효과를 얻을 수 있고 이 경우 그 기업은 새로운 더 높은 수준의 첨단효율선으로 이동하게 되는 것이다.

- Batholdi and Eisenstein(1996) 논문은 버켓브리게이드 방식(bucket brigade: 줄을 서서 양동이로 물을 퍼 나르는 것 과 같은 생산 방식)의 생산 프로세스에 대한 고찰을 통하여 스스로 라인밸런싱을 이루어가는 프로세스에 대한 연구를 수행했다. 이 프로세스에서는 작업자가 프로세스상의 작업(단계, 스테이션)과 작업 사이에서 다음에는 어떤 작업부터 수행하는 것이 합당한지를 판단하는 간단한 룰에 따라 작업을 진행하는 방식이다.
- Whitney(2004)의 저서는 기계적 조립공정의 디자인과 생산방식에 대한 시스템적 접근법에 대하여 설명하였다. 이 책에서는 조립공정과 조립공정의 자동화에 관한 기계적, 경제적 모형에 대하여 다루고 있다. 이 책은 제품 아키텍처에 대한 개념, 제품특성을 반영한 조립디자인, 조립의 컴퓨터 모델, 기계적 제약분석, 조립순서 분석, 한계, 조립을 고려한 시스템수준 디자인, JIT방식, 자동화의 경제성을 포함하는 조립의 시스템적

관점을 제시하고 있다. 제품 설계의 원리, 특성기반 디자인, 조립에 대한 컴퓨터 모델, 기계적인 제약에 대한 분석, 조립 순서의 분석, 내구력, 조립과 JIT 모델에 대한 시스템 수준 디자인, 조립 자동화의 경제학을 포함한 조립에 대한 시스템적인 관점에 대해서 소개하고 있다.

단원연습문제

다음 질문들은 이 장의 이해정도를 확인하는 데 도움을 줄 것이다. 각 질문 뒤의 [ ]는 관련된 해당 절을 나타내고 있다.

"*" 표시가 있는 문제의 해설은 부록 E에 있으며, Connect에서 영상을 참조하기 바란다.

4.1* **(비어있는 시스템, 노동활용률)** 다음표와 같은 작업자 속도 공정라인은 세 가지 작업(자원)으로 구성되어 있고 작업자 1인의 인건비는 시간당 $10씩 이라고 한다. 수요는 무한하다는 가정하에 다음을 계산해 보자

작업	작업시간(분)	작업자 수
1	10	2
2	6	1
3	16	3

a. 프로세스가 비어있는 상태에서 100개의 제품을 생산하는데 소요되는 시간은? [4.2]
b. 평균 노동량은? [4.3]
c. 평균 노동 활용률은? [4.3]
d. 직접노동인건비는 ? [4.4]

4.2 **(작업자에 과업 할당)** 기계 속도 공정라인(machine-paced line)에 다음과 같은 표에 제시된 6개의 과업을 4명의 작업자에게 배치하려고 한다.

	과업수행 소요시간(초)
과업1	30
과업2	25
과업3	35
과업4	40
과업5	15
과업6	30

현재의 기계 속도 공정라인에서는 작업자를 다음과같이 배치하고 있다.

- 작업자 1: 과업 1
- 작업자 2: 과업 2
- 작업자 3: 과업 3, 4
- 작업자 4: 과업 5, 6

a. 현 공정라인의 처리능력은 얼마인가? [4.1]

b. 프로세스 처리능력을 최대화 하기 위하여 과업들을 재분배 하려고 한다. 다음과 같은 조건은 만족되어야 한다. (1) 한 작업자는 연속되는 작업을 이어서만 할 수 있다. (2) 모든 과업의 순서는 과업명의 번호순서와 일치한다. 이 조건하에서 현재 이 라인의 처리능력은 얼마인지 계산하라. [4.4]

c. 이제 프로세스 처리능력을 최대화 하기 위하여 과업을 재배치 하려고 하는데 이번에는 과업의 수행순서는 상관없다고 한다. 이 경우 프로세스의 최대 처리능력은 얼마가 될까? [4.4]

4.3

(Power Toys사) Power Toys사는 리모트 콘트롤러로 조정되는 조그마한 장난감 트럭을 9개의 작업으로 구성된 컨베이어 벨트에서 생산한다. 현재의 프로세스 레이아웃에서는 하나의 작업에는 한사람의 작업자가 배치되어 있다고 한다. 각 작업과 작업시간에 대하여 다음 표에 정리되어 있다.

작업	과업	작업시간(초)
1	베터리 구조물 장착	75
2	리모트 콘트롤 수신기 설치	85
3	칩 설치	90
4	앞바퀴 축 설치	65
5	뒤바퀴 축 설치	70
6	전기모터 설치	55
7	모터와 베터리 구조물 연결	80
8	모터와 뒤바퀴 축 연결	65
9	플라스틱 몸체 설치	80

a. 이 프로세스의 병목지점은 어디인가? [4.1]

b. 이 프로세스의 처리능력(시간당 트럭량)은 얼마인가? [4.1]

c. 장난감 트럭 한대당 직접노동인건비는 얼마인가? 모든 작업자는 시간당 $15인건비를 발생시킨다. [4.4]

d. 만약 이 프로세스를 작업셀(work cell) 방식으로 구성한다면 직접노동인 건비는 얼마가 될 것인가? 여기서 작업셀 방식은 한 작업자가 모든 작업을 수행하는 형태를 의미한다. 이렇게 하더라도 작업시간은 변하지 않는다고 가정하자. (즉 전문화를 통하여 작업시간

단축이 발생하지 않음을 의미) [4.5]

e. 작업 2에서 작업자의 활용률은 얼마인가? 수요가 급격히 감소하여 공장관리자는 현재의 9명 작업자에서 6명 수준으로 인력을 감소하려고 한다. 다음과 같은 3가지를 가정한다. (i) 앞의 표에서 제시된 9개의 작업은 더이상 쪼개어질 수 없다. (ii) 9개의 작업은 최대한 효율적으로 6명의 작업자에게 나누어 질것이다. (iii) 한 작업자가 두 가지 과업을 수행하게 되면 그 두 과업은 연속되는 과업들이어야 한다. [4.1]

f. 어떤 방식으로 9개의 과업을 6명의 작업자에게 나누는 것이 좋을 것인가? [4.4]

g. 이렇게 구성된 프로세스의 처리능력은 얼마나 될 것인가?(시간당 몇 대의 장난감 트럭을 생산할 수 있는가? [4.4]

4.4 **(12과업을 4명 작업자에게 할당하기)** 다음의 기계 속도 공정라인의 12개의 과업을 4명의 작업자에게 할당하는 상황을 생각해 보자. 각 작업자는 적어도 한 개의 과업을 수행해야 한다. 수요는 무한하다고 가정하자.

	과업수행 소요시간(초)
작업 1	30
작업 2	25
작업 3	15
작업 4	20
작업 5	15
작업 6	20
작업 7	50
작업 8	15
작업 9	20
작업 10	25
작업 11	15
작업 12	20

현재의 기계 속도 공정라인은 다음과 같이 과업을 작업자에게 할당하고 있다.

- 작업자 1: 과업 1, 2, 3
- 작업자 2: 과업 4, 5, 6
- 작업자 3: 과업 7, 8, 9
- 작업자 4: 과업 10, 11, 12

a. 현 조립라인의 처리능력은? [4.1]

b. 노동량은 얼마인가? [4.3]

c. 평균 노동 활용률은? (교대조가 바뀔때나 휴식전에 라인을 빈 상태로 만드는 것과 같은

전환효과(transient effect)를 고려하지 말것) [4.3]

d. 라인이 비어있는 상태에서 시작해서 100개의 제품을 생산하는데 소요되는 시간은? 이 회사는 5번째 작업자를 고용하였다. 과업들은 5명에게 처리능력을 최대화하는 방법으로 재할당 되었다. 다만 다음의 조건들은 지켜졌다. (i) 한 작업자는 연속되는 순서의 작업만을 수행할 수 있다. (ii) 모든 과업은 과업명에 부여된 번호의 순서대로 진행되어야 한다. [4.2]

e. 이 새로운 공정라인의 처리능력은 얼마인가? 마찬가지로 5명의 작업자가 있는 상태에서 프로세스의 처리능력이 최대화 되도록 과업을 작업자에게 재할당 했다고 한다. 다만 이번에는 과업들이 수행되어야 할 순서에 제약이 없다고 한다. [4.4]

f. 이 새로운 공정라인의 처리능력은 최대 얼마인가? [4.4]

g. 시간당 72개의 속도로 생산하기 위해서 최소한 필요한 작업자의 수는 얼마나 될까? 작업의 순서는 예전처럼 과업명에 부여된 번호의 순서를 지켜야 한다는 가정이 적용된다고 하자. [4.4]

4.5

(Geneva Watch사) Geneva Watch사는 6개의 작업(스테이션)을 가지는 컨베이어 벨트위에서 시계를 생산하고 있다. 한 작업자는 각 작업 스테이션에서 다음과 같은 과업을 수행한다.

작업 스테이션	과업	과업수행 소요시간(초)
A: 준비 1	바젤에 렌즈 삽입	14
	바젤 검사	26
	스위치 구멍 청소	10
	스위치를 바젤에 장착	18
	A 작업시간	68
B: 준비 2	왕복스위치 점검	23
	바젤 내부 청소	12
	바젤에 모듈 설치	25
	B 작업시간	60
C: 베터리 설치	모듈에 베터리 클립 설치	20
	모듈에 베터리 클립 가열 설치	15
	2개 베터리 장착	22
	스위치 점검	13
	C 작업시간	70
D: 밴드 설치	밴드 부착	45
	밴드 검사	13
	D 작업시간	58
E: 포장준비	외관 검사	20
	최종 검사	55
	E 작업시간	75

F: 시계 포장	시계와 커프를 박스에 넣기	20
	박스에 커버 넣기	14
	사용설명서 넣기	30
	F 작업시간	64

이와 같은 6개의 작업 스테이션에서 6명의 작업자가 오전 8시부터 오후4시까지 작업을 수행한다. 오후 4시 부터는 작업스테이션A에 시계부속품이 더 이상 공급되지 않고 남아있는 작업중인 시계만 스테이션 F에서 완료될 때 까지 작업이 지속된다. 그러므로 오전에 작업을 할 때 시스템은 비어있는 상태에서 작업이 시작된다.

a. 병목지점은 어디인가? [4.1]
b. 이 조립라인의 처리속도를 시간당 시계생산수로 표시하면? (첫 번째 시계가 조립라인을 빠져 나오는 시간은 무시하라) [4.1]
c. 이 컨베이어벨트의 직접 노동량은 얼마인가? [4.3]
d. 스테이션 B에 있는 작업자의 활용률은 얼마인지 계산하라. (첫 번째 시계가 조립라인을 빠져 나오는 시간은 무시하라) [4.1]
e. 스테이션 C의 작업자는 매시간 얼마의 유휴시간이 발생하는가? (첫 번째 시계가 조립라인을 빠져 나오는 시간은 무시하라) [4.3]
f. 이 프로세스에서 193개의 시계를 생산하는데 걸리는 시간은 분단위로 얼마나 되는가? [4.2]

4.6 **(Yogo 탄산수)** 어떤 아시아계 중소기업은 Yogo라는 상표의 탄산수를 생산한다. 이 회사는 기계 속도 공정라인에서 탄산수를 플라스틱 병에 담아서 10개들이 박스에 넣는 작업을 진행하고 있다. 좀 더 구체적으로 이 기계 페이스의 라인은 다음의 4가지 공정단계를 거치게 되는데 각 단계별 소요시간은 다음과 같다. (1) 보틀링 기계는 1초의 작업시간이 각 병당 소요된다. (2) 리드 기계는 뚜껑을 덮는데 3초의 시간이 소요된다. (3) 라벨링 기계는 병에 상표 표시를 입히는데 5초의 시간이 소요된다. (4) 패키징 기계는 병을 박스에 넣는데 4초의 시간이 소요된다. 박스가 10병의 음료수로 다 채워지게 되면 한 작업자가 채워진 박스를 제거하고 빈 박스를 마지막 기계에 다시 위치 시킨다. 마지막 작업자가 채운 박스를 치우고 빈 박스로 교체하는 시간은 무시할 수 있을 만큼 짧다고 가정하자. 즉 이 시간은 프로세스의 처리능력에 변화를 주지 못한다고 하자. 3번째 공정단계에는 라벨링 기계가 2대가 있는데 각 병들이 번갈아 가면서 처리되게 된다. 즉 1, 3, 5, … 번째 병들은 첫 번째 기계에서 그리고 2, 4, 6, … 번째 병들은 두 번째 기계에서 처리되게 된다. 이 문제의 데이터들이 다음과 같이 정리되어 있다고 하자.

공정 단계	기계 대수	병당 소요시간(초)
보틀링	1	1
리드	1	3
라벨링	2	5
패키징	1	4

a. 이 기계 속도 공정라인의 처리능력 (병/시간)을 계산하라. [4.1]

b. 이 프로세스의 병목지점은 어디인가? [4.1]

c. 현재와 동일한 라벨링 기계가 한대 더 프로세스에 추가된다면 프로세스의 처리능력에는 어떤 변화가 생기는가? (병/시간 단위를 기준으로) [4.1]

d. 만약 수요가 시간당 60박스씩 발생된다면 패키징 기계의 내재활용률은 얼마인가? 한 박스에는 10병이 들어있다는 점을 상기하라 [4.1]

4.7 **(Atlas사)** Atlas사는 Lance Armstrong 선수가 처음으로 Tour de France대회에서 우승할 때 탔던 자전거를 5인치 버전의 소형자전거로 축소한 장난감 자전거를 생산하고 있다. Atlas사의 조립라인은 7개의 과업들이 존재하는데 각각의 과업수행 시간은 다음과 같다.

- 과업 1(30초): 플라스틱 튜브를 사이즈에 맞게 자르기
- 과업 2(20초): 튜브 양끝 연결
- 과업 3(35초): 프레임 접합
- 과업 4(25초): 프레임 세척
- 과업 5(30초): 프레임위에 페인트 스프레이 도포
- 과업 6(45초): 휠 조립
- 과업 7(40초): 나머지 부분품의 조립

현재의 조립 프로세스 레이아웃에 의하면 다음과 같이 작업자 별로 과업이 할당되어 있다.

- 작업자 1: 과업1,2
- 작업자 2: 과업 3,4
- 작업자 3: 과업 5
- 작업자 4: 과업 6
- 작업자 5: 과업 7

a. 이 프로세스의 병목지점은 어디인가? [4.1]

b. 이 조립라인의 처리능력은 어떻게 되는가를 시간당 완성품의 갯수로 표현하라. [4.1]

c. 작업자 4의 활용률은 얼마인가? (처음 제품과 마지막 제품을 무시하고) [4.1]

d. 프로세스가 비어있는 상태에서 100대의 자전거를 생산하는데 소요되는 시간은? [4.2]

e. 작업자의 평균 활용률은? (처음 제품과 마지막 제품을 무시하고) [4.3]

f. 만약 작업자가 시간당 $15의 인건비를 받는다면 이 장난감 자전거의 직접노동인건비는?

[4.4]

g. 경영컨설턴트의 조언에 따라 Atlas사는 최대한의 프로세스 처리능력을 확보하기 위하여 작업자들을 재배치 하기로 하였다. 다만 한 작업자가 2가지 과업을 수행하게 될 경우에는 각 과업들은 연속된 공정이어야 한다. 또한 과업의 수행순서 자체는 변경될 수 없다. 작업자 재배치를 통하여 얻을 수 있는 최대 프로세스 처리능력(시간당 생산대수)은 얼마나 되겠는가? [4.4]

h. 다시 인건비는 시간당 $15이라고 하자. 만약 한 작업자가 모든 과업을 모두 수행하는 형태의 프로세스로 진행한다면 직접노동인건비는 자전거 한대당 얼마씩 발생하는가? 전문화를 통한 작업시간 단축(셋업시간 단축, 품질관련 시간 단축, 등)이 발생하지 않는다는 가정하에서 계산하라. [4.5]

i. 수요가 감소 될 것으로 판단한 최고경영층에서 한명 의 작업자를 줄이기로 결정하였다. 만약 작업자가 다음과 같은 조건하에 재배치 된다면 이 새로운 프로세스의 처리능력을 시간당 생산하는 자전거의 수로 표현하라. (1) 하나의 과업은 더 세분화 될 수 없다. (2) 한 작업자가 2가지 과업을 수행하게 될 경우에는 각 과업들은 연속된 공정이어야 한다. (3) 과업들은 최선의 방법으로 재배치한다. (4) 하나의 과업은 한 작업자에 의해서 전담된다. [4.5]

4.8 **(장갑 생산업체의 프로세스 디자인 변경)** 여성용 장갑을 제작하고 있는 한 제조업체는 생산 프로세스를 새롭게 디자인하기 위해서 학생들 한 팀을 고용했다. 이들은 다음과 같은 정보를 정리하였다. 이 생산 프로세스는 다음과 같이 4가지 단계로 구성된다. (1) 가죽 자르기, (2) 염색, (3) 기계를 이용한 꿰매기, (4) 포장. 각 단계별 작업시간은 아래의 표와 같다. 장갑은 각 단계를 컨베이어 벨트를 타고 옮겨가게 된다. (기계 페이스 라인)

프로세스 단계	기계의 수	장갑 1장당 소요되는 시간(분)
절단	1	2
염색	1	4
꿰매기	1	3
포장	1	5

a. 프로세스 처리능력은 ? (시간당 장갑의 수) [4.1]

b. 아래의 표현중 옳은 것을 고르시오[4.1]

i. 염색시간을 단축시키면 프로세스 처리능력은 향상된다.

ii. 꿰매기 시간이 장갑 한 장당 5분으로 늘어나게 되더라도 프로세스 처리능력에 변화는 없지만 비어있는 기계 페이스 공정을 통과하는데 소요되는 시간은 증가하게 된다.

iii. 포장시간을 단축시키면 프로세스 처리능력은 향상된다.

iv. 절단시간을 단축시키면 프로세스 처리능력은 향상된다.

c. 만약 수요가 변화하여 시간당 10장씩으로 변하게 된다면 포장기계의 내재활용률은 얼마가 되는가? [4.1]

d. 장갑의 흐름시간은 얼마인가? [4.1]

4.9

(작업자 속도 공정라인)

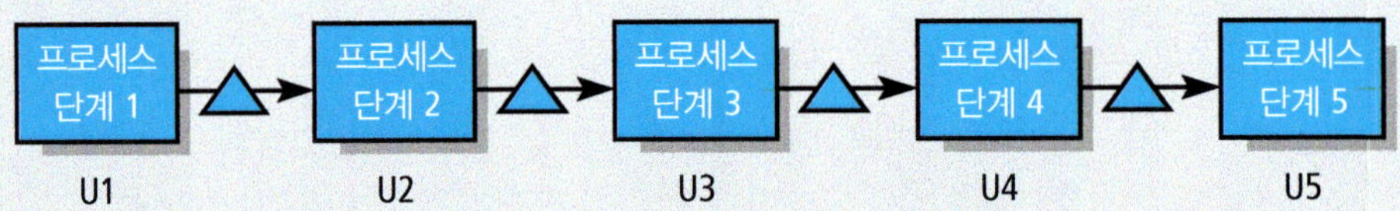

위의 프로세스 흐름도는 5개의 단계로 구성되어져 있고 작업자 속도로 운영되어 지는데 DVD또는 iPod용 헤드폰을 생산하는 라인이다. 1번째 단계의 작업자는 메탈스트립을 아크 모양 안으로 밀어 넣는 작업을 하고 2번째 단계의 작업자는 메탈이 들어간 아크를 플라스틱 껍데기에 맞추는 일을 하며 3번째 단계의 작업자는 헤드폰 끝부분 처리를 하며 4번째 단계의 작업자는 전선을 납땜처리하고, 5번째 단계의 작업자는 마지막 포장작업을 처리한다. 공장이 작동 시작된후 몇시간후 이 공장의 관리자는 공장을 점검한다. 이 관리자는 특히 인건비를 줄이는데 관심이 많다. 현재 이 생산 프로세스는 처리능력 제약적 상황이고 시간당 36개의 헤드폰을 생산해 내고 있다. 위의 그림에서 U1,U2, … ,U5는 각 단계 1,2, … 5까지의 작업자 활용률(Utilization)을 상징하고 있다. 현재 각 단계별로 작업자 1명씩이 배치되어 있는 상황이며 각 단계별 작업자 활용률은 다음과 같다. U1=4/30, U2=4/15, U3=4/5, U4=1, U5=2/5. 다음의 질문에 대하여 답하여라.

a. 5번째 단계의 처리능력은 얼마인가? [4.1]

b. 어떤 단계가 병목지점에 해당하는가? [4.1]

c. 어떤 단계가 가장 높은 처리능력을 보이고 있는가? [4.1]

d. 만약 시간당 인건비가 $36이라고 한다면 생산품 개당 직접노동인건비는 얼마인가?[4.4]

특정 절에서의 이해도를 확인하고 싶다면 아래의 각 절에 해당하는 문제를 참고하라.

- 4.1절: 4.2a, 4.3abe, 4.4a, 4.5abd, 4.6, 4.7abc, 4.8, 4.9abc
- 4.2절: 4.1a, 4.4d, 4.5f, 4.7d
- 4.3절: 4.1bc, 4.4bc, 4.5ce, 4.7e
- 4.4절: 4.1d, 4.2bc, 4.3cfg, 4.4efg, 4.7f, 4.9d
- 4.5절: 4.3d, 4.7hi

CHAPTER

05 뱃치 생산방식과 기타 흐름 장애: 준비시간과 경제적 주문량 모형

지금까지 우리는 일정하게 고정된 시간(프로세스 사이클 타임)에 하나의 흐름단위가 일관되게 프로세스에 유입되고 유출되는 프로세스를 고려해 왔다. 예를 들면, 4장의 스쿠터 사례에서, 우리는 주간 700대의 수요를 충족시키기 위해서 3(minute)의 사이클 시간을 수립했다.

이상적인 프로세스 하에서, 3(minute)의 사이클 타임은 모든 자원이 매 3분마다 한 단위를 투입물로 받아들이며, 또한 매 3분마다 한 단위의 산출물을 만들어 낸다는 것으로 이해할 수 있다. 그러나 이런 원활하고 일정한 단위의 이상적인 프로세스의 흐름은 단지 운영관리자들의 바람일 뿐이며 현실적으로 그것은 거의 불가능한 것이다. 여기에는 몇 가지 그러한 이상적인 프로세스를 방해하는 요인이 있으며 그 중 가장 중요한 요인들로 셋업에 대한 소요시간 및 작업시간의 변동성 혹은 품질 수준 등을 꼽을 수 있을 것이다. 이 장에서는 뱃치 생산방식의 중요한 특징으로 여겨지는 셋업에 초점을 둘 것이다.

셋업에 대한 소요시간을 논의하기 위해서, 우리는 앞서 이야기 했던 Xootr 스쿠터 생산 프로세스를 연장하여 논의할 것이다. 특히 핸들 지지대와 두 개의 바퀴살을 생산하는 CNC(computer numerically controlled) 밀링머신 작업을 살펴보고자 한다([그림 5.1] 참고). 운전 지지대는 스쿠터의 갑판(deck)을 운전기둥(steering column)에 고정시키고 바퀴살은 갑판이 운전자의 몸무게를 지탱하는 것을 돕는다. 밀링머신이 핸들 지지대나 바퀴살 중 한 부품에 대해 생산을 시작하면 그것을 상당히 빠르게 생산할 수 있다. 하지만 각 부품 생산 시작 전에 많은 시간이 걸리는 작업 준비시간이나 혹은 전환시간을 고려하는 것이 필요하다. 따라서 우리의 주요한 목표는 셋업에 대한 소요시간이 어떻게 3가지 기본적인 프로세스 성과지표(재고, 흐름률, 흐름시간)에 영향을 미치는지를 알아보는 것이다.

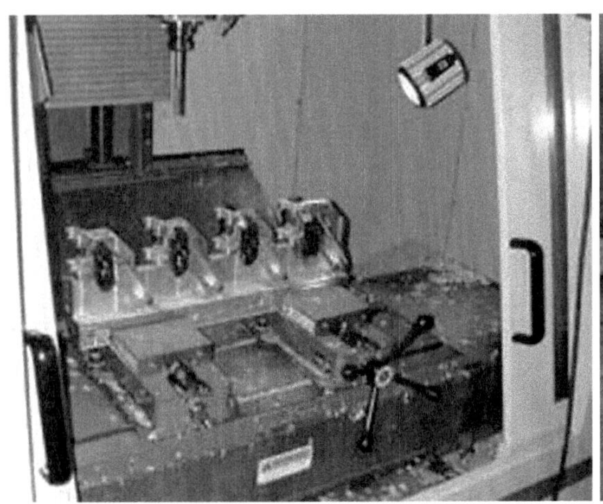

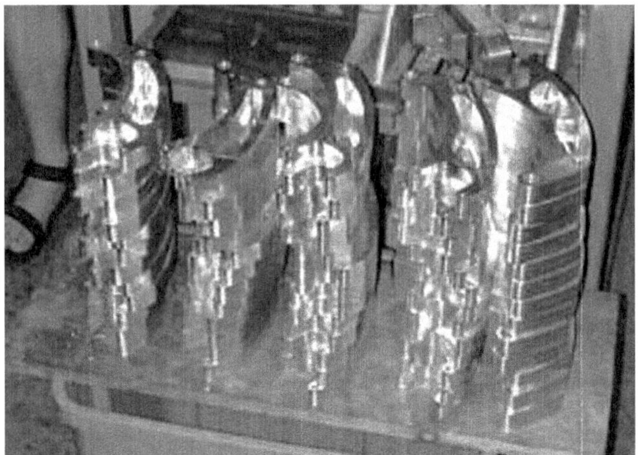

그림 5.1 밀링머신(왼쪽)과 핸들 지지대(오른쪽). Xootr사의 허가 하에 재사용함.

5.1 셋업이 처리능력에 미치는 영향

밀링머신의 처리능력을 평가하기 위해서 우리는 보다 많은 정보가 필요하다. 특히 각 부분의 셋업이 완결되었다면 밀링머신은 분당 1개의 핸들 지지대와 분당 2개의 바큇살을 생산할 수 있을 것이다. 각각의 스쿠터는 1개의 핸들 지지대와 2개의 바큇살이 필요하였다. 더구나 핸들 지지대를 생산하기 위해서 밀링머신에 대한 1시간의 준비시간이 필요하고, 마찬가지로 바큇살을 생산하기 위해서 또한 1시간의 준비시간이 필요하다. 비록 준비시간 동안 어떤 부품도 생산되지 못한다 하더라도 그 시간 동안 어떤 일도 일어나지 않는다고 말할 수는 없다. 즉, 밀링머신의 운영자는 밀링머신이 요구되는 부품을 생산하기 위한 교정 작업을 진행하느라 바쁘기 때문이다.

다음의 생산 프로세스는 이 두 부품을 가지고 설명되는 것이 타당하다. 운전 지지대를 생산하기 위하여 기계를 셋업한 후, 운전 지지대를 생산하고, 바큇살을 생산하기 위하여 기계를 셋업한 이후, 바큇살을 생산하고, 최종적으로 이런 일련의 셋업과 생산을 반복한다. 우리는 이와 같은 반복적인 과정을 '생산주기(production cycle)'라 부른다. 한 생산주기는 연달아 일어나며 모든 생산주기는 같은 셋업과 생산과정을 가진다.

부품들이 뱃치(batch)로서 생산되기 때문에 우리는 이것을 뱃치 생산과정이라 부른다. 비록 이 의미가 '뱃치'라는 것이 의미하는 것에 의해서 명확할지라도 다음과 같이 정의하는 것은 유용하다.

뱃치는 흐름단위들의 집합이다.

이 책의 분석에서 뱃치는 연속적으로 생산됨을 가정한다. 즉 한 뱃치의 생산이 완결되었을 때 다음 뱃치의 생산이 시작되고 모든 뱃치들은 같은 크기, 같은 형태의 흐름단위들로 구성된다.

뱃치가 흐름단위들의 집합이라고 정의했을 때 우리는 (Xootr 스쿠터(scooter) 생산의 예에서 흐름단위를 정의할 필요가 있다. 각 스쿠터는 하나의 핸들 지지대와 두 개의 바큇살을 필요로 한다. 그래서 흐름단위는 '부품 집합'으로 정의하고 각 부품 집합은 3부품으로 구성된다. 따라서 각 생산주기는 부품 집합의 뱃치를 생산한다.

독자들은 왜 두 부품 형태중 하나의 형태를 흐름단위로 정의하지 않는지 이유를 물을지도 모르겠다. 예를 들면 한 번의 생산에서 만들어진 핸들 지지대를 핸들 지지대의 한 뱃치라고 말할 수 있을 것이다. 하지만 우리의 관심은 구체적으로 핸들 지지대나 바큇살을 분리해서 만드는 처리능력에 있지 않다. 하나의 부품 집합이 각 스쿠터에 필요하기 때문에 우리의 관심은 부품 집합의 처리능력에 대한 것이다.

그러므로 이와 같은 분석의 목적을 위하여, 흐름단위를 하나의 부품 집합으로 정의하고, 부품 집합들의 뱃치의 관점에서 흐름단위들을 고려하는 것이 더욱 타당하다. 처리능

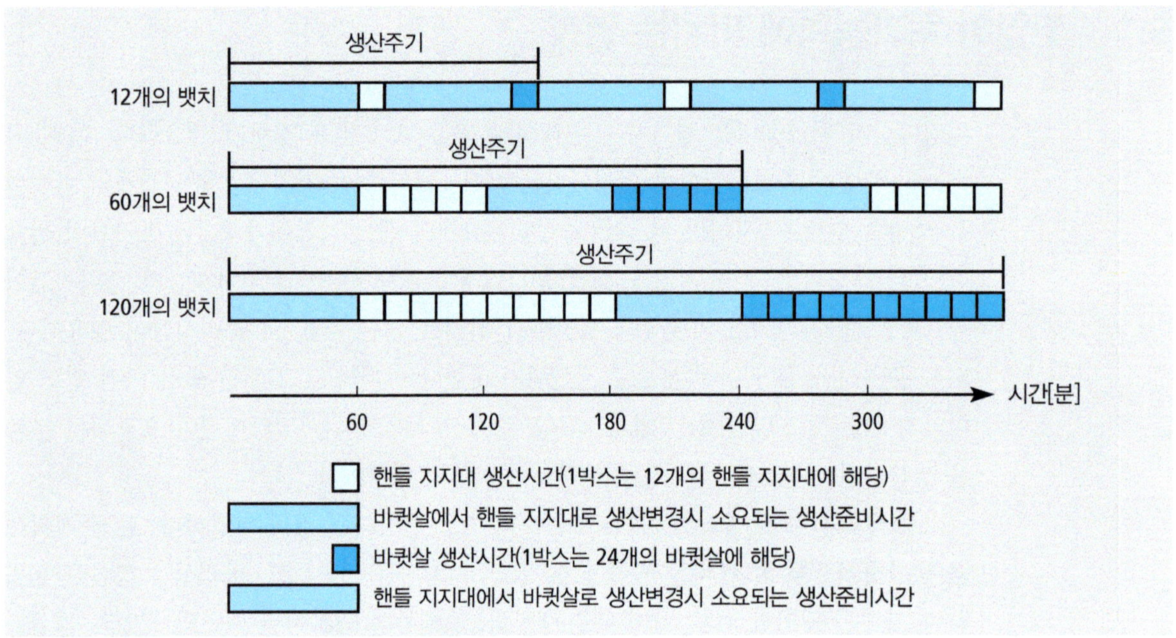

그림 5.2 생산준비시간이 처리능력에 미치는 영향

력에 대한 셋업의 영향은 직관적으로 이해될 수 있다. 셋업 과정에서는 어떤 부품도 생산되지 않기 때문에 셋업이 자주 발생하면 처리능력은 저해될 수밖에 없다. 셋업이 어떻게 프로세스의 처리능력을 감소시키는지 이해하기 위하여 [그림 5.2]를 살펴보자. 앞서 논의했듯이, [그림 5.2]의 예에서 밀링머신은 다음과 같은 작업시간과 준비시간을 가진다.

- 1개의 핸들 지지대를 생산하는데(스쿠터 1개당 1개 부품) 소요되는 시간은 1분이다.
- 핸들 지지대를 생산하다가 바큇살을 생산하기 위하여 밀링머신을 재설정하는 경우 그 준비시간으로 60분이 소요된다.(준비시간)
- 하나의 바큇살을 생산하는데 0.5분(30초)이 소요된다. 스쿠터 1대당 2개의 바큇살이 필요하기 때문에 완제품 기준으로 볼 때 바큇살 1단위당(2개의 바큇살 묶음을 한 단위로 봄) 소요되는 시간은 1분이다.
- 마지막으로, 바큇살을 생산하다가 다시 핸들 지지대로 전환하는 경우 다시 60분의 재설정 준비시간이 요구되어 진다.

이제 뱃치 크기의 변동이 처리능력에 미치는 영향에 대하여 살펴보도록 하자. 앞에서 처리능력이라 함은 어떤 한 프로세스가 운영할 수 있는 최대 흐름률로 정의하였다. 만약 우리가 1뱃치당 12부품 집합(1부품 집합은 하나의 핸들 지지대와 2개의 바큇살로 구

표 5.1 생산준비시간이 처리능력에 미치는 영향

<table>
<tr><th>뱃치 크기</th><th>하나의 뱃치를 완성하는 데 소요되는 시간[분]</th><th>처리능력(개/분)</th></tr>
<tr><td rowspan="5">12</td><td>60분(핸들 지지대 생산준비)</td><td rowspan="5">12/144=0.0833</td></tr>
<tr><td>+12분(핸들 지지대 생산)</td></tr>
<tr><td>+60분(바큇살 생산준비)</td></tr>
<tr><td>+12분(바큇살 생산)</td></tr>
<tr><td>144분</td></tr>
<tr><td rowspan="5">60</td><td>60분(핸들 지지대 생산준비)</td><td rowspan="5">60/240=0.25</td></tr>
<tr><td>+60분(핸들 지지대 생산)</td></tr>
<tr><td>+60분(바큇살 생산준비)</td></tr>
<tr><td>+60분(바큇살 생산)</td></tr>
<tr><td>240분</td></tr>
<tr><td rowspan="5">120</td><td>60분(핸들 지지대 생산준비)</td><td rowspan="5">120/360=0.333</td></tr>
<tr><td>+120분(핸들 지지대 생산)</td></tr>
<tr><td>+60분(바큇살 생산준비)</td></tr>
<tr><td>+120분(바큇살 생산)</td></tr>
<tr><td>360분</td></tr>
</table>

성됨)의 소규모 뱃치를 생산하게 된다면 매회 12부품 집합을 생산할 때 마다 총 2시간의 생산준비시간(핸들 지지대 생산을 위해 셋업하는 1시간 그리고 바큇살 생산을 위해 셋업하는 1시간)이 소요되게 될 것이다. 이 2시간의 준비시간은 생산의 관점에서 보면 낭비되는 시간이다.

뱃치 크기를 증가시킴으로써 설비자원의 처리능력을 향상시킬 수 있다. 만약 어떤 기계에 대하여 매 60단위 마다 셋업이 이루어진다면 셋업의 처리능력 감소 효과는 60단위에 골고루 분산 될 수 있다. 그리고 그 결과 밀링머신의 처리능력이 높아질 수 있다. 구체적으로 60개의 한 뱃치 크기 하에서 밀링머신은 1분당 0.25의 부품 집합을 생산할 수 있다. [표 5.1]은 각각 12, 60, 120개의 뱃치 크기에 대하여 계산된 각 처리능력을 요약하여 제시하고 있다.

[표 5.1]의 계산을 일반화하면 셋업을 포함한 설비자원의 처리능력을 뱃치 크기의 함수로 계산할 수 있다.

$$\text{처리능력} = \frac{\text{뱃치 크기}}{\text{준비시간} + \text{뱃치 크기} \times \text{단위당 작업시간}}$$

기본적으로 위의 공식은 '비생산적인' 생산준비시간을 하나의 뱃치를 이루고 있는 각

구성 단위들에게 분산시키는 것을 나타낸다. 이 공식을 올바르게 사용하기 위해서 우리는 각 요소인 뱃치 크기, 생산준비시간, 단위당 작업시간의 의미를 정확히 알아야 한다.

- 뱃치 크기는 한 '주기'(즉, 프로세스가 자체적으로 다시 반복하기 이전까지의 기간, [그림 5.2] 참조) 안에 산출된 흐름단위의 수를 의미한다.
- 생산준비시간은 한 주기 동안 뱃치의 생산에 포함되는 모든 준비시간을 포함한다. 이 사례의 경우, 생산준비시간 $S=60$분$+60$분$=120$분이 된다. 생산준비시간은 또한 생산이 이루어지지 않는 시간 중 뱃치생산과 관련 있는 다른 시간도 포함하여야 한다. 예를 들어 만약 각 뱃치의 생산에서 10분의 휴식시간이 요구되어진다면 그 시간도 생산준비시간에 포함되어야 한다는 것이다. 다른 '생산준비시간'은 계획된 점검 또는 강제적 유휴시간(문자 그대로 생산설비에 어떠한 일도 발생하지 않는 시간을 의미—생산이나 셋업 모두 포함되지 않는 시간)도 포함할 수 있다.
- 단위당 작업시간에는 밀링머신에서 1개의 완성된 산출 흐름단위를 생산하는데 소요되는 모든 생산시간이 포함된다. 이 사례의 경우, 단위당 작업시간은 핸들 지지대 [1분/단위]와 바큇살 2×[0.5분/단위](2개의 바큇살을 고려)를 포함한다. 따라서 단위당 작업시간 $p=[(1분/단위)+2\times(0.5분/단위)]=[2분/단위]$가 된다. 실질적으로 2분이라는 시간 동안 어떤 부품 집합도 생산되지 않았을지라도 단위당 작업시간은 2분이라는 것을 유념해야 한다. 셋업 때문에 한 부품 집합에 대한 단위당 작업준비시간은 각 1분이라는 시간으로 분리되고, 이 두 기간은 상당한 양의 준비시간에 의해서 분리된다.

그럼에도 불구하고, 주어진 뱃치 크기에 따라 운영되어졌을 때 밀링머신의 처리능력을 계산하는 관점에서 보면 각 부품 집합이 연속된 기간에 걸쳐 생산되든지 아니면 불연속적 기간에 걸쳐 생산되는지는 중요하지 않다. 중요한 점은 한 부품 집합을 생산하는데 2분이 필요하다는 것이다.

위 정의들에 따라서 뱃치 크기가 100단위라고 가정하자. 그러면 처리능력은 다음과 같이 계산될 것이다.

$$\text{처리능력}(B=100\text{일 때}) = \frac{\text{뱃치 크기}}{\text{준비시간}+\text{뱃치 크기}\times\text{단위당 작업시간}}$$

$$= \frac{100\text{단위}}{120\text{분}+100\text{단위}\times 2\text{분/단위}}$$

$$= 0.3125\text{단위/분}$$

뱃치 크기가 얼마나 크든지 상관없이, 매 p 단위시간 마다 1단위 이상 생산하는 것은

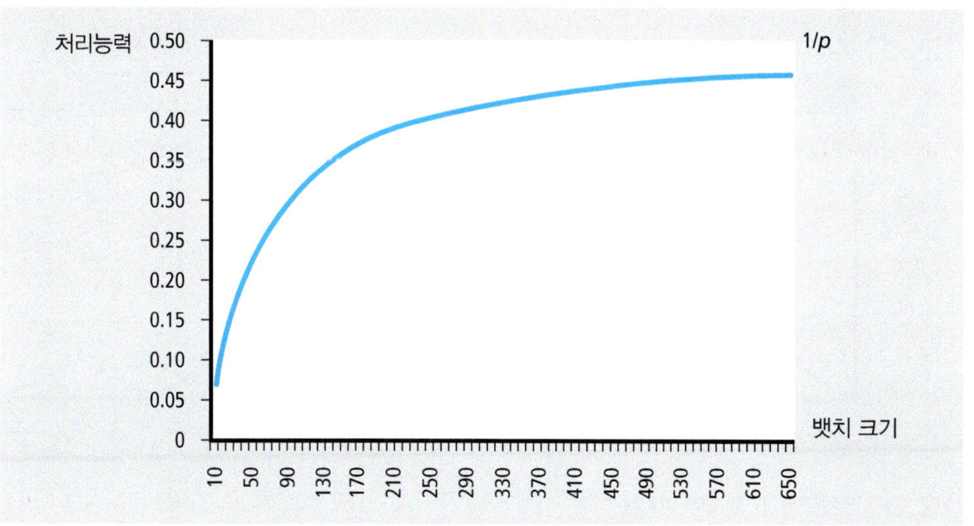

그림 5.3 뱃치 크기의 함수로서 처리능력

불가능하다. 그러므로 $1/p$는 프로세스가 달성할 수 있는 최대의 처리능력으로 생각되어질 수 있으며 이는 [그림 5.3]을 통해 이해될 수 있다.

5.2 뱃치생산과 재고간의 상호작용

뱃치 크기의 증가가 처리능력을 향상시키는 작용을 한다면, 왜 처리능력을 극대화 시키는 가능한 가장 큰 뱃치 크기를 선택하지 않는 것일까? 대규모의 뱃치 크기는 처리능력 관점에서는 바람직하지만 이는 전형적으로 높은 재고수준(프로세스 내부 또는 완제품 수준에서)을 요구한다. 우리는 또한 리틀의 법칙에 의해서 흐름률이 일정할 때 높은 재고수준은 긴 흐름시간을 야기함을 추론할 수 있다. 이것이 바로 일반적으로 뱃치 운영방식이 고객 주문에 매우 빠르게 반응하지 못하는 이유이다.

뱃치 생산과 재고간의 상호작용은 다음의 예를 통해서 이해될 수 있다. 첫째, 동일한 조립라인에서 세단과 스테이션 왜건을 생산하는 자동차 제조업체를 생각해 보자. 단순화를 위하여 두 모델 모두 수요가 하루에 400대로 동일하다고 가정해 보자. 금속 압연공정(최종조립에 선행되어지는 공정 중 하나)에서 생산준비시간이 특히 많이 소모되는 것이 일반적인 특징이다.

그러므로 높은 수준의 처리능력을 달성하기 위해서 이 공장은 뱃치 크기를 높여서 생산하며 8주 동안 세단만을 생산하고 다음 8주에는 스테이션 왜건만 생산하는 방식으로 공정을 운영한다.

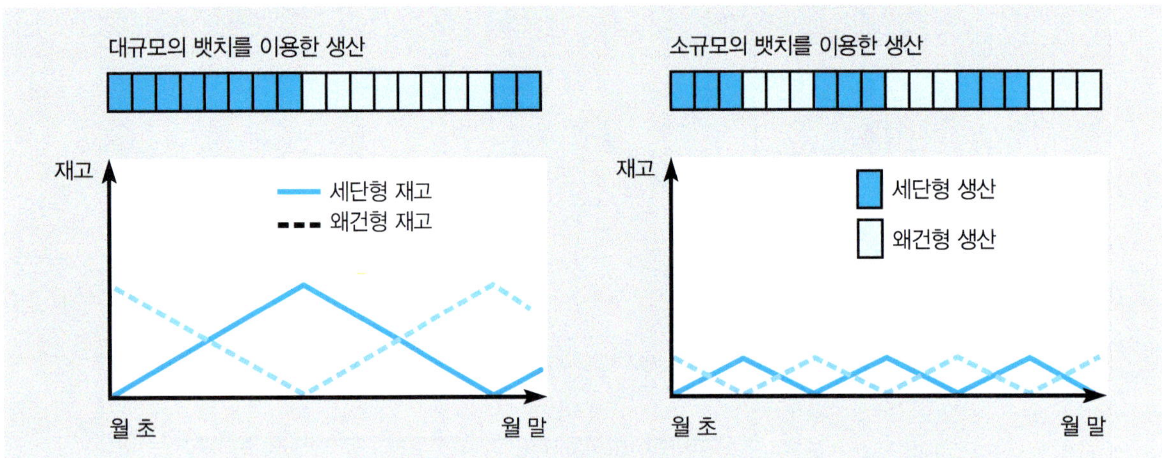

그림 5.4 뱃치 크기가 재고에 미치는 영향

이러한 생산 일정은 세단과 스테이션 왜건의 울퉁불퉁한(lumpy) 산출을 야기한다. 하지만 고객이 요구하는 세단과 스테이션 왜건의 수요는 일정하다. 따라서, 대규모 뱃치의 생산은 공급과 수요의 불일치를 초래한다.

이런 생산일정이 작동하도록 하기 위하여 회사는 8주 동안 한 종류의 자동차 수요를 충족시키기 위한 충분한 양을 생산하는 것에 더하여 다음 8주 동안 다른 종류의 차를 생산하면서 동시에 이 기간 동안의 자동차 수요를 충족시키도록 차를 생산할 필요가 있다. 주당 5일을 가정하자. 이것은 세단 생산이 완료되었을 때 재고에 16,000(하루당 400대×주당 5일×8주)대의 세단이 있게 됨을 의미한다. 이들 16,000대의 세단은 스테이션 왜건이 만들어지는 동안 8주간 주당 2,000대의 일정한 비율로 팔린다. 이러한 과정이 스테이션 왜건에도 똑같이 적용된다. 즉 스테이션 왜건의 생산이 끝날 때 재고에 16,000대가 있게 되고, 후속 8주간에 걸쳐 스테이션 왜건의 재고가 줄어든다. 이와 같은 오르고 내리는 재고 패턴이 [그림 5.4]의 왼쪽에 묘사되어 있다.

전환(Switching) 전 8주 동안 한 종류의 자동차를 생산하는 대신에 이 회사는 전환전 3주 동안 자동차를 생산하는 것이 가능하다는 것을 알 수 있다. 이제 각 생산의 끝에 이 회사는 다른 차종의 차가 생산되는 3주 동안의 수요를 충족시키기 위하여 6,000(하루당 400×주당 5일×3주)대의 차를 필요로 한다. 이것은 각 차종의 평균재고가 단지 3,000대임을 의미하며, 이는 8주 스케줄에 필요한 재고보다 매우 적은 숫자이다. 이 내용은 [그림 5.4]의 오른쪽 부분에 묘사되어 있다. 따라서, 뱃치 크기가 작아지면 재고수준도 적어진다.

이상적인 경우로 헤이준카(heijunka) 또는 혼합모델(mixed-model) 생산이란 이름으로 도요타 생산 시스템(8장 참고)에서 소개된 기술은 세단과 왜건을 1대씩 번갈아 가며 생산하는 것으로 뱃치 크기를 1로 생산하는 것이다. 이 방법으로 수요흐름과 생산흐름의

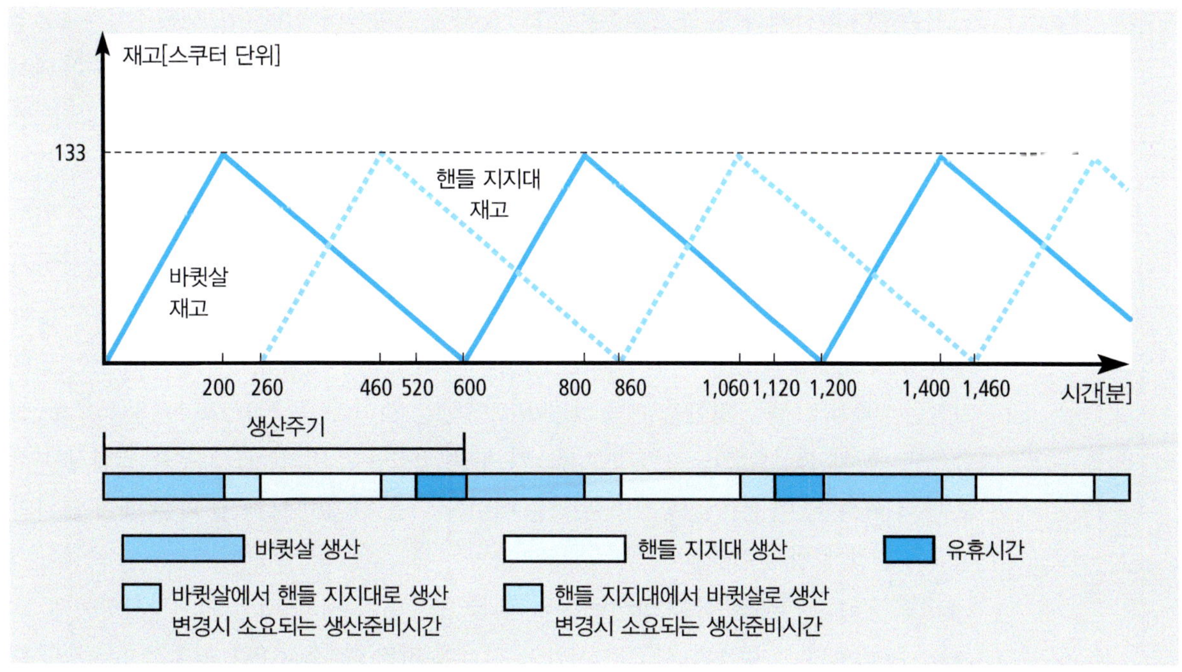

그림 5.5 뱃치 크기가 재고에 미치는 영향

훨씬 더 나은 동기화가 달성되며 재고가 기본적으로 제거된다.

이제 다시 앞서 보았던 Nova Cruz사의 밀링머신 문제로 돌아가 보자. [그림 5.4]에서처럼 우리는 한 생산주기의 과정에서 부품(바큇살과 핸들 지지대)의 재고를 도식화할 수 있다. 밀링머신 다음단계인 조립 프로세스에서는 매 3분마다 1단위의 공급이 요구되어진다는 점을 기억해 보자. 조립공정 관점에서 이 1단위는 밀링머신 관점에서 2개의 바큇살과 1개의 핸들 지지대로 구성된다. 만약 우리가 조립프로세스의 원활한 운영을 위하여 충분한 양의 바큇살 공급을 확고히 하고자 한다면 바큇살이 생산되지 않는 기간(예: 준비시간 및 핸들 지지대의 생산)에도 바큇살이 다 소진되지 않도록 충분한 양을 생산해 두어야 한다. 밀링머신의 뱃치 크기가 $B=200$으로 운영된다면, 이러한 경우 바큇살의 재고는 다음과 같이 변경될 것이다.

- 바큇살의 생산이 진행되는 기간 동안, 바큇살의 재고는 계속해서 누적된다. 우리는 1분당 한 쌍의 바큇살을 생산하지만 단지 3분당 한 쌍의 바큇살이 조립라인에 공급되기 때문에, 바큇살의 재고는 매 3분당 두 쌍의 비율, 즉 1 분당 2/3쌍의 속도로 누적된다.
- 바큇살 200쌍을 생산하는데는 200분이 소요된다. 따라서, 바큇살 생산의 마지막 시점에 바큇살 재고는 200분×바큇살 2/3쌍=바큇살 133.3쌍이 된다(즉, 바퀴살 266개).

최종적인 생산계획 및 재고수준은 [그림 5.5]에 요약되어 있다. 각 생산주기는 600분(200 스쿠터×3분)이고 여기에는 80분의 유휴시간(idle time)이 포함되어 있음을 유의하자. 왜 이런 유휴시간이 밀링머신의 생산일정에 포함되는 것일까? 답은 다음과 같다. 만약 유휴시간이 없다면, 밀링머신은 주어진 뱃치 크기 200단위를 지나치게 빠르게 생산할 수 있다. 설명을 상세히하면, 조립 프로세스에서 200대 스쿠터 뱃치를 생산하기 위하여 200 단위×3분/단위=600분이 소요된다. 밀링머신은 600대 스쿠터 뱃치를 생산하기 위하여 단지 520분을 필요로 한다(준비시간 120분과 생산 400분). 따라서 밀링머신이 하나의 뱃치 생산을 마치고 다음 뱃치를 생산한다면(중간에 어떤 유휴시간도 없음), 밀링머신은 200개의 부품 집합을 매 520분마다 생산할 것이다(즉 200/520=0.3846부품 집합/분). 즉 이 생산속도는 조립 프로세스가 부품 집합을 소비하는(1/3 부품 집합/분) 것보다 더 빠르다. 이 분석을 통하여 우리는 아마도 다음 장에서 보게 될 다른 뱃치 크기의 선택을 원하게 될 것이다.

[그림 5.5]는 바큇살 묶음(rib pairs)와 핸들 지지대의 재고 패턴을 시각화하는데 도움을 준다. 바큇살 묶음의 재고는 시간이 지남에 따라, 최소값 0과 최대값 133.3의 톱니모양의 패턴이 된다. 만약에 우리가 모든 재고수준의 평균을 낸다면, 평균재고는 133.3/2=66.7이 될 것이다(삼각형을 가로지르는 평균은 높이의 절반이다). 하지만, 그래프를 사용하는 것은 생산 일정에서 각 품목의 평균재고를 평가하기 위한 효율적인 방법이 아니다. 등식을 사용하는 방법이 더 효율적인 방법이다.

$$\text{평균재고} = \frac{1}{2}\,\text{뱃치 크기}(1 - \text{흐름률} \times \text{작업시간})$$

우리 사례에서, 뱃치 크기는 200개 바큇살 묶음, 흐름률은 1분당 1/3 바큇살 묶음이고 작업시간은 바큇살 묶음당 1분이다. 따라서

$$\begin{aligned}\text{평균재고} &= \frac{1}{2}\,200\ \text{바큇살 묶음}(1-(1/3\text{분당 바큇살 묶음}\times\text{바큇살당 1분}))\\ &= 66.7\ \text{바큇살 묶음}\end{aligned}$$

등식의 결과는 우리가 그래프에서 본 값과 동일하다.

재고방정식을 사용할 때, 중요하게 유의할 점은, 사용하는 단위들이 일관되게 유지되어야 한다. 특히, 우리가 바큇살 묶음의 평균재고를 평가하고 싶다면, 뱃치 크기와 흐름률 그리고 작업시간은 바큇살 묶음이나 또는 어떤 용어로 주어져야 한다. 뱃치 크기와 흐름률은 바큇살 묶음으로 정의하고, 흐름시간은 부속품 집합으로 정의하면 잘못된 것이다. 더욱이 우리는 위의 등식을 부속품(components) 집합 같은 부품(parts) 집합의 재고를 평가하는데 사용할 수 없다. 왜냐하면, 톱니모양의 재고패턴의 합은 더 이상 톱니

모양이 아니기 때문이다. 재고를 평가하기 위해서 우리는 반드시 가능한 각각의 부품들을 개별적으로 고려해야 한다. 예를 들면, 우리는 바퀏살의 평균재고를 평가할 수 있고 다음으로 핸들 지지대의 평균재고를 평가한 후 이들 두 평균을 더 할 수 있다. 하지만, 모든 부품의 재고를 한번에 평가하려는 지름길은 없다. 마지막으로, 위의 재고방정식은 뱃치 크기가 충분히 커서, 확장된 시간대로 보았을 때 재고가 완전히 소진되지 않았을 때 적용된다. 즉, [그림 5.5]의 그래프상에서 평평한 부분이 없다는 의미이다. 다음 절에서 볼 예정인데, 우리는 일반적으로 충분히 큰 뱃치 크기를 가지고 운영한다.

해당 절을 마치면서 중요핵심을 반복하면, 큰 뱃치 크기는 더 많은 재고를 만들게 된다. 이는 우리의 평균재고 등식에서 명백히 알 수 있다. 따라서, 만약 우리가 재고를 줄이고 싶다면, 더 작은 배치를 가지고 운영을 해야 한다.

5.3 생산준비시간을 고려한 뱃치 크기의 선택

한 프로세스 흐름에 대해 적정한 뱃치 크기를 선택할 경우에는 처리능력과 재고수준이라는 두 상충하는 목표간에 균형을 유지하는 것이 중요하다. 뱃치 크기의 증가는 재고수준의 증가를 유발시키고, 뱃치 크기의 감소는 처리능력의 손실을 유발시킨다.

이러한 두 가지 상충하는 목표간의 균형을 맞추는 데 있어서 다음 두 가지 관찰은 우리에게 도움을 줄 수 있다.

- 병목단계의 처리능력은 전체 프로세스의 흐름률을 제한하기 때문에 매우 큰 가치를 지닌다.(프로세스가 처리능력에 의해 제약을 받는 한, 즉 처리능력보다 더 많은 수요가 존재하는 경우)
- 비병목단계에서의 처리능력은 현재 프로세스의 흐름률에 어떠한 제약도 주지 않기 때문에 이는 특별한 고려대상이 되지 않는다.

이러한 사실은 셋업을 필요로 하는 어떤 한 프로세스 단계에서 적합한 뱃치 크기를 결정하는데 직접적인 시사점을 제공해준다.

- 만약, 병목단계에서 셋업이 발생한다면(그리고 프로세스가 처리능력의 제약을 받고 있다면), 뱃치 크기를 증가시키는 것이 바람직하다. 그 결과 프로세스 처리능력이 증가하고 이에 따라 산출률이 증가한다.
- 만약 비병목단계에서 셋업이 발생한다면(또는 프로세스가 수요에 의해 제약을 받고

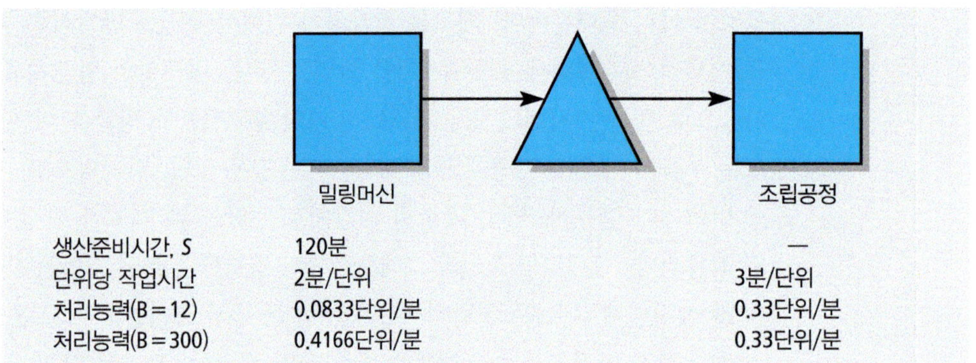

그림 5.6 준비시간과 뱃치 생산에 대한 스쿠터 사례 자료

있다면), 뱃치 크기를 감소시키는 것이 바람직하다. 그 결과 재고와 흐름시간이 감소된다.

스쿠터 사례를 요약하여 제시한 [그림 5.6]은 이러한 두 가지 관찰과 이 관찰 결과가 어떻게 적절한 뱃치 크기를 결정하는데 도움을 주는지 보여주고 있다. *B*는 뱃치 크기를, *S*는 생산준비시간을, *p*는 단위당 작업시간을 의미한다는 것을 기억하자.

[그림 5.6]의 프로세스 흐름도는 '밀링머신'과 '조립'공정이라는 두 개의 활동으로만 구성되어 있다. 우리는 조립공정을 하나의 활동으로 묶을 수 있다. 왜냐하면 조립공정의 가장 느린 단계(조립공정의 병목)는 매 3분당 1대의(조립의 처리시간) 주터 스쿠터만을 생산할 수 있기 때문이다. 조립 공정의 용량은 1/처리시간이고 따라서 용량은 분당 1/3 (단위)이다.

두 개의 다른 뱃치 크기를 가지고 이 프로세스를 평가하자. 우선 *B*=12로 두자. 밀링머신의 공정은 아래 공식으로 계산될 수 있다.

$$처리능력(B=100일\ 때) = \frac{뱃치\ 크기}{생산준비시간 + 뱃치\ 크기 \times 단위당\ 작업시간}$$

$$= \frac{B}{S + B \times p} = \frac{12}{120 + 12 \times 2} = 0.0833단위/분$$

B=12인 밀링머신은 용량이 분당 0.0833단위으로 조립공정의 용량 0.3333 단위/분 보다 작아서 병목에 해당된다.

다음으로, 뱃치 크기를 12에서 300으로 증가시키면 계산 결과가 어떻게 될지 생각해 보자. 이 변화는 조립공정의 처리능력에 영향을 미치진 않지만 밀링머신의 처리능력은 다음과 같이 변경된다.

$$처리능력(B) = \frac{B}{S+B\times p} = \frac{300}{120+300\times 2} = 0.4166단위/분$$

이 결과 단지 뱃치 크기의 변경으로 인해서 병목의 위치가 밀링머신에서 조립공정으로 이동됨을 알 수 있다. 이제 $B=300$인 밀링머신의 용량(0.4166단위/분)은 조립공정의 용량(0.3333단위/분)을 초과한다. 단지 뱃치 크기의 조정을 통하여 병목공정을 변화시킬 수 있다. 그러면 이 두 가지 뱃치 크기 중에서 어떤 것이 더욱 나은 것인가, 12인가 아니면 300인가?

- 300이라는 뱃치 크기는 분명히 너무 큰 것이다. 좀 더 작은 뱃치 크기는 재고를 줄이지만 조립공정이 병목으로 유지되는 한 프로세스의 흐름률은 줄이지 않을 것이다.
- 뱃치 크기 12는 아마도 너무 적다. 수요가 0.0833/분($B=12$인 밀링머신의 용량) 이상인한 좀 더 큰 뱃치 크기는 프로세스의 흐름률을 증가시킬 것이다. 또한 이는 재고 또한 증가시키지만 좀 더 큰 흐름률은 약간의 재고증가를 정당화시켜 준다.

뱃치 크기 12는 너무 적고 300개의 뱃치 크기는 너무 크다면, 적절한 뱃치 크기는 이 두 크기 사이 어딘가에 존재할 것이다. 구체적으로 말하면, 우리는 프로세스의 처리능력에 부정적인 영향을 미치지 않는 최소한의 뱃치 크기를 알아내는데 관심을 가지고 있는 것이다.

이 숫자를 찾아내기 위하여, 우리는 셋업을 필요로 하는 공정의 처리능력(이 경우 밀링머신)과 최소의 처리능력을 가진 잔여공정(이 경우 조립공정)의 처리능력을 다음과 같이 등식화 한다.

$$\frac{B}{120+B\times 2} = \frac{1}{3}$$

그리고 B에 대하여 위 등식을 풀면 다음과 같다.

$$\frac{B}{120+B\times 2} = \frac{1}{3}$$
$$3\times B = 120 + 2\times B$$
$$B = 120$$

즉, 뱃치 크기는 $B=120$으로 계산되었다. 이러한 대수적 접근은 [그림 5.7]에 설명되어 있다. 만약 위에서 설명된 계산이 친근하지 않거나(즉 뱃치 크기 B에 대하여 등식을 푸는 것), 또는 여러분이 이 방법을 엑셀이나 다른 소프트웨어 패키지에서 직접적으로 계산하기를 원한다면 다음 공식을 사용할 수 있다.

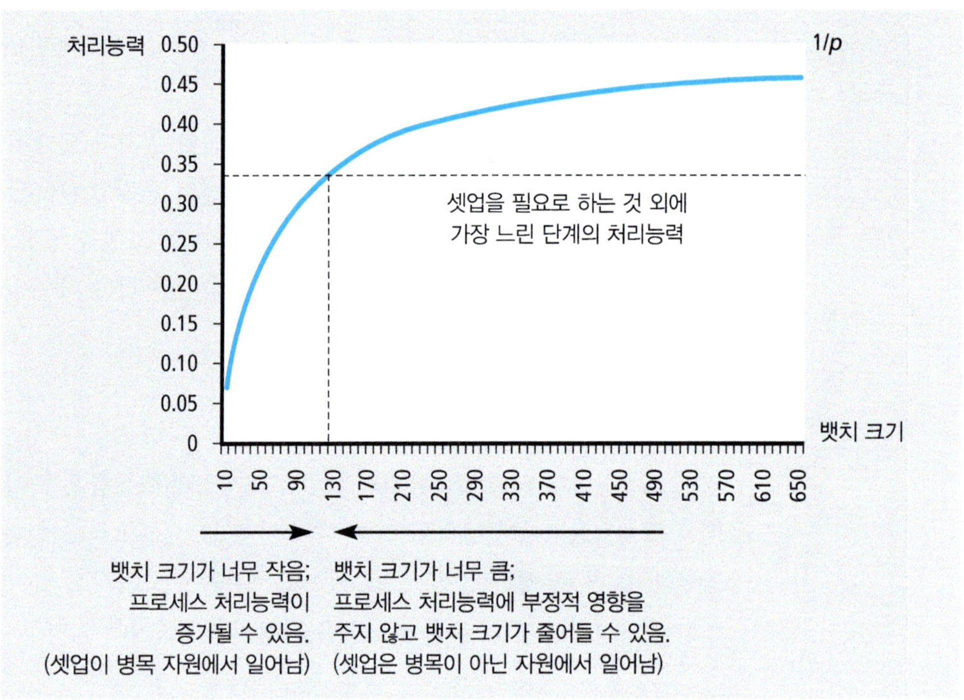

그림 5.7 적절한 뱃치 크기 선택하기

$$\text{적절한 뱃치 크기} = \frac{\text{흐름률} \times \text{생산준비시간}}{1 - \text{흐름률} \times \text{단위당 작업시간}}$$

이는 앞에서 수행된 분석과 동일하다. 이것을 알아보기 위하여, 단순히 생산준비시간 =120분, 흐름률=0.333단위/분, 그리고 단위당 작업시간=2분/단위를 대입하면, 다음 결과를 얻게 된다.

$$\text{적절한 뱃치 크기} = \frac{\text{흐름률} \times \text{생산준비시간}}{1 - \text{흐름률} \times \text{단위당 작업시간}} = \frac{0.333 \times 120}{1 - 0.333 \times 2} = 120$$

[그림 5.7]은 셋업을 가지는 프로세스 단계의 처리능력을 보여주고 있으며, 뱃치 크기 B가 증가함에 따라 처리능력이 증가하며 또한 뱃치 크기 B의 매우 높은 값에 대하여 처리능력이 $1/p$에 근접하게 됨을 보여주고 있다. [그림 5.3]의 그래프와 유사하다. 조립공정의 처리능력은 뱃치 크기에 영향을 받지 않기 때문에 처리능력은 상수(평행선)가 된다. 병목개념으로 고려하였을 때 전체 프로세스 처리능력은 두 그래프 중 더 작은 값이다. 그러므로 그래프가 교차하기 전에는 처리능력이 너무 적고 흐름률은 잠재적으로 포기되어 진다. 그래프가 교차한 후에는 조립공정이 병목이 되고 이 이상의 추가적인 뱃치 크기 증가는 더 이상의 추가적인 이익을 주지 못하게 된다. [정리 5.1]은 생산준비시간

정리 5.1  **생산준비시간을 고려한 적절한 뱃치 크기 결정하기**

1. 흐름률 계산하기: 흐름률 = 분{가용 투입량, 수요량, 프로세스 처리능력}
2. 생산주기 결정하기: 생산주기는 한 뱃치에서 모든 흐름단위들에 대한 작업 및 셋업을 포함
3. 한 생산주기 내에서 설비자원이 셋업 상태에 있는 시간을 계산하기; 생산준비시간은 뱃치의 크기와는 독립적인 시간임
4. 한 생산주기 내에서 설비자원이 실제 생산하는 시간을 계산하기; 단위당 발생되는 모든 작업시간들이 포함됨(즉, 이 작업시간들은 뱃치내의 모든 단위들에 대해서 반복됨)
5. 다음과 같이 뱃치 크기가 주어진 경우에 대해 셋업이 필요한 설비자원의 처리능력을 계산하기:

$$\text{처리능력}(B) = \frac{B}{\text{생산준비시간} + \text{B} \times \text{단위당 작업시간}}$$

6. 흐름률에 영향을 미치지 않으면서 최저 재고수준을 제공할 수 있는 적절한 뱃치 크기를 탐색하기; 뱃치 크기가 B로 주어졌을 때 다음 등식을 이용하여 결정

$$\text{처리능력}(B) = \text{흐름률}$$

위 등식은 다음의 공식을 이용하여 직접적으로 풀릴 수 있음:

$$\text{적절한 뱃치 크기} = \frac{\text{흐름률} \times \text{생산준비시간}}{1 - \text{흐름률} \times \text{단위당 작업시간}}$$

을 고려한 경우에 적절한 뱃치 크기를 계산하는 핵심적인 절차들을 보여주고 있다.

5.4 생산준비시간과 제품의 다양성

스쿠터 생산 프로세스의 사례에서 보았듯이 생산준비시간은 하나의 제품에서 다른 제품으로 생산을 변경하는 경우 발생한다. 이것은 다음의 질문을 유도하게 된다. 생산준비시간을 가진 한 프로세스에 대한 제품 다양성의 영향은 무엇인가? 이 질문을 검토하기 위하여, 두 종류의 수프(치킨, 토마토)를 만드는 간단한 프로세스 하나를 고려하자.

치킨 수프의 수요는 시간당 100갤런이며 반면 토마토 수프의 수요는 시간당 75갤런이다. 하나의 수프에서 다른 수프로 생산을 전환하는 데는 생산장비를 정리하기 위하여 약 30분이 소요된다. 그 결과 한 수프의 맛이 다음 수프의 맛에 어떤 영향도 주지 않게 된다. 일단 어떤 수프이던지 생산이 시작되면 생산 프로세스는 시간당 300갤런의 수프를 생산할 수 있다. 이들 주어진 인자(parameter)하에서 수요를 충족시키면서 재고를 최소화하는 생산주기를 구하여 보자.

우리는 우선 흐름단위를 정의할 필요가 있다. 이 사례에서 흐름단위를 수프 1갤런으로 정의해 보자. 따라서 수프의 한 생산주기는 어떤 특정 양의(약간의 치킨 수프와 약간의 토마토 수프) 갤런(gallon)을 함유하고 있다. 이 경우 "뱃치"는 한 생산주기 내에서 생산되는 수프의 양(갤런)의 집합이다. 공장의 매니저는 치킨 수프와 토마토 수프의 뱃치를 개별적으로 참조하고자 하지만 양쪽 수프를 결합하는 뱃치를 참조하기는 꺼려할 것이다. 반면, 우리는 토마토 수프의 생산 프로세스를 치킨 수프의 생산 프로세스와 구분하여 분석할 수 없다(예를 들어 만약 우리가 보다 더 많은 시간을 토마토 수프 생산에 바치게 되면 치킨 수프 생산에는 더 적은 시간을 쓸 수밖에 없다). 우리는 궁극적으로 수프를 생산하는 처리능력에 관심이 있기 때문에 한 생산주기에 대한 분석에 초점을 두고 뱃치로서 그 주기내에서 전체 생산을 참조 할 것이다.

요구되는 흐름률은 시간당 175갤런이다(치킨 수프 수요+토마토 수프 수요). 생산준비시간은 1시간이며(치킨 → 토마토 전환에 30분, 토마토 → 치킨 전환에 30분), 단위당 작업시간은 1/300시간/갤런이다. 수요를 충족하면서 재고를 최소화하는 뱃치 크기는 다음과 같다.

$$\text{적절한 뱃치 크기} = \frac{\text{흐름률} \times \text{생산준비시간}}{1 - \text{흐름률} \times \text{단위당 작업시간}} = \frac{175 \times (2 \times 1/2)}{1 - 175 \times (1/300)} = 420\text{갤런}$$

우리는 수요에 비례하여 생산을 해야만 한다(그렇지 않으면 적어도 하나의 수프는 너무 많이 생산하게 되고 다른 하나는 너무 적게 생산하게 된다). 뱃치 크기 420갤런 중 치킨 수프를 420×100/(100+75)=240갤런 생산해야 하며 토마토 수프는 420−240=180갤런 생산해야 한다.

치킨 수프의 평균재고를 계산하기위하여 다음의 공식을 사용하자.

$$\text{평균재고} = \frac{1}{2}\text{뱃치 크기} \times (1 - \text{흐름률} \times \text{작업시간})$$

흐름단위는 치킨 수프 1갤런이고, 뱃치 크기는 240갤런, 흐름률은 시간당 100갤런, 작업시간은 갤런당 1/300시간이다. 따라서 치킨 수프의 평균재고는 1/2×240 갤런×(1−100갤런/시간×1/300시간/갤런)=80갤런이다.

이 생산 프로세스에 대한 제품 다양성의 효과를 이해하기 위하여 세 번째 종류의 수프를 추가적으로 제공한다고 가정하여 보자 (양파 수프). 그리고, 기존 생산 혼합에 추가된 양파 수프와 함께, 치킨 수프와 토마토 수프에 대한 수요는 그대로 각 시간당 100갤런, 75갤런이다. 그리고 양파 수프는 시간당 수요가 30갤런이다. 어떤 의미해서, 이 사례는 제품 다양성 추가에 대한 이상적인 예이다. 즉 새로운 수프의 추가는 다른 수프에 대한 수요의 잠식없이 수요의 증분을 가져왔다.

이제 요구되는 흐름률은 100+75+30=205이다. 그리고 작업준비시간은 1.5시간(3셋업/뱃치)이며, 생산주기에 대하여 재고를 최소화하는 뱃치 크기는 다음과 같다.

$$\text{적절한 뱃치 크기} = \frac{\text{흐름률} \times \text{생산준비시간}}{1 - \text{흐름률} \times \text{단위당 작업시간}} = \frac{205 \times (3 \times 1/2)}{1 - 205 \times (1/300)} = 971\text{갤런}$$

다시, 수요에 비례하여 생산을 하면:

치킨 971×(100/205)=474갤런,
토마토 971×(75/205)=355갤런,
양파 971×(30/205)=142갤런이다.

그래서 다양성을 추가했을 때 무슨 일이 났는가? 간단하게 요약하면 우리는 더 많은 재고를 필요로 한다는 것이다. 뱃치 크기가 474갤런일 때 치킨 수프의 평균재고는 1/2×474갤런×(1−100갤런/시간×1/300시간/갤런)=158갤런이 된다. 치킨 수프의 뱃치 크기가 거의 두 배(474/240=1.98)가 됨으로 치킨 수프의 평균재고 또한 거의 두 배가 된다.

그렇다면 왜 양파 수프의 추가 생산이 치킨 수프의 재고수준의 증가를 가져온 것일까? 작업준비시간이 그 이유가 된다. 생산하는 제품의 종류가 더 다양해짐에 따라 생산주기마다 생산준비시간이 더 잦아지게 된다. 이것은 생산주기의 처리능력을 감소시킨다(생산준비시간에는 그 어떤 수프도 생산하지 않는다). 요구되는 흐름률로 처리능력을 다시 증가시키기 위하여(현재에도 높다) 뱃치 크기를 좀 더 증가시킬 필요가 있으며, 이는 높은 재고수준을 초래한다.

어떤 사람들은 위 분석을 너무 낙관적이라고 주장할 수도 있을 것이다(양파 수프가 추가됨에 따라 다른 수프들의 수요는 잠식된다고 생각). 하지만 결과는 이러한 가정에 민감하지 않다고 판명되어진다. 설명을 위하여, 반대의 극단적인 경우를 생각해 보자(양파 수프의 생산은 전체 수요를 증가시키지 못하며, 다른 수프들의 수요를 잠식한다). 구체적으로 설명하자면, 전체 흐름률은 양파 수프를 생산하건 하지않건 시간당 175갤런이다. 게다가 양파 수프를 생산할 경우 치킨, 토마토, 양파 수프에 대한 수요는 각각 시간당 80, 65, 30갤런이다. 단위당 작업시간은 시간당 1/300갤런이고, 뱃치당 준비시간은 현재 1.5시간이다(세 가지 형태의 수프로 인한 3번의 생산전환). 수요를 충족시키면서 동시에 재고를 최소화하는 뱃치 크기는 다음과 같이 얻을 수 있다.

$$\text{적절한 뱃치 크기} = \frac{\text{흐름률} \times \text{생산준비시간}}{1 - \text{흐름률} \times \text{단위당 작업시간}} = \frac{175 \times (3 \times 1/2)}{1 - 175 \times (1/300)} = 630\text{갤런}$$

치킨 수프의 뱃치 크기는 (80갤런/175갤런)×630갤런=240갤런이다. 평균재고는

1/2×240갤런×(1−100갤런/시간×1/300시간/갤런)=96갤런이다. 단지 두 가지 맛과 시간당 175갤런의 흐름률을 가지고 80갤런의 치킨 수프가 있다. 그래서 이 경우에 재고는 그렇게 많이 증가하지는 않지만 여전히 증가는 한다.

이 연구로부터 다음과 같은 결론을 얻을 수 있다. 준비시간과 제품 다양성은 병행하기 어렵다. 결과적으로 이러한 도전에 대한 두 가지 가능한 해결책이 있다. 첫 번째는 제한된 다양성을 제공하는 것이다. 이것은 바로 헨리포드(Henny Ford; 1863~1947, 미국 포드자동차 회사의 창설자)의 접근방법으로 그의 유명한 선언 "그것이 검정색인 한 당신은 어떠한 색깔의 T-model도 가질 수 있다"에 잘 드러난다. 이 접근법은 생산관리자에게는 편리한 해결책일지는 모르나 경쟁 환경에서 수요를 충족시키는 데에는 반드시 최상의 전략이라고는 할 수 없다.

셋업과 제품 다양성의 부조화에 대한 두 번째 접근법은 준비시간을 제거하도록 노력하는 것이다. 이 접근법은 생산 분야의 가장 영향력 있는 사상적 지도자 중의 한 사람인 Shigeo Shingo에 의해서 옹호되었다. 그가 자동차 공장에서 한 시간 이상의 생산 전환시간을 목격했을 때 다음과 같이 반응했다. "흐름은 계속해서 진행해야 된다" 이 말은 생산의 끊김없는 흐름을 보장하기 위하여 모든 노력이 행해져야 함을 의미한다. 끊김없는 흐름을 확고히 하는 한 방법은 준비시간을 줄이거나 제거하는 것이다. Shigeo Shingo는 정확히 이를 실천할 수 있는 강력한 방법을 개발했으며, 이는 이 장의 후반부에 논의 될 것이다.

5.5 생산준비시간의 감소

적절한 뱃치 크기의 사용과 좀 더 적은 규모의 이송뱃치(transfer batch) 사용에 의한 개선에도 불구하고 셋업은 여전히 끊김없는 흐름을 방해하는 원인으로 남아있다. 이러한 이유로 인해 셋업 자체를 "신에 의하여 부여된" 제약조건으로 받아들이거나 이를 그대로 수용하는 방법을 찾기보다 우리는 직접적으로 프로세스의 흐름이 끊어지는 근본적인 원인을 찾아내는 방법을 알아내야 한다.

이것이 SMED(Single minute exchange of die)라는 방법의 근본 아이디어이다. SMED 방법의 고안자는 10분을 초과하는 어떠한 셋업도 프로세스 흐름장애에 있어서 용납될 수 없는 원인이라고 언급하였다. 10분이라는 말은 문자 그대로의 시간단위를 의미하는 것은 아니다. 사실 SMED 방법은 셋업이 평균 4시간에 달하는 자동차 산업에서 개발된 것이기 때문에 10분이라는 시간은 준비시간을 최대한 줄이기 위한 현실적 시간을 지목하는 표현으로 이해하는 것이 좋을 것이다. SMED 방법은 공격적으로 하지만 현실적으로 생산준비시간 목표를 정의하고 생산준비시간의 감소로부터 얻을 수 있는 잠재적인 기회들을 규명하는데 유용한 방법이다.

SMED의 바탕에 깔린 기본적인 아이디어는 셋업과 관련된 모든 과업들을 주의 깊게 분석하여 내부 셋업과업들과 외부 셋업과업들이라는 두 집단으로 구분해내는 것이다.

- 내부 셋업과업은 해당 설비가 멈춘 경우에만 실행되는 셋업과 관련한 과업들을 의미한다.
- 외부 셋업과업은 아직 설비가 작동될 때 이루어질 수 있는 셋업과 관련한 과업들을 의미한다. 이는 과업들이 실제 생산전환이 발생되기 전에 마무리됨을 의미한다.

경험에 의하면 기업들이 내부 셋업에 대해 잘못 생각하는 것 같다. 그리고 심지어 대규모 자본 투입 없이도 내부 셋업이 외부 셋업으로 변환될 수 있다.

적절한 뱃치 크기 결정과 관련해서 앞 절에서 논의된 것처럼 이를 극복하는 데 있어서 가장 큰 장벽은 비효과적인 원가회계절차이다. 예를 들어 흐름단위들이 선반에 담겨 오븐에 투입되는 아주 단순한 열처리 절차를 생각해 보자. 선반의 적재와 인출은 생산준비시간의 일부이다. 다른 선반이 여전히 프로세스에 있는 동안(셋업 전)에 적재나 인출을 위한 또 다른 선반을 구입하는 것은 회사로 하여금 내부 셋업과업을 외부 셋업과업으로 전환시킬 수 있도록 한다. 이러한 것이 가치 있는 투자인 것인가?

정답은 의례히 그렇듯이 상황에 따라 다르다. 비병목공정에 적용된 SMED는 프로세스 개선에 전혀 도움이 되지 않는다. 이전에 논의 되었듯이 비병목공정은 초과 처리능력을 가지며 따라서 셋업은 완전히 공짜이다(재고수준이 증가한다는 것을 제외하면). 따라서 기술이나 인간 어떤 자원에 투자하는 것은 낭비일 뿐만 아니라 좀 더 긴급한 프로젝트로부터 부족한 개선 처리능력/자금을 탈취하는 것이다. 그러나 이전 예에서 오븐작업이 병목공정에 해당되는 경우라면 추가적인 선반의 구매를 위한 거의 어떤 투자도 즉각적으로 상당히 높은 수익을 창출해주는 투자가 될 것이다.

내외부 셋업의 아이디어 및 내부 셋업으로부터 외부 셋업으로의 잠재적인 전환은 카레이싱 상황에서 가장 잘 보인다. 카레이싱에 있어서 경주차가 경주 중에 거치게 되는 정비지점은 경주차의 결승선을 향한 흐름을 저해하는 한 중요한 요인이다. 경주의 어떤 지점 및 순간에서 전체 팀은 타이어교환에서부터 연료의 보충에 이르기까지 어떤 기술적인 문제에도 대비를 하면서 경주차를 수용할 준비가 되어 있다. 기술팀은 경주의 대부분의 시간을 쉬거나 활용되지 않은 상태로 보내고 있지만 경주차가 정비지점에 있는 시간으로부터 경주트랙에 있는 순간까지 기술팀이 줄일 수 있는 단 몇 초도 매우 중요한 이익이 된다는 것은 명확하다(예로서, 어떤 경주 팀도 경주 동안 휠에 타이어를 장착하지 않는다. 타이어들이 휠에 장착되어 있다).

5.6 준비비용과 재고비용의 균형화: 경제적 주문량 모형

지금까지 우리는 셋업과 관련된 비용적인 면보다는 시간적인 면에 주로 초점을 두고 논의를 진행해왔다. 특히, 병목단계에서의 준비시간은 전체적인 프로세스 처리능력을 저하시킨다는 사실을 중점적으로 논의하였다. 만일 현 상태의 프로세스가 처리능력에 의해 제약을 받고 있는 상황이라고 가정한다면, 생산준비시간은 전체 공정의 저하된 흐름률(판매)을 반영하는 기회비용을 가지고 있다.

또 이러한 기회비용과 독립적으로 셋업은 종종 직접 비용(지갑에서 나가는)과 관련이 있다. 이러한 경우에 우리는 셋업 비용이라 부른다(생산준비시간에 대비되는 것으로). 예로서, 다음과 같은 경우를 고려하자.

- 어떤 특정한 부품의 가공을 위한 기계의 셋업은 셋업 후 생산된 처음 10개의 부품을 폐기해야 된다고 하자. 이때, 이들 10개 부품들의 재료비용이 준비비용을 구성하게 된다.
- 특정한 설비자원(예를 들면 위에서 토의한 밀링머신)에 대하여 단위시간당 이용에 대한 비용을 지불하는 경우를 가정해 보자. 따라서 우리가 자원을 사용할 때마다 셋업을 위해서건 생산을 위해서건 상관없이 우리는 설비자원 사용에 대해서 비용을 지불해야 한다. 이러한 경우에, '시간은 돈이다' 그리고 생산준비시간은 직접적으로 생산비용으로 전환된다. 하지만, 아래에서 논의하게 될 것으로, 준비시간을 준비비용으로 환산할 때는 매우 주의를 기울여야만 한다.
- 공급자로부터 수송을 받을 때, 구매량과는 무관한 구매비용의 한 부분으로써 종종 고정 수송비용이 존재한다. 이것은 카탈로그 또는 온라인 소매업자에게 고객이 지불하는 배송료와 유사하다. 배송료는 준비비용의 한 형태이다.

모든 세 가지 경우는 규모의 경제를 반영한다. 우리가 뱃치의 부분으로 더 많이 주문하거나 생산하면 할수록 한 뱃치안의 더 많은 단위들에 대하여 준비비용을 분산시킬 수 있다.

만약 뱃치 크기를 늘림으로써 단위당 비용을 감소시킬 수 있다면 무엇 때문에 무한 뱃치(또는 적어도 상당히 큰 뱃치)를 사용하지 않는가? 생산준비시간의 경우와 유사하게 우리는 또 다시 큰 뱃치 크기에(좀 더 적은 셋업)대한 우리의 욕구와 대량의 재고유지에 따르는 비용간의 균형을 유지할 필요가 있다.

다음 분석에서 우리는 두 가지 경우를 구별할 필요가 있다.

- 만약 우리가 주문한 물품이 외부 공급자에 의해 생산 및 배송이 이루어진다면, 뱃치

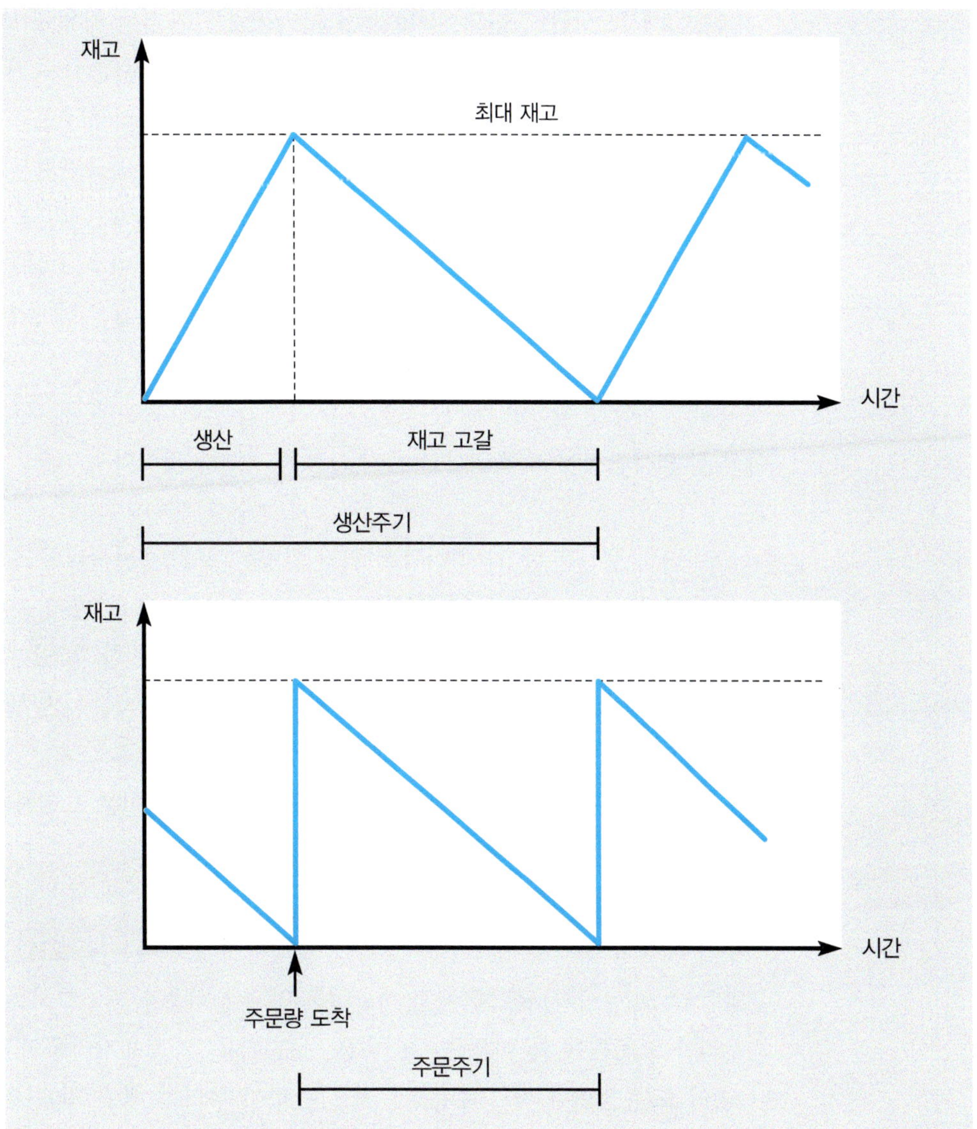

그림 5.8 재고수준의 서로 다른 패턴

내의 모든 단위들은 동시에 도착할 것이다.

- 또 다른 상황으로서 뱃치내의 단위들이 모두 동시에는 도착하지 않을 수도 있다. 이러한 경우는 특별히 우리가 뱃치를 내부적으로 생산하는 경우이다.

[그림 5.8]은 위의 두 가지 상황에 대한 재고수준을 보여준다. [그림 5.8]의 하단은 외부공급자의 경우를 보여주고 뱃치의 모든 단위들은 동시에 시간에 맞게 도착한다. 수송된 물량을 받는 순간 재고수준은 수송량 만큼 바로 증가한다. 그리고 다음 수송을 받을 때까지 감소한다.

[그림 5.8]의 상단 그래프는 (유한한) 처리능력을 가지는 자원에 의해 생산된 단위들의 경우를 보여준다. 따라서, 우리가 생산하는 동안 재고수준이 증가한다. 우리가 생산을 멈추었을 때 재고수준은 감소한다. 먼저 외부공급업자의 경우를 고려하자([그림 5.8]의 아래 부분). 특별히 Nova Cruz사가 대만에 있는 외부공급자로부터 단위당 $0.85에 조달받고 있는 스쿠터의 핸들캡을 고려해 보자. 핸들캡을 대만의 공급업자로부터 수취하는 즉시 재고수준은 최대에 도달함을 유의하자. 재고는 이후 조립공정의 비율로 즉 흐름률 R=700/주(1단위=핸들캡 1쌍), 고갈되는데 이 흐름률은 매 3분당 한 단위와 동등하다.

이후의 계산을 위하여 우리는 몇 가지 가정을 만든다. 이후에 우리는 이러한 가정들이 최적 의사결정에 크게 영향을 주지 않음을 보여줄 것이다.

- 스쿠터의 생산은 매 3분마다 1 단위씩 일정한 비율로 진행된다고 가정한다. 또한 대만으로부터의 부품도착은 정시에 이루어진다. 이러한 두 가지 가정 하에 우리는 다음 수송을 받기 전까지 보유하고 있는 모든 재고를 소진할 수 있다.
- 주문량의 많고 적음에 관계없이 주문당 고정적인 준비비용이 발생하며, 스쿠터 사례에서 이 비용은 주로 $300의 관세로 구성된다.
- 구매가격은 주문수량에 대해 독립적이다. 즉, 수량 할인은 고려하지 않는다. 수량 할인은 다음 절에서 이야기하도록 한다.

우리 계산의 목적은 재고부족 상황이 발생하지 않는다는(즉 조립공정이 지속적으로 운영될 수 있는 상황) 조건하에서 재고비용 및 주문비용을 최소화하는 데 있다.

우리가 고려해야 할 비용은 구매비용, 운송비용, 재고유지비용의 세 가지이다. 얼마나 많이 또는 얼마나 자주 주문하는지 상관없이 우리는 매주 700단위의 핸들캡을 사용한다. 따라서, 재고부족 상황은 고려하지 않으며 구매비용은 다음과 같이 확정적으로 발생한다고 본다.

$$\$0.85/\text{단위} \times 700\text{단위}/\text{주} = \$595/\text{주}$$

따라서, 주문정책(언제 얼마 만큼을 주문할 것인가?)을 의사결정 할 때는 운송비용과 재고비용의 두 가지 비용의 합을 최소화시키는데 중점을 둔다.

재고비용은 주어진 기간 내에 1단위를 재고로 보유함으로써 우리가 지불하게 되는 비용이 얼마인지에 의해 결정된다. 이는 연간 재고비용을 52(1년=52주)로 나눔으로써 간단히 계산할 수 있다. 연간재고비용 자체의 산정을 위해서는 재고와 관련된 재무적비용(자본비용, Nova Cruz사의 경우에는 초기에 높은 비용이 발생), 보관비용, 진부화비용 등이 모두 고려 되어야만 한다. Nova Cruz사는 40%의 연간재고유지비용을 사용한다고 하자. 즉, 1주당 1단위의 재고를 유지하는데 0.7692%의 재고비용을 사용한다.

핸들캡의 단가가 \$0.85이기 때문에 주별 단위당 재고유지비용을 계산해보면, h= 0.007692×\$0.85/단위=\$0.006538/단위/주이다. 연간재고유지비용에는 자본비용 및 기타 재고관련비용(예, 저장, 절도 등)들이 포함되어야만 한다.

그러면 Nova Cruz사는 평균적으로 얼마만큼의 핸들캡을 재고로 보유하고 있을 것인가? [그림 5.8]에서 보는 것과 같이 평균재고수준은 다음과 같이 간단히 계산될 수 있다.

$$\text{평균재고} = \frac{\text{주문량}}{2}$$

만약 이 공식의 이해가 힘들다면 1회의 주문주기에 의해 형성되는 [그림 5.8]의 '삼각형' 부분을 주목해 보자. 이 주기 동안의 평균재고는 삼각형의 높이의 절반 즉, 주문량의 절반이($Q/2$) 된다. 따라서 재고유지비용(h)이 주어지면 단위시간당 재고유지비용(예, 주당 재고 유지비용)을 계산할 수 있게 된다.

$$\text{재고유지비용[단위시간당]} = \frac{1}{2}\,\text{주문량} \times h = \frac{1}{2}\,Q \times h$$

한번에 얼마나 많은 핸들캡을 주문해야 하는가라는 질문으로 돌아가기 전에 먼저 '얼마나 자주 주문을 해야 하는가?'라고 자신에게 질문해 보자. 초기(시간 0)에 I 단위의 재고를 가지고 있으며 다음의 주문량 Q 단위를 계획하고 있다고 가정하자. I 단위의 재고는 I/R시간 까지의 수요를 충족시킬 것이다(즉, 재고에 I/R주의 공급을 가짐). 만약 이전 시점에서 발주를 하지 않았다면 이 시점의 재고량은 0이 될 것이다. 만약 발주가 이루어졌다면 Q 단위의 주문량을 받을(receive) 것이다.(만약, 주문을 받는데 있어서 리드타임이 존재한다면 좀 더 미리 주문을 하기만 하면 된다)

보유재고수준이 0이 되기 이전에 Q 만큼의 핸들캡을 취함으로써 우리가 얻게 되는 이점이 있겠는가? 이 모형에서는 없다고 할 수 있다. 주문시기가 빠르든지 그렇지 않든지 수요는 충족될 것이며 운송비용도 동일하다. 그러나 주문을 미리 함으로써 손해를 보게 된다. 재고로 유지하고 있는 Q 수량의 시간당 재고유지비용이 발생하기 때문이다.

만약 우리가 주문시점을 지능적으로 결정한다 하더라도 이에 따른 비용의 절감을 얻지 못한다면, 그럼 이제는 얼마 만큼을 주문해야(주문량) 하는 지에 대한 질문에 대해 논의해야 한다. 다시 한 번 매 주문마다 Q 단위를 발주하고 한 주문주기의 상황을 가정하자. 우리가 Q 단위를 주문할 때 주문주기는 시작되며 마지막 단위가 소모될 때 즉, Q/R 시간 후에 주문주기는 종료된다. 예를 들어 Q=1,000이라면, 주문주기는 [(1,000단위)/(700단위/주)]=1.43주가 된다. 또한, 해당 주문주기에 대하여 단 한번의 주문비용(준비비용)으로 K가 발생된다. 따라서 주당 준비비용은 다음과 같다.

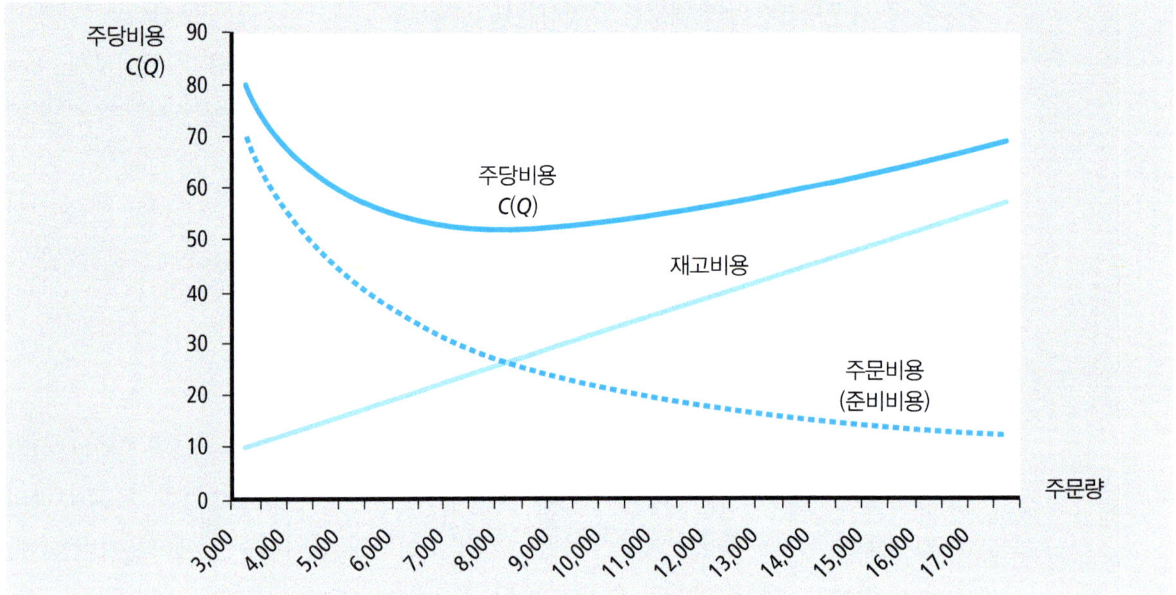

그림 5.9 다른 주문크기에 대한 재고 및 주문비용

$$\text{준비비용[단위시간당]} = \frac{\text{준비비용}}{\text{주문주기의 길이}} = \frac{K}{Q/R} = \frac{K \times R}{Q}$$

여기서 $C(Q)$는 단위시간당 평균 운송비용과 단위시간당(주당) 평균재고유지비용의 합이다.

$$\text{단위시간당 비용 } C(Q) = \text{준비비용} + \text{재고유지비용}$$

$$= \frac{K \times R}{Q} + \frac{1}{2} \times h \times Q$$

앞서 논의되었던 몇 가지 이유들 때문에 구매비용은 $C(Q)$의 계산식에서는 제외된다. 위의 내용으로부터 단위시간당 운송비용은 Q가 증가할수록 감소한다는 것을 알 수 있다. 더 많은 단위들에 대하여 운송비용이 분할된다. 하지만 Q가 증가하면 재고유지비용은 증가하게 된다.

[그림 5.9]의 그래프는 주당 운송비용, 주당 평균재고유지비용 및 총 주당비용 $C(Q)$를 보여주고 있다. 보는 바와 같이, 총비용 $C(Q)$를 최소화시키는 주문량(Q)은 하나만 존재한다. 우리는 바로 이 양 Q^*을 경제적 주문량(economic order quantity), 또는 모형의 이름을 줄여서 간락히 *EOQ*라고 부른다.

[그림 5.9]를 보면 주당 운송비용이 주당 재고유지비용과 같아지는 점에서의 주문량이 Q^*가 됨을 알 수 있다. 대수적으로도 이것이 사실임을 보여줄 수 있다. 더 나아가 미

정리 5.2  경제적 주문량 구하기

1. 경제적 주문량 모형의 기본 가정을 확인하자.
   - 재고보충은 순간적으로 이루어진다.
   - 수요는 확정적이며 일정하다.
   - 주문량에 독립적인 고정 준비비용 *K*가 있다.
2. 다음에 대한 정보를 수집하라.
   - 준비비용, *K*(직접 소요 비용만을 포함, 기회비용은 제외)
   - 흐름률, *R*.
   - 재고유지비용, *h*(꼭 연간유지비용일 필요는 없다. 단, 흐름률과 같은 시간 단위를 가질 필요가 있다.)
3. 주문량(*Q*)이 주어진 경우, 다음을 계산하라.

$$\text{재고유지비용[단위시간당]} = \frac{1}{2} Q \times h$$

$$\text{준비비용[단위시간당]} = \frac{K \times R}{Q}$$

4. 경제적 주문량은 재고유지비용과 준비비용의 합을 최소화 하는데, 다음과 같이 계산된다.

$$Q^* = \sqrt{\frac{2 \times K \times R}{h}}$$

따라서 총비용은 다음과 같이 계산된다.

$$C(Q^*) = \sqrt{2 \times K \times R \times h}$$

분을 이용하여 다음을 보여줄 수 있다.

$$\text{경제적 주문량} = \sqrt{\frac{2 \times \text{준비비용} \times \text{산출량}}{\text{재고유지비용}}}$$

$$Q^* = \sqrt{\frac{2 \times K \times R}{h}}$$

직관적으로 보더라도 준비비용 *K*가 증가할수록 우리는 더 많은 주문을 할 것이다. 그러나 만일 재고유지비용 *h*가 증가하면 우리는 더 적게 주문할 것이다.

위의 공식을 핸들캡의 사례에 적용하여 경제적 주문량을 계산하면 다음과 같다.

$$Q^* = \sqrt{\frac{2 \times \text{준비비용} \times \text{산출량}}{\text{재고유지비용}}}$$

$$= \sqrt{\frac{2\times 300\times 700}{0.006538}} = 8{,}014.69$$

경제적 주문량을 계산하는데 필요한 절차는 [정리 5-2]에 잘 요약되어 있다.

5.7 경제적 주문량과 연관된 관찰들

만약 우리가 항상 경제적 주문량을 발주한다면 단위시간당 비용인 $C(Q^*)$는 다음과 같이 계산될 수 있다.

$$C(Q^*) = \frac{K\times R}{Q^*} + \frac{1}{2}\times h\times Q^* = \sqrt{2\times K\times R\times h}$$

우리는 단위시간당 평균비용을 최소화하기 위하여 이와 같은 분석을 한 반면 Q^*는 단위당 평균비용을 최소화 할 것은 명백하다(핸들캡의 구입률이 고정되어 있다면). 단위당 비용은 다음과 같이 계산될 수 있다.

$$\text{단위당 비용} = \frac{C(Q)^*}{Q^*} = \sqrt{\frac{2\times K\times h}{R}}$$

우리가 기대했던 대로 단위당 비용은 주문비용 K와 재고유지비용이 증가함에 따라 증가한다. 흥미롭게도, 단위당 비용은 흐름률 R이 증가함에 따라 감소한다. 따라서 만약에 흐름률이 두 배로 증가하면 주문비용은 2의 인자(factor)보다 작게 증가할 것이다. 즉, 주문과정에 규모의 경제가 존재한다. 단위당 주문비용은 흐름률 R이 증가함에 따라 감소한다. 또 다른 말로하면, 수요량이 증가할수록 준비비용과 재고유지비용을 고려하는 생산운영이 더욱 효율적으로 수행될 수 있다는 것이다.

표 5.2 EOQ 공식에서 규모의 경제

흐름률 R	경제적 주문량 Q^*	단위당 주문비용 및 재고비용 $C(Q^*)/R$	총구매 비용의 퍼센티지로 표현된 주문 및 재고비용
200	4,284	0.14[$/unit]	14.1%
400	6,058	0.10	10.4%
600	7,420	0.08	8.7%
800	8,568	0.07	7.6%
1,000	9,579	0.06	6.8%

우리는 Nova Cruz사의 수요가 주당 700단위인 기간에 분석을 집중한 반면, 수요 패턴은 스쿠터의 제품수명주기에 따라 급격하게 변했다. 4장에서 논의됐던 것처럼 Nova Cruz사는 당 200대에서 주당 1,000대 이상으로 급격한 수요의 증대를 경험하였다. [표 5.2]는 수요량의 증가가 문랑과 핸늘캡의 단위당 비용에 어떠한 영향을 미치는지를 여주고 있다. 규모의 경제에 의해 흐름률 R이 증가할수록 주문비용과 유지비용이 감소되는 것을 볼 수 있다.

경제적 주문량의 좋은 특성은 비용함수 $C(Q)$가 최소 Q^* 주변에서 평평하다는 것이다([그림 5.9]의 그래프 참조). 이러한 사실은 우리가 Q^* 대신에 Q^*에 가까운 Q를 주문하더라도 결과적인 비용 상의 손실은 별로 크지 않을 것이다. 만약에 우리가 경제적 주문량의 절반 만큼인 $Q^*/2$를 주문한다고 가정하자. 이 경우에 대한 비용은 다음과 같이 구할 수 있다.

$$C(Q^*/2) = \frac{K \times R}{Q^*/2} + \frac{1}{2} \times h \times Q^*/2 = \frac{5}{4} \times \sqrt{2 \times K \times R \times h} = \frac{5}{4} \times C(Q^*)$$

따라서 만일 우리가 최적량의 절반 만큼 주문(즉, 주문빈도는 두 배로 증가하는 것)한다면 우리가 부담하는 비용은 단지 25%만 증가한다. 혹은, 주문량을 두 배로 증가시키는 경우(주문빈도는 절반으로 감소)에도 비용의 증가는 이와 동일하다.

이러한 특성은 다음과 같은 몇 가지 중요한 시사점을 제공한다.

- 위에서 제시되었던 최적 주문량 $Q^*=8,014$를 생각해 보자. 하지만 공급자는 미리 결정된 수량 만큼만 공급하길 원한다고 가정하자(예로 5,000개의 배수 단위로만 공급하는 경우). 이런 경우에 주어진 조건에 따라 10,000개를 주문한다고 하더라도 비용은 $C(Q=10,000)=\$53.69$로서 최적비용보다 단지 2.5%정도 높을 뿐이다.
- 때때로 EOQ모형의 계산을 위한 다양한 요소들의 정확한 수치를 얻기가 힘들 수 있다. 예를 들면, Nova Cruz사 사례에 있어서 주문비용을 생각해 보자. 주문비용 $300은 대부분 관세로서 소요되는 $300로 상정되었지만 사실 수송비용도 포함한다. 정확한 수송비용은 수송수량에 따라서 변화될 것이며 이러한 영향까지 감안한 경제적 주문량을 계산하기 위해서는 좀 더 정교한 모형을 필요로 한다. 그러나 경제적 주문량 모형의 강건성 때문에 이러한 모수의 작은 부정확성은 무시될 수 있다.

경제적 주문량 모형은 수량 할인과 관련하여 유용하게 활용되어질 수 있다. 물류 또는 소매업의 상황에서 물품을 구매하는 경우에 구매자들은 수량 할인으로부터 이익을 누릴 기회가 주어진다. 예를 들자면,

- 만차 적재량을 구매함으로써 수량 할인을 받을 수 있다.
- 매 5단위의 주문에 대해 1단위씩의 물품을 무상(소매점에서 '1+1' 판촉행사를 실시하듯이)으로 얻을 수 있다.
- 100단위 이상의 주문에 대해서는 구매가를 할인받을 수 있다.
- 만약 50단위(또는 $2,000)를 초과하여 주문하면 전체주문량에 대해 할인을 받을 수 있다.

우리가 수량 할인을 이용하지 않음으로써 야기된—즉 소량 주문에서 비롯된—추가적인 조달비용을 준비비용으로 생각할 수 있다. 주문할인에 대한 평가는 재고유지비용과 준비비용(조달비용으로부터의 절감분)간의 비교가 핵심이다. 이는 우리가 경제적 주문량 모형을 이용하여 실행할 수 있다.

만약 우리가 구한 경제적 주문량의 크기가 가장 큰 수량 할인을 받을 만큼 충분히 크다면(단위당 조달비용이 최소가 된다면), 수량 할인이라는 조건은 경제적 주문량에 별 영향을 미치지 못할 것이다. 따라서 우리는 경제적 주문량 만큼 발주를 하면 될 것이다. 그러나 경제적 주문량이 수량 할인 기준치 보다 적은 경우 보다 재미있는 사례가 발생한다. 이런 경우 우리는 우리에게 제공된 수량 할인을 이용하기 위하여 경제적 주문량 보다 더 많이 주문할 것인지를 결정해야 한다.

이러한 문제에 대해 어떻게 생각해야 되는지를 설명하기 위하여 다음과 같은 예를 고려해 보자. 핸들캡의 공급자가 10,000단위 이상의 주문에 대해서는 주문량 전체에 대해 구매가의 5%할인을 제공해 준다고 가정해 보자. 우리의 경제적 주문량은 8,014단위 였다. 따라서 문제는 '5%할인을 받기 위해 10,000단위로 주문을 증가시켜야 하는가(이는 재 고유지비용을 증가시킴), 아니면 그냥 8,014개를 주문해야 하는가?'이다.

분명한 것은 10,000개를 초과하여 주문하지 않는다는 것이다. 이 수량을 넘는 초과주문은 단지 재고유지비용의 증가만을 초래할 뿐 추가적으로 구입비용을 절감하지 못한다. 따라서 우리의 대안은 10,000단위 주문 또는 Q^*를 주문하는 것의 두 가지이다. 만약 $Q^*=8,014$단위를 주문하면 단위시간당 총비용은 다음과 같다.

$$
\begin{aligned}
&700\text{단위}/\text{주}\times\$0.85/\text{단위}+C(Q^*)\\
&=\$595/\text{주}+\$52.40/\text{주}\\
&=\$647.40/\text{주}
\end{aligned}
$$

위 계산에서 우리는 700단위/주×$0.85/ 단위의 단위시간당 구입비용을 포함한다. 이는 수량 할인의 가능성을 고려하는 경우에 주문량에 따라 구매비용이 변할 수 있기 때문이다.

만약 우리가 주문을 10,000단위로 증가하면 단위시간당 총비용은 다음과 같다.

$$700\text{단위/주} \times \$0.85/\text{단위} \times 0.95 + C(10,000)$$
$$= \$565.25/\text{주} + \$52.06/\text{주}$$
$$= \$617.31/\text{주}$$

계산 결과를 보면 수량 할인을 받음으로써 구매 비용이 5%정도(0.95에 곱해짐) 감소하였음을 알 수 있다(유의점: 5%할인은 또한 $C(.)$의 재고유지비용 h을 감소시킨다). 주당 비용이 증가된 주문량의 경우를 통하여 알 수 있듯이 우리는 수량 할인의 이점을 누리길 원한다.

동시에 도착하는 한 주문(뱃치)의 모든 흐름에 대하여 분석한 후에 내부적인 생산이 이루어지는 경우에 대해서 논의하도록 한다([그림 5.8]의 상단 부분).

위에서 논의된 모든 계산은 아래의 더욱 일반화된 대표적인 사례로 전환될 수 있다(Nahmias 2005, 교재 참조). 또한 이와 같은 경제적 주문량 모형의 강건성(robustness)으로 인해 경제적 주문량 모형은 셋업이 필요한 생산 상황에서 조차도 응용되었을 때 상당히 좋은 해결책을 제시할 수 있다. 그러므로 이 모형의 분석적 측면을 논하지 않을 것이다. 우리는 잠시동안 물러서서 우리가 이 장의 처음에서 논의했던 생산준비시간과 경제적 주문량 모형이 어떠한 연관을 가지는지를 숙고하기를 원한다.

우리가 흔히 범하는 실수가 바로 생산준비시간보다는 셋업 비용만을 너무 의지한다는 것이다. 예를 들어 [그림 5.6]의 사례에서 밀링머신에 대한 월간 자본비용이 $9,000라고(이는 시간당 $64에 해당) 가정해 보자(주당 35시간씩 4주를 가정한 것임). 그래서, Nova Cruz가 만약 셋업 비용을 우선적으로 고려하여 뱃치의 크기를 결정한다면 빈번한 셋업의 발생을 꺼려할 것이다. 경영진은 아마도 위에서 제시된 경제적 주문량을 사용하는 것을 고려할 것이며 따라서 재고유지비용에 대한 보다 큰 뱃치의 효과를 계량화 할 것이다.

이러한 접근방식은 다음과 같은 두 가지 주요한 실수를 발생시킬 수 있다.

- 위와 같은 방식의 뱃치 크기 의사결정은 설비에 투자된 자본이 이미 매몰원가가 되었다는 사실을 무시하는 것이다.
- 비용에 근거한 뱃치 크기 의사결정은 셋업이 프로세스 처리능력에 미치는 영향을 감안하지 못한다. 준비비용이 처리능력 비용을 나타내는 한—직접적인 재무 준비비용에 반대되는 것으로—준비비용은 뱃치 크기를 고려하는 의사결정에서는 무시되어야만 한다.

중요한 것은 전체적인 프로세스의 흐름이지 인위적이고 부분적인 성과측정이 아니다. 처리능력의 관점에서 보면 비병목공정 자원에서 셋업은 자유롭다. 그리고 만약 병목공정에서 셋업이 발생한다면 이에 따르는 준비비용은 부분적인 자원의 처리능력 비용을 반영할 뿐만 아니라 전체 프로세스의 처리능력 비용을 반영한다.

그래서 뱃치 크기를 결정할 때는 준비비용과 생산준비시간을 구분하여 고려하는 것이 중요하다. 생산준비시간(또는 처리능력의 기회비용)이 뱃치 생산방식을 이용하는 주요 원인이라면 우리의 초점은 프로세스 흐름을 최적화하는데 있어야 한다. 앞서 설명한 5.3절은 적절한 뱃치 크기를 결정하는 적합한 방법을 제시해 주고 있다. 만약 우리가 진정한 의미의 준비비용(실제 지출이 요구되는 관점)을 가지며 단지 하나의 설비자원만을 고려대상으로 한다면 (전체 프로세스 흐름에 반대되는 것으로) 최적주문량을 얻기 위해 경제적 주문량 모형을 이용할 수 있을 것이다.

마지막으로 생산준비시간과 (실제 지출이 요구되는) 준비비용을 함께 고려해야 하는 경우라면 위의 두 가지 방식을 모두 사용하여 각기 제안하는 뱃치 크기를 비교해보아야 할 것이다. 경제적 주문량 모형에 의해 결정된 뱃치 크기가 충분히 커서 셋업을 가지는 설비자원이 병목이 아니라면 비용의 최소화가 적합할 것이다. 그러나 경제적 주문량의 뱃치 크기로 인해 셋업을 가지는 특정 설비자원이 병목이 된다면 경제적 주문량이 추천하는 이상으로 뱃치 크기를 늘리는 것을 고려할 필요가 있다.

5.8 요약

셋업은 공급 프로세스의 장애요소이다. 이러한 공급측면에서의 장애는 공급과 수요간의 불일치를 초래하여 재고(이것이 불가능한 경우에 대해서는 오렌지 쥬스의 예를 참조하라)나 잃어버린 생산으로 그 모습을 드러낸다.

이 장을 통해서 우리는 부품(핸들캡), 재공품(핸들 지지대) 그리고 완제품 재고([그림 5.4]의 스테이션 왜건 vs 세단)에 초점을 두고 논의를 한 반면, 수요-공급 불일치는 또한 기다리는 고객 주문의 재고로 현실화 될 수 있다. 예를 들어 만약 우리가 제공하는 제품이 고객의 요구에 맞추어 생산되는 제품이라면 완제품 재고를 보유한다는 사실 자체가 불가능한 이야기이다. 유사하게, 우리가 다양한 품목의 제품을 시장에 공급하는 경우라면 모든 품목에 대한 완제품 재고를 보유함에 따른 위험은 상당할 것이다. 재고형태와는 독립적으로, 많은 재고는 긴 흐름시간에 상응한다(리틀의 법칙). 이러한 이유로, 뱃치 프로세스는 일반적으로 매우 긴 고객 리드타임와 관련이 있다.

이 장에서 우리는 뱃치 크기를 결정하기 위한 방법들에 대해서도 논의를 하였다. 그리고 생산준비시간과 준비비용을 구분하였다. 특정 프로세스가 생산준비시간을 가지는 정도에 있어서 셋업이 생산능력에 미치는 부정적 영향을 포착하기 위하여 프로세스 분석을 확장할 필요도 있었다. 또한 초과재고를 회피하기 위한 적정량의 소규모 뱃치 크기

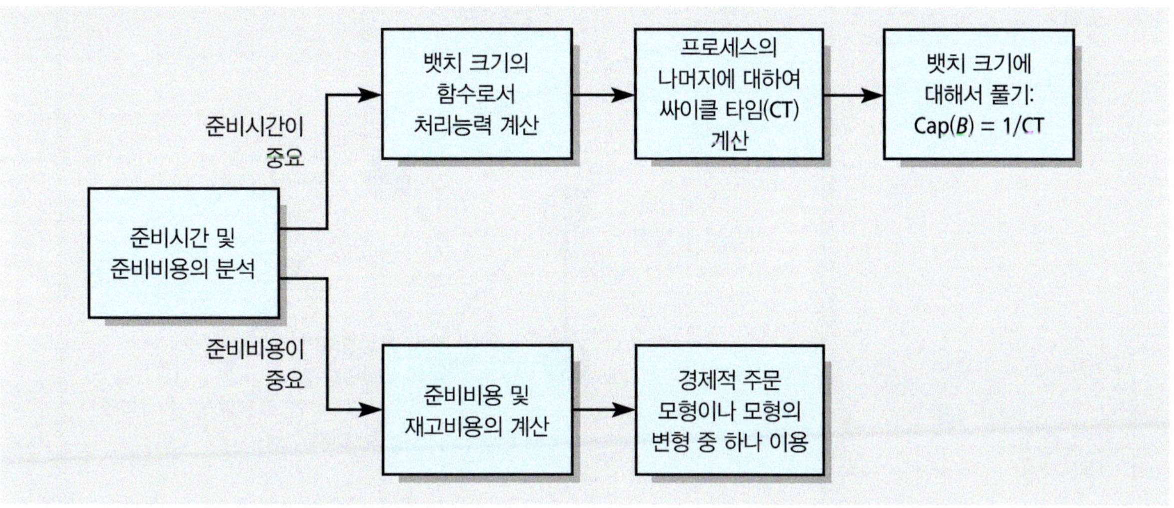

그림 5.10 뱃칭의 요약

및 셋업을 가진 프로세스를 병목으로 만들지 않기 위한 적정량의 대규모 뱃치 크기를 찾는 과정도 배웠다.

특정 프로세스가 (실제로 지출되는) 준비비용을 소요하는 경우에는 준비비용을 재고비용과 균형화시켜 주는 것이 필요하다는 것을 배웠다. 부품이 하나의 수량으로(한 공급자로 부터 나오는) 도착하는 공급의 경우와 내부 생산의 경우에 대하여 EOQ모형을 논의해 보았다. [그림 5.10]은 생산준비시간, 준비비용 또는 설비고장시간(downtime)을 포함하는 흐름장애를 가진 프로세스를 분석할 때, 여러분이 따라야 할 주요 절차들을 요약하여 보여주고 있다. 경제적 주문량 모형은 여러 다른 것들 중에서 수량 할인, 부패, 학습효과, 인플레이션, 품질문제를 포함하여 함께 고려함으로써 그 확장의 범위가 무한하다고 할 수 있다.

적절한 뱃치 크기를 결정할 수 있는 능력은 프로세스 개선의 다른 기회를 제공한다. 하나의 설비자원에서 명확한 생산준비시간을 가진 한 프로세스를 고려하자. 이 프로세스의 관리자로서 우리는 다음과 같이 상충하는 두 가지 목표간의 균형을 찾아야만 한다.

- 소규모 뱃치 크기를 운영함으로써 신속한 고객대응을 달성하기(리틀의 법칙에 의해, 재고수준이 저하되면 프로세스의 흐름시간도 감소한다)
- 대규모 뱃치 크기를 운영함으로써 비용절감의 효과를 얻기(대규모 뱃치 크기로 인해 대량산출이 가능하고 따라서 기업은 최대 산출물에 고정비용을 분배한다)

이 균형관계는 [그림 5.11]에 잘 묘사되어 진다. 라인밸런싱(line balancing)의 경우와

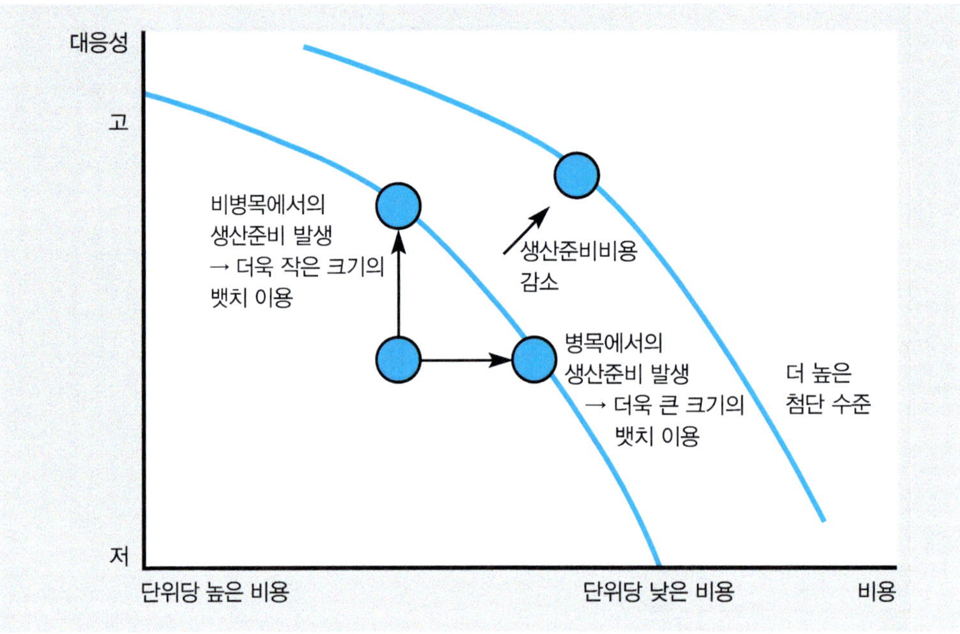

그림 5.11 뱃치 크기 선택하기

유사하게 뱃치 크기의 조절은 하나의 성과측정치와 나머지 성과측정치간의 상쇄를 불러일으키지 않으며, 프로세스내의 현존하는 비효율을 감소시킬 수 있게 해준다.

재고(반응성)와 비용간의 긴장상태를 완화시키는 뱃치 크기를 결정할 수 있는 능력에도 불구하고 셋업을 다루는 궁극적으로 유일한 방법이 존재한다. 가능한 한 그것을 제거하거나 또는 적어도 단축시키라는 것이다.

SMED 같은 방법들은 생산준비시간을 상당히 감소시킬 수 있는 강력한 도구들이다.

- Nahmias(2005)는 여러 좋은 점이 많으나, 그 중에서도 EOQ모델의 다양한 변형을 다루고 있는 폭넓게 사용되는 생산/운영관리 교과서이다.

다음 질문들은 이 장의 이해정도를 확인하는 데 도움을 줄 것이다. 각 질문 뒤의 [ ]는 관련

된 해당 절을 나타내고 있다.

"*" 표시가 있는 문제의 해설은 부록 E에 있으며, Connect에서 영상을 참조하기 바란다.

5.1* **(Window Boxes)** 금속으로 만든 창가의 화단은 프로세스 내 두 단계인 찍이내기(stamping)와 조립(assembly) 단계를 거쳐 제조된다. 각 화단은 세 부분으로 구성된다: 하나의 바닥면(하나의 부품 A)과 두 측면(두 부품 Bs)

부품들은 두 부품형태가 교체될 때마다 120분의 준비시간을 필요로 하는 하나의 찍어내기(stamping) 기계로 제작된다. 일단 기계가 준비되었을 때 각 부품 A에 대한 작업시간은 1분이고 반면 각 부품 B에 대한 작업시간은 단지 30초이다.

현재 찍어내기 기계는 부품 A에 대해서 360의 한 뱃치와 부품 B에 대한 720의 한 뱃치로 생산을 교대로 한다.

조립 프로세스에서 부품들은 완제품을 만들기 위하여 수작업으로 조립된다. 하나의 바닥면(부품 A)과 두 측면(두 부품 Bs), 그리고 다양한 몇몇 부품들이 완제품 각 단위를 위하여 필요하다. 한 작업자가 한 제품을 조립하는데 27분의 노동시간이 필요하다. 현재 12명의 작업자가 조립프로세스에서 각자 개별적으로 작업하고 있다. 그리고 이 시스템이 만든 모든 화단을 판매할 충분한 수요가 있다.

a. 찍어내기 기계의 처리능력은 얼마인가? [5.1]

b. 전체 프로세스에 대하여 당신이 추천하는 뱃치 크기는 얼마인가? [5.6]

c. 만약 생산주기가 1,260부품 As와 2,520부품 Bs를 가지고 운영한다면 부품 A의 평균재고는 얼마가 될 것 같은가? [5.6]

5.2 **(Two-step)** 다음 2 단계 프로세스를 고려하자.

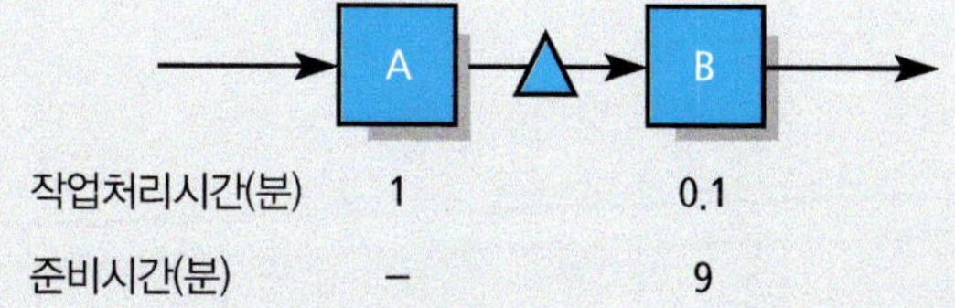

단계 A는 단위당 1분의 작업처리시간을 가지지만, 준비시간은 필요하지 않다. 단계 B는 단위당 0.1분의 작업처리시간을 가지지만, 9분의 준비시간이 뱃치마다 필요하다. 충분한 재고를 가진 하나의 버퍼가 두 단계 사이에 있다.

a. 단위들이 5개의 뱃치로 생산된다고 가정하자(즉 5개의 각 집합이 생산된 후, 단계 B에서 9분의 준비시간이 일어난다). 프로세스의 처리능력은 얼마인가(분당 단위로서)? [5.1]

b. 만약 15의 뱃치 크기와 단계 A가 병목공정으로 운영된다면, 단계 B 이후에 평균재고는 얼마인가? [5.6]

c. 최소 재고를 가진 이 프로세스의 흐름률을 최대화시키는 뱃치 크기는? 충분한 수요가 있다고 가정하자. [5.6]

5.3 **(Simple Setup)** 3대의 기계에 의해 수행되는 다음과 같은 세 프로세스 단계로 구성되는 뱃치 흐름 프로세스를 고려하자.

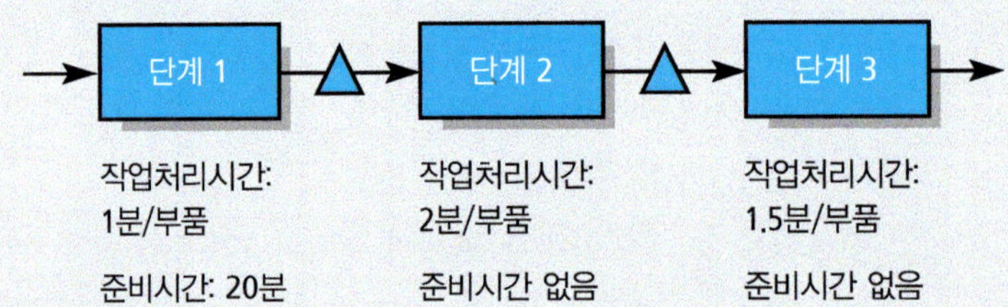

작업은 각 단계에서 뱃치로 처리된다. 하나의 뱃치가 단계 1에서 처리되기 전에 단계 1에서의 기계는 셋업 되어야 한다. 셋업기간동안 기계는 어떤 제품도 생산할 수 없다.

a. 뱃치 크기가 50개라고 가정하면 전체 프로세스의 처리능력은 얼마인가? [5.1]
b. 뱃치 크기가 10개인 경우에 프로세스의 병목단계는 어디인가? [5.1]
c. 당신은 얼마의 뱃치 크기를 선택할 것인가? [5.6]
d. 배치크기가 40부품이면 단계 1 이후 평균재고는 얼마인가? [5.6]

5.4 **(Setup Everywhere)** 3대의 기계에 의해 수행되는 다음과 같은 세 프로세스 단계로 구성되는 뱃치 흐름 프로세스를 고려하자.

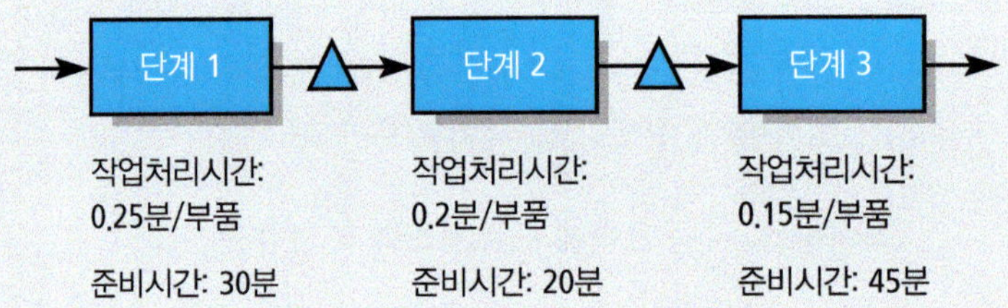

작업은 각 단계에서 뱃치로 처리된다. 뱃치가 한 단계에서 처리되기 전에 그 단계에서의 기계는 셋업되어야 한다(셋업 기간 동안 기계는 어떤 제품도 생산할 수 없다). 각 기계별로 셋업을 담당하는 전담운영자가 있다고 가정하자.(즉, 각 기계에 셋업을 수행하는 이용 가능한 사람이 항상 있다)

a. 뱃치 크기가 35 부품이라면 단계 1의 처리능력은 얼마인가? [5.6]
b. 뱃치 크기가 얼마인 경우에 단계 1(2, 3)이 병목지점이 되는가? [5.6]

5.5 **(JCL Inc.)** JCL Inc.는 자기 회사의 제품을 델(Dell)이나, HP와 같은 컴퓨터 제조업체나 다른 곳에 파는 주요 칩 제조사이다. 단순히 봤을 때 JCL Inc.에서 칩 제조는 세 가지 기본적인 운영과 연관이 된다: 침전(depositing), 정형화(patterning), 에칭(etching).

- 침전: 화학 증착(CVD)기술을 사용하여, 전열체가 칩위 고체물질의 얇은층을 형성하면서 웨이퍼 표면에 침전된다.
- 정형화: 사진 석판술을 통하여 미세한 회로 패턴을 웨이퍼 표면에 투영한다. 이것은 사진 필름에 있는 감광제와 같은 빛에 민감한 화학 물질을 가지고 있다. 칩의 각 층이 만

들어 짐에 따라 이 과정이 여러 번 반복된다.

- 에칭: 에칭은 디바이스 구조를 만들기 위하여 칩 표면으로부터 선택된 물질을 제거한다.

다음 표는 각 단계에서 필요한 작업처리시간과 준비시간을 나타낸다. 각 단계 시이의 버퍼 재고를 위하여 무한한 공간이 있다. 생산 단위는 하나의 웨이퍼를 가정하고 그것으로부터 이후에 개인적인 칩들이 만들어진다(유의사항: 셋업은 뱃치가 기계에 도착했을 때만 시작될 수 있다).

프로세스 단계	1 침전	2 정형화	3 에칭
준비시간	45분	30분	20분
작업처리시간	0.15분/단위	0.25분/단위	0.20분/단위

a. 뱃치 크기가 100 웨이퍼일 때 프로세스 처리능력은 얼마인가? (시간당 단위로) [5.1]
b. 뱃치 크기가 얼마일 때 단계 3(에칭)이 병목이 되는가? [5.6]
c. JCL Inc.가 단계 1(침전)에 대한 준비시간을 제거하지만, 작업처리시간을 0.45분/단위로 증가시키는 새로운 기술을 고안했다고 가정하자. 프로세스의 전체 처리능력을 최대화시키기 위하여 당신이 선택할 뱃치 크기는 얼마인가? [5.6]

5.6 **(Kinga Doll Company)** Kinga Doll Company는 이 회사의 인기 있는 소녀 인형의 8형태를 제조한다. 이 회사는 주당 40시간 작업으로 운영된다. 이 8형태는 인형 피부, 머리(카락), 눈 색깔에 따라 다르며, 대부분의 어린이들이 그들과 유사한 외형의 인형을 가지게끔 할 수 있다. 현재 평균 주당 4,000개의(8개 형태에 똑같이 배분됨) 인형이 값비싼 장난감 소매업자에게 팔린다. 단순히 봤을 때 Kinga에서 인형 제조는 세 가지 기본적인 운영과 연관이 된다: 몸체와 머리(카락) 만들기(molding), 얼굴 색칠하기(painting), 인형에 옷 입히기(dressing). 형태 사이의 변환은 몰딩(molding)과 페인팅(painting) 단계에서 셋업을 필요로 한다. 이는 필요한 플라스틱 알갱이(부드러운 것을 단단하게 뭉친), 머리(카락), 눈 색깔 페인트 때문이다. 아래 표는 각 단계에서 뱃치에 대한 준비시간과 각 단계에서 각 단위에 한 작업처리시간을 나타낸다. 이들 단계사이에 버퍼 재고를 위한 무한한 공간이 존재한다.
다음을 가정하자: (i) 우선 셋업은 완결될 필요가 있다. (ii) 셋업은 뱃치가 자원에 도착했을만 시작될 수 있다. (iii) 한 뱃치의 모든 흐름단위들은 그 뱃치의 단위들 중 어떤 것이 다음 자원으로 이동되기 전에 하나의 자원에서 처리될 필요가 있다.

프로세스 단계	1 몰딩	2 페인팅	3 드레싱
준비시간	15분	30분	준비시간 없음
작업처리시간	0.25분/단위	0.15분/단위	0.30분/단위

a. 뱃치 크기가 500개의 인형이라고 가정했을 경우 프로세스 처리능력은 얼마인가? [5.1]
b. 프로세스 처리능력을 감소시키지 않고 재고를 최소화시키는 뱃치 크기는? [5.6]
c. 현재 흐름률을 감소시키지 않고 재고를 최소화시키는 뱃치 크기는? [5.6]

5.7 **(PTests)** Precision Testing(PTests)는 여러 지역 병원들을 위하여 액체 검사를 시행하고 있다. 그들의 소변 검사 프로세스를 고려하자. 각 샘플은 검사하는데 12초가 걸리지만 300개의 샘플이 검사된 이후에는 장비가 재조정(recalibrated) 되어야만 한다. 어떤 샘플도 재조정 중에는 검사될 수 없고 재조정 프로세스는 30분 걸린다.

a. 소변 샘플을 검사하는 PTests의 최대 처리능력은 얼마인가?(단위: 시간당 샘플로) [5.1]

b. 분당 2.5 소변 샘플이 검사될 필요가 있다고 가정하자. 소변검사 프로세스가 공급에 의해서 제약을 받도록 하는 가장 작은 뱃치 크기는 얼마인가(단위: 샘플)? (유의: 한 뱃치의 검사가 끝난 후에 재조정(recalibration)이 수행된다.) [5.6]

c. PTests는 또한 혈액(blood) 샘플을 검사할 필요가 있다. 수행될 수 있는 두 종류의 검사가 있는데 —"기초(basic)" 검사와 "완전(complete)" 검사가 그것이다. 기초 검사는 샘플당 15초를 필요로 한다. 반면 완전 검사는 샘플당 1.5분을 필요로 한다. 100번의 검사 후 장비는 청소되고 재조정 될 필요가 있다. 이는 20분이 걸린다. PTests는 다음과 같은 주기적 스케줄을 실행한다고 가정하자—70번의 기초 검사, 30번의 완전 검사, 재조정, 다시 이 과정을 반복한다. 이 스케줄을 가지고 평균적으로 분당 PTests가 완결할 수 있는 기초 검사의 횟수는 얼마인가? [5.1]

5.8 **(Gelato)** Bruno Fruscalzo는 시드니에 작은 생산시설을 세워서 디저트(dessert) 메뉴에 젤라토(gelato)를 제공하고자 하는 작은 레스토랑에 젤라토를 팔기로 결정했다. 간단히 시작하기 위하여 그는 단지 젤라토의 세 가지 맛만 제공할 것이다: fragola(딸기), chocolato(초콜릿), bacio(헤이즐넛을 첨가한 초콜릿). 약간의 시간이 경과한 후 그는 수요와 준비시간이 다음과 같음을 알게 되었다.

프로세스 단계	Fragola	Chocolato	Bacio
수요(킬로그램/시간)	10	15	5
준비시간(시간)	3/4	1/2	1/6

Bruno는 우선 fragola를 한 뱃치 생산한 후, 다음으로 chocolato를 한 뱃치 생산하고, 그런 다음 bacio를 한 뱃치 생산한 다음, 이 과정을 반복한다. 예를 들어, bacio를 생산한 후 fragola를 생산하기 전에 그는 아이스크림 기계를 준비하기 위하여 45분을 필요로 하지만 chocolato로부터 bacio로 전환하는 데는 단지 10분만 필요하다. 생산시, 그의 아이스크림 기계는 맛에 상관없이 시간당 50kg을 생산한다.(그리고 물론, 한 번에 단지 하나의 맛만 생산할 수 있다)

a. Bruno가 각각의 맛에 대한 수요를 만족하는 동시에 한 번에 생산되는 각 맛의 양을 최소화하기를 원한다고 가정하자(그는 각 맛에 대하여 다른 양을 선택할 수 있다). 만약 우리가 하나의 뱃치를 각 맛의 한번 생산을 통한 양이라 정의한다면 그는 각 뱃치에서 얼마나 많은 킬로그램을 생산해야 하는가? [5.6]

b. (a)에서의 답을 고려했을 때, 각 뱃치를 가지고 그가 만들어야 하는 fragola는 몇 킬로그램인가? [5.6]

c. (a)에서의 답을 고려했을 때, chocolato의 최대 재고는 얼마인가? (생산과 수요가 일정한 비율로 일어난다고 가정하자) [5.6]

5.9 **(Carpets)** 한 카펫 생산사는 한 기계에서 네 가지 종류의 카펫을 만든다. 단순하게 하기 위하여, 이 네 가지 카펫 종류를 A, B ,C, D라고 하자. 한 종류의 카펫을 다른 종류로 생산하는데 소요되는 시간은 3시간이다. 네 종류 카펫의 수요(yards/hr)은 다음과 같다: 100, 80, 70, 50. 제작을 할 때, 기계는 350(yards/hr)을 생산 할 수 있다. 뱃치 크기는 수요의 요구조건을 만족시키며, 재고를 최소화하기 위한 값으로 선택된다. 생산자는 네 가지 각 종류를 주기별(즉 A, B, C, D, A, B,…) 계획을 가지고 생산을 한다.

a. 카펫 종류 A를 위한 뱃치 크기는 얼마인가? [5.6]

b. 생산자는 카펫 A를 각각의 생산주기마다 16,800yard만큼 생산을 한다고 하자(그리고 생산주기에 총 카펫 생산량은 50,400이다). 카펫 A의 평균재고는 얼마인가? [5.6]

5.10* **(Cat Food)** Cat Lovers Inc. (CLI)는 한 캔당 $1.25에 판매되는 매우 유명한 혼합 고양이 먹이의 유통업체이다. CLI는 주당 평균 500캔 정도의 수요를 경험하고 있다. CLI는 캔으로 된 고양이 먹이를 Nutritious & Delicious Co. (N&D)로부터 주문한다. N&D는 캔당 $0.5로 CLI에 캔을 판매하고 배송 및 처리를 위하여 주문당 $7의 균일 요금을 부과한다.

CLI는 고정적인 주문량으로 경제적 주문량을 사용하고 있다. 자본의 기회비용 및 모든 기타 재고비용은 연간 15퍼센트이며 1년은 50주라고 가정하자

a. CLI는 한 번에 몇 캔의 고양이 먹이를 주문해야 하는가? [5.6]

b. CLI의 일 년간 총 주문비용은 얼마인가? [5.6]

c. CLI의 일 년간 총 재고 유지비용은 얼마인가? [5.6]

d. CLI의 주간 재고회전율은 얼마인가? [5.6]

5.11* **(Beer Distributor)** 한 맥주 유통업체는 주당 평균 일반적인 12온스 버드와이저 100박스를 판매한다. 이 문제에 대하여 수요가 연간 50주에 걸쳐 일정하게 발생하는 것으로 가정하자. 현재 이 유통업체는 매 2주마다 박스당 $8의 가격으로 맥주를 구매하고 있다. 재고관련비용(자본, 보험 등)은 연간 재고의 현금($) 가치의 25%이다. 공급업자에게 놓인 각 주문에 대하여 유통업자에게 $10의 비용이 발생한다. 이 비용은 노동비, 서류작성비, 우편비용 등을 포함한다.

a. 이 유통업체가 바라는 어떤 주문량도 선택할 수 있다고 가정하자. 유통업체의 총 재고관련비용(유지와 주문)을 최소화하는 주문량은 얼마인가? [5.6]

b. 이 유통업체의 연간 재고회전율은 얼마인가? [5.6]

c. 판매되는 맥주 박스당 재고관련비용은 얼마인가? [5.6]

d. 맥주공장이 만약 유통업체가 한번에 600박스 이상을 주문할 경우에 5%의 수량 할인을 기꺼이 제공하고자 한다고 가정하자. 만약 유통업체가 총비용(즉 구매 및 재고관련 비용)을 최소화 하는데 관심이 있다고 한다면, 유통업체는 한번에 600박스 이상 주문을 시

작해야 하는가? [5.6]

5.12 **(Millennium Liquors)** Millennium Liquors는 스파클링 와인(sparkingwine)을 전문적으로 취급하는 도매업체이다. 이 회사의 가장 인기 있는 제품은 French Bete Noire이다. 이 제품의 주간 수요는 45박스이다. 수요는 연간 50주에 걸쳐 발생한다고 가정하자. 와인은 프랑스에서 직접 배송된다. Millennium의 연간 자본비용은 15%로서 여기에는 모든 다른 재고관련비용이 포함된다. 아래는 배송, 주문, 냉동 비용들에 대한 적절한 자료이다.

- 박스당 비용: $120
- 배송비용(어떤 크기의 배송에도): $290
- 발주 및 주문처리에 대한 노동비: $10
- 냉동을 위한 고정비: $75

a. 와인 1박스에 대한 주간 유지비용을 계산하라. [5.6]
b. 경제적 주문량 모형을 이용하여 주문당 박스의 수를 구하고 연간 평균 주문횟수를 구하라. [5.6]
c. 현재 주문은 프랑스에 전화 통화한 후에 편지로 후속조치를 함으로써 이루어진다. Millennium과 공급업자는 인터넷을 이용한 간단한 주문 시스템으로 변경하려고 한다. 새로운 시스템은 훨씬 적은 노동을 필요로 할 것이다. 이 새로운 시스템이 주문 패턴에 미치는 영향은 무엇인가? [5.6]

5.13 **(Powered by Koffee)** Powered by Koffee(PBK)는 새로운 캠퍼스 커피 전문점이다. PBK는 매달 원두커피 50백(bag)을 사용하고, 수요는 일 년 내내 안정적으로 발생한다고 가정하자.

PBK는 지방의 한 공급업체 Phish Roasters와 1백당 $25의 가격으로 그리고 주문 크기에 상관없이 매 운송당 $85의 고정비로 커피를 구매하는 1년 계약을 맺었다. 공간 때문에 유지비용은 매월 백(bag)당 $1이다. PBK 관리자는 자본비용이 매달 약 2%정도 될 것으로 계산하고 있다.

a. 최적 주문량은 얼마인가?(백 단위) [5.6]
b. (a)의 답을 고려했을 때, PBK는 1년에 몇 회의 주문을 해야 하는가? [5.6]
c. (a)의 답을 고려했을 때, PBK가 평균적으로 커피 공급의 몇 개월 분을 보유하고 있는가? [5.6]
d. PBK가 커피를 재고로 유지하는데 매월 얼마의 돈을 소비하는가? (($) 단위) (자본비용을 포함하여) 남미 지역에 있는 수입/수출 회사가 PBK에게 내년 거래를 제안했다고 가정하자. PBK가 백(bag)당 $20로 그리고 $500의 고정 운송비로 남미로부터 직접적으로 1년 치의 커피를 구입할 수 있다. 검사 및 저장을 위한 추정비용이 매월 백(bag)당 $1이고 자본비용은 약 매월 2%라고 가정하자. [5.6]
e. PBK가 Rhish Roasters로부터 주문해야 하는가 또는 남미 수입/수출 회사로부터 주문해야 하는가? 계량적으로 당신의 답을 정당화 하라.[5.6]

CHAPTER

06 운영관리와 재무관리의 연계

운영관리의 개념이 낯설은 독자들에게 이전 장들은 기대했던 것보다 더 기술적이었을 것이다[1]. 결국 우리가 사용한 성과측도의 대부분은 노동 활용률을 증가시키기 위하여 라인을 균형화 하든지, 재고를 감소시키든지, 흐름시간을 개선하든지, 기타 등과 같은 개념이었다. 하지만 왜 우리는 이들 측도를 걱정해야만 하는가? 이들이 정말 우리의 일에 중요한가? 또는 다르게 질문해서, 이 모든 것들의 목적이 무엇인가?

대부분의 조직의 목표는 경제적 가치를 창출하는 것이다. 기업체에 돈을 투자한 사람들은 그들이 투자한 돈에 대한 순수익을 보기를 원한다. 이 순수익은 만약 그들이 다른 곳에 돈을 투자했을 때—예를 들어, 채권 구입, 예금(saving account), 경쟁기업투자—얻을 수 있는 순수익보다 더 큰 양이다. 예를 들어 경제적 가치는 회사에 투자한 자본에 대한 순수익률(ROIC; return on invested capital)이 자본비용(자본의 가중평균비용(WACC; weighted average cost of capital)은 재무관리 분야의 중요 개념이다)을 초과할 때마다 창출된다. 이것은 다음의 기초적인 가치 방정식에서 나타난다.

창출된 경제적 가치 = 투자된 자본 × (투자자본 순수익률 − 가중평균자본비용)

자본비용은 단기간에 쉽게 변화될 수 없기 때문에 여기에서 우리의 주된 관심은 투자자본 순수익률에 있다. 기업 가치에 대한 좀 더 세부적인 것은 Koller, Goedhart, and Wessels (2010)에서 알아볼 수 있다.

이 장에서는 우리는 이전에 논의 했던 운영변수와 ROIC와의 연계를 보여줄 것이다. 이것은 야심적인 작업이다. 여러 조직에서(경영대학 과목을 언급하는 것이 아니라), 운영관리와 재무관리의 주제는 서로 다소간의 거리가 있다.

이와 같은 근본적인 단절 하에서 관리자와 컨설턴트들은 종종 다음과 같은 질문들을 가지고 투쟁한다. "어떤 성과측도들을 우리가 추적해야 하는가?" "어떻게 운영성과측도가 핵심성과에 영향을 미치는가?" 또는 "비용절감, 리드타임 축소, 제품 다양성 증가를 포함한 다양한 운영성과 개선을 달성하기 위하여 어떻게 프로세스를 개선해 나가야 하는가?"

이 장의 목적은 독자들에게 회사의 운영성과를 분석하는데 도움을 줄 도구들을 제공하고 그 회사의 운영을 개선함으로써 회사의 전반적 가치를 증가시키도록 안내하는 것이다. 우리는 이것을 세 단계로 실행할 것이다. 첫째, 우리는 ROIC 나무를 소개한다(ROIC 나무는 또한 KPI(Key Performance Indicators) 나무로 알려져 있다). 둘째, 만약 우리가 이 책의 다른 곳에서 정의한 운영성과측도의 몇 가지를 가지고 우리의 프로세스를 개선한다면 ROIC가 얼마 만큼 개선되는지를 예측함으로써, 운영개선 기회를 평

---

1 저자들은 이 장에 대해 조언해 준 Stephen Doig와 Taylor Randall에게 감사한다. 특히 Paul Downs가 그의 회사에 대한 세부적인 자료를 제공해 준 것에 대해 감사한다.

가하는 방법에 대하여 설명한다. 셋째, 우리는 KPI 나무들의 예를 제공하고 회사의 운영성과를 이해하기 위하여 재무상태표를 읽는 방법을 알아볼 것이다. 처음 두 단계는 Pennsylvania에 있는 작은 가구회사인 고급 가구제작자 Paul Downs의 사례를 이용하여 설명 될 것이다.

6.1 고급 가구제작자 Paul Downs

Paul Downs는 1986년 Pennsylvania Manayunk의 한 작은 가게에서 가구 만드는 일을 시작했다. 수년에 걸쳐 그의 사업은 커져서 네 개의 작업장을 가지게 되었고 현재는 Phildelphia Bridgeport의 33,000평방피트의 설비에서 운영을 하고 있다. 이 회사는 고급, 가정용 가구에 집중하고 있다. [그림 6.1(a)]는 가장 인기 있는 식탁 모델들 중 하나를 보여준다. Paul Down의 생산 설비는 약 $450,000의 가치가 있는 기계들과 다른 목재 처리 장비들을 포함하고 있다. 기계와 연관된 연간 감가상각이 (유효수명기간을 반영하여) $80,000에 이른다. 전시실과 공장을 위한 집세는 연간 대략 $150,000이다. 회사를 위한 다른 간접비용은 마케팅 관련비용으로 연간 약 $100,000, 관리 및 경영을 위한 $180,000, 가구 마감 및 품질조사 실행을 책임지고 있는 숙련된 작업자를 위한 $60,000이다.

회사는 두 가지 형태의 재고를 가지고 있다. 원재료에 $20,000이 묶여 있다. 이것은 큰 주문량으로 공급자로부터 구입된 목재이다(주문량에 대한 좀 더 세부적인 것을 위하여 5장을 참조하라). 목재를 구입할 때 Paul Downs는 배송을 받기 약 한 달 전에 미리 공급자들에게 대금을 지불할 필요가 있다. 또한 약 $50,000의 재공품 재고도 존재한

(a) (b)

그림 6.1 Paul Downs의 생산 설비로부터 생산된 완제품과 재공품

출처: Paul Downs

다.이는 완결되고 있는 과정중의 가구이다.

특별히 고가품 영역에 있는 가구 생산은 완전히 수작업 프로세스이고 매우 고도로 숙련된 작업자를 필요로 한다. 폴(Paul)은 12명의 가구제조업자를 고용했고([그림 6.1(b)] 참조), 그들 중 많은 사람들은 10년 이상 그의 회사에서 일해오고 있다. 가구제조업자들은 대략 일 년에 220일을 일한다(일당 평균 약 8시간). 한명의 가구제조업자에 대한 일반적인 임금은 시간당 $20이다.

일반적으로 가구 하나를 완성하는데 한 작업자가 40시간을 필요로 한다. 이것은 작업시간에 대한 우리의 이전 개념에 대응한다. 작업(work)은 작업 셀로 조직되어 있다. 가구제작자들이 가구제작의 한 방면에 전문가가 되기 보다는(예, 절단(cutting), 문지르기(sanding), 윤내기(polishing)) 한 가구제작자가 하나의 일(job)을 처음부터 끝까지 처리한다. 전체 작업시간 중에서 가구제조업자는 그들 시간의 약 15%를 기구를 만들고 기계를 준비시키는데 소비한다(셋업에 대한 자세한 사항은 5장에서). 현대 생산 장비를 고려해 봤을 때 이것의 장점은 프로그램밍된 컴퓨터 통제 기계를 포함한다는 것이다. 가구제작자들이 작업 셀로 구성되어 있기 때문에 각 셀마다 모든 목공장비를 배치하기는 너무 비싸다. 대신 가구제작자들은 가장 비싼 공구들을 공유한다. 이러한 것이 만약 복수의 가구제조업자가 동시에 같은 장비의 구획에 접근할 필요가 있다면 가끔 지연을 야기한다. 결과적으로 가구제조업자는 그들 시간의 약 10%를 한 특별한 자원을 이용하기 위해서 기다리는데 사용한다.

일반적으로 설계 관점에서 하나의 가구는 약 30kg의 목재를 필요로 한다. 이 목재에 더하여 약 25%의 추가적인 목재가 하나의 일(job)에서 소요된다. 이는 절단단계에서 주로 일어나는 약간의 손실들을 처리하기 위하여 필요하다. 목재 비용은 kg당 약 $10이다.

고가의 가구를 구입하는 것은 싸지 않다. 고객들은 [그림 6.1(a)]에서 보이는 것과 같은 하나의 식탁에 약 $3,000을 지불한다. 보통 고객들은 선납으로 이 가격의 50%를 지불하는 것으로 알려져 있다. 그런 다음 고객들은 그들의 가구를 약 3개월 후에 받는다. 이러한 지연현상은 완제품 주문생산의 특성을 반영할 뿐만 아니라, 또한 Paul Downs의 설비가 고객이 주문하는 시점에 완전히 이용되고 있다는 사실을 반영—즉 공장에 의해서 처리될 수 있는 것보다 더 많은 수요가 있다—한다.

6.2 ROIC 나무 만들기

기업의 소유주로써, Paul Downs는 경제적 가치를 창출하는 것에 주로 관심이 있었고 따라서 투자자본 순수익률(ROIC)을 증가시키는데 주로 관심이 있었다. ROIC를 증가시키는데 있어서 문제점은 그것 자체가 직접적인 경영 통제 수단(lever)이 아니라는 것이다. 그것은 연말이나 분기말에 계산될 수 있는 것이지, 관리자가 아침에 일하러 가서 "오늘 나는 ROIC를 5%까지 올릴 것이다"라고 생각 할 수 있는 그런 종류의 것이 아니다. 이런 목적을 달성하는 방법은 전혀 명확하지 않다. ROIC 나무를 만드는 기본적인 아이디어는 높은 수준의 재무적 측도를 그것과 연관된 낮은 수준의 운영적 요소로 풍성하게 나열함으로써 관리자가 ROIC를 개선하는데 이용할 통제 수단을 드러내는데 있다. "생물학적 세포가 어떻게 작동하는지 이해하려면 우리는 그것의 구성 분자들의 행동을 설명할 필요가 있다"라는 과학으로부터의 은유를 이용하자. 우리의 전체 목표인 ROIC를 적으면 다음과 같다.

$$\text{투자자본 순수익률(ROIC)} = \frac{\text{순수익(Return)}}{\text{투자된 자본(Invested Capital)}}$$

이제 단순한 대수적인 조정을 하고 이것을 적으면

$$\text{투자자본 순수익률} = \frac{\text{순수익}}{\text{투자된 자본}} = \frac{\text{순수익}}{\text{수익(Revenue)}} \times \frac{\text{수익(Revenue)}}{\text{투자된 자본}}$$

첫 번째 비율인 순수익(return)/수익(revenue)은 회사의 순수익비율(margin)을 나타낸다. 두 번째 비율인 수익(revenue)/투자된 자본(invested capital) 회사의 자본회전율이라 불린다. 이것은 2장에서 우리가 소개한 재고회전율을 나타낸다. ROIC를 순수익비율과 자본회전율로 분해하는 이 단순하지만 우아한 방법은 뒤퐁(DuPont) 모델로 불린다. 뒤퐁은 사업 단위별로 재무성과 측도를 도입한 선구자들 중 한 회사이다.

회사들과 산업군 별로 어떤 특정한 ROIC를 성취하는 방법은 아주 다양하다. 어떤 산업은 자본 집중적이다. 즉 자본회전율이 낮지만, 순수익비율이 상당하다. 다른 산업은 적은 자본을 필요로 한다. 그런 산업들은 보통 새로운 경쟁자들이 진입하기가 더 쉽고 상대적으로 낮은 순수익비율을 산출한다.

Paul Downs의 사례에서 ROIC를 개선하기 위해 순수익비율을 높이거나 자본을 좀 더 빠르게 회전시키라는 식의 단순한 조언은 너무 막연하다. 그럼에도 불구하고, 계속해서 같은 논리를 더 적용하여 순수익비율과 자본회전율을 그들의 동인(driver)으로 더 분해해 보자. 우선 순수익비율을 살펴보자. 표준회계논리에 기초해서 회사의 순수익(이익)을 다음과 같이 나타낼 수 있다.

$$\text{순수익} = \text{수익} - \text{고정비용} - (\text{생산량} \times \text{변동비용})$$

이 책은 회계학 책이 아니기 때문에, 그리고 이 책 전체에 우리의 정의를 일관되게 사용하기 위하여 "생산량" 대신에 "흐름률"을 사용한다. 위의 방정식을 고려하면서 그리고

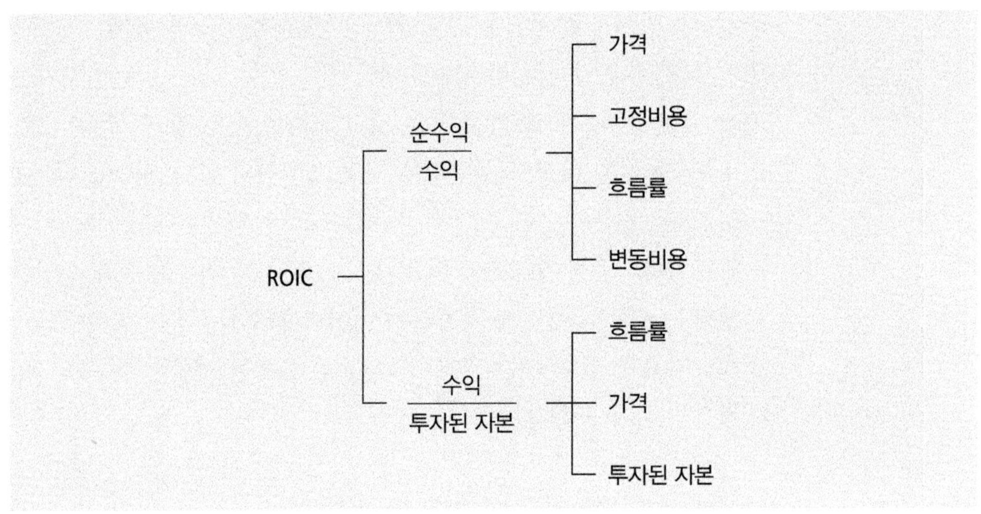

그림 6.2 투자자본 순수익률(ROIC) 나무

수익(Revenue) = 흐름률×가격임을 기억하면서 이전의 방정식을 수익으로 양변을 나누면 다음을 얻게 된다.

$$\frac{순수익}{수익} = \frac{수익}{수익} - \frac{고정비용}{수익} - \frac{흐름률 \times 변동비용}{수익}$$

$$= 1 - \frac{고정비용}{흐름률 \times 가격} - \frac{흐름률 \times 변동비용}{흐름률 \times 가격}$$

$$= 1 - \frac{고정비용}{흐름률 \times 가격} - \frac{변동비용}{가격}$$

순수익비율에서 했던 것과 유사한 논리를 사용하여 우리는 자본회전율을 다음과 같이 나타낼 수 있다.

$$\frac{수익}{투자된\ 자본} = \frac{흐름률 \times 가격}{투자된\ 자본}$$

우리의 전체 ROIC 방정식은 이제 다음과 같이 된다.

$$투자자본\ 순수익률 = \left[1 - \frac{고정비용}{흐름률 \times 가격} - \frac{변동비용}{가격} \right] \times \frac{흐름률 \times 가격}{투자된\ 자본}$$

궁극적으로 우리는 ROIC를 임금, 작업처리시간, 유휴시간 등과 같은 원자적 요소의 함수로 표현할 수 있기를 원하기 때문에 우리는 이 과정을 좀 더 계속할 필요가 있다. 수학방정식이 극도로 복잡해지는 상황을 피하기 위하여 우리는 이들을 나무 형태로 쓰기를 원한다([그림 6.2] 참조).

이제 순이익률(순수익비율) 동인으로 우리가 발견한 네 가지 변수, 즉 흐름률, 고정비용, 변동비용, 가격을 고려하자.

이 경우의 운영적 측면에 분석을 집중하기 위하여 우리는 가격이 이미 책정된 것으로 가정한다. 즉 우리는 가격을 우리의 잠재적 통제수단들 중 하나로 고려하지 않는다. 물론 우리는 운영 중심적 분석을 진행한 후 적절히 수정해 가면서 유사한 마케팅 중심적인 분석(가격결정에 집중하는)을 수행할 수도 있다. 하지만 일반적으로 우리는 독자들이 "고려할 부분을 너무 많이 가진 도구로 만들지" 않기를 바란다. 특히 프로젝트의 초기에는, 단순히 약간의 가정을 만들어 단순화할 필요가 있다. 그렇지 않으면, 복잡성안에서 길을 잃을 위험이 있다.

다음으로 변동비용을 고려하자. 우리의 예에서, 변동비용은 주로 목재 소비에서 발생한다. 또한 어떤 경우에 사람들은 노동비용을 변동비용으로 고려할 수 있다(특별히, 작업자들이 그들의 임금을 생산 단가 기준으로 받을 경우). 하지만 우리의 경우에, 가구제작자의 수와 그들의 시간당 임금이 정해져 있어서 임금을 고정비용에 포함했다. 목재비용에 중점을 두면서 우리는 한 가구의 변동비용을 다음과 같이 나타낼 수 있다.

$$\begin{aligned}\text{변동비용} &= \text{나무가격} \times \text{가구당 나무수}\\ &= \text{나무가격} \times (\text{최종 가구에서 나무의 수} + \text{절단 손실})\end{aligned}$$

이제, 우리의 주의를 흐름률로 돌려보자. 우리가 앞에서 공부한 흐름률의 정의를 떠올려보면 흐름률은 다음과 같았다.

$$\text{흐름률} = \text{Min}\{\text{수요량, 프로세스 처리능력}\}$$

우리가 현 시점에서 수요는 충분하다고 가정하기 때문에 흐름률은 프로세스 처리능력에 의해서 결정된다. 하지만 이 경우에 무엇이 처리능력을 결정하는가? 운영에서 주요 제약조건은 가구제작자들의 작업이다. 우리가 연간 생산할 수 있는 가구의 수는 다음에 의존한다.

- 작업자의 가용시간, 이는 가구제작자들의 수와 연간 각 제작자들이 일하는 시간의 곱에 의해서 결정된다.
- 한 작업자가 하나의 가구를 위하여 필요한 시간, 이는 한 가구제작자가 한 대의 기계가 이용될 때까지 기다리는 시간, 그 기계를 준비하는 시간, 그 작업을 실제 수행하는 시간에 의해서 결정된다.

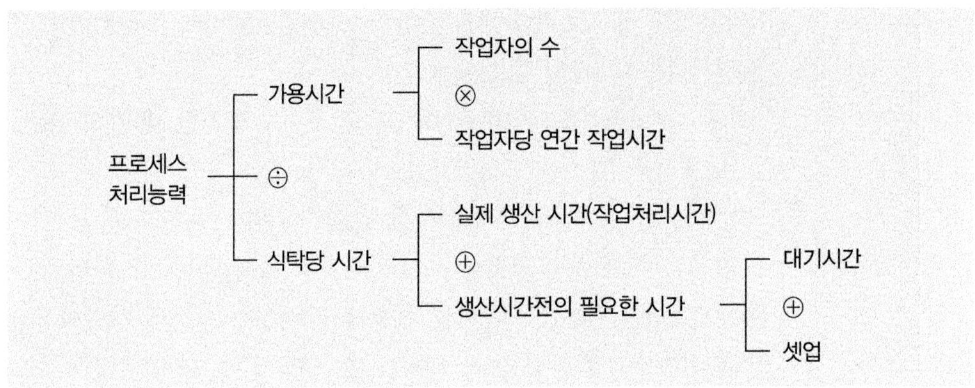

그림 6.3 프로세스 처리능력인 동인(driver)

[그림 6.3]은 나무 형태로 이들 계산을 요약한다. 또한 우리가 그림 위에 해당하는 수학기호를 추가함으로써 어떻게 이 나무가 좀 더 자세한 정보를 제공하게 되는지를 보여주고 있다.

마지막으로 고정비용을 고려하자. 이들은 마케팅 비용, 오버헤드(조사, 관리)에 대한 노동비용, 지대, 감가상각, 노동자 비용등을 포함한다. [그림 6.4]는 주요 요소를 요약하고 있다.

감가상각을 어떻게 측정할 것인가에 대해서는 매우 주의해야 한다. 한 기계의 가치상실(예, 유효 수명의 감소)과 세금을 목적으로 계산되는 감가상각은 구별하는 것이 중요

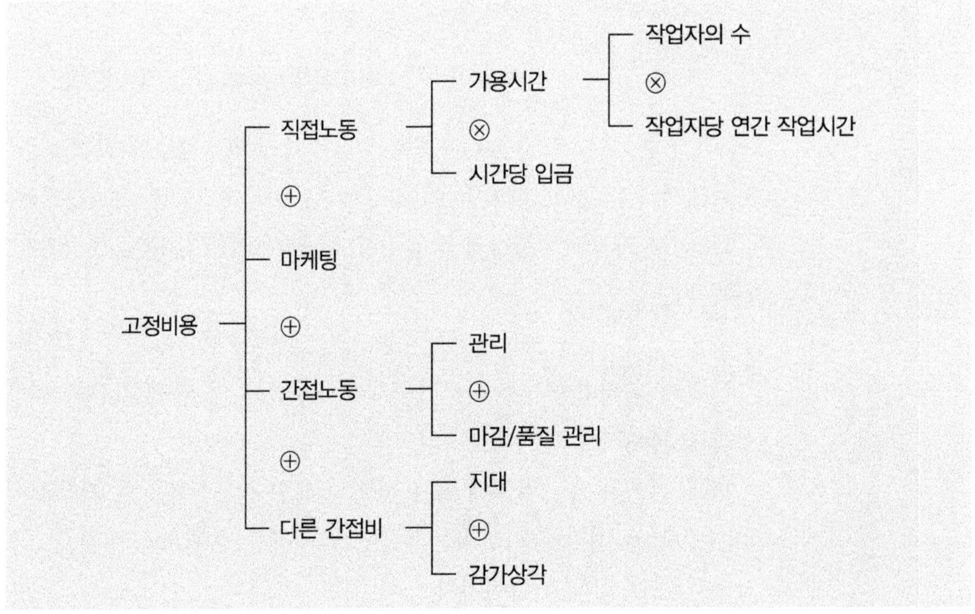

그림 6.4 고정비용에 대한 ROIC 나무

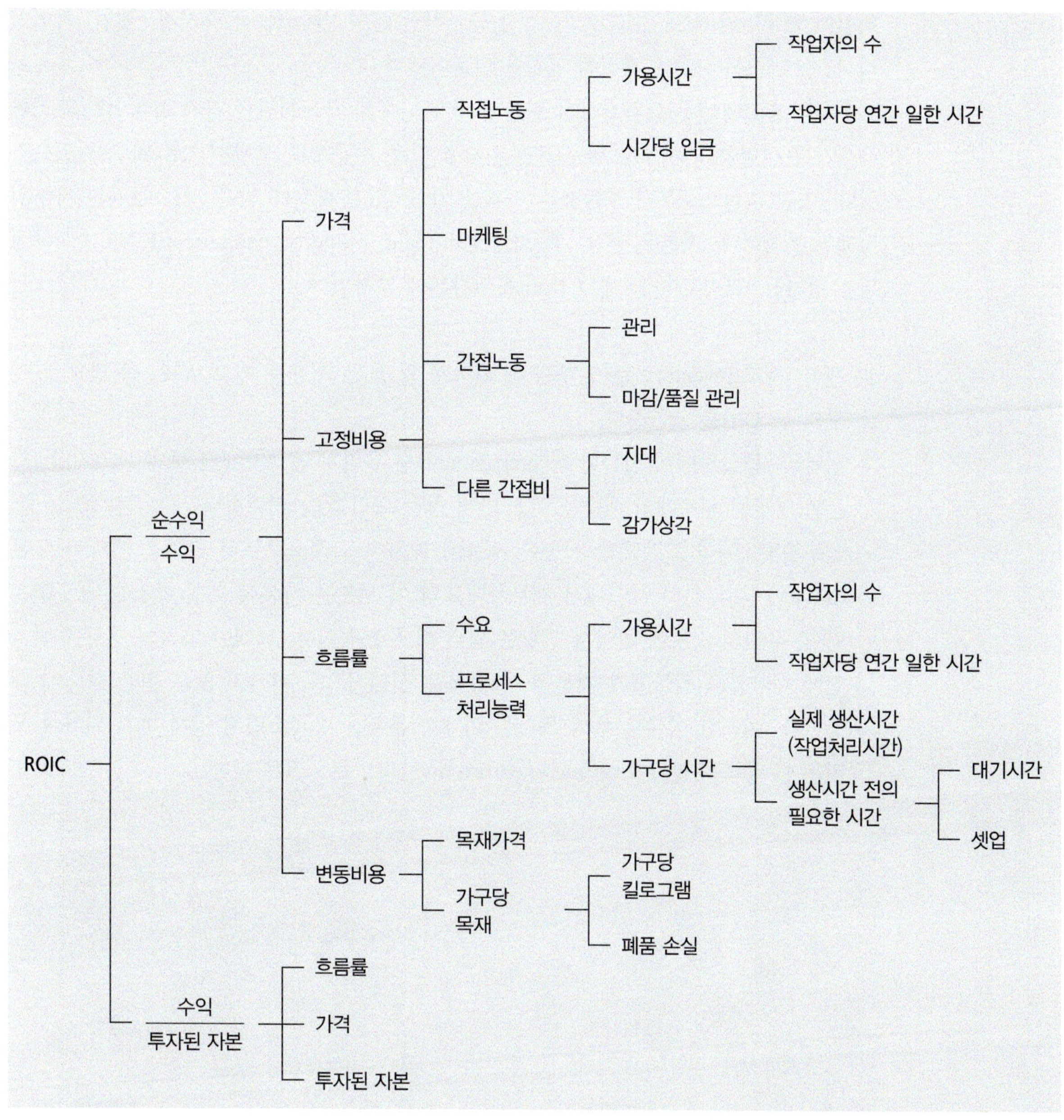

그림 6.5 확장된 ROIC 나무

하다. 가치평가와 재무관리의 표준적인 실행을 따라서 우리의 강조점은 감가상각에 대한 처음의 견해를 따르기로 한다. 또한 우리는 이 분석에서 세금을 포함하고 있지 않다(즉 우리는 세전 ROIC를 계산한다).

우리의 이전 작업들을 결합함으로써, [그림 6.2]를 좀 더 확장하여 [그림 6.5]에서 보이는 것처럼 ROIC 동인에 대한 좀 더 완전한 그림을 만들 수 있다. 이 확장된 나무에 기초하여 이제 우리는 이 장에 대한 우리 목적의 중요 부분을 달성했다. 즉 우리는 기업의 핵심적 재무평가 지표인 ROIC와 가장 근본적인 운영 변수(예, 유휴시간, 셋업, 작업처리시간, 흐름률) 사이의 직접적 연결을 만들어냈다.

우리의 ROIC 나무를 완결하기 위하여 이제 나무의 자본회전율 가지로 넘어가고 또한 우리가 순이익률 가지에서 탐구했던 것처럼 같은 수준으로 세부적으로 연구할 필요가 있다. 이전 분석으로부터 흐름률과 가격을 알 수 있기 때문에 남은 것은 투자된 자본의 정제된 분석이다. 자본은 공장, 부동산, 장비(plant, property, equipment(PP&E))로 구성된 유형자산, 그리고 다음 세 종류의 운전자본에 투자된다.

- 재고: 재고(inventory)는 원자재 재고(목재)와 모든 재공품 재고(WIP, 즉 반제품 가구의 무더기)를 포함한다.
- 선납금: 공급자에게 선납한 돈(prepayment)은 우리가 공급자에게 보낸 돈이지만, 그 돈과 연관된 원자재의 배송을 아직 받지 않은 그런 돈을 의미한다.
- 선수수익: 이미 고객에게 배송한 제품에 대하여 고객으로부터 받기를 기다리는 돈(money). 대부분의 사업에서 재무상태표의 이 부분은 자본에 대한 투자를 요구하는 반면, 우리의 경우에 있어서 상황은 훨씬 더 우호적이다. 고객이 그들의 가구를 받기 전에 계약금을 지불했기 때문에 이 항목은 실제적으로 비싸지 않은 현금 형태에 해당한다. 이러한 이유로 우리 독자중 회계사 분들을 당혹스럽지 않게 하기 위하여 우리는 이 항목을 '선수수익(unearned revenue)'라고 부르기로 한다.

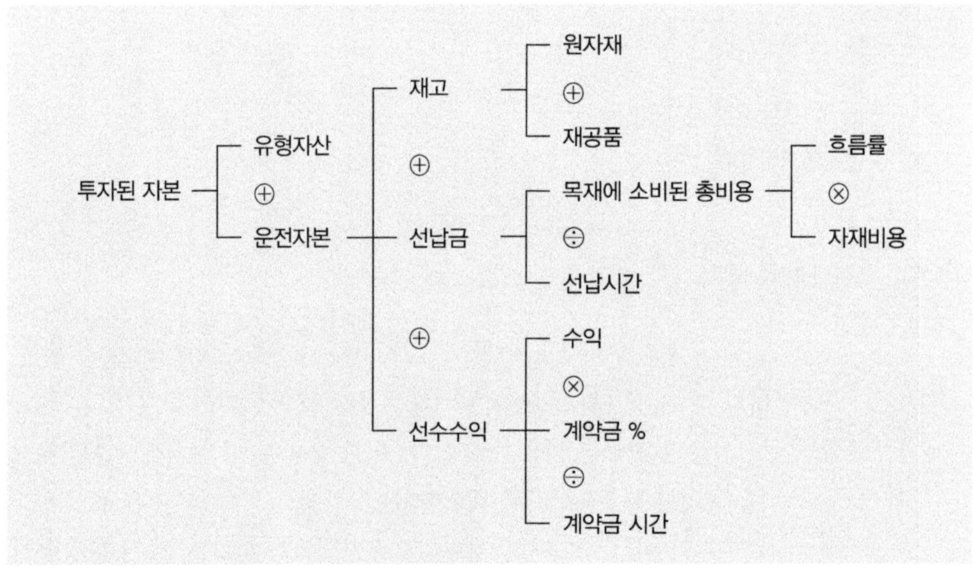

그림 6.6 투자된 자본에 대한 ROIC 나무

[그림 6.6]은 투자된 자본 요소를 나무 형태로 요약하고 있다. 외상매입금(account payable)에 투자할 필요가 있는 돈의 액수를 계산할 때 우선 우리는 매년 얼마나 많은 돈을 목재 구입에 사용하는지 알 필요가 있다. 우리는 공급업자에게 한 달 먼저 돈을 지불해야 하기 때문에, 어떤 주어진 시점에서, 연간 지불 금액의 12분의 1만큼이 자본으로 묶인다. 이러한 방식을 선수수익에 대해서도 적용하여 계산한다.

이것으로 ROIC 나무의 개발을 완결한다. 이제 우리는 주요 재무 성과측도, ROIC를 세부적인 운영변수의 함수로써 표현했다. 이것은 분자 그리고 궁극적으로 원자를 살펴봄으로써 세포의 행위를 설명하는 것과 같은 것이다.

6.3 운영 개선 평가하기

작업처리시간, 임금, 등등의 다른 운영 변수들과 ROIC 사이의 관계를 이해하는 것은 확실히 이들 변수들이 연구할 가치가 있다는 것을 설명하기 위한 유용한 동기이다. 하지만 그들이 실제적으로 유용한가? 이 모든 작업의 유익은 무엇인가?

위에서 정의된 계산의 주요 이점은 여러 운영의 통제 수단별로 그것이 개선될 때 기업의 성과에 어떤 효과를 미치는지 짐작할 수 있게 도와줌으로써 잠재적으로 여러 운영통제수단에 대한 개선 동기를 부여한다는 것이다. 회사의 주인, 관리자, 또는 컨설턴트로서 사람들은 ROIC를 개선하기 위하여 다음과 같은 많은 것들을 할 수 있다.

- 임금 삭감
- 하나의 가구를 만들기 위하여 필요한 작업이 감소되도록 설계를 변경
- 작업자들이 한 대의 기계에 대하여 기다리는데 소비하는 시간을 줄이기
- 셋업을 줄이기
- 공급자와 지불조건 변경하기 등등

하지만, 이들 조치들 중 어떤 것이 추구할 만한 가치가 있는가? 이들 모두는 비용을 수반할 것이며, 적어도 어느 정도의 관리시간과 주의를 필요로 할 것이다. 그래서, 어느 것이 이런 비용을 돌려 줄 것인가? 또는 달리 말해서, 더 쥐어짤만한 곳은 어디인가?

따라서 우리는 운영변수중 하나의 변화가 어떻게 ROIC의 변화로 이어지는지 알기를 원한다. 이것은 많은 지루한 계산들을 필요로 하기 때문에, Excel을 이용하여 이러한 분석을 하는 것이 최선이다. [그림 6.7]은 스프레드시트 형태로 된 나무를 보여준다. 그것은 또한 가구생산의 운영에 포함되는 운영통제요소를 수치와 함께 전체 그림으로 보여

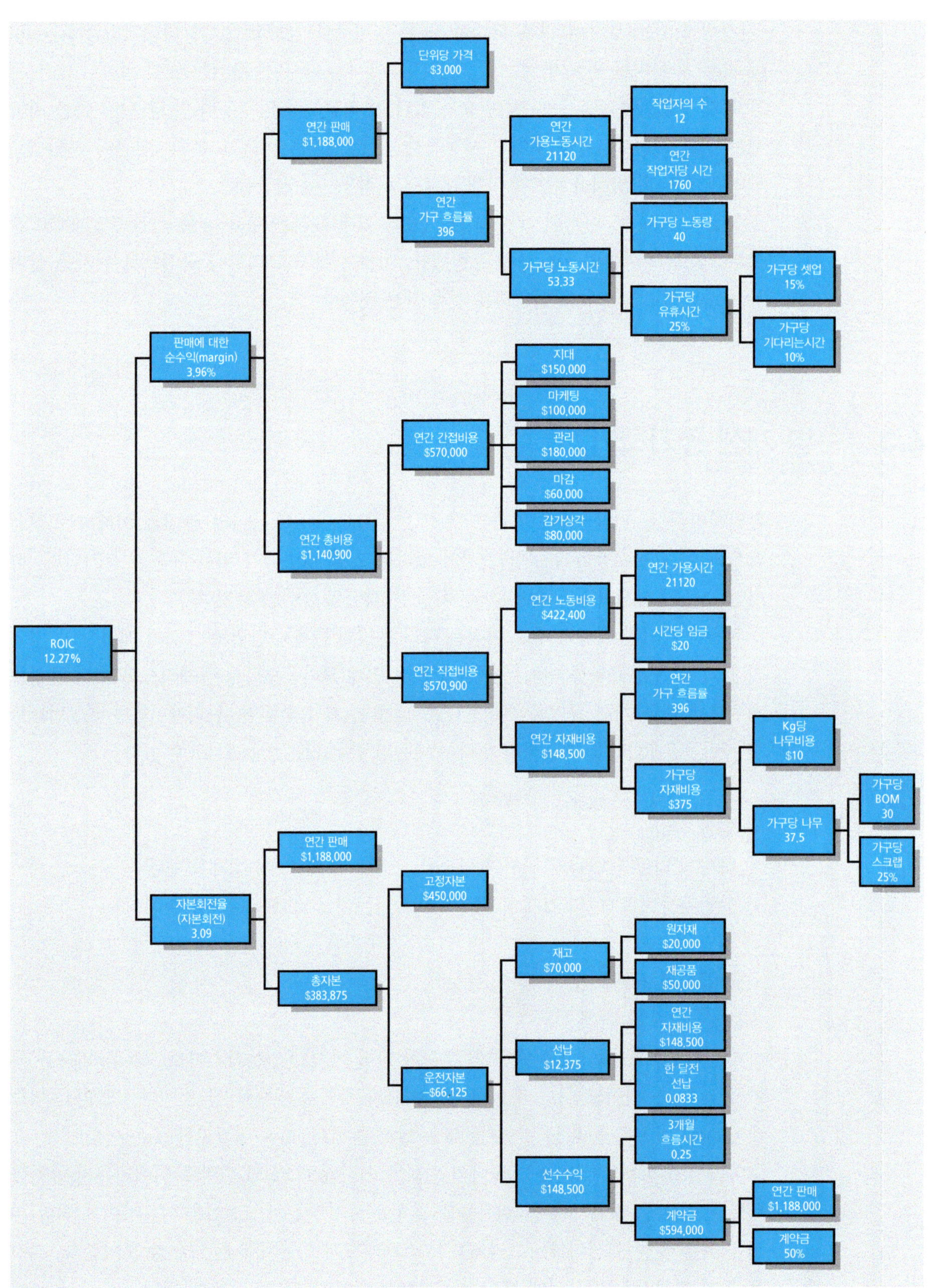

그림 6.7 Excel에서 ROIC

준다.

하나의 변수는 이러한 스프레드시트 모델의 여러 위치에서 일어날 수 있다. 예를 들어, 가구 예제에서 흐름률 변수를 고려하자. 흐름률은 ROIC 나무의 수익(revenue) 부분에서 나타난다. 그것은 또한 자재비용에서도 나타난다. 그리고, 마지막으로, 그것은 또한 수익(따라서 흐름률)에 의존하는 선납 그리고 흐름률에 의존하는 자재비용으로서 운전자본 계산에 나타난다. 그래서 스프레드시트를 만들 때 연결된 한 변수는 스프레드시트에서 같은 셀로 유지하는 것이 중요하다. 다르게 표현하면, 흐름률의 증가는 단지 더 많은 수익만을 주지는 않는다. 그것은 또한 더 많은 자재비용을 창출하고, 선납을 증가시킴으로써 운전자본을 증가시키고 선지불된 비용에 더해져서 운전자본을 줄인다.

이러한 스프레드시트 모델이 구축되면 우리는 해당되는 셀(cell)을 변화시키고 ROIC에 해당하는 셀의 변화를 관찰함으로써 운영변수의 영향을 쉽게 구할 수 있다.

이러한 것을 실행하기 전에 약간의 직관을 발휘해 보자. 만약 우리가 5% 포인트(point)만큼 (15%로부터 10%) 셋업을 줄인다면 무슨 일이 일어날까? 물론 셋업이 더 짧으면 좋다. 그리고 ROIC가 개선될 것을 기대할 수 있다. 달리 말하면 만약 어떤 사람이 공짜로 셋업을 줄여 준다고 제안 한다면 우리는 기쁘게 그의 제안을 받아들일 것이다.

따라서 중요한 질문은 다음과 같다. 얼마만큼 많이 ROIC가 개선되느냐? 만약 우리가 나무 잎의 한쪽을 흔들면(셋업) 나무의 뿌리에서는(ROIC) 무슨 일이 일어날까? ROIC가 1%만큼 변할까? 더 많이? 또는 더 적게?

이러한 질문을 직관에 기초해 대답하기는 어렵다. 공식적인 분석 모델 없이 추측하라고 요청 받았을 때 대부분의 사람들은 다음과 같이 주장한다. "ROIC에 영향을 주는 변수가 너무 많다. 그래서 5% 포인트만큼 그들 중의 하나를 변화시키는 것은 5% 포인트 ROIC 개선 보다 상당히 더 작은 효과를 가질 것이다." 이 논리는 나무 은유와 일치한다. 즉 만약 당신이 나무 잎의 한쪽을 흔들면, 뿌리에서의 큰 변화를 기대할 수는 없다.

그러나 [표 6.1]은 이 주장이 맞지 않음을 보인다. 사실 이 추측은 과녁을 빗나갔다. 셋업의 5% 포인트 변화는 우리 예에서 18.8%포인트(point) ROIC 개선을 야기한다(즉, 12.3%의 기반 사례로부터 31.1%로 증가).

적어도 재무관점에서, 중요하지 않은 변수처럼 보였던 것이 재무성과의 주요 동인으로 판명 되었다. 운영 변수가 이런 방식으로 재무적 성과에 크게 영향을 미칠 때 우리는 그것을 재무적 핵심 운영지표(operational value driver)라고 한다.

표 6.1 개선후의 ROIC

시나리오	기저(Base) 사례	시간당 $1 임금감소	5%p 셋업 단축	연간 $10,000 지대감소	가구당 2시간 노동량 감축	5%p 폐품률 축소
ROIC [%]	12.3	17.7	31.1	14.8	27.0	13.8

다음의 몇 가지 관찰은 재무적 핵심 운영지표로써 셋업의 역할을 더 잘 이해하는데 도움이 된다.

- 만약 ROIC 나무를 다시 본다면([그림 6.7] 참조) 셋업이 ROIC에 다 방면으로 영향을 미친다는 것을 알게 된다. 셋업은 순이익률의 동인이다(나무의 위쪽 가지). 이는 더 짧은 준비는 더 많은 생산을 가능하게 하고 따라서 더 많은 단위들에게 고정비용을 분산시키는 것을 가능하게 한다. 게다가, 셋업은 또한 자본회전율에 영향을 미친다. 즉 셋업은 연간 판매량에 영향을 미치기 때문에 같은 자본 투자로부터 더 많은 수익을 얻는다. 이는 자본회전율의 요소이다.
- 이 분석은 판매에 있어서 26단위의 증가를 지원할 충분한 수요가 있다는 가정에 기초한다(새로운 흐름률은 422가 될 것이다). 만약 회사가 수요에 의해서 제약을 받았다면 더 짧은 셋업은 ROIC를(가구 생산을 위한 작업자 감축을 통하여 생산성 향상이 된다는 전제하에)개선했을 것이다.
- 우리는 셋업이 1/3 감소되는 경우를 고려했다(15%로부터 10%). 5장에서 논의할 것으로 그런 셋업의 감소는 실제로 가능하며 타당하다.

[표 6.1]을 다시 보면 더 높은 흐름률을(더 낮은 셋업과 더 낮은 노동량) 산출하는 프로세스 개선은 ROIC에 가장 큰 영향을 준다는 것을 알 수 있다. [그림 6.8]은 이 논리를 설명한다.

흐름률과 독립적으로, 우리는 연간 $992,400을 고정비용으로 지불해야 한다. 이는 가

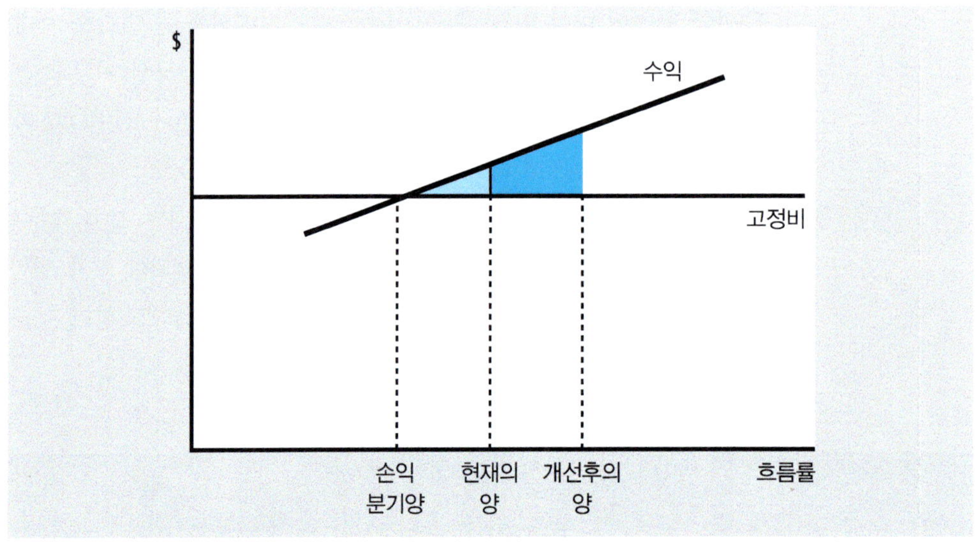

그림 6.8 고정비용 vs 변동비용

정리 6.1  ROIC 나무를 만드는 방법

1. 나무의 한쪽에서 목적(ROIC)을 가지고 시작한다.
2. 변수를 그것의 요소가 되는 변수들로 분해한다.
   - 예: ROIC=순이익/투자된 자본
   - 변수간의 관계는 다음과 같이 나타난다. $a+b$, $a-b$, a/b, 또는 $a \times b$.
3. 나무의 어떤 가지가 영향력을 가지는지 그리고 중요한지 결정한다.
   - 주요 비용 동인은 무엇인가?(80/20 규칙)
   - 회사의 전략적 운영 통제요소는 무엇인가?
   - 어느 투입이 가장 변화될 만한가?
4. 중요한 가지들을 확장한다(단계 2로 돌아감).
5. 운영전략에 묶일 수 있는 측정치로 끝낸다.
6. 나무에 실제 숫자를 기록한다.
7. 타당한지 나무에 대해서 숙고한다.
   - 성능을 벤치마크한다.
   - 민감도 분석을 시행한다.

구제작자의 급여와 [그림 6.4]에서 논의한 다른 항목들을 포함한다. 일단 이 고정비용이 회수 되었을 때 매 추가 흐름률 단위마다 이익에서의 $2,625($3,000가격 빼기 $375 목재 소비) 이익 증가가 이루어진다. [그림 6.8] 그늘진 영역에서 보이듯이 흐름률의 작은 증가도 이익의 큰 증가를 가져온다. 이 논리는 높은 고정비용을 수반한 모든 운영(예, 호텔, 비행기, 많은 다른 서비스)에 대해서도 사실이다.

[정리 6.1]은 ROIC 나무를 만들고 잠재적인 운영 개선을 평가하는 주요 단계를 요약한다. 이와 같은 나무는 고객사의 운영업무를 조사하는 일을 시작하는 컨설턴트에게 매우 유용한 출발점이 된다. 또한 비즈니스 가치를 유도하는 것이 무엇인지 완전한 이해를 원하는 관리자와 운영의 일부를 수정함으로써 회사의 가치를 빠르게 증가시키려고 하는 자기 자본 투자가를 위한 강력한 출발점이기도 하다.

6.4 재무 자료에 기초한 운영 분석

이전 절에서 우리는 상대적으로 작은 비즈니스를 살펴보았고 그 회사의 운영에 대한 세부적인 이해를 기초로 해서 ROIC 나무를 만들었다. 다른 방법으로, 공개적으로 이용 가능한 자료를 기초로 해서 분석을 시작할 수 있다(주로 이것은 더 큰 회사들에 대한 경우에 해당 될 것이다). 이 절에서 우리는 항공 산업의 예를 이용하여 ROIC 나무 방법의 유용성을 설명할 것이다.

우리의 방법에서 첫 번째 단계는 항공 산업에서 우수한 재무 성과를 보여주고 있는 회사를 규명하는 것이다. 미국 항공 산업에서 성공 사례로 Southwest Airlines을 들 수 있다.

두 번째 단계로, 우리는 Paul Downs 사례에서 했던 것처럼 ROIC 나무를 만든다. 항공사를 분석할 때 다음 항공용어를 이해하는 것이 도움이 된다.

- 티켓을 파는 항공사를 생각하는 대신에 수익여객마일(RPM: revenue passenger mile)을 파는 항공사를 생각하는 것이 더 쉽다. 돈을 지불하는 한 명의 고객을 1마일 운송하는 것이 1RPM이다. 예를 들어, 200명의 승객을 태우고 Philadelphia로부터 Boston까지 가는 비행기는 447마일×200 수익여객=89,400RPMs에 해당한다. RPM에 집

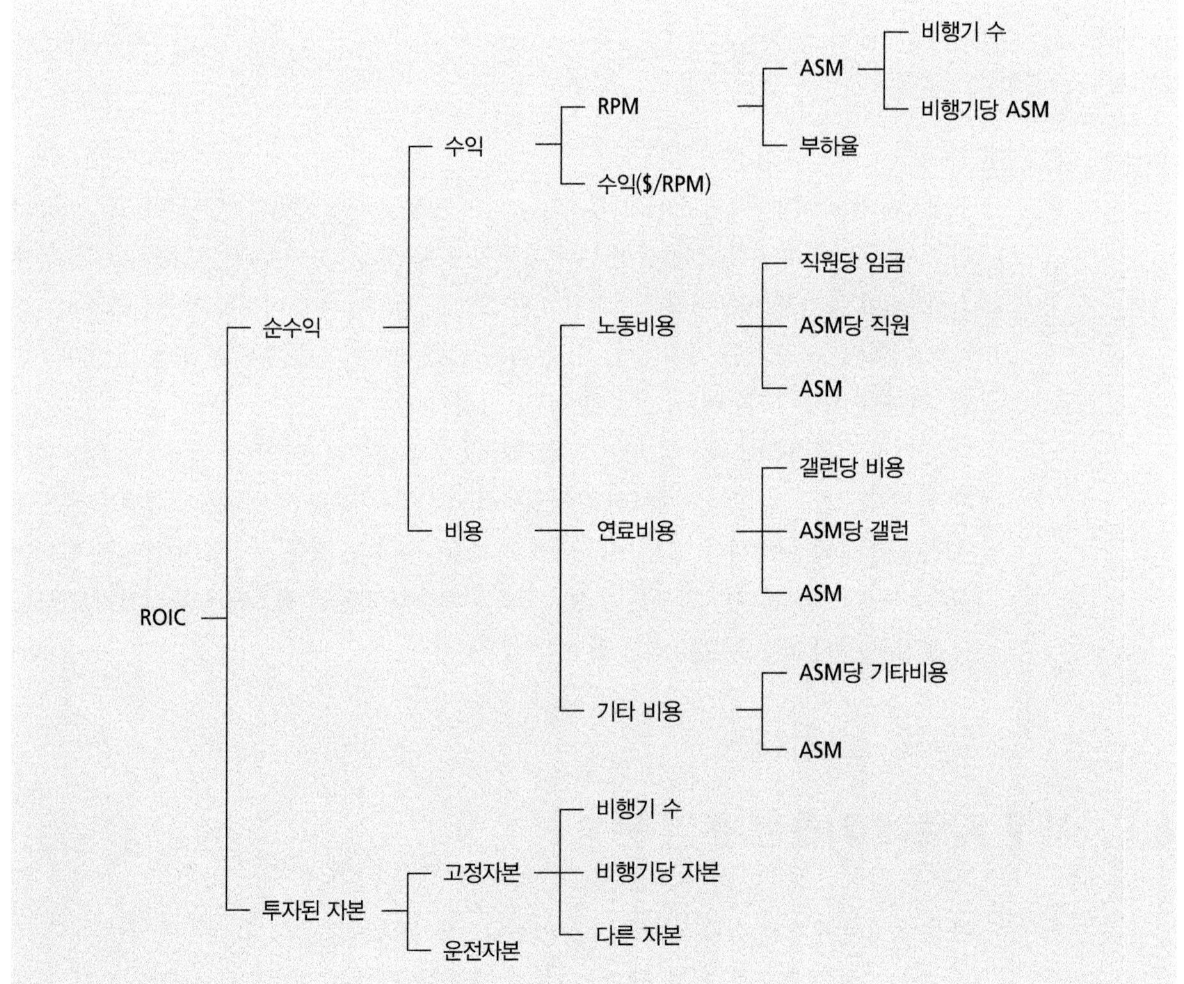

그림 6.9 일반적인 항공사에 대한 ROIC 나무(세전 이익을 고려)

중함으로써 우리는 다른 운항경로를 가진 항공사들과 비교하는 과정에서 발생될 수 있는 문제들 중 일부를 피할 수 있다. 게다가, 곧 설명되겠지만, 항공사에 대한 변동비는 일반적으로 날아간 마일의 수에 의존한다. 따라서 매 마일 기초로 수익을 나타내는 것이 편리히디.

- 항공사의 처리능력은 비행기의 수와 크기에 의해서 결정된다. 이것은 가용좌석마일(available seat miles; ASMs)로서 알려진 측도로 표현된다. 하나의 항공사 좌석(그곳에 승객이 있던 없던)이 1마일(mile) 운행하는 것이 1ASM에 해당한다.
- 항공사는 그들의 ASMs을 RPMs으로 변환 시킬 수 있을 때만 돈을 벌 수 있다. 지불고객을 배정받은 좌석은 좋고, 빈 좌석은 나쁘다고 볼 수 있다. 비율 RPM/ASM은 부하율(load factor)로 불린다. 이것은 활용률(utilization) 정의와 매우 닮았다. 왜냐하면 이것은 모든 좌석이 찼을 때 얼마를 버느냐에 대응하여 비행기가 얼마나 많은 RPM을 창출하는 가를 보기 때문이다. 분명히 부하율은 항상 1보다 작아야 한다. 부모의 무릎에 앉아 있는 작은 유아 이외에 비행기는 두 명의 지불 고객들이 같은 좌석을 공유하는 것을 허락하지 않는다.

[그림 6.9]는 항공사에 대한 ROIC 나무의 간략한 버전을 요약하고 있다. 물론 분석될 수 있는 더 많은 세부 수준들이 존재한다(비행기들 및 구성품의 수명, 승무원들의 규모, 한 비행기의 비행시간 비율, 기타 등등을 포함). 하지만 우리는 이 나무를 왼쪽에서 오른쪽으로 키우기 때문에 추가 세부 수준은 [그림 6.9]의 분석에 단순히 추가로 붙여질 수 있다.

세 번째 단계로서, 우리는 재무적으로 우수한 성과를 내는 회사가 뛰어난 이유를 연구하고자 한다. 이를 위한 훌륭한 진단 수단으로 우리가 생산성 비율이라고 부르는 다음의 방법이다. 우리는 생산성(productivity)을 다음과 같이 나타낼 수 있다.

$$생산성 = \frac{수익}{비용}$$

그리고 노동 생산성(labor productivity)을 다음과 같이 나타낼 수 있다.

$$노동\ 생산성 = \frac{수익}{노동\ 비용}$$

Southwest사의 노동은 US Airways사의 노동보다 상당히 더 생산적이다([표 6.2] 참조). Southwest사의 노동 생산성 비율은 3.31이고 이는 US Airways사의 노동 생산성보다 거의 40% 높다. 다음 계산은 2000년 자료를 바탕으로 하였다. 우리는 이 과거 자료를 두 가지 이유에서 사용한다. 첫째, 1998년에서 2000년사이 Southwest사는 시가총액이

표 6.2 Southwest, Delta, United사 비교

항공사	운영수익($/RPM)	부하율(%)	직원당 ASM	노동비용 백만 달러당 직원의 수	전체 노동 생산성
Delta	0.14	0.85	2682.7	7.42	2419.2
Southwest	0.15	0.84	2912.7	7.15	2606.0
United	0.14	0.83	2529.5	8.32	2364.7

두 배로 증가 되었는데 이는 어떤 경쟁사도 이루지 못한 재무적 성과이다. 그래서 분명히 월가(Wall Street: 뉴욕 시에 있는 미국 금융/증권 거래 중심지)의 눈에는 Southwest사가 무엇인가 올바른 것을 했다는 것이다. 둘째, 2001년 9월 테러리스트의 공격에 뒤이어 항공 산업은 파산과 긴 구조조정 과정에 들어섰으며 이는 이 기간 동안 재무상태표를 읽는 것을 좀 더 복잡하게 만들었다. 이 장의 끝에 우리는 다음과 같이 생산성 측도를 다시 적을 것이다.

$$\text{생산성} = \frac{\text{수익}}{\text{비용}} = \frac{\text{수익}}{\text{흐름률}} \times \frac{\text{흐름률}}{\text{자원}} \times \frac{\text{자원}}{\text{비용}}$$

또는 항공회사에서의 노동 생산성에 적용하여

$$\text{노동 생산성} = \frac{\text{수익}}{\text{노동 비용}} = \underbrace{\frac{\text{수익}}{RPM}}_{\text{수율}} \times \underbrace{\frac{RPM}{ASM} \times \frac{ASM}{\text{종업원 수}}}_{\text{효율}} \times \underbrace{\frac{\text{종업원 수}}{\text{노동 비용}}}_{\text{비용}}$$

이들 확장된 생산성 계산을 다음과 같이 세 종류로 나누는 것은 도움이 된다.

- 수율(yield): 운영 수율은(수익/흐름률) 회사가 산출물로부터 얼마나 많은 돈을 짜낼 수 있느냐를 측정한다. 이 측도는 주로 회사의 가격결정권으로부터 견인된다.
- 효율(efficiency): 변환 효율(흐름률/자원)은 흐름률을 지원하기 위해서 얼마나 많은 자원이 필요한가를 측정한다. 이 숫자는 우리가 자원을 얼마나 활용하느냐에 의해서 결정된다. 이것은 자원 활용률(항공사의 경우 부하율)과 각 자원에 있는 고유한 작업 처리시간을 알려준다.(한 명의 종업원이 얼마나 많은 ASMs에 대해 서비스를 제공할 수 있나?)
- 비용(cost): 자원들의 비용(자원/비용)은 소비된 $1당 우리가 구입할 수 있는 자원의 양을 측정한다. 이 측도의 역은 단순히 그 자원의 비용이다.(예를 들어, 한명의 종업원에 대한 연간 평균 임금)

이제 Southwest사가 더 높은 노동 생산성을 보이는 근원에 대해서 생산성 비율을 중심으로 생각해 보자. [표 6.2]는 우리의 결과를 요약하고 있다.

우리의 진단 결과가 놀라울 수도 있다. 비록 Southwest사가 저가항공사이지만 Delta 및 United사와 같은 수율을 획득하고 있다. 재미있게도 세 항공사 모두 거의 같은 부하율로 운영된다. 마지막 두 개의 비율을 고려해 보자.

- Southwest사 종업원은 United와 Delta사와 비교하여 거의 10%이상 ASMs을 지원할 수 있다(2682.7, 2529.5와 비교하여 2912.7). 이 잇점은 훨씬 더 커지곤 했다(5년 전에는 대략 30%까지). 하지만 대부분의 항공사들은 최근에 Southwest사를 따라 잡아 그 간격을 좁혔다.
- Southwest사 종업원이 United와 Delta사 종업원보다 더 높은 임금을 받는다. Southwest사의 더 높은 생산성은 비즈니스를 위하여 좋을 뿐만 아니라 종업원들이 더 높은 봉급을 받을 수 있도록 도움을 준다.

Paul Downs 사례에서 우리가 했던 분석과는 달리 이 절에서 소개된 접근은 훨 씬 더 탑-다운(top-down) 방식의 분석이다. 운영의 세부적인 내용에 들어가기 전에 거시적으로 재무 자료를 분석함으로써 우리의 분석을 시작한다.

일반적으로 탑-다운(top-down) 방식의 접근은 경쟁 조직을 분석할 때, 또는 운영 세부사항에 대해서 단순 이용 가능한 자료가 제한적일 때, 그래서 분석이 외부에서 내부로 일어날 때 가장 유용하다. 대조적으로 운영내부의 관리를 위해서는 우리가 Paul Downs 사례에서 수행했던 것처럼 좀 더 세부적인 분석이 필요함을 유의하기 바란다.

6.5 요약

이 장에서는 우리는 회사의 생산/운영관리와 재무관리의 연계를 제공했다. 이 연계는 Paul Downs의 사례에서 했던 것처럼, 미시적 수준에서 연구될 수 있거나 우리가 항공 사례에서 했던 것처럼 재무상태표를 가지고 시작될 수 있다. 어느 방법이든지 운영변수는 회사의 재무성과에 대한 주요 동인이다. 가치 창조는 회사의 운영에서 일어난다. 따라서 회사의 경제적 가치를 증가시키기 위해서는 운영의 세부적 분석이 필수적이다.

심화학습

- Koller, Goedhart, Wessels(2005)는 기업가치평가와 재무관리와 연관된 주제에 대한 훌륭한 책이다. 대부분의 다른 재무관리 책과 비교해서 매우 실천적이고 사업의 운영 세부사항을 자세히 다루고 있다. Cannon, Randall, Terwiesch(2007)은 항공 산업에서 운영 변수와 미래 재무성과 사이의 실증적 관계를 연구한다.

단원연습문제

다음 질문들은 이 장의 이해정도를 확인하는 데 도움을 줄 것이다. 각 질문 뒤의 [ ]는 관련된 해당 절을 나타내고 있다.

"*" 표시가 있는 문제의 해설은 부록 E에 있으며, Connect에서 영상을 참조하기 바란다.

6.1* **(Crazy Cab)** Crazy Cab은 큰 대도시에 있는 작은 택시회사이다. 회사는 20대의 택시를 운영하고 있다. 각 택시는 약 2만 달러($)의 가치가 있다. 이 대도시 지역은 또한 각 택시가 큰 메달 모양의 보석(자격증의 형태)을 지니고 있을 것을 요구한다. 그 자격증은 현재 5만 달러($)에 거래된다. 택시 기사는 시간당 $8을 벌 수 있으며 하루의 모든 시간에 이용 가능하다. 택시는 하루에 평균 40번 이동한다. 평균 이동은 길이로 3마일이다. 고객은 고정요금으로 $2을 지불하고 그들이 이동한 마일당 $2을 지급한다. 연료와 유지비 같은 다른 비용은 마일(mile)당 $0.20이다. 택시는 돈을 내는 고객 없이 이동 거리의 약 40%를 운전한다(예, 내리는 위치로부터 돌아옴, 고객을 태우러가기 등).

a. 택시회사에 대하여 ROIC 나무를 그리시오. [6.2]
b. ROIC 나무에 숫자를 넣으시오. 가능한 한 많은 세부적 운영 변수를 연구하기 위하여 가정을 만드시오(예, 기름 가격, 기름 소비 등에 대한 가정). [6.2]
c. 변수들 중 어떤 것을 재무적 핵심 운영지표(operational value drivers)로 분류할 수 있나? [6.3]
d. 노동 효율과 생산률을 이용하여 택시이용의 효율을 분석하라. [6.4]

6.2 **(Penne Pesto)** Penne Pesto는 샌프란시스코의 금융가에 있는 작은 레스토랑이다. 고객들은 다양한 종류의 파스타 요리를 주문한다. 레스토랑은 50석의 자리가 있으며 저녁 4시간 동안 항상 가득 차 있다. 이 레스토랑은 예약을 받지 않으며, 모든 손님들은 회사에서 집으로 가는 길에 자연스럽게 이 레스토랑에 들리게 된다. 만약 자리가 없으면, 손님들은 바로 다른 식당으로 가게 된다.

평균적으로, 손님들은 레스토랑에서 50분의 시간을 소비한다. 이 50분은 손님이 자리에 앉고 웨이터가 주문을 받을 때까지 5분, 음식이 제공될 때까지 추가 10분, 먹는데 30분, 계산하는데 5분(계산서를 기다리고, 돈을 내고, 떠나는 것을 포함). 레스토랑은 식탁을 치우고 다음 손님(항상 많은 손님이 있음)을 위한 준비를 하는데 추가 10분이 더 걸린다. 평균 고객은 이 식당에 $20(음식, 음료, 팁을 포함)을 지불한다(모든 팁은 레스토랑이 징수하고, 직원은 고정된 임금을 받는다).

이 레스토랑은 10명의 웨이터와 10명의 주방 직원을 가지고 있다. 각 직원들은 저녁시간당 $90을 번다(준비, 레스토랑이 연 4시간, 청소를 포함). 평균주문비용은 재료비가 $5.50(음식으로 $4.50과 평균 음료 $1)이다. 노동비용에 더하여 레스토랑을 위한 고정비는 일당 $500의 집세 그리고 일당 $500의 다른 간접비용을 포함한다. 레스토랑은 연간 365일 문을 열며 주말과 공휴일에 조차도 마지막 좌석까지 찬다. 레스토랑에 묶여있는 자본이 약 $200,000이며, 이는 대부분 가구,장식, 장비들로 구성된다.

a. 이 레스토랑은 하루 몇 명의 손님들에게 서비스를 제공하는가? [6.2]
b. 이 레스토랑의 주인은 얼마의 투자자본 순수익률(Return on Invested Capital)을 가지는가? [6.2]
c. 당신이 주방 직원들의 생산성을 향상시켜 그 중의 한 명을 식탁을 치우는 작업에 동원시킬 수 있게 되었다고 가정하자. 이것은 식탁치우기를 10분 대신 5분으로 줄일 것이다. 이 경우에 새로운 ROIC는 무엇이겠는가? [6.3]
d. 만약 간접비용이 하루에 $100까지 줄어들 수 있다면, 새로운 ROIC는 무엇이 되겠는가? [6.3]

6.3 **(Phiily Air)** Philly Air Inc.는 필라델피아와 Atlantic City간 저비용 항공여행을 제공한다. Philly Air의 투자된 자본은 $5,000,000이며 이는 회사가 가진 두 대의 항공기에 대한 투자에 해당한다. 두 항공기는 각각 50명의 승객을 운송할 수 있다. 각 비행기는 필라델피아에서 Atlantic City까지 하루 12번의 이동을 하며 Atlantic City에서 필라델피아까지 12번의 이동을 한다. 가격은 각 편도 표에 대해서 $100이다. 현재의 부하율은 70%이다(즉, 35좌석이 평균 비행에 팔린다). 이 서비스를 운영하고 사업을 지속하는 연간 비용은 $60,000,000(노동, 연료, 마케팅, 게이트(gate) 수수료, 랜딩(landing) 수수료, 유지, 기타 등의 모든 비용을 포함)이다. 이 회사는 연간 365일 운영된다.

a. 이 회사에 대하여 위의 모든 정보를 통합하는 ROIC(투자자본 순수익률) 나무를 그려라. [6.2]
b. 현재의 ROIC는 무엇인가? [6.2]
c. 회사가 손익분기 할 수 있는 최소의 부하율은? [6.3]
d. 이 회사가 ROIC에서 10% 포인트(point) 증가를 위하여 얼마의 부하율을 달성해야 하는가? (예, 5%에서 15% ROIC 증가) [6.3]

6.4 **(Oscar's Office Building)** Oscar사는 부동산 사업에 뛰어드는 것을 진지하게 고려하고 있다. 그는 현금으로 180만 달러($)에 현존하는 사무실용 빌딩을 구입하려 살펴보고 있다. 그는 매년 ROIC(투자자본 순수익률)가 얼마나 될 것인지 추정하고 싶어 한다. 그 빌딩에 임대 가능

한 공간은 14,000평방피트(square feet)이다. 그는 임대료를 한 달에 1평방피트당 $4로 책정하고 싶어 한다. 그러나, 그는 수요가 가격에 의존한다는 것을 안다. 그가 분양할 수 있는 빌딩의 임대율을 대략적으로 다음의 식으로 추정했다.

임대율 = 2 − 0.3×임대

(임대는 한 달에 1평방피트당 받을 수 있는 돈($)으로 계산됨)

따라서 $4의 가격으로 Oscar는 사무실용 빌딩의 약 80%를 임대할 수 있겠다고 생각한다.

Oscar는 두 가지 범주의 비용을 고려한다: 변동비용, 이는 임대가 된 평방피트의 함수, 그리고 고정비용. 고정비용은 한 달에 $8,000이 될 것이며 이는 보험, 유지, 보안과 같은 항목들을 포함한다. 변동비용은 전기와 난방 같은 것을 커버하고 임대된 각 평방피트당 월 $1.25씩 지출 될 것이다.

a. 이 회사에 대한 ROIC(자본투자 순수익률) 나무를 그려라. [6.2]
b. ROIC는 얼마인가? [6.2]
c. 만약 Oscar가 매월 1평방피트당 $5을 받기로 결정한다면, 새로운 ROIC는 얼마가 되겠는가? [6.3]

6.5 **(OPIM Bus Inc.)** OPIM Bus Inc.는 필라델피아와 Bryn Mawr간 저비용 버스 운송을 제공한다. OPIM Bus의 투자된 자본은 $500,000이며 이는 회사가 가진 두 대의 버스에 대한 투자에 해당한다. 두 버스 각각은 50명의 승객을 운송할 수 있다. 각 버스는 필라델피아에서 Bryn Mawr까지 하루 12번의 이동을 하며 Bryn Mawr에서 필라델피아까지 12번의 이동을 한다. 가격은 각 편도 표에 대해서 $10이다. 현재의 부하율은 70%이다(즉, 35좌석이 평균적으로 팔린다). 이 서비스를 운영하고 사업을 지속하는 연간 비용은 $6,000,000이다. 이 회사는 연간 365일 운영된다.

a. 이 회사에 대한 ROIC(투자자본 순수익률) 나무를 그려라. [6.2]
b. 현재의 ROIC는 얼마인가? [6.2]
c. 회사가 손익분기 할 수 있는 최소의 부하율은? [6.3]
d. 이 회사가 ROIC에서 10% 포인트(point) 증가를 위하여 얼마의 부하율을 달성해야 하는가? (예, 5%에서 15% ROIC 증가) [6.3]

특정 절에서의 이해도를 확인하고 싶다면 아래의 각 절에 해당하는 문제를 참고하라.

- 6.2절: 6.1ab, 6.2ab, 6.3ab, 6.4ab, 6.5ab
- 6.3절: 6.1c, 6.2cd, 6.3cd, 6.4c, 6.5cd
- 6.4절: 6.1d

CHAPTER

07

품질과 통계적 공정관리

많은 생산 및 서비스 프로세스들은 품질문제로 고충을 겪고 있다. 항공사가 고객의 수화물을 분실하고, 컴퓨터 제조 기업이 불량 디스크드라이버가 장착된 노트북을 고객에게 배송하고, 약국에서 환자에게 잘못된 약을 조제해 주고, 우편배달회사가 고객의 서류를 분실하거나 잘못된 주소지로 배송하기도 한다. 이처럼 고객이 직접적으로 인지할 수 있는 품질문제들 외에도 고객에게는 숨겨진 채로 프로세스 내에서 발견되고 수정되는 프로세스 상의 품질문제들이 남아있다. 이러한 품질문제는 고객에게는 비록 가려져 있지만 비즈니스 프로세스의 경제적 측면에서는 심각한 영향을 끼치게 된다. 이 장을 학습하는 주된 목적은 품질문제를 보다 더 잘 이해하고, 왜 그러한 문제들이 발생하며, 그러한 문제들의 빈도를 낮추기 위해 어떻게 프로세스가 개선될 수 있는지를 이해하는 것이다.

이 장에서 알게 되겠지만, 산포는 모든 품질문제의 근본 원인이다. 산포가 존재하지 않는다면 우리의 프로세스는 항상 원하는 대로만 작동하던지(그렇다면 우리는 본 교재에서 품질에 관한 절이 필요 없을 것이다) 아니면 결코 프로세스가 비즈니스에서 원하는 대로 작동 하지 않을 것이다. 산포가 품질에 지대한 영향을 미친다는 사실을 바탕으로, 이 장에서 우리는 통계학 분야에서 유도된 다양한 도구들과 프레임워크들을 종종 사용하게 될 것이다.

산포가 품질에 미치는 영향을 살펴보기 위하여 다음과 같은 예시들을 고려해 보자.

- 유럽연합위원회 규정 1677/88호에 따르면 오이는 10cm당 10mm의 굽힘이 허용된다. 이보다 더 굽은 오이는 1등급으로 분류되지 않는다. 2등급 오이는 두 배 가량의 심한 굽힘을 가진 오이들로 구성된다. 다시 말해, 이 위원회에서는 오이들이 농산물 생산 프로세스에서의 산포가 반영되어 다양한 모양과 크기로 제공된다는 것을 인정하고 있는 셈이다. 유럽연합의 관료에 의하면, 이상적인 오이의 모양은 일직선의 형태이고, 굽힘이 심할수록 등급이 떨어진다는 것이다.
- 2013년 가을, 공개적으로 거래되는 전자제품 소매업체 Tweeter는 하루 동안 주가가 1400% 상승하는 것을 경험했다. 왜냐하면 일부 투자자들이 초기공모를 진행하는 과정 중에 있었던 Twitter의 주식과 Tweeter의 주식을 혼동한 것이다. Tweeter 주식의 거래 빈도가 늘 산포가 있어왔던 것은 사실이나 하루 29,000주가 거래되던 것이 하루 1천4백4십만주로 급등한 것이다. Twitter가 시세 기호를 TWTRQ에서 THEGQ로 변경하자 Tweeter 주식은 단 몇 시간 만에 예전의 수준으로 거래량이 떨어졌다.
- 독일 뮌스터(Munster) 의과 대학과 연계 된 병원에서 인턴직을 수행 중이던 한 의과대학 학생이 경구로 투약해야 할 약물을 주사기로 아기의 경정맥(IV)에 주사하는 일이 일어났다. 주사기의 모양은 경구용과 경정맥용이 동일하였다. 동일한 모양의 주사기는 그 동안 수없이 자주 사용되어 왔지만 이번에는 이러한 실수로 이어져 결국

아기는 그날 사망했다.

- 품질 문제들은 유람선 에스토니아(MS Estonia)호의 사고에서 보다 심각한 인명피해를 유발하기도 했다. 1994년 9월 28일, 이 유람선은 탈린(Tallin) 지역에서 발트해(Baltic Sea)로 향했다. 그 날 바다는 거칠고 유람선의 수화물들은 약간 불균형적으로 분배되어 실려 있었다. 그 전까지 여러 차례 거친 날씨를 경험해 왔고 무사히 항해를 마친 경험이 있었던 이 유람선은 사실 수화물의 완벽한 하중 분포를 갖추는 것이 드문 일이었다. 그러나 이날 유람선의 안전에 영향을 미치는 많은 변수들은 결국 나쁜 결과를 초래했다. 에스토니아호는 침몰하여 800명이 넘는 사망자를 초래하며 타이타닉(Titanic)호 침몰 이후 가장 비극적인 해양 재해 중 하나로 기록되었다.

7.1 통계적 공정관리 프레임워크

산포는 어디에나 존재한다. 경영학 교과서에서 논하기에는 지나치게 시적인 표현일 수 있으나 세상에 어떤 눈송이 두 개도 동일하지 않다. 앞서 예를 든 두 오이도 마찬가지이다. 자연 그 자체가 무작위성을 만들어 모든 오이의 크기와 곡률을 다르게 한다. 오이 모양과 크기의 이러한 산포 중 일부는 전적으로 무작위이다. 우리가 같은 토양에서 오이 50개를 재배하고 같은 빈도로 물을 주고 같은 햇빛에 노출하더라도 여전히 50개의 동일한 오이를 얻지는 못할 것이다. 우리는 이 자연적 형태의 변화를 자연적 변화(natural variation) 또는 일반원인 변동(common cause variation)이라고 한다.

의학에서도 일반원인에 의한 변동이 있다. 두 명의 아기에게 동일한 의학적 상황에서 동일한 약물이 제공된다고 하더라도 그들의 반응은 다를 수 있다. 그러나 뮌스터에서 아기가 사망한 것은 일반원인에 의한 변동의 결과가 아니었다. 의대생이 실수를 해서 약물을 경정맥(IV)에 주입하여 아기에게 전달했다. 이로 인해 약물이 경구 전달에 비해 아기의 신체로 훨씬 빨리 확산된 것이다. 이것은 현장에서 발생한 자연의 무작위성이 아니었다. 이것은 약물이 얼마나 빨리 확산되는지에 그 간단한 설명이 있다. 우리는 이를 이상원인 변동(assignable cause variation)이라고 부른다.

일반원인 변동 및 이상원인 변동은 프로세스 성능에 영향을 준다. 추상적인 수준에서, [그림 7.1]과 같이 프로세스와 관련된 결과를 생각할 수 있다. 프로세스의 관리자 및 운영자는 여러 입력변수(input variable)에 영향을 준다. Twitter(또는 Tweeter)의 주식을 거래하는 경우, 이러한 입력변수는 구매할 주식의 종류, 구매할 주식의 수, 그리고 주당 지불 가격의 선택 등이다. 그러나 온라인에서의 주식거래 만큼 입력변수의 수가 적은 간단한 오퍼레이션은 매우 드물다. 다소 간단한 일이라고 할 수도 있는 오이를 키우는 것

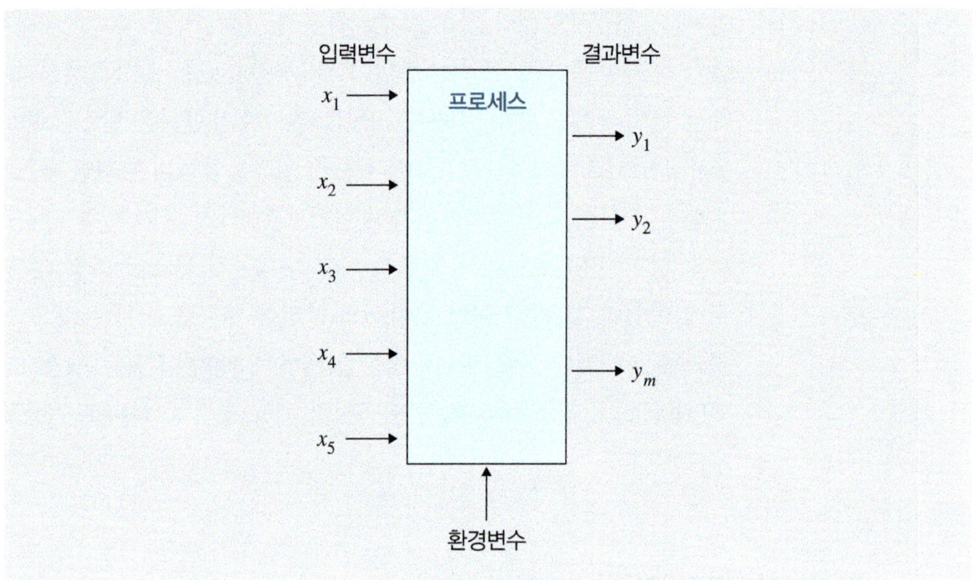

그림 7. 1 품질 프레임워크

도 이미 관수(물을 끌어들이는 방법) 설정, 비료 사용, 햇빛 노출, 살충제 사용 등을 포함한 다수의 변수들이 있다. 건강관리 서비스 또는 보트 또는 비행기의 운항을 위한 입력변수 목록은 훨씬 더 길다.

입력변수만이 프로세스 결과에 영향을 미치는 것은 아니다. 일반적으로 중요한 환경변수(environmental variable)도 많이 있다. 예를 들어, 에스토니아호의 경우 날씨와 바다를 환경변수로 생각할 수 있다. 입력변수와 달리 환경변수는 오퍼레이션에서 직접 통제할 수 있는 대상이 아니다. 이들은 단순히 발생할 뿐이며 대부분의 경우 품질에 부정적인 영향을 미친다. 반도체 생산과 같은 첨단 생산공정은 환경변수에 매우 취약하여 작은 먼지 입자 또는 장비의 미세한 진동과 같은 작은 환경변수 조차도 생산량의 대부분을 문제에 빠뜨릴 수 있다.

공정결과(output)는 여러 결과변수(outcome variables)를 사용하여 측정 할 수 있다. 결과변수는 오이의 곡률 또는 보트가 한쪽 또는 다른 쪽으로 기울어지는 정도와 같은 것들이다. 결과변수로 인해 불량품(defective unit)이 될지 여부는 일련의 규격(specification)에 따라 다르다. 규격을 결과변수에서 허용되는 값의 집합으로 정의한다. 오이의 경우에는 곡률이 규격으로 정의되는 식이다.

때로는 오이의 경우와 같이 결과변수에 따라 수학적 정의를 사용하여 결함(defect)을 정의 할 수 있다("오이의 곡률이 10cm에서 10mm를 초과하면 오이에 결함이 있음"). 다른 경우에는 그러한 수학적 기준을 공식적으로 정의하기가 어려울 수도 있다. 우리는 경정맥(IV)를 통해 약물을 전달하는 의대생이 실수를 저질렀으므로 결함을 일으킨다는 것을 알고 있지만, 이러한 상황의 수학적 공식을 만드는 것은 그리 쉽지 않다.

[그림 7.1]은 입력변수, 환경변수, 결과변수 및 결함 간의 관계를 보여준다. 이 프레임워크를 기반으로 다음과 같이 이야기 할 수 있다.

- 결함이 발생하려면 결과에 약간의 차이가 있어야 한다. 그러나 결과의 산포가 발생하려면 입력변수 또는 환경변수에 약간의 변화가 있어야 한다. 따라서 결함을 진단할 때 해당 결함을 유발한 입력변수 또는 환경변수를 찾아야 한다. 해당변수 또는 이러한 변수들을 결함의 근본원인(root cause)이라고 한다.
- 잘 관리된 운영 환경에서도 입력변수와 환경변수는 항상 일반원인에 의한 변동의 영향을 받는다. 경영진의 목표는 해당 산포를 작게 유지하고 프로세스를 설계하여 이 산포가 결과변수 및 궁극적으로는 결함의 큰 산포로 변모하지 않도록 하는 것이어야 한다.
- 입력 및 환경변수의 일반원인 변동이 결과변수의 일반원인 변동으로 이어짐을 피해야 하는 것처럼 입력변수의 이상원인 변동으로 인해 결함이 발생하지 않도록 해야 한다. 결과변수가 크게 변하지 않고 궁극적으로 결함이 발생하지 않으면서 입력 또는 환경변수의 변동(일반원인 또는 이상원인 변동)이 어느 정도 허용되는 경우에 이 프로세스를 강건(robust)하다고 정의한다. 예를 들어, 독일 병원의 공용 주사기를 통한 약물 전달 과정은 경험이 없는 의료제공자와 관련하여 강건한 프로세스라고 볼 수 없었다. 경구 약물 전달에 사용되는 주사기가 경정맥(IV) 전달과 양립 할 수 없는 다른 형태의 프로세스 설계가 보다 강건한 프로세스였을 것이다.
- 또한 [그림 7.1]에서 여러 입력변수가 결과변수에 영향을 주는 것을 관찰했다. 이러한 점은 산포가 쌓여서 커질 수 있다는 것을 의미한다. 때때로 x_1의 변화는 x_2의 변화와 동시에 발생하기도 한다. MS 에스토니아와 같은 프로세스는 날씨의 악천후, 화물 분배의 불균형, 그리고 작업자 실수 등을 각각 개별적으로는 견딜 수 있다. 그러나 통계적으로 동시에 발생하지 않을 것 같은 사건들이 동시에 일어날 때 재난은 일반적으로 발생한다.

프로세스 운영 관리자로서 우리의 목표는 프로세스를 재 설계하고 품질문제의 근본적인 원인을 해결함으로써 품질 문제를 이해하고 그 발생 빈도를 줄이는 것이다. [그림 7.2]는 이 목표를 달성하기 위해 이 장에서 취할 접근법을 요약 한 것이다. 앞서 언급한 산포 및 통계 분석에 중점을 둔 이러한 접근방식을 통계적 공정관리(SPC; statistical process control)라고 부른다.

SPC는 다음 네 단계로 구성된다:

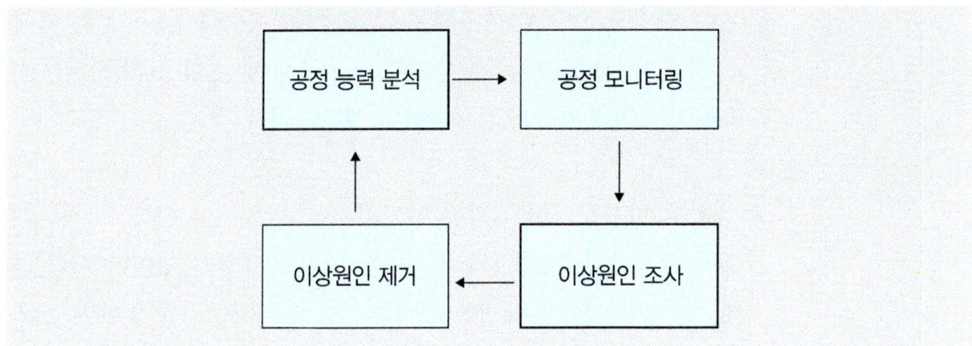

그림 7. 2 통계적 공정관리(SPC) 프레임워크

1. 공정(혹은 프로세스)에서 현재 결과변수의 산포를 측정하고 이 산포가 결과물의 규격(specifications)과 어떤 관련이 있는지, 그리고 결함이 발생할 가능성과 어떻게 연계되는지를 분석한다. 이러한 과정이 프로세스의 능력(capability)을 결정한다.
2. 공정(혹은 프로세스)과 결과변수의 산포가 비정상인 경우를 모니터링(monitoring)하여 입력변수 또는 환경변수에 이상원인 변동(assignable cause variation)이 발생했음을 인지한다. 다시 말하면, 프로세스를 모니터링 하여 현재 관측된 변동이 일반적인 변동 패턴(즉, 일반원인 변동(common cause variation)에 의한 패턴)과 일치하는지를 확인한다. 현재 관측된 변동이 과거 데이터와 일치하지 않는 경우 이상원인(assignable cause)이 발생한 것으로 추측한다.
3. 변동을 일으킨 입력변수(input variables) 또는 환경변수(environmental variables)를 찾아서 이상원인 변동(assignable cause variation)의 근본 원인을 조사한다.
4. 유사한 이상원인 변동(assignable cause variation)을 유발하는 사건의 재발을 피하고, 또는 향후 그와 같은 사건이 발생할 지라도 이에 품질이 영향을 크게 받지 않도록, 즉 둔감(robust)해지도록 공정을 변화시킨다.

다음 절에서는 이 네 가지 단계를 보다 자세하게 설명한다.

7.2 공정 능력 분석

변동을 제어하여 일관성을 유지하는 것은 고품질을 달성하는데 매우 중요하다. 이것은 운영관리에서 사실일 뿐만 아니라, 우리 삶의 여러 측면에서도 적용된다. 다음과 같은 예를 스포츠 세계에서 고려해 보자. 사격에서 사수는 [그림 7.3]에 표시된 것과 유사한

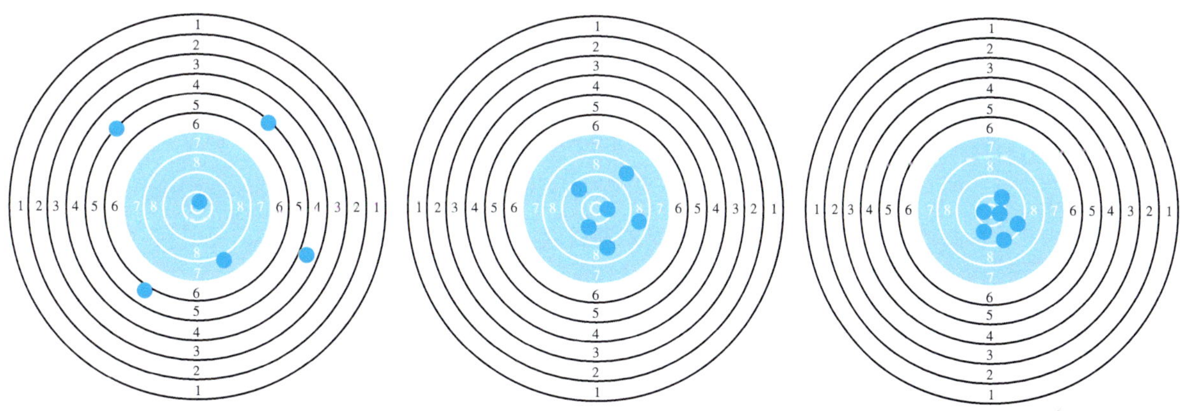

그림 7. 3 세 명의 사수가 표적에 발사 한 6발의 결과(왼쪽에서부터 사수 1, 2, 그리고 3)

표적을 조준하게 된다. 이 그림은 3명의 사수가 각각 6발을 쏘았을 때의 사격 결과를 비교하고 있다. 표적 중앙의 검은 부분을 맞혔을 때마다 1점의 점수가 매겨진다고 가정하자. 세 명의 사수 모두 평균적으로는 중심점 (과녁)을 맞혔다는 점에 유의하라. 그리고 사수 2와 3은 모두 6점을 얻었다. 당신은 누가 최고의 사수라고 생각하는가?

사수 1의 결과를 먼저 보도록 하자. 목표물을 기준으로 왼쪽으로 2발을 쏘아서 목표물을 놓치고, 오른쪽으로 2발을 쏘아 결과적으로는 “보상(compensate)”하는 방식으로 평균치가 표적 한가운데에 맞은 경우이다. 하지만 결과적으로 이 사수는 그리 좋은 사수가 못 된다. 다음으로, 사수 2와 3을 살펴보자. 이 경우에는 둘 다 6점을 얻었다(검은 색 영역에 들어가기만 하면 1점을 얻는다는 것을 기억하라). 그러나 직관적으로 우리는 사수 3이 더 나은 사수라고 믿을 것이다.

본 사격의 예시는 프로세스의 산포를 측정하는 것에 관한 두 가지 중요한 교훈을 보여준다. 첫째, 우리가 사수의 능력을 측정 할 때, 그것은 사격의 평균 위치가 아니라는 것이다(평균적으로는 세 사수 모두 표적의 중앙을 맞혔다). 대신, 한 사수를 다른 사수보다 더 좋은 사수라고 판단할 수 있게 하는 것은 표적에 대한 사격 결과의 산포이라는 것이다. 두 번째로, 우리는 총 6발의 결과에서 몇 발이 검정표시에 들어가고 몇 발이 바깥에 위치했는가 보다는 총 6발 전체의 위치에서 더 많은 것을 추론 할 수 있다는 것이다. 이상적인 목표지점 (표적의 중앙)과 비교되는 각 발사결과의 정확한 위치를 신중하게 측정함으로써 우리는 추가적인 정보를 얻는다. 만약 100발을 사격할 때 그 중 몇 발이 목표물에 명중할지를 외삽(extrapolate)하고 예측(predict)하길 원한다고 상상해 보자. 단순하게 생각하면, 사수 2와 3은 모두 목표물에 100% 명중했으므로 앞으로도 실수를 하지 않을 것이라고 판단 할 것이다. 그러나, 사수 2가 수많은 “실패영역 근처”(즉, 검은색 원의 가장자리에 가까운 사격결과)를 맞혔다는 사실을 고려하면 사수가 실제로 검은색 영역을 100번 모두 연속으로 맞힐 수 있을지는 확신할 수 없게 된다.

공정능력지수의 파악

사격의 예시에서 이제 운영관리의 세계로 돌아와 보자. 많은 디자인 상을 수상한 킥 스쿠터(kick scooter) 제조사인 Xootr사의 생산과정을 고려해 보자([그림 7.4] 참조; Xootr 생산공정에 대한 자세한 내용은 앞 장 참조). Xootr의 조향지지대(steer support) 생산공정은 알루미늄으로 압출한 후 컴퓨터 제어 공작(CNC) 기계에서 가공하는 것으로 구성되어 있다.

그림 7. 4 조향지지대를 포함한 Xootr 스쿠터

[그림 7.5]는 부품의 엔지니어링 도면을 보여준다. 모든 조향지지대의 구성 요소가 CNC 기계에 의해 가공된다는 사실에도 불구하고, 산출물의 정확한 형상과는 조금씩 다른 약간의 산포가 존재한다. 이 산포는 입력변수(예를 들면, 원료, 부품이 기계에 배치되는 방식, CNC 기계를 프로그래밍 할 때 발생하는 실수 등) 및 환경변수(예를 들면, 가공 당시의 실내 온도 등)를 포함한 많은 원인들의 결과물이다.

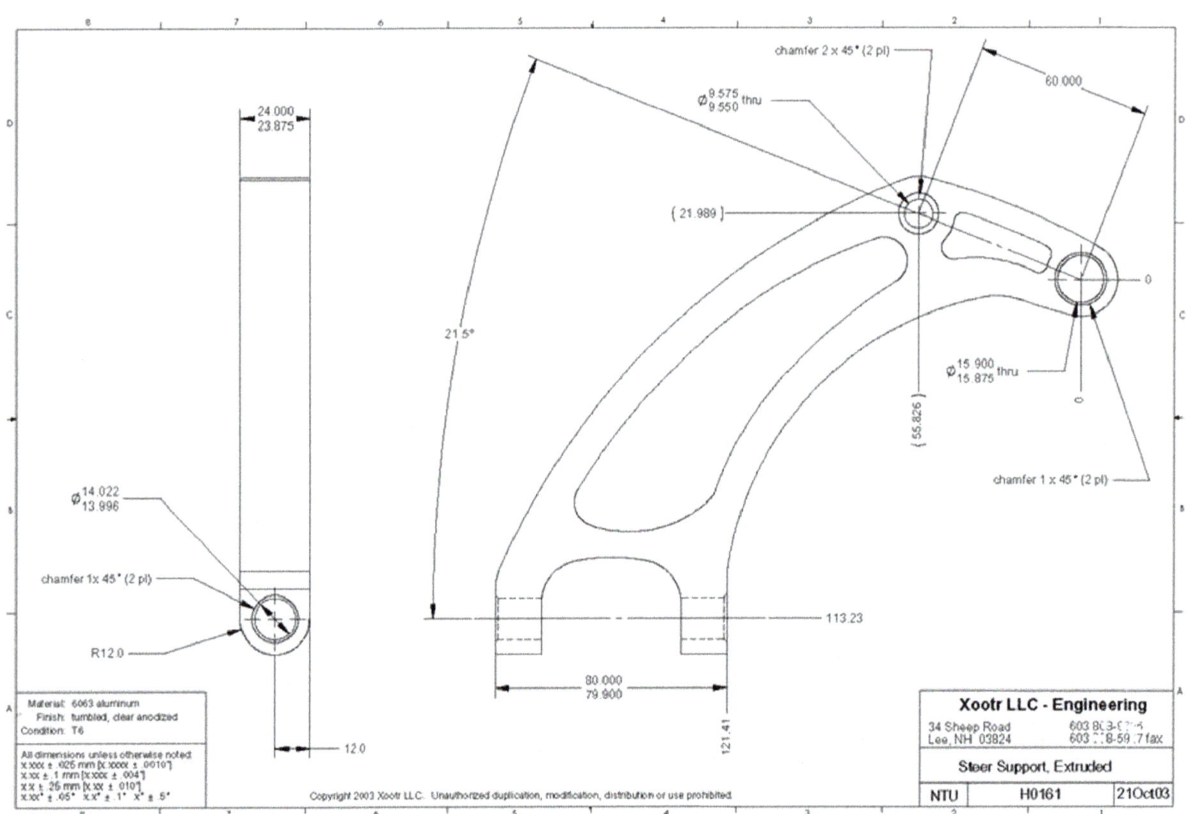

그림 7. 5 조향지지대의 엔지니어링 도면

제품 설계에 따르면 이상적인 조향지지대는 높이가 79.950mm이다. 이것이 Xootr의 생산공정에 있어 목표지점(표적의 중앙)에 해당한다. 엔지니어링 도면에서는 높이가 79.900mm와 80.000mm 사이에 있어야 한다고 지정하고 있다. 높이가 79.900mm 미만인 경우 부품이 느슨하게 맞물리기 때문에 과도하게 덜컥거릴 수 있다. 높이가 80.000mm을 초과하면 부품이 핸들 조립과정에서 빈 공간에 맞지 않을 수 있다. 이때 우리는 79.900mm를 규격하한(lower specification limit: LSL), 그리고 80.000mm을 규격상한(upper specification limit: USL)이라고 부른다. 이러한 규격한계들은 생산된 제품이 정상인지 불량인지를 결정하는데 사용된다. 이는 [그림 7.3]에서 사격 결과가 목표지점에 들어왔는지 여부를 결정하는 검은색 원의 경계에 해당한다.

조향지지대의 높이가 지닌 산포가 품질 문제를 야기하므로 이 회사(Xootr사)의 엔지니어들은 조향지지대의 높이를 매우 신중하게 모니터링 한다. 매일 부품의 표본을 수집하고 이를 정확하게 측정한다. 이 표본을 통해 엔지니어는 조향지지대 생산의 현재 산포를 추정 할 수 있게 된다. 통계학에서는 산포를 측정하기 위해 표준편차(standard deviation)을 사용하며, 일반적이며 그리스 문자를 사용하여 약어로 시그마(σ)로 표시하기도 한다. (특히 작은 크기의) 표본에 대한 표준편차를 추정 할 때 공정의 추정된 산포를 시그마 햇($\hat{\sigma}$)이라고 부른다.

그러나 공정의 산포의 크기($\hat{\sigma}$)이 주어졌을 때, 해당 공정에서 결함이 발생할 가능성은 얼마가 되는가? 이 질문에 대한 답변은 다음 두 가지에 의해 결정된다.

- 규격 상한(upper specification limit)과 규격하한(lower specification limit)의 차이(USL-LSL)로 정량화되는 설계 규격(design specification)의 조밀함(tightness).
- 현재 공정이 지닌 산포의 크기, 즉 추정된 표준편차인 시그마 햇 ($\hat{\sigma}$).

따라서, 결함의 가능성을 설명하는, 즉 주어진 설계 규격을 충족시키는 프로세스의 능력(capability)은 공차(USL-LSL)에 대비된 상대적인 프로세스 산포의 크기(시그마 햇)에 달려있다. 이 두 측정 값은 단일 점수로 결합 할 수 있으며 이를 종종 공정능력지수(process capability index)라고 부른다.

$$C_p = \frac{\text{USL} - \text{LSL}}{6\hat{\sigma}}$$

공정능력지수 C_p는 공정의 실제 산포에 대한 허용 공차를 측정한 것이다. 분자와 분모는 모두 같은 단위 (Xoort의 경우 밀리미터)로 표시되므로 C_p 자체는 단위가 없다. C_p를 해석하기 위해 $C_p=1$인 경우를 고려해 보자. $C_p=1$이 되기 위해서는 공차인 USL-LSL이 추정된 표준편차 $\hat{\sigma}$의 6배가 되어야 한다. 즉, $C_p=1$의 경우 표준편차의 6배를 공차 구간

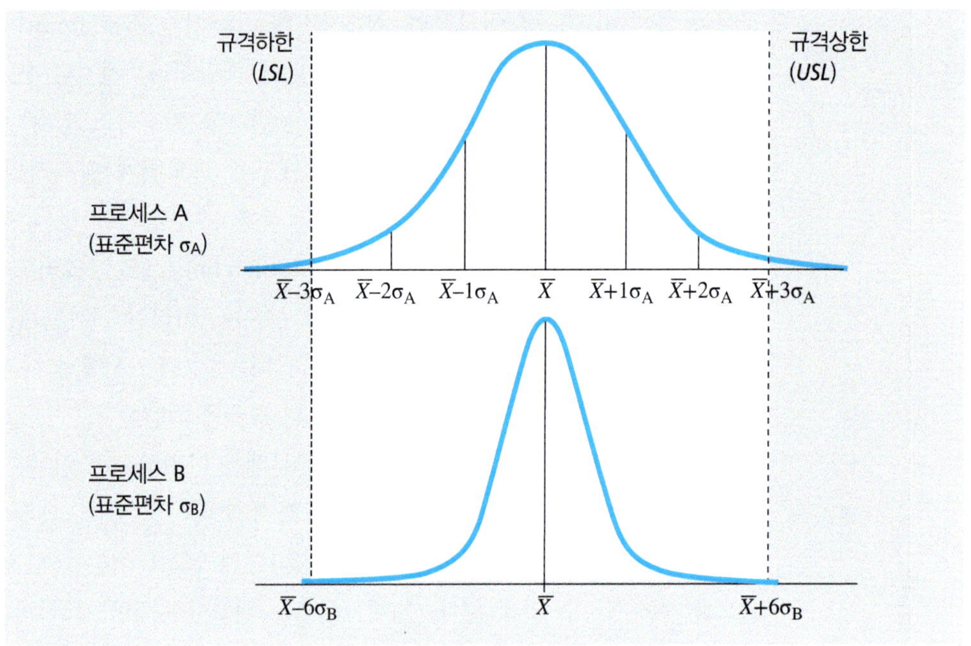

그림 7. 6 3–시그마 프로세스와 6–시그마 프로세스의 비교

안에 맞출 수 있다. 통계학에서 우리는 표본의 평균이 정규분포에 따라 분포되는 경향이 있음을 알고 있다. 정규분포의 평균(mean)이 공차 구간의 중간(Xootr의 경우 79.5mm)에 위치한다고 가정하면 C_p 값 1은 해당 중심점에서 양쪽의 규격한계(specification limit)에 도달하기 전에 표준편차의 세 배만큼 이동할 수 있다는 것을 의미한다. 이러한 이유로 $C_p=1$인 프로세스를 "3-시그마 프로세스"라는 표현을 쓰게 된다.

[그림 7.6]은 설계 규격이 동일하게 주어진 경우의 서로 다른 두 가지 C_p 값을 비교하고 있다. 위쪽에 표시된 그림은 3-시그마 프로세스를 나타낸다. 따라서 $C_p=1$이라는 것을 알 수 있다. 아래쪽에 표시된 그림은 규격한계는 동일하지만 프로세스의 표준편차 σ_B가 훨씬 작다. 규격한계에 도달하기 전에 표준편차의 6배만큼을 평균의 양쪽으로 이동할 수 있다. 다시 말해, 이러한 6-시그마 프로세스에서, 공차 구간은 표준편차 σ_B의 12배에 해당하는 폭을 가지고 있다. 공정능력지수는 따라서 다음과 같다.

$$C_p = \frac{\text{USL} - \text{LSL}}{6\hat{\sigma}} = \frac{12\hat{\sigma}}{6\hat{\sigma}} = 2$$

결함의 가능성 (통계적으로 말하면, 종(bell) 모양을 지닌 확률밀도함수(probability density function)에서 공차 구간 바깥 부분에 해당하는 영역의 크기)은 위쪽 그림(3-시그마 프로세스)에 비해 훨씬 작다.

조향지지대의 경우, Xootr 엔지니어는 표준편차를 0.017291mm로 추정하였다. 이를 통해 다음과 같이 공정능력지수 값을 계산할 수 있다.

$$C_p = \frac{\text{USL} - \text{LSL}}{6\hat{\sigma}} = \frac{80.000 - 79.900}{6 \times 0.017291} = 0.963889$$

결함 발생 확률 예측

프로세스의 평균, 표준편차, 그리고 규격한계를 알고, 프로세스가 정규분포를 따른다는 사실에 따라서 향후 결함의 발생 확률을 예측할 수 있다. 이 결함 확률을 계산하기 위해 다음과 같은 계산을 수행한다.

1단계: 확률변수가 규격하한 LSL보다 작은 값을 가질 확률을 찾는다. NORM.DIST (LSL, Mean, Standard Deviation, 1)를 Excel에 입력하면 된다. NORM.DIST는 누적 정규 분포 값을 계산한다. 수학적으로 이는 LSL의 왼쪽에 해당하는 확률 밀도 함수 (정규 분포와 관련된 종 모양의 곡선) 아래 영역이다. Xootr의 예시에서 이 과정은 우리에게 다음과 같은 결과를 보여준다.

확률변수가 규격하한 LSL보다 작은 값을 가질 확률
=NORM.DIST(79.9, 79.95, 0.017291, 1)=0.001915954

2단계: 확률변수가 규격상한 USL을 넘어 설 확률을 찾는다. Excel에 1−NORM.DIST (USL, Mean, Standard Deviation, 1)를 입력하면 된다. 수학적으로, 이것은 USL 오른쪽에 해당하는 확률 밀도 함수 아래 영역이다.

확률변수가 규격상한 USL을 넘어 설 확률
=1−NORM.DIST(80, 79.95, 0.017291, 1)=0.001915954

1단계와 2단계의 값은 결과적으로 동일하다. 이는 분포의 평균이 공차 구간의 정 중앙에 위치하기 때문이다. 그러나 늘 이런 상황에 놓이는 것은 아니다. 따라서 단순히 1단계를 수행 한 다음 부품이 너무 클 확률이 부품이 너무 작을 확률과 같다고 가정하는 것을 올바르지 않고 대신 1단계와 2단계를 각각 수행하는 것이 좋다.

3단계: 1단계와 2단계의 결과를 합산하여 결함 확률을 얻는다.(부품의 크기가 너무 크거나 작은 것이 결함이기 때문에 결함 가능성은 단순히 두 확률의 합과 같다)

결함 확률=0.001915954+0.001915954=0.003831908

결함 확률을 얻는 것 외에, 백만 단위(part per million 또는 짧게는 ppm이라고도 함) 중 결함이 예상되는 단위 수를 나타내는 것도 일반적이다. ppm 수를 구하려면 간단히 결함 확률에 1,000,000을 곱하면 된다. Xootr의 조향지지대 부품의 경우는 다음과 같다.

PPM=결함 확률×1,000,000=0.003831908×1,000,000=3831.9

표 7.1 평균과 규격한계 사이의 표준편차 수와 결함 확률 간의 관계

표준편차 수	공정능력지수	확률변수가 LSL보다 작을 경우	확률변수가 USL보다 클 경우	결합 확률	PPM
1	0.333333333	0.1586552539	0.1586552539	0.31731050786	317310.5
1.2	0.4	0.1150696702	0.1150696702	0.23013934044	230139.3
1.4	0.466666667	0.0807566592	0.0807566592	0.16151331847	161513.3
1.6	0.533333333	0.0547992917	0.0547992917	0.10959858340	109598.6
1.8	0.6	0.0359303191	0.0359303191	0.07186063823	71860.64
2	0.666666667	0.0227501319	0.0227501319	0.04550026390	45500.26
2.2	0.733333333	0.0139034475	0.0139034475	0.02780689503	27806.9
2.4	0.8	0.0081975359	0.0081975359	0.01639507185	16395.07
2.6	0.866666667	0.0046611880	0.0046611880	0.00932237605	9322.376
2.8	0.933333333	0.0025551303	0.0025551303	0.00511026066	5110.261
3	1	0.0013498980	0.0013498980	0.00269979606	2699.796
3.2	1.066666667	0.0006871379	0.0006871379	0.00137427588	1374.276
3.4	1.133333333	0.0003369293	0.0003369293	0.00067385853	673.8585
3.6	1.2	0.0001591086	0.0001591086	0.00031821718	318.2172
3.8	1.266666667	0.0000723480	0.0000723480	0.00014469609	144.6961
4	1.333333333	0.0000316712	0.0000316712	0.00006334248	63.34248
4.2	1.4	0.0000133457	0.0000133457	0.00002669150	26.6915
4.4	1.466666667	0.0000054125	0.0000054125	0.00001082509	10.82509
4.6	1.533333333	0.0000021125	0.0000021125	0.00000422491	4.224909
4.8	1.6	0.0000007933	0.0000007933	0.00000158666	1.586656
5	1.666666667	0.0000002867	0.0000002867	0.00000057330	0.573303
5.2	1.733333333	0.0000000996	0.0000000996	0.00000019929	0.199289
5.4	1.8	0.0000000333	0.0000000333	0.00000006664	0.066641
5.6	1.866666667	0.0000000107	0.0000000107	0.00000002144	0.021435
5.8	1.933333333	0.0000000033	0.0000000033	0.00000000663	0.006631
6	2	0.0000000010	0.0000000010	0.00000000197	0.001973

앞선 계산에서 알 수 있듯이 분포의 평균과 규격한계 사이의 표준편차 수를 결함 확률로 변환 할 수 있다. 이것은 정규 분포의 통계적 계산을 적용하는 문제이다. [표 7.1]은 평균과 규격한계 사이를 표준편차의 몇 배로 표현하는가에 따른 일반적인 프로세스의 결함 확률과 PPM 수를 보여준다.

C_p의 공정능력지수(즉, 3-시그마 프로세스)는 0.002699796의 확률로 결함이 있다. 따

라서 0.997300204의 확률로 결함이 없는 것이다. 결과적으로 1,000,000 단위당 2700개의 결함이 발생한다.(정확히는 2699.796)

전통적으로 품질 전문가들은 최소 공정능력지수 1.33을 권장해 왔다. 그러나 6 시그마 프로그램의 일환으로 많은 조직들은 이제 보는 단계에서 프로세스 능력 $C_p=2$을 얻기 위해 모든 노력을 기울여야 한다고 상정한다. 이는 USL이 평균보다 표준편차의 6배 오른쪽에 위치하고 LSL이 평균보다 표준편차의 6배 왼쪽에 위치하는 것을 요구하는 것과 통계적으로 동일하다. 이것은 'six-sigma'라는 이름을 설명한다.

6-시그마 프로세스는 0.00000000197의 확률로 결함을 만든다. 이는 10억 개 중 약 2개의 결함에 해당한다. 이 숫자는 거의 우스울 정도로 작은 값이다. 그렇다면 왜 더 작은 목표를 정하지 않는 것일까? 0.000063342의 결함 확률에 해당하는 이전에 언급한 $C_p=1.33$의 품질 목표가 충분하지 않은 이유는 무엇인가?

이것은 실제로 교묘하게 속임수가 있는 질문이다. 먼저 '충분하다'라는 개념이 오해의 소지가 있음을 밝혀두자. 특히 이번 장의 시작 부분에서 세 번째와 네 번째 예를 기억한다면 모든 결함은 매우 심각한 문제를 일으킨다. 둘째, 프로세스는 종종 결함이 있을 가능성이 있는 여러 단계로 구성된다는 것을 이해해야 한다. Xootr는 조향지지대 부품으로 구성 될 뿐만 아니라 다른 많은 부품도 갖추고 있다. 컴퓨터, 전화 또는 자동차와 같은 복잡한 조립제품에는 수백 개의 하위 조립단계와 구성 요소가 있다. 최종 제품은 모두 제대로 작동하는 경우에만 올바르게 작동한다. 부분 조립품과 구성 요소가 200개인 제품을 생각해 보자. 각 부품의 불량률이 0.01%이라면 각 단위를 올바르게 생산할 확률은 $1-0.0001=0.9999$이다. 따라서 최종제품이 올바로 작동 할 확률은 $0.9999^{200}=0.980198$로 주어지며 이는 2%의 결함 확률을 가진다는 것을 나타낸다. 다시 말해서, 여러 많은 기능이 올바르게 작동해야 하는 복잡한 시스템에서는 하위 조립단계 또는 구성 요소 수준에서 매우 낮은 결함 확률조차도 상당한 양의 결함을 초래할 수 있다는 것을 의미한다.

분산 감소 목표의 설정

이전의 분석은 경험적으로 관찰된 (표준편차 $\hat{\sigma}$의 형태로) 공정의 산포를 추정하는 것을 시작으로 결함 확률을 계산했다. 우리는 원하는 (표적화 된) 결함 확률을 정하는 것으로부터 공정에서 허용 가능한 표준편차를 계산할 수도 있다. 예를 들어, Xootr LLC의 경영진이 품질 표준을 강화하기를 원한다고 가정하자. 현재 결함의 빈도 0.003831908 (즉, 3831.9ppm)을 허용하는 대신 새 목표가 10ppm으로 설정된다고 상상해 보자. Xootr LLC는 이 목표를 달성하기 위해 조향지지대 부품의 표준편차를 어느 수준까지 줄여야 하는가?

[표 7.1]에서 10ppm을 얻는 것은 공정능력지수 $C_p = 1.4667$에 해당함을 알 수 있다. 이는 표의 가장 오른쪽 열에서 가장 가까운 ppm 값을 찾을 때까지 내려간 다음 왼쪽에서 두 번째 열의 공정능력지수를 찾으면 된다. 공정능력지수의 정의를 사용하여 다음과 같은 방정식을 얻을 수 있다:

$$C_p = \frac{\text{USL} - \text{LSL}}{6\hat{\sigma}} \Leftrightarrow 1.4667 = \frac{80.000 - 79.900}{6 \times \hat{\sigma}}$$

시그마가 분모에 있는 경우, 이 방정식은 시그마의 선형 방정식이다. 수식을 재정렬하면 다음과 같이 목표 산포값을 얻게 된다:

$$\hat{\sigma} = \frac{\text{USL} - \text{LSL}}{6C_p} = \frac{80.000 - 79.900}{6 \times 1.4667} = 0.011364$$

달리 말하면, Xootr 엔지니어가 조향지지대 부품의 표준편차를 현재 값 0.017291에서 0.011364로 줄일 수 있다면 공정능력지수를 0.964에서 대략 1.4667으로 향상시키고, 이는 ppm을 3831.9에서 10으로 줄일 수 있다.

공정 능력의 요약 및 확장

우리는 공정 능력 분석에 대한 이번 절에서 공정의 규격한계와 추정된 표준편차를 함께 사용하고 공정 능력 및 불량률을 계산하는 방법을 학습하였다. 이는 앞서 논의한 사수의 표적사격의 예와 매우 유사한 내용이다.

조향지지대 10개를 표본으로 채택할 때 불량품을 하나도 관찰하지 못할 수도 있다(즉, 모든 측정치가 규격한계 내에 있음). 이러한 상황이 백만 개 부품에서도 불량품이 없을 것이라는 것을 의미하는가? 더 큰 크기의 표본을 채택했을 때의 상황으로 생각을 확장하기 위해서는, 불량품과 정상품으로 단순히 이진 분류(binary classification)하는 것보다 좀 더 많은 정보를 사용하는 것이 바람직하다. 우리가 표적을 향해 사격을 행한 사수의 타점이 과녁에서 얼마나 멀리 떨어져 있는지를 보고 사수의 능력을 측정한 것처럼, 측정치의 산포를 보고 양쪽의 규격한계들 내에 해당하는 영역이 몇 배의 표준편차로 표현되는지를 확인할 필요가 있다. 또한 목표 불량품의 개수로부터 공정에서 허용되는 산포를 계산할 수 있는 방법을 살펴 보았다. 분명히 결함과 산포는 함께 존재하기 마련이다.

우리는 이번 분석에서 공정이 규격상한과 규격하한을 가지고 있다고 가정했는데, 수집된 데이터의 평균이 늘 중간에 있었다. 그러나 이러한 가정이 실제로 관찰된 내용과 항상 일치하는 것은 아니다.

- 경우에 따라서는 한 가지의 규격한계만이 있을 수도 있다. 콜 센터에서 통화대기시

간을 추적하고 주어진 대기시간 또는 그보다 빠른 시간에 고객에게 서비스를 제공하는지를 측정한다고 가정해 보자. 이 경우 고객에게 예외적으로 짧은 대기시간을 가지게 하는 것을 불량이라고 간주하는 것은 이치에 맞지 않는다. 따라서 이 경우는 규격하한을 0으로 설정할 수 있다.

- 분포의 평균이 항상 공차 구간의 중간에 있다고 가정해서는 안 된다. [표 7.1]에서 데이터를 생성하고 허용 가능한 시그마 수준을 검색 하기 위해서 평균이 공차 구간의 중간 지점에 있다는 가정을 만들어야 했을 뿐이다. 그러나 다른 모든 계산들은 이 가정에 의존하지 않는다. 불량률을 계산할 때에는 먼저 제품이 규격하한보다 낮을 확률을 계산하고, 제품이 규격상한보다 높을 확률을 추가적으로 계산하여 두 값을 더하게 된다.

7.3 적합성 분석

프로세스의 공정능력을 측정하고 특정 시점에 프로세스에 얼마나 많은 산포가 있는지 이해 했으므로 프로세스를 지속적으로 모니터링 할 수 있는 준비가 된 셈이다. 특히 프로세스의 산포를 관찰하는 경우 해당 산포가 정상인지(즉, 일반원인 변동에 의한 것인지), 아니면 비정상인지(즉, 이상원인 변동에 의한 것인지) 여부를 결정하기를 원한다.

관리도(control chart)는 [그림 7.7]에 표시된 것과 유사한 그래프의 형태로 시간에 따른 데이터를 표시한다. 관리도의 가로축은 공정에서 표본을 채취하는 다양한 시점을 나타낸다. 세로축에는 각 표본의 평균을 타점한다. 이러한 관리도는 $\bar{X}$ 차트(X-bar 차트로 발음되며 X-bar는 일반적으로 표본의 평균을 나타냄)라고 주로 부른다. $\bar{X}$ 차트를 사용

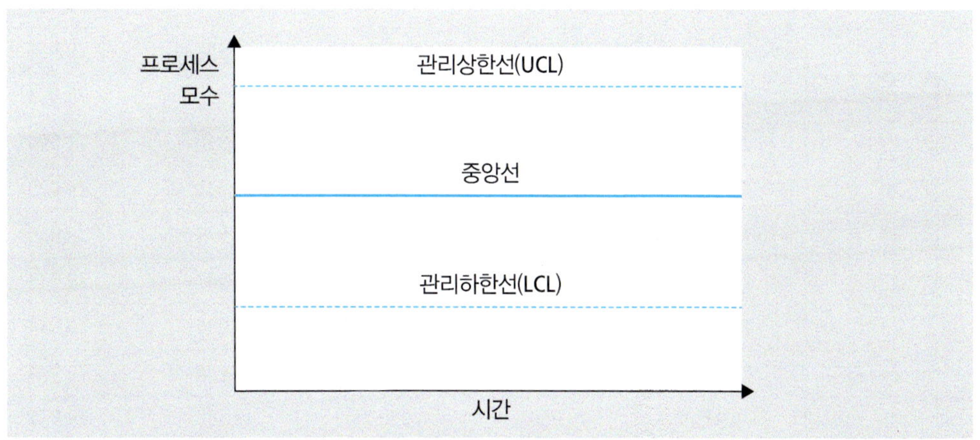

그림 7.7 관리도의 일반적인 예시

하면 시간 경과에 따른 추세를 문서화하고 예상치 못한 평균의 이동(예: 공구 마모로 인한) 또는 점프(예: 프로세스를 운영하는 새로운 작업자로 인한)를 식별하여 이들을 이상원인 변동에 의한 것으로 간주할 수 있다.

보다 공식적으로, 우리는 표본의 크기가 n개인 표본의 평균을 다음과 같이 정의한다.

$$\overline{X} = \frac{x_1 + x_2 + \cdots + x_n}{n}$$

표 7.2 표본 크기가 다섯 개인 조향지지대 측정치들

기간	x_1	x_2	x_3	x_4	x_5	평균
1	79.941	79.961	79.987	79.940	79.956	79.957
2	79.953	79.942	79.962	79.956	79.944	79.951
3	79.926	79.986	79.958	79.964	79.950	79.957
4	79.960	79.970	79.945	79.967	79.967	79.962
5	79.947	79.933	79.932	79.963	79.954	79.946
6	79.950	79.955	79.967	79.928	79.963	79.953
7	79.971	79.960	79.941	79.962	79.918	79.950
8	79.970	79.952	79.946	79.928	79.970	79.953
9	79.960	79.957	79.944	79.945	79.948	79.951
10	79.936	79.945	79.961	79.958	79.947	79.949
11	79.911	79.954	79.968	79.947	79.918	79.940
12	79.950	79.955	79.992	79.964	79.940	79.960
13	79.952	79.945	79.955	79.945	79.952	79.950
14	79.973	79.986	79.942	79.978	79.979	79.972
15	79.931	79.962	79.935	79.953	79.937	79.944
16	79.966	79.943	79.919	79.958	79.923	79.942
17	79.960	79.941	80.003	79.951	79.956	79.962
18	79.954	79.958	79.992	79.935	79.953	79.959
19	79.910	79.950	79.947	79.915	79.994	79.943
20	79.948	79.946	79.943	79.935	79.920	79.939
21	79.917	79.949	79.957	79.971	79.968	79.952
22	79.973	79.959	79.971	79.947	79.949	79.960
23	79.920	79.961	79.937	79.935	79.934	79.937
24	79.937	79.934	79.931	79.934	79.964	79.940
25	79.945	79.954	79.957	79.935	79.961	79.950
					Average	79.951

우리는 $\overline{X}$의 측정값을 타점하면서 우리가 얻은 표본이 과거의 프로세스 결과물과 일치하는 표본인지 알고 싶어한다. 이를 위해 특정 시점에 입력한 값 (예를 들면, 11일차의 표본 평균)이 (관리상한선(UCL)으로 알려진) 상한을 초과하는지 (관리하한선(LCL)으로 알려진) 하한을 미달하는지를 육안으로 검사한다.

공정능력분석을 위한 데이터를 수집할 때와 동일한 방식으로 Xootr 엔지니어가 수집한 [표 7.2]에 표시된 조향지지대의 높이와 관련된 데이터를 고려해 보자. 데이터는 25일 동안 매일 관측된 5개의 관측치를 보여준다. $\overline{X}$의 이전 정의를 기반으로, 우리는 매일의 평균을 계산할 수 있으며, 이는 마지막 열에 표시된 것과 같다. 예를 들어 14일째에 $\overline{X}$는 다음과 같이 계산된다.

$$\overline{X} = \frac{79.973 + 79.986 + 79.942 + 79.978 + 79.979}{5} = 79.972$$

모든 시점의 표본평균을 계산한 후, 우리는 전체 평균을 계산한다. 모든 $\overline{X}$를 사용하여 $\overline{X}$의 평균을 구하는 것인데 이는 평균의 평균을 의미하는 것으로 $\overline{\overline{X}}$라고 표기한다(발음은 “X 더블 바” 또는 “X 바 바”라고 부른다). 즉, [표 7.2]의 하단에서 다음과 같은 값을 확인할 수 있다.

$$\overline{\overline{X}} = 79.951$$

$\overline{X}$ 관리도를 작성할 때, 계산된 $\overline{\overline{X}}$ 값을 중심선으로 사용하고 표본에서 매일의 $\overline{X}$ 값을 타점하게 된다.

x축(시간), y축(평균), 그리고 각 기간의 표본과 중심선이 있으면 이제 마지막으로 누락된 정보는 관리한계선이다. 그럼 여기서 관리한계선의 배경이 되는 아이디어를 상기해 보자. 우리는 표본이 비정상 이었다는 사실을 표본평균 X-bar가 관리 상한 또는 관리하한보다 낮은 경우로부터 추론하게 된다. 통계 데이터를 사용하여 추론하는 것은 잡음(노이즈)의 영향을 받기 때문에 우리는 제한된 크기의 통계적 신뢰도만으로 그러한 진술을 할 수 있게 된다. 프로세스에서 추출된 데이터는 잡음이 많으며 X-bar의 추정치는 평균적으로 가장 적절한 추정치인 것이다.

Excel의 STDEV.S 절차를 사용하여 전체 표본의 표준편차를 추정한다. 따라서 모든 부품의 추정 표준편차(estimated standard deviation)를 다음과 같이 계산한다.

$$\text{모든 부품의 추정 표준편차} = \text{STDEV.S}(\text{Day1}_{\text{Part1}}, \ldots, \text{Day1}_{\text{Partn}}, \ldots, \text{Day}m_{\text{Part1}}, \ldots, \text{Day}m_{\text{Partn}})$$

위의 예에서 모든 부품에 대한 추정 표준편차는 다음과 같다.

$$\text{모든 부품의 추정 표준편차} = 0.017846388$$

우리가 수집하는 것은 표본이므로 표본평균 X-bar를 추정할 때 늘 잡음이 존재한다는 것을 인정해야 한다. 또한, 표본의 크기가 클수록 잡음이 적다는 것을 우리는 알고 있다. 주어진 표본의 측정치에 대해 X-bar의 추정 표준편차(해당 표본평균의 추정 표준편차)는 다음과 같이 추정 할 수 있다.

$$X\text{-bar의 추정 표준편차} = \frac{\text{모든 부품의 추정 표준편차}}{\sqrt{n}}$$

Xootr 사례의 경우 추정된 표준편차 (ESD)는 다음과 같이 계산된다.

$$X\text{-bar의 추정 표준편차} = \frac{\text{모든 부품의 추정 표준편차}}{\sqrt{n}}$$

$$= \frac{0.017846388}{\sqrt{5}} = 0.007981147$$

표본이 장기 평균(long-term mean)보다 표준편차의 3배 이상 높거나 낮은 경우 이 프로세스를 '관리 밖(out of control)'에 있다라고 한다. 이는 다음과 같은 관리한계선의 계산으로 이어진다.

1. $\overline{X}$의 관리상한선은 다음과 같이 계산된다.

$$\text{UCL} = \overline{\overline{X}} + [3 \times \text{ESD}(X\text{-bar})] = 79.951 + (3 \times 0.007981147) = 79.9749$$

2. $\overline{X}$의 관리하한선은 다음과 같이 계산된다.

$$\text{LCL} = \overline{\overline{X}} - [3 \times \text{ESD}(X\text{-bar})] = 79.951 - (3 \times 0.007981147) = 79.9271$$

과거의 데이터와 유사하게 동작하는 프로세스는 99.7%의 경우에 표본평균이 LCL과 UCL의 사이에 타점되게 된다. 이것은 공정능력분석의 기초 개념이자 표본평균이 표준편차의 3배에 해당하는 규격한계(specification limits)에 도달할 확률을 계산할 때 사용했던 단순한 논리이다.

이러한 방식으로 얻은 관리도를 통해 우리는 프로세스의 변동을 시각적으로 평가할 수 있게 된다. 관리한계(control limits)의 정의는 표본의 측정값(이 경우는 표본평균)들의 99.7%가 관리한계의 상한과 하한 사이에 있을 것으로 예상된다는 것을 의미한다. 따라서 어떤 지점이 관리한계를 벗어나면 99.7%의 신뢰 수준으로 프로세스가 '관리 밖' 상태가 되었다는 것, 즉 이상원인에 의한 변동이 발생했다고 주장 할 수 있게 된다.

표본평균이 3-시그마 신뢰 구간(confidence interval) 밖(즉, LCL 아래, 또는 UCL 위)에 있는지 검사하는 것 이외에도 통계적으로 발생하기 드문 다른 패턴을 관리도에서 찾

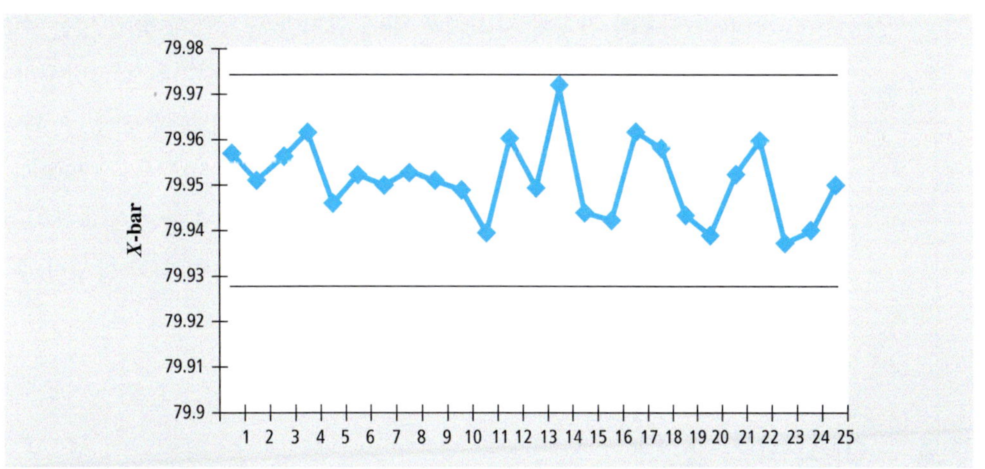

그림 7. 8 조향지지대에 대한 *X*–bar관리도

아볼 수 있다. 예를 들어, 중심선 위 또는 아래의 한 쪽으로 연속적인 일련의 표본평균들을 가지는 경우이다. 예를 들면, 중심선 위(또는 아래)에 8개의 연속적인 타점이 표시되는 것은 매우 드문 일이다. 각 점이 중심선의 위 또는 아래에 있을 확률은 같기 때문에 8개의 점이 한 쪽에 연속으로 나오게 될 확률은 $(0.5)^8 = 0.004$이 되어 매우 드물게 발생하는 현상인 것이다. 따라서 이러한 패턴은 우리로 하여금 추가적인 조사를 정당화하는 일종의 경고 신호로 취급 할 수 있다.

[그림 7.8]은 Xootr에 대한 관리도를 보여준다. 우리는 조향지지대의 생산 공정이 잘 통제되고 있음을 관찰할 수 있다. 부품의 정확한 크기에는 프로세스 고유의 무작위적 변동(randomness)이 있는 것으로 보인다. 그러나 한쪽으로의 이동(drift), 또는 관리한계선을 벗어난 갑작스러운 점프(jump)와 같은 체계적인 패턴은 없어 보인다. 따라서, 이 프로세스는 과거에 보여온 산포를 그대로 유지하는 즉, '관리 안(in control)'에 있는 것으로 보인다.

프로세스가 관리되고 있다(process is in control)는 사실은 결함이 발생한다는 것까지 배제하는 것은 아니다. 실제로 관리한계(control limits)와 규격한계(specification limits)의 개념을 혼동하지 않는 것이 중요하다.

- 관리한계(control limits)는 프로세스가 어느 정도까지 과거와 동일한 방식으로 작동하는 지를 측정한다.
- 규격한계(specification limits)는 프로세스가 고객의 사양을 어느 정도까지 충족하는 하는 지를 측정한다.

따라서 공정 결과가 관리한계 내에 있지만 규격한계 밖에 있을 수도 있다. 이 경우는 공정능력이 낮고 일반원인 변동의 결과로 결함이 정기적으로 발생하게 된다. 반대로 공정 결과가 관리한계를 벗어나지만 규격한계 내에 있을 수도 있다. 매우 높은 공정능력에는 매우 엄격한 관리한계가 있으므로 이상원인 변동이 매우 작더라도 공정 결과가 관리한계를 벗어나게 된다. 그럼에도 불구하고, 이러한 공정의 결과물이 반드시 불량일 필요는 없으며, 특히 규격한계가 비교적 넓은 경우에 그런 일이 발생할 수 있다.

7.4 이상원인 조사

이 장의 앞부분에서 프로세스의 결과와 결함 발생이 일련의 입력변수 및 환경 변수에 의해 어떻게 초래되는지에 대해 논의했다([그림 7.1] 참조). 정의상, 결함 발생은 결과 변수의 비정상적인 변동을 반영한다는 것을 알고 있다. 결과 변수의 비정상적인 변동은 입력변수 또는 환경 변수의 비정상적인 변동의 결과임에 틀림없다. 따라서 관리도가 결과 변수에 이상원인 변동이 발생했음을 알리게 되면 이 결과를 초래한 입력 또는 환경 변수를 찾는 것이 우리의 임무이다. 우리는 비정상 변동의 근본 원인을 조사하게 된다.

근본 원인 탐색의 첫 번째 단계는 결과 변수와 다양한 입력 및 환경 변수 간의 관계를 나타내는 보다 신중한 다이어그램을 만드는 것이다. 이러한 다이어그램의 예는 [그림 7.9]에 나와 있다. (물고기 뼈와의 유사성을 반영한) 생선뼈(fishbone) 다이어그램,

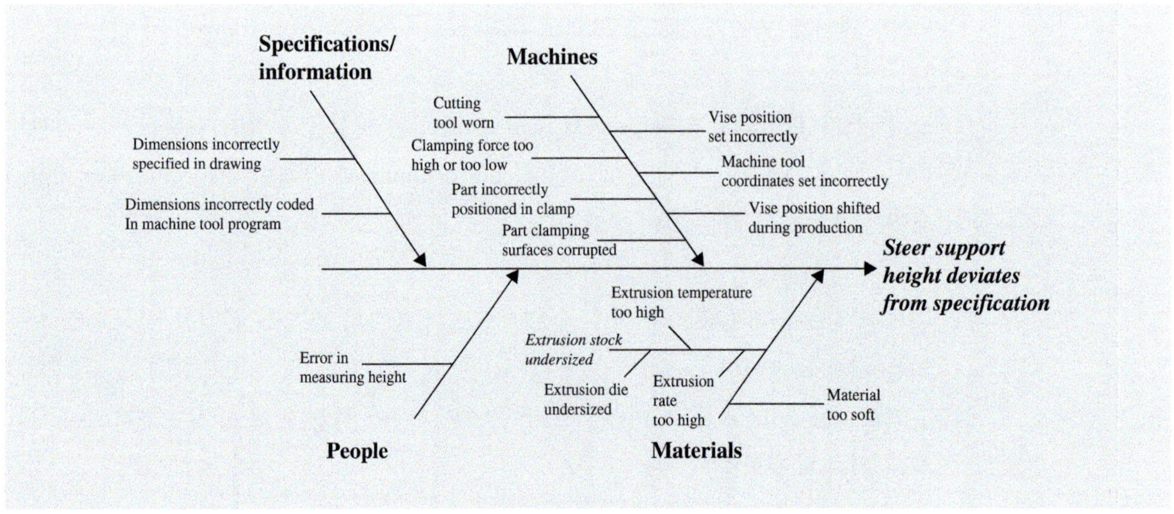

그림 7. 9 조향지지대 변동의 근본원인을 보여주는 다이어그램 예시

원인-영향(cause-effect) 다이어그램 또는 (일본 품질학자인 가오루 이시카와(Kaoru Ishikawa)를 기리기 위해) 이시카와(Ishikawa) 다이어그램이라고도 불리는 이러한 다이어그램은 변동의 증가 또는 평균의 이동과 같은 특정 결과와 관련된 입력 및 환경변수를 가시적으로 나타낸다.

생선뼈 다이어그램을 그릴 때는 일반적으로 분석하려는 결과변수의 이름을 가리키는 가로 화살표로 시작한다. 이 화살표로 이어지는 대각선은 주요 원인들을 나타낸다. 그리고 작은 화살표는 이러한 인과관계를 나타내는 선으로 이어져 생선뼈 모양을 만들게 된다. 대각선은 입력변수와 환경변수를 모두 나타낼 수 있다. 이시카와 다이어그램은 브레인스토밍(brainstorming) 세션을 구성하고 복잡한 시스템의 인과 구조를 시각화하는 데 사용할 수 있는 간단하면서도 강력한 문제 해결 도구이다.

인과 관계 모델을 개발하는 데 도움이 되는 관련 도구에는 'Five Whys'라고 불리는 것도 있다. 이 도구는 작업자가 품질 문제의 근본 원인을 검색 할 때 Toyota사의 조직에서 두드러지게 사용된다. 'Five Whys'의 기본 아이디어는 잠재적 원인이 실제 근본원인인지 아니면 더 깊은 문제의 증상에 불과한지에 대해 지속적으로 질문("왜 이러한 현상이 발생했을까?")하는 것이다. 한 예로 수업시간에 늦게 도착한 학생을 생각해 보자. 즉각적인 분석은 다음과 같이 "왜 학생이 늦게 왔을까?"라고 물을 수 있으며, 이에 대한 응답으로 학생이 커피를 마시고 싶어했다는 것을 알게 된다. 이런 식으로 논쟁하면 "커피를 사서 온다"가 지각의 근본 원인으로 보인다. 그러나 'Five Whys' 프레임워크는 다음과 같이 더 깊이 파고 든다.

- 커피를 사서 오는데 왜 그렇게 오래 걸렸을까? 커피숍은 교실에서 멀리 떨어져 있기 때문이다.
- 왜 학생이 건물 내의 커피숍으로 가는 대신 교실에서 멀리 떨어진 커피숍에 가는 것일까? 커피가 더 품질 좋고 저렴하기 때문이다.
- 건물 내의 커피숍이 왜 품질이 나쁜 커피를 높은 가격에 제공하는 것일까? 현지 독점권이 있고 고객의 요구에 실제로 대응하지 않기 때문이다.
- 건물 내의 커피숍에는 왜 독점권이 있을까? 대학이 커피 판매권을 제3자 개인영업자에게 판매하기로 결정했기 때문이다.

우리가 '왜?'라고 다섯 번 질문한 결과를 주목해 보자. 첫째, 문제의 증상을 다루는 것과는 반대로 보다 근본적인 원인을 찾아내게 된다. 둘째, 문제의 책임 당사자가 커피를 원한 학생에서 (커피를 제3자에게 판매할 권리를 판매 한) 대학으로 어떻게 이동했는지 관찰하게 된다.

원인	절대치	확률	누적확률
브라우저 실수	43	0.39	0.39
주문번호 실수	29	0.26	0.65
신용카드 청구없이 제품 배송	16	0.15	0.80
주문입력 실수	11	0.10	0.90
신용카드 청구주소로 제품 배송	8	0.07	0.97
잘못된 모델 배송	3	0.03	1.00
합계	110		

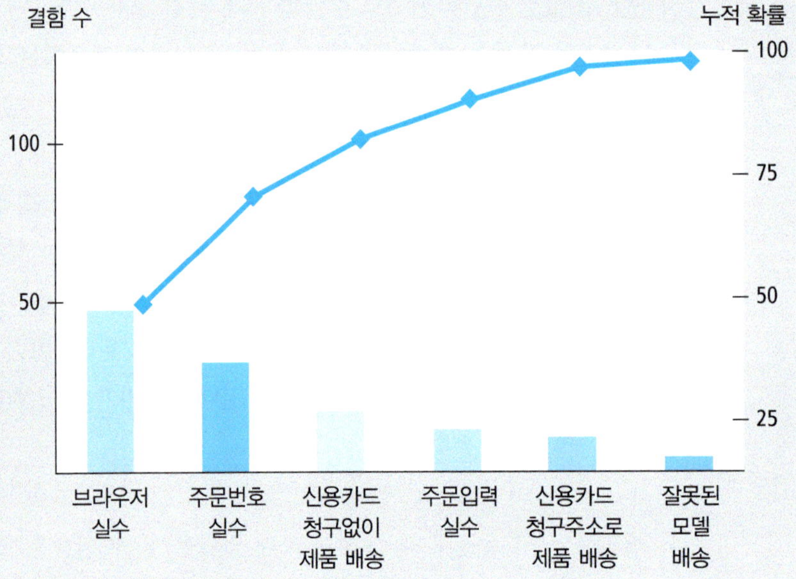

그림 7. 10 Xootr사의 고객 주문접수에 대한 다양한 결함 원인

결함의 여러 잠재적 근본 원인을 고려할 때, 이러한 근본 원인 중 어느 것이 문제의 대부분을 설명하는지 찾는 것이 자주 필요하다. 파레토(Pareto) 다이어그램은 공정 결함의 가장 중요한 원인을 식별하는 가시적 방법이다. 파레토 다이어그램을 생성하려면 결함 발생 횟수와 관련 결함 유형에 대한 데이터를 수집해야 한다. 그런 다음 결함 유형의 발생빈도를 나타내는 높이를 지닌 간단한 막대를 그릴 수 있다. 결함 유형의 누적 기여도를 나타내는 것도 일반적이다. 파레토 다이어그램의 예는 [그림 7.10]에 나와 있다. 이 그림은 Xoort LLC의 고객 주문과 관련된 결함을 분류하고 있다.

파레토 원칙(Pareto principle)은 J. M. Juran에 의해 받아들여졌다. Juran은 기업에서 관리자가 '작은' 문제를 해결하는 데 너무 많은 시간을 소비하면서 '큰' 문제에 충분히 주의를 기울이지 않는 것을 관찰했다. 80-20 규칙이라고도 하는 파레토 원칙은 원인의

20%가 문제의 80%를 차지한다고 상정한다. 품질과 관련하여 파레토 원칙은 몇 가지 결함 유형이 대부분의 결함들을 설명한다는 것을 의미한다.

7.5 이진 결과 형태의 결함: *p*−관리도

우리가 *X*-bar 관리도를 사용할 때에는 단일 차원(single dimension)에서 결과변수를 측정한 다음 관리상한선과 관리하한선 사이의 간격을 사용하여 한 제품이 불량품인지 여부를 확인할 수 있었다. 이제 이산형 결과물(discrete outcomes)를 다룰 때에는 *X*-bar관리도가 더 이상 제 기능을 다 할 수 없게 된다. 우리가 할 수 있는 것은 불량품인 흐름단위와 정상품인 흐름단위를 구별하는 것일 뿐이다.

따라서 프로세스에서 여러 흐름단위들로 구성된 한 표본을 취할 때, 각 흐름단위에 대한 유일한 정보는 각 흐름단위가 정상품인지 불량품인지의 여부일 뿐이다. 이렇게 되면 표본에서 불량품이 차지하는 비율(즉, 결함율)을 계산할 수 있게 된다. 그리고, *X*-bar 관리도로 수행한 작업과 유사하게, 시간이 지남에 따라 이 비율을 추적 할 수 있게 된다. 이것이 계수치 관리도(attribute-based control chart)라고도 불리는 *p*−관리도를 만드는 기본 아이디어이다.

p−관리도의 표본 크기(sample size)는 일반적으로 각 시점에서 50에서 200 정도의 값을 가지며 상대적으로 큰 경향이 있다. 결함이 비교적 드문 경우에 특히 더 큰 표본 크기가 필요하다. 결합률이 1% 인 경우, 표본 크기가 5 또는 10과 같이 낮은 경우에는 결함을 하나도 찾지 못할 가능성이 있다. *p*−관리도는 *X*-bar 관리도의 경우와 같이 각 시점에 표본이 수집된다. 각 표본 내에서 결함 품목(불량품)의 백분율(percentage)을 계산한다. *p*를 이 백분율을 나타낸다고 가정하자(그래서 우리는 이것을 *p*−관리도라고 부른다). 그런 다음 모든 표본에 대한 결함의 평균 백분율(즉, 평균 불량률)을 계산한다. 우리는 이를 $\bar{p}$ 라고 부른다. 이 '평균의 평균'은 계수치 관리도(attribute control chart)의 중심선으로, 이는 X−double−bar를 계량치 관리도(variable control chart)의 중심선으로 사용했던 것과 같은 원리이다.

관리한계선을 계산하려면 먼저 불량률의 표준편차 추정치를 구해야 한다. 이 추정치는 다음 방정식으로 구할 수 있다:

$$\text{추정 표준편차} = \sqrt{\frac{\bar{p}\,(1-\bar{p})}{\text{표본 크기}}}$$

그런 다음, 관리상한선과 하한선을 아래와 같이 계산된다:

$$UCL=\bar{p}+(3\times \text{추정 표준편차})$$
$$LCL=\bar{p}-(3\times \text{추정 표준편차})$$

따라서 프로세스가 평균으로부터 양 방향으로 표준편차의 3배까지 변동하는 것을 어용하는 관리한계선을 정하게 되는 것이다. 참고로 계산된 관리하한선이 음수인 경우에는 0을 관리하한선으로 사용한다.

관리상한선과 관리하한선, 그리고 중심선을 설정한 후에는 X-bar관리도를 사용하는 것과 동일한 방식으로 p–관리도를 사용하게 된다. 모든 시점에서, 우리는 p–관리도 상에 불량품의 백분율(즉, 불량률)을 표시한다. 이 비율이 관리상한선을 초과하면 (부정적인) 이상원인이 작동하는 것으로 예상할 수 있고, 관리하한선을 밑돌 경우 (긍정적인) 이상원인에 의한 변동이 발생한 것으로 예상하게 된다.(결국 이 경우 불량률이 줄어듦)

7.6 수율과 결함이 프로세스 흐름에 미치는 영향

앞의 여러 절에서 다루었던 불량은 프로세스의 흐름에 큰 영향을 미친다. 이 절에서는 여러 세부 단계들의 연속으로 구성되어 있고 이들 중 최소한 한 단계에서는 품질문제로 어려움을 겪고 있는 프로세스에 대해서 논의하고자 한다. 다시 말해 최소한 한 단계에서는 프로세스 상의 제품이 정상품과 불량품으로 구분된다. 정상품은 다음 단계에서도 계속 작업이 진행되는 반면, 불량품은 재작업(rework)되던지 아니면 프로세스에서 제거(elimination)(제조업에서의 폐기처분) 된다.

- Xootr사의 경우, 규격에 맞지 않는 금속 지지대의 부품들은 모두 폐기처분된다.
- Xootr사는 브레이크 조립단계에서 일부 조정이 필요한 스쿠터를 재작업하고 있다. 이러한 스쿠터들은 재작업을 담당하는 별도 작업자에게 보내어진다. 이 별도의 (매우 숙련된) 작업자는 브레이크를 분리(특히 브레이크 케이블을 폐기)하고 필요한 조정 작업을 브레이크에 가한다. 그리하여 다시 판매 가능한 스쿠터로 전환시킨다.

다음 예들은 재작업이나 폐기처분의 아이디어들이 결코 제조업 분야에만 국한되는 것이 아니라는 것을 보여준다.

- 심장 수술 후 환자들은 대부분 중환자실(ICU, intensive care unit)에서 회복시간을 보내게 된다. 대부분의 환자들이 일반병실로(궁극적으로는 집으로 귀가 조치된다) 보내지는 반면 일부 환자들은 합병증이 발병하여 다시 중환자실로 보내어지게 된다.

중 환자실의 입장에서 보면, 일반병실로 보내어 졌다가 다시 중환자실로 되돌아오는 환자는 일종의 재작업 대상이 된다.

- 큰 회사의 면접과정(예를 들어 컨설팅 회사에서의 컨설턴트 면접과정) 또한 큰 비율의 흐름단위(flow unit)들이 프로세스의 끝까지 가기 전에 걸러져 제거된다. 회사는 컨설턴트를 매번 뽑을 때 마다 수백 통의 이력서들을 검토하고 수십 명의 지원자들을 (여러 차례에 걸쳐)인터뷰 해야 한다. 이러한 경우에 지원자들은 주로 서류지원 단계에서 대부분 걸러져 제거되어야 한다. 이런 경우에 재작업이란 있을 수 없다(마치 첫 인터뷰에서의 질문을 여러 번 다시 물어보는 것과 같은 재작업은 일어나지 않는다).
- 제약 개발과정에서는 시장에 새로운 약품을 출시할 때 마다 수천 가지의 화학 혼합물들을 분석해야 한다. 이러한 혼합물의 초기 조합들은 여러 단계의 검사에서 대부분 걸러지게 되며 대부분 매우 큰 비용을 요구하는 과정들이다. 이러한 검사 후에 몇몇 혼합물 조합들은 다음 단계로 넘어가지만, 대부분의 나머지들은 회사가 찾고자 하는 임상적 실험결과를 기대하는 잠재적 혼합물 조합 리스트에서 제거된다.

우리는 여기서 주어진 자원(resource)의 수율(yield)을 다음과 같이 정의한다.

$$\text{자원의 수율} = \frac{\text{해당 자원에서 성공적으로 가공된 흐름단위들의 흐름률}}{\text{흐름률}}$$

$$= 1 - \frac{\text{해당 자원에서 불량품의 흐름률}}{\text{흐름률}}$$

이와 같이, 어느 한 자원의 수율은 이 자원에서 가공된 정상품의 비율을 측정한 것이다. 이와 유사하게, 우리는 전체 프로세스 수준에서의 수율을 정의할 수도 있다.

$$\text{프로세스 수율} = \frac{\text{성공적으로 가공된 흐름단위들의 흐름률}}{\text{흐름률}}$$

$$= 1 - \frac{\text{불량품의 흐름률}}{\text{흐름률}}$$

앞서 설명한 예들에서 불량품과 재작업이란 용어가 다소 거칠고 심한 표현처럼 들리는 이유는 우리가 프로세스의 흐름단위로 사람을 대상으로 하였기 때문이다. 하지만 이러한 개념은 재작업이 필요한 제조업에서의 디스크 드라이브나 재치료가 필요한 병원 환자의 경우에 성공적으로 잘 적용될 수 있다.

또한 우리가 반드시 이해해야 할 사항은, 불량품이라고 해서 항상 프로세스 단계에 큰 문제가 있다는 것을 의미하진 않는다. 불량품은 프로세스가 가지고 있는 내생적

(inherent) 변동(일반원인에 의한 변동)을 반영하고 프로세스 초기 흐름단위들과의 차이를 보여줄 뿐일 수 있다. 예를 들어, 특정 질병의 잠재적인 치료제일 수 있는 한 화학복합물을 제거하는 것은 그 이전 개발 작업들이 제 역할을 제대로 하지 못했다는 것을 의미하진 않는다. 그 대신 해당 개발단계들이 그 이전까지는 알지 못했던 화학복합물의 원치 않는 특성들을 발견해 냈을 뿐이다. 이와 유사하게, 면접과정에서의 수율(즉, 면접과정을 통해 직장을 얻게 되는 지원자들의 비율)이 100%보다 훨씬 낮게 나오는 것 또한 매우 자연스러운 채용과정인 것이다.

재작업

재작업(rework)은 불량을 발견하기 이전의 몇몇 단계들을 다시 수행하거나 불량품을 정상품으로 전환시키기 위해서 요구되는 추가적인 프로세스의 단계들을 수행하는 것을 의미한다. 재작업의 두 예시를 [그림 7.11]에서 보여주고 있다(재고의 위치는 간단한 설명을 위해 생략하였다).

[그림 7.11]의 상단에 위치한 그림은 불량품들이 정상적 프로세스에서 빠져 나와 독립된 재작업 단계로 이동하는 형태를 보이고 있다. 이는 앞서 설명한 Xootr사와 같은 많은 제조업체에서 사용되는 일반적인 형태이다. 재작업의 단계가 항상 불량품을 정상품 으로 전환시킬 수 있다면 프로세스의 수율은 100%가 된다. 하단에 위치한 그림은 불량 품이 이전에 거쳐 왔던 단계로 다시 돌아가서 처리되는 형태를 나타내고 있다. 중환자실로 복귀하는 합병증 발병환자의 사례가 이러한 경우에 해당한다.

재작업은 프로세스의 활용률(utilization)을 변화시킨다. 불량품이 발생하지 않는 경우와 비교해서 생각해보면, 재작업이라는 것은 어느 자원(단계)으로 투입되는 추가적인 일거리가 생기는 것이나 마찬가지가 되고 그 결과 활용률은 증가하게 된다. 결국, 재작

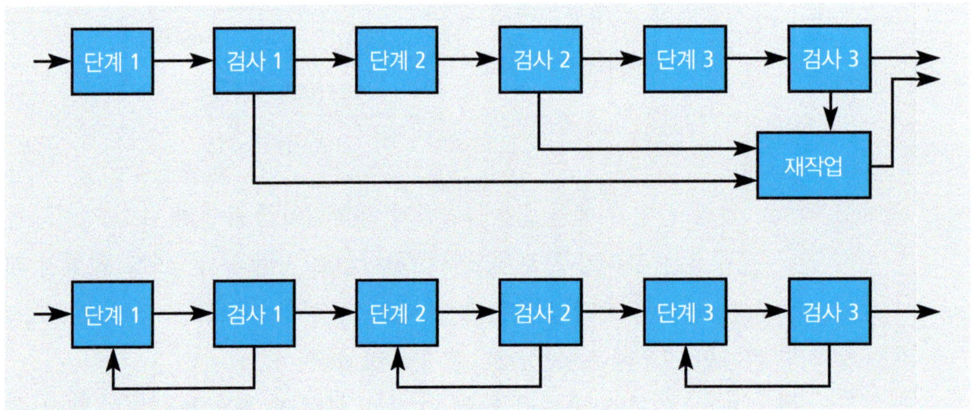

그림 7. 11 재작업이 있는 두 가지의 프로세스

업은 잠재적으로 병목(bottleneck)의 위치를 변화시킬 수도 있게 된다.

그러므로 프로세스의 처리능력(capacity)에 대한 수율(yield)의 영향을 분석할 때, 우리는 병목 자원과 병목이 아닌 자원을 구분할 필요가 있다. 많은 유휴시간(idle time)을 가지고 있는 병목이 아닌 자원이 재작업을 수행하게 된다면 재작업이 전체 프로세스의 처리능력에 미치는 영향은 거의 무시할만하다.(그러나 재작업에서의 추가적인 재료나 노동력 등과 같은 비용적인 측면에서는 여전히 영향을 미치게 된다)

그러나 많은 경우에 재작업은 특정자원을 병목자원으로 만들어버릴 만큼 극심한 영향을 미치게 된다(심한 경우에는 이미 병목에 해당하는 자원을 이용하여 재작업을 하기도 한다). 병목자원의 처리능력이 전체 프로세스의 처리능력을 결정짓게 되므로 병목자원에서 재작업에 투자되는 모든 처리능력은 전체 프로세스의 관점에서 볼 때 모두 잃게 되는 처리능력이 된다.

프로세스에서 흐름단위 제거하기

불량품인 흐름단위를 재작업하여 정상품으로 전환시키는 것이 불가능하거나 전혀 경제적이지 않는 경우가 종종 발생한다. Xootr사에서는 일단 정상이 아닌 금속지지대를 생산했을 때 이를 정상품으로 전환시키는 것은 거의 불가능하다. 그래서 금속지지대의 재료비가 거의 $12임에도 불구하고 Xootr사는 이러한 불량품을 그냥 폐기처분하고 다른 정상품을 교체하여 다음 단계로 넘기게 된다.

이와 유사하게 새로운 직원의 고용절차를 진행 중인 컨설팅회사는 지원자의 능력이 부족하다고 판단할 때 지원자에 대한 재교육에 투자하기 보다는 단순히 지원자의 지원서를 폐기처분하고 다음 단계로의 진행을 중단하게 된다. 불량품들이 프로세스에서 제거되면 프로세스의 최종 산출물의 수는 줄게 된다.

사실 엄격하게 말하자면, 프로세스에서 흐름단위들을 제거하는 것은 재작업의 한 특별한 형태라고 할 수 있다. 즉, 불량이 발견되는 시점과 프로세스의 시작 시점 사이의 모든 작업 단계들이 다시 행해지는 것이다. 불량이 발견되는 시점까지의 모든 작업들이 재작업 된다고 가정할 때, 불량 흐름단위들을 최대한 빨리 파악하고 제거하는 것이 프로세스의 처리능력을 덜 낭비하는 것이다. 이 낭비되는 처리능력은 프로세스가 끝나는 시점에서의 흐름단위의 수보다 시작하는 시점에서의 흐름단위의 수가 얼마나 더 커야 하는가를 반영한다. 예를 들어 우리가 프로세스의 끝에서 100개의 정상품(정상 흐름단위)를 얻고자 한다면 우리는 다음과 같은 수의 흐름단위를 프로세스의 시작 시점에 투입하여야 한다.

100개 정상품을 얻기 위한 프로세스 투입 흐름단위의 수 = 100/프로세스 수율

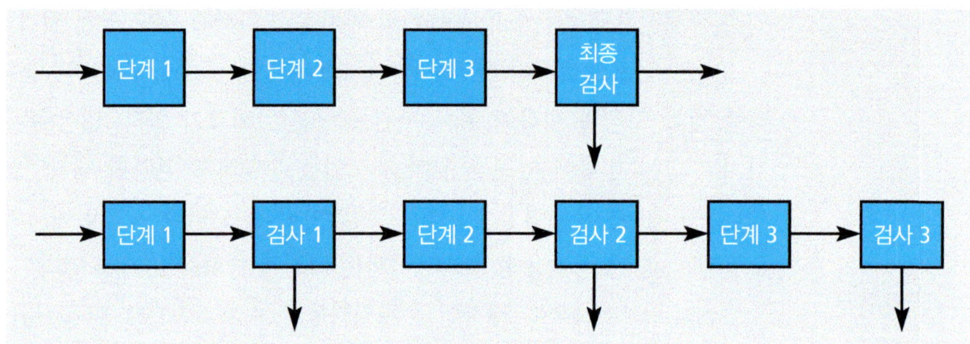

그림 7. 12 불량 흐름단위가 제거(scrap)되는 두 가지 프로세스

[그림 7.12]에는 불량 흐름단위가 제거되는 프로세스의 두 예가 나와 있다. 그림의 상단에 보이는 프로세스는 불량이 프로세스의 맨 끝에서 한번 발견되게 되므로 프로세스 모든 단계에서의 처리능력이 낭비되게 된다. 그림의 하단에 보이는 프로세스는 불량 여부의 검증이 매 단계 직후에 행해지게 되므로 조기의 불량 파악이 가능하고 이로 인해 프로세스의 처리능력을 덜 낭비하게 된다.

$$\text{프로세스 수율} = y_1 \times y_2 \times \cdots \times y_m$$

여기서 m은 연속적으로 이어진 자원(단계)의 개수이고 y_i는 i번째 자원의 수율이다.

비용과 검사지점의 관계

수율이 처리능력에 미치는 영향을 앞서 살펴보았지만 수율은 이뿐만이 아니라 프로세스의 여러 단계들에서 정상품이 가지게 되는 가치(value)를 결정하게 된다. 프로세스에서 정상품이 가지는 가치란 무엇인가? 이 질문에 대한 답은 프로세스 처리능력의 제약(capacity-constrained)을 받는 상황인지, 아니면 수요의 제약(demand-constrained)을 받는 상황인지에 따라 달라진다.

먼저 수요의 제약을 받는 상황을 고려해 보자. 프로세스의 시작점에서 정상품의 가치는 투입물의 비용과 동일하다(제품생산에 투입되는 원재료의 비용). 정상품의 가치는 프로세스를 거쳐 감에 따라 추가적인 재료가 더해지지 않더라도 점점 증가하게 된다. n번째 단계에서의 수율을 y_n이라고 다시 정의하자. n번째 자원을 거쳐 나올 때의 가치는 n번째 자원에서 투입된 가치의 합과 $1/y_n$을 곱한 것에 n번째 자원에서 발생한 변동비용(variable cost)을 합친 값이다.

프로세스 처리능력(capacity)의 제약을 받는 상황에서는 완전히 다르다. 프로세스의 끝에서 한 흐름단위가 판매됨으로 얻게 되는 추가 수익(revenue)이 정상품의 가치를 결

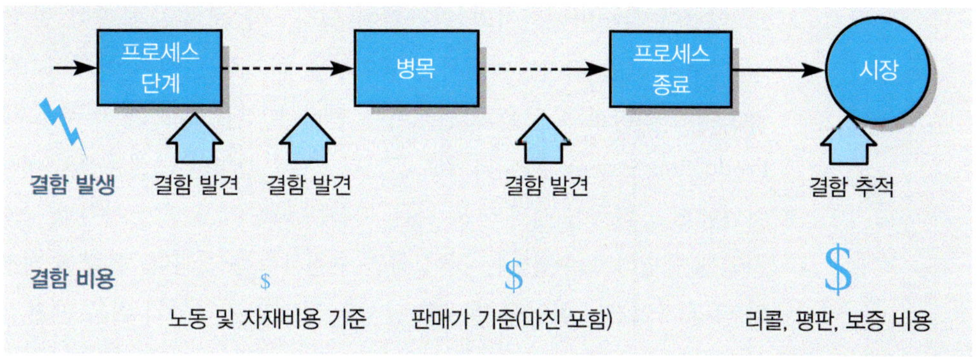

그림 7. 13 처리능력(capacity)이 제한된 프로세스에서의 결함이 발견된 위치에 따른 결함관련 비용

정한다. 그러나 프로세스가 시작되는 단계에서의 정상품의 가치는 여전히 투입물의 비용과 동일하다. 그렇다면 한 정상품의 가치를 결정하는 것은 비용을 기반으로 하여 프로세스의 진행방향으로 나아가면서 계산되어야 하는가, 아니면 가격을 기준으로 프로세스의 시작점으로 되돌아가면서 계산되어야 하는가? 이 두 방식의 구분은 병목단계에 의해 이루어진다. 병목단계를 지나온 경우에는 판매 가격을 기준으로 하여야 하고 병목단계 이전에는 비용을 기준으로 정상품의 가치를 결정해야 한다.

예를 들어, Xootr사가 현재 수요의 제약을 받는 상황이고 우리는 한 흐름단위가 프로세스를 거쳐 감에 따라 가지는 개별 가치를 산정하고자 한다고 가정해 보자. 이 경우에는 한 흐름단위가 결함을 가졌는지의 여부와 상관없이 어차피 같은 판매율을 달성할 것이기 때문에(즉, 우리는 수요를 모두 만족시킬 것이기 때문에) 우리는 비용에 기반을 둔 정상품의 가치를 산정을 하여야 한다. 이와 반대로, Xootr사가 프로세스 처리능력의 제약을 받는 상황이라면, 우리는 이미 병목단계를 지나온 흐름단위들의 추가적인 판매수익을 고려해야 한다.

이러한 결과의 연장선상에서 생각해보면, 불량을 찾아내는데 드는 비용은 흐름단위가 프로세스를 거쳐 시장으로 가까이 갈수록 엄청나게 증가한다. [그림 7.13]에 보이는 것과 같이 병목 이전 단계에서 발견된 재작업이 불가능한 결함의 경우를 고려해 보자. 만일 결함이 병목지점 이전에 발견된다면 결함으로 인한 비용은 단순히 결함이 발견되는 곳까지 투입된 재료들의 비용과 같다. 그러나 결함이 병목지점 이후에 발견되고 그 프로세스가 현재 처리능력의 제약을 받고 있다면 이 불량품은 거의 완성품 만큼의 가치를 지니게 된다. 심지어 보다 극단적인 경우로, 만약 결함이 시장에 출시된 이후에 발견된다면 우리는 보증, 방문수리, 법적책임 등과 같은 큰 비용을 물게 될 것이다. 이러한 이유에서, 처리능력의 제약을 받는 프로세스에서는, 검사지점을 병목지점 이전에 배치하는 것이 필수적이다.

보다 개념적인 수준에서 이야기 하자면, [그림 7.13]은 근원품질(quality at the source)

로 일컬어지는 아이디어와 연관되어 있다. 이 개념은 불량이 발생한 곳으로부터 멀리 떨어진 최종 검사단계에서 불량여부를 검사하는 것이 아니라, 불량이 발생한 때와 장소에서 곧바로 불량은 발견되어야 한다는 것을 강조한 Toyota 생산 시스템(Toyota Production System: TPS)의 일부분이다. 앞서 설명한 근원품질의 비용 측면에서의 이득 이외에도 근원품질 개념의 또 다른 이점은 불량이 발생한 시점과 장소에서 불량의 근본 원인을 규명하고 수정하는 것이 훨씬 수월하다는 것이다. 불량이 발생한 프로세스 단계의 담당 작업자는 불량을 발견할 당시의 정황을 기억하기 쉬운 반면, 최종 검사단계에서 이전에 발생한 불량의 원인을 파악하는 것은 매우 어려운 일이다.

불량과 변동성

품질 손실(quality loss) 및 수율(yield)에 관련된 사건들은 프로세스의 처리능력을 변화시킬 뿐만 아니라 변동성(variability)을 유발하기도 한다. 수율이 90%라는 말의 의미는 매 10번째 흐름단위가 불량이라는 것을 의미하는 것이 아니라, 불량이 발생할 10%의 확률이 존재함을 의미한다. 그러므로 수율의 손실은 변동성을 증대시키고 처리능력에는 부정적인 영향을 미치게 된다.

[그림 7.11]의 하단에 나와 있던, 불량품이 곧바로 이전의 작업으로 재작업되는 프로세스의 흐름도(flow diagram)를 다시 살펴보자. 비록 실제 작업시간은 이미 결정되어(deterministic) 있는 값이지만, 수율의 손실은 흐름단위가 같은 자원을 여러 번 방문하도록 강요함에 따라서 정상품을 만드는데 걸리는 작업시간을 확률변수(random variable)가 되도록 한다.

변동성에 의해 발생하는 처리능력 손실(capacity loss)은 100% 미만의 수율을 지닌 각 작업 단계 이후에 재고(inventory)라는 버퍼(buffer)를 둠으로써 부분적으로 완화될 수도 있다. 이러한 버퍼가 클수록 변동성이 처리능력을 감소(capacity-reducing)시키는 부정적 효과는 줄어들게 된다. 그러나 추가적인 재고는 비용과 흐름시간(flow time)을 증대시키고 또한 8장에서 살펴본 바와 같이 품질 문제의 발견과 해결을 어렵게 만들기도 한다.

7.7 개선을 위한 절차

이번 장에서 다루었던 통계적 프로세스 관리(SPC)의 강점은 우리가 실제 데이터를 수집하여 전문적인 분석능력과 함께 사용했다는 점이다.

데이터 수집의 중요성은 거듭 강조해도 과하지 않다. 그럼에도 불구하고 많은 산업계에서 프로세스의 성능에 대한 데이터를 수집하는 것은 그리 일반적이지 않은 것이 사실이다. 일단 당신이 실제 데이터를 수집하였다면, 프로세스 개선 회의는 더 이상 주관적인 판단을 탈피하여 사실을 기반으로 한 객관적인 의사결정을 행하는 모임이 된다. 최근 대부분의 제조업들이 일상적으로 그들의 프로세스에 관한 데이터를 수집하고 있는 반면, 많은 서비스업들은 이러한 측면에서 다소 뒤쳐져 있는 상황이다. 최근 몇 년에 들어서야 은행이나 병원관련 서비스 기업들이 그들의 프로세스 데이터를 시스템적으로 추적하고 있다. 이는 서비스업계가 그들의 업무 흐름을 관리하는 전산 시스템(electronic workflow management system)의 덕택으로 많은 양의 데이터를 보유하고 있다는 점을 고려해 볼 때 이러한 데이터 수집 노력이 늦어진 것은 다소 놀라운 상황이다.

그러나 성공적인 프로세스 개선 프로젝트는 단순히 데이터만을 수집하는 것에서 더 나아가 통계적으로 분석하는 것이 매우 중요하다. 그렇지 않으면 변동의 일반원인(common cause)에 의한 작은 무작위적 변동들이 마치 큰 의미를 지닌 것처럼 해석되고 어떤 필요 이상의 조치를 유발할 수 있다. 앞서 설명한 여러 기법들은 프로세스 개선 과정에서의 중요한 것과 중요하지 않은 것을 구분하는데 도움이 된다.

통계적 분석 도구들을 활용하는 것 이외에도 프로세스 개선을 위한 프로젝트를 어떻게 구성하는지에 대한 명확한 행동계획을 세우는 것 또한 매우 중요하다. 성공적으로 수행된 프로세스 개선 프로젝트는 다음의 단계들을 주로 거치게 된다.

- 문제를 인식하고 광범위하게 문제를 탐구한다.
- 해결해야 할 구체적인 문제를 정의한다. / 구제적인 개선의 테마를 선정한다.
- 데이터를 수집하고 상황을 분석한다.
- 근본 원인을 찾는다.

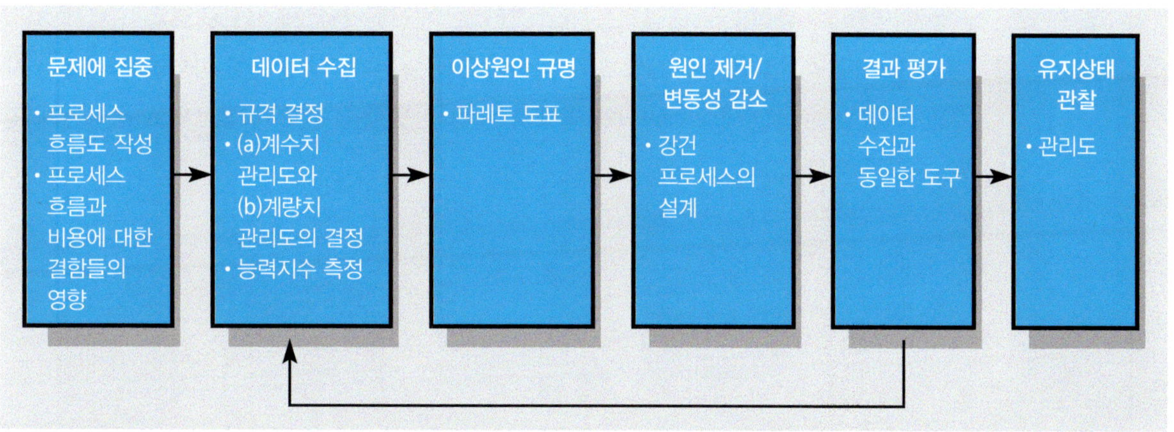

그림 7. 14 품질 개선을 달성하기 위한 체계적인 절차

- 해결책을 계획하고 실행에 옮긴다.
- 해결책의 결과를 평가한다.
- 결과가 좋다면 해결책을 포함한 프로세스를 표준화 시킨다.

[그림 7.14]는 품질 개선을 달성하기 위한 체계적인 절차를 보여주면서 이번 장에서 소개한 여러 도구들을 요약하고 있다.

품질 개선 프로젝트의 초점은 프로세스의 어느 부분에서 결함의 경제적 타격이 가장 심각하고 개선의 경제적 효과가 가장 큰지를 파악하는 것에 맞추어져 있다. 주로 이러한 부분은 병목 자원이 그 대상이 된다. 그러고 나서 우리는 데이터를 수집하고 분석하여 프로세스의 능력과 정확한 수율을 파악하게 된다. 이러한 활동은 우리가 프로세스 흐름에 미치는 불량의 영향, 보다 궁극적으로는 프로세스의 경제적 상황을 이해하도록 돕는다.

우리는 불량(결함)을 판정함에 있어 이항(binary)적 접근법(즉, 불량과 정상)과 고객이 요구하는 규격에 기반을 둔 접근법(즉, 규격상한과 하한) 중 하나를 선택해야 한다. 전자의 경우에 우리는 계수치 관리도(attribute control chart)를 사용하고 후자의 경우에는 계량치 관리도(variable control chart)를 사용하게 되는데 이러한 분석은 우리로 하여금 현재 프로세스의 능력을 파악하도록 한다. 결함들의 종류를 구분하고 이들을 결함의 원인들과 결부시키는 것(파레토 분석(Pareto analysis))은 가장 중대한 결함의 근본 원인을 파악하는데 유용하게 사용할 수 있다.

그러고 나서 우리는 이러한 근본 원인들을 제거하거나 프로세스 모수들의 변동에 대한 민감도를 최소화시키는 강건 프로세스 설계의 개념을 사용한다. 이렇게 개선된 프로세스는 앞서 설명한 방식대로 모니터 되고 분석되어, 우리가 취한 노력의 효과성 여부를 확인하게 된다. 이것은 반복 순환하는 프로세스로서 여기에는 잠재적으로 영향을 주고받는 다수의 결함 원인들이 존재할 수도 있고 프로세스에 대한 한정된 이해만을 가능하게 할 수도 있다.

마지막으로, 관리도는 해결책을 표준화하고, 개선된 프로세스가 새로운 프로세스 설계와 얼마나 일치하고 있는지를 상시 파악하도록 돕는다. 이 뿐만이 아니라 관리도는 새로운 이상원인(assignable cause)이 발생하는 긴급 상황을 경보의 형식으로 우리에게 알려 주기도 한다.

심화학습

- Wadsworth, Stephens, and Godfrey(1986)는 다양한 관리도 기법들에 대한 개요를 잘 정리해 놓있다. 이들의 저서는 실제 활용상의 여러 예제들을 담고 있다. Breyfogle (1999)는 6-시그마와 관련된 여러 도구들을 잘 설명하고 있다. 보다 관심 있는 독자들은 Motorola(1987)에 요약된 6-시그마에 대한 Motorola의 초기 문서를 참조하길 바란다. 6-시그마 훈련과정은 종종 투석기(무거운 돌을 날려 보내던 옛날 무기)에 대한 사례를 이용하곤 하는데, 비록 표적의 중앙에서 조금 벗어나더라도 일관적으로 한 점을 맞히는 것이 표적의 중앙을 가끔 맞히면서 큰 변동 범위를 가지는 것보다 오히려 낫다는 것을 설명하게 된다. 6-시그마와 투석기에 대한 보다 자세한 설명은 www.xpult.com에서 얻을 수 있다.
- 품질에 대한 보다 자세한 설명은 Juran(1951)의 초기 서적이나 보다 최근의 서적인 Juran(1989)를 통해 참조할 수 있다.
- 본 교재에서 재작업과 폐기처분에 대한 토론의 기반으로 사용했던 Bohn and Terwiesch (1999)의 논문은 수율 중심의 프로세스가 가지는 경제학적 측면을 분석하는 틀을 제공하고 있다.
- Ulrich and Eppinger(2006)의 서적은 강건 프로세스 설계와 실험계획법에 대한 자세한 설명을 담고 있다.
- 마지막으로, 조그만 소책자 "Memory Jogger"는 이 장에서 소개한 품질 개선 도구들에 대한 매우 효과적인 매뉴얼이다.

단원연습문제

다음 질문들은 이 장의 이해정도를 확인하는 데 도움을 줄 것이다. 각 질문 뒤의 [ ]는 관련된 해당 절을 나타내고 있다.

7.1 **(Pizza)** 피자를 생산할 때 다음 4 가지 변수 중 입력변수가 아닌 것은 무엇인가? [7.1]

a. 피자를 위해 준비된 반죽의 양
b. 오븐의 온도
c. 피자 위에 뿌린 치즈의 종류
d. 고객이 피자를 냉장고에 방치하는 시간

7.2 **(MakeStuff)** John은 MakeStuff Inc.에서 새롭게 고용된 품질관리자이다. 회사에서 더 높은 수준의 품질을 확보하려는 그의 상사는 주요 제품의 공정능력지수를 높이라고 지시했다. 이

에 John은 단순히 규격상한선(USL)을 높이고, 규격하한선(LSL)을 줄이기로 했다. 다음에서 올바른 설명을 골라라. [7.2]

a. 공정 내 산포가 변경되지 않기 때문에 공정능력지수는 증가하지 않는다.
b. 공정능력지수는 관리한계선이 변경될 경우에만 변화하기 때문에 공정능력지수는 증가하지 않는다.
c. 공정능력지수는 증가하지만 해당 프로세스가 실제로 더 나아졌는지는 의문을 가질 수 있다.
d. 공정능력지수가 증가하기 때문에 프로세스의 품질이 저하된다.
e. 질문에 대답하기 위해 더 많은 데이터가 필요하다.

7.3 **(Precision Machining)** 어느 핵심 연결부위의 작업에서, 정밀가공 공정의 규격하한은 0.99mm이고 규격상한은 1.01mm이다. 프로세스의 표준편차는 0.005mm이고 평균은 1mm이다.

a. 이 공정의 공정능력지수는 얼마인가? [7.2]
b. 회사는 불량률을 줄이고 "6-시그마 프로세스"로 운영하고자 한다. 이 목표를 달성하기 위해 프로세스의 표준편차를 어느 정도까지 줄여야 하는가? [7.3]

7.4 **(Vetro Inc)** Vetro Inc.는 모든 모양과 유형의 유리를 생산하는 유리 제조업체이다. 최근 스위스 시계 제조업체인 Switch사에 둥근 유리를 공급하는 계약을 체결했다. 사양은 직경이 4.96cm와 5.04cm 사이 값을 가져야 한다. 현재 생산 공정에서 Vetro Inc.는 직경이 평균 5cm인 유리를 생산한다. 그러나 면밀한 검사 결과, 공정에서 약간의 산포를 보이고 있으며 유리의 직경은 표준편차가 0.01cm인 정규 분포를 따르고 있다.

a. Vetro Inc.의 공정능력지수는 얼마인가? [7.2]
b. 엄격한 6-시그마 표준을 충족하기 위해서 이 공정에서 허용되는 최대 표준편차는 얼마인가? [7.2]

7.5 **(CycloCross)** 자전거용 타이어를 제조하는 한 회사는 CycloCross 타이어의 정확한 너비에대해 고민하고 있다. 회사의 규격하한은 22.8mm이며 규격상한은 23.2mm이다. 표준편차는 0.25mm이고 평균은 23mm이다.

a. 프로세스의 공정능력지수는 얼마인가? [7.2]
b. 이 회사는 이제 불량률을 줄여서 "6-시그마 프로세스"로 운영하고자 한다. 이 목표를 달성하기 위해 프로세스의 표준편차를 어느 정도까지 줄여야 하는가? [7.2]

7.6 **(Quality check)** 일단 회사에 원료가 준비되면, 단일 흐름단위의 제조공정은 다음과 같이 3가지의 순차적 단계를 따르게 된다.

- 1단계는 많은 양의 고가의 페인트를 소비한다.
- 2단계는 병목 단계이다.
- 3단계에는 많은 유휴시간이 있다.

각 단계마다 20%의 확률로 결함이 발생하고 원료는 20%의 확률로 결함이 존재한다. 그러나 결함이 즉시 관찰되지는 않는다. 결함은 최종 제품의 가치를 0으로 만들기 때문에 결함이 하나라도 있는 제품은 상품으로서의 가치가 없으므로 폐기해야 한다. 다음 제시된 진술들을 생각해 보자.

현재 프로세스는 처리능력제약 프로세스(capacity-constrained process)이다. 다음 중 단일 검사 지점(inspection point)의 위치에 대한 조언으로 가장 적합한 것은 무엇인가? [7.6]

A. 유일한 검사 지점은 1단계 이전에 있어야 한다.
B. 고가의 페인트 비용 절감에 중점을 둔다면 1단계 전에 검사를 수행해야 한다. 흐름률(flow rate)에 초점을 두고 있다면 검사 지점은 2단계 이전에 있어야 한다.
C. 고가의 페인트 비용 절감에 중점을 둔다면 2단계 전에 검사를 수행해야 한다. 흐름률(flow rate)에 초점을 두고 있다면 검사 지점은 3단계 전에 있어야 한다.
D. 유일한 검사 지점은 3단계 이전에 있어야 한다.

특정 절에서의 이해도를 확인하고 싶다면 아래의 각 절에 해당하는 문제를 참고하라.

- 7.1절: 7.1
- 7.2절: 7.2, 7.3a, 7.3b, 7.4a, 7.4b, 7.5a, 7.5b
- 7.6절: 7.6

CHAPTER

08 린 오퍼레이션과 Toyota 생산 시스템

Toyota(Toyota Motor Corporation)사는 훌륭한 품질과 작업 전반에 걸쳐 뛰어난 기업으로 자주 연상된다. 이번 장에서 주로 다루게 되겠지만 이러한 Toyota사의 성과에는 그 이유가 있다—Toyota사는 실제로 운영관리의 역사를 변화시킴과 동시에 수십 년간 엄청난 경제적 성과를 거두어 왔다.

- 본 교재의 전반에 걸쳐 Toyota 생산 시스템(TPS, Toyota Production System)의 다양한 요소들이 다루어지지만, 특히 이번 장에서는 이전 장들에서 언급되지 않았던 TPS의 구성요소들을 살펴보고 요약할 것이다.
- 우리는 또한 TPS의 다양한 요소들이 어떻게 밀접하게 연관되어 있는지 살펴볼 것이다. 이러한 연관관계는 기업의 입장에서 일부 요소는 배제하면서 일부 요소만 수용하는 것을 어렵게 만들기도 한다.

앞으로 살펴보겠지만, TPS의 주된 목적들 중 하나는 바로 '낭비'를 프로세스에서 제거하는 것이다. 여기서 낭비란 유휴시간, 불필요한 재고, 결함등을 말한다. 이러한 이유로 사람들은 종종 TPS를 '린 오퍼레이션(lean operations)'이라고 부르기도 하는데 이 표현은 특히 서비스 산업에서 매우 인기 있는 용어가 되어 왔다.

8.1 Toyota사의 역사

Toyota 생산 시스템(TPS)의 우수성을 이해하기 위해서는 시간을 거슬러 올라가 Toyota사와 Ford(Ford Motor Corporation)사의 역사를 서로 비교해 볼 필요가 있다.

도축장에서 사용되던 컨베이어 벨트에서 영감을 얻어 Ford사의 창업자인 Henry Ford는 자동차 생산과정에 조립라인(assembly line)을 사용하게 된다. Ford사의 잘 알려진 차종인 Model T는 호환 부품들(interchangeable parts)을 사용하여 조립라인에서 대량 생산된 첫 번째 차종이었다. 호환 부품들을 사용함으로 인해 Ford사는 조립작업들을 표준화할 수 있었고 이로 인해 두 가지의 중요한 혜택을 얻게 된다. 첫 번째, Ford사는 작업상의 변동성을 크게 줄일 수 있었고 이로 인해 품질의 향상을 경험할 수 있었다. 두 번째, 생산 프로세스는 매우 간소화되어 수작업과 자동화된 조립작업들이 매우 빠른 시간안에 처리될 수 있었다.

결과적으로 되돌아보면, Ford사의 모든 노력은 값비싼 장비들을 최대한 사용하여 최대로 생산량을 끌어올리는데 초점이 맞추어져 있었다. 이러한 노력은 Ford사로 하여금 거대한 생산 규모를 갖추도록 하여 당시 Model T의 초창기에는 전 세계 자동차의 10대중 9대가 Ford사에 의해 생산되었다. Ford사는 이러한 규모의 경제에 힘입어 Model T의 가격을 2005년 시세로 환산했을 때 US $3,300까지 낮출 수 있었고 이러한 가격의 하락은 대량생산의 주된 고객층인 미국 중산층 서민들이 자동차를 소유할 수 있도록 만들었다.

Toyota사는 제 2차 세계대전 직전에 자동직조기 생산 업체였던 Toyota Industries에서 분사하였다. Toyota사는 일본 육군에 전투용 트럭을 생산하여 납품하였는데 당시 일본에서는 필요 부품 등의 자원이 부족하여 전조등이 하나만 달린 매우 간단한 형태의 트럭을 제조 납품하였다. 우리가 앞으로 살펴보겠지만, 이러한 직조기와 간단한 차종만을 생산하였던 경험이 추후 Toyota사의 발전의 계기가 되었다.

전쟁 직후에, 일본에서의 자원 부족상황은 더욱더 심각해졌다. 일본 내에서는 자동차의 시장 자체가 형성될 수 없었을 뿐더러 비싼 자동차 생산 장비를 구입할 현금도 부족한 상황이었다. 미국은 일본의 재건에 매우 적극적인 자세를 취했고 그 결과 미국의 생산 시스템 역시 일본의 젊은 자동차 생산업체에 매우 큰 영향을 끼치게 되었다. Toyota사의 초기 자동차들은 일부 미국의 중고 장비들에 의해 생산되었고 미국의 Dodge와 Chevrolet 등의 차종들과 매우 유사한 모습이었다.

서양의 산업기술들이 Toyota사에 영향을 끼친 것은 사실이지만 그러한 기술들이 그대로 사용될 수는 없었다. 규모의 경제와 기계장비로의 큰 투자를 요구하는 대량생산의 개념은 작은 일본시장과 현금부족에 시달리고 있는 Toyota사에게는 맞지 않는 개념이었다.

이러한 자원부족이라는 환경에 도전하면서 Toyota사는 우리가 Toyota 생산 시스템(TPS)이라고 일컫는 시스템의 여러 요소들을 창조하였다. TPS는 하루아침에 만들어진 것이 아니라 오랜 시간의 진화에 의한 결과물이며 결국 Toyota사를 세계에서 가장 성공적인 자동차 회사로 만들었다. 그리고 이는 운영관리(Operations Management) 분야의 귀중한 토대가 되었다.

이 절은 Toyota사 자체에 관한 것이 아니라 TPS에 관한 내용이므로 Toyota사에 관한 내용은 이 정도로 끝맺는다. 병원에서 은행에 이르기 까지 다른 많은 산업계에서 TPS를 적용시키고 있다. 여러분도 Toyota사에서 근무하건, 독일의 정부기관에서 근무를 하건 간에 여러분의 조직 내에서 TPS를 사용할 수 있다. 그리고 Toyota사 자신도 항상 TPS를 따르는 것만은 아니다. 그러므로 TPS의 힘은 세계 최대 자동차 생산업체로서의 Toyota사의 위치에 의존하는 것은 아니다.

8.2 TPS 프레임워크

TPS가 JIT, 칸반(Kanban), 카이젠(Kaizen) 등과 같은 일종의 유행어처럼 종종 다루어지

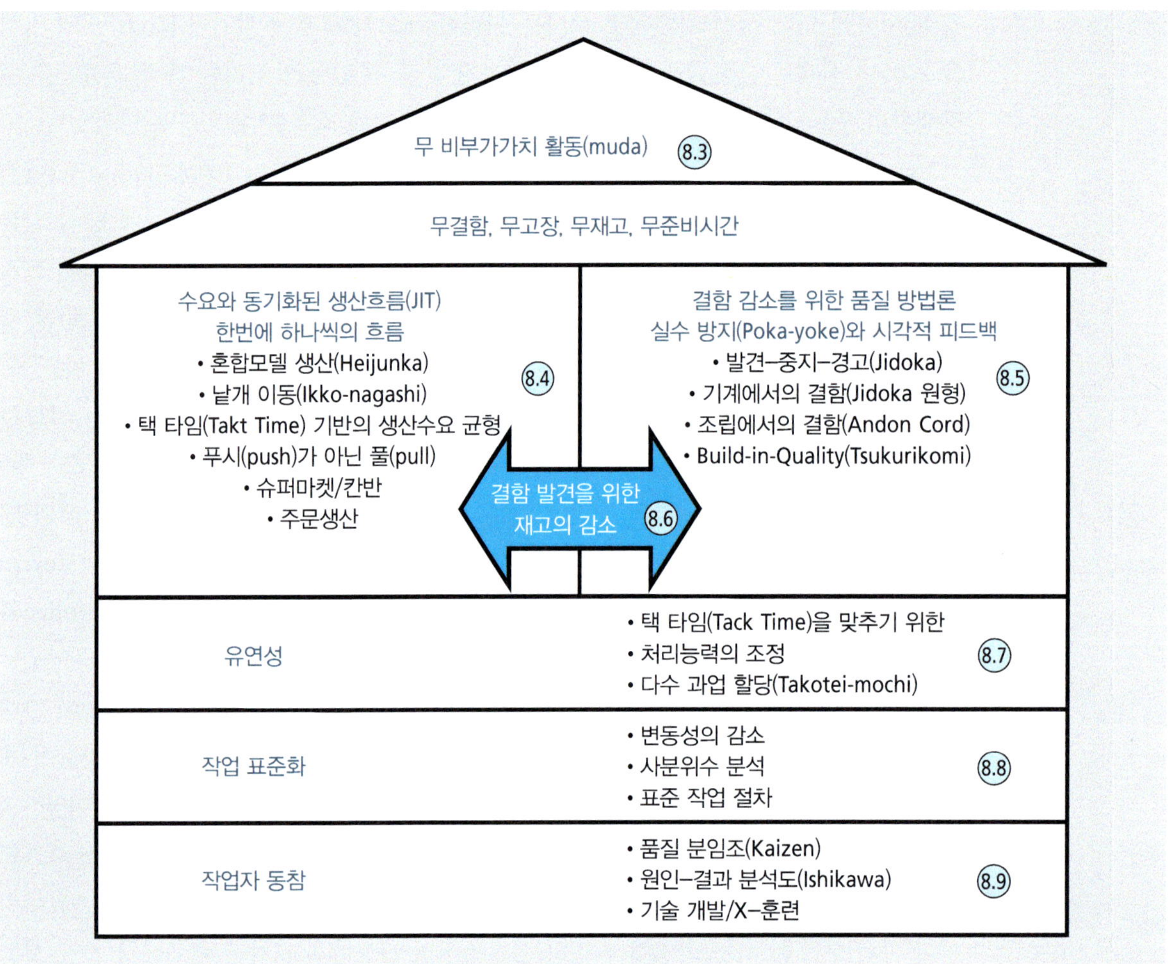

그림 8.1 TPS의 기본 구성(컬러 원안의 숫자들은 이 장의 관련된 절을 의미)

고는 있지만 이러한 개념들을 단순히 실행하는 것으로 Toyota사에서의 탁월한 운영성과를 낼 수 있는 것은 아니다. TPS는 다양한 운영관리의 문제들에 대한 독립적인 해결책의 집합이 아니라 인적자원에서부터 생산공정에 이르기까지 다양한 관리절차들의 복잡한 조합이라고 할 수 있다.

[그림 8.1]은 TPS의 구성을 요약하고 있다. 가장 윗부분에는 낭비제거의 원칙이 위치해 있다. 그 아래에는 낭비제거의 목적을 지원하는 여러 방법들의 집합이 위치하고 있다. 이들 방법들은 JIT 방법론과 품질관리 방법론으로 구분되어 정리될 수 있으며 다양한 방법들 간에는 강한 상호관련성이 존재한다. 이번 장을 통해 이러한 상호관련성의 일부를 논의하고자 한다. 특히 JIT와 품질간의 상호작용을 논의할 것이다.

총체적으로 볼 때 이들 방법들은 다음 절에서 정의할 낭비의 다양한 원천들을 제거하는데 사용된다. 이들 낭비의 원천들 중에는 과생산(overproduction), 대기(waiting), 운송

(transportation), 과작업(overprocessing), 그리고 재고(inventory) 등이 포함되며 이들은 모두 수요와 공급의 불균형을 반영하는 것이다. 8.4절에서 논의할 첫 번째 방법론은 생산흐름(production flow)을 수요(demand)와 동기화(synchronizing)시키는 것과 관련되어 있다. 산출물은 정확히 고객이 원할 때, 그리고 요구되는 수량만큼만 생산되어야 한다. 다시 말하면 산출물은 제 시간(just in time)에 생산되어야만 한다.

우리가 만약 JIT의 개념을 잘 따르면서 수요에 안정적으로 부합하는 프로세스의 흐름률(flow rate)를 얻고 싶다면 프로세스에서 결함(defect)이나 고장(breakdown)을 일으키지 말아야 한다.

Toyota사의 품질에 대한 철저한 강조는 기업이 버퍼와 관련된 염려들을 극복하도록 한다: 무결함(zero defect)과 무고장(zero breakdown) 생산이 가능하다면 기업은 흐름률을 희생하지 않을 뿐 아니라 재고를 보유하지 않아도 된다. 이러한 이유와 더불어 결함이 재작업이라는 낭비와 연관되어 있다는 사실은 품질경영이 TPS라는 구조물을 지탱하는 중요한 두 번째 기둥이 되도록 한다.

JIT와 품질경영은 둘 다 작업의 표준화(변동성을 제거하는), 수요의 변동에 대응하는 프로세스 처리능력(process capacity)의 유연성, 그리고 인적자원관리의 기술들과 같은 기본적인 방법들을 요구한다.

8.3 낭비의 일곱 가지 원천

1980년대 후반에 IMVP(International Motor Vehicle Program)이라고 불리는 연구협력단(consortium)에서는 자동차 생산 공장에 대한 전 세계적 벤치마킹을 수행하였다. 이 연구에서는 아시아, 유럽, 북미 지역의 공장으로부터 품질과 생산성에 관련된 데이터를

표 8–1 GM(General Motors)사의 Framingham 조립 공장과 Toyota사의 Takaoka 조립 공장(IMVP 조립 공장 조사에 포함된 1986년 벤치마킹 자료)

	GM사의 Framingham	Toyota사의 Takaoka
대당 총 조립시간	40.7	18
100대당 조립 결함 수	130	45
대당 조립 공간	8.1	4.8
부품 재고(평균)	2주	2시간

출처: Womack, Jones, and Roos(1991)

참고: 대당 총 조립시간은 공장내 전체 작업시간을 생산된 차량의 총 수로 나누어 계산된다. 대당 결함수는 1987년 JD Power Initial Quality Survey를 기반으로 추정한다. 대당 조립공간은 차량의 크기에 맞게 수정된 연간 대당 평방피트이다. 부품 재고는 주요 부품들의 대량적 평균치이다.

비교하였다. 그 결과는 Toyota사가 대량생산(mass production)의 역사적인 개념을 재구성하는데 있어 얼마나 멀리까지 진보해 왔는지를 명확히 보여주었다.

[표 8.1]에 제시된 데이터는 GM(General Motors)사의 Framingham 공장과 Toyota사의 Tacaokar 공장을 비교하고 있다. Toyota사의 공장은 GM 공장에 비해 생산성은 약 2배나 높고 불량품의 수에서는 1/3도 안되었다. 게다가 작업장의 면적도 훨씬 효율적으로 사용했으며 부품과 구성품의 재고회전율은 훨씬 높았다.

제시된 데이터가 30년 이상 오래된 것이긴 하지만 오늘날의 상황과도 그리 차이 나지는 않는다. 먼저 IMVP의 연구는 여러 면에서 TPS의 우월성을 입증하는 첫 번째 증거자료였다. 이러한 이유에서 산업화의 역사에서 하나의 이정표를 세웠다고 할 수 있다. 두 번째, 모든 자동차를 생산하는 대기업들이 당시에 비하면 괄목할 만한 개선을 이루어 온 것이 사실이지만 최근 벤치마킹 자료(Holweg and Pil(2004)를 참조)에 의하면 일본 제조업의 생산성은 이미 다른 기업들의 선행하는 목표치가 되어왔다. 미국과 유럽의 제조업자들이 그들의 생산성을 향상시켜 오는 동안 일본의 제조업자들 역시 그들의 생산성을 향상시켜 옴으로 인해 여전히 Toyota사는 오늘날 월등한 경쟁우위를 유지하고 있다.

GM사와 Toyota사의 생산성의 차이는 무엇으로 설명될까? 두 기업의 프로세스는 결국 유사한 차종을 생산하게 된다. 생산성에서의 차이는 자동차의 생산에 기여를 하지 않는 것들, 즉 비부가가치 활동들(non-value-added activities)을 GM사가 행하는 것으로 설명된다. TPS는 muda라고도 일컬어지는 이러한 비부가가치 활동들을 제거하는 것을 기본가정으로 삼고 있다.

여기에는 다양한 형태의 muda가 존재하며 TPS의 사상적 리더인 T. Ohno에 따르면 일곱 가지의 낭비의 원천이 존재한다

1. 과생산(Overproduction): 더 많이, 그리고 더 일찍 생산하는 것은 자재관리, 저장, 그리고 운송 등의 형태를 통해서 추가적인 낭비를 발생시킨다. TPS는 오직 고객이 원하는 것을, 원하는 때에 생산하는 것을 추구한다.
2. 대기(Waiting): "수요와 공급의 균형"의 사상 속에는 두 가지 형태의 대기가 발생한다. 경우에 따라서 생산자원(기계나 장비 등)이 공정상에서 흐르고 있는 제품단위를 기다리므로 인해 생산자원의 유휴시간이 발생하기도 한다. 활용률(utilization)은 이러한 형태의 대기를 측정한다. 낮은 활용률이란 생산자원이 작업할 제품단위를 기다린다는 것을 의미한다. 다른 경우에는 제품단위가 생산자원이 가용할 때까지 기다리기도 한다. 그 결과로 흐름시간(flow time)이 부가가치를 생성하는 시간보다 길어지게 된다. 이러한 두 번째 형태의 대기를 측정하는 좋은 척도는 흐름시간(flow time)에서 부가가치를 생성하는 시간이 차지하는 비율이다.
3. 운송(Transportation): 공정상에 이동하는 반제품, 병원 내에서 이동하는 환자들, 혹

은 여러 부서를 돌아다니는 보험금 청구관련 서류 등과 같은 내부에서의 이동이 여기에 해당된다. 흐름단위들이 프로세스 내에서 이동하는 거리를 최소화 하도록 프로세스 들은 배치되어야 한다.

4. 과작업(Overprocessing): 작업시간에 대한 면밀한 분석을 해보면 작업자들이 흐름단위에 필요이상의 시간을 소모하고 있음을 발견하게 된다. 예를 들면, 작업자는 금속제품의 표면을 필요이상으로 과도하게 연마하기도 하고 의사는 5분전에 간호사가 환자에게 물었던 질문을 다시 물어보기도 한다.
5. 재고(Inventory): 수요와 공급의 균형이라는 관점에서 재고의 축적은 낭비로 전환될 잠재성을 지니고 있다. 재고는 과생산(overproduction)과 밀접한 관련이 있으며 이는 종종 JIT 방법론이 올바르게 적용되지 않았음을 의미하기도 한다. 재고는 종종 그 자체적으로도 가치를 생성하지 않을 뿐 아니라 문제점에 대한 정보의 회수기간을 길게 하며 근본문제점을 발견하고 제거해야 한다는 생각을 무마시키기도 한다.(보다 자세한 내용은 8.6절을 참조)
6. 재작업(Rework): TPS와 여러 품질관련 운동들에서 자주 인용되는 말들 중에 "처음 한번 할 때 제대로 하라(Do it right the first time)"란 말이 있다. 우리가 앞선 장에서 살펴보았듯이, 재작업은 변동성을 증가시키고 자원의 처리능력(capacity)을 소비하게 된다. 이는 제조업뿐만 아니라 서비스업에서도 매우 흔한 일이다. 예를 들어, 병원에서는 X-ray사진의 해상도가 나쁘거나 환자를 중환자실로 다시 받을 때 너무 자주 X-ray 사진을 촬영하는 경우가 있다.
7. 동작(Motion): 조립라인에서 나사를 조이는 일이라든지 병원에서 환자를 휠체어에서 침상으로 옮기는 작업 등과 같이 어느 특별한 과업을 수행하는 과정에는 여러 가지 많은 방법들이 존재한다. 그러나 산업혁명의 초기 선구자들인 Frederick Taylor와 Lillian Gilbreth 등과 같은 사람들은 오직 한가지의 "옳은 방법"이 있다고 주장한다. 모든 과업들은 면밀히 분석되어야 하고 오늘날 인간공학(ergonomics)으로 알려진 여러 기법 등을 통해서 최적화 되어야 한다. 그렇지 않은 방법으로 과업을 행하는 것은 낭비이다.

라인밸런싱(line balancing)의 내용에서 보았듯이, 낭비감축의 목표는 비부가가치(non-value-added) 활동을 최대한 줄임으로써 자원이 부가가치 활동에 사용되는 시간의 비율을 최대화시키고자 하는 것이다.

이쯤에서 용어들의 뜻을 명확히 하자. TPS의 목표는 무재고(zero inventory), 무결함(zero defects) 등을 포함하는 무낭비(zero waste)를 달성하는 것이다. 그러나 이 목적은 숫자의 의미보다는 염원을 나타낸 것에 보다 가깝다고 할 수 있다. 무재고의 목표를 고려하면서 Little's Law을 상기해 보자: 재고=흐름률×흐름시간(Inventory=Flow rate×Flow time). 우리가 빛의 속도로 제품을 생산하지 않는다면(흐름시간이 0이 되지 않는다면), 무재고를 달성할 유일한 방법은 흐름률을 0으로 작업하는 방법 밖에 없다–이는 우리가 희망하는 산출물이 아니라는 이야기이다. Toyota사도 물론 무재고로 운영되지는 않는다. 그러나 그들은 낮은 재고수준에서 운영되고 있고 계속해서 이 낮은 재고수준을 더욱 낮추기 위해서 노력하고 있다. 이는 무결함의 주제에서도 마찬가지이다. 결함은 Toyota사의 제조공장에서 자주 발생하고 있다. 그러나 다른 기업들에서 발생하는 것보다는 훨씬 덜 발생하고 있고 항상 프로세스 개선의 가능성을 생각하고 있다.

이러한 낭비의 개념이 제조업에서만 존재하는 것이 아님을 강조하는 것이 중요하다. 예를 들어, 대형 병원에서 일하는 간호사의 하루를 생각해 보자. 이상적인 상황에서 간호사는 환자를 돌보기 위해 존재한다. 이는 간호사나 환자들이 모두 원하는 바이다. 그러나 대부분의 간호사가 하루를 어떻게 보내는지를 주의 깊게 분석해 보면 다른 상황을 보이고 있음을 깨닫게 된다. 대부분의 간호사들은 그들 근무시간의 절반 이하를 환자를 돌보는데 쓰고 있고 나머지 시간들은 병원 내를 이동하거나, 문서작업을 하거나, 의료장비를 찾아 헤매거나, 의사 및 병원행정실과의 협력 작업을 하느라 낭비되고 있다(운영관리의 관점에서 간호사의 업무를 분석해놓은 Tucker(2004)를 참조). 이러한 낭비는 간호사들에게는 매우 불만스러운 일이며 환자들을 보살피는 업무가 형편 없어지고 의료서비스를 제공하는 병원의 입장에서도 고비용을 초래하는 일이다.

우리가 낭비를 감소시키는데 성공한다면 같은 수준의 일을 보다 낮은 비용으로 성취

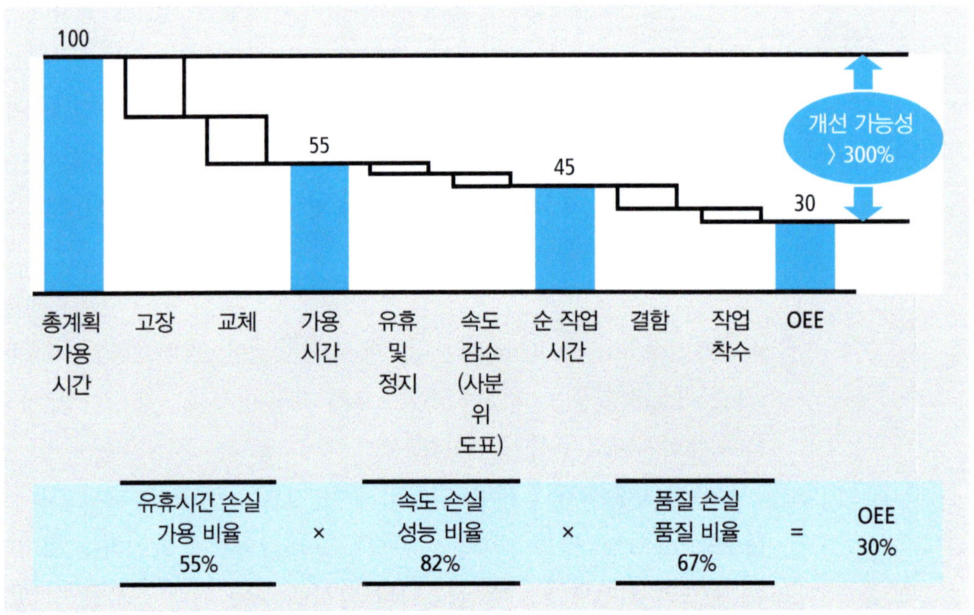

그림 8.2 총 장비 효과성(Overall Equipment Effectiveness; OEE) 분석의 프레임워크

할 수도 있다. 현재 처리능력(capacity)이 제약사항으로 걸려있는 프로세스에서, 낭비의 감소는 산출물을 증가시키고 따라서 수익(revenue)을 증가시키는 방법이 된다. 우리가 6장에서 논의한 데로 이러한 개선의 경제적인 영향력은 실로 대단하다.

낭비의 영향을 분석하고 표현하는 유익한 방법은 맥킨지(McKinsey)와 같은 컨설팅 기업들이 사용하는 총 장비 효과성(Overall Equipment Effectiveness: OEE) 분석을 사용하는 것이다. 이 분석의 목적은 자원이 사용되는 시간 중 부가가치를 창출하는 것이 몇 퍼센트이고 몇 퍼센트가 낭비되는지를 밝혀내는 것이다. 이것은 낭비 감축을 시작하기 전에 프로세스의 잠재된 개선에 대한 추정치를 제공한다.

[그림 8.2]에 나타난 것처럼, 먼저 자원의 총가용시간(total available time)을 기술하는 것으로 OEE 분석을 시작한다. 이 총시간(100%)에서 일정 시간이 기계고장(혹은, 인적자원인 경우는 결근)과 준비시간(setup time)으로 낭비되고 이는 총계획시간(total planned time)보다 훨씬 작은 가용시간(이 경우에는 총계획시간의 55%만이 생산 작업을 위해 가용하다)을 초래하게 된다. 그러나 남은 55% 조차도 모두가 부가가치를 창출하는 것은 아니다. 프로세스의 균형이 잡혀있지 않음으로 인해 자원은 종종 유휴시간을 가지게 된다. 또한 자원의 활동시간이 다른 낭비요인들과 고객의 가치에 직접적으로 더 해지지 않는 부수적인 작업들을 포함하기 때문에 자원이 최적의 속도로 운영되지 않을 수도 있다. [그림 8.2]의 경우에는, 82%의 가용시간이 작업에 사용된다. 이는 45%(55%×82%)의 가용시간만을 남기게 된다. 불량품, 재작업, 그리고 작업착수 등과 같은 추가적인 자원의 낭비(67%)를 고려한다면 오직 30%(55%×82%×67%)의 가용처리능력(available capacity)만이 가치를 창출하는데 사용된다.

다음의 두 가지 예제는 비제조업에서 OEE 분석의 유용함을 보여주고 있다. 이들 예제는 또한 매우 값비싼 자원의 절반에 가까운 처리능력을 낭비하는 것이 얼마나 일반적인 일인가 하는 것을 설명하고 있다.

- 최근에 이루어진 어느 한 연구는 주요 금융회사의 대출서류 작성 프로세스에서 서류작성 처리능력의 대부분이 매우 비생산적으로 사용되고 있다고 보고하였다. 비생산적인 시간은 다음과 같은 요소들을 포함한다. (a)고객에게 너무 늦게 제공되어 수락될 것 같지 않는 대출서류 작업에 시간을 보내는 것, (b)유휴시간, (c)매우 낮은 신용도 때문에 애초에 기각시킬 수 있었던 대출서류를 계속 붙잡고 진행시키는 것, (d)부수적인 문서작업들, (e)전화로 고객에게 접근을 시도하지만 결국 실패하는 것. 이 연구는 대출서류작업을 할 수 있는 처리능력의 오직 40%만이 실제 가치를 창출하는데 사용되고 있다고 추정한다.
- 주요병원의 많은 수술실들이 다음과 같은 이유로 사용되지 않은 채로 운영되고 있다. (a)스케줄의 차이, (b)절차 취소, (c)수술실 청소시간, (d)환자 준비시간, (e)의사

및 마취과 요원의 지각으로 인한 절차의 연기. 낭비요인의 확인 작업을 마친 후에 이 병원은 수술실 가용시간의 60%만이 생산적으로 사용되고 있음을 깨닫게 되었다. 혹자는 환자를 준비시키는 시간은 수술 전에 행해져야 하는 가치창출과정이라고 주장할 수도 있으나 이 시간이 수술실 내에서 이루어져야 하는가는 다시 생각해 볼 만 하다. 사실, 몇몇 병원들은 5장에서 논의되었던 준비시간 감축을 위한 기법들을 사용하고 있고 수술실 바깥에서 환자들이 수술을 준비할 수 있도록 하고 있다. 이렇게 함으로 인해 한 수술이 끝나고 다음 수술로 넘어가는데 걸리는 시간이 줄어들게 된다.

8.4 JIT: 수요와 공급의 균형

Just-in-time(JIT)은 수요와 공급의 균형에 관한 내용이다. 그 목적은 수요에 순조롭게 부합하는 공급 프로세스를 조성하는 것으로, 이로 인해 고객이 원하는 때에 고객이 필요로 하는 것을 제공하자는 것이다.

이 절에서는 JIT 프로세스를 완성하기 위한 세 단계에 관해 논의한다. 이 세 단계들은 상호 의존하며 구성되고 이들이 설명되는 순서로 진행되어야 한다. 이들은 프로세스가 이미 표준화된 과업을 사용하는 정상상태(in-control)이고 신뢰할 수 있는 품질수준을 갖추고 있다고 가정한다.

1. 한 번에 한 단위씩의 흐름(one-unit-at-a-time flow)을 유지한다.
2. 고객의 수요율(demand rate)에 맞추어 생산한다.
3. 칸반(kanban)이나 주문생산(make-to-order; MTO) 방식을 이용한 풀 시스템(pull system)을 실행한다.

한 번에 한 단위씩의 흐름을 유지한다

사람들을 건물의 한 층에서 다른 층으로 옮길 수 있는 다음 두 가지의 기술(technology)을 비교해 보자: 에스컬레이터(escalator)와 엘리베이터(elevator). 우리는 대부분 엘리베이터에서 많은 시간을 기다리게 된다. 우리는 엘리베이터가 도착하기를 기다리고 엘리베이터가 매 층마다 멈춰 서게 됨으로 인해 많은 사람들 사이에 혼잡하게 뒤엉킨 채 기다리게 된다. 이와는 반대로, 에스컬레이터는 어떤 기다림이나 사람들 사이에서의 혼잡함 없이 사람들을 그들의 목적지로 지속적으로 보낸다.

엘리베이터를 기다리거나 그 안에 서 있는 사람들은 생산 시스템에서의 뱃치(batch)와도 같다. 5장에서 우리는 SMED라는 개념에 대해서 논의했고 작은 생산 뱃치를 경제적으로도 가능하게 만드는 준비시간의 감축에 대해서도 논의했다. TPS에서는 생산계획들이 큰 뱃치를 피하도록 설계된다. 대신에 5장에서 논의된 헤이준카(heijunka)로도 알려진 혼류 생산라인(mixed-model production)에서 다양한 제품들이 뒤섞이게 된다. 준비시간을 줄이는 것에 추가하여, 우리는 프로세스의 흐름과 유사하게 자원을 물리적으로 배치(layout)하는데 역시 노력을 기하여야 한다. 다시 말하면 프로세스 흐름도 상에서 서로 근접해 있는 두 자원들은 물리적인 공간에서도 가까이 위치해야 한다는 것이다. 이러한 노력은 불필요한 이동을 줄이고 이동뱃치(transport batch)를 형성할 필요를 줄이게 된다. 이러한 방식으로 한 단위는 한 자원에서 다음 자원으로 한 번에 하나씩 흐르게 된다.

고객의 수요율에 맞추어 생산한다

우리가 일단 한 번에 한 단위씩의 흐름을 가능하게 만들고 나면 다음으로는 우리의 흐름률(flow rate)이 고객의 수요와 일치하도록 해야 한다. 대부분의 대규모 생산 작업들은 수요예측(forecast)에 기반을 두어 그들의 프로세스를 운영해 왔다. 생산계획 기능을 갖춘 소프트웨어(자재소요계획(MRP: material resource planning)와 전사적 자원관리(ERP: enterprise resource planning) 등을 이용하여 최종 제품을 생산하기 위해 요구되는 다양한 하부프로세스들을 위한 작업계획을 만들어 왔다.

수요예측은 그 자체로도 하나의 주제(13장 참조)가 되지만, 대부분의 수요예측은 올바르지 않은 부정적인 측면도 지니고 있다. 계획기간(예를 들어 한 달)의 마지막에 ERP 시스템은 다음 생산계획을 갱신하게 될 것이고 프로세스 상의 재고를 고려하게 된다. 장기적으로는 이런 방식으로 생산이 수요에 대충 맞추어지게 된다. 그러나 일간 작업(day-to-day operations)에서는 장기간의 과도한 재고와 백오더(backorder)가 존재하게 된다.

TPS에서는 고객의 주문과 동기화된 생산프로세스를 운영함으로 인해 완제품 재고를 줄이는 것을 추구한다. 이는 생산된 자동차의 전체 숫자뿐만이 아니라 다양한 차종들을 통한 자동차의 혼합생산에서도 마찬가지이다.

우리는 택 타임(takt time)의 개념을 이용하여 고객의 수요를 생산속도(흐름률)로 전환시킨다. takt time은 '박자(tact)' 혹은 '시계(clock)'를 의미하는 독일어 takt에서 유래된 말이다. 마치 지휘자가 이끄는 공동의 박자를 오케스트라가 따를 필요가 있는 것처럼 JIT 프로세스는 수요가 이끄는 박자(tact)를 따라야 한다. Takt time의 계산은 우리가 이전 장에서 학습한 수요율과 흐름률을 계산하는 방식과 동일하다.

풀 시스템(pull system)을 실행한다

택 타임(takt time)을 통해 공급을 통합된 수요와 동기화 시키는 것은 JIT를 실행하는데 중요한 과정이다. 그러나 재고는 완제품에서만 존재하는 것이 아니라 재공재고(work-in-process inventory)로도 존재한다. 프로세스의 일부는 자원들 사이에 일정 수준의 재고를 쌓는 속도로 작업하는 경우가 많다. 우리는 이제 프로세스 상의 재고량을 조절하면서 자원들을 조화시키는 조정 시스템(coordination system)을 설계해야 한다. 우리는 이를 풀 시스템(pull system)을 실행하는 것으로 완성하게 된다.

풀 시스템에서는 최하류(즉, 고객과 가장 근접한)에 위치한 자원이 시장의 수요와 그 생산 속도를 같이 하게 된다. 이 자원은 수요의 정보를 이 자원의 자체 생산 활동에 활용 하는 것뿐만 아니라 다음 상류 단계로 전달하게 된다. 즉 상류의 자원도 역시 수요와 그 속도를 같이 하게 한다. 만약 마지막 자원이 두 개의 전자부품을 조립하여 한 대의 컴퓨터를 제조한다면 이 자원은 두 개의 전자부품의 수요를 다음 상류 단계로 전달하게 된다. 이러한 방식으로 외부의 수요가 프로세스 상의 한 단계씩 위로 전달된다. 이는 제품 흐름단위의 물리적인 흐름과는 반대 방향으로 정보가 흐름을 의미한다.

이러한 수요가 이끄는 풀 시스템(demand-driven pull system)은 푸시 시스템(push system)과 같이 흐름단위들이 프로세스상의 재고와는 무관하게 프로세스로 투입되는 것과는 반대되는 개념이다. 특히 프로세스 상의 하류에 위치한 첫 번째 자원이 낮은 활용률(utilization)을 갖추고 있다면 프로세스의 하류에 재고의 홍수를 유발하게 되면서 푸시 시스템은 엄청난 양의 재고를 프로세스 상에 쌓게 된다.

풀 시스템을 수행하기 위해서 TPS는 다음의 두 가지 형태의 프로세스 관리를 수행한다.

- 칸반(Kanban) 기반의 풀 시스템에서 상류의 자원은 하류에서 요구된 수요 만큼만 보충된다.
- 주문생산(MTO) 방식은 고객의 주문이 발생한 때에만 그 만큼의 양을 시스템에서 생산하게 한다.

칸반 시스템을 먼저 살펴보자. 칸반(Kanban)은 프로세스의 하류에서 부품의 수요가 발생할 때 부품의 생산과 이동을 명령하는 지시가 발생하는 생산 및 재고 관리 시스템을 의미한다(Fujimoto 1999).

칸반 시스템에서는 표준화 되고 회수 가능한 컨테이너(부품을 이동하는데 쓰는 용기)가 프로세스의 상 · 하류 자원들 사이에서 순환하게 된다. 상류에 있는 자원은 빈 컨테이너가 회수되었을 때 생산을 하게 된다. 다시 말하면 회수된 빈 컨테이너가 생산지시를 촉발하는 것이다. 칸반이라는 용어는 각 컨테이너에 달려있는 카드(지시서)를 의미한다. 결국 칸반 카드는 종종 작업지시서(work authorization form)라고 불리기도 한다. 칸반 시스템의 간단한 설명이 [그림 8.3]에 제시되어 있다. 하류에 위치한 자원(오른쪽)은

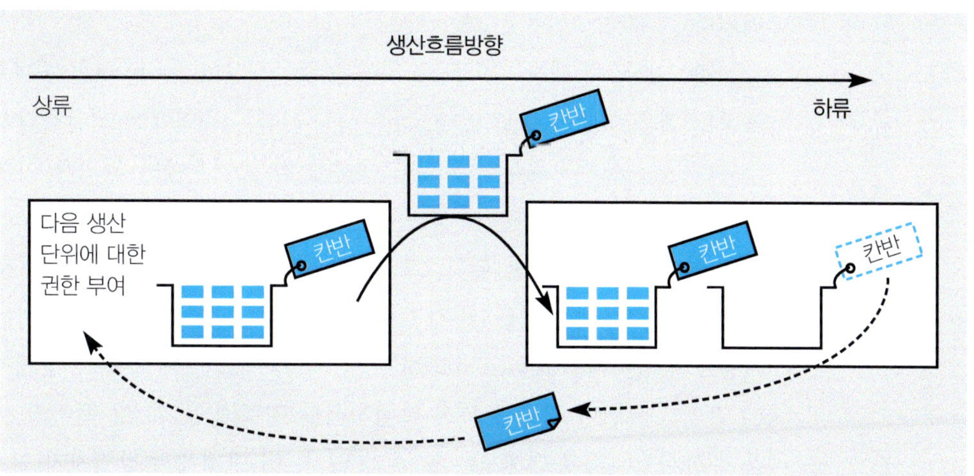

그림 8-3 칸반 시스템에 대한 설명

상류에 위치한 자원(왼쪽)으로부터 전달받은 투입물을 소비한다. 이는 말 그대로 하류의 자원이 컨테이너에서 부품을 꺼내고 컨테이너는 비워지게 된다. 그리고 앞서 언급한 데로 상류의 자원에 생산 지시를 내리게 된다. 그러므로 프로세스의 모든 자원들 사이에서 칸반 카드를 사용하는 것은 프로세스 하류의 수요와 상류의 생산을 일치시키는 효과적이고도 실행 간편한 방법을 제공한다. 이는 결국 수요와 공급 간의 균형을 가능하게 한다.

칸반 시스템의 주요 혜택은 칸반 카드에 의해 허락된 것 보다 더 많은 재고가 두 자원들 사이에 쌓이는 일이 결코 일어날 수 없다는 것이다—상류의 자원은 빈 컨테이너를 회수 받을 때에만 생산을 할 수 있고 모든 컨테이너가 가득 차게 됐을 때는 생산을 중단하게 된다. 결국 재고는 컨테이너의 수만큼으로 한정된다. 반대로 푸시 시스템에서는 상류의 자원은 생산할 것이 있는 한 계속해서 생산을 지속한다. 예를 들어, 나무의자의 다리들을 생산하는 선반(lathe)이 상류의 자원으로 위치해 있다고 가정하자. 푸시 시스템에서 이 선반은 작업할 나무를 보유하고 있는 한 계속해서 의자의 다리를 생산한다. 칸반 시스템에서 이 선반은 오직 텅 빈 칸반을 가지고 있을 때만 의자 다리를 생산한다. 반면에 칸반 시스템에서 선반은 칸반들이 다 소진될 때에만 작업을 중지하는 반면 푸시 시스템에서의 선반은 가용한 원재료(나무)가 다 소진될 때에만 작업을 중지한다. 이 구분은 매우 다른 행위로 이어진다. 푸시 시스템에서는 이론적으로 재고의 제한이 없기 때문에 재고는 단순히 경영자에게 계획 없이 발생하는 것이 된다(예를 들어 프로세스를 돌아보는 공장 관리자를 생각해 보자. 그가 이렇게 말 할 수 있을 것이다. “와우, 오늘은 이 단계에서 많은 재고가 발생했군”). 반대로 칸반 시스템에서는 재고의 양이 경영진의 의사결정 변수가 된다—재고의 상한은 프로세스에서 사용되는 칸반 카드의 수를 통해 관리된다.

칸반 시스템에 대한 대안으로 우리는 주문생산(make-to-order; MTO) 방식을 이용한 풀 시스템을 실행할 수도 있다. '주문생산'이라는 용어에서 제안하다시피 이러한 프로세스의 자원은 고객으로부터 확고한 주문을 받은 이후에만 작업을 시행한다. 원칙적으로는 이들 주문에 상응하는 제품들이 선입선출법(FIFO: first-in, first-out)의 규칙을 통해 프로세스 상에서 흐르게 된다. 그러므로 주문생산 방식에서의 한 흐름단위는 명확한 하나의 고객 주문에 할당된다. 칸반 시스템과 주문생산 시스템의 차이를 알아보기 위하여 자동차의 백미러(rear-view mirror) 생산의 한 예를 살펴보자. 공장에서 백미러를 생산하는 작업자가 칸반 카드를 통해 작업지시를 명령 받을 때 이 백미러가 어느 고객의 주문을 충족시키는지에 대해서는 알 수가 없다. 이 단계에서 작업자가 알 수 있는 것은 단지 이 백미러의 생산이 허락되도록 하는 충분한 양의 고객 주문이 있었다는 사실뿐이다. 대부분의 경우, 동일한 자동차 공장의 최종 조립라인은 주문생산 방식으로 운영되고 마지막으로 백미러를 장착하는 작업자는 이것이 Mr. Smith씨의 차량을 위한 백미러가 된다는 사실을 비로소 알게 된다.

많은 조직들에서 이 풀 시스템의 두 가지 형태를 모두 사용하고 있다. Dell 컴퓨터를 살펴보자. Dell사의 컴퓨터들은 워크셀(work cell; 유사한 경로를 갖는 부품 군들을 생산하기 위해 유사하지 않은 설비들을 그룹 지어 생산단위를 구성하는 것)에서 완성된다. 부품들을 공급하는 프로세스는 주로 칸반을 이용하는 것으로 운영된다. 그리하여, Toyota사의 백미러와 Dell사의 전원장치와 같은 부품들은 고객의 수요를 충족시킬 수 있는 충분한 양이 프로세스 상을 이동한다. 그러나 칸반 카드에 대한 대응으로 생산될 뿐 정확히 한 특정 주문에게 아직 할당되지는 않는다.

풀 시스템의 한 형태를 실행하고자 하는 이들은 다음과 같은 점들을 명심해야 한다.

- 칸반은 다음과 같은 제품이나 부품을 위해 사용되어야 한다. (a)소품종 대량생산으로 운영되는 경우, (b)한정된 수(칸반 카드의 수)가 미리 생산되는 것이 경제적으로 타당할 정도의 리드타임을 요구하는 경우, (c)부품의 저장과 관련된 비용이 낮은 경우
- 주문생산 방식은 다음과 같은 경우에 사용되어야 한다. (a)다품종 소량생산으로 운영되는 경우, (b)고객이 그들의 주문 물량을 받을 때까지 기다릴 수 있는 경우, (c)흐름단위들을 저장하는 것이 비싸고 어려운 경우.

8.5 품질 경영

우리가 만일 버퍼(buffer)없이 재작업의 낭비를 피하고자 한다면 무결함으로 생산하는 것이 필수적이 된다. 무결함을 달성하기 위해서 TPS는 결함방지, 조기결함탐지, 그리고 품질에 관한 작업자의 막중한 책임 등을 중요시 여긴다.

결함은 '실수 방지(poca-yoke)' 제조 방식에 의해 방지될 수 있다. 즉, 제조 작업에서의 실수를 물리적으로 불가능하게 만드는 것이다. 부품들은 간단한 하나의 방식으로 조립되도록 설계된다.

결함방지 노력에도 불구하고 문제가 생기면 TPS는 가능한 빨리 이 문제를 발견하고 격리시키려고 한다. 이것은 Jidoka라고 불리는 개념으로 이는 결함이 생겼을 때 곧바로 프로세스를 멈추고 해당라인의 관리자에게 알리는 것을 말한다. 이러한 생각은 자동 직조기의 제조업체였던 Toyota의 전신으로 거슬러 올라간다. 자동 직조기가 실이 끊어 진 경우에 작업을 자동으로 멈추는 것처럼, 결함이 발생한 기계는 자동으로 작업을 멈추어야 한다.

기계의 가동을 멈추는 것은 프로세스에 사람이 직접 관여하도록 하고 이로 인해 프로세스의 개선이 시작된다(Fujimoto 1999). Jidoka라는 개념은 품질문제가 발생했을 때 자동화된 기계의 가동 중단뿐만이 아니라 생산을 중단시키는 모든 기법을 포함하는 방법으로 일반화 되어왔다. 가장 잘 알려진 jidoka의 방식은 제조라인 곁에 달려있는 끈(cord)을 통해 결함이 발견되었을 때 작업자가 생산을 멈추도록 하는 Andon cord이다. Jidoka가 기계가동을 자동으로 중단하는 것처럼 이 기법은 제조상의 문제점을 부각시키고 프로세스의 개선을 위한 제재 장치로써 그 역할을 한다.

품질문제를 발견했을 때 작업자가 Andon cord를 끌어당겨 작업을 중단하는 것은 마지막 검사과정으로까지 결함의 발견을 연기시키는 전통적인 Henny Ford의 제조라인과는 반대되는 개념이다. TPS에서의 "다음단계는 고객이다"라는 말처럼 모든 자원들은 정상품으로 판정되는 흐름단위들만을 다음 단계로 이동시킨다. 그러므로 품질검사는 모든 단계에서 이루어지며(built-in inspection; tsukurikomi) 이는 마지막에 최종의 검사단계가 홀로 남겨진 프로세스와는 대조되는 개념이다.

Jidoka 원리의 기저를 이루는 발견-중지-경고의 아이디어는 프로세스의 진행에서 무재고의 원칙을 수행하도록 하기 위한 것만은 아니다. 많은 양의 재공품(WIP; work-in-process)이 jidoka에 반하는 것처럼 jidoka는 무재고 원칙으로부터 수혜를 얻기도 한다. 많은 양의 재공품은 문제점의 발견을 지연시키고 이로 인해 결함이 있는 프로세스를 계속 진행시키며 결국 경영자의 눈에서 결함을 숨기는 역할을 하게 된다. 이는 어떻게 여러 TPS의 원칙들과 기법들이 서로 연관되어 상호간에 도움을 주는지를 말해준다.

재공품 재고가 어떻게 jidoka의 개념과 상충하게 되는지 살펴보기 위해 [그림 8.4]에

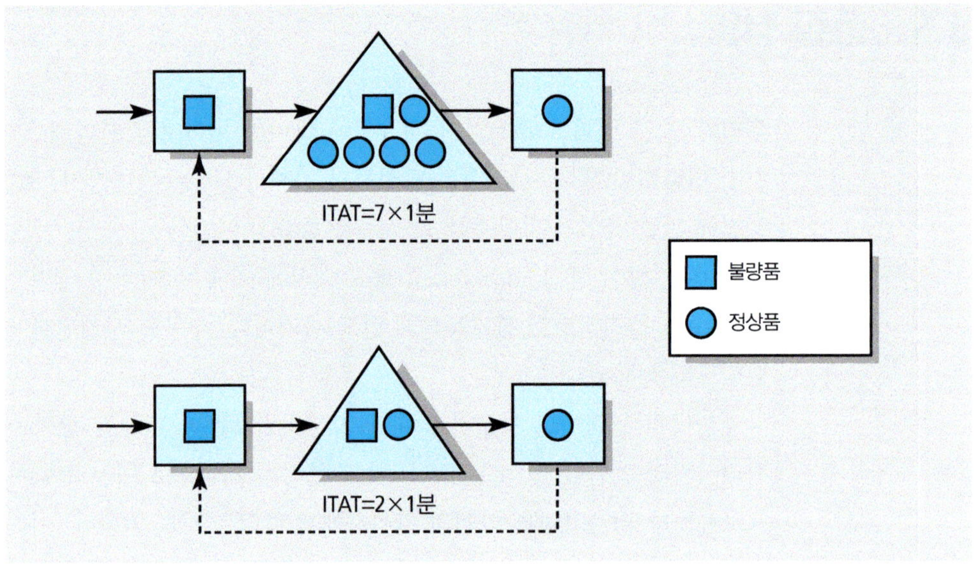

그림 8.4 정보 순환 시간과 버퍼 크기와의 관계

나타난 연속된 두 개의 자원으로 이루어진 프로세스를 고려해 보자. 두 자원에서 모두 한 단위당 작업시간(activity time)은 동일하게 1분이라고 가정하자. 생산흐름의 상단에 위치한 자원(왼쪽)은 품질문제가 있고 어느 특정 시점부터 불량품을 산출해 내고 있다고 가정하자. [그림 8.4]에서 이는 원(정상품)이 아니라 사각형(불량품)을 가공하고 있다고 표현되고 있다. 과연 품질문제가 발견되기 까지는 얼마의 시간이 걸리게 될까? 만약 두 자원 사이에 큰 버퍼가 위치하고 있다면([그림 8.4]의 상단) 하류에 위치한 자원은 버퍼로부터 정상품들을 계속해서 공급받을 것이다. 이 예시에서는 하류의 자원이 불량품을 발견하기 까지는 7분의 시간이 걸리게 된다. 이는 상류의 자원이 이 7분 동안 계속해서 불량품을 산출하게 되고 이들 불량품들은 폐기 처분되거나 재작업이 이루어져야 한다.

결국, 상류의 자원에서 문제가 발생하고 이 문제가 하류의 자원에서 발견되기까지의 시간은 바로 두 자원들 사이에 위치한 버퍼의 크기에 달려있다. 이는 Little's law의 직접적인 결과이다. 우리는 결함이 발생하고 이에 대한 피드백을 받을 때까지 걸리는 시간을 품질정보회수기간(ITAT: information turnaround time)이라고 부른다. 이 예시에서는 결함이 바로 다음 단계의 자원에서 발견됨을 상기하자. 만약 결함이 프로세스의 최종단계에서 발견된다면 품질문제에서 재고의 악영향은 더욱 커지게 된다. 이런 경우에 ITAT는 결함을 발생시킨 자원 이후의 모든 단계에서 존재하는 재고의 양으로 파악된다. 이것은 앞서 언급한 데로 모든 단계에서 품질검사가 이루어져야(built-in inspection) 한다는 동기를 부여하는 것이다.

8.6 재고 감소를 통한 문제점의 발견

품질에 관한 우리의 학습은 재고가 프로세스 상이 문제점을 감추어 버린다는 것을 보여 주고 있다. 따라서 프로세스를 개선시키기 위해서는 재고가 품질문제를 감추는 효과를 자세히 살펴볼 필요가 있다. 즉 우리는 결함을 발견하고 결함의 근본원인을 수정하기 위하여 재고를 줄일 필요가 있다.

칸반 시스템에서 칸반 카드의 숫자(즉 프로세스에서 재고의 양)는 경영진의 관리하에 있음을 상기하자. 그러므로 우리는 품질문제를 발견하기 위해서 칸반 시스템을 이용 하여 재고의 양을 점차적으로 줄일 수 있다. 칸반 시스템과 버퍼에 대한 사용법은 다음과 같은 비유를 통해 설명될 수 있다. 운하를 통과하는 한 척의 배가 있고 그 운하의 바닥에는 많은 암초가 있다고 가정하자. 배에 실린 화물들은 매우 귀중한 것들이어서 이 선박회사는 배가 암초에 걸리지 않도록 해야 한다. [그림 8.5]는 이 비유를 설명하고 있다.

이러한 상황에서의 한 접근방식은 운하의 수심을 깊게 하는 것이다. 이렇게 하면 암초 위를 덮는 물의 양이 많아지고 결국 사고의 가능성은 낮아진다. 생산의 상황에서는 암초가 상징하는 것들은 품질문제(결함), 준비시간, 작업저지(blocking) 또는 작업굶주림(starving), 고장, 혹은 다른 프로세스의 문제들이고, 암초에 걸리는 배는 손실된 처리량(throughput)을 상징한다. 물의 양은 우리가 앞서 'buffer-or-suffer' 논의에서 다루었던 프로세스 상의 재고의 양(즉, 칸반 카드의 숫자)을 상징한다.

이 문제에 접근하는 다른 대안은 다음과 같다. 수면을 깊게 하여 암초로부터 배를 멀리 떨어지게 하는 것 대신에 우리는 운하의 수면을 낮게 하는 것(칸반 카드의 숫자를 줄

그림 8.5 많은 재고? 혹은 적은 재고? 간단한 은유

출처: Stevenson 2006.

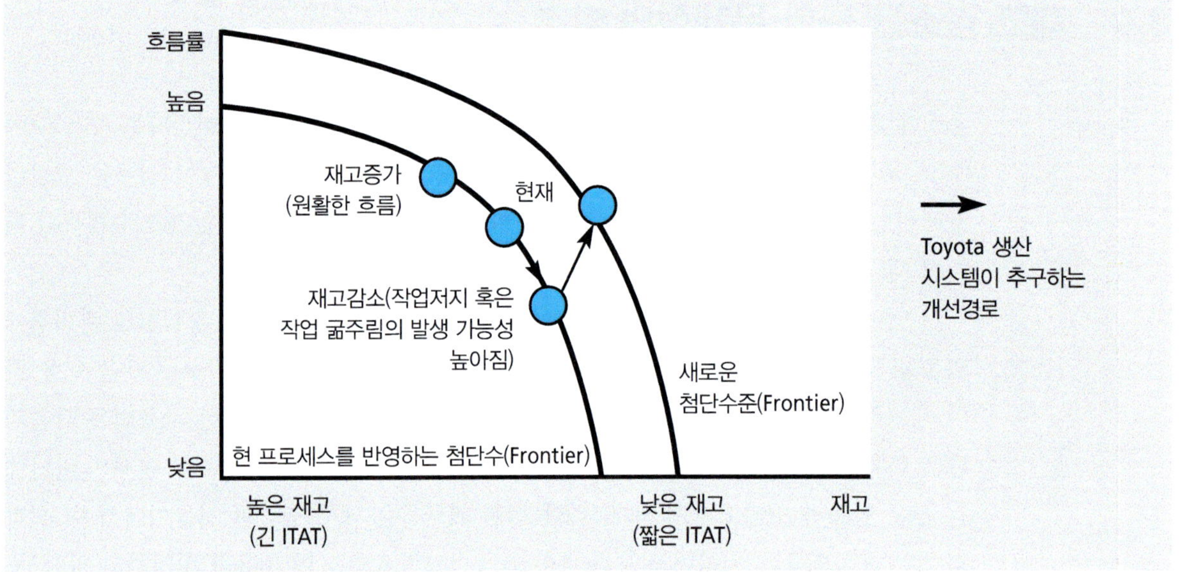

그림 8-6 흐름률과 재고수준/ITAT 간의 관계

이는 것)을 고려해 볼 수 있다. 이러한 방식을 통해 우리는 가장 높은 암초를 발견하게 되고(즉 프로세스의 문제점을 발견하게 되고) 운하에서 이 암초를 제거할 수 있게 된다. 이것이 수행되고 나면 수면은 계속해서 낮아져 모든 암초가 다 제거되게 된다. 단기적으로 생길 수 있는 처리량(throughput)의 손실이 존재함에도 불구하고 이 접근방식의 장점은 프로세스가 더 나은 방향(여러 측면에서 더 나은 방향)으로 개선되고 있다는 것이다.

재고 감축의 이러한 접근방식이 [그림 8.6]에 나타나 있다. 우리는 먼저 재고를 감축하는 것에 의한 단기적인 처리량의 감소를 수용할 필요가 있다는 것을 발견하게 된다. 일단 재고수준이 낮아지면 우리는 프로세스 상의 가장 주요한 문제점들을 규명할 수 있게 되고 그럼으로 인해 프로세스가 더 원하는 방향으로 이동할 수 있다.

이번 비유와 더불어 앞서 살펴본 ITAT에 관한 논의를 통해서 볼 때, 재고는 학습과 프로세스 개선에 있어서 주요한 장애물이다. 경영진은 칸반 카드를 통해 재고의 양을 조절할 수 있으므로 높은 처리율(throughtput)이라는 단기적인 요구와 프로세스 개선이라는 장기적인 요구 사이의 갈등을 앞서 조절할 수 있는 것이다.

8.7 유연성

최종 시장에서의 수요에는 전형적인 잦은 변동이 존재하므로 TPS는 그러한 변동을 흡수

할 수 있는 충분한 유연성을 가진 프로세스를 개발하려 한다. 수요예측은 총괄적인 수준(aggregate level) (제품 모델과 부품들을 통합한 수준. 향후 풀링(pooling)에 대한 논의 참조)에서 더욱 정확하므로 TPS는 작업자가 여러 종류의 장비들을 모두 다룰 수 있게 되기를 요구한다.

- 낮은 수요 때문에 한 제품에 대한 생산량이 감소되어야 할 때, TPS는 해당 제품의 일부 작업자를 다른 제품들을 생산하는 프로세스로 배치하고, 남은 작업자들은 낮은 수요의 제품들을 위한 다수의 장비들을 동시에 다루도록 한다.
- 높은 수요 때문에 한 제품에 대한 생산량이 증가되어야 할 때, TPS는 다음 단계의 작업자들(임시 작업자)의 풀(pool)이 생산을 돕도록 한다. 정규직원(주로 정규직 고용이 보장되고 숙련도가 높은 작업자)들의 풀(pool)과는 다르게 이들 작업자들은 작업 숙련도가 떨어지고 오직 정해진 과업들만을 수행할 수 있다.

[그림 8.7]에 제시된 여섯 단계의 작업을 고려해 보자. 모든 단계들이 단위당 1분의 작업시간(activity time)을 요구한다고 가정해 보자. 만약 수요가 낮으면([그림 8.7]의 오른쪽), 우리는 세 명의 작업자(주로 정규직원)로 프로세스를 운영하는 것으로 유휴시간을 줄이게 된다(낮은 평균 노동 활용률(low average labor utilization)). 이 경우에, 각 작업자는 2분의 작업시간을 요구받게 되어 우리는 분당 0.5단위를 처리하는 흐름률(flow rate)을 달성하게 된다. 만약 수요가 높으면([그림 8.7]의 왼쪽) 우리는 추가적인 작업자들(대부분 임시 작업자)을 고용하여 각 단계에 한 명씩의 작업자를 배치하게 된다. 결국 흐름률은 분당 1단위로 증가할 수 있다.

이러한 상황은 작업자들이 다수의 작업을 처리할 수 있도록 숙련되어야 한다는 것을 요구한다. 이를 위해선 우수한 직업훈련, 보직 순환, 숙련도 기반의 보수체계, 그리고 잘 정리된 표준 작업절차 등이 필수적이다. 이러한 유연성은 우리가 숙련공 및 비숙련공

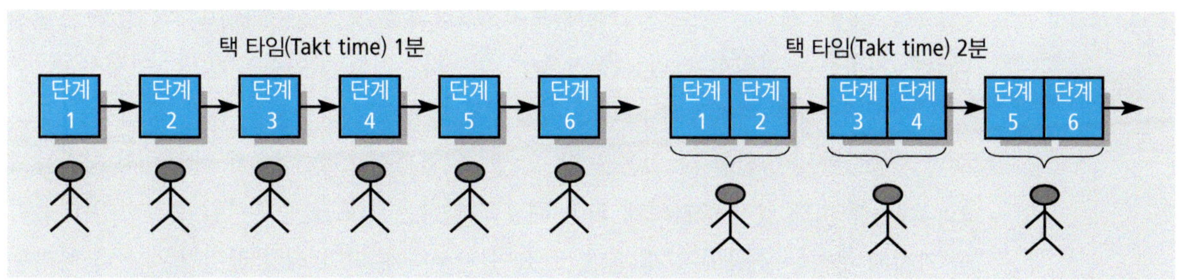

그림 8.7 다수 과업 유연성

참고: 각 단계에서 개당 1분의 작업시간을 가정

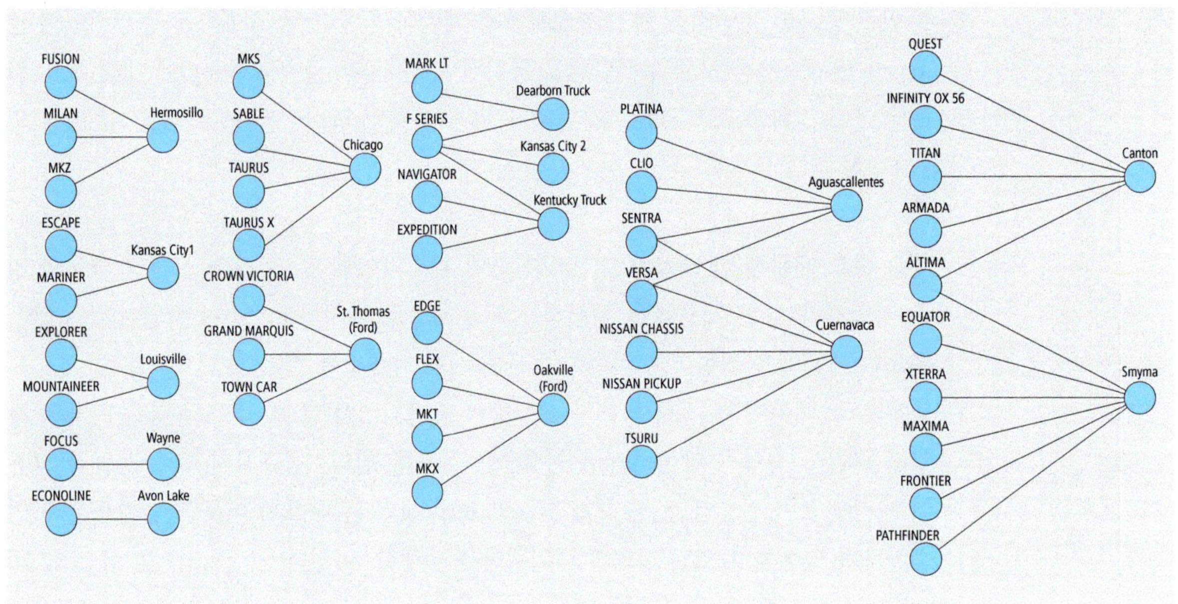

그림 8.8 Ford(왼쪽)과 Nissan(오른쪽)에서의 차량–공장 할당

출처: Moreno and Terwiesch(2011).

(다양한 기술을 갖출 필요가 없는)들로 구성된 여러 단계의 노동력을 갖추고 있어야 함을 요구한다.

이러한 다양한 과업에 유연한 작업자들은 많은 부분이 자동화된 작업의 경우에 유휴시간을 줄이는 데도 한 몫을 하게 된다. 이러한 경우에, 한 작업자는 한 기계에 부품을 올려놓고 이 기계가 작업을 수행하는 동안(유휴시간을 보내는 것 대신에) 다른 기계를 작동하게 된다(takotei-mochi). 이것은 프로세스 흐름이 U자형의 모양을 띄고 있을 때 가능하게 된다. U자형 프로세스의 흐름에서는 한 작업자가 상류와 하류의 자원 뿐만 아니라 프로세스상의 다른 과업들까지도 함께 나누어 작업할 수 있게 된다. 또 다른 유연성의 한 중요한 형태는 하나의 차종 이상을 생산할 수 있는 작업장의 능력과도 연관되어 있다.

[그림 8.8]에 제시된 자료를 고려해 보자. 그림의 왼쪽 부분은 Ford사의 경우 어떻게 다양한 차종들을 다양한 작업장(공장)들로 할당하는지를 보여주고 있다. 여기서 볼 수 있는 것처럼, 많은 차종들이 하나의 작업장에 전용으로 할당되고 많은 작업장들이 소수의 차종들만을 생산할 수 있음을 알 수 있다. 결과적으로, 수요가 작업장의 처리능력(capacity)에 비해 크게 증가하게 되면 해당 작업장은 수요를 충족시킬 충분한 처리능력을 가지지 못하는 경향이 있게 된다. 수요가 감소하게 되면 해당 작업장은 초과 처리능력을 보유하게 된다.

이상적인 세상에서는 한 회사가 모든 작업장에서 모든 모델을 생산 할 수 있을지도 모른다. 이러한 상황에서는 한 모델에서의 높은 수요가 다른 모델에서의 낮은 수요를 상쇄하게 된다. 그러나 그러한 처리능력의 풀링(pooling)은 작업장들이 완벽한 유연성(생산장비들과 숙련된 작업자들에 대한 엄청난 투자 필요)을 갖추고 있어야 함을 요구한다. 그러한 완벽한 유연성에 대한 하나의 대안은 사슬화(chaining)라고 불리는 부분적 유연성의 개념이다. 사슬화의 아이디어는 모든 차종이 두 작업장에서 생산 가능하게 되고 차종과 작업장 간의 배치가 가능한 많은 차종과 작업장들을 연결하는 사슬을 형성하는 것을 말한다. 앞으로 17장에서 살펴보게 되는 것처럼 그러한 부분적 유연성은 완벽한 유연성만큼의 효과가 있지만 매우 낮은 비용을 소요하게 된다. [그림 8.8]의 오른쪽 부분은 Nissan(North America)의 차종과 작업장간의 배치, 그리고 부분적 유연성의 한 예를 보여주고 있다. 변덕스러운 수요의 환경에서 이러한 부분적 유연성은 Nissan이 다른 경쟁사들에서 일어나는 막대한 할인처분(discount) 없이 그들의 작업장들을 활용하는 것을 가능하게 해 왔다.

8.8 작업 표준화와 변동성의 감소

우리가 본 교재에서 살펴본 바와 같이, 변동성은 프로세스의 흐름이 끊김 없이 안정적이도록 하려는 우리의 노력에 반하는 주요한 방해요소이다. 변동성이 존재하게 되면 우리는 버퍼를 필요로 하거나(무재고의 원칙을 깨뜨리면서) 또는 처리량(throughput)에서 가끔 손실을 감수해야 한다(고객이 원할 때 원하는 제품을 공급해야 한다는 원칙을 깨뜨리면서). 이러한 이유로 인해, Toyota 생산 시스템은 7장에서의 변동성 측정, 관리, 감축 등의 개념을 포함하고 있다.

JIT 프로세스의 안정성에 대한 필요성과 버퍼를 두지 않는 프로세스의 취약성은 1999년도에 있었던 대만의 지진 이후에 컴퓨터 산업에서 가시화 되었다. 전 세계의 컴퓨터 제조회사들에 주요부품을 생산 및 공급하던 여러 대만 공장들은 지진으로 말미암아 생산을 중단할 수밖에 없었다. 그러한 예상치 못했던 공급의 중단은 큰 버퍼(부품을 저장하는 창고)를 두는 공급망에서보다 JIT 공급망을 구축하여 운영되는 컴퓨터 제조회사에 더욱 치명적인 영향을 주었다.

지진 이외에도, 변동성은 품질결함 때문에 혹은 동일하거나 그렇지 않은 작업자들의 작업시간(activity time)에서의 차이 때문에 발생한다. [그림 8.9]는 대규모 고객 대출 업무를 처리하는 어느 조직에서의 성과자료를 보여주고 있다. 이 그림은 상위 25%의 고성과 작업자와 하위 25%의 저성과 작업자의 성과를 비교하고 있다. 이 그림에서와 같이, 작업자들 간에는 성과의 측면에서 매우 큰 차이가 존재할 수도 있음을 우리는 살펴

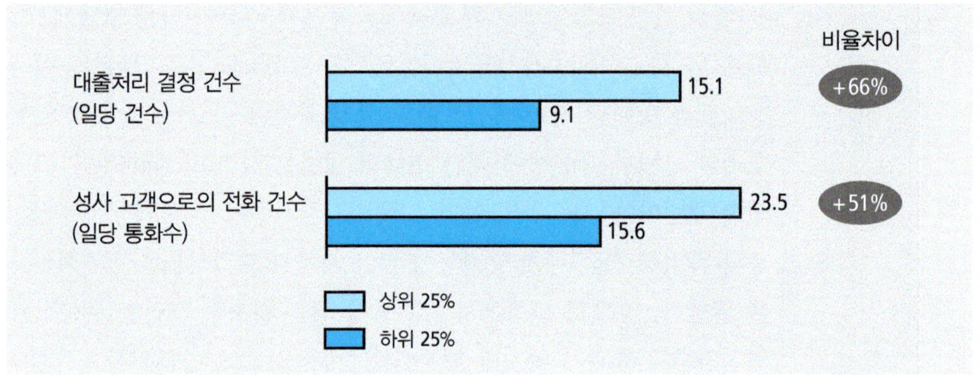

그림 8.9 대출업무 처리 직원 들의 생산성 비교

볼 수 있다.

사분위수 분석(quartile analysis)은 작업자들 간의 큰 차이가 있음을 규명하고 잠재적인 개선의 크기를 추정하는 좋은 방법이다. 예를 들어, 모든 작업자가 현재의 최상위 사분위에 드는 작업자들의 성과를 달성하도록 훈련 받는다면 프로세스의 처리능력에는 어떤 변화가 일어날지에 대한 추정을 할 수 있다.

8.9 인적자원의 활용

우리는 낭비의 7가지 원천들을 살펴보았다. 그러나 Toyota 생산 시스템은 8번째 원천, 즉 인적 재능의 낭비(the waste of the human intellect)를 추가하여 언급하고 있다. 이러한 이유에서 TPS 원칙을 따르는 공정에 처음 방문한 사람은 다음과 같은 표지판을 종종 발견하곤 한다. "우리 회사에서 우리는 모두 두 가지의 업무를 맡고 있다: (1) 본래 업무를 처리하는 것, (2) 그것을 향상시키는 것."

작업자에 대한 다른 철학들을 이해하기 위하여 다음의 두 인용문을 살펴보자. 첫 번째 인용문은 100년이 지난 지금도 흥미로운 읽을거리들을 포함하고 있는 Frederick Taylor의 전설적인 책 '과학적 관리의 원칙(Principles of Scientific Management)'에서 나오는 대목이다(아래 인용문을 읽게 되면 당신은 최소한 Taylor의 솔직한 문체를 즐길 수 있을 것이다). 두 번째 인용문은 전 Panasonic의 회장이었던 Konosuka Matsushita가 한 말이다.

먼저 Taylor의 연구에서 심도 있게 다루었던 선철(pig iron; 철광석에서 직접 제조되는 철의 일종으로서 무쇠라고도 함)을 삽질하는 작업에 대한 그의 설명을 살펴보자. Taylor

는 다음과 같이 말하고 있다: "이 작업은 너무나 원시적이고 기초적인 것이어서 저자는 지능 높은 고릴라를 교육시켜 사람보다 더 효율적인 선철 삽질의 전문가가 되도록 할 수 있다고 확신한다."

이번에는 마치 Taylor가 한 말에 대한 응답처럼 보이는 Matsushita의 인용문을 살펴보자:

> 우리는 승리하고 당신은 패배하게 될 것이다. 이것에 관해서 당신이 할 수 있는 것은 아무것도 없다. 이는 실패의 원인이 바로 당신 자신에게 있기 때문이다. 당신은 작업자가 스크루드라이버를 조이고 있는 동안 관리자가 생각을 하도록 하고 있다. 당신은 이러한 방식으로 기업이 운영된다고 믿고 있다. 당신에게 경영의 본질은 관리자로부터 아이디어가 나와서 작업자에게 전달되는 것이다. [...] 오늘날의 경영환경 변화와 제약조건들을 기업이 헤쳐 나가는 유일한 방법은 모든 종업원들의 지력(brainpower)을 모으는 것이다.

TPS는 "결합된 지력(combined brainpower)"이라는 Matsushita의 관점을 받아들이고 있다. 우리는 유연성의 원천으로서 작업자를 교육시키는 것이 중요하다는 사실을 이미

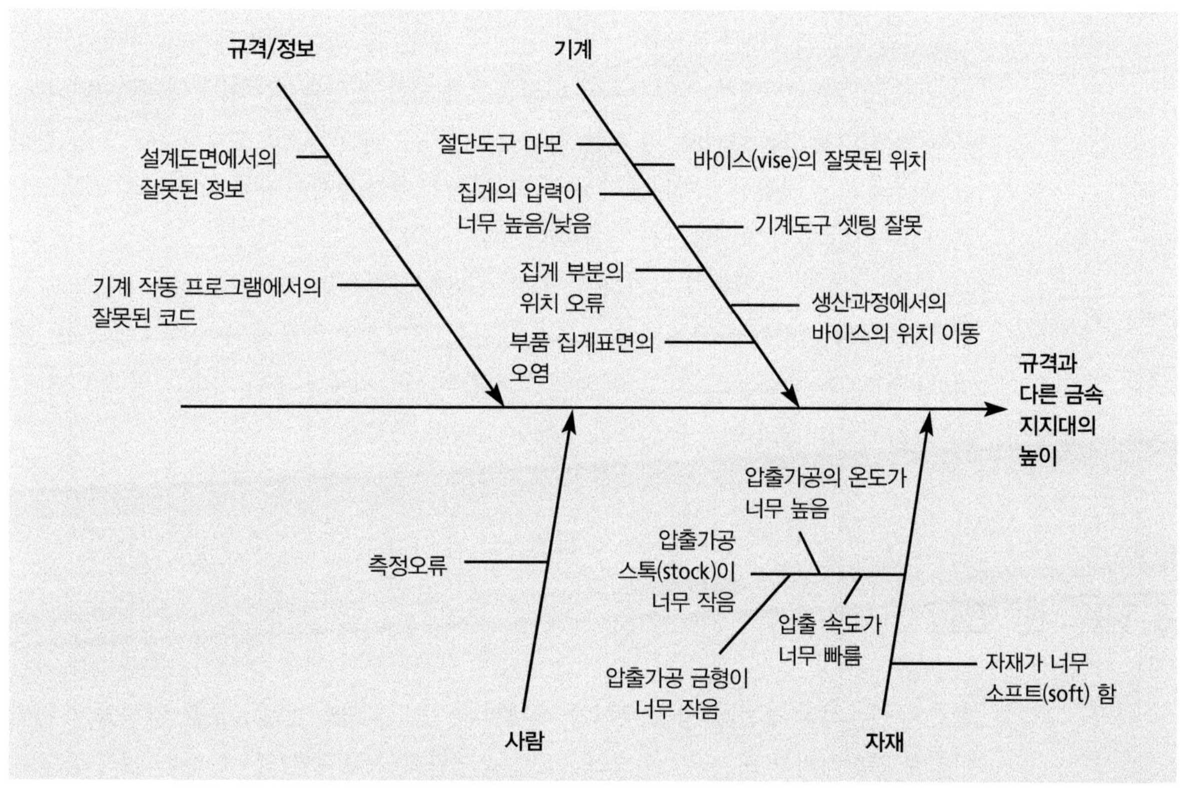

그림 8.10 원인-결과 분석도(Ishikawa Diagram)

살펴보았다.

Toyota의 인적자원 활용에 관한 또 다른 중요한 측면은 프로세스의 개선과 관련된 것이다. 품질분임조(quality circle) 활동은 직원들이 모여 공동으로 생산 프로세스의 문제를 해결하고 지속적으로 관리하도록 한다(kaizen). 문제 해결은 철저히 데이터 중심으로 이루어지고 관리도(control charts), 원인-결과 분석도(fishbone(Ishikawa) diagrams), "Five Whys"및 다른 문제해결 기법들로 구성된 표준화된 프로세스를 따른다. 즉, 우리는 생산 프로세스를 표준화 하는 것뿐만이 아니라 개선의 프로세스도 표준화한다.

원인-결과 분석도(cause-effect diagram; 다른 말로는 fishbone diagram 혹은 Ishikawa diagram이라고도 불린다)는 변동성의 증가나 평균값의 이동 등과 같은 특정 결과와 이에 대한 원인으로 간주되는 여러 요인들을 그림으로 보여주는 기법이다. 원인- 결과 분석도를 그릴 때에는 우리가 분석하고자 하는 결과의 이름으로 향하는 가로 화살 표를 그리는 것으로 시작한다. 이 가로 화살표로 이어지는 대각 화살표들은 주요한 원인 들을 의미한다. 작은 화살표들은 이 원인-결과의 관계를 나타내는 화살표들로 이어지게 되고 결국 마치 생선뼈(fishbone)와 같은 형태를 나타내게 된다. [그림 8.10]은 이러한 예를 보여주고 있다. 원인-결과 분석도는 간단하지만 매우 강력한 문제 해결 기법으로 직원들의 브레인스토밍 회의를 구조화 시키거나 복잡한 시스템의 원인-결과 구조를 가시화 시키는데 사용될 수 있다.

원인과 결과의 관계를 밝혀내는데 사용될 수 있는 또 다른 기법은 "Five Whys"이다. 이 기법은 Toyota사에서 작업자들이 품질문제의 근본 원인을 밝혀내는데 매우 널리 사용된 기법이다. "Five Whys"의 기본적인 아이디어는 원인이라고 생각되는 요인이 진정한 문제의 근본 원인인지 아니면 단순한 또 다른 문제의 증상인지에 대해 지속적으로 질문("왜 이러한 일이 발생했는가?")을 해나간다는 것이다.

이러한 운영의 원리들에 추가하여, TPS는 다음과 같은 인적자원관리의 내용들도 포함하고 있다: 비정규직 작업자의 고용과 더불어 핵심적인 직원들의 안정적인 고용("평생고용"); 금전적 보상으로 이루어진 기술 기반의 봉급체계를 통한 기술 개발에 대한 강조; 그리고 리더십과 인간경영 등과 연계한 다양한 관점들.

8.10 린 변환

당신은 현존하는 생산/운영을 우리가 이제껏 논의했던 탁월한 수준으로 달성하기 위해 어떻게 전환시켜야 하는가? 분명컨대 생산운영관리의 교재에서는 단순한 여러 운영관리의 기법들이 아닌 이러한 성공적인 전환의 가능성을 알리는데 노력해야 할 것이다.

운영관리로부터 수익의 대부분을 창출하는 경영컨설팅 회사인 McKinsey는 고객의 운영관리를 개선하는데 요구되는 활동들을 린 변환(lean transformation)이라고 언급하고 있다. 이러한 린 변환에는 세 가지의 측면들이 있다: 운영 시스템(operating system), 경영 기반 구조(management infrastructure), 직원들의 마음가짐과 행동들.

운영 시스템에 관해서 McKinsey는 우리가 이번 장과 이 책의 전체에서 논의하고 있는 프로세스 관리의 다양한 측면을 언급하고 있다: 흐름(flow)에 대한 강조, 수요와 공급의 균형, 그리고 프로세스의 변동성에 대한 관심.

그러나 기술적인 해결책 그 자체만으로는 부족하다. 따라서 운영 시스템은 경영의 기반구조에 의해 보완되어야 할 필요가 있다. 이러한 기반구조의 중심체는 바로 성과측정(performance measurement) 시스템이다.

우리가 6장에서 살펴본 바와 같이, 먼저 재무적 성과측정 지표들을 정의하고 이들을 운영관리의 수준으로 연결시키는 것은 많은 기업들이 분투하고 있는 주요한 과제이다. 게다가, 성과측정 지표들을 시간이 흐름에 따라 계속해서 추적하고 조직 전체에 투명하게 관리하여야 한다. 각 조직원들은 개인이 달성하려는 성과지표가 무엇이고 이러한 지표가 보다 큰 그림에 어떻게 기여하고 있는지를 이해할 필요가 있다. 경영 기반 구조는 또한 조직원의 기술 개발 및 정형화된 문제해결 프로세스를 구축하는 것을 포함하고 있다.

끝으로, 이러한 프로세스에서 일하고 있는 조직원들의 마음가짐이 린 변환의 성공에 중추적인 역할을 한다. 간호사는 그/그녀의 시간이 환자를 돌보는 것과는 무관한 다른 일들에 쓰이도록 하는 낭비적 상황에 당황해 할 것이다. 그러나 간호사는 또한 외부인이 그/그녀에게 부여하는 새로운 환자관리 프로세스를 직면할 때 역시 십중팔구 당황해 할 것이다. 변화관리(change management)는 이 책의 범위를 뛰어넘는 주제이다: 프로세스에 관여된 모든 사람들과 열린 소통을 하는 것, 프로세스 데이터를 수집하고 논의하는 것, 그리고 7장에서 논의된 여러 기법들과 kaizen의 관점을 사용하는 것 등은 린 변환을 성공시키는데 큰 도움을 줄 것이다.

심화학습

- TPS에 관해 보다 자세히 알기 원하는 독자들은 Fujimoto(1999)나 Ohno(1988)과 같은 훌륭한 서적들을 참고하기 바란다.
- Fujimoto(1999)는 Toyota 생산 시스템의 진화에 대해서 설명한다. 이 책의 주된 초점은 아니지만, 이 책은 TPS의 기본적인 요소들에 대한 훌륭한 설명을 제공하고 있다. 벤치

마킹 연구의 결과들은 Womack, Jones, and Roos(1991)과 Holweg and Pil(2004)에서 보고되고 있다.

- Bohn and Jaikumar(1992)는 전통적인 최적화 기반의 생산운영관리 패러다임에 새롭게 도전하는 내용이다. 그들의 연구는 기업들이 더 이상 현존하는 경영 프로세스를 최적화 하는데 초점을 두지 말고 보다 높은 수준의 성과를 성취할 수 있는 새로운 프로세스를 창출해야 한다고 명기하고 있다.
- Drew, McCallum, and Roggenhofer(2004)는 McKinsey 컨설턴트들이 말하는 린 변환을 구성하는 절차들의 설명인 "Lean으로의 여행"을 담고 있다.
- Tucker(2004)는 병원에서 일어나는 일상적인 업무에서의 품질문제를 접하는 간호사 들의 관점에서 TPS와 관련된 활동들에 대한 연구를 담고 있다. Moreno and Terwiesch는 U.S. 자동차 산업에서의 유연성 전략들을 논의하고 있다. 그들은 유연 생산 시스템을 갖춘 기업들이 어느 정도까지 높은 공장 활용률과 낮은 가격 할인을 달성할 수 있는지를 설명하고 있다.
- Wikipedia를 통한 Toyota, Ford, 산업혁명, Gilbreth, 그리고 Taylor 등의 검색은 흥미로운 요약들과 이번 장에서 제시된 역사적인 변화들을 엮어보는 데 도움을 줄 것이다.

단원연습문제

다음 질문들은 이 장의 이해정도를 확인하는 데 도움을 줄 것이다. 각 질문 뒤의 [ ]는 관련된 해당 절을 나타내고 있다.

8.1 **(Waste)** 어느 식당의 종업원은 다음과 같이 시간을 보낸다: 고객 주문 대기, 주문 접수, 주방으로 주문 전달, 주방에서 주문 확인을 해줄 때까지 기다림, 음식을 고객에게 가져가기, 고객에게 음식 제공, 그리고 대금 결제. 이 중 어떤 작업이 부가가치가 없는(non-value added) 낭비되는 작업이고 어떤 것이 부가 가치를 가지는 작업(value-added work)인가? [8.3]

8.2 **(Push)** 생산 공정에 두 대의 기계가 있다. 첫 번째 기계의 처리능력은 시간당 100단위이고 두 번째 기계의 처리능력은 시간당 60단위이다. 프로세스에 대한 수요는 시간당 100단위이다.

a. 푸시 프로세스(push process)에서 첫 번째 기계의 활용률(utilization)은 얼마인가? 이러한 프로세스의 재고에는 어떤 일이 생기겠는가? [8.4]

b. 풀 시스템(pull system)을 적용한다면 상황이 어떻게 변화하는가? [8.4]

8.3 **(Three Step)** 3개의 단계로 구성되고 각 단계에 한 명의 작업자가 근무하는 작업자 속도 생산

라인(worker-paced line)을 고려해 보자. 세 단계의 순서(sequence)는 제품 완성에 중요한 요소가 아니다. 현재 세 단계는 다음 순서로 수행된다.

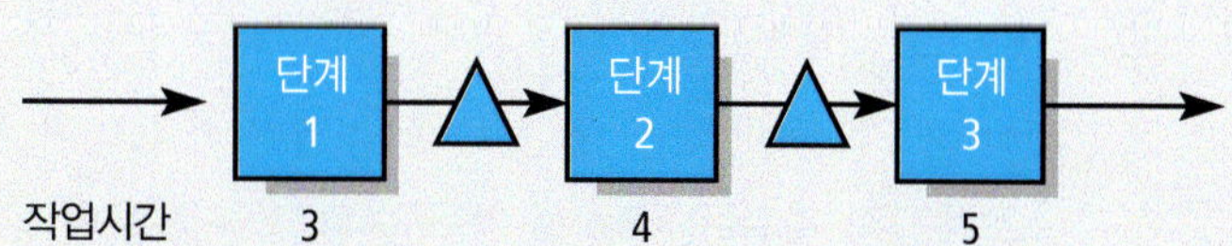

a. 푸시 시스템(push system)으로 운영된다면 이 프로세스의 재고에는 어떤 일이 일어나는가? [8.4]

b. 당신은 풀 시스템(pull system)을 어떻게 적용하겠는가? [8.4]

8.4 **(Heijunka)** 생산 시설에서 heijunka를 구현하려면 다음 중 어떤 작업을 우선시 하겠는가? [8.4]

a. 카이젠(kaizen)팀을 구성하기 위해 근로자들 간의 피드백을 장려한다.

b. 다양한 다른 단계에서 셋업(setup) 및 교대(changeover) 시간을 줄인다.

c. 칸반 카드 수를 줄인다.

d. jidoka가 존재하지 않으면 이를 소개한다.

e. 포카 요케(poka-yoke)의 교훈에 따라 설계 팀을 교육시킨다.

f. 완제품의 보관 공간을 늘인다.

8.5 **(ITAT)** 내비게이션 시스템용 전자 부품을 만드는 다음 두 가지 생산 공정을 고려해 보자. 두 프로세스는 20개의 스테이션으로 구성되며 한 단위당 1분의 싸이클 타임(cycle time)으로 작동한다. 가장 오류가 발생하기 쉬운 작업은 9번째 단계이다.

- 프로세스 1: 공정 마지막에 최종 검사를 수행하고 9번째 단계와 검사 사이에 약 300개의 재고가 있다.
- 프로세스 2: 각 작업자가 이전 단계의 작업을 검사하도록 하고 9번째 단계와 프로세스 종료 사이에 약 50 단위의 재고를 검사한다. 이 50단위의 재고는 거의 동일하게 분포되어 있다.

9번째 단계에서 발생한 결함에 대한 정보의 확인하는데 걸리는 시간(information turnaround time)은 얼마인가? [8.4]

8.6 **(Jidoka)** Toyota 생산 시스템에서 jidoka는 다음 중 어느 것을 말하는가? [8.4]

a. 조립라인에서 서로 다른 모델이 서로 나란히 생산되는 레벨 생산(level production).

b. 근로자가 회의체를 조직하여 생산 프로세스의 개선 방법을 논의하는 지속적인 개선(continuous improvement).

c. 부품이 필요할 때에만 비로소 보충되는 재고보충 시스템.

d. 전환(changeover) 및 셋업 시간의 적극적인 단축.

e. 활용도를 극대화하기 위한 지속적인 라인밸런싱(line balancing).

f. 광범위한 기술의 습득을 위한 근로자의 교차 훈련(cross-training).

g. 위의 내용 어느 것도 해당하지 않음.

8.7 **(Kanban)** 프로세스에서 칸반(kanban) 카드 수와 재고수준 사이의 관계는 무엇인가? 다음 내용 중 하나를 선택하라. [8.4]

A. 칸반 카드를 통해 승인 된 것보다 더 많은 재고가 프로세스에 있을 수 없다.

B. 프로세스의 재고는 Kanban 카드 수의 제곱근에 비례하여 증가한다.

C. 칸반 카드를 더 추가하면 프로세스의 재고가 줄어 든다.

D. 둘 사이에는 아무런 관계가 없다.

특정 절에서의 이해도를 확인하고 싶다면 아래의 각 절에 해당하는 문제를 참고하라.

- 8.3절: 8.1
- 8.4절: 8.2, 8.3 ab, 8.4, 8.7
- 8.5절: 8.5, 8.6

CHAPTER

09 프로세스 성과에 미치는 변동성의 영향: 대기시간 문제

고객입장에서 대기시간은 그리 반갑지 않으면서 가장 명백한 공급-수요 불균형의 한 형태이다. 고객으로서 우리는 인생의 상당한 시간을 줄(line)을 서서 기다리면서 허비한다. 그 줄은 슈퍼마켓에서나 공항탑승시의 실제 줄 일수도 있으며, 또는 (콜센터에서 음악을 들으며 기다리거나 응답 메일을 기다리는) 가상의 줄 일 수도 있다.

이러한 대기시간을 종류별로 구분하는 것은 중요하다.

- 대기시간은 일정시간 동안 기대된 수요량이 기대된 공급량을 초과할 때 발생한다고 예측할 수 있다. 이러한 현상은 특히 처리능력은 일정한 반면에 수요가 계절적 성향을 가질 때 발생한다. 이 때에는 어떤 기간 동안 내재활용률이 100%가 넘는 결과를 야기시킨다. 탑승 방송이 있은 후에 탑승구 앞에 생기는 줄은 이러한 종류의 대기 행렬의 예이다.
- 다음 절에서 살펴볼 것처럼, 변동성이 존재할 경우에는 내재활용률이 100% 미만이라고 하더라도 대기행렬은 생기게 된다. 이러한 대기행렬은 평균적으로 볼 때 수요를 충족시킬 충분한 처리능력이 있음에도 불구하고 순전히 변동성 때문에 생기게 된다.

이러한 두 종류의 대기시간의 차이점은 고객에게는 그다지 큰 문제가 되지 않을 수 있지만, 운영관리자의 관점에서는 매우 중요하다. 첫 번째 대기시간 유형의 근본 원인은 처리능력 문제이고, 변동성은 부차적인 원인이다. 그러므로 첫 번째 종류의 문제를 분석할 때 우리는 변동성에 초점을 맞추는 것 보다는 3, 4장에서 다루어졌던 도구들을 우선적으로 사용해야 한다.

두 번째 대기시간 유형의 주요 원인은 변동성이다. 이러한 변동성은 고객과 운영관리자 모두의 관점에서 대기시간의 정확한 예측을 불가능하게 한다. 때로는 고객(수요)이 서비스(공급)를 기다리고, 때로는 반대의 현상이 일어난다. 이 상황에서는 수요와 공급이 결코 일치를 이루지 않는 것처럼 보인다.

대기시간을 분석하고 이러한 대기시간을 변동성에 관련시키기 위해서는 새로운 분석도구가 필요한데, 우리는 이 장에서 그것을 다루고자 한다. 투자정보회사, 보험회사와 의학회사를 위한 콜센터 서비스를 제공하는 미국 위스콘신(Wisconsin)주의 An-ser Service사의 사례를 바탕으로 이러한 대기시간 분석을 위한 도구들을 논의할 것이다. 특히 이 장의 학습목표는 다음과 같다.

- 대기시간을 예측하고 고객에게 제공되는 서비스의 질을 파악하는 성과 측정지표를 유추해낸다.
- 적절한 수준의 처리능력을 정하고 서비스시스템을 재설계하며 변동성을 감소시킬 기회를 서술함으로써 대기시간을 감소시킬 수 있는 방법을 제시한다.

9.1 동기 부여 사례: 다소 비현실적인 콜센터

오전 7시부터 8시까지 한명의 직원이 일하고 있는 콜센터가 있다고 가정하자. 이전의 자료에 기초해 볼 때 콜센터 관리팀은 한 통화(call)당 평균 4분이 소요되며(예, 운전자에게 운전 방향을 알려줌) 60분 동안 12통, 즉 평균적으로 매 5분마다 한 통의 전화가 걸려오고 있다고 추정한다.

고객이 상담원과 통화하게 되기까지 걸리는 대기시간은 평균 어느 정도일까? 단순하게 생각해 본다면 이 상황에서는 고객이 대기하는 시간이 전혀 없어야 할 것이다. 콜센터는 한 시간에 60/4=15통화를 처리할 수 있는 처리능력을 가지고 있는데 시간당 12통의 비율로 전화가 걸려오기 때문에 콜센터의 처리능력이 수요를 확실히 초과한다. 오히려, 우리가 앞서 3장에서 정의했듯이 활용률은 처리능력 대비 흐름율의 비율로서 아래와 같이 80%로 계산되어지기 때문에 이 콜센터의 서비스 처리능력은 수요를 초과하는 것으로 보인다.

$$\text{활용률} = \frac{\text{흐름률}}{\text{처리능력}} = \frac{12\text{통/시간}}{15\text{통/시간}} = 80\%$$

먼저, [그림 9.1]에 나타난 것과 같이 도착과 서비스 시간을 고려하자. 전화 한 통은 정확하게 5분마다 걸려오며 정확히 4분 동안 서비스 된다. 이러한 콜센터는 아마도 여러분들이 전혀 본적이 없는 비현실적인 콜센터일 것이다. 곧 현실적인 형태의 콜센터에 대

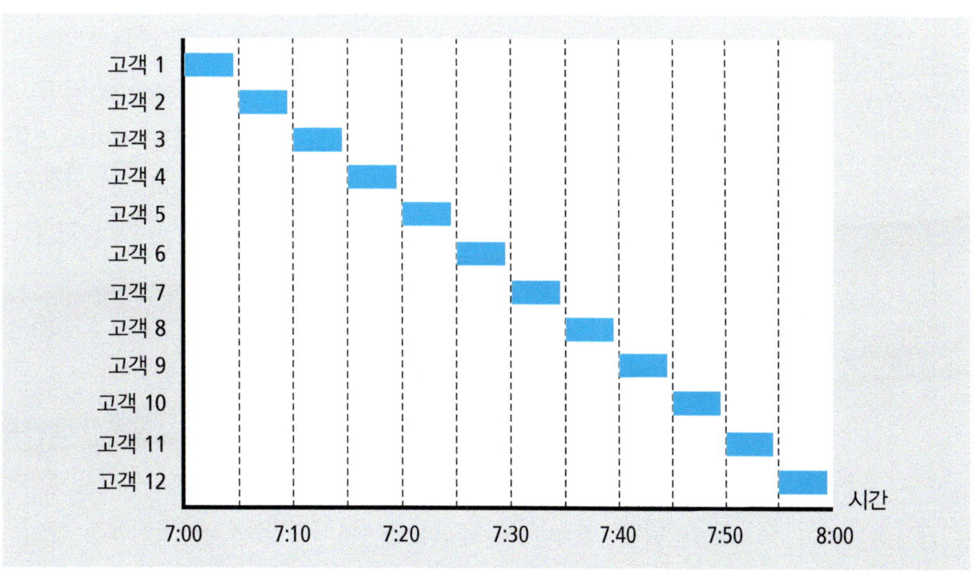

그림 9.1 다소 특이한 서비스 프로세스

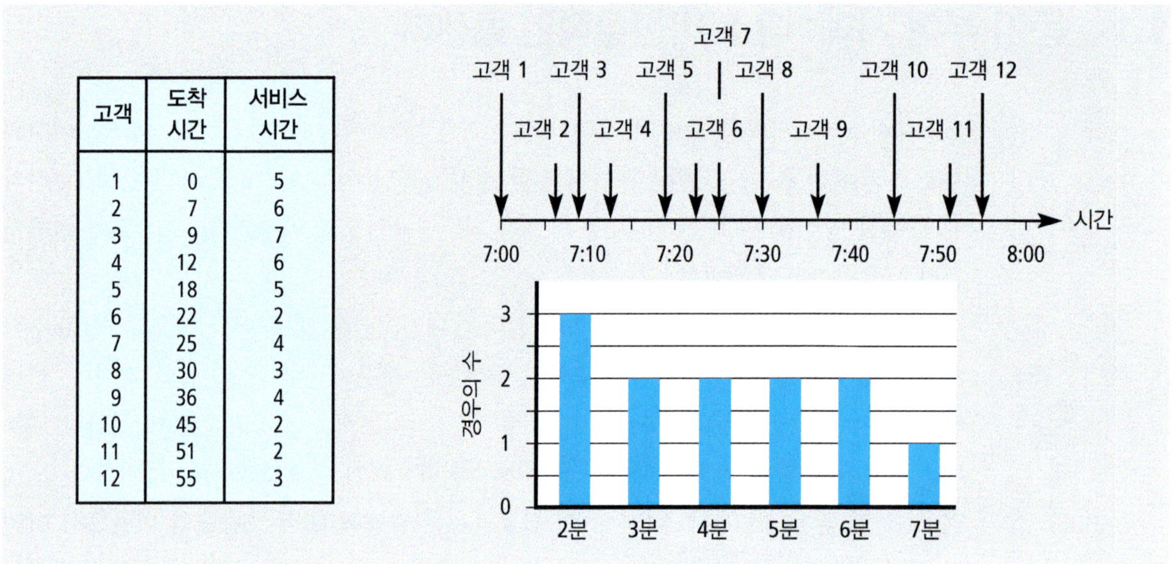

고객	도착 시간	서비스 시간
1	0	5
2	7	6
3	9	7
4	12	6
5	18	5
6	22	2
7	25	4
8	30	3
9	36	4
10	45	2
11	51	2
12	55	3

그림 9.2 콜센터에서 수집된 자료

해 다룰 것이기 때문에, 너무 걱정할 필요는 없다. 하지만 비현실적인 형태의 콜센터 예에 대한 실험적 고민은 어떻게 변동성이 대기시간에 영향을 주는지 이해하는데 도움이 될 것이다.

비록 로봇과도 같은 정확한 서비스 시간과 매우 원리원칙적인 상담원의 태도("죄송합니다. 4분이 경과했습니다. 이용해 주셔서 감사합니다")에도 불구하고 이러한 형태의 콜센터의 한 가지 중요한 장점은 전화한 고객이 상담원을 기다릴 필요가 전혀 없다는 점이다.

매니저들이 프로세스의 성과 측정 시 흔히 범하는 오류는 고객의 전화가 일정한 간격으로 (마치 제조공장의 조립라인에서 킥 스쿠터(kick scooter)처럼) 걸려 오고 상담원은 걸려온 전화를 (마치 로봇처럼) 일정한 시간동안 처리할 것이라고 가정하는 것이다. 이러한 가정 하에서의 계산은 프로세스를 통합적으로 바라보고 전체 시간(하루, 한 달, 한 분기) 동안에 얼마의 처리능력이 가용한지를 고려하지만, 그 시간 내에 서비스 요청이 어떻게 분포되는지에 대해서는 무시한다.

만약 콜센터를 분 단위로 관찰한다면, 다른 상황이 나타날 것이다. 구체적으로 말하면, 고객전화는 조립라인 끝에서 생산되는 킥 스쿠터처럼 규칙적인 간격으로 도착하지 않으며, 대신에 [그림 9.2]에서 보이는 것처럼 훨씬 불규칙적인 패턴을 따른다.

게다가 실제 고객 서비스 시간 또한 통화마다 다르다는 것을 분 단위 관찰을 통해 확인 할 수 있다. 평균 서비스 시간은 4분이지만, [그림 9.2]에서 볼 수 있는 바와 같이 통화마다 큰 변동성이 존재하며, 실제 통화 시간은 2분에서 7분이다.

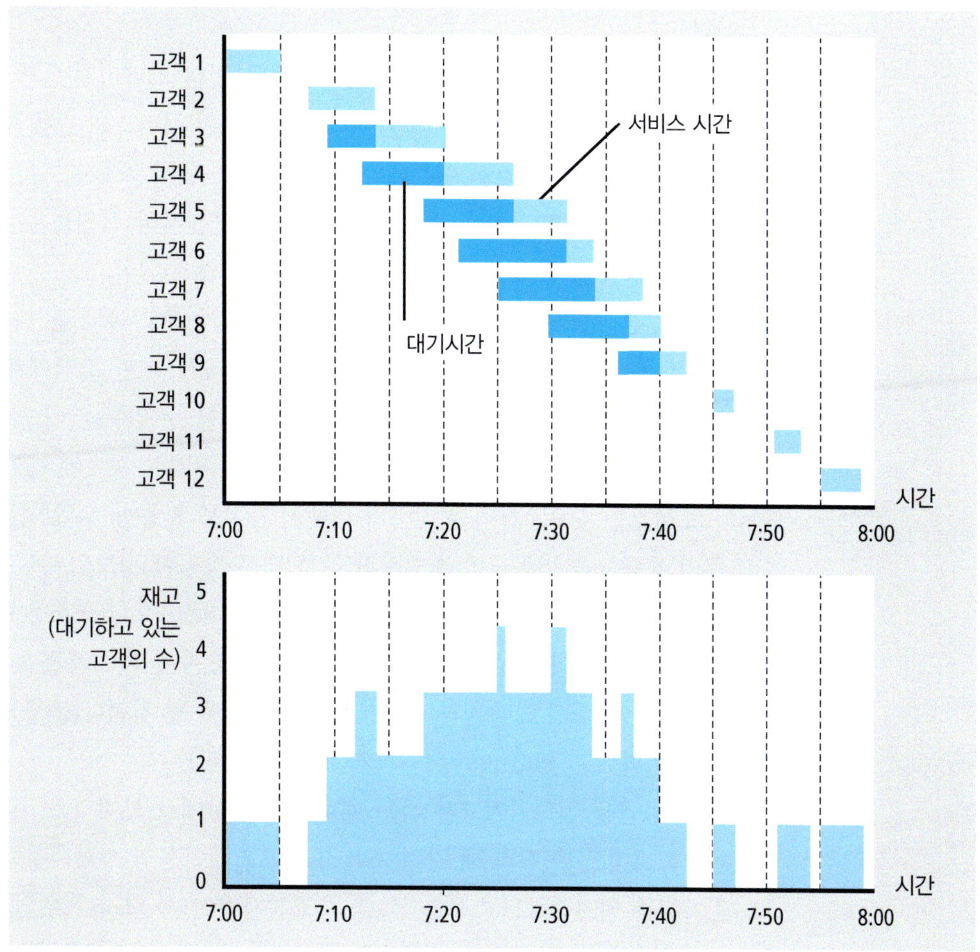

그림 9.3 콜센터에 대한 세부적 분석

그럼 이제 오전 7시부터 8시 사이의 한 시간을 관찰해 보자. [그림 9.2]에서 보이는 것처럼, 첫 통화는 오전 7시에 걸려 온다. 이 전화는 전혀 기다릴 필요 없이 5분 동안에 걸쳐 고객 상담원에게 서비스를 받는다. 다음 2분 동안은 콜센터 입장에서 유휴시간에 해당한다(7:05~7:07). 오전 7시 7분에 두 번째 전화가 걸려 오며 6분이 소요된다. 이 고객 또한 기다리지 않고 바로 서비스를 받으며 7시 13분에 시스템을 떠난다. 하지만 두 번째 통화가 서비스중인 7시 9분에 세 번째 전화가 걸려오고 이 세 번째 전화는 7시 13분까지 서비스를 받기 위해 기다려야만 한다.

[그림 9.3]은 오전 7시부터 8시 사이에 고객으로부터 걸려온 12통의 전화의 대기시간과 서비스 시간을 보여준다. 구체적으로 우리는 아래와 같은 사실들을 알게 된다.

- 대부분의 고객들은 서비스 받기까지 상당한 시간(최대 10분까지)을 기다려야 한다.

평균적으로 볼 때는 충분한 서비스 처리능력에도 불구하고 고객의 대기시간은 발생한다.

- 어떤 고객들은 기다려야 하고 어떤 고객들은 전혀 기다리지 않아도 되는 현상이 발생하기 때문에 이 콜센터는 모든 고객에게 일관된 서비스의 질을 제공할 수 없다.
- 리틀의 법칙 (Little's law) 때문에 [그림 9.3]의 아래 부분에서 보이는 바와 같이 긴 대기시간과 대기행렬(queue)에도 불구하고, 이 콜센터의 직원들은 오전 7시와 8시 사이에 걸쳐 반복적으로 유휴시간을 보내는 일이 발생한다.

왜 변동성은 시간이 지남에 따라 상쇄되어지지 않을까? 이유는 다음과 같다. 콜센터의 예에서, 고객 상담원은 수요와 공급이 동시 존재할 때만 고객에게 서비스를 제공할 수 있다. 그러므로 처리능력을 수요보다 먼저 활용할 수 없는 것이다. 하지만 수요의 경우는 처리능력이 가용해지기 전에 발생할 수 있고 이러한 경우에 대기행렬이 생성된다. 공급프로세스를 수요로부터 분리하기 위해서 재고를 활용할 수 있다는 생각, 또 그렇게 함으로써 흐름률을 변동성이 존재하지 않을 경우 가능한 정도의 수준까지 달성할 수 있다는 생각은 우리가 5장에서 이미 다뤘던 버퍼-서퍼원칙(buffer or suffer principle)의 또 다른 버전이다. 그러므로 만약 서비스 조직이 일정 수준의 흐름률을 달성하고자 할 때 평균값을 사용한다면 고객들의 대기시간은 길어지게 될 것이다(불행하게 이러한 경우에 고객들은 버퍼되고 (buffered) 서퍼하게(suffered)된다).

수요와 공급을 일치시키고자 하는 매니저의 입장에서 보더라도, 우리의 목표는 변하지 않는다. 우리는 여전히 세 가지 기본적인 오퍼레이션의 성과측정치에 관심이 있으며 그 세 가지는 바로 재고, 흐름률, 그리고 흐름시간이다. 그러나 위의 예에서 설명 되었듯이, 지금까지 우리가 이 책에서 다루어 온 프로세스 분석도구들이 변동성을 잘 다루도록 보다 확장될 필요가 있다.

9.2 변동성: 원인은 무엇이며 어떻게 측정될 수 있을까?

변동성이 존재하는 프로세스의 기본적인 성과측정치에 대한 이해력를 갖추기 위하여 첫 번째 단계로, 우리는 좀 더 세부적으로 변동성 자체의 개념을 살펴본다. 특히 우리는 변동성의 원인과 어떻게 변동성을 측정할 것인가에 관심이 있다.

우선 무슨 이유로 프로세스에는 변동성이란 것이 존재하는 것인가? 하나의 간단한(가장 간단한) 프로세스 흐름도를 그려 보면 다음 변동성의 4가지 근원을 발견하게 된다(이런 4가지 근원은 [그림 9.4]에 요약되어 있다).

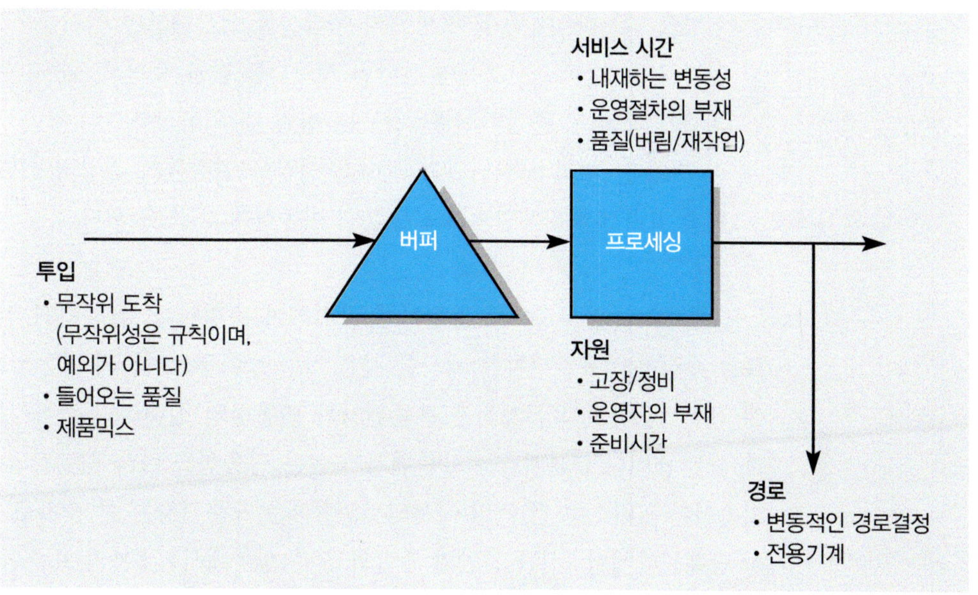

그림 9.4 변동성과 변동성의 근원

- **흐름단위의 유입으로부터의 변동성.** 서비스 조직 내에서 가장 큰 변동성의 원인은 시장 자체로부터 유래한다. 고객 도착 프로세스의 몇몇 패턴은 예측 가능한데 반해(예를 들어, 호텔의 경우 오후 2시~3시 사이보다 오전 8~9시 사이에 퇴실하는 고객이 더 많다) 언제 다음 고객이 도착할 지는 항상 불확실하다.
- **서비스 시간의 변동성.** 작업하는 주체가 사람일 경우에는 이들의 행동 자체에 약간의 변동성이 존재할 수 밖에 없다. 그러므로 만약 우리가 조립라인에 있는 노동자에게 어떤 행동을 100번 반복하라고 요구해 보면 이 노동자가 그 행동을 어떤 경우에는 다른 경우보다 더 빨리 혹은 더 느리게 수행한다는 것을 발견하게 될 것이다. 특별히 서비스 환경에만 적용되는 서비스 시간 변동성의 또 다른 원인은 바로 고객들이 대부분의 서비스 운영에서 수행하는 활동에 참여하고 있다는데 있다. 호텔 프론트 데스크에서 어떤 고객은 추가적으로 서비스 시간이 더 걸리지만(예를 들어, 어떤 고객들은 고지서의 품목들이 무엇인지 설명을 요구한다), 다른 고객들은 빨리 퇴실한다(예를 들어, 간단히 예약을 위해 사용한 신용카드로 결제하고 단지 방 열쇠를 반납한다).
- **자원의 무작위적 가용성.** 만약 제조 상황에서 기계의 고장이나 서비스 상황에서의 서비스 제공자의 부재와 같이 자원이 무작위적으로 이용 가능하지 않다면 이로 인해 변동성이 생길 것이다.
- **프로세스에 복수의 흐름단위가 존재할 경우의 무작위적 경로결정.** 프로세스를 통과하는 흐름단위의 경로가 무작위적이라면 각각의 작업자원으로의 도착 프로세스는 변동성에

영향을 받는다. 예를 들어 병원의 응급실을 생각해보면 환자들은 초진 후에 다른 작업자로 옮겨진다. 간호사는 간단한 케이스를 맡을 것이고, 좀 더 복잡한 경우는 일반 의사가, 그리고 증상이 심한 경우는 병원 내 외상상해센터 같은 특별구역으로 옮겨질 것이다. 비록 도착시간과 서비스 시간은 일정하게 결정되어 있지만 이러한 무작위적 경로결정 자체만으로도 충분히 변동성이 생길 수 있다.

일반적으로 변동성은 표준편차에 근거하여 측정된다. 콜센터의 사례에서 우리는 자료를 수집하고 표준편차를 계산한 것을 바탕으로 통화기간의 변동성을 측정할 수 있다. 이러한 접근방법의 문제점은 표준편차가 변동성의 절대적인 측정치를 제공할 수 있는가 하는 것이다. 5분이라는 표준편차가 높은 변동성을 나타내는 것일까? 콜센터의 통화지속시간(서비스 시간)에 있어서의 5분이라는 표준편차는 큰 숫자로 보인다. 반면에 외상 상해센터에서 2시간 동안의 수술과 같은 상황에서는 5분의 표준편차는 작아 보일 것이다.

이러한 이유로 변동성은 상대적인 개념으로 측정하는 것이 더 적절하다. 구체적으로 우리는 확률변수의 변동계수(coefficient of variation)를 다음과 같이 정의 한다.

$$\text{변동계수} = CV = \frac{\text{표준편차}}{\text{평균}}$$

표준편차와 평균은 같은 측정단위를 사용하기 때문에, 변동계수는 단위가 없는 척도이다.

9.3 도착 프로세스의 분석

우리가 행하는 어떤 프로세스에 대한 분석의 질은 우리가 그 분석을 위해 사용하는 정보에 의해 결정된다. 이러한 이유로 다음의 9.3과 9.4절에서는 나중에 다루게 될 수학모델에 사용되는 자료의 수집과 분석에 초점을 맞춘다. 다음의 도구를 활용하고자 하는 관리자라면 이러한 데이터 분석은 필수이다. 하지만, 기말시험을 몇 시간 채 남겨두지 않은 학생이라면 바로 9.5절로 넘어가는 것이 더 좋을지도 모른다.

변동성 문제를 다룰 때 특별히 중요한 점은 수요의 정확한 표현이다. 즉 고객 도착 타이밍을 결정하는 것이다.

우리가 아침 일찍 일어나 An-ser 콜센터를 방문했다고 가정하자. 오전 6시에 도착해서 그 후 몇 시간 동안 일어나는 일들을 자세히 기록했다고 하자. 첫 번째 전화가 왔을

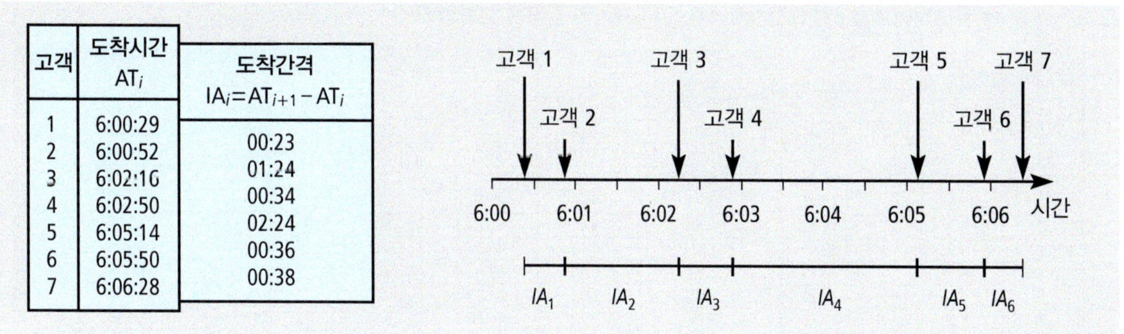

고객	도착시간 AT_i	도착간격 $IA_i = AT_{i+1} - AT_i$
1	6:00:29	00:23
2	6:00:52	01:24
3	6:02:16	00:34
4	6:02:50	02:24
5	6:05:14	00:36
6	6:05:50	00:38
7	6:06:28	

그림 9.5 도착간격의 개념

때 우리는 거의 편안히 앉을 시간이 없을 것이다. An-ser 콜센터 직원 중 한 명이 즉시 전화를 받는다. 23초 후, 두 번째 전화가 걸려오고 1분 24초 후에는 세 번째 전화가 걸려오는 등 전화가 계속 걸려온다.

우리는 An-ser 콜센터가 전화를 받는 순간을 도착시간(arrival time)이라 정의한다. AT_i는 i번째 걸려온 전화의 도착시간을 의미한다. 그리고, 연속적으로 걸려온 두 전화 사이의 시간 간격을 도착간격(interarrival time), IA라고 정의한다. 그러므로 $IA_i = AT_{i+1} - AT_i$이다. [그림 9.5]는 이 두 정의를 잘 설명해준다.

만약 우리가 이러한 데이터 수집을 계속한다면 우리는 상당수의 도착시간을 수집하게 될 것이다. 이러한 데이터는 대체로 콜센터에 자동적으로 기록되고 있으므로 우리는 [표 9.1]에서 보는 것과 같은 파일을 간단히 다운로드 할 수 있다.

우리가 다음 단계로 넘어가 변동성의 영향을 예측할 수학적 모델을 제시하기 전에 간단하지만 중요한 데이터 분석에 대해 살펴봐야 한다. 수학적 모델이나 컴퓨터 시뮬레이션을 도구로 사용할 때 주의할 점은 방정식에 투입되는 실 세계를 반영하는 자료들의 정확도와는 무관하게 이러한 도구들이 항상 우리에게 어떤 숫자 혹은 숫자들의 집합을 제공한다는 것이다.

다른 계산을 진행하기에 앞서, 다음의 두 가지 질문에 답함으로써 우리가 사용하는 모델의 예측력을 상당히 향상시킬 수 있다.

- 도착 프로세스가 안정적(stationary)인가? 즉, 일정한 시간간격 동안에 도착하는 고객의 기대 숫자가 우리가 관심이 있는 기간 동안 일정 한가?
- 도착간격이 지수분포를 따르고, 포아송 도착 프로세스를 형성하는가?

우리는 이제 안정적인 도착(stationary arrivals)과 지수분포 도착간격(exponentially distributed interarrival times)에 대한 개념을 정의하고자 한다. 우리는 또한 앞서 설명한

표 9.1 An-ser 콜센터에 4월 2일 오전 6시에서 10시 사이에 걸려온 전화의 도착

6:00:29	6:52:39	7:17:57	7:33:51	7:56:16	8:17:33	8:28:11	8:39:25	8:55:56	9:21:58
6:00:52	6:53:06	7:18:10	7:34:05	7:56:24	8:17:42	8:28:12	8:39:47	8:56:17	9:22:02
6:02:16	6:53:07	7:18:17	7:34:19	7:56:24	8:17:50	8:28:13	8:39:51	8:57:42	9:22:02
6:02:50	6:53:24	7:18:38	7:34:51	7:57:39	8:17:52	8:28:17	8:40:02	8:58:45	9:22:30
6:05:14	6:53:25	7:18:54	7:35:10	7:57:51	8:17:54	8:28:43	8:40:09	8:58:49	9:23:13
6:05:50	6:54:18	7:19:04	7:35:13	7:57:55	8:18:03	8:28:59	8:40:23	8:58:49	9:23:29
6:06:28	6:54:24	7:19:40	7:35:21	7:58:26	8:18:12	8:29:06	8:40:34	8:59:32	9:23:45
6:07:37	6:54:36	7:19:41	7:35:44	7:58:41	8:18:21	8:29:34	8:40:35	8:59:38	9:24:10
6:08:05	6:55:06	7:20:10	7:35:59	7:59:12	8:18:23	8:29:38	8:40:46	8:59:45	9:24:30
6:10:16	6:55:19	7:20:11	7:36:37	7:59:20	8:18:34	8:29:40	8:40:51	9:00:14	9:24:42
6:12:13	6:55:31	7:20:26	7:36:45	7:59:22	8:18:46	8:29:45	8:40:58	9:00:52	9:25:07
6:12:48	6:57:25	7:20:27	7:37:07	7:59:22	8:18:53	8:29:46	8:41:12	9:00:53	9:25:15
6:14:04	6:57:38	7:20:38	7:37:14	7:59:36	8:18:54	8:29:47	8:41:26	9:01:09	9:26:03
6:14:16	6:57:44	7:20:52	7:38:01	7:59:50	8:18:58	8:29:47	8:41:32	9:01:31	9:26:04
6:14:28	6:58:16	7:20:59	7:38:03	7:59:54	8:19:20	8:29:54	8:41:49	9:01:55	9:26:23
6:17:51	6:58:34	7:21:11	7:38:05	8:01:22	8:19:25	8:30:00	8:42:23	9:02:25	9:26:34
6:18:19	6:59:41	7:21:14	7:38:18	8:01:42	8:19:28	8:30:01	8:42:51	9:02:30	9:27:02
6:19:11	7:00:50	7:21:46	7:39:00	8:01:56	8:20:09	8:30:08	8:42:53	9:02:38	9:27:04
6:20:48	7:00:54	7:21:56	7:39:17	8:02:08	8:20:23	8:30:23	8:43:24	9:02:51	9:27:27
6:23:33	7:01:08	7:21:58	7:39:35	8:02:26	8:20:27	8:30:23	8:43:28	9:03:29	9:28:25
6:24:25	7:01:31	7:23:03	7:40:06	8:02:29	8:20:44	8:30:31	8:43:47	9:03:33	9:28:37
6:25:08	7:01:39	7:23:16	7:40:23	8:02:39	8:20:54	8:31:02	8:44:23	9:03:38	9:29:09
6:25:19	7:01:56	7:23:19	7:41:34	8:02:47	8:21:12	8:31:11	8:44:49	9:03:51	9:29:15
6:25:27	7:04:52	7:23:48	7:42:20	8:02:52	8:21:12	8:31:19	8:45:05	9:04:11	9:29:52
6:25:38	7:04:54	7:24:01	7:42:33	8:03:06	8:21:25	8:31:20	8:45:10	9:04:33	9:30:47
6:25:48	7:05:37	7:24:09	7:42:51	8:03:58	8:21:28	8:31:22	8:45:28	9:04:42	9:30:58
6:26:05	7:05:39	7:24:45	7:42:57	8:04:07	8:21:43	8:31:23	8:45:31	9:04:44	9:30:59
6:26:59	7:05:42	7:24:56	7:43:23	8:04:27	8:21:44	8:31:27	8:45:32	9:04:44	9:31:03
6:27:37	7:06:37	7:25:01	7:43:34	8:05:53	8:21:53	8:31:45	8:45:39	9:05:22	9:31:55
6:27:46	7:06:46	7:25:03	7:43:43	8:05:54	8:22:19	8:32:05	8:46:24	9:06:01	9:33:08
6:29:32	7:07:11	7:25:18	7:43:44	8:06:43	8:22:44	8:32:13	8:46:27	9:06:12	9:33:45
6:29:52	7:07:24	7:25:39	7:43:57	8:06:47	8:23:00	8:32:19	8:46:40	9:06:14	9:34:07
6:30:26	7:07:46	7:25:40	7:43:57	8:07:07	8:23:02	8:32:59	8:46:41	9:06:41	9:35:15
6:30:32	7:09:17	7:25:46	7:45:07	8:07:43	8:23:12	8:33:02	8:47:00	9:06:44	9:35:40
6:30:41	7:09:34	7:25:48	7:45:32	8:08:28	8:23:30	8:33:27	8:47:04	9:06:48	9:36:17
6:30:53	7:09:38	7:26:30	7:46:22	8:08:31	8:24:04	8:33:30	8:47:06	9:06:55	9:36:37
6:30:56	7:09:53	7:26:38	7:46:38	8:09:05	8:24:17	8:33:40	8:47:15	9:06:59	9:37:23
6:31:04	7:09:59	7:26:49	7:46:48	8:09:15	8:24:19	8:33:47	8:47:27	9:08:03	9:37:37
6:31:45	7:10:29	7:27:30	7:47:00	8:09:48	8:24:26	8:34:19	8:47:40	9:08:33	9:37:38
6:33:49	7:10:37	7:27:36	7:47:15	8:09:57	8:24:39	8:34:20	8:47:46	9:09:32	9:37:42
6:34:03	7:10:54	7:27:50	7:47:53	8:10:39	8:24:48	8:35:01	8:47:53	9:10:32	9:39:03
6:34:15	7:11:07	7:27:50	7:48:01	8:11:16	8:25:03	8:35:07	8:48:27	9:10:46	9:39:10
6:36:07	7:11:30	7:27:56	7:48:14	8:11:30	8:25:04	8:35:25	8:48:48	9:10:53	9:41:37
6:36:12	7:12:02	7:28:01	7:48:14	8:11:38	8:25:07	8:35:29	8:49:14	9:11:32	9:42:58
6:37:21	7:12:08	7:28:17	7:48:50	8:11:49	8:25:16	8:36:13	8:49:19	9:11:37	9:43:27
6:37:23	7:12:18	7:28:25	7:49:00	8:12:00	8:25:22	8:36:14	8:49:20	9:11:50	9:43:37
6:37:57	7:12:18	7:28:26	7:49:04	8:12:07	8:25:31	8:36:23	8:49:40	9:12:02	9:44:09
6:38:20	7:12:26	7:28:47	7:49:48	8:12:17	8:25:32	8:36:23	8:50:19	9:13:19	9:44:21
6:40:06	7:13:16	7:28:54	7:49:50	8:12:40	8:25:32	8:36:29	8:50:38	9:14:00	9:44:32
6:40:11	7:13:21	7:29:09	7:49:59	8:12:41	8:25:45	8:36:35	8:52:11	9:14:04	9:44:37
6:40:59	7:13:22	7:29:27	7:50:13	8:12:42	8:25:48	8:36:37	8:52:29	9:14:07	9:44:44
6:42:17	7:14:04	7:30:02	7:50:27	8:12:47	8:25:49	8:37:05	8:52:40	9:15:15	9:45:10
6:43:01	7:14:07	7:30:07	7:51:07	8:13:40	8:26:01	8:37:11	8:52:41	9:15:26	9:46:15
6:43:05	7:14:49	7:30:13	7:51:31	8:13:41	8:26:04	8:37:12	8:52:43	9:15:27	9:46:44
6:43:57	7:15:19	7:30:50	7:51:40	8:13:52	8:26:11	8:37:35	8:53:03	9:15:36	9:49:48
6:44:02	7:15:38	7:30:55	7:52:05	8:14:04	8:26:15	8:37:44	8:53:08	9:15:40	9:50:19
6:45:04	7:15:41	7:31:24	7:52:25	8:14:41	8:26:28	8:38:01	8:53:19	9:15:40	9:52:53
6:46:13	7:15:57	7:31:35	7:52:32	8:15:15	8:26:28	8:38:02	8:53:30	9:15:40	9:53:13
6:47:01	7:16:28	7:31:41	7:53:10	8:15:25	8:26:37	8:38:10	8:53:32	9:15:41	9:53:15
6:47:10	7:16:36	7:31:45	7:53:18	8:15:39	8:26:58	8:38:15	8:53:44	9:15:46	9:53:50
6:47:35	7:16:40	7:31:46	7:53:19	8:15:48	8:27:07	8:38:39	8:54:25	9:16:12	9:54:24
6:49:23	7:16:45	7:32:13	7:53:51	8:16:09	8:27:09	8:38:40	8:54:28	9:16:34	9:54:48
6:50:54	7:16:50	7:32:16	7:53:52	8:16:10	8:27:17	8:38:44	8:54:49	9:18:02	9:54:51
6:51:04	7:17:08	7:32:16	7:54:04	8:16:18	8:27:26	8:38:49	8:55:05	9:18:06	9:56:40
6:51:17	7:17:09	7:32:34	7:54:16	8:16:26	8:27:29	8:38:57	8:55:05	9:20:19	9:58:25
6:51:48	7:17:09	7:32:34	7:54:26	8:16:39	8:27:35	8:39:07	8:55:14	9:20:42	9:59:19
6:52:17	7:17:19	7:32:57	7:54:51	8:17:16	8:27:54	8:39:20	8:55:22	9:20:44	
6:52:17	7:17:22	7:33:13	7:55:13	8:17:24	8:27:57	8:39:20	8:55:25	9:20:54	
6:52:31	7:17:22	7:33:36	7:55:35	8:17:28	8:27:59	8:39:21	8:55:50	9:21:55	

콜센터와 같은 특별한 경우에서 뿐만 아니라 일반적인 경우에도 어떻게 위의 두 질문에 대해 답할 것인지를 설명한다. 우리는 이 두 가지 질문의 중요성과 이 두 가지 질문이 이 장과 다음 장에서의 계산결과에 미칠 영향에 대해 논의한다.

안정적 도착

[표 9.1]에 나타난 전화 도착 패턴을 고려해 보자. 평균과 표준편차가 도착 프로세스 전체 형태를 파악하게 해줄 수 있다는 가정 하에 이 데이터를 스프레드시트에 넣고 전체 시간 간격에 걸쳐 도착간격의 평균과 표준편차를 계산한 후 이 시점에서 도착패턴에 대한 분석을 마쳐 버리고 싶은 유혹이 얼마나 강할까? 5분의 엑셀작업이면 이 작업을 완성할 수 있을텐데!

그러나 [그림 9.6]과 같은 간단한 데이터의 그래프 분석에 의하면 이 도착 프로세스 안에는 평균과 표준편차만으로 알 수 있는 것 이상의 많은 무언가가 있음을 보여준다. 우리가 [그림 9.6]에서 볼 수 있듯이 어떤 일정 시간 동안(예, 15분) 전화하는 평균 고객 수는 하루 내내 일정하지 않다.

도착 프로세스 안에서 발생하는 이러한 변화를 파악하기 위해서 다음의 정의를 소개한다.

- 어떤 시간대에 대하여(예, 1시간) 그 시간대의 기대 도착수가 그 시간대의 길이에만 의존하고 그 시간대의 시작시점에 의존하지 않는다면(예, 우리는 기대 도착의 수를 변화시키지 않고 한 시간 축 위에서 고정된 길이의 한 시간대를 앞뒤로 움직일 수 있다) 이러한 도착 프로세스는 안정적(stationary)이라고 말해진다. [그림 9.6]에서는 도

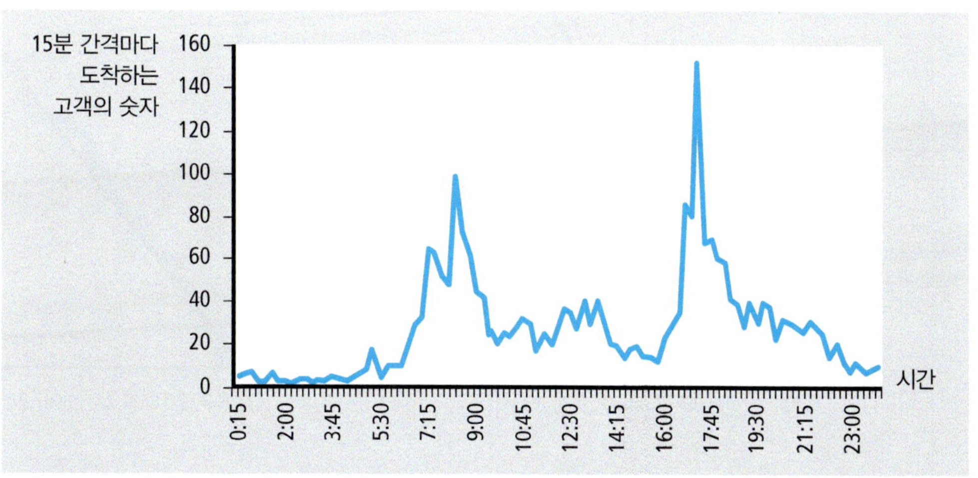

그림 9.6 하루에 걸쳐 나타나는 계절성

착 프로세스가 안정적이지 않음을 알 수 있다. 예를 들어, 3시간 동안의 시간대를 선택 한다면 오전 1~4시 사이보다 오전 6~9 사이에 더 많은 고객이 도착함을 알 수 있다.

- 도착 프로세스가 안정적이지 않다면 그것은 계절성(seasonality)을 나타낸다.

도착 프로세스 분석에 있어서, 계절성에 의한 수요의 변화와 변동성에 의한 수요의 변화를 구분하는 것은 중요하다. 운영관리 관점에서 볼 때는 변동성과 계절성 둘 다 달갑지 않다. 그러나 계절성만 띤다면 이러한 계절성 효과는 철저히 사전에 예측가능하다. 하지만 변동성의 경우에는 이러한 예측이 불가능하다(어느 특정 하루에 걸려 올 전화량의 기댓값은 알 수도 있지만 실제 걸려오는 전화량은 확률변수의 실현 값이다).

우리가 가지고 있는 자료로 볼 때 몇 시간 동안의 도착 프로세스는 안정적이지 않음을 알 수 있다. 일반적으로 간단한 분석 하나로 특정 프로세스의 안정성 여부를 결정할 수 있다.

- 도착시간을 증가하는 순으로 분류한다($AT_1 \cdots AT_n$이라고 부르자).
- [그림 9.7]처럼 $x = AT_i$ 그리고 $y = i$로 그래프를 작성한다.
- 왼쪽 아래(첫 번째 도착)에서 오른쪽 위쪽(마지막 도착)으로 직선을 그린다.

만약 고려하는 도착 프로세스가 안정적이라면, 실제 도착시간을 그리는 그래프의 선

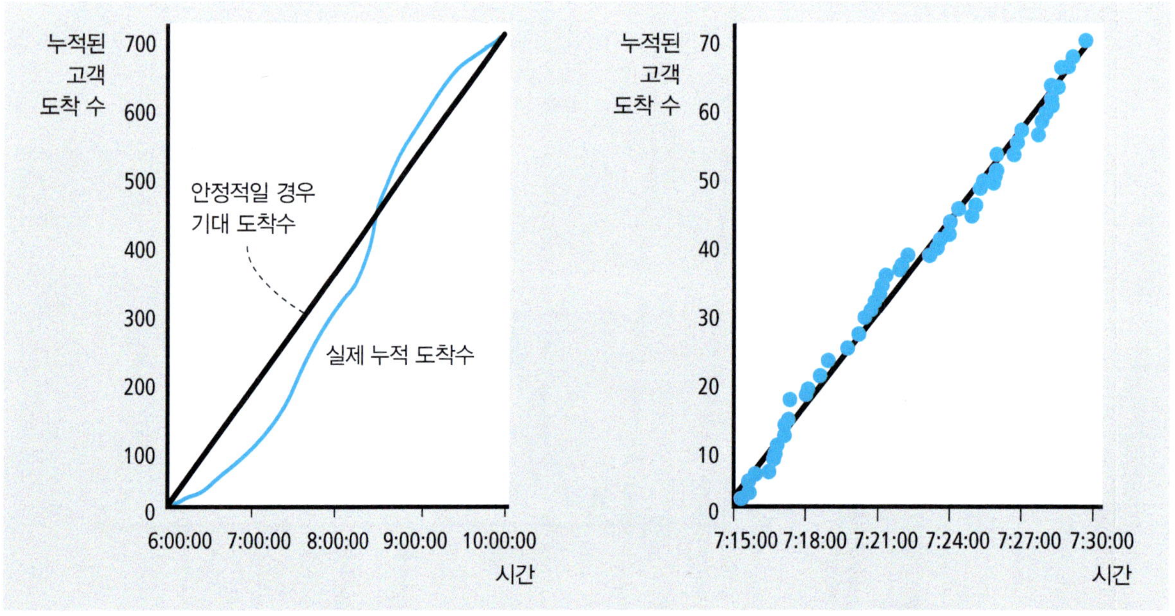

그림 9.7 안정적 도착에 관한 검사

과 그 위에 그린 직선사이에 큰 차이가 없을 것이다. 그러나 [그림 9.7의 (왼쪽)] 경우에 직선과 실제 도착시간 사이에는 여러 개의 차이가 존재한다. 좀 더 구체적으로 살펴보자면, 처음 한 시간 동안은 오전 6시와 10시 사이의 평균 도착률에 비해 적은 전화가 걸려옴을 관찰할 수 있다. 반대로 오진 8시 30분 경의 도착률은 평균보다 훨씬 높다. 이러한 분석결과는 우리가 보고 있는 이 도착 프로세스가 안정적이지 않음을 알려준다.

비안정적인 도착 프로세스를 만났을 때 진행하는 최선의 방법은 하루(한 주, 한 달)라는 시간 단위를 더 짧은 시간 간격으로 나누고 각각의 시간간격마다 구분된 도착률을 사용하는 것이다. 만약 우리가 좀 더 짧은 간격에서 도착 프로세스를 살펴본다면(우리의 사례에서는 15분 간격) 그 간격에서 계절성이 상대적으로 낮음을 알 수 있다. 다시 말하면, 그 간격에서 안정적인 도착흐름에 상대적으로 가까워진 것이다. [그림 9.7]의 오른쪽에서 15분 동안 도착간격의 안정적인 형태가 잘 나타나 있다.

[그림 9.7]의 (왼쪽)은 [그림 9.7]의 (오른쪽)에 비교해 볼 때 더 흥미롭다: 도착 프로세스는 [그림 9.6]에서 보이는 것처럼 15분 간격에서는 안정적이나 하루 전체과정에서는 계절성이 심하다. [그림 9.6]에 나타나는 절정점(peak)들은 [그림 9.7]에서의 "실제 누적된 도착"을 나타내는 선이 "기대된 도착"을 나타내는 직선보다 더 빠르게 증가하는 시간대에 해당한다는 것을 주목할 필요가 있다.

대부분의 실제 사례에서는 상황 그 자체가 이런 종류의 계절성을 잘 설명한다. 예를 들어, An−ser 콜센터의 경우 도착패턴의 절정점들은 사람들이 하루를 시작할 때와 일치하는데 이는 사람들은 자기들이 통화하고자 하는 회사가 이 시각에 이미 서비스를 시작했을 것이라고 기대하고 있기 때문이다. 하지만 많은 회사들은 오전 9시 이전에는 전화를 받지 않기 때문에 이때 걸려오는 전화들은 자동 응답 서비스로 연결된다.

지수분포의 도착간격

도착간격은 주로 지수분포에 따라 분포된다. 만약 IA가 무작위 도착간격이고 도착간격 프로세스가 지수분포를 따른다면 우리는 다음과 같은 분포함수를 가진다.

$$\text{Probability } \{\text{IA} \leq t\} = 1 - e^{-\frac{t}{a}}$$

여기서 a는 평균 도착간격을 말한다. 지수함수는 이론과 실제 모두에서 도착간격의 모델로 사용되는데, 이는 지수분포가 실증적인 데이터의 형태와 잘 일치할 뿐만 아니라 분석하기에도 편리하기 때문이다. 어떤 도착 프로세스의 도착간격이 정말 지수분포 형태를 취한다면 이러한 도착 프로세스는 포아송(Poisson) 도착 프로세스라 불린다.

어떤 프로세스에서 각각 독립적으로 도착하는 고객들이 (예를 들어 콜센터에 전화하는 고객들의 도착 형태) 지수분포적인 도착간격의 수요패턴을 형성한다는 것은 분석적

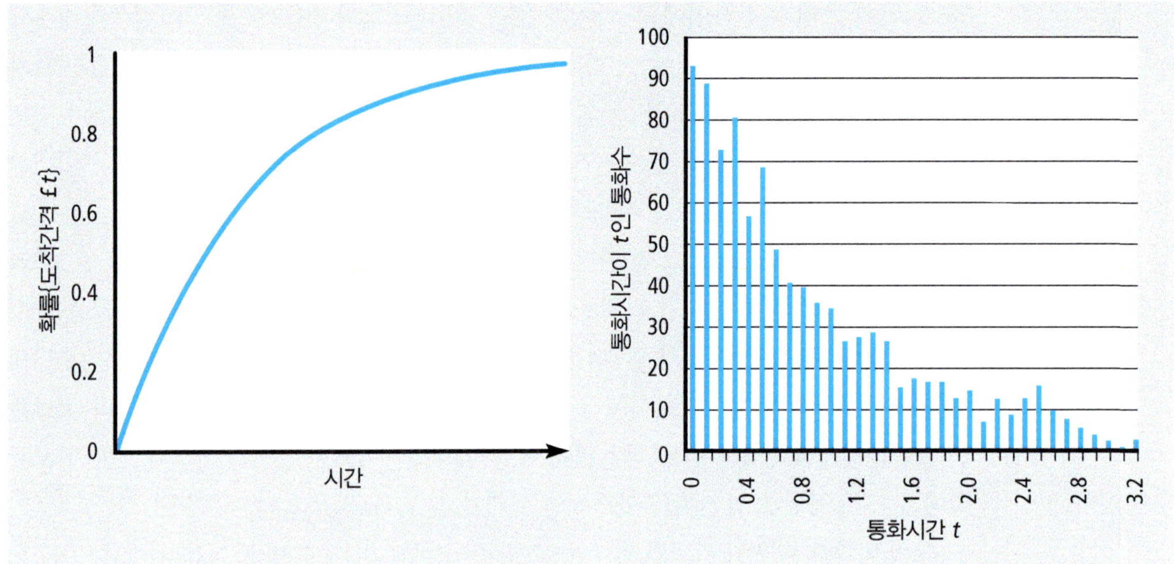

그림 9.8 지수분포의 분포함수(좌)와 히스토그램의 예(우)

으로 확인될 수 있다. [그림 9.8]에는 지수분포의 누적분포함수의 형태가 나타나 있다. 평균 도착간격은 분으로 표시되어 있다. 지수분포의 하나의 중요한 특징은 표준편차 값이 평균값(a)과 같다는 것이다.

지수분포의 또 다른 중요한 특징은 무기억성(memoryless property)으로 알려져 있다. 무기억성이라는 것은 다음 시간 간격 (예를 들면 1분과 같은) 동안의 도착수가 가장 최근의 도착이 언제 일어났는지 와 무관하다는 것을 의미한다.

이러한 무기억성을 설명하기 위한 예로 응급실 상황을 생각해 보자. 평균적으로 매 10분마다 한 명의 환자가 들어오는데 최근 20분 안에 어떤 환자도 들어오지 않았다고 가정하자. 최근 20분 안에 어떤 환자도 들어오지 않았다는 사실이 다음 10분 안에 한명의 환자가 도착할 확률을 증가시키거나 또는 감소 시키는가? 지수분포의 도착간격을 가진 도착 프로세스라 한다면 이 질문에 대한 대답은 "아니오"이다.

직감적으로 많은 상황에서 이러한 경우는 합당한 추정임을 알 수 있다. 응급실 예를 다시 들어보면 응급실에 들어올 수 있는 잠재 환자의 수는 (병원 외부의 건강한 사람을 포함하여) 매우 많다고 한다면 우리는 새로운 환자들을 각각 서로 독립적으로 도착하는 것으로 생각할 수 있다(하람이가 그녀의 산악 자전거에서 떨어졌다는 사실은 준혁이가 농구를 하면서 발목을 삐었다는 사실과 아무런 관련이 없다).

도착간격이 지수분포 형태를 띠고 있는지 아닌지를 알아내는 것은 매우 중요하기 때문에 지금 이런 분석을 위한 4단계 진단과정을 소개하고자 한다.

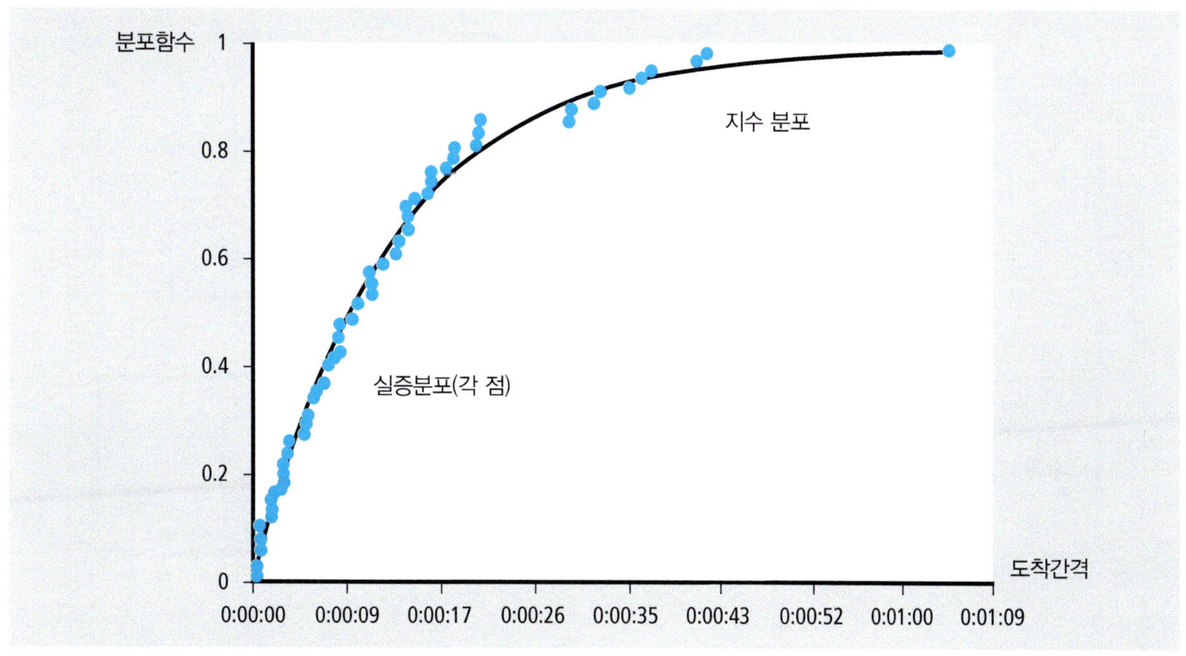

그림 9.9 도착간격에 대한 실증적 분포와 지수분포의 비교

1. 도착간격 $IA_1 \cdots IA_n$을 계산한다.
2. 도착간격을 증가순으로 정렬하고 a_i를 i번째로 작은 도착간격을 의미한다고 하자(그럼 a_1은 가장 작은 도착간격을 a_n은 가장 큰 도착간격을 뜻한다).
3. $(x=a_i,\ y=i/n)$의 쌍들을 그래프로 그리게 되면 이 그래프가 바로 실증적 분포함수가 되는 것이다.
4. "적절히 선택된 모수"를 가진 지수분포 그래프와 실증적 분포함수 그래프를 비교해보자. 최적의 모수값을 찾기 위해 지수분포의 모수를 데이터에서 얻은 평균 도착간격과 같게 놓는다. 만약 몇몇 결과치가 최종곡선에서 자꾸 멀어진다면 우리는 지수분포의 모수를 변경하여 수동적으로 지수분포에 가깝게 만들 수 있다.

[그림 9.9]는 이러한 프로세스의 결과를 보여준다. 만약 고려하고 있는 분포가 정말 지수분포를 따른다면, 최종그래프는 [그림 9.9]에서와 같은 분석적 분포와 유사할 것이다. 이러한 적합도 평가과정은 다른 분포함수에서도 적용된다.

지수분포가 아닌 도착간격

어떤 경우에는 도착간격이 지수분포를 따르지 않는다. 예를 들어 도착이 이미 스케쥴되어 있다면 (예를 들어, 한 시간 간격으로 도착되도록) 이런 도착 프로세스에서 변동성은 적을 것이다.

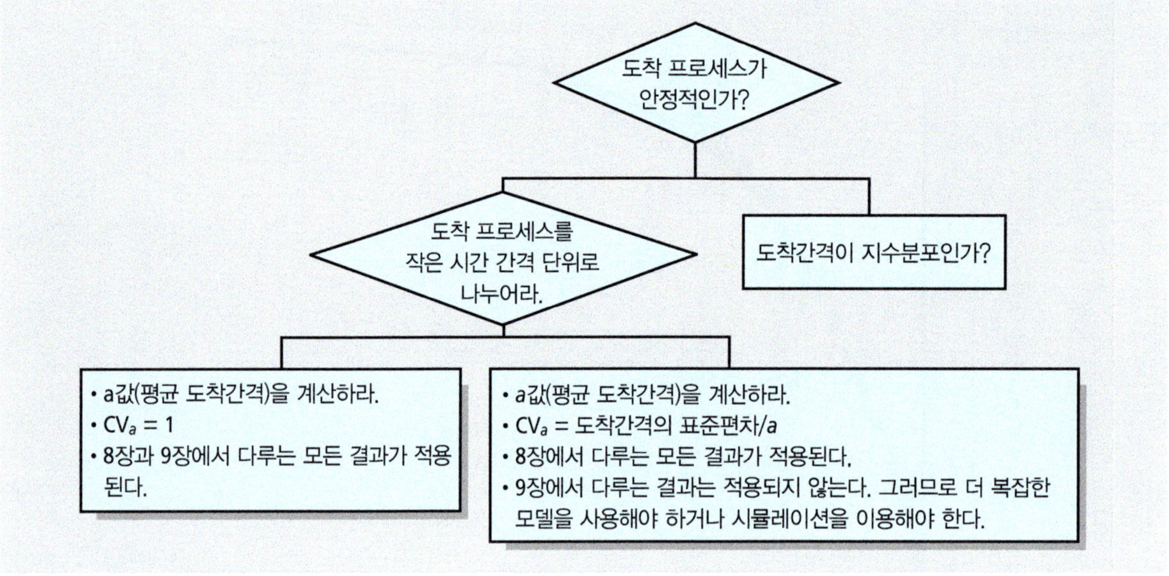

그림 9.10 수요/도착 프로세스의 분석 방법

지수분포의 경우 평균 도착간격은 도착간격의 표준편차와 동일하고 따라서 하나의 모수만 가지고도 그 전체 도착 프로세스의 특징을 파악할 수 있지만 지수분포가 아닌 경우에는 도착 프로세스를 설명하기 위해서 더 많은 모수가 필요하다. 앞서 나온 변동계수 정의를 따르면 도착 프로세스(arrival process)의 변동성을 다음과 같이 측정할 수 있다.

$$CV_a = \frac{\text{도착간격의 표준편차}}{\text{평균 도착간격}}$$

지수분포에서 평균이 표준편차와 같기 때문에 변동계수는 1이 된다.

요약: 도착프로세서의 분석하기

[그림 9.10]은 도착 프로세스분석에 필요한 단계를 요약해 주며, 이후의 모델에서 필요한 가정이 위배되었을 때 무엇을 해야 할지를 보여준다.

9.4 서비스 시간 변동성

각 전화가 걸려올 정확한 도착시간을 예측하기 어려운 것처럼 정확한 통화시간 또한 예측하기 어렵다. 그러므로 서비스 프로세스는 공급측면에서도 상당한 변동성을 가진다.

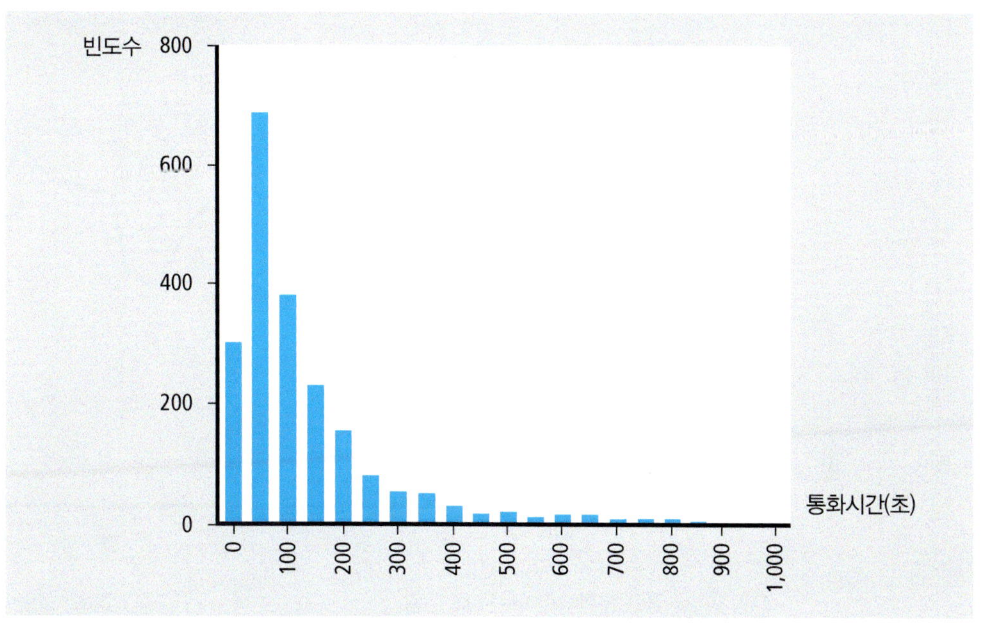

그림 9.11 콜센터의 서비스 시간

[그림 9.11]은 An-ser 콜센터의 통화지속시간 형태를 요약적으로 보여준다. 고객 상담원의 관점에서 보면 이러한 통화지속시간은 서비스 시간이다.

우리는 서비스 시간에서의 변동성이 상당함을 볼 수 있다. 어떤 전화는 1분도 안되어서 끝나는 반면 어떤 통화는 10분이 넘게 걸린다. 그러므로 수요의 변동성과 더불어, 변동성은 프로세스 내에서도 발생된다.

서비스 시간의 분포에는 수많은 다른 형태가 존재한다는 것은 이미 많은 보고서를 통해 알려져 있다. 이 책의 목적을 위하여 우리는 평균과 표준편차에만 초점을 맞출 것이다. 즉 우리가 자료를 수집하는데 있어서 서비스 시간의 분포를 명시적으로 모델화 하지 않고 평균과 표준편차가 모든 적절한 정보를 가지고 있다고 가정한다. 이러한 정보는 9장과 10장에 있는 모든 계산식을 풀기에 충분하다.

[그림 9.11]에 요약되어 있는 데이터를 바탕으로 우리는 평균 서비스 시간을 120초로 표준편차는 150초로 얻게된다. 도착간격에서 사용했던 것처럼 변동계수를 다음과 같이 정의할 수 있다.

$$CV_p = \frac{\text{서비스 시간의 표준편차}}{\text{평균 서비스 간격}}$$

여기서, 아래첨자 p는 CV가 서비스 시간(processing time)에서의 변동성을 측정한다는 것을 나타낸다. 도착 프로세스에서와 마찬가지로 계절성과 변동성을 혼동하지 않도록 주의해야 한다. 서비스 시간에서의 계절성은 한 주의 어느 요일인지 혹은 하루 중 어

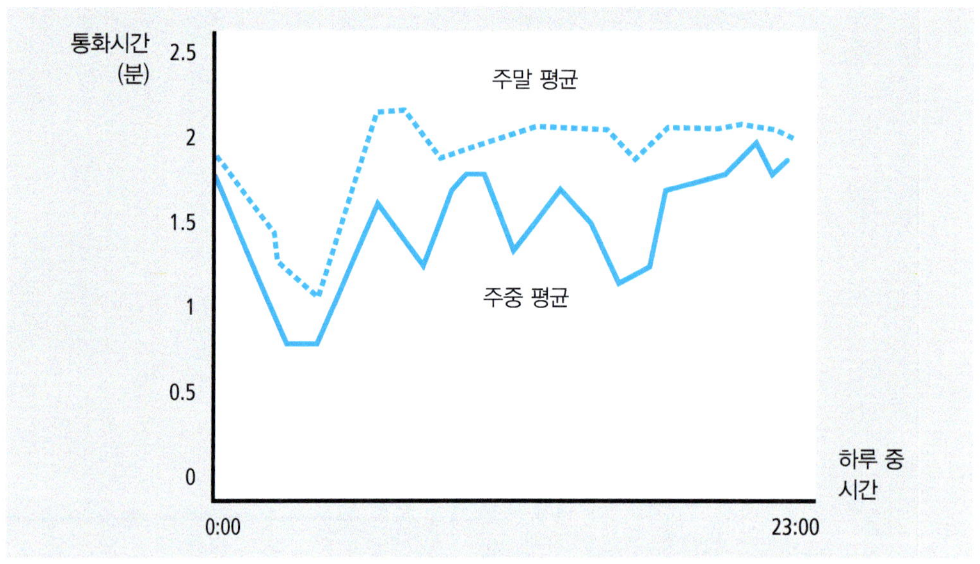

그림 9.12 평균 통화 시간: 주중 대 주말

느 시간대인지의 함수로 표현된 전화통화 시간의 패턴을 나타낸다([그림 9.12]에서 보는 것처럼 통화는 주중보다 주말에 더 오래 걸린다). 또한 통화시간은 하루 중 시간대에 따라 다르다.

모델은 안정적 서비스 프로세스를 필요로 하긴 하지만(서비스 프로세스에 계절성이 존재할 경우, 도착 프로세스에서 했던 것과 유사하게 시간대를 작은 도착간격으로 나눈다) 다른 어떤 특성들을 필요로 하지는 않는다(예, 서비스 시간의 지수분포). 그러므로 서비스 시간의 표준편차와 평균만이 우리가 필요한 정보의 전부이다.

9.5 자원이 하나인 경우에 평균대기시간 예측하기

변동성의 측정치를 기초로 하여 기본적인 프로세스 성과측정치(재고량, 흐름률, 흐름시간)를 예측하는데 도움이 될 만한 간단한 공식을 학습하고자 한다.

이 장에서는 하나의 자원과 무한한 공간을 가지는 하나의 버퍼로 구성되는 가장 기본적인 프로세스만 가정해 본다. 이러한 프로세스 레이아웃은 위에 언급한 콜센터와 일치한다. [그림 9.13]은 이러한 단순시스템에 대한 프로세스 개념도(diagram)를 보여준다.

흐름단위들은 변동성을 보이는 수요의 패턴에 따라 이 시스템에 도착한다. 평균적으로, 흐름단위들은 매 a라는 도착간격으로 도착한다. a를 평균 도착간격이라 하자. 이 평균은 IA_1에서 IA_n까지의 도착간격의 평균을 반영한다. IA_1에서 IA_n까지의 표준편차를

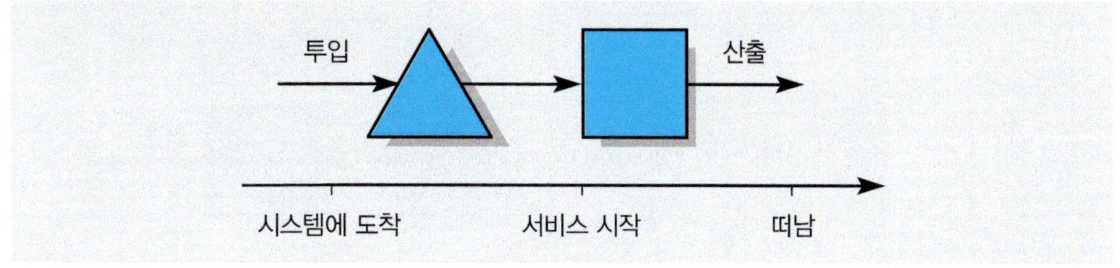

그림 9.13 한 명의 서버와 하나의 대기 선으로 구성된 간단한 프로세스

계산한 다음 전에 논의했던 것처럼 도착 프로세스의 변동계수 CV_a을 계산할 수 있다.

평균적으로 하나의 흐름단위를 서비스하기 위해 p단위의 시간이 걸린다고 하자. 도착 프로세스의 경우와 비슷하게 p_1에서 p_n 까지를 실증적으로 관찰된 서비스 시간으로 정의하고, 따라서 서비스 시간의 변동계수인 CV_p를 계산할 수 있다. 도착하는 흐름단위를 서비스하는 자원이 하나가 있다고 가정할 때 한 서버의 처리능력은 $1/p$라고 할 수 있다.

이 장의 도입부분에서 언급한 것처럼 우리는 처리능력이 수요를 초과하는 경우를 고려하고 있다. 따라서 이 경우엔 자원의 활용률은 100% 보다 분명히 적다. 만약 활용률이 100%를 초과하면 재고는 당연히 쌓일 것이며 이런 경우에는 흐름단위가 대기하게 된다는 예측을 하기 위해 변동성을 설명하는 정교한 도구를 사용할 필요가 없을 것이다. 그러나 이 장에서 가장 중요한 통찰력은 서버 활용률이 100% 이하여도 흐름단위가 대기하는 시간이 발생한다는 것이다.

처리능력이 수요보다 크고 어떤 고객도 놓치지 않는다면(즉, 고객이 전화할 경우, 절대 그냥 전화를 끊지 않는다), 이러한 경우의 시스템은 수요제약(demand-constrained) 시스템이며, 흐름률 R이 수요율이 된다(10장에서 고객을 놓칠 가능성에 대해 다룰 것이다). 특히 평균적으로 고객이 a 단위의 시간마다 도착한다면 흐름률 $R=1/a$이다. 앞서 3장에서 정의한 활용률을 사용하여 자원에 대한 활용률(자원활용률)을 다음과 같이 계산할 수 있다.

$$\text{자원활용률} = \frac{\text{흐름률}}{\text{처리능력}} = \frac{1/a}{1/p} = p/a < 100\%$$

지금까지는 이 책의 1장에서 다뤘던 결정론적(deterministic)인 프로세스분석 이상의 개념을 하나도 적용하지 않았다.

이제, 시스템을 통해 움직이는 흐름단위의 관점을 살펴보자([그림 9.14] 참조). 흐름단위는 줄을 서서 기다리는데 시간을 보낼 수 있다(콜센터에서, 자동 응답 대기 음악을 듣는 시간). T_q를 흐름단위가 서비스가 시작되기를 기다리며 줄 서서 보내야 하는 시간을 의미한다고 하자. 여기서 아래첨자 q는 고객이 줄(queue) 서서 기다리는 시간임을 말한

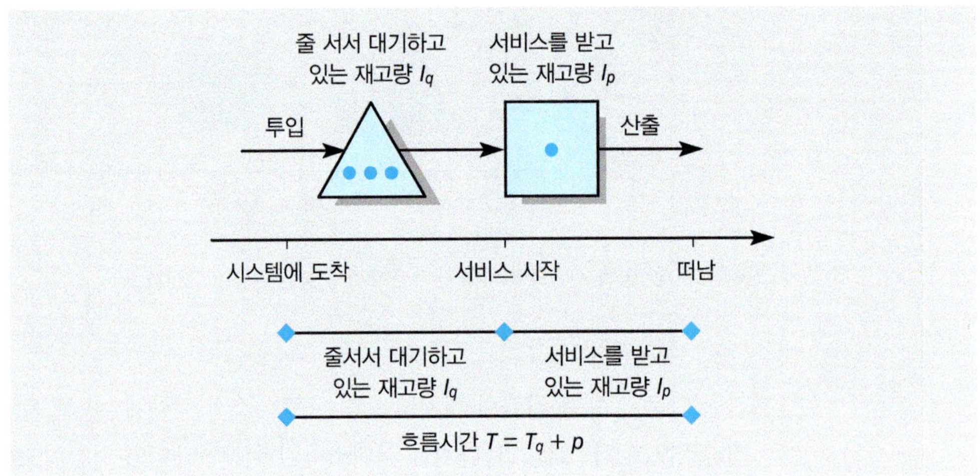

그림 9.14 한 명의 서버와 하나의 대기 선으로 구성된 간단한 프로세스

다. 그러므로 T_q는 실제 서비스를 받으면서 보내는 시간을 포함하지 않으며, 실제 서비스를 받으며 보내는 시간을 p라고 하자. 줄서서 보내는 시간 T_q와 평균서비스 시간 p를 바탕으로 우리는 한 고객이 시스템에서 보내게 되는 전체 시간, 즉 흐름시간을 다음과 같이 추정할 수 있다.

$$\text{흐름시간} = \text{대기시간} + \text{서비스 시간}$$

$$T = T_q + p$$

이제 흐름단위의 관점을 취하지 말고 시스템을 전체적으로 살펴보아서 기다리고 있는 흐름단위와 서비스를 받는 중인 흐름단위가 얼마나 존재하는지를 알아보자. I_q는 대기행렬의 재고(흐름단위의 수)를 의미하며 I_p는 서비스중인 재고를 말한다고 하자. 대기행렬 I_q의 재고와 서비스중인 I_p의 재고는 시스템 안에 유일하게 재고가 존재하는 곳으로 이를 모두 합하면 시스템 안에 존재하는 모든 재고를 계산할 수 있다. 즉 $I = I_q + I_p$이다.

단 하나의 자원만 존재하는 한, I_p는 0과 1 둘 중 하나이다. 가끔씩 흐름단위가 서비스중에 존재하는 경우($I_p = 1$)도 있고 아닌 경우($I_p = 0$)도 있다. 어느 한 무작위적인 순간에 서버가 실제로 흐름단위에 서비스를 제공하면서 바쁠 가능성은 활용률과 일치한다. 예를 들어 프로세스의 활용률이 30%라고 할 때, 어느 한 순간에 서버가 바쁠 가능성은 30%이다. 다른 관점으로, 한 시간인 60분 중 서버가 바쁠 시간은 다음과 같다.

$$0.3 \times 60[\text{분/시간}] = 18\text{분}$$

서비스를 받고 있는 재고 I_p와 실제 서비스 시간 p는 상대적으로 계산하기 쉬운 반면, 대기행렬의 재고 I_p와 대기행렬에서 보내는 시간 T_q는 추정하기기 쉽지 않다.

실제 서비스 시간 p, 활용률, 그리고 도착간격에 대한 변동계수 CV_a와 서비스 시간에 대한 변동계수 CV_p로 측정되는 변동성을 바탕으로 한 다음의 공식에 따라 대기행렬의 평균대기시간을 계산할 수 있다.

$$\text{대기시간} = \text{서비스 시간} \times \left(\frac{\text{활용률}}{1-\text{활용률}}\right) \times \left(\frac{CV_a^2 + CV_p^2}{2}\right)$$

이 공식은 서비스 시간이나 도착간격이 어떤 특정한 분포형태를 따를 것을 요구하지 않는다. 하지만, 만약 지수분포를 따르지 않는 도착간격의 경우엔, 이 공식을 이용한 계산은 100% 정확하지는 못하고 대기행렬에서의 기대대기시간의 근사치만을 제공한다. 이 공식은 안정적인 프로세스의 경우에만 적용된다(9.3장에 안정적 프로세스의 정의와 프로세스가 비안정적일 때 무엇을 해야 하는지가 나와 있다).

위의 등식은 대기행렬에서의 대기시간이 세 가지 요인의 곱에 의해 생겨난 것임을 보여준다.

- 대기시간은 서비스 시간의 배수로 나타난다. 하지만, 명심해야 할 것은 서비스 시간 역시 직접적으로 활용률(활용률=서비스 시간/도착간격)에 영향을 미친다는 것이다. 그러므로 대기시간이 서비스 시간에 비례하여 일직선으로 늘어난다고 봐서는 안 된다.
- 두 번째 요인은 활용률의 효과에 대한 것이다. 활용률이 100%이거나 혹은 100%를 초과하면 대기행렬은 계속 늘어나기 때문에 100% 이하가 되어야 한다. 이는 변동성 때문이 아니라 단지 충분한 만큼의 처리능력이 없기 때문이다. 우리는 활용률 요인값의 영향은 비직선적임을 알 수 있다. 즉 활용률 수준이 100%에 가까워질수록 활용률 요인값은 점점 더 커진다는 것을 알 수 있다. 예를 들어 활용률=0.8이면 활용률 요인값은 0.8/(1−0.8)=4이고, 활용률=0.9이면 활용률 요인값은 0.9/(1−0.9)=9이다. 그리고 활용률=0.95이면 활용률 요인값은 0.95/(1−0.95)=19가 된다.
- 세 번째 요인은 도착간격 변동계수 CV_a와 서비스 시간 변동계수 CV_p의 제곱의 평균으로 측정되는 시스템의 변동성의 양에 대한 것이다. CV_a와 CV_p 둘 중 어느 것도 평균 서비스 시간 p나 활용률 u에 영향을 주지 않기 때문에 시스템의 변동성이 증가함에 따라 대기시간은 증가한다.

이 새로운 공식에 익숙해지는 가장 좋은 방법은 이 공식을 활용하여 실제에 적용해 보는 것이다. 이러한 목적으로 새벽 2시 경의 An−ser 콜센터를 생각해 보자. An−ser 콜센터는 비교적 작은 규모의 콜센터이므로 이 시간에 별로 많은 전화가 걸려 오지 않으므로 오로지 한 명의 고객 상담원이 전화를 받고 있다고 하자(9.3절에 자세한 An−ser 콜센터의 도착정보가 있다).

콜센터로부터 수집한 자료를 보면, 하루 중 이 시간대 An–ser의 평균 서비스 시간은 약 90초이다. 서비스 시간은 시간대에 따라 다르다고 볼 때, 서비스 시간대에 관련된 자료를 사용한다는 것이 중요하다. 이 시간대의 서비스 시간은 $p=90$초이다.

9.4절에서 수집된 실증적 서비스 시간을 바탕으로 서비스 시간의 표준편차가 120초임을 계산할 수 있다. 그러므로 서비스 시간에 대한 변동계수는 다음과 같다.

$$\mathrm{CV}_p = 120\text{초}/90\text{초} = 1.3333$$

우리가 수집한 도착 데이터를 통해([그림 9.6]을 보라) 오전 2시경 한 15분 간격 안에 3통의 전화가 왔음을 확인할 수 있다. 그러므로 도착시간 간격은 $a=5$분$=300$초이다. 주어진 서비스 시간과 도착간격으로 활용률이 다음과 같이 계산될 수 있다.

$$\text{활용률}(u) = \text{서비스 시간}/\text{도착간격} = P/a = 90\text{초}/300\text{초} = 0.3$$

도착간격의 변동계수와 관련하여서 우리는 두 가지 방법 중 한 가지를 선택할 수 있다. 먼저 관찰된 도착간격을 통해 표본 표준편차를 구할 수 있다. 또 다른 방법은 그 기간 동안의 도착 프로세스를 무작위라고 보는 것이다. [그림 9.9]에서 살펴본 바와 같이 우리가 수집한 데이터와 지수분포가 잘 일치하므로 이러한 도착형태는 포아송 분포를 따른다고 할 수 있다. 즉 도착간격이 지수분포를 취한다고 할 수 있다. 이는 변동계수가 아래와 같음을 뜻한다.

$$\mathrm{CV}_a = 1$$

이들 값을 대기시간 공식에 대입해 보면 다음과 같은 결과를 얻을 수 있다.

$$\text{대기시간} = \text{서비스 시간} \times \left(\frac{\text{활용률}}{1-\text{활용률}}\right) \times \left(\frac{\mathrm{CV}_a^2 + \mathrm{CV}_p^2}{2}\right)$$

$$= 90 \times \frac{0.3}{1-0.3} \times \frac{1^2 + 1.3333^2}{2} = 53.57\text{ 초}$$

이 결과는 서비스 받기 전의 고객이 기다리는 평균대기시간을 말한다. 대기시간과 서비스 시간을 포함한 고객의 총 통화시간을 구하기 위해선 실제 서비스에 대한 서비스 시간 p를 더해야 한다. 그러므로 흐름시간은 다음과 같이 계산된다.

$$T = T_q + p = 53.57\text{초} + 90\text{초} = 143.57\text{초}$$

53.57초라는 값은 평균대기시간임을 주목해야 한다. 각각의 고객이 경험한 실제 대기시간은 다양하다. 어떤 고객은 운이 좋아 즉시 서비스를 받지만 불행한 다른 고객들은

53.57초보다 훨씬 오래 기다려야만 한다. 이와 관련된 사항들은 아래에서 더 논의된다.

위에 소개된 방법에 기초하여 산출된 대기시간은 롱런(long-run) 평균값으로 봐야 한다. 이는 다음과 같은 2가지 실용적인 시사점을 제공한다.

- 만약 시스템이 비어 있는 상태로 시작한다면(예, 대기실을 열기 전 환자가 없는 병동의 경우), 처음 도착하는 몇 명 환자는 상당한 대기시간을 경험할 가능성이 낮을 것이다. 이는 일시적인 것이다. 일단 충분히 많은 수의 환자가 도착하면 시스템은 안정상태(steady state)에 이르게 된다. 이런 이슈는 24시간 운영되는 An−ser 콜센터의 경우엔 문제가 되지 않는다는 것도 알아두자.
- 어느 일정한 시간 간격 동안 한 시스템을 관찰해 보면 이 시간 간격 동안 관찰된 평균 대기시간이 우리가 계산한 평균과 정확히 일치할 확률은 매우 낮다. 하지만 시스템을 충분히 오래 관찰하면 할수록 기대대기시간 T_q는 실증적(표본) 평균에 더욱 더 일치하게 될 것이다. 카지노의 경우도 이와 비슷한데 어떤 특정한 손님 한명이 하루 저녁에 얼마나 잃거나 딸 것인지를 예측할 수는 없지만 연간 고객 전체에 대해서는 파악할 수 있다.

이제 대기시간 T_q에 (혹은 흐름시간 T) 대해 설명했기 때문에 이에 따라 발생하는 재고량도 계산할 수 있다. 흐름률이 $1/a$일 때 우리는 리틀의 법칙(Little's law)을 이용하여 평균재고량 I를 다음과 같이 계산할 수 있다.

$$I = R \times T = \frac{1}{a} \times (T_q + p)$$

$$= 1/300 \times (53.57 + 90) = 0.479$$

그러므로, 평균적으로 약 1/2명의 고객이 시스템 안에 있다(예를 들면 새벽 2시에). 이 재고는 앞서 정의한 대기행렬에서의 재고(I_q)와 서비스 중인 재고(I_p)로 구성된다.

- 이번에는 이 리틀의 법칙을 전체 시스템(대기 라인과 서버)에 적용하기보다는 대기 라인에만 적용하여 I_q를 구할 수 있다. 대기행렬 그 자체를 소형 프로세스로 본다면(이런 경우의 프로세스 흐름도는 오직 하나의 삼각형으로 구성된다), 흐름시간 T_q는 다음과 같이 구할 수 있다.

$$I_q = 1/a \times T_q = 1/300 \times 53.57 = 0.179$$

- 어느 주어진 한 순간에 고객 상담원과 통화하고 있는 고객의 수를 구해 볼 수가 있다. 하루 중 이 시간대에는 단지 한 명의 고객 상담원만 있을 것으로 가정했기 때문

에 이 단계에는 한 통 이상의 전화는 절대 없을 것이다. 그러나 직원 활용률이 100%에 훨씬 못 미치기 때문에 서비스 받는 전화가 한통도 없을 때도 존재한다. 서비스 받고 있는 전화를 건 사람의 평균수는 다음과 같이 구할 수 있다.

$$I_p = \text{Prob}\{\text{상담원과 통화중인 전화가 0통}\} \times 0 + \text{Prob}\{\text{상담원과 통화중인 전화가 1통}\} \times 1$$

$$I_p = (1-u) \times 0 + u \times 1 = u$$

그러므로 $I_p = 0.3$이다.

9.6 복수 자원의 경우 평균대기시간 예측

지금까지는 단지 하나의 자원과 하나의 버퍼로 구성된 아주 간단한 프로세스에서 변동성이 존재할 때의 대기시간에 대해서 분석해 보았다. 이제부터는 좀 더 복잡한 경우를 다루고자 한다. 구체적으로 하나의 대기지역(queue)과 복수의(multiple) 똑같은 자원들로 구성된 하나의 프로세스에 대한 대기시간 모형을 분석한다.

계속하여 콜센터의 사례를 이용하려 한다. 그러나 이번에는 An−ser 콜센터에서 좀 더 많은 수의 상담원이 근무하고 있는 하루 중 바쁜 시간대를 예로 들어보도록 한다. 기본적인 프로세스 레이아웃은 [그림 9.15]에 나와 있다.

이용 가능한 병렬 서버의 수를 m이라 하자. 이 경우는 m명의 서버가 나란히 일하고 있을때, 서비스 시간이 평균 도착간격보다 훨씬 긴 경우이다. 종합적으로 정리해 보면 m명의 서버들은 통들어 m/p의 처리능력을 보유하고 있고 수요률은 계속해서 $1/a$이다. 이때 서비스 프로세스의 활용률 u를 다음과 같이 계산될 수 있다.

$$\text{활용률} = \frac{\text{흐름률}}{\text{처리능력}} = \frac{1/\text{도착간격}}{\text{자원의 수/서비스 시간}}$$

$$= \frac{1/a}{m/p} \times \frac{p}{a \times m}$$

단일자원의 경우에서와 같이 우리는 활용률이 100% 이하인 경우만 관심이 있다.

처음에 흐름단위는 서비스 받기를 기다리면서 T_q 만큼의 대기시간을 보낼 것이다. 그런 후 흐름단위는 다음 이용 가능한 자원에게로 옮겨가고 그곳에서 서비스를 받으며 p 만큼의 시간을 사용한다. 이전의 경우에서처럼 전체 흐름시간은 대기시간과 서비스 시간의 합으로 구해진다.

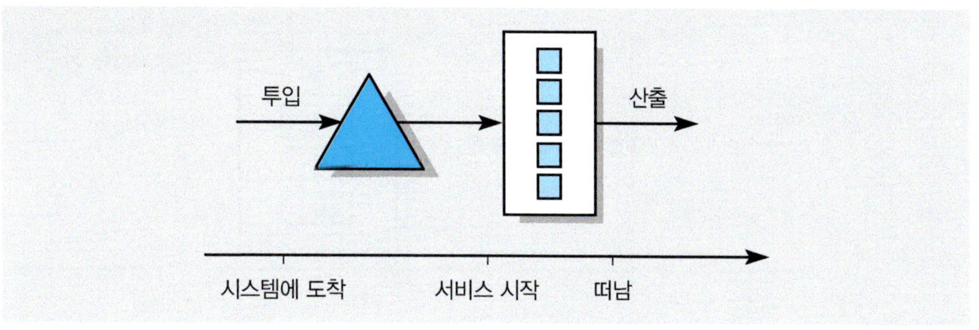

그림 9.15 단일 대기행렬과 복수의 병렬 서버가 있는 프로세스($m=5$)

$$\text{흐름시간} = \text{대기시간} + \text{서비스 시간}$$
$$T = T_q + p$$

시스템 안의 자원의 수(m) 뿐만 아니라 서비스 시간(p), 활용률(u), 서비스의 변동계수 (CV_p)와 도착 프로세스의 변동계수 (CV_a)를 바탕으로 평균대기시간 T_q를 다음 공식을 이용해 구할 수 있다.[1]

$$\text{대기시간} = \left(\frac{\text{서비스 시간}}{m}\right) \times \left(\frac{\text{활용률}^{\sqrt{2(m+1)}-1}}{1-\text{활용률}}\right) \times \left(\frac{CV_a^2 + CV_p^2}{2}\right)$$

단일 서버의 경우에서처럼 대기시간은 서비스 시간과 활용률 요소, 그리고 변동성 요소의 곱으로 표현된다. $m=1$이라는 특별한 경우에는 위의 공식이 단일 서버의 공식과 정확하게 일치한다는 것 역시 알 수 있다. 흐름시간(T), 시스템의 재고(I), 대기행렬의 재고(I_q)를 포함하는 다른 모든 성과측정치는 전에 논의됐던 것과 같은 방법으로 계산될 수 있음을 기억하자

위의 수식이 사용하기 어려워 보이지만 스프레드시트에서 손쉽게 작성할 수 있다. 게다가 이 수식은 고도화된 소프트웨어 패키지가 아니면 구하기 어려운 시스템 안에서의 평균대기시간 계산을 근사적으로 가능하게 해준다.

도착간격이 지수분포를 따르는 한 정확한 대기시간의 계산을 제공하는 단일자원에 대한 대기시간 공식과는 달리 복수자원의 대기시간 공식은 근사치만 제공한다. 이 공식은 우리가 마주치는 대부분의 경우에 잘 적용이 되는데 특히 서버의 수 m에 대한 활용률 u의 비율이 클 때 더욱 그러하다(u/m이 높을 때).

1 Hopp and Spearman(1996)에서 인용함. 이 공식은 애초 Sakasegawa(1977)에 의해 제안되었고, Whitt(1983)에서 성공적으로 사용되었다. $m=1$일 때 이 공식은 앞 절과 정확히 일치한다. $m>1$일 때에는 근사치이며, 이러한 경우에 대한 정확한 표현은 존재하지 않는다.

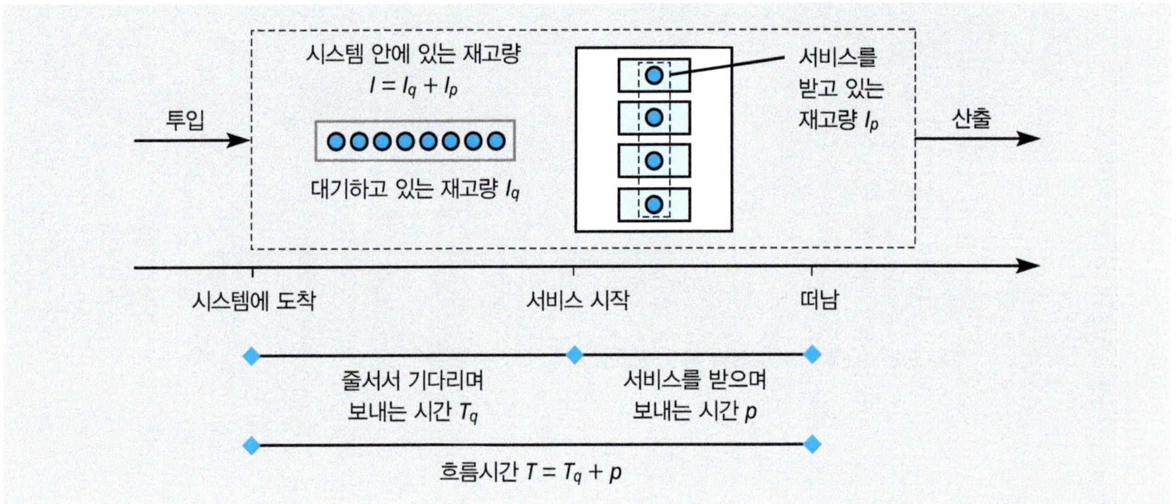

그림 9.16 주요 성과 측정치에 대한 요약

이제 대기시간을 계산했으니 다시 리틀의 법칙을 이용하여 대기행렬에서 대기하고 있는 평균 고객(흐름단위)의 수 I_q, 서비스를 받고 있는 평균 고객의 수 I_p, 전체 시스템에 있는 평균 고객의 수 $I=I_p+I_q$를 계산할 수 있다. [그림 9.16]에 주요 성과측정치가 요약되어 있다.

고객에게 서비스를 제공하는 서버가 여럿 있을 때는 서비스를 받고 있는 고객이 동시에 하나 이상 존재 할 수 있다. 만약 u가 프로세스의 활용률이라면 m서버들은 같은 속도로 서비스를 제공하기 때문에 u는 m서버 각각의 활용률도 된다. m서버 가운데 하나만 따로 떼어놓고 볼 때 그 서버의 기대 고객의 수를 다음과 같이 계산할 수 있다.

$$u \times 1 + (1-u) \times 0 = u$$

m개의 서버(resource)에 대해 통틀어 계산해 보면 다음과 같다.

$$\text{서비스 중인 재고} = \text{서버의 수} \times \text{활용률}$$

$$I_p = m \times u$$

다시 An-ser 서비스 사례를 이용하여 이 방법을 설명해 보려한다. 10명의 고객 상담원이 오전 8시부터 8시 15분 사이에 배치된다고 가정하면 다음과 같이 활용률을 구할 수 있다.

$$\text{활용률 } u = \frac{p}{a \times m} \times \frac{90(\text{초/통화})}{11.39 \times 10(\text{초/통화})} = 0.79$$

여기서 시간간격의 길이(15분=900초)를 그 간격사이에 받은 전화 수(79통)로 나눔으

정리 9.1  **대기시간 계산의 요약**

1. 다음의 자료를 모은다.
   - 서버의 수, m
   - 서비스 시간, p
   - 도착간격시간, a
   - 도착간격 변동계수(CV_a)와 서비스 시간 변동계수(CV_p)
2. 활용률을 구하라: $u = \dfrac{p}{a \times m}$
3. 기대대기시간을 구하라.

$$T_q = \left(\frac{\text{서비스 시간}}{m}\right) \times \left(\frac{\text{활용률}^{\sqrt{2(m+1)}-1}}{1-\text{활용률}}\right) \times \left(\frac{CV_a^2 + CV_p^2}{2}\right)$$

4. T_q를 기초로 나머지 다른 성과측정치를 다음과 같이 구할 수 있다.

흐름시간 $T = T_q + p$
서비스중인 재고 $I_p = m \times u$
대기행렬내 재고 $I_p = T_q / a$
시스템내 재고 $I = I_p + I_q$

로써 통화와 통화 사이의 도착간격이 11.39초라는 것을 구할 수 있다. 이를 통해 우리는 평균대기시간을 다음과 같이 계산할 수 있다.

$$T_q = \left(\frac{p}{m}\right) \times \left(\frac{u^{\sqrt{2(m+1)}-1}}{1-u}\right) \times \left(\frac{CV_a^2 + CV_p^2}{2}\right)$$

$$= \left(\frac{90}{10}\right) \times \left(\frac{0.79^{\sqrt{2(10+1)}-1}}{1-0.79}\right) \times \left(\frac{1 + 1.3333^2}{2}\right) = 24.94\text{초}$$

변동성으로 야기되는 대기시간과 관련된 가장 중요한 계산법은 [정리 9.1]에 잘 요약되어 있다.

9.7 대기시간 문제에서의 서비스 수준

지금까지 우리는 프로세스 내 평균대기시간에 초점을 맞춰왔지만 서비스를 원하는 고객들은 그들이 기다려야하는 평균대기시간(T_q)이나 그들의 요구가 채워질 때까지의 평

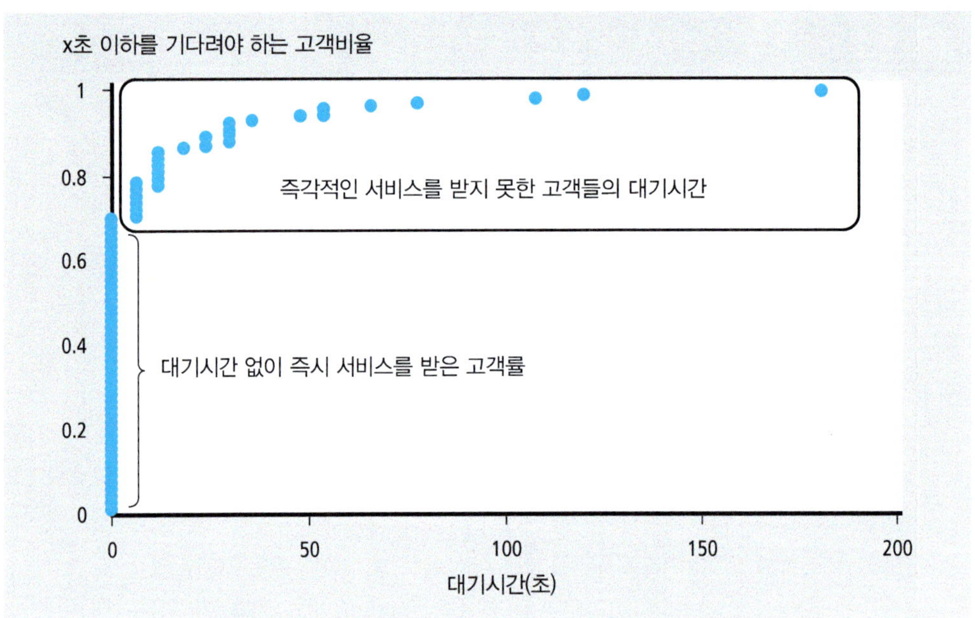

그림 9.17 앤써 콜센터의 대기시간에 대한 실증적 분포

균 총시간(T)에는 관심이 없고 다만 개인적으로 얼마나 기다려야 하는지에만 관심을 가진다.

예를 들어, 15분 동안 대기음을 들으며 기다리고 있는 고객(caller)이 있다고 하자. 이 고객은 오랜 기다림에 불만이 생길 것이다. 게다가 "기다리게 해서 죄송합니다. 대기시간은 4분 정도입니다"라는 안내멘트가 고객의 불만을 감소시키지는 못할 것이다.

그러므로 경영자의 입장에서는 평균대기시간뿐만 아니라 대기시간이 어떤 대기시간 목표치(target wait time; TWT)를 초과할 가능성에 대해서도 분석할 필요가 있다. 좀 더 형식을 갖추어 표현해 보자면, 우리는 주어진 대기시간 목표치에 대한 서비스 수준을 "고객 가운데 대기시간 목표치 또는 그 목표치보다 더 적은 대기시간만 보낸 후 서비스를 받는 고객의 비율"로 정의할 수 있다.

$$\text{서비스 수준} = P\{\text{대기시간} \leq \text{TWT}\}$$

이러한 서비스 수준은 서비스가 어느 일관된 정도의 대기시간 내에 어느 정도까지 수요에 대응할 수 있는지를 측정하는 방법을 제공해준다. 대기시간 목표치가 2분인(TWT=2) 경우 95%의 서비스 수준은 고객의 95%가 2분을 채 기다리지 않고 서비스를 받게 됨을 뜻한다.

[그림 9.17]은 선택된 시간대에 An-ser 콜센터에서의 대기시간의 실증적 분포함수를 보여준다(그래프 작성법은 9.3절을 참고하면 된다). 그래프를 보면 두 그룹의 고객을

분류해낼 수 있는데 약 65%의 고객은 기다릴 필요 없이 바로 서비스를 받았다. 나머지 35%의 고객은 지수분포와 매우 유사한 대기시간을 경험했다.

우리는 전체 통화고객의 (기다린 고객만 말하는 것이 아님) 평균대기시간이, 이 구체적인 예에서, 약 10초임을 확인할 수 있다. 목표대기시간이 30초인 경우 90%의 서비스 수준임을 발견할 수 있다. 즉 90%의 고객이 30초 또는 그보다 적게 기다리게 됨을 의미한다.

위에 정의된 서비스 수준이라는 것은 실제 서비스 운영의 흔한 성과측정치이다. 이러한 서비스 수준은 특정 수준의 서비스를 제공하고자 하는 회사 내부에서 사용된다. 이러한 성과측정치들은 서비스를 외부에 위탁하기를 원하는 회사가 콜센터와 같은 외부서비스 제공자와 고객 대응 수준에 대한 계약을 맺거나 혹은 외부 서비스 제공자가 잘하고 있는지를 확인하려는 수단으로 자주 사용된다.

주어진 서비스운영에 어느 정도의 서비스 수준이 가장 적정한 수준인가에 대한 보편적인 규칙은 존재하지 않는다. 예를 들어 거대한 대중의 압박에 반응하여 독일철도시스템은(Deutsche Bundesbahn) 최근 고객 불평 전화의 80%가 20초내에 처리되어야 한다는 방침을 내놓았다. 이전에는 오로지 30%의 전화만 20초내로 처리되었다. 얼마나 빨리 전화에 응답하느냐는 걸려온 전화가 사업에 미치는 중요성과 시장입지에 따라 달라진다. 독일철도시스템의 과거 서비스 수준(20초 내 30%)은 다른환경 그리고 좀 더 경쟁적인 환경 속에서는 받아들여지기 어렵다.

9.8 경제적 시사점: 직원수에 대한 계획수립

우리는 지금까지 근무 중인 상담원의(customer service representative; CSRs) 숫자가 주어졌을 때 순전히 콜센터를 분석하는데 집중하고 최종대기시간을 예측하였다. 이는 하루 어느 시간대에 An-ser사가 몇 명의 상담원을 두어야 하는지에 대한 경영상의 궁금증을 일으킨다. 상담원을 많이 배치하면 기다리는 시간은 줄어들지만 그만큼 더 많은 임금을 지불해야 한다.

이러한 상충관계를 해결하기 위해서 다음 두 비용의 균형을 맞춰야 한다.

- 대기 비용: 수신자부담 서비스로 인한 라인비용(line charge)과 고객 불만으로 발생하는 비용을 반영한다(라인비용은 고객이 상담원과의 실제 통화시간으로 발생한 비용뿐 아니라 전화를 들고 기다리면서 발생한 비용도 포함한다).
- 서비스 비용: 이용 가능한 상담원의 수에 의해 발생한다.

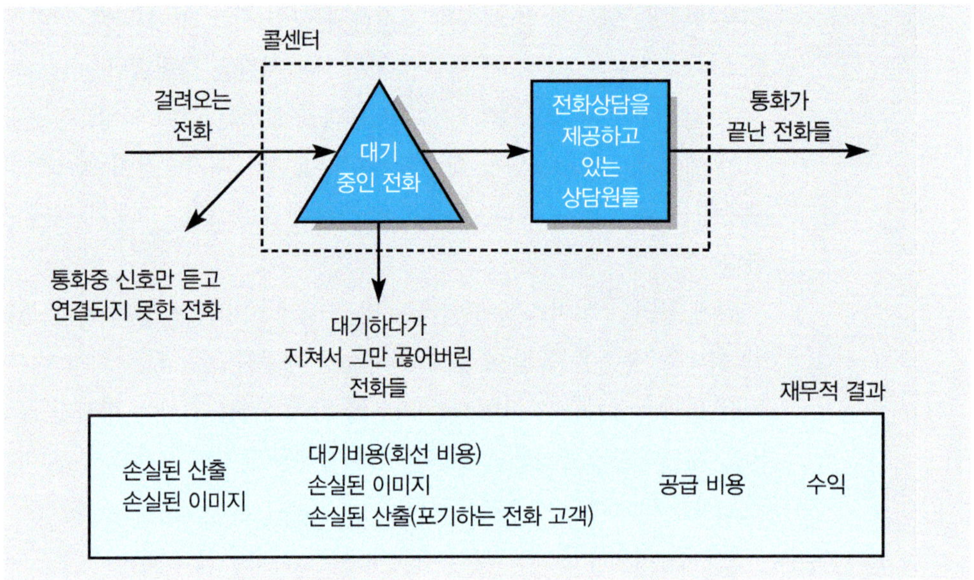

그림 9.18 대기의 경제적 결과

이러한 분석에서 중요 요인이 될 수 있는 추가비용으로는 다음과 같은 것들이 있다.

- 콜센터에 전화를 하지만 대기줄에 들어가지도 못하는 고객과 관련된 비용(차단된(blocked) 고객: 다음장에서 이에 대해 좀 더 자세히 논의할 것이다)
- 서비스를 받기를 기다리다가 그만 전화를 끊어 버리는 고객과 관련된 비용

An–ser사의 사례에서 상담원의 평균 급여는 시간당 $10이다. 상담원은 쉬던지 또는 일하던지(idle or busy)와는 상관없이 수당을 지급받는다. 수신자부담 서비스의 변동비는 분당 약 $ 0.05이다. 콜센터 운영(또는 일반적으로 서비스 운영)에 드는 제반 비용은 [그림 9.18]에 잘 요약되어 있다.

얼마나 많은 상담원을 주어진 시간대에 배치할 것인가를 결정할 때 우리는 우리가 얼마나 빨리 고객에게 응답하고자 하는지를 먼저 결정해야 한다. 분석을 목적으로 An–ser사의 경영진은 평균 10초의 대기시간을 목표로 한다고 하자. 또 다른 방법으로, 서비스 수준을 정하고 대기시간 목표에 따라 상담원수를 정할 수 있다. 예를 들면 95%의 고객을 20초 이내에 서비스한다. 이제, 주어진 도착률에 대하여 평균대기시간 10초에 상응하는 상담원의 수를 결정해야 한다고 하자. 다시, 오전 8시와 8시 15분 사이의 도착간격을 생각해 보자. [표 9.2]에는 상담원의 수에 따라 달라지는 기대대기시간뿐만 아니라 활용률 수준도 제시되어 있다. 8명보다 적은 상담원을 배치하면 활용률이 1이 넘게 되는데, 이는 대기행렬의 길이가 변동성과는 상관없이 늘어날 것을 의미하며, 이러한 현상은

표 9.2 목표대기시간을 지원하기 위한 상담원 수 결정하기

상담원의 수(m)	활용률 $u=p/(a\times m)$	대기시간 공식에 의한 기대대기시간 T_q(초)
8	0.99	1221.23
9	0.88	72.43
10	0.79	24.98
11	0.72	11.11
12	0.66	5.50
13	0.61	2.89
14	0.56	1.58

분명히 받아들여질 수 없는 것이다.

[표 9.2]는 상담원을 늘리면 대기시간이 줄어듦을 보여준다. 예를 들어, 8명의 상담원이 약20분의 평균대기시간에 상응한다면 12명의 상담원이 배치됐을 때 평균대기시간은 10초로 이내로 줄어든다. 그러므로 12명의 상담원을 두는 것은 평균대기시간 10초라는 An-ser사의 목표치를 충족시킨다. 이 사례에서 실제 서비스는 훨씬 나을 수도 있으며 이 특정 시간대에서는 평균대기시간이 5.5초라는 것을 기대할 수 있다.

좋은 서비스 수준을 제공하려면 인건비가 올라갈 수밖에 없다. 더 많은 상담원이 배치되면 그들의 활용률은 더 떨어질 것이다. 4장에서 직접인건비를 다음과 같이 정의했다.

$$\text{직접인건비} = \text{단위 시간당 총임금}/\text{단위 시간당 흐름률}$$

여기서 단위시간당 총임금이 상담원의 수와 임금비율(이 사례에서는, 시간당 \$10 또는 분당 16.66센트)의 곱에 의해 결정되고 흐름률은 도착률에 의해 결정된다. 그러므로 직접인건비는 다음과 같이 산출된다.

$$\text{직접인건비} = \frac{m \times 16.66(\text{센트/분})}{1/a} = a \times m \times 16.66\text{센트/분}$$

또 다른 대안으로서 활용률의 공식을 이용할 수 있다($u=p/(a\times m)$). 따라서 위의 방정식에 $a\times m$ 대신에 p/u를 넣으면 다음을 얻는다.

$$\text{직접인건비} = \frac{p \times 16.66(\text{센트/분})}{u}$$

직접인건비 작성법은 매우 직관적으로 해석되는데 실제 서비스 시간 p는 유휴시간을 적절히 고려하기 위해서 1/활용률 요인만큼 증가된다. 예를 들어 만약 활용률이 50%

표 9.3 다양한 직원 수에 대한 경제적 시사점

상담원의 수	활용률	통화당 노동비용	통화당 회선 비용	통화당 총비용
8	0.988	0.2531	1.0927	1.3458
9	0.878	0.2848	0.1354	0.4201
10	0.790	0.3164	0.0958	0.4122
11	0.718	0.3480	0.0843	0.4323
12	0.658	0.3797	0.0796	0.4593
13	0.608	0.4113	0.0774	0.4887
14	0.564	0.4429	0.0763	0.5193
15	0.527	0.4746	0.0757	0.5503

일 때 우리는 노동에 생산적으로 사용한 $1마다 나태한 시간에 대한 벌금으로 $1씩을 청구 받는다. 앞의 $m=12$인 사례에서 활용률은 66%이며, 따라서 직접인건비는 다음과 같다.

$$직접인건비 = \frac{1.5(분/통화) \times 16.66(센트/분)}{0.66} = 38센트/분$$

이러한 식의 계산은 우리로 하여금 [표 9.2]를 더 확장해서 다양한 시나리오의 직원수가 비용에 미치는 영향을 고려하게 한다(이러한 계산은 이미지 손상 비용 (cost of good will)은 고려하지 않는다). 특히 우리는 직원 수가 한 통화당 직접인건비에 미치는 영향이나 라인비용에 미치는 영향에 관심이 있다.

사실은 그리 놀랍지 않게도, [표 9.3]에서 보는 바와 같이 8명의 상담원으로 99%에 가까운 높은 수준의 활용률을 달성하던 것에서 12명의 상담원을 배치함으로써 좀 더 높은 응대 서비스 수준으로 바꾼 것이 인건비에 상당한 증가를 가져온다.

그러나 동시에 회선비용이 통화당 $1이상에서 $0.075로 떨어진다. 통화 당 $0.075라는 비용은 순수하게 전화통화(pure talk time) 비용에만 해당하는 것이므로 직원 수의 변화로 인해 얻어질 수 있는 최소청구액이다.

회선비용과 직접인건비의 비용을 합하여 총비용을 구할 수 있다. [표 9.3]에서 10명의 상담원이 서비스를 제공할 때 총비용이 최소가 됨을 확인할 수 있다.

하지만 이 수준을 최적의 직원수로 보기에는 특별한 주의가 요구된다. 왜냐하면 총비용으로 계산된 숫자는 완전히 내부적인 측정이고 고객의 대기비용에 대한 어떤 정보도 고려되지 않았기 때문이다. 이런 이유로 적정 직원 수를 결정할 때 [표 9.2]에서처럼 대기시간에 대비한 받아들일 수 있는 서비스 수준을 정하는 것이 중요하다. 그리고 나선 그 서비스 수준을 맞추기 위해 직원 수를 결정해야 한다(내부비용을 최소화하는 것과 대

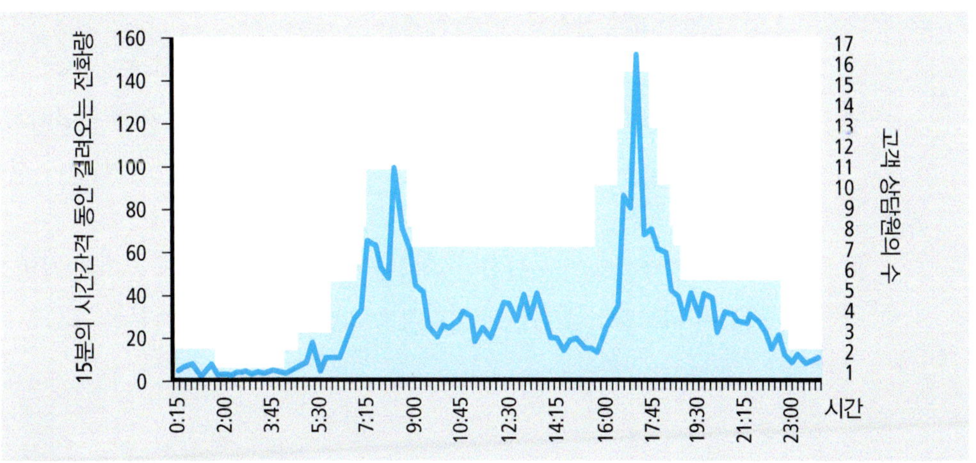

그림 9.19 직원수와 하루동안에 걸려오는 전화량

비되는 것으로).

앞서 우리가 수행했던 하루 24시간 중에 8시부터 8시 15분까지의 시간대의 분석을 다시 해보면 적절한 직원 수 계획을 짤 수 있게 된다. 이러한 직원수 계획은 하루 동안에 관찰된 변동성 뿐만 아니라 계절성까지 포함하며 이에 따른 필요한 여분의 처리능력까지도 고려한다. 이러한 점들이 [그림 9.19]에 잘 설명되어 있다.

이러한 경우에서처럼 비안정적 도착 프로세스를 만났을 때, 흔히 접하게 되는 문제는 분석하는 시간 간격이 안정적인 도착 프로세스에 가까워지기 위해 시간대를 몇 개의 간격으로 (이 경우에는 15분) 나누어야 하는지를 결정하는 것이다. 이러한 주제와 관련된 이론들을 깊이 있게 다룰 수는 없지만 기본적인 직관은 이렇다. 시간 간격이 충분히 큰 것이 중요한데 이는 다음과 같은 것을 이루기 위해서이다.

- 정해진 시간 구간 동안의 도착률을 신뢰할만한 수준으로 예측할 수 있도록 충분한 데이터를 구해야 한다(예를 들어 30초 간격으로 시간 간격을 정했다면 그동안 걸려오는 전화 수에 대한 측정치는 믿을만하지 못할 것이다).
- 하나의 시간 구간에 대기행렬이 안정화(steady state) 상태가 되기까지 충분한 시간이 필요하다(만약 하나의 시간간격 내에 비교적 많은 수의 도착과 서비스가 완성(10 이상) 된다면 이것이 가능해진다).

실제로, 직원수를 계획하는 것은 다소 복잡할 수 있는데 이는 다음 사항을 고려해야 하기 때문이다.

- 상담원의 휴식시간
- 근무시간의 길이. 상담원에게 1시간 시간 간격 동안만 일하러 나오라고 할 수는 없다. 근무시간을 늘려주던가 아니면 많이 걸려오는 전화를 일시적으로 조직 내의 다른 구성원들에게(관리자, 지원부서(back-office) 직원) 돌리던가 해야 한다.

이렇게 추가적인 복잡함이 존재함에도 불구하고 위의 분석은 서비스 환경에서 공급과 관련된 의사결정을 하는데 전형적으로 매우 중요한 요소들을 포함한다.

9.9 풀링의 효과: 규모의 경제

두 명의 동일한 서버에 의해 작업이 이루어지는 두 개의 수요도착 프로세스에 해당하는 프로세스를 생각해 보자. 만약 수요가 즉시 처리 되지 못하면 고객은(flow unit) 처음 도착한 서버의 앞에서 기다리게 된다. 이러한 시스템의 예가 [그림 9.20]의 왼편에 나와 있다.

여기에 흥미로운 질문이 하나 있다. 두 개의 시스템을 하나의 대기 공간과 두 개의 동일한 서버가 존재하는 하나의 시스템으로 합친다면 평균대기시간은 줄어들까? 우리는 이러한 복수의 자원이 하나의 큰 자원(mega-source)로 합쳐지는 것을 풀링(pooling)이라고 한다.

공항에 두 개의 식당이 있는 예를 고려해 보자. 단순함을 위해 두 식당 다 $a=4$분의 평균 도착간격을 가지며 변동계수도 1로 동일하다고 하자. 서비스 시간 p는 고객당 3분이며 서비스 과정의 변동계수 역시 1로 같다. 결과적으로 두 식당 모두 활용률 $p/a=0.75$이다.

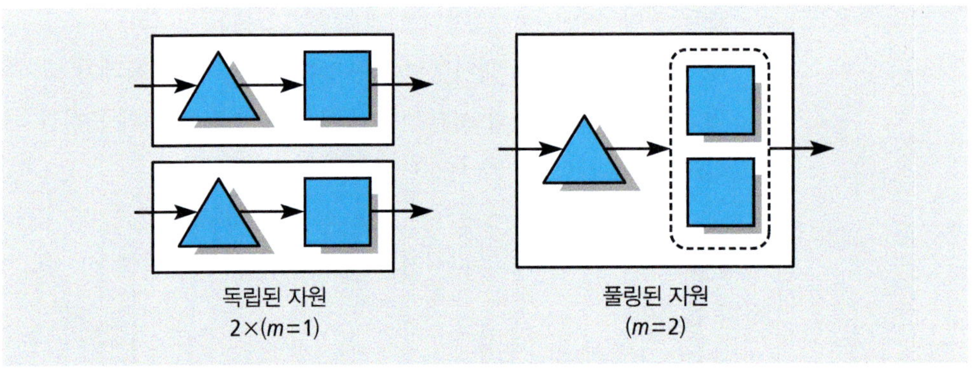

그림 9.20 풀링의 개념

대기시간 공식을 이용하여 우리는 평균대기시간을 다음과 같이 계산할 수 있다.

$$T_q = \text{서비스 시간} \times \left(\frac{\text{활용률}}{1-\text{활용률}}\right) \times \left(\frac{CV_a^2 + CV_p^2}{2}\right)$$

$$= 3 \times \left(\frac{0.79}{1-0.79}\right) \times \left(\frac{1+1}{2}\right)$$

$$= 3 \times (0.75/0.25) = 9\text{분}$$

이제 이 결과와 양쪽 서비스 수요를 대응하기 위해 두 식당의 처리능력을 합친 경우와 비교해 보자. 이렇게 풀링된 프로세스의 처리능력은 2배가 되어 분당 2/3 단위가 되었다. 그러나 수요률도 역시 두 배가 된다. 만약 매 4분마다 한명의 고객이 서비스 1에 도착하고 매 4분마다 서비스 2에 한명의 고객이 온다면 풀링된 서비스에서는 매 2분마다 한명의 손님이 도착하는 도착률을 경험하게 된다(4분마다 2명의 손님이 오는 경우는 2분마다 한명의 손님이 오는 것과 같다). 풀링된 프로세스의 활용률을 구해보면 다음과 같다.

$$u = \frac{p}{a \times m}$$

$$= 3/(2 \times 2) = 0.75$$

두 개의 독립적인 서비스였을 때와 비교해 볼 때 활용률은 변하지 않는다. 75%의 활용률을 가진 두 프로세스를 결합해보면 75%의 활용률을 가진 풀링된 프로세스가 된다. 그러나 풀링된 프로세스의 대기시간을 살펴보면 다른 그림이 나타난다. 복수자원에 대한 대기시간 공식을 이용하면 다음과 같은 계산이 가능하다.

$$T_q = \left(\frac{\text{서비스 시간}}{m}\right) \times \left(\frac{\text{활용률}^{\sqrt{2(m+1)}-1}}{1-\text{활용률}}\right) \times \left(\frac{CV_a^2 + CV_p^2}{2}\right)$$

$$= \left(\frac{3}{2}\right) \times \left(\frac{0.79^{\sqrt{2(2+1)}-1}}{1-0.75}\right) \times \left(\frac{1+1}{2}\right) = 3.95\text{분}$$

즉, [그림 9.20]의 오른쪽 풀링된 프로세스는 동일한 수의 고객에게 동일한 서비스 시간을 이용하여 서비스를 제공할 수 있지만(따라서 활용률이 같다) 단지 절반의 대기시간으로 제공할 수 있다.

공식적인 증명이 부족하기는 하지만, 이러한 결과에 대한 직관은 아래와 같다. 풀링된 프로세스는 사용 가능한 처리능력을 좀 더 효과적으로 사용하는데 이는 풀링된 프로세스의 경우에는 한 자원은 업무가 쌓여가는 동안 또 다른 한 자원은 일이 없어 한가해

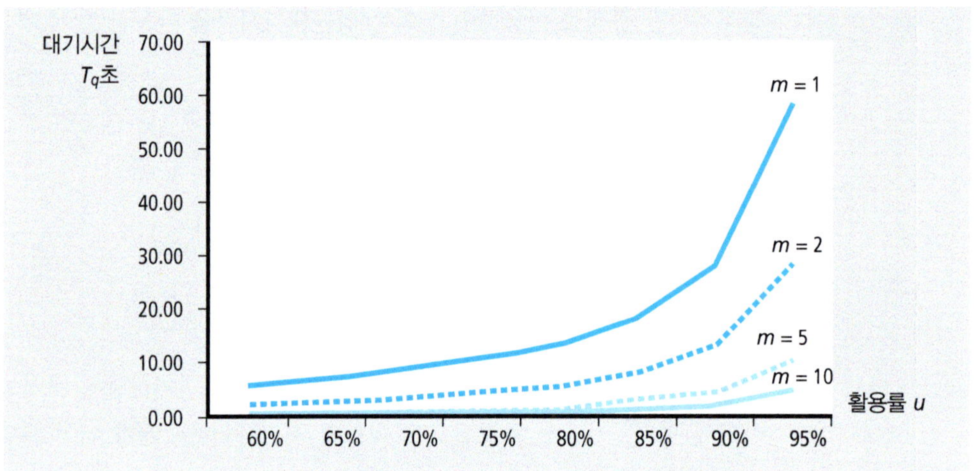

그림 9.21 풀링이 대기시간을 어떻게 줄이는가

지는 경우를 방지해주기 때문이다. 그러므로 동일한 자원을 풀링하는 것은 서버의 업무량을 균형 있게 해주며 대기시간을 단축시켜 준다. 이는 [그림 9.21]에 잘 설명되어 있다.

[그림 9.21]은 어떤 주어진 활용률 수준에 대해 자원이 풀링 되었을 때 대기시간은 서버의 수가 증가함에 따라 감소한다는 것을 보여준다. 이는 활용이 높아질수록 점점 더 중요한 의미를 가진다. 일단 활용률이 85%를 초과하면 단일 서버를 가진 시스템의 대기시간이 "지붕을 뚫을 정도로 치솟는 경향"이 있는 반면, 동일한 10명의 서버로 구성된 프로세스는 여전히 95%에 달하는 활용률 정도 수준에서도 합리적인 서비스를 제공한다.

풀링된 시스템이 개별적인 프로세스보다 나은 서비스를 제공한다고 하면 서비스 조직은 동일한 지점들이나 작업그룹들을 다음 두 형태 중 하나로 풀링함으로써 이익을 얻을 수 있다.

- 오퍼레이션에 있어서 직원을 더 고용하지 않고도 풀링을 활용해 고객 대기시간을 줄일 수 있다.
- 오퍼레이션은 같은 정도의 반응성을 유지하면서도 직원의 수를 줄일 수 있다.

이러한 경제적인 풀링의 이점은 위에 언급된 An-ser사의 사례에서 잘 설명된다. [표 9.2]의 결과를 냈던 분석에서 15분 간격마다 79통의 통화가 올 거라는 것을 가정했으며 평균대기시간 10초 이내에 고객에게 서비스를 제공하기 위하여 12명의 상담원이 필요함을 발견하였다.

표 9.4 두 콜센터의 풀링

상담원 수	활용률	예상대기시간(초)	통화당 노동비용	통화당 회선비용	총비용
16	0.988	588.15	0.2532	0.5651	0.8183
17	0.929	72.24	0.2690	0.1352	0.4042
18	0.878	28.98	0.2848	0.0992	0.3840
19	0.832	14.63	0.3006	0.0872	0.3878
20	0.790	8.18	0.3165	0.0818	0.3983
21	0.752	4.84	0.3323	0.0790	0.4113
22	0.718	2.97	0.3481	0.0775	0.4256
23	0.687	1.87	0.3639	0.0766	0.4405
24	0.658	1.20	0.3797	0.0760	0.4558
25	0.632	0.79	0.3956	0.0757	0.4712
26	0.608	0.52	0.4114	0.0754	0.4868
27	0.585	0.35	0.4272	0.0753	0.5025
28	0.564	0.23	0.4430	0.0752	0.5182
29	0.545	0.16	0.4589	0.0751	0.5340
30	0.527	0.11	0.4747	0.0751	0.5498

우리가 An-ser 콜센터를 또다른 비슷한 크기를 가진 콜센터와 풀링 한다고 하자. 즉 모든 상담원을 한 곳에 모으고 양쪽 콜센터의 고객을 합친다. 여기서 주의할 사항은 두 콜센터가 하나로 연결된 네트워크를 사용하면 실제로 이사할 필요가 없다는 것이다.

합병 없이도, 두 콜센터를 합침으로써 상담원의 수는 두 배가 되고 수요 또한 두 배가 된다. 즉 15분 간격마다 158통의 전화가 온다는 것을 뜻한다. 그렇다면 풀링되는 콜센터의 평균대기시간은 어떻게 될까? 또는 만약 우리가 평균대기시간을 10초 또는 그 이하로 유지하고자 한다면 얼마나 직원 수를 줄일 수 있을까? [표 9.4]는 이 질문들에 대한 답을 제공한다.

먼저, 24명의 상담원인 경우를 살펴보자. 이 상담원 24명은 두 콜센터의 전체 직원을 풀링한것에 해당한다. 풀링된 콜센터의 활용률이 [표 9.2]에 나와 있는 것과 전혀 다르지 않음에 주의해라. 우리는 두 배의 상담원을 가지게 됐지만 걸려오는 전화 역시 두 배가 되었다(따라서 도착간격도 반으로 준다). 24명의 상담원을 활용해서 평균 1.2초의 대기시간을 유지할 수 있게 된다(이전의 약 6초와 대비).

대안적으로, 풀링으로 인해 노동 비용을 줄임으로써 효율성이 증대되는 이익을 얻을 수 있다. [표 9.4]에서 20명의 상담원으로도 평균대기시간 10초 내에 전화에 응답할 수 있음을 확인하였다. 따라서 활용률은 80%에 가까워졌고 이로 인해 직접인건비도

$0.3797에서 $0.3165로 감소하였다. 연간 대략 700,000통 이상의 통화가 걸려옴을 감안할 때 이러한 절약은 최종적으로 엄청난 효과를 가져올 것이다.

풀링된 시스템의 장점에도 불구하고 이를 문제해결의 묘책으로만 봐서는 안 된다. 특히 풀링의 이점은 다음과 같은 경우에 기대했던 것보다 훨씬 낮다.

- 풀링의 이점은 풀링된 두 시스템이 완전히 서로 독립적이지 못했을 때는 주로 낮게 나타난다. 예를 들어, 공항 수속대 앞에 생기는 대기행렬의 경우와 비슷한 슈퍼마켓의 계산대 앞에 생기는 대기행렬을 풀링하는 경우를 생각해 보자. 이러한 경우에 개별적인 대기행렬은 서로 독립적이지 못하다. 왜냐하면 풀링되지 않은 레이아웃에 있는 고객들은 가장 짧은 줄로 쉽게 옮겨갈 수 있기 때문이다. 이러한 경우에 풀링은 대기시간에 별로 영향을 끼치지 못한다.
- 이 책의 초반에 소개한 라인밸런싱의 개념과 유사하게 풀링은 직원들이 보다 광범위한 종류의 기술력을 가질 것을 요구한다. 이는 높은 노동 임금의 결과를 낳게 된다. 예를 들어, 충분히 훈련된 교환원은 자신이 지역병원 서비스뿐만 아니라 하이킹과 러닝슈즈 주문도 받을 수 있기 때문에 이 작업들 중 한 가지만 할 줄 아는 사람보다 더 많은 임금을 요구할 것이다.
- 많은 서비스 환경에서 고객들은 같은 사람으로부터 지속적으로 서비스를 받는 것을 중요하게 생각한다. 법률 회사에서 몇몇 변호사를 풀링하는 것은 대기시간 관점에서는 바람직할지 모르지만 같은 변호사로부터 서비스받고자 하는 고객의 욕구는 무시된다.
- 이와 유사하게 풀링은 추가적인 준비를 더 수반할 수 있다. 법률회사의 예에서 어떤 특정 고객의 상황에 익숙하지 않은 변호사는 이 케이스에 빠른 충고를 주는데 더 오랜 시간이 필요하며 이 추가적인 준비시간은 풀링의 운영적인 이점을 약화시킨다.
- 풀링이 다른 종류의 고객 집단을 합치면 서비스 과정의 변동성이 증가하여 풀링은 오히려 역효과를 가져올 수 있다. 소매은행에서 일하는 두 명의 직원이 있는데 한 명은 간단한 거래업무를 책임지고 (예, 고객마다 2분의 처리시간) 반면, 다른 한 명은 좀 더 복잡한 케이스를 책임진다(예, 10분의 처리시간)고 하자. 이 두 직원을 풀링하는 것은 서비스 과정을 더 변동성이 있게 만들어 실제 대기시간을 더 증가시킬 수 있다.

9.10 변동성의 감소

이 장에서는 변동성이 존재하는 프로세스에서의 흐름률, 흐름시간, 재고 등과 같은 핵심 성과측정치를 평가하는 새로운 방법들을 기술하였다. 변동성은 모든 생산/운영의 적이라고 판단하였다(변동성이 증가할 때 어떠한 성과 측정치도 향상되지 않는다). 그러므로 우리의 모형을 변동성을 다룰 수 있도록 조정하는 것에 더하여 변동성을 주어진 것으로 받아들이고 변동성을 줄이는 방법을 항상 생각해야 한다.

도착 변동성을 줄이는 방법

어쩌면 다소 당연한 방법이지만, 공급과 수요의 균형을 이루어내는 하나의 방법은 공급 프로세스에 정확히 대응되도록 수요를 마사지(massaging)하는 것이다. 이것이 기본적으로 약속 시스템(또한 어떤 산업에서는 예약 시스템이라고도 함)의 아이디어이다.

약속 시스템은 서비스율에 맞추어 고객들이 도착하도록 하여 도착 프로세스의 변동성을 줄이는 잠재력을 가지고 있다(11장에서 약속 시스템에 대하여 좀 더 다룰 것이다). 그러나 다음과 같은 약속 시스템과 관련된 문제들을 간과해서는 안된다.

- 약속 시스템이 도착 변동성을 제거하는 것은 아니다. 고객들은 정확히 약속된 시간에 도착하지는 않는다(어떤 고객들은 아예 나타나지 않을 수도 있다, "no-shows"). 결과적으로, 어떠한 좋은 약속 시스템도 이러한 상황을 잘 다룰 수단을 필요로 한다(약속 시간보다 더 늦게 나타나는 고객들에게 추가 비용을 물리거나 추가로 더 대기하게 하는 것과 같은). 그러나 "공평성", 또는 "받아들일 수 있는지"라는 측면 때문에 혹은 서비스 시간의 변동성으로 인해 서비스 공급자들이 항상 정확하게 스케줄에 따라 서비스를 제공하지 못하기 때문에 이러한 일들을 이행하는 것은 매우 어렵다(그리고 의사가 늦을 권리를 가지고 있다면, 환자는 왜 없는가?).
- 이용 가능한 처리능력의 어느 정도 수준까지에 대해 사전 예약을 받아야 하는가? 불행히도, 가장 마지막에 도착하는 고객들이 종종 가장 중요한 고객들이다: 병원에서의 응급 수술들은 약속 시스템에 의해 이루어지지 않고, 저가의 티켓 가격의 5~10배 정도의 요금을 지불하는 사업상의 여행객들은 사전에 예약하는 것을 원하지 않는다(이와 관련된 주제는 이후의 수익관리를 다루는 18장에서 더 설명될 것이다).

하지만 가장 중요한 약속 시스템의 제한점은 위의 과정에서 살펴본 것과 같이 도착과정의 변동성을 줄일 수는 있지만 밑바탕에 깔려있는 본질적인 수요의 변동성을 줄이지는 못한다는 점이다. 치과에서의 약속 시스템을 예로 들 수 있다. 약속 당일 날, 환자가 치과의사에게 직접 진료를 받기 전까지의 시간을 줄일 수는 있지만(되도록이면), 이 대기시간만이 중요한 성과측정 수단은 아니다. 왜냐하면, 약속 당일 전까지, 치과 진료를 받으려고 3개월을 기다렸을 수도 있는 일이기 때문이다. 그러므로 약속 시스템은 더욱 큰 공급-수요의 불일치점을 잠재적으로 숨기고 있고, 결과적으로 약속 시스템이 제대로 이행되고 있다는 것은 다음의 두 가지에서 기술하는 바를 연속적으로 측정하고 있다는 뜻을 포함한다.

- 약속을 잡고, 치과에 가기로 한 예약일을 기다리고 있는 고객들의 재고
- 치과의 대기실에서 약속시간을 기다리고 있는 고객들의 재고

약속 시스템의 개념과 더불어, 수요량이 최고조에 이르는 시간대를 피하는 고객들에게 혜택을 줌으로써 고객 도착 과정에 있어서 좋은 영향을 주도록 시도할 수 있다(하지만 앞에서 설명한 이유와 유사하게, 밑바탕에 깔려있는 본질적인 수요의 형태에 영향을 주는것은 아니다). 이러한 방식으로 고객의 도착 프로세스에 영향을 주고자 하는 접근방법들은 다음과 같다.

- 레스토랑이나 바에서 일찍 온 고객들을 위한 얼리버드(early-bird) 할인 혜택
- 호텔에서의 비수기 할인
- 서비스 시간대에 따른 교통에서의 할인(비행, 고속도로 요금)
- 현재 이미 예약되어 있는 양에 따른 항공사의 가격 책정

엄밀히 말하자면, 처음의 세 가지 경우들은 변동성을 줄이지 않는다. 이 방법들은 기대수요를 조정하고, 그렇게 함으로써 주기성(계절성)을 줄인다. (두 가지 경우의 다른점은 주기성이라는 것은 이미 알고 있는 형태라는 것이다).

서비스 시간 변동성을 줄이는 방법

고객들의 행동을 변화시킴으로써 변동성을 줄이는 방법 외에도 내부적 변동성을 줄이는 방법 또한 검토해야 한다. 하지만 작업들을 표준화(서비스 시간의 변동계수를 줄임)하거나 서비스 시간을 줄이려고 시도할 때에는, 운영의 효율성(통화시간)과 고객이 경험하는 서비스의 질(인지된 친절함)과의 균형을 찾을 필요가 있다.

[그림 9.22]에서는 이러한 두 가지 차원에 입각해서 어떤 특정한 통화 서비스를 제공하는 5명의 An–ser 콜센터 상담원을 비교하고 있다. NN, BK, BJ 상담원들이 고객들에게 친절하다고 인식되면서(기록된 통화들을 바탕으로) 상대적으로 짧은 통화시간을 달성하고 있다. KB 상담원은 더 짧은 통화시간을 달성하고 있지만 친절성은 더 낮다. 마지막으로 NJ 상담원은 가장 긴 통화시간을 기록하고 있으면서 중간 정도의 친절성을 보이는 것으로 평가된다.

[그림 9.22]에서 여러 가지 흥미로운 관찰을 할 수 있다. 첫째, 통화시간과 친절함 사이에 내재하는 균형(trade-off)을 잘 포착하는 첨단수준(frontier)이 존재하는 것 같음을

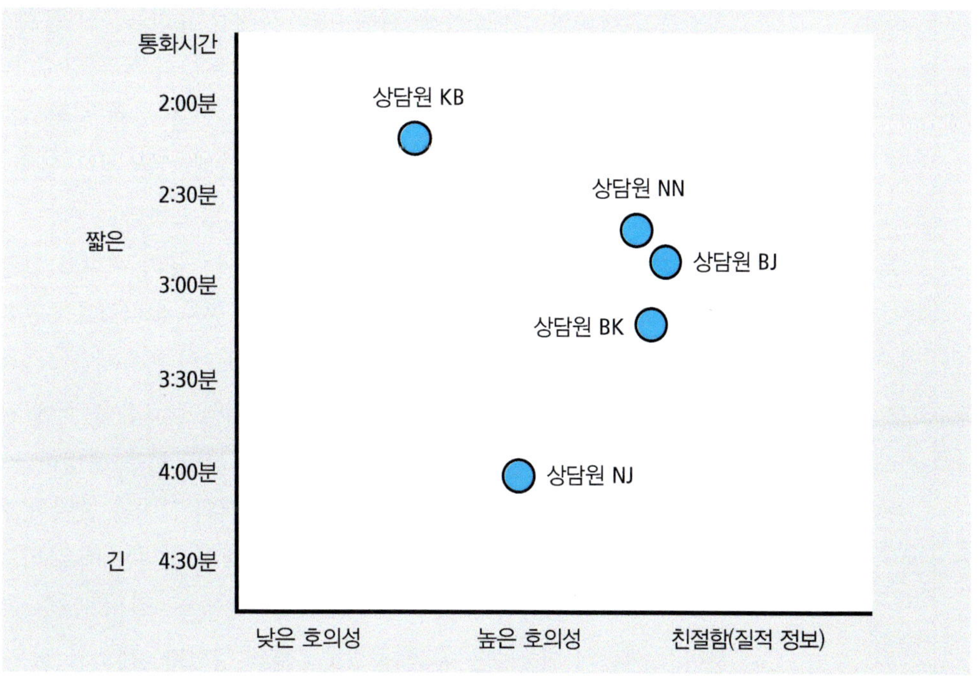

그림 9.22 통화시간과 친절함에 관한 상담원 성과

살펴볼 수 있다. 통화시간이 2.5분 아래로 내려갈 때는 고객에 대한 친절함을 유지하기가 힘들어 보인다. 둘째, NJ 상담원은 아주 친절하지도 아주 빠르지도 않아서 첨단수준에서 멀리 떨어져 있음을 볼 수 있다.

놀랍게도, 이 상담원은 또한 통화시간과 관련하여 가장 높은 변동성을 보이고 있는데 이는 이 상담원이 운영 절차를 제대로 따르고 있지 않음을 의미한다(이 사항은 그래프에 나타나 있지 않음).

첨단수준으로부터 멀리 떨어져 있는 상담원들(상담원 NJ처럼)의 비효율성을 줄이기 위해 콜센터는 직원교육과 기술에 많은 투자를 한다. 예를 들어 기술로 인해서 상담원이 고객과의 대화에서 사용할 수 있는 표현들을 실시간으로 지시받을 수 있다(스크립팅). 이와 유사하게 어떤 콜센터에서는 상담원이 다른 상담원의 테이프를 듣거나 특별한 서비스 요청을 가지고 다른 상담원에게 연락할 수 있도록 하는 훈련 프로그램을 도입했다. 이러한 조치는 서비스 시간의 평균뿐만 아니라 변동성도 줄여주어 운영성과에 있어 상당한 향상을 보여준다.

서비스 시간의 변동성을 줄이는 것에 주안점을 두는 다른 개선책들도 존재한다.

- 서비스 환경(또는 주문생산방식)에서 운영자들은 개별 고객의 특성을 잘 알 필요가 있지만, 여전히 일관된 프로세스를 따를 수 있다. 예를 들어 어떤 콜센터의 여행사

직원은 고객과의 의사소통을 위해 미리 정해진 표현들을 사용할 수 있을 것이다(인사말, 첫 질문, 대화의 마지막에 제공되는 잠재 상위 상품 구매 유도). [그림 9.22]에 나와 있는 상담원 NN, BK, BJ는 이러한 접근법을 통해 신속하고 친절한 서비스를 제공할 수 있게 된다. 그러므로 프로세스에 관해 아는 것은(언제 무엇을 말할지) 상품에 관해 아는 것만큼(무엇을 말할지) 똑같이 중요하다.

- 제조 환경에서의 작업시간(processing time)과는 달리 서비스 환경에서 서비스 시간(processing time)은 자원의 완전한 통제 하에 있지 않다. 고객은 자원과의 상호 활동에서 중요한 역할을 하며, 자동적으로 어느 정도의 변동성을 유발한다(예를 들어, 고객이 신용카드 번호를 제공하거나 식료품점에서 식료품을 백에 담는 것 등). 이것의 결과는 무엇인가? 적어도 변동성의 관점에서 보면 답은 분명하다. 자원이 한정된 곳에서 서비스가 행하여질 때에는 가능하면 고객의 참여를 줄여야 한다(고객의 참여가 자원이 한정되지 않은 곳에서 일어난다면 고객의 참여는 매우 바람직할 수 있다. 예, 셀프서비스 환경).
- 서비스 시간의 변동성은 종종 품질문제를 반영한다. 제조업 경우 이러한 문제는 처음에 규격을 만족하지 못한 제품에 대한 재작업을 포함한다. 그러나 재작업은 서비스 조직에서도 발생한다(예. 병원에서 집중치료실 서비스를 받았던 고객이 나중에 다시 병원으로 들어와 집중치료실의 치료를 받게 되는 경우도 재작업의 일종이다).

9.11 요약

이 장에서 우리는 대기시간에 대한 변동성의 영향력을 분석하였다. 이 장의 초반에 변동성에 대한 좀 더 질적인(qualitative) 논의에서 기대했던 것처럼, 고려하는 프로세스가 100% 이하의 활용률로 작동하더라도 변동성으로 인해 대기시간은 생기게 된다. 우리는 이 장에서 평균대기시간과 평균흐름시간, 그리고 서비스 수준의 관점에서 고객이 경험하는 서비스 수준과 대기시간을 수량화하는 방법에 대해 살펴보았다.

자원활용률(이에 따른 노동비용)과 고객에 대한 대응 사이에는 어쩔 수 없는 긴장관계가 존재한다. 서비스 처리능력을 늘리면 대기시간은 줄어들지만 인건비는 증가한다([그림 9.23] 참조). 대기시간은 활용률 수준에 비례하여 급격하게 증가한다. 그러므로 모든 고객 대응 프로세스는 여분의 처리능력을 필요로 한다. 처리능력에 대한 비용이 많이 든다고 가정했을 때, 서비스 목표를 충족할 만큼만의 처리능력을 배치할 줄 아는 것이 중요하다. 이 장에서는 서비스 운영관리를 통하여 사업목표(서비스 수준)를 가장 잘 달성하도록 도와줄 첨단수준 상의 위치를 찾을 수 있는 방법에 대해 정리해보았다.

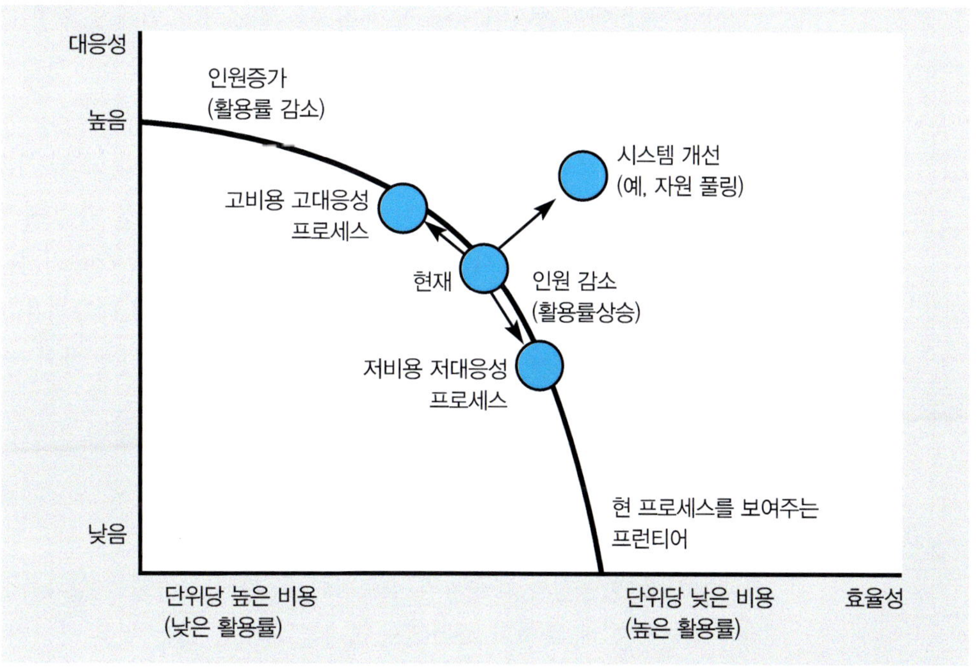

그림 9.23 고객대응과 효율성의 균형

그러나 우리의 결과가 대기시간문제를 예측하거나 수량화하는 방법으로만 여겨져서는 안 될 것이다. 이는 프로세스를 개선시키기 위한 기회를 강조하고 있다. 개선 기회는 처리능력과 연관된 기회와 시스템 디자인과 관련된 기회로 분류되며 다음과 같이 요약될 수 있다.

처리능력과 관련된 개선책

운영관리는 처리능력의 유연성으로부터 혜택을 얻는데, 이는 기대되는 수요에 맞춰 경영진으로 하여금 직원 수를 조절할 수 있도록 돕기 때문이다. 예를 들어 독감 시즌이 최고조일 때 좀 더 많은 의사가 근무할 수 있도록 하는 정도는 이 장에서 소개된 직원 수 계산법을 수행하는 것이 중요하다. 또 다른 유연성의 형태는 수요가 예측 불가능할 경우에 처리능력을 증가시킬 수 있는 운영관리의 능력에 의해 주어진다. 예를 들어 은행이 관리자나 프론트 데스크(front-desk) 직원들로 하여금 전화가 갑자기 많이 걸려오는 경우에 도움을 줄 수 있도록 하는 정도는 콜센터 대기시간에 큰 차이를 줄 수 있다. 이는 다음의 두 가지 개선 기회를 가능케 한다.

- 수요는(때로는 공급) 하루 중에도 계절성을 보일 수 있는데 이러한 경우의 대기시간 분석은 프로세스가 상대적으로 안정적인 개별 시간 간격에 대해 행해져야 할 것

이다. 시스템의 성능은 수요의 계절성을 반영하기 위해 조직이 시간에 따라 변화하는(time-varying) 처리능력 수준을 제공할 수 있는 정도까지 향상될 수 있다(예 [그림 9.19]).

- 변동성이 존재할 때 고객에게 반응해야 하는 프로세스는 초과 처리능력을 가지지 않을 수 없으며 결국 자동적으로 상당한 양의 유휴시간을 가질 수밖에 없다. 여러 운영에 있어서, 이 유휴시간은 시간적으로 중요하지(time critical) 않은(적어도 덜 중요한) 업무에 생산적으로 사용될 수 있다. 이러한 작업을 백그라운드 작업(background work)이라고 하는데 예를 들자면 콜센터 상담원이 전화를 받지 않고 있을 때 외부에 전화를 할 수 있는 것이다.

시스템 디자인 설계와 관련된 개선책

고객에 대한 반응성과 효율성의 경우처럼 두 가지 상충하는 성과측정치 사이의 균형문제에 직면했을 때 측정치 사이에서 올바른 균형을 찾는 것은 중요하다. 그러나 근본적인 프로세스 향상을 시도하는 것, 프로티어를 움직이는 것, 더 적은 비용으로 더 높은 고객대응을 가능케 하는 것 역시 적어도 동등하게 중요하다([그림 9.23] 참조). 변동성으로 야기되는 대기시간 때문에 어려움을 겪고 있는 서비스 상황에서는 다음의 개선 기회가 고려되어야만 한다.

- 비슷한 자원을 하나로 묶는 자원 풀링(pooling resources)을 통해서 같은 처리능력을 유지하면서도 대기시간을 줄이거나 동일한 서비스 수준을 유지하면서 처리능력을 감소시킬 수가 있다. 따라서 변동성에 직면한 프로세스는 매우 강한 규모의 경제를 보여준다.
- 변동성은 외생적이지 않으므로 가능할 때마다 변동성을 줄여야 함을 잊지 말아야 할 것이다.

- Gans, Koole and Mandelbaum(2003)은 대기행렬 이론의 관점에서 콜센터 경영에 관한 최신 개요를 제공한다. 대기행렬 이론에 관한 더 자세한 계량적 도구들은 Hillier and Lieberman(2002)에서 찾을 수 있다.
- Hall(1997)은 서비스와 제조업에서의 변동성과 그 결과와 관련된 여러 가지 도구를 제공하는 매우 포괄적이고 실제적인 사례에 중점을 둔 책이다.

단원연습문제

다음 질문들은 이 장의 이해정도를 확인하는 데 도움을 줄 것이다. 각 질문 뒤의 [ ]는 관련된 해당 설을 나타내고 있다.

"*" 표시가 있는 문제의 해설은 부록 E에 있으며, Connect에서 영상을 참조하기 바란다.

9.1* **(Online Retailer)** 고객은 온라인 소매상의 헬프 데스크에 이메일을 평균 2분 간격으로 보내며 도착간격의 표준편차 역시 2분이다. 온라인 소매상은 이메일에 응답하는 3명의 직원을 가지고 있다. 응답 메일을 작성하는데 평균 4분이 소요된다. 서비스 시간의 표준편차는 2분이다.

a. 서비스 받기 전의 평균 고객 대기시간을 추정하라[9.5].
b. 온라인 소매상에게 제출되었지만 아직 응답되지 않은 이메일이 평균적으로 몇 통이나 되는가? [9.5]

9.2 **(My-law.com)** My-law.com은 법률 회사에 가기가 귀찮거나 변호사와 얘기하는 걸 꺼려하지만 법률 서시스를 원하는 고객을 충족시키는 최근 문을 연 회사이다. 전통적인 법률 회사와는 달리 My-law.com은 전화나 인터넷을 통해 변호사와 고객이 폭넓게 의사소통을 할 수 있도록 하였다. 이 프로세스는 고객과의 상호 교류 초반부에 사용되며 주로 공식적인 관계에 들어가기 전에 몇 가지 기초적인 고객 질문에 답하는 것으로 이루어져 있다. 고객이 이 회사의 변호사와 대화하기 위해서는 my-lawyer@My-law.com으로 이메일을 보낼 것을 권장한다. 여기로부터, 들어오는 이메일은 현재 "대기 중(on call)"인 변호사에게 전해진다. 변호사들의 다양한 능력을 고려해 봤을 때 각 변호사들은 각 들어오는 요구를 응답할 수 있다.

이메일은 오전 8시에서 오후 6시 사이에 시간당 10통의 비율로 도착한다(도착에 대한 변동계수는 1이다). 시간의 각 순간에 정확히 한 명의 변호사가 "대기 중"이다(즉 들어오는 이메일을 기다리며 책상에 앉아있다). 변호사는 응답 메일을 작성하는데 평균적으로 5분이 걸린다. 이것에 대한 표준편차는 4분이다.

a. (어떤 전송 시간도 무시할 때) 고객이 그의/그녀의 이메일에 대한 응답을 위해서 기다려야하는 평균 시간은 얼마인가? 유의사항: 이 시간은 변호사가 이메일 작성을 시작하기까지의 시간과 실제 작성하는 시간을 포함한다. [9.6]
b. 하루 10시간의 마지막 순간에 각 변호사가 받게 될 이메일의 수는? [9.6]
c. 이메일에 응답하지 않을 때, 대기 중인 변호사는 잠재적으로 큰 해결로 귀결될 수 있는 케이스를 적극적으로 추구하도록 권장된다. My-law.com 변호사들은 하루 10시간 중에 얼마나 많은 시간을 이러한 활동에 전념할 수 있을까? (가정: 변호사는 즉각적으로 이메일 또는 해결을 위한 작업 사이에 전환할 수 있다.) [9.6]

회사의 고객 대응성을 높이기 위해 My-law.com의 이사회는 새로운 운영 정책을 제안한다. 이 운영 정책 하에 응답은 고도로 표준화 될 것이고, 응답메일을 작성을 위한 표준편차가 0.5분으로 단축될 것이다. 평균작성 시간은 변한지 않을 것이다.

d. 이 운영 정책 하에 변호사가 큰 해결 케이스를 찾는데 전념 할 수 있는 시간의 양은 어떻게 바뀔 것인가? [9.6]

e. 고객이 그의/그녀의 이메일에 대한 응답을 위해서 기다려야하는 평균 시간은 어떻게 변화될 것인가? 유의사항: 이 시간은 변호사가 이메일 작성을 시작하기까지의 시간과 실제 작성하는 시간을 포함한다[9.6].

9.3 **(Car Rental Company)** 한 자동차 렌탈 회사의 공항지점은 50대의 SUV를 유지하고 있다. 평균적으로 한 대의 SUV에 대한 신청 사이의 도착간격은 2.4시간이고 표준편차 역시 2.4시간이다. 하루 동안에 발생하는 신청이 어떤 패턴을 가지고 도착하지는 않는다. 만약 모든 SUV가 렌트(rent)됐다면 고객은 SUV가 이용 가능할 때까지 기꺼이 기다릴 것이라고 가정하자. 한 대의 SUV는 평균적으로 3일간 렌트되고 표준편차는 1일이다.

a. 회사의 주차장에 주차되어 있는 SUV의 평균 수는 얼마인가? [9.6]

b. 마케팅 조사를 통해 회사는 하루당 렌탈 가격을 $80에서 $25로 내리면 평균 수요가 하루 12대로 증가할 것이고 렌탈 평균 기간도 4일로 될 것이라는 발견 했다. 이렇게 가격을 낮추는 것이 타당한가? 분석을 제공하라. [9.6]

c. 고객이 SUV를 렌트하기까지 기다려야 하는 평균시간은 얼마인가? 위의 (b)에 나와 있는 정보보다는 초기 파라미터(parameter)를 사용하라. [9.6]

d. 만약 이 회사가 SUV 렌탈 기간을 정확히 4일로 정한다면 대기시간은 어떻게 변화 될 것인가? 이러한 제한이 부과되면 평균도착시간은 3시간으로 증가하고 표준편차 또한 3시간으로 바뀐다고 가정하자. [9.6]

9.4 **(Tom Opim)** 다음 상황은 1학년 MBA Tom Opim에 관한 것이다. 집세를 지불하기 위해 톰은 지역 백화점 컴퓨터 부서에서 일을 하기로 했다. 그의 업무는 대부분이 영업시간과 상품의 유무를 묻는 부서로 걸려오는 전화에 응답하는 것이다. 톰이 전화를 받는 유일한 사람이기 때문에 그 백화점의 관리자는 대기문제에 대해 걱정하고 있다.

현재, 컴퓨터 부서는 평균 매 3분마다 1통의 전화를 받고, 도착간격의 표준편차는 3분이다.

톰은 1통의 전화를 처리하는데 평균 2분을 필요로 한다. 이 서비스 시간에 대한 표준편차는 1분이다.

전화회사는 전화선이 사용될 때마다 (고객이 톰과 통화하고 있는 동안이나 또는 도움을 받기 위하여 기다리고 있는 동안) 시간당 $5를 청구한다.

대기될 수 있는 고객의 수는 제한이 없고 오랜 시간 동안 기다려야 한다고 해도 고객은 전화를 끊지 않고 기다릴 것임을 가정하자.

a. 현재 수강하고 있는 한 수업을 위해 톰은 E. Silvermouse가 쓴 〈The Pole〉이란 책을 읽어야 한다. 그는 분당 1페이지를 읽을 수 있다. 톰의 상사는 톰이 전화가 왔을 때 책을 내려놓는 한, 유휴시간을 공부하는 데 사용하도록 허락했다. 8시간의 근무시간 동안 톰은 몇 페이지를 읽을 수 있는가? [9.5]

b. 톰과 통화하기 전에 고객은 평균적으로 얼마나 오래 기다려야 하는가?

c. 8시간의 근무시간 동안 평균 전화선에 대한 총비용은 얼마인가? 백화점은 전화선이 사용 중일(고객 대기를 위하여 전화선이 사용되는 때도 포함) 때 요금이 부과된다. [9.5]

9.5 **(Atlantic Video)** Atlantic Video(필라델피아에 있는 작은 비디오 렌탈가게)는 하루 24시간 동안 영업하고 주요 경영대학의 근접성 때문에 고객들이 24시간 내내 도착한다. 최근 이 가게의 관리자는 분석을 통해서 시간당 평균 30명의 고객이 도착하며 도착간격의 표준편차는 2분이라는 것을 알게 되었다. 이런 도착 패턴은 일관되고 하루 중 시간대에 독립적이다. 계산대는 현재 한 명의 종업원이 운영하고 있으며, 그 종업원은 한 명의 손님을 계산하는데 평균 1.7분이 필요로 한다. 이 계산시간의 표준편차는 3분이며, 이는 주로 고객들이 다른 수의 비디오를 빌려가기 때문이다.

a. 만약 모든 고객이 적어도 한 개의 비디오는 빌려 간다고 하면 (즉, 계산대로 가야만 한다) 한 명의 고객이 대여창구의 종업원에게 서비스를 받기 전에 (실제 계산시간은 포함하지 않음, 1분 이내) 대기라인에서 평균적으로 얼마나 기다려야 하나? [9.5]

b. 만약 계산하려는 고객이 없을 경우 종업원은 반납된 비디오(항상 많은 반납된 비디오들이 정리되기를 기다림)를 정리한다. 한 개의 비디오를 정리하는데 정확히 1.5분이 걸린다고 하면 8시간의 근무시간 동안 종업원은 몇 개의 비디오를 정리할 수 있을까? [9.5]

c. 계산대에 있는 평균 고객의 수는 몇 명인가? (기다리거나 현재 서비스받고 있는, 1 고객 이내) [9.5]

d. 이제 이번 질문만을 위하여 다음과 같이 가정하자. 고객의 10%가 비디오를 전혀 빌리지 않고 따라서 계산대를 통과할 필요가 없다고 가정하자. 한 명의 고객이 대여창구의 종업원에게 서비스를 받기 전에 (실제 계산시간은 포함하지 않음, 1분 이내) 대기라인에서 평균적으로 얼마나 기다려야 하나? 도착 프로세스에 관한 변동계수는 이전과 동일하다고 가정하자. [9.5]

e. 특별 서비스로 가게에서 계산대 대기행렬에서 기다리는 고객에게 무료 팝콘과 음료수를 제공한다. (유의: 현재 서비스를 받고 있는 고객은 지불하느라 너무 바빠서 먹거나 마실 수가 없다.) 이 가게 주인은 소비되는 음식 때문에 기다리는 고객의 매 분당 75센트의 비용이 가게에 든다고 측정했다. 계산대에 있는 종업원의 최적 인원은 얼마인가? 시간당 임금은 $10라고 가정한다. [9.8]

9.6 **(RentAPhone)** RentAPhone은 유럽을 가는 미국 방문객에게 유럽 핸드폰을 제공해주는 새로운 서비스 회사이다. 이 회사는 파리 Charles de Gaulle 공항에 현재 80대의 이용 가능한 전화기를 가지고 있다. 하루 평균 25명의 고객이 전화기를 요구한다. 회사가 열려 있는 24시간에 걸쳐 균등하게(uniformly) 고객 요구가 도착한다. (유의: 이것은 고객이 시간당 1명의 고객보다 더 빠르게 도착하는 것을 의미한다.) 이에 대응하는 변동계수는 1이다.

고객은 평균 72시간 동안 전화기를 가지고 있다. 이러한 시간의 표준편차는 100시간이다.

프랑스에서 이와 동일한 좋은 서비스를 제공하는 경쟁 회사가 현재 존재하지 않기에 고객은 기꺼이 RentAPhone의 전화기를 기다린다. 하지만, 대신 기다리는 기간 동안 고객은 무료전화카드를 받게 된다. 이 회사는 예전 경험에 비추어 볼 때 주간, 야간에 상관없이 대기 고객 당 한 시간에 $1 정도의 비용이 들어감을 알 수 있었다.

a. 회사가 매장에 가지고 있는 평균 핸드폰의 수는 몇 개인가? [9.6]
b. 고객은 전화를 가지기 위해 평균 어느 정도를 기다려야 하는가? [9.6]
c. 한 달간(30일)의 전화카드 비용은 총 얼마인가? [9.6]
d. RentAPhone이 추가 폰을 구입하는데 단위당 $1,000이 든다고 하자. 추가 폰을 한대 더 사는 것이 가치 있는 일인가? 왜? [9.8]
e. 만약 회사가 대여기간을 정확히 72시간으로 제한한다면 대기시간은 어떻게 바뀔 것인가? 만약 이러한 제약이 부과되면 폰을 요구하는 고객의 수가 하루 20명으로 줄어들게 될 이라고 가정하자. [9.6]

9.7 **(Webflux Inc.)** Webflux는 구하기 어렵거나 잘 알려져 있지 않은 영화를 전문으로 하는 인터넷 기반 DVD 렌탈 사업체이다. 이 업체의 운영 모델은 다음과 같다. 고객이 Webflux 웹사이트에서 영화 한 편을 발견하고 그것을 보기로 결정했을 때 그녀는 그것을 가상 장바구니에 넣는다. 만약 DVD가 이용 가능하면 그것은 바로 배송된다(주말과 휴일에도 배송될 수 있다고 가정한다). 만약 이용 가능하지 않다면 그 영화는 렌트된 DVD가 Webflux에 반환될 때(반환 시 그녀가 이 DVD를 받을 대기행렬 상의 다음 차례라면 그녀에게 DVD가 배송된다)까지 그녀의 장바구니에 남아있게 된다.

Webflux는 각영화에 대해서 내부 대기라인을 가지고 있으며 반환된 DVD는 대기라인상의 처음 고객에게 배송된다(선입선출). Webflux는 David Carradine와 Bruce Cambell 주연의 1990년 영화 Sundown, the Vampire in Retreat의 한 편을 갖고 있다. 그 DVD에 대한 요구들 사이의 평균시간은 10일이고, 변동계수는 1이다. 평균적으로 고객은 그 DVD를 반납하기 전 5일 동안 보관한다. 또한 그 DVD를 고객에게 배송하는데 1일 걸리고 다시 고객으로부터 Webflux로 반납하는데 1일 걸린다. 그 DVD를 Webflux로부터 배송하고 다시 받기까지의 시간에 대한 표준편차는 7일이고 (즉, (a)고객에게 배송하고, (b)고객이 소유하고, (c)다시 Webflux로 배송하는데 평균 7일이 걸린다), 따라서 이 시간에 대한 변동계수는 1이다.

a. 한 명의 고객이 요구 이후에 Sundown, the Vampire in Retreat DVD를 받기까지 기다려야 하는 평균 시간은 얼마인가? 배송된 DVD가 고객 주소에 도착하는데 1일이 걸림을 유념하라(즉, 여러분의 답에, 여러분은 1일의 배송시간을 포함해야 한다). [9.5]
b. 평균적으로 Sundown을 보기 위하여 얼마나 많은 고객이 Webflux의 내부 대기라인에 있는가? 고객들은 그들의 장바구니에 있는 항목들을 제거하지 않음을 가정하자. [9.5]

David Carradine 주연의 Kill Bill Vol. I과 II의 최근 성공 이후 그의 새로워진 명성 덕분에 Sudown의 수요가 급등했다. 이제 Webflux에 이 DVD에 대한 요구들의 평균 도착간격이 3일이다. 다른 숫자들은(변동계수, 고객소유시간, 배송시간) 변화되지 않는다. 다음 질문에 대해서만 다음 가정을 둔다. 품절을 경험하는 고객들에 대하여 판매를 잃는다고 가정한다. 즉, Webflux 웹 사이트에서 이 DVD를 구할 수 없는 사람들은 그것을 장바구니에 넣지 않고 단순히 다른 것을 찾는다.

c. 이 증가된 수요를 충족시키기 위하여 Webflux는 Sundown DVD의 두 번째 카피(copy)를 구입하는 것을 고려하고 있다. 만약 Webflux가 Sundown DVDs의 총 두 카피를(그 회사의 내부 재고에, 고객이 소유, 또는 운송 중에) 소유한다면 고객의 몇 퍼센트가 품절 때문에 돌아가는가? (유의: 이 질문에 답하기 위하여 9장으로부터의 자료를 필요로 한다.) [9.8]

9.8 **(Security Walking Escorts)** 한 대학이 캠퍼스 주위 보안을 강화시키기 위하여 도보 호위(walking escort) 서비스를 제공한다. 이 시스템은 특별히 훈련된 제복을 입은 전문 보완요원으로 구성되어 있다. 이 전문 보안요원은 한 캠퍼스 위치에서 다른 곳으로 학생들과 동행한다. 이 서비스는 일주일에 7일, 하루에 24시간 운영된다. 학생들은 전화로 도보 호위를 요청한다. 한 번 요청을 받았을 때 운행 관리원은 이용 가능한 호위대원(핸드폰으로)에게 연락을 한다. 이 호위대원은 즉시 학생을 만나서 그녀와/그와 걸어서 목적지로 간다. 만약 이용 가능한 호위대원이 없다면(즉, 그들이 모두 학생과 목적지로 가고 있든지 또는 학생을 만나러 가든지) 운행 관리원은 한 호위대원이 이용 가능할 때까지 그 요청을 대기라인에 놓는다. 한 호위는 학생을 만나고 원하는 목적지까지 데려가는데 25분이 소요된다. 이 시간의 변동계수는 또한 1이다. 현재 대학은 도보 호위요원으로 근무하는 8명의 보안 요원을 가지고 있다.

a. 하나의 새로운 요구를 충족시키기 위하여 평균적으로 이용 가능한 보완요원의 수는? [9.6]

b. 한 학생이 호위를 요구한 시점으로부터 그 학생이 목적지에 도착한 시점까지 평균적으로 걸리는 시간은 얼마인가? [9.6]

다음 두 가지 질문에 대하여 다음 시나리오를 고려하자. 기말고사 기간 동안 호위 서비스를 요청한 수가 시간당 19.2(매 3.125분마다 하나의 요구)로 증가하였다. 연속적인 요구들 사이의 시간에 대한 변동계수는 1이다. 하지만, 만약 호위를 요청한 한 학생이 운행 관리원으로부터 그 요구는 대기라인으로 가야만 하는 것(예, 모든 보완요원들이 다른 학생들과 동행하느라 바쁨)을 알게 된다면 그 학생은 요구를 취소하고 목적지로 혼자 걸어서 갈 것이다.

c. 호위를 요청한 시간당 얼마나 많은 학생들이 결국에는 그들의 요청을 취소하고 목적지로 혼자 걸어서 갈 것인가? (유의: 이 질문에 답하기 위해서 여러분은 9장으로부터의 자료를 필요로 한다.) [9.6]

d. 대학 보완 규약은 도보 호위를 요청한 학생 전화의 적어도 80%는 만족되어야 함을 요구한다. 이 규약을 따르기 위하여 필요한 보완 요원의 최소 숫자는 얼마인가? [9.9]

9.9 **(Mango Electronics Inc.)** Mango Electronic Inc.는 혁신적인 가전제품을 개발하고 시장에 내놓는 Fortune 500 기업이다. 개발 프로세스는 다음과 같이 진행된다.

Mango는 충족되지 않은 시장 니즈(needs)를 해결하기 위하여 새로운 기술을 연구한다. 필요한 시장 잠재력을 가지는 제품들에 대하여 특허들이 제출된다. 특허들은 발행일로부터 시작해서 20년 동안 인정된다. 특허를 받은 후에 특허로 인정된 기술들은 5개의 독립 개발센터에서 시장성 있는 제품으로 개발된다. 각 제품은 단지 하나의 센터에서 개발된다. 각 센터는 어떤 제품도 시장에(한 센터는 한 번에 하나의 제품을 가지고 일한다) 가져갈 수 있도록 모든 필요한 기술을 가지고 있다. 평균적으로 Mango는 매 7개월마다 특허를 제출한다(표준편차는 7개월). 평균 개발 프로세스는 28개월 지속된다(표준편차는 56개월).

a. Mango의 개발 설비들의 활용률은 얼마인가? [9.6]
b. 하나의 평균적인 기술이 특허를 제출한 때로부터 상품으로 시장에 출시되는 데까지 얼마나 걸리는가? [9.6]
c. Mango Electronics에 의해 출시된 하나의 평균적인 제품에 대하여 남아있는 특허 수명은 몇 년인가? [9.6]

특정 절에서의 이해도를 확인하고 싶다면 아래의 각 절에 해당하는 문제를 참고하라.

- 9.5절: 9.1ab, 9.4abc, 9.5abcd, 9.7ab
- 9.6절: 9.2abcde, 9.3abcd, 9.6abce, 9.8abc, 9.9abc
- 9.8절: 9.5e, 9.6d, 9.7c, 9.8d

CHAPTER

10 프로세스 성과에 미치는 변동성의 영향: 산출의 손실

변동성에 의해 야기된 대기시간에 대한 분석 후, 이제 변동성이 프로세스 성과에 미치는 두 번째 바람직하지 않은 영향, 산출 손실(throughput loss)을 연구해 보자. 산출 손실은 다음과 같은 경우에 발생하는데, 이들 경우들은 고객(flow units)이 서비스를 받기 위해 차분히 기다려 준다고 이전 장에서 간주하던 것과는 다르다.

- 버퍼 크기에는 한계가 있고 이 버퍼가 가득 차 있을 때 도착하는 수요는 손실된다.
- 고객들은 참을성이 모자라고 서비스를 받기 위하여 너무 많은 시간을 기다리기를 원하지 않거나 또는 기다릴 수 없다. 이런 경우 고객들은 서비스를 받기 전에 버퍼를 떠나가게 된다.

이전 장에서 다루어진 참을성 많은 고객들에 대한 프로세스 분석과 비교하면, 산출 손실이 있는 프로세스 분석은 꽤나 더 복잡하다. 이런 이유로, 우리는 가장 단순한 경우인 버퍼 사이즈가 0인, 즉 버퍼가 없는 경우의 산출 손실 분석에 초점을 맞출 것이다. 우리는 분석적 도구들을 소개하고, 그것들을 특히 병원외상센터에서 제공하는 시간적으로 중요한(time-critical) 긴급한 치료에 대해서 적용하는 것을 논의하고자 한다. 이 경우에, 대기시간은 허용되지 않으며, 병원외상센터가 만원이라면, 그 병원으로 향하던 구급차는 다른 곳으로 진로를 돌려야 할 것이다. 버퍼 사이즈가 0보다 더 큰 경우에 변동성을 다루는 모델들도 더 있긴 하지만, 너무 복잡하기에, 그것들은 개념상으로만 논의할 것이다. 이전과 마찬가지로 작은 도입 사례로 이 장을 시작한다.

10.1 도입사례: 왜 평균값들은 소용이 없는 것일까?

수제 샌드위치를 만들어 파는 트럭이 길가에 있다고 하자. 평균적으로 이 샌드위치의 수요량은 5분당 한 개씩이다. 그러나 실제 수요량은 변동적이다. 어떤 때는 고객이 한 명도 없다가도 때때로 하나 혹은 두 개의 샌드위치를 주문받을 수도 있다. 만약 샌드위치를 즉시 만들어 고객에게 제공하지 않는다면 그들은 미련 없이 다른 트럭으로 떠난다. 5분 동안에 공급할 수 있는 샌드위치 양 또한 역시 변동적이며 0, 1, 2 값 중 하나를 동일한 확률로 만들 수 있다(처리능력의 변동성은 주문 양 변동이나 판매원의 부재를 반영할 수 있다). 그러므로 평균처리능력은 평균수요량과 마찬가지로 1이다. 총괄계획의 관점에서 보면 수요와 공급은 일치하는 것처럼 보인다. 그리고, 트럭은 평균적으로 5분마다 한 샌드위치의 흐름률(flow rate)로 샌드위치를 판매하여야 한다.

$$\text{흐름률} = \text{Minimum}\{\text{수요, 처리능력}\} = \text{Minimum}\{1,\ 1\} = 1$$

표 10.1 변동성에 대한 노점상의 예

시나리오	수요	처리능력	흐름률
A	0	0	0
B	0	1	0
C	0	2	0
D	1	0	0
E	1	1	1
F	1	2	1
G	2	0	0
H	2	1	1
I	2	2	2
평균	1	1	$\frac{5}{9}$

이제, 좀 더 자세한 분석을 고려해 보자. 만약 우리가 수요와 공급 프로세스들의 잠재적인 결과들을 고려해본다면, 우리는 [표 10.1]과 같이 가능한 9개의 시나리오를 만나게 된다.

9개의 시나리오를 각각 고려해 보자. 하지만 수요와 처리능력을 평균화하여 결과로 나오는 흐름률을 계산하는 대신(이전에 했던 것처럼 1이라는 예측된 흐름률이 나옴) 9가지 시나리오들 각각의 흐름률을 구한 뒤에 시나리오들 사이의 평균을 구한다. [표 10.1]의 마지막 열에 이 계산의 결과가 있다.

수요가 0인 처음 세 시나리오에 따르면, 우리는 단 하나의 샌드위치도 팔지 못한다. 그러나 수요가 2인 마지막 세 시나리오에 따르면, 처리능력의 제약 때문에 손실을 피할 수 없다. 따라서 수요가 설사 호황이더라도(수요량=2) 우리는 5분에 평균적으로 하나의 샌드위치만을 팔게 될 것이다.

이런 방식으로 얻은 평균 흐름률에 따르면, 우리는 우리가 앞서 총괄계획에서 파악한 기대했던 매출의 거의 반밖에 판매하지 못한다. 이유는 다음과 같다. 샌드위치를 팔기 위해서 트럭은 고객의 수요와 샌드위치를 만들 수 있는 처리능력인 공급이 시간적으로 동시에 필요하게 된다. 만약 트럭이 공급을 저장해 두었다가 수요가 공급을 초과할 때 쓸 수 있다면 흐름률은 향상될 것이다. 반대로 기다리는 고객 수요를 저장해 두었다가 공급이 수요를 초과하는 시점에 쓸 경우에도 역시 흐름률은 향상될 것이다. 이것이 "버퍼를 두든가 아니면 고충을 겪으라(buffer or suffer)" 원칙의 또 다른 한 예이다.

10.2 구급차 우회

이제, 샌드위치 문제의 분석에서 벗어나 현실성과 관련성 면에서 훨씬 더 중요한 문제로 넘어가 보자. 지난 몇 년간, 실질적으로 응급실의 방문이 늘어났다는 보고가 있었다. 그와 동시에 많은 병원에서는 비용 증가에 대한 압박이 커지게 되었고, 응급치료 프로세스의 일부인 중요한 자원들을 줄여나갔다. 이로 인하여 헬리콥터나 구급차로 도착하는 응급환자를 위한 병원의 "개방시간"이 줄어들게 되었다.

미국 연방 정부 법에 따르면, 메디케어(Medicare; 미국에서 65세 이상된 사람에 대한 노인 의료 보험제도)에 참여하는 모든 병원은 그 환자의 지불 능력과는 상관없이 응급실로 들어오는 모든 환자에 대하여 검진해야 하며 만약 응급한 상황이라면 그 환자를 안정화시킬 필요가 있다.

병원에 추가적인 응급환자를 받을 수 있는 직원이나 시설이 부족한 경우 "우회 상황"으로 보고 구급차를 다른 병원으로 보낸다. 회계감사원은(General Accounting Office) 종합적으로, 2001년 회계연도 동안 3개 병원 중 약 2개의 병원은 적어도 한번 이상 우회 상황을 겪은 것으로 추정하고 있다. 게다가 이들 10개의 병원 중 약 2개의 병원은 전체 개원시간의 10% 이상을 우회 상황에 처해 있었고, 10개 중 약 1개의 병원은 20% 이상 즉 하루에 약 5시간 이상을 우회 상황에 처해 있었다.

우리는 이제 가장 심각하며 가장 긴급한 형태의 응급 형태인 외상 치료 사례에 분석의 초점을 맞춘다. 선별 절차 시스템에 의해서 환자는 구급차나 헬리콥터 안에 있을 동안 우선순위에 대한 평가를 받고 병원에 도착 시 응급실(덜 심각한 경우)이나 병원외상센터로 (심각한 경우) 옮길지를 지시받는다. 그러므로, 병원외상센터는 심각한 외상 환자들만 받게 된다.

10.3 단순 프로세스에서의 산출 손실

미국 북동부에 있는 한 병원 외상센터에서의 경우를 살펴보자. 들어오는 환자들은 3개 중 하나의 외상 병실로 옮겨지게 된다. 평균적으로, 환자들은 2시간을 외상 병실에서 보내게 된다. 이 시간 동안, 환자들은 진단을 받고, 가능하다면 안정화된다. 안정화되기 어렵거나 불가능한 경우처럼 가장 위독한 경우의 환자들은 외상 병실에서 거의 시간을 보내지 않고 곧바로 수술실로 옮겨지게 된다.

외상센터로 들어오는 환자가 심각한 상태라면 치료의 연기는 그 환자에게 치명적인 결과를 가져올 수도 있다. 그러므로, 여기서 환자를 기다리게 하는 것은 이 상황에서의

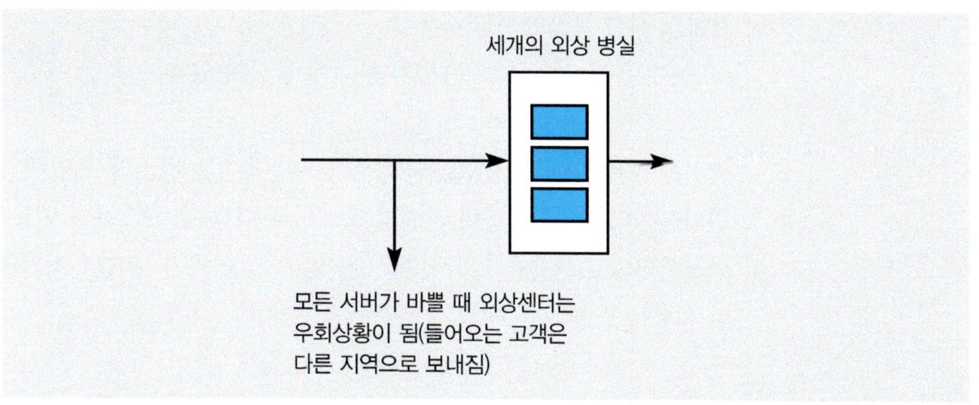

그림 10.1 평원외상센터의 프로세스 흐름도

선택지가 될 수 없다. 만약, 환자가 너무 많이 오거나 진료 시간이 오래 걸려 모든 외상 병실이 이용되고 있는 경우, 센터는 위에서 정의한 것과 같은 우회 상황에 처하게 된다.

우리는 외상센터를 버퍼와 복수 병렬 자원들이 없는 프로세스 흐름도로서 모형화하였다([그림 10.1] 참조). 만약 3개의 외상 병실이 이용 가능하다면(물론 일 해줄 직원들도 함께), 최대 3명의 환자가 프로세스 상에 있을 수 있다. 3개의 병실이 모두 이용되면 외상센터는 지역 응급 시스템에 우회 상황임을 알려야 한다. 즉, 이 시간에 외상치료를 필요로 하는 환자들은 그 지역의 다른 병원으로 옮기게 된다.

우리가 분석한 외상센터는 연간 약 2000건 정도를 다루고 있다. 우리의 분석에서는 새로운 환자가 평균적으로 매 3시간마다 도착하는 늦은 밤 시간대에 초점을 맞춘다. 교통이 밀리는 시간대와 늦은 밤 시간은 외상센터의 가장 바쁜 시간대에 속한다. 이는 많은 사건들이 교통사고(음주로 유발된 교통사고는 저녁에 일어나는 경향이 있다.)나 폭행 사건의 피해자(특히 여름철, 저녁시간에 많은 폭행 사건이 발생한다.)로 구성되기 때문이다. 그러므로, $a=3$시간마다 환자가 들어오며 평균적으로 $p=2$시간 동안 환자는 외상센터에서 치료를 받은 후 나가게 된다. 여기서 우리는 외상센터 병실은 자원이며, 필요시 모든 3개의 병실에서 일할 수 있는 충분한 인원이 있다고 가정한다. 만약 3개의 외상센터 병실이 사용 가능하다고 했을 때, 외상센터의 처리능력은 다음과 같다.

$$\text{처리능력} = \frac{\text{자원의 수}}{\text{서비스 시간}} = \frac{3}{2\text{시간/환자}} = 1.5\text{환자/시간}$$

들어오는 환자가 불규칙하게 도착하기 때문에 우리는 지수분포의 도착간격을 쓰게 되고 결과적으로 변동계수(CV_a)는 1이 된다. 이러한 경우에 서비스 시간의 변동계수는 1보다 크다(많은 의료적 상황이 상당히 높은 변동성을 가지는 것으로 알려져 있다). 그러나 아래에서 알 수 있듯이, 다음 계산은 서비스 시간 변동성에 좌우되지 않으면서 어떤 서비스 시간 분포에서도 사용할 수 있다.

우리는 다음과 같은 성과 측정치 분석에 관심이 있다.

- 외상센터는 개원시간의 몇 %가 우회 상황에 있는가? 다시 말해, 몇 명의 환자가 병원외상센터의 3개 병실이 만원임으로 인해 다른 곳으로 옮겨지게 되는가?
- 외상센터의 흐름률은 얼마인가? 즉, 몇 명의 환자가 매 단위시간(예를 들면 하루) 동안 치료를 받게 되는가?

이 분석에서 가장 어렵고도 중요한 단계는 프로세스 내에 m명의 환자가 있을 확률(P_m)을 구하는 것이다. 이 확률은 특히 중요한데, 왜냐하면 m명의 환자가 외상센터에 있을 때, 센터는 전에 있던 환자를 퇴원시키기 전까지는 도착하는 환자를 다른 곳으로 보내야 하기 때문이다. 모든 m명의 서버가(server) 바쁠 확률인 P_m은 다음과 같은 두 가지 변수에 의해 좌우된다.

- 내재활용률(implied utilization). 만약 몇몇 환자들이 프로세스에서 받아들여지지 않는다면(그래서 결국 산출량에 기여할 수 없다면), 우리는 처리능력이 수요($1/a$)를 초과한다는 조건을 더 이상 유지할 필요가 없다. 이 가정은 이전 장에서는 필요했는데, 그렇지 않았다면 대기행렬이 "폭발" 했을 것이다. 수요가 많을 경우에 자동으로 프로세스를 닫는 시스템에서는 이런 식의 폭발은 일어나지 않는다. 그러므로, 이제 아래의 u는 100% 초과하는 활용률의 경우까지를 포함한다. 이는 우리가 활용률(흐름률/처리능력) 대신에 내재활용률(수요률/처리능력)을 말하는 이유이다.
- 자원의 수(외상센터 병실) m.

  내재활용률을 계산함으로써 분석을 시작해 보자.

$$u = \frac{\text{수요률}}{\text{처리능력}} = \frac{0.3333\text{환자/시간}}{1.5\text{환자/시간}} = 0.2222$$

내재활용률 u와 자원의 숫자 m을 바탕으로, 우리는 다음의 방법으로 모든 m명의 서버들이 바쁠 확률(P_m)을 구할 수 있다. $r=u\times \text{m}=p/a$로 정의하면 $r=0.67$이 된다.

우리는 부록 B에 나와 있는 얼랑손실공식표(Erlang loss formula table)를 이용해 모든 m 자원이 사용 중이어서 새로 도착하는 고객이 거절될 확률을 구할 수 있다. 먼저 도착간격에 대한 서비스 시간의 비율($r=0.67$)이 나타나는 행을 찾고, 그 다음으로 자원의 수를 나타내는($m=3$) 열을 찾는다. 행과 열의 교차점에 나타나는 확률은 다음과 같다.

$$\text{Probability}\{\text{모든 } m \text{ 서버가 바쁠 확률}\} = P_m(r) = 0.0255(\text{얼랑손실공식})$$

표 10.2 부록 B로부터 Erlang Loss Table을 이용한 $P_m(r)$ 확률 구하기

얼랑손실공식표							
		m					
		1	2	3	4	5	6 . . .
	0.10	0.0909	0.0045	0.0002	0.0000	0.0000	0.0000
	0.20	0.1667	0.0164	0.0011	0.0001	0.0000	0.0000
	0.25	0.2000	0.0244	0.0020	0.0001	0.0000	0.0000
	0.30	0.2308	0.0335	0.0033	0.0003	0.0000	0.0000
	0.33	0.2500	0.0400	0.0044	0.0004	0.0000	0.0000
r	0.40	0.2857	0.0541	0.0072	0.0007	0.0001	0.0000
	0.50	0.3333	0.0769	0.0127	0.0016	0.0002	0.0000
	0.60	0.3750	0.1011	0.0198	0.0030	0.0004	0.0000
	0.67	0.4000	0.1176	0.0255	0.0042	0.0006	0.0001
	0.70	0.4118	0.1260	0.0286	0.0050	0.0007	0.0001
	0.75	0.4286	0.1385	0.0335	0.0062	0.0009	0.0001
	...						

그러므로 외상센터는 평균적으로 개원시간의 2.5%, 하루로 치면 약 0.6시간, 한 달로 치면 약 18시간 우회 상황에 있게 된다. 도착간격 대비 서비스 시간의 비율 r과 자원의 수 m이 모든 서버가 바쁠 확률에 미칠 영향을 설명하기 위하여 다음과 같은 설명을 참고하라.

- 확률 $P_m(r)$와 그에 따른 분석은 서비스 프로세스의 변동계수를 필요로 하지 않는다. 분석은 오직 지수분포의 (실제적인) 도착간격인 경우에만 적용될 수 있다. 그러므로, 우리는 암묵적으로 도착 프로세스의 변동계수가 1이라고 가정한다.
- 부록 B 표의 기본이 되는 공식은 Agner Krarup Erlang의 작업에 의한 것이다. 그는 우리가 이전 장과 이번 장에서 사용한 많은(대부분이 아니라면) 모델들을 발명한 덴마크 엔지니어이다. 이 모델들은 그의 고용주와 코펜하겐 전화 교환국을 위하여 이용되었다. 이러한 상황에서 도착고객은 전화선이 이용 가능한지 그렇지 않은지에 상관없이 걸려오는 전화이다. 전화선이 이용 가능하지 않은 경우에 전화(call)가 손실이 되고, 이것이 또한 그 공식이 얼랑손실공식(erlang loss formula)으로 알려진 이유이다.
- 부록 B의 시작 부분에, 우리는 얼랑손실공식표의 근간이 되는 공식을 제시해 놓았다. 우리는 그 공식으로, 주어진 도착간격 대비 서비스 시간 비율 r과 자원의 수 m을 이용하여 직접적으로 확률 $P_m(r)$을 구할 수 있다.

모든 병실이 이용될 확률뿐만이 아니라, 우리는 또한 몇 명의 환자가 다른 센터로 우회될 것인지도 구할 수 있다. 외상 치료에 대한 수요가 병원의 우회 상황과는 상관없이 독립적으로 $1/a$씩 발생하므로, 우리는 다음과 같은 흐름률을 얻을 수 있다.

$$\text{흐름률} = \text{수요률} \times \text{모든 서버가 바쁘지 않을 확률}$$
$$= 1/a \times (1 - P_m) = 1/3 \times 0.975 = 0.325\text{환자/시간}$$

유사하게, 우리는 1/3×0.025=0.0083환자/시간=0.2환자/일 만큼을 우회시킨다.

외상센터의 사례는 어떻게 프로세스 내에 초과 처리능력을 둠으로써 변동성에 대처해야 하는지를 보여주는 또 다른 예이다. 높은 고정비용의 환경에서 단지 22%의 활용률은 관리자에게 있어 악몽이나 마찬가지다. 그러나 고객에 대한 대응이 중요한 프로세스를 관리하는 사람들에게 있어서 절대적인 활용률 숫자는 언제나 조심스럽게 다루어져야만 한다. 외상센터의 역할은 활용률 최대화가 아닌 도움이 필요한 사람을 돕고 궁극적으로는 생명을 구하는 것이다.

위에 제시된 공식 중 가장 주요한 이점은 프로세스의 변화가 구급차 우회 상황에 어떻게 영향을 끼치는지 빠르게 구해낼 수 있다는 것이다. 예를 들어, 우리는 활용률의 증가로 초래된 우회 확률을 구할 수 있다. 이런 계산은 우회빈도와 흐름률(예, 매 달 치료받은 환자의 수)을 예측하는 데에도 중요하다.

예를 들어, 활용률이 50%라고 가정해 보자. 도착률이 상당히 증가하였을 경우, 다음과 같은 결과가 벌어질 수 있을 것이다(예를 들어, 같은 지역에 있는 한 큰 외상센터가 재정적인 문제로 문을 닫는 경우).

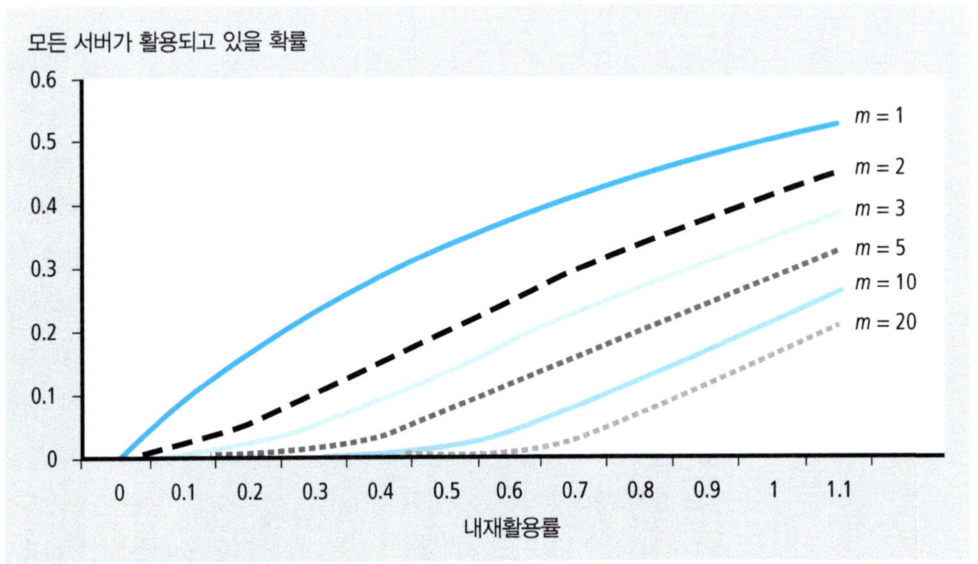

그림 10.2 내재활용률 vs. 모든 서버가 이용중일 확률

정리 10.1  **얼랑손실공식 이용하기**

1. $r=p/a$임을 정의한다. 여기서 p는 서비스 시간, a는 도착간격을 뜻한다.
2. 부록 B에 있는 얼랑손실공식표를 이용하여 모든 서버가 바쁠 확률을 구한다.

$$\text{Probability}\{\text{모든 } m \text{ 서버가 바쁠 확률}\}=P_m(r)$$

3. 다음을 기초로 하여 흐름률을 구한다.

$$\text{흐름률}=\text{수요률}\times\text{모든 서버가 다 바쁘지는 않을 확률}$$
$$R=1/a\times(1-P_m)$$

4. 손실된 고객의 수를 다음과 같이 구한다.

$$\text{손실 고객 수}=\text{수요률}\times\text{모든 서버가 바쁠 확률}$$
$$=1/a\times P_m$$

증가된 내재활용률을 바탕으로 하여, $u=0.5$, 그리고 외상 병실수가 똑같은 $m=3$일 때, 우리는 $r=u\times m=1.5$임을 구할 수 있다. 그 다음 얼랑손실공식표에서 모든 서버 m이 바쁠 확률 $P_m(r)$을 구하면 다음과 같다.

$$P_3(1.5)=0.1343$$

그러므로 이 증가된 활용률의 경우에 구급차 우회 상황 시간은 총 개원시간의 13%가 넘는다. 이는 매달 약 100시간의 구급차 우회 상황에 해당한다.

[그림 10.2]는 내재활용률의 수준과 프로세스가 더 이상 도착하는 수요를 수용할 수 없을 확률과의 관계를 보여준다. 이 그림에서 보이듯이, 대기시간 문제와 유사하게, 손실 시스템에는 상당한 규모의 경제가 존재한다. 병실이 하나($m=1$)이고 활용률이 50% 일 때는 우회상황에 처할 확률이 30%지만, 병실이 3개($m=3$)가 있다면 13%, 10개($m=10$)라면 2%보다 작다.

[정리 10.1]은 얼랑손실공식에 필요한 계산을 요약한 것이다.

10.4 인내심 없는 고객과 산출 손실

이전 장에서는 고객(flow units)들이 대기행렬에서 자신들이 서비스를 받을 차례가 될 때까지 인내심을 갖고 기다리는 경우에서의 프로세스를 분석하였다. 이와는 대조적으로, 외상센터의 사례에서 우리는 고객들이 결코 기다리지 않고 모든 서버가 바쁠 때 환자는 즉시 잃어버리는 고객이(다른 병원으로 이송) 되는 프로세스를 분석하였다.

한편으로는 대기시간 문제이고 또 다른 면에서는 손실 문제인 이 두 가지 경우는 모두 중요하나, 프로세스 성과에 변동성이 미치는 영향에 관한 한 이 두 경우는 매우 극단 적인 사례들이다. 여러분들이 마주칠지도 모를 실제 재미있는 응용 사례는 이들 두 극단적인 경우 사이 어딘가에 존재한다. 자세히 분석하지 않는다 할지라도, 최소한 이러한 중간쯤의 사례들을 개념적으로라도 다루 어보는 것은 중요하다.

첫 번째 중요한 중간 사례는 서비스를 기다리는 고객의 수에 제한이 있는 버퍼를 가진 경우에서의 대기문제이다. 버퍼 크기의 제한은 다음과 같은 상황에서 발생될 수 있다.

- 콜센터에서는 동시에 대기할 수 있는 통화의 최대량이 정해져 있다. 만약 모든 전화선이 사용 중일 경우에 전화하는 고객은 통화 중 신호를 듣게 될 것이다(즉 그들은 자동응답 음악조차 듣지 못할 것이다). 이와 비슷하게, 드라이브 쓰루(drive through) 레스토랑 앞의 줄을 생각해 본다면 레스토랑 앞에 줄을 설 수 있는 차량들의 최대수가 존재하며, 이 최대 수에 도달했을 때 차량들은 더 이상 줄을 설 수 없다.
- 리틀의 법칙(Little's law)의 결과로써, 만약 줄을 서 있는 고객의 수가 곧 기대대기시간(expected wait time)으로 옮겨진다고 볼 때, 이는 곧 대기행렬의 숫자(limit)가 고객들이 기꺼이 기다릴 수 있는 시간의 최댓값을 반영한다. 예를 들어 극장 앞에 서 있는 줄을 보는 고객들은 기대대기시간이 영화를 보기 위해 기다리기에는 너무 길다라고 단순히 결정할지도 모른다.

비록 이 책에서 이러한 문제들을 다루지는 않지만, 이러한 유형의 문제를 분석하는

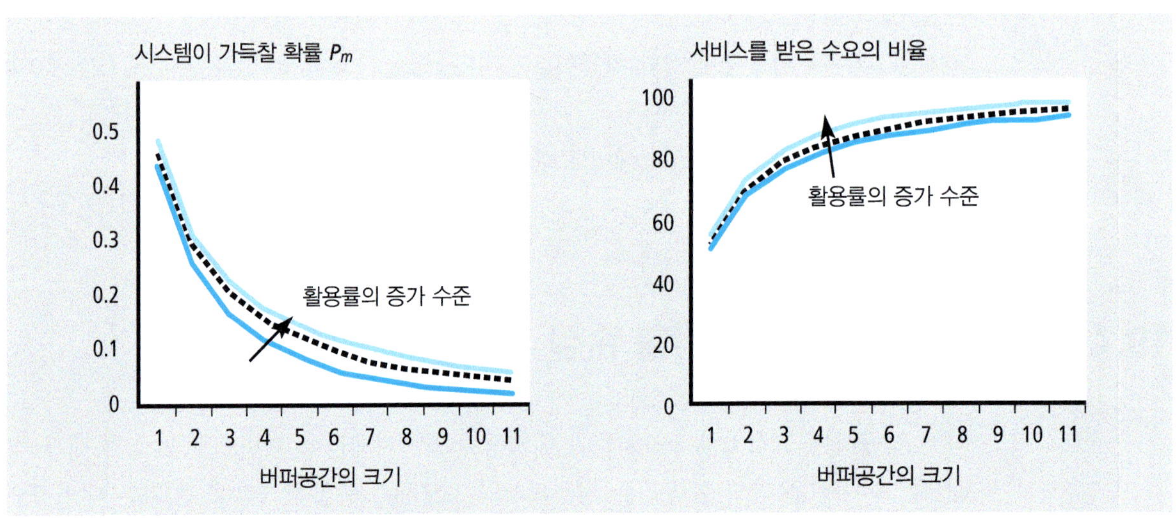

그림 10.3 단일 서버의 경우, 다양한 내재활용률 수준에서의 확률 P_m과 프로세스의 산출량에 버퍼의 크기가 미치는 영향

수학적 모델이 있으며 최대 버퍼량이 주어진다면, 일반적인 성과측정의 수단인 재고, 흐름률 그리고 대기시간을 구할 수 있다(Hillier and Liebermann (2002) 참조).

[그림 10.3]은 단일 서버의 경우에 이용 가능한 버퍼의 수와 버퍼가 가득할 확률과의 (즉, 프로세스가 들어오는 고객을 더 이상 받지 못할 확률) 관계를 보여준다. 우리가 볼 수 있듯이 이 확률은 우리가 더 많은 버퍼 공간을 추가함에 따라 빠르게 감소한다. 활용률의 수준이 증가함에 따라 그래프가 위로 이동하는 것을 주목하라. 이것들은 앞 장들로부터의 직관과 일치한다.

이러한 시스템의 산출량은 다음과 같이 구할 수 있다.

(1−모든 버퍼가 가득 찰 확률)×수요율

그러므로 [그림 10.3]을 산출손실로도 해석할 수 있다. [그림 10.3]의 오른쪽 부분은 버퍼 크기가 산출량에 미치는 영향을 보여준다. 변동성이 없다는 가정하에서 단일 서버가 90%의 활용률을 달성할 수 있는 산출량과 비슷한 정도의 산출량을 달성하는 데는 10개 이상의 버퍼가 필요하다.

두 번째 다룰 대기와 손실 문제의 중간 정도 사례는 첫 번째 사례와 비슷하지만 고객들이 항상 시스템에 들어는 간다는 점에서 다르다(아예 들어갈 수 없던 것과는 다르게). 물론 들어갔다가 기다리는 데에 지쳐 떠나버릴 수도 있지만 말이다. 이를 전문용어로 말하자면 "고객이 줄 서기를 포기한다(Customers abandon the queue.)"나 "고객이 이탈한다(customers balk)"라고 한다. 이러한 사례는 대기시간이 긴 콜센터에서 흔히 볼 수 있다. 그러나 이전 장에서 논의된 An-ser 콜센터에서 보았듯이 짧은 목표대기시간과

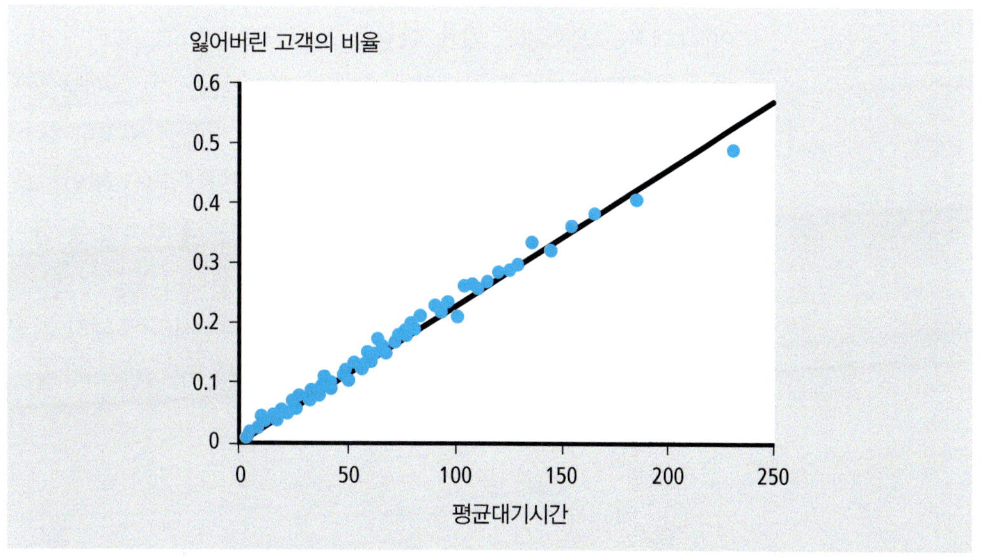

그림 10.4 대기시간이 고객 손실에 미치는 영향

높은 서비스 수준을 제공하는 콜센터의 경우 "고객의 줄 서기 포기" 현상은 드문 편이다(이러한 이유로 고객이 줄 서기를 포기하는 경우에 대한 대기행렬 분석을 고려하지 않았다).

[그림 10.4]는 Gans, Koole, and Mandelbaum이 2003년에 모은 대기시간이 길 때의 콜센터 자료의 예이다. 그림의 수평축은 고객이 직원과 통화를 하기 전까지 기다려야 하는 시간을 보여주며, 수직축은 서비스를 받지 못하고 전화를 끊어버린 고객들의 백분율을 보여준다. 오래 기다릴수록 많은 수의 고객들이 참지 못하고 전화를 끊어 고객을 놓치는 비율이 점점 더 커지는 것을 볼 수 있다.

이 두 가지 중간 사례들, 제한된 버퍼 공간과 포기하는 고객들에 대한 세 가지 형태의 개선책이 있다.

- 대기시간을 줄여라. 앞선 분석과 비슷하게, 우리가 대기시간을 줄이기 위해 할 수 있는 어떤 것이든 (처리능력을 잘 선택하는 것, 변동성을 줄이는 것 등) 참을성 없는 고객들로 인해 잃게 되는 손실을 줄이는데 도움이 된다.
- 버퍼에 있을 수 있는 고객의 최대 수를 증가시켜라. 이는 실제 버퍼의 크기를 변경하거나 (공간을 더 확보한다거나 전화기를 더 구입함) 기다리려 하는 고객의 의지를 증가시킴으로써 달성될 수 있다.
- 이미 기다리던 고객들이 떠나는 일이 없도록 하라. 이미 기다리던 고객들이 떠나는 것은 고객들이 기다리지 않고 즉시 떠나는 것보다 훨씬 더 좋지 않다. 따라서 가능한, 이런 상황이 발생하지 않도록 하는 것이 중요하다. 이를 달성하기 위한 한 방법은 고객에게 의미 있는 일을 할 작업을 줌으로써(예, 어떤 정보에서 핵심이 되는 것을 알려주던지 또는 실제 서비스 시간을 줄이는 것을 도와주던지) 또는 기다리는 것이 그다지 고통스럽지 않게 환경을 조성함으로써(예, 엘리베이터 앞에 거울을 설치하여 기다리는 시간을 지루하지 않게 느끼게 하는 것) 고객들에게 인식되는 대기 지속시간을 줄이는 것이다. 물론, 엘리베이터에 거울을 설치하거나 콜센터에서 음악을 트는 것만으로는 모든 문제를 해결할 순 없지만 이러한 방안들은 보통 비용이 상대적으로 저렴하다. 비용이 많이 들지 않으면서도 더 의미 있는 한 방법은 고객에게 기대 대기시간을 알려 주는 것이다(예, 몇몇 콜센터나 디즈니랜드 테마파크에서 행해지는 것처럼). 이런 방법으로 고객들은 기다리는 시간에 대한 기대치를 가지게 되고, 줄을 설 것인지 서지 않을 것인지(디즈니 경우), 아니면 기다리는 동안 다른 용건을 해결할 것인지를 결정할 수 있다(콜센터 경우).

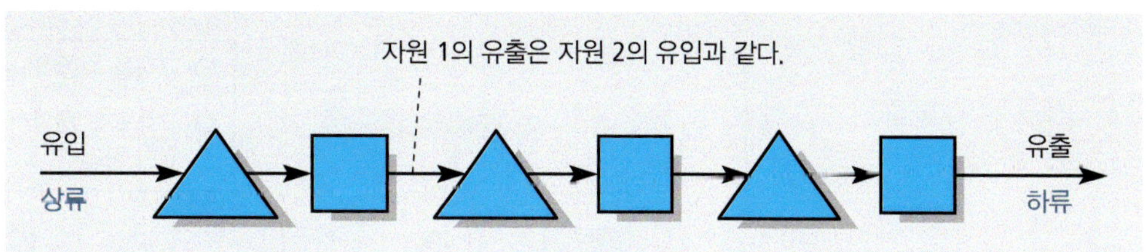

그림 10.5 세 개의 자원을 가진 직렬대기행렬 시스템

10.5 편동성을 가진 여러 자원들이 직렬로 있는 경우

단 하나의 자원으로 이루어진 극히 단순한 프로세스에서의 변동성 및 변동성이 프로세스 성과에 미치는 영향에 대해 분석했으니 이제 더 한층 복잡한 프로세스 흐름도의 분석으로 범위를 넓혀 보고자 한다.

구체적으로 말하자면, [그림 10.5]의 프로세스 흐름도에서 묘사되는 것과 같은 직렬 자원을 분석할 것이다. 이런 프로세스들은 제조업이나 서비스 환경에서 흔하게 볼 수 있는 것들이다.

- 앞서 4장에서 분석한 킥 스쿠터 조립 프로세스는(변동성을 무시한) 직렬로 연결된 다양한 자원으로 이루어져 있다.
- 여러 자원이 직렬로 서비스 프로세스에 존재하는 한 예로 대부분의 미국 공항에서 볼 수 있는 입국수속 프로세스가 있다. 미국에 도착한 여행객들은 먼저 출입국 관리소에 가서 절차를 통과한 후에 세관 신고창구에 가서 줄을 서게 된다(4장 참조).

이러한 프로세스를 분석하는 데 있어 복잡한 요소로 작용하는 것은 연속된 자원들이 상호독립적으로 일들을 수행하지 않는다는 것이다. 첫 번째 자원의 출발(departure) 프로세스가 두 번째 자원의 도착프로세스가 되고, 이러한 과정이 계속되는 것이다. 그러므로 두 번째 자원의 도착 프로세스의 변동성은 첫 번째 자원의 도착 프로세스의 변동성과 서비스 프로세스의 변동성에 의해 좌우된다. 이 얼마나 혼란스러운가!

이처럼 직렬대기행렬(tandem queue)이라고도 불리는 이러한 프로세스와 관련된 분석적 어려움을 해결할 수 있는 우리의 능력과는 별개로, 우리는 이와 같은 프로세스가 어떻게 행동하는지 몇 가지 기본적인 생각들을 소개하기 원한다.

버퍼들의 역할

인내심이 없는 고객들과 제한된 버퍼 처리능력의 사례에서 보았던 것과 비슷하게([그림

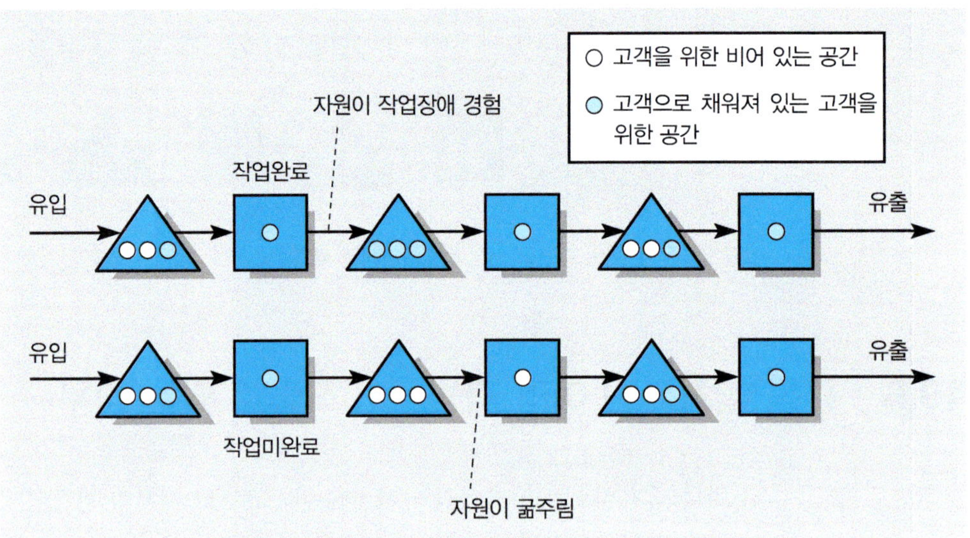

그림 10.6 대기시간이 고객 손실에 미치는 영향

10.3]), 버퍼들은 프로세스의 흐름률을 향상할 수 있는 잠재력을 지니고 있다. 단일 자원의 경우에서 버퍼는 들어오는 고객이 시스템에 수용되지 않을 확률을 감소시켜 흐름률을 증가시켜 주는 반면 직렬대기행렬에서의 버퍼의 영향은 좀 더 복잡하다. 직렬대기행렬을 살펴보면, 우리는 흐름률을 감소시키는 두 가지 이유를 [그림 10.6]처럼 식별해 낼 수 있다.

- 다음 단계의 자원 앞에 버퍼 공간이 더 이상 남아 있지 않을 때 현재의 자원은 자신이 이미 작업을 끝낸 고객을 내보낼 수 없고 이럴 때 바로 작업 장애를 경험하게 된다(blocked).
- 어떤 자원의 버퍼가 비어 있어 이 자원이 놀고 있을 때 이 자원은 굶주리게 된다(starved).

이 장의 처음 부분에서 논의된 외상센터의 예에서 작업 장애(blocking)가 구급차 우회를 야기한 가장 중요한 근본 원인이다. 외상 외과 의사가 환자를 외상 병실에서 치료하는 데에 걸리는 시간은 평균적으로 단지 한 시간 정도이다. 하지만, 환자들은 외상 병실에서 중환자실의(Intensive Care Unit: ICU) 침대가 이용 가능해질 때까지 평균적으로 한 시간을 더 기다린다. 이러는 동안 외상 병실은 새로 들어온 환자들을 위하여 이용될 수 없게 되고, 또한 가득한 중환자실 때문에 외상센터에 작업 장애가 발생한다. 위에서 언급된 만원을 이루는 응급실과 구급차 우회 상황에 대한 일반 회계 당국(General Accounting Office)의 연구에 따르면 중환자실 침대의 이용 가능성이 구급차 우회여부를

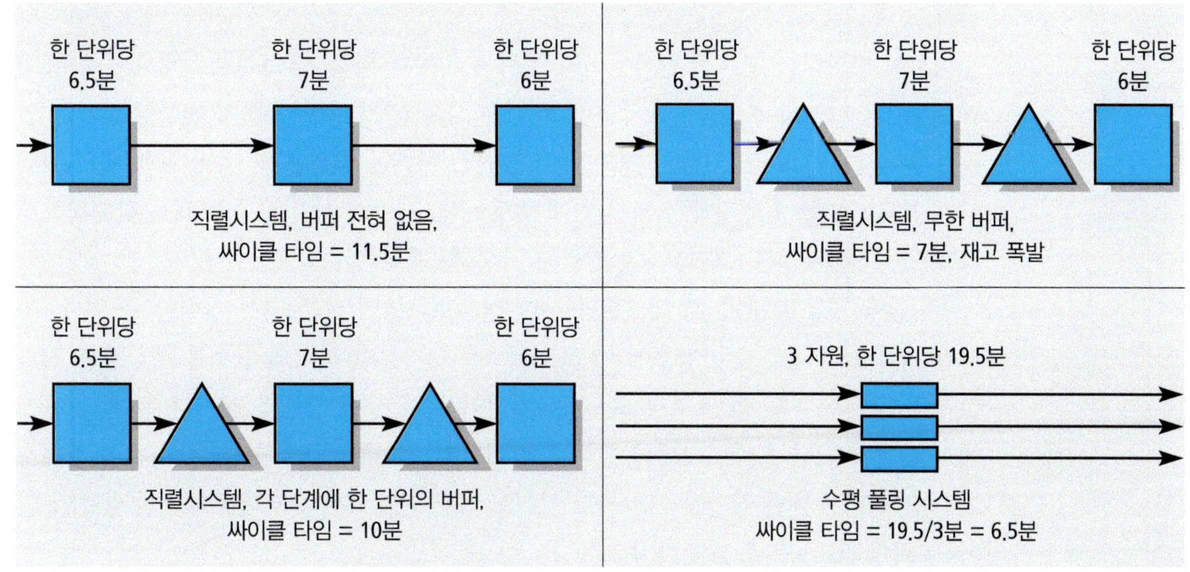

그림 10.7 한 대기행렬시스템의 4가지 가능한 구조에 따른 흐름률 비교(시뮬레이션을 이용하여 계산된 사이클 타임)

결정하는 가장 큰 이유이다.

여기서 작업 장애의 효과가 한 자원에서 상류 부문의 추가 자원들에게까지 눈덩이처럼 커질 수 있다는 것을 이해하는 것이 중요하다. 이것은 위에서 요약된 병원 시설의 예에서 잘 설명될 수 있다. 오전 11시경에 일반 병실에서 퇴원하기로 되어있는 환자를 생각해 보자. 하지만 이 환자가 가족에 의해서 동반되기를 원한다면 그는 저녁 5시에 퇴원할 수 있게 될지도 모른다. 결과적으로 그 환자가 쓰던 침대는 중환자실 병실에서 옮겨올 환자는 물론이고 새로 들어올 환자가 사용할 수 없게 된다. 그리고 이번에는 중환자실을 떠나려고 하던 환자는 중환자실을 떠나지 못하고 자기가 쓰던 중환자실 침대에서 기다려야 한다. 그리고 당신이 생각하는 것처럼, 이번에는 중환자실로 옮겨져야 하는 외상센터 병실의 환자 또한 그냥 외상센터 병실의 침대에 있어야 한다. 따라서 버퍼 공간이 제한될 경우 프로세스 안의 모든 자원들은 서로 상호 의존적이 된다. 이러한 이유로 이 책는 이러한 상호 의존성을 회피하도록 경영진을 도와주는 용도로서의 버퍼를 완충재고(decoupling inventory)라 정의했다(2장 참고).

작업 장애 및 굶주림 현상은 버퍼를 증가시킴으로써 쉽게 피할 수 있다. 버퍼는 하류부문이 굶주리는 것을 방지하기 위해 충분한 수의 고객을 보유할 수 있어야 한다. 동시에 상류부문의 자원이 작업 장애를 경험하는 것을 방지하기 위해 충분한 공간을 확보하고 있어야 한다. 최근 여러 병원에서는 퇴원해도 되는 환자들을 위한 퇴원실이라는 것을 시도해 보았다. 이와 같은 프로세서의 마지막 단계(건강한 환자)는 만원이 되어버린 외상센터의 상황으로 인해서 새로이 들어오는 외상환자가 우회될 확률을 줄이는 역할을 한다.

새로이 도착하는 고객을 받아들이지 못하는 확률과 더불어, 프로세스에서 중요한 성과측정치는 여전히 흐름률이다. [그림 10.7]은 시뮬레이션을 사용하여 변동성을 갖고 있는 3가지 자원의 4가지 가능한 배치를 비교한다. 이러한 상황은 각 서버에 한 명의 직원이 배치되어 있는 작업자 중심의 라인에 해당한다. 서비스 시간은 한 고객을 작업하는데 각각 평균 6.5분, 7분, 그리고 6분 걸리는 지수분포를 취한다.

평균값을 기초로 했을 때 매 7분당 하나 정도로 생산한다는 것을 기대할 수 있다. 하지만 버퍼가 하나도 없는 경우에 이 프로세스는 11.5분당 하나의 단위를 생산하는 결과를 낳는다(왼쪽 위). 이 프로세스는 병목지점이 자주 작업 장애를 겪거나(두 번째 단계에서 작업이 끝난 고객이 3번째 단계로 넘어가지 못해서), 굶주려서(두 번째 단계에서 그 다음 고객에 대한 작업을 시작하고 싶어도 상류 단계로부터 고객을 넘겨받을 수가 없어서) 최대 처리능력을 발휘하지 못한다.

만약 이 프로세스에 버퍼가 도입된다면 흐름률은 향상된다. 병목지점 앞뒤에 단 하나의 버퍼만 허용하여도 산출량을 10분당 한 단위로 끌어올릴 수 있다(왼쪽 아래). 버퍼에 제한을 두지 않는다면, 이 과정은 7분당 한 단위인 기대 흐름률을 가질 수 있다(오른쪽 위). 하지만, 첫 번째와 두 번째 단계 사이에서 버퍼 양이 빠르게 증가할 것이라는 것도 관찰할 수 있다.

마지막으로, [그림 10.7]의 오른쪽 아래의 그림은 "버퍼 아니면 서퍼"의 개념과는 다른, 흐름률을 회복시킬 수 있는 다른 방법을 제시한다(사실, 오른쪽 아래의 그림에서의 흐름률이 오른쪽 위의 경우보다 약간 크다). 세 개의 활동을 하나의 활동으로 합친다면 작업 장애와 굶주림을 완전히 제거할 수 있다. 이러한 개념을 "수평 풀링(horizontal pooling)"이라고 하는데, 이전 장에서 살펴본 바 있듯이 동일한 활동들과 그들의 도착 흐름을 합치는 개념과 유사하기 때문이다. 또한 수평 풀링과 4장에서 살펴본 작업 셀이라는 개념과의 유사점도 좀 더 관찰할 수 있다.

재고비용과 7장에서 살펴볼 재고의 품질에 미치는 유해한 영향을 고려해 볼 때, 우리는 프로세스상의 어디에 그리고 얼마만큼의 재고(버퍼 공간)를 허용할 것인가에 대해 결정하는 것에 매우 주의할 필요가 있다. 병목이 프로세스의 흐름률을 제한하는 제약조건이기 때문에(충분한 수요가 있다고 가정할 때) 병목이 작업 장애를 경험하거나 굶주리는 것을 피해야 한다. 결과적으로 버퍼는 병목지점 바로 전후에 두는 것이 특별히 도움이 된다.

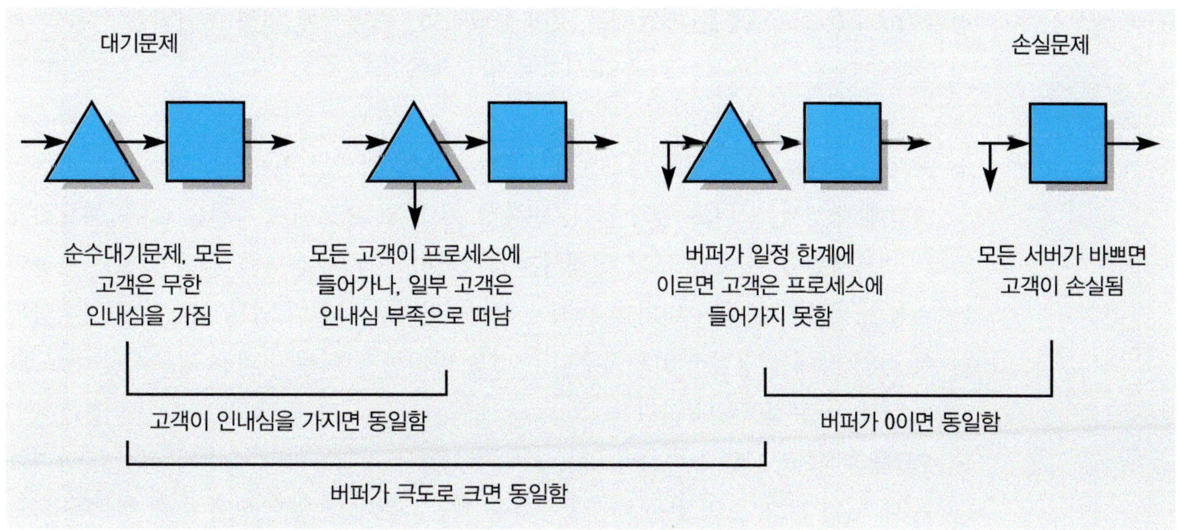

그림 10.8 다른 종류의 변동성 문제

10.6 요약

변동성은 재고와 대기시간에 영향을 줄 뿐만 아니라 잠재적으로 산출량의 손실을 야기한다. 이 장에서 우리는 버퍼가 없는 복수 병렬 자원으로 구성된 가장 단순한 손실 시스템의 사례를 소개하고 분석하였다. 이러한 사례에 관련된 중요 계산은 얼랑손실공식에 기초하여 수행될 수 있다.

그런 다음 우리는 고객이 잠재적으로 기다리기는 하지만 참을성이 없어 산출에 손실이 발생할 수 있는 사례로 논의를 확장하였다.

[그림 10.8]은 우리가 논의하고 적어도 부분적으로라도 분석한 다양한 종류의 시나리오에 대한 개요를 제시한다. 그림의 가장 왼쪽은 대기시간 문제이고 가장 오른쪽은 이 장의 처음에 소개한 버퍼가 없는 손실 시스템(얼랑 손실 시스템)이다. 인내심이 부족한 고객의 중간 정도의 사례는 그 사이 지점에 위치한다. 이 네 가지 프로세스 유형은 상당한 유사점을 가지고 있다. 예를 들어 제한이 있지만 큰 버퍼 사이즈를 가진 대기행렬 시스템은 순수 대기행렬 문제와 매우 유사하게 작동한다. 이와 비슷하게, 버퍼의 크기가 점점 0에 가까워짐에 따라 시스템의 행동은 순수 손실 시스템의 행동에 가까워진다. 마지막으로 직렬로 연결된 여러 자원의 경우를(직렬의 대기행렬을 형성) 살펴보았다.

경영 관점에서는 가능한 한 변동성을 줄이는 것이 주요 목표이다. 표준화와 직원 교육을 통해서 서비스 시간의 변동성을 줄이자는 개념을 포함해 9장에서 논의했던 모든 개념은 여전히 적용된다.

하지만 변동성을 완전히 줄일 수 없으므로 남아있는 변동성을 수용할 수 있을 만큼 강건한 (robust) 프로세스를 개발하는 것이 중요하다. 변동성에 의해 야기되는 산출의 손실 문제를 다루기 위해서는 다음의 사항을 명심해야 한다.

- 버퍼를 사용하라. 이 책의 다른 어느 곳에서도 이 장만큼이나 "버퍼 아니면 서퍼"의 개념에 대해서 잘 나와 있지 않다. 변동성으로부터 프로세스 자원을, 가장 중요하게는 병목자원을, 잘 보호하기 위해서는 [그림 10.7]의 예에 나와 있는 엄청난 산출의 손실을 피하기 위하여 버퍼를 늘려야 한다. 직렬로 자원이 있는 시스템에서는 병목이 작업 장애를 경험하거나 굶주리는 것을 방지하기 위해 버퍼를 병목지점 바로 앞과 뒤에 두는 것이 필요하다.
- 수요를 추적하라. 고객 손실이 있는 프로세스에서 처리능력과 관련된 결정을 관리하는 데 있어 가장 큰 도전은 내재활용률을 계산하는데 필요한 실제 수요 정보를 모으는 것이다. 이것은 왜 어려운가? 프로세스가 만원이어서 새 고객을 받을 수 없는 상태가 되었을 때(모든 외상 병실이 만원, 콜센터의 모든 라인이 바쁨) 우리는 수요를 잃게 되고 심지어 얼마나 많은 수요를 잃게 되었는지 모른다(예, 수요 정보 역시 잃게 된다). 실제상황에서 흔히 관찰되는 실수는 관리자들이 추가적인 처리능력이 필요한지를 결정할 때 흐름률(매출)과 활용률(흐름률/처리능력)을 이용한다는 것이다. 우리가 전에 논의했던 것처럼, 활용률은 정의에 의하면 100% 이하이다. 결과적으로, 활용률 측정치는 언제나 충분한 처리능력이 있다는 느낌을 준다. 정말 중요한 측정치는 수요를 처리능력으로 나눈 것이며(내재활용률), 이것이 만약 충분한 처리능력이 있다면 수요가 얼마 일지를 드러낸다.
- 배경 작업(background work)을 이용하라. 대기시간문제와 관련해서 논의했던 것과 유사하게, 외상센터의 상황에서 논의된 것과 같은 낮은 수준의 활용률 상태로 프로세스를 운영하는 것은 대체로 불가능하다. 대신 우리는 유휴시간을 좀 더 생산적인 방법으로 사용하기 위해 시간적으로 비교적 덜 중요한(time-critical) 작업에 이용할 수 있다. 그러나 이때 조심해야 할 점이 있다. 배경 작업의 역할을 할 수 있으려면 이 배경 작업은 시간적으로 중요 작업과 상충해서는 안 된다. 그러므로 한 단위의 배경 작업 처리를 미루거나 중단시키는 것은 언제나 가능해야 한다. 더욱이 배경 작업이 시간적으로 중요한 후속작업과 같은 자원을 서로 이용하기 위해 경쟁하게 되어서는 안 된다. 예를 들어 사전예약수술(elective surgery)은 (처음 보기에는 병원에서의 배경 작업의 훌륭한 사례가 될 수 있음) 외상 치료 환자들과 중환자실 공간을 서로 확보하려고 경쟁함으로써 구급차 우회를 야기할 수 있다.

심화학습

- 이전 장에서 참조되었던 Gans, Koole, and Mandelbaum(2003)은 고객 손실 패턴면에서 훌륭한 읽을거리이나. 또다시, 우리는 관심이 있는 독자에게 추가적인 계량적인 방법을 위하여 Hillier and Lieberman(2002)과 Hall(1997)을 참조하도록 권한다.

단원연습문제

다음 질문들은 이 장의 이해정도를 확인하는 데 도움을 줄 것이다. 각 질문 뒤의 [ ]는 관련된 해당 절을 나타내고 있다.

"*" 표시가 있는 문제의 해설은 부록 E에 있으며, Connect에서 영상을 참조하기 바란다.

10.1* **(Loss System)** 고객(flow units)이 한 시간당 55개의 수요로 도착한다. 하나의 고객을 서비스하는데 평균 6분이 소요된다. 서비스는 7명의 서버에 의해서 제공된다.

a. 모든 7명의 서버가 이용될 확률은?

b. 매 시간마다 몇 명의 고객이 서비스받는가?

c. 매 시간마다 몇 명의 고객이 손실되는가?

10.2 **(Home Security)** 당신의 친구가 가정보안서비스에 대한 사업 아이디어를 가져왔다. 이 가정보안서비스는 고객이 경보음을 울리면 즉시 모든 5명 보안요원 중의 한 명을 보내거나 또는 모든 5명 보안요원이 다른 경보음에 응대 중인 경우라면 그 경보음을 지역 경찰로 보내는 것을 보장한다. 회사는 시간당 12통의 전화를 받게 되며 이러한 수요는 하루에 고르게 분포되어 있다. 지역경찰은 이 가정 보안회사에 경찰이 응대하는 매 건당 $500을 부과한다. 보안요원이 경보음에 응대하는데 평균 90분이 걸린다.

a. 들어오는 경보음의 몇%가 지역경찰로 전달될까?

b. 이 가정보안서비스 회사는 매달 지역경찰에 얼마를 지불해야 할까?

10.3 **(Video Store)** 작은 비디오 가게는 영화 "Captain Underpants"의 DVD 복사본을 9개 가지고 있다. 자기 자녀를 위해 이 영화를 빌리고자 하는 고객이 하루에 15명 있다. 만약 영화가 모두 대여중이라면 고객들은 다른 가게로 갈 것이다. 고객은 하루 24시간에 걸쳐 고르게(evenly) 온다. 평균대여 기간은 36시간이다.

a. 가게에 온 고객이 이 DVD가 이용 가능하다는 것을 발견할 가능성은 얼마인가?

b. 각 대여료는 $5이라고 가정하자. 이 가게는 이 영화의 대여로 하루에 얼마의 수입을 언는가?

c. 가게에 왔다가 이 영화를 빌리지 못하는 각 아이들은 $1씩을 받는다고 가정하자. 이 가

게는 그 영화를 빌리고자 하는 아이들에게 하루에 총 얼마를 줘야 하는가?

d. 그 영화에 대한 수요가 다음 6개월간도 동일하다고 가정하자. 추가로 그 영화의 복사본 한 개를 $50에 구입한다면 투자를 회수하는 데는 (이자율은 고려하지 말자) 얼마의 시간이 걸릴까? b질문과 관련된 추가수입과 c질문과 관련된 잠재적 비용절감을 고려하라.

10.4 **(Gas Station)** Vermont의 고속도로에 큰 주유소를 경영하는 Mr. R. B.Cheney의 상황을 살펴보자. 오후 시간대에 한 시간당 평균 1,000대의 차가 주유소를 지나가는데 이 중의 2%는 주유를 위해 들른다. 그러나 이 고속도로에는 이 주유소와 비슷한 가격대의 다른 주유소가 여러 개 있어 잠재적 고객들은 기꺼이 기다리려 하지 않고 Cheney의 주요소를 우회한다. 이 가게는 주유를 위한 6개의 공간이 있으며 자동차 한 대가 주유를 마치고 이 공간을 다시 자유롭게 하는데 평균 5분이 걸린다(주유 시간과 고객이 주유소 안으로 들어감으로 야기되는 잠재적인 지연도 포함한다).

a. 모든 6개의 자리가 찼을 확률은?

b. 시간당 몇 명의 고객이 이용하게 될까?

10.5 **(Two Workstations)** 두 단계의 작업장을 거쳐야 하는 프로세스를 생각해 보자. 두 작업장 사이에 버퍼가 존재하지 않는다.

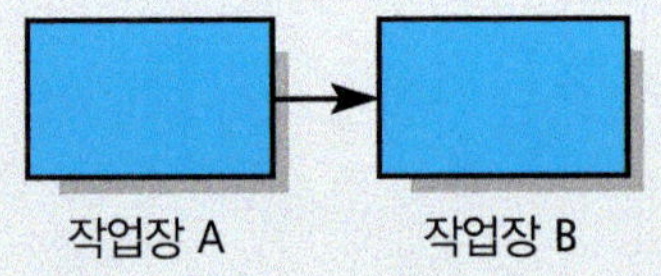

이제 아래의 세 가지 가능한 시나리오를 생각해 보자.

시나리오	A작업장에서의 작업처리시간	B작업장에서의 작업처리시간
시나리오1	5분	5분
시나리오2	5분	4분 또는 6분(같은 확률로)
시나리오3	5분	3분 또는 5분(같은 확률로)

a. 3개의 시나리오 중 어떤 시나리오가 평균적으로 가장 높은 흐름률을 가지는가?

b. 3개의 시나리오 중 어떤 시나리오가 평균적으로 가장 낮은 흐름률을 가지는가?

10.6 **(Xtremely Fast Service Inc.)** Xtremely Fast Service Inc.는 여러 사업장을 가진 콜센터이다. 이 사업장 중의 하나인 Fabulous 4는 현재 4명의 직원을 보유하고 있으며, 이들은 월요일부터 금요일까지 매일 8시간 일을 한다. 이들은 하나의 통신판매 카탈로그 회사를 위하여 고객지원을 제공한다. 고객들은 영업시간 동안 Fabulous 4에 전화를 하고 평균적으로 하나의 전화는 매 3분마다 도착한다고 가정하자(도착간격의 표준편차는 3분이다). 여러분은 이 전화도착패턴에 대한 어떤 계절성(seasonality)도 고려할 필요가 없다. 만약 모든 네 명의 직원들이

바쁘다면 고객들은 대기되는 대신에 다른 사업장으로 연결된다. 각 전화에 대한 서비스 시간이 평균 5분이다.

a. 하나의 들어오는 전화가 Fabulous 4에 의하여 처리되지 않을 확률은?

b. Fabulous 4가 처리하는 각 고객에 대하여 $1을 받는다고 가정하자. Fabulous 4의 하루당 수입은 얼마인가?

c. Fabulous 4는 다른 사업장으로 연결된 모든 전화에 대해 $5를 지불한다고 가정하자. 매일 다른 사업장에 지불되는 돈은 얼마인가?

10.7 **(Gotham City Ambulance Services)** Gotham City AmbulanceServices(GCAS) 8대의 구급차를 가지고 있다. 평균적으로 15분마다 긴급사건이 GCAS에 보고된다(변동계수 1, 어떤 계절성도 없음). 만약 GCAS가 이용 가능한 구급차가 있다면, 즉시 하나를 급파한다. 만약 없다면 그 사건은 이웃 지역의 긴급서비스에 의해 처리된다. 여러분은 이웃 지역에 항상 이용 가능한 구급차가 있다는 것을 가정할 수 있다. 평균적으로 구급차와 그 차의 승무원은 매 전화당 1.5시간 일을 하게 된다(변동계수 1.5). GCAS는 매일 24시간 운영된다.

a. GCAS에 보고되는 긴급사건의 몇 %가 이웃 지역의 긴급서비스에 의해서 처리되는가?

b. 하루 24시간 동안 GCAS가 얼마나 많은 긴급사건을 처리하는가?

c. GCAS는 그곳의 직원을 위하여 운영 절차를 개선했다. 이로 인하여 각 전화당 처리시간의 변동계수가 1.5에서 1.25로 감소되었다. 이 훈련 프로그램이 GCAS에 의해 처리되는 긴급사건의 횟수에 어떻게 영향을 미치는가?

d. 새 규약은 모든 긴급 서비스는 그 서비스 지역에서 보고되는 사건의 적어도 95%를 응대해야 한다고 한다. 이 요건을 충족시키기 위하여 GCAS는 더 많은 구급차를 살 필요가 있는가? 만약 그렇다면 얼마나 많은 구급차가 필요한가? (각 사건 처리에 소비되는 평균시간은 변화지 않는다고 가정하자.)

CHAPTER

11

우선순위가 있는 수요를 위한 일정계획

만약 당신이 영국에 살고 있는데 외과수술을 받아야 한다면, 수술에 필요한 여러 가지 절차들을 환자가 얼마나 오래 기다려야 하는지에 대해 영국 정부가 목표치를 정해 놓았으니 안심해도 된다. 예를 들어, 어떤 병원은 18주 이내에 환자의 90%를 예약하여 수술해야 하는 상황이 발생할 수 있다. 그것은 합리적인 목표처럼 보일지도 모르지만, 그래도 병원이 실제로 수술 예약을 어떻게 하는지에 대해 상당한 자유를 부여하고 있다. 물론 어떤 수술은 지체함 없이 해야 할 필요가 있다: Bruce 삼촌이 심장마비를 일으켰다면 그의 동맥에 스텐트(stent, 혈관 안에 치료 촉진이나 폐색 완화를 위해 넣는 기구)를 즉시 삽입해야 한다. 그러나 슬관절 치환술과 같은 수술의 경우에는 좀 더 유연하게 일정계획이 가능하다: Janet 이모가 이번 주에 무릎 치료를 원한다더라도 주변의 보살핌과 지팡이가 있다면 좀 더 늦게 수술을 받을 수도 있다.

이 장에서는 어떤 작업을 어떤 자원에 할당할지, 그 작업을 언제 배정할지 결정하는 과정인 스케줄링(scheduling)의 활용에 대해 살펴본다. 예를 들어, 작업은 "슬관절 교체", 자원은 "정형외과 의사" 또는 "수술실"이 될 수 있으며, 시간은 "5월 19일 오전 8시"가 된다.

스케줄링이 필요한 다양한 상황들을 살펴보는 것에서부터 시작하자. 분명히 스케줄링은 의료서비스와 관련이 있지만 훨씬 더 광범위하다. 실제로 스케줄링은 분명히 어떤 형태로든 모든 운영 프로세스에 적용되고 있다. 다음으로는, 하나의 자원만 사용하는 가장 간단한 상황에서 어떻게 작업을 스케줄링하는지 배울 것이다. 예를 들어 당신이 부동산 담보대출(mortgage) 심사 담당자라면 내일 아침 당신의 책상에 있는 열 개의 담보대출 신청서 중 어떤 것을 검토할지 결정해야 한다. 당신은 직관적인 선입선출법(FCFS: first-come-first-served)—신청서가 도착한 순서대로 정렬해서 처리하는 방법—을 사용할 수 있다. 그러나, 앞으로 살펴볼 것과 같이 선착순이 아닌 다른 방법을 사용해야 할 이유가 생길 수도 있다.

자원은 하나로 고정해 놓고, 네 가지 서로 다른 방법으로 작업을 스케줄링한다. 첫 번째, 서로 다른 우선순위를 갖는 다양한 유형의 작업들을 어떻게 스케줄링해야 하는지 배운다. 두 번째, 마감일을 갖는 작업을 스케줄링하는 것을 다룬다. 세 번째, 다양한 작업과 서버가 있는 복잡한 프로세스에서 어떻게 일정을 세우는지 생각해 본다. 네 번째, 예약 또는 약속시스템을 통한 스케줄링을 살펴본다. 예약시스템을 설계할 때, 시간구간(time slot)을 정해 놓고 고객들에게 자기가 원하는 시간대를 선택하게 하면 많은 고민이 필요하지 않다고 생각할 수도 있다. 그런 방법도 가능하지만, 효과적인 약속시스템은 몇 가지 중요한 요소들 사이의 균형(trade-offs)을 신중하게 유지해야 한다는 것을 배우게 될 것이다.

11.1 타임라인 스케줄링과 응용 분야

이미 언급하였지만, 다시 한번 강조하자면 모든 스케줄링의 응용에 있어서 기본맥락은 수요를 자원에 일치시키는 것이다: 특정 수요를 충족시키기 위해 특정 자원을 언제 사용할 것인가? 시간에 중점을 두고 있는 스케줄링은 [표 11.1]의 설명과 같이 즉각적인 결정에서부터 10년에 걸친 결정에 이르기까지 실질적으로 다른 기간에 걸쳐 일어날 수 있다.

스케줄링이 서로 다른 시간대의 넓은 범위에 걸쳐 일어날 뿐만 아니라 운영관리에서 널리 구현되고 있다는 것은 놀라운 일이 아니다. 몇 가지를 언급하면 아래와 같다.

프로젝트 관리 대규모의 단발성 프로젝트들은 조정해야(스케줄되어야) 하는 방대한 활동과 자원이 필요하다. 예를 들어 Affordable Health Care Act는 healthcare.gov를 개발할 때 민간기업과 정부 기관이 관리하는 방대하고 다양한 데이터베이스와 소프트웨어 시스템들을 광범위하게 통합해야 했다. Channel Tunnel은 대규모 사회기반시설 프로젝트로서 70억 달러(1985년도 기준)의 비용과 6년의 기간이 필요했다. 스케줄링은 프로젝트의 성공에 결정적이기에 우리는 이 주제를 한 장(章) 전체에 걸쳐 다룬다.

제조 자동차 조립라인은 보통 동일모델의 다양한 버전을 생산한다. 라인에서 네 대에 한 대는 세단이 아닌 해치백이 될 수 있고, 열 대에 한 대는 선루프를 장착해야 할 수도 있다. 자동차의 제조순서를 스케줄링하는 것은 조립라인의 균형에 영향을 미칠 뿐만 아니라 부품 공급자에게 발주되는 주문의 변동성에도 영향을 미친다. 말하자면, 대부분의 제조 공정은 자재소요계획(MRP: material requirement planning) 시스템이 필요하다. MRP 시스템은 각 완제품을 구성하는 모든 부품이 나열된 자재명세서(BOM: bill of materials)를 포함하고, 자동차 한 대의 자재명세서에는 수천개의 부품들이 포함되어 있을 것이다. MRP 시스템은 자재명세서와 생산 일정계획을 이용하여 각 부품이 언제 몇

표 11.1 스케줄링을 위한 다양한 시간 구획들

기간	예
장기: 1년 이상	• 항공사의 향후 십 년 동안의 새로운 항공기 인도(delivery) 계획 • 스포츠리그 팀들 간의 내년 경기 일정계획
중기: 1개월에서 1년	• 유지보수를 위한 원자력 발전소의 계획된 가동 중단 • 4사분기에 고용할 임시직 근로자들의 수
단기: 1분에서 1개월	• 응급실에서 치료해야 할 다음 환자 • 콜센터에서 다음 전화에 응답할 상담원 결정 • 다음 주를 위한 인력 배정

개가 필요한지 결정한다. 그런 다음 해당 부품이 조립 전에 충분히 여유를 가지고 도착하도록 보장하면서도 너무 많은 재고가 쌓이지 않도록 부품들의 배송 일정을 잡는다.

서비스 스케줄링 만약 당신이 자동차 대여업체에 중형차를 예약한다면 업체는 보유한 차량 중에서 당신에게 제공할 차를 선정(스케줄)해야 한다. 그리고 당신이 토요일 밤에 묵을 방을 예약하기 위해 소규모 B&B 숙소에 전화를 하면 숙소는 그날 저녁에 방을 제공할 의사가 있는지 결정하여야 한다. 즉, 만약 당신에게 토요일에 방을 예약해주면 그 방은 금요일과 토요일 이틀을 사용하기 원하는 다른 누군가의 예약을 받지 못할 수도 있다. 이러한 스케줄링 결정은 종종 특정 고정자산(대여업체의 자동차, 호텔의 객실, 레스토랑의 테이블)으로부터 수익을 최대화하고자 노력하는 수익관리(revenue management)라는 제목으로 다루어진다. 우리는 18장에서 수익관리를 더욱 자세히 살펴볼 것이다.

수송 스케줄링 당신은 비행기, 기차, 버스를 이용할 때마다 고객으로서 공지된 시간표를 보았을 것이다. 누군가는 그 시간표를 만들어야 했고 시간표를 만든 그 사람은 아마 시간표를 보는 당신보다는 더 많은 결정을 내려야만 했을 것이다. 예를 들어, 항공사는 두 도시를 오가는 비행기를 언제 배정할지 결정할 뿐만 아니라 어떤 비행기를 사용할 것인지, 각 공항의 몇 번 게이트를 사용할 것인지 결정해야 한다. 공항 관제소는 이 비행기가 언제 어떤 활주로로 이 · 착륙해야 할지 명확하게 결정해 주어야 할 필요가 있다.

환자 스케줄링 만성 질환을 가진 환자들은 치료를 위해 건강관리시설(병원)을 주기적으로 방문해야 한다. 예를 들어 종양 환자는 오랜 기간에 걸쳐 방사선 치료를 여러 번 받아야 하는데, 이 장비는 매우 고가(高價)이므로 병원은 장비 활용도를 높이고 싶어 한다. 그러나 동시에 각 환자는 너무 짧지도 길지도 않은 정확한 시간 간격으로 치료하는 절차를 받아야 한다. 여기서 스케줄링 시스템의 과제는 장비의 높은 이용률과 치료의 효율성 사이의 균형을 맞추는 것이다.

근무 스케줄링 어떤 사람은 다행히 근무시간이 일정한 직업을 갖고 있다. 하지만 많은 직업들은 필요에 따라 매주 근무시간이 불규칙적이다. 이는 소매업에서 비교적 흔한 일이지만, 간호사와 승무원들은 종종 일주일 단위로 스케줄을 잡는다.

토너먼트 스케줄링 프로 스포츠 리그의 시즌을 스케줄링하는 것은 충족시켜야 하는 여러 제약들과 목표들을 가지고 있기 때문에 근본적으로 매우 어려운 일이다. 예를 들어, 리그는 한 시즌 동안 팀들이 홈 경기와 어웨이 경기를 모두 치르도록 해야 한다. 만약 어떤 팀이 시즌의 상반기에는 홈에서만 경기를 하고 하반기에는 어웨이 경기만 하려고 하면 스케줄링은 불가능하다. 또한 리그는 비용과 선수들의 복지를 위해 이동 거리를 최소화하기를 원한다. 목요일에 미국의 동부 해안에서 경기를 하고, 금요일에는 서부 해안에서 경기를 한 다음, 토요일 경기를 위해 다시 동부 해안으로 돌아가는 것을 상상해 보라.

앞의 예들은 몇 가지 공통주제를 담고 있다. 첫째로, 많은 현실의 문제들에 대해 수없이 많은 조합이 있기 때문에 스케줄링은 근본적으로 매우 복잡해질 수 있다는 것이다. 두 번째, 다양한 환경에서 적용이 되지만, 스케줄링은 시스템 전반에 걸쳐 자원의 활용도를 높이고 수요를 적시에 해결하여야 한다는 공통된 목표를 가지고 있다.

11.2 자원의 스케줄링 – 최단 처리시간

Capital One의 대출 심사 프로세스를 생각해 보자. 대출심사자는 어떤 대출을 허용할지 그리고 어떤 것을 거부할지를 결정할 책임이 있다. Capital One에는 사무실당 8명의 대출심사자가 근무하고 있으며 각 대출심사자가 한 건의 대출을 처리하는 데에는 평균 40분이 걸린다.

대출을 처리하는 데에는 평균 40분이 걸리지만, 처리시간에는 당연히 약간의 변동이 있다. 또한 대출심사자는 서류를 처음 넘겨 보면서 대출에 필요한 시간을 신속하게 확인할 수 있다. Annick Gallino라는 대출 심사직원의 책상에 현재 A, B, C, D, E라고 적힌 5건의 대출서류가 있는데 그녀는 그중 어느 것도 심사를 시작하지 않았다. 여기서 각각의 대출서류는 스케줄링에서 사용하는 용어로 작업(job)이라고 하며, 작업은 하나 이상의 자원에서 처리해야 하는 흐름단위(flow unit)이다. [표 11.2]는 작업들과 Annick이 추정한 각 작업의 처리시간들을 나열한 것이다. Annick은 대출신청서의 몇 가지 주요정보를 보고 각 작업의 처리시간을 신속하게 결정한다. 다음을 가정하자: (i) Annick은 경험이 많아서 그녀의 추정값들이 정확하다, (ii) 각 작업은 같은 우선순위를 갖는다(작업들을 모두 신속하게 완료하는 데에 동등한 가치를 둔다), (iii) 마감일이 없다(이상적으로 각 작업은 가능한 빨리 완료한다). 이 세 가지 가정들이 적용되지 않는 상황을 처리하는 방법에 대해서는 나중에 논의하기로 한다.

Annick의 책상 위에 놓인 다섯 개의 작업의 평균처리시간은 실제로 40분이다. 그러나, 모든 작업이 동일하지는 않다. 대출 B는 비교적 단순해 보이는데, 심사에 단 20분만 필요하다. 이와는 대조적으로 대출 C는 65분이 필요하므로 더 집중해야 한다.

Annick은 그녀의 책상에서 200분짜리 대출 심사를 처리하느라 바쁠 것이다. 그러

표 11.2 알파벳 순서로 도착한 다섯 건의 대출에 대한 처리시간(A가 가장 먼저, E가 가장 나중에 도착)

작업	A	B	C	D	E
처리시간(분)	45	20	65	30	40

나 어떤 순서로 이 대출들을 처리해야 하는가? 선입선출(또는 선착순, First-come-first-served(FCFS))은 직관적으로 일을 처리하는 순서이다. 이 경우에서 FCFS를 사용하면 자원(Annick)은 작업들이 도착한 순서대로, 즉 알파벳 순서대로 A를 제일 처음에, E를 제일 나중에 처리한다. 하지만 이 방법이 작업을 순차적으로 처리하는 가장 좋은 방법인가? 이 질문에 답하기 위해 우리는 "가장 좋다"는 것을 측정하는 방법을 결정해야 할 필요가 있다. 다시 말해, 성능척도(performance measures)가 필요하다.

성능척도

2장에서는 재고, 흐름률, 흐름시간의 세 가지 주요 성능척도들을 중점적으로 다루었다. 기억을 새롭게 하기 위해 다시 한번 살펴보자:

- 재고(inventory) I는 어떤 시간 간격 동안 시스템에 있는 흐름단위의 평균 개수이다.
- 흐름률(flow rate) R은 시스템에 진입 또는 이탈하는 흐름단위의 평균율이다.
- 흐름시간(flow time) T는 흐름단위(작업)가 시스템에서 머물렀던 평균시간이다.

세 가지 모두 스케줄링의 응용 분야와 관련이 있지만, 2장에서 배운 리틀의 법칙(Little's Law)에 의하면 우리는 셋 중에 두 가지만 추적하면 된다. 두 가지 척도를 알면 다음의 방정식을 사용하여 나머지 하나를 계산할 수 있다:

$$I = R \times T$$
$$R = \frac{I}{T}$$
$$T = \frac{I}{R}$$

Annick의 경우, 다양한 작업순서에 관계없이 대출 심사에 200분이 걸린다는 것을 알고 있다. 따라서, 200분 후에는 그녀는 다섯 건의 대출 심사를 마칠 것이다. 이는 이후 200분 동안의 흐름률 R이 5건/200분=0.025건/분이라는 것을 의미한다. 흐름률은 작업순서와는 독립적이지만, 흐름시간은 작업을 어떻게 스케줄링하여 처리하느냐에 따라 달라지는 것을 곧 보게 될 것이다. R이 고정되어 있고, T가 선택한 스케줄에 의존하는 경우, I 또한 선택한 스케줄에 의존한다.

재고, 흐름률, 흐름시간과 같은 척도들은 모두 평균에 바탕을 두고 있다. 그리고 평균성능이 타당하고 중요하다는 데는 의문의 여지가 없다. 그러나 관리자는 특이한 성능척도에 관심을 가질 수도 있다. 이 장의 도입부에서 다루었던 예를 들어보자. 영국에서 병원은 18주 이내에 수술 90%의 일정을 짜야 한다. 이 성능척도는 나쁜 결과가 드물게 나오도록(즉, 수술받아야 하는 환자들 중 18주 이상 기다려야 하는 환자가 10% 미만이 되도록) 보장하는 것에 초점을 두고 있다. "작업의 X 퍼센트가 T 시간 단위 안에 완료된다"와 같은 목표는 직관적으로 합리적이지만 스케줄을 전략적으로 조작하도록 스케줄링 담당자에게 인센티브(동기)를 제공한다는 잠재적인 한계가 있다. 예를 들어, 환자의 수술을 18주 이내에 예약할 수 없으면 스케줄러는 "가능한 빨리" 수술 일정을 잡아야 할 동기를 잃게 된다. 18주 이내에 수술의 90% 계획한다는 목표 달성의 관점에서 보면, 19주에 계획된 수술은 30주에 계획된 수술과 별반 다를 것이 없다. 그러나 평균대기시간의 관점에서 보면, 19주가 30주보다는 지연시간이 11주 더 짧다. 달리 말하면, 어떤 작업이 시스템에 얼마나 오래 있었는지와는 무관하게 평균 성능척도들은 항상 시스템에 머무는 시간을 줄이도록 하려는 노력을 꾀한다는 것이다. 따라서 평균적으로 잘하는 것은 눈에 띄게 나쁜 결과를 피하는 경향이 있다. 이러한 이유로 우리는 평균 성능척도에 중점을 둔다.

선입선출 vs. 최단처리시간

선입선출은 작업순서를 정하는 자연스러운 방법이다. 자원 부분에 대해 많이 생각할 필요가 없으며 도착한 순서대로 작업하기 때문에 공정하게 보인다(추후 자세히 설명). 그러나 선입선출이 작업순서를 정하는 유일한 방법만은 아니다. 한 가지 특별한 대안이라 할 수 있는 최단처리시간(SPT: short-processing-time) 규칙에 초점을 맞추어 살펴보자. 예를 들어, [표 11.2]의 데이터에서 Annick은 처리시간이 20분으로 가장 짧은 작업 B를 먼저 처리하고, D, E, A, 마지막으로 C(65분으로 가장 긴 처리시간)를 처리한다. 이렇게 5개의 작업이 완료되기 전에 추가 작업이 도착하면 새로운 작업은 "완료 예정" 대기공간에서 처리시간에 따라 오름차순으로 적절한 위치에 배치된다.

FCFS(A, B, C, D, E)와 SPT(B, D, E, A, C) 중에 어떤 방법이 더 나은가? 이미 언급하였듯이 순서에 상관없이 Annick은 5개의 작업을 완료하는데 200분이 걸린다(이는 단순성을 위해 처리시간이 65분 미만인 다른 작업이 200분 동안 도착하지 않는다고 가정한 것이다). 두 가지 순차적 처리방법은 동일한 시간을 요구하기 때문에 아마 당신은 다양한 성능척도들에 있어 작업순서는 그다지 중요하지 않다고 생각할 수도 있다. 그러나 흐름률에 대해서는 이것이 맞는 이야기지만, 흐름시간과 재고에 대하여는 당신이 틀리다.

[그림 11.1]은 FCFS와 SPT 작업순서에 대한 간트 차트(gantt chart)이다. 시간은 가로축에, 각 작업은 처리된 시간 간격으로 표시하였다. 각 작업은 다른 행에 표시하는 것이 일반적이며, 이는 각 작업의 대기시간과 완료 시간을 강조하는 데에 도움이 된다.

이제 각각의 작업순서 규칙을 사용하여 작업들의 흐름시간을 계산해 보자. FCFS를 사용하면, 작업 A를 제일 먼저 처리하고 대기시간이 없으므로 흐름시간은 45분으로 처리시간과 같은 값을 갖는다. 다음으로 작업 B의 흐름시간은 65분이다. 작업 B는 45분 동안

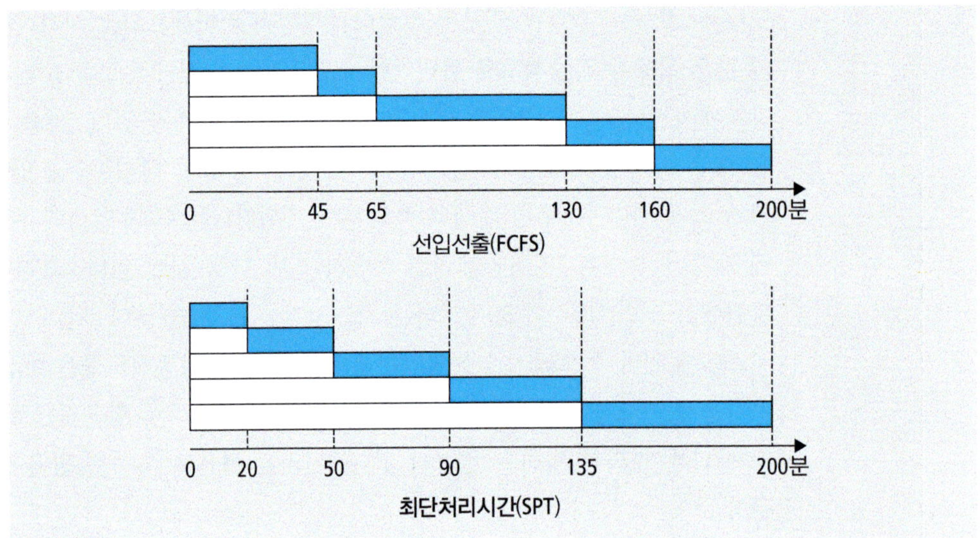

그림 11.1 다섯 작업(A, B, C, D, E)의 순서를 정하는 두 가지 다른 접근방법: 선입선출과 최단처리시간

A가 끝나기를 기다린 후 20분 동안 처리된다. 나머지 흐름시간은 작업 C의 경우 130분(65분 대기, 65분 처리), 작업 D는 160분(130분 대기, 30분 처리), 마지막으로 작업 E의 경우 200분(160분 대기, 40분 처리)이다. 이 작업들 사이의 평균흐름시간은 아래와 같다:

$$\frac{45 + 65 + 130 + 160 + 200}{5} = 120\text{분}$$

SPT 규칙으로 흐름시간을 계산하면 20, 50, 90, 135, 200분으로 ([그림 11.1] 참조) 평균흐름시간은 다음과 같다.

$$\frac{20 + 50 + 90 + 135 + 200}{5} = 99\text{분}$$

마지막 작업의 흐름시간은 어떤 순서로 하든 200분으로 같지만, 평균흐름시간은 실제로 다르다. SPT가 FCFS와 정확히 동일한 작업량을 동일한 속도로 처리하더라도(처리시간이 다르지 않다), 각 작업은 FCFS보다 SPT를 사용했을 때 시스템에서 소비하는 시간이 평균적으로 21분 더 줄어든다(120−99=21)!

흐름의 관점에서 왜 SPT가 FCFS보다 더 효과적인지 이해하려면 먼저 도착한 작업이 이후에 오는 모든 작업에 대기시간을 부여한다는 것에 주목하라. 예를 들어 FCFS 기준으로 제일 먼저 도착한 작업 A는 처리하는 데 45분이 걸린다. 이는 A를 먼저 처리하면 네 개의 나머지 작업 각각의 흐름시간은 45분씩 증가한다는 것을 의미한다. 반대로 SPT에서는 첫 번째 작업 B를 처리하는 데 20분 밖에 안 걸린다. 그래서 작업 B는 다른 4개

작업의 흐름시간에 20분만 추가한다. 처리할 첫 번째 작업의 선택은 다른 모든 작업들의 지연을 초래하므로 이 두 가지 방법에는 큰 차이가 있다. 반면에 마지막으로 처리되는 작업은 다른 작업의 흐름시간을 증가시키지 않는다. 따라서 (다른 작업들에 가장 적은 비용을 부과하기 때문에) 처리시간이 가장 짧은 작업을 먼저 수행하고 (다른 어떤 작업도 기다리지 않게 하므로) 처리시간이 가장 긴 작업을 마지막에 처리하기를 원한다. 이것이 바로 SPT가 하는 일이다!

SPT로 하면 FCFC를 적용할 때보다 작업이 시스템에서 보내는 시간이 더 적지만 그렇다고 해서 SPT를 적용했을 때 시스템이 더 많은 용량을 갖는다는 것을 의미하지는 않는다. 작업은 FCFS와 SPT 두 시스템에서 모두 같은 속도로 분당 0.025개의 작업을 처리하는 흐름률 *R*로 흐른다. 이것은 처음에는 혼란스럽다: SPT로 처리하는 시스템에서 작업시간이 덜 걸리는데 어떻게 똑같은 속도로 처리될 수 있나? 정답은 시스템 내 평균재고 *I*가 FCFS로 작업할 때보다 SPT로 작업할 때 더 적다는 것이다. 구체적으로 FCFS를 사용하면 시스템의 평균 작업 수는

$$I = R \times T = 0.025\ \text{작업/분} \times 120\text{분} = 3\text{개}$$

인 반면에 SPT로 작업할 때 시스템 내의 평균 작업 수는

$$I = R \times T = 0.025\ \text{작업/분} \times 99\ \text{min} = 2.5\text{개}$$

이다.

Annick의 책상에 5개의 작업이 예제와 같은 순서로 놓여 있을 때, 이 특정 상황에서는 SPT로 처리하는 것이 FCFS에 비해 더 근사해 보인다. 그러나 이것이 특이한 경우라고 할 수 있는가? 그렇지 않다. 처리해야 하는 작업 수 또는 처리시간에 상관없이 SPT는 평균흐름시간 측면에서 항상 FCFS를 능가한다. 흐름 속도가 일정하므로 평균재고 측면에서 역시 SPT가 FCFS보다 항상 더 좋다.

예제는 SPT가 FCFS보다 얼마나 더 좋은지를 보여주지만, SPT가 FCFS보다 훨씬 더 좋다는 것을 보이는 것도 가능하다. 설명을 위해, 작업이 처리시간의 내림차순으로 C, A, E, D, B 순서로 도착한다고 가정하자: 가장 긴 작업이 먼저 도착하고 가장 짧은 작업이 마지막에 도착한다. 이 순서는 SPT와 완전히 반대이며 최장처리시간(LPT: longest-processing-time) 규칙이라고도 한다. LPT 순서로 간트 차트([그림 11.1] 참조)를 그린 후 평균흐름시간을 계산하면 다음을 얻는다.

$$\frac{65 + 110 + 150 + 180 + 200}{5} = 141\text{분}$$

놀랍지 않은가! FCFS는 SPT보다 실제로 평균흐름시간이 42분(141−99) 더 길다. 이는 (작업 중에 하나뿐만 아니라) 모든 작업에서 평균흐름시간이 42% 증가함을 의미한다.

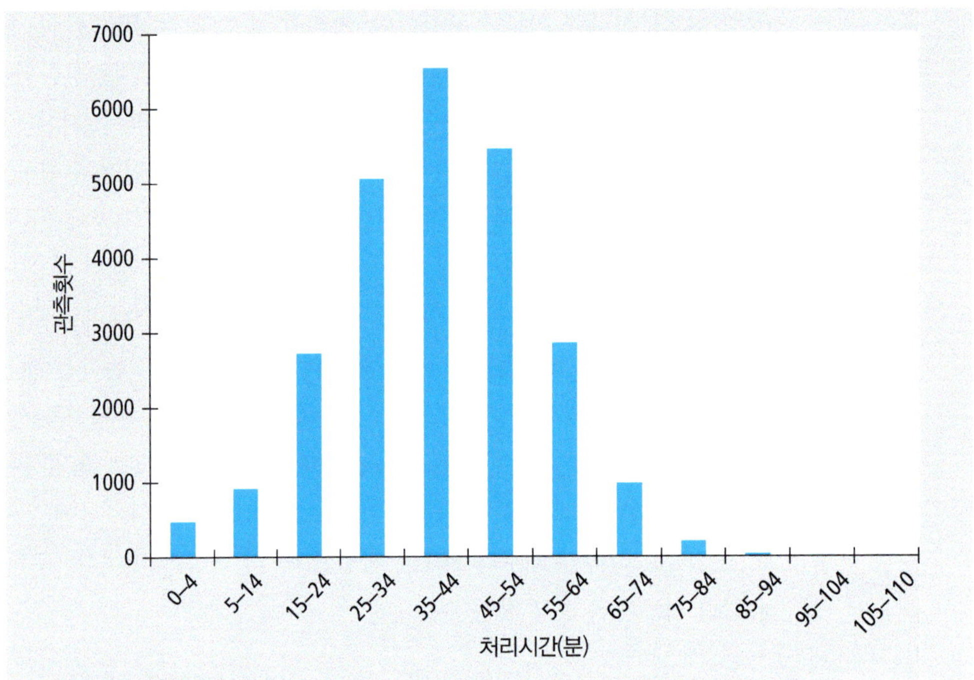

그림 11.2 25000개 처리시간의 히스토그램. 평균 처리시간은 40분이고 표준편차는 15분이다.

이 차이는 완료된 총 작업시간 또는 작업 흐름 속도가 바뀌지 않더라도 여전히 발생한다.

FCFS로 처리하는 것이 상당히 나쁠 수 있지만 공평하게 이야기하자면 FCFS는 작업이 (우연히) 처리시간의 내림차순으로 도착하는 특수한 경우에만 정말 나쁘다. SPT의 진정한 장점을 이해하려면 가능한 모든 도착 순서를 고려하고 평균적으로 SPT가 얼마나 더 나은지 확인해야 한다. 이를 위해 이산 사건 시뮬레이터를 사용할 수 있다.

시뮬레이션은 4단계로 수행된다:

1. 다양한 처리시간을 생성한다. 이 시뮬레이션에서는 25,000개의 처리시간을 생성하였다. 이러한 처리시간의 히스토그램을 [그림 11.2]에 표시하였다. 이 과정의 시각화를 돕기 위해 처리시간을 기록한 25,000개의 공이 들어있는 가방을 만들었다고 하자.
2. 대출심사자의 책상에서 처리할 준비가 된 작업을 시뮬레이션하기 위해 표본(sample)에서 처리시간 순서를 임의로 선택하라. 이것은 [그림 11.1]의 상단 패널에 표시한 것과 같은 일련의 작업을 구성하기 위해 "가방"에 손을 넣어 한 번에 하나씩 5개의 공을 잡는 것과 같다.
3. FCFS 규칙과 SPT 규칙을 사용하여 평균흐름시간을 계산하여 평가한다. [그림 11.1]

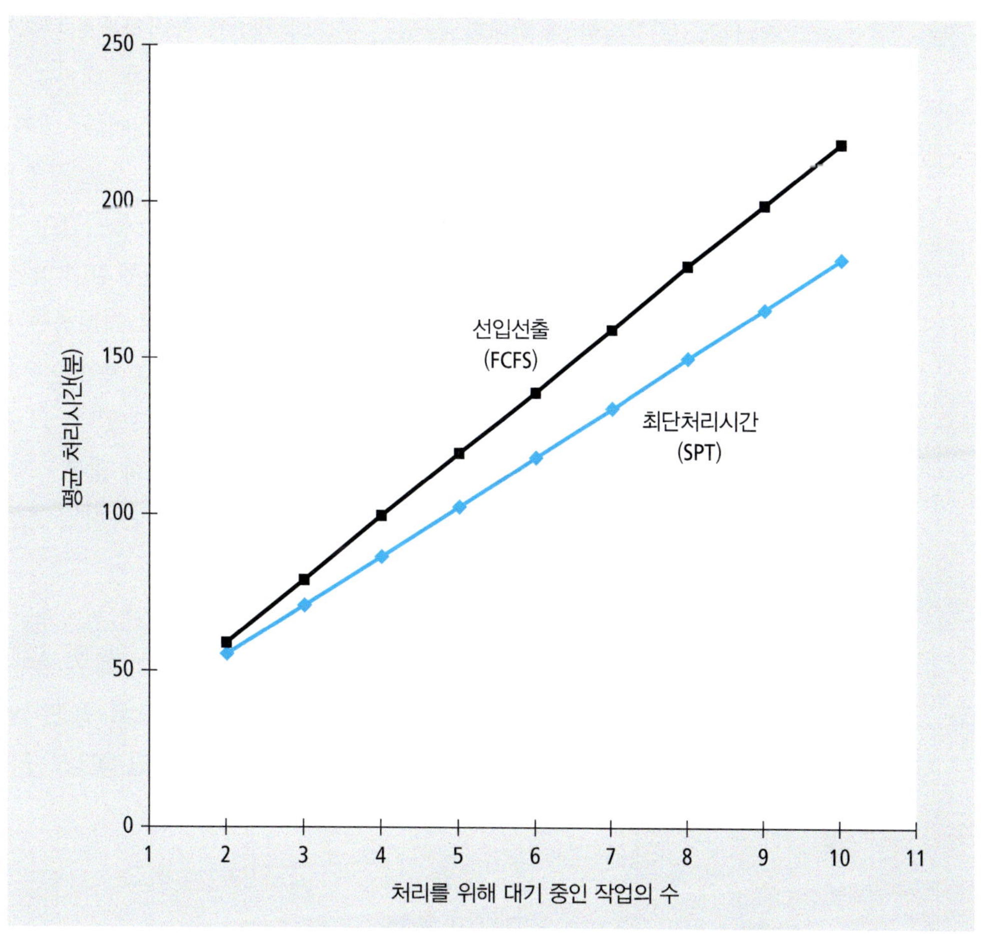

그림 11.3 선입선출(FCFS) 또는 최단처리시간(SPT)을 사용할 때, 대기 중인 작업 수의 함수로 표현한 평균 흐름시간에 대한 이산사건 시뮬레이션 결과; 처리되기 위해 대기 중인 작업의 개수마다 2,500개의 표본을 생성하였음

과 같이 평균흐름시간이 다를 수 있다.

4. 단계 2와 3을 여러 번 반복한 후 해당 반복에서 얻은 흐름시간의 평균을 구하라. 여기서는 2,500회 반복하였다. 주의: 25,000개의 처리시간(2,500회 반복×10개의 작업=25,000 처리시간)은 모두 처리 대기 중인 10개의 작업이 있는 경우에만 사용되었다.

[그림 11.3]은 처리 대기 중인 작업 수에 따른 이산사건 시뮬레이션의 결과를 보여준다. 예제에 해당하는 내용은 [그림 11.1]에서 처리를 기다리고 있는 작업이 5개인 경우이다. 예제에서 SPT와 FCFS의 평균흐름시간은 각각 99분과 120분이었다. [그림 11.3]에 따르면 5개의 작업이 다양한 순서를 갖는 대규모 표본에서 평균흐름시간은 SPT의 경우 103분, FCFS의 경우 120분이다. 따라서 [그림 11.1]에서 보였던 예는 5개의 작업을 SPT

와 FCFS로 처리할 때 기대할 수 있는 성능의 차이를 합리적으로 나타낸다.

[그림 11.3]에서 또 하나의 중요한 사실을 발견할 수 있다. 대기열(queue)의 작업 수가 증가함에 따라 FCFS와 SPT 사이의 격차는 벌어진다는 것이다. 대기열에 작업이 두 개밖에 없는 경우 50/50 확률로 FCFS는 SPT와 동일한 방식으로 작업을 처리할 수 있다. 따라서 대기열에 두 개의 작업만 있다면 SPT와 FCFS의 흐름시간이 각각 55분과 59분이므로, FCFS로 처리하는 것도 나쁘지 않다. 그러나 대기열에 10개의 작업이 있는 경우에는 SPT로 처리하면 평균흐름시간이 182분이지만 FCFS로 처리하면 평균흐름시간은 37분 더 늘어난다(219분)! 따라서 시스템에 작업이 많을 가능성이 높은 경우에는 FCFS 대신 SPT를 사용하는 것이 가장 중요하다는 결론을 내릴 수 있다. 그렇다면 이런 상황은 언제 발생할까? 시스템 사용률이 매우 높으면 시스템에 더 많은 작업이 있을 가능성이 높다. 수요가 (생산)용량에 가까울 때 FCFS 대신 SPT를 사용하면 흐름시간과 재고 측면에서 큰 차이를 만들 수 있다.

따라서 SPT는 항상 FCFS보다 작은 흐름시간을 제공하며 서비스받기 위해 대기 중인 작업이 많을 때 둘 사이의 간격이 가장 크다. 이것이 SPT가 매우 좋아 보이는 이유이다.

그리고 SPT는 실제로 가장 우수한 작업순서 결정규칙으로 입증되었다. 평균흐름시간(그리고 시스템의 평균 작업 재고)을 최소화하기 원한다면 SPT보다 더 나은 결과를 얻을 수는 없다!

최단 처리시간(SPT) 규칙의 한계

이렇게 좋은 방법임에도 불구하고 관리자가 항상 SPT를 사용하지 않는 것은 왜일까? SPT 대신 FCFS를 선택하는 세 가지 이유가 있다: (i) SPT는 작업들의 처리시간을 결정하는 데 시간이 너무 오래 걸린다; (ii) 처리시간의 추정치가 편향(biased)될 수 있다; (iii) SPT는 모든 작업을 동등하게 대우하지 않기 때문에 공정성에 대한 우려가 있다. 각각의 이유에 대해 논의해 보자.

처리시간을 결정하기 위한 지연 극단적으로 어떤 작업이 도착하면 거의 비용을 지불하지 않고도 높은 정확도로 처리시간을 즉시 결정할 수 있다. 예를 들어, 통신 서버에 데이터 패킷이 도착하면, 패킷을 처리하는 시간은 패킷 내의 데이터 양의 함수로서 이를 일일이 관찰하는 것은 사소한 문제일 수 있다. 또한 번역가는 문서의 페이지 수만 알면 문서를 번역하는 데 걸리는 시간을 어렵지 않게 알 수 있다. 이러한 상황은 SPT가 최상의 순서를 결정하는 데 시간을 허비하지 않기 때문에 SPT에 이상적이다. 다른 극단적인 경우로, 작업 처리시간을 알려면 실제로 작업을 수행해 봐야만 하는 상황도 있을 수 있다. 이러한 상황에서 SPT는 FCFS에 비해 이득이 없다: 작업을 수행하는 데 걸리는 시간을 알기 위해 작업을 완료해야 하는 경우 FCFS 순서로 하는 것보다 더 나은 방법은 없다.

모든 극단적인 경우와 마찬가지로 중간에 해당하는 수많은 상황이 있다. 작업 처리에 얼마나 시간이 걸릴지 학습하는데 어느 정도의 시간이 필요한 경우들 말이다. 예를 들어 Annick이 처리시간을 결정하기 위해 대출 신청서들을 살펴보는데 2분이 필요하다고 가정하자. 이 2분은 대출 안료를 위한 처리시간을 줄여주지는 않는다. 대신에 이 2분의 유일한 가치는 Annick이 대출을 완료하는 데 얼마나 많은 처리시간이 필요한지 알아낼 수 있다는 데에 있다. 예를 들어 2분 후에 작업 A가 45분이 걸린다는 것을 알게 되었다 하자. 작업 처리시간을 결정하기 위해 그녀가 모든 작업에 2분을 추가로 사용해야만 하는가? 그렇게 하면 각 작업의 평균흐름시간이 2분씩 증가한다. [그림 11.3]에 따르면, 일반적으로 SPT가 흐름시간 면에서 2분보다는 큰 이점을 제공하므로 아마도 처리시간을 결정하기 위해 각 작업에 2분을 더 사용할 가치가 있을 것이다. 그러나 자원이 각 작업의 처리시간을 결정하는 데 걸리는 시간이 길어진다면 SPT의 장점은 확실히 줄어든다.

편향된 처리시간 추정값들 자원이 작업을 받아서 최단처리시간 규칙으로 처리하고 있다고 가정하자. 예를 들어, 당신이 비자 신청서를 이민국에 제출 중에 있다. 당신은 인류의 평등을 외치는 사람이고 사회 지향적인 사람이라서 모든 작업의 평균흐름시간을 염두에 두고 모든 비자 신청의 평균흐름시간을 가능한 한 짧게 처리하기를 원한다. 그러나 하루가 끝나는 시점에는 당신이 제출한 신청서가 어떻게 되었는지 궁금할 것이다. 그리고 만약 당신에게 작업을 처리하는 데 사용되는 시간에 대한 자원의 인식에 영향을 줄 수 있는 능력이 있다면 아마도 자원에게 당신의 신청서는 처리시간이 짧다는 것을 확신시켜 주려고 할 것이다. 자원이 이것을 확신하게 된다면 제대로 된 처리시간에 따라 서비스받을 때보다 당신은 더 빨리 서비스받게 될 것이다. 이것이 문제이다. SPT는 더 짧은 작업을 더 일찍 처리하기 때문에 처리시간에 대한 자원의 인식을 왜곡하게 만든다. 따라서 SPT는 객관적(비 편향) 데이터로 처리시간을 추정할 수 있는 환경에 가장 적합하다. 처리시간에 조작이 필요하다면 시스템에서 해당 조작을 제거하든지 (또는 크게 줄이든지) FCFS를 적용하여 이러한 문제 (더 긴 평균흐름시간으로 인한 비용)를 피해야 한다.

공정성 이것은 아마도 SPT 적용에 있어 가장 큰 도전과제이다. 작업의 평균흐름시간이 FCFS보다 SPT에서 더 짧지만 그렇다고 해서 모든 작업의 흐름시간이 더 짧아진다는 것을 의미하지는 않는다. Annick이 처리한 대출에 대해 이산사건 시뮬레이터로 돌아가 보자. [그림 11.4]는 이전 예와 같이 처리할 작업이 5개일 때, 작업들의 평균대기시간을 보여준다. FCFS를 사용하면 짧은 작업(10분)이든 긴 작업(80분)이든 관계없이 모든 작업은 기본적으로 처리를 시작하기 전에 80분을 기다린다(흐름시간에 처리시간이 포함되어 있고 작은 작업의 처리시간이 큰 작업의 처리시간과 다르기 때문에 이 작업들의 흐름시간은 다르다). SPT에서도 마찬가지이다. SPT는 대기열 앞에 작은 작업을, 대기열 뒤에

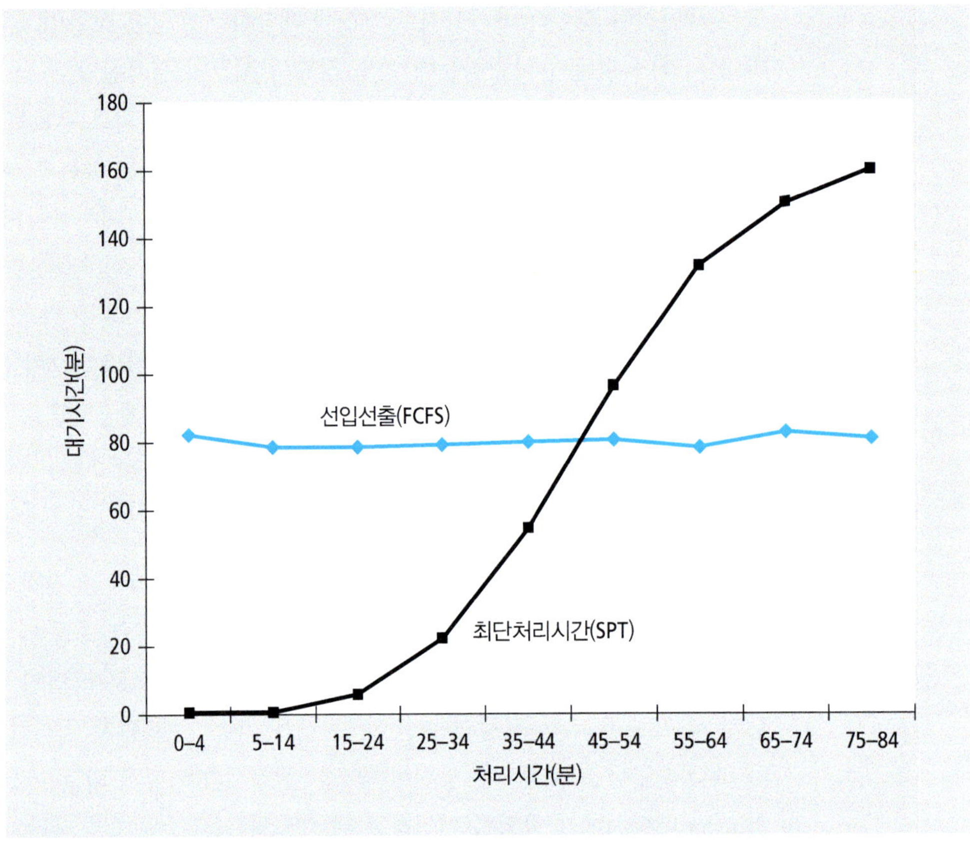

그림 11.4 처리할 작업이 5개일 때, 작업처리시간의 함수로 나타낸 작업의 평균대기시간. 평균처리시간은 40분이다.

큰 작업을 넣는다. 따라서 작은 작업은 처리를 시작하는 데 걸리는 시간이 줄어들고 큰 작업은 상당한 대기시간이 소요될 수 있다. 예를 들어 10분이 걸리는 작업이 가장 작은 작업일 것이므로 처리를 시작하기 전에 대기하는 시간은 없을 것이다. 그러나 80분이 걸리는 작업은 5개의 작업 중 마지막 작업일 것이므로 흐름시간이 기본 160분이다. 4개의 작업이 완료될 때까지 기다려야 하고 평균적으로 4×40분=160분이 걸린다. 따라서 모든 작업을 동일하게 처리해야 한다면 FCFS가 더 나은 방법이다. 이것은 사람들이 다른 작업의 흐름시간을 관찰할 수 있을 때 문제가 될 수 있다. 그러나 모든 작업을 동일하게 취급한다는 것은 평균적으로 작업이 시스템에서 더 많은 시간을 소비한다는 것을 의미하므로 평등에는 확실히 비용이 든다.

SPT를 사용하지 않는 한 가지 이유는 처리시간 추정값들의 불확실성 때문이다. 예를 들어, 작업 X의 처리시간이 20~50분, 작업 Y의 처리시간이 40~70분 걸린다고 가정하자. 작업 X가 작업 Y보다 시간이 오래 걸릴 수도 있지만, 작업 X를 처리하는 데 시간이 덜 걸릴 가능성이 크다. 따라서 평균흐름시간을 최소화하려면 작업 X를 먼저 처리해야 한다. 일반적으로 처리시간 추정치에 약간의 불확실성이 있더라도 SPT는 여전히 유효하며 예상 처리시간에 따라 작업을 순서대로 증가시켜서 적용한다.

11.3 우선순위를 갖는 자원의 스케줄링 – 가중 최단 처리시간

모든 작업에서 평균흐름시간을 최소화하려면 자원의 일정을 잡을 때 최단 처리시간(SPT)을 사용하라. 그러나 어떤 작업이 다른 작업들보다 대기하는데 비용이 더 든다고 해도 여전히 그럴까? 예상하였겠지만 그렇지 않다. 그렇다고 SPT를 완전히 버릴 필요도 없다.

[표 11.3]의 상황을 고려하자. 단일 자원이 처리해야 하는 5개의 작업이 있다. 처리시간은 6시간에서 24시간까지 다양하다. 작업의 '가중치'라 할 수 있는 시스템에 남아있는 각 시간 단위에 대하여 발생하는 비용 또한 다양하다. 이 가중치에 대한 몇 가지 해석이 있다.

- 작업의 가중치는 재고 유지비용과 같이 시간당 $0.10처럼 문자 그대로의 비용으로 볼 수 있다.
- 고객들은 회사에 가져오는 수익이 각각 다르다. 일부 고객은 수익성이 높지만 다른 고객은 그렇지 않다. 예를 들어 은행은 예금을 많이 유지하면서도 직원들을 부르거나 고객 서비스 센터에 도움을 요청하지 않는 고객들을 좋아한다. 반대로, 잔액이 적고 부도 수표를 사용하며 개인적인 도움을 자주 요청하는 고객들은 은행의 수익에 도움이 안 된다. 따라서 수익성이 높은 고객에게는 더 높은 가중치를 할당할 수 있다.
- 지연(기다리는 것)에 대한 민감도가 고객마다 다르다. 고객을 잃는 것은 비용이 많이 드는 일이지만 다른 고객보다 더 참을성 있는 고객들도 있다. 따라서 더 조급한 고객에게 더 큰 가중치(우선순위)를 부여할 수 있다.
- 서버는 고객들을 서비스하는데 다른 우선순위를 가질 수 있다. 예를 들어, 병원에서는 얼마나 빠른 서비스를 필요로 하는지 심각성 정도에 따라 환자에게 우선순위를 부여한다.

표 11.3 다섯 개의 대출서류의 처리시간

작업	A	B	C	D	E
처리시간(분)	10	6	24	15	18
가중치(단위시간 동안의 비용)	2	1	6	5	2

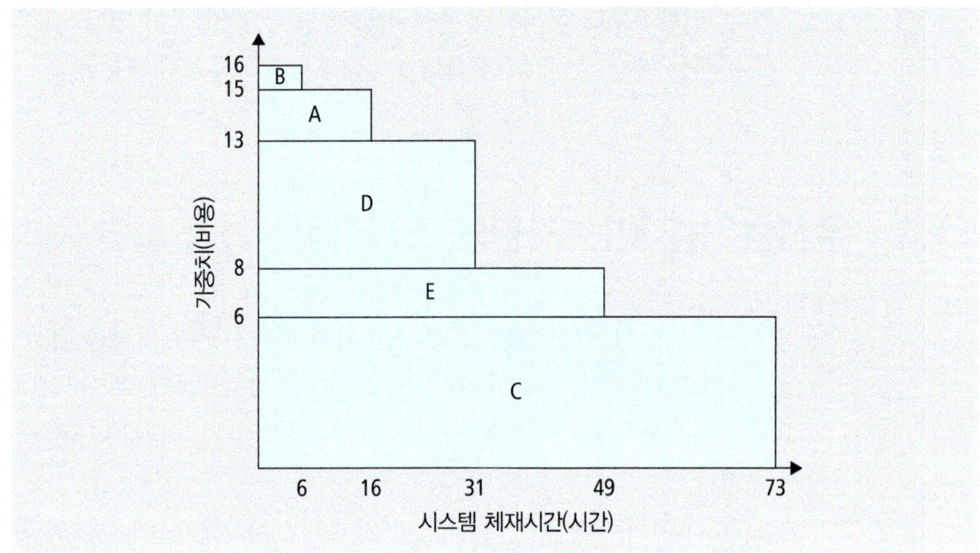

그림 11.5 다섯 개의 작업을 SPT 순서로 처리할 때의 비용과 시스템 체재시간

작업의 우선순위가 다른 경우에는 일정을 결정하는 것이 확실히 더 복잡해진다. 모두 같은 우선순위를 가지는 경우 SPT를 사용할 수 있으며 작업 B가 먼저 처리된다. 그러나 이번엔 확실하지가 않다. 작업 B의 가중치가 가장 낮다. 그렇다고 해서 처리시간이 가장 짧은 작업 B가 나중에 처리되는 작업이 되어야만 하는가?

이 의사결정을 돕기 위해 [그림 11.5]는 SPT를 사용하여 작업을 스케줄링하는 경우 무슨 일이 발생하는지 보여준다. 가로축에는 시간을, 세로축에는 비용을 표시하였고, 각 사각형은 작업을 나타낸다. 사각형의 너비는 작업이 시스템에 남아있는 시간, 높이는 가중치이다. 예를 들어, 작업 C는 73시간 동안 시스템에 머무르며 이 시간 동안 시간당 6의 단위비용이 발생한다. 이때 작업 C의 총비용은 73×6=438이며 이는 C 직사각형의 면적이다.

[그림 11.5]에서 우리가 원하는 것은 전체 음영 영역의 넓이 (사각형 넓이의 총합)인 총비용을 최소화하는 것이다. 여기서 SPT의 문제는 분명해진다: SPT는 작업 C를 마지막으로 처리한다. 그러나 작업 C는 높은 가중치 (즉, 높이가 큰 사각형)를 갖기 때문에 오랫동안 시스템에 유지하는 것은 비용이 많이 든다는 문제점이 있다.

다행히도 우리가 필요로 하는 해답은 SPT를 비교적 간단히 조정하는 것이다. 우선순위가 가장 높고 처리시간도 짧은 작업을 제일 먼저 처리하는 것이다(시스템에서 빨리 빠져나가서 다른 작업들이 오래 기다리지 않도록). 따라서 총비용을 최소화하기 위해서는 가중 최단 처리시간(WSPT: weighted-shortest-processing-time) 규칙을 사용해야 한다: 각 작업에 대하여 가중치와 처리시간의 비율을 계산한 후 이 비율의 내림차순으로 작업 순서를 정하라. 예를 들어, 작업 D의 가중치는 5이고 처리시간은 15이므로 처리시간에

표 11.4 가중 최단 처리시간에 의해 순서대로 나열한 작업들

작업	D	C	A	B	E
처리시간(분)	15	24	10	6	18
가중치(단위시긴 동인의 비용)	5	6	2	1	2
처리시간에 대한 가중치의 비율	1/3	1/4	1/5	1/6	1/9

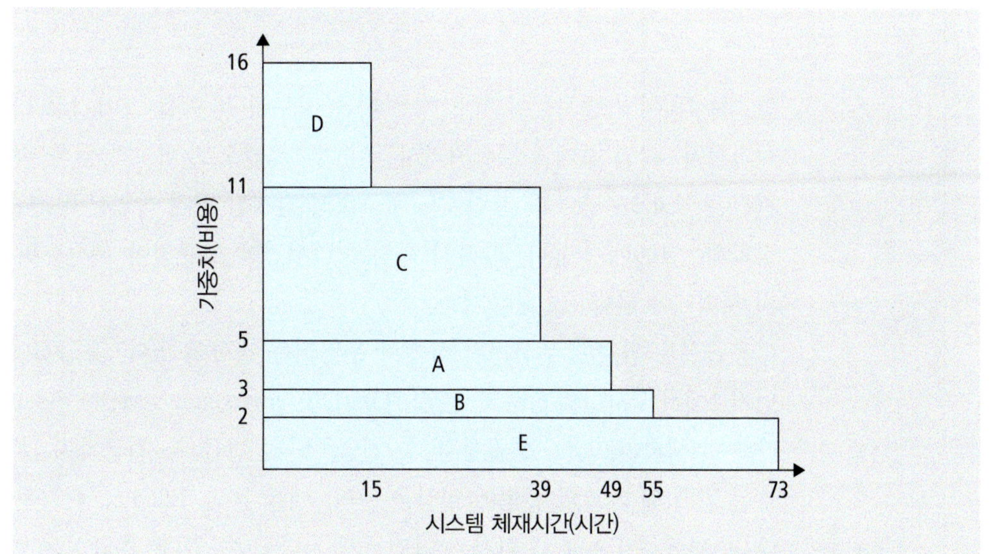

그림 11.6 WSPT 순서로 다섯 작업을 처리할 때의 비용과 시스템 체재시간

대한 가중치의 비율은 1/3이 된다.

[표 11.4]는 작업들의 가중 처리시간을 내림차순으로 표시한 것이다. WSPT에 따르면 작업 C는 빨리 처리해야 하는 작업 중 하나이며, 정확히는 두 번째로 처리해야 한다. 처리시간은 가장 짧지만, 작업 B의 가중치가 가장 낮으므로 두 번째로 처리한다.

[그림 11.6]은 5개의 작업을 WSPT 순서로 나타낸 것이다. [그림 11.5]와 [그림 11.6]을 비교하면 WSPT를 사용하여 전체 음영 영역이 정말 감소했음을 알 수 있다. 실제로 SPT를 적용하였을 때 729에서 WSPT로 하면 총비용이 608로 감소하여 17%의 비용이 절감된다!(참고로 FCFS로 처리하면 총비용은 697이며 SPT보다도 적다. 이 경우는 우연히 FCFS가 SPT보다 작업 우선순위를 더 잘 처리한 경우가 된다.)

따라서 WSPT는 작업 처리에 소요되는 총 가중비용(weighted cost)을 최소화하는 것이고, 이는 훌륭한 방법이다. 하지만 WSPT는 처리시간에 대한 가중치의 비율을 계산한 다음 해당 비율을 따라 모든 작업을 정렬해야 하므로 적용하기에 다소 번거로움이 있다. 그러나 WSPT를 사용하기 쉬운 두 가지 경우도 있다. 첫 번째는 모든 작업의 가중치가 동일한 경우이다. 이 경우 WSPT는 SPT와 똑같이 처리한다. 두 번째는 가중치가 몇 개

표 11.5 처리시간과 우선순위가 다른 여섯 개의 작업들

작업	A	B	C	D	E	F
처리시간(분)	1	1.5	0.75	5	4	4.5
가중치(단위시간 동안의 비용)	1	1	1	100	100	100
처리시간에 대한 가중치의 비율	1	2/3	4/3	20	25	16.7

안 되는데 이 가중치들이 서로 매우 다른 경우이다. 예를 들어, [표 11.5]의 작업 표본을 살펴보자. 작업 중에 3개는 처리시간이 약 1시간으로 비교적 짧다. 작업 중 3개의 처리시간은 약 4.5시간이다. 그럼에도 불구하고 장시간 처리 작업은 우선순위가 훨씬 높은데 정확히는 100배가 높다. 따라서 특정 처리시간에 상관없이 우선순위가 높은 작업을 먼저 처리해야 한다.

응급실은 엄격한 우선순위 하에서 운영되는 경향이 있다. 응급실에 도착한 환자들은 먼저 1에서 5 사이의 중증도 분류 지표 (ESI, emergency severity index) 점수를 부여받는다(1−소생술 필요, 2−응급상황, 3−긴급, 4−덜 긴급, 5−긴급하지 않음). 환자의 ESI 점수는 받게 될 치료의 유형에 영향을 준다. 예를 들면, ESI 1, 2 환자는 즉시 처치를 받는다. 반면에 ESI 3, 4, 5 환자는 안전하게 기다릴 수 있다. 응급실은 여러분이 가장 우선순위가 높은 고객이 되고 싶지 않은 서비스 제공자 중의 하나이다.

SPT와 마찬가지로 처리시간 추정치에 불확실성이 존재하는 경우에 예상 처리시간을 사용하여 규칙에 따라 WSPT를 적용할 수 있다. 또한, SPT에서처럼 WSPT의 매력을 떨어뜨리는 다음과 같은 상황들이 있다:

우선순위 또는 처리시간을 결정하기 위한 지연 흐름단위의 우선순위나 처리시간을 결정하는 데 시간이 오래 걸리면 WSPT의 매력이 떨어진다. 그러나 (응급실과 같이) 작업이 광범위한 우선순위를 가질 수 있는 경우에는 시간이 오래 걸리더라도 이러한 활동을 위한 시간이 필요할 수 있다.

편향된 우선순위 또는 처리시간의 추정값들 SPT를 사용하면 처리시간에 대한 작업자의 인식에만 편중될 수 있다. 그러나 WSPT를 사용할 때에는 자원이 사용자의 우선순위가 실제보다 높다고 확신하게 된다면 사용자는 원래 서비스보다 더 나은 서비스를 받을 수도 있다. 예를 들어, 화장실을 사용하기 위해 기다리는 줄이 있는데 당신이 사용할 차례이다. 그런데 누군가가 당신에게 와서 "제가 정말 급해서 그러니 화장실을 먼저 사용해도 되는지" 요청한다고 상상해보라. 만약 그녀가 정말로 그렇다면 아마도 흔쾌히 당신 앞에 그녀를 세워 줄 것이다. 그러나 그녀가 연기하지 않고 있다는 것을 어떻게 알 수 있는가? 당신은 아마도 그녀가 정말로 화장실이 급한지 확인해 보고 싶지는 않을 것이다!

공정성 SPT와 마찬가지로 WSPT로 작업을 처리할 때에도 모든 작업을 동일하게 취급하는 것은 아니다. SPT의 모든 공정성에 대한 문제는 WSPT에도 적용된다.

11.4 만기일을 갖는 자원의 스케줄링 – 가장 빠른 만기일

어떤 환경에서는 모든 작업을 최대한 빨리 완료하길 원하지만, 항상 그런 것만은 아니다. 어떤 상황에서는 시간이 흐르는 동안 작업이 도착하는데 이 작업들이 만기일(due dates)을 갖는다. 예를 들면 세 명의 컨설팅 고객들이 순서대로 6, 9, 10주차에 당신에게 보고서를 요구할 수 있다. 이 만기일들은 분명히 당신이 어떤 보고서를 먼저 작업하는지에 데에 영향을 미칠 것이다. 그런 보고서에 대한 작업들은 어떻게 일정을 정해야 하는가?

만기일을 어떻게 다룰지 알아보기 위해 [표 11.6]의 예를 살펴보자. 표에는 처리시간과 만기일이 서로 다른 다섯 개의 작업이 있다. 특별히, 처리시간은 오름차순으로 만기일은 내림차순으로 배열되어 있는데, 이 특별한(즉, 고안된) 구조는 마감일이 스케줄링에서 왜 어려운지를 설명하는데 도움을 준다.

실제로 이 작업들의 일정을 잡기 전에 우리가 사용할 수 있는 성능척도들을 생각해 보자. 마감일이 없었던 예제에서는 작업의 평균흐름시간과 시스템 안에 있는 평균 작업 개수(재고)를 측정했었다. 하지만 다음과 같은 다른 지표들을 생각해 볼 수 있다:

- **정시 완료 비율(percent on time)**: 만기일 이전에 완료한 작업의 비율이다.
- **지연(lateness)**[1]: 작업의 지연은 작업의 완료시간과 만기일의 차이이다. 예를 들어 작업의 만기일이 10일인데 12일에 완료되었으면 이 작업은 12−10=2일이 늦었다. 지연은 음수일 수도 있다. 예를 들어 작업의 만기일이 10일인데 7일에 완료되었다면 작

표 11.6 만기일을 갖는 다섯 개의 프로젝트들

작업	A	B	C	D	E
처리시간(일)	2	4	6	8	10
만기일(오늘부터 해당일)	20	18	16	14	12

1 lateness와 tardiness는 우리말로는 둘 다 지연, 지체의 뜻을 가지지만 엄밀히 따지면 둘 사이에는 다른 점이 있다. 원어로 그 의미를 구분하는 것을 권장한다.

업은 −3일의 '지연', 즉 3일 빨리 마쳤다는 뜻이다. 작업이 일찍 완료되었다는 의미인 음수의 지연이 이상할 수도 있지만 이것이 지연에 대한 일반적인 정의이다.

- 지체(tardiness): 작업이 만기일 이후에 완료되었을 경우 지체는 작업의 완료시간과 만기일의 차이이다. 작업이 만기일 이전에 완료되었다면 작업의 지체는 0이다. 어떤 측면에서 작업에게 음수의 지체란 존재하지 않기 때문에 작업의 지체가 지연보다 더 유용할 수 있다.

정시 완료비율과 관련하여 필요하다면 이를 작업의 지체비율로 전환하여 사용할 수도 있다(즉, 만기일 이후 완료된 작업의 비율). 지연과 지체는 각 작업에 적용되는 개념이다. 각 작업에 대해 측정된 수치를 누적하여 평균을 구하거나(예, 평균 지연) 또는 최대값을 구하는 것(예, 최대지체)이 유용할 수 있다.

이제 [표 11.6]에 나온 작업 목록을 보자. 최단 처리시간을 이용하여 작업을 스케줄링할 수도 있지만 이는 만기일을 전혀 고려하지 않는 방법이다. 예를 들어 [표 11.6]의 작업에 최단 처리시간을 적용하면 가장 먼저 처리하는 작업은 만기일이 가장 늦은 작업이 되고 가장 마지막에 처리하는 작업은 만기일이 가장 이른 작업이 된다. 이것은 만기일을 다루는 데 있어서 다소 이상한 방법이다.

SPT는 만기일을 무시하기 때문에 이를 명시적으로 고려하여 작업순서를 정하는 규칙을 개발해야 할 수도 있다. 아마도 당신은 만기일을 처리하는 몇 가지 방법을 빠르게 만들어 낼 수 있을 것이다. 그리고 간단히 만기일의 오름차순으로 작업을 처리하는 가장 빠른 만기일 (EDD, earliest-due-date) 규칙을 생각해 볼 수도 있다. [표 11.6]에 나와 있는 프로젝트의 경우는 특별하게도 EDD 규칙이 SPT와 정확히 반대 순서로 작업을 처리한다! SPT는 만기일을 무시하지만 EDD는 처리시간을 무시한다. 그렇다면 어느 쪽이 더 나은가? 정답은 "상황에 따라 다르다"이다. 왜 그런지 SPT와 EDD에 대한 몇 가지 성능 척도의 계산을 통해 살펴보자.

[표 11.7]은 SPT 규칙을 사용한 [표 11.6]의 각 작업에 대한 흐름시간을 보여준다. 예를 들어, 작업 A는 2일 안에 완료한 후 작업 B는 6일째에 완료한다: 작업의 흐름시간은 처리시간과 그 전에 완료된 작업의 처리시간들의 총합이다. SPT를 사용하면 평균 지연시간은 −2인데, 이는 평균적으로 마감일 이틀 전에 작업이 완료되었음을 의미한다. 그러나 가장 긴 지연은 18일이다. 정시 완료비율 측면에서 보면 3개의 작업 또는 총 작업의 60%가 지체되지 않는다.

[표 11.8]은 EDD의 결과를 보여준다. 여러 가지 면에서 EDD는 SPT보다 좋지 않다. SPT가 평균흐름시간을 최소화하기 때문에 EDD의 평균흐름시간이 더 길다(22일 vs. 14일). 다소 놀라운 것은 평균 지연(6일 vs. −2일), 평균 지체(6.4 vs. 4.8일), 또는 정시 완료 비율(20% vs. 60%)과 같이 만기일에 중점을 둔 일부 척도들에서도 EDD가 SPT보다

표 11.7 최단 처리시간(SPT)을 사용한 성능척도들

작업	처리시간(일)	만기일(일)	흐름시간	지연	지체	지체여부
A	2	20	2	−18	0	0
B	4	18	6	−12	0	0
C	6	16	12	−4	0	0
D	8	14	20	6	6	1
E	10	12	30	18	18	1
평균			14	−2	4.8	0.4
최대값				18	18	1

표 11.8 가장 빠른 만기일(EDD)을 사용한 성능척도들

작업	처리시간(일)	만기일(일)	흐름시간	지연	지체	지체여부
E	10	12	10	−2	0	0
D	8	14	18	4	4	1
C	6	16	24	8	8	1
B	4	18	28	10	10	1
A	2	20	30	10	10	1
평균			22	6	6.4	0.8
최대값				10	10	1

표 11.9 최단 처리시간(SPT)와 가장 빠른 만기일(EDD) 사이의 성능척도 비교

성능척도	추천
평균흐름시간, 평균 지연	SPT로 하면 둘 다 최소화할 수 있다.
최대 지연 또는 지체	EDD로 하면 둘 다 최소화할 수 있다.
평균 지체	SPT가 EDD보다 좋지만 항상 그렇지는 않다.
정시 완료 비율	SPT가 EDD보다 좋지만 항상 그렇지는 않다.

더 나쁘다는 것이다.

[표 11.7]과 [표 11.8]의 결과는 SPT와 EDD를 비교할 수 있는 하나의 좋은 예에 불과하다. 그럼에도 불구하고 이 결과는 [표 11.9]에 요약한 대로 두 가지 방법을 비교하여 자세히 연구해서 얻은 결과와 일치한다.

정리하면, 아무리 만기일이 중요하더라도 그리고 SPT가 그 만기일을 무시하는 방법일지라도 SPT를 능가하기는 실제로 어렵다는 것이다. SPT의 주요 장점은 평균흐름시간을 가능한 한 낮게 유지한다는 것인데 이것은 만기일의 여부와 상관없이 중요하다. 그러

나 작업이 매우 늦게 끝나는 상황을 강력히 피하고 싶은 경우에는 작업들의 최대 지연/지체를 최소화하는 EDD가 가장 좋은 방법이 될 수 있다. 그러나 이것은 보수적인 접근 방식이다: 어떤 작업이 매우 늦게 끝나는 상황을 회피함으로써 EDD가 평균적으로 모든 작업을 SPT보다 약간 늦게 마치도록 만들 수도 있다.

11.5 제약이론

하나의 자원을 위해 작업순서를 정하는 것도 복잡하지만 복수의 자원들을 위해 작업을 스케줄링하는 것은 훨씬 더 복잡하다. 예를 들어 반도체 제조공정을 생각하자. 대략적으로 반도체 제조공정은 [그림 11.7]과 같이 실리콘 웨이퍼로부터 시작하여 (i) 증착(deposition), (ii) 사진(lithography), (iii) 식각(etching), (iv) 시험(testing) 단계를 거쳐 이루어진다. 일반적으로 각 단계에서는 여러 대의 기계들이 필요하며, 웨이퍼들은 단계들을 여러 번 반복적으로 거치고 (예를 들어 웨이퍼는 사진과 식각을 여러 번 거친다.) 각기 다른 종류의 웨이퍼는 여러 단계에서 각각 다른 시간으로 처리되며, 작업 중인 반도체의 유형에 따라 단계마다 각각 다른 준비시간(setup time)이 소요된다. 일반적인 반도체 제조공정은 만기일이 다르고 부가가치 창출의 정도가 다른 수백 개의 작업들로 구성된다. 마지막으로 각 장비는 수천만 달러이고 최신식 반도체 생산시설을 설치하려면 10억 달러 이상, 때로는 몇십억 달러의 비용이 든다. 이러한 막대한 자본 투자를 감안할 때 이용율을 높게 유지하면서 흐름률을 최대화시키는 것은 매우 중요하다.

반도체 제조공정보다 더 간단한 공정에서도 프로세스 내에서 흐름단위를 움직이는 스케줄링에는 무수히 많은 경우의 수가 있다. 그렇다면 관리자가 이 많은 경우의 수를 다 셀 수도 없는데 어떻게 그 중 하나를 고를 수 있을까? 한가지 효과적인 방법은 분석을 단순화해서 복잡성을 "간파"하는 것이다. 이것이 바로 제약이론(TOC: theory of constraints)의 아이디어이다. 제약이론은 프로세스의 흐름률은 병목자원의 흐름률에 의해 결정되므로 병목자원을 집중적으로 관리해야 한다는 것이다. 따라서 관리자가 프로세스 전체의 흐름률을 최대화시키려면 병목자원에서의 흐름률을 최대화시켜야 한다는 것

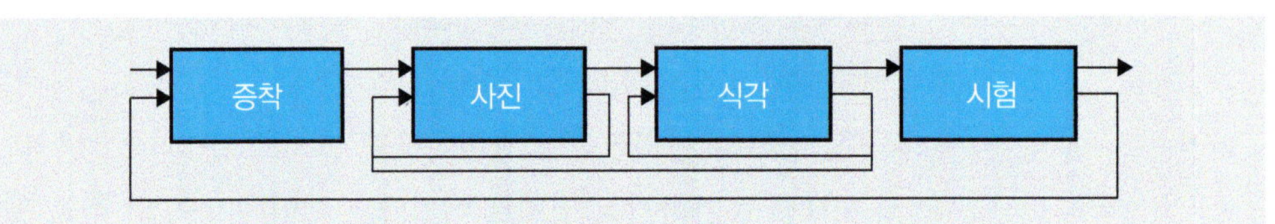

그림 11.7 반도체 제조공정

이다. 특히 관리자는 비(非) 병목자원에는 많은 관심을 두지 말아야 하는데 그 이유는 비병목자원에서 유휴시간이 발생하더라도 이는 전체 프로세스의 흐름에 영향을 미치지 않기 때문이다.

제약이론을 적용히는데 있어 첫 번째 단계는 병목을 식별하는 것이다. 병목은 실질활용률(처리능력 대비 수요의 비율)이 가장 높은 자원이다. 다음으로 병목에서의 흐름률이 최대로 되도록 해서 병목의 활용률을 최대화하는 것이다. 예를 들어, 병목자원이 셋업을 필요로 한다면 부가가치가 창출되지 않는 준비시간의 비율을 줄이기 위해 한 번에 처리되는 배치의 크기를 증가시켜야 한다. 마지막으로 병목이 차단(blocking)되거나 작업 공전(starving)이 발생하지 않도록 계획하는 것이 중요하다. 따라서 병목자원의 앞뒤에 재고 버퍼를 놓아 차단이나 공전(空轉)이 발생하지 않도록 비병목자원들을 스케줄링해야 한다. 흥미롭게도 이를 위해 복수의 스케줄링법을 혼용해야 할 수도 있다. 일반적으로 병목자원의 앞뒤에 있는 재고 버퍼들은 평균재고량을 줄이기 위해 최단 처리시간을 이용하여 스케줄링한다. 하지만 때때로 최장 처리시간으로 작업순서를 결정해야 하는 경우도 있다! 예를 들어 병목자원 다음에 위치한 버퍼가 용량의 최대치까지 채워지기 시작한다고 가정하자. 이 경우에 병목자원은 차단될 위험이 있다. 이때 병목자원에서의 최장 처리시간을 사용하여 작업을 처리하면 병목자원 뒤에 위치한 버퍼 내로 작업의 유입이 지연되면서 차단될 가능성이 낮아진다. 반대로 병목자원 앞에 있는 버퍼가 거의 비어 있다고 가정하자. 병목자원 앞의 비어 있는 버퍼는 병목자원을 공전시킬 위험이 있다. 따라서 병목자원에서의 스케줄링법을 최장 처리시간으로 바꿔서 병목자원의 앞쪽에 위치한 자원이 버퍼를 채울 수 있는 시간을 벌어줄 수 있다.

좀 더 높은 수준에서는, 제약이론이 한정된 관리시간이 시스템에 또 다른 제약이 될 수 있다고 인식한다. 따라서 한정된 관리시간은 프로세스의 전체적 성과에 가장 영향력 있는 부분(즉, 병목)에 초점을 맞추어 사용하여야 한다.

11.6 예약과 약속

스케줄링에 대해 논의할 때 예약과 약속을 빼놓을 수 없다. 예약시스템 뒤에 숨겨 있는 의도는 분명하다: 사람들이 자기 오고 싶을 때 와서 대기행렬이 길어지거나 놀고 있는 서버가 생겨나지 않도록 예측 가능성을 더하고 도착 과정을 평활하게 하도록(도착이 특정시간 대에 몰리지 않도록) 미리 약속하자는 것이다. [그림 11.8]에 나타난 프로세스 흐름을 보자. 대다수의 프로세스 흐름도와는 다르게 [그림 11.8]에는 두 개의 연이은 "재고" 자리가 있는데 이는 환자가 집에서 혹은 병원에서 의사를 기다릴 수 있음을 나

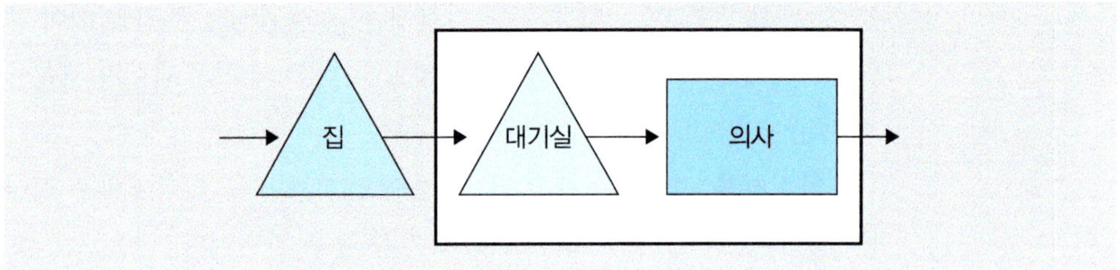

그림 11.8 의사를 만나기 위한 프로세스 흐름도

타낸다. 다른 모든 조건이 같다면 환자는 당연히 병원보다는 집에서 기다리기를 선호할 것이다.

예약시스템을 활용한다고 해서 시스템의 처리능력이 늘어나는 것은 아니라는 것을 확실히 해 두고 다음으로 넘어가자. 만약 의사를 보기 원하는 환자들의 흐름률이 의사의 처리능력보다 크다면 약속시스템을 활용하든지 그렇지 않든지 간에 대기 환자의 수는 매우 많아진다. 이것은 실로 노여움을 불러일으킬 수 있다: 환자가 의사에게 전화했는데 대기 환자가 많아서 다음 예약을 하려면 몇 달이나 걸린다고 생각해 보라. 이 문제의 근본적인 해결책은 시스템의 처리능력을 늘리는 것 밖에 없다.

따라서 예약시스템은 처리능력이 충분하다는 가정하에 수요에 공급을 맞추려는 것이다. 각 환자는(혹은 작업은) 이전 환자가 서비스를 마칠 즈음 도착하도록 스케줄링된다. 이론적으로는 예약시스템을 사용하면 노는 서비스 제공자도 없고 기다리는 작업도 없다. 하지만 예약시스템을 복잡하게 하는 몇 가지 요인이 있다. (1) 처리시간을 완벽하게 예측할 수 없기 때문에 다음 예약 환자를 언제 도착하도록 해야 할지 불확실하며 (2) 고객들이 항상 예약시간에 오지는 않는다는 것, 즉 심지어 예약된 수요도 완벽히 예측할 수 없다는 것이다. 예약시스템을 디자인하는데 따르는 문제를 알아보기 위해 병원의 예제를 좀 더 구체적으로 살펴보자. 의사의 예약시간을 정하려고 하는데, 의사가 각 환자를 처리하는데 걸리는 시간은 평균 20분이지만 각 환자의 실제 처리시간은 10분에서 30분 사이에 균일하게 분포되어 있다고 하자. 단순하게 의사는 환자 진료만 한다고 가정하자. 그녀는 점심도 안 먹고, 신경 써야 할 서류작업도 없고, 심지어 화장실도 가지 않는다고 하자. 마지막으로 의사는 오전 8시부터 환자를 진료하기 시작해서 하루 20명의 환자를 진료하기를 원한다. 어떻게 예약시간을 잡아야 할 것인가?

지금까지 그랬던 것처럼 약속시간을 결정하기 전에 먼저 우리가 관심을 두어야 할 성능척도들을 명확히 할 필요가 있다.

- 자원(의사)의 이용률
- 각 흐름단위(환자)의 평균흐름시간

이용률은 자원이 얼마나 효율적으로 사용되는지를 측정한다. 의사의 수입이 고정되었다고 하면, 의사의 이용률이 높다는 것은 같은 수의 환자를 진료하는데 더 적은 시간을 사용하거나 같은 시간 동안 더 많은 환자를 진료한다는 것을 의미한다. 평균흐름시간은 흐름단위의 시간을 얼마나 잘 활용하는지를 측정한다. 환자의 시간에 대한 합리적인 비용을 산출하기란 불가능하겠지만 환자가 병원에서 기다리는 시간이 적다면 더 행복할 것임은 분명하다. 따라서 이용률을 최대로 하고 흐름시간은 최소로 할 필요가 있다.

불확실한 처리시간을 갖는 약속의 스케줄링

환자들이 매우 책임감이 강해서 항상 정해진 약속 시간에 도착한다는 가정하에 의사의 예약 일정을 잡아 보자. 자연스럽게 생각해 볼 수 있는 방법은 의사의 평균 진료시간인 20분마다 환자가 도착하도록 하는 것이다. [표 11.10]은 의사의 진료시간이 10분에서 30분 사이에 균등한 확률로 발생한다는 가정하에 하루 동안 일어나는 일들을 보여준다(이것은 또 다른 이산사건 시뮬레이터이다). 예를 들어 첫 번째 환자는 진료받는데 18분이 걸리고 두 번째 환자는 11분이 걸린다. 두 번째 환자가 도착하기 전에 첫 번째 환자의 진료가 끝났기 때문에 의사가 두 번째 환자를 진료 시작하기 전에 2분의 유휴시간이 생기고 세 번째 환자를 진료하기 전에는 9분의 유휴시간이 생긴다. 불행하게도 여섯 번째 환자는 진료하는데 29분이 걸려서 일곱 번째 환자는 9분을 기다려야 하고 이 때문에 총 흐름시간이 38분 걸린다(기다리는데 9분, 진료받는데 29분).

[표 11.11]의 네 번째 열(column)에는 [표 11.10]의 결과가 요약되어 있다. 평균흐름시간은 [표 11.10]에 있는 '환자의 흐름시간' 값들의 평균이다. 평균 처리(진료)시간 또한 [표 11.10]의 실제 처리시간들의 평균이다. 평균 처리시간 18.35분이 기댓값인 20분보다 조금 짧다는 것을 알 수 있다. 이것은 단지 우연이다.

의사의 총 진료시간을 보면 의사는 8시에 진료를 시작하고 14시 37분에 마지막 환자의 진료를 마치는데 이는 총 397분 혹은 6.62시간이다. 전체 작업(여기서는 20명의 환자)을 처리하는데 걸리는 총 시간을 총 작업시간(makespan)이라고 부른다. 총 작업시간은 처리시간의 합보다 작을 수 없지만 자원에 유휴시간이 발생한다면 더 길어질 수도 있다.

평균 진료시간은 18.35분으로 의사의 처리능력은 1/처리시간, 즉 분당 0.0545명의 환자 혹은 시간당 3.27명의 환자이다. 흐름률은 진료를 받은 환자의 수(20)를 진료에 걸린 시간(6.62시간)으로 나눈 시간당 3.02명이다. 마지막으로 이용률은 흐름률을 처리능력으로 나눈 92%이다.

의사의 이용률 92%와 환자의 대기시간 평균 5.45분(23.80−18.35)이라는 수치는 적당하게 보인다. 하지만 [표 11.11]에는 예약 간격이 더 짧거나(15분) 더 긴(25분) 경우에 발생할 수 있는 일들도 나타나 있다.

표 11.10 약속 간격이 20분인 20명의 환자를 하루 동안 치료하는 시뮬레이션 결과

환자	예약시각	처리시간(분)	시작시간	종료시간	환자의 흐름시간(분)	의사의 유휴시간(분)
1	8:00	18	8:00	8:18	18	0
2	8:20	11	8:20	8:31	11	2
3	8:40	18	8:40	8:58	18	9
4	9:00	20	9:00	9:20	20	2
5	9:20	10	9:20	9:30	10	0
6	9:40	29	9:40	10:09	29	10
7	10:00	29	10:09	10:38	38	0
8	10:20	18	10:38	10:56	36	0
9	10:40	16	10:56	11:12	32	0
10	11:00	21	11:12	11:33	33	0
11	11:20	15	11:33	11:48	28	0
12	11:40	18	11:48	12:06	26	0
13	12:00	18	12:06	12:24	24	0
14	12:20	13	12:24	12:37	17	0
15	12:40	16	12:40	12:56	16	3
16	13:00	30	13:00	13:30	30	4
17	13:20	16	13:30	13:46	26	0
18	13:40	18	13:46	14:04	24	0
19	14:00	19	14:04	14:23	23	0
20	14:20	14	14:23	14:37	17	0

표 11.11 예약 간격에 따른 성능척도 결과

계산	성능척도	예약 간격(분)		
		15	20	25
a	평균흐름시간(분)	51.1	23.80	19.25
b	평균 처리시간(분)	18.35	18.35	18.35
c	환자 수	20	20	20
d	총 작업시간(시간)	6.13	6.62	8.15
$e = 60/b$	용량(환자 수/시간)	3.27	3.27	3.27
$f = c/d$	흐름률(환자 수/시간)	3.26	3.02	2.45
$g = f/e$	이용률	1.00	0.92	0.75
$h = a - b$	평균대기시간(분)	32.75	5.45	0.90

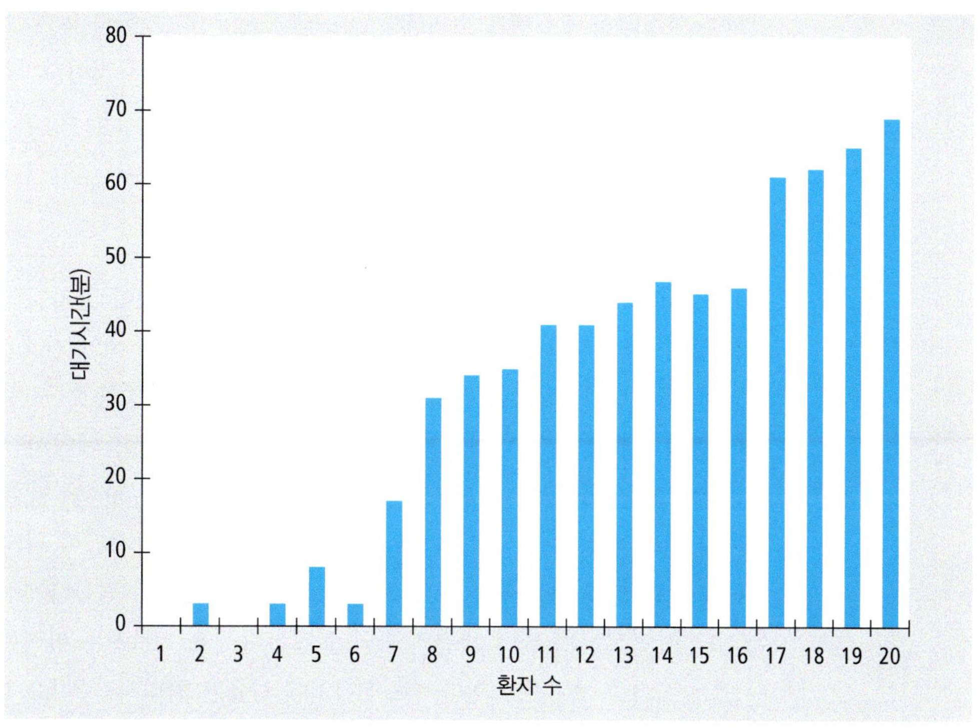

그림 11.9 예약 간격이 15분일 때 20명의 환자 각각의 대기시간

환자들은 예약 간격이 25분일 때 훨씬 좋은 서비스를 받는다! 이 경우 그들은 의사를 만나기 전에 평균 0.9분을 기다린다. 하지만 이런 좋은 서비스에는 비용이 따른다. 불쌍한 의사는 이용률이 75%로 낮아졌고 20명의 환자를 진료하기 위해 6.62시간이 아닌 8.15시간이 소요된다. 이는 예약 간격을 20분에서 25분으로 바꾸면 20명 환자의 대기시간 중 총 91분(=20×(5.45−0.90))이 줄어들지만 의사의 진료시간은 1.5시간(=8.15−6.62)이 늘어난다는 것을 의미한다. 만약 의사의 시간이 환자들의 대기시간보다 저렴하다면 이렇게 바꾸어도 적절한 절충점을 찾은 셈이지만 그렇지 않다면 심각한 거래가 된다.

[표 11.11]에 나온 다른 극단적인 경우는 예약 간격이 15분인 경우이다. 이제 환자들은 의사가 처리할 수 있는 것보다 더 빨리 도착한다. 예상할 수 있듯이 이제 의사는 계속 일해야 하고 이용률은 100%가 된다. 하지만 환자의 평균대기시간은 32.75분으로 상당한 시간을 기다려야 한다. 30분 정도 기다리는 것이 재앙(disaster) 수준은 아니라고 할 수 있겠지만 평균값이 그렇다는 것을 기억하라. 몇몇 환자들은 더 오랜 시간을 기다려야 한다. [그림 11.9]는 20명의 각 환자들의 대기시간을 보여주는데 마지막 네 명의 환자들은 각각 평균대기시간의 두 배인 한 시간 이상을 기다려야 한다. 바로 이 때문에 사람들은 될 수 있으면 오후가 아닌 오전에 일찍 예약을 잡으려고 하는 것이다.

특정 시간 동안 흐름단위(환자)를 자원(의사)이 감당할 수 있는 수준보다 더 많이 할당하는 일정계획 시스템을 초과예약(overbooking)이라고 한다. 자원의 이용률을 높이려고 일부러 감당할 수 있는 작업의 양 이상을 스케줄링하는 것이다. 초과예약에 관한 폭넓은 논의는 18장에서 다룬다.

예약 부도

[표 11.11]의 결과를 보면 예약 간격을 20분으로 잡는 것이 환자들의 의사를 기다리는 시간(짧은 예약 간격)과 의사가 환자를 기다리는 시간(긴 예약 간격) 사이의 적절한 균형점인 듯 보인다. 하지만 다시 생각해 봐야 하는 한 가지 중요한 가정이 있는데, 환자들이 예약시간에 항상 나타나지는 않는다는 것이다. 사실, 예약시간에 나타나지 않는 예약 부도(no-shows)의 비율은 많은 병원에서 높게는 20~30%에 달한다.

예약 부도의 영향을 살펴보기 위해 20%의 환자가 예약시간에 나타나지 않는다고 가정하자. 그래도 의사는 하루 동안 20명의 환자를 진료하길 원한다. 따라서, 의사는 하루에 20명을 진료하기 위해 25건의 예약을 잡는다. [표 11.12]는 이러한 상황에서 발생할 수 있는 결과를 보여주고 있다. [표 11.12]에 사용된 처리시간은 [표 11.10]에 사용된 처리시간과 동일하다는 것에 주목하자. 두 개의 표에서 유일한 차이점은 [표 11.12]의 환자들 중 20%가 예약 부도라는 것이다.

[표 11.13]은 20%의 예약 부도가 생길 때의 성과척도들을 보여준다. [표 11.11]과 [표 11.13]을 비교하면, 예약 부도는 의사가 시간을 효율적으로 사용하는 데 좋지 않다는 것을 알 수 있다. 각 예약 간격에서, 예약 부도가 생길 가능성이 있으면 의사의 이용률은 감소한다. 하지만 예약 부도는 환자의 평균대기시간을 줄이는 데 일조하는 것처럼 보인다. 만약 몇몇 환자들이 예약시간에 나타나지 않으면 병원에 온 예약 환자는 그렇게 오래 기다리지 않아도 된다. 따라서 예약 부도가 반드시 나쁘다고 결론 내리기는 아직 이르다.

[그림 11.10]은 예약 부도가 의심할 나위 없이 좋지 않다는 것을 분명하게 보여준다. 그림은 이용률과 평균대기시간 간의 상충관계를 나타낸 것이다. 각 곡선의 각 관찰값들은 특정 예약간격을 기준으로 관찰된 값들이다. 예를 들어 예약 간격이 24분이고 예약 부도가 20%일 때 이용률이 약 62%, 평균대기시간이 1.25분인데, 예약 간격이 18분이고 모든 환자가 오는 경우(예약 부도 0%) 이용률은 97%, 대기시간은 14분이다. 이 그림에서 발견할 수 있는 중요한 점은 환자들이 예약 부도를 할수록 상충 곡선이 좌상향한다는 것이다. 이는 분명히 좋지 않다. 예를 들어 병원이 환자의 평균대기시간을 5분 미만으로 하고 싶다고 하자. 모든 환자들이 예약시간에 나타나면 의사의 이용률은 90% 이상이다(예약 부도 0%인 곡선에 대기시간이 5분에 해당하는 수평선을 그어 만나는 점을 보면 이용률이 약 91%이다). 하지만 20%의 환자들이 예약 부도라면 의사의 이용률은 약 75%로 떨어진다(20%의 예약 부도 곡선에 대기시간이 5분에 해당하는 수평선을 그으면 이용률이 약 75%에서 만난다). 의사의 월급을 고정한 상태에서 이용률의 감소는 각 환자에

표 11.12 20분 간격으로 하루에 20명의 환자를 치료하는 시뮬레이션 결과 (5명의 예약 부도 환자들이 중간에 포함되어 있음)

환자	예약시간	상태	처리시간(분)	시작시간	종료시간	환자의 흐름시간(분)	의사의 유휴시간(분)
1	8:00		18	8:00	8:18	18	0
2	8:15	예약 부도					
3	8:30		18	8:40	8:58	18	22
4	8:45		20	9:00	9:20	20	2
5	9:00		10	9:20	9:30	10	0
6	9:15		29	9:40	10:09	29	10
7	9:30		29	10:09	10:38	38	0
8	9:45		18	10:38	10:56	36	0
9	10:00		16	10:56	11:12	32	0
10	10:15		21	11:12	11:33	33	0
11	10:30		15	11:33	11:48	28	0
12	10:45		18	11:48	12:06	26	0
13	11:00		18	12:06	12:24	24	0
14	11:15	예약 부도					
15	11:30		16	12:40	12:56	16	16
16	11:45		30	13:00	13:30	30	4
17	12:00		16	13:30	13:46	26	0
18	12:15	예약 부도					
19	12:30	예약 부도					
20	12:45		14	14:20	14:34	14	34
21	13:00	예약 부도					
22	13:15		11	15:00	15:11	11	26
23	13:30		13	15:20	15:33	13	9
24	13:45		18	15:40	15:58	18	7
25	14:00		19	16:00	16:19	19	2

표 11.13 예약이 서로 다른 간격으로 잡혀 있고 환자의 20%가 약속시간에 도착하지 않을 때의 성능척도 결과

계산	성능 척도	예약 간격(분)		
		15	20	25
a	평균흐름시간(분)	38.10	22.95	19.25
b	평균 처리시간(분)	18.35	18.35	18.35
c	환자 수	20	20	20
d	총 작업시간(시간)	6.37	8.22	10.32
$e = 60/b$	용량(환자 수/시간)	3.27	3.27	3.27
$f = c/d$	흐름률(환자 수/시간)	3.14	2.43	1.94
$g = f/e$	이용률	0.96	0.74	0.59
$h = a - b$	평균대기시간(분)	19.75	4.60	0.90

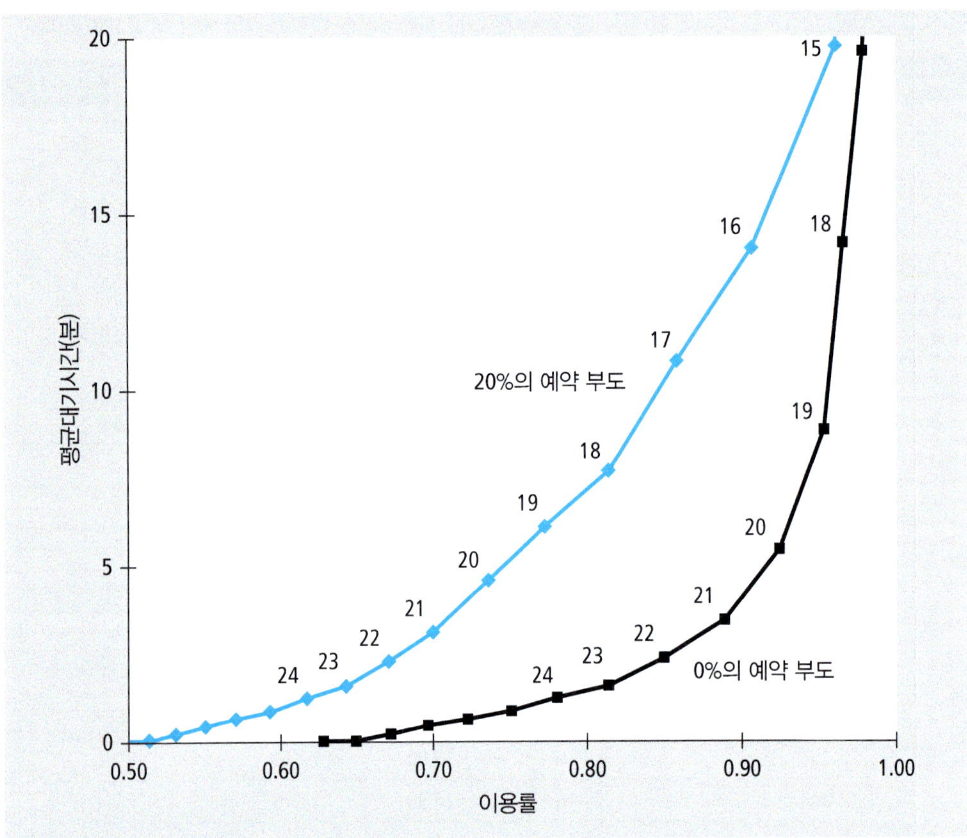

그림 11.10 이용률과 평균 대기시간 사이의 상충관계: (i) 모든 고객이 약속한 시간에 도착하는 경우(검은색 네모로 표시)와 (ii) 20%의 고객이 예약 부도인 경우(회색 네모로 표시). 네모 옆의 숫자는 예약 간격의 길이(분)를 나타낸 것임.

게 제공하는 서비스 비용의 증가를 의미한다.

만약 [그림 11.10]이 익숙하게 느껴진다면 아마도 9장 '프로세스 성과에 미치는 변동성의 영향'을 공부했기 때문일 것이다. 9장에서 [그림 9.2]는 임의의 처리시간, 임의의 도착간격, 그리고 예약이 없을 때의 이용률과 대기시간 사이의 상충관계를 보여준다. 이러한 시스템이 예약을 받는 병원과 완전히 똑같지는 않지만 활용률과 흐름시간 사이에 존재하는 근본적인 상충관계는 여전히 유효하다.

따라서 우리는 예약시스템이 모든 경우에 대한 만병통치약이 아님을 알 수 있다. 처리시간의 변동성은 불확실성을 초래한다. 예약 부도도 불확실성을 초래한다. 이러한 불확실성을 관리하려면 의사의 이용률과 환자들의 대기시간 간의 상충성을 이해해야 한다. 의사가 환자를 기다리거나 (긴 예약 간격) 환자가 의사를 기다려야 된다(짧은 예약 간격). 이 상충관계는 피할 수 없고 시스템에 불확실성이 더해질수록 더 심각하게 된다.

상충 곡선에서 적절한 교차점을 선택하는 것 이외에 상황을 개선할 수 있는 다른 방법은 없을까? 운영관리의 많은 경우에서 그렇듯이 문제를 발생시키는 변동성을 줄이는 방법이 확실한 방법이다. 첫 번째로, 처리시간의 변동성을 줄여야 한다. 이렇게 하기 위해서는 표준작업절차를 택하고 신규 직원을 더 빨리 그리고 효율적으로 훈련하고 의사들이 필요 시간 이상으로 진료하는 것을 줄여야 (예를 들어 수다스러운 환자의 말을 정중하게 끊으며 내보내는 방법) 한다. 두 번째로, 예약 부도를 줄여야 한다. 이를 위한 몇 가지 방법이 있다. 예를 들어 예약 전날 병원이 환자에게 예약을 상기시키는 전화를 할 수 있다. 더 강력한 방법은 예약시간에 나타나지 않는 환자에게 벌금을 물리는 것이다. 이것은 어떤 경우에는 실행하기 어렵고 환자가 악감정을 가질 수 있으며 병원이 벌금을 받아 손실의 일부를 보전할 수 있을지는 몰라도 환자가 나타나지 않으면 의사의 유휴시간이 발생하여 바람직하지 않다. 마지막으로, 환자가 예약시간에 나타나지 않을 확률은 환자가 언제 예약을 잡았는지와 밀접한 관련이 있다. 만약 환자가 두 달 전에 예약을 잡았다면 예약시간을 잊었을 가능성이 커진다. 이러한 이해를 바탕으로 일부 의사들은 개방형 예약시스템(open-access appointment system)을 도입했다. 개방형 예약시스템 하에서는 예약은 하루 전에만 잡을 수 있고 진료는 선입선출로 이루어진다. 개방형 예약시스템은 예약 부도의 비율을 급격하게 줄이면서 동시에 의사의 이용률을 높일 수 있음이 밝혀졌다.

11.7 요약

일정계획(scheduling)은 자원이 언제 어떤 수요를 처리해야 하는지 할당하는 내용을 담고 있다. 선입선출(first-come-first-served, FCFS)이 작업순서를 정하는 가장 직관적인 방법이기는 하나 흐름단위들 사이에 공정성이 특별히 중요한 경우가 아니라면 운영성과지표 측면에서 별로 좋지 않은 방법이다. 최단 처리시간(shortest processing time, SPT)을 사용하는 것이 일반적으로 더 좋은 방법이고 이 방법의 사촌격이라 할 수 있는 가중 최단처리시간(weighted shortest processing time, WSPT)은 작업에 따른 우선순위가 존재할 때 유용한 방법이다. 만기일이 있는 경우 최단 만기일(earliest-due-date, EDD)은 최대 편차와 최대 지체를 최소화하지만 평균 성능이나 정시 완료 비율 측면에서 SPT보다는 못하다.

복잡한 시스템에서 작업을 스케줄링할 때, 제약이론은 병목 자원에서의 흐름률 최대화에 중점을 두어야 한다. 이를 보장하기 위해 자원의 앞에 흐름단위의 충분한 버퍼를 두어 작업 공전(starving)을 예방하고 자원의 뒤에 충분한 버퍼를 두어 흐름단위가 차단(blocking)되는 경우를 예방할 수 있다. 그리고 자원이 준비시간을 갖는 경우에는 자원의 이용률이 불필요하게 낮아지지 않도록 배치(준비시간을 거친 후 한 번에 처리할 작업의 분량)의 크기를 충분히 늘려야 한다.

예약시스템은 스케줄링의 한 방법으로 볼 수 있으나 이 시스템 역시 한계를 가지고 있다. 특히 처리시간이나 도착시간이 불확실할 때(예약 부도와 같이) 예약시스템은 자원의 이용률과 흐름단위의 흐름시간 간에 적절한 균형점을 찾아야 한다.

우리는 이 장에서 다룬 각 예시에서 세 가지 시스템 저해요소 즉 변동성, 낭비 그리고 경직성의 부정적 효과를 확인할 수 있었다. 변동성은 도착시간과 처리시간의 불확실성으로 인해 나타나고 낭비는 제대로 교육받지 못한 서비스 제공자 때문에 처리시간이 길어지는 형태로 나타난다. 그리고 즉각적으로 직원을 늘리거나 줄이지 못하는 경직성 때문에 일정계획(스케줄링)은 필요하다.

심화학습

- Cox, Eliyahu, and Goldratt(1986)는 운영관리 분야의 고전(古典)이다. 이렇게 흥미롭고 재미있는 책이 운영관리에 관한 책일 줄 누가 알았겠는가!? 이 책과 Goldratt(1990)의 후속작에서 제약이론(Theory of Constraints)이 등장한다.
- Pinedo(2009)는 일정계획에 대한 포괄적인 주제를 다루었다.

- Cox, Jeff, and Eliyahu M. Goldratt. *The Goal: A Process of Ongoing Improvement*. Great Barrington, MA: North River Press, 1986.
- Goldratt, Eliyahu M. *Essays on the Theory of Constraints*. Great Barrington, MA: North River Press, 1990.
- Pinedo, Michael. *Planning and Scheduling in Manufacturing and Services*. New York: Springer- Verlag, 2009.

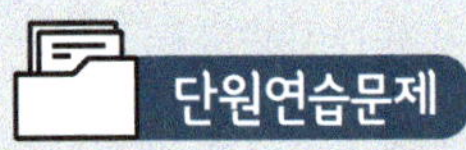

단원연습문제

다음 질문들은 이 장의 이해정도를 확인하는 데 도움을 줄 것이다. 각 질문 뒤의 [ ]는 관련된 해당 절을 나타내고 있다.

"*" 표시가 있는 문제의 해설은 부록 E에 있으며, Connect에서 영상을 참조하기 바란다.

11.1* 처리를 기다리는 10개의 작업이 있다. 해당 작업의 총 처리시간은 200분이다. 이 작업들이 처리되는 동안 자원의 흐름률(시간당 작업 수)은 얼마인가? [11.2]

11.2 어느 건축가가 5개의 프로젝트를 완료해야 한다. 그녀는 프로젝트 중에 3개를 완료하는데 1주일이 걸리고, 다른 2개는 각각 3주, 4주가 걸릴 것으로 추정하고 있다. 이 프로젝트들을 완료하는 동안 (이 기간 동안 다른 프로젝트는 진행하지 않는다고 가정한다) 건축가의 흐름률(주당 프로젝트 수)은 얼마인가? [11.2]

11.3* [표 11.14]의 작업들을 생각해 보자. 최단 처리시간을 사용하여 작업순서를 결정한다고 가정하였을 때,

a. 네 번째로 처리할 작업은 무엇인가? [11.2]
b. 작업 F의 흐름시간은 몇 분인가? [11.2]
c. 작업의 흐름률은 얼마인가(분당 작업 수)? [11.2]
d. 시스템에 있는 작업의 평균흐름시간은 얼마인가? [11.2]
e. 시스템에 있는 작업의 평균재고는 몇 개인가? [11.2]

표 11.14 6개 작업의 처리시간

작업	A	B	C	D	E	F
처리시간(분)	5	11	8	2	1	9

11.4 [표 11.15]의 프로젝트들의 작업순서를 FCFS를 사용하여 정한다고 가정하자.

a. 프로젝트의 평균 흐름률은 얼마인가(시간당 프로젝트 수)? [11.2]
b. 프로젝트의 평균흐름시간은 몇 시간인가? [11.2]
c. 프로젝트의 평균재고는 몇 개인가? [11.2]

표 11.15 8개 프로젝트의 처리시간, 도착한 순서대로 표시되어 있음

프로젝트	P1	P2	P3	P4	P5	P6	P7	P8
처리시간(시간)	4	1	2	3	6	5	1	0.5

11.5* [표 11.16]의 작업을 단일 자원이 처리해야 하는데 WSPT 규칙으로 순서를 정한다고 가정하자.

a. 두 번째로 처리하는 작업은 어떤 작업인가? [11.3]
b. 작업의 평균 흐름률은 얼마인가(분당 작업 수)? [11.3]
c. 작업의 평균흐름시간은 몇 분인가? [11.3]
d. 작업의 평균재고는 몇 개인가? [11.3]

표 11.16 5개 작업의 처리시간과 가중치

작업	A	B	C	D	E
처리시간(분)	1	4	2	3	5
가중치	1.5	1	1.25	0.5	2

11.6

[표 11.17]에 있는 작업을 단일 자원에서 처리해야 하며 WSPT 규칙으로 작업 순서를 정한다고 가정하라. 세 번째로 처리하는 작업은 어떤 작업인가? [11.3]

표 11.17 4개 작업의 처리시간과 가중치

작업	A	B	C	D
처리시간(분)	15	5	25	30
가중치	5	10	1	15

11.7

공항에서 이륙 대기 중인 5대의 비행기가 있다. 각 비행기의 승객 수는 [표 11.18]에 표시되어 있다. 각 비행기는 활주로까지 이동하는데 10분, 이륙하는 데 2분이 필요하다(즉, 출발 사이에는 2분이 필요하다). 항공 교통 관제사가 출발을 기다리는 가중 평균 승객 수를 최소화하기를 원한다면 (예를 들면 비행기의 승객 수에 의해 가중치를 부여함) 비행기가 어떤 순서로 이륙해야 하는가? [11.3]

a. A, B, C, D, E
b. B, A, D, E, C
c. C, B, E, A, D
d. C, E, D, A, B
e. 처리시간이 동일하기 때문에 어떤 순서로 출발하든 상관없다.

표 11.18 이륙 대기 중인 비행기 5대의 승객 수

비행기	A	B	C	D	E
승객 수	150	50	400	200	250

11.8*

[표 11.19]에 있는 작업들을 가장 이른 만기일(EDD) 규칙을 사용하여 처리하는 경우,

a. 작업 C의 지연(lateness)은 얼마인가? [11.4]
b. 작업 E의 지연은 얼마인가? [11.4]
c. 작업 D의 지체(tardiness)는 얼마인가? [11.4]
d. 최대 지체는 얼마인가? [11.4]

표 11.19 5개 작업의 처리시간과 만기일

작업	A	B	C	D	E
처리시간(일)	10	25	40	5	20
만기일(일)	100	40	75	55	30

11.9 [표 11.20]에 있는 작업들을 가장 이른 만기일(EDD) 규칙을 사용하여 처리하는 경우,

a. 작업 B의 지연(lateness)은 얼마인가? [11.4]

b. 작업 E의 지체(tardiness)는 얼마인가? [11.4]

c. 최대 지체는 얼마인가? [11.4]

d. 평균흐름시간은 얼마인가? [11.4]

표 11.20 5개 작업의 처리시간과 만기일

작업	A	B	C	D	E
처리시간(일)	2	0.5	1	3	1.5
만기일(일)	3	6	4	5	2

CHAPTER

12 프로젝트 관리

앞 장에서는 프로세스적 관점으로 조직을 이해하는 방법에 대하여 다루었다. 프로세스는 지속적으로 반복되는 것을 그 대상으로 한다. 즉 아무도 프로세스를 단 한 번만 운영시키지 않으며, 계속해서 반복적으로 운영하는 것이다. 프로세스 관리적 관점은 모든 프로세스는 아니라도 대부분의 프로세스에서 일어나는 운영의 문제점을 해결해주는 대안으로 사용될 수 있다. 석탄을 생산하는 공장, 보험이나 은행의 사무실, 병원, 콜 센터 등 이런 프로세스는 계속해서 반복되는 작업을 하고 있으며 그 과정에서 각 프로세스의 흐름단위들은 매일 프로세스를 따라 흘러 통과하게 된다.

하지만 몇몇 생산 운영에서는 반복되는 프로세스를 기본으로 상정하는 프로세스 관리 방법이 적절치 않은 경우가 있다. 예를 들어 대부분의 대형 건설 프로젝트, 신제품 개발 프로젝트, 결혼식 파티 계획과 같은 것들을 생각해 보자. 이러한 경우의 가장 기초적인 관심사는 바로 하나의 흐름단위가 프로세스를 끝마치기 까지를 계획하는 것이며 당연히 계획보다 늦지 않게 마무리될 수 있을지 여부이다.

당신이 하나의 흐름단위만을 관심에 두게 될지 아니면 여러 흐름단위를 관심에 두게 될지는 생산 운영에서 당신의 역할에 따라 달라질 것이다. 아마도 대부분의 사람들은 한 번의 결혼식만을 당연하게 여기므로 이 사람들은 결혼식을 하나의 프로젝트라고 생각하게 되는 반면 웨딩플래너의 경우는 수도 없이 많은 결혼식을 준비하게 되므로 결혼식을 어떤 프로세스에서의 흐름단위로 생각하게 될 것이다. 마찬가지로 신제품을 개발하고 있는 개발자나 새로운 사무용 건물을 건설하고 있는 건설 담당자는 그들의 일을 프로젝트라는 관점으로 바라볼 것이지만 기업조직 상단의 신제품 개발 담당 부사장이나 부동산 개발사의 사장과 같은 사람은 이러한 일을 프로세스 상의 하나의 흐름단위로 생각할 것이다.

우리는 프로젝트(project)를 일시적(temporary; 비 반복적인) 생산 운영이라고 정의한다. 프로젝트는 제한된 시간 안에 수행되어야 하는 특성을 가지고 있으며, 하나나 그 이상의 특정한 목표를 가지고 있고, 일반적으로 일시적 조직에 의해서 운영되며, 그러므로 임기응변적이거나 즉흥적인 관리 스타일로 운영되어지는 경향이 있다. 우리는 이 장에서 다음을 포함하는 프로젝트 관리의 기본에 대하여 배우고자 한다.

- 프로젝트를 완성하기 위하여 필요한 여러 활동(activities)들의 배치와 계획
- 주 경로(critical path)에 기초한 프로젝트 완료시간의 계산
- 프로젝트 완료시간 단축을 위한 프로젝트 가속화
- 프로젝트 수행 중 발생되는 불확실성에 대한 이해와 대응법

그림 12.1 보잉사의 무인비행기

12.1 프로젝트 관리의 사례

무인비행기(unmanned aerial vehicles-UAVs)는 인간이 직접 타지 않고 하늘을 나는 비행기이다. 무인비행기는 리모트 컨트롤러를 통하여 조종되거나 또는 비행기 안에 장착되어 있는 자동항법장치에 의해서 비행되게 된다. 이 비행기의 사용처는 주로 공군이지만 과학적 탐구에 사용되기도 하고 인명의 탐색과 구조에도 활용되고 있다. ([그림 12.1] 참조) 최근 몇 년 동안 흔히 “드론”이라고 불리는 무인비행기도 소비자 제품 범위에 진입하여 단지 몇 백 달러에 구입이 가능해졌다.

프로젝트 관리의 여러 기술과 방법론에 대하여 설명하기 위해 우리는 이 무인비행기 개발 프로젝트를 사례로 사용하려고 한다. 현재 이 비행기의 개발자는 프로토타입 개발을 막 완수한 상태에서 상업적으로 사용될 수 있는 비행기의 개발을 위하여 세세한 부분까지 포함하는 상업용 무인 비행기 개발 제안 모형을 만들려 한다(더욱 자세한 사항은 Kavadias, Loch, and De Meyer를 참조 바람. 저자는 Christoph Loch, Stylios Kavadias가 수행한 Dragonfly UAV 사례연구를 사용하였음). 다음의 [표 12.1]은 이 개발을 완성하는데 필요한 활동들에 대하여 정리하였다. 이 표는 상업용 개발에 필요한 제안모형의 개발을 염두하여 필요한 일들을 나열한 것이지 프로토타입 개발 활동의 내용을 정리한 것이 아니라는 것에 주의 하자.

어떤 사람이 대충 [표 12.1]을 살펴보고 제안 모형을 만드는데 소요되는 시간은 9+3+11+7+8+6+21+10+15+5=95일이 소요된다고 생각할 수 있다. 다른 사람은 (마찬가지로 대충 훑어본 사람) 아마도 가장 긴 활동시간을 기준으로 21일이 소요된다고 할지도 모른다.

이 두 사람 모두 프로젝트 관리의 중요한 성격을 간과하고 있다. 표 안의 모든 활동

표 12-1 상업용 무인비행기 제안모형 개발에 포함되는 활동들

활동	내용	소요 예상시간(일)
A_1	기초적 기능 및 운영 요소 준비, 기초 디자인 형태 생성	9
A_2	표면 모델에 대한 합의 및 준비	3
A_3	공기역학적 분석과 평가 수행	11
A_4	초기 구조모형의 생성, 시뮬레이션 준비	7
A_5	구조 디자인 개발	8
A_6	무게와 관성분석	6
A_7	구조 호환성 분석 및 평가 수행	21
A_8	프리보디 다이어그램 개발	10
A_9	내부 장착물 배치, 구조적 강직성 평가, 기초적 생산계획과 분석	15
A_{10}	제안모형 준비	5

들이다 그런 것은 아니지만 그 안의 몇몇 활동들은 서로 상호 의존적으로 연결되어 있기 때문이다. 예를 들자면 A_3 활동(공기역학적 분석과 평가수행)을 A_2 활동(표면모델에 대한 합의 및 준비)이 끝나야 진행될 수 있다. 이러한 상호 연관성을 우리는 선행관계(precedence relationship)라고 부른다. 이 활동들 간의 상호관계는 [표 12.2]와 같은 종속성행렬(dependency matrix)에 정리하였다. 종속성 행렬에서 보다시피 각 열은 정보를 제공하는 활동에 해당하고 각 행은 정보를 받는 활동에 해당한다. 여기서 i열과 j행에

표12.2 UAV 제안 모형 개발 프로젝트의 종속성 핼렬

		정보를 제공하는 활동(상류)									
		A_1	A_2	A_3	A_4	A_5	A_6	A_7	A_8	A_9	A_{10}
정보를 수령 하는 활동(하류)	A_1										
	A_2	×									
	A_3		×								
	A_4		×								
	A_5				×						
	A_6				×						
	A_7			×			×				
	A_8			×		×	×				
	A_9								×		
	A_{10}							×		×	

해당하는 칸은 i열에 해당하는 활동(A_i)에서 j열에 해당하는 활동(A_j)으로 정보를 제공해야 하는지 여부를 표시하고 있다. 이 경우 우리는 A_i 활동은 A_j 활동에 선행한다고 표현하거나 A_j 활동은 A_i 활동에 종속된다고 표현한다. 종속활동은 선행활동으로부터 정보나 실제 결과물이 제공될 때 시작될 수 있다. 종속성행렬은 함축적으로 활동들 간 순서의 존재를 알려주고 있으며 따라서 프로젝트의 흐름순서를 결정하게 된다. 이 프로젝트의 경우에는 A_1 활동부터 프로젝트가 시작될 것인데 그 이유는 A_1의 선행활동 (정보나 실물을 제공해야 하는 활동)이 존재하지 않기 때문이다. 이 프로젝트는 A_{10} 활동이 끝나면서 종료되게 될 것이다. 일반적으로 선행활동을 상류(upstream)로 종속활동을 하류(downstream)로 부르기도 한다.

12.2 주 경로 확인법

앞서 보았던 [표 12.1]과 [표 12.2]와 같이 여러 형태로 프로젝트 정보를 표현할 수 있는 방법이 존재한다. 노드-활동 표시법(activity-on-node representation; AON)은 노드를 프로젝트의 활동에 해당하도록, 화살표를 활동들간의 선후관계를 표시(정보를 제공하는 활동에서 정보를 제공받는 활동으로 화살표의 방향이 향하도록)하도록 프로젝트의 정보를 표현한다. 이 장에서는 노드-활동 표시법을 활용할 것인데 그 이유는 이 표시법이 이 책의 다른 장에서 다루어왔던 프로세스 흐름도와 유사하기 때문이다.

노드-활동 표시법을 사용하여 프로젝트를 표시하기 위해서 아무런 정보의 투입이 필요 없는 활동 (사례의 경우에서는 A_1 활동에 해당)에서부터 시작할 것이다. 다음으로 종속성행렬에서 제공되는 정보에 따라서 프로젝트의 선후관계를 표현할 것이다.

1. 박스 모양으로 프로젝트의 한 활동을 의미하는 노드를 생성하는데 이때 활동의 이름과 소요 예상시간도 같이 표기한다.
2. 한 활동을 상징하는 노드를 생성하면 그 노드에 대한 입력은 끝나게 된다. 이제 이 노드의 종속 활동들에 해당하는 정보를 알 수 있다. 따라서 종속성 행렬에서 해당하는 열을 찾아 한 종속 활동을 찾고 앞서 마친 노드로부터 해당하는 종속 활동으로 화살표를 그린다.
3. 모든 종속 활동들을 다 찾은 이후에 다시 단계 1로 돌아간다. 이 작업을 모든 활동이 끝날 때까지 지속한다.

만약 위의 세 단계를 지속적으로 반복하게 되면 [그림 12.2]와 같은 그림을 그릴 수 있

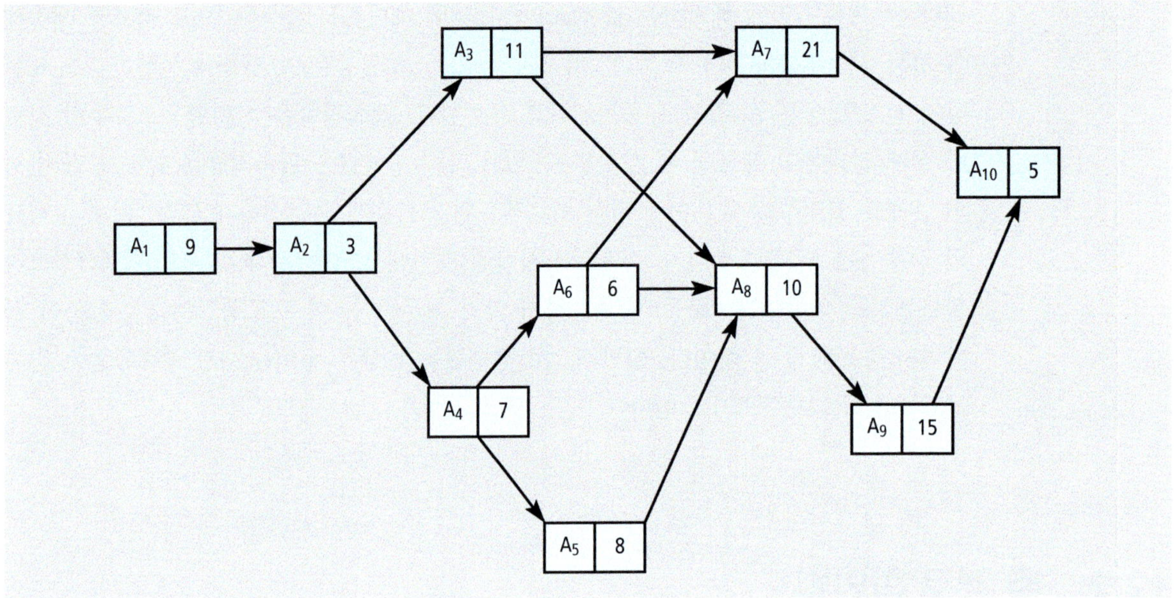

그림 12.2 노드–활동 표시법으로 표현한 UAV프로젝트 그래프. 박스의 왼쪽은 활동명, 오른쪽은 해당 활동을 수행하는데 소요되는 예상시간을 표시하였다.

다. 이 그림은 실제 프로젝트가 완료되어 가는 과정에 따라 표현되었다. 이는 앞서 3장에서 소개되었던 프로세스 흐름도와 유사하다.

12.3 프로젝트 완료시간의 계산

시스템 흐름도와 노드–활동 표시법의 유사성에도 불구하고 우리는 프로세스 관리와 프로젝트 관리의 근본적 차이점에 대하여 기억해야 한다. 프로세스 관리에서 우리의 주된 관심사는 가장 낮은 처리능력을 보이는 자원, 즉 병목지점이었다. 만약 프로세스 흐름도 상의 각 활동들이 모두 한 명의 작업자(또는 한대의 기계)로 편성되어 있다면 처리시간 (작업시간)이 가장 긴 활동이 곧 병목지점에 해당하게 된다.

하지만 프로젝트 관리에서는 개별적인 활동 하나하나의 활동시간보다는 전체 프로젝트가 완료되는 시간에 관심을 갖게 된다. 프로젝트 완료시간은 모든 활동들이 다 종료되는 것을 의미한다. 사실 결과적으로 무인비행기 사례에서는 가장 긴 활동시간을 보이는 활동(A7)이 전체 프로젝트 완료시간에 아무런 영향을 주지 못하고 있다.

이제 [그림 12.2]에 표시된 프로젝트는 완료되기까지 얼마의 시간이 소요될까? 이 질문에 대한 답변은 상당히 복잡하다. 프로젝트 완료시간이 9+3+11+7+8+6+21+

10+15+5=95일(활동시간의 총합) 보다 짧다는 사실은 쉽게 납득할 수 있을 것이다. 여러 활동 중 어떤 활동들은 동시에 수행될 수도 있으므로 10개의 활동을 마치는 일이 10명의 주자가 계주달리기 하는 것처럼 작동하지는 않을 것이다. 반면 다른 한편으로는 여러 활동들을 동시에 수행하는 것도 종속성행렬에서 보여지는 바와 같이 제한적이다. 예를 들어 A_3 활동은 A_2 활동이 완료된 후에 시작될 수 있고 A_2는 A_1이 완료된 후 시작될 수 있다. A_7 활동에 대하여 이런 식으로 생각해 보면 상황은 더욱 복잡해진다. A_7이 완료되기 위해서는 A_3과 A_6이 모두 완성되어야 한다. 다시 A_3은 A_2와 A_1이 끝나야 시작될 수 있고 A_6은 A_4가 마친 후에 시작될 수 있다. 또 다시 A_4는 A_2와 A_1이 끝나야 시작될 수 있는 것이다. 정말 복잡하다!

프로젝트 완료시간을 정확하게 계산하기 위해서는 좀 더 구조화된 접근방법이 필요하다. 이 접근방법은 [그림 12.2]의 네트워크를 통과하는 모든 경로(path)를 기반으로 계산한다. 여기서 경로란 화살표 방향을 따르는 노드(활동)의 순서를 의미한다. 예를 들어 A_1, A_2, A_3, A_7, A_{10}은 하나의 경로에 해당한다. 모든 가능한 경로에 대하여 소요시간을 부여할 수 있는데 이는 경로에 포함되는 모든 활동의 소요시간을 전부 더한 값을 의미한다. 그러므로 앞서 제시되었던 A_1, A_2, A_3, A_7, A_{10} 경로의 소요시간은 9+3+11+21+9=49일이 된다.

노드-활동 표시법에 포함된 경로의 개수는 종속성 행렬에 따라서 달라지게 된다. 하나의 활동에 대하여 하나의 선행 활동과 하나의 종속 활동이 존재하는 가장 쉬운 경우를 생각해 보자. 이러한 프로젝트(릴레이 경주와 같은 형태)를 표현하는 종속성행렬은 각 행에 대하여 단 하나의 표식과 각 열에 대하여서도 단 하나의 표식만을 갖게 될 것이다. 이 프로젝트의 수행시간은 모든 활동시간의 합과 동일해진다. 어떤 경우라도 하나의 활동이 여러 활동에게 정보를 제공해야 하는 경우는 경로의 수가 증가하게 된다. 무인비행기 프로젝트의 경우를 표현한 [그림 12.2]의 프로젝트 그래프에서 첫 번째 활동인 A_1과 마지막 활동인 A_{10}을 연결하는 경로를 다음과 같이 나열해 보자.

$A_1-A_2-A_3-A_7-A_{10}$의 소요시간: 9+3+11+21+5=49일
$A_1-A_2-A_3-A_8-A_9-A_{10}$의 소요시간: 9+3+11+10+15+5=53일
$A_1-A_2-A_4-A_6-A_7-A_{10}$의 소요시간: 9+3+7+6+21+5=51일
$A_1-A_2-A_4-A_6-A_8-A_9-A_{10}$의 소요시간: 9+3+7+6+10+15+5=55일
$A_1-A_2-A_4-A_5-A_8-A_9-A_{10}$의 소요시간: 9+3+7+8+10+15+5=57일

가장 긴 수행시간을 가지는 경로를 주 경로(critical path)라고 부른다. 이 주 경로의 수행시간이 프로젝트의 수행시간과 같다. 이 사례의 경우 주 경로는 $A_1-A_2-A_4-A_5-A_8-A_9-A_{10}$이고 결과적으로 프로젝트 완료시간은 57일이 된다. 여기서 가장 긴 활동시간을 가지는 A_7 활동은 주 경로에 포함되지 않았다는 점에 주목하자.

12.4 주 경로 찾기와 간트 차트 만들기

앞서 살펴본 바와 같이 프로젝트 그래프에서 모든 가능한 경로를 도출해 내는 작업은 상당히 지루한 작업이다. 프로젝트에 많은 활동이 관여되거나 활동들 간의 선후관계가 복잡해질수록 더 많은 경로가 생성되게 되고 주 경로를 찾기까지 그 모든 경로들에 대하여 모두 소요시간을 계산해야 한다.

다행히 좀 더 쉽게 프로젝트 완료시간을 계산하는 방법이 있다. 이 방법은 각 개별 활동별로 가장 빨리 활동을 시작할 수 있는 시각을 계산하는 것으로부터 시작한다. 각 활동 들에 대하여 이 활동에 필요한 정보가 제공되는 가장 이른 시각을 계산함으로써 이 활동이 가장 일찍 시작할 수 있는 시각(earliest starting time; EST)을 계산할 수 있다. 첫 번째 활동을 시작할 수 있는 가장 이른 시각은 0이다. 마찬가지로 각 활동에 대하여 가장 빨리 마칠 수 있는 시각(earliest completion time; ECT)을 계산할 수 있는데 이는 그 활동이 가장 일찍 시작할 수 있는 시각에 활동을 수행하는데 소요되는 시간을 더하면 구할 수 있다. 그렇다면 프로젝트 그래프를 따라서 활동 하나하나에 대하여 이 시각들을 계산할 수 있다.

좀 더 정확히 표현해서 가장 이른 프로젝트 완료시간을 계산하기 위한 알고리듬(algorithm)을 다음과 같이 정의할 수 있다. 이 방법은 나중에 설명하게 될 프로젝트 그래프를 이용해서 계산하는 방식과 유사하다.

1. 선행활동이 없는 노드(활동)를 시작노드(활동)로 지정하면서 시작한다. 이 노드의 가장 이른 시작시각을 0으로 정의한다. 이 활동의 소요시간으로 이 노드의 가장 이른 종료시각을 정의한다.
2. 지금까지 계산 상황에서 시작될 수 있는 모든 활동을 찾는다. (즉 모든 선행활동의 계산이 완료된 활동을 모두 찾는다) 이러한 활동 i에 대하여 다음과 같이 가장 이른 시작 시각을 찾는다.

$$EST(A_i) = MAX\{ECT(A_j)\}$$

여기서 A_j는 A_i에 정보를 제공하는(선행하는) 모든 활동을 의미한다.

3. A_i 활동의 가장 이른 종료시각(ECT)을 다음과 같이 계산한다.

$$ECT(A_i) = EST(A_i) + \text{소요시간}(A_i)$$

4. A_i 활동은 완료되었으므로 추가적으로 시작될 수 있는 활동이 있는지 찾는다. 단계 2로 돌아간다.

표 12.3 프로젝트 완료시간의 계산(표는 시작활동에서 시작하여 위 줄부터 한 줄씩 아래로 생성된다)

활동	가장 이른 시작시각(EST)	예상소요시간(일)	가장 이른 종료시각(ECT)
A_1	0	9	9
A_2	$ECT(A_1)=9$	3	12
A_3	$ECT(A_2)=12$	11	23
A_4	$ECT(A_2)=12$	7	19
A_5	$ECT(A_4)=19$	8	27
A_6	$ECT(A_4)=19$	6	25
A_7	$Max\{ECT(A_3), ECT(A_6),\}=Max\{23, 25\}=25$	21	46
A_8	$Max\{ECT(A_3), ECT(A_5), ECT(A_6),\}=Max\{23, 27, 25\}=27$	10	37
A_9	$ECT(A_8)=37$	15	52
A_{10}	$ECT(A_9)=52$	5	57

이 알고리듬을 [표 12.3]에 예를 사용하여 정리하였다. 이 표는 제일 윗줄부터 활동 하나에 한 줄씩 생성되어 마지막 줄까지 생성되었다. 이 표를 만드는 과정 중 i줄에 대하여 "어떤 활동이 A_i 활동에 선행하는가?", "A_i 활동은 어떤 활동의 영향 하에 있는가?"는 질문을 스스로에게 해야 한다. 이 질문에 대한 답은 종속성 행렬의 i번째 행을 확인해 보거나 프로젝트 그래프에서 직접 확인할 수도 있다.

활동을 시작할 수 있는 가장 이른 시각과 활동을 마칠 수 있는 가장 이른 시각을 이용해서 프로젝트의 간트 차트(gantt chart)를 만들 수 있다. 간트 차트는 시간의 축에 각 활

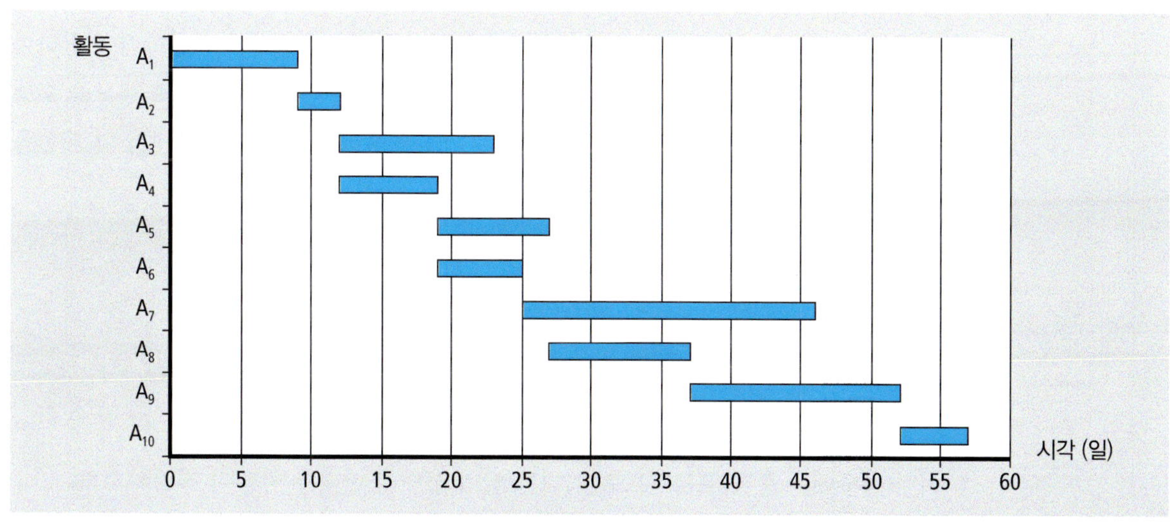

그림 12.3 무인비행기 제안모형 개발 프로젝트의 간트 차트

동을 막대로 표현한 차트이다. 간트 차트는 아마도 프로젝트를 시간 축에 나타내는 가장 보편적인 방법 중의 하나일 것이다. 노드-활동 표시법과는 다르게 간트 차트는 활동들 상호 간의 종속성에 대하여 표현할 수 없다. 하지만 앞서 계산된 활동들의 가장 이른 시작시각과 종료시각을 바탕으로 작성되었으므로 이미 각 활동들은 필요한 정보가 가용한 순간부터 시작될 수 있다는 것이 확인되었다. 무인비행기 제안 모형 개발 프로젝트의 간트 차트는 [그림 12.3]과 같다.

12.5 여유시간의 계산

주 경로 상의 어떤 활동이라도 만약에 지연되게 되면 그로 인하여 프로젝트 전체가 지연되는 것이 당연하다고 볼 수 있다. 예를 들어 A_9 활동이 하루 지연되게 된다면 자동으로 프로젝트 완료시간은 하루 지연되게 된다. 하지만 이러한 법칙이 주 경로상에 위치하지 않는 활동에 대해서는 적용되지 않는다. A_7 활동의 경우는 여러 날(정확히는 6일)을 지연하게 되더라도 프로젝트 완료시간을 지연시키지 않는다. 다시 말해 A_9 활동은 내재되어 있는 일종의 "재량공간"을 가지고 있다. 이 재량공간을 프로젝트 관리의 기술적 용어로 여유시간(slack time)이라고 부른다. 즉 여유시간은 전체 프로젝트를 지연시키지 않는 범위 내에서 어떤 활동이 지연될 수 있는 최대시간을 의미한다.

어떤 활동의 여유시간을 계산하려면 추가적으로 지연된 시작시각계획(late start schedule)을 추산해야 한다. 지금까지는 프로젝트의 시작부터 끝까지의 각 활동에 대하여 가장 이른 시작시각(EST)과 가장 이른 종료시각(ECT)만을 계산하였다. 이제는 가장 늦은 시작시각(latest start time-LST)과 가장 늦은 종료시각(latest completion time-LCT)을 모두 계산해 보도록 하자. 우리는 이 계산을 마지막 활동으로부터 계산하기 시작하여 프로젝트의 진행순서를 거슬러 올라가 프로젝트의 처음 활동에까지 거꾸로 계산을 수행한다. 그러므로 가장 마지막 활동(A_{10})부터 계산을 시작해서 첫 활동(A_1)에서 이 계산을 마치게 될 것이다.

이제 마지막 활동부터 계산을 시작해 보자. 프로젝트를 최대한 일찍 끝내려 한다는 가정하에서 마지막 활동의 LCT와 ECT는 같은 값을 갖는다.

$$\text{LCT(마지막 활동)} = \text{ECT(마지막 활동)}$$

$$\text{LCT}(A_{10}) = \text{ECT}(A_{10}) = 57$$

어떤 경우에는 종종 프로젝트를 최대한 빨리 끝내려 한다는 가정이 적절하지 않을 때가 있다. 대신 일반적으로 프로젝트 종료의 목표시각이 존재하는데 이런 경우에는 마지막 활동의 LCT를 프로젝트 목표 종료일로 정의한다.

마지막 활동의 가장 늦은 시작시각은 간단하게 가장 늦은 종료시각에서 마지막 활동의 소요시간을 빼면 된다. 즉

$$\text{LST(마지막 활동)} = \text{LCT(마지막 활동)} - \text{소요시간(마지막 활동)}$$
$$\text{LST}(A_{10}) = \text{LCT}(A_{10}) - 5 = 57 - 5 = 52$$

좀 더 일반적으로, 어떤 활동의 LCT는 그 종속되는 모든 활동의 LST 중 가장 작은(가장 이른) LST값이라고 정의될 수 있다. 또한 어떤 활동의 LST는 그 활동의 LCT값에서 그 활동의 소요시간을 뺀 값으로 정의할 수 있다. 이제 A_9 활동을 생각해 보면 종속활동은 A_{10} 활동만 존재한다. 그러므로 다음과 같이 정의할 수 있다.

$$\text{LCT}(A_9) = \text{LST}(A_{10}) = 52$$
$$\text{LST}(A_9) = \text{LCT}(A_9) - \text{소요시간}(A_9) = 52 - 15 = 37$$

같은 방법으로 다음 활동에 대해 계산해 보면

$$\text{LCT}(A_8) = \text{LST}(A_9) = 37$$
$$\text{LST}(A_8) = \text{LCT}(A_8) - \text{소요시간}(A_8) = 37 - 10 = 27$$

다음으로 여유시간을 가지고 있던 A_7 활동을 계산해 보면

$$\text{LCT}(A_7) = \text{LST}(A_{10}) = 52$$
$$\text{LST}(A_7) = \text{LCT}(A_7) - \text{소요시간}(A_7) = 52 - 21 = 31$$

표 12.4 여유시간의 계산

활동	EST	소요시간	ECT	LCT	LST=LCT−소요시간	여유시간=LST−EST
A_1	0	9	9	$LST(A_2)=9$	9−9=0	0
A_2	9	3	12	$Min\{LST(A_3), LST(A_4)\}=Min\{16, 12\}=12$	12−3=9	0
A_3	12	11	23	$Min\{LST(A_7), LST(A_8)\}=Min\{31, 27\}=27$	27−11=16	27−23=4
A_4	12	7	19	$Min\{LST(A_5), LST(A_6)\}=Min\{19, 21\}=19$	19−7=12	0
A_5	19	8	27	$LST(A_8)=27$	27−8=19	0
A_6	19	6	25	$Min\{LST(A_7), LST(A_8)\}=Min\{31, 27\}=27$	27−6=21	27−25=2
A_7	25	21	46	$LST(A_{10})=52$	52−21=31	52−46=6
A_8	27	10	37	$LST(A_9)=37$	37−10=27	0
A_9	37	15	52	$LST(A_{10})=52$	52−15=37	0
A_{10}	52	5	57	57	57−5=52	0

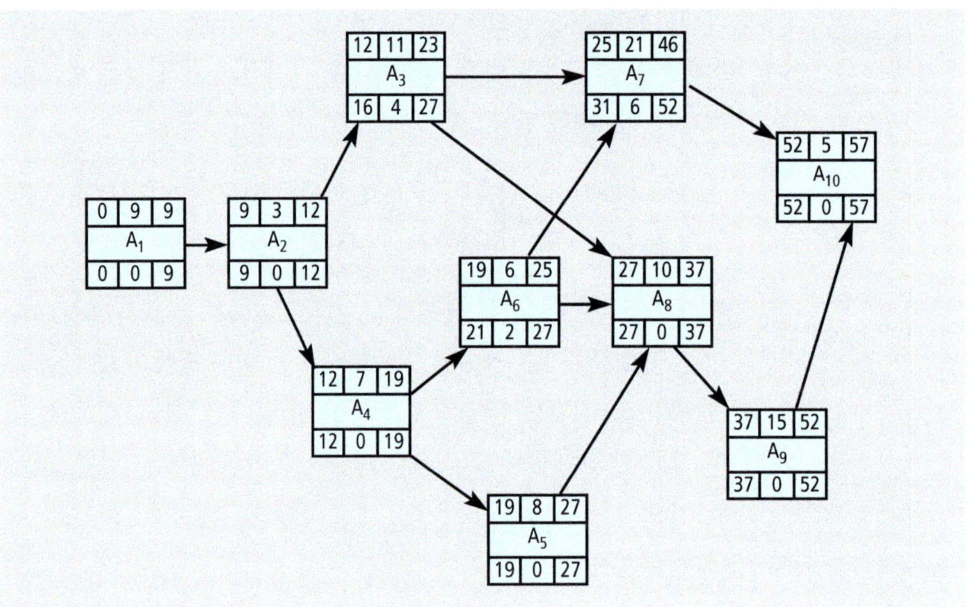

그림 12.4 프로젝트 그래프의 확장. 각 노드의 가장 윗줄에는 가장 이른 시작시각, 소요시간, 가장 이른 종료시각이 표시되어 있다. 중간 줄은 활동명이다. 마지막 줄은 가장 늦은 시작시각, 여유시간, 그리고 가장 늦은 종료시각이 표시되어 있다.

이 A_7 활동의 가장 이른 시작시각(25)과 가장 늦은 시작시각(31)사이에 차이가 발생했음을 주지하자. 다시 말하자면 우리는 A_7 활동에 대하여 전체 프로젝트를 지연시키지 않는 범위 내에서 6일간 지연시킬 수 있다는 의미가 된다.

지금까지의 관찰을 기초로 해서 어떤 활동의 여유시간을 다음과 같이 정의한다.

$$\text{여유시간} = \text{가장 늦은 시작시각} - \text{가장 이른 시작시각}$$

위에서 관찰했던 방법으로 가장 늦은 시작시각과 종료시각의 스케줄을 찾을 수 있다. 이 과정을 통한 계산 결과가 [표 12.4]에 표시되어 있다. 여기서 LST열과 LCT열의 값은 프로젝트 그래프를 뒤에서부터 역으로 계산한 결과이다. 그러므로 우리는 이 표의 가장 아래 줄에서 계산을 시작해서 한 줄씩 위로 계산해 올라가야 한다. 생각했던 것처럼 모든 주 경로상의 모든 활동들의 여유시간은 0임을 알 수 있다.

어떤 활동에 대하여 여유시간이 존재하는지 여부를 아는 것이 어떤 도움이 될까? 어떤 활동의 여유시간이 존재하는지를 알게 되면 다음과 같은 중요한 혜택을 누릴 수 있다.

- 해당 활동을 늦추어 시작할 수 있다: 전체 프로젝트를 지연시키지 않는 범위 내에서 해 당하는 활동을 늦추어 시작할 수 있다는 것을 안다는 정도의 혜택을 넘어서 늦게 시작하는 것을 일찍 시작하는 것보다 더 선호할 수 있다. 이는 각 활동이 비용을 수반하기 때문인데 당연히 지불되어야 할 비용은 늦출수록 유리하기 때문이다.

정리 12.1 주 경로 분석을 위한 계산과정 요약

1. 프로젝트를 구성하는 모든 활동을 확인한다.
2. 프로젝트의 활동들간의 상호 종속성을 종속성 행렬이나 프로젝트 그래프를 만들어 표현한다. 활동들간의 내부 순환적인 종속성이 존재하지 않는지 확인하라(즉, 종속성 행렬은 대각선을 기준으로 왼쪽 아래쪽에만 종속성이 표시되어야 하며 프로젝트 그래프는 순환고리가 존재해서는 안된다).
3. 프로젝트 그래프를 순방향으로(시작활동에서 마지막 활동으로) 진행하면서 가장 이른 시작시각과 가장 이른 종료시각을 계산하라.

$$EST(A_i) = Max\{ECT(A_j)\}$$

여기서 A_j는 A_i에 정보를 제공하는(선행하는) 모든 활동을 의미한다.

$$ECT(A_i) = EST(A_i) + 소요시간(A_i)$$

4. 프로젝트 그래프를 역방향으로(마지막 활동에서 시작활동으로) 진행하면서 가장 늦은 시작시각과 가장 늦은 종료시각을 계산하라.

$$LCT(A_i) = Min\{LST(A_j)\}$$

여기서 A_j는 A_i에서 정보를 제공받는(종속하는) 모든 활동을 의미한다.

$$LST(A_i) = LCT(A_i) - 소요시간(A_i)$$

5. 모든 활동을 대상으로 여유시간을 계산하라.

$$여유시간(A_i) = LST(A_i) - EST(A_i)$$

6. 여유시간이 0을 나타내는 모든 활동을 구별하여 연결하면 주 경로가 된다.

- 자원의 가용변동성(availability)을 수용할 수 있다: 내/외부의 자원은 우리가 필요할 때 항상 가용한 것이 아니다. 여유시간은 전체 프로젝트의 종료시각에 변화를 주지 않고도 자원의 가용성에 대비하여 스케줄을 조정할 수 있도록(간트 차트에서 본 바와 같이) 해준다.

프로젝트를 시간에 맞추어 계획하기 위하여 주 경로를 찾고 또한 각 활동의 여유시간을 계산하는 과정에 대하여 [정리 12.1]에 정리하였다. 이제 우리가 가지고 있는 프로젝트의 정보를 근간으로 프로젝트 그래프를 확장시키고, 이 정보를 바탕으로 계산한 결과를 [그림 12.2]와 같은 형태의 그림의 형태로 표현해 낼 수 있다. 대부분의 프로젝트 관리 소프트웨어 패키지나 컨설팅 방법론은 [그림 12.4]와 같은 결과물을 제공한다.

이런 모든 계산 결과들은 모든 활동 소요시간(또는 종속성)에 불확실성이 존재하지 않는다는 가정하에서 성립하는 결과들이라는 점에 주의해야 한다. 다음 절의 주제는 이 불확실성에 관한 것이다.

12.6 불확실성에 대처하는 방법

우리는 이 장에서 프로젝트는 비 순환적인 일회성 생산 운영으로 정의하였다. 따라서 프로젝트는 대부분 상당한 정도의 불확실성을 수반하기 마련이다. 이러한 불확실성을 프로젝트를 계획에 어떻게 반영할 것인지는 프로젝트 관리의 가장 큰 과제라고 할 수 있다.

프로젝트에 어느 정도의 불확실성이 내포되어 있는가는 그 프로젝트 자체의 고유한 특성과 환경에 따라 달라진다. 주거용 건물을 짓는 프로젝트보다는 새로운 벤처기업을 시작하는 프로젝트에 따르는 불확실성이 훨씬 높기 마련이다. 우리는 이어서 제시될 불확실성의 종류(제시되는 순서에 따라 불확실성이 높아진다)에 따라 프로젝트 관리의 네 가지 프레임워크를 제시하고자 하며 이 구분에 따라 불확실성에 대처하는 것이 효과적이라는 점을 밝힌다.

활동시간의 불확실성

지금까지 프로젝트 내의 모든 활동시간은 확정적(deterministic)이라고 가정해 왔다. 다시 말해 활동의 소요시간은 불확실성을 완전히 배제하고 분석을 진행해 왔던 것이다.

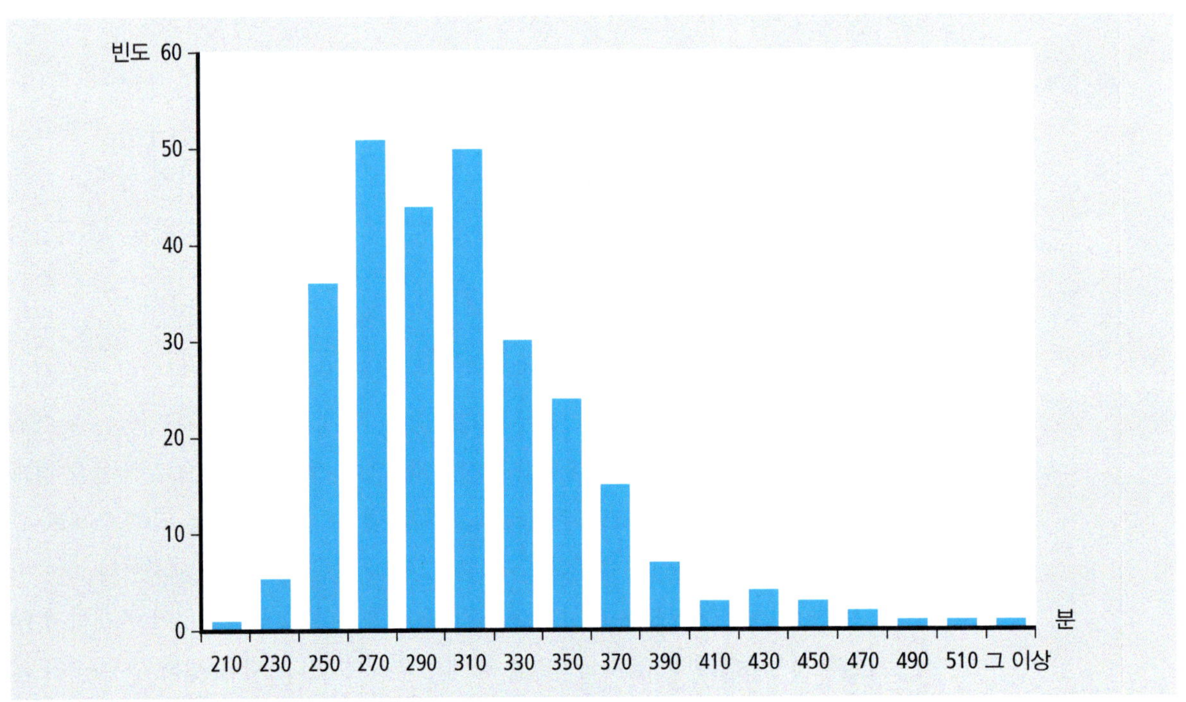

그림 12.5 심장절개 수술실의 수술시간

하지만 모든 활동시간은 결코 불확실성이 존재하지 않는 확정적 값을 가질 수 없다. 그래서 일반적으로 프로젝트 관리자들은 활동의 소요시간을 결정할 때 최선의 시나리(best case senario)나 최악의 시나리오(worst case senario), 또는 기댓값(expected case)을 사용한다.

이러한 불확실성을 염두에 두고 활동 소요시간의 변동치를 계산하거나 특정 마감시간까지 활동을 마칠 수 있는 확률을 계산할 수 있다. 이것은 나중에 다루게 될 대기모형에서 불확실한 활동시간을 측정하는 논리구조와 비슷하다. [그림 12.5]는 대형병원의 수술실에서 심장병 수술의 활동 소요시간에 대한 표본(sample) 값을 보여준다. 이 그림을 통해 수술시간에 상당한 변동성이 존재함을 알 수 있다. 더군다나 수술시간의 분포가 대칭적(symmetric)이지 않으면서 활동 소요시간이 평균 활동 소요시간의 두 배를 넘는(롱테일(long-tail)한 분포를 보이고 있다) 경우가 발생하고 있다.

활동의 소요시간이 불확실한 상황에서는 불확실성이 매우 부정적인 결과를 수반한다는 사실을 인지하는 것이 중요한데 이는 대부분의 경우 프로젝트의 종료시간을 지연시키기 때문이다. 여러 활동에서 발생되는 불확실성은 서로 상쇄되어 없어질 것이라고 생각하면 오산이다. 이는 마치 머리는 냉동고에 넣고 발은 오븐에 넣은 상태에서 평균온도는 아주 좋은 것이라고 주장하는 것과 같다. 마찬가지로 프로젝트를 구성하는 여러 활동에서 발생하는 변동성은 서로 상쇄되지 않는다. 어떤 활동은 일찍 끝나고 어떤 활동은 늦게 끝난다고 할 때 전체 프로젝트 종료시각은 거의 항상 바람직하지 않은 결과를 보이게 마련이다.

이 사실을 확인해 보기 위해서 [그림 12.6]에 표현된 프로젝트 그래프를 보자. 왼쪽에 있는 그림은 결정적 활동소요시간을 가지는 프로젝트라고 가정하자. 그림에 의하면 A_1의 활동소요시간이 5일, A_2는 활동소요시간이 4일, 마지막으로 A_3은 활동 소요시간이 6일이고 각 활동의 종속성을 고려해 볼 때 이 프로젝트의 주 경로는 A_1-A_3이므로 결과적으로 프로젝트 종료시각은 11이 된다. 이제 [그림 12.6]의 오른쪽에 표현된 프로젝트 그래프를 살펴보자. A_1의 활동소요시간은 50%의 확률로 3일이 소요되며 나머지 50%의 확률로 7일이 소요된다고 한다. A_2의 활동소요시간은 50%의 확률로 2일이 소요되며 나머지 50%의 확률로 6일이 소요된다고 한다.

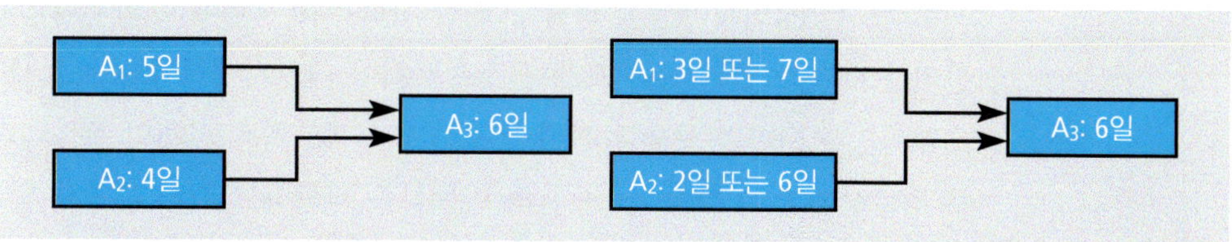

그림 12.6 활동소요시간에 변동성이 포함된 프로젝트의 사례

표 12.5 세 가지 활동을 포함하는 소형 프로젝트의 계산사례([그림 12.6] 사례를 적용)

시나리오	확률	설명	A_3 시작시각	프로젝트 종료
A_1 지연, A_2 지연	0.25	A_1에서 7일 소요(그동안 A_2은 6일 소요되어 종료됨)	7	13
A_1 조기종료, A_2 지연	0.25	A_2에서 6일 소요(그동안 A_1은 3일 소요되어 종료됨)	6	12
A_1 지연, A_2 조기종료	0.25	A_1에서 7일 소요(그동안 A_2은 2일 소요되어 종료됨)	7	13
A_1 조기종료, A_2 조기종료	0.25	A_1에서 3일 소요(그동안 A_2은 2일 소요되어 종료됨)	3	9

평균값을 계산한다면 A_1과 A_2의 활동소요시간은 왼쪽 프로젝트 그래프의 활동소요시간과 동일하다는 점에 주의 하자. 하지만 프로젝트 종료시각의 기댓값은 다르다. 이것을 확인하기 위해서 [표 12.5]에 표시된 계산을 보자.

다음과 같이 프로젝트의 기대종료시각을 계산해 보자

$$0.25\times13일+0.25\times12일+0.25\times13일+0.25\times9일=11.75일$$

활동소요시간이 결정적인 경우와 비교할 때 거의 1일(정확히는 0.75일) 만큼 프로젝트 종료시각이 미루어진다. 심지어 이 결과 값도 A_1 활동과 A_2 활동이 일찍 마치게 될 경우 A_3 활동이 사전에 유동적으로 일찍 시작할 수 있다는 가정하에서 계산된 값이다. 만약 어떤 활동이 일찍 마칠 수 있게 된다 하더라도 그 다음 활동이 유동적이지 못할 경우에는 불확실성으로 인하여 프로젝트 기대 종료시각은 더욱 더 늦춰진다는 점에 주의하자.

첫 번째 세 개의 시나리오는 활동소요시간이 결정적인 경우의 프로젝트 종료시각인 11일 보다 더 오래 걸리게 된다. 오직 마지막 시나리오의 경우만이 더 빨리 마칠 수 있다. 그러므로 결정적 활동소요시간을 가지는 경우보다 불확실성이 반영된 경우 프로젝트가 지연될 확률이 높다는 사실뿐만 아니라 평균시간으로 측정해서도 프로젝트 종료시각이 지연된다는 사실을 알 수 있다.

이러한 현상이 생기는 이유는 프로젝트의 주 경로가 잠정적으로 변경될 수 있기 때문이기도 한데 이는 다시 말해서 주 경로에 포함되지 않았던 활동들의 활동소요시간이 길어지면서 프로젝트 전체를 지연시킬 수 있기 때문이다. A_2 활동은 확정적인 경우에 주 경로에 포함되어 있지 않았던 반면에, 확률적 경우의 두 번째 시나리오에서 A_2 활동은 프로젝트를 지연시키는 결과를 초래한다(즉, 주 경로에 포함된다). 불행히도 프로젝트 관리를 다루고 있는 여러 교재나 소프트웨어 패키지에서 활동소요시간의 불확실성으로 초래되는 이러한 현상을 완전히 무시하거나 프로젝트 전체의 종료시각에 대한 변동성을 주 경로상에 있는 활동소요시간의 변동성을 계산하므로 서 추정해 낼 수 있는 것처럼 다루고 있다. 하지만 이것은 잘못된 생각이다. 프로젝트 종료시각의 변동성에 대하여 측정하는 엄격한 방법은 거의 항상 몬테카를로(monte carlo) 시뮬레이션과 같은 방법을 통해서만 계산 가능하다.

이러한 간단하면서도 흔한 실수를 넘어서 활동소요시간 자체를 바르게 예측하는 것 자체가 쉽지 않은 일이다. 활동소요시간은 부풀려져서 계산되기 쉬운데 특히 내부 인력과의 협업 시에 자주 발생하게 된다. 왜냐하면 아무도 팀에서 프로젝트 지연에 따르는 책임을 지기 싫어하기 때문에 모두들 부풀려서 활동소요시간을 추정하기 때문이다. 특히나 대체되어 투여될 자원이 회사 내에 없는 경우에 이런 현상이 더욱 심해지는 경향이 있는데 예를 들자면 회사 내의 IT부서 같은 곳이 해당된다. 일반적으로 스스로 판단에 따르면 5일이 소요되는 활동임에도 불구하고 10일이 소요된다고 주장하는 일이 흔하게 발생된다. 그렇다면 어떤 인센티브가 기업의 자원으로 하여금 공격적으로 활동소요시간을 예측하도록 독려할 수 있을 것인가? 일단 프로젝트가 시작되게 되면 시간이 부족해 보이기 마련이다.

하지만 좀 더 자세히 프로젝트 수행상태를 들여다보면 대부분의 활동은 비록 그 활동이 주 경로에 포함되어 있음에도 불구하고 진전이 더디고, 해당하는 자원들은 쉬고 있거나 또는 다른 일을 하고 있는 경우가 많다는 것을 알 수 있다. 그러므로 진실한 (어느 한쪽으로 치우치지 않은) 활동소요시간을 제시하는 것은 프로젝트 관리에서 아주 중요한 요소이다. 한 가지 방법은 실제 활동수행시간과 예측 활동수행시간을 비교하는 것이다.

그렇지만 활동소요시간은 종종 짧게 예측되기도 하는데 외부자원들과 같이 일을 수행할 때 특히 그렇다. 도급업자에게 프로젝트 종료에 대한 예상을 제출하도록 요구하게 되면 대부분 종료시간을 짧게 예측 제시하는 경향이 있다. 그 이유는 프로젝트를 수행할 수 있는 자격을 얻게 될 가능성이 높아지기 때문에 프로젝트 종료시각은 짧게 예측하여 제시하게 된다. 그렇지만 실제로 프로젝트를 수행하는 과정에서는 도급업자 자신들도 그렇게 빨리 프로젝트를 종료시키기가 매우 어렵다는 사실을 인지하고 있다. 예를 들어 앞서 제시된 [그림 12.5]의 수술실 데이터의 경우에 대해서 이야기해 보자. 우리가 실제로 수술실에서 진행된 수술시간과 의사들이 수술 예약을 진행하는 과정에서 예측했던 수술시간과의 차이를 비교해 보면 평균적으로 실제 수술시간이 10% 정도 더 길다는 것을 알 수 있다. 그 이유는 의사들이 특정 수술시간을 선호하는데 그 수술시간에 예약되기 위해서는 수술 예측시간을 짧게 제시할수록 유리하다는 사실을 알고 있기 때문이다. 하지만 일단 수술이 실제로 진행되게 되면 계획보다 수술시간이 지연된다고 해서 어떤 벌칙이 있을 수 없다는 사실을 잘 알기 때문에 예약 당시에는 항상 실제보다 짧은 수술 예상시간을 제시한다. 다시 한번 강조하지만 어느 한쪽으로 치우치지 않도록 활동소요시간을 예측하는 일은 프로젝트 관리에 있어서 매우 중요하다. 도급 계약에서 특히 프로젝트 지연에 따르는 벌칙 관련 계약 부분은 외부자원들과의 협력에 있어서 아주 중요한 관리 도구라는 점을 명심해야 한다.

반복활동 발생의 불확실성

앞서 소개되었던 종속성행렬([표 12.2] 참조)에는 중요한 성질이 포함되어 있다. 즉, 모든 종속성은 대각선 줄을 중심으로 왼쪽 아래쪽에만 표시된다는 점이다. 이것은 다시 말해서 프로젝트의 시작 활동으로부터 마지막 활동으로 한쪽 방향으로 흐르는 경로만이 존재한다는 의미이기도 하다.

하지만 현실에서 프로젝트를 수행하는 과정에서는 반복되는 활동이 발생하기도 한다. 사실 앞서 제시되었던 무인비행기 제안 모형과 같은 경우에도 일반적으로 (10건 중 3건 정도) A_4 활동과 A_9 활동 사이에서 활동이 반복적으로 수행된다.

이러한 반복수행은 일반적으로 제품의 개발이나 혁신 프로젝트와 같이 문제해결 접근법이 유기적이거나 반복적 프로세스를 따를 때 발생된다. 종종 이렇게 활동이 반복되는 현상을 재작업(rework)이라고 표현하기도 한다.

일반적으로 이러한 재작업 루프(rework loop)는 불확실성이 더 높은 환경에서 발생 가능성이 더 높아진다. 예를 들어 인터넷 플랫폼 개발팀은 베타 프로토타입을 적용해보고 난 이후에 실제 비즈니스 계획을 조정하길 원하기 때문에 재작업 루프를 발생시킨다. 반대로 건설 프로젝트를 수행하고 있는 건설업자는 첫 번째 입주 이후에 다시 건축주의 설계를 다시 들여다봐야 할 일(재작업)이 생기지 않길 바랄 것이다. 결과적으로 간트 차트나 주 경로 찾기 방법과 같은 것들은 프로젝트의 불확실성이 낮은 경우에 유용성이 있을 뿐이고 높은 불확실성이 존재하는 경우에는 오히려 프로젝트 종료시각에 대한 착각을 일으킬 수 있다.

반복활동이 발생되는 프로젝트를 위한 모델링과 분석용 도구들이 존재한다. 하지만 이 도구에 대한 구체적 방법론에 대해서 토론하기보다는 불확실성과 관련하여 발생되는 현상들에 대하여 좀 더 이야기를 이어가도록 하자. 반복활동과 관련한 불확실성은 프로젝트의 활동수행시간의 불확실성을 훨씬 넘어서는 불확실성에 해당한다. 즉 다시 말해 프로젝트 관리자가 특정작업이나 몇몇 작업이 기대했던 것보다 오래 걸리거나 이미 종료된 몇몇 활동에 대하여 재작업이 요구될 때에는 프로젝트 종료가 상당히 지연될 것에 대비해야 한다.

프로젝트 종료의 불확실성
(의사결정 나무/프로젝트 활동의 배치순서/프로젝트 종료 옵션)

앞에서 거론된 두 가지 불확실성의 상황은 "프로젝트가 언제 끝나게 될 것인가?"라는 질문과 관련되어 있다. 프로젝트의 몇몇 활동은 아마 좀 더 걸릴 수도 있고 (활동시간의 불확실성) 또는 완료되었던 활동을 다시 시작해야 하는 (재작업) 상황이 발생할 수도 있지 만 결국에 프로젝트는 종료되게 된다.

하지만 종종 프로젝트 관리자에게 "프로젝트를 꼭 끝내야 할까? 아니면 지금이라도 프로젝트를 멈춰야 하는가?"와 같은 근본적인 질문이 제기될 때가 있다. 이러한 질문은 벤처 투자자본에 의한 프로젝트라던지 신약 연구개발(R&D)과 같이 아주 혁신성이 높은 프로젝트를 수행할 때 흔히 발생된다. 예를 들어 전체 프로젝트의 일부분에 지나지 않는 1차 단계의 임상실험 수준에 도달하는 연구개발 프로젝트는 전체 연구개발 프로젝트 중 일부분에 지나지 않는다. 약 80%가 넘는 대부분의 나머지 연구개발 프로젝트는 중간에서 소멸되어 버린다.

이런 종류의 불확실성 하에 있는 프로젝트를 관리하기 위해서는 종전에 제시된 프로젝트 관리기법은 전혀 사용할 수가 없다. 새로운 시장 데이터나 새로운 기술적 데이터에 의한 불확실성 때문에 프로젝트가 종료되어 버리는 위협은 앞서 언급된 불확실성에 비하여 압도적으로 크다.

의사결정 나무(decision tree)는 어떤 불확실성이 해소되고 난 후 발생 가능한 여러 시나리오(각 시나리오 별로 여러 활동을 내포하고 있다)를 전개하는데 도움이 된다. 이러한 모델로부터 끌어낼 수 있는 중요한 핵심적 통찰은 때때로 프로젝트를 빨리 끝내는 것이 계속해서 비용을 발생시킨 후 결과적으로 나중에 프로젝트를 끝내는 것보다 훨씬 비용이 적게 발생된다는 점이다. 이것이 함축하는 의미는 프로젝트 가능성 검토나 시장 조사(feasibility study, market research)와 같은 활동, 즉 다시 말해 그 결과에 따라서 프로젝트의 지속 여부가 결정되는 그러한 활동을 가능한 한 프로젝트의 초반에 배치할수록 유리하다는 것이다.

무지의 불확실성

Christopher Columbus(1451~1506, 아메리카 대륙을 발견한 이탈리아의 탐험가)가 인도로 향하는 새로운 뱃길을 찾기 위해 항해를 시작했을 때 (아마도) 프로젝트 수행계획을 세우지 않았다. 현대사회의 탐험가에게도 (항해를 하던, 사업을 하든 간에) 앞으로 당면하게 될 불확실성이 너무 커서 자세한 계획을 세우는 것이 거의 의미없는 상황이 존재한다. 이러한 환경에서는 너무 많은 불확실성이 존재하기 때문에 우리가 모르고 있는 것이 무엇인지를 모르는 상황에 처하게 된다. 이렇게 무엇을 모르는지를 모르는 상황을 예측불허(unk-unks)라고 부르기도 한다.

불확실성이 높은 프로젝트의 성격상 대부분 종료되지 못하는 성격을 가지고 있다. 이러한 관점에서 보면 비용을 더 상승시키기 전에 적절한 시간에 잘 포기하는 것이 대부분 이러한 프로젝트의 목표가 될 때가 많다. 흔히 이런 경우에는 지금은 잘 모르고 있지만 발생할 수 있는 다양한 불확실성을 나열한 후 이러한 불확실성을 해소시킬 수 있는 활동을 찾아보자. 이러한 작업을 하는 과정에 프로젝트 관리자는 이 프로젝트를 더 진행 시

정리 12.2  불확실성 수준에 따른 프로젝트의 분류

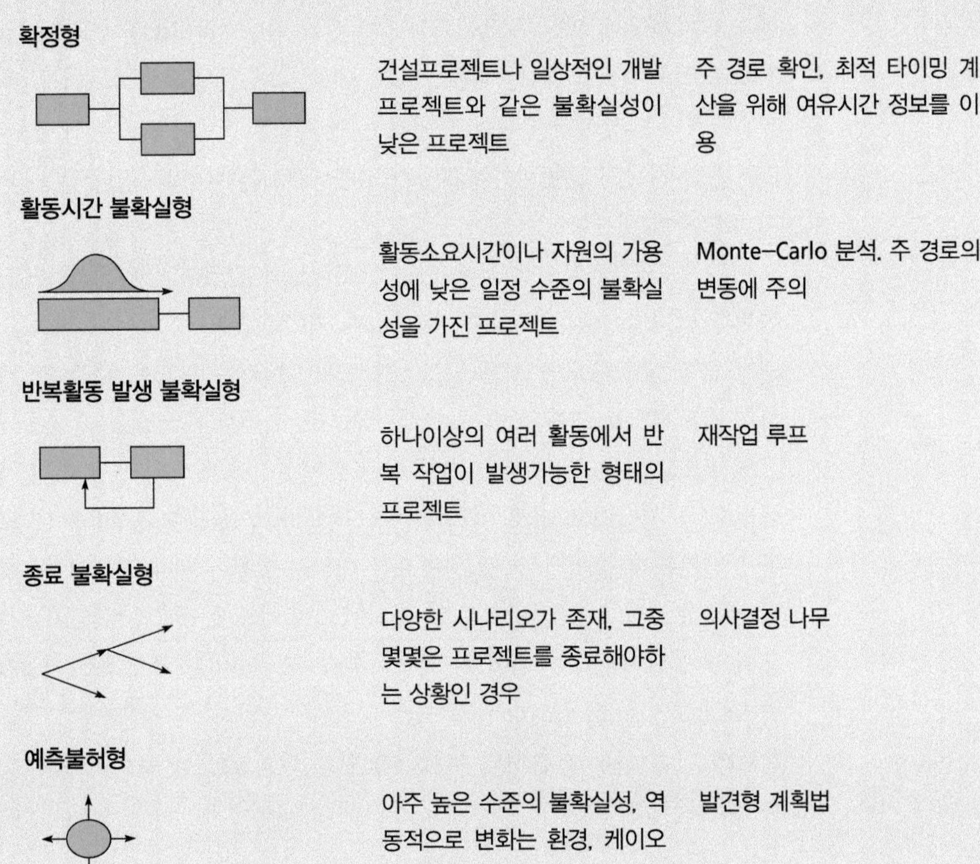

유형	설명	관리 방법
확정형	건설프로젝트나 일상적인 개발 프로젝트와 같은 불확실성이 낮은 프로젝트	주 경로 확인, 최적 타이밍 계산을 위해 여유시간 정보를 이용
활동시간 불확실형	활동소요시간이나 자원의 가용성에 낮은 일정 수준의 불확실성을 가진 프로젝트	Monte-Carlo 분석. 주 경로의 변동에 주의
반복활동 발생 불확실형	하나이상의 여러 활동에서 반복 작업이 발생가능한 형태의 프로젝트	재작업 루프
종료 불확실형	다양한 시나리오가 존재, 그중 몇몇은 프로젝트를 종료해야하는 상황인 경우	의사결정 나무
예측불허형	아주 높은 수준의 불확실성, 역동적으로 변화는 환경, 케이오스(chaos)	발견형 계획법

킬지 여부를 충분히 인지하는 과정에서 최소한의 비용을 쓰려고 할 것이다. 이런 방법을 발견형 계획법(discovery driven planning)이라고 부르는데 불확실성을 일정 부분 해소하게 도와주고 새로운 불확실성을 찾아내는데도 도움이 된다.

위에서 언급되었던 4가지 불확실성의 종류에 따르는 프로젝트 관리의 프레임워크에 대하여 [정리 12.2]에 정리하였다. 중요한 것은 당면하는 불확실성의 크기에 따라 달라지는 프로젝트의 형태별로 각각 다른 형태의 프로젝트 관리방법론을 적용해야 한다는 것이다. 항상 고수준의 불확실성 상황에 적합한 방법론(의사결정 나무와 같은)을 저 수준의 불확실성 상황에 적용해서는 안되며(건설 프로젝트를 수행하는데 왜 매일 종료 옵션을 고려해야 하겠는가?) 마찬가지로 저수준의 불확실성 상황에 적합한 방법론을 고수준의 불확실한 상황에 적용(다음 분기에도 프로젝트가 지속될지 불투명한 상황에서 프로젝트 수행시간 단축을 최적화하기 위한 주 경로 확인법을 적용할 필요가 있을까?)해서도 안 된다.

12.7 프로젝트를 가속화시키는 방법

프로젝트 관리자는 일반적으로 프로젝트 종료시각과 프로젝트 비용(한도액), 그리고 프로젝트 완성 후 결과의 품질 이렇게 세 가지 목표를 동시에 추구한다. 때때로 이러한 목표는 상호 충돌되기도 한다. 그렇게 되면 이 세 가지 지표 사이에 상쇄관계(trade-off)가 발생되는데 이는 이 책의 다른 장에서도 다루게 될 내용과 유사하다.(예를 들어 1장에서 다루었던 콜센터의 대응속도와 효율성과의 관계)

앞서 논의했던 무인비행기의 개발에 대하여 생각해 보자. 일반적으로 프로젝트 수행시간에 여유가 있으면 좀 더 신뢰성 높은 제안을 할 수 있게 될 것이다. 마찬가지로 프로젝트 수행과 관련한 비용 한도에 여유가 많다면 프로젝트 내의 주 경로 상에 위치한 어떤 활동에 대해서 외주를 줄 수 있게 되어 결과적으로 프로젝트 종료시각을 단축시킬 수도 있을 것이다.

하나의 목표와 다른 목표와의 상쇄를 넘어서 이런 상쇄관계를 깨뜨리면서 프로젝트 관리를 좀 더 현명하게 할 수 있다. 다음은 별로 비용을 수반하지 않으면서 프로젝트 관리자가 프로젝트 결과물의 품질이나 사용되는 비용한도를 희생시키지 않고 프로젝트 종료시각을 단축시킬 수 있도록 도와주는 중요한 조치들이다.

- 프로젝트는 일찍 시작하라: 프로젝트 완료 예정일은 언제나 바쁘고 스트레스를 받는 날이다. 이와 비교해서 프로젝트를 시작하는 날은 상대적으로 일이 적다. 이 현상은 모든 학생들이 아주 익숙한 "학기말 과제 신드롬"과 유사하다. 이 현상은 인간의 낙관적 성향과 시간 내에 마칠 수 있다는 지나친 자신감의 결과이다. 프로젝트가 시작되는 첫날의 길이는 종료되는 날의 길이와 동일하다. 왜 첫날에는 일을 하지 않고 마지막 날에 허덕이는가?
- 프로젝트의 범위를 정하라: 프로젝트 종료가 지연되는 가장 큰 원인 중 하나는 프로젝트에 포함되는 일의 양이 프로젝트가 경과하면서 변화하기 때문이다. 새로운 요소가 추가되고 기술적 변화에 따르는 새로운 요청이 추가되기도 한다. 만약 이러한 변경이 프로젝트의 말미에 발생하게 되면 프로젝트 종료시각을 심각하게 지연시키거나 프로젝트 비용한도를 초과하게 되거나 상대적으로 품질의 저하를 가져오게 된다. 이러한 이유 때문에 프로젝트의 범위를 초기에 마무리하는 것이 중요하다.
- 활동시간을 최대한 단축하라: 지출을 늘이게 되면 프로젝트 종료를 빨리 이끌어낼 수 있다. 도급업자는 높은 비용으로 초과근무를 할 것이며 아마도 값비싼 장비를 활용하면 활동시간을 단축시키는데 도움이 될 것이다. 하지만 이 역방향에 대한 설명이 사실인 것은 아니다. 즉 시간을 오래 소요시킨다고 프로젝트가 비용이 절약되는 것은 아니다. 일반적으로 프로젝트에는 고정비용이 있게 마련이며 프로젝트를 질질

끌게 되면 발생되는 비용 또한 크게 증가하게 된다.

- 주 경로상의 활동들을 중첩시켜라: [표 12.2]에서 본 것과 같은 종속성행렬의 중요한 가정 중 하나는 정보를 제공하는 활동(선행활동)에 종속되는 활동(종속활동)은 정보를 제공하는 활동이 종료된 이후에 활동을 시작할 수 있다는 것이었다. 하지만 때때로 종속활동은 정보를 제공하는 활동에서 제공되는 선제적 정보에 따라서 좀 더 일찍 시작될 수 있다. 예를 들어 "건물 디자인"과 같은 활동은 "착공" 활동이 시작되기 전에 종료되어야 한다. 하지만 모든 디자인이 종료되어야 한다는 의미는 아닐 수 있다. 아마도 기반공사를 위하여 땅을 파는 일은 건축 디자이너가 디자인을 종료하기 전 건물의 창문 디자인을 하는 동안에 시작할 수도 있지 않을까? 종종 활동들 상호간의 종속성을 좀 더 정확히 정의 함으로써 종속활동의 시작시각을 앞당길 수 있다.

- Loch et al.(2006)에서 불확실성에 따르는 프로젝트의 전체적인 프레임워크에 대하여 기술하였다. 저자들은 이 저술에서 경험이 많은 프로젝트 관리자들을 청중으로 인식하여 많은 실증적 사례를 사용하였다.
- Terwiesch and Ulrich(2009)의 저술에서는 혁신적 형태의 프로젝트와 혁신적 프로젝트의 재무적 평가와 관련한 다양한 방법에 대하여 소개하였다.
- Ulrich and Eppinger(2011)는 신제품 개발관리에 대한 전통적인 교재이다. 이 교재에는 프로젝트 관리와 프로젝트 조직하기와 관련한 쉽게 따라 할 수 있는 도입부가 포함되어 있다.

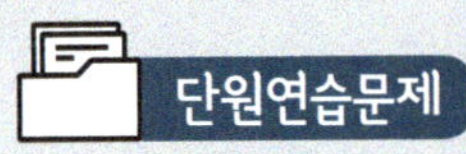

다음 질문들은 이 장의 이해정도를 확인하는 데 도움을 줄 것이다. 각 질문 뒤의 [ ]는 관련된 해당 절을 나타내고 있다.

"*" 표시가 있는 문제의 해설은 부록 E에 있으며, Connect에서 영상을 참조하기 바란다.

12.1* **(벤처 박람회)** Team TeraZ사는 벤처 박람회에 참가해 전시할 새로운 제품을 준비하고 있다. 이 프로젝트 팀은 신제품의 개념잡기에 3일이 소요될 것으로 판단했다. 개념잡기가 끝나면 20명의 잠정고객을 대상으로 고객 인터뷰를 6일간 진행해야 된다. 고객 인터뷰 이후에 사용

자/고객 관찰에 10일, 이메일 조사에 4일이 소요될 것으로 판단된다. 이 두 활동은 서로 독립적이다. 하지만 이 두 활동은 고객 인터뷰가 끝나고 진행해야 한다. 사용자/고객 관찰 결과와 이메일 조사결과를 함께 고려해서 신제품의 목표 사양을 결정하는데 5일이 소요될 것으로 판단된다. 이 활동은 경쟁제품 분석(1일)을 마친 후에 시작할 수 있다.

신제품의 목표사양이 결정되면 신제품 디자인을 완성하게 되는데 10일이 소요될 것으로 판단된다. 제품 디자인이 끝나면 제품견적을 계산(6일)하고 프로토타입을 제작(4일)한다. 프로토타입은 고객과 함께 테스트(5일)를 진행한다. 프로토타입 테스트가 끝나고 제품견적 계산을 마치면 벤처 박람회 출품을 3일간 준비한다.

a. 종속성행렬을 만들고 프로젝트 그래프를 작성해 보라. [12.1]

b. 주 경로를 찾아라. 이 팀이 프로젝트를 시작할 수 있는 가장 최후의 시각은 언제인지 계산하라. 벤처 박람회는 4월 18일에 시작된다. [12.4]

	1	2	3	4	5	6	7	8	9	10
1										
2	×									
3	×									
4		×								
5		×								
6			×							
7					×					
8						×				
9							×	×		
10				×					×	

활동	1	2	3	4	5	6	7	8	9	10
시간	5	4	8	5	1	12	4	7	6	2

12.2 **(10개 활동을 가지는 프로젝트 관리 사례)** 제시된 종속성행렬과 활동소요 시간을 바탕으로 다음을 계산하라.

a. 프로젝트 그래프를 작성하라. [12.2]

b. 주 경로를 찾아라. 프로젝트는 언제 끝날 수 있는지 가장 이른 시각을 계산하라. [12.4]

c. 각 활동에 대하여 가장 늦은 시작시각과 가장 늦은 종료시각을 계산하라. [12.5]

12.3 **(졸업파티)** Terry와 Ute, 그리고 Vishal은 MBA프로그램의 마지막 학기에 있다. 학기말 시험을 마치고 나서 집으로 돌아가면 그들의 친구와 함께 대형 파티를 하려고 한다. 현재 이들이 파악한 파티 준비와 관련한 활동들은 다음에 설명되어 있다. 이들은 기말고사 시험이 끝나기 전까지 일절 파티 준비를 하지 않을 예정이다. 또한 시험을 마친 후 최대한 빨리 파티 준

비를 마친 후 3일간의 바다여행을 떠날 예정이다.

6월 10일에 기말고사 주간에 돌입한다. 주말고사는 총 5일 동안 진행된다. 파티 준비의 일환으로 라이브 뮤직을 준비하는데 5일, 여러 파티 장소를 물색하는데 6일, 그리고 파티에 초대될 친구 명단을 작성하는데 7일이 소요된다고 한다. 이들은 가장 적합한 파티장소에 방문할 예정인데 이 과정에 4일이 소요된다. 하지만 이 일은 파티 장소 물색이 완료되고 난 이후에 가능하다. 초대되는 친구 명단 작성이 완료된 이후 이들을 위한 호텔 예약(3일 소요)을 진행하고 파티에 참석하는 모든 사람의 이름이 새겨진 티셔츠를 제작(6일 소요)한다. 이 두 활동은 상호 독립적이지만 모두 다 친구 명단 작성이 완료된 이후에나 시작할 수 있다. 파티 장소를 최종 결정하게 되면 이벤트 기획자와 함께 현장에서 4일간에 걸쳐 회의를 한다. 이후 그들은 해변 여행을 떠날 수 있게 된다.

a. 종속성행렬을 작성하라. [12.1]
b. 프로젝트 그래프를 작성하라. [12.2]
c. 주 경로를 작성하라. 해변으로 떠날 수 있는 가장 이른 시각은 언제인가? [12.4]
d. 각 활동에 대하여 가장 늦은 시작시각과 종료시각을 계산하고 여유시간을 계산하라. [12.5]

12.4 **(불확실성 하의 3가지 활동)** 어떤 프로젝트는 3가지 활동 A, B, C로 구성된다. C활동의 시작은 A와 B활동을 모두 마친 이후에 가능하다. A활동은 50%의 확률로 3일이 소요되고 50%의 확률로 5일이 소요된다. B활동도 마찬가지이다. C활동은 항상 1일이 소요된다. 프로젝트 종료 예상일은 언제인가? [12.6]

특정 절에서의 이해도를 확인하고 싶다면 아래의 각 절에 해당하는 문제를 참고하라.

- 12.1절: 12.1a, 12.3a
- 12.2절: 12.2a, 12.3b
- 12.4절: 12.1b, 12.2b, 12.3c
- 12.5절: 12.2c, 12.3d
- 12.6절: 12.4

CHAPTER

13 예측

미래를 보여주는 수정구슬을 가지고 있다고 상상해보라. 수정구슬에서 어떤 것들을 찾고 싶은가? 다음 주 당첨될 복권번호? 내년의 주식시장 데이터? 미래를 예측할 수 있는 능력을 가지고 싶어 하는 것은 인류의 오랜 꿈이다. 그리고 미래를 예측하고 일어날 일을 예상할 수 있다면 상당한 경제적 이익을 얻게 될 것이다.

이 장에서는 미래 사건의 예측에 대해 다룬다. 특별히 우리가 공급하는 제품 또는 서비스의 미래 수요를 예측하고자 한다. 그리고 시작부터 실망스러운 소식을 전해야 할 것 같다. 당신에게 수정구슬을 제공해 줄 수 없다는 것이다. 우리가 아는 바로는 수정구슬 같은 것은 존재하지 않는다. 그러나 수정구슬이 없다고 해서 우리가 좋은 예측을 할 수 없다는 것은 아니다. 완벽한 예측은 할 수 없겠지만 우리가 앞으로 보듯이 약간의 지식과 추론이 꽤 많은 도움이 된다.

고객이 우리의 제품이나 서비스를 얼마나 좋아할지를 예측하기는 어렵다. 사실, 다음 두 가지 역사적 예시에서 보듯이 매우 어렵다:

- IBM의 전설적인 CEO인 Thomas Watson은 전 세계 시장에서 컴퓨터의 수요를 다섯 대 정도라고 예상했다. 그렇다. 당신이 제대로 읽은 게 맞다. 5백만이 아니라 다섯 대이다. 그를 옹호하자면 그는 우리가 태어나지도 않았던 1950년대에 이런 예측을 했다.
- 1960년대에 Decca Recording의 매니저들은 Liverpool 기타 밴드의 음악을 발간하지 않겠냐는 제안을 받았다. Decca가 예측한 이 밴드의 앨범 판매량은 비관적이었고 "그룹기타는 유행이 지났다"는 것이 경영진의 일치된 의견이었다. Decca에게는 불행하게도 그들이 거절한 밴드는 역사상 가장 성공적인 음악밴드가 된 Beatles였다.

Watson과 Decca Recording을 옹호하자면, 과거 기록이 없는 급진적이고 새로운 것을 예측하는 것은 특히 어려운 일이다. 신제품의 판매량 또는 출시 전 서비스의 수요를 예측해야 하는 것은 비즈니스에서 흔히 있는 일이다. 이 장에서는 과거 기록으로부터의 정보가 있는 경우의 수요예측에 초점을 맞출 것이다.

다음과 같은 상황을 고려해 보자. 매년 사람들은 독감에 걸린다. 당신 역시 이런 경험이 있었을 것이기에 이것이 유쾌한 경험은 아니라는 것을 알 것이다. 특히 유아, 노인, 그리고 다른 취약 인구계층에게는 독감이 삶과 죽음의 문제가 될 수도 있다. 독감 유행기간에는 독감 환자들이 병원 응급실에 넘쳐나고 의료서비스에 대한 수요도 넘친다. 독감에 시달리는 환자들은 약국에도 찾아오고 Tamiflu와 같은 약품도 찾는다. 따라서 독감 환자의 수를 예측하는 것은 중요하다.

[그림 13.1]은 2009년부터 2014년까지 독감으로 병원을 방문한 환자의 수를 보여주는 데이터이다. 당신이 병원 혹은 제약회사에 근무하면서 독감 환자의 수를 예측할 책임이

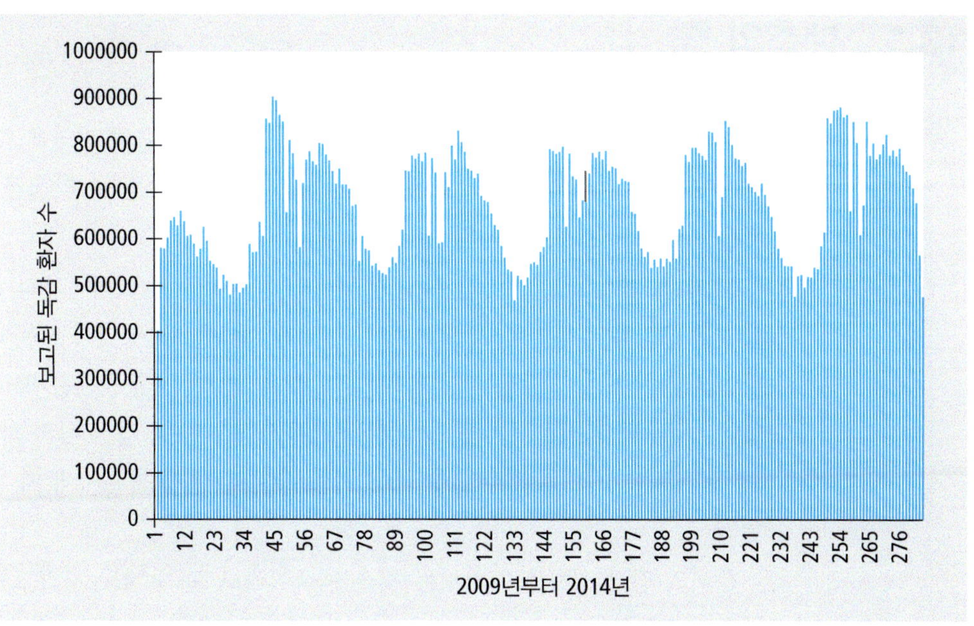

그림 13.1 2009년부터 2014년 동안의 주(week)별 독감 데이터
출처: 질병통제센터

있다고 상상해 보자. 2015년의 독감 환자 수를 정확하게 예측할 수 있겠는가? 완벽한 예측은 보통 불가능하다. 매년 상황이 다르고 수정구슬도 없기 때문에 모든 예측은 틀릴 것이다. 그러나 데이터를 육안으로 살펴보는 것만으로도 미래에 대한 약간의 아이디어를 얻을 수 있다. 그리고 이것이 이 장에서 필요한 당신의 직관이다.

이 장의 내용은 당신이 미래 수요를 예측하도록 도울 것이며, 다음 순서로 진행할 것이다.

- 먼저 예측을 위한 기본 틀을 소개한다. 기본용어들을 소개하고, 다양한 예측방법들(수정구슬은 포함하지 않음)을 서술한 후 경영환경에서 발생하는 예측문제들을 살펴본다.
- 다음으로 무엇이 좋은 예측을 만드는지 논의하고, 예측값과 실제값을 비교할 때 사용하는 평가척도들을 정의한다.
- 다음으로 단순예측법, 이동평균법, 지수평활법을 포함하는 간단한 예측방법들을 소개한다.
- 이후에 나오는 두 절에서는 계절성과 추세를 다룰 수 있는 고급 예측방법을 소개한다.
- 마지막 절에서는 전문가 패널의 사용과 주관적 예측을 다룰 때 조직의 도전과제들에 대해 논의한다.

13.1 예측의 틀

예측(forecasting)은 현재 불확실하고 미래에 실현될 변수의 결과에 대해 진술을 작성하는 프로세스이다. 따라서 수요예측(demand forecasting)은 향후 실현될 수요에 대한 진술을 작성하는 프로세스이다.

2010년 FIFA 월드컵 동안 독일 동물원의 사육사들은 스페인과의 준결승에서 독일의 패배를 포함하여 독일 팀의 모든 경기 결과를 예측할 수 있었기 때문에 국제적으로 헤드라인을 장식했다. 그들은 이것을 어떻게 했을까? 그 동물원에는 Paul이라는 문어가 있었다. 독일 대표팀이 경기를 하기 전에 사육사들은 매번 경기 팀의 국기가 그려진 두 개의 상자에 음식을 넣어 주고 Paul이 어느 상자로 먼저 가는지에 따라 경기결과를 예측했다.

문어의 점심 식사를 지켜보는 것을 예측이라고 할 수 있는가? 그렇다고 볼 수 있다. 예측의 정의를 다시 보자. 예측은 현재 불확실하고 미래에만 실현될 변수의 결과에 대해 판단하는 과정이다:

- 사육사들은 두 개의 음식 상자에 표시를 하고 Paul의 행동을 어떻게 해석할지에 대해 동의했기 때문에 분명히 그 과정대로 했다고 볼 수 있다.
- Paul이 음식을 선택할 당시에 경기 결과는 불확실했다.
- 경기 결과는 미래에 실현되었다.

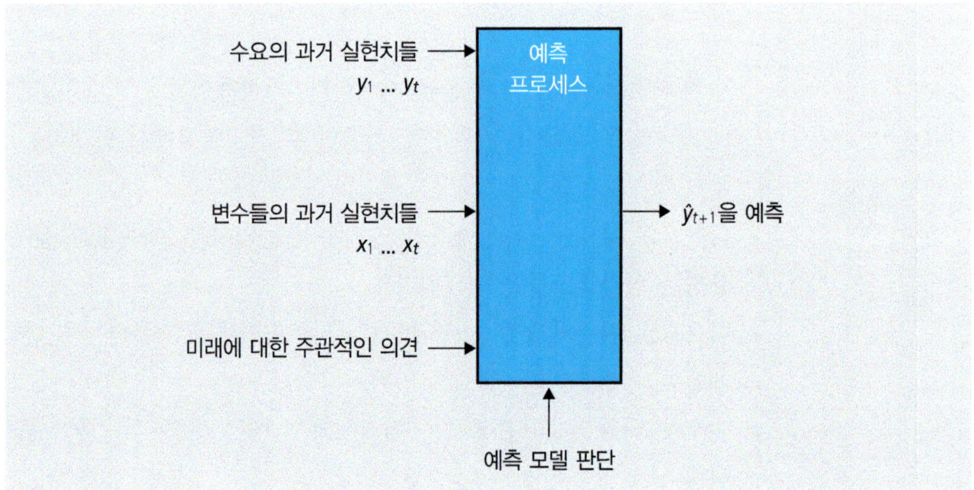

그림 13.2 예측의 틀

따라서, 모든 것을 고려해볼 때 Paul이 스페인 국기가 그려진 상자를 고르는 것을 지켜보고 스페인이 독일 전에서 승리할 것으로 이야기하는 것은 확실히 예측으로 볼 수 있다.

수요예측 프로세스를 좀 더 공식화하는 것은 도움이 된다. y_t를 기간 t의 수요라고 하자. 여기서 기간은 하루, 한 달, 또는 어떠한 시간단위라도 가능하다. 우리는 다음 기간의 수요와 그 이후의 잠재적 수요를 예측하길 원한다. 즉 실제로 관찰하기 전에 y_t+1에 대한 무언가를 이야기하고 싶은 것이다. 어떤 변수가 실제 실현된 값이 아닌 예측값이라는 것을 나타낼 때 우리는 일반적으로 "^"기호를 사용한다. 따라서 y_{t+1}은 $t+1$ 기간에 대한 수요이고, $\hat{y}_{t+1}$은 y_{t+1}이 알려지기 전의 $t+1$ 기간에 대한 예측값이다($\hat{y}_{t+1}$는 y_{t+1} hat이라고 읽는다).

예측을 할 때, 우리는 여전히 t 시점이나 그 이전의 시점에 있지만 $\hat{y}_{t+1}$에 대해 이야기하고자 한다. 정의(definition)에 의하면, 시점 t에서는 수요와 기간 t, 그 이전의 다른 변수들에 대한 데이터만 가지고 있다. 예측 프로세스에 대해 전체적인 틀을 제공하는 [그림 13.2]를 살펴보자. 앞서 언급하였듯이 프로세스의 결과물은 기간 $t+1$에 대한 수요예측값 $\hat{y}_{t+1}$이다.

이 과정에 대한 입력은 과거 수요의 실현치, 다른 변수의 과거 실현치, 미래에 대한 주관적 의견의 세 그룹으로 나눌 수 있다. 먼저 과거 수요의 실현치를 생각해 보자. $t+1$ 기간에 대한 수요를 예측할 때에는 이전 기간에 대한 수요를 알고 있다. 시계열 분석(time series analysis)을 과거 (수요) 데이터 $y_1, \ldots, y_t$를 분석하는 프로세스로 정의하자. 시계열 기반 예측(time series-based forecast)은 과거의 수요 데이터만으로 미래의 예측값을 구하므로 시계열 기반 예측을 외삽법(extrapolation)의 하나로 생각할 수 있다. 즉, 지금까지 관측된 데이터의 일부 패턴이 미래에도 유효할 것이라 가정하고 원래 관측 범위를 벗어난 값을 추정하는 것이다. 시계열 기반 예측의 예는 다음과 같다:

- 축구: 과거의 경기 결과만으로 팀의 승리를 예측한다면 ("최근 10경기에서 이겼기 때문에 브라질이 이길 것이다") 외삽법으로 시계열을 예측하는 것이다.
- 독감 시즌: [그림 13.1]의 데이터는 7월보다는 1월에 독감관련 환자들이 더 많음을 보여준다. 2009, 2010, 2011, 2012, 2013, 2014년 1월의 환자 수를 평균하여 2015년 1월의 환자 수를 예측한다면 이는 시계열 기반의 예측이다.
- 주식 시장: (저자들을 제외한) 많은 사람들은 과거 주식시장 데이터로부터 추세, 사이클, 기타 구조와 같은 패턴을 찾아서 주식시장의 움직임을 예측할 수 있다고 믿고 있다. 이러한 믿음이 어리석은 것인지 아닌지에 대해서는 나중에 토론하기로 한다. 여기서 중요한 것은 이것이 시계열 분석의 한 형태라는 것이다.
- 날씨: 8월이 필라델피아에 오기에 좋지 않은 달이라고 예측할 때는 이전 연도의 기온

데이터를 살펴보고 기온이 섭씨 38도에 달하기 때문에 이에 근거하여 결정할 가능성이 가장 높은데, 이 역시 시계열 기반 예측에 해당한다.

우리가 예측하고자 하는 변수의 과거 실현치(예제에서는 과거 y_t 데이터)를 살펴보는 것 외에도 다른 데이터를 보고 $\hat{y}_{t+1}$을 예측할 수 있다. 회귀분석(regression analysis)은 하나의 변수와 이 변수에 영향을 미치는 여러 변수와의 관계를 추정하는 통계적 과정이다. 회귀분석에서는 우리가 이해하려고 하는 변수를 종속변수(결과변수라고도 함)라고 하고, 종속변수에 영향을 주는 다른 변수를 독립변수라고 한다. 따라서 예측의 맥락에서 종속변수에 대한 예측에 영향을 미치는 다양한 독립변수들을 찾을 수 있다. 이해를 돕기 위해 예를 다시 살펴보자:

- 축구: 당신이 좋아하는 팀의 다음 경기 결과를 예측할 때, 팀이 최근에 얼마나 자주 이겼는지 뿐만 아니라 상대가 누구인지 그리고 그들이 최근에 얼마나 득점했는지 살펴볼 것이다. 또한 우수선수가 다쳤는지 다음 경기가 홈경기인지 고려해 볼 수도 있다. 다시 말해, 다른 많은 변수들을 고려한다. 그리고 점심을 먹는 문어의 움직임을 살피는 것도 추가 변수를 고려하는 것에 해당한다.
- 독감 시즌: 독감 환자 수를 예측할 때는 지난 몇 개월 동안의 환자 수뿐만 아니라 다른 데이터도 고려해야 한다. 여기에는 다른 국가의 백신 사용량과 독감 데이터가 포함된다. 독감발생을 예측하는 연구원들은 또한 Google에 "독감" 검색횟수를 분석하여 얼마나 많은 환자가 독감관련 증상에 대한 의학적 도움을 구할지에 대해 잘 예측하고 있다(이 경우 예측력에 대한 증거가 섞여 있다).
- 주식 시장: 경제학자들은 과거의 주식시장 가치 외에도 성장률, 최근 통화정책 결정, 수입 공시 등과 같은 변수들을 추가로 고려한다.
- 날씨: 필라델피아에서는 8월이 덥다고 생각할 수 있지만, 바람의 변화와 한랭전선을 보고 나면 예측을 업데이트할 수도 있다.

홈경기가 팀의 승리에 미치는 영향, 독감환자 수에 대한 Google 검색이 미치는 효과, 주식시장가격에 실업 데이터가 미치는 영향, 향후 기온에 대한 한랭전선이 주는 효과에 대한 결정, 이 모든 것이 회귀분석을 적용할 수 있는 영역이다.

시계열 기반 예측 또는 회귀분석의 형태로 과거 데이터를 기반으로 예측하는 것에는 암묵적인 위험이 있다. 이러한 기법들은 미래가 과거와 같이 계속될 것이라고 가정한다는 것이다. 이와 대조적으로, 견문이 넓은 전문가는 과거 데이터로는 설명할 수 없는 무언가가 일어날 것이라는 "직감(gut feel)"을 가질 수도 있다. 이러한 전문가를 신뢰해야 할지 여부는 이 장에서 더 논의할 주제이다. 지금 중요한 것은 예측할 때 그러한 주관적인 의견을 고려할 수 있다는 것이다. 따라서 [그림 13.2]에서 예측을 결정하는 변수들의 집합 중 세 번째는 미래에 대한 주관적인 의견이다.

이 장(章)의 나머지 부분에서는 주로 시계열 기반 예측에 중점을 둔다. 마지막 절에서는 주관적인 의견을 다루는 방법에 대해 논의하기로 한다. 그러나 이 장에서 회귀분석은 다루지 않는다. 회귀분석이 중요하지 않다는 것이 아니라, 저자들은 회귀분석이 운영관리 교재에서보다는 통계를 다룬 책에서 다루는 것이 적절하다고 생각한다.

[그림 13.2]와 관련하여 논의한 세 가지 유형의 입력변수는 예측값을 구하는 다양한 방법과 조직적인 프로세스를 가리킨다. 다음을 구분하는 것이 도움이 된다:

- **자동 예측:** Weather.com이 내일 오전 9시에 맨해튼의 온도를 예측할 때 기상학자들로 이루어진 전문가 패널(집단)을 소집하기란 불가능하다. 비즈니스에서 대부분의 예측은 수백만 번 이루어져야 하므로 저렴하게 수행되어야 한다. 이는 일반적으로 사람의 개입 없이 이루어짐을 의미한다. 특정 맥도날드 매장에서 고객들이 한 시간에 몇 개의 치즈버거를 주문하는가? 특정 공항에서 특정 날짜에 몇 대의 렌터카를 필요로 하는가? 이러한 유형의 예측은 일반적으로 사람의 개입이 없이 컴퓨터에 의해 이루어진다. 기계학습(machine learning)과 빅 데이터(big data)와 같은 유행어를 들어보았을 것이다; 이 두 가지 모두 컴퓨터가 좋은 예측을 내리도록 가장 도움을 주는 변수들을 찾는 정교한 버전의 회귀분석을 나타낸다.
- **전문가 패널 예측:** 그러나 맥도날드가 기업 판매에 대한 예측을 해야 할 때는 위험요소들이 너무나 많기 때문에 예측 생성 비용은 그다지 중요하지 않다. 따라서 많은 위험이 있는 예측에서는 일반적으로 전문가 패널이 자동 예측을 보강한다. 이러한 패널에서 경영진은 주관적인 의견을 공유하고 수요예측에 대한 합의에 도달하려고 한다.

예측값을 구하는 방법에 대해 논의한 후에 예측값이 만들어지고 나면 그것을 가지고 무엇을 할 것인지에 대한 질문을 생각해 보자. 비즈니스에서 예측값의 적용은 세 가지 유형으로 구분하는 것이 도움이 된다. 이 세 가지 유형은 고려하는 시간 범위에 따른 분류이다:

- **단기예측(short-term forecasts):** 일일 수준에서 월별 수준에 이르는 짧은 기간 동안 이루어지는 의사결정을 지원하는 데 사용된다. 극단적인 경우에는 시간단위로 예측할 수도 있다. 이 예측은 직원 및 단기 가격책정과 관련된 결정을 돕는데 사용된다(레스토랑이 오후보다는 점심시간에 더 많은 서버를 두는 것). 또한 대기시간을 예측하고 일정 결정에 도움을 받기 위해 사용한다. 독감 예제에서 이는 적절한 수의 간호사를 배정할 수 있도록 내일 또는 다음 주에 대한 예측을 작성하는 것에 해당한다.

- 중기예측(mid-term forecasts): 월별 수준에서 연간 수준의 단위로 이루어지는 예측이다. 생산용량 관련 의사결정(직원 채용, 장비 획득)을 추진할 뿐 아니라 재무계획에도 사용된다. 독감 예제에서 이것은 적절한 수의 간호사를 모집하거나 적절한 수의 독감 백신/약물을 생산할 수 있도록 독감 시즌 전체에 대한 예측에 해당한다.
- 장기예측(long-term forecasts): 여러 해에 걸쳐 이루어지는 예측이다. 이러한 예측은 새로운 시장 진입, 새로운 제품 또는 서비스 출시, 새로운 시설에 대한 투자를 통해 생산용량을 확대하거나 시설 폐쇄와 같은 전략적 결정에 도움을 준다. 독감 예제에서 우리는 대형약국인 CVS가 몇 년 동안의 예측 이후에 MinuteClinic(예약 없이 받을 수 있는 의료서비스)을 시작하는 의사결정을 내린 것으로 받아들일 수 있다.

우리는 위 세 영역의 차이점을 찾는 것이 도움이 된다는 것을 알면서도 이 세 범주 사이에 명확한 선을 긋는 것이 항상 가능하지는 않다는 것을 인정한다. 그럼에도 불구하고 이러한 구별이 유용한 이유 중 하나는 예측 방법론과 관련이 있다. 단기예측은 주로 과거 데이터의 외삽과 회귀분석에 의존하는 자동 예측의 경향이 있다. 반대로 장기예측은 수요 데이터의 과거 실현치, 독립변수와 전문가 의견의 조합을 기반으로 하는 경향이 있다. 따라서 이들은 일반적으로 전문가 패널에 의해 작성된다.

13.2 예측의 품질 평가

독감 시즌을 준비하려는 응급실에서 일한다고 상상해보라. 다음 4주 동안 응급실을 찾아 올 독감환자 수를 예측해야 한다. 과거 데이터를 보기 전에 일부 전문가의 조언을 구하기로 결정하여 다음 4주 동안의 예측값을 제공해 줄 4명의 의사들을 만났다([표 13.1] 참고).

어느 의사의 예측값을 사용해야 하는가? 어떤 예측이 가장 좋은가? 분명한 사실은 우리가 실제로 수요—다시 말해 4주 동안 실제로 응급실에 나타나는 독감 관련 환자의 수

표 13.1 향후 4주 안에 응급실에 올 독감 관련 환자들의 숫자에 대한 의사 네 명의 예측자료

	의사 1	의사 2	의사 3	의사 4
1주차	70	50	29	43
2주차	55	32	52	44
3주차	40	48	62	54
4주차	80	60	47	49

표 13.2 향후 4주 안에 응급실에 올 독감 관련 환자 수에 대한 의사 네 명의 예측자료와 실제 수요 데이터

	의사 1	의사 2	의사 3	의사 4	실제 수요
1주차	70	50	29	43	38
2주차	55	32	52	44	49
3주차	40	48	62	54	59
4주차	80	60	47	49	44

—를 보기 전에는 대답할 수 없다는 것이다. 그러나 이제 살펴보겠지만, 실제 수요를 보고 난 후에는 최상의 예측을 결정하는 것이 훨씬 어렵다.

[표 13.2]는 의사 4명의 예측값과 실제로 응급실에 온 환자의 수를 보여준다. 어느 의사의 예측이 가장 좋은지 결정하려면 먼저 우리가 가장 의미를 두는 것이 무엇인지 정의해야 한다. 앞의 본문에서 알 수 있듯이, 4명의 의사 중 누구도 매번 올바른 예측을 한 것은 아니므로 모든 의사가 어느 정도는 잘못 예측하였다. 따라서 예측이 어긋나는 정도를 정의해야 한다. 이에는 여러 가지 방법이 있다.

기간 t에 대한 예측오차(forecast error)는 기간 t에 대한 예측값과 기간 t에 대한 실제값의 차이로 정의한다.

$$t\text{의 예측오차} = t\text{의 예측값} - t\text{의 실제 값}$$

의사 1의 예측 오차를 구해 보자(forecast error의 머리글자를 써서 종종 FE로 사용).

첫째 주의 예측오차 = 첫째 주의 예측값 − 첫째 주의 실제 값 = 70 − 38 = 32
둘째 주의 예측오차 = 둘째 주의 예측값 − 둘째 주의 실제 값 = 55 − 49 = 6
셋째 주의 예측오차 = 셋째 주의 예측값 − 셋째 주의 실제 값 = 40 − 59 = −19
넷째 주의 예측오차 = 넷째 주의 예측값 − 넷째 주의 실제 값 = 80 − 44 = 36

따라서, 의사 1의 예측오차는 $FE_1 = 32$, $FE_2 = 6$, $FE_3 = -19$, $FE_4 = 36$이다. 그러나 이

표 13.3 의사 1과 의사 2의 비교

	의사 1의 예측값	의사 2의 예측값	실제 수요	의사 1의 예측오차	의사 2의 예측오차
1주차	70	50	38	32	12
2주차	55	32	49	6	−17
3주차	40	48	59	−19	−11
4주차	80	60	44	36	16
평균	61.25	47.5	47.5	13.75	0

러한 예측오차를 어떻게 해석해야 하는가? [표 13.3]에 표시된 정보를 살펴보자. 표에서는 4주 동안 의사 1과 의사 2의 예측오차와 초기예측 및 실제 환자 수를 보여준다. 두 의사 중 누가 더 예측을 잘 하는가?

예측의 품질을 측정하는 첫 번째 방법은 평균적으로 맞는지 확인하는 것이다. 예측이 평균적으로 정확하면 우리는 그러한 예측을 비편향 예측(unbiased forecast)이라고 한다. 평균 예측오차가 0이라는 뜻이다. 의사 2는 때로는 많게, 때로는 적게 예측하고 있지만 평균적으로 그녀는 정확하다. 따라서 그녀의 예측은 치우침이 없다. 이는 예측오차의 평균이 0이라는 것을 통해 알 수 있다. 대조적으로, 의사 1은 대부분 높은 값으로 예측하는 것으로 보인다. 그의 평균 예측오차는 13.75이다. 우리는 그 이유를 알 수 없다: 아마도 이 의사는 스트레스를 받고 지나치게 일하고 있다고 느끼기 때문에 항상 많은 환자가 있다고 믿고 있을 수도 있다. 그러나 항상 과대 예측하는 것은 좋지 않다. 평균적으로 잘못된 예측을 편향 예측(biased forecast)으로 정의한다.

다음으로 의사 2와 3을 비교하자. [표 13.4]에서 볼 수 있듯이 둘 다 비편향 예측을 하였다. 그들은 둘 다 평균적으로 맞다. 이것이 두 의사가 똑같이 예측을 잘한다는 것을 의미하는가?

두 의사 모두 비편향 예측을 했지만 의사 3이 더 좋은 예측을 하고 있다는 데 동의할 것이다. 여기에 중요한 예측 원칙이 있다. 예측의 품질을 결정하는 것이 평균 뿐만은 아니다. 확실히 평균적으로 잘못된 것은 나쁜 예측이다. 그러나 오늘엔 너무 적게, 내일엔 너무 많이 예측하여 평균이 맞았다고 해서 좋은 예측가라고 할 수는 없다. 기상캐스터가 오늘 날씨는 춥고 내일은 더울 것이라 예보했는데 실제로는 두 날 모두 날씨가 화창했다면 어떻겠는가. 평균적으로는 맞지만 여전히 나쁜 예측을 만들 수 있다.

이러한 직관을 잡아내기 위해서는 단순히 예측오차를 평균하는 것 이상의 다른 예측 품질 척도를 만들어야 한다. 일반적으로 예측오차를 제곱한 값들의 평균인 평균제곱오차(MSE: mean squared error)를 척도로 사용한다.

$$\text{MSE} = \frac{\sum_{t=1}^{N} \text{FE}_t^2}{N}$$

표 13.4 의사 2와 의사 3의 비교

	의사 2의 예측값	의사 3의 예측값	실제 수요	의사 2의 예측오차	의사 3의 예측오차
1주차	50	29	38	12	−9
2주차	32	52	49	−17	3
3주차	48	62	59	−11	3
4주차	60	47	44	16	3
평균	47.5	47.5	47.5	0	0

표 13.5 (제곱오차와 절대오차 계산을 포함한) 의사 2와 의사 3의 비교

	예측값		실제 수요	예측오차		제곱오차		절대오차	
	의사 2	의사 3		의사 2	의사 3	의사 2	의사 3	의사 2	의사 3
1주차	50	29	38	12	−9	144	81	12	9
2주차	32	52	49	−17	3	289	9	17	3
3주차	48	62	59	−11	3	121	9	11	3
4주차	60	47	44	16	3	256	9	16	3
평균	47.5	47.5	47.5	0	0	202.5	27	14	4.5

평균제곱오차를 구하는 기본개념은 예측오차 FE의 평균을 계산하는 대신에 먼저 예측오차를 제곱한 다음 평균을 계산하는 것이다. 왜 이렇게 할까? 숫자를 제곱하면 음수 예측오차가 양수로 바뀌어, 음수 값을 갖는 예측오차와 양수 예측오차가 더 이상 서로 상쇄되지 않기 때문이다. 이것은 [표 13.5]에서 보였다. 의사 2가 의사 3보다 훨씬 높은 평균제곱오차를 가지는데, 이는 의사 3이 더 좋은 예측을 하고 있다는 우리의 직관을 확인시켜 준다.

예측오차를 제곱하는 것은 음수를 양수로 바꾸는 매우 번거로운 방법이라고 이야기할 수도 있다. 간단히 예측오차의 절대 값들의 평균을 구하면 안 되는지 궁금할 것이다. 그래도 된다. 평균절대오차(MAE: mean absolute error)를 예측오차의 절대 값의 평균으로 정의한다. 종종 이것을 평균절대편차(MAD: mean absolute deviation)라고도 부른다. 이것은 [표 13.5]의 마지막 두 열에 표시되어 있다.

$$\text{MAE} = \frac{\sum_{t=1}^{N} |\text{FE}_t|}{N}$$

이 새로운 척도는 우리의 직관을 다시 한 번 확인시켜 준다. MSE 또는 MAE 중 어떤 것을 보더라도 의사 3의 예측이 의사 2의 예측보다 낫다.

예측오차를 종합할 수 있는 또 다른 방법 중 하나는 평균절대백분율오차(MAPE: mean absolute percentage error)이다. 이 척도는 예측오차를 절대적인 표현으로 보지 않고 상대적인 표현으로 본다. 이는 예측오차를 실제 수요 y_t로 나누어주면 된다. 따라서 다음을 얻는다.

$$\text{MAPE} = \frac{\sum_{t=1}^{N} \left|\frac{\text{FE}_t}{y_t}\right|}{N}$$

그렇다면 좋은 예측은 무엇일까? 이 질문에 대한 답은 우리가 생각하는 것보다 더 복잡하다. 일반적으로 예측에는 다음과 같은 속성이 있다:

표 13.6 의사 3과 의사 4의 비교

	예측값		실제 수요	예측오차		제곱오차		절대오차	
	의사 3	의사 4		의사 3	의사 4	의사 3	의사 4	의사 3	의사 4
1주차	29	43	38	−9	5	81	25	9	5
2주차	52	44	49	3	−5	9	25	3	5
3주차	62	54	59	3	−5	9	25	3	5
4주차	47	49	44	3	5	9	25	3	5
평균	47.5	47.5	47.5	0	0	27	25	4.5	5

- 예측은 편향되지 않아야 한다; 즉, 평균적으로 정확해야 한다.
- 예측은 평균제곱오차(MSE) 또는 평균절대오차(MAE)와 같은 척도로 측정되는 실제 결과와 비슷해야 한다.

때때로 이 두 가지 속성은 서로 충돌한다. MSE 또는 MAE의 값이 현저하게 작으면 편의가 작은 예측을 선호할 것이다. 그러나 MSE와 MAE는 어느 예측이 더 나은지에 대해 항상 동의하지는 않는다는 것에 주의하라. [표 13.6]에 표시된 데이터를 살펴보자. 의사 4는 평균제곱오차가 작고 의사 3은 평균절대오차가 작다.

누구의 예측이 더 좋은 것인가? 그것은 실제로 당신이 무엇을 원하는지에 달려 있다. 평균제곱오차를 계산할 때에는 한 번의 실수로 이 점수가 큰 영향을 받을 수 있음을 알 수 있다. 의사 3의 경우를 보자. 의사 3의 MSE 점수가 썩 좋지 않은 이유는 1주차의 예측오차가 −9이기 때문이다. 이제, (−9)를 제곱하면 큰 숫자(정확히는 81)가 되는데 이 값이 너무 크다보니 다음 세 번의 예측에서 이 실수를 보상받을 수 없다. 따라서 MSE 값은 하나의 큰 실수에 대해 예측가에게 불이익을 주는 반면에 MAE는 각 편차가 동일하게 나쁜 것으로 간주한다.

예측품질을 측정하기 위해 어떤 척도를 사용할지는 전적으로 사용자에게 달려 있다. 그러나 핵심은 척도를 사용하여 과거 예측의 품질을 평가하는 것이다. 이를 위해 가장 중요하고 먼저 해야 할 일은 이전 예측 데이터를 보관하는 것이다. 많은 회사들은 이렇게 하는데 힘든 시간을 보내고 있다. 왜냐하면 예전에 자기들이 얼마나 잘못 예측했었는지를 상기하고 싶지 않기 때문이다. 그러나 과거 예측 데이터를 보관하는 것은 예측과 현실 간의 시스템 편차를 감지하는 데 있어 매우 유익하다. 따라서 과거 예측자료를 보관하고, 이 데이터를 사용해서 분석하면 어떤 예측 품질척도를 사용하더라도 이미 90%를 한 것이나 다름없다.

13.3 과거 자료에서 노이즈 제거하기

이제 과거 예측값과 예측변수의 실제 결과를 비교하여 예측의 품질을 평가하는 방법을 알았으므로 예측값을 구하는 방법에 대한 질문으로 넘어갈 수 있다. 앞에서 언급하였듯이 이 장에서는 시계열 기반 예측으로 논의를 제한한다. 다시 말해, 과거 데이터 y_1, ..., y_t를 보고 예측값 $\hat{y}_{t+1}$을 얻고자 한다. 이제 다음의 세 가지 간단한 예측방법들—단순 예측법, 이동평균법, 지수평활법—을 소개할 것이다. [그림 13.3]의 독감 관련 데이터를 사용하여 세 가지 방법을 모두 설명한다. 그림은 2014년 첫 10주 동안 보통의 미국 병원에 찾아온 독감 관련 환자의 수를 보여준다. 우리의 목표는 이 정보를 사용하여 11주차의 환자 수를 예측하는 것이다.

단순 예측법

시계열 기반 예측에 중점을 두기 때문에 이전 데이터(이전 주의 독감환자 수)를 보고 새 데이터(다음 주의 독감환주 수)를 예측한다. 따라서 다음 기간의 수요를 예측하는 가장 간단한 방법은 마지막 기간과 동일한 것으로 가정하는 것이다. 공식적으로 다음과 같이 정의한다.

$$\hat{y}_{t+1} = y_t$$

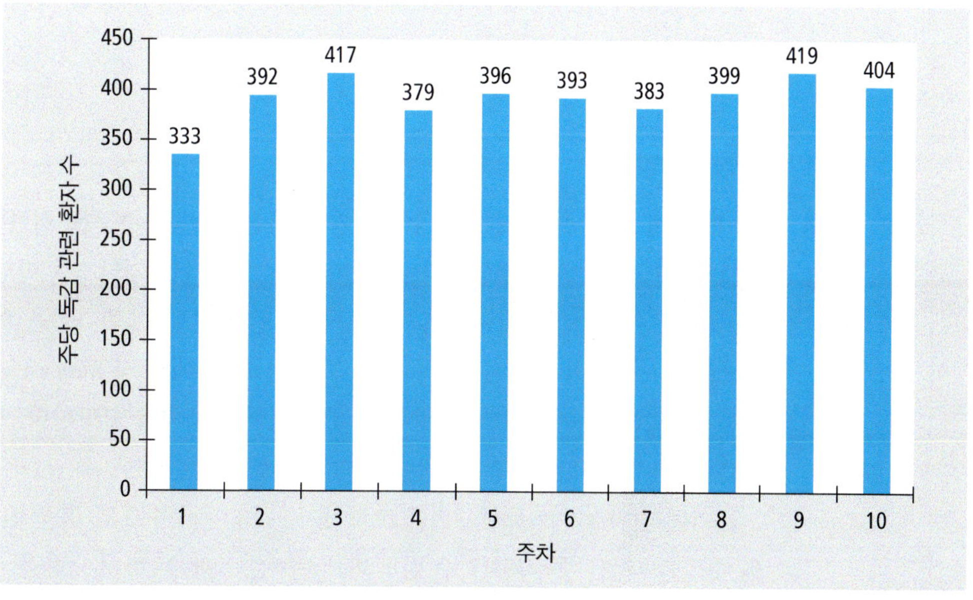

그림 13.3 2014년 첫 10주 동안의 독감 관련 환자 수

표 13.7 단순 예측법

주차	주당 환자 수	다음 주의 예측 환자 수
1	333	333
2	392	392
3	417	417
4	379	379
5	396	396
6	393	393
7	383	383
8	399	399
9	419	419
10	404	404

독감 예제에 적용하면 이는 11주차 수요를 404로 예측함을 의미한다.

$$\hat{y}_{11} = y_{10} = 404$$

[표 13.7]과 같이 가장 최근 실현치를 다음 기간의 예측값으로 사용하는 이 방법을 단순 예측법(naïve forecasting method)라고 한다. 이 방법은 사용이 매우 간단하다. 주요 단점은 다른 모든 과거데이터를 무시한다는 것이다. 결과적으로 이 방법을 사용한 예측은 통계 노이즈(statistical noise)에 크게 영향을 받는다. 프로세스에 대한 수요의 통계 노이즈는 순전히 무작위성의 결과로 나타나는 수요량, 가장 좋은 예측방법으로도 예측할 수 없는 수요량으로 정의한다.

이동평균법

데이터에서 통계 노이즈를 처리하는 가장 좋은 방법은 평균을 취하는 것이다. 어쩌면 지난주에만 수요가 유별나게 달랐을 수 있다. 그렇다면 지난 3주 아니 지난 6주 동안의 평균을 보면 어떨까? 최근 T기의 평균을 기반으로 한 예측기법을 이동평균법(moving average forecast)이라고 한다. 여기서 T기의 시간을 예측 창(forecast window)이라 한다. 이동평균법은 예측 창의 모든 관측 값에 동일한 가중치를 할당한다. 또한 이동평균법은 예측 창 외부의 모든 관측 값에는 0의 가중치를 할당한다.

11기에 대한 4기 이동평균법을 고려하자. 11기에서 수요의 최근 실현치 4개는 404(이번 주), 419(지난 주), 399(2 주 전), 383 (3주 전)이다. 따라서 다음을 얻는다.

표 13.8 이동평균법

주차	환자 수	1주 전	2주 전	3주 전	다음 주 예측환자 수
1	333				
2	392	333			
3	417	392	333		
4	379	417	392	333	380.25
5	396	379	417	392	396
6	393	396	379	417	396.25
7	383	393	396	379	387.75
8	399	383	393	396	392.75
9	419	399	383	393	398.5
10	404	419	399	383	401.25

$$\begin{aligned}\hat{y}_{t+1} &= \text{Average}(y_t,\ y_{t-1},\ y_{t-2}\ ,\ y_{t-3}\ ) \\ &= \text{Average}(\ 404,\ 419,\ 399,\ 383\ ) \\ &= 401.25\end{aligned}$$

[표 13.8]에 나와 있는 계산을 살펴보자. 이 표는 5기부터 다음 주 환자 수의 예측값을 보여준다. 매주마다 현재수요와 지난 3주 동안의 수요를 조사하여 4주의 예측 창을 만든다. 이 예측을 4기 이동평균이라고 부르는 이유이다. 4주의 예측 창은 1주씩 앞으로 이동한다. 최신 수요데이터가 입력되고 가장 오래된 수요데이터는 빠진다. 4기 이동평균 계산과 같이 기간을 2주, 3주, 5주, 6주 등으로 하여 이동평균을 계산할 수 있다. 1기 이동평균법은 단순 예측법에 해당한다. 왜냐하면 최근 1주 수요의 평균을 취하기 때문이다.

이동평균을 취함으로써 통계 노이즈의 영향을 줄인다. 이동평균을 계산하는 윈도우가 클수록 노이즈 감소효과는 강해진다. 그런데 이동평균법을 사용할 때 왜 예측 창의 크기를 크게 하지 않는지에 대한 의문을 제기한다. 30주 이동평균도 사용할 수 있는가? 이 질문에 대한 대답은 간단한다. 가능하다. 하지만 그러기를 바라는가?

이동평균법에서는 예측 창의 각 데이터에 동일한 가중치가 할당된다는 것을 상기하자. 그러면 결론은 간단하다. 다음 주의 수요에 대하여 지난 주 수요만큼이나 30주 전의 수요가 많은 정보를 가지고 있겠는가? 이 질문에 대한 답이 '예'라면 실제로 30주 이동평균을 사용해야 한다. 그러나 더 오래 전에 발생된 수요일수록 다음 주 예측값에 미치는 영향은 적어질 가능성이 높다. 이것이 바로 다음 예측방법을 직관적으로 사용하는 이유이다.

지수평활법

이동평균법은 암묵적으로 예측 창의 각 기간에 대해 동일한 가중치를 할당한다. 반대로, 창에 포함되지 않은 모든 기간은 완전히 무시한다. 예를 들어, 4주 이동평균을 취했을 때 현재(기간 t), $t-1$기, $t-2$기, $t-3$기는 예측에 미치는 영향이 똑같다. 대조적으로, $t-3$기 이전의 모든 기간은 전혀 영향을 미치지 않는다. 다르게 말하면, 과거 수요의 실현치는 예측 창에 포함되느냐의 여부에 따라 미래 예측에 영향을 줄 수도, 그렇지 않을 수도 있다는 말이다.

지수평활(exponential smoothing)의 개념은 최근 데이터에 더 많은 가중치를 부여하고 과거 데이터일수록 더 적은 가중치를 부여하자는 것이다. 우리는 단순히 해당기간의 현재수요와 예측수요를 사용하여 가중평균을 취한다.

이 방법은 다음과 같이 예측값을 계산한다.

$$\text{다음 기의 예측수요} = [\alpha \times \text{해당기간의 실제수요}] + [(1-\alpha) \times \text{마지막 예측수요}]$$

또는, $\hat{y}_{t+1} = (\alpha \times y_t) + (1-\alpha) \times \hat{y}_t$이다. 마지막 예측수요는 현재 해당기간의 예측수요이다.

여기서 α는 평활상수(smoothing parameter)라고 하며, 0과 1사이의 숫자이다. α가 0.1과 같이 작은 수라면 현재수요에는 가중치를 거의 적용하지 않으며 따라서 과거 데이터에 가중치가 많이 부여된다. 반대로, α가 0.9와 같이 크면, 현재수요에 많은 가중치를 부여하고 따라서 과거수요에 대해서는 작은 가중치만 부여된다. $\alpha=1$의 극단적인 경우에는 단순예측법이 된다.

11주차의 독감환자 수를 예측해 보자. 평활상수 $\alpha=0.1$, 10주차 예측이 370이라고 하자. 11주차에 대한 예측값은 다음과 같이 계산할 수 있다.

$$\hat{y}_{11} = (\alpha \times y_{10}) + (1-\alpha) \times \hat{y}_{10}$$
$$\hat{y}_{11} = (0.1 \times 404) + [(1-0.1) \times 370]$$
$$= 373.4$$

이 예측값은 단순 예측법과 4기 이동평균법으로 계산한 것보다 훨씬 작다. 그 이유는 단순하다. $\alpha=0.1$이면 과거 데이터에 많은 가중치를 두기 때문이다. [그림 13.3]에서 볼 수 있듯이 첫 주에 실제수요는 333명에 불과하다. $\alpha=0.1$과 같이 평활상수가 작을 때는 이러한 단일 기간의 데이터가 매우 큰 영향을 미친다. [표 13.9]의 왼쪽은 $\alpha=0.1$에 대한 지수평활법의 적용을 보여준다. [표 13.9]의 오른쪽은 평활상수 $\alpha=0.4$에 대해 동일한 계산을 보여준다.

이 경우, 10주차의 예측수요가 402.55이고 10주차의 실제수요가 404이다. 따라서 11주차 수요의 예측값은 다음과 같이 계산된다.

표 13.9 $\alpha=0.1$(왼쪽)과 $\alpha=0.4$(오른쪽)를 이용한 지수평활법

$\alpha=0.1$				$\alpha=0.4$			
주차	환자 수	현재 기간의 예측값	다음 기간의 예측값	주차	환자 수	현재 기간의 예측값	다음 기간의 예측값
1	333	333	333	1	333	333	333
2	392	333	338.9	2	392	333	356.6
3	417	338.9	346.71	3	417	356.6	380.76
4	379	346.71	349.939	4	379	380.76	380.056
5	396	349.939	354.545	5	396	380.056	386.434
6	393	354.545	358.391	6	393	386.434	389.060
7	383	358.391	360.852	7	383	389.060	386.636
8	399	360.852	364.666	8	399	386.636	391.582
9	419	364.666	370.100	9	419	391.582	402.549
10	404	370.100	373.490	10	404	402.549	403.129

$$\hat{y}_{11}=(\alpha\times y_{10})+(1-\alpha)\times\hat{y}_{10}$$
$$\hat{y}_{11}=(0.4\times 404)+[(1-0.4)\times 402.549]$$
$$=403.129$$

최적의 평활상수를 찾는 일반적인 이론은 없지만 α를 선택할 때 다음의 관찰을 고려하는 것이 좋다:

- 과거 데이터에 맞추어보기: 이전 절에서 예측의 품질을 평가하는 방법을 살펴보았다. 가능한 α의 값을 생각한다. 그 다음 과거 데이터를 사용하여 α의 값을 바꾸어가며 평균제곱오차 또는 평균절대오차를 비교할 수 있다.
- 새로운 정보의 중요성: 평활상수가 클수록 최신 데이터에 훨씬 큰 가중치가 적용된다. 빠르게 변화하는 상황에서는 $0.2<\alpha<0.4$의 범위에 해당하는 더 큰 α 값을 사용한 예측이 잘 맞다. 보다 보수적으로 과거 데이터에 더 큰 가중치를 할당하려면 $0.05<\alpha<0.2$와 같이 더 작은 α 값을 선택해야 한다.

[그림 13.4]는 두 가지 다른 평활상수를 사용할 때의 효과를 보여준다. 더 작은 α 값($\alpha=0.1$)에서 더 부드러운(평평한) 것을 확인할 수 있다. 즉, $\alpha=0.4$처럼 주가 바뀔 때마다 많이 변하지 않는다.

실제 적용에서 할 수 있는 또 다른 질문은 지수평활법을 시작하는 방법이다. 결국, 이 방법은 마지막 기간에 지수적으로 평활화한 예측값을 얻는 것을 가정한다. 첫 번째 (초

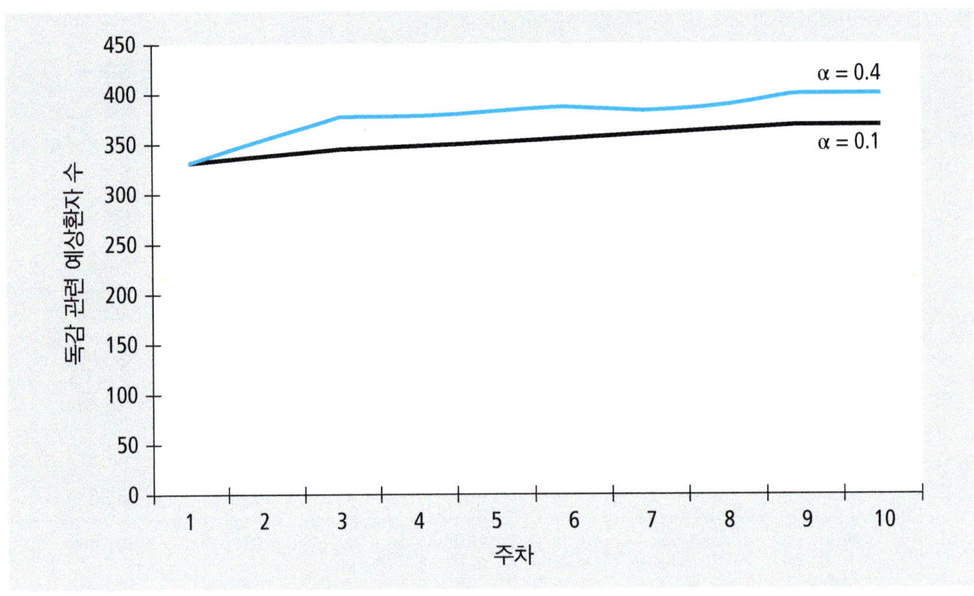

그림 13.4 서로 다른 평활상수 α를 사용한 두 지수평활법의 비교

기 예측) 결과를 구할 때는 단순 예측법을 사용하는 것이 좋다. 즉, 사용가능한 마지막 수요 데이터를 사용하라. 초기기간이 오래 지난 것일수록 초기 예측의 중요성이 낮아진다. 특히 α 값이 크면 시간이 지남에 따라 과거 데이터는 점점 더 작아진다.

[정리 13.1]은 앞에서 설명한 지수평활법을 요약한 것이다.

예측방법의 비교

지금까지 시계열 분석을 기반으로 단순 예측법, 이동평균법, 지수평활법의 세 가지 예측방법들을 소개했다. 좀 더 복잡한 방법으로 넘어가기 전에 잠시 다음과 같은 접근방식의 장단점을 살펴보자:

정리 13.1 지수평활법 요약

단계 1 $t=1$(또는 첫 번째로 사용할 기간)을 정하라.

단계 2 첫 번째 기간의 예측값 $\hat{y}_t$을 구하라; 이를 위해 단순 예측법을 사용하라.

단계 3 다음 기간의 예측값 $\hat{y}_{t+1}=(\alpha \times y_t)+(1-\alpha)\times\hat{y}_t$을 계산하라.

단계 4 t를 $t+1$로 증가시켜라.

단계 5 현재 기간에 도달할 때까지 단계 3으로 돌아가라.

- 단순 예측법은 노이즈에 매우 취약하다. 어느 기간의 수요가 예외적으로 높거나 낮으면 이로 인해 다음 기간 예측이 매우 부정확해진다. 이 방법을 실제로 사용하는 경우는 매우 드물다.
- 이동평균법은 통계 노이즈를 평균화하여 처리한다. 평균이 취해지는 예측 창의 길이를 선택해야 한다. 새로운 예측값을 계산할 때 예측 창의 모든 기간에 동일한 가중치가 적용된다.
- 지수평활법은 최근 수요 데이터에 더 많은 가중치를 부여한다. 이를 통해 수요 변화에 보다 신속하게 대응할 수 있다. 새로운 예측값 계산에 필요한 모든 데이터는 최신 실제 수요와 마지막 예측값이다. 그러나 스프레드시트를 사용하는 상황에서는 이러한 계산의 단순성이 큰 장점으로 여겨져서는 안 된다고 주장한다.
- 세 가지 방법 모두 데이터 기반의 예측방법들이다. 단순해 보일지는 모르나 데이터 수집에 대한 관리 원칙을 세우는데 도움을 주고 과거 예측오차에 대한 통계분석도 지원한다.

세 가지 방법 모두 데이터의 체계적인 변화를 감지해내지는 못한다. 장기 추세(예: 시간이 지남에 따라 증가하는 수요율) 또는 계절변동(6월보다 1월에 독감으로 고생하는 환자가 많음)과 같은 패턴은 이러한 방법으로 포착되지 않는다. 다음의 두 절에서 살펴볼 보다 고급기법들이 필요하다.

13.4 시계열 분석-추세

앞에서 소개한 세 가지 예측방법 (단순 예측법, 이동평균법, 지수평활법)들은 만들어진 방식을 보면 후방을 바라보고 있다. 다음 기간의 수요를 과거수요가 실현된 후에 이 값들 사이에서 "타협점"을 찾는 방법으로 예측한다. 결과적으로 세 가지 방법 중 어느 것도 이전에 실현된 수요 값보다 더 크거나 작은 예측값을 만들지 못한다.

하지만 실제로 많은 수요율은 장기적인 추세를 갖는다. 이러한 경우에는 종종 다음 기간 수요가 과거 실제 수요 값들을 초과(또는 부족)할 것으로 예상한다. [그림 13.5]의 세 가지 예를 생각해 보자.

- 2006년 소셜 네트워크 사이트 Facebook의 사용자 수는 2백만 명에 불과했지만 2013년에는 사용자 수가 10억 명에 달했다.
- 2006년부터 2013년까지 중국의 자동차 수요는 매년 10% 이상 증가하여 해가 바뀔

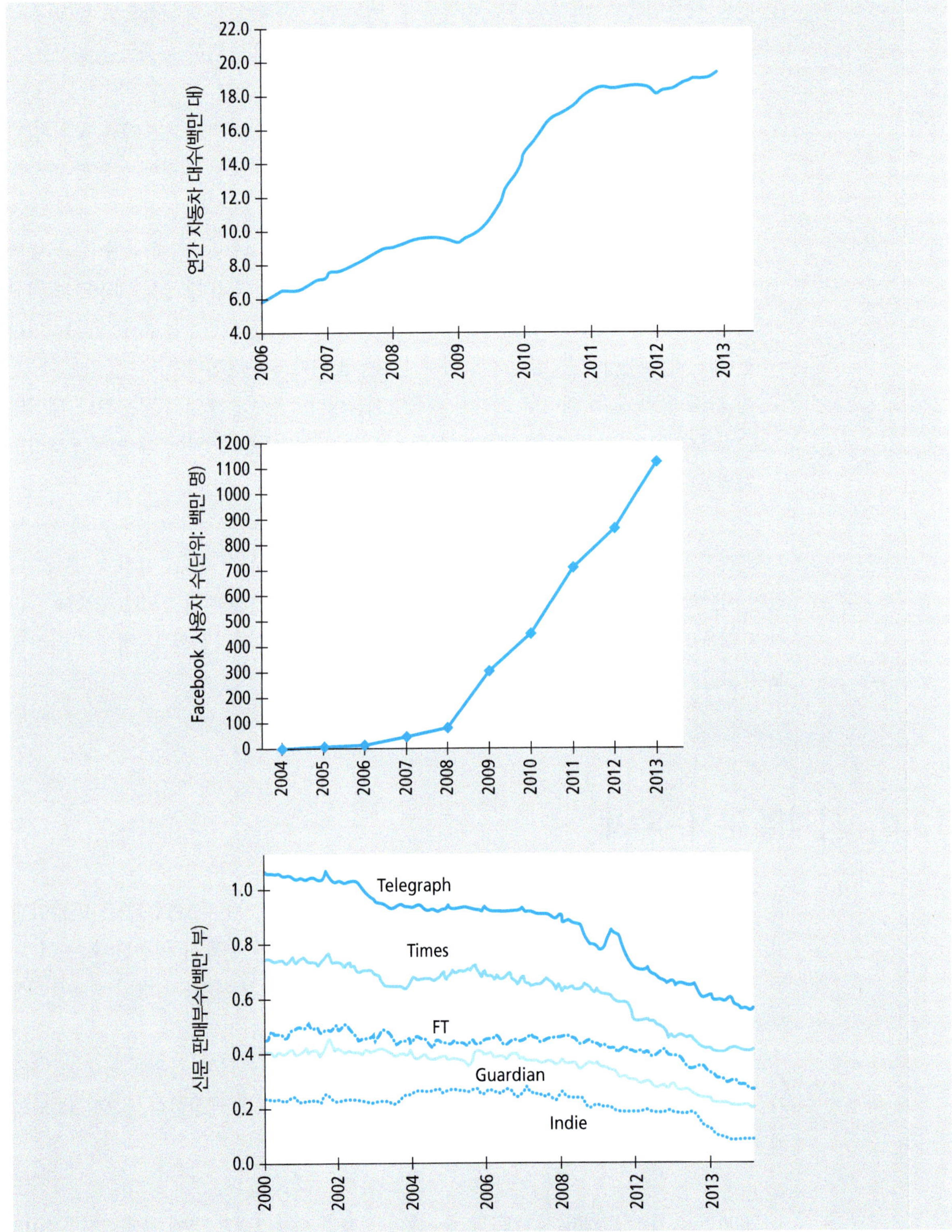

그림 13.5 장기 추세를 포함하는 수요 곡선의 예

출처: http://en.wikipedia.org/wiki/Facebook, http://www.shanghaijungle.com/news/China-Auto-Sales-Rise-9, http://blogs.spectator.co.uk/coffeehouse/2013/06/david-dinsmore-is-the-new-editor-of-the-sun

때마다 판매 기록을 경신했다.

- 추세는 증가하는 것만은 아니다. 영국 신문의 발행부수를 보면 해마다 그 수는 줄어들고 있다.

Facebook 사용자, 중국의 자동차 수요, 또는 신문—세 가지 사례 모두 공통적으로 장기적인 추세가 있는 것으로 보인다. 추세(trend)는 장기간에 걸쳐 일관적으로 나타나는 어떤 변수의 지속적인 증가 또는 감소로 정의한다. 2010년에 2011년 Facebook 사용자 수를 예측해야 한다면 지난 3년 동안 데이터의 평균을 구하는 것이 나은가? 아니면 앞으로 추세를 추정하는 것이 더 타당한가?

이제 앞에서 살펴보았던 예측방법을 장기 추세의 특징을 갖는 비즈니스 설정으로 확장하는 방법을 소개한다. 이 확장을 시작하면서 언급해야 할 두 가지가 있다:

- 추세는 기존 데이터에서 통계적으로 관찰된 패턴이다. 새로운 예측을 할 때 지난 몇 년간 추세가 존재했다는 사실을 고려해야 한다. 그러나 추세는 미래를 보장하지 않는다. 1990년대 후반 AOL(인터넷 서비스 및 콘텐츠 제공 업체)의 사용자 수는 2년 후에 Facebook에서 보았던 것과 유사한 패턴을 보여주었다. 그러나 2001년 들어 증가 추세는 감소 추세로 바뀌었고 가입자 수는 2천 5백만에서 1000만 미만으로 급감했다.
- 과거에 발생한 추세의 영향을 고려하면 시계열 기반 예측과 과거 데이터 외삽법이라는 프레임워크에 여전히 잘 들어맞는다. 그러나 단순 예측법, 이동평균법, 지수평활법과의 차이는 과거 실현치 하나하나를 보는 것이 아니라 과거 데이터가 나타내는 추세를 보는 것이다. 따라서 우리는 과거와 비슷한 실현치가 나오는 것이 아니라 내재된 기본패턴이 계속될 것이라고 가정한다. 추세 기반 예측은 종종 모멘텀 기반 예측(momentum-based forecasts)이라고 하며, 모멘텀(관성)을 가진 내재된 프로세스가 존재하여 앞으로도 계속될 것이라는 사실을 반영한다.

모멘텀 기반 예측을 하려면 수요율의 다른 변동으로부터 추세를 분리해야 한다. 이것이 가능하다고 가정하면, 추세를 포함하는 다음 기간의 수요 $\hat{y}_{t+1}$은 다음과 같이 예측할 수 있다:

$$\text{추세를 고려한 } t+1\text{기의 예측값} = (t+1)\text{기의 예측} + (t+1)\text{기의 추세 예측}$$

즉, 추세를 고려한 $t+1$기에 대한 수요를 예측하려면 $t+1$기에 대한 추세가 없는 수요를 예측한 다음 추세에 대한 예측을 더한다. 그럼 $t+1$기의 예측과 $t+1$기의 추세 예측은 어떻게 구할까? 이전에 소개한 예측방법(단순 예측법, 이동평균법, 지수평활법)으로 구한다. 지수평활법의 장점을 고려하여 추세가 없는 $t+1$기에 대한 수요를 예측하고, 추세 예측에도 사용한다.

동시에 두 개의 지수평활법을 수행하기 때문에 이 방법을 종종 이중 지수평활법(double exponential smoothing method)이라고 한다. 추세가 없는 예측을 먼저 고려하자. 모델이 이전 데이터에 얼마나 많은 가중치를 적용할 것인지를 결정하는 평활상수 α를 다시 가정해야 한다. 그리고 첫 번째 기간에 대한 초기예측도 필요하다. 평활상수 $\alpha=0.2$이고 첫 번째 기간의 예측은 360이라고 하자.

같은 방식으로 추세 예측에 대한 매개 변수를 결정해야 한다. β를 추세 평활상수로 하고 $\beta=0.4$라고 가정하자. 기간 t의 추세에 대한 예측을 T_t라고 하고, 첫 번째 주에 대한 추세 예측값은 $T_1=5$라고 하자. 이러한 가정에 대한 설명은 이 절의 마지막 부분에서 언급하기로 하고 지금은 이렇게 시작해 보자.

먼저 지수평활 방정식으로부터 시작한다:

$$\text{다음 기의 예측수요}=(\alpha\times\text{현재수요})+[(1-\alpha)\times\text{마지막 예측수요}]$$

추세가 존재한다는 것을 알고 있으므로 이 방정식을 약간 수정한다. (마지막 기간에 만들어진) 현재 기간에 대한 예측은 수요의 예측이었다. 그러나 추세를 가질 때는 수요에 대한 예측에 추세에 대한 예측을 더해야 한다. 따라서 다음과 같이 표현할 수 있다.

$$\text{다음 기의 예측수요}=\underbrace{(\alpha\times\text{현재수요})+[(1-\alpha)\times\text{마지막 예측수요}]}_{\text{평활화된 수요예측값}}+\underbrace{\text{추세에 대한 예측}}_{\text{추가된 추세의 양}}$$

추세에 대한 최신 예측을 얻기 위해 지수평활법을 사용하여 추세를 예측한다.

$$\text{예측 추세}=(\beta\times\text{현재 추세})+[(1-\beta)\times\text{이전 예측 추세}]$$

추세의 현재 실현치는 기존 예측수요와 새로운 예측수요의 차이이다. 이것을 다시 쓰면 다음과 같다.

$$\text{예측 추세}=[\beta\times(\text{신규 예측수요}-\text{기존 예측수요})]+[(1-\beta)\times\text{이전 예측 추세}]$$

따라서 t기에 대한 새 데이터를 얻을 때 $t+1$기에 대한 새 예측값을 다음과 같이 구한다.

- 수요에 대한 예측을 지수 평활화한 후, 평활화한 수요와 추세에 대한 예측의 합으로 다음 수요를 예측한다.
- 추세 예측을 지수 평활화한 후 다음 기간에 대한 예측 추세를 업데이트한다.

표 13.10 2013년도 독감 시즌 초기의 독감환자 수

주차	환자 수
1	377
2	402
3	409
4	413
5	428
6	409
7	446
8	458
9	462

이것이 바로 이 방법을 이중 지수평활법이라고 부르는 이유이다.

공식화하기 위해 다음을 정의하자:

- y_t: t기의 실제 수요
- $\hat{y}_{t+1}$: 평활상수 α를 사용한 지수평활법을 통해 얻은 $t+1$기의 예측 수요
- $\hat{T}_t$: 추세 평활상수 β를 사용한 지수평활법을 통해 얻은 $t+1$기의 예측 추세

이 기호를 사용하여 수요의 예측값을 다음과 같이 쓸 수 있다.

$$\hat{y}_{t+1} = (\alpha \times y_t) + [(1-\alpha) \times \hat{y}_t] + \hat{T}_t$$

그리고 지수평활 추세는

$$\hat{T}_{t+1} = [\beta \times (\hat{y}_{t+1} - \hat{y}_t)] + (1-\beta)\,\hat{T}_t$$

여기서 $(\hat{y}_{t+1} - \hat{y}_t)$는 가장 최근의 추세 추정치로 생각할 수 있다.

[표 13.10]의 독감 데이터를 사용하여 이 방법을 설명한다. 지금은 1주차이고 2주차의 환자 수를 예측하고 싶다. 평활상수 $\alpha=0.2$, 1기에 대한 예측값 360, 추세 평활상수 $\beta=0.4$, 초기 추세 예측값 $\hat{T}=5$라 하자.

이 정보로부터 평활화된 예측 수요를 계산할 수 있다:

$$\begin{aligned}\hat{y}_{t+1} &= (\alpha \times y_t) + [(1-\alpha) \times \hat{y}_t] + \hat{T}_t \\ &= (0.2 \times 377) + [(1-0.2) \times 360] + 5 \\ &= 368.4\end{aligned}$$

표 13.11 이중 지수평활법을 사용한 추세 예측

주차	환자 수	다음 기의 예측값(α=0.2)	추세 예측값(α=0.4)
		360.000	5.000
1	377	368.400	6.360
2	402	381.480	9.048
3	409	396.032	11.250
4	413	410.675	12.607
5	428	426.747	13.993
6	409	437.191	12.573
7	446	451.526	13.278
8	458	466.099	13.796
9	462	479.075	13.468

그리고 지수 평활화한 추세는 다음과 같다.

$$\begin{aligned}\hat{T}_{t+1} &= [\beta \times (\hat{y}_{t+1} - \hat{y}_t)] + (1-\beta) \times \hat{T}_t \\ &= [0.4 \times (368.4 - 360)] + [(1-0.4) \times 5] \\ &= 6.36\end{aligned}$$

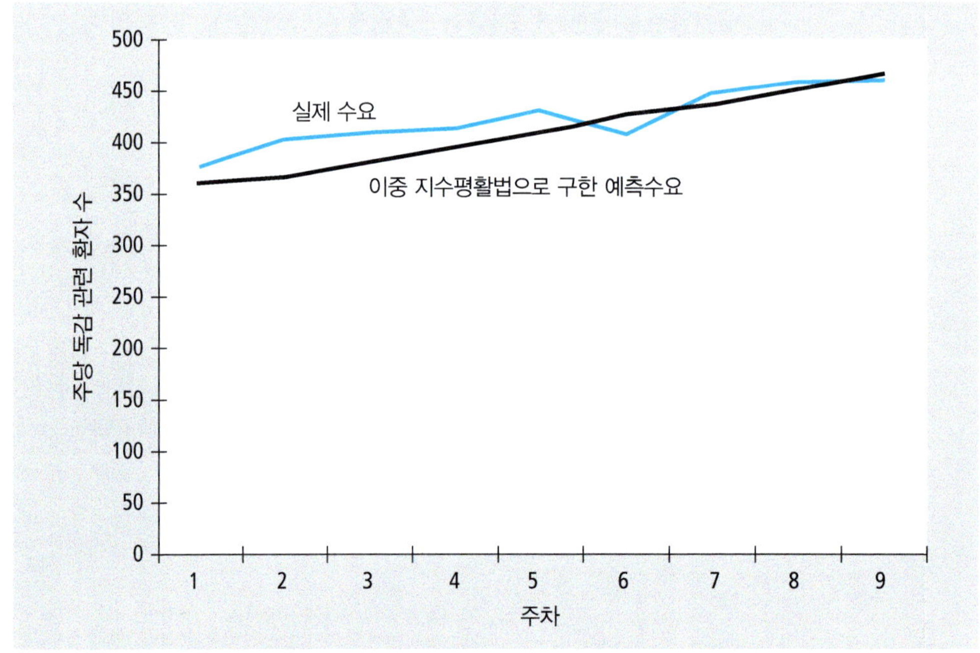

그림 13.6 이중 지수평활법을 사용한 추세 예측

정리 13.2  추세를 반영한 예측 방법의 요약: 이중 지수평활법

단계 1 $t=1$(또는 첫 번째로 사용할 기간)을 정하라.

단계 2 첫 번째 기간의 예측값 $\hat{y}_t$와 첫 번째 추세에 대한 예측값 $\hat{T}_t$를 구하라; 이를 위해 단순 예측법을 사용하라.

단계 3 다음 기간에 대하여 평활화한 예측값을 계산하라.

$$\hat{y}_{t+1}=(\alpha\times y_t)+[(1-\alpha)\times\hat{y}_t]+\hat{T}_t$$

단계 4 평활화환 추세 예측값을 계산하라.

$$\hat{T}_{t+1}=[\beta\times(\hat{y}_{t+1}-\hat{y}_t)]+(1-\beta)\times\hat{T}_t$$

단계 5 t를 $t+1$로 증가시켜라.

단계 6 현재 기간에 도달할 때까지 단계 3으로 돌아가라.

[표 13.11]은 다음 기간에 대한 모든 계산을 보여준다.

[그림 13.6]은 실제 수요를 예측수요와 비교한다. 실제 수요와 달리 예측수요는 많은 기복(ups and downs)을 보여주지 않고 시간이 지남에 따라 꾸준히 증가하고 있다. 이것은 평활법을 적용했기 때문이다. 첫 번째 평활법은 기복을 줄인다. 두 번째 평활법을 사용하면 추세가 비교적 안정적으로 유지되므로 한 주기에서 다음 주기로 거의 일정한 증가가 발생한다.

[정리 13.2]는 예측에서 추세를 다루는 방법을 요약한 것이다.

이중 지수평활법에 대하여 다음과 같은 몇 가지 의견이 있다:

- 이중 지수평활법은 가법(additive method)이다. 모든 기간마다 예측된 (평활화된) 추세를 예측수요에 추가한다. 그러나 종종 추세는 가법이 아닌 승법(multiplicative method) 모형으로 나타난다. Facebook은 매년 백만 명의 사용자가 증가하지 않았다. 대신 매년 사용자가 기하급수적으로 증가했다. 이렇게 성장이 빠른 경우, 이중 지수평활법은 다음 기간의 수요를 과소평가할 것이다. 지수적인 증가로 수요 데이터를 처리하는 한 가지 방법은 수요 y_t를 예측하는 것이 아니라 수요의 로그값인 $\log(y_t)$를 예측하는 것이다. 수요가 기하급수적으로 증가하면 수요의 로그함수는 선형적으로 증가한다.
- 단순 지수평활법과 마찬가지로 평활상수의 값을 선택해야 한다. 유일한 차이점은 선택해야 하는 평활상수 값이 두 개라는 것이다. 평활상수는 0과 1 사이의 숫자이어야 한다. 값이 클수록 최근 관측치에 더 많은 가중치가 부여된다. 과거 데이터를 다시 한번 살펴보고 데이터에 가장 적합한 α와 β 값을 확인하는 것이 좋은 출발점이다.
- 앞서 언급한 회귀분석을 포함하여 추세를 추정하는 수학적으로 더욱 정교한 다른 방

법이 있다. 그러나, 우리는 이러한 정교함이 종종 투명성을 감소시킨다는 것을 발견했다. 고급수학을 더 많이 사용할수록 예측기법이 "속에서" 어떻게 진행되고 있는지 알아차리기 어려워진다. 저자들의 관점에서 보았을 때, 이중 지수평활법은 투명성과 사용 용이성이라는 한 측면과 수학적 정교함이라는 또 다른 측면 사이의 좋은 절충안이다.

- 데이터에 장기적인 추세가 있고 이 추세를 따라 약간의 변동만 있다면 이중 지수평활법의 큰 단점은 없다. 실제로 이 방법은 추세가 없는 경우에도 완벽하게 적용할 수 있다. 그러나 일부 계절성 패턴이 존재하는 한, 특히 작은 β 값을 선택하면 이 방법이 제대로 작동하지 않는다. 이 경우 매우 큰 β 값을 선택하거나 다음 절에서 설명할 방법을 사용하는 것이 훨씬 좋다.

13.5 시계열 분석 – 계절성

추세는 과거 수요 데이터에서 관찰할 수 있는 패턴 중 하나이다. 이전 절에서의 논리는 "과거에 증가하면 앞으로도 증가할 것"이라는 것으로 요약할 수 있다. 수요 데이터에서 일반적으로 관찰되는 또 다른 패턴은 계절성과 관련이 있다. 우리는 계절성(seasonality)을 시간이 지남에 따라 반복적인 변동을 구성하는 뚜렷한 수요의 변화로 정의한다. 이 변동은 계절의 시간별, 일별, 주별, 월별 또는 연간 반복을 포함하여 모든 빈도로 발생할 수 있다. 계절성은 앞에서 소개한 통계적 노이즈의 개념과 대조적이다. 중요한 차이점은 계절성이 있는 경우 이전 데이터에서 패턴의 반복성이 이 패턴이 미래에도 계속될 것이라고 확신할 수 있다는 것이다. 그러나 통계 노이즈의 경우에는 데이터를 외삽법으로 추정하지 않을 것이다.

[그림 13.7]은 물 소비량의 계절성을 보여준다. 예로 들기에는 조금 이상하지만, 계절성을 기억하기에는 좋은 예라고 생각한다. 점선은 캐나다 Edmonton시의 2010년 2월 28일 물 소비량(급수량)을 보여준다. 2010년 2월 28일은 올림픽 아이스하키 팀 결승전이 있었기 때문에 캐나다인에게는 특별한 날이었다. 캐나다 사람들 중 절반이 TV 앞에 앉아 있었는데 피리어드 사이의 휴식시간을 제외하고는 생방송으로 경기를 시청했다(참고로 아이스하키는 심판이 퍽을 떨어뜨리는 페이스오프로 시작하여 1 피리어드 20분씩 60분 경기를 하고 각 피리어드 사이에는 15분씩 휴식시간이 주어진다). 우리는 캐나다 사람들이 무엇을 마시고 있고 휴식시간 동안 그들이 정확히 무엇을 했는지 추측할 수밖에 없지만, 확실한 것은 많은 양의 물이 필요했다는 것이다(그들이 피리어드 사이의 15분 휴식시간 동안 샤워를 하지는 않았을 것으로 본다).

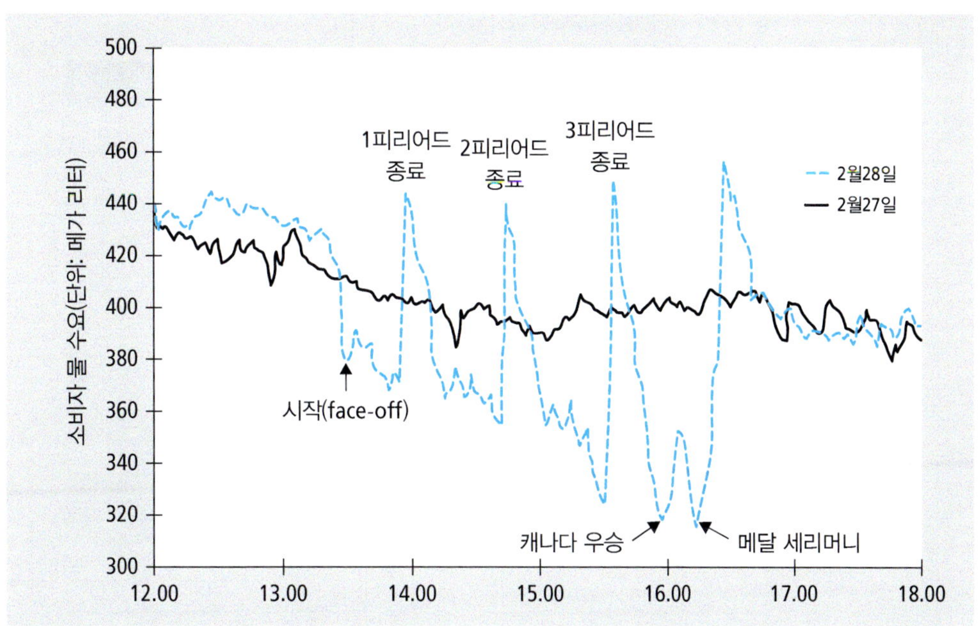

그림 13.7 올림픽 아이스하키 결승전 동안의 캐나다 Edmonton의 물 소비량
출처:http://www.smartplanet.com/blog/smart-takes/infographic-water-consumption-in-edmonton-canada-during-olympic-gold-medal-hockey-game/

[그림 13.7]의 패턴은 계절성의 한 예이다. 물 소비의 급증은 무작위의 결과가 아니라 물 수요의 반복적인 변동을 야기하는 중대한 수요 변화를 반영한다.

계절성은 하키경기 중의 화장실 사용에만 국한되는 것이 아니다. 다음 예제의 설명과 같이 실제 기업운영에서 자주 나타나는 일반적인 패턴이다.

- **아마존:** 아마존은 매년 11월과 12월에 수요가 급격히 증가하고 있다. 사람들이 휴일 선물을 주문하기 때문인데, 이러한 수요의 증가는 종종 2배 또는 3배의 (생산)용량을 필요로 한다. 따라서 미리 예측하는 것이 중요하다. 그리고 이러한 수요증가는 변동성으로 인한 것이 아니라 계절성에 의한 것이므로 회사가 이에 대한 계획을 세우지 못할 이유는 없다.
- **독감 데이터:** 이 장의 시작 부분([그림 13.1] 참조)에서 보았듯이 독감과 관련된 의료 서비스 및 의약품에 대한 수요는 전적으로 무작위성의 결과가 아니다. 독감 시즌마다 심각도와 정확한 시작 날짜는 다를 수 있지만 강한 계절 패턴이 관측될 수 있다.
- **러시아워 교통:** 러시아워에 학교나 회사에 출·퇴근하는 경우 그 효과를 알 수 있을 것이다. 톨게이트 창구와 도로사용에 대한 수요는 오전 7~9시, 오후 4~6시에 훨씬 많다. 정확한 계절적인 패턴은 도시마다 다르겠지만 (제조 노동자들이 많은 도시는

표 13.12 응급실 방문환자의 수

주차	요일	응급실 방문환자 수
1	월요일	265
	화요일	260
	수요일	255
	목요일	261
	금요일	264
	토요일	220
	일요일	255
2	월요일	290
	화요일	250
	수요일	222
	목요일	230
	금요일	282
	토요일	211
	일요일	215
3	월요일	280
	화요일	261
	수요일	230
	목요일	240
	금요일	271
	토요일	223
	일요일	228

일찍 출근을 하는 경향이 있는 반면 은행원이 많은 도시는 늦게 출근하는 경향이 있다) 확실히 예측가능하다.

이제 계절성을 처리할 수 있는 예측방법을 소개한다. 우리는 지난 3주 동안의 도착 데이터를 보여 주는 [표 13.12]의 응급실의 데이터를 다시 사용할 것이다. [그림 13.8]은 일주일 7일에 걸친 도착고객 수의 요일별 분포이다(따라서 [그림 13.8]의 각 요일은 [표 13.12]의 데이터 세 개에 해당한다).

계절성을 통합한 예측방법의 첫 단계는 계절 패턴을 결정하는 것이다. 하루, 일주일, 1년, 또 다른 반복적인 변동 중 어떤 계절에 직면해 있는가? 목적상 과거 데이터를 간단히 "살펴보고" 당면한 운영에 대하여 몇 가지 기본지식을 적용하는 것으로 충분하다. 환

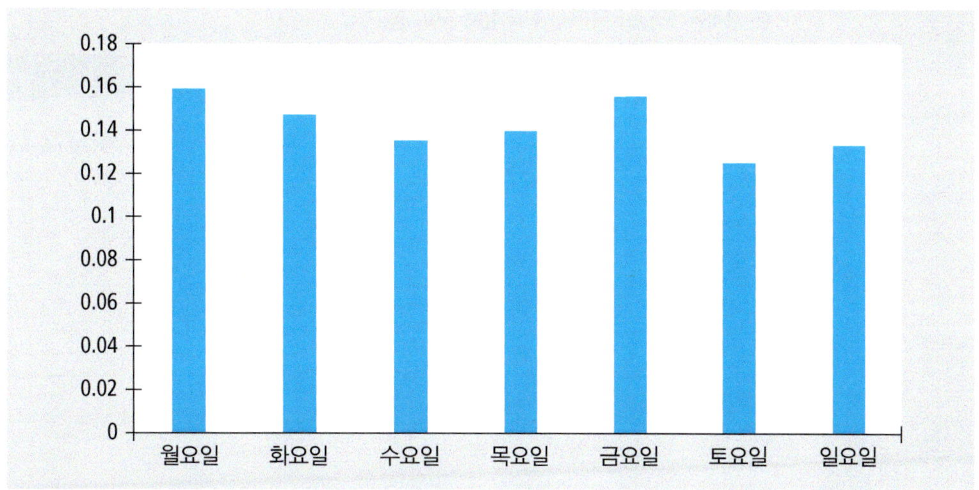

그림 13.8 요일별 계절성

자는 월요일에 응급실에 갈 가능성이 높고 주말에는 더 낮은 경향이 있다([그림 13.8] 참조). 이러한 패턴을 확인하기 위해 보다 공식적인 통계적 검정방법을 사용할 수 있다. 따라서 요일 수준에서 계절성을 결정한다.

두 번째 단계에서는 계절성의 영향을 정량화한다. 계절성 패턴이 7일(주기)마다 반복되는 주간 계절성으로 이를 설명할 것이다. 다음 방법은 하루 24시간, 연 12개월 또는 다른 계절에 대해서도 쉽게 확장할 수 있다.

먼저 관찰기간 동안의 평균수요를 다음과 같이 계산한다.

$$\text{전체 평균수요} = \text{Average}(y_t,\ t=1\ldots\ N)$$

월요일에 대한 평균수요를 다음과 같이 계산한다.

$$\text{월요일 평균수요} = \text{Average}(y_t,\ t=1\ldots\ N,\ t=\text{월요일})$$

같은 방법으로 화요일, 수요일 및 다른 요일에 대한 평균수요를 정의할 수 있다. 물론 계절성이 주 단위가 아니라 월 단위이면 연중 12개월에 대하여 이 작업을 수행한다. 또는 하루 24시간, 연중 4분기에 대하여도 똑같이 계산할 수 있다. 이는 전적으로 기간이 어떤 계절성을 갖는지에 대한 문제이다. 모든 기간에 대한 평균수요와 각 요일의 평균수요를 구하고 나면, 요일별 계절지수(SI: seasonality index)를 계산할 수 있다.

$$\text{월요일의 계절지수} = SI_{\text{Monday}} = \frac{\text{월요일 평균수요}}{\text{전체 평균수요}}$$

[표 13.13]은 응급실 예제에 대하여 계절지수의 계산을 보여준다. 월요일의 계절지수

표 13.13 요일별 응급실 방문환자 수의 평균 값

	해당하는 요일의 평균	계절지수
월요일	278.33	1.12
화요일	257.00	1.04
수요일	235.67	0.95
목요일	243.67	0.98
금요일	272.33	1.10
토요일	218.00	0.88
일요일	232.67	0.94

를 보면 1보다 큰데 이는 월요일에 더 많은 환자들이 응급실에 온다는 것을 반영한다. 계절지수가 1.12라는 것은 월요일 수요가 평균수요보다 12% 더 많은 것으로 해석할 수 있다. 마찬가지로 토요일의 계절지수(0.88)는 토요일이 다른 요일보다 수요가 약 12% 적음을 나타낸다.

계절지수를 모두 구하였으므로 이제 [표 13.3]의 원래 데이터로 돌아가 보자. 과거 실제수요에서 계절성을 제거한다(deseasonalize, 사전에는 없는 단어임). 계절성을 제거한다는 것은 과거 데이터의 계절효과를 없애는 것을 의미한다. 2주차 월요일에 290명의 환자를 관찰했다면, 이 날이 월요일이라 매우 바빴는지 아니면 유독 그날만 운이 나빠서 바빴는지 구분해야 한다. 계절성을 제거한 t기의 수요는 다음과 같이 정의한다.

$$\text{계절성을 제거한 } t\text{기의 수요} = \frac{\text{월요일 평균수요}}{\text{전체 평균수요}}$$

앞의 예제에서는 다음을 얻는다.

$$\text{계절성을 제거한 } t\text{기의 수요} = \frac{290}{1.12} = 258.64$$

이 계산은 [표 13.14]에 나와 있다. 1주차 일요일(255명)과 2주차 월요일(290명)을 비교하여 데이터에서 계절성을 제거하는 효과가 어떤 것인지 주목하라. 수요 데이터만 따로 살펴보면 290명의 환자가 훨씬 더 높은 수요라고 생각할 수 있다. 그러나 일요일엔 6% 덜 바쁜 경향이 있고($SI_{Sunday}=0.94$) 월요일엔 12% 더 바쁜 경향이 있다는 효과($SI_{Monday}=1.12$)를 조정하고 나면, 실제로 응급실 입장에서는 1주차 일요일이 더 당황스러운 날이었을 것이라 짐작할 수 있다.

기존 수요 데이터에서 계절성을 제거하고 나면, 이전과 같은 방식으로 예측을 진행할 수 있다. 각 기간에는 여전히 약간의 노이즈가 포함되어 있다(1주차 일요일과 2주차 월

표 13.14 계절효과를 조정한 요일별 응급실 방문환자 수

주차	요일	방문환자 수	계절지수(SI)	계절성을 제거한 방문자 수(방문환자 수/SI)
1	월요일	265	1.12	236.35
	화요일	260	1.04	251.14
	수요일	255	0.95	268.60
	목요일	261	0.98	265.90
	금요일	264	1.10	240.64
	토요일	220	0.88	250.52
	일요일	255	0.94	272.07
2	월요일	290	1.12	258.64
	화요일	250	1.04	241.48
	수요일	222	0.95	233.84
	목요일	230	0.98	234.32
	금요일	282	1.10	257.05
	토요일	211	0.88	240.27
	일요일	215	0.94	229.39
3	월요일	280	1.12	249.72
	화요일	261	1.04	252.10
	수요일	230	0.95	242.27
	목요일	240	0.98	244.50
	금요일	271	1.10	247.02
	토요일	223	0.88	253.93
	일요일	228	0.94	243.26

요일의 수요에 대한 토론을 참고하라). 그러나 계절성의 영향이 제거되었으므로 남은 모든 변동은 통계적인 노이즈의 결과이다. 어떤 날에는 환자가 더 많고 다른 날에는 더 적다. 이동평균법 또는 지수평활법을 사용하여 통계적인 노이즈를 처리하는 방법을 알고 있으므로 이를 적용해 보자.

[표 13.15]에서는 평활상수 $\alpha=0.25$와 첫 번째 월요일에 대한 초기 예측값 240을 사용하여 평활화 과정을 보여준다. 이전 절에서 다룬 것처럼 매일 최신 수요와 기존 예측값을 결합하여 평활화된 예측값을 구한다. 최종적으로 246.45명의 환자를 예측값으로 얻었다.

이 246.45명의 환자를 어떻게 해석해야 할까? 계절성이 제거되고 평활화된 데이터를 보고 있음을 상기하자. 따라서 다음 주의 환자 수는 평균적으로 246.45명으로 예상된다.

표 13.15 계절성을 조정한 후 평활화한 응급실 방문 환자 수

주차	요일	방문환자 수	계절지수(SI)	계절성 제거(방문환자 수/SI)	평활화한 예측치 (α=0.25, 1주차 월요일 예측치 240)
1	월요일	265	1.12	236.35	239.09
	화요일	260	1.04	251.14	242.10
	수요일	255	0.95	268.60	248.72
	목요일	261	0.98	265.90	253.02
	금요일	264	1.10	240.64	249.92
	토요일	220	0.88	250.52	250.07
	일요일	255	0.94	272.07	255.57
2	월요일	290	1.12	258.64	256.34
	화요일	250	1.04	241.48	252.62
	수요일	222	0.95	233.84	247.93
	목요일	230	0.98	234.32	244.52
	금요일	282	1.10	257.05	247.66
	토요일	211	0.88	240.27	245.81
	일요일	215	0.94	229.39	241.70
3	월요일	280	1.12	249.72	243.71
	화요일	261	1.04	252.10	245.81
	수요일	230	0.95	242.27	244.92
	목요일	240	0.98	244.50	244.82
	금요일	271	1.10	247.02	245.37
	토요일	223	0.88	253.93	247.51
	일요일	228	0.94	243.26	246.45

그러나 우리가 예측해야 하는 것은 4주차 월요일이며 월요일 환자 수는 보통수준이 아님을 알고 있다. 따라서 계절성을 조정한 예측방법에서는 마지막 단계로 데이터의 계절성을 재조정해주어야 한다. 즉, 데이터에서 제거한 계절성의 영향을 다시 되돌려놓아야 한다. 이는 평활화하여 얻은 예측수요에 해당하는 계절지수를 곱해 주어 다음과 같이 간단히 계산할 수 있다:

$$\text{다음 주 월요일의 예측값} = \text{평활화된 예측 값} \times SI_{\text{Monday}}$$

[표 13.16]은 이에 대한 계산결과를 보여준다. 우리는 지금까지 과거데이터에서 관찰된 계절성 패턴을 적용하여 수요를 예측하는 것을 살펴보았다. 간단하면서도 세련되지 않은가!

표 13.16 계절성을 다시 고려한 응급실 방문환자 수의 예측값

주차	요일	기본예측값	계절지수(SI)	예측값(기본예측값×SI)
4	월요일	246.45	1.12	276.33
	화요일	246.45	1.04	255.15
	수요일	246.45	0.95	233.97
	목요일	246.45	0.98	241.91
	금요일	246.45	1.10	270.37
	토요일	246.45	0.88	216.43
	일요일	246.45	0.94	230.99

계절성을 갖는 자료의 예측에 대하여 몇 가지 견해들이 있는데 순서대로 다음과 같다.

- 이전에 소개한 방법에서 중요한 구성요소는 계절지수 SI의 추정이었다. 우리는 단순히 기존 데이터를 평균화하여 SI를 추정한다. 예를 들어, 매주 월요일 수요의 평균을 계산하여 SI_{Monday}를 계산한다. 이렇게 값을 평균화하는 대신 지수평활법을 적용할 수도 있다. 이 경우에는 이중 지수평활법에서 예측추세를 업데이트하는 방식으로 사용하였던 것처럼 계절 지수에 대한 평활상수를 적용해야 한다.
- 계절성의 효과는 곱셈 효과(multiplicative effect)로 가정하였다. 실제 수요를 해당하는 계절지수 SI로 나누어 계절성을 제거한 다음, 마지막에는 다시 계절지수를 곱하

정리 13.3  계절성 조정이 필요할 때의 예측 방법 요약

단계 1: 계절성 패턴을 결정한다.

단계 2: 모든 계절에 대하여 계절지수를 계산한다.

$$SI_{계절} = \frac{평균\ 계절수요}{평균\ 총수요}$$

단계 3 모든 기간 t에 대하여, 데이터에서 계절성을 제거한다.

$$계절성을\ 제거한\ t기의\ 수요 = \frac{t기의\ 수요}{SI(t)}$$

단계 4: 모든 기간 t에 대하여, 계절성이 제거된 수요에 지수평활법을 적용한다.

단계 5: 마지막 기간의 평활화한 값으로 평균 예측값을 계산한다.

단계 6: 계절성을 다시 입힌다: $s>t$인 s에 대한 예측 값=마지막 기간의 평활화한 예측값 × SI_s

여 계절성을 되돌려주었다. 앞 절에서는 추세를 처리할 때 새로운 수요를 추정한 다음 추세에 대한 조정 값을 추가하는 가법모형을 가정하였다. 추세 또는 계절성을 갖는 데이터에 대하여 가법모형(additive model)을 사용할지 승법모형(multiplicative model)을 사용할지의 여부는 과거 데이터에 대해 두 방법을 적용해 보는 것이 가장 좋은 답이 될 것이다.

- 이 모델에 추가할 수 있는 여러 가지 방법이 있을 수 있다. 그러나 우리는 이 모델이 회귀분석을 사용하지 않고도 얻을 수 있는 범위까지 예측 값을 얻을 수 있는 매우 우수한 방법이라고 생각한다. 보다 정교한 회귀모델을 사용하면 추세, 계절성 및 기타 설명변수의 효과를 하나의 단일 통합모델로 결합할 수 있다. 그러나 그것은 또 다른 이야기이다.

[정리 13.3]에 이 예측방법을 요약하였다.

13.6 전문가 패널 및 주관적 예측

앞에서 논의한 접근방법들은 두 가지 장점을 공유한다. 첫째, 수학적 알고리즘을 따르는 예측방법이 효율적이므로 자동화할 수 있다는 것이다. 이는 여러 지역에서 매일 또는 매 시간 예측해야 하는 운영환경에서 특히 중요하다. 둘째, 이러한 방법들은 감정이나 의견 등의 유연한 자료들을 위한 여지가 전혀 없는 엄격한 데이터를 기반으로 한다는 것이다.

그러나 분석적인 예측방법의 정교함과는 상관없이 모두 미래가 과거와 같을 것이라고 가정한다. 일부 패턴은 외삽되지만(extrapolated) 여기에도 인간의 지능이 끼어들 공간은 없다. 예측은 인간에 의해서가 아니라 방법에 의해서 이루어진다.

때로는 예측 방법에 사람이 개입하는 것을 허락하고 싶을 때가 있다. 그러한 경우, 우리는 주관적인 예측을 한다고 이야기한다. 한 사람 또는 여러 사람의 의견을 입력으로 취하여 출력으로 예측값을 표시하는 방법에는 여러 가지가 있다. 프로세스에 참여하는 사람과 개인의 의견을 종합하는 방법에 따라 세 가지 유형의 주관적 예측 방법을 구분하는 것은 도움이 된다.

- **예측 조합:** 예측에 참여한 사람들이 각자의 (마음속) 모델을 사용하여 예측한다. 아마도 각각의 예측은 때로 잘못되어 예측오차들을 만들어낼 것이다. 예측 조합의 아이디어는 예측오차가 부분적으로라도 평균화되도록 여러 예측값들의 평균을 사용하는

것이다. John은 낙관론자, Mary는 비관론자이지만 예측의 평균을 구하면 통계법칙의 적용이 시작되고 예측결과는 더 좋을 것이라는 희망이 있다. 이 주장을 뒷받침하는 몇 편의 연구가 있다. 예측을 결합하는 많은 방법이 제시되었지만 가장 간단한 방법은 각 예측 참여자가 개별적으로 수행한 예측의 평균을 구하는 것이다.

- **합의 구축을 통한 예측**: 여러 전문가의 예측을 수집한 후 평균을 구하는 대신에 각 전문가들에게 어떻게 그러한 결과에 도달했는지 방법을 설명해달라고 요청할 수 있다. 이 방법은 정보공유를 촉진할 수 있는 잠재력을 가지고 있다: John은 미국 시장에 대한 통찰력을 가지고 있는 반면에 Mary는 중국 시장이 성장하고 있다는 것을 알고 있을 수 있다. 예측 전에 Mary와 John이 해당 지식을 교환하도록 하는 것은 두 예측을 모두 더 좋게 만드는 훌륭한 아이디어이다. 이러한 모임에서 흔히 발생하는 문제는 집단사고(groupthink)라는 현상인데, 결과가 근본적으로 잘못되거나 바람직하지 않음에도 모든 전문가들이 동의할 수 있다는 것이다. 집단사고는 모든 전문가들이 동일한 정보를 사용하는 것의 결과로 나타날 수 있다(이 경우 예측오차의 평균을 내는 아이디어는 의미가 없다). 종종 집단사고는 직급이 더 높은 관리자와의 의견 불일치에 대한 두려움을 반영하기도 한다. 이 문제에 대응하기 위해 다음을 제안한다: (a) 참여자가 먼저 개별적이고 독립적으로 자신의 예측을 작성하도록 한다. 이 데이터는 토론의 시작점이다. 토론하는 동안에는 관련 참여자에게 요청하여 예측 논리에 대한 설명도 듣고 개별 예측의 최대값과 최소값에 특별한 주의를 기울여야 한다. (b) 모든 토론은 그룹에서 가장 하급 관리자로부터 시작하여야 한다. 고위 경영진은 자신의 의견을 표명할 가능성이 높다. 하급 관리자일수록 상급 관리자의 의견에 따라야 한다는 압박을 느낄 위험이 더 크다. 따라서 상급 전문가가 제일 마지막에 말하게 함으로써 모두의 생각이 어떠한지에 대해 확신을 가질 수 있다.
- **예측 시장**: 같은 반 친구들이 경마장에 가는데, 선수로 뛰는 말에 대해 아무것도 모른다고 생각해 보자. 경주에서 "어느 말이 이길까?"라는 질문을 받으면 친구들에게 말의 성적에 대한 예측값을 물어본 다음 평균을 구해볼 것이다. 이것이 예측 조합의 아이디어이다. 그러나 경마장이 발표한 베팅 배당률을 왜 살펴보지 않는가? 창구에서 1달러 베팅에 말 A가 승리하면 25달러를 주고, 말 B가 승리하면 3달러만 준다고 하자. 말 B가 더 빠르다고 생각하지 않는가? 그러므로 자기 의견과 반 친구들에게 의지하는 대신, 당신도 모르는 (그리고 잠재적으로 동기부여가 되지 않는) 것에 의지하는 대신에 이 베팅에 돈을 건 사람들에게 의지하게 될 것이다. 예측 시장의 개념은 가격이 정보를 수집하는 데 도움이 될 수 있다는 것이다. 예를 들어, 당신이 신제품을 최소 백만 개 판매하면 회사가 당신에게 1달러를 지불하기로 하고 당신은 그 약속에 대해 0.10달러를 기꺼이 지불하기로 했다면, 이것은 당신이 백만 개를 판매할 가능성이 낮다(정확히 말하면 10%)고 생각하고 있음을 의미한다. 누군가가 현재 시장 가격

보다 더 나은 정보를 가지고 있다고 생각하면 그 정보를 교환하여 미래가격을 움직일 수 있다. 누군가가 더 나은 정보를 가지고 있다고 생각하지만 그가 이 정보를 기꺼이 거래하지 않으려는 경우에는 그 의견에 너무 많은 비중을 두지 않아야 한다.

자동화된 시계열 추정방법과 달리 주관적인 예측은 미래를 예측하는데 잠재력을 가지고 있다. 그들은 모델에 의해 수행된 예측을 대체하거나 보강하기 위해 직관과 인간의 지능을 사용한다. 이것이 주관적인 예측의 가장 큰 강점이다. 그러나 다음 절의 논의와 같이 이것은 가장 큰 약점이 되기도 하다.

예측 편의(Biases)가 발생하는 원인

우리는 앞에서 편향 예측은 잘못된 예측일 뿐만 아니라 평균적으로 틀린 예측으로 정의했다. 다시 말해 예측은 예상한 결과와 실제로 실현된 결과 사이에 일관된 패턴을 표시한다. 편의(biases)는 인간들이 내리는 모든 유형의 의사결정에 존재하지만 특히 예측의 세계에서 널리 퍼져 있다. 그 이유는 우리가 예측할 때에는 예측이 맞을지 틀릴지를 아직 알지 못하기 때문이다. 따라서 "말하기는 쉽고" 결과는 먼 미래에 있다. 예측과 그 이후에 알게 되는 가장 일반적인 편의(치우침)들은 다음과 같다.

- 과신: 인간의 의사결정에 관한 문헌에서 찾을 수 있는 가장 강력한 결과 중 하나는 우리가 얼마나 똑똑한지를 과대평가한다는 것이다. 결과적으로, 우리는 성공에 대해 지나치게 확신하고 미래에 대한 예측을 할 때도 자기 예측이 맞을 것이라고 과신한다. 다른 한편으로, 우리는 운(위험)의 역할과 다른 사람들의 영향에 대해서는 과소평가한다. 그 결과로 매출이 높아질 것이라고 예측하고, 출시한 신제품의 성공과 관련하여 더 낙관적으로 예측한다.
- 정박(anchoring) 효과: 종종 의사결정자로서 정보를 선택한 후에 이 조각으로 새로운 정보를 처리하는 방법을 결정한다. 그 초기 정보는 기준점을 설정한다. 미래수요를 예측하는 새로운 학생 벤처를 생각해 보자. 새로 사업을 시작하는 이 팀이 만약 Facebook의 성장을 기준점으로 사용한다면 분명히 비현실적인 수요 궤적으로 팀을 편향시킬 것이다.
- 인센티브 조정: 편의를 발생시키는 앞의 두 원인에서, 의사결정자들은 스스로의 인지적 의사결정과정에 잡혀 있다. 그들은 최선을 다했지만 그 사실을 깨닫지 못한 채 과신과 정박효과를 경험했다. 예측에서 편의가 발생하는 또 다른 원인은 예측하는 사람들이 가질 수 있는 인센티브와 개인적 목표에서 비롯된다. 예측을 요청받은 사람은 자기 예측이 의사결정에 사용된다는 것을 알고 있다. 그리고 그 결정은 아마도 그

들의 업무에 영향을 줄 것이다. 따라서 이러한 경우 선호하는 결정의 결과로 시작한 다음 해당 결정을 유발할 수 있는 예측으로 되돌아가는 것이 합리적이다. 예를 들어, 영업사원은 공급망에 충분한 재고가 있는지 확인하여 모든 고객요구를 충족시킬 수 있기를 원한다. 또한 그는 예측한 수요가 많을수록 공장이 생산하고 공급망에 투입할 유닛이 더 많아야 한다는 것을 알고 있다. 따라서 판매 수수료를 지불한 영업사원에게는 자신이 실제로 믿는 것보다도 수요를 훨씬 높게 예측하는 것이 합리적이다. 특정 결과를 달성하려는 의도로 예측을 진실하게 공유하지 않는 이러한 행동을 예측 게임(forecast gaming) 또는 예측 인플레이션(forecast inflation)이라고 한다(일반적으로 예측 결과가 실제보다 높기 때문이다).

편의를 다루는 가장 좋은 방법은 피드백이다. 예측을 하는 사람들은 항상 과거의 예측값들을 가지고 있어야 한다. 예측오차를 측정하고 편의가 존재하는지 분석해야 한다. 이렇게 함으로써 비즈니스의 다른 운영 프로세스를 개선하는 것처럼 시간이 지남에 따라 예측 프로세스를 개선해 나갈 수 있다.

13.7 요약

수요예측은 우리가 내리는 많은 운영상의 결정과 전체 비즈니스의 미래에 상당한 영향을 미친다. 따라서 예측을 잘 하는 것은 중요하다. (미래를 볼 수 있는) 수정구슬이 없는 경우 좋은 예측이란 예측 방법을 신중하게 선택하는 것을 의미한다. 그리고 각 정량적인 방법에는 강점과 약점이 있다. 가장 좋은 방법은 없다.

예측 프로세스는 수학적인 모델링을 넘어 조직적인 맥락(회사의 전반적인 운영)에 포함된다. 이 맥락을 이해하는 것이 중요하다.

실제로 예측 프로세스를 구현할 때는 다음의 5단계 접근방식을 제안한다:

1. 과거 수요예측값(주관적인 데이터)과 실제 수요의 값을 포함하는 데이터를 수집하라.
2. 예측 방법을 수립하라: 주관적인 데이터와 객관적인 데이터 사이의 균형을 결정하고 추세와 계절성을 찾아라.
3. 예측 방법을 사용하여 미래 수요를 예측하라.
4. 단계 3에 근거한 의사결정을 내려라.
5. 예측 오차를 측정하라; 편의를 찾고 프로세스를 개선하라.

단원연습문제

다음 질문들은 이 장의 이해정도를 확인하는 데 도움을 줄 것이다. 각 질문 뒤의 [ ]는 관련된 해당 절을 나타내고 있다.

13.1 Jim과 John은 이발소를 운영한다. 매일 밤 두 사람은 다음 날에 손님이 몇 명 올지 예측한다. 지난 4일 동안 그들은 예측과 실제 결과에 대한 데이터를 수집하였다. Jim은 손님의 수를 첫 날부터 차례대로 56, 50, 45, 59명으로 예측하였다. John은 4일 동안 47, 49, 51, 51명으로 예측하였다. 실제 손님 수는 45, 51, 41, 61명으로 밝혀졌다. 누가 더 큰 예측 편의(bias)를 가지고 있는가? Jim과 John의 MSE와 MAE는 얼마인가? [13.2]

13.2 Tom's Towing LLC는 인근 고속도로에서 도움이 필요한 운전자를 돕기 위해 보내는 견인트럭회사를 운영한다. 월요일, 화요일, 수요일, 목요일에 견인트럭을 요청한 통화 수는 각각 27, 18, 21, 15이다. 단순 예측법을 사용한 금요일의 예측값은 얼마인가? [13.3]

13.3 Tom's Towing LLC는 인근 고속도로에서 도움이 필요한 운전자를 돕기 위해 보내는 견인트럭회사를 운영한다. 월요일, 화요일, 수요일, 목요일에 견인트럭을 요청한 통화 수는 각각 27, 18, 21, 15이다. 4일 이동평균법을 사용한 금요일의 예측값은 얼마인가? [13.3]

13.4 Tom's Towing LLC는 인근 고속도로에서 도움이 필요한 운전자를 돕기 위해 보내는 견인트럭회사를 운영한다. 월요일, 화요일, 수요일, 목요일에 견인트럭을 요청한 통화 수는 각각 27, 18, 21, 15이다. 지수 평활법을 사용한 금요일의 예측값은 얼마인가? 평활상수 $\alpha=0.4$, 월요일의 예측값으로 18을 사용하라. [13.3]

13.5 Online-MBA는 학생들이 6주간의 집중 신병 훈련소(boot camp)를 위해 캠퍼스에 온다면 학생들이 수강 한 다양한 온라인 과정에 대한 학점을 취득 할 수있는 온라인 대학이다. 이 프로그램에 대한 수요가 빠르게 증가하고 있다. 지난 6개월 동안 월별 지원자는 345, 412, 480, 577, 640, 711명이었다. 첫 달의 예측값으로 250명, 초기 추세예측값으로 50, 수요 평활에 대하여 0.2의 평활 계수, 0.5의 추세평활지수를 갖는 이중 지수 평활법을 사용하여 내년 수요를 예측하라. [13.4] 따라서 다음 기간의 예측값은 776.8이다.

13.6 GoPro는 대학에 지원하는 선수들이 그들의 운동능력을 향상시킬 수 있도록 도움을 주는 트레이닝 회사이다. 대부분의 대학은 12월 말에 지원 마감하므로 3/4분기가 가장 바쁜 경향이 있다. 지난 3년 자료로부터 경영진은 여러 분기에 대한 과거 수요 데이터를 수집하였다. [13.5]

연도	사분기	수요
2012	1	111
	2	120
	3	350
	4	333
2013	1	130
	2	109
	3	299
	4	305
2014	1	143
	2	122
	3	401
	4	307

평활상수 0.2와 계절성이 제거된 수요 130을 초기예측값으로 하여 2015년의 1/4분기에 대한 수요를 예측하라.

13.7 대규모 컨설팅회사의 4개 파트너사가 내년에 필요한 신입사원 수를 추정하려고 한다. 그들의 예측값은 32, 44, 21, 51이다. 간단한 예측 조합의 결과는 무엇인가? [13.6]

CHAPTER

14 불확실한 수요에서의 선택: 뉴스벤더 모델

수요가 확률적으로 발생되고(즉, 불확실하고) 수요를 알기 이전에 공급을 결정해야 하는 상황에서 수요와 공급을 일치시키는 것은 매우 어려운 일이다. 이러한 상황을 보다 잘 이해하기 위하여, 당신이 신문가판대를 운영한다고 가정해 보자. 당신은 어느 바쁜 도심의 길가에서 신문가판대를 설치하고 신문을 팔기 위하여 매일 아침마다 일정량의 신문을 구매하는 신문판매원이다. 당일에 얼마나 많은 신문을 팔 수 있는지에 대한 나름대로의 예상은 할 수 있겠지만 그 양을 정확히 예측하는 것은 거의 불가능하다. 어떤 날에는 구매해온 신문 전부를 파는 날도 있을 것이며 어떤 날에는 신문이 다 팔리지 않아 재활용하기도 한다. 신문판매원으로서 매일 아침에 얼마나 많은 신문을 구매해 와야 하는지를 반드시 결정해야 할 것이다. 신문의 수요량이 결정 나기 이전에 얼마나 많은 신문을 구매해야 하는지 결정해야 하기 때문에, 당신이 매우 운이 좋은 사람이 아니라면, 수요량에 정확히 일치하는 구매량을 결정할 수는 없을 것이다. 이러한 어려운 상황에서 최선의 선택을 내리기 위해 우리는 일종의 의사결정 도구가 필요하다. 뉴스벤더 모델(newsvendor model)은 바로 그러한 도구이다.

뉴스벤더 모델이 비단 신문가판대 사업에만 적용되는 것이 아니라 훨씬 더 다양한 상황에 성공적으로 적용될 수 있다. 본질적인 이슈는 어떤 불확실한 사건(예를 들어, 수요의 양)이 발생하기 이전에 확고한 내기(예를 들어, 얼마나 많은 재고를 주문해야 하는가에 대한 결정)를 걸어야 한다는 것이다. 그리고 시간이 지난 후에야 당신이 너무 많은 내기를 걸었는지(예를 들어, 주문량이 수요보다 많은 경우), 아니면 너무 적은 내기를 걸었는지(예를 들어, 주문량이 수요보다 적은 경우) 알게 된다는 것이다. 이러한 "너무 많이" 혹은 "너무 적게" 사이의 상충관계(trade-off)는 다른 상황들에서도 발생한다. 부품을 구매하는데 오랜 리드타임(lead time)이 소요되고 새로운 기술이 출현하기까지 짧은 시간이 걸리는 기술 집약적 제품을 생산하는 경우를 생각해 보자. 만약 너무 많은 부품을 구매해 놓으면 이들은 추후에 쓸모없는 구식 부품이 될 가능성이 크다. 반대로 너무 적게 구매해 놓으면 상당한 이익을 포기하게 될 가능성도 있다.

이번 장은 스포츠 의류 제조업체인 O'Neill의 생산 관련 문제에 대한 설명으로 시작된다. O'Neill사의 의사결정 또한 뉴스벤더 모델과 매우 유사하다. 우리는 뉴스벤더 모델에 대해 자세히 알아보고 이를 O'Neill사의 문제에 적용시켜 본다. 또한 O'Neill사의 여러 성과를 추정하는데 어떻게 뉴스벤더 모델을 사용하는지 살펴볼 것이다.

14.1 O'Neill사

O'Neill사는 수상 스포츠(예를 들면, 서핑(파도타기), 다이빙, 수상 스키, 철인 3종 경기,

윈드서핑 등)를 위한 의류, 잠수복, 장신구 등을 디자인하고 제조하는 회사이다. 그들의 생산 품목은 여가활동을 위한 초보자용 제품에서부터, 능숙한 서핑 선수들을 위한 잠수복, 그리고 전문 잠수부들(예를 들면, 북해의 석유 시추를 위해 일하는 잠수부들)을 위한 정교한 건식 잠수복에까지 이른다. O'Neill사는 1년을 봄 시즌(2월부터 7월까지)과 가을 시즌(8월부터 1월까지) 두 번의 판매 시즌으로 나눈다. 어떤 제품들은 두 시즌에 다 판매되지만, 대부분의 제품들은 한 시즌에만 주로 판매된다. 예를 들면, 수상 스키복은 봄에 주로 판매되지만 여가용 서핑 제품은 가을에 잘 팔린다. 한편 어떤 제품들은 전혀 유행을 타지 않는다(이런 제품들은 다양한 장식도 거의 없으며 매년 꾸준히 팔린다). 예를 들면, 표준 네오프렌(합성고무의 일종) 검정 신발 같은 제품들이 그렇다. 하지만 "Animal", "Epic", "Hammer", "Inferno", "Zen" 등과 같은 이름의 제품들은 확실히 유행에 민감하다. 예를 들어 서핑복의 경우 매 시즌마다 제품의 색깔 패턴이 다양하게 바뀌게 되는데 이는 주요 고객(15세에서 30세 사이의 캘리포니아주 남성)들의 취향을 사로잡기 위함이다.

O'Neill사는 멕시코에 그들 소유의 제조시설을 운영하고 있으나 모든 제품을 거기서 생산하는 것은 아니다. 어떤 제품들은 O'Neill사의 아시아 지역 하청업체인 TEC사에 서 만들어진다. TEC사가 O'Neill사에게는 많은 혜택(낮은 비용, 하청 전문성, 유연한 생산처리능력 등)을 제공하고는 있지만 모든 주문에 대해서 항상 3개월의 리드타임을 요구한다. 예를 들어, O'Neill사가 11월 1일에 어느 한 품목을 주문하게 되면, O'Neill사는 1월 31일이 되어서야 캘리포니아주 샌디에이고(San Diego)에 있는 유통센터로 주문한 품 목을 받게 되고 고객에게 바로 배송할 준비가 끝난다.

O'Neill사가 직면한 제품 생산의 어려움을 잘 이해하기 위하여 다가오는 봄 시즌을 위

그림 14.1 서핑 시장을 위한 O'NEILL사의 HAMMER 3/2

Source: O'Neill.

해 새롭게 디자인된 Hammer 3/2라는 잠수복의 경우를 살펴보자("3/2"가 의미하는 바는 네오프렌 합성고무의 두께를 의미하는데, 가슴 부위는 3mm, 나머지 부위는 2mm의 두께를 가짐). [그림 14.1]은 Hammer 3/2 품목과 O'Neill사의 로고를 보여주고 있다.

O'Neill사는 TEC사가 Hammer 3/2 제품을 생산하도록 결정했다. TEC사의 3개월 리드타임 때문에 O'Neill사는 봄 시즌의 시작 전인 11월에 TEC 사로 주문을 보내야 한다. 유사한 제품의 과거 판매 데이터와 Hammer 3/2 제품의 디자이너 및 판매부 직원들의 판단에 기반을 두어 O'Neill사는 Hammer 3/2의 봄 시즌 판매량을 3,200개로 예상했다. 불행하게도, 수요예측에 주의와 노력을 다했음에도 불구하고 수요예측에는 상당한 불확실성이 존재한다. 예를 들면, 실제수요는 초기에 예측한 수요의 약 25% 보다 더 큰 편차를 보인 경우가 약 50% 정도 된다는 것이 O'Neill사의 과거 경험이다. 다시 말하자면, 실제수요가 예측수요의 75%와 125% 사이에 들어갈 확률이 단지 50%가 된다는 것이다.

O'Neill사가 11월에 행하는 수요예측이 매우 불확실한 것은 사실이지만 시즌 시작 후 처음 한 두 달의 판매량을 관찰한 후에는 훨씬 정확한 한 시즌 전체의 판매량을 예측하게 된다. 이럴 때에는 Hammer 3/2가 예측수요보다 덜 팔리게 되어 시즌 말에 초과 재고를 남기게 될지, 아니면 훨씬 더 인기 있게 잘 팔려 시즌 말에 재고 부족을 경험하게 될지를 예상할 수 있게 된다. 후자의 경우에는 O'Neill사가 추가 주문을 하고 싶겠지만 TEC사의 긴 리드타임 때문에 추가적인 Hammer 3/2 제품을 정말 필요한 때에 받을 수 없게 된다. 즉, O'Neill사는 어쩔 수 없이 11월에 내리는 단 한 번의 주문에 그들의 한 시즌 운명을 결정해야만 한다.

다행히도 Hammer 3/2의 경제적 상황은 꽤 괜찮은 편이다. O'Neill사는 한 개당 $110

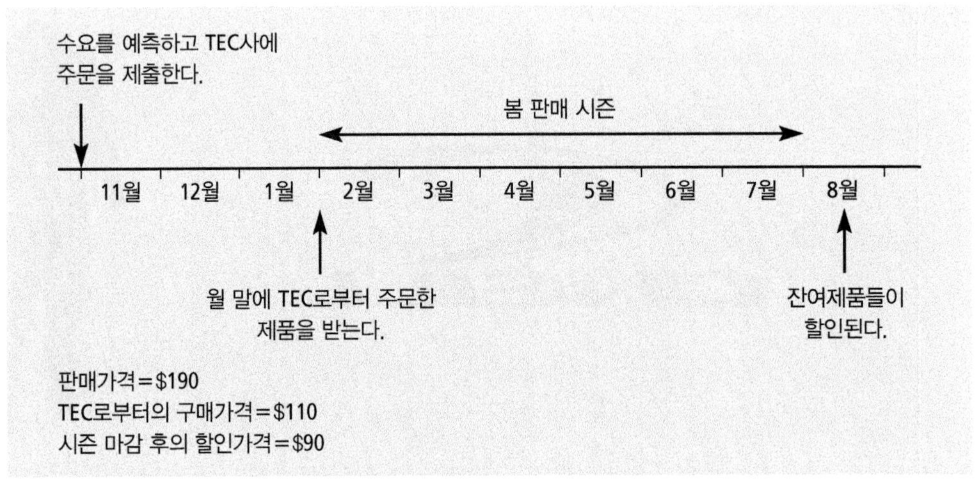

그림 14.2 O'Neill사의 Hammer 3/2 잠수복에 대한 시간대별 업무들과 경제상황

에 TEC사로부터 구매하고 각 소매점들에는 $190에 판매한다. 만약 O'Neill사가 판매 시즌 말에 재고를 남기게 되면 한 개당 50%의 할인을 행하여 남은 재고를 팔 수 있다는 것이 O'Neill사의 경험이다. [그림 14.2]는 Hammer 3/2에 관련된 가격 정보와 시간에 따른 업무들을 보여주고 있다.

이제 O'Neill사는 TEC로 얼마나 많은 양을 주문해야 할까? 당신은 O'Neill사가 한 시즌의 총수요 예측값인 3,200이 가장 가능성 있는 실제 수요치이므로 3,200만큼을 주문해야 한다고 할지도 모른다. 이 값은 또한 실제수요와 생산량 간의 차이의 절댓값의 추정치를 최소화시키기도 한다. 혹은 대안으로 당신은, 예측이라는 것은 항상 편차가 있기 마련이므로, 3,200보다 작게 주문하는 것이 보다 안정적이라고 생각할 수도 있다. 마지막으로, 당신은 총마진(gross margin)이 거의 40%((190−110)/190=0.42)에 가깝기 때문에, Hammer 3/2가 유행하는 경우를 대비해서 3,200보다 많이 주문해야 한다고 주 장할지도 모른다. 우리는 다음 절에서 뉴스벤더 모델에 대해 정의하고 뉴스벤더 모델은 얼마의 주문량을 권고하는지 살펴볼 것이다.

14.2 뉴스벤더 모델: 구조와 입력

뉴스벤더 모델은 당신이 단 한 번의 생산 혹은 조달 기회를 가지고 있는 상황을 가정한다. 이 생산 또는 조달의 기회는 단 한 번 판매 시즌 이전에 존재하기 때문에 판매 시즌이 시작되기 이전에 전체 주문량을 받아야 한다. 판매 시즌 동안에는 수요가 확률적으로 발생한다. 만약 수요가 주문량보다 많으면 전체 주문량을 모두 판매하게 된다. 그러나 수요가 주문량보다 적다면 시즌 말에 잔여재고가 생기게 된다.

뉴스벤더 모델에는 여러 중요한 입력 값들이 있다. 먼저 첫 번째로 몇몇의 경제적인 모수들이 그것이다. 둘째 우리가 수요모델이라고 부르는 수요예측이 필요하다.

먼저 경제적인 모수들부터 시작하자. 제품을 구입할 때에는 비용이 든다: Hammer 3/2의 경우 비용(cost)은 $110이다. 여기서 말하는 비용은 주문량에 따른 비용만을 포함하게 된다: 상각을 고려한 고정비(amortized fixed cost)는 포함되지 않는데 이는 우리의 주문량 결정에 아무런 영향을 받지 않기 때문이다. 다시 말해, 여기서 고려되는 비용은 주문량에 따라 변하는 모든 비용을 포함해야 하고 주문량에 따라 변하지 않는 비용은 포함하지 않는다. 판매되는 각 제품에는 고정가격(fixed price)이 존재하고 Hammer 3/2의 경우에 가격(price)은 $190이다.

만약 시즌의 끝에 잔여재고가 발생하면 그 재고와 관련된 어떤 가치가 존재하게 된다. 보다 구체적으로 말하자면, 각 잔여재고 제품 하나당 벌어들일 수 있는 고정된 잔존가치(fixed salvage value)가 존재한다: Hammer 3/2의 경우에는 잔존가치(salvage value)가 $90이다. 잔여재고가 잔존가치를 가지지 않는 경우도 존재하는데 이 경우는 잔존가치가 $0이다. 또한 잔여재고가 폐기되는데 비용이 드는 경우도 존재하게 되는데 이 경우에는 잔존가치가 실제로는 잔존비용(salvage cost)이 된다. 예를 들어, 제품이 만약 인체에 유해 한 화학제품이라고 한다면 이러한 잔여재고를 폐기처분할 때에 비용이 들게 되고 결국 잔존가치는 음수 값이 된다.

이제 수요 모델에 대해 고려해 보자. 수요의 불확실성은 뉴스벤더 모델에서 중요한 부분을 차지한다: 단일의 주문량이 정하게 되면, 수요가 확률적으로 결정되기 때문에 주문량은 결국 너무 많거나 너무 적은 현상으로 나타나게 된다. Hammer 3/2 제품의 수요 불확실성을 다루기 위해 우리는 다음과 같은 질문에 답변할 수 있어야 한다:

수요가 Q보다 작거나 같을 확률이 얼마인가?

짧게 말하면 우리는 수요의 누적분포함수(cumulative distribution function)가 필요하다. 통계학의 용어를 빌어 말하자면, 모든 확률변수(random variable)는 누적분포함수, $F(Q)$로 정의되고 $F(Q)$는 확률변수의 값이 Q보다 작거나 같을 확률을 의미한다. 이 경우에 확률변수는 Hammer 3/2의 수요(demand)이며 누적분포함수는 아래와 같다:

$$F(Q) = \text{Prob}\{\text{수요} \leq Q\}$$

편의를 위해 누적분포함수, $F(Q)$를 수요예측으로 간주할 것이다. 왜냐하면 이 분포함수가 우리가 직면한 수요의 불확실성을 완벽히 보여주고 있기 때문이다.

분포함수는 두 가지(이산분포함수와 연속분포함수) 형태를 지닌다. 이산분포함수(discrete distribution function)는 표의 형태로 정의될 수 있다: 표에는 확률변수들이 가질 수 있는 값들과 이에 상응하는 확률로 구성된다. 다음은 세 개의 가능한 값들로 구성된 간단한 이산분포함수의 예를 보여준다:

Q	$F(Q)$
2,200	0.25
3,200	0.75
4,200	1.00

포아송 분포(poisson distribution)는 우리가 광범위하게 사용할 이산분포함수들 중의 하나이다. 연속분포함수(continuous distribution function)의 경우에는 확률변수의 값이 셀 수 없이 많은 경우에 사용된다. 지수분포(exponential distribution)와 정규분포(normal distribution)는 모두 연속분포함수(continuous distribution function)이다. 이들

은 하나 혹은 두 개의 모수(parameter)들을 이용하여 정의된다. 예를 들면, 정규분포는 두 모수, 즉, 평균과 표준편차에 의해 정의된다. 분포의 평균을 표현하기 위해 μ를 사용하고 표준편차를 표현하기 위해 σ를 사용한다(μ는 그리스 문자 뮤, σ는 그리스 문자 시그마). 평균과 표준편차를 위한 이 표현은 매우 보편적이어서 본 교재에서 그대로 사용하려 한다.

어떤 상황에서는 이산분포함수가 수요를 가장 잘 나타내는 방식이고, 또 어떤 상황에서는 연속분포함수가 가장 잘 나타내는 방식이다.

Hammer 3/2의 경우, O'Neill 사는 수요예측이 평균 3,192개와 표준편차 1,181개의 정규분포를 통해 표현될 수 있다고 판단하였다. 14.6절에서는 O'Neill사가 어떻게 수요 모델을 구축하는지에 대한 보다 자세한 내용을 제공한다.

이제 우리는 예측수요를 나타내는 정규분포의 모수들을 가지게 되었으므로 $F(Q)$를 어떻게 계산하는지에 대한 질문으로 돌아가자. $F(Q)$를 구할 필요가 있다. 이를 위해서는 두 가지 방법이 있다. 첫 번째 방법은 스프레드시트 소프트웨어를 사용하는 것이다. 예를 들어, 엑셀을 사용하는 경우라면 Normdist(Q, 3192, 1181, 1) 함수를 사용하면 된다. 두 번째 방법은 컴퓨터를 사용하지 않고 부록 B에 나와 있는 표준정규분포 함수표(standard normal distribution function table)를 사용하는 것이다.

표준정규분포(standard normal distribution)는 평균이 0이고 표준편차가 1인 정규 분포의 한 형태이다. 일반적으로 많이 사용되는 그리스 부호(Greek notation)를 사용하여 표준정규의 분포를 $\Phi(z)$로 표시하자. 표준정규분포는 연속분포의 한 종류이지만 이것 역시 여러 조각으로 잘게 "쪼개어" 이를 이산분포로 만들 수 있다. 표준정규분포 함수표가 바로 그것으로 이는 표준정규분포의 이산형 버전이다. 그 표준정규분포 함수표 전체는 부록 B에 나와 있지만 [표 14.1]에서는 그 일부를 보여주고 있다.

표준정규분포 함수표의 형태는 다소 이해하기 난해할 수 있다. 예를 들어, 당신이 표

표 14.1 표준정규분포함수($\phi(z)$)의 일부

z	0.00	0.01	0.02	0.03	0.04	0.05	0.06	0.07	0.08	0.09
0.3	0.6179	0.6217	0.6255	0.6293	0.6331	0.6368	0.6406	0.6443	0.6480	0.6517
0.4	0.6554	0.6591	0.6628	0.6664	0.6700	0.6736	0.6772	0.6808	0.6844	0.6879
0.5	0.6915	0.6950	0.6985	0.7019	0.7054	0.7088	0.7123	0.7157	0.7190	0.7224
0.6	0.7257	0.7291	0.7324	0.7357	0.7389	0.7422	0.7454	0.7486	0.7517	0.7549
0.7	0.7580	0.7611	0.7642	0.7673	0.7704	0.7734	0.7764	0.7794	0.7823	0.7852
0.8	0.7881	0.7910	0.7939	0.7967	0.7995	0.8023	0.8051	0.8078	0.8106	0.8133
0.9	0.8159	0.8186	0.8212	0.8238	0.8264	0.8269	0.8315	0.8340	0.8365	0.8389
1.0	0.8413	0.8438	0.8461	0.8485	0.8508	0.8531	0.8554	0.8577	0.8599	0.8621

준정규의 값이 0.51보다 작거나 같은 확률을 구한다고 해 보자. 이는 z값이 0.51인 $\Phi(z)$ 값을 찾으면 된다. 이 값을 찾기 위해서는 행의 첫 번째 숫자와 열의 첫 번째 숫자가 합쳐져서 당신이 찾는 z값이 되는 행과 열을 찾는다. z가 0.51이라면 0.50으로 시작하는 행과 0.01로 시작하는 열을 찾는다. 왜냐하면 이 두 값의 합이 0.51이 되기 때문이다. 이들 행과 열의 교점이 바로 $\Phi(z)$의 값이 된다. [표 14.1]에서 $\Phi(0.51)=0.6950$임을 알 수 있다. 즉, 표준정규의 값이 0.51보다 작거나 같은 확률은 69.5%인 셈이다.

그러나 우리의 수요예측이 표준정규분포를 따르는 경우는 거의 없다. 그렇다면 우리의 수요예측이 일반적인 정규분포를 따를 때 수요가 Q보다 작거나 같을 확률, $F(Q)$를 구하기 위해 어떻게 표준정규분포를 사용할까? 정답은 우리가 관심 있는 값, Q를 표준정규에서 이에 상응하는 값으로 변환시키는 것이다. 다른 말로 표현하자면, $F(Q)=\Phi(z)$인 z를 찾는 것이다. 즉, 수요가 Q보다 작거나 같을 확률은 표준정규의 값이 z보다 작거나 같을 확률과 같다. 바로 이 z를 우리는 z–통계량(z-statistic)이라고 부른다. 일단 우리가 적당한 z–통계량을 구하고 나면 표준정규분포 함수표에서 $\Phi(z)$를 구함으로써 우리 가 찾는 $F(Q)$의 값을 구하게 되는 것이다. Q값을 이에 상응하는 z–통계량으로 변환하기 위해서는 다음 등식을 사용한다.

$$z = \frac{Q - \mu}{\sigma}$$

예를 들어, Hammer 3/2의 수요가 4,000보다 작거나 같을 확률에 관심이 있다고 해 보자. 즉, Q=4,000. 평균이 3,192이고 표준편차가 1,181인 정규분포를 사용하면 수량 Q=4,000의 z–통계량 값은 다음과 같다.

$$z = \frac{4{,}000 - 3{,}192}{1{,}181} = 0.68$$

그러므로, Hammer 3/2의 수요가 4,000보다 작거나 같을 확률은 $\Phi(0.68)$이다. 즉, 이는 표준정규의 값이 0.68보다 작거나 같을 확률과 같다. 표준정규분포표에 따르면(간편하게 [표 14.1]를 참조해도 된다) $\Phi(0.68)=0.7517$이다. 다시 말하면, Hammer 3/2의 수요가 4,000보다 작거나 같을 확률은 75%를 약간 상회한다. [정리 14.1]은 수요가 어떤 Q보다 작거나 같을 확률을 구하는 과정을 요약하고 있다.

요약하자면, 뉴스벤더 모델은 의사결정자가 어떤 무작위의 사건(예를 들어, 수요량)이 발생하기 이전에 하나의 내기(예를 들어, 주문량 결정)를 걸어야 하는 상황을 나타낸다. 만약 너무 많은 내기를 걸었다고 판명되면(예를 들어, 잔여재고가 발생하여 할인 판매해야 하는 경우) 결과적으로는 비용(즉, 정상가격과 할인가격의 차이)이 발생하게 된다. 반대로 너무 적은 내기를 걸었다고 판명될 때에도(예를 들어, 재고부족으로 판매기회 상실) 역시 비용(즉, 기회비용)이 발생하게 된다. 뉴스벤더 모델의 목적은 이러한 상충하는

정리 14.1  **수요가 Q 이하인 확률과 Q를 초과하는 확률을 계산하는 과정**

예측수요가 평균 μ와 표준편차 σ를 가지는 정규분포를 따른다면 다음 단계 A와 B를 따르면 된다.

A. Q에 상응하는 z–통계량을 계산한다:

$$z = \frac{Q-\mu}{\sigma}$$

B. 수요가 Q 이하일 확률은 $\phi(z)$이다. 엑셀을 이용한다면 $\phi(z)$을 계산할 때 함수 Normsdist(z)를 사용할 수 있다; 다른 방법으로는 부록 B에 있는 표준정규분포 함수표에서 $\phi(z)$를 찾는 것이다. 만약 수요가 Q를 초과하는 확률을 구하고자 한다면, 정답은 $1-\phi(z)$이다.

만약 예측수요가 이산분포 함수표로 나타나 있다면 수요가 Q 이하일 확률을 나타내는 $F(Q)$를 찾아라. 만약 수요가 Q를 초과하는 확률을 구하고자 한다면, 정답은 $1-F(Q)$이다.

두 힘 사이에서 균형을 맞추는 수량으로 내기를 걸도록 하는 것이다. 이 모델을 사용하기 위해서는 제품의 비용구조와 수요 불확실성의 크기를 규명할 필요가 있다. 단일의 “점 예측(point forecast)”(예를 들어, 3,200개)은 충분하지 않다. 우리는 예측에서 발생할 수 있는 변동성을 수량화할 필요가 있다. 즉, 우리는 수요의 분포함수가 필요하다.

다음 절에서는 실제 주문량을 결정하는 과업에 초점을 맞춘다.

14.3 주문량의 결정

우리의 모든 투입요소들(판매가격, 구입비용, 잔존가치, 수요예측)을 모두 모은 후에 행할 다음 단계는 주문량(order quantity)을 결정하는 일이다. 이 단계에서 첫 번째로 고민해야 할 것은 우리의 목적이 무엇인지를 결정하는 것이다. 쉽게 떠올릴 수 있는 목적은 우리의 기대이윤(expected profit)을 극대화하는 생산/조달 수량을 결정하는 것이다. 이번 절에서는 이 목적을 어떻게 달성할 것인지에 대해 다루게 된다. 다른 가능한 목적들에 대해서는 14.5절에서 고려해 보기로 한다.

기대이윤을 극대화 하는 주문량을 결정하는 실질적인 과정을 설명하기 이전에 그 해결책의 뒤에 숨어있는 직감에 대해 살펴보는 것이 도움이 된다. O’Neill사의 Hammer 3/2 품목을 주문하는 의사결정을 다시 고려해 보자. 우리는 이 품목을 단 한 개만 주문해야 하는가? 만약 그렇게 한다면, 아마도 그 한 개를 팔 가능성은 매우 클 것이다: 수요예측이 3,192개이었다는 것을 상기해 볼 때, 아마도 최소한 한 개는 팔 수 있을 것이다. 우리가 이 한 개를 팔게 되면, 얻게 되는 이익(gain)은 $190 − $110 = $80(판매가격에서 구입비용을 뺀 값)이 된다. 이 첫 번째 한 개에서 얻게 되는 기대이익(expected gain)은 이 한 개를 팔게 될 확률과 이 한 개로부터 얻게 되는 이익의 곱이므로 $80에 매우 가까울 것이다. 한편 거기에는 이 첫 번째 한 개를 팔지 못하는 매우 낮은 가능성 또한 존재하며 만약 이 한 개를 팔지 못하는 경우에는 $110－$90＝$20(구입가격에서 할인가격(잔존가치)을 뺀 값)의 손실(loss)이 발생하게 된다. 그러나 우리가 이 한 개를 팔지 못할 확률은 매우 작기 때문에 기대손실(expected loss)은 거의 $0에 가깝다. 이 제품 한 개에서 얻게 되는 기대이익이 기대손실보다 훨씬 크므로 이 한 개를 주문할 때 얻게 되는 이윤(profit)은 양의 값을 가진다. 이러한 경우에는 이 최소한 한 개를 주문하는 것이 좋은 결정이 된다.

제품 첫 번째 한 개를 주문할 것인지, 하지 않을 것인지에 대한 결정을 내린 이후에, 우리는 두 개째를 주문할 것인지, 다음으로 세 개째를 주문할 것인지 등에 대해서도 계속해서 결정을 내릴 수 있다. 이러한 과정을 계속하다 보면 다음 두 가지 사실을 직면하게 된다. 첫 번째, 우리가 주문을 고려하는 그 제품 하나를 팔 수 있는 확률은 점점 줄어들게 되고 그 결과 그 제품 한 개에서부터 얻게 되는 기대이익이 점점 줄어들게 된다.

두 번째, 우리가 그 제품 한 개를 팔지 못하는 확률은 점점 증가하게 되고 그 결과 그 제품 한 개로부터 초래되는 기대손실은 점점 증가하게 된다. 예를 들어, 우리가 6,400번째 제품 한 개를 주문한다고 가정해 보자. 이 제품 한 개를 팔 수 있을 확률은 매우 낮으므로 이 제품 한 개에서 기대할 수 있는 기대이익은 거의 $0에 가깝다. 반면에 이 제품 한 개를 팔 수 없을 확률은 매우 높아서 기대손실은 거의 $20에 가깝다. 그러므로 분명하게 파악할 수 있는 것은 우리는 6,400번째 제품 한 개는 주문하지 않아야 한다. 이러한 패턴이 [그림 14.3]에 잘 나타나 있다. 이 그림에서는 주문량 중 4,000번째 보다 조금 이후의 제품 한 개에서 얻게 되는 기대이익과 기대손실이 같다는 것을 파악할 수 있다.

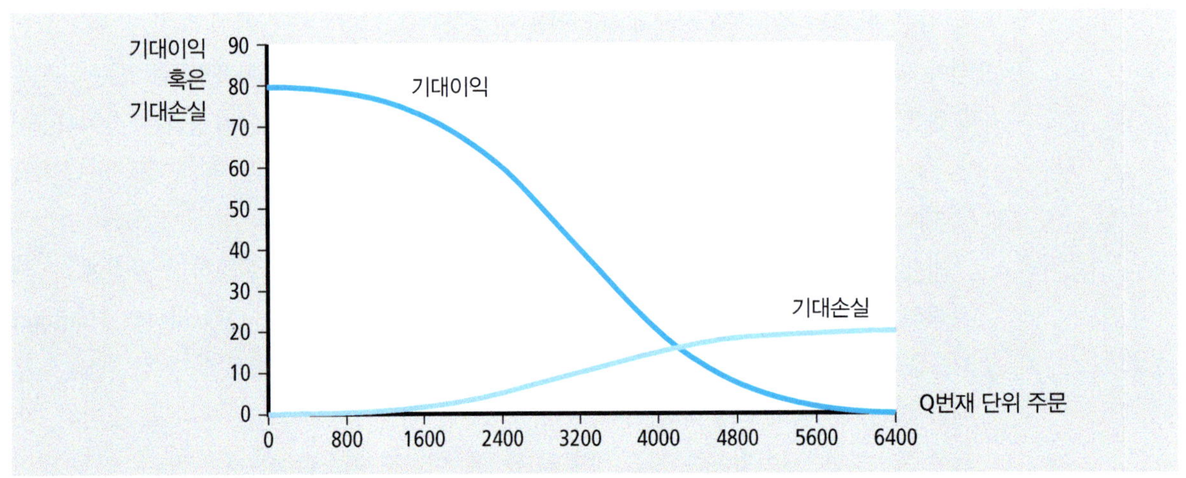

그림 14.3 O'Neill사가 주문한 Q번째 Hammer 3/2에 관련된 기대이익과 기대손실

이러한 직감을 보다 더 정형화시켜 보자. 뉴스벤더 모델에서는 너무 많이 주문하는 것(고비용을 초래하는 잔여재고(leftover inventory)를 생성)과 너무 적게 주문하는 것(손실판매량(lost sales)에 따른 기회비용을 초래) 사이의 상충관계(trade-off)가 존재한다. 이 두 상충하는 세력들의 균형을 맞추기 위해서는 너무 많이 주문해서 생기는 비용과 너무 적게 주문해서 생기는 비용이라는 비용의 개념을 이용하는 것이 매우 유용하다. 기대이윤을 최대화시킨다는 것은 이러한 비용들을 최소화시킨다는 것과 같은 것이다. 구체적으로 말하자면, C_o를 과다재고비용(overage cost)이라고 하는데 이는 제품 한 개가 주문되었으나 팔리지 않아서 생기는 비용을 말한다. 다시 말하면, 과다재고비용은 지나치게 많이 주문하는 경우의 개당 비용이다. Hammer 3/2의 경우에 $C_o=20$이다. C_o와 반대되는 개념으로 과소재고비용(underage cost)이 있는데 이를 C_u로 표현하자. 이는 팔릴 수도 있었던 제품 한 개를 주문하지 않아서 생기는 기회비용이다. C_u에 대한 또 다른 정의는 '제품 한 개를 팔아서 얻는 이익'이다. 다시 말하면, 과소재고비용은 주문을 적게 함으로 생기는 개당 기회비용인 것이다. Hammer 3/2의 경우에 $C_u=80$이다. 과다재고비용과 과소재고비용이 모두 제품 하나에 대해서 정의됨을 주의하자.

다시 말하자면, C_o는 모든 잔여재고의 총비용이 아니라 잔여재고 한 개당 비용이다. C_o와 C_u를 단일 개에 대해서(한 단위에 대해서) 정의하는 이유는 매우 간단하다: 이는 우리가 얼마나 많은 단위가 재고로 남을 것인지를 알 수 없고, 또한 얼마나 많은 단위가 판매기회를 상실하게 될 것인지 알 수도 없기 때문이다. 다만 우리가 아는 것은 잔여재고 한 단위에서 초래된 비용과 판매기회를 상실한 한 단위에서 초래된 기회비용뿐이다.

이제 우리는 과다재고비용과 과소재고비용을 정의하였으므로 기대이윤을 최대화시키기 위하여 이들 두 비용간의 균형을 맞추는 Q를 결정해야 한다. 앞서 살펴본 이유를 바탕으로 생각해 보면 우리가 해야 할 일은 기대손실과 기대이익이 같아질 때까지 계속해서 추가적으로 주문을 해나가야 한다(즉, 기대이익이 기대손실보다 크면 주문하다가 두 값이 같아지는 제품의 단위에서 주문을 중단하면 된다).

제품 한 단위에서의 기대손실은 그 한 단위를 재고로 남기게 될 때의 비용(과다재고비용)과 그 한 단위가 재고로 남게 될 확률을 곱한 값이다. Q번째 단위의 경우 그 확률은 $F(Q)$이다[1]: 수요가 Q보다 작을 때 Q번째 단위는 재고로 남게 된다. 그러므로 기대손실은 $C_o \times F(Q)$가 된다. 제품 한 단위에서의 기대이익은 한 단위를 팔게 될 때의 이익(과소

1 이 표현 방식에 불편함을 느끼는 독자들이 있을지도 모른다. 즉 당신이 생각하기에 $F(Q)$는 수요가 Q와 같거나 작을 확률임을 주장할 수도 있다. 수요가 정확히 Q가 되면, Q번째 단위는 재고로 남지 않을 것이다. 그러므로 당신은 아마도 $F(Q-1)$을 사용하는 것이 Q번째 단위가 재고로 남을 확률을 표현하는데 보다 정확하다고 주장할 것이다. 그러나 정규분포는 수요가 정수뿐만 아니라 정수가 아닌 어떤 값이라도 가질 수 있음을 가정하고 있다. 만약 당신이 수요를 무수히 많은 분수 값들로 쪼개어 생각해 본다면, 정규분포에서는 $F(Q)$가 실제로는 재고가 남게 되는 확률이다. 보다 자세한 사항에 대해 알아보고 싶다면 부록 D를 참조하기 바란다.

재고비용)과 그 한 단위가 팔리게 될 확률을 곱한 값이다. 이는 수요가 Q보다 클 때 발생하게 된다. 수요가 Q보다 클 확률은 $(1-F(Q))$이므로 기대이익은 $C_u \times (1-F(Q))$가 된다.

결국 주문량 Q를 찾는 것은 Q번째 단위의 기대손실과 Q번째 단위의 기대이익이 같다고 하는 등식을 푸는 일이 된다:

$$C_o \times F(Q) = C_u \times (1 - F(Q))$$

위 등식을 다시 재정렬하면 우리는 다음과 같은 식을 얻게 된다.

$$F(Q) = \frac{C_u}{C_o + C_u} \tag{14.1}$$

기대이윤을 최대화하는 주문량은 바로 위 등식을 만족시키는 주문량이 된다. 만약 대수학(calculus)에 친숙하여 보다 수학적인 최적 주문량의 유도과정을 보기 원한 다면 부록 D를 참조하기 바란다.

그럼 이제 우리는 Q를 결정하기 위하여 어떻게 식(14.1)을 사용할 수 있을까? 일단 식(14.1)은 다음과 같은 뜻을 지니고 있다. 기대이윤을 최대화시키는 주문량은 수요가 Q보다 작거나 같을 확률이 $C_u/(C_o+C_u)$와 같게 되는 Q값이다. 과다재고비용과 과소재고비용으로 구성된 이 비율을 임계비(critical ratio)라고 부른다. 이제 우리는 왜 우리의 수요예측이 누적분포함수의 형태이어야만 하는지를 다음과 같이 설명할 수 있다. 기대이윤을 최대화시키는 주문량을 결정하기 위해서, 우리는 수요가 그 주문량보다 작거나 같을 확률이 한 특정 확률(임계비)이 되는 그러한 주문량을 찾을 필요가 있다. 예측수요로써의 평균값 하나만으로는 충분치 않다.

자 그럼 쉬운 부분부터 해결해 보자. 우리는 Hammer 3/2의 경우 $C_u=80$이고 $C_o=20$임을 알고 있으므로 임계비는 다음과 같다.

$$\frac{C_u}{C_o + C_u} = \frac{80}{20 + 80} = 0.8$$

여기까지는 잘 진행되었지만 이제부터는 좀 까다로운 부분이다. 우리는 수요가 Q보다 작거나 같을 확률이 80%인 주문량 Q를 찾아야 한다.

여기에는 두 가지 방법이 있다. 먼저 첫 번째는 Normsinv( )라고 하는 Excel 함수를 사용하는 것이고, 두 번째는 표준정규분포표를 사용하는 방법이다. 사실은 두 방법은 이제부터 살펴보겠지만 결국 같은 절차를 거치게 된다.

우리가 Excel 프로그램을 사용할 수 있는 상황에서 최적의 Q를 찾기를 원한다면 먼저 표준정규분포를 따르는 확률변수의 값이 z보다 작거나 같을 확률이 80%가 되는 그러한

z를 찾는 것부터 시작한다. 그런 다음 z값을 우리가 찾는 Q값으로 변환시킨다. 우리가 찾고자 하는 z값은 다음 Excel 함수를 통해 구할 수 있다:

$$z = \text{Normsinv}(\text{임계비})$$

현재 우리의 문제에서 임계비(critical ratio)는 0.80이고 Normsinv(0.80)은 0.84로 계산된다. 이는 표준정규분포를 따르는 확률변수가 0.84보다 작거나 같을 확률이 80%라는 것을 의미한다. 만약 수요가 표준정규분포를 따른다면 0.84가 최적 주문량이 된다. 그러나 우리의 수요는 표준정규분포를 따르는 것이 아니고 평균이 3,192이고 표준편차가 1,181인 정규분포를 따른다. 우리가 구한 z를 수요예측에 적합한 주문량으로 변환시키기 위해서 다음 식을 사용한다.

$$Q = \mu + z \times \sigma$$

여기서 μ = 정규분포의 평균

σ = 정규분포의 표준편차

그러므로 Excel 방법을 사용하면, Hammer 3/2의 경우 기대이윤을 최대화하는 주문량은 $Q = 3,192 + 0.84 \times 1,181 = 4,184$가 된다.

Q를 찾기 위한 두 번째 방법은 표준정규분포표를 사용하는 것이다. 우리는 여전히 표준정규가 z보다 작거나 같을 확률이 임계비(현재 문제에서는 0.8)와 같아지는 z를 찾길 원한다.

[표 14.1]을 살펴보면 $\Phi(0.84) = 0.7995$이고 $\Phi(0.85) = 0.8023$으로 둘 다 정확히 0.8은 아님을 발견하게 된다: 즉, $z = 0.84$를 이용하면 80%보다 약간 작고(79.95%) $z = 0.85$를 이용하면 80%보다 약간 큰 확률(80.23%)이 된다. 그렇다면 우리는 어떻게 해야 할까? 규칙은 매우 간단하다. 우리가 올림규칙(round-up rule)이라고 부르는 간단한 규칙을 사용하면 된다.

올림규칙(round-up rule): 당신이 표준정규분포표에서 어느 특정 대상 값을 찾을 때 그리고 그 대상 값이 두 숫자 사이에 존재할 때에는 보다 큰 주문량을 나타내는 숫자를 선택하라.

이 경우에 더 큰 값은 $z = 0.85$이다. 이제 우리가 Excel 방법에서 했던 바와 같이 z를 $Q = 3,192 + 0.85 \times 1,181 = 4,196$로 변환할 수 있다.

왜 우리의 두 방법은 다른 결과들을 유도할까? 짧게 말하면, Excel은 올림규칙을 사용하지 않기 때문이다. 그럼 Excel로 주문량을 구해도 되는 것인가? 대답은 '그렇다'이다. 이를 설명하자면, 수요가 정규분포를 따르는 경우 Excel을 이용한 답과 표준정규분포표를 이용한 답과는 차이가 있다. 이 경우에 두 답 간의 차이는 단지 12 단위밖에 차이가 나지 않는다. 이는 4,196 단위에서 0.3%만큼 차이가 나는 것이다.

그러므로 어떤 답을 주문량으로 하건 이들의 기대이윤은 사실상 같게 나온다. 게다가, Excel은 이러한 계산을 매우 빠르게 처리할 수 있는 편리한 방법이기도 하다.

그렇다면 왜 Excel과 같은 쉽고 빠른 방법을 놔두고 표준정규분포표와 올림규칙들을 알아야만 할까? 이는 수요예측이 이산확률분포함수일 때 올림규칙이 보다 정확한 답을 제공하기 때문이다(이산확률분포함수는 오직 정수(integer)만을 가능 한 값으로 가진다). 이는 평균수요가 10단위 혹은 1단위, 심지어 0.25단위와 같이 작은 값일 때 특히 가치가 있다. 이러한 경우들에서는 정규분포함수는 수요를 잘 모형화하지 못한다(왜냐하면 정규분포는 연속확률분포함수이기 때문이다). 게다가, 한두 개의 주문량 차이가 기대이윤에는 커다란 차이를 발생시킬 수 있다. 그러므로 올림규칙을 이해하는 것은 매우 의미 있는 일이다.

이러한 논의가 아마도 당신에게 마지막 하나의 질문을 남길지도 모른다—왜 올림규칙이 올바른 규칙인가? 임계비는 사실 ($z=0.85$에 대응하는) 0.8023보다 ($z=0.84$에 대응하는) 0.7995에 보다 가깝다. 이런 이유로 Excel은 $z=0.84$를 선택하게 된다. 그렇다면 우리는 임계비에 가장 가까운 확률로 유도하는 z값을 선택하면 안 되는 것인가? 사실 이러한 선택은 좋은 선택이 아니다. 임계비는 다음과 같은 논리로 사용된다—우리는 수요

정리 14.2 뉴스벤더 모델에서 기대이윤을 최대화시키는 주문량을 찾는 과정

단계 1. 임계비를 계산하라:

$$\frac{C_u}{C_o+C_u}$$

Hammer 3/2 제품의 경우, 과소재고비용은 C_u=가격−비용, 그리고 과다재고비용은 C_o=비용−잔존가치이다.

단계 2. 예측수요가 평균 μ와 표준편차 σ를 가지는 정규분포를 따른다면 다음의 단계 A와 B를 수행한다.

A. 수요가 표준정규분포를 따르는 경우의 최적 주문량을 찾는다. 이를 수행하는 한 방법은 표준정규분포 함수표에서 다음 등식을 만족하는 z값을 찾는 것이다.

$$\phi(z)=\frac{C_u}{C_o+C_u}$$

(만약 임계비가 표에 존재하지 않는다면 그 임계비 주위의 가장 가까운 두 z 값을 찾는다. 예를 들어, 임계비 0.8은 $z=0.84$와 $z=0.85$ 사이게 놓이게 된다. 그러면 두 z 값들 중 큰 값을 선택한다. 두 번째 방법은 Excel 함수 Normsinv를 사용하는 것이다: z=Normsinv(임계비).)

B. 기대이윤을 최대화시키는 주문량 Q는 z를 변환하여 구한다:

$$Q=\mu+z\times\sigma$$

가 주문량보다 작거나 같을 확률이 처음으로 임계비보다 커지는 그 첫 번째 주문수량에 이를 때까지 계속 주문량을 증가시켜 나간다. 즉 이 논리는 임계비를 넘어서자마자 주문량을 증가시키는 것을 멈추도록 한다. 반대로 Excel에서는 임계비에 가장 가까이 접근했을 때 주문량의 증가를 멈추도록 하는 규칙을 사용하고 있는 것이다. 만약 독자들 중 보다 더 깊은 설명을 원한다면 부록 D를 참조하기 바란다. 그렇지 않다면 단순히 올림규칙을 적용하기 바란다. [정리 14.2]에 이러한 단계들이 잘 요약되어 있다.

14.4 성과 측정치

앞선 절에서는 기대이윤을 최대화시키는 주문량을 어떻게 구하는지를 살펴보았다. 이번 절에서는 이와 관련된 많은 성과 측정치들, 예를 들면, 기대잔여재고(expected leftover inventory; 우리는 이 값이 너무 크지 않기를 희망한다), 기대판매량(expected sales; 우리는 이 값이 클수록 좋다), 기대손실판매량(expected lost sales; 우리는 이 값이 작을수록 좋다), 기대이윤(expected profit; 우리는 이 값이 커지기를 희망한다), 그리고 고객들이 원하는 제품을 얻게 되는 정도가 어느 정도인지를 나타내는 서비스에 대한 두 가지 측정치인 재고보유율(in-stock probability)과 재고품절률(stockout probability)을 어떻게 산출하는지 살펴볼 것이다.

이들 성과 측정치들은 기대이윤을 최대화하는 주문량에 대해서뿐만 아니라 다른 주문량에 대해서도 산출될 수 있다. 이점을 강조하기 위하여, 이번 절에서는 3,500 단위의 Hammer 3/2가 주문되었다는 가정 하에서 이들 성과 측정치들을 산출하고자 한다.

기대잔여재고

O'Neill사가 Hammer 3/2를 3,500개 주문하게 되면, 판매 시즌의 끝에 가서 잔여재고가 남을 수도 있다. 그 수량은 얼마나 될까? 만약 수요량이 아쉽게도 2,000개 정도라면 3,500−2,000=1,500개가 남을 것이다. 그러나 수요량이 4,000개가 된다면 판매 시즌의 끝에 가서 잔여재고는 남지 않을 것이다. 기대잔여재고(expected leftover inventory)는 판매기간의 끝에 가서 팔리지 않고 남아있는 수량의 평균(기댓값(expected value))이다.

여기서 우리가 관심이 있는 것은 기댓값이란 사실을 주의해야 한다. 수요량은 주문량보다 많을 수도 있고 적을 수도 있다. 많을 경우에는 잔여재고가 남지 않을 것이고, 적을 경우에는 잔여재고가 양(positive)한 값으로 남을 것이다. 기대잔여재고는 이러한 모든 사건들(잔여재고가 없거나 양의 수량만큼 잔여재고가 존재하는)의 평균을 각각의 가능한 수요량에 대한 가능성을 고려하여 계산한 것을 의미한다.

어느 특정 주문량이 정해졌을 때 기대잔여재고를 어떻게 찾는 것일까? 수요가 정규분포를 따르게 되면, 다음과 같은 등식을 사용한다:

$$\text{기대잔여재고} = \sigma \times I(z)$$

여기서

σ = 수요를 나타내는 정규분포의 표준편차
$I(z)$ = 표준정규분포를 이용한 재고함수(inventory function)

우리는 $\sigma = 1,181$임을 이미 알고 있지만 $I(z)$는 어떻게 찾을까? 이는 수요가 표준정규분포를 따르고 z개를 주문했을 때의 기대재고(expected inventory) 수량이다.

여기서 $I(z)$를 계산하기 위한 두 가지, 즉 Excel을 이용하거나 표(표준정규 재고 함수표)를 이용하는, 방법이 있다. 어느 방법을 사용하건 간에 우리는 먼저 $Q = 3,500$에 상응하는 z-통계량을 계산한다.

$$z = \frac{Q - \mu}{\sigma} = \frac{3,500 - 3,192}{1,181} = 0.26$$

Excel을 이용하는 첫 번째 방법에서는, 수요가 표준정규분포를 따른다면, 기대잔여재고를 계산하기 위해 다음 식을 사용한다.

$$I(z) = \text{Normdist}(z,\ 0,\ 1,\ 0) + z^{*}\ \text{Normsdist}(z)$$

(만약 위 등식의 유도과정에 대해 의문이 든다면, 부록 D를 참조하기 바란다) 이 경우, Excel은 다음과 같은 값을 산출하게 된다: $I(0.26) = \text{Normdist}(0.26,\ 0,\ 1,\ 0) + 0.26^{*}$ $\text{Normsdist}(0.26) = 0.5424$

표준정규 재고 함수표(standand normal inventory function table)를 사용하는 두 번째 방법은 부록 B에 제시되어 있는 기대재고 값을 참조하는 것이다. 표준정규 재고 함수표로부터 $I(0.26) = 0.5424$라는 결과를 참조할 수 있다. 이 경우, 우리의 두 가지 방법은 모두 다 같은 값의 $I(z)$을 산출하게 된다. 이는 Excel 함수의 z 값에 0.263 대신 소수점 둘째 자리까지의 값인 0.26을 입력했을 때의 결과이다. 그러므로, 주문량이 3,500개 일 때, $\sigma \times I(z) = 1,181 \times 0.5424 = 641$개의 잔여재고를 남기게 될 것으로 기대할 수 있다.

우리가 수요를 모형화하기 위해서 정규분포를 사용하지 않는 상황에서는 어떻게 기대잔여재고를 계산할 수 있을까? 이 경우에는 우리가 정한 주문량에 상응하는 기대잔여재고가 얼마인지를 보여주는 표가 필요하게 된다. 예를 들어, 부록 B에는 수요가 포아송분포로 모형화될 때 사용할 수 있는 표가 다양한 평균값에 따라 제시되어 있다. 부록 C에서는 수요가 임의의 이산형 확률분포에 따라 모형화될 때 재고함수를 계산하는 절차

정리 14.3  잔여기대재고 계산절차

예측수요가 평균 μ와 표준편차 σ를 가지는 정규분포를 따른다면 다음의 단계 A에서 D까지를 수행한다.

A. 주문량에 대한 z–통계량을 구한다:

$$z = \frac{Q-\mu}{\sigma}$$

B. z–통계량을 이용하여 표준정규 재고 함수표에서 표준정규분포에 대한 기대잔여재고 $I(z)$를 찾는다.

C. 기대잔여재고$=\sigma\times I(z)$

D. Excel에서는, 기대잔여재고가 다음의 등식을 통해 계산될 수 있다.

기대잔여재고$=\sigma\times$(Normdist(z, 0, 1, 0)$+z$* Normsdist(z))

만약 예측수요가 이산분포 함수표라면, 기대잔여재고는 선택된 주문량에 대한 재고함수 $I(Q)$와 같다. 표가 재고함수를 포함하고 있지 않다면 이를 계산하기 위해 부록 C를 참고하기 바란다.

가 제시되어 있다. 우리는 이 절차를 부록에서 보여주는 것으로 미루어 두었다. 이는 계산과정이 복잡하여 손으로 계산하는 것보다 스프레드시트 상에서 계산하는 것이 훨씬 나은 절차이기 때문이다.

[정리 14.3]에서는 기대잔여재고를 계산하는 절차를 요약하고 있다.

기대판매량

기대판매량은 주어진 수요와 주문량에 대해 판매된 수량의 평균값을 말한다. 예를 들어, O'Neill사가 Hammer 3/2를 3,500개 주문하고 수요가 3,120개라면, 판매량은 3,120개가 된다. 그러나 수요가 4,400개라면, 판매량은 3,500개로 한정된다. 기대판매량은 이처럼 모든 가능한 수요와 결과적으로 나타난 판매량을 고려하여 계산된다.

기대판매량을 어떻게 계산하는지 이해하기 위하여, 각각의 제품은 판매 시즌 중에 팔리던지, 아니면 판매 시즌의 마지막까지 팔리지 않게 된다는(즉, 잔여재고가 된다는) 간단한 사실에서부터 출발해 보자. 이러한 사실에 의해, 판매량과 잔여재고의 합계는 주문량 Q와 같아지게 된다:

$$\text{판매량} + \text{잔여재고} = Q$$

위 등식의 양변에 모두 기댓값을 취하고 수식을 재정렬하게 되면 다음과 같은 기대판매량에 대한 등식을 얻게 된다:

$$\text{기대판매량} = Q - \text{기대잔여재고}$$

정리 14.4  기대판매량, 기대손실판매량, 그리고 기대이윤의 계산 과정

단계 1. 먼저 기대잔여재고를 계산한다(정리 14.3을 참조). 이 모든 성과측정치들은 기대잔여재고와 주어진 모수들(μ = 평균수요; Q = 주문량; 가격; 비용; 잔존가치)에 의해 바로 계산될 수 있다.

단계 2. 성과측정치들을 계산하기 위해 다음의 등식들을 이용한다.

기대판매량 = Q − 기대잔여재고
기대손실판매량 = μ − 기대판매량 = $\mu - Q$ + 기대잔여재고
기대이윤 = [(가격 − 비용) × 기대판매량] − [(비용 − 잔존가치) × 기대잔여재고]

그러므로, O'Neill사가 3,500개의 Hammer 3/2를 주문하게 되면, 기대판매량은 3,500 − 641 = 2,859개가 된다. 여기서 이 값은 단지 기댓값이라는 사실을 주의하자. 실제 판매량은 수요에 따라 다양한 값을 가질 것이다: 즉, 실제 판매량은 2,859개보다 많을 수도, 혹은 적을 수도 있다. 그러나 우리가 모든 가능한 실제 판매량을 평균을 낸다면, 이는 기대판매량 2,859개를 얻게 된다.

기대판매량을 어떻게 계산하는지의 요약이 [정리 14.4]에 나와 있다.

기대손실판매량

기대손실판매량은 재고가 다 소진됨으로 인해 판매되지 못한 수량의 평균값을 의미한다. 예를 들어, 우리가 3,500개의 Hammer 3/2를 주문하고 수요가 3,120개라면 손실판매량은 0개가 된다: 즉 모든 수요를 충족시킬 충분한 재고를 보유했던 것이다. 그러나 수요가 4,400개가 된다면, 손실판매량은 4,400 − 3,500 = 900개: 즉, 우리가 만약 판매 시즌을 시작하기 위해 최소 4,400개 이상을 주문했었다면 추가적인 900개를 팔 수 있었음을 의미한다. 기대손실판매량은 모든 가능한 수량과 그 결과인 손실판매량을 고려하여 계산된다.

기대손실판매량의 계산을 다음의 관찰에서부터 시작해 보자: 각 수요 한 개는 판매가 되어 판매량에 포함되던지 아니면 (재고가 수요를 충족시키기에 가용하지 않을 경우) 판매되지 않아 손실판매량에 속하게 된다. 따라서 판매량과 손실판매량의 합계는 수요량과 같게 된다:

$$\text{판매량} + \text{손실판매량} = \text{수요}$$

위 등식의 양변에 모두 기댓값을 취하고(수요 평균이 μ임을 기억하라) 수식을 재정렬하게 되면 다음과 같은 기대손실판매량에 대한 등식을 얻게 된다:

$$\text{기대손실판매량} = \mu - \text{기대판매량}$$

그러므로, O'Neill사가 3,500개의 Hammer 3/2를 주문하게 되면, 기대손실판매량은 3,192 - 2,859 = 333개가 된다.

기대손실판매량을 어떻게 계산하는지의 요약이 [정리 14.4]에 나와 있다.

만약 (먼저 기대잔여재고를 구하고, 그리고 기대판매량을 구하는) 위 과정이 너무 지루하다고 판단되면 기대손실판매량을 계산하는 다소 간단한 방법도 있다. 이 과정은 앞서 기대잔여재고를 구했던 과정과 매우 유사하다.

수요가 정규분포를 따를 때, 다음과 같은 등식으로 기대손실판매량을 계산할 수 있다:

$$\text{기대손실판매량} = \sigma \times L(z)$$

여기서

σ = 수요를 나타내는 정규분포의 표준편차

$L(z)$ = 표준정규분포를 이용한 손실함수(loss function)

손실함수 $L(z)$는 재고함수 $I(z)$와 매우 유사하게 구성되어 있다. 손실함수를 계산하는 첫 번째 방식은 다음의 Excel 함수를 사용하는 것이다:

$$L(z) = \text{Normdist}(z,\ 0,\ 1,\ 0) + z^*(1 - \text{Normsdist}(z))$$

두 번째 방법은 기대손실판매량의 값을 구하기 위해 부록 B에 제시되어 있는 표준정규 손실 함수표(standard normal loss function table)를 이용하는 방법이다. 이 표를 통해서 우리는 L(0.26) = 0.2824 임을 알 수 있다. 그러므로 Hammer 3/2를 3,500개 주문한 경우 $\sigma \times L(z) = 1{,}181 \times 0.2824 = 334$개 만큼의 수요를 상실하는 것으로 기대할 수 있다(이 방법을 통해서는 올림(rounding)에 의해서 약간 미세하게 다른 결과값을 얻게 된다).

우리가 수요를 정규분포로 가정하지 않을 때에는 어떻게 기대손실판매량을 구할 수 있을까? 이런 경우에는 특정 주문량에 대한 기대손실판매량을 알려주는 표가 필요하다. 예를 들어, 부록 B는 다양한 평균을 가진 포아송 분포(Poisson distribution)의 손실함수를 제공하고 있다. 부록 C는 다른 특정 이산형 확률분포의 손실함수를 구하는 절차에 대해서 설명하고 있다.

기대이윤

우리는 팔려나간 각 단위제품의 가격에서 비용을 뺀 만큼의 이익을 얻고, 팔려나가지 못한 각 단위제품의 비용에서 잔존가치를 뺀 만큼의 손해를 보게 된다. 그러므로 우리의 기대이윤은 다음과 같다:

$$\text{기대이윤} = [(\text{가격} - \text{비용}) \times \text{기대판매량}] - [(\text{비용} - \text{잔존가치}) \times \text{기대잔여재고}]$$

그러므로 우리는 기대판매량과 기대잔여재고를 계산한 이후에 기대이윤을 계산할 수 있다. [정리 14.4]는 이러한 과정을 요약하고 있다.

3,500 단위의 주문량과 정규분포 수요예측을 사용하면, Hammer 3/2의 기대이윤은 다음과 같다:

$$\text{기대이윤} = [\$80 \times 2{,}859] - [\$20 \times 641] = \$215{,}900$$

재고보유율과 재고품절률

고객 서비스의 일반적인 측정치는 재고보유율이다. 재고보유율은 기업이 모든 수요를 만족시키면서 그 시즌을 끝낼 확률을 말한다(다시 말해서, 재고보유율은 기업이 모든 고객을 위해 충분한 재고를 가질 확률이다). 이는 수요가 주문량보다 작거나 같을 때 발생하게 된다.

$$\text{재고보유율} = F(Q)$$

재고품절률은 기업이 판매 시즌 동안 어떤 고객에 대해서 재고가 품절이 되어 제품을 팔지 못하는 확률이다(즉, 손실판매량이 발생한다). 수요가 주문량을 초과할 때 기업은 재고의 품절을 경험하므로 재고품절률은 다음과 같다.

$$\text{재고품절률} = 1 - F(Q)$$

(기업은 재고가 품절이 되던지, 아니면 그렇지 않던지 둘 중 하나이다. 따라서 재고품절률은 이에서 수요가 Q 이하인 경우의 확률을 뺀 것과 동일하다) 우리는 재고품절률과 재고보유율은 매우 밀접한 관계가 있다.

$$\text{재고품절률} = 1 - \text{재고보유율}$$

[정리 14.5]은 이러한 확률들을 계산하는 절차를 잘 요약하고 있다. 3,500 단위의 Hammer 3/2를 주문한 경우, z–통계량은 $z = (3{,}500 - 3{,}192)/1{,}181 = 0.26$이 되고 표준정규분포 함수표로부터 $\Phi(0.26) = 0.6026$임을 파악할 수 있다. 따라서 재고보유율은 60.26%가 되고 재고품절률은 $1 - 0.6026 = 39.74\%$가 된다.

고객 서비스의 측정지표로 재고보유율만이 있는 것은 아니다. 자주 쓰이는 또 다른 측정지표로는 수요충족률(fill rate)이 있다. 수요충족률은 고객이 한 단위의 제품을 구매할 수 있을 확률이다(즉, 고객이 재고품절을 경험하지 않는 확률). 흥미롭게도 이 값은 모든 수요가 충족될 확률인 재고보유율과 동일하지 않다. 예를 들어, $Q = 100$이고 101개의 수요가 발생한 경우 대부분의 고객들은 제품들을 구매할 수 있었으나 기업은 모든 수요를 충족시키지는 못했다. 수요충족률을 계산하는 방법에 대한 더 자세한 사항은 부록 D를 참조하기 바란다.

정리 14.5  재고보유율과 재고품절률의 계산

예측수요가 평균 μ와 표준편차 σ를 가지는 정규분포를 따른다면 다음의 단계 A에서 D까지를 수행한다.

A. 주문량에 대한 z–통계량을 구한다:

$$z = \frac{Q-\mu}{\sigma}$$

B. 표준정규분포 함수표에서 표준정규 수요가 z이하인 확률 $\phi(z)$를 찾기 위해 z–통계량을 이용한다.

C. 재고보유율 $= \phi(z)$이고 재고품절률 $= 1-\phi(z)$

D. Excel에서는, 재고보유율 = Normsdist(z)이고 재고품절률 = 1–Normsdist(z)

만약 예측수요가 이산분포 함수표라면, 재고보유율 $= F(Q)$이고 재고품절률 $= 1-F(Q)$이다. 여기서 $F(Q)$는 수요가 $F(Q)$ 이하일 확률이다.

14.5 서비스 목표를 달성하는 방법

기대이윤을 최대화시키는 것은 주문량을 선정하는 데 있어 매우 의미 있는 목표임이 분명하다. 그러나 이것만이 유일한 목표는 아니다. 우리가 앞선 절에서 살펴보았듯이, 기대이윤을 최대화하는 주문량은 기업의 고객서비스 관점에서 수용할 수 없을 정도의 낮은 재고보유율을 산출할 수도 있다. 이번 절에서는 고객서비스의 목표를 충족시키는, 특히, 최소한의 재고보유율을 충족시키는 주문량 선정 방법에 대해서 설명한다.

O'Neill사가 Hammer 3/2에 대해 99%의 재고보유율을 산출하는 주문량을 선정하고자 한다고 가정해 보자. 재고보유율은 $F(Q)$이다. 따라서 우리는 수요가 주문량보다 작거나 같은 확률이 99%가 되는 주문량을 찾을 필요가 있다. 우리의 수요예측이 정규분포를 따른다고 할 때 먼저 우리의 목표를 달성하는 z–통계량을 표준정규분포를 통해서 구한다. 표준정규분포 함수표를 보면 $\Phi(2.32) = 0.9898$이고 $\Phi(2.33) = 0.9901$이다. 여기서도 우리는 더 높은 z–통계량을 선택하게 되고 결국 주문량은 $Q = \mu = z \times \sigma = 3,192 = 2.33 \times 1,181 = 5,944$가 된다. z–통계량을 구하기 위해 표준정규분포 함수표를 사용하길 원하지 않는다면 Excel 함수를 이용할 수도 있다.

z = Normsinv(재고보유율)

여기서 우리는 99%의 재고보유율을 달성하기 위한 주문량이 기대이윤을 최대화하기 위한 주문량(4,196) 보다 훨씬 크다는 것을 알 수 있다. [정리 14.6]은 목표 재고보유율을 달성하기 위한 주문량을 찾는 과정에 대해 요약하고 있다.

정리 14.6  **목표 재고보유율을 만족시키기 위한 주문량을 결정하는 과정**

예측수요가 평균 μ와 표준편차 σ를 가지는 정규분포를 따른다면 다음의 단계 A와 B를 수행한다.

A. 표준정규분포 함수표에서 다음과 같은 재고보유율을 만족시키는 z–통계량을 찾는다.

$$\phi(z) = \text{재고보유율}$$

B. 재고보유율이 표 상의 두 z값 사이에 위치한다면 더 큰 z값을 선택한다. Excel에서는, z값이 다음 공식으로 찾아지게 된다.

$$z = \text{Normsinv}(\text{재고보유율})$$

C. 발견된 z–통계량을 목표 재고보유율을 만족시키는 주문량으로 변환한다.

$$Q = \mu + z \times \sigma$$

만약 예측수요가 이산분포 함수표라면, 표 상에서 '$F(Q)$=재고보유율'을 만족시키는 주문량을 찾는다. 재고보유율이 표 상의 두 숫자 사이에 존재한다면 더 큰 주문량에 해당하는 숫자를 선택한다.

14.6 수요예측을 얻는 방법

여태껏 우리는 O'Neill 사의 수요가 평균 3,192와 표준편차 1,181을 가지는 정규분포를 따른다고 가정해 왔다. 이번 절에서는 수요를 모형화하는 방법에 대해 논의한다. 하지만 이것이 유일하게 가능한 방법은 아님을 밝힌다. 통계학이라는 분야는 수요와 같은 불확실한 미래의 사건에 애해 예측하고 모형화하는 방법들로 이루어져 있다.

14.1절에서 이미 언급한 데로, Hammer 3/2는 다가오는 봄 시즌을 위해 다시 디자인되었다. 그 결과, 지난 시즌의 실제 판매 데이터는 다가오는 시즌의 수요를 예측하는데 좋은 지침이 되지는 않을 것이다. 제품의 디자인 변경에 추가하여, 예상 수요에 영향을 미치는 여러 요소들은 다음과 같다: 다가오는 시즌의 가격 및 영업 전략, 유행의 변화, 경제상황의 변화, 기술의 변화, 그리고 스포츠의 전반적인 추세. 이러한 요소 전체를 다 설명하기 위하여, O'Neill사는 Hammer 3/2에 대한 개인적인 수요예측값을 조직 내 다수의 개인들에게 물어보았다. 이 조사의 결과는 평균 3,200개로 집계되어 초기 예측값이 되었다. 이것은 우리의 수요예측에서 "직감"이 차지하는 부분이다. 이제 우리는 O'Neill 사의 가용한 데이터를 분석하여 보다 심도 깊은 수요예측을 행할 필요가 있다.

[표 14.2]은 서핑 카테고리에 속하는 수영복들에 대한 지난 시즌의 데이터를 보여주고 있다. 이 데이터는 각 제품들에 대한 초기 예측값뿐만 아니라 실제수요량까지 포함하고 있다. 초기 예측값을 구하는 방법은 이번 시즌 Hammer 3/2의 3,200개라는 예측값을 구해내던 방법과 유사하다. Hammer 3/2의 이전 시즌 수요예측값은 1,300개이었으나 실수요는 1,696개이었다.

표 14.2 서핑 잠수복에 대한 작년 봄의 예측수요와 실제수요 데이터

제품	예측수요	실제수요	오차*	A/F 비율**
JR ZEN FL 3/2	90	140	−50	1.56
EPIC 5/3 W/HD	120	83	37	0.69
JR ZEN 3/2	140	143	−3	1.02
WMS ZEN-ZIP 4/3	170	163	7	0.96
HEATWAVE 3/2	170	212	−42	1.25
JR EPIC 3/2	180	175	5	0.97
WMS ZEN 3/2	180	195	−15	1.08
ZEN-ZIP 5/4/3 W/HOOD	270	317	−47	1.17
WMS EPIC 5/3 W/HD	320	369	−49	1.15
EVO 3/2	380	587	−207	1.54
JR EPIC 4/3	380	571	−191	1.50
WMS EPIC 2MM FULL	390	311	79	0.80
HEATWAVE 4/3	430	274	156	0.64
ZEN 4/3	430	239	191	0.56
EVO 4/3	440	623	−183	1.42
ZEN FL 3/2	450	365	85	0.81
HEAT 4/3	460	450	10	0.98
ZEN-ZIP 2MM FULL	470	116	354	0.25
HEAT 3/2	500	635	−135	1.27
WMS EPIC 3/2	610	830	−220	1.36
WMS ELITE 3/2	650	364	286	0.56
ZEN-ZIP 3/2	660	788	−128	1.19
ZEN 2MM S/S FULL	680	453	227	0.67
EPIC 2MM S/S FULL	740	607	133	0.82
EPIC 4/3	1,020	732	288	0.72
WMS EPIC 4/3	1,060	1,552	−492	1.46
JR HAMMER 3/2	1,220	721	499	0.59
HAMMER 3/2	1,300	1,696	−396	1.30
HAMMER S/S FULL	1,490	1,832	−342	1.23
EPIC 3/2	2,190	3,504	−1,314	1.60
ZEN 3/2	3,190	1,195	1,995	0.37
ZEN-ZIP 4/3	3,810	3,289	521	0.86
WMS HAMMER 3/2 FULL	6,490	3,673	2,817	0.57

*오차=예측수요 − 실제수요
**A/F 비율=실제수요/예측수요

그렇다면 O'Neill사는 매진된 제품의 실제수요를 어떻게 알 수 있을까? 예를 들어, O'Neill사가 작년에 1,500개 만을 주문했다면, 실제수요가 1,696개라는 것을 (실제로 팔지도 못했는데) 어떻게 알 수 있을까? 소매상들이 전화 또는 팩스로 주문을 하기 때문에 O'Neill사는 소매상들의 초기 주문을 추적할 수 있다. 즉 소매상들이 (재고의 부족으로) 제품을 구매할 수 없다는 것을 알기 이전에 O'Neill사는 소매상들의 수요를 알 수 있다(그러나 인생은 완벽하지 않다. O'Neill사의 전화담당자가 고객의 초기 주문을 컴퓨터 시스템에 항상 입력하지는 않기 때문에 그 수치조차 불확실성이 존재한다. 하지만 이 절에서 우리는 이러한 문제가 사소하다고 가정하고 분석에 포함시키지 않을 것이다). 다른 상황에서는, O'Neill사와 같은 기업이 앞서 설명한 방식으로는 높은 정확도를 지닌 실제 수요를 알 수 없을지도 모른다. 예를 들면 O'Neill사 제품의 소매상은 Hammer 3/2가 한 번 매진된 이후의 수요에 대해서는 더 이상 알 수가 없다. 그러나 시즌 중에 Hammer 3/2 가 매진된 시점을 알 것이고 따라서 시즌의 남은 기간 동안 추가로 얼마나 팔릴 수 있었는지 예측할 수가 있다. 즉, 기업은 그들이 놓친 판매량을 직접적으로 알 수는 없을지라도 발생 가능했던 수요에 대한 합리적인 추정치를 구할 수 있어야 한다.

데이터에서 볼 수 있는 것처럼 예측값은 작게는 90개부터 많게는 6,490개까지의 범위를 가진다. 여기에는 상당한 예측오차가 있는데, O'Neill사는 여성용 Hammer 3/2(WMS HAMMER 3/2 FULL)의 경우 실제수요보다 약 3,000개나 더 많은 예측을 한 반면, EPIC 3/2의 경우에는 약 1,300개 정도 더 적은 예측을 하는 실수를 범했다.

[그림 14.4]는 예측값과 실제수요의 산포도를 보여주고 있다. 만일 예측이 완벽하다면 모든 관찰치는 대각선 위에 놓이게 된다. 실제수요가 큰 제품들은 절대오차가 상당히 큰 편이지만 실제수요가 적은 제품들의 예측오차 또한 상당하다. 예를 들면, 어린이용 Zen Flat Lock 3/2suit의 실제수요는 예상치의 150%에 달했다. 이는 우리가 절대예측오차 대신 상대예측오차(relative forecast error)에 대해서 집중해야 한다는 것을 뜻한다.

상대예측오차는 A/F 비율로 측정될 수 있다.

$$\text{A/F 비율} = \frac{\text{실제수요(A)}}{\text{예측수요(F)}}$$

정확한 예측이라면 A/F 비율=1을 가지며, A/F 비율이 1보다 크면 이는 예측값이 너무 작았음을, 1보다 작으면 예측값이 너무 컸음을 의미한다. [표 14.2]의 마지막 열에 데이터에 대한 A/F 비율이 나와 있다.

이러한 A/F 비율은 예측의 정확성에 대한 측정치를 지난 시즌의 데이터를 이용하여 제공한다. 이를 설명하기 위해, [표 14.3]는 A/F 비율을 기준으로 데이터를 오름차순으로 정리한 것이다. 또한 각 제품의 A/F 비율 순위(rank) 및 같거나 낮은 순위를 가진 제품의 백분율을 백분위수(percentile)의 형태로 보여주고 있다(예를 들어, A/F 비율이 다

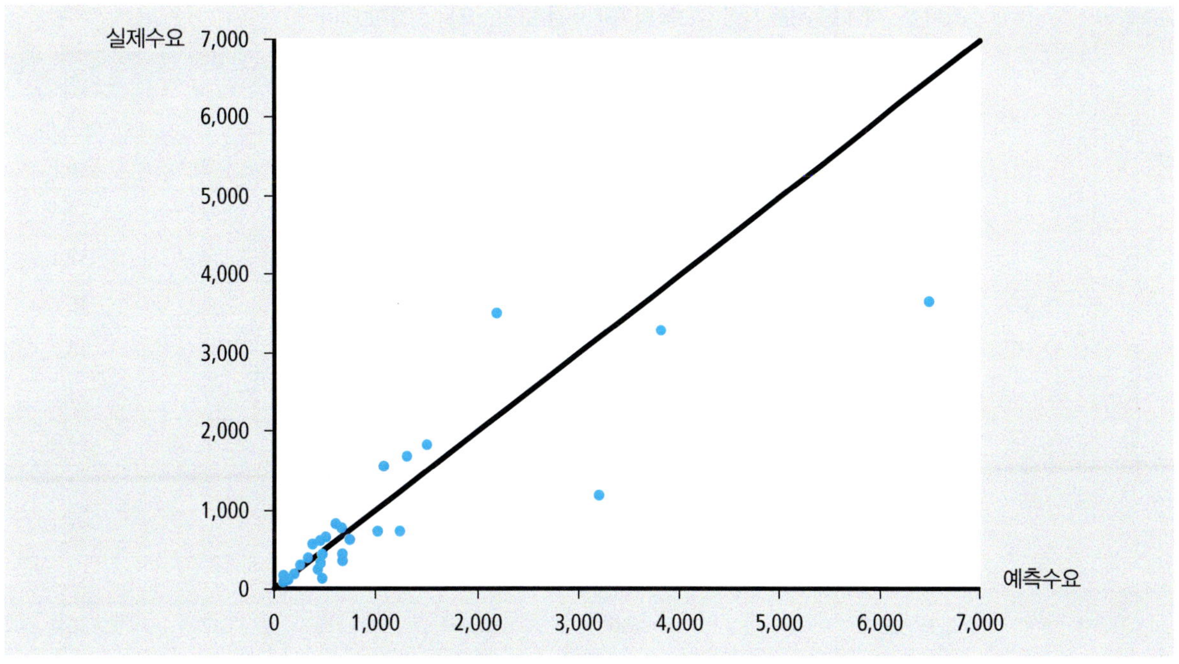

그림 14.4 이전 판매 시즌의 서핑 잠수복에 대한 예측수요와 실제수요

섯 번째인 제품은 5/33의 백분위수, 즉 15.2%인데 왜냐하면 데이터의 33개 제품 중 5번째 이기 때문이다). 우리는 데이터로부터 다음과 같은 사실들을 발견할 수 있다: 실제수요가 예측값의 80%보다 작은 제품들이 전체 제품들의 1/3 정도 된다(A/F 비율 0.8인 경우 백분위수가 33.3). 그리고 실제수요가 예측값의 125%보다 더 큰 제품들이 전체 제품들이 27.3% 정도 된다(A/F 비율 1.25인 경우 백분위수가 72.7).

지난 시즌 자료에서 구한 A/F 비율이 지난 시즌의 수요예측 정확도를 반영한다면, 아마도 현재 시즌의 수요예측 정확도도 이와 유사할 것이다. 그러므로 우리는 [표 14.3]에서 관찰했던 수요예측 정확도와 잘 일치하는 분포함수를 사용할 것이다. 우리는 이를 행하기 위해 정규분포(normal distribution)를 사용할 것이다. 우선 우리는 추가적인 몇몇 결과가 필요하다.

A/F 비율의 정의를 다시 고려하여 재정리하면 다음과 같다.

$$\text{실제수요} = \text{A/F 비율} \times \text{예측수요}$$

Hammer 3/2의 경우에 예측수요는 3,200개이다. 예측수요는 확률변수가 아니지만 A/F 비율은 확률변수이므로 실제수요는 A/F 비율의 확률변수가 가지는 불확실성을 그대로 가지게 된다. 통계학의 기본 결과들과 위의 등식을 이용하면 우리는 다음과 같은 결과를 가지게 된다.

$$\text{실제수요의 기댓값} = \text{A/F 비율의 기댓값} \times \text{예측수요}$$

표 14.3 지난 봄 시즌 서핑 잠수복의 A/F 비율을 기준으로 정렬한 데이터

제품	예측수요	실제수요	A/F 비율*	순위	백분율**
ZEN–ZIP 2MM FULL	470	116	0.25	1	3.0
ZEN 3/2	3,190	1,195	0.37	2	6.1
ZEN 4/3	430	239	0.56	3	9.1
WMS ELITE 3/2	650	364	0.56	4	12.1
WMS HAMMER 3/2 FULL	6,490	3,673	0.57	5	15.2
JR HAMMER 3/2	1,220	721	0.59	6	18.2
HEATWAVE 4/3	430	274	0.64	7	21.2
ZEN 2MM S/S FULL	680	453	0.67	8	24.2
EPIC 5/3 W/HD	120	83	0.69	9	27.3
EPIC 4/3	1,020	732	0.72	10	30.3
WMS EPIC 2MM FULL	390	311	0.80	11	33.3
ZEN FL 3/2	450	365	0.81	12	36.4
EPIC 2MM S/S FULL	740	607	0.82	13	39.4
ZEN–ZIP 4/3	3,810	3,289	0.86	14	42.4
WMS ZEN–ZIP 4/3	170	163	0.96	15	45.5
JR EPIC 3/2	180	175	0.97	16	48.5
HEAT 4/3	460	450	0.98	17	51.5
JR ZEN 3/2	140	143	1.02	18	54.5
WMS ZEN 3/2	180	195	1.08	19	57.6
WMS EPIC 5/3 W/HD	320	369	1.15	20	60.6
ZEN–ZIP 5/4/3 W/HOOD	270	317	1.17	21	63.6
ZEN–ZIP 3/2	660	788	1.19	22	66.7
HAMMER S/S FULL	1,490	1,832	1.23	23	69.7
HEATWAVE 3/2	170	212	1.25	24	72.7
HEAT 3/2	500	635	1.27	25	75.8
HAMMER 3/2	1,300	1,696	1.30	26	78.8
WMS EPIC 3/2	610	830	1.36	27	81.8
EVO 4/3	440	623	1.42	28	84.8
WMS EPIC 4/3	1,060	1,552	1.46	29	87.9
JR EPIC 4/3	380	571	1.50	30	90.9
EVO 3/2	380	587	1.54	31	93.9
JR ZEN FL 3/2	90	140	1.56	32	97.0
EPIC 3/2	2,190	3,504	1.60	33	100.0

*A/F 비율=실제수요/예측수요
**백분율=순위/총제품수

실제수요의 기댓값, 혹은 줄여서 평균수요는 우리가 정규분포의 평균으로 선택해야 하는 μ값이다. [표 14.3]에서의 A/F 비율의 평균은 0.9976이다. 그러므로 이번 시즌의 Hammer 3/2에 대한 평균수요는 0.9976×3,200=3,192개가 된다. 다시 말하면, 초기의 예측수요가 3,200개고 미래의 A/F 비율이 과거의 A/F 비율과 유사하다면, 실제수요의 평균은 3,192개가 된다. 그러므로 3,192를 우리의 정규분포의 평균으로 정하도록 하자.

이러한 결정은 혹 당신의 미간을 찌푸리게 만들지도 모른다. 즉, 우리의 초기 예측이 3,200개라면, 왜 우리는 정규분포의 평균을 3,200으로 정하지 않는 것일까? 3,192라는 숫자는 3,200과 매우 가깝기 때문에 설령 3,200을 평균으로 정한다고 해도 적합한 주문량이 될 텐데 말이다. 그 이유는 다음과 같다. 만약 우리의 평균 A/F 비율이 0.90, 즉 실제수요가 평균적으로 예측수요의 90%라고 가정해 보자. 일반적으로 사람들은 지나치게 낙관적으로 수요예측을 하는 경향이 있으므로 평균 A/F 비율이 0.90이 나오는 것도 가능한 일이다. 이럴 경우에 실제수요의 기댓값은 불과 0.90×3,200=2,880밖에 되지 않는다. 우리는 지금 실제수요를 표현하기 위해 정규분포를 사용하길 원하기 때문에 초기 예측이 3,200이라 할지라도 2,880을 평균으로 정하는 것이 훨씬 바른 선택이다(가끔 골프 초보자들은 이와 유사한 전술을 사용한다. 만약 골퍼가 치는 공이 원하는 목적지에서 항상 우측으로 휘어져 나간다면, 이 골퍼는 원하는 목적지의 왼편을 조준하여 공을 쳐야 만 한다. 이상적인 세상에서는 공의 휘어짐도 없고 예측에서의 편차도 없다. 하지만 과거 데이터가 공의 휘어짐을 보여주고 있다면 이러한 점은 무시되지 말아야 한다. 물론 공을 치는 골퍼와 예측을 하는 사람도 모두 편차를 없애기 위해 노력해야 한다).

이제 우리는 우리가 사용할 정규분포의 평균을 정했고 남은 것은 표준편차이다. 위에

정리 14.7  **정규분포 예측에 필요한 평균과 표준편차를 선정하기 위해 과거 A/F 비율을 활용하는 과정**

단계 1. 먼저 관심 제품과 수요예측의 목적이 유사한 제품들의 데이터를 모은다. 다시 말해, 데이터는 당신이 예상하기에 관심 제품과 유사한 예측 오차를 가질 것 같은 제품들을 포함하고 있어야 한다.(그 제품들은 당신의 관심제품과 유사한 제품이 아닐 수도 있다.) 데이터는 수요의 초기 예측치(예측수요)와 실제수요를 모두 포함해야 한다. 또한 우리는 다가오는 시즌에 대한 관심 제품의 수요를 예측할 필요가 있다.

단계 2. 데이터 세트의 각 제품에 대한 A/F 비율을 계산한다. A/F 비율의 평균(즉, 기대 A/F 비율)과 표준편차를 계산한다. (Excel에서는 함수 average( )와 stdev( )를 사용하라)

단계 3. 우리가 수요예측을 위해 사용할 정규분포의 평균과 표준편차가 다음 두 등 식과 같이 계산되어 질 수 있다.

실제수요의 기댓값=A/F 비율의 기댓값×예측수요
실제수요의 표준편차=A/F 비율의 표준편차×예측수요

여기서 예측수요는 다가오는 시즌에 대한 관심 제품의 수요예측치를 말한다.

서 말한 두 번째 등식은 실제수요의 표준편차가 A/F 비율의 표준편차와 예측수요의 곱과 같다는 것을 말해준다. [표 14.3]에 나와 있는 A/F 비율의 표준편차는 0.369이다(엑셀에서 "stdev( )" 함수를 사용하라). 따라서 실제수요의 표준편차는 A/F 비율의 표준편차와 예측수요의 곱인 0.369×3,200=1,181이다. 따라서 Hammer 3/2의 수요예측을 표현하기 위한 두 번째 방법으로 우리는 평균이 3,192이고 표준편차가 1,181인 정규분포를 사용할 수 있다. 정규분포를 이용한 수요예측을 위해 평균과 표준편차를 선정하는 과정이 [정리 14.7]에 요약되어 있다.

14.7 경영시사점

지금까지 우리는 뉴스벤더 모델을 사용하는 과정에 대해 자세히 살펴보았다. 이즈음에서 뉴스벤더 모델이 주는 경영시사점들을 살펴보는 것은 매우 의미 있는 일이다.

수요예측을 행하는 과정에서 볼 때 다음과 같은 세 가지 교훈들이 있다.

- 각 제품에 대하여 단순히 평균수요의 한 값만을 예측하는 것만으로는 불충분하다. 우리는 수요가 얼마나 변화하는지에 대한 예측을 할 필요가 있다. 이러한 예측에서의 불확실성은 수요의 표준편차에 의해 계량화 된다.
- 수요예측을 수행할 때, 실제 수요를 추적하는 것이 중요하다. 이 이슈와 관련하여 일반적으로 범해지는 두 가지 실수들이 있다. 첫 번째, 실제 수요가 실제 판매량보다 클 수 있음을 잊지 말아야 한다. 이는 재고부족으로 인해 실제 수요가 현실화되지 않은 것일 뿐일 수도 있다는 것이다. 만약 실제 수요가 품절로 인해 추적이 불가능한 경우라면, 실제 수요에 대한 적절한 추정치를 구해야 한다. 두 번째, 실제 수요는 오직 정상가격에서 발생한 잠재적인 판매량을 포함해야 한다. 예를 들어, 당신이 지난 시즌에 1,000 단위의 제품을 팔았지만 600 단위가 시즌의 마지막에 할인가격으로 팔려나간 것이라면, 실제 수요는 1,000보다는 400으로 보아야 한다.
- 당신은 수요의 표준편차를 측정하기 위해 과거의 예측값과 예측오차들을 추적할 필요가 있다. 과거 예측값과 예측오차들에 대한 자료 없이 수요의 적절한 표준편차를 선정하는 것은 매우 어려운 일이다: 분포의 평균을 예측하는 것도 충분히 어려운 일이지만 분포의 표준편차를 직감으로 예측하는 일은 거의 불가능한 일이다. 불행하게도 많은 기업들이 뉴스벤더 모델을 올바로 사용하는데 필요한 자료를 기록하고 보관하는데 실패하고 있다. 아마도 과거의 잘못(예측오차)을 기록하고 보관하는 것은 분명히 언짢은 일일 것이다: 누가 과거의 바보 같은 예측실수를 영원히 보관하고 싶어

하겠는가? 이러한 이유가 아니라면, 기업들이 이러한 데이터의 중요성을 인지하지 못하여 이를 기록 및 보관하는 노력을 기하지 않고 있을지도 모른다.

주문량을 선정하는 절차에서도 많은 중요한 시사점들이 있다.

- 기대이윤을 최대화하는 주문량은 일반적으로 평균수요와 동일하지 않다. 과소재고비용(underage cost)이 과다재고비용(overage cost) 보다 크다면(즉, 판매량을 잃는 것이 재고를 남기는 것 보다 더 큰 비용을 지불하는 것이라면) 기대이윤을 최대화하는 주문량은 평균수요보다 더 크다(이는 임계비가 0.5보다 크기 때문이다). 한편, 어떤 제품들은 과다재고비용이 과소재고비용보다 클 수도 있다. 이런 제품들에 대해서는 평균수요보다 덜 주문하는 것이 적절하다.
- 주문량을 선정하는 의사결정은 수요예측 절차에서 분리되어 진행되어야만 한다. 수요예측의 목적은 제품의 수요에 대한 최선의 예측을 행하는 것이므로 수요예측은 주문량의 결정과 상관없이 진행되어야 한다. 이러한 사실이 어떤 기업들에게는 매우 불만스러운 일 일수도 있다. 예를 들어, 영업부서가 수요예측을 행하기 위해 큰 노력을 기했고 생산부서에서는 영업부서의 수요예측값보다 더 많은 양을 생산하기로 결정했다고 가정해 보자. 아마도 영업부서는 그들의 노력이 무시당하고 있고 그들의 전문적 식견이 다만 넘겨짚기 식으로 치부되고 있다고 느낄 수 있을 것이다. 게다가 영업 부서는 그들이 매우 보수적인 수요예측(상대적으로 낮은 수요의 예측)을 했다는 사실에도 불구하고 생산된 제품들을 모두 다 팔아야 한다는 중압감을 느낄 수도 있을 것이다. 또한 수요예측과 주문량 선정의 구분은 예측수요의 평균이 같은 두 제품이 기대이윤 최대화를 위한 서로 다른 주문량을 가질 수도 있다는 것을 암시하기도 한다. 이는 이들 두 제품이 서로 다른 임계비를 가지거나 또는 예측수요의 표준편차가 서로 다르기 때문이다.
- 명시적 비용(explicit cost)이 기회비용(opportunity cost)에 비해 과하게 강조되지 말아야 한다. 시즌 말에 남게 되는 재고(inventory)는 수요와 공급의 불일치로 인한 명시적 비용이다. 반면 손실판매량(lost sales)은 기회비용이다. 명시적 비용을 기회비용에 비해 과하게 강조하게 되면 기대이윤을 최대화하는 주문량보다 덜 주문하게 될 것이다.
- 기대이윤을 최대화하는 주문량을 선정하는 것이 단지 하나의 가능한 목표일 뿐이라는 것을 인지하는 것이 중요하다. 기대이윤을 최대화하는 것은 매우 합리적인 목표이지만 경영자로 하여금 다른 대안적 목표를 고려하도록 하는 상황이 있을 수 있다. 예를 들어, 만약 당신이 이윤의 변동성에 특히 집착하지 않는다면 기대이윤의 최대화는 분명 현명한 선택이다. 만약 당신이 많은 종류의 제품들을 다루고 있고 어느 한

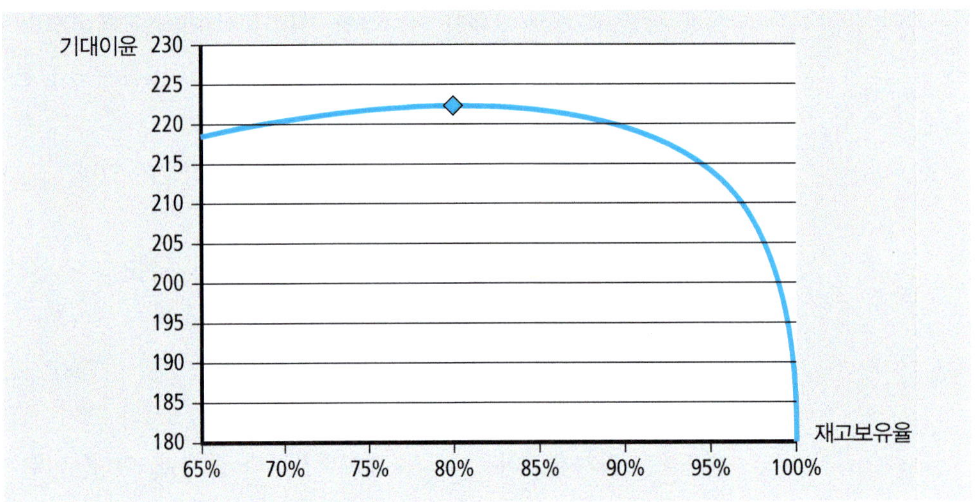

그림 14.5 Hammer 3/2에 대한 이윤과 서비스의 상쇄관계(동그라미는 최적 주문량 4,196단위에서의 재고보유율과 기대이윤을 나타낸다.)

제품에서 얻게 된 이윤이 기업 전체에 심각한 고충을 야기하지 않는다면, 기대이윤의 최대화는 수용할만한 좋은 목표가 된다. 그러나 만약 당신이 한 제품만을 다루는 제한된 자본의 신생기업을 운영하고 있다면 당신은 큰 이윤 손실의 충격을 감당할 수 없을지도 모른다. 이윤의 변동성이 문제가 되는 상황에서는 기대이윤을 최대화하는 주문량보다 적게 주문하는 것이 신중한 결정이다. 또한 기대이윤 최대화라는 목표는 고객서비스의 수준 유지와는 상충되는 경우가 있다. Hammer 3/2의 기대이윤 최대화 주문량은 약 80%의 재고보유율을 산출하게 된다. 어떤 관리자들은 이러한 수치가 고객서비스 차원에서 수용할 수 없는 수준이라고 느낄 수도 있다. 즉, 재고품절에 불만을 느낀 고객이 경쟁사로 옮겨가는 것을 걱정하는 것이다. [그림 14.5]는 기대이윤과 고객서비스(재고보유율)의 상쇄관계(trade-off)를 보여주고 있다. 그림을 통해서 확인할 수 있듯이 기대이윤 곡선은 최댓값 부근에서 제법 평평한 모습을 보이고 있고 이때 재고보유율은 80%를 나타내고 있다. 재고보유율을 90%까지 올리는 것은 단지 1%보다도 작은 이윤 감소를 유발하므로 이는 충분히 가치 있는 고려대상이 될 수 있다. 그러나 재고보유율을 너무 극단적으로(예를 들어 99%까지) 높이 올리는 것은 기대이윤을 너무 크게 감소(약 10%만큼)시킬 수도 있다.

- 마지막으로, 공급이 불확실한 수요에 앞서 결정되어야 하기 때문에 수요와 공급을 정확히 일치시키는 것은 거의 불가능 하지만, 너무 많이 주문해서 발생하는 비용과 너무 적게 주문해서 발생하는 비용의 균형을 맞추는 현명한 선택은 가능하다. 다시 말하자면, 불확실성으로 인해 논리적이지 않은 의사결정을 행해서는 안 된다는 것이다.

14.8 요약

뉴스벤더 모델은 “너무 많은, 혹은 너무 적은 주문”의 고민이 있는 경우에 의사결정을 돕는 일종의 도구이다. 즉, 너무 많이 주문을 해도 비용(예를 들어, 잔여재고)이 발생하고 너무 적게 주문을 해도 다른 비용 (예를 들어, 손실판매량의 기회비용)이 발생하는 경우이다. (주요 표현과 수식이 요약되어 있는 [표 14.4]를 보라.) 이러한 상쇄관계를 효과적으로 관리하기 위해서는 수요에 대한 완성된 예측이 필요하다. 단지 판매량의 예측값 하나만으로는 부족하고 예측된 판매량의 잠재된 변동에 대해서도 알 필요가 있다. 수요에 대한 예측모델(예를 들어, 평균 3,192와 표준편차 1,181을 가지는 정규분포)을 이용하여 우리는 기대이윤을 최대화하거나 희망하는 재고보유율을 달성하는 주문량을 선정할 수 있다. 또한 특정한 주문량에 대해서는 기대판매량과 기대이윤과 같은 다양한 성과측정치를 구할 수도 있다.

표 14.4 14장의 주요 개념과 수식의 요약

Q = 주문량	C_u = 과소재고 비용
C_o = 과다재고비용	임계치 = $\frac{C_u}{C_o + C_u}$
μ = 예상수요	σ = 수요의 표준편차
$F(Q)$: 분포함수	$\phi(Q)$: 표준정규의 분포함수
실제 수요의기댓값 = A/F 비율의기댓값 × 예측수요	
실제 수요의 표준편차 = A/F 비율의 표준편차 × 예측수요	
기대이윤최대화주문량: $F(Q) = \frac{C_u}{C_o + C_u}$	z–통계량 또는 표준화된 주문량: $z = \frac{Q - \mu}{\sigma}$
$Q = \mu + z \times \sigma$	$I(z)$ = 표준정규분포를 이용한 재고함수
$L(z)$ = 표준정규분포를 이용한 손실함수	기대잔여재고 = $\sigma \times I(z)$
Excel: 기대잔여재고 = σ*(Normdist(z,0,1,0) + z × Normsdist(z))	
기대손실판매량 = $\mu - Q$ + 기대잔여재고 = $\sigma \times L(z)$	
Excel: 기대손실판매량 = σ*(Normdist(z, 0, 1, 0) − z*(1 − Normsdist(z)))	
기대이윤 = [(가격 − 비용) × 기대판매량] − [(비용 − 잔존가치) × 기대잔여재고]	
재고보유율 = $F(Q)$	재고품절률 = 1 − 재고보유율
Excel: z = Normsinv(목표재고보유율)	Excel: 재고보유율 = Normsinv(z)
Expected leftover inventory = $\sigma \times I(z)$	
Expected sales = Q − Expected leftover inventory	
Excel: Expected leftover inventory = σ*(Normdist(z, 0, 1, 0) + z* Normsdist(z))	

심화학습

- 뉴스벤더 모델은 운영관리 분야에서 가장 심도 있게 연구되어온 분야들 중의 하나이다. 이들 연구는 다양한 차원에서 이론적으로 확장되어 왔다(예를 들어, 다수 기간에의 적용, 가격결정문제의 포함, 잔여재고량에 따라 변화하는 잔존가치 등).
- 다양한 교재들이 이 장에서 다룬 뉴스벤더 모델의 설명보다 더욱 수리적 해설을 담고 있다. Nahmias(2005), Porteus(2002), 혹은 Silver, Pyke, and Peterson(1998) 등을 참고하기 바란다.
- 뉴스벤더 모델에서 가격결정에 역점을 둔 이론적인 참고문헌들에 대한 정보를 얻고자 한다면 Petruzzi and Dada(1999)를 참고하기 바란다.

단원연습문제

다음 질문들은 이 장의 이해정도를 확인하는 데 도움을 줄 것이다. 각 질문 뒤의 [ ]는 관련된 해당 절을 나타내고 있다.

"*" 표시가 있는 문제의 해설은 부록 E에 있으며, Connect에서 영상을 참조하기 바란다.

14.1* **(McClure Books)** Dan McClure는 Pennsylvania의 New Hope이라는 곳에서 성공적으로 개인소유 책방을 운영하고 있다. 그는 신간 "힘과 자기 파괴(Power and self-destruction)"를 몇 부 주문해야 하는지 결정해야 한다. 이 책은 유명한 정치인의 선정적인 정사를 폭로한 책으로, 초반에는 이 책에 대한 관심이 강렬하겠지만 관심이 다른 유명인들로 옮겨가면서 이 책에 대한 흥미도 줄어들 것으로 예상하고 있다. 이 책의 소매가는 $20이고 도매가는 $12이다. 출판업자는 소매상의 남는 재고들에 대해서 모두 환불을 해주고 있다. 그러나 출판사로부터 책값을 환불받을 때 운반과 취급비용이 책 한 권당 $4씩 발생한다. 이 책에 대한 Dan의 수요예측은 평균값 200과 표준편차 80을 갖는 정규분포를 나타낸다고 한다.

a. Dan은 어떤 책이 400부가 넘게 팔릴 때 그 책을 블록버스터(blockbuster)라고 생각한다. 이 책이 블록버스터가 될 확률은 얼마인가? [14.2]

b. Dan은 평균예측의 50%보다 적게 팔리면 책을 "졸작"이라 생각한다. 이 책이 "졸작"이 될 확률은 얼마인가? [14.2]

c. 이 책에 대한 수요가 예측평균의 20% 이하가 될 확률은 몇인가? [14.2]

d. 얼마의 주문량이 Dan의 예상이윤을 최대화시키는가? [14.3]

e. Dan은 높은 수준의 고객서비스를 자랑으로 여긴다. 사실 그의 좌우명은 "저희 책방에는 여러분이 읽고 싶어 하는 책은 다 구비하고 있습니다."이다. 그가 95%의 재고보유율(in-stock probability)을 성취하기 위해서는 얼마의 주문량을 선택해야 할까? [14.5]

f. Dan이 문제 e에서 구한 95%의 재고보유율을 만족하는 주문량을 선택한다면, "고객들이 읽고 싶어 하는 책을 Dan의 서점이 보유하고 있지 못할" 확률은 얼마인가(예를 들면 고객들이 책을 구매하지 못할 확률은 얼마인가)? [14.4]

g. Dan이 300권의 책을 주문했다고 가정하자. 이 경우에 Dan의 기대이윤은 얼마가 될까? [14.4]

14.2* **(EcoTable Tea)** EcoTable은 유기농 및 친환경 음식을 파는 소매상이다. Cambridge, Massachusetts에 위치한 한 상점은 휴가시즌에 선물용 탄자니아 차(Tansanian tea)를 바구니 단위로 팔 계획을 세우고 있다. 그들은 주문을 내리고 상품이 남으면 시즌 말에 할인을 할 계획이다. 가게의 수요는 평균이 4.5인 포아송 분포를 따른다. 선물용 바구니는 개당 $55에 팔고 EcoTable의 구매비용은 $32, 그리고 남은 바구니는 $20에 팔린다.

a. 그들이 단지 3바구니만을 구매한다면, 일부 수요가 충족되지 않을 확률은 얼마인가? [14.2]

b. 그들이 10바구니를 구매한다면, 그들이 최소 3바구니를 가격 할인해야 할 확률은 얼마인가? [14.2]

c. EcoTable은 기대이윤을 최대화하기 위해서 얼마나 많은 바구니를 구매해야 하는가? [14.3]

d. 그들이 4바구니를 구매한다고 가정하자. 그들은 얼마나 많은 바구니가 팔린다고 기대할 수 있는가? [14.4]

e. 그들이 6바구니를 구매한다고 가정하자. 그들은 얼마나 많은 바구니가 시즌 말에 가격 할인될 것이라고 기대해야 하는가? [14.4]

f. EcoTable은 모든 수요를 충당할 확률을 최소 90%로 유지하면서 재고를 최소화한다. 얼마나 많은 바구니를 주문해야 하는가? [14.5]

g. EcoTable이 8바구니를 주문한다고 가정해 보자. 기대이윤은 얼마인가? [14.4]

14.3* **(Pony Express Creations)** Pony Express Creations(www.pony-ex.com)은 주로 할로윈 시즌을 위한 파티 모자를 만드는 제조업체이다. 그들의 가장 인기 있는 제품은 금속 안경과 구레나룻 장식을 지닌 엘비스 가발이라는 제품이다. 엘비스 가발은 중국에서 만들어진다. Pony사는 다가오는 시즌에 대비하여 시즌 전에 한번 주문이 가능하다. Pony사의 사장인 Ryan은 수요가 25,000개 정도 될 것이라고 예측했다. 다음 표는 총수요 예측을 나타낸다.

Q	Prob($D=Q$)	$F(Q)$	$I(Q)$
5,000	0.0181	0.0181	0
10,000	0.0733	0.0914	91
15,000	0.1467	0.2381	548
20,000	0.1954	0.4335	1,738
25,000	0.1954	0.6289	3,906

30,000	0.1563	0.7852	7,050
35,000	0.1042	0.8894	10,976
40,000	0.0595	0.9489	15,423
45,000	0.0298	0.9787	20,168
50,000	0.0132	0.9919	25,061
55,000	0.0053	0.9972	30,021
60,000	0.0019	0.9991	35,007
65,000	0.0006	0.9997	40,002
70,000	0.0002	0.9999	45,001
75,000	0.0001	1.0000	50,000

Prob(D = Q) = D가 Q와 같을 확률
$F(Q)$ = D가 Q보다 작거나 같은 확률
$I(Q)$ = Q개가 주문되었을 때 기대잔여재고

엘비스 가발은 소매가로 $25이지만, Pony사가 구매해 오는 도매가는 $12이다. 개당 생산 비용은 $6가 든다. 잔여재고는 $2.50라는 가격에 할인되어 팔린다.

a. Pony사는 40,000개의 엘비스 가발을 주문한다고 가정한다면, 10,000개 이상의 가발을 할인된 가격으로 판매하게 될 가능성은 얼마나 되는가? [14.2]
b. Pony사의 기대이윤을 최대화시킬 주문량은 얼마인가? [14.3]
c. Pony사가 90%의 재고보유율(in-stock probability)을 얻기를 원한다면 엘비스 가발을 얼마나 주문해야 할까? [14.5]
d. Pony사가 50,000개를 주문한다면, 몇 개의 엘비스 가발이 할인된 가격으로 처분된다고 예상할 수 있을까? [14.4]
e. 만일 Pony사가 고객들에게 100%의 재고보유율(in-stock probability)을 갖추고 있다고 주장한다면, 기대이윤은 얼마일까? [14.4]

14.4* **(Flextrola)** Flextrola사는 Solectrics사와 함께 차세대 버전 제품의 주요 부품을 디자인할 계획이다. Flextrola사는 그 부품들을 특정 소프트웨어와 통합하여 소비자에게 팔 것이다. 이러한 제품들의 짧은 수명주기와 Solectrics사의 긴 리드타임을 감안할 때 Flextrola사는 Solectrics사에 주문할 기회를 판매 시즌이 시작되기 전에 한번 가진다. 시즌 동안의 Flextrola사의 수요는 평균 1,000, 표준편차 600을 가지는 정규분포를 따른다.

Solectrics사의 부품에 대한 생산 비용은 한 개당 $52이고, Flextrola사에게는 한 개당 $72에 판다. Flextrola사는 특정 소프트웨어와 통합하는 것과 관련해서는 비용이 들지 않는다. Flextrola사는 고객들에게 한 개당 $121에 판다. Flextrola사는 시즌이 끝난 후 팔리지 않은 재고를 2차 전자마켓에서 각각 $50에 팔 수 있다. 현 계약은 한번 Flextrola사가 주문을 하면 변경이 허락되지 않는다고 명시하고 있다. 또한 Solectrics사는 Flextrola사의 팔리지 않는 재고에 대해 환불해 주지 않으므로, Flextrola사는 2차 마켓에서 잔여재고를 처리해야만 한다.

a. Flextrola사의 실제 수요가 평균 수요의 25% 이내일 확률은 얼마인가? [14.2]
b. Flextrola사의 실제 수요가 예측 수요의 40% 보다 더 높을 확률은 얼마인가? [14.2]
c. Flextrola사는 이윤을 최대화하기 위해서 몇 개를 주문해야 하는가? [14.3]

문제 d에서 I까지에 대해서는, Flextrola사가 1,200개를 주문한다고 가정한다.

d. Flextrola사의 예상 판매량은 얼마인가? [14.4]
e. Flextrola사는 얼마나 많은 재고가 2차 전자마켓에서 팔릴 것이라고 예상할 수 있을까? [14.4]
f. Flextrola사의 기대 총마진율(gross margin percent)((수익−비용)/수익)은 몇 %인가? [14.4]
g. Flextrola사의 기대이윤은 얼마인가? [14.4]
h. Solectrics사의 기대이윤은 얼마인가? [14.4]
i. Flextrola사가 400개 이상의 손실판매량(lost sales)을 가질 확률은 얼마인가? [14.2]
j. Flextrola사의 예리한 관리자는 예측수요를 관찰하면서 수요가 정규분포를 따른다는 가정에 대해 우려하고 있었다. 그는 이전 시즌의 비슷한 제품에 대해서 수요의 히스토그램을 그려보고 수요가 로그정규분포(log normal distribution)로 더 잘 표현된다는 결론

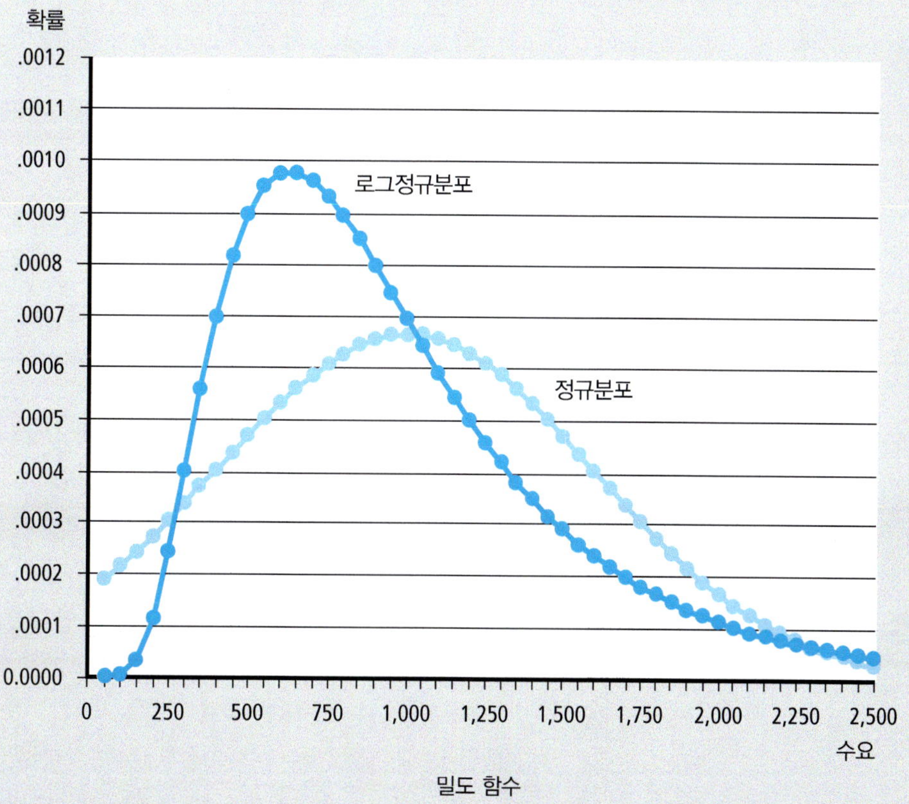

그림 14.6 확률밀도함수

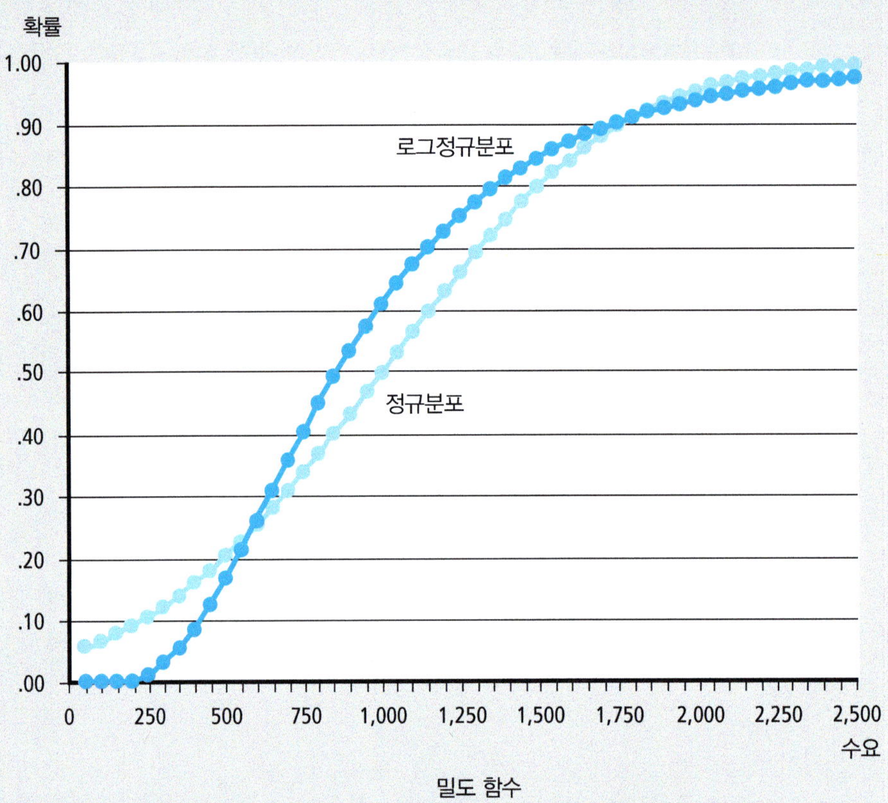

그림 14.7 누적확률함수

을 내렸다. [그림 14.6]에서는 로그정규분포와 정규분포 둘의 밀도함수를 나타내고 있고, 둘 다 평균 1,000과 표준편차 600을 가진다. [그림 14.7]은 두 로그정규분포와 정규분포에 대한 (누적)분포함수를 나타낸다. 더 정확한 예측(즉, 로그정규분포)을 사용한다면 기대이윤을 최대화시키기 위해서 대략 얼마를 주문해야 할까? [14.3]

14.5* **(Fashionables)** Fashionables는 최신 감각의 옷 소매상으로 유명한 The Limited의 프랜차이즈이다. 겨울 시즌 이전에 The Limited는 Fashionables에게 특정 스웨터 디자인의 다섯 가지 다른 색상을 고르게 한다. 그 스웨터는 해외에서 손으로 짠 것이고 리드타임 때문에 Fashionables는 판매 시즌 이전에 각각의 종류가 얼마나 필요한지 미리 주문해야 한다. 또한 The Limited에 의해 제공된 계약조건에 따라, Fashionables는 판매 시즌 동안 스웨터를 취소하거나 수정하거나 재주문할 수도 없다. 시즌 동안 각 색깔에 대한 수요가 평균 500, 표준편차 200으로 정규분포를 이룬다. 게다가 각 스웨터에 대한 수요는 상호 독립적이라고 보고 있다.

The Limited는 Fashionables에 스웨터 하나당 도매가 $40에 제공하고, Fashionables는 소매가로 하나당 $70에 판다. The Limited는 주문량을 한 트럭당 $2,000의 비용으로 Fashionables에 트럭으로 배달한다. $2,000의 운반 비용은 Fashionables가 부담한다. 대신에 모든 주문한 스웨터를 한 트럭에 담는다고 가정한다. 또한 도착한 스웨터들의 포장을 풀고 정리하는 것 등과 관련된 다른 모든 비용은 무시된다고 가정한다.

The Limited는 팔리지 않은 재고를 환불해 주지 않는다. 그러나 Fashionables는 시즌이 끝났을 때 팔리지 않은 모든 스웨터를 하나당 $20의 특가로 팔 수 있다.

a. 기대이윤을 최대화시키기 위해서 Fashionables는 각 스웨터 종류당 몇 개를 주문해야 하는가? [14.3]
b. Fashionables가 97.5% 정도의 재고보유율(in-stock probability)을 보장하기를 원한다면 각 종류의 스웨터를 얼마나 주문해야 하나? [14.5]

문제 c부터 d까지에서 Fashionables가 각 종류에 따라 725개씩의 스웨터를 주문했다고 가정하자.

c. Fashionables의 기대이윤은 얼마인가? [14.4]
d. 각 스웨터당 품절될 확률은 얼마인가? [14.4]
e. The Limited가 한 트럭에 실을 수 있는 용량이 총 스웨터 2,500개라고 발표했다고 가정하자. 그런데 Fashionables가 총 2,500개 보다 더 많이 주문한다면(총 2,501에서 5,000), 두 트럭에 대해서 비용을 지불해야 할 것이다. 이런 상황에서 Fashionables의 각 스웨터에 대한 최적 주문량은 얼마인가? [14.3]

14.6 **(Teddy Bower Parkers)** Teddy Bower는 외출용 의류와 액세서리 유통업체이다. 이 기업은 아시아 공급업체인 Teddy Sports로부터 한 종류의 파카를 개당 $10에 구입한다. 불행히도, 주문을 할 시기에는 수요는 여전히 불확실하다. Teddy Bower는 수요가 평균 2,100, 표준편차 1,200로 정규적으로 분포되어 있다고 예측한다. Teddy Bower는 이 파카를 개당 $22에 판다. 팔리지 않은 파카는 잔존가치가 거의 없어서 Teddy Bower는 이를 자선업체들에게 주는 방식으로 간단히 처리한다.

a. 제품에 대한 실제 수요가 예상 수요의 50% 이하일 때 이 제품을 "졸작"이라고 부르는데, 이 파카가 졸작이 될 확률은 얼마인가 [14.2]
b. 기대이윤을 최대화하기 위해서 Teddy Bower는 Teddy Sports로부터 파카를 얼마나 구입해야 하나? [14.3]
c. Teddy Bower가 98.5% 재고보유율을 보장하기를 원한다면, 파카를 얼마나 주문해야 하나? [14.5]

문제 d와 e는 Teddy Bower가 3,000개의 파카를 주문했다고 가정하자.

d. Teddy Bower의 기대이윤을 구하라. [14.4]
e. Teddy Bower의 품절 확률을 구하라. [14.4]

14.7 **(Teddy Bower boots)** 외출용 의류와 액세서리의 전 품목을 갖추기 위해서 Teddy Bower의 마케팅부서는 방수 사냥용 부츠도 팔자고 주장했다. 불행히도, Teddy Bower, Teddy Sports 양

쪽 모두 그런 종류의 부츠를 만드는데 전문성이 없었다. 그래서 Teddy Bower는 몇몇 타이완 공급업자에게 견적 가격을 요구하기 위해 접촉을 했다. 시장에서의 경쟁 때문에 Teddy Bower는 이 부츠를 $54 이상으로 팔 수 없을 것이라는 것을 알았다. 그러나 하나당 $40이 공급업체로부터 받을 수 있는 최상의 견적 가격이었다. 게다가 Teddy Bower는 시즌이 끝나고 남는 재고에 대해서는 50% 할인된 가격으로 팔 필요가 있다고 예상했다. $54이 가격이라 할 때, Teddy Bower의 예상 수요는 평균 400개에 표준편차 300개이다.

a. Teddy Bower가 이 부츠를 팔기로 결정했다면, 제공업자에게 얼마나 많은 부츠를 주문해야 할까? [14.3]
b. Teddy Bower가 380 부츠를 주문한다고 가정한다면, 기대이윤은 얼마가 될까? [14.4]
c. 공급 부서의 구매담당자인 John Briggs는 "부츠 문제"에 대한 논의를 점심을 먹으며 듣게 되었다. 그는 Teddy Bower가 공급업자로부터 수량 할인을 요구할 것을 제안했다. 그의 제안을 살펴본 뒤에 공급업자는 Teddy Bower가 적어도 800개 이상의 부츠를 산다면 10%의 할인을 해주겠다고 응답했다. 목표가 기대이윤을 최대화시키는 것이라면, 이 새로운 제안을 근거로 부츠를 얼마나 주문해야 할까? [14.4]

14.8 **(Land's End)** Geoff Gullo는 "Gullo Sunglasses"라는 작은 제조업체를 소유하고 있다. 그는 Land's End에게 특정 계절성 모델을 팔 기회를 가지게 되었다. Geoff는 Land's End에게 두 구매 옵션을 제공한다.

- 옵션 1. Geoff는 가격을 $65로 제시하고 시즌이 끝났을 때, 다 팔리지 않아서 Land's End가 Geoff에게 반환하는 수량에 대해서 각 $53을 환불해 주기로 했다. 스타일이 매년 바뀌기 때문에 반환된 물품에 대해서는 근본적으로는 별 가치가 없다.
- 옵션 2. Geoff는 각 단위당 $55의 가격을 제시하고 환불은 해주지 않는다. 이 경우에 Land's End는 시즌이 끝난 후 팔리지 않는 물건들은 버리게 된다.

이 모델에서 이번 시즌의 수요는 평균 200, 표준편차 125를 가지는 정규분포를 따른다. Land's End는 이 선글라스들을 개당 $100씩에 팔 것이다. Geoff의 생산 비용은 $25이다.

a. 옵션 1을 선택한다면 Land's End는 얼마나 구입해야 할까? [14.3]
b. 옵션 2를 선택한다면 Land's End는 얼마나 구입해야 할까? [14.3]
c. Land's End는 어떤 옵션을 선택할 것인가? [14.4]
d. Land's End가 옵션 1을 선택하고 275개를 주문한다고 가정하면, Geoff Gullo의 기대이윤은 얼마인가? [14.4]

14.9 **(CPG Bagels)** CPG Bagels은 베이글의 대량 생산으로 하루를 시작한다. 아침 동안에 필요에 따라 추가 베이글이 만들어진다. 베이글을 굽는 마지막 생산이 오후 3시에 종료되고 가게는 8시에 문을 닫는다. 재료와 베이글을 만드는 노동에 대해서는 대략 베이글 한 개당 $0.20의

비용이 들고, 신선한 베이글의 판매 가격은 $0.60이다. 하루가 끝날 때까지 팔리지 않은 베이글은 다음날 아침에 6개 묶음으로 한 묶음 당 $0.99로 팔린다. 하루가 지난 베이글은 대략 2/3가 팔리고 나머지는 버려진다. 베이글에는 다양한 맛이 있지만 단순성을 위해서 플레인 베이글에 대해서만 생각하기로 한다. 가게 관리자는 오후 3시부터 문 닫을 때까지 플레인 베이글의 수요가 평균 54, 표준편차 21의 정규분포를 따를 것이라고 예상하였다.

a. 가게의 (오후 3시부터 문 닫을 때까지 판매량에 대한) 기대이윤을 최대화시키기 위해서 오후 3시에 몇 개의 베이글을 구비해 놓아야 할까? (힌트: 하루 지난 베이글이 각 $0.99/6=$0.165에 팔린다고 가정하라. 즉, 하루 지난 베이글이 박스로 팔린다는 것을 고려하지 않아도 된다.) [14.3]
b. 가게 관리자는 품절 발생이 앞으로의 사업에 손실을 끼칠 수도 있다고 걱정을 한다. 가게 관리자는 수요가 있었으나 충족되지 않은 베이글에 대해서 하나당 품절 비용을 $5로 대략적으로 정하기로 했다(고객들은 보통 한 번에 베이글 하나 이상을 구매한다. 이 비용은 한 고객이 아니라 베이글 하나에 대해서 계산된 것이다). 추가적인 품절 비용이 있다고 할 때, 기대이윤을 최대화시키기 위해 오후 3시에 얼마나 많은 베이글을 구비해야 할까? [14.3]
c. 가게 관리자가 오후 3시에 101개의 베이글을 구비하기로 했다고 가정하자. 하루 영업이 끝났을 때 몇 개의 베이글이 남을 것이라고 예상할 수 있을까? [14.4]

14.10 (The Kiosk) 어떤 지역의 스낵바인 Kiosk에서는 평일 점심때, 매운 검정콩 부리토(burrito)에 대한 수요가 대략 평균 22의 포아송 분포를 보인다. Kiosk는 부리토 하나에 $4.00을 받으며, 복잡한 점심시간 이전에 미리 만들어 놓는다. 대체로 부리토를 먹는 모든 손님은 60센트에 파는 음료수도 함께 구입한다. Kiosk는 부리토를 만드는데 $2의 비용이 들며, 음료수는 5센트가 든다. Kiosk는 그들이 제공하는 음식의 품질에 대해서 철저하게 관리한다. 그래서 그들은 시간이 오래 지난 부리토는 판매하지 않는다는 정책을 엄격히 유지하며, 하루가 지나고 남은 부리토는 모두 버린다. 평균 22의 포아송의 분포함수는 다음과 같다:

a. 부리토 고객들은 Kiosk에서 부리토가 품절이 되면 다른 가게에서 스낵을 구입한다고 가정하자. Kiosk는 붐비는 점심시간을 위해 부리토를 얼마나 만들어야 할까? [14.3]
b. Kiosk에서 부리토를 살 수 없게 된 고객들이 점심으로 부리토 대신 팝타르트(Pop-tart)와 음료수를 먹기로 결정했다고 하자. 팝타르트는 75센트에 팔리고, Kiosk에게는 25센트의 비용이 든다(팝타르트와 음료수는 쉽게 저장할 수 있으며, Kiosk는 이들을 계속해서 제공할 수 있다). Kiosk 관리자는 이익을 최대화하는 것에 관심이 있다고 가정할 때 얼마의 부리토를 준비해야 할까? [14.3]

Q	F(Q)
1	0.0000
2	0.0000
3	0.0000
4	0.0000
5	0.0000
6	0.0001
7	0.0002
8	0.0006
9	0.0015
10	0.0035
11	0.0076
12	0.0151
13	0.0278
14	0.0477
15	0.0769
16	0.1170
17	0.1690
18	0.2325
19	0.3060
20	0.3869

Q	F(Q)
21	0.4716
22	0.5564
23	0.6374
24	0.7117
25	0.7771
26	0.8324
27	0.8775
28	0.9129
29	0.9398
30	0.9595
31	0.9735
33	0.9895
34	0.9936
34	0.9936
35	0.9962
36	0.9978
37	0.9988
38	0.9993
39	0.9996
40	0.9998

CHAPTER

15 주문조립 방식, 주문생산 방식, 그리고 반응생산 처리능력을 통한 신속대응

뉴스벤더(newsvendor) 문제에 당면한 기업은 수요와 공급의 불일치를 피할 수는 없지만 관리할 수는 있다. 주문을 너무 많이 하게 되면 시즌 말에 재고가 남게 되고, 주문을 너무 적게 하면 판매량 손실이라는 기회비용을 유발하게 된다. 기업은 수요가 발생하기 이전에 공급량을 결정해야 하기 때문에 이러한 상황에 직면하게 된다. 생산운영에서의 이러한 방식을 재고생산(make-to-stock: MTS) 방식이라 부른다. 이는 먼저 모든 제품들이 완제품으로 재고로 쌓인 다음 판매되기 때문이다. 다시 말하면, MTS 방식에 서는 한 제품의 최종 소유자가 누가 될지 알 수 없는 상태에서 먼저 생산이 진행된다.

MTS 방식에서의 수요-공급 불일치를 줄이기 위해서 기업은 수요에 대한 보다 나은 정보를 취득할 때까지 최소한 일정량의 생산을 연기할 수 있다. 예를 들어, 기업은 고객으로부터 확실한 주문을 받을 때에만 생산을 시작할 수 있다. 이러한 생산운영의 형태는 주문생산(make-to-order; 이하 MTO) 방식 혹은 주문조립(assemble-to-order: ATO) 방식이라고 불린다. Dell은 ATO 방식을 가장 성공적으로 활용한 기업으로 잘 알려져 있다.

MTS 방식은 주문이 들어오기 전에 생산을 시작하고 ATO 방식은 주문을 받은 후에 생산을 시작한다는 점에서 서로 양 극단을 이룬다고 볼 수 있다. 이러한 양 극단 사이에는 어느 정도 중간 형태가 존재하기 마련이다. 판매 시즌의 길이에 비해 주문을 받는데 걸리는 리드타임이 짧은 경우를 가정해 보자. 즉, 판매 시즌이 시작되고 주문을 하여도 시즌이 끝나기 전에 제품을 받을 수 있다고 가정하자. 제품을 주문하는 기업은 판매 시즌이 시작하기 이전에 어느 정도의 재고를 주문함으로써 시즌 초반에 약간의 제품을 보유하게 된다. 시즌 초기의 판매상황을 관찰한 이후에 이 기업은 2차 주문을 내게 되고 시즌 이 끝나기 전에 주문한 수량을 받게 된다(이는 짧은 리드타임 때문에 가능하다). 이 상황에서, 이 기업은 시즌 이전에는 보수적인 1차 주문을 내고, 시즌 초반의 판매에 적합한 전략적인 2차 주문을 내야 한다: 판매가 더딘 제품은 시즌 중간에 보충되지 않아 잔여재고를 줄이게 되고, 잘 팔리는 제품은 시즌 중간에 보충됨으로 인해 판매량의 손실을 줄이게 된다.

판매 시즌 동안 여러 번 주문을 받을 수 있는 역량은 신속대응(quick response: QR)의 중요한 부분이다. QR은 수요와 공급의 불일치 비용을 줄이기 위해 고안된 여러 관례들을 일컫는 말이다. 자동산 산업에서의 JIT 방식에 대응하여 의류산업에서 시작되었고 식료품 산업에서는 ECR(efficient consumer response)이라는 이름으로 적용되었다. 이번 장에서 소개되는 QR의 한 측면은 반응처리능력(reactive capacity)의 사용에 관한 것이다. 반응처리능력은 기업이 한 시즌에 추가적인 주문을 받을 수 있도록 하는 역량을 의미한다. 소매점들은 이 추가 주문을 '2차 주문(second buy)'라고 부른다. 14장에서와 마찬가지로 우리는 O'Neill사의 사례분석을 그대로 사용한다. 게다가 Hammer 3/2의 수요 예측으로 평균 3,192와 표준편차 1,181을 가지는 정규분포를 그대로 사용한다.

이번 장의 첫 번째 부분에서는 먼저 MTS 방식(즉, 판매 시즌 동안 단 한 번의 주문만이 가능)에서 수요–공급 불일치 비용을 측정하고 이를 최소화 한다. 게다가 우리는 수요–공급 불일치 비용이 커지는 상황들을 규명한다. 이러한 상황들은 반응처리능력을 통한 QR이나 MTO 방식으로부터 혜택을 얻게 될 잠재적인 가능성이 큰 상황들이다. 이번 장의 두 번째 부분은 MTS 방식과 비교된 MTO 방식에 대해 논하게 된다. 세 번째 부분은 반응생산처리능력에 대해서 논한다. 즉, 어느 정도의 반응처리능력이 가용 할 때 초기 주문량을 어떻게 결정하는가? 그리고 뉴스벤더 모델에서처럼, 다양한 성과측정치들을 어떻게 산출하는가? 결론 부분에서는 그 동안 다룬 내용을 요약하고 경영시사점들을 살펴본다.

15.1 뉴스벤더의 수요–공급 불일치 비용의 측정과 최소화

이번 절에서는 뉴스벤더 모델에서 수요–공급 불일치와 관련된 비용들을 살펴본다. 그런 다음 수요–공급 불일치 기대비용을 평가하는 두 접근방법에 대해 알아보고 끝으로 이들 비용들을 최소화하는 방법을 제시한다. 설명의 단순화를 위해, 우리는 "수요–공급 불일치 기대비용"이라는 용어 대신 "불일치 비용"이라는 짧은 용어를 사용한다.

뉴스벤더 모델에서, 불일치 비용은 두 부분으로 나누어진다. 너무 많이 주문해서 발생하는 비용과 너무 적게 주문해서 발생하는 비용. 너무 많이 주문한다는 것은 시즌 말에 잔여재고가 생기게 된다는 것을 의미한다. 너무 적게 주문한다는 것은 손실판매량이 발생한다는 것을 의미한다. 잔여재고 한 단위에 의한 비용은 과다재고비용이라고 하고 C_o로 표현한다. 손실판매량 한 단위에 의한 비용은 과소재고비용이라고 하고 C_u로 표현한 다(이들 비용에 대한 설명은 14장을 참고하기 바란다). 그러므로, 뉴스벤더 모델에서의 불일치 비용은 기대 과다재고비용과 기대 과소재고비용의 합이 된다:

$$\text{불일치 비용} = (C_o \times \text{기대잔여재고}) + (C_u \times \text{기대 손실판매량}) \quad (15.1)$$

불일치 비용이 눈에 보이는 비용(잔여재고)과 눈에 보이지 않는 비용(손실판매량)을 둘 다 포함하고 있음을 명심하자. 전자는 손익계산서(profit and loss statement)에 직접적인 영향을 미치게 되어 눈에 보이게 되지만 후자는 그렇지 않다. 그럼에도 불구하고 손실판매량에 의한 기회비용은 무시되지 말아야 한다.

수식(15.1)은 우리에게 불일치 비용의 정의를 제공할 뿐만 아니라 불일치 비용을 평가하는 첫 번째 방법을 제시하기도 한다. 이는 우리가 기대잔여재고와 기대손실판매량을 계산하는 법에 대해 제14장을 통해 이미 알고 있기 때문이다. 이 방법을 O'Neill사의

표 15.1 Hammer 3/2의 수요가 평균 3,192과 표준편차 1,181의 정규분포를 따른다는 가정하에서 기대이윤을 최대화시키는 주문량만큼을 주문했을 때의 성과 측정치 요약

주문량, Q	=4,196
수요의 평균, μ	=3,192
수요의 표준편차, σ	=1,181
z	=0.85
기대잔여재고 = $\sigma^* I(z)$	=1,133.8
기대판매량 = Q − 기대잔여재고	=3,062.2
기대손실판매량 = μ − 기대판매량	=129.8
기대이윤 = ($190 − $110) × 3,062.2 − ($110 − $90) × 1,133.8	=$222,300
기대수익 = 가격 × 기대판매량 + 잔존가치 × 기대잔여재고 = $190 × 3,062.2 + $90 × 1,133.8	=$683,860

Hammer 3/2 잠수복을 통해 설명해 보자. Hammer의 판매가격은 $190이고 TEC사로부터의 구입비용은 $110이다. 그러므로 과소재고비용은 손실판매량 한 단위당 $190 − $110 = $80($C_u$)이 된다. 잔여재고는 $90에 팔리게 되므로, 시즌 말 잔여재고 한 단위당 과다재고비용은 $110 − $90 = $20($C_o$)이 된다. 기대이윤을 최대화하는 주문량은 4,196 단위이다. 14장에 제시된 기법들을 사용하여 이 주문량에서의 여러 성과지표들을 우리는 평가할 수 있고 이들이 [표 15.1]에 제시되어 있다. 그러므로 Hammer 3/2에 대한 불일치 비용은, 우리가 기대이윤을 최대화하는 주문량을 선택했음에도 불구하고, 다음과 같다.

$$(\$20 \times 1,133.8) + (\$80 \times 129.8) = \$33,060$$

이제 불일치 비용을 평가하는 두 번째 접근방법에 대해서 살펴보자. O'Neill사가 마법의 수정구슬을 구입할 수 있는 기회를 가졌다고 상상해 보자. 이 마법의 수정구슬은 O'Neill사가 TEC사로 주문을 내기도 전에 이번 시즌의 정확한 수요를 O'Neill사에게 알려준다. O'Neill사는 수정구슬에서 관찰된 수요의 수량만큼을 TEC사로 주문하게 될 것이 분명하다. 그 결과, O'Neill사는 고객들을 위한 제품을 모두 구비함과 동시에 모든 불일치 비용을 가질 필요가 없는 매우 행복한 상황에 놓이게 된다(이런 상황에서는 과다한 재고도 없고 손실된 판매량도 없다). 사실 이 수정구슬이 제공한 기능은 모든 불일치 비용을 제거한다는 것뿐이다. 예를 들면, 이 수정구슬은 수요를 변화시키지 않으며, 판매가격을 증가시키거나 생산가격을 낮추지도 않는다. 즉, 수정구슬을 가진 경우와 그렇지 않은 경우의 O'Neill사의 기대이윤의 차이는 불일치 비용과 같음에 틀림없다. 수정구슬은 불일치 비용들을 제거함으로 인해 이윤을 증가시킨 것이다. 그러므로 이윤의 증가분은 불일치 비용과 같아야 한다. 그러므로 우리는 먼저 뉴스벤더 모델의 기대이윤을 계산

하고 그 후에 수정구슬을 가진 경우의 기대이윤을 계산한 다음 끝으로 이 두 값들 간의 차이를 구하면 된다.

우리는 이미 뉴스벤더 모델의 기대이윤을 계산하는 법을 알고 있다(14장을 참고하라). 자 그럼 수정구슬을 이용한 경우의 기대이윤을 계산하는 법을 살펴보자. O'Neill사가 TEC사에 얼마나 많이 주문할 것인지를 결정하기 전에 수요를 파악하게 된다면 시즌 말에는 어떤 잔여재고도 없을 것이고 심지어 재고품절도 일어나지 않게 된다. 즉 수요는 모두 판매량으로 이어진다. 그러므로 수정구슬을 가진 경우의 O'Neill사의 기대판매량은 기대수요 μ와 같아진다. 우리는 이미 O'Neill사의 판매 단위당 이윤이 총마진(gross margin), 즉 판매가격에서 생산비용을 뺀 것임을 알고 있다. 그러므로 수정구슬을 이용한 O'Neill사의 기대이윤은 기대수요와 수요단위당 이윤의 곱이 된다. 즉, (가격−비용)×μ이다. 사실 O'Neill사는 수정구슬을 이용한 경우보다 더 높은 기대이윤을 결코 가질 수 없다: 잔여재고를 가지지 않으면서 잠재적인 수요의 매 단위마다 온전한 마진을 벌 수 있는 것보다 더 나은 상황은 있을 수 없다. 그러므로 이러한 이윤을 최대이윤(maximum profit)이라고 부르도록 하자.

$$\text{최대이윤} = (\text{가격} - \text{비용}) \times \mu$$

Hammer 3/2에 대한 O'Neill사의 최대이윤은 \$80×3,192=\$255,360이 된다. 우리는 이미 뉴스벤더 모델의 기대이윤이 \$222,300임을 알고 있으므로 최대이윤(다시 말해 수정구슬 이윤)과 뉴스벤더 기대이윤의 차이가 바로 O'Neill사의 불일치 비용이 된다. 그 값은 \$255,360−\$222,300=\$33,060이며 이는 우리의 첫 번째 방법으로 구한 값과 일치한다. 요약하자면, 불일치 비용을 계산하기 위한 우리의 두 번째 방법은 다음 등식과 같다:

$$\text{불일치 비용} = \text{최대이윤} - \text{기대이윤}$$

당신은 이 불일치 비용을 O'Neill사가 수정구슬을 구입하는데 지불할 용의가 있는 최대의 가격이라고 생각할 수도 있을 것이다. 즉, 완벽한 수요 정보에 대한 가치(value of perfect demand information)라고 말이다.

불일치 비용을 계산하는 데 사용된 두 번째 방법은 아주 손쉽게 계산된 최대이윤이 존재한다는 것을 강조하고 있다. 만일 기업에 어떤 가용한 반응처리능력이 존재한다면 기대이윤을 그렇게 정확히 구할 수 없을지도 모른다. 그럼에도 불구하고, 기업이 어떤 형태의 반응처리능력을 보유하고 있던지 간에 그 반응처리능력은 우리가 설명한 수정구슬만큼 좋을 수는 없다는 것을 우리는 알고 있다. 그러므로 반응생산처리능력이 어떤 형태이건 간에 그 기대이윤은 뉴스벤더 모델의 기대이윤보다는 크고 최대이윤보다는 작음에 틀림없다.

당신은 아마도 지금 불일치 비용을 어떻게 최소화시키는지, 그리고 그렇게 하는 것이 뉴스벤더 모델의 기대이윤을 최대화시키는 것과 어떤 차이가 있는지 궁금할 것이다. 짧은 대답을 제시하자면, 이들은 사실 같은 목적함수를 가지고 있다. 즉, 이윤을 최대화시키는 주문량은 불일치 비용을 동시에 최소화시킨다. 이점을 이해하는 한 방법은 위에 나온 등식을 살펴보는 것이다. 기대이윤이 최대화되고 최대이윤이 주문량에 따라 변화하지 않는다면, 이들 두 이윤의 차이인 불일치 비용은 최소화됨에 틀림이 없다.

우리는 이제 불일치 비용을 어떻게 계산하고 최소화시키는지 알고 있으므로 이 불일치 비용의 경중(심각성 어부)을 인식할 필요가 있다. 다시 말하면, $33,060이라는 불일치 비용은 심각할 정도의 높은 수준인가 아니면 경시할 만큼 낮은 수준인가? 이 질문에 답하기 위해서는 이 값을 다른 어떤 값과 비교할 필요가 있다. 최대이윤은 하나의 비교대상이 된다: 수요-공급 불일치 비용을 최대이윤의 백분율로 나타내면 $33,060/$255,360=13%가 된다. 당신은 비교대상으로서 기대판매량(expected sales)을 선호할지도 모른다. 기대판매량 한 단위당 수요-공급 불일치 비용은 $33,060/3,062=$10.8이 된다. 또 다른 대안으로, 우리는 기대수익(expected revenue) $683,860, 혹은 기대이윤(expected profit) $222,300과의 비교를 원할지도 모른다: 불일치 비용은 총수익의 약 4.8%(=$33,060/$683,860)이고 기대이윤의 14.9%(=$33,060/$222,300)이다. 스포츠용품 산업의 순이윤(net profit)이 수익의 약 2~5% 수준임을 감안할 때 Hammer 3/2의 불일치 비용을 제거하는 것은 O'Neill사의 순이윤을 거의 두 배로 증가시킬 수 있음을 의미한다. 이는 매우 흥미로운 가능성임에 틀림없다.

15.2 언제 불일치 비용이 클까?

당신이 어떤 비교대상을 선호하던지 간에 O'Neill사의 불일치 비용은 기대이윤을 최대화하는 주문량을 선택했음에도 불구하고 과히 심각한 수준이다. 그러나 무엇이 이렇게 큰 수요와 공급의 불일치를 유발했는지를 이해하는 것이 더욱 중요하다. 이 질문에 답하기 위하여, 먼저 불일치 비용의 비교 초점을 먼저 고려해 보자. 앞선 절의 마지막 부분에서 논의되었던 데로, 최대이윤만이 선택된 주문량에 영향을 받지 않는다: 판매단위의 수, 수익, 이윤 모두 분명하게 Q에 영향을 받고 있다. 게다가, 최대이윤은 그 제품의 잠재력을 표현하는 값이라고 할 수 있다: 우리는 결코 최대이윤보다 나은 결과를 얻을 수는 없는 것이다. 그러므로 최대이윤의 백분율로써 불일치 비용을 평가해 보자.

우리는 판매 시즌 이전에 얼마나 많은 수량이 주문되어야 하는지(불일치 비용은 분명히 Q에 의해 결정되기 때문)에 대한 하나의 가정을 만들 필요가 있다. 그럼 이전 절에서 논의한 데로 기대이윤을 최대화하는 주문량만큼 주문되고 뉴스벤더 모델의 불일치 비용이 최소화된다는 자연스러운 가정을 수용해 보자.

우리가 14장에서 구한 기대손실판매량과 기대잔여재고의 수식들을 우리의 첫 번째 불일치 비용 등식(15.1)에 대입하고 여러 대수학적 처리방법들을 행하게 되면, 우리는 다음과 같은 결과들에 도달하게 된다:

- 기대 (수요−공급)불일치 비용은 수요의 변동성이 커질수록 증가한다. 여기서 수요의 변동성은 변동계수(coefficient of variation) σ/μ로 측정된다.
- 기대불일치 비용은 임계비 $C_u/(C_o=C_u)$이 작아질수록 증가한다.

(실제 결과 등식이 어떤 모습이고 어떻게 유도되는지 보기 위한다면 부록 D를 참조하기 바란다.)

수요의 변동성이 커질수록 불일치 비용이 증가한다는 것은 직관적으로도 파악할 수 있다—수요를 예측하기 힘들수록 수요에 공급을 일치시키는 것은 더욱 어려울 것이다. 여기서 중요한 통찰력은 어떻게 수요의 변동성을 측정하는가 하는 것이다. 변동계수는 이에 대한 적절한 답이라고 할 수 있다. 당신은 아마도 서비스 시간의 변동계수(CV_p) 혹은 대기행렬로의 도착간격의 변동계수(CV_a)에 관하여 논의한 9장의 내용을 떠올릴 수도 있다. 여기서 말하는 변동계수 σ/μ는 9장에서의 변동계수들과 개념적으로 동일한 내용이다: 이는 확률변수(여기서는 수요)의 평균 대비 표준편차의 비율이다.

변동계수가 왜 이러한 상황에서 적절한 변동성의 지표가 되는지를 살펴보자. 당신이 어느 제품 수요의 표준편차가 800이라는 정보를 얻었다고 가정해 보자. 이 값은 당신에게 수요의 변동성에 대한 충분한 정보를 제공하고 있을까? 예를 들어, 이 값으로부터 실제수요가 당신의 예측수요의 75%보다 작을 확률을 알아낼 수 있을까? 사실은, 전혀 그렇지 못하다. 다음 두 가지 경우를 고려해 보자. 첫 번째는 예측수요가 1,000인 경우이고 두 번째는 예측수요가 10,000인 경우이다. 실제수요가 750보다 작다면 실제수요는 1,000인 예측수요의 75%보다 작은 경우이다. 이때 이런 상황일 일어날 확률은 얼마인가? 먼저, 750이란 값을 정규화시킨다:

$$Z = \frac{Q-\mu}{\sigma} = \frac{750 - 1{,}000}{800} = -0.31$$

이제 표준정규분포 함수표를 이용하여 실제수요가 750보다 작을 확률을 구한다: $\Phi(-0.31)=0.3783$. 두 번째 경우인 예측수요가 10,000인 경우에 대해서 첫 번째 상황과 비교 가능한 사건은 실제수요가 7,500보다 작은 경우이다. 첫 번째 경우와 같은 절차를 거쳐 $Z=(7{,}500-10{,}000)/800=-3.1$이고 $\Phi(-3.1)=0.0009$이다. 그러므로 동일한

표 15.2 수요가 정규분포를 따를 때 변동계수 대비 수요예측 정확도

변동계수	수요가 예측수요의 75% 미만일 확률	수요가 예측수요의 25% 이내일 확률
0.10	0.6%	98.8%
0.25	15.9	68.3
0.50	30.9	38.3
0.75	36.9	26.1
1.00	40.1	19.7
1.50	43.4	13.2
2.00	45.0	9.9
3.00	46.7	6.6

표준편차 800이란 값을 이용하였음에도 불구하고 실제수요가 첫 번째 예측수요의 75%보다 작을 확률은 약 38%가 되고, 두 번째 예측수요의 75%보다 작을 확률은 1%보다도 훨씬 작다. 다시 말하자면, 표준편차 단독으로는 수요에 얼마나 큰 변동성이 있는지를 전혀 알 수 없다. 여기서 변동계수는 첫 번째 제품에 대해서는 0.8(=800/1,000)이고 두 번째 제품에 대해서는 훨씬 작은 0.08(=800/10,000)임을 주시하자.

Hammer 3/2의 경우에는 변동계수가 1,181/3,192=0.37이 된다. 어느 정도의 변동계수가 "낮음", "중간", "높음"으로 인정되는지에 대한 일반적인 기준은 없지만 우리는 다음과 같은 지침을 제시하고자 한다: 만약 변동계수가 0.25보다 작으면 수요의 변동성은 낮은 편이고, 0.25와 0.75 사이에 존재하면 중간 정도, 0.75보다 크면 변동성이 높다고 할 수 있다. 변동계수가 1.5를 넘어가면 변동성이 매우 높은 것이고 변동계수가 3을 넘어가면 더 이상 수요예측을 행하는 것은 무의미하다고 할 수 있다.

[표 15.2]는 변동계수의 "낮음", "중간", "높음" 정도를 판단할 수 있는 데이터를 제시하고 있다.

9장과 10장에서는 지수분포(exponential distribution)의 경우 변동계수가 항상 1이라는 점을 상기해 볼 때, 만약 두 프로세스가 지수분포를 따른다면 이들 프로세스는 항상 동일한 변동성의 양을 가지고 있게 된다. 그러나 표준편차가 평균에 비교되는 조절 가능한 값을 가지는 정규분포(normal distribution)의 경우에서는 이러한 현상은 적용되지 않는다.

위에서 제시된 두 번째 결과는 불일치 비용과 임계비 간의 관계에 관한 것이다. 특히, 낮은 임계비와 높은 수요 변동성을 지닌 제품들은 높은 불일치 비용을 가지고 높은 임계비와 낮은 수요변동성을 지닌 제품들은 낮은 불일치 비용을 가지게 된다. [표 15.3]은 다양한 변동계수와 임계비의 조합에 대한 불일치 비용을 보여주고 있다.

표 15.3 불일치 비용(수요가 정규분포를 따르고 기대이윤을 최대화시키는 주문량만큼 주문될 때, 최대이윤 대비 비율)

	임계비					
변동계수	0.4	0.5	0.6	0.7	0.8	0.9
0.10	10%	8%	6%	5%	3%	2%
0.25	24%	20%	16%	12%	9%	5%
0.40	39%	32%	26%	20%	14%	8%
0.55	53%	44%	35%	27%	19%	11%
0.70	68%	56%	45%	35%	24%	14%
0.85	82%	68%	55%	42%	30%	17%
1.00	97%	80%	64%	50%	35%	19%

이미 언급한 것과 같이 수요의 변동성이 증가함에 따라 불일치 비용이 증가하는 것은 매우 직관적인 내용이다. 그러나 임계비에 관한 직관은 보다 더 깊은 사고를 요한다. 매우 높은 임계비를 가진다는 것은 잔여재고 한 단위에서 발생하는 손실에 비하여 상대적으로 높은 이윤 마진을 가진다는 것을 의미한다. 연하장(greeting cards)은 매우 높은 임계비를 가지는 제품의 좋은 사례라고 할 수 있다: 즉, 연하장 한 장의 생산비용은 낮은데 비하여 마진은 매우 크다. 매우 큰 임계비 때문에 연하장의 최적 주문량은 제법 크게 되고, 따라서 매우 적은 손실판매량을 가지게 된다. 또한 이 경우에는 제법 많은 양의 잔여재고가 남게 되지만 잔여재고 한 단위당 비용이 전혀 크지 않아서 총 잔여재고비용은 상대적으로 작아지게 된다. 그러므로 총 불일치 비용은 적어지게 된다. 이번에는 낮은 임계비를 가지는, 즉 잔여재고 한 단위의 비용이 손실판매량 한 단위의 비용보다 훨씬 높은 제품들을 생각해 보자. 변질되기 쉬운 제품들(perishable product)(생선, 야채)이나 진부화(oblescence)에 노출된 제품들이 주로 이 범주에 들게 된다. 과다재고로 인한 비용이 높은 상황에서는 최적 주문량은 아마도 기대수요보다 작아지게 된다. 그 결과, 과다재고의 문제는 피할 수 있지만 손실판매량이 문제가 되고 그 결과 높은 불일치 비용을 초래하게 된다.

15.3 MTO 방식을 통한 불일치 비용 낮추기

수요의 양이 결정되기 이전에 공급의 양을 결정할 때(MTS 방식)에는 너무 많은, 혹은 너무 적은 양을 공급하게 되는 문제가 어쩔 수 없이 항상 발생하게 된다. 만약 수요가 발생하기 이전에 미리 수요의 양에 대해 알려주는 마법의 수정구슬을 보유한다면 좋겠지만 이는 매우 비현실적인 해결책이다. 보다 현실적인 해결책은 제품에 대한 수요가 발생한 후에 그 제품을 수요만큼 생산하는 것이다. 이러한 방식은 MTO 혹은 ATO라고도 불린다. 이번 절에서는 불일치 비용을 줄이는 능력과 관련하여 MTO 방식의 장단점을 논의하고자 한다.

이론적으로만 살펴보자면, MTO 방식은 MTS 방식(예를 들면, 뉴스벤더 모델)에서 발생하는 불일치 비용을 완전히 제거할 수 있다. MTO 방식을 사용하게 되면, 고객의 확고한 주문을 받은 이후에 비로소 생산을 시작하기 때문에 잔여재고가 발생하지 않게 된다. 그러므로 MTO 방식은 고비용의 가격인하(markdown)나 처분(disposal) 비용을 치르지 않아도 된다. 게다가, 각 고객의 모든 주문이 결국에는 생산됨으로 손실판매량 또한 발생하지 않게 된다. 그러므로 높은 불일치 비용을 유발하는 제품들(낮은 임계비와 높은 수요변동성을 가지는 제품들)은 MTS 방식에서 MTO 방식으로의 전환으로 인해 큰 혜택을 볼 수 있게 된다.

그러나 MTO 방식을 바로 적용하기에는 조심스러운 몇몇 이유들이 존재한다. 하나의 이유로는, MTO 방식을 사용한다 할지라도 여전히 완제품을 위한 부품재고들을 보유해야 하는 것이 사실이다. 부품재고를 보유한다는 것이 완제품재고를 보유하는 것보다는 안전할지라도 여전히 너무 많은, 혹은 너무 적은 부품재고를 보유할 가능성이 존재한다. 또 다른 이유로는, MTO 방식으로는 결코 고객의 주문을 즉각적으로 충족시킬 수는 없다. 즉, 고객은 그들의 주문이 충족될 때까지 일정 시간을 기다려야만 한다. 만약 그 기다림의 시간(대기시간)이 짧다면 MTO 방식에서의 수요가 MTS 방식에서만큼 높겠지만 여기에는 고객이 감당할 수 있는 기다림의 한계, 즉 대기시간의 임계값이 존재할 것이다. 이 임계값은 제품의 종류에 따라 달라진다: 즉, 고객 맞춤형 가구를 주문하고 기다리는 시간만큼 기저귀를 주문하고 기다리길 용인하는 고객은 드물 것이다.

MTO 방식에서 무엇이 대기시간(waiting time)을 결정하는지를 이해하기 위해서 대기행렬이론(queuing theory)(9장과 10장)을 떠올리는 것이 도움이 된다. 서버의 숫자가 얼마이건 상관없이 대기행렬이론의 주요 특징은 마치 MTO 방식에서 고객이 주문을 내리기 전까지는 생산이 시작되지 않는 것처럼, 고객이 시스템에 도착한 이후에야 비로소 서비스가 시작된다는 것이다. 대기행렬이론의 또 다른 특징은 마치 MTO 방식에서 이전 고객들의 미처리분(backlog)을 처리하기 위해 생산하고 있는 와중에 고객이 기다려야 하는 것처럼, 고객은 모든 서버가 바쁠 때에는 서비스를 받기 위해 기다려야 한다는 것이다.

이 토론을 위한 참고사항을 제시하기 위해, O'Neill사가 수영복 제조라인을 위해 MTO 방식을 구축했다고 가정해 보자. O'Neill사는 다양한 색상, 스타일, 품질 수준의 수영복을 제조하기 위해 필요한 원재료 재고를 보유할 필요가 있다. 수영복은 고객으로부터 주문을 받은 이후에 생산이 된다. 제조라인은 대기행렬에서의 서비스율(service rate)에 상응하는 최대 생산율을 갖추고 있다. 수요가 불확실하게 발생한다면, 대기행렬 시스템에서처럼 고객의 주문 간 시간(inter-arrival time) 역시 불확실하게 결정된다.

대기행렬에서 얻게 되는 주요 교훈 중의 하나는 고객의 기대대기시간(expected waiting time)은 시스템의 활용률(utilization)(처리능력에 대한 흐름률의 비율, the ratio of the flow rate to capacity)에 비선형적(nonlinearly)으로 비례한다는 것이다: 활용률이 100%에 육박할수록 대기시간은 무한대로 접근한다([그림 9.21] 참조) 결과적으로, 만약 O'Neill사가 고객에게 짧은 대기시간을 제공하기를 원한다면 100% 미만의 활용률로, 혹은 100%에 훨씬 못 미치는 활용률로 시스템을 운영할 각오가 되어 있어야 한다. 100% 미만의 활용률이 의미하는 바는 유휴생산능력(idle capacity)이 불가피함을 암시한다: 예를 들어, 만약 활용률이 90%라면 생산라인의 10%가 유휴상태임을 의미한다. 그러므로 MTO 방식이라 할지라도, O'Neill사는 수요와 공급의 불일치 비용들의 발생을 경험하게 된다. 이러한 불일치 비용들은 두 가지 형태로 나타난다: 하나는 유휴생산능력이고 다른 하나는 제품을 받을 때까지 기다리기를 꺼려하는 고객들에 의한 손실판매량이다. MTO 방식을 MTS 방식과 비교하자면, MTS 방식을 MTO 방식으로 전환함으로 인해 잔여재고비용을 유휴생산능력의 비용으로 대체한다고 말할 수 있다. MTO 방식이 적합한지 않은지에 대한 선택은 이들 두 비용항목들의 상대적 중요도에 달려있는 것이다.

고객의 기대대기시간이 매우 클 경우에 고객은 작업시간을 포함하는 총 대기시간에 매우 민감하게 반응하게 된다. MTO 방식에서 작업시간은 두 가지 구성요소를 가진다: 생산시간과 생산에서 실제 배송까지의 시간. 그러므로, MTO 방식의 성공적인 실행은 빠르고 쉬운 조립과정을 요구한다. 다음으로, 배송시간을 수용할만한 수준으로 유지하는 것은 빠른 배송(예를 들면, 항공 배송)에 비용을 지출하던지 아니면 (제품이 이동하는 거리를 줄이기 위해) 생산시설을 고객에게 가까이 이동시키는 것을 요구한다. 빠른 배송(fast shipping)은 생산된 개별 제품의 비용을 증가시키고, 지역 생산(local production)은 인건비를 증가시킨다.(예를 들면, 아시아 지역이 아니라 북미 지역에서의 생산)

결과적으로, MTO 방식에 적합한 제품들은 다음과 같은 특징들을 가지는 경향이 있다: 고객이 제품의 다양성에 대한 강한 선호도를 가지고 있다. 이는 다양한 제품들이 고객에게 제공되는 것을 의미한다. 그리고 어느 한 종류 제품의 수요에 대해서 예측하기가 어려운 경향이 있다; 제품의 진부화(obsolescence) 위험과 부품가격의 하락으로 인해 재고를 유지하는데 비용이 많이 든다; 최종 조립단계가 빠르고 상대적으로 효율적으로 완수된다; 그리고 제품의 최종 배송단계가 적절한 시간 내에 처리되는데 합리적인 수준의 비용이 든다.

Dell사는 위에서 언급한 조건들이 개인용 컴퓨터 시장에 적합하다는 것을 일찌감치 발견했었다. 대부분이 기업고객이었던 Dell사의 고객들은 그들만의 고유한 사양으로 컴퓨터를 커스터마이즈(customize)하기를 원했다. 컴퓨터 부품의 가격들이 빠르게 하락하는 것은 컴퓨터 재고를 보유하는 것이 큰 비용을 유발하는 일이었다. 컴퓨터를 조립하는 것은 쉬운 작업이었으며 컴퓨터를 고객에게 최종 배송하는 것은 컴퓨터 자체의 가격에 비하면 상대적으로 싼 비용으로 처리할 수 있었다. 하지만 시간이 지나면서, 산업계는 변화했고 MTO 방식의 이점들은 사라지게 되었다. 예를 들면, 고객들은 표준형 컴퓨터 사양에 보다 더 친숙하게 되었고 (즉, 제품의 다양성에 대한 선호도가 사라져 갔다) 부품 가격들의 하락은 그리 빠르지 않게 되었다.

15.4 반응처리능력을 통한 신속대응

O'Neill사는 MTO 방식을 운영하는 것이 아시아 지역에서(추가적인 운송비용 때문에) 혹은 북미지역에서(추가적인 인건비 때문에) 실행하기에는 불가능하다고 결론지을지도 모른다. 만약 MTO 방식이 거론 대상이 아니라고 판단하게 되면, O'Neill사는 MTS 방식과 MTO 방식의 중간쯤 되는 다른 방식을 고려해야 한다. MTS 방식(뉴스벤더 모델)에서 O'Neill사는 수요가 발생하기 이전에 모든 공급의 양을 결정한다. 반면에 MTO 방식에서는 모든 수요가 발생한 이후에 공급의 양을 결정한다. 이들 두 방식의 중간쯤 되는 방식이란 먼저 수요가 발생하기 이전에 1차적으로 일부 공급의 양을 먼저 결정하고, 일부 수요가 발생한 이후에 2차적으로 추가 공급을 결정하는 선택권을 남겨두는 것이다. 여기서 이 2차적인 추가 공급과 관련된 역량을 반응처리능력(reactive capacity)이라고 부른다. 이러한 능력은 O'Neill사가 2차적인 생산의 결정에 O'Neill사가 목격하게 되는 수요에 대한 정보를 반영하기 때문에 반응처리능력으로 불린다. 복수의 납품(replenishment)이 가능하도록 하는 능력을 갖는 것이 바로 신속대응(Quick Response; QR)의 주요 목적이다.

O'Neill사가 TEC사에게 TEC사의 공급 리드타임을 줄이도록 요구한다고 가정해 보자. O'Neill사의 이러한 요구는 판매 시즌 도중에 추가적인 공급보충의 기회를 확보하기 위한 것이다. 판매 시즌은 2월초에 시작하여 7월말에 끝나는 6개월의 기간 동안 지속된다.([그림 14.2] 참조) O'Neill사는 판매 시즌의 처음 두 달 동안 인기 있는 제품들은(즉, 예측수요보다 더 많이 팔리는 제품들) 판매 시즌의 마지막까지 계속 인기였다는 것을 경험해 왔다. 따라서 O'Neill사는 판매 시즌 도중의 추가적인 납품의 기회를 통해 추가 판매의 기회를 얻을 수 있을 것이다. 예를 들어, 만약 TEC사가 판매 시즌 도중의 추가 주문에 대해 한 달의 공급 리드타임을 제공할 수 있다고 가정해 보자. 그러면 O'Neill사는

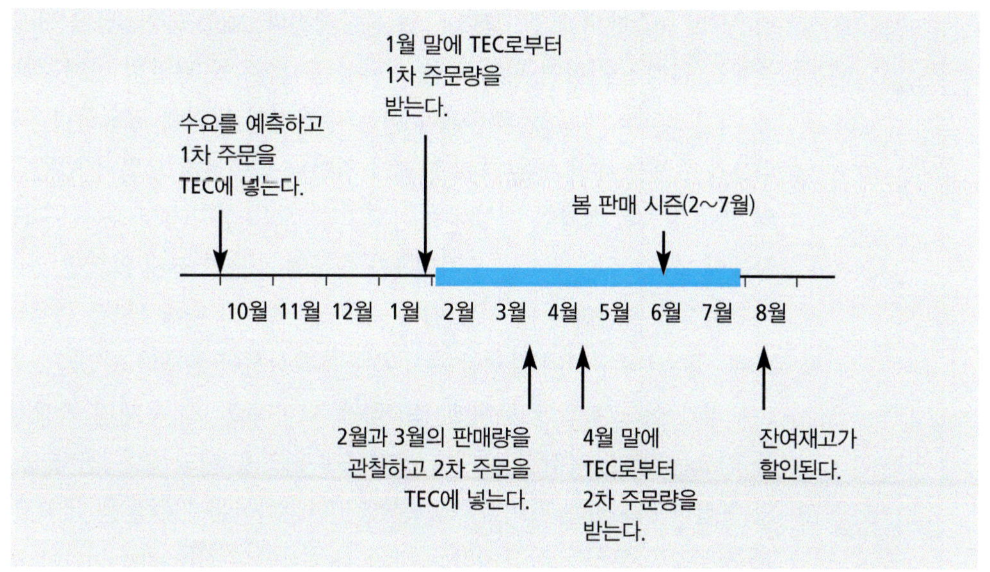

그림 15.1 무한하지만 값비싼 반응처리능력을 가진 O'Neill사의 Hammer 3/2에 대한 시간별 업무

판매 시즌의 처음 두 달 후(3월 말)에 추가 주문을 TEC사로 내리게 되고 한 달 후(4월 말)에 추가적인 납품을 받게 된다. 그러면 추가 공급받은 재고를 이용하여 판매 시즌의 후반기 동안 발생하는 수요를 처리하게 된다. [그림 15.1]은 이러한 상황의 시간에 따른 경과를 제시하고 있다.

O'Neill사에게 있어 2차적인 추가 주문은 분명 큰 혜택을 가져다 주지만, 한 달의 공급 리드타임을 달성해야 하는 이 추가 주문은 TEC사에게 있어서 추가적인 비용을 유발하게 한다. 예를 들어, TEC사는 O'Neill사의 주문에 대비하여 생산처리능력의 일부를 남겨두고 있어야 한다. 만약 O'Neill사의 추가 주문이 TEC사가 예상했던 것만큼 크지 않다면 남겨둔 생산처리능력의 일부를 낭비하게 되는 셈이다. 혹은 O'Neill사의 추가 주문이 TEC사의 예상보다 크다면 TEC사는 추가적인 생산처리능력의 확보를 위해 추가적인 비용을 써가며 서두를 수밖에 없다. 또한 한 달의 공급 리드타임은 보다 빠른 운송수단을 사용하여야 하므로 이 또한 추가적인 비용이 소모된다. 여기서의 이슈는 O'Neill사가 불일치 비용을 줄이기 위해 소요되는 추가 주문의 비용들이 정당화되는가 하는 것이다. 이 이슈를 보다 구체적으로 밝히기 위해, TEC사가 O'Neill사의 추가 주문을 허용하는 조건으로 이에 따른 추가비용을 감당하자는 뜻에서 추가주문량에 대해서는 평상시 가격보다 20% 높은 가격으로 공급하겠다고 주장하는 상황을 고려해 보자. 이러한 두 회사 간의 새로운 거래기회에 있어서 과연 O'Neill사는 얼마만큼의 양을 1차로 주문해야 하고 이로 인해 얼마만큼의 불일치 비용을 감소시킬 수 있을까?

두 번의 주문 기회에 있어서 적절한 주문량을 정하는 것은 한 번의 주문 기회가 있는 경우(즉, 뉴스벤더 모델) 보다 훨씬 복잡해진다. 예를 들면, 전체 판매 시즌의 수요를 예측하는 것에 추가하여 판매 시즌 시작 이후 초기 두 달간의 판매상황을 관찰한 이후 남은 기간 동안의 수요를 예측해야 하는 추가적인 노력이 필요하다. 게다가 우리가 초기의 1차 주문을 내린 이후 초기 판매가 얼마나 일어날지 모르기 때문에 우리는 초기 판매의 모든 가능한 상황을 예상해야 하고 이들 모든 상황에 대응하는 적절한 2차 주문을 예상해야 한다. 또한 우리는 우리의 1차 주문이 충분히 크지 않으면 판매 시즌의 전반기에 재고품절을 경험하게 될 수도 있다. 끝으로 초기의 판매상황을 관찰한 이후에도 여전히 판매 시즌의 후반기에 발생할 수요에는 불확실성이 존재하고 있다.

우리가 어느 복잡한 문제에 봉착하게 되더라도, 그 문제의 복잡성으로 인해 주눅이 들 필요는 없다. 복잡한 문제에 봉착하게 되었을 때의 좋은 전략 중 하나는 그 문제를 덜 복잡하도록 하는 것이다. 즉, 문제를 단순화하는 가정들을 세워서 복잡한 문제의 주요 정성적인 특징들은 유지하는 반면 분석적인 추적(tractability)이 가능하도록 하는 것이다. 이러한 전략을 염두에 두면서, 먼저 (1) 추가 주문한 물량이 도착하기 전에 재고는 바닥이 나지 않고 (2) 우리가 초기 판매상황을 관찰한 이후에는 판매 시즌의 남은 기간 동안 발생할 판매량을 완벽하게 예상할 수 있다고 가정해 보자. 가정 1은 만약 첫 번째 주문량이 충분히 크다면, 즉 판매 시즌 전반기의 수요를 감당하기에 아주 높은 확률을 지닌 충분히 많은 양을 주문한다면 그리 나쁜 가정은 아니다. 가정 2는 많은 산업계에서 경험해 온 것처럼, 초기 판매량이 후속 판매량의 매우 훌륭한 예측변수라면 그리 나쁜 가정이 아니다.

이러한 가정들은 우리가 최적의 초기 주문량을 결정하고 이에 따른 기대이윤을 계산하는데 충분한 역할을 하게 된다. O'Neill사의 Hammer 3/2를 위한 초기 주문량을 다시 고려해 보자. O'Neill사가 추가 주문의 기회를 가지게 되었지만 O'Neill사는 "과다–과소 주문"의 문제를 여전히 안고 있다. 먼저 초기 주문량이 너무 많으면 판매 시즌의 끝에는 잔여재고가 남게 됨을 상기하자. 이 경우 추가 주문의 기회는 잔여재고를 남기게 될 위험을 낮추는데 전혀 도움이 되지 않는다. 즉, "과다 주문"의 문제는 남게 된다.

우리는 또한 초기 주문량을 선정할 때 "과소 주문"의 문제를 여전히 안고 있다. 그러나 원래의 뉴스벤더 모델과는 다른 형태를 지니고 있다. 원래의 뉴스벤더 모델에서는 과소 주문의 결과로 판매량 손실을 경험하게 된다. 그러나 추가 주문의 기회는 판매량 손실을 피할 수 있게 한다: 우리가 초기 판매상황을 관찰한 이후에 남은 판매 시즌 동안의 총수요를 예상할 수 있다. 만약 이 총수요가 우리의 초기 주문량보다 많으면, 우리는 단순히 총수요를 만족시킬 만큼의 추가 주문을 하면 되는 것이다. 이는 우리의 문제 단순화 가정들 때문에 가능하다: 판매량 손실은 2차 주문(추가 주문)량이 도착하기 전에 발생하지 않고 2차 주문량에는 수량의 한도(limit)가 없으며 초기 판매량으로부터 판매 시즌의 총수요를 예상할 수 있다.

2차 주문의 기회가 판매량 손실의 가능성을 제거하지만 이것이 우리가 초기 주문량에 대해서 고민할 필요가 없음을 의미하지는 않는다. 판매 시즌 동안 주문하게 되는 제품 한 단위의 비용이 판매 시즌 이전에 주문하는 경우보다 비싸다. 그러므로 초기 주문 시에 너무 적게 주문하는 것의 벌칙으로 우리는 보다 높은 비용으로 2차 주문 시에 추가적인 제품들을 주문해야 할지도 모른다.

초기 주문에 있어서 여전히 "과다-과소 주문"의 문제가 남아 있으므로 우리는 기대이윤을 최대화시키는 주문량을 결정하는 뉴스벤더 모델을 사용할 수 있다. 잔여재고 한 단위당 과다재고비용, C_o는 원래 뉴스벤더 모델에서의 그것과 동일하다: 즉, 과다재고비용은 과다한 재고 한 단위당 발생하는 손실이다. Hammer 3/2의 구입비용 110에서 잔존가치 90을 빼면 $C_o=20$이 된다.

우리의 초기 주문량을 초과하는 수요 한 단위당 과소재고비용, C_u은 2차 주문 시에 우리가 TEC사에 지불해야 하는 추가적인 할증금(premium)이다. 그 할증금은 20%, 즉 20%×110=22이다. 다시 말해서, 수요가 초기 주문량을 초과하게 되면, 너무 적게 주문한 것에 대한 벌칙은 우리가 이를 각 단위에 대해서 TEC사에 지불해야 하는 추가 금액이 되는 것이다(즉, 초기 주문량을 늘였었다면 이 할증금은 지불하지 않을 수도 있었던 기회비용인 것이다). O'Neill사는 TEC사에 이 할증금을 지불해야 하지만, O'Neill사는 여전히 2차 주문 기회를 가지는 것이 더 낫다: 초기 주문량을 초과하는 수요의 한 단위에 대해서 $22를 TEC사에 추가적으로 지불하는 것이 2차 주문 기회를 가지지 않음으로써 이들 각 단위들에 대해 $80의 마진을 잃어버리는 것보다 낫다는 것이다. 따라서 $C_u=22$.

우리는 이제 최적의 초기 주문량을 계산할 수 있게 되었다(이 과정의 개요를 위해서 [정리 14.2]을 참고하라). 먼저 임계비를 계산한다.

$$\frac{C_u}{C_o+C_u}=\frac{22}{20+22}=0.5238$$

다음으로는 임계비 0.5238에 상응하는 z값을 표준정규분포 함수표에서 찾는다: $\Phi(0.05)=0.5199$이고 $\Phi(0.06)=0.5239$이다. 그래서 더 높은 z값 $z=0.06$을 선택한다. 이제 z값을 $\mu=3,192$이고 $\sigma=1,181$인 실제 수요분포를 이용하여 주문량으로 전환시킨다.

$$Q=\mu+z\times\sigma=3,192+0.06\times1,181=3,263$$

그러므로 O'Neill사는 추가 주문이 가능할 때 기대이윤을 최대화시키기 위하여 3,263개의 Hammer 3/2 제품을 초기 주문시에 주문해야 한다. 여기서 주목할 것은 O'Neill사가 여전히 많은 양을 초기 주문에서 주문함으로 인해 TEC사에 너무 많은 할증금을 주는 것을 피하고 있다는 것이다. 그러나 O'Neill사의 초기 주문량 3,263은 추가 주문량이 허용되지 않을 때의 최적주문량 4,196보다는 훨씬 작다.

O'Neill사가 추가 주문에서 할증금을 지불해야 한다 할지라도 O'Neill사의 기대이윤은 이러한 추가 주문의 기회로 인해 증가해야 한다(추가 주문의 기회가 O'Neill사로 하여금 초기주문 시에 4,196 단위를 주문하는 것도 허용하고 있으므로 추가 주문의 기회가 없을 때보다 더 나빠지지는 않는다). 이제 특정 초기주문량 Q에 대한 기대이윤이 얼마나 되는지 살펴보자. 우리의 최대이윤(Maximum profit)은 변하지 않는다. 우리가 할 수 있는 최선의 결과는 모든 수요의 한 단위마다 최대 마진을 버는 것이다.

$$\text{최대이윤} = (\text{가격}-\text{비용}) \times \mu = (190-110) \times 3,192 = 255,360$$

기대이윤(Expected profit)은 최대이윤에서 불일치비용을 뺀 것이므로:

$$\text{기대이윤} = \text{최대이윤} - (C_o \times \text{기대잔여재고}) - (C_u \times \text{기대 추가주문량})$$

첫 번째 불일치 비용은 잔여재고의 비용이고 두 번째 불일치 비용은 추가 주문시에 TEC사에 지불해야 하는 추가적인 할증금이다. 우리는 이미 특정 초기주문량에 따른 기대잔여재고를 계산하는 법을 알고 있다([정리 14.4] 참조). 이제 우리는 기대 추가주문량(expected second order quantity)을 파악할 필요가 있다.

우리가 초기 주문에서 Q만큼을 주문한다면, 수요가 Q를 초과할 때에만 추가 주문을 내리게 된다. 실은 우리의 추가주문량은 수요와 Q와의 차이와 같고 이는 우리가 추가 주문의 기회를 가지지 않을 때 손실판매량으로 간주되었을 것이다. 이는 또한 손실함수로 알 수 있다. 그러므로

$$\text{기대 추가주문량} = \text{뉴스벤더 모델의 기대손실판매량}$$

우리는 위에서 최대이윤 $255,360을 구했다. 기대잔여재고를 구하기 위해 $z=0.06$에 상응하는 $I(z)$ 값을 표준정규 재고 함수표에서 찾는다. 그래서 $I(0.06)=0.4297$이 된다. 따라서 기대잔여재고는 $\sigma \times I(z) = 1,181 \times 0.4297 = 507$이 된다. 기대판매량 $= Q -$ 기대잔여재고 $= 3,263 - 507 = 2,756$. 마지막으로 기대손실판매량 $= \mu -$ 기대판매량 $= 3,192 - 2,756 = 436$.

이제 우리는 2차 주문의 기회가 허용될 때 Hammer 3/2에 대한 기대이윤을 평가할 준비가 되었다.

$$\begin{aligned} \text{기대이윤} &= \text{최대이윤} - (C_o \times \text{기대잔여재고}) - (C_u \times \text{기대추가주문량}) \\ &= \$255,360 - (\$20 \times 507) - (\$22 \times 436) \\ &= \$235,628 \end{aligned}$$

O'Neill사가 단 한 번의 주문 기회를 가질 경우에는 기대이윤이 $222,3000임을 상기

하자. 즉, TEC사에 2차 주문 시의 각 제품 단위마다 20%의 할증금을 지불함에도 불구하고 2차 주문의 기회를 통해 O'Neill사는 6%=($235,628 - $222,300)/$222,300의 이윤 증대를 누리고 있다. 우리는 또한 2차 주문의 기회가 불일치 비용을 얼마나 줄이는가의 관점에서 생각해 볼 수도 있다. 단 한 번의 주문 기회가 있는 경우에 불일치 비용이 $33,060임을 상기하자. 이제 불일치 비용은 $255,360 - $235,628 = $19,732가 되었고 이는 불일치 비용이 40% 감소한 것과 같다(1 - $19,732/$33,060). 게다가 재고보유율(in-stock probability)은 약 80%에서 100%로 증가하고 시즌 말에 가격할인의 대상이 되던 잔여재고는 반으로 줄어든다(1,134에서 507로 감소). 그러므로 시즌 중간에 보충하는 형식의 반응처리능력을 통해 모든 불일치 비용을 제거하지는 못할지라도, 불일치 비용을 크게 감소시키는 하나의 전략을 가지게 된다.

15.5 요약

뉴스벤더 모델과 같은 MTS(make-to-stock) 시스템에서는, 기업은 수요에 대한 갱신된 정보를 학습하기 이전에 전체 공급을 결정한다. 그 결과, 잔여재고, 혹은 손실판매량과 같은 형태로 구현되는 수요-공급 불일치 비용이 발생하게 된다. 이번 장에서는 불일치 비용이 크게 되는 상황과 이런 불일치 비용을 줄이기 위한 여러 개선 방법들에 대해 고려하고 있다.

제품의 임계비가 낮고/낮거나 수요의 변동계수가 높을 경우에 불일치 비용은 (제품의 최대이윤 대비 비율로 볼 때) 높게 나타난다. 낮은 임계비라 함은 잔여재고 비용이 손실판매량 비용에 비해 상대적으로 크다는 것을 의미한다. 변질성 제품들(perishable product)이나 진부화(oblescence)에 노출된 제품들이 일반적으로 낮은 임계비를 가진다. 변동계수는 수요의 평균에 대한 표준편차의 비율이다. 제품의 수요를 예측하기 어려운 제품은 변동계수가 높다. 예를 들면, 신제품, 패션상품, 그리고 작은 시장규모를 가진 특별한 제품들이 그렇다. 여기서의 중요한 교훈은 임계비를 낮추거나 변동계수를 증가시키는 행위들은 수요-공급 불일치 비용 또한 증가시키게 된다는 것이다.

MTO(make-to-order)방식은 뉴스벤더 상황에 대한 하나의 극단적인 해법이다. MTO 방식에서 기업은 고객으로부터 주문을 받은 이후에 비로소 제품의 생산을 시작한다. 다시 말하면 제품의 궁극적인 소유자가 판명된 이후에야 비로소 생산이 시작된다는 것이다. MTO 방식의 주된 이점은 잔여재고가 사라지게 된다는 것이다. 그러나 MTO 방식이 수요-공급 불일치 비용의 문제에 전혀 영향을 받지 않는 것은 아니다. 왜냐하면 MTO 방식은 마치 대기행렬 시스템과도 같기 때문이다. 그 결과, 고객들은 일정 시간을

표 15.4 15장에 제시된 주요 표기법과 등식들의 요약

Q = 주문량
C_o = 과다재고비용
C_u = 과소재고비용(Underage cost)
σ = 수요의 표준편차
μ = 평균수요(Expected demand)
불일치 비용 = (C_o × 기대잔여재고) + (C_u × 기대손실판매량) = 최대이윤 − 기대이윤
최대이윤 = (가격 − 비용) × μ
변동계수 = 표준편차/평균수요

기다려야 하고 이 기다림의 시간(대기시간)의 길이는 유휴생산능력의 양에 따라 민감하게 변화한다.

MTO 방식과 MTS 방식의 중간 방식은 기업이 어떠한 수요에 대한 정보도 학습하지 않은 상태에서 어느 정도의 생산을 결정하고 2차 주문을 통해 초기 수요 정보에 대응하는 생산능력을 가지도록 하는 것이다. 이러한 생산능력을 반응처리능력(reactive capacity)이라 부른다. 반응처리능력은 뉴스벤더 모델의 불일치 비용을 크게 감소시킬 수 있다(완전히 제거하지는 못한다). 이러한 방식은 MTO 방식이 직면하는 여러 문제들을 야기하지 않아서 매력적인 방법이 될 수도 있다.

[표 15.4]는 이번 장에서 제시된 주요 기호들과 등식들을 정리해 놓고 있다.

- 개인용 컴퓨터 산업에서 Dell의 성공으로 말미암아 지난 20년간 보다 반응적이고, 보다 유연한 운영방식을 찾는 것이 대부분의 산업계에서 주요한 목표가 되어왔다. Dell의 전략에 대한 통찰력 있는 리뷰를 원한다면 Magretta(1988)을 참조하기 바란다. 자동차 산업이 판매와 생산전략의 관점에서 어떻게 변화해야 하는가에 대한 Michael Dell과의 인터뷰를 McWilliams and White(1999)를 통해 참조하기 바란다.
- 의류산업에서의 신속대응(Quick Response)에 대한 광범위한 통찰을 원한다면 Abernathy, Dunlop, Hammond, and Weil(1999)를 참조하라. Vitzthum(1998)은 스페인의 의류업체 Zara가 어떻게 "주문형 패션(fashion on demand)"를 달성할 수 있었는지 설명하고 있다.
- Fisher(1997)는 유연한 공급망의 장단점에 대해 논하고 있으며 Zipkin(2001)은 대량고

객화(mass customization)에 대해 논하고 있다. Karmarkar(1989)는 푸시/풀(push/pull) 시스템의 장단점에 대해서 논하고 있다.

- 초기 판매정보와 반응처리능력이 가용할 때 주문량을 최적화 하는 기술적 알고리즘에 대해서는 Fisher and Raman(1996), 혹은 Fisher, Rajaram, and Raman(2001)을 참조하기 바란다.

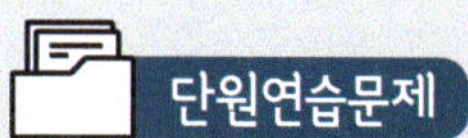

다음 질문들은 이 장의 이해정도를 확인하는 데 도움을 줄 것이다. 각 질문 뒤의 [ ]는 관련된 해당 절을 나타내고 있다.

"*" 표시가 있는 문제의 해설은 부록 E에 있으며, Connect에서 영상을 참조하기 바란다.

15.1* **(Teddy Bower)** Teddy Bower는 파카(모자가 달리고 흔히 안이 모피로 된 상의)를 아시아 공급자로부터 개당 $10에 사서 소비자에게 개당 $22에 팔고 있다. 시즌이 끝났을 때 남은 파카에는 잔존가치가 없다. 수요예측은 평균 2,100과 표준편차 1,200의 정규분포를 이룬다. Teddy Bower가 아시아 공급업자보다는 가격은 비싸지만 보다 빠르게 파카를 생산 할 수 있는 신뢰할만한 판매상을 미국에서 만났다고 가정하자. 그러면 Teddy Bower는 고객의 수요가 알려진 후에 아시아 공급업자에서뿐만 아니라 미국 판매상으로부터 추가 물량을 무제한으로 $15에 살 수 있다.

a. Teddy Bower가 아시아 공급업자로부터 1,500개의 파카를 주문한다고 가정하자. 수요가 일단 알려진 후에 Teddy Bower가 미국 공급업자로부터 추가적인 파카를 주문할 확률은 얼마인가? [15.4]

b. Teddy Bower가 아시아 공급업자로부터 1,500개의 파카를 주문한다고 다시 가정해 보자. 미국 공급업자가 예상할 수 있는 기대수요는 얼마인가? 즉 미국 공급업자는 Teddy Bower가 얼마나 많은 파카를 주문한다고 예상 할 수 있는가? [15.4]

c. 미국 공급업자로부터 개당 $15에 주문을 할 수 있는 기회가 있다고 할 때, Teddy Bower는 기대이윤을 최대화시키기 위해서 아시아 공급업자로부터 얼마나 주문을 해야 할까? [15.4]

d. 문제 c에서 구한 수량을 주문한다고 할 때, Teddy Bower의 기대이윤은 얼마인가? [15.4]

e. Teddy Bower가 아시아 공급업자로부터 파카를 하나도 주문하지 않았다면 Teddy Bower의 기대이윤은 얼마나 될까? [15.4]

15.2* **(Flextrola)** 전자 시스템 통합자인 Flextrola사는 새로운 제품을 개발하고 있다. Solectrics사는 이 제품의 주요 부품을 생산할 수 있다. Solectrics사는 Flextrola사에게 개당 $72에 이 부

품을 팔고 Flextrola사는 판매 시즌 전에 주문을 해야만 한다. Flextrola사의 예측수요는 평균 1,000, 표준편차 600을 가지는 정규분포를 따른다. Flextrola사는 소프트웨어를 통합한 후에는 $121에 판다. 시즌이 끝났을 때 남는 것은 개당 $50에 판다.

Xandova Electronics사 또한 이 부품을 Flextrola사에 공급할 가능성을 가지고 Flextrola사에 접근했다. Xandova Electronics사가 주장하는 주요가치는 언제 주문을 받든지 상관없이, 모든 Flextrola사의 주문에 대해서 100%의 재고 보유율과 당일 배송을 제공한다는 것이었다. Flextrola사는 고객들에게 1주일의 리드타임을 약속하기 때문에, Xandova Electronics사가 제공하는 하루의 리드타임은 주문생산 방식을 가능하게 한다(Flextrola사가 수행하는 소프트웨어 통합은 하루 안에 처리될 수 있다). Xandova Electronics사의 부품 가격은 하나당 $83.5이다.

a. Flextrola사가 Xandova Electronics사로부터 독점적으로 부품을 구매한다고 가정할 때, Flextrola사의 기대이윤은 얼마인가? [15.2]

b. Flextrola사가 Solectrics사와 Xandova Electronics사 모두에게서 부품을 구매한다고 가정하자. 즉, Flextrola사가 시즌 전에 Solectrics사로부터 얼마의 양을 주문할 것이고 그 주문수량을 초과하는 수요를 채우기 위해 판매 시즌 중에 Xandova Electronics사로부터 공급을 받는 것이다. 이 경우 기대이윤을 최대화하기 위해서 Flextrola사는 Solectrics사로부터 얼마나 주문을 해야 할까? [15.4]

c. 사업에 미치는 잠재적 손실을 고려해서 Solectrics사는 Flextrola사와 재협상하려고 한다. Solectrics사는 Flextrola사에게 "옵션 계약"을 제공한다. 즉, 시즌이 시작하기 전에 Flextrola사는 Q개의 옵션들을 구매하고 옵션 하나당 $25를 지불한다. 판매 시즌 동안에 Flextrola사는 이 구매한 옵션을 구매한 양만큼 사용할 수 있으며 이 옵션에 대한 Solectrics사의 리드타 임은 하루이다(즉, 옵션이 사용될 때 Solectrics사는 그 사용된 옵션의 제품을 하루 만에 배송해 주어야 한다). 옵션을 사용할 때 한 개당 가격은 $50이다. 만약 Flextrola사가 미리 구매한 옵션의 양 이상으로 추가 수량을 원할 때 Solectrics사는 개당 Xandova Electronics사의 가격인 $83.50에 제공할 것이다. 예를 들어 Flextrola사가 1,500개의 옵션을 구매했지만 1,600개가 필요하다고 하자. Flextrola사는 1,500개의 옵션을 $50로 사용하고 추가 100개는 $83.50에 주문한다. Flextrola사는 Solectrics사로부터 몇 개의 옵션을 주문해야 하는가? [15.4]

d. 문제 c의 연장선상에서 문제 c에서 구한 수량대로 옵션을 구매했다면, Flextrola사의 기대이윤은 얼마인가? [15.4]

15.3* **(Wildcat Cellular)** Marisol은 아직 낯선 어느 마을에서 휴대폰 서비스를 받기 위해 상점에 갔다. 그녀는 1년 계약을 할 경우 휴대폰을 공짜로 주는 Wildcat Cellular로 결정했다. Wildcat은 몇 가지 통화방식을 제공한다. 그녀가 고려하는 한 가지 방식은 "여러분 스스로 몇 분일지를 결정하세요."("Pick Your Minutes")라고 불리는 것이다. 이 방식에 의하면 그녀는 먼저 한 달에 x분이라는 시간을 정하고 그 시간 내에서는 1분마다 5센트를 지불 할 것이다. 그래서 그녀의 초기 비용은 0.05x$가 된다. 만일 그녀의 어느 한 달 실제 사용시간이 x분 이하라면 그녀는 그

차이 시간만큼 손실을 보게 된다. 그러나 x분 이상을 초과하면, 그녀는 추가 시간에 대해서 1분당 40센트를 지불해야 한다(즉, x 이상 사용한 시간에 대해서). 예를 들어 그녀가 한 달에 x=120분을 계약했는데 실제로 40분을 가용했다면 그녀의 총 청구서는 $120×0.05=$6.00이다. 그러나 실제 사용한 시간이 130분이라면, 총 청구서는 $120×0.05+(130−120)×0.40=$10.00이다. 통화가 단거리 통화인지 장거리 통화인지에 상관없이 같은 비율이 적용된다. 그녀가 일단 계약을 체결하면 1년 동안은 그 정한 시간을 바꿀 수 없다. Marisol은 그녀의 한 달 동안의 통화시간은 평균 250분, 표준편차 24분인 정규분포를 따른다고 추정한다.

a. 만일 Marisol이 위에서 설명한 방식을 선택한다면 그녀는 몇 분으로 계약 해야 할까? [15.4]

b. 만약 240분 계약을 한다면 이 계약 하에서 1분당 40센트 요금률로 계산되어 지불되는 금액은 총 얼마일까? (달러로 답하라) [15.4]

c. 한 친구가 Marisol에게 추가 요금을 많이 내지 않도록 (즉, 1분당 40센트의 지불 금액), 280분을 계약하라고 충고했다. 이 계약 하에 Marisol은몇 분의 시간을 낭비하게 될까? (즉, 한 달 동안 사용하지 않는 시간) [15.4]

d. Marisol이 260분을 계약하면 한 달에 대략 기대되는 휴대폰 요금은 얼마일까? [15.4]

e. Marisol은 결코 추가 요금은 내지 않겠다고 결심했다. 그녀가 추가 요금을 낼 확률이 단 5% 정도만이 되기를 바란다면 그녀는 몇 분을 계약해야 할까? [15.4]

f. Wildcat이 이번에는 "더 이상 최소 시간은 없다"("No Minimum")라는 다른 방법을 제안한다. 이 방법에 의하면 한 달에 $5.00라는 고정 요금이 있지만 한 달에 몇 분을 사용해야 한다는 제한은 없다. 단, 사용자는 실제로 사용한 시간에 대해서 1분당 7센트의 요금을 지불한다. 그래서 그녀가 실제로 한 달에 40분을 사용한다면, 청구서는 $5.00+40×0.07=$7.80을 지불하게 된다. Marisol은 위에서 설명한 이 두 가지 방법 중에서 한 가지로 결정하려고 한다. 그녀는 어느 쪽을 선택해야 할까? [15.4]

15.4 **(Sarah's Wedding)** Sarah는 결혼을 계획하고 있다. 그녀와 그녀의 약혼자는 연회담당자와 계약을 하였다. 그들은 연회담당자에게 결혼식 1주일 전에 몇 명의 손님이 참석할 것인지를 말해주기로 했다. 이 "최종 인원수"는 그들 이 연회담당자에게 얼마를 지불할 것인지를 결정한다. 즉 그들은 그들이 계약한 손님 수에 대해서 한 명당 $60를 지불해야 한다. 만일 예를 들어, 그들 이 90명의 손님이 올 것이라고 말하면 그들은 $5,400(=90×$60)을 지불 해야 한다. 설령 90명이 아닌 84명이 실제로 참석한다 해도 90명에 대한 비용을 지불해야 하는 것이다. 그러나 계약한 인원수보다 더 많은 손님이 참석 하게 되면 추가로 한 명당 $85을 지불해야 한다. 그래서 90명이 올 것이라고 하였는데 92명이 참석한다면 $5,570(원래 $5,400에 2×$85를 더한 금액)을 지불해야 한다. Sarah가 직면한 문제는 그녀가 여전히 정확히 몇 명의 손 님이 참석할지를 알지 못한다는 것이다. 친구와 가족들에게 그들의 참석여부를 한 달 전에 알려달라고 요구한다고 하더라도, 불확실성은 여전히 존재 한다. 그녀의 오빠가 새 여자 친구를 데려올 수도 데려오지 않을 수도 있고, 그녀의 약혼자의 대학 룸메이트가 기업에서 휴가

를 얻을 수도 얻지 못할 수 도 있는 등의 문제 때문이다. Sarah는 손님의 기대수(즉, 평균 수)가 100명이라고 결정하였다. 그러나 실제 수는 84부터 116까지 어떤 수도 가능하다.

Q	f(Q)	F(Q)	I(Q)	L(Q)
84	0.0303	0.0303	0.00	16.00
85	0.0303	0.0606	0.03	15.03
86	0.0303	0.0909	0.09	14.09
87	0.0303	0.1212	0.18	13.18
88	0.0303	0.1515	0.30	12.30
89	0.0303	0.1818	0.45	11.45
90	0.0303	0.2121	0.64	10.64
91	0.0303	0.2424	0.85	9.85
92	0.0303	0.2727	1.09	9.09
93	0.0303	0.3030	1.36	8.36
94	0.0303	0.3333	1.67	7.67
95	0.0303	0.3636	2.00	7.00
96	0.0303	0.3939	2.36	6.36
97	0.0303	0.4242	2.76	5.76
98	0.0303	0.4545	3.18	5.18
99	0.0303	0.4848	3.64	4.64
100	0.0303	0.5152	4.12	4.12

Q	f(Q)	F(Q)	I(Q)	L(Q)
101	0.0303	0.5455	4.64	3.64
102	0.0303	0.5758	5.18	3.18
103	0.0303	0.6061	5.76	2.76
104	0.0303	0.6364	6.36	2.36
105	0.0303	0.6667	7.00	2.00
106	0.0303	0.6970	7.67	1.67
107	0.0303	0.7273	8.36	1.36
108	0.0303	0.7576	9.09	1.09
109	0.0303	0.7879	9.85	0.85
110	0.0303	0.8182	10.64	0.64
111	0.0303	0.8485	11.45	0.45
112	0.0303	0.8788	12.30	0.30
113	0.0303	0.9091	13.18	0.18
114	0.0303	0.9394	14.09	0.09
115	0.0303	0.9697	15.03	0.03
116	0.0303	1.0000	16.00	0.00

Q = 연회에 참석한 손님의 수
f(Q) = 확률밀도함수 = Prob{Q명 참석}
F(Q) = 누적확률분포 = Prob{Q명 이하 참석}
L(Q) = 기대손실판매량 = Q를 초과한 손님 수의 기댓값

a. Sarah는 몇 명으로 예약해야 할까? [15.2]
b. Sarah가 105명의 손님으로 예약했다고 가정할 때, 기대 청구금액은 얼마인가? [15.2]
c. 연회 담당자가 참석한 손님의 수가 그들이 계약했던 수보다 적을 경우 부분적 환불을 해 줄 수 있게끔 계약을 변경할 의향이 있다고 가정하자. 구체적으로 그들은 "참석하지 않은" 손님에 대해서 $45만 지불하면 된다고 하자. 예를 들어, 90명을 계약하였는데 84명만 참석할 경우 84×$60+6×$45=$5,310를 지불하면 될 것이다. 이런 경우 Sarah는 몇 명을 예약해야 할까? [15.4]
d. 연회담당자는 Sarah에게 다른 옵션을 제공하였다. Sarah는 손님이 몇 명 참석하는지에 관계없이 손님 한 명당 $70을 지불할 수 있다. 즉, 결혼식 전에 손님의 수를 정할 필요가 없다. Sarah는 기존의 옵션(예약한 손님에 대해서 $60, 예약 인원을 초과한 손님에 대해서 $85를 지불하는 경우)보다 이 옵션을 더 선호해야 하나? [15.4]

15.5 **(Lucky Smokes)** Lucky Smokes는 현재 Virginia market에 물건을 대는 창고를 하나 운영하고 있다. 이 창고 앞에는 창고에 물건을 저장하기 위해 상품을 가득 채워서 오는 트럭도 있고 상품을 실어가려는 빈 트럭들도 있다. 1주일에 창고 앞에 도착하는 트럭의 수를 기준으로 기업은 물건을 싣고 내리는 데 필요한 모든 노동시간을 정확히 측정할 수 있다. 다음의 히스토그램은 매주 사용된 노동시간에 대한 지난 2년 동안의 기록을 보여주고 있다(총 104주가 기록되어 있다). 예를 들면, 총 600시간의 노동시간이 필요했던 주 도 3주가 있었고, 1,080시간의 노동이 필요했던 주도 한 주 있었다.

이 데이터의 평균은 793시간이며 표준편차는 111시간이다. 노동비용은 창고를 운영하는 데 있어 아주 주요한 변동비용이다. Virginia market은 20명의 일꾼들을 고용했고, 이들은 일주일에 적어도 40시간의 수당은 받기로 되어있다. 그러므로 필요한 노동시간이 한 주에 800시간 이하인 주는 일꾼들이 집에 일찍 가거나 아무 할 일 없이 시간을 보내곤 했다. 필요한 노동시간이 한 주에 800시간 이상인 주에는 초과 노동시간이 잔업으로 충당된다. 잔업 수당은 시간당 평상시의 1.5배로 지급된다.

당신은 North Carolina market을 담당하는 새로운 창고를 관리하는 임무를 부여받았다. 영업부서가 제의하는 사항은 이 창고의 일 처리량이 Virginia market의 경우에 버금가야 한다는 것이다. 당신은 일꾼들에게 일주일에 한 사람당 적어도 40시간에 대해서는 임금을 지불해야 하고 초과시간에 대해서는 50% 초과수당을 더 지불한다고 가정하자. 초과시간에 제한은 없다고 하자. 그리 고 작업시간은 정규분포를 따른다고 가정한다.

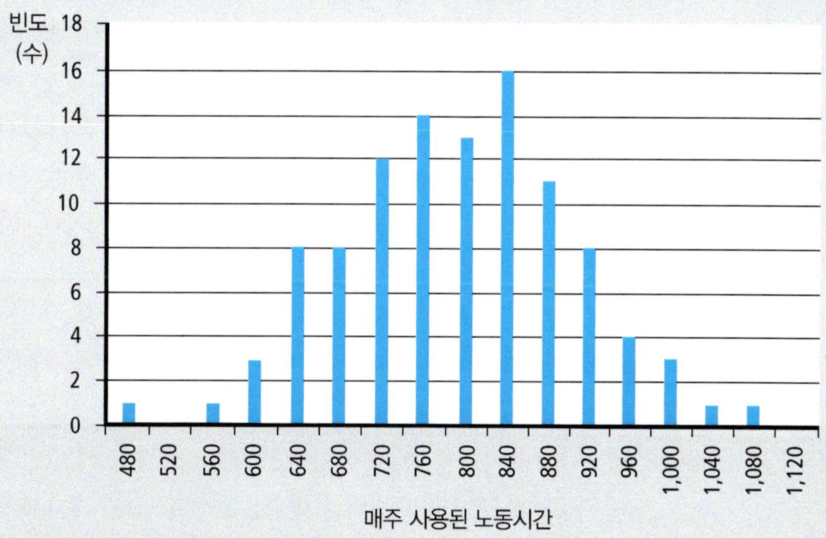

a. 만일 22명의 일꾼을 고용한다면, 초과시간을 사용해야 한다고 기대되는 주는 일 년 중 몇 주인가? [15.2]

b. 만일 18명의 일꾼을 고용한다면, 고용된 일꾼의 의무시간이 충분히 활용되지 않는다고 기대되는 주는 일 년 중 몇 주인가? [15.2]

c. 당신이 인건비를 최소화하려고 한다면, 일꾼을 몇 명이나 고용해야 하는가?(예상 작업

시간은 정규분포를 따른다고 가정한다.) [15.4]

d. 당신은 정규분포가 적당하지 않다고 생각할지도 모른다. 예를 들면 20.5명을 고용할 수는 없다. 만일 위에 나타난 히스토그램의 데이터를 이용해 얻어진 경험적 분포함수를 사용한다면 최적 일꾼 수는 몇 명인가? [15.4]

15.6 **(Shilling)** 당신은 해외여행을 하고 있고 현재 미국 달러만 가지고 있다. 지금은 수도에 있지만, 곧 며칠을 더 머물기 위해 작은 마을로 들어갈 것이다. 그 마을에서는 아무도 신용카드를 사용하지 않고 단지 그 나라의 통화인 실링(Shilling)만 사용한다. 수도에서 당신은 달러를 실링으로 1달러당 2실링의 비율로 교환할 수 있다. 여행이 끝나고 수도로 돌아와서 실링을 다시 달러로 1달러당 2.5실링의 비율로 다시 교환할 수 있다. 당신은 그 지역에서 쓸 지출이 평균 400실링, 표준편차 100실링을 가진 정규분포를 따른다고 추정한다.

a. 당신은 도시를 떠나기 전에 얼마의 달러를 실링으로 바꾸어야 하는가? [15.4]

b. 생각을 해보니 여행 중 실링을 다 써서 달러를 실링으로 바꿔야 하는 상황이 되면 매우 당황스러울 것이라는 생각이 들었다. 그래서 실링을 다 써버리는 일은 없게 해야겠다고 생각했다. 당신이 실링이 바닥나는 일이 일어날 확률이 1/200 이하가 되도록 하려고 한다면 얼마의 달러를 실링으로 바꾸어야 할까? [15.4]

15.7 **(TEC)** 제한이 없지만 비싼 반응처리능력(reactive capacity)을 가지는 TEC와 O'Neill사의 관계를 생각해 보자. TEC가 O'Neill사에게 시즌 중간에 주문을 받고 물건을 제공할 의향이 있지만([그림 15.1]을 보아라) O'Neill사에게 정규 도매가인 $100에 대해서 20%의 프리미엄을 부과한 것을 기억하라. TEC의 총마진이 첫 번째 생산에서 생산된 제품에 대해 판매가격의 25퍼센트라고 가정하자. 그러나 TEC는 두 번째 생산에서의 한 개당 생산 비용 (시즌 중에 O'Neill사의 2차 주문을 받은 후 생산된 모든 양)이 초기 주문에서의 경우에 비해 두 배라고 추정한다. O'Neill사는 주문하지 않았으나 TEC가 생산한 잠수복은 시즌이 끝났을 때 처분되어야 한다. O'Neill사가 허락하면 TEC는 TEC의 아시아 시장에서 남은 잠수복을 팔 수 있고 한 개당 $30을 벌 수 있다고 추정한다.

a. 전통적 방법(즉, 판매 시즌 이전에 O'Neill사에 의해 한 번의 주문이 이루어져야 하는)에 의해 생산할 경우 TEC의 기대이윤은 얼마인가? O'Neill의 최적 Newsvendor 수량은 4,101개라는 것을 기억하라. [15.2]

b. TEC가 O'Neill사에게 반응처리능력을 제공하고 TEC의첫 번째 생산량이 O'Neill사의 첫 번째 주문량과 같다면 TEC의 기대이윤은 얼마인가? 수요예측은 평균 3,912, 표준편차 1,181로 정규분포를 이룬다고 가정하자. O'Neill사의 최적 초기 주문은 3,263이고 O'Neill사의 예상 2차주문은 437개이다. [15.4]

c. TEC의 CEO가 생산 관리자에게 O'Neill사의 초기 주문보다 더 많은 수량을 생산하라고 지시했다면 TEC의 최적 초기 생산 수량은 얼마인가? [15.4]

d. 문제 c에서 구한 생산 수량을 선택했을 때 TEC의 기대이윤은 얼마인가? (경고: 이것은 꽤 어려운 문제임) [15.4]

15.8 **(Office Supply Company)** Office Supply Company(OSC)는 알래스카에서 잉여 부품 저장소를 가지고 있다. 단지 6개월에 한 번 수요 재고보충을 받는다. 나음 새고보충 이전에 어떤 부품의 재고가 떨어지면, 긴급 항공편으로 필요한 부분을 재공급받아 왔다. 1월 15일과 6월 15일에 이루어진 주문은 각각 2월 15일과 7월 15일에 공급받을 수 있다.

OSC는 각각의 잉여 부품에 대해 보충 주문수량을 결정해야 한다. 예를 들면, 과거의 데이터는 6개월 동안 부품 1AA−66에 대한 총수요가 평균 6.5를 가지는 포아송 분포를 따르는 것을 보여준다. 필요하지 않은 부품에 대한 6개월 재고 비용은 $5이다(물질적, 재정적으로 드는 보유비용을 포함하고 이는 6개월의 기간이 지났을 때 남는 재고에 근거하여 부과된다). 1AA−66에 대한 변동적인 생산비용은 부품 하나당 $32이고, 긴급 보충을 받아야 할 경우 부품 하나당 $50이다.

오늘이 1월 15일이며 현재 1AA−66 부품 3개가 재고로 남아있다. 2월 15일에 몇 개의 부품이 도착해야 하는가? [15.4]

15.9* **(Steve Smith)** Steve Smith는 Ford 자동차를 매매하는 자동차 중개인이다. 그는 월급과 각종 수당들을 받고 있지만 수입의 대부분은 주로 중개료(commission)로 구성되어 있다: 한 달에 팔린 처음 5대에 한해서는 대당 $350, 그 이후에는 대당 $400. Steve의 과거 판매량은 평균 5.5대의 포아송 분포로 잘 설명된다: 즉, Steve는 평균적으로 월 5.5대를 팔아 왔다. 평균적으로 볼 때, Steve는 한 달에 얼마의 중개료를 벌고 있는가? [15.4]

CHAPTER

16 공급사슬 내 서비스 수준과 리드타임: 기준재고모형*

---

* 이 장의 데이터들은 기밀성 유지를 위하여 수정되었다.

재고를 여러 번 보충하면서 오랜 기간 판매가 지속되는 상품들이 꽤 많다. 이러한 상품 중 하나를 꼽는다면 Campbell Soup Company의 주력 상품인 국수를 넣은 닭고기 수프를 들 수 있다. 이 상품은 판매대에서 오랜 기간 비치가 가능하고 미래 수요도 꽤 확실하다고 여겨진다. 그러므로 특정 달에 Campbell Soup가 수요보다 많은 닭고기 수프 재고를 가지고 있다면, 남는 재고를 처분해 버릴 필요가 없다. 대신에 수요가 발생해서 남은 재고가 적정 수준까지 내려가기를 기다리기만 하면 된다. 반대로 닭고기 수프의 재고가 수요보다 적은 경우에는 공장에서 추가로 생산해내어야 한다. 닭고기 수프는 깡통에 넣기 때문에 부패가 잘 일어나지 않고 닭고기 수프의 생산은 한 번이 아니라 여러 번 반복 생산이 가능하기 때문에 뉴스벤더 모형(14장과 15장 참조)은 이러한 상품의 경우에는 적절한 재고 모형이라 할 수 없다. 이러한 경우의 적절한 모형으로는 기준재고모형(order-up-to model)을 들 수 있다.

재고 보충이 한 번이 아닌 여러 번 가능하다고는 하지만, 기준재고모형(order-up-to model) 역시 수요와 공급을 일치시키는 데 있어서 여전히 "너무 많은 또는 너무 적은"이라는 재고관리 문제점을 안고 있다. 수프를 생산하는 데는 시간(생산 완료하는 데 걸리는 리드타임)이 걸리기 때문에 Campbell은 재고가 완전히 소진되고 나서 생산을 시작할 수는 없다(예를 들어 차의 기름이 완전히 떨어지고 나서 주유소를 찾아 나설 수는 없지 않은가?). 그러므로 생산하는 동안 발생할 수 있는 수요의 불확실성 때문에 일정 재고의 상품을 유지한 상태에서 생산을 시작하여야 한다. 즉 생산을 시작해서 끝나는 기간 동안 발생할 수 있는 수요에 대비하여 상품의 재고를 어느 정도는 유지하고 있어야 한다. 일정 재고를 유지하는 데는 비용이 발생하기 때문에 기준재고모형(order-up-to model)의 목적 또한 너무 적은 재고(너무 적은 재고는 원하지 않는 재고 부족 상태를 발생시킨다. 즉 서비스 수준이 낮아지게 된다)와 너무 많은 재고(너무 많은 재고는 재고 유지비용이 커지게 된다.) 사이의 균형을 잘 맞추는 데 있다.

이 장에서는 수프 예제 대신에 기술적으로 좀 더 정교한 상품에 대한 재고관리에 기준재고모형을 적용해볼 것이다. 즉, Medtronic이라는 회사가 생산하는 심박 조율기(pacemaker)의 재고관리에 적용해볼 것이다. 먼저 Medtronic이 생산하는 심박 조율기 자체의 공급사슬에 대해 알아보고 그 다음에 기준재고모형에 대해 좀 더 자세히 들여다볼 것이다. 그런 다음 기준재고모형을 이용한 목표 서비스 수준의 설정 방법, 어느 정도의 수준이 적절한 서비스 수준인지에 대한 토론, 그리고 재고 주문 빈도수 통제 기술에 대해 논할 것이다.

16.1 Medtronic의 공급사슬

Medtronic은 의료기를 디자인하고 생산하는 회사이다. 이 회사는 심장 박동 관련 상품으로 잘 알려져 있고 특히 신바 조율기가 유명하다. 그러나 이 회사의 상품 생산 라인은 다양한 분야로(심장혈관질환의 치료, 수술, 당뇨병, 신경질환, 척추 수술 그리고 이비인후과 관련 의료기들) 확장되고 있다.

Medtronic의 공급사슬 내 상품의 재고는 3단계를 거쳐 유통된다: 즉, 제조시설(manufacturing facilities), 물류센터(distribution centers) 그리고 현장지점(field locations) 3 단계를 거쳐서 유통된다. 제조 시설은 전 세계 여러 지역에 분포되어 있으며 여기에서는 완성 제품에 대한 재고를 많이 유지하지는 않는다. 미국 내에는 단 하나의 물류센터가 있고 이는 Minnesota주 Mounds View에 위치해 있으며 심장 박동 관련 상품의 유통을 책임지고 있다. 이 물류센터를 통해서 약 500명의 영업 사원들이 상품을 보급받는데 각 영업 사원은 자신이 책임지는 영역인 현장을 가지고 있다. Medtronic의 물류센터는 현장을 책임지고 있는 영업 사원들에게 원하는 재고를 언제든지 제공할 수 있도록 꽤 높은 수준의 재고를 유지할 책임을 지고 있다. 여기서 꽤 높은 수준의 재고는 재고 보유율(in-stock probability)로 측정된다.

완제품 재고의 대부분은 판매원 근처의 현장에서 보관된다. 실제적으로 현장 재고는 두 가지로 나누어지는데 하나는 위탁재고(consignment inventory)이고 또 하나는 트렁크 재고(trunk inventory)이다. Medtronic의 예에서 위탁재고(consignment inventory)란 의료기라는 상품 자체의 보관은 최종 소비자인 병원의 재고 창고에서 이루어지지만 소유권은 Medtronic에 있는 재고를 의미한다. 트렁크 재고(trunk inventory)는 말 그대로 영업 사원의 자동차 트렁크에 보관되어 있는 재고를 의미한다. 영업사원에게 위의 두 종류 현장 재고로의 접근은 용이하기 때문에 비록 두 종류로 나누어져 있지만 근본적으로는 공동 관리되는 하나의 재고로 생각할 수 있다.

자 이제 특정한 하나의 물류센터, 한 명의 영업사원 그리고 특정 상품에 집중해서 살펴보도록 하자. 우리가 살펴보게 될 물류센터는 Minnesota주 Mounds View에 위치해 있는 물류센터이다. 영업 사원의 이름은 Susan Magnotto이고 이 영업 사원이 책임지고 있는 현장은 Winsconsin 주에 있는 의료 시설들이다. 마지막으로 살펴보게 될 상품은 InSync ICD Model 7272 심박 조율기이다.

심박 조율기는 수술을 통해 환자에게 이식하는 경우에 그 수요가 발생한다. 외과의사는 특정 환자가 심박 조율기가 필요하다는 것을 예측할 수 있지만 수술을 시작하기 전에는 어떤 모델이 필요한지 알 수 없다. 이러한 이유 외에도 의사들과의 좋은 관계 유지를 위해서 Susan은 수술이 있을 경우 필요할 것 같은 다양한 모델의 심박 조율기를 가지고 수술에 참석한다. Susan은 이식 수술이 끝나면 재고를 보충하기 위해서 Medtronic의소

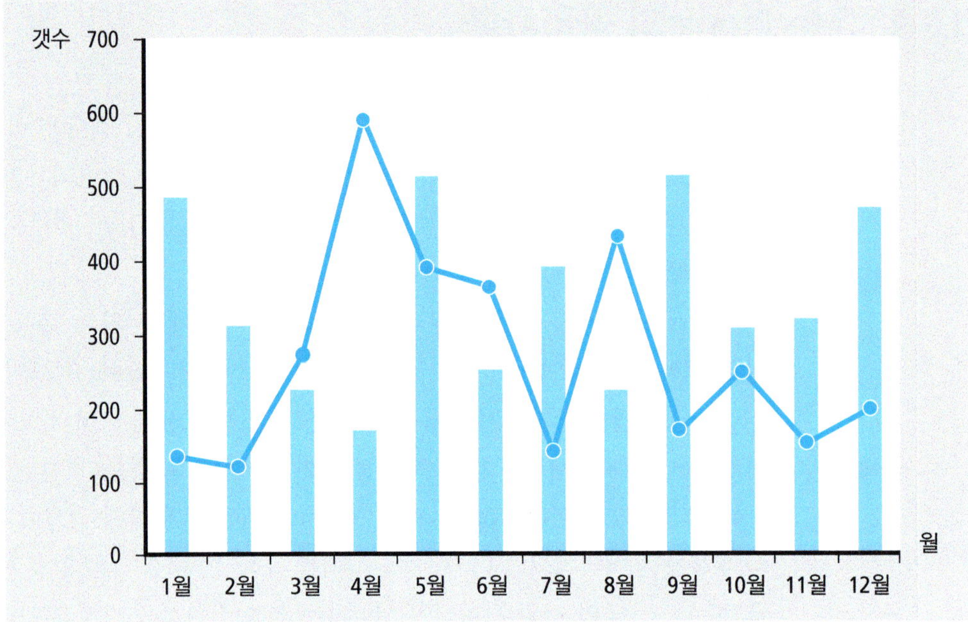

그림 16.1 Mounds View 물류센터에서의 월간 선적량(막대)과 월말 재고량((선)

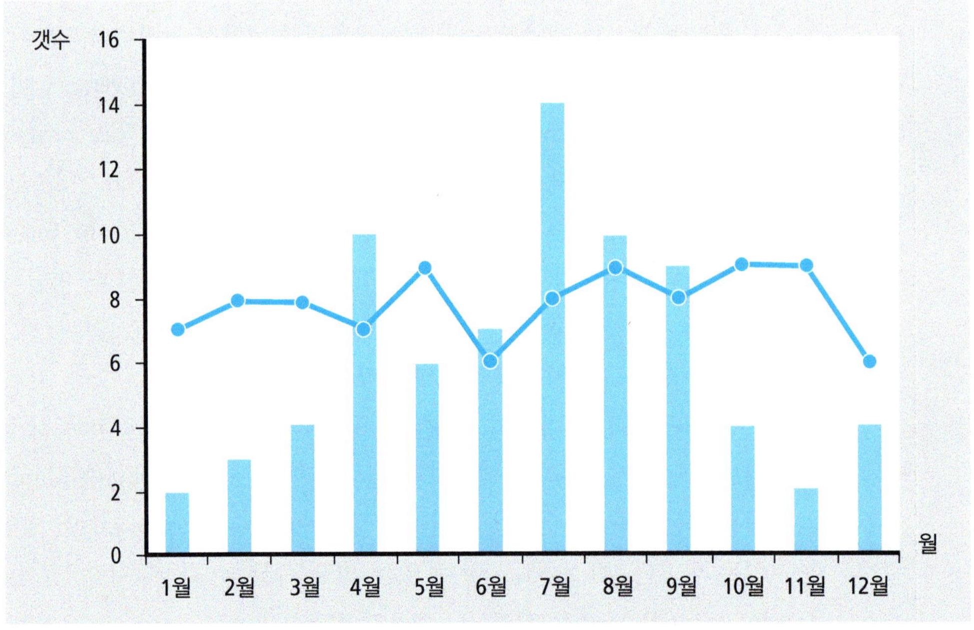

그림 16.2 월간 심박 조율기 이식 수(막대)와 Susan이 월말 재고량(선)

비자 서비스 센터에 전화 주문을 하고 소비자 서비스 센터는 다시 Mounds View에 있는 물류센터로 받은 주문에 대한 요청을 한다. 주문받은 모델의 재고가 물류센터에 있는 경우에는 하루 만에 배송이 된다. Susan이 주문을 하고 받을 때까지 걸리는 시간은 일반적으로 하루지만 드물게 이틀 이상 소요되는 경우도 있다.

Mounds View 물류센터는 한 주에 한번 재고 보충을 위해서 제조 시설에 주문을 한다. InSync 심박 조율기의 경우에 주문하고 물건을 받을 때까지 걸리는 리드타임은 3주이다.

InSync 심박 조율기의 경우 [그림 16.1]을 보면 Mounds View 물류센터에서의 월간 선적량(monthly shipment)과 월말 재고량(end-of-month inventory)에 대한 일 년 동안의 정보를 볼 수 있다. [그림 16.2]을 보면 월간 심박 조율기 이식 수와 Susan이 월간 보유하고 있는 재고량에 대한 일 년 동안의 정보를 볼 수 있다. 그림에서 보는 바와 같이 물류센터로 요구되는 수요의 변동성과 Susan이 맡고 있는 현장의 수요의 변동성 사이에는 상당한 차이를 보이고 있다. 흥미로운 사실은 Susan의 현장에서는 여름에 높은 수요를 보이고 있지만 물류센터에서는 같은 패턴을 보이고 있지 않다. 그러므로 Susan의 수요 정보에서 관찰되는 패턴은 사실이 아닐 수가 있다. 즉, 이 현상은 마치 종이 위의 잉크 얼룩이 특별해 보이듯이 무작위의 사건들이 하나의 특별한 패턴을 형성하게 보이는 것이다.

영업 사원으로서 Susan의 주된 임무는 의사가 Medtronic 상품을 선택하도록 하는 것이다. 영업 활동을 촉진시키기 위해서 Susan의 연간 수입 중 상당 부분은 높은 판매를 올린 경우에 받는 보너스가 차지하고 있다.

재고에 대한 결정을 Susan에게 맡긴다면 그녀는 필요 이상의 재고를 유지하고자 할 것이다. 그녀가 필요 이상의 재고를 유지하고자 하는 데는 다음과 같은 여러 가지 이유가 있다.

- 판매량에 따른 인센티브 제도로 인해서 Susan은 재고 부족 때문에 판매 기회를 놓치고 싶지 않을 것이다. 환자와 의사는 이월 주문을 기다릴 수 없기 때문에 Susan이 재고를 가지고 있지 않다면 판매 기회는 경쟁자에게 넘어가게 된다.
- Medtronic의 상품들은 일반적으로 크기가 작기 때문에 자동차 트렁크와 같은 적은 공간에서도 상당히 많은 양의 재고를 보관할 수 있다.
- Medtronic의 상품들은 오랜 기간 사용이 가능하기 때문에 부패 또는 손상은 문제가 되지 않는다(그러나 선입선출(First-In-First-Out) 규칙을 지키는데 실패하는 경우 어떤 재고는 상당히 오랜 시간 동안 창고에 남아 있는 경우가 생길 수도 있는데 이런 경우 상품의 부패 또는 손상에 주의해야 한다. 선입선출을 잘 지키는 경우에는 상품의 부패 또는 손상이 문제가 되지 않기 때문에 더 이상 부패 또는 손상의 경우를 논의 대상으로 고려하지 않을 것이다).
- Susan은 물류센터로부터 재고 보충을 상당히 빨리 받을 수 있기는 하지만 (물류센터

에 재고가 있는 경우) 이식 수술 직후 주문을 내릴 시간이 없는 경우가 생긴다. 이럴 경우 재고 버퍼(inventory buffer)는 그녀에게 재고를 보충하는 데 시간적인 여유를 제공할 수 있다.

- 비록 제조 시설은 물류센터의 재고가 바닥나지 않도록 되어 있지만 때로 재고가 몇 달 동안은 아니라 하더라도 몇 주 동안 구하기 어려운 경우도 생긴다. 예를 들어, 생산수율(production yield)이 초기에 계획한 만큼이 안 되는 경우가 생기기도 하고 또는 주요 부품의 공급자가 제대로 공급을 하지 못하여 처리능력제약(capacity-constrained)이 되는 경우도 발생한다. 이유가 무엇이든지 약간의 추가 재고를 유지하는 것은 Susan 입장에서는 재고 부족 상황에 대처하는데 도움이 된다.

각 영업 사원이 적절한 양의 재고를 유지할 수 있도록 하기 위해서 각 영업 사원에게는 각 상품의 재고에 대한 기준 수준(par level)이 부여된다. 여기서 기준수준이란 주어진 시간에 영업 사원이 현재 보유하고 있는 재고(on-hand inventory)와 주문한 재고(on-order inventory)를 합한 재고의 최대량을 의미한다. 그러므로, 영업 사원의 재고가 기준재고수준과 같은 경우에는 심박 조율기 하나가 이식되기 전까지는 주문을 할 수 없다. 기준재고수준은 분기별로 전 분기의 판매량과 예상 수요를 기반으로 해서 설정을 한다. 영업 사원이 높은 기준수준이 필요하다고 느낀다면 조정을 요구할 수 있다. Medtronic은 재고 결정에 대한 전권을 영업 사원에게 주고 싶지는 않겠지만 Medtronic의 총마진의 상당 부분이 영업 사원에 의한 것이라는 사실을 고려하면 Medtronic도 재고면에서 너무 박하게 굴고 싶지는 않을 것이다.

Medtronic의 또 다른 이슈는 그들이 현재 가지고 있는 공급사슬의 체계가 회사를 공격적으로 성장시키고자 하는 목적에 잘 부합하는가이다. 이번 장은 우선 현장 재고의 관리를 살펴볼 것이다. 현재로서는 영업 사원은 (이미 설정되어 있는 기준수준 내에서) 자신들의 재고를 관리하는 책임을 지고 있다. 그러나 비축 수준(stocking level)을 결정하고 자동으로 재고를 보충하는 컴퓨터 기반의 시스템도 고려해 볼만하다. 이러한 시스템은 Susan Magnotto와 다른 영업 사원들이 재고를 관리해야 하는 일을 덜어줌으로써 이들이 상품 판매에 더 집중하도록 하는 효과가 있다. 이러한 효과가 Susan에게 매력적이기는 하지만 상품의 가용성을 줄이는 것은 피해야 한다. 현장 재고관리를 살펴본 다음 Mounds View에 있는 물류센터의 재고관리에 대해서 살펴볼 것이다. 물류센터가 너무 많은 재고를 유지하지 않으면서 현장 영업 사원에게 뛰어난 제품 가용성을 제공하는 것은 필수적이다.

16.2 기준재고모형의 설계와 실행

기준재고모형은 오랜 시간 재고 보충 기회가 여러 번 주어지는 상품에 대한 재고를 관리하기 위해서 제안된 모형이다. 이 절에서 우리는 기준재고모형에 사용된 가정과 실제로 어떻게 실행되는지에 대해 살펴보고자 한다. 다음 절에서는 다양한 성과 측도에 대해서 살펴보고 과거 데이터를 이용하여 어떻게 수요 분포를 찾을 것인지 그리고 다양한 목적을 성취하기 위해서 모형을 어떻게 조정할 것인지에 대해서도 살펴볼 것이다.

먼저 우리는 오랜 기간 판매되는 상품에 대해 살펴보고자 한다. 일정 기간에 한 번 재고 보충을 위한 주문 기회가 주어진다. 여기서 기간(period)이란 두 주문 기회 간의 시간 간격을 의미한다. 그리고 일단 기간이 정해지면 모든 기간은 동일한 시간 간격을 가진다. 1일은 현장에서 즉 Susan의 현장에서 InSync 심박 조율기의 재고 보충을 위해 사용하기에 적당한 기간이고, 1주는 Mounds View에 있는 물류센터에서 사용하기에 적당한 기간이다. 경우에 따라 적당한 기간으로는 1시간, 1달 또는 다양한 시간 간격이 사용될 수 있다. 적당한 기간의 크기에 대해서는 16.8절을 참조하기 바란다. 통일성을 위해서 주문은 기간 내 같은 시점에, 예를 들어 각 기간의 시작 시점에 한다고 가정한다.

수요는 각 기간 동안 무작위로(random) 발생한다. 뉴스벤더 모형에서와 마찬가지로 기준재고모형에서 가장 중요한 입력 값으로 수요 분포의 모수(parameter)를 들 수 있다. 이 모수(parameter)에 대해서는 16.4절에서 자세히 볼 수 있다. 그러나 여기서 주지해야 하는 사항은 각 기간 동안 발생하는 불확실한 수요는 동일한 수요 분포를 따른다고 가정하였다는 것이다. 즉 각 기간 동안의 수요는 단지 동일한 분포에 의해 발생하는 결과값(outcome)이라는 것이다. 때로는 좀 더 복잡한 구조의 수요 모형을 사용할 수도 있지만 여기서 사용하게 될 단순한 구조로도 기준재고모형의 원리를 이해하는 데 충분하다.

각 기간 내에서 재고 보충(replenishment)은 세 번째로 발생한다. 보충은 각 기간의 시작 시점에 즉 각 기간에서 수요가 발생하기 전에 이루어진다고 가정한다. 그러므로 한 기간에 배송받은 재고는 그 기간에 발생하는 수요를 위해서 사용될 수 있다.

주문을 내리고 보충이 되기까지에는 일정한 시간이 필요한데, 이를 리드타임(lead time)이라고 부르며 변수 l로 표기한다. 리드타임은 기간의 단위로 측정된다. 즉 1일이 기간으로 설정되었다면 주문하고 보충되기까지의 리드타임은 일(day)의 단위로 측정된다. 그러므로 기간은 주문하는 빈도수와 보충되는 빈도수를 일치시킬 수 있도록 설정되어야 하며 또한 보충하는 데 걸리는 리드타임이 정수(0, 1, 2, ...) 기간으로 측정될 수 있도록 설정하여야 한다.

한 기간 내에 주문할 수 있는 양에 제한은 없고 얼마만큼을 주문하던지 간에 리드타임 만큼의 기간이 지나고 나서 주문한 양의 재고가 보충된다. 그러므로 기준재고모형에서 공급은 처리능력 제약적 상황(capacity-constrained)은 아니지만 주문하고 배송을 받

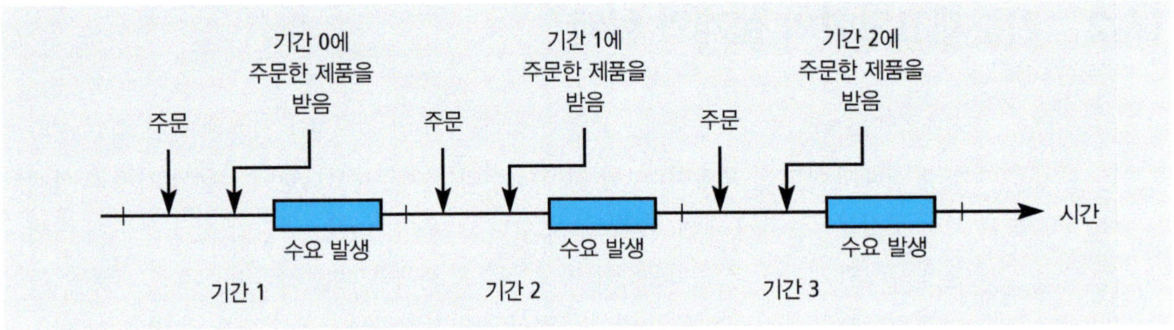

그림 16.3 주문한 제품을 받는 데 걸리는 리드타임이 한 기간, $l=1$인 경우 기준재고모형(order-up-to model)에서 일어나는 일련의 사건들

는 데는 시간이 걸린다.

한 기간에 남은 재고는 그 다음 기간으로 넘겨서 사용이 가능하다. 즉 노화나 부패가 발생하지 않는 재고를 기준재고모형에서는 고려한다.

요약해보면, 각 기간의 시작 시점에서 주문을 내리고 재고 보충이 이루어지고 불확실한 수요가 발생한다. 주문하는 양에는 제한이 없지만 주문은 l기간이 지난 후에 받을 수 있다. 예를 들어 기간을 1일로 정하고 리드타임은 $l=1$이라고 하면, 월요일 아침에 내린 주문은 화요일 아침에 보충된다. 각 기간은 동일한 시간 간격으로 정해져 있고 일련의 사건들(주문, 보충, 수요)이 반복하여 발생한다. [그림 16.3]에는 리드타임이 $l=1$인 경우에 일련의 사건들이 세 기간 동안에 반복적으로 발생하는 것을 보여주고 있다.

이제 재고 시스템을 설명하는데 필요한 몇 가지 용어를 정의하고 기준재고(order-up-to level)를 사용하여 어떻게 주문량을 결정하는지에 대해서 자세히 살펴보도록 하겠다. 주문중재고(on-order inventory)는 직관적인 개념이라 상대적으로 쉽게 이해할 수 있다. 주문중재고(on-order inventory)는 이전 기간들에 주문하였지만 현시점에서 아직 보충되지 않은 재고들로 정의된다. 주문중재고(on-order inventory)는 음의 값이 될 수는 없으나 0이 될 수는 있다.

실제보유재고(on-hand inventory)라는 개념도 역시 쉽게 이해할 수 있다. 실제보유재고(on-hand inventory)는 현재 가지고 있는 재고로 정의되고 이는 수요 발생 시 바로 사용이 가능한 재고를 의미한다.

이월 주문(back-order)은 이월되는 상품 단위 수로 정의되는데 즉 수요가 발생은 하였지만 충족되지 못한 수요를 의미한다. 기준재고모형이 수학적으로 정확하게 작동되기 위해서는 모든 수요는 언젠가는 반드시 충족되어진다는 가정이 필요하다. 즉, 수요가 발생하였는데 현 재고가 충분하지 않아 발생한 수요를 다 충족시키지 못하는 경우, 충족되지 못한 수요는 이후 기간으로 이월이 되고 재고가 다시 충분해지는 시점에 충족되어지는 것을 의미한다. 다른 말로 하면, 기준재고모형에서 손실되어지는 수요는 없다고 가정한다. 몇몇 설정에서는 이러한 가정이 문제가 되지 않는다. 이월 수요는 반드시 충족된다는 가정은 공급사슬 내 두 기업 간 재고관리에서는 일반적으로 받아들여질 수 있는 가정이다. 하지만, 현장에서의 InSync 심박 조율기의 경우와 같이 수요를 발생시키는 주체가 기업이 아닌 최종 소비자일 경우에 이월 수요는 반드시 충족된다는 가정을 적용하는데 무리가 있다. 그러나 이월 주문이 발생은 하지만 그 발생 빈도가 아주 드물 경우 기준재고모형은 꽤 훌륭한 근사 모형으로 볼 수 있다. 그러므로 우리는 기준재고모형을 물류센터와 Susan의 현장에서 InSync 심박 조율기의 재고관리에 적용하여 사용할 것이다.

다음 측정치는 실제보유재고(on-hand inventory)와 이월 주문(back-order)을 결합한 값이다.

$$\text{재고수준(inventory level)} = \text{실제보유재고} - \text{이월 주문}$$

실제보유재고(on-hand inventory)와 이월 주문(back-order) 각각은 음의 값을 가질 수 없는 것과 다르게 재고수준(inventory level)은 음의 값을 가질수 있다. 이월 주문이 발생하면 재고수준은 음의 값을 가진다. 예를 들면 재고수준이 −3이면 충족되지 않고 기다리는 수요가 세 개 있다는 것을 의미한다.

다음 측정치는 위의 세 측정치 모두를 결합한 값이다.

$$\begin{aligned}\text{재고상태(inventory position)} &= \text{주문중재고} + \text{실제보유재고} - \text{이월 주문}\\ &= \text{주문중재고} + \text{재고수준}\end{aligned}$$

기준재고수준(order-up-to level)은 재고상태(inventory position)가 가질 수 있는 최댓값이다. 기준재고수준을 변수 S라고 놓자. 예를 들어 만약 $S=2$인 경우, 재고상태(inventory position)는 최대 2까지 높일 수 있다. 기준재고수준은 위에서 본 Medtronic이 현재 사용하고 있는 비축 수준(stocking level)과 개념적으로 동일한 개념이다. 기준재고 모형(order-up-to level model)은 종종 기본 비축수준 모형(base-stock level model)이라 부른다.

기준재고 정책의 실행은 상대적으로 간단하다. 각 기간의 시작 시점에 재고상태(inventory position)가 기준재고수준 S보다 낮을 경우 재고상태가 S가 될 수 있도록 주문을 하면 된다. 즉, 각 기간에 S와 재고상태(inventory position)의 차이만큼 주문을 하면 된다.

$$\text{각 기간의 주문량} = S - \text{재고상태}$$

재고상태는 주문중재고(on-order inventory)를 포함하고 있기 때문에 주문을 내리 고나면 재고상태는 즉시 S로 증가한다.

주문량을 결정하는 과정을 살펴보면 만약 한 기간의 시작 시점에 재고수준이 −4이 고

(즉 이월 주문이 네 개가 있으며) 주문중재고가 하나이며 기준재고수준을 S=3이라고 설정하였다고 하자. 이 경우, 6개를 주문하여야 한다. 재고상태는 1−4=−3이고 주 문량은 S에서 재고상태를 빼면 3−(−3)=6이 된다.

만약 어느 기간의 재고상태가 기준재고수준인 S보다 높을 경우에는 주문을 내리지 않는다. 이 경우 재고상태가 S 이하가 될 때까지 주문을 내리지 않을 것이기 때문에 시 간이 지나면 재고상태는 S 이하로 감소하게 될 것이다. S 이하로 내려가는 시점 이후에 주문을 내리기 시작할 것이고 재고상태는 S를 재설정을 하지 않는 한 S보다 높아질 수는 없을 것이다.(이유는 재고상태가 S가 될 때까지만 주문을 내리기 때문이다.)

여기서 주목할 것은 수요가 발생하는 경우에만 재고상태는 S 이하로 내려간다. 예를 들어 $S=3$이고 현 기간의 시작 시점에 재고상태가 1이라고 하자. 바로 이전 기간에서 기준재고수준 정책을 사용했다고 한다면 바로 이전 기간에서는 주문 후 재고상태가 3이 되어 있었음에 틀림없다. 그러고 나서 현 기간의 재고상태가 1이 되기 위해서는 유일하게 바로 이전 기간 동안의 수요가 두 개 발생하는 경우 밖에 없다. 그러면 현 기간에서 재고상태가 기준재고수준이 3이 되도록 하기 위해서 두 개의 주문을 내리게 된다. 즉,

기준재고모형에서 각 기간의 주문량은
바로 이전 기간 동안 발생한 수요의 양과 같다.

이러한 특성 때문에, 기준재고 정책(order-up-to policy)을 때로는 일대일 주문정책(one-for-one ordering policy)이라고 부른다. 수요량이 보충을 위한 주문량을 이끌게 된다. 기준재고모형은 생산/재고관리에서 풀 원칙(pull principle)에 기반한 시스템의 한 예이다. 풀 시스템(pull system)의 주요 특징은 수요가 발생하였을 때 생산−보충이 시작된다는 것이다. 그러므로 풀 시스템(pull system)에서는 수요의 발생이 재고 보충을 이끌게 된다. 반면에 푸시 시스템(push system)에서는 생산−보충이 수요에 선행해서 발생한다. 뉴스벤더 모형은 푸시 시스템의 한 예이다. 적시 시스템(Just-In-Time)의 가장 중요한 부분을 차지하는 칸반 시스템도 풀 시스템으로 작동된다(8장 참조). 풀 시스템은 과도하게 재고를 쌓아 놓는 것을 최대한 자제하도록 하지만 미래에 있을 수요의 변화를 예측하지는 못한다. 그러므로 수요의 평균이 변화가 적고 안정적인 경우에 즉 기준재고모형에서와 같은 경우에 풀 시스템은 매우 효과적이다.

16.3 기간 말의 재고수준

재고수준(=실제보유재고−이월 주문)은 기준재고모형에서 중요한 수치이다. 재고수준이 높다면 재고 유지 비용을 초래할 것이고 반면에 재고수준이 낮다면 소비자에게 재고부족으로 물건을 적시에 제공하지 못하는 경우가 빈번하게 될 것이다. 그러므로 결정 변수인 기준재고수준으로 재고수준을 어떻게 조절할 것인가를 알아둘 필요가 있다. 다음 결과를 보면 실제로 기준재고수준(order-up-to level)과 재고수준(inventory level)은 서로 연관성이 높다는 것을 알 수 있다.

> 각 기간이 끝나는 시점에서의 재고수준은 기준재고수준인
> S에서 $l+1$ 기간 동안에 발생하는 수요량을 뺀 값이 된다.

위의 결과가 직관적으로 이해가 된다거나 또는 바로 당연한 것으로 믿을 수 있다면 바로 다음 절로 넘어가도 된다. 그렇지 않다면 이번 절의 나머지 부분을 통해서 위의 결과가 어떻게 유도되었는지 자세히 살펴보도록 하라.

우선 연관성은 작지만 그럴듯한 예를 사용해서 위의 결과를 유도하도록 하겠다. 집 근처에 소풍을 가는데 30컵의 수프를 넣은 커다란 항아리를 가져간다고 가정해 보자. 소풍 동안에 20컵의 수프를 항아리에 추가해서 넣고 40컵의 수프를 나누어 먹는다고 하자. 소풍이 끝나고 나면 얼마의 양이 항아리에 남아 있을 것인가? 어렵지 않다. 30으로 시작해서 20을 더하고 40을 빼면 되므로 항아리에는 10컵의 수프가 남게 된다. 그럼 40컵을 먼저 나누어 주고 20컵을 추가하면 결과는 달라질까? 사람들이 기다릴 수만 있다면 결과는 변하지 않는다. 이를 설명해 보면 30컵이 들어 있는 항아리에서 40컵을 빼면 −10컵이 되는데 이는 10컵을 받으려고 사람들이 줄을 서서 기다린다는 것을 의미한다. 20컵이 추가만 되면 줄 서 있는 사람들은 수프를 받게 되고 항아리에는 10컵이 남게 된다. 모든 사람들이 기다릴 용의가 있기 때문에 즉 수프의 손실 판매량(lost sales)이 없기 때문에 더하고 빼는 순서의 변화는 결과의 변화에 아무런 영향을 주지 않는다. 다른 말로 하면, 더하고 빼는 순서의 변화는 의미가 없고 단지 더하고 빼는 총량만이 의미를 가진다.

20컵을 한 번에 한 컵씩 추가하는 것과 반 컵, 한 컵 또는 한 컵 이상과 같이 무작위로 추가하는 것과 결과에 차이가 있는가? 이도 역시 차이가 없다. 수프를 추가하고 빼는 개별 증감 단위는 아무런 의미를 가지지 않고 다만 더하고 빼는 총량만이 의미를 가진다.

이 수프의 예를 유념하고 다른 예를 살펴보도록 하자. 한 기업이 기준재고모형을 사용하고 기준재고수준은 $S=3$으로 리드타임은 2일 즉 $l=2$라고 하자. 한 기간이 끝나는 시점의 재고수준은 얼마가 되겠는가? 어려워 보이는 문제이지만 한 번 풀어보도록 하자. 무작위로 한 기간을 선택해 보자. 즉 10번째 기간이라고 하자. 기간 10의 시작 시점

의 재고수준(inventory level)을 IL이라고 하자. 여기서 IL이라는 변수를 사용하는 이유는 정확한 재고수준 값을 모르기 때문에 변수를 사용하는 것이다. 그러나 곧 알게 되겠지만 정확한 재고수준을 알 필요는 없다.

기간 10에 주문을 내린 후에 주문중재고(on-order inventory)는 총 $3-IL$이 될 것이다. 기준재고모형을 실행하는 경우에 주문을 내려야 하는데 이때 재고수준(IL) 더하기 주문중재고($3-IL$)는 기준재고수준($3=IL+3-IL$)과 같다. 주문중재고의 일부는 기간 10에 주문한 것이고 일부는 기간 9에 주문한 것이다. 주문중재고가 언제 주문한 것인지와는 무관하게 기간 10에 주문중재고 상태의 주문들은 모두 기간 12가 끝나는 시점 전에는 도착한다(리드타임이 두 기간이라는 사실을 주목하라). 예를 들어 기간 10의 주문은 기간 12에 도착한다. 그러므로 기간 10 이전에 주문된 것들은 기간 12 이전에 도착해야 한다.

수프 예를 다시 살펴보자. IL을 소풍 시작 시점에 항아리 속의 수프라고 하자. 기간 10과 12 사이에 얼마나 많은 양의 수프가 항아리라는 창고에 추가되는가? 이는 기간 10에 주문 중에 있는 재고량을 의미하고 그 양은 $3-IL$이 된다. 그러므로 항아리는 IL로 시작해서 기간 10과 12 사이에 $3-IL$만큼 보충된다. 그럼 기간 10과 12 사이에 얼마의 양이 항아리라는 재고 창고에서 빠져나가는가? 수요가 항아리라는 재고 창고에서 빠져나가는 것이다. 즉 기간 10과 12 사이에 재고 창고에서 빠져나가는 양은 이 기간 동안의 수요가 된다. 즉 $l+1$ 기간 동안의 수요를 의미한다(기간 10에서 12는 세 기간이 된다). 그렇다면 기간 12가 끝나는 시점에서 항아리 안에는 얼마가 남아 있을까? 대답은 간단하다. 수프의 예에서와 같이 시작 시점에서 가지고 있던 양인 IL에서 추가한 양($3-IL$)을 더하고 기간 10과 12 사이에 발생한 수요를 빼면 된다.

$$\begin{aligned}\text{기간 12가 끝나는 시점에서의 재고수준} &= IL+3-IL-\text{기간 10과 12 사이의 수요} \\ &= 3-\text{기간 10과 12 사이의 수요}\end{aligned}$$

다른 말로 하면, 특정 기간이 끝나는 시점에서의 재고수준은 기준재고수준(위 예에서는 3)에서 $l+1$ 기간 동안의 수요(위 예에서는 기간 10과 12 사이의 수요)를 빼면 된다. 그럼 우리가 원하는 결과를 유도할 수 있다.

수프 예에서와 같이 재고가 더해지고 빼지는 순서는 결과에 아무런 의미가 없다. 의미가 있는 것은 더해지는 총량($3-IL$)과 빼는 총량(기간 10과 12 사이의 수요)일 뿐이다(이는 기준재고모형에서 이월 주문 가정이 필요한 이유가 된다). 뿐만 아니라 더해지고 빼지는 양의 정도도 의미가 없다. 다른 말로 하면 일정한 양으로 또는 무작위의 양으로 더하고 빼는 것은 의미가 없다. 어떻게 더하고 빼든 의미 있는 것은 총량일 뿐이다.

어쩌면 독자는 리드타임 l기간 동안의 수요가 아니라 왜 $l+1$ 기간 동안의 수요인지 이해가 아직 안 갈 수도 있다. 우리가 관심 있는 재고수준에 대한 시점은 기간이 끝나는 시점이며 주문이라는 결정을 내리는 시점은 기간이 시작하는 시점이라는 사실을 주목하

자. 주문을 내리는 시점에서 이 주문이 도착하는 기간의 끝나는 시점까지의 기간은 총 $l+1$이 된다.

그리고 독자는 왜 기간의 시작 시점에서 분석이 시작되는지 궁금해할 것이다. 즉 왜 기간 내의 다른 시점에서 재고상태(inventory position)를 측정하려 하지 않는 것일까? 이유는 각 기간의 시작 시점에서의 재고상태는 항상 기준재고수준이 되지만 기간 내의 다른 시점에서의 재고상태의 정확한 값은 수요가 무작위적으로 발생하여 정확한 측정이 불가능하기 때문이다. 그러므로 분석은 우리가 정확한 값을 측정할 수 있는 시점으로 정하고 시작해야 하는데 그 시점이 다름 아닌 재고상태가 기준재고수준 S와 같아지는 기간의 시작 시점인 것이다.

요약해 보면, 기준재고모형에서 각 기간이 끝나는 시점에서의 재고수준은 기준재고수준 S에서 $l+1$기간 동안의 수요를 뺀 값이 된다. 그러므로 한 기간 동안에 발생하는 수요의 확률 분포를 알아야 할 필요가 있지만 동시에 $l+1$ 기간 동안에 발생하는 수요의 확률 분포도 알아두어야 한다.

16.4 수요 확률 분포의 선택

모든 재고관리 시스템에서는 수요에 대한 확률 분포를 선택해야만 한다. 위의 예에서는 Mounds View DC와 Susan Magnotto의 영업 지역에서의 수요 확률 분포가 필요하다. 뿐만 아니라 이전 절에서 언급하였듯이 한 기간 동안의 수요 확률 분포와 $l+1$ 기간 동안의 수요 확률 분포가 필요하다. 곧 알게 되겠지만 물류센터에서는 정규분포가 적절하고 Susan의 영업 지역에서는 포아송(Poisson) 확률 분포가 적절하다.

[그림 16.1]를 보면 Mounds View의 수요는 변동성이 있기는 하지만 일 년 동안을 보면 평균을 중심으로 안정적인 것을 알 수 있다. 이는 좋은 현상이다. 이미 언급한 바와 같이 기준재고모형은 평균 수요가 모든 기간에서 일정하다고 가정한다. 표본에서의 평균 수요는 349이고 표준편차는 122.38이다. 일 년 중 7개월은 평균보다 높은 수요를 보이고 나머지는 낮은 수요를 보이고 있는 것으로 보아 수요가 평균을 중심으로 균형을 이루고 있다고 볼 수 있다. 또한 그림의 자료를 보면 극단적인 이상점은 보이지 않는 것을 알 수 있다. 최대점은 평균에서 1.35배의 표준편차만큼 떨어져 있고 최소점은 1.46배의 표준편차만큼 떨어져 있다. 전반적으로 평균이 349이고 표준편차가 122.38인 정규분포가 물류센터의 월간 수요에 적절한 확률분포이다.

그러나 물류센터는 주 단위로 주문하고 리드타임도 주 기간으로 측정하였기 때문에 물류센터에 적용할 기준재고모형의 기간 길이는 한 주이어야 한다. 그러므로 주당 수요

정리 16.1  한 기간 길이의 수요 분포를 다른 기간 길이의 수요 분포로 변환하는 방법

긴 기간 길이(예를 들어 한 달)의 수요 분포를 n개의 짧은 기간 길이(예를 들어 한 주)로 변환하고자 한다면, 다음과 같이 하면 된다(한 달을 4주로 본다면 n은 4가 된다).

$$\text{짧은 기간의 수요 기대치} = \frac{\text{긴 기간의 수요 기대치}}{n}$$

$$\text{짧은 기간의 수요 표준편차} = \frac{\text{긴 기간의 수요 표준편차}}{n}$$

n개의 짧은 기간 길이의 수요 분포를 하나의 긴 기간 길이의 수요 분포를 변환하고자 한다면, 다음과 같이 하면 된다.

$$\text{긴 기간의 수요 기대치} = n \times \text{짧은 기간의 수요 기대치}$$
$$\text{긴 기간의 수요 표준편차} = n \times \text{짧은 기간의 수요 표준편차}$$

위의 식들은 각 기간 동안의 수요들이 서로 같은 수요 분포를 가지고 기간들의 수요는 서로 독립적으로 발생한다는 가정하에서 성립한다.

를 위한 확률 분포를 찾아야 한다. 즉 월간 수요 확률 분포를 쪼개서 주당 수요 확률 분포를 찾아야 한다. 주 마다 수요가 서로 독립적으로 발생한다고 가정하고 한 달에 4.33주(52주/12달)가 있다고 가정한다면, 월간 수요의 평균과 표준편차를 주간 수요의 평균과 표준편차로 변환할 수 있다.

$$\text{주간 수요의 기대치} = \frac{\text{월간 수요의 기대치}}{4.33}$$

$$\text{주간 수요의 표준편차} = \frac{\text{월간 수요의 표준편차}}{\sqrt{4.33}}$$

[정리 16-1]를 보면 수요 분포를 한 기간의 길이에서 다른 기간의 길이로 변환하는 방법을 알 수 있다.

Mounds View 물류센터의 경우에, 주간 수요의 기댓값은 $349/4.33=80.6$이고 주간 수요의 표준편차는 $122.38/\sqrt{4.33}=58.81$이 된다. 그래서 Mounds View 물류센터의 주간 수요는 평균 80.6과 표준편차 58.81을 가지는 정규분포가 된다.

또한 $l+1$기간 동안의 InSync 심박 조율기의 수요를 계산하여야 하는데 위의 예에서 $l+1$은 $3+1$주가 된다. 다시 [정리 16.1]를 사용하면, 4주 동안의 수요의 평균은 $4\times 80.6=322.4$이고 표준편차는 $\sqrt{4}\times 58.81=117.6$이 된다.

이제 Susan의 영업 지역에서의 InSync 심박 조율기에 대한 수요를 보도록 하자. [그림 16.2]의 자료를 보면 일 년 동안 총수요는 75개인데 월간 평균은 6.25(75/12)이고 주간 평균은 1.44(75/52)이고 일주일에 실제 일하는 날만 고려하여 5일이 있다고 가정하면 일간 평균은 0.29(1.44/5)가 된다.

위에서 계산한 일 간 수요의 기댓값인 0.29라는 값은 암묵적으로 일 년 내내 일정하다고 가정한다. 이는 일 년 내내 또는 한 달 내내 또는 한 주 내내 계절성(seasonaliy)이 존재하지 않는다는 것을 의미한다. 수요가 판매 촉진(예를 들면, 하나 사면 덤으로 하나 더 주는 것)에 의해서 변동성을 가지거나 또는 선물구입(예를 들면 크리스마스트리 밑에 하나 이상의 심박 조율기를 더 달고 싶어 하는 아버지의 마음 같은 조금은 말이 안 되는 현상들)에 의한 변동성을 가지지 않는 것을 의미한다. 한 주 내에 변동은 크지 않을 것이고 (평균적으로 월요일의 이식 수술 수는 목요일과 큰 차이가 없을 것이다) 한 달 내에도 마찬가지로 변동은 크지 않을 것이다. 그러나 이러한 추측은 좀 더 정교한 자료를 가지고 확인해 볼 필요가 있다. 뿐만 아니라 [그림 16.1]의 자료를 보면 수요는 일 년 내내 안정적이고 위아래로 변하는 정도가 그렇게 크지 않다는 것을 알 수 있다. 그러므로 일간 수요의 기댓값이 일정함을 유지한다는 가정은 합리적임을 알 수 있다.

[정리 16.1]을 사용하면 일간 평균 수요가 0.29일 경우 $l+1$ 기간 동안의 수요의 기대값은 $2\times0.29=0.58$이 되는 것을 알 수 있다.

두 개의 모수(parameter)를 필요로 하는 정규분포와는 다르게 포아송 확률 분포는 하나의 모수(parameter) 즉 평균만 있으면 정의할 수 있다. InSync 심박 조율기의 경우 평균 수요율을 평균으로 선택하면 된다. 한 기간 동안의 수요는 0.29이고 두 기간 동안의 수요는 0.58이 된다. 포아송 분포를 정의하는데 표준편차는 필요없지만 평균이 정해지면 포아송 분포의 표준편차는 다음과 같이 계산할 수 있다.

$$\text{포아송 분포의 표준편차} = \sqrt{\text{포아송 분포의 평균}}$$

표 16.1 포아송 분포의 확률 분포 값과 밀도 함수 값. Excel에서 $F(S)$는 함수 Poisson(S, 기대수요, 1)을 사용하여 계산하고 $f(s)$는 함수 Poisson(S, 기대수요, 0)을 사용하여 계산한다.

평균 수요=0.29		
S	$F(S)$	$f(S)$
0	0.74826	0.74826
1	0.96526	0.21700
2	0.99672	0.03146
3	0.99977	0.00304
4	0.99999	0.00022
5	1.00000	0.00001

평균 수요=0.58		
S	$F(S)$	$f(S)$
0	0.55990	0.55990
1	0.88464	0.32474
2	0.97881	0.09417
3	0.99702	0.01821
4	0.99966	0.00264
5	0.99997	0.00031

$F(S)$=Prob{수요가 S보다 같거나 작다}
$f(S)$=Prob{수요가 S와 같다}

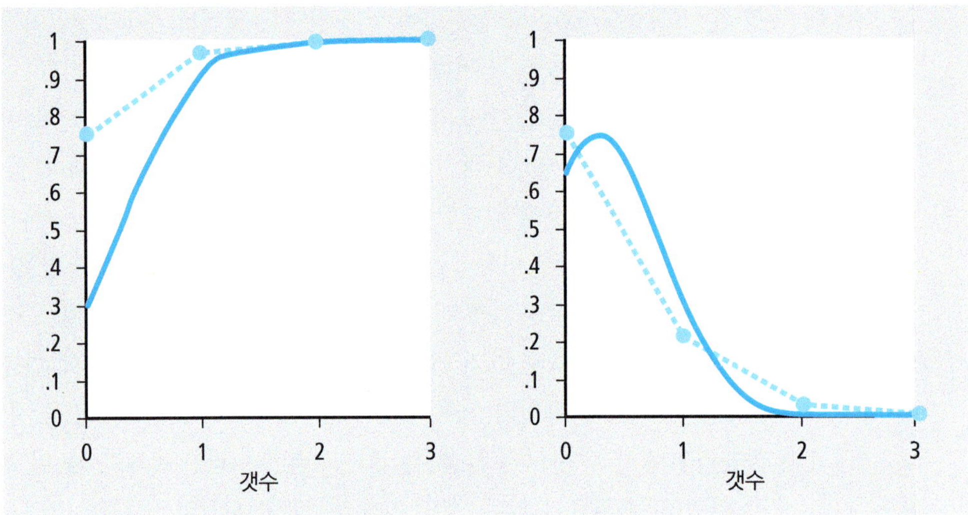

그림 16.4 평균이 0.29 포아송 분포(점선)와 평균이 0.29이고 표준편차가 0.539인 정규분포(실선)에 대한 확률 분포 함수(왼쪽 그림)와 밀도 함수(오른쪽 그림)

예를 들어 평균이 0.29이면 포아송 분포의 표준편차는 $\sqrt{0.29}=0.539$가 된다. [표 16.1]을 보면 선택한 포아송 분포에 대한 분포 함수(distribution function)와 밀도 함수(density function)를 나타내고 있다.

Excel을 이용하는 경우에 $F(S)$는 POISSON(S, 기대수요, 1)라는 함수를 사용하여 구하고 $f(S)$는 POISSON(S, 기대수요, 0)이라는 함수를 사용하여 구하면 된다.

표를 보고 분포를 시각화하는 것이 어렵기 때문에 [그림 16.4]에 평균이 0.29를 가지는 분포 함수와 밀도 함수를 그려 보았다. 비교를 위해서 정규분포도 함께 그려 보았다(점선으로 표시된 포아송 분포는 시각적인 효과를 위한 것뿐이다. 즉 포아송 분포 함수는 정수 값에 대해서만 존재한다는 것을 기억하기 바란다).

[그림 16.4]의 그래프를 보면 포아송과 정규분포는 두 가지 점에서 차이가 있다. (1) 포아송 분포는 이산적(discrete)이다(정수 값만을 가진다). (2) 두 확률 분포에 대한 분포 함수와 밀도 함수는 각각 서로 다른 모양을 가진다. 소수점 값은 수요가 80이나 500과 같이 큰 경우에는 문제가 되지 않지만 수요 평균이 0.29와 같이 나오는 경우에는 문제가 된다. 이상적으로 보면 포아송 분포와 같은 이산적 수요 분포가 사용되어야 한다.

Susan의 영업 지역에서 포아송 분포를 수요 분포로 사용하려 할 때 또 다른 논쟁이 발생할 수 있다. 8과 9장에 나오는 대기행렬(queueing) 모형을 기억해 보자. 대기행렬 모형에서 우리는 소비자가 도착하는 시간 사이의 거리를 나타내기 위해서 지수 분포(exponential distribution)를 사용하였는데 소비자들의 도착이 서로 독립적으로 발생하였기 때문에 지수 분포의 사용이 적절하였던 것이다. 즉 한 소비자의 도착시간은 다른 소비자의 도착시간에 대한 아무런 정보를 제공하지 않는다는 것이다. 이는 InSync 심박 조율기의 이식 수술 발생 빈도와 같이 상품을 구매하고자 도착하는 소비자들의 빈도가 상당히 낮을 경우에 적절하다. 그러므로 InSync 심박 조율기의 이식 수술 간의 시간 간격에 대한 분포로 지수 분포를 사용하는 것은 적절하다고 할 수 있다. 이는 포아송 분포와도 연관이 있다. 도착간격 시간이 지수 분포를 따른다고 한다면 일정 시간 동안 발생하는 도착의 수는 포아송 분포를 따른다. 예를 들어, InSync 심박 조율기 이식 수술 간의 시간이 평균이 3.46일인 지수 분포를 따른다고 하면 하루 동안의 평균 수술 수는 평균이 1/3.45=0.29개인 포아송 분포를 따른다.

일간 수요 자료를 가지고 있다면, 우리가 선택한 포아송 분포가 자료에 잘 맞는지 아닌지를 확인할 수가 있다. 만약 자료가 없을 시에도 최선의 추측은 가능하다.

요약해보면, Mounds View 물류센터에서의 InSync 심박 조율기의 주간 수요는 평균이 80.6이고 표준편차가 58.81인 정규분포를 따르고 $l+1=4$주 동안의 수요는 평균이 322.4이고 표준편차가 117.6인 정규분포를 따른다. Susan의 영업 지역에서의 일간 수요는 평균이 0.29를 가지는 포아송 분포를 따르고 $l+1=2$일 동안의 수요는 평균이 0.58인 포아송 분포를 따른다는 것을 알 수 있다.

16.5 성과 측도

이 절에서는 기준재고모형의 여러 가지 성과 측도에 대해서 살펴볼 것이다. 공급사슬 내 두 지역인 Susan Magnotto의 영업 지역과 Mounds View에 있는 물류센터에서의 성과 측도를 살펴볼 것이다.

Susan의 영업 지역에서의 일간 수요를 나타내기 위해서 우리는 평균이 0.29인 포아송 분포를 사용한다고 하였으며 $l+1=2$일 동안의 수요를 나타내기 위해서는 평균이 0.58인 포아송 분포를 사용하기로 하였다는 것을 기억하기 바란다. Susan이 기준재고수준으로 S=3을 사용한다고 가정하고 성과 측도를 평가해 볼 것이다. Mounds View에 있는 물류센터에서의 주간 수요는 평균이 80.6이고 표준편차가 58.81인 정규분포를 따르고 $l+1=4$주 동안의 수요는 평균은 $\mu=322.4$이고 표준편차가 $\sigma=117.6$인 정규분포를 따른다. Mounds View에서 사용하는 기준재고수준은 $S=625$로 가정하고 성과 측도를 평가할 것이다.

재고 보유율과 재고 품절률

품절(stockout)은 물건을 사러 소비자가 왔는데 이 수요를 충족시킬 물건이 없는 상태를 의미한다. 품절(stockout)은 현재 실제로 보유하고 있는 재고가 없는 상태인 재고 없음(out-of stock)과는 다른 의미이다. 품절의 정의를 보면 재고가 없음(out of stock) 상태에서 수요가 발생하는 것을 의미한다. 그러므로 재고 없음 상태에서 수요가 발생하지 않았다면 품절(stockout)은 발생하지 않은 것이다. 한 기간 동안에 발생한 모든 수요가 충족되었다면 이를 그 기간 동안은 재고 보유(in-stock) 상태라고 한다. 이러한 정의에 의해 한 기간을 5개의 재고로 시작하였는데 수요가 5개 발생하였다면 비록 이 기간이 끝나는 시점에는 재고가 없다고 하더라고 이 기간 동안에는 재고를 보유(in-stock) 한 것이 되는 것이다.

재고 보유율(in-stock probability)은 한 기간 동안에 수요가 충족이 될 확률이고 재고 품절률(stockout probability)은 한 기간 동안에 품절이 발생할 확률이다. 같은 정의를 14장에 있는 뉴스벤더 모형에서 사용하였었다. 뉴스벤더 모형에서 보았듯이 또 다른 측정치로 수요 충족률(fill rate)이라는 것이 있다. 이는 소비자가 물건을 살 수 있을 확률이다. 기준재고모형에서 수요 충족률을 계산하는 방법은 부록 D를 참조하기 바란다.

품절(stockout)로 인하여 이월 주문(back order)이 발생한다. 그러므로 각 기간이 끝나는 시점에 한 개 이상이 이월 주문되는 경우에 품절이 발생하게 된다. 기간이 끝나는 시점에 이월 주문이 발생한다면 기간이 끝나는 시점의 재고수준(inventory level)은 음의 값을 가지게 된다. 앞선 16.3절의 주요 결과는 재고수준이 기준재고수준과 $l+1$ 기간 동안의 수요와 다음과 같은 연관이 있다.

$$\text{기간이 끝나는 시점에서의 재고수준} = S - (l+1 \text{ 기간 동안에 발생한 모든 수요})$$

그러므로 $l+1$ 기간 동안에 발생한 수요가 기준재고수준보다 크다면 기간이 끝나는 시점에서의 재고수준은 음의 값을 가지게 된다. 그러므로

$$\begin{aligned}\text{재고 품절률} &= \text{Prob}\{l+1 \text{ 기간 동안에 발생하는 모든 수요} > S\} \\ &= 1 - \text{Prob}\{l+1 \text{ 기간 동안에 발생하는 모든 수요} \le S\}\end{aligned} \quad (16.1)$$

식(16.1)은 실제적으로는 재고 품절률의 근사치이나 선택된 서비스 수준이 충분히 높다면 (예를 들어 품절이 잘 발생하지 않는다면) 위의 식은 훌륭한 근사치가 된다. 식(16.1)이 왜 근사치인지 그리고 복잡하기는 하지만 정확한 재고 품절률을 위해서는 부록 D를 참조하기 바란다. 수요는 재고가 있는 경우 바로 충족되거나 재고가 없는 경우 충족되지 않거나 둘 중 하나이기 때문에, 다음의 결과가 성립한다.

$$\text{재고 보유율(in-stock probability)} = 1 - \text{재고 품절률(stock probability)}$$

위의 결과를 식(16.1)과 결합시키면 다음의 결과가 성립한다.

재고 보유율(in-stock probability) = 1 − 재고 품절률(stock probability)
= Prob{l+1 기간 동안 발생하는 모든 수요 ≤ S}

위에서와 같이 확률 간의 등식은 수요의 확률 분포가 무엇인지와는 무관하게 성립한다. 하지만 확률 자체를 계산하는 과정은 수요의 확률 분포가 무엇인지에 따라 달라진다. 포아송 확률 분포와 같이 수요 확률 분포가 계산되어서 표로 주어졌다면 그 표를 사용해서 바로 재고 보유율을 계산할 수 있다. [표 16.1]을 사용하면 기준재고수준을 S=3으로 설정한 Susan의 영업 지역의 경우 다음과 같은 계산을 할 수 있다.

재고 보유율(in-stock probability) = Prob {l+1 기간 동안 발생하는 모든 수요 ≤ 3}
= 99.702%

재고 품절률(stockout probability) = 1 − Prob {l+1 기간 동안 발생하는 모든 수요 ≤ 3}
= 1 − 0.99702
= 0.298%

Mounds View에 있는 물류센터의 경우에는 정규분포를 사용해서 결과를 계산하여야 한다. 정규분포를 사용하는 경우에는 마치 표준정규분포(Standard normal distribution)를 사용하는 것과 같이 계산을 한 후 결과를 다시 정규분포에 맞게 변환시켜야 한다.

기준재고모형에서 재고 보유율과 재고 품절률의 계산 과정은 [정리 16.2]에 나와 있

정리 16.2 기준재고모형을 사용하는 경우 재고 보유율와 재고 품절률의 계산

l+1 기간 동안의 수요가 평균이 μ이고 표준편차가 σ인 정규분포를 따른다고 할 경우, 다음의 단계 A에서 D를 따르면 된다.(한 기간 동안의 수요에 대한 정보를 가지고 있다면 μ와 σ를 계산하기 위해서 [정리 16.1]을 참조하라.)

A. 기준재고수준(order-up-to level)을 위한 z–통계량을 계산하라:

$$z = \frac{S\text{-}\mu}{\sigma}$$

B. 표준정규분포표에서 표준 정규 수요가 A에서 계산한 z–통계량보다 작거나 같아지는 확률 Φ(z)를 찾아라.

C. 재고 보유율 = Φ(z)이고 재고 품절률 = 1 − Φ(z)이 된다.

D. 표준정규분포표 대신에 Excel을 사용한다면, Normsdist( ) 함수를 사용하여 재고 보유율 = Normsdist(z)이고 재고 품절률 = 1 − Normsdist(z)을 계산하면 된다.

l+1 기간 동안의 수요기 이산 분포 함수라면, 재고 보유율은 $F(S)$이고 재고 품절률은 1 − $F(S)$가 된다. 여기서 $F(S)$는 l+1 기간 동안의 수요가 S보다 적거나 같아질 확률을 의미한다.

으며 [정리 14.5]를 사용하여 뉴스벤더 모형과 같이 계산을 하면 되는데 한 가지 차이점은 Q 대신에 기준재고수준인 S를 사용한다는 것이다. 그러나 한 가지 더 주의해야 할 것은 (리드타임이 0이 아니라면) 한 기간 동안의 수요예측이 아니라 $l+1$ 기간 동안의 수요 예측을 사용하여야 한다는 것이다.

우선 $l+1$ 기간 동안의 수요에 대한 모수(parameter)들을 사용하여 기준재고수준인 $S=625$를 정규화한다.

$$z = \frac{S-\mu}{\sigma} = \frac{625-322.4}{117.6} = 2.57$$

다음으로 표준 정규 결과값이 z보다 작거나 같을 확률인 $\Phi(z)$를 부록 B에 나와 있는 표준정규분포표에서 찾는다. $\Phi(2.57)=0.9949$. 그러므로 $S=625$인 경우 물류센터의 재고 보유율은 99.49%이고 재고 품절률은 $1-\Phi(z)=0.0051$ 즉 0.51%가 된다.

기대 실제보유재고

기대 실제보유재고(expected on-hand inventory) 또는 단순히 기대재고는 기간이 끝나는 시점의 재고 수의 기댓값을 의미한다. 각 기간의 끝나는 시점에서 재고가 그 기간 내에서 가장 적기 때문에 기간이 끝나는 시점에 재고의 수를 측정한다.

기간이 끝나는 시점에 재고수준은 기준재고수준 S에서 $l+1$ 기간 동안에 발생하는 수요를 뺀 값이 된다. 그러므로 기간이 끝나는 시점에서의 재고는 S와 $l+1$ 기간 동안의 수요의 차이가 된다. 만약 $S=5$이고 $l+1$ 기간 동안의 수요가 3이라면 남은 재고의 수는 2가 된다. 다른 말로 하면, 기대 실제보유재고(expected on-hand inventory)는 S가 $l+1$ 기간 동안의 수요보다 얼마나 더 많았는지에 대한 기댓값을 의미한다. 뉴스벤더 모형과 비

표 16.2 포아송 분포에 대한 분포와 재고 함수값

평균 수요=0.29		
S	F(S)	I(S)
0	0.74826	0
1	0.96526	0.74826
2	0.99672	1.71352
3	0.99977	2.71024
4	0.99999	3.71001
5	1.00000	4.71000

평균 수요=0.58		
S	F(S)	I(S)
0	0.55990	0
1	0.88464	0.55990
2	0.97881	1.44454
3	0.99702	2.42335
4	0.99966	3.42037
5	0.99997	4.42003

$F(S)$ = Prob{D 수요가 S보다 작거나 같다}
$I(S)$ = 재고 함수

교해보면 S를 주문량으로 볼 수 있고 $l+1$ 기간 동안의 수요를 판매량으로 본다면 실제 보유재고(on-hand inventory)는 잔여재고(leftover inventory)로 볼 수 있다. 그러므로 기준재고모형에서 기대 실제보유재고를 구한다는 것은 뉴스벤더 모형에서 잔여재고를 구하는 것과 같은 논리로 볼 수 있다.

수잔의 영업 지역에서 기대 실제보유재고를 구해 보자. 이산 분포 함수표에서 재고함수 $I(S)$열을 사용할 필요가 있다. [표 16.2]에 필요한 재고함수를 나타내었다 (부록 C를 보면 [표 16.1]의 데이터로부터 재고함수를 구하는 방법을 알 수 있다.) 부록 B를 보면 포아송 분포에 대한 재고 함수표가 있다. $S=3$이고 $l+1$ 기간 동안의 평균 수요가 0.58인 경우 $I(3)=2.42335$이다. 그러므로 수잔 지역에서 $S=3$으로 설정할 경우 기대 실제보유재고는 2.42335가 된다.

Mounds View DC의 경우, 정규분포에 대한 기대잔여재고를 구하면 된다([정리 14.3] 참조). 우선 기준재고수준에 해당하는 z-통계량을 구하여야 한다.

$$z = \frac{S-\mu}{\sigma} = \frac{625-322.4}{117.6} = 2.57$$

$l+1$ 기간 동안의 수요에 대한 평균과 표준편차를 사용한다는 것에 주의하자. 표준정규분포와 z-통계량이 2.57에 대한 재고 함수값을 찾아 보면 $I(2.57)=2.5716$이 된다. 다음으로 표준정규분포를 이용하여 구한 기대잔여재고를 기대 실제보유재고로 사용하게 되면 다음과 같다.

$$\text{기대 실제보유재고} = \sigma \times I(z) = 117.6 \times 2.5716 = 302.4$$

[정리 16.3]에 위의 계산 과정이 정리되어 있다.

정리 16.3 기준재고모형에서 기대 실제보유재고의 계산 과정

$l+1$ 기간 동안의 수요가 평균이 μ이고 표준편차가 σ인 정규분포를 따른다고 하면, 단계 A부터 D를 따른다.(한 기간 동안의 수요만을 고려한다면, 평균 μ와 표준편차 σ를 구하기 위해서 [정리 16.1]을 참조하라.)

A. 기준재고수준 S에 대한 z-통계량을 구하라:

$$z = \frac{S-\mu}{\sigma}$$

B. z-통계량에 대한 기대재고를 표준 정규 재고 함수표를 보고 구하라. $I(z)$

C. 기대 이월 주문량$=\sigma \times L(z)$

D. 엑셀을 이용하는 경우, 기대 실제보유재고는 다음과 같다.

기대 이월 주문량=σ*(Normdist (z,0,1,0)+z*Normsdist (z))

$l+1$ 기간 동안의 예측수요가 이산형인 경우, 기재 실제보유재고는 $I(S)$가 된다. 재고 함수표를 만들어지는 과정은 부록 C에 소개하였다.

정리 16.4  기준재고모형에서 기재 수송중재고 계산 과정

수송중재고(또는 기대 주문중재고라고도 부른다)

기대 수송중재고=(한 기간 동안의 기대수요)×리드타임

기대 수송중재고

기대 수송중재고(expected on-order inventory 또는 pipeline inventory)는 수송중에 있는 재고의 평균값을 의미한다. 이는 Medtronic사가 Mounds View에 있는 물류센터와 Susan Magnotto의 영업 지역 사이에 수송되는 재고를 소유하기 때문에 관련되어 있다. 기대 수송중재고를 계산하기 위해서는 2장에 소개된 리틀의 법칙(Little's law)을 사용하여야 한다.

재고(invnetory)=흐름률(flow rate)×흐름시간(flow time)

그럼 리틀의 법칙에 있는 각 항을 기준재고모형의 용어로 변화시켜 보자: 재고는 주문량이고 흐름률(flow rate)은 한 기간 동안의 기대수요이고(한 기간 동안의 기대 주문량은 한 기간 동안의 기대수요와 같으며 수송중재고는 한 기간의 기대수요와 같은 비율로 증가하게 된다.) 주문 중에 있는 상품 하나는 l 기간이 걸리기 때문에 흐름시간(flow time)은 리드타임 l이 된다. 그러므로 다음과 결과를 알 수 있다.

기대 수송중재고=한 기간의 기대수요×리드타임

InSync 심박 조율기의 경우에 적용해 보면 Susan의 영업 지역에서의 기대 수송중재고는 0.29×1=0.29이고 Mounds View에 있는 물류센터에서의 기대 수송중재고는 80.6×3=241.8이 된다. [정리 16.4]에 위의 계산 과정을 정리해 놓았다.

기대 수송중재고는 $l+1$ 기간이 아닌 l기간 동안의 수요를 기반으로 계산한다는 것을 주의하기 바란다. 뿐만 아니라 리틀의 법칙은 평균 속도(average rate)의 변동성이 아니라 평균 속도(average rate) 자체에 의존하기 때문에 기대 수송중재고를 계산하기 위한 위의 식은 어느 수요 분포에도 적용할 수 있다.

기대 이월 주문량

기대 이월 주문량(expected back order)은 기간이 끝나는 시점에서의 이월 주문의 기대 값을 의미한다. 관리자들에게 중요한 개념인 기대 실제보유재고(expected on-hand inventory)를 계산하기 위해서는 기대 이월 주문량(expected back order)의 계산이 필요

표 16.3 포아송 분포의 확률 분포 함수값과 손실 함수값

평균 수요=0.29		
S	F(S)	L(S)
0	0.74826	0.29000
1	0.96526	0.03826
2	0.99672	0.00352
3	0.99977	0.00025
4	0.99999	0.00001
5	1.00000	0.00000

평균 수요=0.58		
S	F(S)	L(S)
0	0.55990	0.58000
1	0.88464	0.13990
2	0.97881	0.02454
3	0.99702	0.00335
4	0.99966	0.00037
5	0.99997	0.00004

$F(S)$ = Prob{D 수요가 S보다 작거나 같다}
$L(S)$ = 손실 함수 = 기대이월주문 = S를 넘는 수요의 기댓값

하다.

앞의 16.3절에서 본 각 기간의 재고수준은 S에서 $l+1$ 기간 동안에 발생하는 모든 수요를 빼면 계산할 수 있다. 그러므로 $l+1$ 기간 동안에 발생한 모든 수요가 S보다 클 경우 이월 주문이 발생한다. 이월 주문량은 $l+1$ 기간 동안에 발생하는 모든 수요에서 S를 빼 면 된다. 그러므로 기준재고모형에서 기대 이월 주문량은 임계값(threshold) S에서 계산된 $l+1$ 기간 동안 발생한 수요의 손실 함수(loss function)와 같다. 이는 뉴스벤더 모형에서 손실 판매량 기댓값과 유사하다. 기준재고모형에서 이월 주문된 상품의 수는 $l+1$ 기간 동안의 수요와 S와의 차이이다. 뉴스벤더 모형에서는 기대손실판매량은 수요와 Q의 차이가 된다. 그러므로 기대 이월 주문량을 계산하기 위해서 필요한 것은 $l+1$ 기간 동안에 발생하는 수요에 대한 손실 함수이다.

Susan의 영업 지역에서의 기대 이월 주문량을 계산해 보도록 하자. 이산 분포 함수표에서는 손실 함수 $L(S)$의 열을 참조하면 된다. [표 16.3]는 필요한 손실 함수를 보여주고 있다. (부록 C에는 [표 16.1]을 이용해서 어떻게 손실 함수 $L(S)$를 구하는지에 대해서 설명하고 있다.) 부록 B에는 포아송 분포에 대한 손실 함수표가 나와있다. $S=3$이고 $l+1$ 기간 동안의 수요 평균이 0.58인 경우 $L(3)=0.00335$가 된다. 그러므로 Susan의 영업 지역에서의 기대 이월 주문량은 기준재고수준 S를 3으로 설정하였을 경우 0.00335개가 된다.

Mounds View 물류센터에서는 정규분포를 가지고 손실 판매량 기댓값을 계산하는 과정을 사용하여 기대 이월 주문량을 계산할 것이다([정리 14.3]를 참조하라). 우선 기준재고수준에 해당하는 z-통계량을 계산하여야 한다.

정리 16.5  기준재고모형에서 기대 이월 주문량 계산하는 과정

$l+1$ 기간 동안의 수요가 평균이 μ이고 표준편차가 σ인 정규분포를 따르는 경우 단계 A에서 D를 따르면 기대 이월 주문량을 계산할 수 있다(한 기간 동안의 수요에 대한 정보를 가지고 있다면 μ와 σ를 계산하기 위해서 [정리 16.1]을 참조하라).

A. 기준재고수준 S에 대한 z–통계량을 계산하라:

$$z = \frac{S\text{-}\mu}{\sigma}$$

B. 표준 정규 손실 함수표에서 위에서 계산한 z–통계량에 해당하는 표준 정규분포에 대한 기대손실을 찾아라. $l(z)$

C. 기대 이월 주문량$=\sigma \times L(z)$

D. Excel을 사용하는 경우 기대 이월 주문량은 다음의 식을 사용하여 계산할 수 있다.

$$\text{기대 이월 주문량} = \sigma^* \times (\text{Normdist}(z, 0, 1, 0) - z^* \times (1 - \text{Normsdist}(z)))$$

$l+1$ 기간 동안의 수요예측이 이산 분포 함수표를 사용하여야 하는 경우 기대 이월 주문량은 $L(S)$가 된다. 여기서 $L(S)$는 손실함수이다. 손실함수가 표에 포함되어 있지 않은 경우에는 부록 C를 참조하라.

$$z = \frac{S - \mu}{\sigma} = \frac{625 - 322.4}{117.6} = 2.57$$

$l+1$ 기간 동안에 발생하는 수요를 나타내는 정규분포의 평균과 표준편차를 사용하였다는 것을 주목하라. 표준 정규분포표에서 z–통계량이 2.57에 해당하는 표준 정규 분포에 대한 손실 함수값을 찾아라: $L(2.57)=0.0016$ 다음으로, 표준 정규분포에 대한 기대 손실판매량을 기대 이월 주문량으로 변환하면 된다.

$$\text{기대 이월 주문량} = \sigma \times L(z) = 117.6 \times 0.0016 = 0.19$$

[정리 16.5]에 위의 과정을 정리해 놓았다.

16.6 서비스 목표에 맞는 기준재고 수준의 선택

이번 절에서는 Susan Magnotto의 영업 지역과 Mounds View에 있는 물류센터에서 사용할 기준재고수준을 실제 선택하는 방법에 대해 살펴볼 것이다. 앞의 소개한 비유에서와 같이 기준재고수준은 당신이 주유소로 가서 기름을 채우기 직전의 기름 게이지의 수준과 같다. 즉, 기름 게이지의 수준을 "E" 밑으로 더 자주 내려가면 갈수록 기름이 떨어

질 확률은 더욱 높아진다. 반면에 기름을 채우기 직전의 기름 게이지의 수준을 높여서 안정감을 느낄 수는 있지만 평균적으로 많은 기름을 채운 상태에서 차를 운행해야 한다. 이러한 상충관계를 유념하면서 이번 절에서는 재고는 최소화하면서 동시에 재고 보유율을 목표 수준보다 낮지 않게 설정하는 방법을 살펴볼 것이다. 이러한 목표는 재고는 최소화하고 재고 품절률이 1에서 재고 보유율 목표 수준을 뺀 값 보다 크지 않게 하는 것이다.

Medtronic사의 높은 총마진을 유지하면서 Susan의 영업 지역과 Mounds View에 있는 물류센터의 재고 보유율이 적어도 99.9% 이상이 되기를 바란다고 하자. 99.9%의 재고 보유율이라는 것은 품절이 평균적으로 1,000일에 한 번 발생하는 것을 의미한다. 16.7절에서 합리적으로 목표치를 구하는 방법에 대해서 보게 될 것이다.

16.5절에서 본 바와 같이 재고 보유율은 $l+1$ 기간 동안에 발생한 수요가 S보다 적거나 같을 확률이다. 그러므로 수요가 이산 분포 함수일 경우 적절한 기준재고수준은 표를 보고 바로 찾을 수가 있다. [표 16.2]를 보면 $S=0$으로는 재고 보유율이 약 56% ($F(0)=0.5599$)이므로 위에 설정한 목표인 99.9%를 만족시킬 수 없다. 그러나 $S=4$인 경우 재고 보유율이 99.97%이므로 위의 목표치 99.9%를 만족시킨다. 실제적으로 $S=4$는 목표치를 상당히 많이 초과한다. 이는 품절이 1/0.00034=2,941일에 한 번 발생하는 것을 의미한다. 즉 일 년을 260일로 본다면 품절은 11.31년에 한 번 발생하는 것을 의미한다.

Mounds View에 있는 물류센터의 경우에는 정규분포를 가지고 계산을 하여야 한다. 우선 표준 정규분포를 가지고 재고 보유율 목표를 만족시키는 기준재고수준을 찾은 다

정리 16.6  기준재고모형에서 목표 재고 보유율을 만족시키는 기준재고수준 S를 계산하는 방법

$l+1$ 기간 동안 발생하는 수요가 평균이 μ이고 표준편차가 σ인 정규분포를 따르는 경우 단계 A에서 B를 따르면 기준재고수준을 계산할 수 있다(한 기간 동안의 수요에 대한 정보를 가지고 있다면 μ와 σ를 계산하기 위해서 [정리 16.1]을 참조하라).

A. 표준정규분포표에서 목표 재고 보유율에 해당하는 확률을 찾아라. 그런 다음 그 확률에 해당하는 z-통계량을 찾아라. 목표 재고 보유율이 표의 두 값 사이에 들어가는 경우에 큰 쪽의 z-통계량을 선택하라.

   Excel을 사용하는 경우에는 적절한 z-통계량은 다음의 식을 사용하여서 계산하면 된다.

$$z=\text{Normsinv}(\text{목표 재고 보유율})$$

B. A에서 선택한 z-통계량을 $S=\mu+z\times\sigma$은 이용하여 기준재고수준으로 변환하라. 평균과 표준편차는 $l+1$ 기간 동안 발생하는 수요로부터 계산한다는 것을 유념하라.

$l+1$ 기간 동안 발생하는 수요가 이산 분포 함수를 따르는 경우에는 $F(S)$가 목표 재고 보유율과 같아지는 S값을 선택하라(여기서 $F(S)$는 $l+1$ 기간 동안 발생하는 수요가 S보다 적거나 같을 확률이다). 목표 재고 보유율이 표에서 두 값 사이에 들어가는 경우 큰 S값을 선택하라.

음 이를 실제 수요 함수에 해당하는 기준재고수준으로 변환시켜야 한다. 표준 정규분포표를 보면 $\Phi(3.08)=0.9990$이므로 $l+1$ 기간 동안의 수요가 표준 정규량(z−통계량) 보다 적은 경우 기준재고수준 3.08은 우리가 원하는 목표 재고 보유율인 99.9%를 넘기는 값을 가지게 된다. 이제 z−통계량을 기준재고수준으로 변환시켜야 한다. $S=\mu+z\times\sigma$. 평균과 표준편차는 $l+1$ 기간 동안 발생하는 수요로부터 계산한다는 것을 유념하라.

$$S=322.4+3.08\times117.62=685$$

목표 재고 보유율을 만족시키는 기준재고수준을 계산하는 방법은 [정리 16.6]를 참조하라.

16.7 적정 서비스 수준의 선택

지금까지는 높은 서비스 수준(service level)이 적정한 수준이라고 생각하였기 때문에 서비스 수준을 높게 설정해왔다. 이번 절에서는 이런 생각에 대한 좀 더 확실한 논거를 제공해 보고자 한다. 간결함을 위해서 현장 지역의 재고관리에 대해서만 보도록 하겠다. 이번 절이 끝날 때 물류센터에서의 재고관리에 대해서도 짧게 언급하도록 하겠다.

적정 서비스 수준은 재고 유지에 드는 비용과 저급 서비스로 인해 발생하는 비용을 최소화하는 수준이다. 재고 유지 비용(inventory holding cost)은 일반적으로 재고 유지 비용률(holding cost rate)로 표현되는데 여기서 재고 유지 비용률이란 일 년 동안 재고 하나를 유지하는데 드는 비용을 말하며 일반적으로 한 상품의 원가에 대한 비율(percentage of the item's cost)로 표현한다. 예를 들어, 기업이 재고 유지 비용률을 20%로 설정하였다면 재고 하나를 일 년 동안 유지하는데 들어가는 비용은 상품 하나의 원가의 20%와 같다. 재고 유지 비용에는 자산의 기회비용(opportunity cost of capital), 손상(spoilage), 노후(obsolescence), 보험(insurance), 보관(storage)과 같은 비용들이 포함된다. Medtronic 사는 성장하고 있는 회사이기 때문에, 내부적으로 자산의 기회 비용이 많이 발생한다고 보고 현장 지역에서의 재고 유지 비용이 35%라고 하자. 재고 유지 비용에 대한 변수로 h를 사용할 것이다. 재고 유지 비용률에 대해 좀 더 자세한 것은 2장을 참조하기 바란다.

InSync 심박 조율기의 총마진율이 75%라고 한다면, InSync 심박 조율기의 원가는 $(1-0.75)\times$판매가격$=0.25\times$판매가격이 된다.[1] 그러므로, 연간 재고 유지 비용은

1 Medtronic사의 모든 상품에 대한 총마진률은 손익계산서에서 볼 수 있듯이 약 80%이다. 상당히 경쟁력있는 상품들이 존재하므로 InSync의 실제 총마진률은 모든 평균보다 약간 낮다고 가정한다.

0.35×0.25×판매가격=0.0875×판매가격이고 하루 재고 유지 비용은 일 년을 260일로 환산한다면 0.875×판매가격/260=0.000377×판매가격이 된다(일주일에서 실제 일하는 날인 5일만 고려한다).

저급 서비스로 인해 발생하는 비용은 좀 생각을 해 보아야 한다. 우선 저급 서비스를 어떻게 측정할 것인지 결정해야 하고 그에 따른 비용을 계산해야 한다. 기준재고모형에서 저급 서비스에 대한 가장 기본적인 측정 방법으로 이월 주문 발생에 따른 비용을 생각할 수 있다. 이월 주문된 각 상품으로 인해서 비용이 발생하고 이러한 비용을 변수 b로 놓을 수 있다. 그래서 변수 b를 이월 주문 범칙금(back-order penalty cost)이라고 부른다. 이제 우리는 변수 b에 대한 적절한 값을 결정해야만 한다. 최종 소비자를 상대로 하는 현장 지역의 재고관리에서 중점적으로 봐야 하는 점은 각 이월 주문으로 인해서 손실 판매량이 야기되고 또한 이 손실 판매량으로 인해 발생하는 비용은 상품의 총마진(product's gross margin)과 같다고 가정해야 한다는 것이다. 그러나(소비자는 상품이 없어 못 사게 될 때 경쟁 회사의 상품을 구매하게 되는 것과 같이) 긴 안목으로 봤을 때 손실 판매량으로 인해서 발생하는 파장이 크다고 생각한다면 손실 판매량으로 인해 발생하는 비용은 상품의 총마진보다 클 것이다. 반면에, 소비자가 인내심이 있다고 본다면(즉 이월 주문이 바로 손실 판매량이 아니라 소비자는 상품이 도 착할 때까지 기다릴 용의가 있다면) 이월 주문으로 인한 비용은 상품의 총마진보다 적을 것이다. Medtronic사는 전자의 경우에 해당한다고 볼 수 있다. 즉 이월 주문은 손실 판매량으로 이어지고 이월 주문으로 인해 발생하는 비용은 상품의 총마진과 같다고 본다. b=0.75×판매가격이다.

이제 Medtronic사의 재고 유지 비용과 이월 주문비용을 최소화해 보자. 한 기간 동안의 재고 유지 비용은 한 기간이 끝나는 시점의 재고 수에 h를 곱한 값과 같다. 한기 간 동안의 이월 주문비용은 이월 주문된 상태에 있는 상품의 수에 b를 곱한 값이다.[2]

결과적으로 "너무 적게 또는 너무 많게"라는 문제에 직면하게 된다. 즉 S를 너무 높게 설정하면 과다 재고 유지 비용이 발생하게 된다. 반면에 S를 너무 낮게 설정하면 과다 이월 주문비용이 발생하게 된다. 즉 정확한 균형을 위해서는 뉴스벤더 모형을 사용하면 된다.

여기서 과다재고비용(overage cost)은 $C_o=h$가 된다. S를 너무 높게 설정하면 재고 가 발생하고 한 기간 동안 남은 재고 하나로 발생하는 비용은 h가 된다. 과소 재고 비용(underage cost)는 $C_u=b$이다. S를 너무 낮게 설정하면 이월 주문이 발생하고 하나의 상

2 주의 깊은 독자라면 이는 완전히 잘못되었다는 것을 깨달을 것이다. 한 기간 동안의 이월 주문비용은 이월 주문된 수요 중에서 그 기간 동안에만 발생한 수요에다가 b를 곱하여야 한다. 즉, 이전 기간에 이월 주문되었으나 아직 이월 주문 상태에 있는 경우에는 b를 곱하면 안 된다. 그러나 높은 재고 보유율을 위해서는 이월 주문은 거의 발생되지 말아야 하며 이월 주문되었다 하더라도 한 기간 이상으로는 이월 주문 상태에 있지 않도록 해야 한다. 그러므로 높은 재고 보유율을 감안하면 이월 주문 상태에 있는 상품의 수에 b를 곱하는 것이 좋다.

품을 이월 주문함으로써 발생하는 비용은 b가 된다. 뉴스벤더 모형에서 수요가 주문량 Q보다 적을 확률과 임계비율(critical ratio)이 같아지는 주문량 Q를 선택하였다. 여기서 수요가 주문량 Q보다 적을 확률은 기준재고모형에서 품절이 발생하지 않을 확률과 같다.

$$\text{품절이 발생하지 않을 확률} = \text{Prob}\{l+1 \text{ 기간 동안 발생하는 수요} \leq S\}$$

그러므로, 한 기간 동안 발생하는 비용을 최소화하는 기준재고수준(Order-up-to level)은 다음과 같이 뉴스벤더 모형에 사용한 식을 이용하여 구할 수 있다.

$$\text{Prob}\{l+1 \text{ 기간 동안 발생하는 수요} \leq S\} = \frac{C_u}{C_o + C_u} + \frac{b}{h+b} \tag{16.2}$$

Medtronic사의 경우 임계비율(critical ratio)는 다음과 같다.

$$\frac{b}{h+b} = \frac{(0.75 \times \text{판매가격})}{(0.00037 \times \text{판매가격}) + (0.75 \times \text{판매가격})} = 0.9996$$

식(16.2)에서 다음의 것들에 주목하기 바란다.

- 임계비율의 분모와 분자에서 판매가격이 상쇄되기 때문에 정확한 값을 알 필요가 없다.
- 기준재고모형에서는 한 기간 동안의 재고 기대치를 결정하기 때문에 임계비율을 계산하기 위해서는 한 기간 동안 재고 하나를 유지하는데 필요한 비용을 사용하여야 한다는 사실에 유의해야 한다. 다른 말로 하면, h는 한 기간 동안의 하나의 재고를 유지하는 비용이어야 한다.

이제 비용에 기반을 둔 서비스 수준 설정이 타당하다는 것을 확인해 보도록 하자. 다음을 기억해 보도록 하자.

$$\text{재고 보유율} = \text{Prob}\{l+1 \text{ 기간 동안 발생하는 수요} \leq S\}$$

이를 식(16.2)과 연결시켜 보면 비용을 최소화시키는 재고 보유율은 다음과 같다.

$$\text{재고 보유율} = \text{임계비} = \frac{b}{h+b} \tag{16.3}$$

다른 말로 하면, 적정 재고 보유율은 임계비율과 같아진다. 목표 재고 보유율로 99.9%를 선택하였던 것을 기억해 보자. 99.9%가 높아 보였지만 위에서 계산한 결과를 보면 99.96%의 재고 보유율은 비용을 최소화하는 것을 알 수 있다.

표 16.4 다양한 총마진에 대한 최적의 목표 재고 보유율(target in-stock probability). 연간 재고 유지 비용률은 35%이고 이월 주문 범칙금은 총마진과 같으며 창고에 재고가 얼마나 있는지는 매일 확인한다.

총마진	최적의 목표 재고 보유율	총마진	최적의 목표 재고 보유율
1%	88.24%	35%	99.75%
2	93.81	57	99.90
3	95.83	73	99.95
4	96.87	77	99.96
6	97.93	82	99.97
12	99.02	87	99.98
21	99.50	93	99.99

재고 유지 비용률이 35%인 Medtronic 사의 입장에서 재고를 유지하는 것은 상당한 비용이 든다고 볼 수 있다. 그러나 Medtronic 사의 높은 이익률 때문에 과소 재고 비용(0.75×판매가격)은 과다재고비용(0.000337×판매가격)보다 2,200배나 높다. 이와 같이 한쪽으로 지나치게 편중된 비용으로 인해 적정 재고 보유율이 높아지는 것은 그리 놀랄 만한 일이 아니다.

[표 16.4]에 여러 총마진율에 따른 최적의 목표 재고 보유율을 계산해 보았다. 99.99%의 재고 보유율을 위해서는 93%라는 높은 총마진율이 필요하지만 12% 정도의 적당한 총마진율을 가지고도 99%의 재고 보유율을 끌어낼 수 있다는 사실을 알 수 있다.

이제 물류센터에서의 적정 서비스 수준을 계산해 보도록 하자. 자산의 기회비용은 재고가 현장에 있든 아니면 물류센터에 있든 장소에 무관하게 일정한 반면에 다른 모든 재고 비용은(물리적 공간, 도난, 손상과 보험 등을 고려하면) 물류센터에서 낮아질 것이다. 그러나 낮아진 재고 유지 비용을 고려한다 하더라도 물류센터의 이월 주문으로 인한 비용이 낮아져야 하기 때문에 물류센터에서의 재고 보유율은 현장에서 만큼 높아지지 않을 것이다. 그럼 왜 현장에서의 이월 주문은 손실 판매량으로 이어지고 물류센터에서의 이월 주문은 손실 판매량으로 이어지지 않는 것일까? 현장에서의 영업 직원은 재고에 대한 어느 정도의 여유분을 유지하고 물류센터에서의 이월 주문이 오랫동안 지속되지만 않는다면 이 여유분으로 인해서 손실 판매량을 피할 수 있다. 이는 물류센터에서의 적정 재고 보유율이 낮다는 것을 의미한다기보다 99.9%가 되지 않는다는 것을 의미한다.[3]

3 물류센터에서의 재고 보유율을 계산하는 것은 이 책의 수준을 벗어난다. 그러나 시뮬레이션을 사용하면 물류센터에서의 정확한 이월 주문비용을 이해하는 데 도움이 될 것이다. 시뮬레이션을 사용하면 물류센터의 이월 주문이 현장에서의 손실 판매량을 야기시킬 수 있다는 가능성을 이해할 수 있을 것이다.

이전 절에서의 주 관점은 상대적으로 그다지 높지 않은 총마진율과 높은 연간 재고 유지 비용률에서도 기준재고모형에서의 최적의 목표 재고 보유율은 상당히 높아지는 경향을(99% 이상) 보인다는 것이다. 그러나 이 결과는 다음의 두 가지 가정에 의존한다. 이월 주문은 손실 판매량으로 이어지고 재고는 노화(obsolete)되지 않는다. 두 번째 가정은 기준재고모형과 뉴스벤더 모형 사이의 연관성과 차이성을 보여주고 있다. 뉴스벤더 모형에서는 노화(obsolescence)가 주 관심사이다. 즉, 수요는 미래에서도 지속될 것이라 보지 않기 때문에 잔여 재고의 처리에 높은 비용이 발생한다. 결과적으로 뉴스벤더 모형에서 최적의 서비스 수준은 기준재고모형에서의 서비스 수준만큼 높지가 않다. 적절한 모형의 선택은 상품이 라이프사이클(life cycle)에서 어디에 있느냐에 달려 있다. 상품이 라이프사이클의 성장기에 있는 경우에는 기준재고모형이 적절하다. 상품이 라이프사이클에서 노년기에 도달하고 있는 경우에는 뉴스벤더 모형을 사용할 필요가 있다. 치킨 누들 수프와 같이 어떤 상품들은 굉장히 긴 라이프사이클을 가지고 있는데 이런 상품에는 뉴스벤더 모형이 필요하지가 않다. O'Neil사의 Hammer 3/2 잠수복과 같이 라이프사이클이 짧은 상품에는 뉴스벤더 모형을 적용하여야 한다. InSync 심박 조율기와 같이 중간 정도 길이의 라이프사이클을 가지는 상품의 경우에는 관리하기가 쉽지가 않다. 이런 경우의 상품에는 기준재고모형으로 시작해서 상품의 라이프사이클이 끝나가는 직전에는 뉴스벤더 모형으로 바꾸어 적용하여야 한다. 많은 기업들이 라이프사이클이 끝나는 시점에서의 적용 재고관리 모형 전환에 서툴러 잘못된 결정을 내리게 된다. 예를 들면 너무 오랫동안 높은 서비스 수준을 유지해서 상품이 노화되어 가는 시점에서도 과다한 재고를 쌓아 놓는 경우가 발생한다.

16.8 주문비용의 통제

지금까지 보아온 Medtronic사의 공급사슬에 대한 분석은 주로 서비스 수준(재고 보유율)과 기간이 끝나는 시점에서의 기대 실제보유재고(expected inventory on hand)에 중점을 두었다. 비록 주문빈도(order frequency, 일 년 동안 물류센터나 현장으로 상품을 배송하는 빈도)에 대해서는 자세히 살펴보지 않았지만 이 주문빈도를 통제하는 것이 중요하게 여겨지는 상황이 있다. 예를 들어, 배송에 따른 온라인 소매상의 비용 청구 때문에 온라인으로 책을 구매하는 소비자의 대부분은 같은 책을 다섯 번 따로 주문하는 것이 같은 책 다섯 권을 한 번에 주문하는 것보다 비용이 더 든다는 사실을 잘 알고 있다. 다른 말로 하면, 주문량과는 무관하게 주문할 때마다 발생하는 비용(예를 들어 고정비용)이 크다면 주문하는 방식에 신경을 써야 할 것이다. 이번 절에서 주목해야 할 것은 기준재고모형에서 고정주문비용(fixed ordering cost)을 어떻게 고려할 것인가 이다.

기준재고모형에서 이미 보았듯이 한 기간 동안의 주문량은 이전 기간 동안에 발생한 수요와 같다. 그러므로 이전 기간 동안에 수요가 0만 아니라면 이번 기간에 주문을 내려야 한다. 그러므로 한 기간에 주문을 내릴 확률은 1−Prob{한 기간 동안의 수요=0}이 되고 주문을 내리는 빈도는 다음과 같다.

$$\frac{1-\text{Prob}\{\text{한 기간 동안의 수요}=0\}}{\text{한 기간의 길이}}$$

예를 들어 한 기간 동안에 주문을 내릴 확률이 90%이고 한 기간이 2주라고 한다면, 주문빈도(order frequency)는 0.9/2주=0.45주문/주가 된다. 수요가 자주 일어난다면 즉 기간의 길이와는 무관하게 수요가 발생하지 않을 확률이 아주 작을 경우에 한 기간의 길이를 증가시킴으로써 주문빈도를 감소시킬 수 있다. 즉, 두 주를 한 기간으로 설정한 경우보다 한 주를 한 기간으로 설정하는 경우가 주문빈도가 두 배 높다. 그러나 기간의 길이를 증가시키는 것은 재고 유지 비용 면에서 보면 비용이 많이 든다. 이제부터 예를 들어 왜 그러는지 살펴보도록 하겠다.

모든 주문은 주문을 내리고 정확히 8주 후에 받고, 주간 수요는 평균이 100이고 표준편차가 75인 정규분포를 따르며, 목표 재고 보유율은 99.25%이고 각 주에 발생하는 수요는 다른 주에 발생하는 수요와 서로 독립적이다. 기간의 길이로는 1, 2, 4 그리고 8주로 설정하고 각 기간의 길이에 대한 결과를 비교해 보도록 하겠다. 한 기간의 길이를 한 주로 설정한 경우 리드타임은 여덟 기간이고 반면에 한 기간의 길이가 4주로 설정한 경우 리드타임은 두 기간이 된다. 이전 절에서 본 방법들을 사용하여, 각 기간의 길이에

표 16.5 서로 다른 기간 길이에 따른 기간 말 재고(Ending Inventory)의 분석. 각 경우에 배송 시간은 8주이고 수요는 정규분포를 따르며 각 주에 발생하는 수요는 서로 독립적이다.

	기간 길이(주)			
	1	2	4	8
한 기간 동안의 기대수요	100	200	400	800
한 기간 동안의 수요에 대한 표준편차	75.0	106.1	150.0	212.1
리드타임(기간의 단위)	8	4	2	1
목표 재고 보유율	99.25%	99.25%	99.25%	99.25%
z	2.43	2.43	2.43	2.43
S	1,447	1,576	1,831	2,329
평균 이월 주문	0.56	0.59	0.65	0.75
평균 기간 말 재고	548	577	632	730

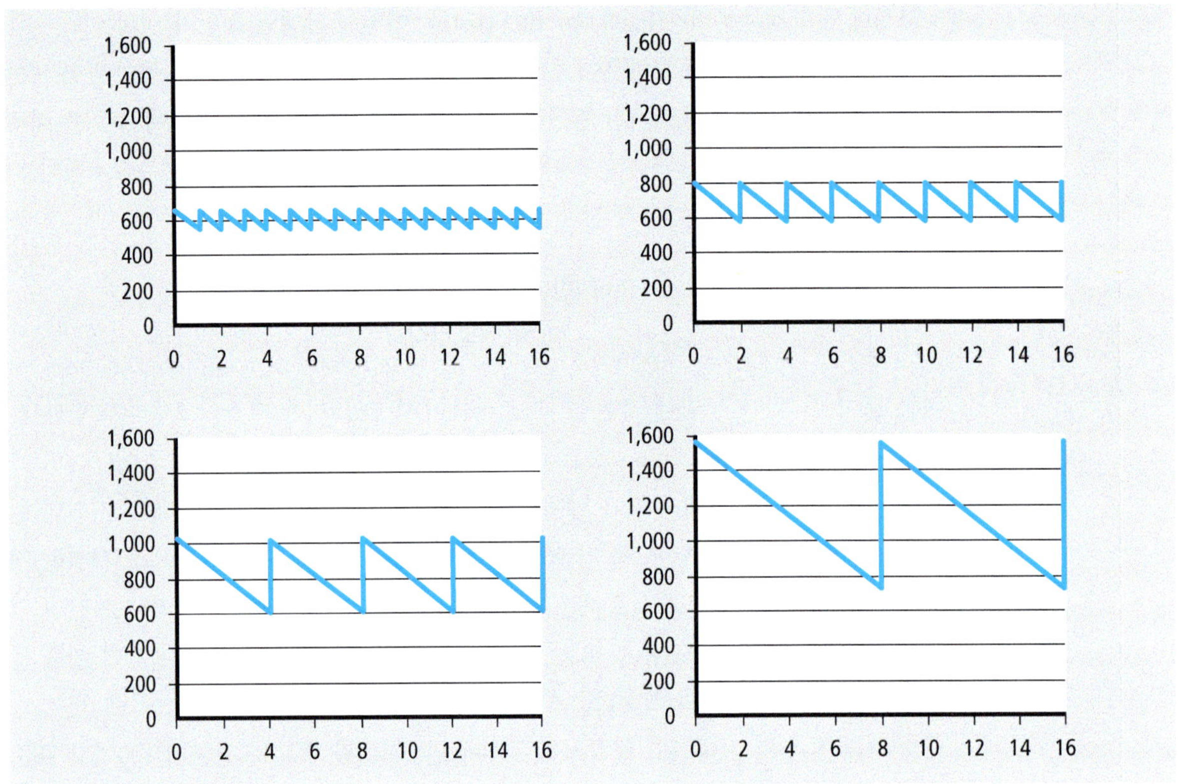

그림 16.5 4가지 서로 다른 기간 길이에 대한 시간에 따른 평균재고의 형태. 위 왼쪽은 한 주, 위 오른쪽은 2주, 아래 왼쪽은 4주, 아래 오른쪽은 8주이다.

대한 기간 말 평균재고를 계산할 수 있다. 그리고 그 계산 결과는 [표 16.5]에서 볼 수 있다. 이 표를 보면 기간 말 재고는 기간의 길이가 길어지면 높아지는 것을 알 수 있다. 그러나 다른 상황에서 보면 이는 적절한 비교 방법이 될 수 없다.

이미 언급한 바와 같이 한 기간의 평균 주문량은 이전 기간의 평균 수요와 같다고 하였다. 그러므로 한 주를 한 기간으로 설정한 경우의 평균 주문량은 100개이고 8주를 한 기간으로 설정한 경우의 평균 주문량은 800개가 된다. [그림 16.5]에는 네 가지 기간의 길이에 따른 시간과 평균재고수준의 관계를 보여주고 있다. 평균적으로 재고는 각 기간의 시작 점에는 평균 주문량만큼 증가하고 주당 100개의 속도로 감소한다. 즉, 평균재고는 "톱니 날(saw-toothed)"의 패턴을 따른다(수요의 불확실성 때문에 실제 재고 패턴은 톱니 날 주위로 변동을 보일 것이다. 그러나 이 톱니 날 패턴은 평균적인 재고의 움직임을 이해하는 데는 크게 무리가 없을 것이다). 시간에 따른 평균재고는 평균 기간 말 재고에 평균 주문량의 반을 더한 것과 같다. 즉 기간 길이가 한 주인 경우는 598개, 기간 길이가 2주인 경우는 677개, 4주인 경우는 832 그리고 8주인 경우는 1,130이 된다. 그러므로 긴 길이의 기간은 주문빈도는 낮은 반면에 재고는 높아진다.

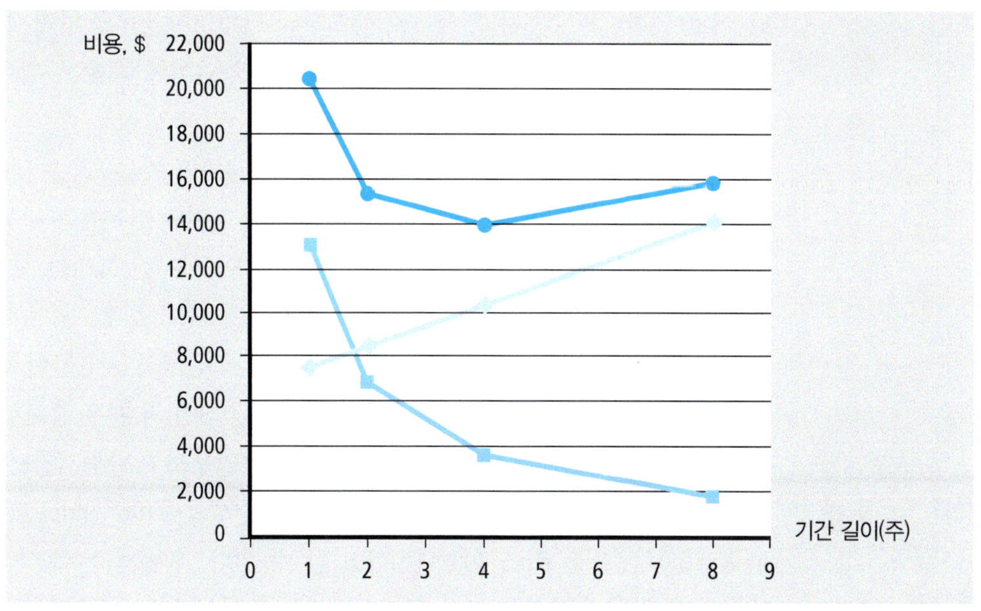

그림 16.6 기간 길이가 1주, 2주, 4주 그리고 8주에 대한 연간 주문비용(네모)와 연간 재고 비용(다이아몬드)

그런데 잘 기억해 보면 [그림 16.5]이 2장에서 나오는 [그림 2.11]과 유사하다는 사실을 알 수 있다. 2장을 돌아보면 뭉텅이 주문 (lumpy ordering)으로 인한 재고를 순환재고(cycle inventory)라고 불렀다. 이 경우에 평균 순환재고는 평균 주문량의 반이 된다. 4주를 한 기간으로 설정한 경우 평균 순환재고는 400/2=200 이 된다. 평균 기간 말 재고는 수요의 변동성에 완충재 역할을 하는 여분의 재고이기 때문에 안전재고(safety inventory)라고 부른다. 그러므로 시간에 따른 평균재고는 안전재고에 순환재고를 더하면 된다.

재고로 인해 발생하는 비용과 주문빈도를 줄임으로서 얻는 이익 간의 균형을 위해서 유지비용과 주문비용에 대해서 좀 더 자세히 살펴볼 필요가 있다. 상품 하나의 원가가 $50이고, 연간 유지 비용은 25%이고 주문에 따른 고정비용(예를 들어 트럭 배송일 경우를 생각해 보라)이 $275이 발생한다고 하자. 한 기간의 길이를 한 주로 설정하면 평균재고는 598이고 이는 총원가가 598×$50=$29,900되며 연간 재고 비용은 25%×$29,900=$7,475이 된다. 평균 수요가 100이고 수요의 표준편차가 75인 경우 0에 대한 z-통계량은 (0−100)/75=−1.33이 된다. 그러므로 어느 한 주에 주문을 내릴 확률은 1−Φ(−1.33)=0.91이 된다.[4]

일 년은 52주이므로 일 년 동안 0.91×52=47.32 주문을 내린다고 기대할 수 있

4 정규분포는 음의 값도 포함하기 때문에 실제로 여기서 우리는 수요가 0보다 적거나 같을 확률을 계산하였다. 여기서 음의 수요가 발생하는 확률은 수요가 발생하지 않을 확률로 보면 된다.

고 이로 인한 총주문비용은 47.32×$275=$13.013이 된다. 따라서 총비용은 $7,475+$13,013=$20,488이 된다. 나머지 다른 기간 길이에 대해서 같은 계산을 해 보면 $15,398, $13,975 그리고 $15,913이 된다.

[그림 16.6]을 보면 가장 최적의 기간 길이는 4주인 것을 알 수 있다(이 기간 길이에서 리드타임은 두 기간이 된다). 좀 더 짧은 기간 길이의 경우에는 주문빈도가 너무 높아 주문비용이 너무 높아서 낮아진 재고 유지 비용이 아무런 효과를 보이지 못하고 있다. 긴 기간 길이의 경우에는 너무 많은 재고가 문제가 되고 있다.

위에서 본 분석이 비록 기준재고모형 상황에서 진행되었지만 이 분석은 5장에서 본 경제적 주문량(economic ordering quantity: EOQ) 모형과 매우 흡사한 것을 알 수 있다. EOQ 모형에서 보면 주문에 따른 고정비용 K가 발생하고 단위시간당 하나의 재고를 유지하는 비용 h가 발생하고 그리고 수요는 일정한 흐름률(flow rate) R로 발생한다. 이 경우 $R=100$/주 또는 $R=5,200$/년이라고 할 수 있다. 위에서 본 분석 모형과 EOQ 모형과의 주요 차이점은 위의 모형에는 수요의 불확실성이 존재하고 반면에 EOQ 모형에서는 수요는 일정한 속도로 발생한다고 가정하였다는 사실이다. 그럼에도 위의 상황에서 EOQ 모형을 적용해보는 것은 그럴 만한 가치가 있다. 여기서 고정 주문비용은 $K=\$275$이고 연간 하나의 재고를 유지하는 비용은 25%×$50=$12.5이 된다. 그러므로 EOQ를 계산하면 다음과 같다.

$$Q=\sqrt{\frac{2\times K\times R}{h}}=\sqrt{\frac{2\times 275\times 5200}{12.5}}=478$$

위 식에서 연간 흐름률을 사용한 이유는 재고 유지 비용의 시간 단위가 연간이기 때문이다. 그러므로 EOQ 모형의 주문량은 478이고 이는 (Little's law를 사용하면) 주문을 478/100=4.78주에 한 번 내리는 것을 의미한다. 그러므로 기준재고모형과 EOQ 모형이 서로 다르다고 하더라도 EOQ 모형은 일반적으로 기간 길이 설정에 참고할 만하다(실제적으로 EOQ는 기간 길이로 환산할 수 있는 주문량을 제안한다는 사실에 주목하기 바란다).

기준재고모형의 한 가지 제한사항은 리드타임이 기간의 정수 값이어야 한다는 것이다. 위의 예에서 보면 배송에 걸리는 시간은 8주이기 때문에 이는 기간 길이로 1, 2, 4주 그리고 8주를 선택할 수 있지만 3, 5 또는 4.78주와 같은 기간 길이로는 설정할 수 없다(이유는 다음과 같다. 3주를 한 기간 길이로 설정하면 리드타임은 2.67기간이 되는데 그럴 경우 배송은 기간의 시작 시점이 아니라 기간의 3분의 2 시점에 도착하게 된다). 만약 배송에 걸리는 시간이 3주라면 기간 길이 설정에 제약이 생긴다. 다행히도 기준재고모형은 리드타임이 기간 길이의 일부분인 경우로도 확장 적용이 가능하다. 하지만 이러한 확장 적용은 이 책의 범위를 넘기 때문에 더 자세히는 살펴보지 않을 것이다. 하지만 확신하건대 위에서 살펴본 모형으로부터 얻게 된 정성적 통찰력으로도 충분히 더 복잡한 상황을 이해하는데 큰 무리가 없을 것이다.

지금까지 우리는 기준재고모형에서 기간 길이를 조정함으로써 주문비용을 통제할 수 있다는 것을 보았다. 뿐만 아니라 최적의 기간 길이에서의 평균 주문량은 근사적으로 EOQ와 같다는 것도 알았다(그러므로 EOQ 식을 사용하면 우리가 선택한 기간 길이가 적절한지 쉽게 판단할 수 있다). 이러한 접근법의 장점은 정기적으로 주문을 한다는 것이다. 이는 고객이 하나의 상품이 아니라 다양한 상품들을 주문하는 경우 이 주문받은 다양한 상품들에 대한 배송을 조정할 때 아주 유용하다. 예를 들어, 트럭 배송 때마다 고정비용이 발생하기 때문에 하나의 상품으로는 트럭을 채우기에는 충분하지 못한다는 것이다. 이러한 점을 고려하여 일반적으로 여러 상품을 트럭에 함께 실어 고객에게 배송하게 된다. 이러한 상황에서는 동시에 여러 상품들을 주문하면 하나의 트럭에 여러 상품을 실어 어느 정도 트럭을 가득 채울 수 있기 때문에 경제적이라고 할 수 있다(배송 때마다 고정비용이 발생한다고 하면 화물 트럭을 가능하면 가득 채우는 것이 경제적이다). 그러므로 여러 상품들의 주문 시기들을 서로 맞추기만 하면 된다.

고정 주문 간격을 사용하는 대신에 기준재고모형에서와 같이 최소 주문량으로 주문비용을 통제할 수 있다. 예를 들어, Q만큼의 수요가 발생하면 그 다음에 정확히 Q만큼을 주문한다. 이러한 정책으로 우리는 평균적으로 Q/R에 한 번씩 주문을 할 수 있다. 하지만 수요의 불확실성으로 주문과 주문 간의 시간 간격은 일정하지가 않게 된다. 여기서 EOQ는 최소 주문량 결정에 도움을 줄 수 있다. 그러나 왜 그런지에 대한 자세한 분석은 이 책의 범위를 넘기 때문에 넘어가도록 하겠다. 그러나 위의 분석들로부터 우리가 유념해야 할 중요한 사항은 기준재고모형에서와 같이 주문 간격을 일정하게 제한하거나 주문량을 최저로 제한하는 것으로도 주문비용을 통제할 수 있다는 사실이다. 주문 간격을 제한하는 첫 번째 경우에는 주문 시기에 변화가 거의 없기 때문에 다양한 상품들에 대한 주문을 조정할 수 있게 하지만 주문량에는 변화가 있어 이로 인해 취급 비용(handling cost)이 증가할 수 있다. 주문량을 최소로 제한하는 두 번째 경우에는 주문량은 일정하지만 주문 시기는 변화한다.

16.9 경영시사점

이 절에서는 기준재고모형으로부터 얻을 수 있는 일반적인 경영시사점에 대해서 살펴보도록 하겠다.

대기행렬(queueing)과 뉴스벤더 모형로부터 얻은 교훈은 수요의 변동성이 비용

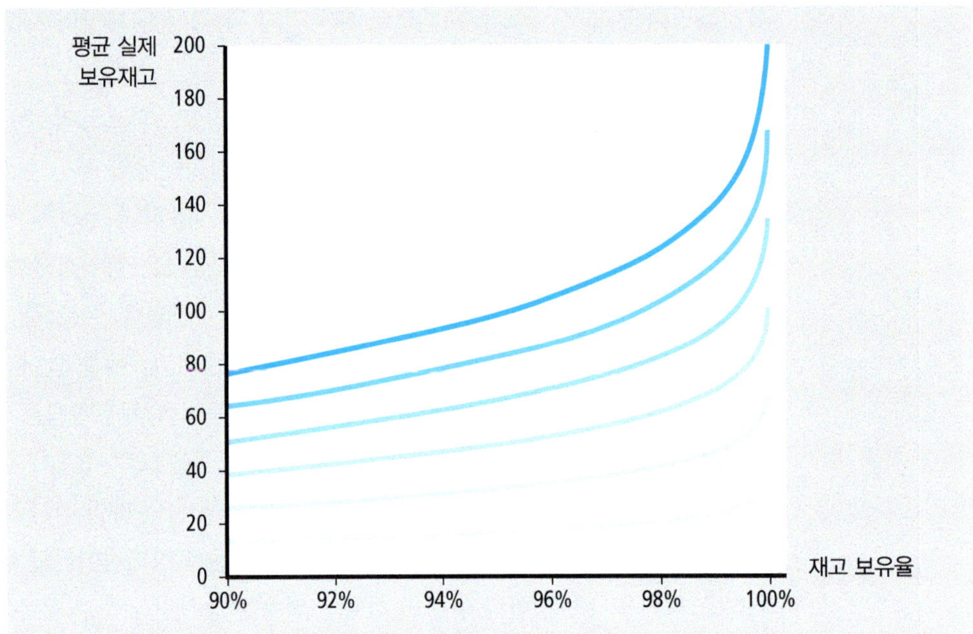

그림 16.7 수요가 정규분포를 따르고 l+1 기간 동안의 평균 수요가 100인 경우 평균 실재 보유 재고와 재고 보유율과의 상쇄관계. 곡선은 l+1 기간 동안 수요의 표준편차에 따라 달라진다. 위에서 아래로 내려가면서 표준편차는 60, 50, 40, 30, 20 그리고 10이다.

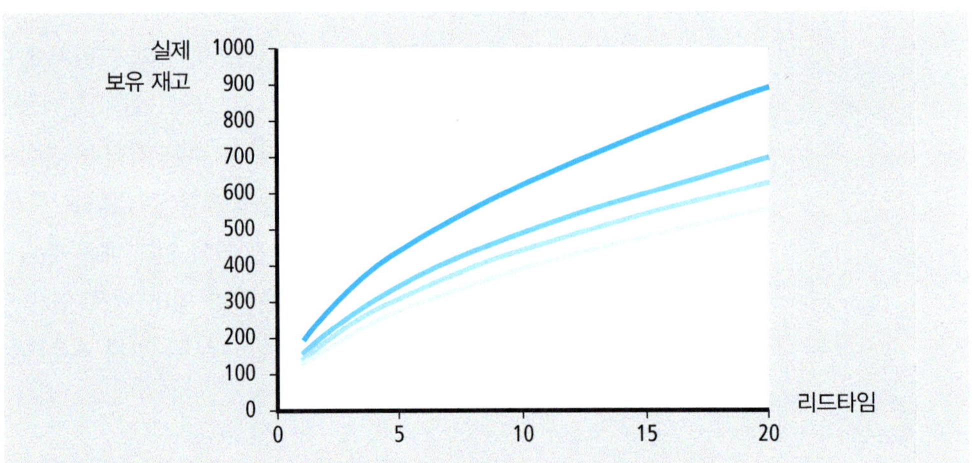

그림 16.8 4가지 목표 재고 보유율에 따라 리드타임이 기대재고에 미치는 영향. 위에서 아래로 내려가면서 목표 재고 보유율은 99.9, 99.5, 99.0 그리고 98%이다. 한 기간 동안의 수요는 평균이 100이고 표준편차가 60인 정규분포를 따른다.

을 발생시킨다는 것이다(뉴스벤더 모형에서 불일치 비용은 변동성 계수(coefficient of variation)가 증가함에 따라 같이 증가한 것을 기억하라. 여기서 변동성 계수란 수요의 표준편차를 수요 기대치로 나눈 값이다). 같은 결과를 기준재고모형에서도 볼 수 있다.

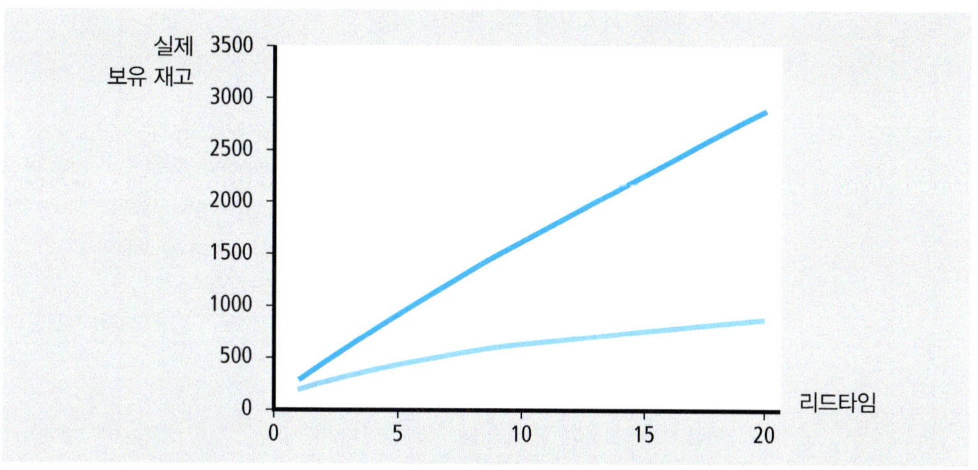

그림 16.9 재고 보유율이 99.9%인 경우 기대 실제보유재고(원)와 총재고(네모, 기대 실제보유재고+주문중재고). 한 기간 동안의 수요는 평균이 100이고 표준편차가 60인 정규분포를 따른다.

[그림 16.9]를 보면 이 같은 결과를 확인할 수 있다. 이 그림을 통해 재고 보유율과 기대재고 간의 트레이드 오프(trade-off)를 확인할 수 있다. 즉, 재고 보유율이 증가하면 필요한 재고의 양도 증가하는 것을 알 수 있다. 뿐만 아니라 재고 보유율을 고정시키고 보면 기대재고는 $l+1$ 기간 동안 발생하는 수요의 표준편차가 커짐에 따라 증가하는 것을 볼 수 있다. 즉, 변동성이 증가하면 주어진 서비스 수준을 유지하기 위해 재고의 양을 증가시켜야 한다.

수요의 변동성뿐만 아니라 기준재고모형에서 기대재고는 리드타임에도 민감하게 반응한다. 이는 [그림 16.8]을 보면 알 수 있다. 즉, 리드타임이 감소하면 주어진 서비스 수준을 유지하기 위해 필요한 재고의 양도 감소하게 된다.

기대재고가 수요의 변동성과 리드타임 두 값에 따라 변하는 반면에 기대 수송중재고(expected on-order inventory)는 리드타임에만 따라 변한다. 그러므로 수요의 불확실성을 감소시키면 기대재고를 감소시킬 수 있는 반면에 수송중재고는 리드타임을 감소시킴으로써만 감소시킬 수 있다(사실 수요의 감소도 수송중재고를 감소시키지만 수요를 감소시키는 일은 쉽지가 않다. 그리고 재고회전율(inventory turn) 또는 수요 일수(days of demand)와 같은 수요율로 측정할 경우 수요의 감소로는 수송중재고를 감소시키지 못한다).

뿐만 아니라 수송중재고의 양은 리드타임이 길 경우에 상당히 크다. [그림 16.9]에서 보면 두 곡선의 차이가 수송중재고를 의미하고 리드타임이 커짐에 따라 증가하는 것을 확인할 수 있다.

표 16.6 16장에서 이용된 주요 표기와 식들

l=리드타임(lead time)

S=기준재고수준(order-up-to level)

재고수준(inventory level)=실제보유재고(on-hand inventory)−이월 주문(back order)

재고상태(inventory position)=주문중재고(on-order inventory)+재고수준(inventory level)

재고 보유율(in-stock probability)=1−재고 품절률(stockout probability)
=Prob{l+1기간 동안의 수요≤S}

기대 이월 주문(Expected back order): l+1기간 동안의 수요가 평균이 μ이고 표준편차가 σ인 정규분포를 따른다고 하면:
기대 이월 주문=$\sigma \times L(z)$, 여기서 $z=(S-\mu)/\sigma$이다.

Excel를 사용하는 경우: 기대 이월 주문=σ*(Normdist(z, 0, 1, 0)−z*(1−Normsdist(z)))

l+1기간 동안의 수요가 이산 분포 함수일 경우에,
기대 이월 주문=$L(S)$ 기대재고=S−(l+1기간 동안의 기대수요)+기대 이월 주문
기대 수송중재고=(한 기간 동안의 기대재고)×리드타임

16.10 요약

이 장에서 우리는 Medtronic사의 공급사슬 내 두 단계에서 InSync 심박 조율기라는 한 상품에 대한 기준재고모형을 적용한 사례를 살펴 보았다. 즉, Mounds View에 있는 물류센터와 Wisconsin주 Madison시내 Susan Magnotto의 영업 지역. 기준재고모형은 정기적으로 재고상태(inventory position)를 점검(Mounds View에서는 매주 그리고 Susan은 매일)하고 재고상태를 기준재고수준까지 올리기 위해서 주문을 내리게 되는데 이 주문은 일정한 리드타임이 지나면 받을 수 있다. 기준재고수준(order-up-to level)은 수요분포를 기반으로 재고 보유율과 같은 일정 서비스 수준을 유지하면서 재고를 최소화할 수 있도록 결정한다.

기준재고모형의 분석으로 서비스 수준을 올리게 되면 재고에 대한 투자를 늘려야 하고 이로 인해 재고의 양은 비선형적으로 늘어나게 된다. 다른 말로 하면 높은 서비스 수준이 요구되면 더 많은 재고가 필요하게 된다.

필요한 재고의 양을 결정하는 데는 두 가지 주요한 요인이 있다. 변동성 계수로 측정되는 수요의 변동성과 리드타임의 길이이다. 뉴스벤더 모형에서 본 바와 같이 변동성 계수의 증가는 주어진 서비스 수준을 유지하기 위해서 재고의 증가를 유발시킨다.

리드타임의 길이는 두 가지 이유로 중요하다. 첫째, 리드타임의 감소는 재고의 양을 감소시킨다. 둘째, 더 중요할 수도 있는 사실은 리드타임의 감소로 수송중재고를 감소시킬 수 있다. 사실, 리드타임의 감소는 수송중재고를 감소시킬 수 있는 유일한 방법이다. 수요의 변동성 감소는 기대재고를 감소시킬 수 있지만 수송중재고에는 아무런 영향을

미치지 못한다.(이는 Little's law 때문이다)

[표 16.5]에는 이 장에서 사용한 주요 기호과 식을 요약해 놓았다.

심화학습

- 기준재고모형은 실제적으로 사용이 가능한 재고 정책(inventory policy) 모형들 중 하나 일 뿐이다. 예를 들어 기준재고모형에서는 고려하지 않았던 추계학적인 리드타임(stochastic lead time), 판매손실(lost sales) 그리고 묶음 주문(batch ordering, 일정한 묶음의 정수배로 주문하는 방식)과 같은 것들을 고려한 재고 정책 모형들도 있다. 그러나 추가적으로 더 확장하더라도 가장 기본적이고 중요한 다음의 두 사항에는 변함이 없다. 수요의 변동성이 커지면 재고가 증가하고 또한 리드타임이 증가하면 재고가 증가한다. 재고관리에 대한 광범위한 이론을 보고 싶다면 Zipkin(2000)을 참조하라. 덜 기술적이긴 하지만 여전히 정교한 이론을 보고 싶다면 Nahmias(2005) 또는 Silver, Pyke 그리고 Peterson(1998)을 참조하라. 위의 참고서들은 이 장에서 언급한 추가적인 사항들을 다루고 있다(예를 들어 고정 리드타임과 추계적인 수요 하에 최소 주문량 결정). 또한 위의 참고서들에서는 공급사슬 내 상위 단계에서의 적절한 서비스 수준에 대해서도 다루고 있다.
- 공급사슬 관리에 대한 관리자 입장에서의 논의를 보고 싶다면 Simchi-Levi, kaminsky 그리고 Simchi-Leve(2003)과 Chopra와 Meindl(2004)를 참고하라.

단원연습문제

다음 질문들은 이 장의 이해정도를 확인하는 데 도움을 줄 것이다. 각 질문 뒤의 [ ]는 관련된 해당 절을 나타내고 있다.

"*" 표시가 있는 문제의 해설은 부록 E에 있으며, Connect에서 영상을 참조하기 바란다.

16.1* **(Furniture Story)** 당신이 대형 가구점의 매장 관리자라고 해 보자. 상품 중 책상 주간 수요(weekly demand)는 평균이 40이고 표준편차가 20인 정규분포를 따른다고 하자. 조립 공장에서 당신이 있는 매장으로 주문해서 받는데 까지 걸리는 시간인 리드타임이 2주이고 당신은 재고 충전을 위해서 매주 주문 결정을 한다고 하자. 이 매장에서 책상 재고를 관리하기 위해서 기준재고모형을 사용한다고 하자.

a. 기준재고수준(Order-up-to level)이 *S*=220라고 하자. 당신이 주문을 하려고 하는데 현재 재고수준(Inventory level)은 100이고 85개의 책상이 주문 중(on-order)에 있다고 하자. 얼마나 많은 책상을 주문하여야 하는가? [16.2]

b. 기준재고수준(Order-up-to level)이 *S*=220라고 하자. 당신이 주문을 하려고 하는데 재고수준(Inventory level)은 160이고 65개의 책상이 주문 중(on-drder)에 있다고 하자. 얼마나 많은 책상을 주문하여야 하는가? [16.2]

c. 목표 재고 보유율(Target in-stock probability)을 98%로 설정할 경우 최적의 기준재고수준은 얼마가 되는가? [16.6]

d. 기준재고수준(Order-up-to level)이 *S*=120라고 하자. 실제보유재고 기대치(Expected on-hand inventory)는 얼마가 되는가? [16.5]

e. 기준재고수준(Order-up-to level)이 *S*=120라고 하자. 내부 자본비(internal cost of capital, 상품 한 개에 대한 연간 유지 비용을 의미)가 15%이고 각 책상의 원가는 $200이다. 매장에서 실제 보유하고 있는 재고에 대한 연간 총 자본비는 얼마가 되는가? [16.5]

16.2* **(Campus Bookstore)** 캠퍼스 내 서점에서 모바일 기기인 Palm m505을 개당 $399에 판매하고 있다. 도매가격(Wholesale price)은 개당 $250이다. 서점에서는 주간 수요를 평균은 0.5인 포아송 분포를 따른다고 보고 있다. 서점의 연간 재고 유지 비용(annual inventory holding cost)은 재고 원가(cost of inventory)의 20%이다. 주문은 주간 단위로 이루어지고 주문 후 제품을 받는데 걸리는 시간이 리드타임은 4주이다.

a. 99%의 재고 보유율을 유지하면서 재고를 최소화하는 기준재고수준(Order-up-to level or base stock level)은 얼마인가? [16.6]

b. 기준재고수준(Order-up-to level or base stock level)이 *S*=4라고 하자. 평균 수송중재고(average on-order inventory or average pipeline inventory)는 얼마가 되는가? [16.5]

c. 기준재고수준(Order-up-to level or base stock level)이 *S*=5라고 하자. 서점에서 한 주가 끝나는 시점에 실제 보유하고 있는 재고의 평균은 얼마가 되는가? [16.5]

d. 기준재고수준(Order-up-to level or base stock level)이 *S*=6라고 하자. 한 주 동한 품절이 발생할 확률은 얼마가 되는가? (즉 한 주 동안 소비자가 상품을 사고자 하였는데 재고가 없어 이월 주문이 발생할 확률은 얼마인가?) [16.5]

e. 기준재고수준(Order-up-to level or base stock level)이 *S*=6라고 하자. 한 주가 끝나는 시점에 재고 없음(out-of-stock, 재고가 소진되는 상태)이 될 확률은 얼마인가? [16.5]

f. 기준재고수준(Order-up-to level or base stock level)이 *S*=6라고 하자. 한 주가 끝나는 시점에 재고가 하나 이상이 있을 확률은 얼마인가? [16.5]

서점은 매주 주문을 내림으로써 주문비용이 과다하게 발생하는 것을 우려하고 있다. 다음 문제 g와 h에서는 주문을 2주에 한 번씩 내린다고 가정하자. 수요는 여전히 위와 같고 리드타임도 여전히 4주라고 가정하자.

g. 재고를 최소화하면서 동시에 적어도 99%의 재고 보유율을 유지하기 위한 기준재고수준

은 얼마인가? [16.6]

h. 평균 수송중재고는 얼마인가? [16.5]

16.3* **(Quick Print)** Quick Print사는 복사지로 구멍이 3개 뚫린 무지 종이를 사용한다. 복사 수요는 상당히 변동성이 크다. 무지 종이에 대한 주간 수요는 평균이 100이고 표준편차는 65인 정규분포를 따른다(여기서 측정 단위는 박스 단위이다.). 매주 공장에 주문을 내리고 주문이 도착하는데 걸리는 시간인 리드타임은 5주이다. 종이 재고가 없어 복사 수요를 만족하지 못한 경우에는 이월 주문이 발생한다. 재고 유지 비용은 연간 박스당 $1이다.

a. Quick Print사는 무지 종이에 대한 기준재고수준을 700으로 설정되어 있다. 이번 주의 시작 시점에 보유 재고는 523박스이고 수송중재고는 180박스라고 하자. 이번 주에 얼마의 주문을 내려야 하는가? [16.2]

b. Quick Print사가 99%의 재고 보유율을 유지하고자 한다면 최적의 기준재고수준은 얼마가 되어야 하는가? [16.6]

16.4* **(Main Line Auto Distributor)** Main Line Auto Distributor은 지역 정비업소에 자동차 부품을 납품하는 공급자이다. Main Line Auto Distributor의 고객들은 그들이 필요로 하는 부품 모두를 저장할 장소와 자본이 충분하지 않기 때문에 하루에도 몇 번씩 필요할 때 Main Line Auto Distributor에게 주문을 한다. 빠른 서비스를 위해서 Main Line은 3대의 트럭을 사용해서 배송을 한다. 매주 금요일 저녁에 Main Line은 추가적인 재고를 보충하기 위해서 공급자에게 주문을 한다. 공급자는 월요일 아침 일찍 Main Line에게 배달을 한다. 배송 비용이 만만치 않기 때문에 Main Line은 금요일에만 주문을 내린다. 부품 A153QR이라 불리는 부품 A를 고려해 보자. Main Line은 부품 A를 $175에 사서 정비업소에 $200에 판매한다. 정비업소가 주문을 했는데 재고가 없는(out-of-stock) 경우에는, 정비업소는 다른 유통업자로부터 이 부품을 구입하려 할 것이다. Main Line은 자본과 공간에 제약이 있으며 부품 A 하나의 재고를 일주일간 보관하는데 비용인 $0.50이 든다(한 주가 끝나는 시점에 부품 A 하나를 유지하는데 비용이 $0.50이 든다고 가정하자. 유의할 점은 $0.50은 한 주 동안 유지하는 비용 또는 한 주의 시작 시점에 드는 비용이 아니라는 점이다.). 이 부품의 평균 주간 수요는 평균이 1.5개인 포아송 분포를 따른다고 가정한다. 현재 금요일 저녁이고 Main Line은 재고가 전혀 없다고 가정하자. 평균이 1.5인 포아송 분포와 손실 함수(loss function)는 부록 B를 참조하라.

a. 공급자에게 Main Line은 얼마나 많은 부품 A를 주문해야 하는가? [16.2]

b. Main Line이 3개를 주문한다고 가정하자. Main Line이 한 주 동안 발생하는 수요를 충족시킬 확률은 얼마인가? [16.5]

c. Main Line이 4개를 주문한다고 가정하자. Main Line이 한 주 동안 발생하는 수요를 충족시키지 못할 확률은 얼마인가? [16.5]

d. Main Line의 목표 재고 보유율이 99.5%이라고 하면, Main Line은 얼마나 많은 양을 주문하여야 하는가? [16.6]

e. Main Line이 5개를 주문한다고 가정하자. 돌아오는 다음 한 주 동안 재고 유지 비용의 기대치는 얼마가 되는가? [16.5]

16.5* **(Hotspices.com)** 당신은 이국적이고 아주 희귀한 매운 양념을 온라인으로 판매하는 hotspices.com의 사장이라고 하자. 무게로 따지면 금보다 더 가치가 있는 매운 양념인 사프란의 재고 관리를 생각해 보자. 배송 리드타임이 4주인 해외 공급자에게 사프론을 일주일에 한 번 주문한다고 하자. 평균 분기당 수요는 평균 415온스이고 표준편차는 154온스인 정규분포를 따른다고 가정하자. 주간 재고 유지 비용은 $0.75이다. 당신은 이월 주문으로 인한 비용이 온스당 $50이라고 본다. 한 달은 4.33주로 가정한다.

a. 재고 보유율을 99.25%로 유지하면서 재고 유지 비용을 최소화하고자 한다면 기준재고수준은 얼마가 되어야 하는가? [16.6]

b. 재고 유지 비용과 이월 주문비용을 최소화하고자 한다면 기준재고수준은 얼마가 되어야 하는가? [16.6]

c. 이탈리아 매운 고추인 페페로치니의 재고에 대해서 생각해 보자. 당신은 이 상품을 매일 주문을 하고 이 상품의 공급자는 리드타임으로 이틀이 걸린다. 이 상품이 가장 인기가 있지는 않지만 5kg을 팔 수 있을 정도의 수요는 늘 있다. 하루 평균 수요는 평균이 5kg 짜리 봉투 하나이고 포아송 분포를 따른다. 하루에 5kg의 재고를 유지하는 비용은 $0.05이고 이월 주문으로 인한 비용은 5kg당 $5이다. 최적의 기준재고수준은 얼마인가? [16.7]

16.6 **(Blood Bank)** Jack 박사는 Springfield 병원 혈액 센터의 책임자이다. 혈액은 200마일 떨어진 지역 혈액 센터에서 모아 비행기로 Springfield로 배송된다. Jack 박사는 혈액의 보관량을 확인하고 매주 월요일에 주문을 내리고 그 다음 주 월요일에 배송받는다. 수요가 공급을 초과하게 되면, 외과의사는 급한 수술이 아니라면 연기를 하고 이 경우 혈액을 이월 주문하게 된다. 매주 혈액에 대한 수요는 평균이 100이고 표준편차가 34파인트인 정규분포를 따른다고 한다. 수요는 주마다 서로 독립적이다.

a. 월요일 아침에 Jack 박사는 혈액 보관량을 확인해 보니 실제보유재고는 200파인트이고 이월 주문은 없으며 수송중재고는 73파인트였다. 기준재고수준이 285일 경우 주문량은 얼마이어야 하는가?(가장 근접한 정수를 구하라.) [16.2]

b. Jack 박사의 목표 재고 보유율은 99%이다. 기준재고수준은 얼마이어야 하는가?(가장 근접한 정수를 구하라.) [16.6]

c. Jack 박사는 매일 내리는 주문을 자동으로 관리하는 컴퓨터 시스템을 구축하고자 하고 (한 주를 7일로 보자) 리드타임은 하루이다. 평균 주문량은 얼마가 되는가? [16.5]

16.7 **(Schmears Shirts)** Schmears라는 회사는 남성용 셔츠를 판매하는 소매상이다. 특정 재고에 대한 일간 수요는 평균이 1.5인 포아송 분포를 따른다. 주문이 공급자로부터 도착하는데 걸리는 시간은 3일이고 주문에 대한 결정은 매일 내린다. Schmears사는 재고관리를 위해서 기준

재고모형을 사용하고 있다.

a. Schmears사의 기준재고수준이 9라고 가정해 보자. 주문 중에 있는 셔츠 수의 평균은 얼마인가? [16.5]

b. Schmears사의 기준재고수준이 8이라고 가정해 보자. 어느 날 Schmears사가 고객으로부터의 수요가 발생하였는데 이 수요를 충족시킬 만한 재고가 없을 확률은 얼마가 되는가? [16.5]

c. Schmears사는 "서비스 기반"의 재고관리 정책을 버리고 "비용 최소화 기반"의 재고관리 정책을 사용하고자 한다. 셔츠 하나의 재고를 하루 유지하는 비용은 $0.01이다. 고객의 45%가 한 번에 하나 이상의 셔츠를 주문하기 때문에 품절로 인해서 발생하는 셔츠 하나당 비용은 $6이 발생한다. 재고 유지 비용과 이월 주문으로 인한 비용을 최소화하는 기준재고수준은 얼마이어야 하는가? [16.7]

16.8 **(ACold)** ACold사는 미국 내 10개의 물류창고를 운영하는 냉동식품 유통회사이다. 한 물류창고의 매니저인 Iven Tory는 물류창고에서 사용하는 재고관리 정책이 고객에게 빠른 배송을 유지하면서 재고는 최소로 할 수 있었으면 한다. 물류창고는 많은 종류의 서로 다른 상품들을 관리하고 있기 때문에 Iven은 우선 하나의 상품에 집중하기로 하였다. 집중하기로 한 상품은 Caruso의 냉동 피자이다. 이 냉동 피자의 수요는 하루에 평균 400개이고 표준편차는 200이다. 한 주를 5일로 보았을 때 주당 수요는 평균이 2,000이고 표준편차는 555가 된다. ACold는 하루에 Caruso의 피자를 소유하고 있는 General Food로부터 적어도 한 트럭 이상을 주문하기 때문에 ACold는 하루에 필요한 Caruso의 냉동피자를 마음껏 주문할 수 있다. 실제로 ACold의 컴퓨터 시스템은 각 상품에 대해서 기준재고모형을 사용하도록 설계되어 있다. Iven은 Caruso의 냉동 피자의 리드타임이 4일이라는 것을 알고 있다. 뿐만 아니라 Caruso의 냉동 피자를 하루 보관하는 비용은 $0.01이고 이월 주문으로 발생하는 비용은 $0.45이다.

a. 재고 유지 비용과 이월 주문으로 인한 비용을 최소화하기 위한 Caruso의 냉동 피자의 기준재고수준은 얼마인가? [16.7]

b. 기준재고수준이 2,800이라고 하자. 수송중재고의 평균은 얼마가 되는가? [16.5]

c. 기준재고수준이 2,800이라고 하자. 연간 재고 유지 비용은 얼마인가?(일 년을 260일이라고 가정하라) [16.5]

d. 목표 재고 보유율을 97%로 유지하면서 재고를 최소로 만드는 기준재고수준은 얼마이어야 하는가? [16.6]

16.9 **(Cyber Chemicals)** Cyber Chemicals사는 정기적으로 액체질소를 사용한다. 하루 평균 수요는 178갤런이고 표준편차는 45이다. 주문량과는 무관하게 주문당 $58이라는 주문비용 발생하기 때문에 Cyber사는 일주일에 한 번 주문을 내린다. Cyber사는 재고로 인해 유지 비용이 발생한다는 것을 알고 있다. Cyber사는 재고가 한 주가 끝나는 시점에 가장 낮다는 것을 인식하고 있지만 좀 더 현실적인 측정 방법으로 평균재고(average inventory)를 선호한다. 특히 Cyber사는 평균재고(average inventory)로 평균 주말재고(average end-of-week inventory)

에 평균 주문량(average order quantity)을 더한 값을 사용한다. 이 평균재고에 대한 재고 유지 비용은 한 주에 갤런당 $0.08이 발생한다. 배송 기간은 주문 후 하루가 걸린다. 일 년은 52주로 보고 한 주는 5일로 가정한다.

a. Cyber사는 99.9%의 재고 보유율을 유지하고자 한다. 그렇다면 연간 재고 유지 비용은 얼마가 되는가? [16.5]

b. 연간 주문비용은 얼마가 되는가? [16.8]

c. Cyber사는 2주에 한 번 주문하는 것을 고려해 볼 필요가 있는가? [16.8]

16.10 (Sourthen Fresh) 식료품 사업에서 선반이라는 공간은 매우 중요한 의미를 가진다. 좋은 슈퍼마켓은 선반 공간에 상품들을 최적으로 배치하기 위해서 상당한 노력과 시간을 투자한다. 많은 요인들이 선반 공간 배치 결정에 연관되어 있다. 각 상품의 이익성, 각 상품의 크기와 각 상품의 수요 특성 등을 고려하여야 한다. 잘 팔리는 상품인 Hot Bull 콘칩을 고려해 보자. 이 상품의 일간 평균 수요는 55이고 표준편차는 30이다. Hot Bull 한 봉지는 선반의 한 단면(facing) 당 20 깊이를 차지한다(facing이란 선반에 상품 하나를 전시하기 위해서 필요한 넓이를 의미한다). Sourthern Fresh의 중앙 물류창고로부터의 배송은 주문 후 이틀이 걸린다. (실제로 대부분의 매장에서 주문을 판매시점(Point-Of-Sales) 데이터에 연결되어 있는 중앙 컴퓨터 시스템을 통해서 내려진다고 하더라도 각 주문은 전송이 되고 이틀 후에 배송된다.)

a. 98.75%의 재고 보유율을 달성하려면 단면(facing)은 얼마가 필요한가? [16.6]

b. Southern Fresh는 11단면(facing)을 Hot Bull 콘칩에 할당하였다고 하자. 평균적으로 얼마나 많은 Hot Bull 봉지가 하루가 끝나는 시점에 선반에 남아있겠는가? [16.5]

c. Southern Fresh는 재고 유지 비용이 발생하지 않기를 원하지만 고객에게 상품들이 선반에 충분이 잘 쌓여있다는 인상을 주고 싶어 한다. 그러므로 Sourthern Fresh 점원들은 지속적으로 매장을 돌면서 상품의 배치가 잘 되어 있는지를 확인한다. 특히 상품을 주변으로 이동시키면서 가능하면 모든 단면(facing)에서 상품들이 보이도록 하고자 한다. Southern Fresh는 Hot Bull 콘칩에 11단면(facing)을 할당하였다고 하자. 하루가 끝나는 시점에 빈 단면(facing)이 있을 확률은 얼마가 되는가? 즉 상품이 없는 단면이 있을 확률은 얼마가 되는가? [16.5]

---

* 표시는 부록 E에 정답이 제공됨을 의미한다.

CHAPTER

17 위험통합전략을 사용한 불확실성 감소와 대비*

* 이 장의 모든 데이터는 기밀성 유지를 위하여 수정되었다.

조직의 운영에서 골칫거리 중 하나가 불확실성이다. 어떠한 형태이든 간에(예를 들어 불확실한 수요, 불확실한 공급 또는 불확실한 품질) 불확실성의 존재는 운영 성과에 전혀 도움이 되지 못한다. 기존의 장들에서 불확실성에 대처할 수 있는 모형들(예를 들면 대기 행렬, 뉴스벤더 그리고 기준재고)에 대해서 논의해 보았으며 불확실성을 계량화할 필요에 중점을 두었다. 뿐만 아니라 불확실성 감소와 대비를 위한 몇 가지 전략은 이미 제시되었다. 대기행렬 시스템 내의 서버들 통합(10장); 자료 수집에 의한 불확실성의 감소로 최선의 수요예측 실현(14장); 수요에 보다 나은 대응을 위한 주문생산방식의 구축과 반응역량에 대한 투자(15장).

이 장에서는 위험 통합(risk pooling)이라는 개념을 기반으로 하는 추가적인 전략들을 분석해 보도록 하겠다. 위험 통합이라는 개념은 공급사슬, 생산 프로세스 또는 제품의 재설계를 통하여 기업이 직면하는 불확실성을 감소 또는 대비함으로써 불확실성 자체가 완화되도록 하는 것이다. 몇 가지 형태의 위험 통합들(location pooling, virtual pooling, production pooling, lead time pooling, capacity pooling)이 제시되었으나, 같은 기본 현상에 대한 다른 이름을 붙였을 뿐 기본적으로 같은 개념이다. 실례를 통해서 각 전략의 실질적인 효과를 설명해 보이고 각 전략이 가장 적절하게 적용될 수 있는 상황들을 보게 될 것이다.

17.1 위치통합

뉴스벤더와 기준재고 모형은 수요 충족을 위한 재고를 단일 위치에 얼마나 가지고 있어야 하는가에 대한 결정을 위한 도구들이다. 이들 만큼이나 중요하지만 지금까지 고려 대상에서 제외시킨 또 다른 결정은 기업이 수요 충족을 위한 재고를 얼마나 많은 위치에 보유해야 하는가이다. 이를 위한 설명으로 16장에서 논의한 Medtronic사의 공급사슬을 보도록 하자. 각 현장 외판원은 자기 지역의 수요 충족을 위한 재고를 각자 관리하고 전 미국 내 현장 외판원에 보내는 제품을 한 물류센터가 관리한다. 여기서 우리가 생각해 볼 문제가 있다. 각 현장 외판원마다 재고를 따로 관리해야 할 것인지 아니면 한 위치에서 여러 지역의 수요, 즉 여러 지역의 외판원이 자신의 지역에서 발생하는 수요를 충족시키기 위해 필요로 하는 재고를 통합하여 관리해야 할 것인지 하는 것이다; 미국 내 물류센터를 하나만 둘 것인지 아니면 미국 내 수요를 나누어 여러 물류센터에서 관리하게 할 것인지이다.

Medtronic사의 현장 재고 통합

Medtronic사의 현장 재고를 어디에 위치할 것인가부터 보도록 하자. 각 현장 외판원이 자신의 재고를 따로 관리하는 현 시스템 대신에 근방에 있는 현장 외판원들과 재고를 공유하는 시스템을 가정해 보자. 예를 들어, Medtronic사는 접근이 용이한 곳에 작은 창고 공간을 빌려 지역적으로 근방에 있는 2~5명 정도의 현장 외판원이 이를 공유하여 자신들이 필요로 하는 재고를 통합하여 사용할 수 있도록 할 수 있다. 재고를 공유 창고 공간에서 통합하여 사용한다는 것은 각 외판원이 필요할 때만 재고를 가져간다는 것을 의미한다. 즉, 각 외판원의 트렁크 재고와 위탁재고를 공유 창고 공간에 쌓아 놓고 각각 필요할 시에만 꺼내 쓴다는 것을 의미한다. 공유 창고의 통합된 재고는 (근방의 2~5명의 외판원들이 수요 충족을 위해 필요로 하는 일정 기간 동안의 총 재고) 기준재고 모형에 기반을 두어 자동으로 관리된다. 이 새로운 통합 재고관리 전략은 재고관리 성과에 어떠한 영향을 줄 것인가?

Wisconsin주 Madison 시내에서 현장 외판원 Susan이 맡고 있는 지역 내 Medtronic사의 InSync 심박조정기의 하루 수요는 평균이 0.29인 포아송 확률 분포를 따른다고 가정하였다. 또한 논의의 편의상 Susan이 맡고 있는 지역 주변에 같은 수요 분포를 가지는 외판원들이 있다고 가정하고 각 지역 외판원은 각자 따로 재고를 관리하지 않고 공유 창고를 이용하여 통합하여 재고를 관리한다. 이러한 새로운 시스템에서 결합된 지역들을 통합지역(pooled terriroty)이라 하고 새로운 시스템의 재고를 통합재고(pooled inventory)라고 한다. 반면에 현 시스템의 지역들을 개별지역(individual territory)이라 하고 각 지역의 재고를 개별재고(individual inventory)라고 부른다. 이러한 여러 위치로부터의 재고를 하나의 위치에서 통합하는 전략을 위치통합(location pooling)이라 한다. 16장에서 우리는 이미 개별지역 시스템에서의 재고관리 성과에 대해서 평가해 보았으므로 여기서는 위치통합에 의한 재고관리 성과에 대해서 살펴보도록 하겠다.

통합 재고를 관리하는 모형으로 기준재고모형을 사용할 것이다. 개별지역에서 사용한 99.9%라는 상당히 높은 수준의 목표 재고 보유율을 통합지역에서도 적용할 것이 고 통합지역의 재고를 주문하여 보충하는 리드타임은 1일로 동일하다고 보았다. (통합지역의 리드타임이 개별지역의 리드타임과 다르다고 볼 이유는 없다.)

다른 두 지역에서 각 지역의 수요가 포아송 확률 분포를 따른다면, 두 지역의 총수요는 각 지역의 평균 수요를 더한 값을 평균으로 가지는 포아송 확률 분포를 따른다. 예를 들어 Susan이 주변 지역의 두 외판원과 재고를 공유하고 이 세 명의 외판원 모두 InSync 심박조절기의 하루 평균 수요가 0.29(개/일)라고 하자. 그렇다면 이 세 명의 외판원이 맡고 있는 세 지역의 하루 총수요는 $3 \times 0.29 = 0.87$(개/일)을 평균으로 가지는 포아송 확률 분포를 따른다. 우리는 지금부터 리드타임을 1일 그리고 하루 평균 수요를 0.87(개/ 일)로 가정하여 기준재고 모형을 통합지역에 적용하여 볼 것이다.

표 17.1 외판원의 지역을 통합하였을 때 InSync 심박 조율기 재고에 미치는 영향. 각 지역의 수요는 일간 평균 수요가 0.29인 포아송 분포를 따르고 목표 재고 보유율은 99.9%이고 리드타임은 하루이다.

통합된 지역의 수	통합된 지역의 하루 동안 기대수요(a)	S	기대재고		주문중재고	
			갯수(b)	수요 일수(b/a)	갯수(c)	수요 일수(c/a)
1	0.29	4	3.4	11.7	0.29	1.0
2	0.58	6	4.8	8.3	0.58	1.0
3	0.87	7	5.3	6.1	0.87	1.0
4	1.16	8	5.7	4.9	1.16	1.0
5	1.45	9	6.1	4.2	1.45	1.0
6	1.74	10	6.5	3.7	1.74	1.0
7	2.03	12	7.9	3.9	2.03	1.0
8	2.32	13	8.4	3.6	2.32	1.0

[표 17.1]은 외판원의 지역을 통합하였을 때 InSync 심박 조율기 재고에 미치는 영향을 보이고 있다. 3명의 외판원이 목표 재고 보유율 99.9%를 달성하기 위한 기준재고수준(order-up-to level)은 7이다. Susan의 재고를 다른 외판원과는 별도로 관리할 경우 목표 재고 보유율 99.9%를 달성하기 위한 기준재고수준(order-up-to level)은 4개이다. 세 지역을 통합할 경우의 기대재고(expected inventory)는 5.3개인 반면 개별지역의 기대재고는 3.4개이다. 그러나 세 개별지역의 총재고는 3×3.4=10.2개이다. 그러기 때문에 세 지역을 통합할 경우, 서비스를 저하시키지 않고도, 기대재고를 약 48%[(10.2−5.3)/10.2] 감소시킬 수 있다.

통합지역과 개별지역의 재고관리 성과를 비교하는 또 다른 방법이 있다. 창고 안의 재고가 담당 지역 내 수요를 얼마의 기간 동안 충족시킬 수 있는지로 평가하는 방법으로 즉, 기대재고(expected inventory)를 개수(unit)의 단위보다 수요 일수(days-of-demand)의 단위로 계산하는 것이다.

$$\text{수요 일수 단위의 기대재고} = \frac{\text{개수 단위의 기대재고}}{\text{하루 평균 수요}}$$

[표 17.1]에는 수요 일수 단위의 기대재고도 함께 볼 수 있다. 개별지역에서의 수요 일수 단위의 기대재고는 3.4/0.29=11.7 수요 일수인 반면에 세 지역을 통합한 경우의 수요 일수 단위의 기대재고는 5.3/0.87=6.1 수요 일수이다. 수요 일수 단위를 사용하여, 세 통합지역은 기대재고 투자 면에서 48%[(11.7−6.1)/11.7]의 감소를 보인다. 재고를 측정하는 두 단위인 개수(units)와 수요 일수(days-of-demand)는 상수(하루 평균 수요)에 의해 달라지기 때문에, 개수 단위에서 보인 48%의 재고 감소율과 같은 값을 보이

게 된다. 그러므로 어떠한 단위를 사용하여도 무방하다.

2~3개의 지역을 통합할 경우에는 재고에 큰 영향을 주는 반면에, [표 17.1]에 보이는 바와 같이 통합지역이 많아지면서 그 영향은 점점 작아지는 경향이 있다; 즉, 이미 통합된 지역에 새로운 지역을 추가하여 얻는 재고 감소 효과는 기존의 추가된 지역의 재고 감소 효과보다 적어지는 경향을 보인다(이는 n개의 통합지역에 새로운 한 개의 지역을 추가 통합하여 얻는 재고 감소 효과는 $(n-1)$개의 통합지역에 새로운 한 개의 지역을 추가 통합하여 얻는 재고 감소 효과보다 적다는 것을 의미한다). 예를 들어, 개별지역 하나에 2개의 지역을 추가 통합하여 큰 효과(11.7 생산 일수에서 6.1 생산 일수로 5.6 감소)를 보이는 반면에, 6개가 통합되어 있는 지역에 2개의 지역을 추가 통합하는 것은 재고 투자면에서 매우 적은 효과(3.7 생산 일수에서 3.6 생산 일수로 0.1 감소)를 보인다. 통합지역 이점의 대부분은 처음 몇 개의 지역을 추가 통합함으로써 얻게 되고 많은 지역을 통합함으로써 얻는 이점의 가치는 점점 적어진다.

비록 위치통합이 재고를 감소시키기는 하지만, [표 17.1]의 자료를 자세히 살펴보면 반드시 그런 것은 아니다. 7번째 지역을 추가 통합하면 재고는 오히려 약간 증가한다(3.7 수요 일수에서 3.9 수요 일수로 0.2 증가). 이것은 기준재고수준이 양의 정수 값(0, 1, 2, …)을 가져야 하기 때문이다. 결과적으로, 위의 기준재고수준을 이용하여 계산된 재고 보유율(in-stock probability)이 목표 재고 보유율(target in-stock probability)보다 높을 수 있다. 6개의 통합지역에 대한 재고 보유율은 99.90%인 반면에 7개의 통합지역에 대한 재고 보유율은 99.97%이다. 그러나 전반적으로 이러한 사안으로 위치통합(location pooling)이 재고를 감소시킨다는 일반적인 추세를 부정할 수 있는 것은 아니다. 그렇다면 왜 위치통합은 재고 투자를 감소시키는 것일까? 이에 대한 답은 새로운 지역 이 통합지역에 추가 통합될 때 수요의 변동성(demand variability)이 어떠한 변화를 보이는지를 관찰해 보면 알 수 있다. 우리는 이미 언급한 바와 같이 변동계수(coefficient of variation, 표준편차를 평균값으로 나눈 값)를 수요 변동성을 측정하는 데 사용할 것이다. 먼저 포아송 확률 분포의 표준편차(standard deviation)는 평균값의 제곱근과 같다는 것을 유념해야 한다. 그러므로, 다음의 결과를 알 수 있다.

$$\text{포아송 확률 분포의 변동계수} = \frac{\text{표준편차}}{\text{평균값}} = \frac{\sqrt{\text{평균값}}}{\text{평균값}} = \frac{1}{\sqrt{\text{평균값}}} \tag{17.1}$$

위의 결과를 보면, 포아송 확률 분포의 평균값이 증가하면 변동계수는 감소하는 데 이는 포아송 확률 분포의 변동성이 작아진다는 것을 의미한다. 주어진 서비스 수준에서 수요의 변동성이 작을수록 재고의 양은 적어진다. 그러므로 포아송 확률 분포를 따르는 수요를 가지는 지역을 통합하면 요구되는 재고 투자를 감소시킬 수 있는데 이는 지역 통

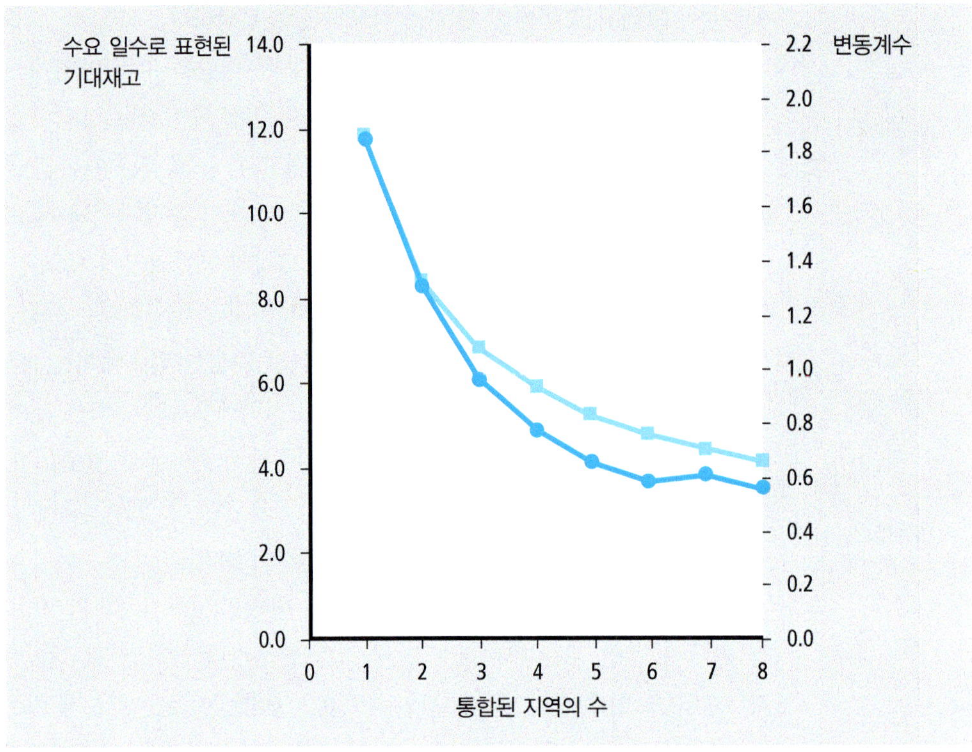

그림 17.1 지역들이 통합되면서 나타나는 기대재고(원)와 변동계수(네모) 사이의 관계식. 각 지역의 수요는 평균이 0.29인 포아송 분포를 따르고 목표 재고 보유율은 99.9%이고 리드타임은 하루이다.

합으로 인해 증가된 수요율(demand rate)이 수요의 변동성의 감소를 의미하기 때문이다. 그러나 변동계수는 평균값의 제곱근에 반비례하기 때문에 변동계수의 감소 속도는 점점 작아진다. 다른 말해서, 평균값의 증가는 변동계수에 점차적으로 영향력이 약화되고 그 결과 기대재고에도 영향력이 약해진다.

[그림 17.1]은 재고와 변동계수와의 관계를 [표 17.1]에 있는 자료를 이용하여 그린 것이다. 재고의 감소 패턴은 변동계수의 감소 패턴과 매우 비슷한 모양을 보인다.

총 기대재고뿐만 아니라, 주문중재고(pipeline inventory, 물류센터로 주문을 내린 후에 물류센터에서 현장으로 배송/수송 중에 있는 재고)도 관심을 가져야 한다. [표 17. 1]에는 주문중재고를 개수(unit)의 단위와 수요 일수(days-of-demand)의 단위로 보여 주고 있다. 위치통합(location pooling)은 수요 일수 단위의 기대재고를 감소시키는 반면에 수요 일수 단위의 주문중재고에는 어떠한 영향도 주지 못하고 있다. 왜 이런 현상을 보이는 것일까? 리틀의 법칙은 주문중재고를 통제하며, 리틀의 법칙은 변동성이 아니라 평균값에 의존한다. 그러므로 통합지역은 수요의 변동성을 감소시키기 때문에 현장의 기대재고는 감소시키지만 주문중재고에는 변화를 주지 못한다. 이미 언급한 바와 같이 주문중재고를 감소시키기 위해서는 리드타임을 줄이는 수밖에 없다.

표 17.2 통합되는 지역의 수를 증가시킴으로써 재고 투자는 일정하게 유지하고 재고 보유율을 높이는 방법. 각 지역의 수요는 일간 평균 수요가 0.29인 포아송 분포를 따르고 리드타임은 하루이다.

통합된 지역의 수	통합된 지역의 하루 동안 기대수요	기대재고			
		S	갯수	수요 일수	재고 보유율
1	0.29	4	3.4	11.7	99.96615%
2	0.58	8	6.8	11.7	99.99963
3	0.87	12	10.3	11.8	100.00000

위치통합으로 서비스 수준은 유지하면서 재고를 감소시킬 수 있으며 또한 서비스 수준도 높일 수 있다. 예를 들어, 개별지역과 같은 양의(수요 일수 단위의) 재고를 가지도록 하는 통합지역 재고수준을 선택하고 재고 보유율이 높아지는지 확인해 보도록 하자. [표 17.2]는 세 지역까지 통합하는 경우에 대한 자료를 보여주고 있다; 세 지역 이상을 통합할 경우에는 개별지역과 같은 양의 재고를 가지고도 재고 보유율은 100%를 보이게 된다.

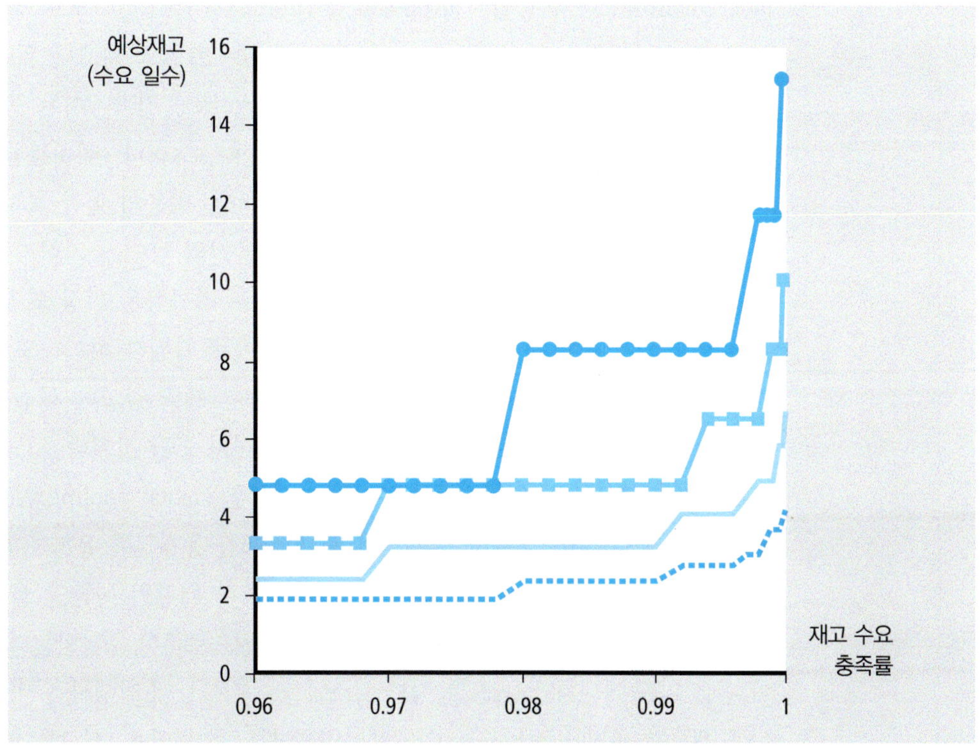

그림 17.2 서로 다른 위치통합(location pooling)에 대한 재고–서비스 간의 상쇄효과. 곡선은 위에서 아래로 내려가면서 위치통합이 개별, 2개, 4개 그리고 8개 통합에 대한 결과이다. 각 지역의 수요는 일간 평균 수요가 0.29인 포아송 분포를 따르고 리드타임은 하루이다.

개별지역의 재고 보유율이 이미 너무 높기(99.9%) 때문에 서비스 수준을 높이기 보다는 재고를 감소하는데 위치통합을 이용하는 것이 합리적일 것이다. 하지만 서비스 수준이 너무 낮을 경우에는 서비스 수준을 높이는 것이 바람직할 것이다.

[그림 17.2]는 이러한 문제에 또 다른 시각을 제공하고 있다. [그림 17.2]는 4가지의 위치통합에 대해서 서비스–재고의 상쇄곡선(trade-off curve)을 보여주고 있다. 개별지역, 두 지역 통합, 세 지역 통합 그리고 네 지역의 통합. [그림 17.2]에서 보이듯이 통합된 지역의 수가 증가할수록 서비스–재고의 상쇄곡선(trade-off curve)은 아래 그리고 우측으로 이동되고 있다. 이러한 현상은 많은 선택의 기회를 제공한다. (1)적은 재고로 일정한 서비스 수준을 유지, (2)동일한 재고로 높은 서비스 수준 달성, (3)재고를 줄이면서 동시에 서비스 수준을 높일 수 있다.(즉, 두 마리 토끼를 다 잡을 수 있다!) 대기행렬(queueing) 환경에서 서버들을 통합함으로써 유사한 효과를 볼 수 있었다. 서버 통합은 추가 인력 증가 없이도 대기시간(waiting time)을 줄일 수 있으며, 같은 반응 수준을 유지하면서도 인력 감축이 가능하며, 대기시간 감소와 인력 감축이라는 두 가지 효과를 다 얻을 수도 있다. 뿐만 아니라, 이러한 결과는 기준재고 모형(order-up to model)이나 포아송 확률 분포를 따르는 수요에만 국한되지 않고 일반적인 환경에도 적용된다.

우리의 분석 결과가 위치통합(location pooling)의 장점을 부각하기는 하였지만 그렇다고 Medtronic사가 통합지역(pooled territories)을 무조건적으로 고려해야 하는 것은 아니다. 개별지역(individual territory) 전략에서는 트렁크 재고나 위탁재고를 저장하기 위한 비용이 없는 반면에 통합지역(pooled territories) 전략에서는 통합된 재고(pooled inventory)를 저장하기 위한 비용이 발생하게 된다. 그러나, 위치통합은 재고를 저장하는 장소의 수가 줄어들기 때문에 도난으로 발생하는 비용의 절감 효과도 볼 수 있다. 뿐만 아니라, 위치통합은 배송할 때마다 보내는 물건의 양이 증가하기 때문에 배송 비용 절감 효과를 볼 수 있다. 위치통합에 대한 주된 우려사항은 현장 외판원의 효율성에 미치는 영향력에 관한 것이다. 적은 수의 지역들이 통합된다 하더라도 자신만의 개별 지역을 관리하던 때와 비교하면 현장 외판원은 공유 재고 창고에 물건을 가지러 더 많은 거리를 이동해야 하기 때문에 통합지역이 더 불편하게 될 것이다.

외판원과 재고 사이의 물리적인 분리는 가상통합(virtual pooling)에 의하여 어느 정 도 완화될 수 있다. 현장 외판원은 자신의 재고에 대한 통제권은 유지하지만 재고에 대한 정보는 모든 외판원들 사이에서 공유되고 그 결과 각 외판원은 중앙 물류센터에서 필요한 재고를 조달받거나 또는 재고가 남는 다른 외판원으로부터 조달받는다. 가상통합의 구축이 쉬운 일은 아니지만 (필요한 정보 시스템을 유지하는데 발생하는 비용, 지역과 지역 사이에 재고를 환적(transhipment)하는데 발생하는 추가 비용, 재고를 언제 한 외판원에서 다른 외판원에게 보낼 것인가에 대한 결정의 어려움 등등) 재고를 격리해서 각자 따로 관리하는 개별지역(individual territory) 전략보다는 나은 결과를 보일 수 있다.

표 17.3 운용되는 물류센터의 수가 증가함에 따른 재고 투자의 증가. 수요는 물류센터 간에 똑같이 분배되고 물류센터 간의 수요는 서로 독립적이며 총수요는 평균이 80.6이고 표준편차는 58.8인 정규분포를 따르고 리드타임은 모든 지역에서 3주로 가정한다.

물류센터(DC)의 수	각 물류센터에서의 주간 수요에 대한 모수들		변동계수	각 물류센터(DC)에서의 기대재고	
	평균	표준편차		갯수	수요 주수
1	80.6	58.8	0.73	364	4.5
2	40.3	41.6	1.03	257	6.4
3	26.9	34.0	1.26	210	7.8
4	20.2	29.4	1.46	182	9.0
5	16.1	26.3	1.63	163	10.1
6	13.4	24.0	1.79	148	11.0
7	11.5	22.2	1.93	137	11.9
8	10.1	20.8	2.06	127	12.8

Medtronic사의 물류센터

이제부터는 물류센터를 살펴보기로 하자. 현재 미국 내에 Medtronic사는 Minnesota주 Mounds View 시내에 하나의 물류센터를 운영하고 있다. Medtronic사가 미국 시장을 둘 이상으로 나누어 각 나누어진 지역에 하나씩 물류센터를 할당하고자 한다. 이는 위치 통합(location pooling)과는 반대되는 개념이므로 오히려 재고가 증가하는 효과를 가져올 수 있다. 그렇다면 얼마나 증가할 것인가?

Mounds View 시내의 InSync 심박조절기의 주당 수요는 평균이 80.6개이고 표준편차가 58.81을 가지는 정규분포를 따른다고 한 것을 기억해 보자. 3주의 리드타임이 필요하고 목표 재고 보유율(target in-stock probability)은 99.9%이다. [표 17.3]에는 Medtronic사가 운영하는 물류센터의 수에 따른 기대재고를 정리해 놓았다. [표 17.3]에서 보듯이 미국 시장을 분리하여 여러 물류센터로 따로 관리하는 것은 오히려 비용만 증가하는 효과를 보이고 있다. 같은 서비스 수준을 유지하는데 여덟 개의 물류센터는 한 개의 물류센터보다 무려 세 배 이상의 재고를 필요로 하고 있다(12.8/4.5=2.84배의 재고가 더 필요하다).

[그림 17.3]에서 보듯이 변동계수(coefficient of variation)와 위치통합(location pooling)에 의한 기대재고가 낮아지는 관계는 현장재고(field inventory)에서 보았던 관계보다 더욱 밀접하게 연관되어있다. 실제적으로, 기대재고와 변동계수는 비례적으로 같이 움직이고 있다는 것을 알 수 있다(총 기대재고와 변동계수의 비율을 계산해 보면 물류센터의 수와는 무관하게 거의 일정한 값을 가지는 것을 알 수 있다).

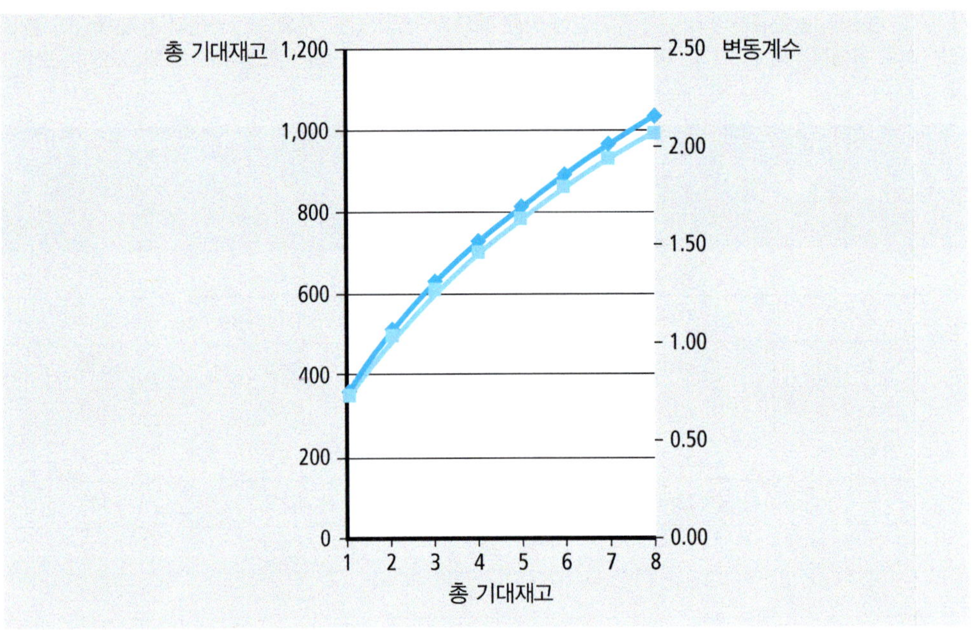

그림 17.3 Medtronic가 운용하는 물류센터의 수에 의존하는 기대재고(원)와 변동계수(네모). 수요는 동일하게 분배되고 물류센터 간의 수요는 서로 독립적이라고 가정한다. 목표 재고 보유율은 99.9%이고 리드타임은 모든 경우에 3주이다.

전자상거래

위치통합에서 전자상거래에 대한 언급은 하지 않았다. 전자상거래의 잘 알려진 이 점 중 하나는 상당히 적은 재고를 가지고 운영이 가능하다는 점이며 이는 특히 전자 소매업자(e-tailer)에게 잘 나타나는 현상이다. 이전의 분석에서 보았듯이, 적은 수의 장소들에서 재고를 유지하며 소매 유통을 한다는 것은 전자 소매업자들로 하여금 기존의 오프라인 소매업자에 비하여 재고를 상당히 빠르게 회전시킬 수 있도록 한다. 그러나 고객 근처에서 여러 상점을 통해 재고를 유통 판매하는 것에 비해 하나의 창고에 재고를 쌓아 놓고 소매 유통을 하는 것은 추가 비용을 발생시킨다. 개별고객에게 재고를 배송하는 것은 소매상점에 일괄적으로 재고를 대량으로 배송하는 것에 비해 비용이 많이 들며, 상점을 위한 물리적 공간이 필요하지는 않지만 전자 소매업자는 전자 상점 구축을 위한 기술 투자 비용이 발생하게 된다(사용자 인터페이스, 물류 관리 시스템 등등).

위치통합(location pooling)에서 통합되는 지역의 수가 늘어날수록 그로부터 얻는 한계 이득이 점점 작아진다는 사실을 앞에서 보았다. 놀랄 것도 없이, Amazon.com과 같은 전자 소매업자들은 하나의 물류센터를 가지고 사업을 시작하였지만 현재는 미국 내 여러 위치에 물류센터를 운영하고 있다. 이는 일부 같은 종류의 제품을 여러 물류센터에 보관해야 한다는 것을 의미하나 이로 인해 평균적으로 고객은 물류센터에 근접하게 되고 그 결과 평균 배송시간과 배송 비용을 절감할 수 있게 된다. 전자상거래의 가장 부각되는 장점으로는 상당히 많은 종류의 제품을 고객에게 제공할 수 있다는 것이다. 위치통합은 재고의 감소뿐만 아니라 굉장히 많은 종류의 제품들을 보유하는 것도 가능하게 한다. 팔리기는 하지만 잘 안 팔리는 제품을 예로 보도록 하자. 사실 대부분의 유통 비즈니스에서 보면 대부분의 제품들이 이러한 경우에 해당된다. 잘 팔리지는 않지만 고객이 원할 수도 있으므로 제품 리스트에 포함시켜야 하는 경우가 대부분이다. 이 제품을 여러 장소에 하나씩 재고로 쌓아 놓는다는 것은 매우 비경제적인 반면 위치통합을 하는 경우 이러한 제품을 적은 양으로 한 장소에 쌓아 놓는 것은 꽤 경제적이다.

이러한 시사점을 구체화하기 위해서, 200개의 상점을 운영하는 소매업자의 잘 팔리지 않는 제품을 생각해 보자. 이 제품은 각 상점에서 평균적으로 한 주에 0.01개가 판매되고 있다. 이는 200개 상점에서 전체적으로 한 주에 0.01×200=2개가 판매된다는 것을 의미한다. 이러한 판매 속도는 정말 말도 안 되게 느리다고 생각할 수 있겠지만 이러한 판매 속도를 가지는 제품은 현실적으로 꽤 많이 존재한다. 예를 들어, Brynjolfsson, Hu와 Smith(2003)은 Amazon.com의 판매 제품 중에서 약 40%가 평균적으로 한 주에 1.5개만 판매되는 제품들이 차지하고 있다고 조사하였다. 다시 제시한 예로 돌아가서, 소매 업자가 각 상점에서 이 제품을 한 개씩 재고를 가지고 있다고 가정해 보자. 이 제품의 판매 속도를 감안해보면 각 상점은 이 제품에 대하여 하나의 재고를 가지고 있으므로 이 제품은 판매되는데 거의 2년이 걸린다는 것을 알 수 있다. (1/0.01=100주) 이는 이 제품의 재고회전율(inventory turn)이 0.5를 가진다는 것을 알 수 있다(재고 하나를 판매하는데 2년이 걸리므로 재고 소진은 2년에 1번 발생한다는 것을 알 수 있다). 이 제품을 일 년 유지하는데 발생하는 재고 유지 비용(holding cost)을 20%라고 하면 결국 이 제품 한 개는 총 재고 유지 비용으로 40%(=2×20%)를 유발한다(재고 유지 비용은 자본 비용(capital cost) 중 하나이며 무엇보다 창고 공간 사용 비용으로 생각하면 된다). 대부분의 소매업자들에게 매출 총마진(gross margin)은 40%를 넘지 못하는 것을 감안하면 이러한 제품으로는 이윤 창출이 매우 어려울 것이다 — 소매업자는 재고회전율이 느린 제품으로는 이윤을 낼 수 없다. 그럼 하나의 창고를 운영하는 전자 소매업자와 비교해 보자. 전자 소매업자의 수요가 한 주의 평균이 2인 포아송 확률 분포를 따르고 보충하는데 걸리는 리드타임이 2주이고 목표 재고 보유율이 99%라고 한다면 기준재고모형(order-up-to model)에 의해 전자 소매업자는 약 6개의 기대재고를 유지하게 된다. 한 주의 평균 수요가 2개, 즉 일 년 평균 수요는 2×52=104개이므로 이 전자 소매업자의 경우 일 년 동안의 재고회전율은 104/6=17.3이 된다. 전자 소매업자는 이러한 잘 팔리지 않는 제품의 재고를 쌓아놓음으로써 이윤을 낼 수 있는 반면에 오프라인 소매업자는 그렇지 못한다. 요약해보면, 현실적으로 판매 속도가 현저히 느린 제품이 많지만 이를 제품 리스트에 포함시켜 이윤을 창출하기 위해서는 위치통합(location pooling)이 필수적이다.

17.2 제품통합

이전 절에서는 적은 수의 창고수를 운영하면서 수요에 대처하는 경우를 보았다. 이와 밀접하게 연관된 아이디어는 적은 수의 제품으로 수요에 대처하는 것이다. 14장과 15장에 소개된 O'Neill사의 Hammer 3/2 잠수복을 고려해 보자. Hammer 3/2 잠수복은 서퍼(surfer) 마켓을 위한 것이지만 O'Neil사는 레크리에이션 잠수부 마켓을 위한 또 다른 Hammer 3/2를 판매하고 있다. 서핑용 Hammer의 경우 가슴에 실크 스크린된 'wave'로고([그림 14.1] 참조)가 새겨져 있고 레크리에이션 잠수부용 Hammer의 경우에는 잠수부 로고([그림 17.4])가 새겨져 있다는 것 외에는 이 두 잠수복은 차이가 없는 제품이다. O'Neil사의 현 제품 라인은 Hammer 3/2의 수요(서퍼로부터의 수요와 레크리에이션 잠수부로부터의 수요)를 만족시키고자 위 두 가지 제품을 내놓고 있다. 현 제품 라인의 대안으로는 모든 Hammer 3/2에 대한 수요 만족을 위해 이 두 제품을 하나의 제품으로 통합하는 것이다. 즉 범용 디자인(universal design)을 내놓는 것이다. 이러한 범용 디자인을 사용하는 전략을 제품통합(product pooling)이라고 한다. 이 절에서는 범용 디자인을 활용한 제품통합의 이점에 대해서 설명하겠다.

서핑용 Hammer의 수요는 평균이 3,192이고 표준편차가 1,181인 정규분포를 따른다고 하였던 것을 상기해 보자. 레크리에이션 잠수부용 Hammer 수요도 서핑용 Hammer 수요와 같은 평균과 표준편차를 가진 정규분포를 따른다고 가정해 보자. 두 잠수복은 $190에 소비자에게 판매되고 O'Neil사는 개당 $110에 구입하며 시즌이 끝나서는 개당 $90에 처분한다.

서핑용 Hammer의 최적 주문량(optimal order quantity)과 기대이윤(expected profit)은 이미 구해보았다. 즉, 4,196개를 주문해서 판매하면 $222,280의 기대이윤이 발생하였다([표 15.1] 참조). 레크리에이션 잠수부용 Hammer는 서핑용 Hammer와 같은 제품이므로 같은 최적 주문량과 기대이윤을 가진다. 그러므로 두 Hammer로부터의 총 기대이윤은 2×$222,280=$444,560이 된다.

그림 17.4 O'Neil사의 잠수부 로고

이젠 O'Neil사가 범용 디자인을 사용한 하나의 Hammer 잠수복을 판매한다고 하자. 범용 디자인 Hammer에 대한 수요 분포를 구한 다음 최적 주문량을 구해보도록 하자. 기대수요(expected demand)는 3,192×2=6,384가 된다. 레크리에이션 잠수복 수요가 서핑용 수요와 서로 독립적이라면(independent), 범용 디자인 Hammer의 표준편차는 $1,181\times\sqrt{2}=1,670$이 된다([정리 16.1] 참조). 범용 디자인 Hammer에 대한 과소 재고 비용(Underage Cost)은 $C_u=190-110=80$이며 과다 재고용(overagecost)은 $C_o=110-90=20$이 된다. 그러므로 임계비(critical ratio)는 다음과 같다.

$$\frac{C_u}{C_o + C_u} = \frac{80}{20 + 80} = 0.8$$

이에 대응하는 z–통계량은 0.85이고 최적 주문량은 다음과 같다.

$$Q = \mu + \sigma \times z = 6,384 + 1,670 \times 0.85 = 7,804$$

범용 디자인 Hammer에 의해 발생하는 기대이윤은 다음과 같다.

$$\begin{aligned} \text{기대이윤} &= (C_u \times \text{기대 판매}) - (C_o \times \text{기대잔여재고}) \\ &= (80 \times 6,200) - (20 \times 1,604) \\ &= \$463,920 \end{aligned}$$

서핑용과 레크리에이션 잠수부용 Hammer의 통합으로 4.4%의 기대이윤을 증가시킬 수 있다[(463,920−444,560)/444,560]. 이 기대이윤의 증가량은 O'Neil사가 두 개를 따로 분리해서 판매할 경우의 기대 수익(expected revenue)의 1.4%에 달하는 금액이다. 잠수복 산업의 순이윤(net profit)이 2%와 5% 내외인 것을 감안하면 위에 보인 기대이윤(expected profit)의 증가는 무시 못할 수치이다. Medtronic사의 위치통합(location pooling) 예에서와 같이 O'Neil사가 제품통합으로 얻는 이윤은 수요의 다양성을 감소시킴으로써 발생한 것이다. 두 Hammer 잠수복의 경우에 수요의 변동계수(coefficient of variation)는 각 잠수복 당 약 0.37이었다. 15장에서 뉴스벤더 모형에서의 불일치 비용(mismatch cost)은 변동계수에 비례하여 증가하였다는 사실을 상기하자. 즉 낮은 변동계수는 높은 기대이윤을 발생시킨다.

변동계수와 제품통합에서 발생하는 이윤 간의 관계로부터 제품통합(product pooling)이 변동계수에 미치는 영향을 이해하는 것은 매우 중요하다. 앞의 두 절의 Medtronic사의 예에서와 같이 우리는 결합한 두 수요는 서로 독립적이라는 중요한 가정을 세웠다. 독립적(independence)이라는 것은 한 수요의 결과가 다른 수요의 결과에 대해 아무런 정보를 제공하지 않는다는 것을 의미한다. 수요들이 서로 독립적이라는 상황은 많이 있다. 그러나 수요들이 서로 독립적이지 않는 경우도 있다는 사실을 간과하지 말아야 한다.

두 확률 사건(random event) 사이의 연관성은 −1과 1 사이의 값을 가지는 상관 계수(correlation coefficient)에 의해서 결정된다. 독립적인 두 확률 사건의 상관 계수는 0이다. 양의 상관 계수는 두 확률 변수가 서로 묶여서 움직이는 것을 의미한다. 이는 한 확률 변수가 높은 값을 가지면 다른 확률 변수도 높은 값을 가지며 마찬가지로 하나가 낮은 값을 가지면 다른 확률 변수도 낮은 값을 가진다. 반면에 음의 상관 계수는 두 확률 사건이 서로 반대 방향으로 움직이는 것을 의미한다. 하나가 높은 값을 가지면 다른 하나는 낮은 값을 가지는 것을 의미한다.

두 제품에 대한 상관 계수의 영향을 그림으로 보일 수가 있다. [그림 17.5]는 세 가

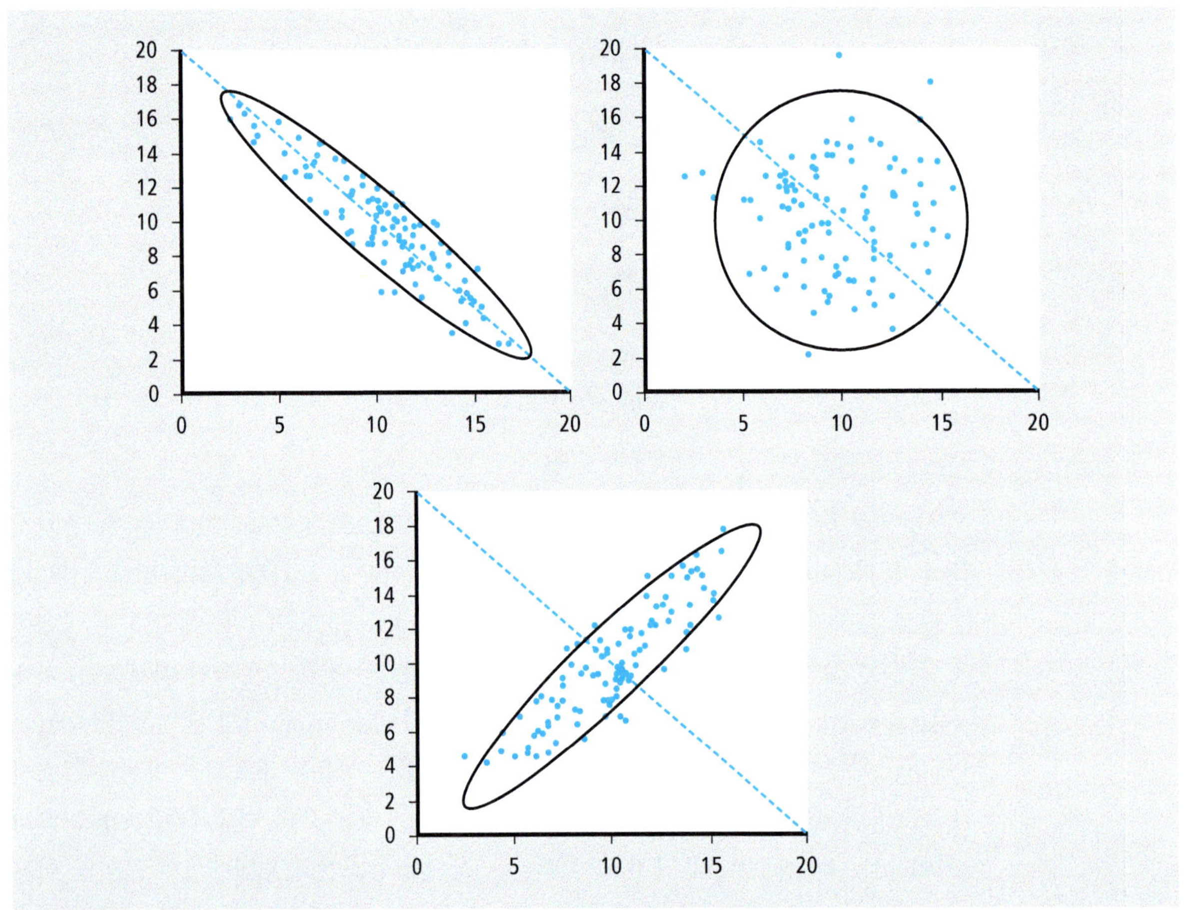

그림 17.5 두 제품에 대한 불확실한 수요. 각 그래프에서 x-축은 제품 1이고 y-축은 제품 2이다. 위 왼쪽에 있는 시나리오 1에서 상관계수(correlation)는 0.90이다. 위 오른쪽에 있는 시나리오 2에서 상관계수는 0이다. 시나리오 3에서 상관계수는 0.90이다. 각 시나리오에서 수요는 평균이 10이고 표준편차가 3인 정규분포를 따른다.

지 시나리오에 대해서 확률 수요를 100개 생성한 값(realized value)들을 그려 본 것이다(예를 들어, 두 제품의 확률 수요가 5와 7이라면, (5, 7)에 점을 표시한다). 첫 번째 시나리오에서 두 수요는 서로 음의 상관성을 보이고, 두 번째 시나리오는 독립, 세 번째 시나리오에서는 양의 상관성을 보이는 것을 알 수 있다. 두 번째 시나리오(독립적인 시나리오)에서는 값들이 원을 대략 채우는 "구름"의 형태를 띠며 분포되어 있는 것을 의미한다. 즉 한 수요의 값이 또 다른 수요의 값에 어떠한 정보도 제공하지 못하고 있다. 음의 상관성을 보이는 시나리오에서는 값들이 하락형(downward-sloping)의 타원형을 보이고 있다. 한 제품의 수요가 높은 경우 다른 제품의 수요는 낮다는 것을 의미한다. 양의 상관성을 보이는 시나리오에서도 값들이 타원형의 분포를 보이지만 상승형(upward-sloping)을 보이고 있다. 이는 한 제품의 수요가 높은 경우 다른 제품의 수요도 역시 높다는 것을 의미한다. 두 수요의 꽤 많은 조합에서 그 합이 같아지는 경우가 자주 있다.

예를 들면, [그림 17.5]를 보면, 두 수요의 값이 {0, 20}, {1, 19}, … , {19, 1}, {20, 0}의 조합일 경우 그 합은 20이 된다. 다르게 표현하면 각 그래프의 점선 위에 있는 값들은 항상 총수요 20을 나타낸다. 음의 상관성을 보이는 그래프의 값들은 하락형의 타원형에 대부분 들어가 있으므로 값들의 합은 거의 일정하게 같은 값을 가지게 된다. 반면에 양의 상관성을 보이는 그래프의 값들은 상승형의 타원형에 들어가 있으므로 그 합은 일반적으로 일정하지 않다. 이는 음의 상관성보다는 양의 상관성에서 총수요가 더 많은 변동성을 보인다는 것을 알 수 있다.

상관계수(correlation coefficient)의 영향에 대해서 좀 더 정확히 짚어보도록 하겠다. 같은 평균 μ와 표준편차 σ를 가지는 두 수요를 통합하는 경우 통합된 수요는 다음의 모수(parameter)를 가지게 된다.

$$\text{통합 수요의 평균} = 2 \times \mu$$

$$\text{통합 수요의 표준편차} = \sqrt{2 \times (1 + \text{상관계수})} \times \sigma$$

상관계수는 통합수요의 평균에는 아무런 영향을 미치지 않지만 통합 수요의 표준편차에는 영향을 미치고 있다는 것을 알 수 있다. 위의 식은 상관계수가 0인 경우에 사용한 식에도 적용된다(상관계수가 0인 경우는 두 수요가 서로 독립적인 경우를 의미한다). 통합 수요의 변동계수를 계산해 보면 다음과 같다.

$$\text{통합 수요의 변동계수} = \frac{\text{통합 수요의 표준편차}}{\text{통합 수요의 평균}} = \sqrt{\frac{1}{2}(1 + \text{상관계수})} \times \left(\frac{\sigma}{\mu}\right)$$

[그림 17.5]의 그래프들이 제시하는 것과 같이, 상관계수가 증가하면 통합 수요의 변동계수도 증가한다는 것을 위의 식으로 확인할 수 있다.

이제 서핑용과 레크리에이션 잠수부용 Hammer를 따로 주문하여서 판매하는 경 우에 어떻게 되는지 확인해 보도록 하자. [그림 17.6]은 서로 다른 수요가 발생했을 때 주문량의 선택에 따른 결과를 보이고 있다. 예를 들면, 수요가 그래프의 왼쪽 아래의 사분면 내 값을 가지는 경우, 서핑용과 레크리에이션 잠수부용 Hammer는 모두 재고가 남게 된다. 가장 이상적인 경우는 수요와 주문량이 정확히 같을 경우가 될 것이다. 수요와 공급의 불일치로 인한 비용은 가장 이상적인 경우, 즉 그래프에서 작은 원형의 점으로 표시된 지점에서 멀어질수록 커지게 될 것이다. 하나의 범용 디자인을 사용하는 Hammer의 경우에는 그래프의 모양이 [그림 17.7]에 보이듯이 두 디자인을 사용한 [그림 17.6]과는 다른 양상을 보이게 된다. 45° 하락형 선상에 위치한 수요값을(원형으로 표시된 값들)은 가장 이상적인 값들로써 이는 총수요가 범용 디자인 Hammer의 양과 같기 때문이다. 즉, 범용 디자인 Hammer의 이상적인 수요 값들은 두 디자인을 사용하는 경우의 이상적인 수요 값이 하나인 경우와 비교해서 상당히 넓게 분포되어 있다. 어떻게 하면 이

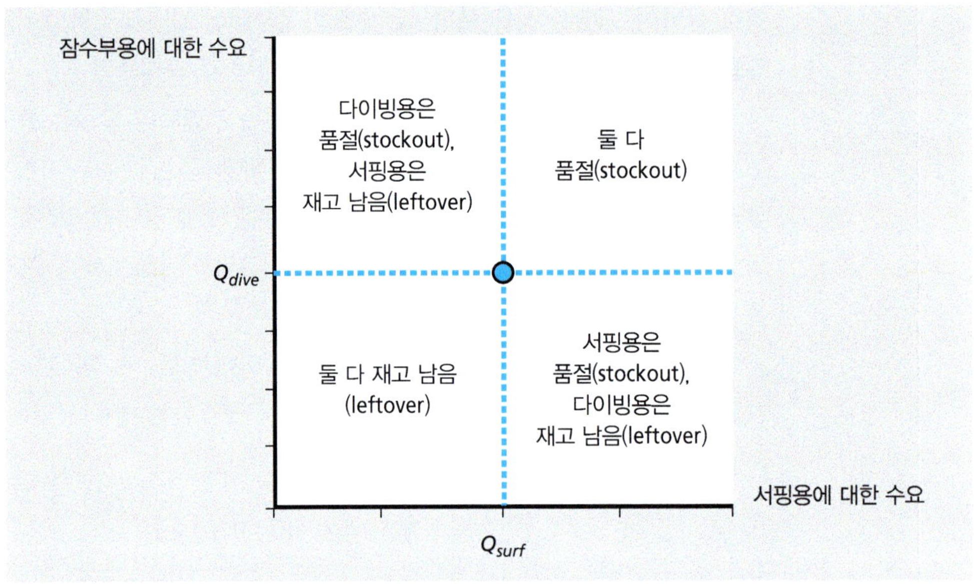

그림 17.6 서핑용(Q_{surf})과 잠수부용(Q_{dive})에 대한 주문량이 주어졌을 때 재고/품절 결과

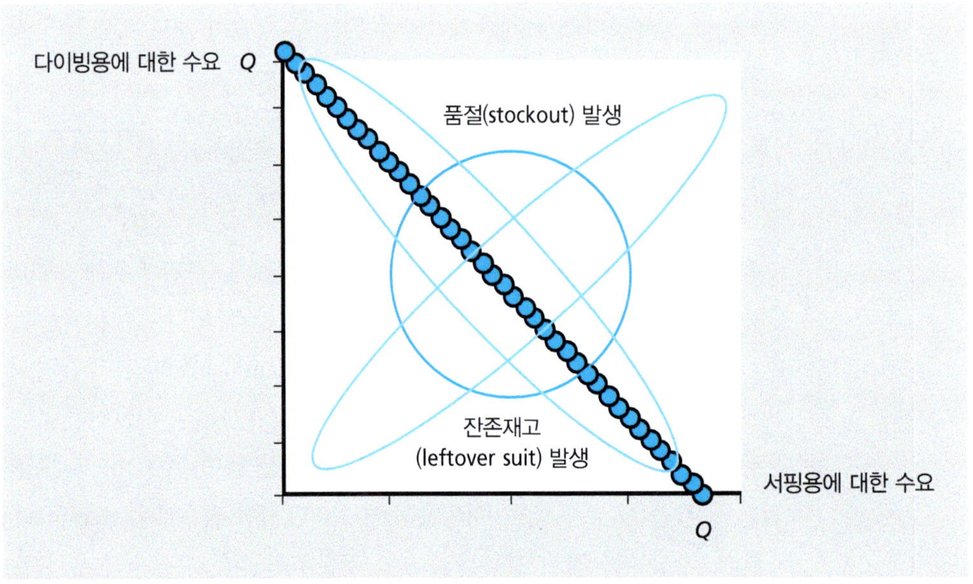

그림 17.7 Q만큼 주문하였을 경우 범용 디자인 Hammer에 대한 결과. 작은 원들로 구성된 대각선의 결과가 가장 이상적이다. 잔존재고도 품절도 발생하지 않는다. 왼쪽 밑으로의 결과는 잔존재고가 발생하는 경우이고 오른쪽 위는 품절이 발생하는 경우이다. 타원은 다른 상관계수 하에 의한 결과를 나타낸다.

상적인 수요 값들에 근접하도록 할 수 있을까? [그림 17.7]은 [그림 17.5]에 있는 값들의 분포들을 한 그래프에 겹쳐 보이도록 한 것이다. 명확하게 음의 상관도를 가지는 경우가 이상적인 값들에 근접하는 경향을 보이고 양의 상관도를 가지는 경우는 이상적인 값들과 멀어지는 경향으로 보인다.

[그림 17.7]의 그래프를 통해 얻게 된 직관을 확인하기 위해 상관계수에 따른 범용 디자인 Hammer 3/2의 최적 주문량과 기대이윤을 실제적으로 계산해 보도록 하자. 범용 디자인 Hammer 3.2의 최적 주문량은 두 디자인을 사용하는 경우의 각 디자인 주문량의 합과는 다르다는 것을 확인할 수 있다. 예를 들어, O'Neil사가 두 디자인 전략을 사용할 경우 각 잠수복의 주문량을 합하면 4,196×2=8,392가 되지만 두 잠수복 수요의 상관계수가 0.2일 경우에 범용 디자인 Hammer의 최적 주문량은 7,929이고 상관계수가 −0.7인 경우 최적 주문량은 7,162이다.

기대이윤에 대한 결과는 [그림 17.8]을 보면 알 수 있다. 서핑용과 레크리에이션용 잠수복의 수요가 서로 양의 상관관계를 가질수록 범용 디자인 Hammer의 기대이윤은 감소하는 것을 볼 수 있다. [그림 17.8]에 보면 흥미로운 점은 극단점에서 발생한다. 완전히 양의 상관계수를 가지는 경우(상관계수=1), 재고 통합으로는 아무런 이점이 발생하지 않는다. Hammer에 대한 기대이윤은 $444,560이고 이는 두 디자인을 쓸 경우의 기대이윤과 같다. 또 다른 극단인 상관계수가 −1인 경우, Hammer에 대한 수요의 변동계수는 0이 되고, 최대이윤인 $510,720를 보이고 있다. 상관계수가 −1인 경우에 범용디자인

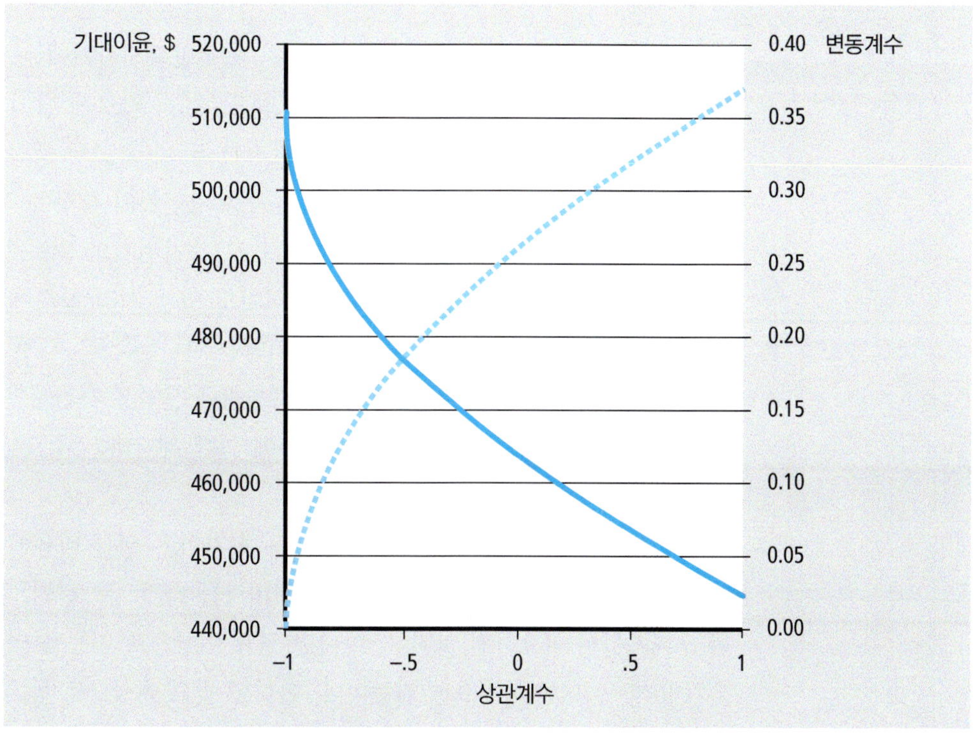

그림 17.8 Hammer 3/2에 대한 서핑용과 다이빙용 사이의 상관계수와 범용 디자인 Hammer에 대한 기대이윤(감소 곡선)과 총수요에 대한 변동계수(증가 곡선)

의 최적 주문량은 겨우 6,384이고 이는 범용 디자인 Hammer에 대한 평균 수요와 같다(최대이윤은 평균적으로 기대수요를 다 만족시키고 남는 재고가 없을 경우에 발생한다).

지금까지 논의한 수요 상관계수는 상품 통합(product pooling)의 효과에 영향을 미칠 뿐만 아니리 위치통합(location pooling)에도 영향을 미친다. 두 지역에서 발생하는 수요가 서로 음의 상관성을 보인다면, 위치통합은 두 수요가 서로 독립적일 경우보다 더 효과적이다. 수요가 서로 양의 상관성을 보이는 경우에 위치통합은 두 수요가 독립적인 경우보다는 덜 효과적이다.

수요가 특별한 상관관계를 가지게 되는 조건을 알아볼 필요가 있다. 양의 상관계수는 제품들이 불확실한 시장의 일반 원인들에 연계된 경우에 발생한다. 예를 들면, 양의 상관계수는 모든 기업의 상품들이 경기가 안 좋으면 안 팔리고 좋으면 잘 팔리는 경우에 나타난다. 반면, 음의 상관계수는 제품이 전체 판매에서는 불확실성이 상대적으로 거의 없지만, 제품 라인별 판매에서는 불확실성이 클 경우 발생한다. 예를 들면, 유행에 민감한 재킷을 판매하는 회사 입장에서는 이 제품의 총판매 예측은 꽤 정확할 수 있지만 어느 색상이 이번 시즌에 인기가 있을지에는 상당히 큰 불확실성이 존재한다.

요약해보면, 범용 디자인 전략의 장점은 수요의 변동성 감소에 있고 이는 수요와 공급의 일치면에서 좋은 성과를 보인다(목표 서비스 수준을 만족시키면서 재고는 낮추고 이윤을 높일 수 있다). 하지만 범용 디자인 전략에도 단점은 있다.

- 범용 디자인은 특별 기능을 원하는 소비자들을 만족시키기에는 힘든 경우가 있다. 예를 들면, 대부분의 자전거 제조사는 포장도로에서 빠르게 달리기 위한 로드 자전거와 거친 산길을 달릴 수 있는 산악용 자전거 두 가지 모두 생산한다. 뿐만 아니라 자전거 제조사는 로드 자전거의 특징과 산악용 자전거의 특징을 적당히 조합한 하이브리드 자전거도 동시에 판매한다. 그러나 로드 자전거의 기능을 원하는 소비자도 있고 산악용 자전거의 기능을 원하는 소비자도 있는 시장 상황에서 적당이 두 가지의 기능을 가지고 있는 하이브리드 자전거만을 판다는 것은 자칫 위험할 수가 있다. 범용 디자인의 낮은 기능성으로는 로드 자전거나 산악용 자전거와 같은 특화된 기능을 원하는 수요를 만족시킬 수 없기 때문에 그에 해당하는 수요에 대처하지 못하는 경우가 생긴다.
- 특별 기능으로 특화된 제품에 비해서 범용 디자인은 생산 비용이 높을 수도 아니면 낮을 수도 있다. 범용 디자인은 다양한 소비자를 타깃으로 하기 때문에 이를 구매하는 소비자들이 필요하지 않거나, 아니면 필요 이상으로 기능을 많이 가지고 있는 경우가 있다. 이러한 불필요한 기능이나, 아니면 필요 이상으로 높은 기능의 특화 제품에 비하여 범용 디자인 제품의 비용이 증가하게 된다. 그러나 여러 종류를 조금씩 생산하는 것보다는 하나의 종류를 대량으로 생산하는 것이 일반적으로 비용 절감에 도

움이 된다. 즉, 생산과 조달에서 규모의 경제를 실현할 수 있다. 이런 점에서는 범용 디자인이 비용 절감에 도움이 된다.

- 범용 디자인은 상표나 가격의 다양화 기회를 제거할지도 모른다. 말 그대로 범용 디자인은 단일 상표나 가격을 가지고 있으나 기업은 또 다른 상표나 가격을 유지하고자 하는 경우도 있다. 기능면에서 살펴본 바와 같이 단일 상표나 가격은 복합 상표나 가격에 의해 발생될 수 있는 추가 수요를 놓칠 수가 있다.

O'Neil사의 Hammer 3/2 잠수복의 경우에는 범용 디자인에 대한 위의 처음 두 경우는 해당되지 않는다. 서핑용과 레크리에이션 잠수용 Hammer가 로고를 제외하고 같은 제품이라면 기능은 당연히 같을 것이고 생산 비용이 차이가 있을 것이라고는 볼 수 없다. 그러나 범용 디자인 Hammer 잠수복으로, 하나는 서핑 시장을 목표로 하고 다른 하 나는 레크리에이션 잠수용 시장을 목표로 하는, 두 가지의 다른 O'Neil사의 로고들을 유지할 기회는 사라지게 된다. 만약 이 두 가지의 분리된 로고를 유지하는 것이 중요한 것이라면 로고를 따로 부착한 잠수복이 필요하게 된다(예를 들면 진지한 서퍼들로 하여금 자신들이 레크리에이션용 잠수복을 샀다고 인식되기를 원하지 않는 경우가 있다). 반면에, O'Neil사에 대한 이미지를 하나로 통합하기를 원하다면, 단독 로고로 가는 것이 더 나을 것이며 이는 두 가지 다른 로고를 유지하는 것은 의미가 없음을 의미한다.

이러한 논의는 범용 디자인 전략으로 수요를 만족시킴으로써 오는 장점은 부각시키면서도, 과도한 제품의 다각화에 대해서는 기업에 경고를 보내고 있다. 각 기업은 "소비 자에 집중된" 또는 "소비자 중심으로" 운영되고자 한다. 즉 기업은 잠재적인 소비자가 원하는 요구를 모두 충족시키는 제품을 생산하고자 한다. 소비자들에게 진정 혁신적으로 다가갈 수 있는 제품은 기업의 제품 라인에 포함시켜야한다. 하지만 추가 제품으로 인한 제품 라인의 다양화가 기존 소비자 층을 단순이 더 세분화만 시킨다면, 추가 제품으로 인한 수요-공급의 불일치 비용은 더 증가할 것이다. 수요-공급 불일치 비용이 간접적인 경우 (예를 들면 수준 낮은 서비스에 기인한 소비자의 호감 저하) 기업은 제품 라인 다양화로 인한 추가적인 비용을 인지하지도 못 할 수 있다. 때때로 기업은 제품 라인 다양화가 수습 불가능 상태에 도달했고 제품 라인 합리화(product line rationalization)가 심각하게 필요하다는 것을 인지한다. 다양화 감소라는 것은 "지방은 제거하고 살점과 뼈는 남겨두라"는 것과 같다. 즉, 제품이 다른 제품에 대한 수요를 잠식하는 경우에만 제거해야 한다는 것을 의미한다.

17.3 리드타임 통합: 유통통합과 차별화 지연

앞 두 절에서 살펴본 위치통합(location pooling)과 제품통합(product pooling)은 잠재적으로 한계점을 가지고 있다. 위치통합은 제품의 재고와 소비자 사이의 거리를 증가시키고, 제품통합은 제품의 기능성을 저하시킨다. 이 절에서는 다음 두 가지 전략에 대해서 공부하고 한계점들에 대해서 보도록 하겠다. 유통통합(consolidated distribution)과 차별화 지연(delayed differentiation). 이 두 전략은 리드타임 통합(lead time pooling)이라고 부르는 위험통합(risk pooling)의 한 형태를 이용하게 된다.

유통통합

위치통합(location pooling)의 단점은 제품의 재고가 소비자로부터 멀어진다는 것이다. 이는 소비자가 직접 제품을 구매하기 전에 눈으로 직접 확인하는 것이 힘들어지고, 제품을 받을 때까지의 기다려야 하는 시간이 길어짐으로써 배송 비용(delivery cost)이 높아진다는 것이다. 그러나, 반대로 재고를 소비자 근처에 위치시키는 것도 비용을 증가시킨다. 재고를 소비자 근처에 위치시킴으로써 발생되는 비용의 주된 원인은 제품을 잘못된 위치에 배정한다는 것이다. 예를 들어, Medtronic사의 약 500개의 지역을 보면 이 500개의 지역이 모두 동시에 재고가 바닥나는 경우는 거의 발생하지 않는다. 만약 한 지역에서 재고가 바닥이 나는 경우에 재고가 남아도는 다른 지역이 있는 경우는 쉽게 볼 수 있으며 심지어 근처에서 남는 재고를 찾을 수도 있다. 이러한 재고의 불균형은 기업이 가지는 두 가지 다른 형태의 불확성 때문이라고 볼 수 있다. 즉, 기업이 직면하는 총 수요의 불확실성(예를 들면 InSync 심장박동기에 대한 미국 전역에서 발생하는 하루 수요) 또는 각 지역에서 발생하는 개별 수요의 불확실성(예를 들면 InSync 심장박동기에 대한 미국 내 한 특정 지역에서 발생하는 하루 수요) 때문이다. 유통통합(consolidated-distribution) 전략으로 우리는 두 번째 형태의 불확실성을 제거하면서 재고를 소비자 근처에 유지할 수 있을 것이다.

지금부터 소매업에 대한 예를 통해서 유통통합(consolidated-distribution) 전략을 설명하도록 하겠다. 한 제품에 대한 수요가 100개의 상점에서 발생하고 한 상점당 주당 수요가 평균 0.5개인 포아송 확률 분포를 따른다고 가정해 보자. 각 상점은 8주의 리드타임을 가지고 공급자로부터 직접 제품을 공급받는다(즉 제품을 공급자에게 주문을 하면 8주 후에 도착한다). 높은 서비스 수준을 유지하기 위해서 소매업자는 목표 재고 보유율을 99.5%로 하고 기준재고모형(order-up-to model)을 사용하여 재고수준을 결정한다. [그림 17.9]의 상단에 있는 그림은 이러한 형태의 공급사슬을 보여주고 있다. 소매업자가 필요한 재고의 양을 계산해 보자.

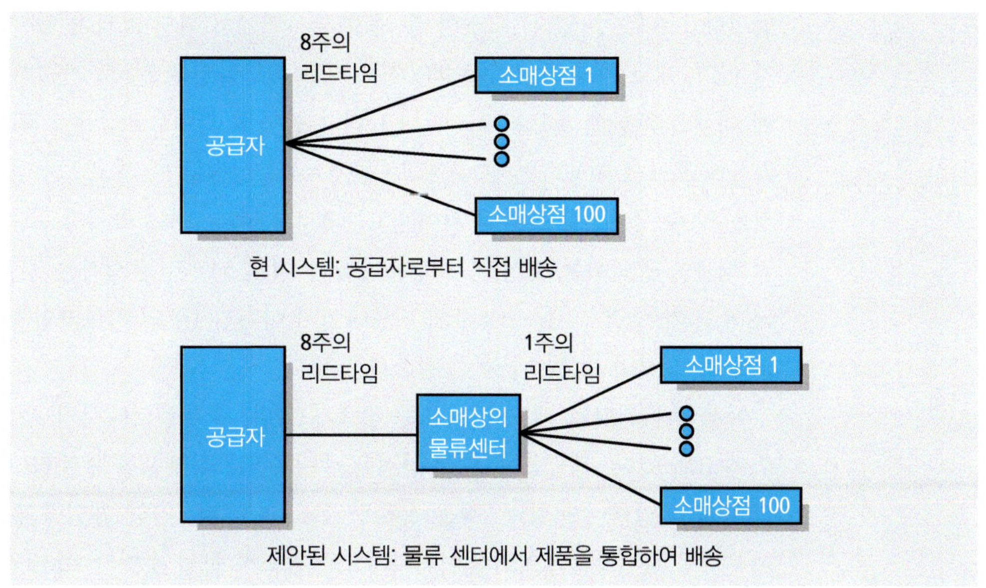

그림 17.9 두 가지 방식의 소매상 공급사슬: 공급자로부터 소매상으로 직접 배송하는 방식과 물류센터에서 제품을 통합하여 배송하는 방식. 각 소매상점에서의 기대 주간 수요는 0.5개이고 목표 재고 보유율은 99.5%이다.

리드타임이 8주이고 주당 평균 수요가 0.5개이므로 $l+1$ 기간의 기대수요는 $(8+1)\times 0.5=4.5$가 된다. 부록 B의 포아송 분포 함수표를 보면 평균이 4.5인 경우 기준재고수준 $S=10$에서 재고 보유율이 99.3%되고 기준재고수준 $S=11$에서 재고 보유율이 99.7%가 되므로 각 상점의 기준재고수준 S를 11로 결정한다. 부록 B의 포아송 재고 함수표를 보면 $l+1$ 기간의 평균 수요가 4.5개이고 기준재고수준 S가 11인 경우 기대재고는 6.5개가 된다. 그러므로 100개의 상점에서의 총 기대재고는 $6.5\times 100=650$개가 된다. 그러므로 각 상점들은 다음과 같은 기대재고를 가지게 된다.

이제 소매업자가 유통통합(consolidated distribution)을 위해서 물류센터(distribution center)를 설치한다고 가정해 보자. 이 물류센터는 공급자가 보내는 모든 제품을 우선적으로 받아서 소매업자의 각 상점에 재고를 보충하게 된다. 여전히 공급자에서부터 물류센터까지의 리드타임은 8주이다. 소매업자의 각 상점의 재고를 보충하는데 걸리는 리드타임은 한 주이다. 소매업자 상점으로 배송을 정확하게 하기 위해서 물류센터는 99.5%라는 매우 높은 재고 보유율을 유지한다. [그림 17.9]에서 아래 그림이 지금까지 제안한 물류센터를 가진 공급사슬의 모습이다.

물류센터는 소매업자로 하여금 중앙집중식 재고관리를 가능하게 하는 동시에 제품 재고는 소비자 근처에 유지가 가능하도록 한다. 반면에 위치통합(location pooling) 전략은 중앙집중식 재고관리를 가능하게 하나 소비자 근처에 있는 상점을 제거하게 된다. 그러므로 물류센터를 통한 중앙집중식 재고 전략은 위치통합의 주요 단점을 보완한 위치통합전략으로 볼 수 있다. 그러면 총 재고 투자면에서 과연 효과가 있는지 확인해 볼 필요가 있다. 목표 재고 보유율은 99.5%로 하고 리드타임을 1주로 가정하여 각 상점의 재고에 대해서 계산해 보도록 하자. $l+1$ 기간 동안의 기대수요를 1.0개로 가정하고 포아송 확률 분포표를 이용하면, 기준재고수준 $S=4$로 설정할 때 재고 보유율은 99.63%가 되는 것을 알 수 있다. 각 상점의 기대재고는 3개가 된다. 이는 공급자로부터 각 상점으로 직접 제품을 공급하는 모형에 비하여 재고가 거의 54%가 감소하는 것을 의미한다. (3.00 vs. 6.5) 각 상점은 제품을 8주의 리드타임이 아니라 1주의 리드타임을 두고 보충하기 때문에 각 상점의 재고는 급격히 감소하게 된다.

이제 물류센터의 재고를 계산할 필요가 있다. 물류센터에서의 수요는 상점으로부터의 수요와 같다. 평균적으로 각 상점은 주당 0.5개의 제품을 주문한다. 즉, 한 상점으로의 평균 유입량(주문량)은 평균 유출량(수요)과 같다. 만약 유입량과 유출량이 같지 않으 면, 재고는 지속적으로 쌓이거나 0으로 감소하게 될 것이다. 소매업자의 모든 상점의 총수요는 $100\times0.5=50$개이기 때문에, 물류센터에서의 평균수요도 주당 50개가 된다.

물류센터의 기대수요 계산에는 확신을 가질 수 있지만, 물류센터 수요의 표준편차는 좀 생각을 해보아야 한다. 각 상점의 표준편차는 $\sqrt{0.5}=0.707$이다. (포아송 확률 분포를 가지는 수요의 표준편차는 평균의 제곱근이다.) 그러므로, 수요가 상점마다 서로 독립적일 경우에는, 총수요의 표준편차는 $0.707\times\sqrt{100}=7.07$이 된다. 그러나 상점들 간에 양의 상관관계가 있으면 표준편차는 커질 것이고 음의 상관관계일 경우에는 감소할 것이다. 이러한 사안을 해결하기 위해서는 과거의 판매 자료로부터 총수요의 표준편차를 실제로 계산해야 한다. 주당 0.5개라는 각 상점에서의 수요율(demand rate)을 계산하기 위해서 사용한 자료를 사용하여 모든 상점의 총 주간 수요에 대한 표준편차를 계산해 보면 15가 된다고 가정하자. 이는 상점 간의 수요에 서로 양의 상관관계가 있다는 것을 의미한다.

이제 물류센터에서의 수요에 대한 확률 분포를 결정해야 한다. 이 경우 포아송 확률 분포를 사용하기에는 문제가 있다. 포아송 확률 분포의 표준편차는 평균의 제곱근이므로 이 경우 $\sqrt{50}=7.07$이 된다. 그러나 위에서 계산한 총 주간 수요에 대한 표준편차는 7.07보다는 월등히 큰 값을 가지므로 포아송 확률 분포는 사용하기에 적당하지 않다. 대안으로 평균이 50이고 표준편차가 15인 정규분포(normal distribution)가 있다. 16장에 소개된 기준재고모형을 사용하면, 목표 재고 보유율을 99.5%와 8주의 리드타임 그리 고 주간 수요가 평균이 50이고 표준편차가 15인 정규분포를 따른다고 가정할 때 물류센터의 기대재고는 약 116개가 된다.

고려해야 할 또 다른 재고로는 주문중재고(pipeline inventory)가 있다. 공급자가 소매업자의 상점들로 직접 제품을 배송하는 모형에서는 공급업자와 소매업자의 상점 사이에 주문중재고가 존재한다. 리틀의 법칙(Little's law)을 사용하면 주문중재고는

표 17.4 세 가지 방식의 공급사슬 구조에 따른 소매상 재고

	직접 배송 공급사슬	유통통합 공급사슬	위치통합
각 소매상점에서의 기대 총재고	650	300	0
물류센디에서의 기대재고	0	116	116
물류센터와 소매상점 사이의 주문중재고	0	50	0
합계	650	466	116

0.5×100×8=400개다. 유통통합 모형(consolidated-distribution model)에서는 같은 양의 재고가 공급업자와 물류센터 사이에 수송 중에 있게 된다. 그러나, 두 모형 모두에서 주문중재고는 소매업자가 아닌 공급업자가 소유 관리한다고 가정한다(즉, 재고를 소매업자가 받기 전에는 소매업자는 제품에 대한 값을 지불하지 않는다). 그러므로 소매업자의 관점에서 보면 소유하기 전인 위의 주문중재고는 관심 대상이 되지 않는다. 반면에, 유통통합 모형에서는 물류센터와 소매업자 상점 사이의 재고는 소매업자가 소유권을 가지고 있다. 다시 리틀의 법칙(Little's law)을 사용하면 물류센터와 모든 소매업자 상점들 사이의 주문중재고는 0.5×100=50개가 된다.

[표 17.4]는 두 공급사슬 모형에 대한 소매업자의 재고를 정리한 것이다. 비교를 위해서, 위치통합도 포함되어 있다. 위치통합에서는 모든 상점을 없애고 하나의 중앙 물류센터를 통해서 소매업자는 소비자들에게 주문된 제품을 배송한다. 물류센터는 8주라는 리드타임을 가지고 유통통합 전략의 물류센터에서의 수요와 같은 수요를 가지기 때문에, 위치통합을 할 경우 물류센터에서의 기대재고는 116개로 유통통합과 같은 값을 가진다.

[표 17.4]로부터 공급자가 소매업자 상점에 직접 배송하는 직접 배송 공급사슬(direct delivery dupply chain)에 비해 유통통합 전략이 약 28% [(650−466)/650]의 기대재고 절감의 효과가 있다. 유통통합에 의한 이점은 이러한 분석 결과보다 더욱 크다. 소매업자의 상점에 하나의 재고를 유지하는데 드는 비용은 물류센터에서 하나의 재고를 유지하는데 드는 비용보다도 훨씬 높다. 즉, 소매업자의 저장 공간은 물류센터의 저장 공간 보다 일반적으로 비용이 높으며 제품 부족에 더욱 민감하다는 사실 등을 고려하면 알 수 있다. 유통통합 모형은 소매업자의 재고를 50% 이상 감소시키므로, 단순히 소매업자 상점들에서의 재고와 물류센터에서의 재고 그리고 주문중재고를 합한 총재고만을 고려하는 것은 유통통합의 가치를 과소평가하는 것이다.

흥미롭게도, 유통통합 모형은 공급자에서 소매업자까지의 리드타임이 모든 재고가 물류센터를 경유함으로써 한 주가 더 증가했음에도 직접 배송(direct delivery) 모형보다도 더 나은 결과를 보이고 있다. 왜 총 리드타임이 증가하였는데도 재고는 감소하는 것일

까? 이미 언급한 대로, 유통통합 모형에서는 두 가지의 불확실성이 잠재하고 있다. 즉 한 주 동안 발생하는 총수요에 대한 불확실성과 이 총수요를 소매업자 상점들에 어떻게 할당할 것인가에 대한 불확실성이 그것이다. 재고가 공급자를 떠날 때, 소매업자는 이 재고가 도착하는 시간인 8주 이후에 필요하게 될 재고가 얼마가 될지 심각하게 고려해야 한다. 그러나 직접 배송 모형에서는 소매업자는 8주 후에 필요한 재고량뿐만 아니라 어디에서 이 재고들이 필요하게 될지도 고려해야 한다. 즉, 필요한 재고량과 소매업자의 상점들에 할당해야 하는 양도 동시에 고려해야 한다는 것이다. 필요한 총재고량에는 불확실성이 존재하고, 뿐만 아니라 이 재고들이 어디에서 필요할지에 대한 불확실성도 또한 존재한다. 유통통합 모형은 소매업자들로 하여금 두 번째 불확실성을 피할 수 있게 한다. 즉 소매업자는 중앙 물류센터에서 필요로 하게 될 재고량만 고려하면 된다. 이는 직접 모형에서는 소매업자가 재고의 최종 목적지를 고려해야 하는 반면에, 유통통합 모형에서의 소매업자는 재고가 물류센터에 도착하는 시점까지 최종 목적지에 대한 고려를 미뤄둘 수 있게 된다. 유통통합 모형에서 직접 배송 모형보다 나은 성과가 나오는 것은 물류센터가 소매업자로 하여금 최종 목적지에 재고를 할당할 때 발생하는 불확실성을 피할 수 있게 하기 때문이다.

유통통합은 소위 리드타임 통합(lead time pooling)을 활용한다. 리드타임 통합은 다수의 재고 위치들에 대한 리드타임들을 결합시키는 것으로 생각하면 된다. 이는 그림으로 쉽게 설명이 된다. [그림 17.9]를 보면, 직접 배송 모형에서 보이는 공급업자와 소매업자 상점들 사이의 100가지의 연결들은 유통통합 모형의 경우 공급업자와 물류센터를 하나의 연결로 통합된다.

수요의 상관 계수는 제품통합(product pooling)과 위치통합(location pooling)에 많은 영향을 미친다는 것을 보았다. 이 수요의 상관 계수는 또한 리드타임 통합(lead time pooling)에도 영향을 미친다. 상관 계수가 커질수록 물류센터에서의 수요에 대한 표준편차는 높아지게 된다. [그림 17.10]은 물류센터에서의 수요의 변동성과 유통통합 모형에서의 재고의 연관성을 보여주고 있다. 소매업자의 수요가 음의 상관성을 보일수록, 유통 통합 모형에서 재고는 감소하는 것을 볼 수 있다. 그러나, 우리는 소매업자의 수요가 양의 상관성을 보이는 경우에도 재고가 감소되는 것을 본 적이 있다. 물류센터의 표준편차가 40보다 작을 경우 유통통합 모형은 직접 배송 모형보다 더 나은 성과를 보인다.

직접 배송 모형에 비하여 유통통합 모형이 더 매력적으로 보이게 하는 또 다른 요소로서 공급자로부터의 리드타임이 있다. [그림 17.11]은 공급자로부터의 리드타임의 변화에 따른 두 모형이 가지게 되는 공급사슬 내 총재고의 변화를 보여주고 있다. 공급자의 리드타임이 3주보다 작을 경우 직접 배송 모형이 유통통합 모형 보다 나은 성과를 보이고 있다. 반대의 경우에는 유통통합 모형이 더 나은 성과를 보이고 있다. 이는 리드타임이 증가하면 리드타임 통합이 가장 효과적인 방법이기 때문이다. 특히, 공급자와 물류센

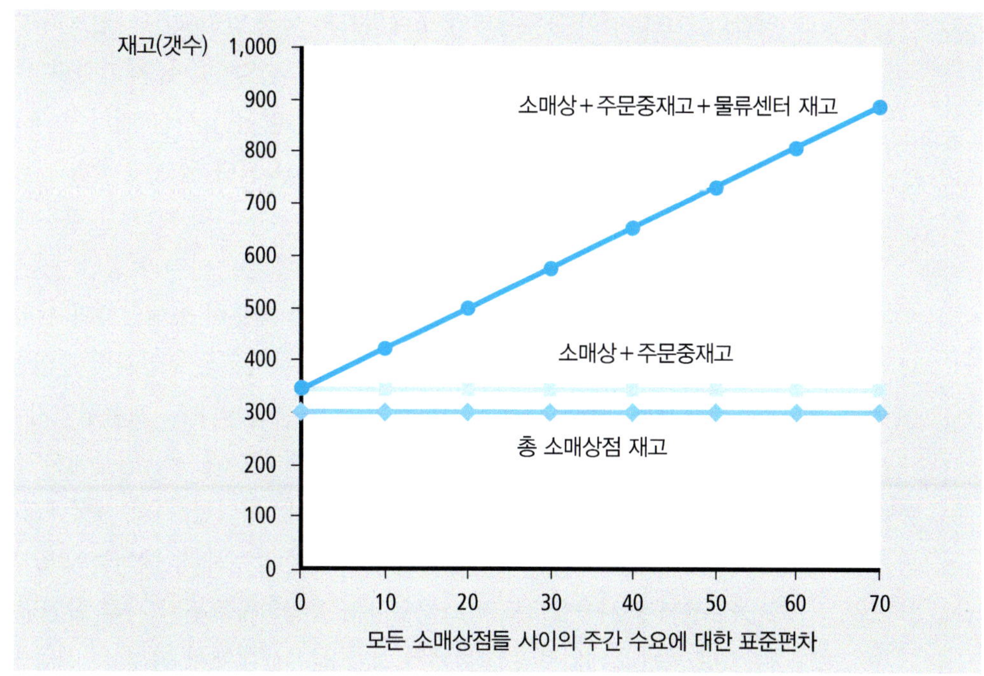

그림 17.10 유통통합 공급사슬인 경우의 재고. 다이아몬드=총 소매상점 재고, 네모=소매상+주문중재고, 원=소매상+주문중재고+물류센터 재고

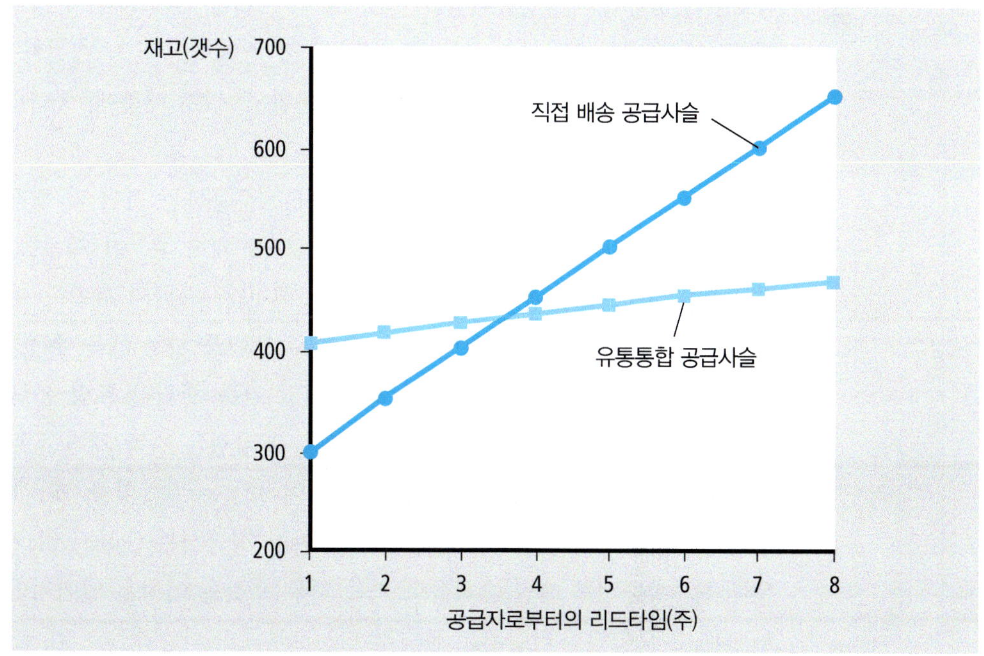

그림 17.11 공급자로부터의 리드타임에 따른 유통통합 공급사슬인 경우의 재고(네모)와 직접 배송 공급사슬인 경우의 재고(원)

터간의 리드타임이 물류센터와 소매업자의 상점 간의 리드타임보다 더 길어야만 한다.

요약해보면, 공급사슬 내 물류센터와 같은 중앙집중식 재고관리 센터는 재고를 소 비자 근처에 유지하면서 리드타임 통합을 통하여 공급사슬 내의 총재고를 줄일 수 있다. 이러한 전략은 총수요가 개별 상점에서의 수요보다 덜 변동적이고 공급자와 물류 센터 간의 리드타임이 물류센터와 개별 상점 간의 리드타임 보다 길 경우에 가장 효과적이다.

유통통합은 공급사슬의 재고에 미치는 영향뿐만 아니라 공급사슬에 또 다른 효과 도 가지고 있다. 물류센터에서의 개당 재고 유지 비용이 소매업자의 상점에서 보다 낮다 고는 언급하였지만 물류센터를 운영하는데 드는 비용은 포함시키지 않았다. 뿐만 아니 라, 물류센터에서 소매업자의 상점까지의 추가 운송 비용도 포함시키지 않았다. 이러한 종류의 공급사슬에 대한 흔한 지적사항은 재고 하나가 공급업자에서 소매업자까지 운 송되어지는 거리가 증가한다는 것이다. 그러나, 이러한 지적 사항에도 불구하고 아직 언급하지는 않았으나 물류센터를 사용함으로써 얻는 추가 혜택들이 있다.

물류센터를 사용함으로써 소매업자는 공급업자로부터 가격 할인면에서 더 나은 이점이 있다. 즉, 소매업자의 상점에서 보다 물류센터에서 더 많은 제품을 구매하여 저장할 수 있으므로 가격 할인을 더 받을 수 있다(이러한 사안에 대한 분석 모형을 위해 17.1절의 trade promotion과 forward buying을 참조하라). 또한 물류센터를 사용함으로써 소매업자의 상점으로 자주 배송을 할 수 있게 한다. 직접 배송 모형에서 각 상점은 각 공급업자로부터 물건을 배송받는다. 일반적으로 한 트럭을 가득 채우지 않고 일부만 적재하여 배달하는 혼적화물(less-than-load: LTL)은 덜 경제적이다. 소매업자는 각 상점으로 한 주 보다도 더 자주 한 트럭 양의 제품을 주문할 수 없기 때문에, 공급업자로부터 한 주에 한 번씩 배송을 받는다.

그러나 물류센터를 운영하는 경우에는 자주 주문하는 것이 더 경제적이다. 물류센터를 운영하는 경우에 소매업자는 여러 공급업자들에게 주문한 제품들을 한 상점으로 향하는 하나의 트럭에 실어 보내는 것이 가능해진다. 하나의 트럭이 여러 공급업자로 부터의 제품들로 채울 수 있기 때문에, 더 자주 트럭을 가득 채울 수 있게 된다. 그러므로 물류센터를 운영하는 경우에 각 상점은 매일 가득 채워진 트럭 분량의 제품들을 받을 수 있지만, 물류센터를 운영하지 않는 경우 각 상점은 가득 채워진 트럭 분량의 제품들을 일주일에 한 번 정도 받아들일 수 있다(이러한 논리는 항공기의 "hub-and-spoke" 시스템에도 똑같이 적용할 수 있다. 미국의 Delta 항공사는 Gainesville에서 Los Angeles로 운항되는 항공기를 매일 승객들로 가득 채우는 것은 어려운 일이지만, Atlanta에서 Los Angeles로 운항되는 항공기는 동남부 도시로부터의 환승객들로 가득 채울 수 있기 때문에 Atlanta hub를 이용하여 매일 운행이 가능하다). 배송 횟수를 늘리는 것은 지금까지 제시한 분석 결과보다도 더 많은 재고를 줄일 수 있다(16.8절을 참조). 물류센터는 모든 소매업자들이 필요로 하는 주문을 통합하여 주문할 수 있기 때문에, 물류센터는 심지어 한 주에 한 번 이상으로 공급업자에게 제품을 주문할 수 있다. 사실, 앞 예에서 본 물류센터의 리드타임 통합이 주는 혜택도 중요하지만, 물류센터를 운영하는 또 다를 이유들이 더 중요할 때도 많다.

차별화 지연

유통통합은 리드타임 통합을 통하여 소비자를 재고 근처에서 쉽게 재고를 확인할 수 있게 하는 동시에 위치통합(location pooling)의 혜택을 누리는 전략이다. 차별화 지연(delayed differentiation)은 제품통합(product pooling)을 변형시킨 전략이라고 볼 수 있다. 즉, 차별화 지연은 제품의 다양성과 관련된 불확실성을 제거하면서 동시에 소비자가 원하는 다양성은 유지하고자 하는 전략이다. O'Neil사의 Hammer 3/2 예를 이용하여 차별화 지연을 설명해 보도록 하겠다.

O'Neil사는 Hammer 3/2를 두 가지의 형태로 판매한다. 가슴에 전통적인 파도 로고를 새긴 서핑용 잠수복과 가슴에 잠수 로고를 새긴 다이빙용 잠수복 두 가지로 판매한다. 제품통합은 이러한 다양성을 제거하는 전략이었다. 즉, 하나의 로고를 새긴 Hammer 3/2를 판매하는 것이다. 그러나, 이는 매우 극단적인 방법이거니와 두 가지 형태의 제품을 유지해야 하는 경우는 종종 있다.

두 가지 제품을 유지하면서 발생하는 문제는 다이빙용 Hammer는 남아 있는데 서핑용은 모자라는 경우가 종종 발생할 수 있다는 것이다. 이러한 경우에, 두 제품은 로고를 제외하고는 같은 제품이므로 잠수 로고를 지우고 파도 로고를 붙일 수만 있다면 문제는 쉽게 해결된다. 더 나은 방법은 로고가 없는 잠수복을 준비하였다가 수요가 발생하면 그때 필요한 로고를 새겨서 판매하는 것이다. 수요가 정확이 무엇인지 확인될 때까지 최종 형태의 잠수복으로의 차별화(differentiation)를 지연(delay)하기 때문에 차별화 지연(delayed differentiation)이라고 부른다.

차별화 지연이 제대로 작동되기 위해서는 필요한 것들이 몇 가지 있다. 첫째, 로고 없이 준비된 잠수복에 필요한 로고를 새길 수 있어야 하는데 이는 쉬운 일이 아니다. 로고는 잠수복에 꿰매기 전에 날염(silk-screened)되어 있다. 이런 로고를 완성된 잠수복에 다시 날염하는 것은 매우 어렵기 때문에, 날염 과정(silk-screening process) 자체를 다시 디자인할 필요가 있다. 이러한 기술적 어려움이 극복되었다고 하더라도 주문받아 배송하기까지의 시간이 지체되지 않도록 날염하는 시간이 충분히 짧아야 한다. 그러므로 시즌에 따른 수요 변화가 크다 할지라고 빠른 배송을 위해서 충분한 유휴 처리능력이 준비되어 있어야 한다.

이러한 문제점들이 해결되었다 할지라도, 얼마나 많은 양의 로고 없는 잠수복을 주문해야 하는지와 얼마나 이윤면에서 이득을 볼지도 평가해 보아야 한다. 다이빙용인지 아니면 서핑용인지에 대한 수요가 확인된 후에 잠수복에 최종 로고를 날염한다고 가정하면, 다이빙용 또는 서핑용 로고가 날염된 최종 형태의 재고는 창고에 가지고 있을 필요가 없다. 즉, 로고 없는 잠수복에 대한 재고만을 고려하면 된다. 로고 없는 잠수복에 대한 수요는 범용 잠수복에 대한 수요와 같다. 즉, 로고 없는 잠수복에 대한 수요는 서핑용 잠수복의 수요와 다이빙용 잠수복의 수요의 합과 같다. 로고 없는 잠수복에 대한 경제적인 논리도 마찬가지로 범용 잠수복과 같다. 같은 가격에 판매되고, 생산 비용도 같고, 잔존가치도 같다고 가정하자. (때때로, 최종적으로 로고가 들어간 제품보다는 로고가 없는 제품의 잔존가액이 높거나 낮을 수도 있지만, 일반적으로 같다고 가정한다.) 그러므로, 범용 잠수복과 마찬가지로, 개당 판매가격은 $190, 개당 주문비용은 $110, 개당 잔존가치는 $90 그리고 수요는 평균이 6,384이고 표준편차가 1,670인 정규분포를 따른다고 할 때, 로고 없는 잠수복의 주문량을 계산해야 한다.

제품통합(product pooling)에 사용한 분석을 이용하면, 차별화 지연 전략을 사용할 때 최적의 주문량은 7,840개이고 기대이윤은 $463,920으로 증가한다. 제품통합(product pooling)과 차별화 지연(delayed differentiation)은 수치적으로는 같은 값을 보이지만, 차이는 분명히 있다. 제품통합 전략은 시장에 하나의 제품을 내놓고 있지만, 차별화 지연은 차별화되는 여러 제품을 시장에 내놓을 수 있기 때문에 범용 디자인 제품이 수요를 통합하는 것처럼 차별화되는 여러 제품의 수요를 통합하지는 않는다. 대신, 차별화 지연은 유통통합을 통한 리드타임 통합(lead time pooling)과 같은 효과를 보인다. 제품을 차별화하는 것은 주요 특징들에 대한 결정이 수요에 대한 보다 정확한 정보를 얻게 될 때까지 지연된다. 지역통합에서 그 특징은 제품의 최종 도착지(i.e. 소매상점)이고 차별화 지역에서의 그 특징은 제품의 로고인 셈이다. 제품통합은 생산 프로세스를 크게 변화시킬 필요가 없지만 차별화 지연은 날염 프로세스(silk-screening process)에 변화를 주어야 한다. 다른 적용 사례에서, 차별화 지연은 프로세스 또는 제품 디자인에 많은 변화를 주어야 하는 경우가 많다.

일반적으로 차별화 지연은 다음과 같은 경우에 가장 이상적인 전략이라고 할 수 있다.

1. 소비자가 다양한 형태의 제품을 요구하는 경우
2. 개별적인 형태의 제품에 대한 불확실성보다 총수요에 대한 불확실성이 낮을 경우
3. 생산 프로세스의 마지막 단계에서 제품을 다양화할 수 있는 경우
4. 제품의 다양화가 신속하고 저가에 가능한 경우
5. 다양화를 하기 위해 추가되는 부품의 가격이 낮은 경우

위에서 언급한 다섯 가지를 좀 더 자세히 살펴보도록 하자. (1) 다양화가 중요한 사안

이 아니라면, 기업은 덜 다양한 제품 또는 범용 제품을 시장에 내놓아야 한다. (2) 총수요에 대한 불확실성이 낮기 때문에, 최종 차별화되기 전의 제품(generic component)에 대한 수요-공급의 불일치는 작게 될 것이다. 음의 상관 계수는 총수요에 대한 불확실성을 낮추기 때문에, 일반적으로 다양한 제품들에 대한 상관 계수가 음으로 가면 갈수록 불일치는 점점 작아진다. (3) 공급자와 물류센터 사이이의 리드타임이 물류센터에서 소매업자의 상점까지의 리드타임과 비교해 상당히 긴 경우에는 유통통합 전략이 최선이라고 볼 수 있는 것과 같이, 차별화되기 전의 제품을 생산하는 데 걸리는 리드타임은 길고 최종적으로 차별화하는데 걸리는 리드타임이 짧은 경우에는 차별화 지연 전략을 최선의 전략이라고 볼 수 있다. (4) 차별화되기 전의 제품에 최종 차별화를 하는데 걸리는 시간이 길다면, 소비자는 기다리려고 하지 않을 것이고 차별화 지연 전략의 적용은 의미가 없을 것이다. 뿐만 아니라, 최종 차별화를 하는데 드는 비용이 높다면, 차별화 지연 전략으로 인한 재고 비용 절감은 추가적인 생산 비용으로 의미가 없어지게 된다. (5) 최종적으로, 차별화 지연은 차별화되기 전의 제품의 재고 비용을 절감하지만 차별화하는 데 필요한 재고의 비용은 절감하지 못한다. 그러므로, 제품의 가치 대부분이 차별화되기 전의 제품에 있는 경우에만 차별화 지연 전략의 적용이 의미가 있다.

색상, 상표 그리고 포장과 같이 외형적인 면에서 제품의 차별화가 이루어질 경우에 차별화 지연 전략이 가장 잘 적용된다. 예를 들면, Home Depot와 Walmart에서 전기 드릴을 판매하는 Black and Decker와 같은 기업을 보자. Home Depot와 Walmart는 미국 내 영향력 있는 소매업자들이다. 그러므로, 이들은 같은 전기 드릴을 포장으로 약간의 차이를 만들기 원하고 특히 포장에 제품 코드(product code)를 다르게 함으로써 소비자들이 쉽게 가격을 비교하기가 힘들게 하고자 할 것이다. Black and Decker는 서로 다른 포장의 전기 드릴을 재고로 창고에 가지고 있을 수 있지만, 그럴 경우 Home Depot는 재고가 있지만 Walmart는 재고가 없는 경우가 발생한다. 그러나 같은 전기 드릴을 최종 포장만 바꾸는 작업은 간단하기 때문에, 차별화 지연 전략을 사용해서 각 소매업자로부터 주문을 받고 나서 최종 포장을 하면 한 소매업자는 재고가 남고 다른 소매업자는 재고가 부족하게 되는 상황을 피할 수 있다. 뿐만 아니라, 포장지는 전기 드릴에 비하여 매우 저렴하기 때문에, Black and Decker는 값비싼 전기 드릴을 과도하게 보유하기를 원하지 않는 반면에 값싼 포장지를 대량으로 보유하는 것은 그렇게 문제가 되지 않는다.

페인트 소매상은 차별화 지연 전략을 적용하는 또 다른 좋은 예이다. 비록 헨리 포드의 유명한 제품 구색(product assortment)[1]에 대한 이론에도 불구하고, 소비자들은 페인트 색상에 있어서는 범용 디자인을 원하지는 않을 것이다. 페인트 상점은 소비자들이 원

---

1 검은 색상이기만 하면 소비자는 Model T를 구입하기를 원한다.

하는 모든 명암, 색조, 광택, 색상의 페인트를 보유할 수는 없다. 이러한 경우에는 대안으로 위치통합전략이 있는데 이 전략은 중앙 창고에 페인트를 쌓아 놓고 소비자가 원하는 종류의 페인트를 소 비자에게 직접 배송하는 방법이다. 그러나 소비자가 원하는 페인트의 종류가 수없이 많은 경우에는 위치통합(location pooling) 전략이 경제적이라고 하기는 어렵다. 뿐만 아니라, 페인트를 소비자에게 직접 배송하는데 드는 비용이 많이 들기 때문에 위치통합전략이 좋은 대안이라고 하기는 어렵다. 대신, 페인트 산업은 페인트 소매상이 자신의 상점에서 직접 소비자가 원하는 색상을 보편적인 소재에 섞어 만들 수 있도록 장비를 개발하였다. 이 장비를 통하여 소비자가 원하는 색상을 만들어 내는데 걸리는 시간은 5~15분 정도로 기다리는 소비자에게 크게 문제가 되지 않았다. 소매업자가 이 장비를 이용해서 직접 상점에서 색상을 만드는데 발생하는 비용은 공장에서 같은 색상을 만드는 비용에 비하여 높았지만, 모든 색상을 상점에 유지하는데 발생하는 비용에 비하면 훨씬 낮기 때문에 충분한 가치가 있다. 제품을 생산 프로세스의 마지막 단계에서 차별화를 할 수 있게 다시 디자인함으로써, 페인트 회사는 경제적으로 소비자에게 다양한 색상 선택을 제공할 수 있게 되었다.

차별화 지연 전략은 추가 프로세스 없이 제품을 소비자에게 판매하는 경우에도 적용이 가능하다. 한 기업이 품질이 다른 두 가지의 제품을 판매한다고 가정해 보자. (예를 들어 빠른 속도의 프린터와 느린 속도의 프린터, 또는 빠른 처리 속도의 마이크로프로세서와 느린 처리 속도의 마이크로프로세서) 이러한 품질의 차이로 기업은 가격 차별화를 통해 총마진을 높일 수도 있다. 그러나 품질의 차이가 생산 비용이나 디자인에서 많은 차이가 있다는 것을 의미하지는 않는다. 예를 들어, 빠른 속도의 프린터와 느린 속도의 프린터 사이의 차이는 칩 하나를 추가하거나, 스위치 교환으로 쉽게 서로 전환이 가능하다고 하자. 이러한 경우, 마진율이 높은 빠른 속도의 프린터에 대한 수요는 바로 만족시킬 수 있도록 항상 재고를 유지하고 느린 속도의 프린터는 따로 재고를 유지하지 않는다. 그러나 느린 속도의 프린터에 대한 수요가 발생했을 때는 빠른 속도의 프린터를 느린 속도의 프린터로 전환하여 판매한다.

차별화 지연 전략은 강력한 전략이다. 이 전략은 사실 주문 생산(make-to-order) 전략(13장 참조)과 아주 비슷하다. 주문 생산에서는 기업이 소비자로부터 제품에 대한 주문을 받은 후에 생산을 시작한다. Dell은 주문 생산 전략을 이용하여 개인 컴퓨터 산업에서 큰 효과를 보았다. 차별화 지연 전략에서 제품은 수요가 발생한 다음에 최종적인 차별화가 진행된다. 이 두 전략의 차이는 무엇인가? 사실 개념상으로는 이 두 전략은 매우 비슷하다. 두 전략의 차이는 하나뿐이다. 차별화 지연 전략에서는 거의 완성된 제품을 재고로 보유하고 있다가 수요가 발생하면 남아있는 몇몇 안 되는 최종 생산 단계를 마무리하는 전략으로 볼 수 있다. 주문 생산 전략에서는 부품들을 조립해서 최종 제품으로 만드는 과정을 거쳐야 하기 때문에 이를 수행하는 데 걸리는 시간은 꽤 길게 된다. 그러므로 차별화 지연 전략과 주문 생산 전략은 명확하게 구분하기는 쉽지 않지만 그래도 수요가 발생한 후에 수행해야 하는 과정에 대한 정도의 차이로 구분을 할 수 있다.

17.4 유연한 생산을 이용한 처리능력통합[2]

앞에서 본 차별화 지연 전략(delayed differentiation)에서는 제조 과정의 마지막에서 전적으로 완전히 유연한 처리능력(completely flexible capacity)을 활용하는 전략이었다. 즉, 최종 제조 과정에서 차별화되기 전의 범용 제품을 고객이 원하는 모든 종류의 차별화된 최종 제품으로 전환시키는 것이다. 그러나 불행하게도, 이런 훌륭한 유연성을 늘 확보할 수 있는 것이 아니며, 특히 제조 과정의 많은 부분에서 유연성을 확보해야만 하는 경우, 어떤 기업에게는 경제적 여력이 부족한 경우가 있다. 이번 절에서는 기업이 어떻게 유연한 처리능력을 통해서 위험을 분산(risk pooling)할 수 있는지를 보게 될 것이다. 그러나 여기서 유연한 처리능력(flexible capacity)이란 항상 전적으로 완전히 유연(completely flexible)할 수 있다는 것을 의미하지는 않는다. 처리능력 유연성(capacity flexibility)에 대한 추가적인 논의는 8.7절을 참조하기 바란다.

General Motors와 같은 자동차 제조사들이 직면하는 제조 프로세스 상의 어려움을 생각해 보자. GM은 서로 상이한 많은 종류의 조립 공장(assembly plant)들을 운영하고 많은 종류의 자동차를 생산해 내고 있다. 융통성 없는 노동 계약과 조립 공장을 늘리거나 건립하는데 요구되는 대규모의 자본 때문에, 자동차 산업과 같은 분야에서 조립 처리능력(assembly capacity)은 기본적으로 긴 기간 동안 상당히 고정되어있다고 보아야 한다. 그러나 각 자동차에 대한 수요는 변화가 많은 편이다. 어떤 종류의 자동차는 지속적으로 공급이 늘 부족한 반면에 어떤 종류의 자동차는 늘 공급이 많은 편이다. 이러한 수요와 공급 간의 불일치를 완화하기 위해서, 자동차 회사들은 생산 유연성(manufacturing flexibility)을 확보하려고 노력해 왔다. 여기서 생산 유연성이란 주어진 처리능력 내에서 여러 가지 종류의 자동차를 생산해 낼 수 있는 능력을 의미한다. GM은 생산에서의 유연성을 확보함으로써 잘 안 팔리는 제품에서 빠른 속도로 팔리는 제품으로 처리능력을 이동시킬 수 있었으며, 그 결과 판매와 처리능력 활용률(capacity utilization)을 동시에 높일 수 있었다. 그러나 유연성(flexibility) 확보에는 비용이 발생하게 된다. 한 종류 이상의 자동차를 생산해 낼 수 있는 공작 기계와 조립 장비는 하나의 자동차만 생산해 낼 수 있는 기계와 장비에 비해 비싸고, 어떠한 종류의 자동차라도 생산이 가능한 기계와 장비

2 이 절은 Jordon and Grankes(1995)의 연구를 기반으로 작성되었다.

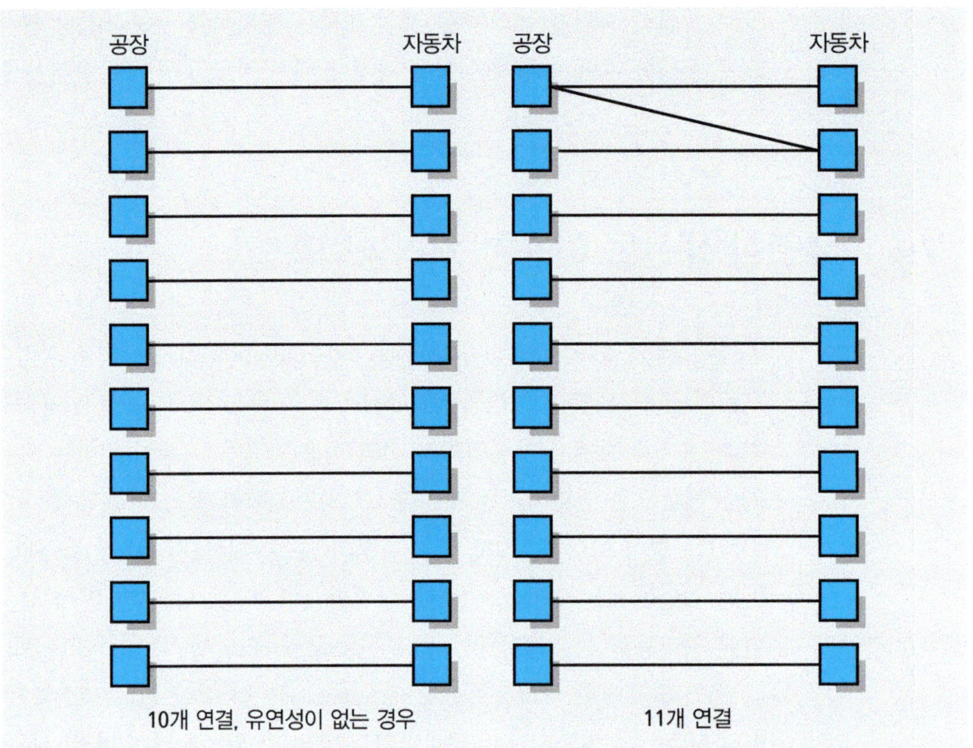

그림 17.12 유연성이 없는 구성(10개 연결)과 제한된 유연성을 가지는 구성(11개 연결)

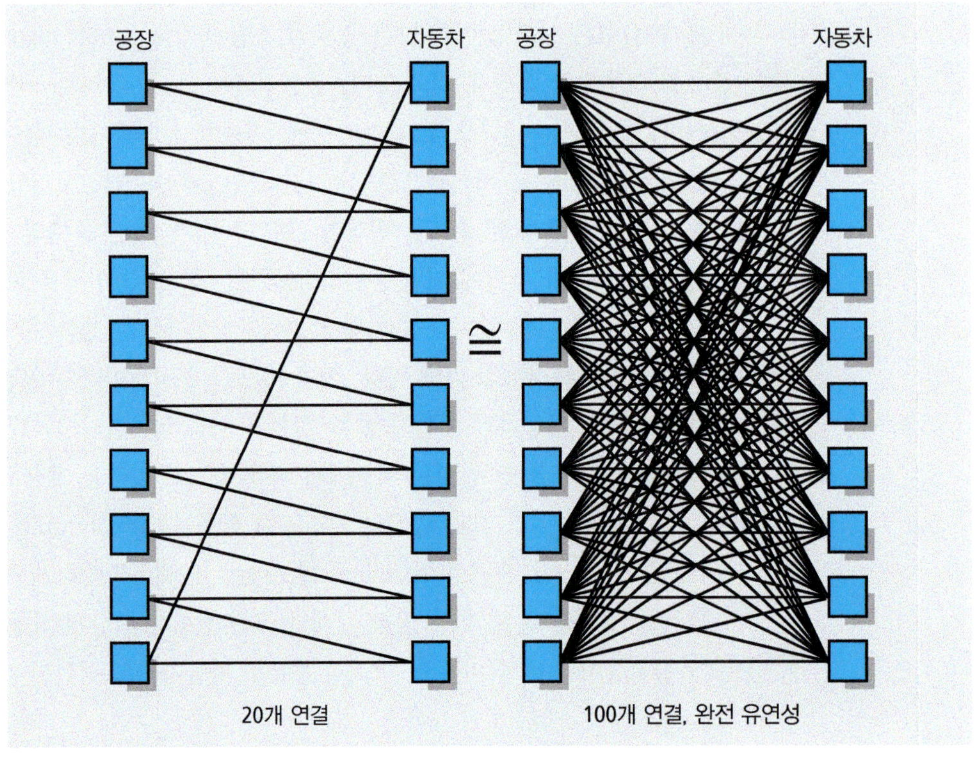

그림 17.13 불확실한 수요에 대응하는데 비슷한 처리능력을 보이는 유연성 구성들

는 엄청난 구입비용이 발생하게 된다. 그렇다면 유연성을 확보해야 하는 GM으로써는 어느 정도의 유연성을 확보할 필요가 있는가?

그럼 GM이 직면하고 있는 어려움을 잘 나타내는 특정한 문제를 정의해 보도록 하자. 10개의 제조 공장과 10개의 자동차가 있다고 하자(예를 들어 Chevy Malibu, GMC Yukon XL와 같은 자동차를 생각해 보자). 우선 각 공장이 하나의 자동차만을 생산해 내고 있다고 하자, 즉, 현재로서는 각 공장은 유연성을 확보하지 못한 상황이다. 각 자동차를 생산해 낼 수 있는 처리능력(capacity)은 GM이 시장에서의 수요를 알기 전에 설정되어있다. 시장에서의 각 자동차에 대한 수요는 불확실하다. 각 자동차에 대한 수요는 평균이 100이고 표준편차는 40인 정규분포를 따른다고 보고 있다. 정규분포에 약간의 변화를 주어서 수요의 최저값은 20이고 최고값은 180이라고 설정하였다. 즉, 수요의 불확실성을 나타내는 정규분포에서 극단적인 값이 발생하는 것을 피하기 위해서 상하의 한계값을 설정해 주었다[3]. 비록 상하의 한계값을 설정하였다 하더라도, 여전히 수요는 불확실하며 그 불확실한 정도는 자동차 산업에서 통상적으로 받아들여지는 정도이다. 마지막으로 수요에 관해 집고 넘어가야 하는 점은 자동차들 간의 수요는 서로 독립적(independent)이란 가정이다. 그러므로 두 자동차 간의 수요에 대한 상관계수(correlation)는 0이다.

각 공장은 100개의 자동차를 생산할 수 있는 처리능력을 가지고 있다. 만약 수요가 처리능력을 초과하면, 초과 수요는 잃어버리게 된다. 반대의 경우에는, 수요는 충족되겠지만 가동되지 않는(idle) 처리능력이 발생하게 된다. [그림 17.12]는 이러한 상황을 그림으로 표현한 것이다. 그림의 좌측은 10개의 공장을 표현한 것이고 우측은 10개의 자동차 종류를 표현한 것이다. 그리고 "연결선(link)"이 있는데 이는 어느 공장에서 어느 자동차를 생산할 수 있는지를 나타내는 것이다. 유연성이 없는 상황에서는(no flexibility), 각 공장은 한 종류의 자동차만을 생산해 낼 수 있으며 그러므로 10개의 연결선만이 있다. 최소한의 유연성을 가진 경우는 11개의 연결선을 가지는 경우인데 이러한 예가 [그림 17.12]의 우측에 나타나 있다. 11개가 연결되어 있는 경우에는 하나의 공장이 두 종류의 자동차를 생산해낼 수 있다. 연결선의 수가 증가할수록, 즉, 연결을 더 할수록 더 높은 유연성이 확보되는 것을 의미한다. 완전 유연성(total flexibility)은 100개의 연결선이 있을 때 확보되며 이는 각 공장은 10개의 모든 자동차를 생산할 수 있다는 것을 의미한다. [그림 17.13]은 완전 유연성(full flexibility)의 경우(우측)와 20개의 연결선으로 가능한 경우의 유연성(좌측)을 보여주고 있다.

3 다른 말로 하면 20보다 작거나 180보다 큰 정규분포의 결과는 무시되었고 결과가 20과 180 사이에 나오도록 시도를 계속하였다. 정규분포의 결과가 평균으로부터 두 표준편차 이상인 경우의 확률은 겨우 4.6%이다(적어도 이 경우에는 그렇다).

각 유연성의 정도에 따른 상황에서, 기대판매량(expected unit sales)과 기대 처리능력 활용률(expected capacity utilization)을 계산해 볼 필요가 있다. 그러나 안타깝게도 각 상황의 성과 측도(performance measure)를 분석적으로(analytically) 계산하는 것은 쉬운 일이 아니다. 그러나, 시뮬레이션(simulation)을 통해서 각 성과 측도(performance measure)를 꽤 정확하게 계산할 수 있다. 시뮬레이션을 한 번 실행할 때마다 확률 변수인 각 제품에 대한 수요 값을 생성한 다음에, 제품 판매를 극대화할 수 있도록 각 공장이 가지고 있는 처리능력을 그 공장이 생산 가능한 제품에 적절히 할당한다. 예를 들어 [그림 17.12]에 있는 각 공장과 각 제품 사이에 11개의 연결선을 가지는 상황을 고려해 보도록 하자. 그리고 시뮬레이션을 통해 확률 변수인 각 자동차에 대한 수요 값을 생성해 보니 자동차 A의 수요는 85란 값이 생성되었고 자동차 B의 수요는 125라는 값이 생성되었다고 하자. 이러한 경우, 공장(plant) 2는 자신의 생산 역량인 100개를 전부 사용해서 100개의 자동차 B를 생산하고 공장(plant) 1은 자신의 처리능력 100을 사용해서 85개의 자동차 A와 15개의 자동차 B를 생산한다. 결과적으로 자동차 B에 대한 수요 125개 중에 10개만 만족되지 못하고 손실되었다. 각 상황의 성과 측도(performance measure)는 위와 같은 시뮬레이션을 여러 번 반복하여 나온 결과들을 평균한 값이다. 그러므로 시뮬레이션의 실행을 많이 하면 할수록 그 정확도를 높아지게 된다.

시뮬레이션을 통하여 유연성이 없는 경우에 대한 기대판매량(expected unit sales)은 853개가 나왔고 기대 처리능력 활용률(expected capacity utilization)은 85.3%가 나왔다.

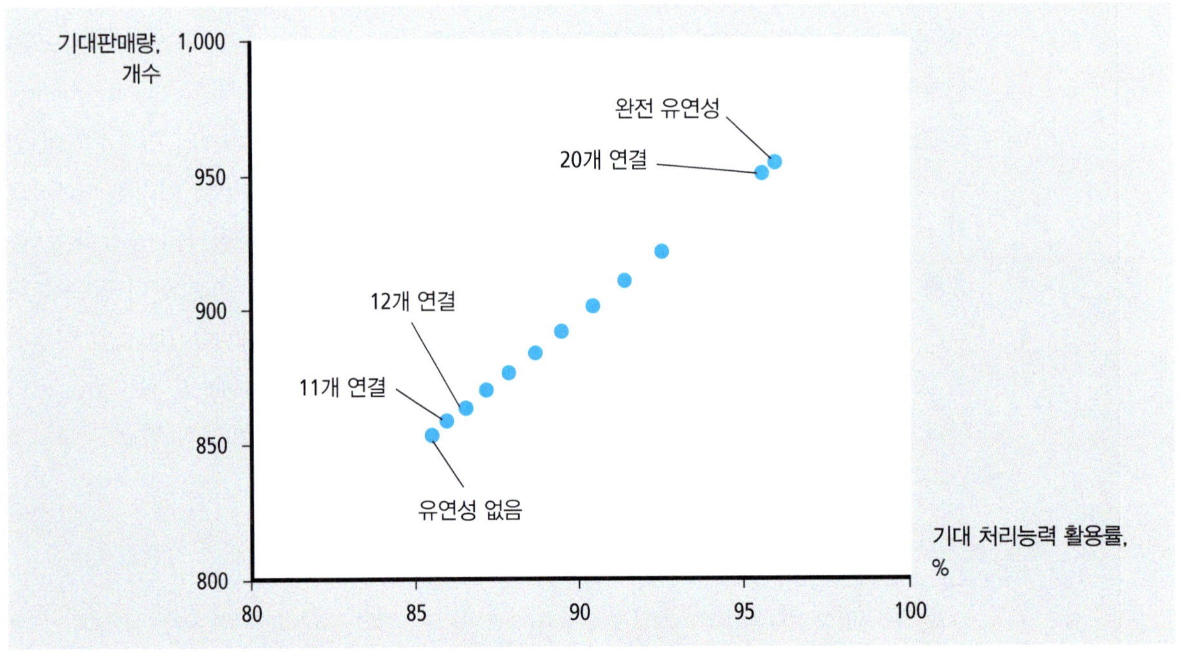

그림 17.14 점진적으로 유연성의 증가가 기대판매량과 처리능력 활용률에 미치는 영향

11개의 연결선을 가지는 경우에는 기대판매량(expected unit sales)은 858개가 나왔고 기대 처리능력 활용률(expected capacity utilization)은 85.8%가 나왔다. 자동차 B에 대한 수요가 공장 2의 생산 역량을 초과하고 자동차 A에 대한 수요가 공장 1의 처리능력 이하인 경우에는 하나 추가된 유연성을 통해서 좀 더 나은 성과를 얻게 되었다. 이는 공장 1은 자신의 생산 역량으로 자동차 A와 B를 모두 생산이 가능하기 때문이다. [그림 17.14]는 10개와 20개 사이의 연결선을 가지는 유연성(flexibility)의 경우와 완전 유연성(full flexibility)을 가지는 경우의 성과에 대한 결과를 정리해 놓은 것이다.

[그림 17.14]에서 볼 수 있듯이 완전 유연성(total flexibility or full flexibility)은 성과 측도(performance measure)를 상당한 수준까지 증가시킨다. 즉, 위의 예에서는 완전 유연성을 통해 처리능력 활용률(capacity utilization)은 95.4%까지 증가하고 동시에 기대판매량(expected unit sales)은 954개까지 증가하는 것을 볼 수 있다. 그러나 놀라운 사실은 단지 10개의 연결선(link) 추가를 통한 유연성의 성과가 90개나 되는 연결선(link) 추가를 통한 완전 유연성(totla/full flexibility)의 성과와 거의 같게 된다는 것이다. 즉, 20개의 연결선을 통해 얻게 되는 유연성의 처리능력 활용률(capacity utilization)은 94.9%이고 기대판매량(expected sales)은 949개라는 것을 알 수 있다. 이를 통해 우리는 유연성이 없는 구성(no flexibility configuration)에 11개와 90개 사이의 연결선(link)을 추가함으로써 얻게 되는 유연성(flexibility)은 성과를 높이는 면에서 그 다지 도움이 되지 않는다는 사실을 확연히 알 수 있다. 이는 유연성 확보에 비용이 많이 들어간다고 한다면 완전 유연성(total/full flexibility)의 확보는 경제적인 면에서 합리적인 결정이라고 볼 수 없다. 이러한 결과는 우리가 이전에 보았던 위치통합(location pooling)에서와 비슷하다고 볼 수 있다. 위치통합(location pooling)을 통해 얻고자 하는 혜택의 대부분이 소수 몇 개의 위치를 통합함으로써 얻게 된다는 것이다.

10장에서 보았던 대기행렬 시스템(queueing system)의 서버 처리능력의 통합이 활용률(utilization)에는 영향을 주지 않는다는 사실을 상기하면 처리능력 통합(capacity pooling)이 활용률(utilization)을 증가시킨다는 것은 좀 놀라운 사실이다. 주 차이점은 대기행렬 시스템(queueing system)에서는 수요가 손실되지 않는다는 것이다. 즉, 서비스를 받고자 한다면 서비스받는 실제 시간보다 더 오래 기다리기만 하면 된다는 것이고 결국 기다리기만 하면 서비스를 받게 된다는 것이다. 그러므로 서비스를 받는 수요의 양은 처리능력이 어떻게 구축되어 있는 것과는 무관하다. 하지만 여기서는, 처리능력의 양이 충분하지 않은 경우에는 수요가 손실된다. 그러므로 유연성(flexibility)이 높아지면 서비스받는 수요의 양도 증가하게 되고 처리능력의 활용률(capacity utilization)도 증가하게 된다. 비록 20개 연결선(link)을 통한 유연성(flexibility)이 100개 연결선(link)을 통한 완전 유연성(total/full flexibility)과 성과 면에서 거의 같기는 하지만, 항상 이런 결과를 보이는 것은 아니며 연결선(link)의 구성(configuration)에 따라서 다른 결과를 보이기도 한다. [그림 17.13]에서 보이고 있는 구성은 완전 유연성(total/full flexibility)과 거의 같은 성과를 보이는 20개 연결선에 대한 구성을 제시하고 있다.

[그림 17.13]에서 제시한 구성(configuration)이 보이고 있는 효과성(effectiveness)은 체이닝(chaining)이라는 개념으로 설명할 수 있다. 하나의 체인(chain)은 연결선(link)들을 통해 서로 연결되어 있는 공장(plant)들과 자동차들의 집합을 의미한다. 예를 들어, [그림 17.12]에서 보이고 있는 11개 연결선 구성에서는 처음 두 개의 공장과 처음 두 개의 자동차는 하나의 체인을 구성하고 나머지 공장-자동차 짝(pair)은 추가적으로 8개의 체인을 구성한다. [그림 17.13]에서 보이고 있는 20개 연결선(link) 구성에서는 완전 유연성(total/full flexibility)과 같이 하나의 체인으로 모든 공장들과 자동차들이 연결되어 있다.

일반적으로, 연결선의 수가 정해진 상황에서는 가장 길고(longest) 가장 적은 수(fewest)의 체인을 가지고 유연성을 구성할 경우 가장 좋은 성과(performance)를 보인다. [그림 17.15]에서 하나는 [그림 17.13]에서 보인 것과 같이 하나의 체인으로 구성되어 있고 또 다른 하나는 5개의 체인으로 구성되어 있는 두 가지 형태의 20개 연결선 구성을 보여주고 있다. 이미 보았듯이 하나의 체인으로 구성되어 있는 경우에는 기대판매

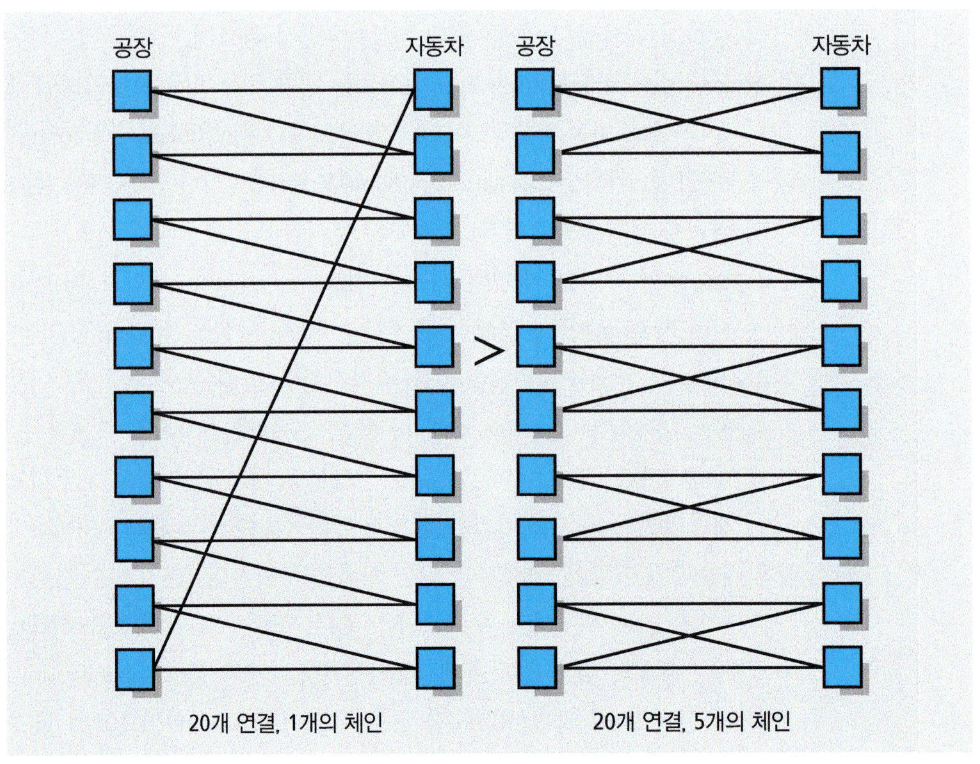

그림 17.15 연결(link)의 수는 같으나 체인(chain)의 수는 다른 유연성 구성 20links, 1chain=20개 연결, 1개의 체인

량 (expected sales)은 949개이다. 이전에 한 것과 같이 시뮬레이션을 통해 5개의 체인을 가 지는 20개 연결선(link) 구성의 기대판매량를 구해보면 896개가 되는데 이는 유연성이 없는 경우의 기대판매량 853개와 비교해보면 거의 향상이 되지 않았음을 알 수 있다.

긴 체인(long chain)으로 구성하는 것은 수요에 적절히 반응할 수 있도록 프로세스 내에 산재해 있는 처리능력(capacity)을 재 할당하도록 촉진할 수 있기 때문에 굉장히 유용하다. 예를 들어, 자동차 A의 수요가 기대보다 작고 자동차 G의 수요가 예상보다 상당히 크다고 가정해 보자. 이 두 종류의 자동차가 같은 체인 안에서 생산되고 있다고 가정한다면, 공장 1의 유휴 처리능력(idle capacity)을 체인을 따라 이동시켜서 자동차 G의 수요를 충족시키는 데 사용할 수 있다. 공장 1이 어느 정도 수량의 자동차 B를 생산하고, 공장 2는 어느 정도 수량의 자동차 B와 C를 동시 생산하는 식으로 처리능력을 다른 공장들과 재할당을 통해 이동시킴으로써 결과적으로 공장 6과 7은 동시에 자동차 G를 생산해 내도록 한다. 5개의 체인을 가지는 경우와 같이 두 종류의 자동차가 같은 체인(chain) 안에서 생산되고 있지 않는다면, 이러한 처리능력의 분산 이동은 불가능하다.

유연성을 어떻게 구성할 것인가 하는 이슈 외에도, 유연성의 가치에 영향을 미치는 두 가지 이슈가 있는데 이들은 상관 계수(correlation)와 총 처리능력(total capacity)이다. 지금까지 우리는 자동차 간의 수요들은 서로 독립적(independent)이라고 보았다. 다른 위험 분산(risk-pooling) 전략에서 보았듯이 위험 분산은 수요가 서로 음의 상관 계수를 가지면 더 나은 성과를 보인다. 같은 현상을 유연성에서도 볼 수 있다. 처리능력을 통합하게 되면, 총수요에서의 불확실성이 개별 제품에 대한 수요의 불확실성보다 더 중요한 의미를 가진다. 그렇다고 해서 음의 상관 계수(negative correlation)를 가지는 두 가지의 제품이 같은 공장에서 생산되어야 한다는 것을 의미하지는 않는다. 대신 음의 상관 계수를 가지는 두 가지의 제품이 같은 체인에서 생산되기만 하면 충분하다. 음의 상관 계수를 가지는 두 제품이 물리적으로 형태 차이가 크다면(예를 들어 대형 트럭과 소형 자동차를 들 수 있다), 이 두 제품은 체인 내(다른 두 공장)에서 생산하는 것이 동일한 한 공장에서 함께 생산되는 것보다 비용면에서 많이 절감되기 때문에, 이는 굉장히 의미 있는 통찰력이라고 할 수 있다. 총 가용 처리능력(total available capacity)은 유연성의 효과성(effectiveness)에 많은 영향을 미친다. 각 공장의 처리능력이 20대라고 가정해 보자. 이럴 경우, 각 공장은 항상 100%의 활용률(utilization)로 가동되므로 유연성은 의미가 없어진다. 반대의 극단적인 경우에도 최종 결과는 마찬가지가 될 것이다. 즉, 각 공장의 처리능력(capacity)이 180개라고 가정한다면, 각 공장은 항상 처리능력에 여유(idle)가 있기 때문에 유연성이 필요하지 않다. 다른 말로 하면, 예에서 보았듯이 처리능력과 수요가 대략 비슷한 값을 가질 경우에 유연성의 확보는 더 중요한 의미를 가지게 된다.

[그림 17.6]은 유연성이 중간 정도의 처리능력을 가지는 경우에 가장 빛을 발한다는 사실을 강조하고 있다. 유연성이 없는 경우(no flexibility)의 기대판매량(expected sales)

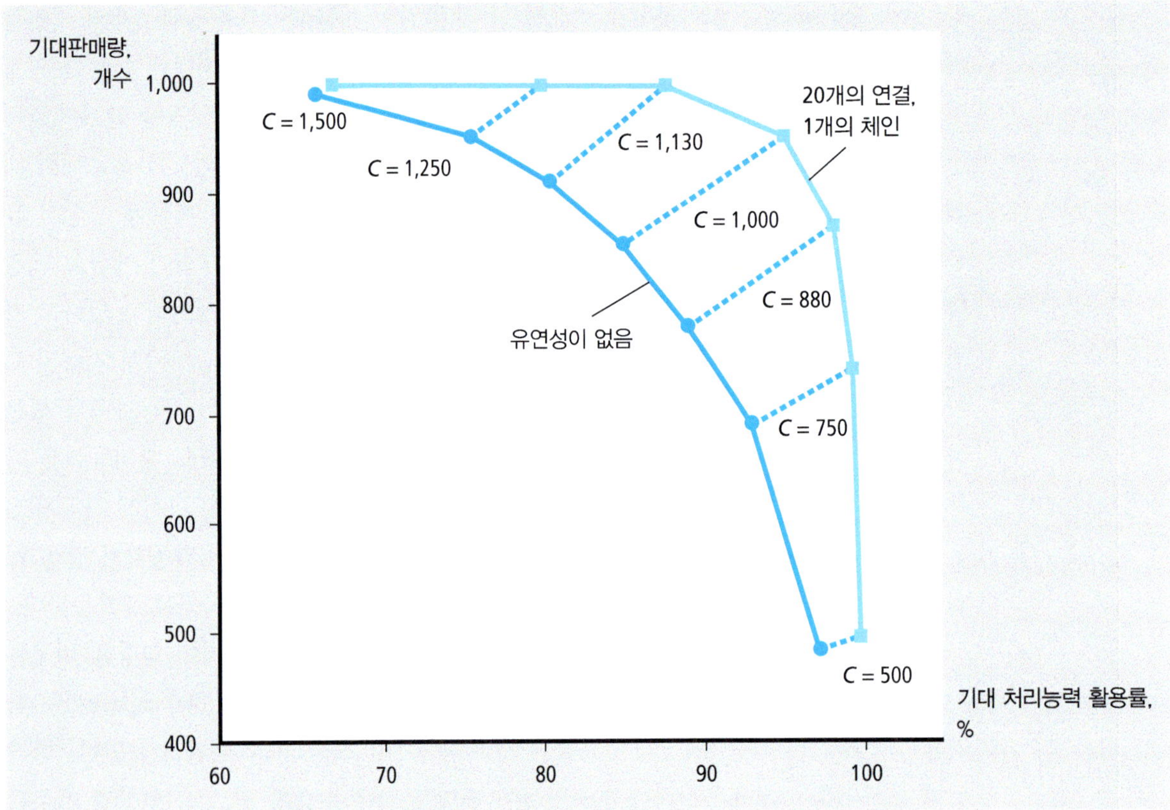

그림 17.16 기대판매량과 처리능력 활용률. 7개의 다른 처리능력(C)과 유연성이 없는(10개의 연결) 구성 그리고 20개의 연결과 하나의 체인을 가지는 두 가지 구성이 보여지고 있다(이에 대한 것은 [그림 17.15]를 참조). 각 경우, 총 처리능력은 10개의 제품에 대하여 똑같이 분배되어 있고 기대 총수요는 1,000개이다.

과 기대 처리능력 활용성간 곡선과 20개 연결선을 통해 확보한 유연성의 기대판매량과 기대 처리능력 활용성간 곡선의 사이의 가장 큰 차이는 기대 총수요(expected total demand)가 1000개일 때 발생한다.

[그림 17.16]은 또 다른 면을 제시하고 있다. 유연성과 처리능력은 서로 대체가 가능하다는 것이다. 예를 들어, 기대판매량이 950개가 되기 위해서는 GM은 유연성 없이(no flexibility) 총 처리능력(total capacity)을 1250개가 되도록 구성하거나 아니면 20개 연결선을 통한 유연성에 총 처리능력을 1000개가 되도록 구성하면 된다. 만약 처리능력의 확보가 유연성의 확보보다 비용 면에서 저렴하다면, 유연성 없이 높은 처리능력(high-capacity-no-flexibility option)으로 구성하도록 하여야 한다. 그러나 만약 처리능력의 확보가 유연성의 확보(특히 유연성의 확보가 10개 연결선 추가로 가능하다고 주어진 경우의 유연성 확보)에 비하여 높은 비용이 요구된다면, 유연성을 어느 정도 확보하고 낮은 처리능력(low-capacity-some-flexibility)으로 구성하도록 하여야 한다.

지금까지 우리는 하나의 기업과 그 기업이 소유하고 있는 자신의 자원 네트워크

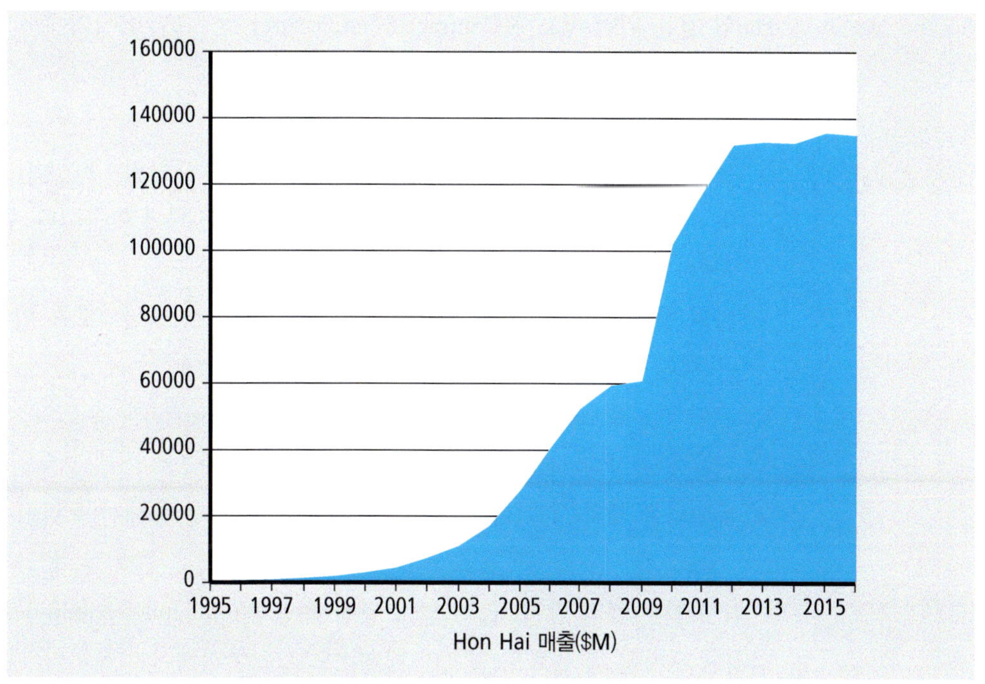

그림 17.17 Hon Hai사의 매출 성장

주: 회사들의 회계 연도는 어느 정도 차이가 난다. 그래서 달력 단위로의 총 수익은 조금씩 차이가 난다.

(network of resources)를 통한 유연성 확보에 대해서 논의해 보았다. 하지만, 만약 유연한 처리능력(flexible capacity)을 직접 확보하기 어려운 상황에 있는 기업들의 입장에 서 고려해 볼 수 있는 또 다른 옵션으로는 그들에게 유연한 처리능력을 제공할 수 있는 회사를 고용하는 것이다. 사실, 이러한 서비스만을 전문적으로 제공하는 회사들이 있는 데 이들을 계약 생산(contract manufacturing) 회사라고 부른다. 이러한 회사들은 자신의 브랜드를 가지고 있지도 않고 자신의 제품을 생산하지도 않는다. 이러한 회사들이 판매하는 것은 이들이 가지고 있는 처리능력 (capacity), 즉 모든 고객들을 위해서 사용이 가능한 유연한 처리능력 (flexible capacity)이다. 예를 들어, Hon Hai Precision Industries라는 회사는 Apple과 같은 브랜드 회사에 휴대폰을 조립해서 제공해 주고 있다. 동일한 장비와 동일한 부품들이 고객인 여러 제조 회사(manufacturing company)들을 위해서 사용될 수 있다. 그러므로 각 브랜드 회사들은 자기 자신의 처리능력이나 부품 재고 확보에 투자를 하는 대신에, Hon Hai가 이 브랜드 회사들의 요구들인 휴대폰을 통합하여 생산하게 된다. 다른 말로 하면, 고객인 각 브랜드 회사들이 직접 휴대폰을 생산할 수도 있지만, 처리능력통합(capacity pooling)으로 Hon Hai는 더 높은 활용률(utilization)을 통해서 저비용으로 같은 휴대폰을 생산해 낼 수 있다. 이와 같은 효과성의 증가로 Hon Hai는 비록 작기는 하지만 (일반적으로 5~8%) 마진(margin)을 창출하게 된다. 또한 Hon

Hai와 같은 위탁 제조사(Contract Manufacturer)는 [그림 17.17]에서 보는 바와 같이 지속적으로 성장해왔다.

- 유연성이 긴 체인 구성을 통해서 확보된다면, 제한된 유연성(limited amount of flexibility)으로도 완전 유연성(total/full flexibility)에서 만큼이나 수요 불확실성에 대처할 수 있다.
- 음의 상관 계수를 가지는 제품들을 같은 공장에서 생산되도록 할 필요는 없지만 같은 체인에서 생산되도록 유연성은 구성되어야 한다.
- 유연성을 확보한다는 것은 총 생산능력(total capacity)이 수요의 기대치와 거의 같은 경우에 가장 가치를 가지게 된다.
- 유연성은 계약 생산 회사(contract manufacturer)를 통해서 구입이 가능하다.

위에서 본 것과 같이, 한 기업이 완전 유연성(total/full flexibility)을 확보하기 위해서 엄청난 투자를 할 필요도 없으며 경제적으로도 합리적이지 못하다. 유연성의 확보는 확실히 중요한 의미를 가지지만 그렇다고 무계획적으로 구성되어서는 안 된다. 지금까지 자동차 산업을 이용해서 이러한 통찰력에 대해 설명하였지만, 위에서 본 통찰력은 서비스 분야의 작업자에게도 적용이 가능하다. 예를 들어, 각 작업자가 모든 작업을 다 할 수 있도록 (완전 유연성) 교육을 할 필요는 없다. 대신, 조직 내에서 필요한 모든 기술들이 긴 체인으로 연결만 되도록 작업자들을 교육시키면 된다.

17.5 요약

이 장에서는 수요와 공급을 일치시키기 위해서 위험 분산(risk pooling)을 활용하는 여러 가지 전략에 대해서 소개하고 자세히 들여다보았다. 각 전략은 각각 강점과 한계점을 가지고 있다. 예를 들어, 위치통합(location pooling)은 재고 감소에는 매우 효과적이지만 소비자와 재고의 거리를 멀게 만든다. 유통통합(consolidated distribution)은 재고 감소 면에서는 위치통합(location pooling)만 못하지만 재고와 소비자의 거리는 여전히 가깝게 유지할 수 있다. 범용 디자인을 통한 제품통합(product pooling)은 매우 유용한 전략이지만 소비자에게 제공하는 제품의 기능성을 제한시킨다. 차별화 지연(delayed differentiation)은 기본적으로 제품통합(product pooling)에서 보이는 한계점을 가지고 있지만 제품 또는 생산 과정의 재 디자인과 약간의 지연을 통해서 소비자의 요구를 만족시키도록 할 수 있다. 처리능력통합(capacity pooling)은 판매량(sales)과 처리능력 활용

표 17.5 17장에 사용한 주요 기호와 식들

같은 평균과 표준편차를 가지는 두 수요의 결합은 다음과 같다.
$$\text{기대 통합 수요} = 2 \times \mu$$
$$\text{통합 수요의 표준편차} = \sqrt{2 \times (1 + \text{상관계수})} \times \sigma$$
$$\text{통합 수요의 변동계수} = \sqrt{\frac{1}{2}(1 + \text{상관계수})} \times \left(\frac{\sigma}{\mu}\right)$$

률(capacity utilization)을 증대시킬 수 있지만 확보하는 데 비용이 많이 드는 처리능력의 유연성(flexible capacity)이 요구된다. 그러므로 각 전략은 적절한 환경에서 적용되었을 경우에만 효과적이다.

비록 다양한 상황들과 다양한 모형들을 고려해 보았지만, 몇 가지 중요하고 불변하는 사실들을 관찰할 수 있었다.

- 위험 분산(risk pooling)은 약간의 통합으로도 충분한 효과를 볼 수 있다. 위치통합(location pooling)을 할 경우에, 모든 위치가 아닌 소수 몇 개의 위치통합으로도 충분하다. 처리능력을 통합(capacity pooling)하는 경우에도 적절하게 디자인만 되면 (예를 들어 긴 체인으로 생산 역량을 구성하는 경우) 약간의 유연성으로도 완전 유연성(total/full flexibility)만큼의 성과를 얻을 수 있다.
- 수요들이 서로의 음의 상관 계수를 가지는 경우에는 총수요에서 보이는 불확실성이 각 제품/위치에서 보이는 불확실성보다 훨씬 적기 때문에, 위험 분산은 수요들이 서로 음의 상관 계수를 가지는 경우에 가장 효과적이다. 그러므로, 이러한 전략들은 수요들이 양의 상관 계수를 가지는 경우에는 효과가 떨어지게 되는 현상을 보인다.
- 위험 분산 전략은 주문중재고(pipeline inventory) 감소에는 효과가 없다. 주문중재고는 재고가 시스템 내에서 신속하게 움직이는 경우에만 감소된다.
- 위험 분산 전략은 서비스 수준은 유지하면서 재고는 감소시키고자 하는 경우에 적용 가능하거나 또는 재고는 같은 수준을 유지하면서 서비스 수준을 높이고자 하는 경우에 적용하거나 아니면 두 가지를 다 향상시키고자 하는 경우에 사용한다.

[표 17.5]에 이 장에서 사용한 주요 표기나 식들을 요약해 놓았다.

심화학습

- 최근 몇 년 동안 위험통합전략(risk-pooling strategies)은 산업 현장에서 뿐만 아니라 학계에서도 많은 관심을 받아왔다.
- Lee(1996)는 차별화 지연(delayed differentiation)에 대한 기술적인 처리에 대해서 다루었다. Feitzinger과 Lee(1997)에서는 차별화 지연에 대해서 좀 더 관리자적인 입장에서 다루고 있다. Brown, Lee and Petrakian(200)에서는 반도체 제조회사에서의 차별화 지연에 대해서 다루고 있고 Simchi-Levi, Kaminsky and Simchi-Levi(2003)와 Chopra와 Meindl(2004)에서는 공급사슬 관리에서의 위험통합전략에 대해서 다루고 있다.
- Ulrich과 Eppinger(2011)에서는 제품 개발 팀의 입장에서 차별화 지연과 제품 설계에 대한 이슈를 다루고 있다.
- Upton(1994, 1995)에서는 제조 유연성(manufacturing flexibility)에 대해서 다루고 있다.

단원연습문제

다음 질문들은 이 장의 이해정도를 확인하는 데 도움을 줄 것이다. 각 질문 뒤의 [ ]는 관련된 해당 절을 나타내고 있다.

"*" 표시가 있는 문제의 해설은 부록 E에 있으며, Connect에서 영상을 참조하기 바란다.

17.1* **(Egghead)** 1997년에 Egghead Computers사는 미국 내 50개의 매장을 운영하고 있었다. Egghead가 판매하는 한 종류의 컴퓨터에 대해서 살펴보도록 하자. 각 매장에서 이 컴퓨터의 주당 수요는 다른 매장의 수요와는 독립적으로 발생하고 평균이 200이고 표준편차가 30인 정규분포를 따른다고 가정하자. 각 매장의 재고는 10주의 리드타임을 가지고 보충된다. 1997년 말에 Egghead는 모든 매장을 닫고 하나의 인터넷 사이트를 열고는 하나의 물류센터를 이용하여 모든 고객의 주문을 관리하게 되었다.

a. 모든 수요를 하나의 물류센터로 통합시킴으로써 결과적으로 이 컴퓨터에 대한 주간 수요의 표준편차는 어떻게 변하게 되는가?(통합 전후의 수요 특성 자체는 변하지 않는다고 가정하라.) [17.1]

b. 제품이 공급자를 떠나면 그 제품에 대한 소유권은 Egghead사가 가지게 되고 이 제품이 다시 Egghead사를 떠나면 이 제품에 대한 소유권은 고객이 가지게 된다. 물류센터를 하나로 통합한 경우 주문중재고는 얼마가 되는가? [17.1]

17.2* **(Two Products)** 두 제품 A와 B를 고려해 보자. 두 제품의 수요는 정규분포를 따르고 평균과 표준편차는 둘 다 같은 값을 가진다. 각 제품에 대한 수요의 변동계수(coefficient of variation)

는 0.6이다. 두 제품에 대한 수요 사이의 상관계수(correlation)는 0.7이다. 두 제품을 합한 총 수요에 대한 변동계수(coefficient of variation)는 얼마가 되는가? [17.2]

17.3* **(Fancy Paints)** Fancy Paints는 작은 페인트 매장이다. Fancy Paints는 200개의 서로 다른 제품들을 다루고 있으며 일주일에 한 번 재고 보충을 위해서 주문을 내린다. 난순화를 위해서 각 제품에 대한 주간 수요는 모두 평균이 1.25인 포아송 분포를 따른다고 보자. Fancy Paints는 95%의 재고 보유율을 유지하고자 한다.

a. 한 주가 끝나는 시점에서 매장에 있는 평균재고는 얼마인가? [17.3]
b. Fancy Paints가 색상 혼합 장비를 구매하였다고 하자. 이 장비는 비싸지만 200개의 서로 다른 제품을 유지하는 대신 5개의 제품만 가지고도 색상을 섞어서 다른 모든 제품을 만들어 낼 수가 있다. 각 제품에 대한 수요는 평균이 50이고 표준편차가 8인 정규분포를 따른다. Fancy Paints는 5개의 제품 각각에 대한 재고 보유율을 95%로 유지하고자 한다. 한 주가 끝나는 시점에 매장에 있는 재고는 평균적으로 얼마인가? [17.3]
c. 한 동안 색상 혼합 장비를 사용해 보니 5개의 기본 색상 제품 각각에 대한 재고 보유율로 95%는 충분하지 않다는 사실을 깨닫게 되었다. 혼합에는 5가지 기본 색상 제품이 필요하기 때문에 각 제품에 대한 95%의 재고 보유율을 유지하기 위해서는 각 기본 색상 제품에 대한 재고 보유율은 높아야 만 한다. 그래서 5가지 기본 색상 제품 각각에 대한 재고 보유율을 98%로 높였다. 각 제품의 원가는 $14이고 개당 연간 재고 유지 비용은 20%이라고 하자(일 년은 50주로 가정하라.). 모든 페인트 색상을 유지하는 상황과 비교해서 5개의 기본 색상 제품만 유지하는 경우 매장의 재고 유지 비용은 얼마나 변하게 되는가? [17.3]

17.4* **(Burger King)** Burger King에 대한 Wall Street Journal의 다음 기사를 읽어보도록 하자. (Beatty, 1996)

> Burger King은 이번 휴가 시즌 동안 수많은 부모와 아이들의 얼굴에 "토이 스토리"라는 프로모션을 통해 미소를 불러일으키려고 한다. 그러나 지역 매장들은 이 유명한 장난감이 모두 다 떨어져 가고 있었기 때문에 분개하여 들고일어날 태세였다. … 휴가 시즌 동안 모든 어린이용 음식 세트는 선물과 함께 팔린다. 이는 거의 6년 동안 해온 프로그램인데 이 프로그램은 Burger King이 시장점유율을 높이는데 도움을 주었다. 거의 모든 Burger King 매장 7,000개가 이 "토이 스토리" 프로모션에 참가하고 있다.… 그럼에도 불구하고 고객의 수요를 만족시키는 것은 이 거대기업에게 여전히 난제로 남아있다. 그 이유는 개별 Burger King 운영자들이 프로모션이 시작되기 6개월 전에 예측을 하는 것이 한몫을 하고 있다. Burger King의 가족/부모 마케팅 부장인 Richard Taylor의 말을 빌리면 "마법의 수정 공을 꺼내어 소비자의 수요가 정확하게 어떻게 될 것인지 예측하기를 요구하고 있다." "이것은 소비자의 수요가 공급을 앞지르는 간단한 예이다." 선물로 주는 장난감은 낮은 비용으로 해외에서 제작되기 때문에 긴 리드타임이 요구된다. … 휴스턴과 애틀란타에 있는 Burger King 매장의 매니저들은 선물로 주는 장난감이 다 떨어졌다고 이야기한다. … 그러

나 5,000만 개의 작은 플라스틱 장난감을 주문한 Burger King에 보면 "전국적으로 장난감이 다 떨어져가는 것과는 거리가 있어 보인다."

위에서 언급한 Burger King의 상황을 단순하게 분석해 보도록 하자. 한 물류센터로 200개의 매장을 관리하는 지역을 상상해 보자. 아시아에 있는 공장에 주문을 내려야 하는 시점에 각 매장에서의 프로모션에 대한 수요(장난감의 수)는 평균이 2,251이고 표준편차가 1,600인 감마 분포를 따른다고 하자. 감마 분포의 정수 버전은 밀도 함수 그래프와 함께 다음 표에 주어져 있다.

Q	F(Q)	I(Q)
0	0.0000	0
500	0.1312	0
1,000	0.3101	65.6
1,500	0.4728	220.6
2,000	0.6062	457.0
2,500	0.7104	760.1
3,000	0.7893	1,115.3
3,500	0.8480	1,510.0
4,000	0.8911	1,934.0
4,500	0.9224	2,379.5
5,000	0.9449	2,840.7
5,500	0.9611	3,313.2
6,000	0.9726	3,793.7

Q	F(Q)	I(Q)
6,500	0.9807	4,280.0
7,000	0.9865	4,770.4
7,500	0.9906	5,263.6
8,000	0.9934	5,758.9
8,500	0.9954	6,255.6
9,000	0.9968	6,753.3
9,500	0.9978	7,251.7
10,000	0.9985	7,750.6
10,500	0.9989	8,249.8
11,000	0.9993	8,749.3
11,500	0.9995	9,248.9
12,000	1.0000	9,748.7

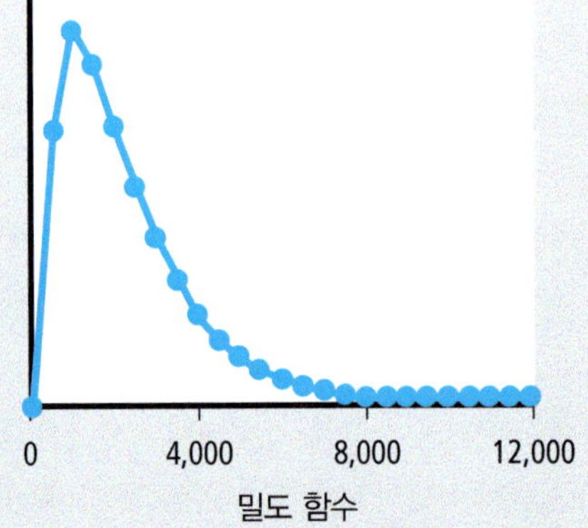

밀도 함수

프로모션 6개월 전에 Burger king의 각 매장은 각각 따로 주문을 내린다고 가정해 보자. 뿐만 아니라, Burger King은 각 매장이 적어도 85%의 재고 보유율을 유지하고자 한다.

a. 위의 요구 사항 하에서, 각 매장은 장난감을 얼마나 주문하여야 하는가? [17.2]

b. 프로모션이 끝나면 남는 장난감 수의 기대치는 얼마가 되는가? [17.2]

이제 Burger king이 모든 200개 매장을 위해서 한 번에 주문을 한다고 가정해 보자. 이 주문은 하나의 물류센터로 배송이 될 것이고 각 매장은 필요할 때마다 물류센터에서 배송받게 된다. 수요는 각 매장마다 서로 독립적이라면, 총수요는 평균이 200×2,251=450,200이고 표준편차는 $\sqrt{200}$×1,600=22,627이 된다. 그러나 수요가 매장마다 서로 독립적일 가능성은 거의 없다. 다른 말로 하면, 매장 간의 수요는 서로 양의 상관관계가 있다. 그럼에도 불구하고 과거 데이터를 통해서 Burger King은 총수요에 대한 변동계수(coefficient of variation)는 개별 수요에 대한 변동계수의 반 정도라고 보고 있다. 결과적으로 정규분포는 총수요 예측에 적절한 분포라고 볼 수 있다.

c. 물류센터가 85%의 재고 보유율을 유지하기 위해서 Burger King은 얼마나 주문해야 하는가? [17.3]

d. c에서 답한 수량을 주문한다면, 프로모션이 끝나고 얼마나 남을 것으로 기대하는가? [17.3]

e. Burger King이 a에서 답한 수량을 주문하지만 모든 주문량을 물류센터에 보유하고 각 매장에는 필요할 때 보내준다면 물류센터의 재고 보유율은 얼마가 되는가? [17.3]

17.5* **(Livingston Tools)** Living Tools는 소비자 시장에서 배터리로 작동되는 휴대용(드라이버와 드릴 같은) 장비를 생산하는 기업이다. 이 기업은 여러 가지 문제를 가지고 있다. 이 회사의 큰 두 소비자는 대형 할인점이다. 이러한 할인점들은 가격 경쟁이 심하기 때문에, 각 할인점은 독점적인 제품을 원하고 그 결과 소비자들이 제품을 비교하는 것을 막고자 한다. Livingston은 똑같은 전자 드라이버를 각 할인점에게 판매할 것이지만 Livingston은 각 할인점의 주문에 맞춰진 패키지를 사용할 것이다(또한 각각 서로 다른 식별 번호를 사용한다). 각 할인점에서 제품의 주간 수요는 평균 5,200, 표준편차 3,800을 가진 정규분포를 따른다. Livingston은 일주일에 한 번 생산 결정을 하고, 3주간의 보충 리드타임을 가진다. 이 두 할인점은 Livingston에게는 매우 중요한 의미를 가지기 때문에 Livingston은 목표 재고 수요 충족률을 99.9%로 구성하였다.

a. 기준재고모형에 기초하면, 이 Livingston이 제공하는 휴대용 장비 2개의 평균재고는 얼마인가? [17.3]

b. Livingston의 일부 직원들은 휴대용 장비를 특화된 패키지화시키지 않은 상태로 보관할 것을 제한하였다. 즉 Livingston이 2개의 소매상으로 주문을 받으면, 각 장비를 고객의 요구에 맞게 패키지화하는데 시간이 많이 소요되는 것이 아니기 때문에 패키지화되지 않은 재고를 가지고 와서 주문에 맞게 최종 패키지화를 한다. 흥미로운 것은 2개의 할인점 간의 수요는 약간의 음의 상관관계(negative correlated) 즉 상관계수 0.20을 가진다는 것이다. 이러한 새로운 시스템으로 Livingston의 재고 투자를 대략 얼마까지 감소시킬 것인가? [17.3]

17.6 **(Restoration Hardware)** New York Times에서 발췌한 다음의 기사를 보자. (Kaufman, 2000):

> 초기 약속과는 달리 Restoration은 대량 판매 시장참여자가 되는 데는 문제가 있었다. 무엇이 문제인가? 이 회사는 주식 시장 진입 후 일 년 반 이내 정신없이 빠른 속도로 매장의 수를 두 배 이상으로 확장시켰다. … 이 회사의 매니저가 동의하는 바와 같이 재고를 중앙 물류창고가 아닌 각 매장에서 보관하도록 한 Restoration의 초기 재고관리 시스템은 한 마디로 재앙이었다.

Restoration Hardware의 제품 중 하나인 가죽 의자를 살펴보자. 각 매장에서 이 의자의 주간 판매량은 평균이 1.25인 포아송 분포를 따른다. 보충 리드타임은 12주이다.(이 문제를 풀기 위해서는 Excel을 사용해서 포아송 분포와 손실 함수 값을 계산해야 한다. 손실 함수 값을 계산하는 과정은 부록 C를 참조하라.)

a. 각 매장이 재고를 따로 보관한다면, 99.25%의 목표 재고 보유율을 유지할 경우 평균재고 회전율은 얼마가 되는가? [17.3]

b. Restoration hardware가 중앙 물류창고를 사용하여서 94개의 매장을 관리한다고 하자. 공급자에서 중앙 물류창고까지 배송하는데 걸리는 리드타임은 12주이다. 중앙 물류창고에서 각 매장으로 배송하는데 걸리는 리드타임은 1주이다. 물류창고에서는 99%의 재고 보유율을 유지하고 매장에서는 99.25%의 재고 보유율을 유지한다고 가정하자. 매장에서의 재고만을 고려한다면, Restoration의 연간 재고 회전율은 얼마인가? [17.3]

17.7 **(Study Desk)** 당신은 가구 유통에 대한 공급사슬 관리에 책임자라고 하자. 당신이 관리하는 제품 중의 하나는 공부 책상이다. 이 책상은 두 가지 색상으로 나오는데 검정과 체리 색상이다. 각 색상의 책상에 대한 수요는 평균이 100이고 표준편차가 65인 정규분포를 따른다고 한다(두 색상에 대한 수요는 서로 독립적이다.). 조립 공장에서 매장까지의 리드타임은 3주이고 재고 보충을 위한 주문은 일주일에 한 번 한다. 조립 공장에서는 주문을 받은 다음에 제작을 하기 때문에 완성된 책상을 재고로 보관하지는 않는다.

a. 각 색상에 대한 재고 보유율을 97%로 유지한다면 매장에서의 실제보유재고에 대한 기대치는 얼마가 되는가? [17.3]

   책상의 상판만이 검정 또는 체리 색상이다. 나머지 부분은 표준 회색의 철재로 구성되어있다. 그래서 회색 철재 부분과는 따로 검정과 체리 색상의 상판 만을 매장에 따로 보관하고 주문이 들어오면 조립을 할 것을 당신이 제안하였다고 하자. 부품을 받는데 걸리는 리드타임은 여전히 2주이다. 뿐만 아니라 당신은 97%의 재고 보유율을 유지하기 위한 각 상판을 위한 기준재고수준을 계산하고자 한다.

b. 검정 상판에 대한 실제보유재고 기대치는 얼마인가? [17.3]

c. 책상이 완전히 조립되어 매장에 배달되는 기존의 시스템에 비해서 매장에서 최종 조립을 하는 시스템의 경우 평균적으로 얼마나 적은 양의 회색 철재 부분을 재고로 가지고 있게 되겠는가? [17.3]

17.8 (O'Neil) O'Neil사의 고급 잠수복은 Animal이라고 부른다. 이 잠수복의 총수요는 평균이 200이고 표준편차가 130인 정규분포를 따른다고 한다. 최상의 착용감을 위해서 Animal은 16개의 사이즈가 제공된다. 뿐만 아니라, 4가지 색상으로 나오기 때문에 결국 64개의 서로 다른 SKU(stock-keeping units)가 제공된다. O'Neil사는 Animal을 $350에 판매하고 생산하는 데는 $269의 비용이 든다. Animal은 디자인이 바뀔 것이기 때문에 시즌이 끝나는 시점에는 상당히 할인해서 판매가 될 것이다. 시장이 적은 제품이기 때문에 남는 잠수복은 개당 $100만 받을 수 있을 것으로 O'Neil은 생각하였다. 최종적으로 생산 비용을 통제하기 위해서 어느 사이즈와 색상 조합에도 적어도 5개 이상의 잠수복을 생산하는 정책을 쓰고 있다. 가장 작은 사이즈(=초소형-긴)에 대한 총수요는 평균이 2인 포아송 분포를 따른다고 가정한다. 4색상에 대한 평균 수요는 다음과 같다. 검정=0.90, 파랑=0.50, 초록=0.40, 그리고 노랑=0.20.

a. O'Neil사는 초소형-긴 Animal은 재고가 없다고 가정하자. 한 벳치(5개)의 초소형-긴 Animal을 생산한다면 O'Neil사의 이윤 기대치는 얼마가 되는가? [17.2]

b. O'Neil사가 Animal을 검정 색상으로만 판매하기로 하였다고 하자. O'Neil사가 이로 인해 총수요가 12.5% 감소할 것으로 본다면 검은색 Animal로부터의 이윤 기대치는 얼마가 되겠는가? [17.2]

17.9* (Consulting Services) 작은 경제 컨설팅 회사가 4명의 직원을 두고 있다. Alice, Bob, Cathy 그리고 Doug. 이 회사는 4가지 다른 분야 즉 Quotas, Regulation, Strategy 그리고 Tax에 대한 서비스를 제공한다. 현재 Alice는 Quotas를 다룰 수 있고, Bob은 Regulaion, Cathy는 Strategy 그리고 Doug는 Tax에 대해서 다룰 수 있다. 그러나 이러한 방식으로는 사업이 경쟁력을 가지기 힘들다. 즉 한 분야의 직원을 다른 분야에 투입할 수 없어 놀리는 방식으로는 경쟁 우위를 가지기 힘들다. 그래서 이 회사는 직원들을 한 분야 이상을 다룰 수 있도록 훈련시키기로 하였다. 다음 중에서 어떻게 할당하면 가장 회사에 이윤이 될까? [17.4]

a.

다룰 수 있는 분야	Alice	Bob	Cathy	Doug
Qualified areas	Quotas	Regulation	Strategy	Taxes
	Regulation	Taxes	Quotas	Strategy

b

다룰 수 있는 분야	Alice	Bob	Cathy	Doug
Qualified areas	Quotas	Regulation	Strategy	Taxes
	Regulation	Quotas	Taxes	Strategy

c.

다룰 수 있는 분야	Alice	Bob	Cathy	Doug
Qualified areas	Quotas	Regulation	Strategy	Taxes
	Regulation	Quotas	Regulation	Quotas

d.

다룰 수 있는 분야	Alice	Bob	Cathy	Doug
Qualified areas	Quotas	Regulation	Strategy	Taxes
	Strategy	Taxes	Quotas	Regulation

e.

다룰 수 있는 분야	Alice	Bob	Cathy	Doug
Qualified areas	Quotas	Regulation	Strategy	Taxes
	Strategy	Taxes	Quotas	Regulation

* 표시는 부록 E에 정답이 제공됨을 의미한다.

CHAPTER

18 공급능력통제를 통한 수익 관리

기업의 운영 관리자는 기업의 공급을 수요에 더 잘 일치시키고자 끊임없이 노력한다. 사실 이 책에서 논의되는 대부분은 어떻게 하면 기업의 공급 프로세스(supply process)를 더욱 잘 조직하고 운영해서 더욱 생산적이고 즉각 반응적으로 만들 수 있는가에 중점을 두고 있다. 그러나 공급이 유연성이 떨어져 수요를 만족시키기 어려운 경우 다른 접근 방법이 필요하다. 특히, 이번 장에서 논의되는 방법은 기존과는 상반되는 접근 방법이다: 공급을 수요에 일치시키려고 하기보다는, 어떻게 하면 수요를 공급에 맞출 수 있을까를 살펴보게 될 것이다. 수요를 공급에 맞추기 위한 다양한 방법론들을 수익 관리(revenue management)라고 부르고 또 다른 이름으로는 수율 관리(yield management)라고도 부른다. 일반적으로, 수익관리는 공급이 고정된 상황에서 수익(revenue)을 극대화시키는 기법으로 정의한다.

이 장에서는 여러 수익 관리 기법 중에서 보호수준/예약한도(protection levels/booking limits)와 초과예약 두 가지의 기법을 소개할 것이다(나중에 이해하게 되겠지만 보호수준과 예약한도는 같은 기법을 다르게 표현한 개념이다). 이러한 기법들은 수익관리 중에서 프로세스의 처리능력 통제를 통한 기법들이다. 즉, 시간에 따라 처리능력을 조절해나가는 것이다. 가격은 고정되어 있기 때문에 보호수준과 초과예약(overbooking)을 통해서 가격 변동 없이 수익을 극대화시키는 것이다. 이번 장에서는 수익 관리에 대한 간단한 소개부터 시작하도록 하겠다. 수익 관리의 역사, 성공 스토리 그리고 왜 수익 관리가 강력한 기법인가를 설명해주는 "마진 산술식(margin arithmetic)"이다. 다음으로 보호수준과 초과예약을 호텔 산업에 적용하여 설명할 것이다. 마지막에는 이 기법들을 실제 상황에 적용하여 이행시키는 과정을 설명하고 이로부터 얻게 되는 통찰력을 요약해 보겠다.

18.1 수익 관리와 마진 산술식

수익 관리 기법은 1980년대 초에 항공 산업에서 처음으로 개발되어 사용되었다. 이미 공항을 떠난 항공기의 객석은 다시 사용이 불가능한 자원으로 추가 수익을 올릴 수가 없다. 뿐만 아니라, 항공 산업의 매우 낮은 마진율을 고려하면 항공사는 각 비행으로 얻을 수 있는 수익을 극대화해야 한다. 예를 들면, 통상 항공사는 한 번의 비행에서 탑승률이 약 73% 정도이고 약 70%의 탑승률은 되어야 손익 분기점에 도달하게 된다. 즉, 100개의 좌석으로 운영되는 항공기를 고려해 보면, 수익이 나고 안 나고는 몇 안 되는 탑승객(약 3명의 탑승객)에 의해서 결정된다는 것을 알 수 있다.

수익 관리 기법을 사용하는 기업들은 상대적으로 적은 자본 투자로 약 3~7%의 수익 증가를 이룬다고 보고되고 있다. 그러면 이 얼마 되지는 않지만 증가된 수익이 왜 중요한가는 "마진 산술식(margin arithmetic)"을 사용하면 이해할 수 있다. 기업의 순이익에 대한 방정식(net profit equation)은 다음과 같이 간단명료하다.

$$\text{이익} = R \times M - F = \text{순이익률}(\%) \times R$$

여기서

R = 수익(revenue)
M = 수익 대비 총마진율(gross margin as a percentage of revenue)
F = 고정비용(fixed cost)
순이익률(%) = 수익 대비 순이익률(net profit as a percentage of revenue)

기업의 수익 대비 순이익률은 일반적으로 1~10% 정도이다.

수익 관리 기법을 적용하여 수익을 증가시켰다고 가정해 보자. 수익 증가율(revenue increase)을 수익에서의 증가율이라고 정의하고 이미 위에서 언급한 바와 같이 이는 약 3~7% 정도이다. 이익에서의 변화율은 다음과 같다.

$$\text{이익 변화율}(\%) = \frac{[(100\% + \text{수익 증가율}) \times R \times M - F] - [R \times M - F]}{R \times M - F}$$

$$= \frac{\text{수익 증가율} \times R \times M}{R \times M - F}$$

$$= \frac{\text{수익 증가율} \times M}{\text{순 이익률}(\%)}$$

표 18.1 다양한 총마진율, 수익 그리고 수익 대비 순이익률에 따른 이익 변화율

순이익률(% = 2%)				
	수익 증가			
총마진	1%	2%	5%	8%
100%	50%	100%	250%	400%
90	45	90	225	360
75	38	75	188	300
50	25	50	125	200
25	13	25	63	100
15	8	15	38	60

순이익률(% = 6%)				
	수익 증가			
총마진	1%	2%	5%	8%
100%	17%	33%	83%	133%
90	15	30	75	120
75	13	25	63	100
50	8	17	42	67
25	4	8	21	33
15	3	5	13	20

[표 18.1]에는 총마진율(gross margin), 수익 증가율(revenue increase), 그리고 순이익률(net profit)에 대한 위 식의 값들을 보여주고 있다. 이 표는 총마진율(gross margin; M)이 높은 경우에, 수익에서의 작은 증가가 이익에 큰 변화를 주고 있다는 것을 보여주고 있다. 총마진율이 높은 경우에는, 3~7%의 수익 증가로 50~100%의 이익 증가 효과를 볼 수 있다. 이를 통해 수익 관리가 매우 중요하다는 것을 알 수 있다. 이제 호텔산업을 중심으로 두 가지 기법에 대해서 자세히 설명해 보도록 하겠다.

18.2 보호수준과 예약한도

Philadelphia 도심에 있는 Park Hyatt Philadelphia at the Bellevue는 레저 여행객과 비즈니스 여행객을 위해서 총 118개의 객실을 제공하고 있다[1]. 레저 여행객들은 가격에 민감하고 실제 여행 시기보다 훨씬 이전에 예약을 하는 경향이 있다. 반면에 비즈니스 여행객들은 한편으로는 여행 시기에 가까워져서 예약을 하기 때문에 또 한편으로는 가격할인으로 인한 추가적인 제약 조건(예를 들면 사전 구매 요건과 제한적인 예약 취소 정책 등이 있다)을 꺼리기 때문에 같은 방에 더 많은 가격을 지불하는데 주저하지 않는다. 레저 여행객들에게 Hyatt 호텔은 $225의 정규 요금을 책정하고 있으며 주중에는 할인요금으로 $159을 책정하고 있다. 이러한 가격들은 저가 요금(low fare)과 고가 요금(high fare)으로 구분하고 $r_l = 159$와 $r_h = 225$로 표기한다(여기서 r은 수익(revenue)을 의미하고 첨자 l은 저가(low)를 h은 고가(high)를 의미한다).

오늘이 4월 1일이라고 가정하고 주중인 5월 29일에 Hyatt 호텔에 묵는 예약을 하고자 한다. Hyatt 호텔은 저가 요금(low fare)을 지불하고 객실을 이용 하고자 하는 여행객들이 충분히 많다는 사실을 알고 있기 때문에 5월 29일이 되기 전에 118개의 객실을 다 판매하는 것은 문제가 아니다. 그러나 이왕이면 Hyatt 호텔은 저가 요금(low fare) 보다는 고가 요금(high fare)을 지불할 용의가 있는 여행객들에게 모든 방을 판매하고자 한다. 그러나 고가 요금을 지불할 용의가 있는 여행객의 수가 모든 객실의 수(=118) 보다 적을 수 있으며 빈 객실로 인해 벌 수 있었지만 놓치게 되는 수익도 적지 않을 것이다. 5월 29일이 지나면, Hyatt 호텔은 당일에 비어 있게 된 방으로 인해서 놓친 수익을 만회할 수 없다. 그렇기 때문에, Hyatt 호텔은 5월 29일에 가용한 객실을 두 여행객 부류(저

1 Philadelphia에 위치한 Park Hyatt는 118개의 king/queen 크기의 객실을 보유하고 있으나, 이 장에서의 예는 실제수요와 객실요금을 사용하지는 않고 있다. 또한 이 장에서 사용하고 있는 수익 관리 모형은 Park Hyatt가 실제로 사용하고 있는 모형이 아니라 독자들의 이해를 위해 어떤 식으로 적용될 수 있는지 만을 보여주고 있다.

가 요금을 지불하고자 하는 여행객과 고가 요금을 지불할 용의가 있는 여행객)에게 적절히 분배해 수익을 최대화하고자 한다.

수익을 극대화한다는 것은 암묵적으로 사용 중인 객실의 변동비는 중요하지 않다는 가정을 하고 있다. 변동비가 없다는 가정은 항공 산업에서는 타당한 가정이다. 그러나 사용된 객실은 수도, 전기와 같은 추가 비용과 청소 직원 비용 등이 발생하기 때문에 호텔산업에서는 적절한 가정이라고 하기에는 약간의 무리가 있는 가정이다. 그럼에도 우리는 이 장에선 변동비가 0인 전통적인 수익 극대화(maximize-revenue) 모형을 사용하도록 하겠다. 만약 변동비가 중요한 경우에는 수익 극대화 모형을 약간 수정한 이익 극대화(maximize-profit) 모형을 사용하면 된다(예로 단원연습문제 18.8과 18.10을 참조).

위의 Hyatt 호텔 예약 문제로 돌아가면, Hyatt 호텔은 5월 29일이 되거나 또는 118개의 객실 예약이 완료될 때까지 고가 요금과 저가 요금 두 가지의 요금 체계로(two fare class) 선착순 고객, 즉 먼저 연락하는 고객에게 빈 객실 예약을 제공한다. 불행하게도, 비즈니스 여행객은 일반적으로 늦게 예약하는 경향이 있으므로, 고가 요금을 지불할 용의가 있는 비즈니스 여행객은 객실 예약을 하지 못하는 경우가 생긴다. Hyatt 호텔은 고가 요금을 지불하는 여행객을 위해서 저가 요금을 지불한 여행객의 예약을 취소할 수가 없다. 고가 요금 예약을 받지 못하면 더 많은 수익 기회를 놓치게 된다.

선착순으로 예약을 받는 것보다 더 나은 방법이 있다. 선착순 예약 대신에, 일정한 수의 객실을 고가 요금을 지불할 용의가 있는 여행객들을 위해서 비워 놓는 것이다. 즉, 객실 사용 일에 아주 가까워져서 고가 요금에 예약을 하는 여행객들을 위해서 일정 수의 객실을 보호해(protect) 놓는 것이다. 이러한 아이디어는 보호수준과 예약한도라는 개념으로 구체화할 수 있다.

특정 요금에 대한 보호수준은 특정 요금 이상을 위해서 비워 놓게 되는 객실의 수로 정의된다. 지금부터 Q를 고가 요금을 위한 보호수준이라고 하자. 만약 $Q=35$라면, 고가 요금을 위해서 35개의 객실을 보호해 둔다. 35개의 객실을 보호한다는 것은 무엇을 의미하는가? 이는 언제나 고가 요금으로 예약 가능한 객실의 수가 적어도 35개 이상이어야 한다는 것을 의미한다. 예를 들어, 저가 요금으로 83개의 객실이 예약이 되어 있고 고가 요금으로 30개의 객실이 예약이 되어 있고 5개의 객실이 아직 예약되어 있지 않다고 하자. 아직 고가 요금으로 예약할 수 있는 객실의 수가 35이므로, 현재 상황이 보호수준을 아직 위배하지는 않고 있다.

그러나 다음 여행객이 저가 요금으로 예약하고자 한다고 하자. 이 여행객에게 예약을 해 준다면, 적어도 35개 이상의 고가 요금 예약을 받을 수 없는 상황에 직면하게 된다. 그러므로, 주어진 보호수준에는 이 저가 요금 여행객의 예약을 받으면 안 된다. 사실, 저가 요금을 위한 83이라는 제한도 예약한도라는 이름을 가지고 있다. 특정 요금에 대한 예약 한도는 특정 요금이나 그 이하 요금을 위해서 제한되어있는 최대 예약의 수를 의미한다. 고가 요금에 대한 보호수준과 저가 요금에 대한 예약한도는 서로 연관성을 가진다.

고가 요금에 대한 보호수준=총 수용량−저가 요금에 대한 예약한도 (16.1)

고가 요금에 대한 35개의 객실을 보호하기 위해서, 총 가능 예약의 수가 118(총 수용량, 처리능력)개인 한 Hyatt 호텔은 저가 요금에 대한 예약을 예약한도인 83개 이상으로 받으면 안 된다. 이제 독자들은 아마도 저가 요금에 대한 보호수준과 고가 요금에 대한 예약한도에 대해서도 궁금해할 것이다. 차선책이라고 해봤자 객실을 비우는 것 외에는 없기 때문에 저가 요금에 대한 수요에 대해서 객실을 따로 보호해 놓을 필요가 없다. 즉, 고가 요금에 대한 수요가 있는데 저가 요금 수요를 위해서 객실을 비워 놓을 필요는 없다. 그러므로 저가 요금에 대한 보호수준은 0이 된다. 마찬가지로, 더 나은 대안이 없기 때문에 고가 요금에 대한 예약은 가능한 많이 받아야만 한다. 그러므로 고가 요금에 대한 예약한도는 적어도 118개이어야 한다(다음 절에서 보게 되겠지만, 118개 이상의 예약을 받을 수도 있다).

특정 요금 또는 그 이하의 요금에 대해서 허용 가능한 최대 예약의 수를 예약한도라고 정의한 것을 감안하면, 예약한도는 서로 내포(nested) 되었다고 할 수 있다. 내포예약한도(nested booking limit)하에서, 특정 요금에 대해 아직 열려 있다는 것은 (이는 특정 요금에 대한 예약이 아직 가능하다는 것을 의미한다). 특정 요금보다 높은 요금에 대한 예약도 가능하다는 것을 의미한다. 이는 또한 특정 요금에 대해서 닫혔다는 것은 특정 요금 이하의 요금에 대해서는 예약이 닫혀 있다는 것을 의미하므로 즉 예약이 다 찼다는 것을 의미한다. 이번 논의를 벗어나기는 하지만, 내포예약한도는 최적의 선택이라고 할 수 없다. 그럼에도, 내포예약한도는 직관적으로 이치에 맞기 때문에, 대부분의 수익 관리시스템에서 내포예약한도를 사용하고 있다. 그러므로, 내포예약한도를 기본적으로 가정하고 설명을 해 나가도록 할 것이다.

이제 저가 요금에 대한 예약한도 또는 고가 요금에 대한 보호수준을 구해보도록 하자. 많은 운영상의 문제에서 보게 되는 "너무 많이 또는 너무 적게"라는 위험에 봉착하게 된다. 고가 요금을 위해 너무 많은 객실을 보호해(protect) 놓게 되는 경우에는, 5월 29일 당일에 몇 개의 객실이 비워 있게 될 수도 있다. 좀 더 자세히 설명해 보면, 5월 29일 되기 일주일 전에 83개의 객실이 저가 요금으로 예약이 되었고 10개의 객실이 고가 요금으로 예약이 되었다고 하자. 이미 저가 요금에 대한 예약한도에 도달했기 때문에, 저가 요금에 대한 예약은 "닫아 버리고" 5월 29일 전 마지막 주에는 고가 요금에 대한 예약만 받는다. 만약 20개의 고가 요금을 지불할 용의가 있는 여행객이 예약을 하고자 한다고 하면, 5월 29일에 5개의 객실이 빈 상태로 있게 된다. 이는 저가 요금에 팔 수 있었던 기회를 놓치는 것을 의미한다. 그러므로 특정 요금을 위한 객실을 너무 많이 보호하

표 18.2 평균 27.3인 포아송 분포의 확률 본포값과 손실함수

Q	$F(Q)$	$I(Q)$	Q	$F(Q)$	$I(Q)$	Q	$F(Q)$	$I(Q)$
10	0.0001	0	20	0.0920	0.15	30	0.7365	3.73
11	0.0004	0	21	0.1314	0.25	31	0.7927	4.47
12	0.0009	0	22	0.1802	0.38	32	0.8406	5.26
13	0.0019	0	23	0.2381	0.56	33	0.8803	6.10
14	0.0039	0	24	0.3040	0.80	34	0.9121	6.98
15	0.0077	0.01	25	0.3760	1.10	35	0.9370	7.89
16	0.0140	0.01	26	0.4516	1.48	36	0.9558	8.83
17	0.0242	0.03	27	0.5280	1.93	37	0.9697	9.79
18	0.0396	0.05	28	0.6025	2.46	38	0.9797	10.76
19	0.0618	0.09	29	0.6726	3.06	39	0.9867	11.74

게 되면 객실을 빈 상태로 만드는 경우가 생기게 된다. 반대로 Hyatt 호텔이 너무 적은 객실을 보호하게 되는 경우를 생각해 보자. 5월 29일 일주일 전에 80개의 객실이 저가 요금으로 예약이 되어 있고 35개의 객실이 고가 요금으로 예약이 되었다고 하자. 고가 요금을 위해서 35개의 객실이 보호되었기 때문에, 나머지 3개의 빈 객실은 저가 요금에 예약을 내 보낼 수도 있다. 만약 이 3개의 객실이 저가 요금으로 예약이 되어 버린다면, 고가 요금을 지불할 용의가 있는 여행객들은 예약 거부가 될 수도 있다. 즉, Hyatt 호텔은 고가 요금에 팔 수 있었던 객실을 저가 요금으로 팔게 되는 것이다. 만약 고가 요금에 대한 보호수준이 3개가 더 배정이 되었다면(즉 35가 아니라 38이었다면), 5월 29일 일주일 전에 비어 있었던 3개의 객실은 고가 요금에 나갈 수도 있었을 것이다. 그러므로, 저가 요금 예약이 고가 요금 예약보다 먼저 발생하는 경향이 있기 때문에, 고가 요금에 대한 객실을 너무 적게 보호했을 수도 있다.

지금까지의 설명을 잘 보면 Hyatt 호텔은 보호수준을 계산하기 위해서 뉴스벤더 모형을 이용할 수 있다는 것을 알 수 있다(MIT의 Peter Belobaba는 이러한 접근법을 처음으로 개발하였고 "Expected Marginal Seat Revenue"라고 불렀다. Belobaba(1989)를 참조 바람). 이 모형을 적용하기 위해서, 고가 요금에 객실을 사용하는 수요를 예측하여야 하고, 과소재고비용(underage cost)과 과다재고비용(overage cost)을 찾아야 한다. Hyatt 호텔은 5월 29일에 있을 고가 요금에 객실을 사용하는 수요가 평균이 27.3인 포아송 확률 분포를 따른다고 본다(이 예측은 비슷한 저녁들, 일 년 중에서 비슷한 시기 또는 매니저의 직관들을 이용해서 구성할 수 있다). [표 18.2]는 포아송 확률 분포의 일부를 보여주고 있다.

이제 과다재고비용 C_o와 과소재고비용 C_u가 필요하다. 과소재고비용은 보호수준으로

너무 적은 값을 배정했을 때 발생하게 되는 개당 재고비용이다(즉 "과소(under)" 보호했다는 것을 의미한다). 만약 고가 요금을 위한 객실을 충분히 보호해 놓지 못했다면, 고가 요금에 팔 수 있었던 객실을 저가 요금에 팔게 된다. 손실 수익(lost revenue)은 두 요금의 차이가 된다, 즉 $C_u = r_h - r_l$가 된다.

과다재고비용은 보호수준으로 너무 많은 값을 배정했을 때 발생하게 되는 개당 재고비용이다(즉 "과다(over)" 보호했다는 것을 의미한다). 만약 보호수준을 너무 높게 잡았다는 것은 고가 요금을 위한 객실을 많이 보호할 필요가 없었다는 것을 의미한다. 즉, 고가 요금에 사용하는 객실에 대한 수요가 보호수준 Q보다 작았다는 것을 의미한다. 만약 Q가 좀 더 낮은 값이었다면, 몇 개의 객실은 저가 요금에라도 팔 수 있었을 것이다. 그러므로, 과다재고비용은 저가 요금에라도 판매가 되었을 객실 하나에 대한 수익 증대분(incremental revenue)이다, 즉 $C_o = r_l$이다. 뉴스벤더 모형에 따르면, 최적의 보호수준(=과다재고비용과 과소재고비용을 최소화하면서 수익을 극대화하는 값)은 Q값과 같은데 이때 Q는 고가 요금에 사용하는 객실에 대한 수요가 Q보다 작거나 같게 되는 확률이 임계비(critical ratio)와 같게 되는 그러한 Q이다. 계산은 다음과 같다.

$$\frac{C_u}{C_o + C_u} = \frac{r_h - r_l}{r_l + (r_h - r_l)} = \frac{r_h - r_l}{r_h} = \frac{225 - 159}{225} = 0.2933$$

이는 고가 요금에 사용되는 객실에 대한 수요가 Q보다 작거나 같게 되는 확률이 29.33%를 만드는 Q값을 찾는 것을 의미한다. [표 18.2]를 이용하면, $F(23) = 0.2381$이고 $F(24) = 0.3040$임을 알 수 있으므로 최적의 보호수준은 $Q = 24$개의 객실이다(반올림 규칙: 임계치가 확률 분포표에서 두 값 사이에 있으면 높은 값을 선택하라). 저가 요금에 대한 예약한도는 $118 - 24 = 94$개의 객실이다.

어떤 상황에서는 예약한도를 인가 수준(authorization level)으로 표현하는 것이 편리할 때가 있다. 특정 요금에 대한 인가 수준은 전체 처리능력에서 특정 요금 또는 그 이하의 요금을 위하여 남겨놓는 처리능력의 비율로 정의한다. 예를 들어, 객실 94개를 예약한도라고 한다면 이는 Hyatt 호텔 전체 객실에서 80%가 저가 요금으로 할당되어 있다는 것을 의미하기 때문에 인가 수준으로는 80%(=94/118)가 된다. 보호수준과 예약한도를 계산하는 과정은 [정리 18.1]에 요약되어 있다.

Hyatt 호텔이 24개의 객실을 보호수준으로 사용한다면, Hyatt 호텔의 기대 수익(expetecd revenue)은 보호수준을 0으로 했을 경우보다 높다. 그렇다면 얼마나 더 높을까? 이 질문에 대해 답하기 위해서, 몇 가지 가정이 더 필요하다. 첫째, 저가 요금에 대한 수요는 충분히 많다고 가정한다. 이는 118개의 모든 객실을 저가 요금에 내놓게 되면 비는 상태가 없이 다 예약이 된다는 것을 의미한다. 둘째, 저가 요금에 대한 수요가 고가 요금에 대한 수요보다 먼저 발생한다고 가정한다. 이는 고가 요금을 위한 객실을 남

정리 18.1

두 가지의 요금체계를 사용하고 수익 극대화를 목적으로 하는 경우, 고가 요금에 대한 최적의 보호수준(optimal protection level) 또는 저가 요금에 대한 최적의 예약한도(optimal booking limit)를 계산하는 방법은 다음과 같나.

1단계 임계비(critical ratio)를 계산한다.

$$\text{임계치} = \frac{C_u}{C_o + C_u} = \frac{r_h - r_l}{r_h}$$

2단계 $F(Q)$ = 임계치가 되는 Q를 계산한다. 여기서 $F(Q)$는 고가 요금에 대한 수요를 위한 분포 함수를 의미한다.

a. $F(Q)$가 표로 주어졌을 경우, $F(Q)$가 임계비(Critical ratio)와 같아지는 Q를 찾아라. 임계치가 표에서 두 값 사이에 있는 경우에는 높은 Q값을 선택하면 된다.

b. 고가 요금에 대한 수요가 평균이 μ이고 표준편차가 σ인 정규분포일 경우에는 $\phi(z)$ = 임계치가 되는 표준정규분포표의 z–통계량(z–statistic)을 구해야 한다. 임계치가 표 내의 두 값 사이에 있을 경우에는 높은 z값을 선택한다. 그 다음, 선택한 z를 Q로 변환한다.($Q = \mu + z \times \sigma$)

3단계 최적의 보호수준은 2단계에서 계산한 Q값이 된다. 최적의 예약한도는 처리능력(capacity)에서 Q를 빼면 된다. 여기서 처리능력(capacity)이란 예약 가능한 객실의 수를 말한다.

겨두지(보호해 두지) 않으면, 저가 요금의 객실을 구하는 여행객들이 고가 요금을 지불할 용의가 있는 여행객들이 예약을 하기 전에 모든 118개의 객실을 예약해 버린다는 것을 의미한다.

위의 두 가정하에서, 보호수준이 없이 Hyatt 호텔의 수익은 118×$159=$18,762이 될 것이다. 모든 118개의 객실이 저가 요금에 예약이 되어 버릴 것이기 때문이다. 만약 24개의 객실을 고가 요금을 위해서 보호해 둔다면, 94개의 객실이 저가 요금에 예약이 될 것이고 저가 요금으로 인한 수익은 94×$159=$14,946이 될 것이다. 그럼 보호수준으로 사용된 24개의 객실로부터의 수익은 얼마가 될 것인가? 고가 요금에 대한 수요가 평균이 27.3인 포아송 확률분포를 따른다고 할 경우, [표 18.2]를 이용하면 I(24)=0.80개의 객실이 빌 것으로 기대된다. 이는 24－0.80=23.2개의 객실이 고가 요금을 지불할 용의가 있는 고객들이 이용할 것으로 기대되는 것을 의미한다. Hyatt 호텔이 고가 요금에 23.2개의 객실 판매를 기대한다면, 이로 인한 수익은 23.2×$225=$5,220이 된다. 24개의 객실을 보호수준으로 정할 경우 총수익은 $14,946+$5,220=$20,166이 된다. 그러므로, 기대 수익은 (20,166－18,762)/18,762=7.5% 만큼 증가하게 된다. 참고로, 고가 요금에 대한 모든 수요를 만족시킨 다음 남은 객실이 저가 요금으로 판매한 경우 얻게 되는 최대 기대 수익(maximum expected revenue)을 계산해 보면 다음과 같다.

$$\text{최대 예상 수익} = 27.3 \times \$225 + (118 - 27.3) \times \$159$$
$$= \$20,564$$

그러므로, 최대 기대 수익과 저가 요금에 모든 객실을 판매함으로써 얻게 되는 수익의 차이는 $20,564−$18,762=$1,802가 된다. 보호수준으로 인해서 얻게 되는 Hyatt 호텔의 수익은 최대 기대 수익과 $20,564−$20,166=$398 밖에 차이가 나지 않는다. 그러므로, Hyatt 호텔은 고가 요금에 대한 보호수준 설정으로 잠재적인 수익 증가(=$20,564−$18,762=$1,802) 중에서 78%(1−$398/$1,802)의 증가를 이룰 수 있다.

처리능력을 증가시키지 않고 이루어낸 7.5%의 수익 증가는 상당한 것이다. 그럼에도, 사전에 가정한 내용들을 다시 생각해 볼 필요가 있다. 첫째, 저가 요금에 대한 수요가 충분히 많이 있다고 가정하였다. 하지만, 만약 저가 요금에 대한 수요가 충분하지 않고 제한적이라면, 고가 요금에 대한 보호수준으로 인하여 얻게 되는 혜택은 줄어들게 되고 수익 증가는 감소하게 된다. 예를 들어, 저가 요금과 고가 요금에 대한 수요의 총합이 항상 118보다 적다고 한다면, 고가 요금에 대한 보호수준을 설정할 필요가 없게 된다. 좀 더 넓게 보면, 보호수준으로 인한 수익 관리는 처리능력이 제약(capacity-constrained)된 상황에 있는 경우에 가장 의미가 있다.

두 번째 가정은 저가 요금에 대한 수요가 고가 요금에 대한 수요보다 먼저 발생한다는 것이다. 만약 저가 요금에 대한 수요가 118개의 모든 객실을 다 예약하기 전에 고가 요금에 대한 수요가 발생하게 되면, 보호수준이 필요가 없어지게 되고 보호수준이 없는 상황에서의 수익에 대한 추정치 $18,762는 너무 낮게 추정한 것이 된다. 다르게 표현하면, 고가 요금에 대한 보호수준을 설정하지 않더라도 여전히 고가 요금으로 예약을 받을 수 있다는 것을 의미한다.

두 번째 가정은 저가 요금에 대한 수요가 고가 요금에 대한 수요보다 먼저 발생한다는 것이다. 만약 저가 요금에 대한 수요가 118개의 모든 객실을 다 예약하기 전에 고가 요금에 대한 수요가 발생하게 되면, 보호수준이 필요가 없어지게 되고 보호수준이 없는 상황에서의 수익에 대한 추정치 $18,762는 너무 낮게 추정한 것이 된다. 다르게 표현하면, 고가 요금에 대한 보호수준을 설정하지 않더라도 여전히 고가 요금으로 예약을 받을 수 있다는 것을 의미한다.

비록 보호수준 설정을 통한 잠재적인 수익의 증가를 좀 더 정확하게 평가하기 위해서는 실제 데이터를 살펴볼 필요가 있지만, 위에서 살펴본 추정치는 실제로 수익 관리로 인해 얻게 되는 통상적인 수익 증가인 3~7%와 일치하므로 매우 의미가 있다고 할 수 있다.

호텔 산업의 예를 이용하여 예약한도에 대한 사례를 설명하였으므로 이제 예약한도를 적용할 수 있는 비즈니스의 특성에 대하여 살펴보도록 하겠다(여기서 처리능력(capacity)이란 기업이 제공할 수 있는 상품/서비스를 의미하며 Hyatt 호텔의 경우에는 객실을 의미한다).

- 같은 처리능력(예를 들면 같은 객실이나 비행기 좌석)을 서로 다르게 세분화된 고객들(예를 들면 같은 객실에 대한 저가 요금 여행객과 고가 요금 여행객과 같은 세분화)에게 판매가 가능하다. 항공 산업에서 일반석과 일등석과 같이 판매되는 상품/서비스가 서로 차이가 있는 경우에 레저 여행객과 비즈니스 여행객을 가격 면에서 구별하여 제공하는 것을 쉽게 볼 수 있다. 이러한 차별화는 확연히 구분되는 상품/서비스들일 경우에 해당된다. 그러나 예약한도(booking limit)를 사용할 경우에는 서로 다르게 세분화된 고객들에게 차별화되지 않는 즉 같은 상품을 제공한다. 예를 들어, 항공기의 일반석 또는 Hyatt 호텔의 객실을 두 가지로 세분화된 요금으로 판매한다.
- 차별화되는 고객세분화가 있으며 이 세분화된 고객들의 가격 민감도는 서로 다르다. 예를 들어 하나의 요금 체계를 채택한 경우, 즉 모든 고객으로부터 벌어들이는 수익이 일정할 경우에는 보호수준이 불필요하다. 같은 상품/서비스에 대하여 차별화되는 고객세분화가 수익에 변화를 주는 경우에는 예약한도를 설정하는 것이 의미가 있다. 같은 상품/서비스를 판매하는 경우에는 고객세분화를 차별화할 필요가 있으며 이는 울타리(fence)라는 개념으로 이해할 수 있다. 저가 요금에 부가되는 제약들은 고가 요금 고객이 저가 요금 고객으로 이전하는 것을 막는 역할을 한다. 통상적으로 울타리(fence)로는 사전 구매 조건(advanced purchase requirement), 토요일 저녁에 머무르는 조건(saturday night stay requirement), 취소 비용(cancellation fee), 변경 비용(change fee)과 같은 것들이 사용된다. 물론, 이러한 울타리(fence)들로 고가 요금과 저가 요금이라는 두 가지의 서로 다른 상품을 만드는 것이라고 할 수도 있다. 예를 들면, 같은 일반석을 제공하더라도 정가 요금의 일반석은 할인 요금의 일반석과 같다고 하기 힘들다. 이는 넓은 의미에서 다른 상품/서비스로 보는 것이 옳다. 그러나 같은 용도로 사용된다는 의미에서는 서로 같은 상품/서비스라고 할 수 있다.
- 기업이 제공하는 처리능력(capacity)은 시간이 지나면 사라지는(perichable) 경향이 있다. 항공기에서 빈 좌석이 다음 비행 때까지 재사용이 불가능한 것과 마찬가지로, 5월 29일에 공실이 된 객실은 5월 29일 당일 수익 차원에서 영원히 잃어버리게 되는 자원이다. 반면에, 공장과 같은 생산 시설에서의 처리능력은 수요보다 높을 경우 재고를 만들기 위해서 사용되고 생산된 재고는 창고에 보관하여 추후에 판매할 수 있다.
- 기업이 제공하는 처리능력(capacity)은 제한적이다. 레저 요금과 비즈니스 요금에 대한 총수요가 118을 드물게 넘는 경우에는, Hyatt 호텔은 보호수준이나 예약한도를 설정할 필요가 없다. 호텔의 객실과 같은 처리능력은 설치하는데 비용이 높고 또 시간에 따라 변경하는 데 드는 비용도 매우 높기 때문에, 서비스 제공자인 호텔 측에서는 늘 충분한 양을 보유하는 것이 불가능하다(활용률(utilization)이 너무 낮아서 기업은 경쟁력이 떨어지고 그 결과 살아남기가 어려운 상황에 직면하게 될 것이다). 그러나, Hyatt 호텔은 계절적 요인으로 한 해에서 어느 시점에는 객실이 남아 돌 것이고

또 어느 시점에는 객실이 모자라는 상황에 직면하게 된다. 예약한도는 비수기에는 필요하지 않겠지만 성수기에는 매우 유용한 전략이 될 것이다.

- 상품/서비스(capacity)는 예약 판매된다. 고가 요금을 지불할 용의가 있는 새로운 고객이 있을 때 저가 요금으로 예약한 것을 취소할 수 있다면, 고가 요금을 위한 좌석을 보호할 필요가 없어진다. 저가 요금에 대한 예약이 들어올 때마다 받아들이고 고가 요금에 대한 수요가 발생하면 기존의 저가 요금에 대한 예약을 취소해 나가면 된다. 마찬가지로 비행이 시작하기 전에 경매를 통해서 비행기표를 판매할 수 있다면 보호 수준의 설정의 의미가 없어진다. 예를 들면, 비행기가 출발하기 1시간 정도 전에 이 비행기를 타고자 하는 고객들이 모여서 경매를 통해 누가 이 비행기를 탈 것인가를 결정한다고 가정해 보자. 비행기표를 이런 방식으로 판매한다는 것은 비현실적이기는 하지만, 최근에 이와 같이 경매방식을 통한 판매 방식으로의 움직임이 보이고 있다. 경매를 통하면 항상 상품/서비스(capacity)가 최고 입찰자한테 판매되기 때문에, 보호수준의 설정이 필요가 없어진다.
- 기업은 수익 극대화를 추구하며, 가격 차별화에 유연성을 가지고 있으며, 특정 고객층에게는 상품/서비스(capacity)를 판매하지 않을 수 있다. 호텔은 다양한 요금 체계를 가질 수도 있고, 특정 요금 체계 제공을 보류하는 경우도 있다. 다른 말로 하면, 할인 요금의 폐지가 선착순 원칙을 위배하는 것을 의미할지라도, 비윤리적이거나 비양심적이라고 할 수는 없다. 그러나, 선착순 원칙의 위배, 같은 상품/서비스에 대한 다양한 요금 체계 또는 특정한 제약 조건(fence)의 사용이 고객들 입장에서는 받아들일 수 없는 상황들이 있는데 예를 들면 의료서비스와 같은 경우가 있다.
- 기업은 할인 가격을 제공하는 또 다른 기업과 경쟁관계 상황에 놓이는 경우가 있다. 항공 산업 규제 철폐 이후 사업을 시작한 저가 항공사인 People Express가 내놓은 저가 요금은 American Airlines로 하여금 수익 관리(revenue management)를 개발한 동기가 되었다. 처음에는 People Express가 내놓은 저가 요금 체계와 경쟁하기 위해서, American Airlines는 People Express의 요금 체계에 억지로 맞춰야만 하는 상황이었다. 그러나, American Airlines는 고가 요금을 지불할 용의가 있는 고객들로 하여금 저가 요금을 내게 하고 싶지 않았다. 예약한도와 저가 요금에 대한 제약 조건은 이러한 문제에 대한 솔루션을 제공하였다. American Airlines는 수익성 높은 고가 요금을 지불할 용의가 있는 고객으로 인한 수익을 포기하지 않고도 저가 요금을 무기로 가진 저가 항공사와 경쟁할 수 있었다. People Express는 수익 관리 시스템을 구축하지 않았고 American Airlines의 대응에서 얼마 가지 않아 파산하게 되었다.

18.3 초과예약

서비스 환경에서, 고객은 예약을 하고 촉박하게 취소를 하거나 서비스받으러 나타나지 않는 경우가 있다. 예를 들어, 5월 29일에 Hyatt 호텔은 118개 객실의 예약을 다 받아 놓은 상황이었지만 5월 29일 당일에 예약한 118명 중에 110명의 여행객만 나타났다고 하자. 이로 인해서 5월 29일에 Hyatt 호텔은 8개의 객실을 공실로 놔두게 되고 이로 인한 수익은 벌어들이지 못하는 상황에 놓이게 되었다. 이 절에서 설명하게 되는 초과예약(over booking)은 나타나지 않은 고객(no show-up)으로 인한 기회 상실 문제에 대한 하나의 솔루션이 될 수 있다. 만약 Hyatt 호텔이 초과예약을 하기로 하였다면, Hyatt 호텔은 최대 118명의 여행객만 수용할 수 있지만 118명 이상의 예약을 받는다는 것을 의미한다. 초과예약은 항공 산업에서는 자주 사용되는 기법이다. 미국 내에서, 항공사는 연간 약 100만 명 정도 승객들의 탑승을 거부하고 있다(Springer, 2002). 뿐만 아니라, 초과예약을 금지하게 되면 세계 항공 산업은 예약하고 나타나지 않는 여행객들로(no show-up) 인하여 연간 30억 달러 정도의 비용이 발생할 수도 있다고 전해진 바 있다(Cross, 1995).

변수 *Y*를 Hyatt 호텔이 수용할 수 있는 객실의 수(capacity) 이상으로 초과된 예약의 수라고 하자. 이는 118+*Y*까지 예약을 받는다는 것을 의미한다. 초과예약을 할 경우 두 가지 결과 중에 하나가 나타난다. 긍정적인 면으로는 예약을 하고 나타나지 않은 고객이 초과예약된 수보다 많아서 예약하고 실제 나타난 고객들을 다 수용할 수 있게 되었고 초과예약을 하지 않았을 경우보다 더 많은 고객을 수용하였다는 것이다. 예를 들어, Hyatt 호텔이 122명 예약을 받았다고 하고 6명이 나타나지 않았다고 하자. 결과적으로, 116개의 객실이 차서 2개의 객실이 비었는데 이는 Hyatt 호텔이 118명 예약을 받았다면 공실 수가 더 많았을 것이다.

부정적인 면으로는, Hyatt 호텔이 초과예약에 휘말리는 경우이다. 예를 들어, 122명 예약을 받았는데 이 중 두 명만 나타나지 않은 경우에는, 118개의 객실을 가지고 120명의 고객들에게 객실을 제공해야 하는 상황이 발생한다. 이러한 경우에, 2명의 고객은 다른 호텔의 객실로 보내야 하고 이 고객들에게 신용 상실 완화 차원에서 보상(예를 들면 현금이나 무료 투숙권)을 해 주어야 한다.

초과예약의 적절한 수를 결정하기 위해서, "너무 많은 또는 너무 적은(too much-too little)" 사이의 균형을 사용해서 구하면 된다. 너무 많이 초과예약을 받으면 몇몇 고객을 화나게 만들 것이고 너무 적게 초과예약을 받으면 공실로 인하여 수익을 놓치게 된다. 그러므로, 뉴스벤더 모형을 이용하여 적절한 *Y*값을 찾으면 된다. 우선 과거 데이터를 이용하여 예약하고도 나타나지 않는 고객의 수를 예측해야 한다. Hyatt 호텔은 5월 29일에 예약을 하고도 나타나지 않는 고객의 수의 확률 분포가 평균이 8.5인 포아송 확률 분포

표 18.3 평균이 8.5인 포아송 분포의 확률 분포도

Q	$F(Q)$	Q	$F(Q)$
0	0.0002	10	0.7634
1	0.0019	11	0.8487
2	0.0093	12	0.9091
3	0.0301	13	0.9486
4	0.0744	14	0.9726
5	0.1496	15	0.9862
6	0.2562	16	0.9934
7	0.3856	17	0.9970
8	0.5231	18	0.9987
9	0.6530	19	0.9995

를 따른다고 가정하고 있다. [표 18.3]에 평균이 8.5인 포아송 확률 분포함수에 대한 값이 나와 있다.

다음으로 과소재고비용(underage cost)과 과다재고비용(overage cost)을 계산해야 한다. 만약 Hyatt 호텔이 초과예약 Y를 너무 적게 설정하면, 5월 29일에 공실이 되는 객실이 생길 수 있다(Hyatt 호텔이 초과예약을 "과소하게(under)" 설정한 것이다). 저가 요금에 대한 수요가 충분히 많이 있었다고 가정할 경우에, 과소하게 설정된 초과예약으로 인해서 발생한 빈 객실은 적어도 저가 요금인 $r_l = \$159$에 판매될 수 있었으므로 과소재고비용(underage cost)은 $C_u = r_l = 159$가 된다.

여기서 주목할 점은, 과소재고비용은 고객이 예약을 최소 할 때 위약금이 부과되는지와는 무관하다는 것이다. 좀 더 자세히 설명해 보면, 120개의 예약을 받았고 3명의 고객이 예약하고 나타나지 않았다고 가정해 보자. 예약 취소로 환불이 가능하다면, 수익은 117명의 고객으로부터 발생하지만 (3명의 나타나지 않은 고객들은 환불을 받았기 때문에 3명으로부터의 수익은 빠지게 된다) 공실이 된 하나의 객실로부터 추가적으로 수익을 올릴 수도 있었다. 만약 환불이 안 되는 경우에는 수익은 120명의 고객으로부터 발생하지만 (환불이 되지 않으므로 나타나지 않은 고객 3명으로부터의 수익을 포함하고 있다) 여전히 공실이 된 하나의 객실로부터 수익을 올릴 수 있는 기회를 잃은 것이다.

만약 Hyatt 호텔이 초과예약 Y를 너무 높게 설정하였을 경우에는, 총 객실수인 118명보다 더 많은 고객을 5월 29일에 수용해야 하는 상황이 발생한다. Hyatt 호텔의 객실에 수용되지 못한 고객은 다른 호텔에서 수용이 되도록 해야 하며 Hyatt 호텔은 추가로 또 다른 보상을 해야 한다. 과다한 초과예약으로 인해 발생되는 수용되지 못한 각 고객 때문에 Hyatt 호텔이 부담해야 하는 비용은 약 $350 정도라고 하자(이 비용은 다른 호텔에

정리 18.2  최적의 초과예약을 계산하는 과정

단계 1 임계비(critical ratio)를 계산한다.

$$\text{임계치} = \frac{C_u}{C_o + C_u} - \frac{r_l}{\text{예약하고도 수용되지 못하는 고객 한 명당 비용} + r_l}$$

단계 2 $F(Y)$=임계비가 되는 Y를 구한다.(여기서 $F(Y)$는 예약하고 나타나지 않는 고객 수에 대한 확률분포 함수이다.)

a. $F(Y)$가 표로 주어졌을 경우에는, $F(Y)$=임계비가 되는 Y를 찾으면 된다. 만약 임계비가 표에서 두 값 사이에 있을 경우에는 높은 Y값을 선택한다.

b. 예약하고 나타나지 않는 고객 수가 평균이 μ이고 표준편차가 σ인 정규분포를 따르는 경우에는 표준 정규분포 표에서 $\phi(z)$=임계비가 되는 z–통계량(z-statistics)를 구한다. 만약 임계비가 표에서 두 값 사이에 있을 경우에는 높은 z 값을선택한다. 그리고 선택한 z값을 Y로 다음과 같이 전환한다.($Y = \mu + z \times \sigma$)

단계 3 Y는 최적의 초과예약이다. 즉, 허용되는 최대 예약의 수는 Y+가용 객실의 수(capacity)가 된다.(여기서 가용 객실 수(=호텔의 처리능력, capacity)란 실제로 수용 가능한 고객의 수를 의미한다.)

서의 숙박비와 보상금을 포함한 비용이다). 이 비용은 고객으로부터의 수익에서 순수 감소분에 해당됨에 주의해야 한다. 예를 들어, 환불이 되지 않는 경우에는 초과예약으로 예약하고 나타난 고객에게 객실을 제공하지 못함으로써 발생하는 총비용은 $509이고 여기서 순비용(net cost)은 $350(=$509−$159)이 되는 반면에($159을 빼는 이유는 환불이 되지 않기 때문에 $159은 Hyatt 호텔 입장에서는 수익이 되기 때문이다), 환불이 되는 경우에는 총비용은 $350이 된다. 어느 경우든, 초과예약으로 인하여 예약하고 나타난 고객에게 객실을 제공하지 못하는 경우에 발생하는 비용은 $350이 된다.

임계비(critical ratio)는 다음과 같다.

$$\frac{C_u}{C_o + C_u} = \frac{159}{350 + 159} = 0.3124$$

[표 18.3]을 보면, $F(6) = 0.2562$이고 $F(7) = 0.3856$이므로, 최적의 초과예약은 $Y = 7$이다. 이는 Hyatt 호텔은 5월 29일에 대한 예약으로 118+7=125개까지 받아야 함을 의미한다. [정리 16 −2]에 최적의 초과예약을 계산하는 과정을 요약해 놓았다.

Hyatt 호텔이 118개의 총객실에 대한 예약을 받고 추가로 7개의 예약을 더 받기로 하여서 125개의 예약이 된 경우에, 5월 29일에 초과예약이 발생할 확률은 26%이다($F(6) = 0.2562$). Hyatt 호텔의 예약이 이와 같이 많이 발생한다고 하기는 힘들기 때문에 실제 초과예약이 될 가능성은 더 적을 것이다.

여기서 한 가지 의문점으로 Hyatt 호텔은 어떻게 보호수준/예약한도와 초과예약을 통합하여 결정할 것인가이다. 다음은 꽤 합리적인 휴리스틱(heuristic)이다. 만약 Hyatt 호텔이 7개의 초과예약을 받기로 결정하였다면, 즉 $Y=7$이라면 , 실질적인 가용 객실 수(effective capacity)는 118+7=125가 된다. 고가 요금 수요에 대한 예측, 고가 요금을 위한 고객에 대한 보호수준을 위한 과소재고비용과 과다재고비용을 기반으로 계산해 보면, 24개의 객실을 보호수준으로 설정해야 한다. 식(16.1)의 공식을 이용하면, 이는 저가 요금을 위한 예약한도는 다음과 같다.

$$
\begin{aligned}
\text{저가 요금에 대한 예약한도} &= \text{가용 객실 수} - \text{고가 요금에 대한 보호수준} \\
&= 125-24 \\
&= 101
\end{aligned}
$$

고가 요금에 대한 예약한도는 125가 되도록 설정해야 하는데, 이는 Hyatt 호텔이 저가 요금에 대한 예약은 101개까지 받아야 하고 저가 요금과 고가 요금을 포함한 총예약은 125개까지 받아야 한다는 것을 의미한다.

18.4 수익 관리의 실행

이번 장에서 소개되고 있는 수익 관리의 적용 과정은 상당히 간단하고 명쾌해 보이지만, 실제로 수익 관리를 실행하고 적용하는 과정에는 추가로 복잡한 과정을 거쳐야 한다. 지금부터 수익 관리를 복잡하게 만드는 중요한 몇 가지 사항을 언급하도록 하겠다.

수요예측

앞에서도 보았지만 수요예측은 보호수준과 초과예약을 계산하는데 필요한 사항이다. 결과적으로, 보호수준과 초과예약의 정확도는 수요예측이 얼마나 정확하게 되었느냐에 달려있다. “쓰레기가 들어가면 쓰레기가 나올 수밖에 없다”는 옛말을 한번 생각해 볼만하다. 다행스럽게도, 예약 시스템은 수요예측에 필요한 많은 정보를 제공해준다. 그럼에도 계절성(seasonality), 특별 행사(시내에서의 큰 국제회의), 요금의 변동(경쟁사와 해당 기업의 요금 변동), 단절(truncation, 예약한도에 도달하면 각 요금 별로 놓친 수요를 확인할 수 없다)로 수요예측에 어려움이 있다. 뿐만 아니라, 수익 관리에 의한 결정 자체가 수요에 영향을 미치며 그로 인해 결정을 위해 사용한 수요예측 자체에도 영향을 미치게 된다. 그러므로, 그 어떤 성공적인 수익 관리 시스템일지라도 수요를 예측하는 데는 상당한 주의와 노력을 기울여야 한다.

동적인 결정

앞에서 본 수익 관리에 대한 분석은 한 시점에서의 결정에 관한 것이었다. 하지만, 요금과 수요예측은 시간에 따라 변하고 예약한도도 자주(일반적으로 매일) 검토되어야 한다. 사실, 정교한 시스템을 구축할 때는 현재의 예약한도를 설정할 때 앞으로 있을 조정까지도 고려되어야 한다.

가용 처리능력의 변동성

호텔은 일반적으로 서비스의 제공 능력에 변동성이 거의 없는 분야이다. 호텔에 객실을 추가하는 것은 어려운 일이고, 공실이 되는 객실의 수는 일반적으로 적다. 항공사 비행기의 좌석 제공 능력의 변동도 고정되어 있는 편이지만 항공사가 노선에서 사용하는 비행기의 기종을 변경할 수 있기 때문에 호텔의 서비스 제공 능력보다는 변동성이 좀 덜 고정되어 있는 편이다. 그러나, 한 지역에서 자동차 렌탈 회사의 서비스 제공 능력은 변하기 쉽고 회사에 의해서 완전히 통제하기 어렵다. 그러므로, 자동차 렌탈 회사와 같은 회사는 어느 시점에서도 이용 가능한 서비스 제공 능력을 예측해 두어야 한다.

단체 예약

5월 29일에 국제회의가 있다고 가정한다면, Hyatt 호텔은 한 번에 저가 요금으로 110 객실에 대한 예약을 받아야 할 수도 있다. 이러한 예약 요구가 예약한도를 위배한다고 할지라도, 예약한도에 대한 설정은 예약은 한 번에 하나의 객실에 대해서만 발생한다는 가정하에서 만들어진 것이다. 한 번에 110개의 저가 요금 수요를 거절하는 것은 한 명의 저가 요금 수요를 거절하는 것과는 확실히 차이가 있고 기회비용도 훨씬 높다.

효과적인 고객세분화

지금까지는 고객을 두 부류로 나눈다고 가정하였다. 저가 요금에 대한 고객과 고가 요금에 대한 고객. 현실에서 이러한 가정은 너무나도 단순한 가정이다. 고가 요금을 지불할 용의가 있는 고객이 있지만 이러한 고객 중에는 저가 요금을 낼 수 있다면 저가 요금으로 서비스를 받고자 하는 경우도 있다. 그러므로 지불 용의에 따라서 고객을 구분하고 나서 저가 요금을 지불하는 고객들에게는 제약 조건(fence)을 두었다. 많이 알려진 제약 조건으로는 사전 구매 조건(advance purchase requirement), 예약 취소 비용(cancellation cost), 변경 비용(change cost), 토요일 저녁에 머무르는 조건(saturday night stay requirement) 등이 있다. 그러나 이러한 제약 조건들도 완벽하다고 할 수 없다. 즉, 이러한 제약 조건으로 고객들을 완전히 세분화하는 데는 한계가 있다. 결과적으로 보면, 한 요금에서 다른 요금으로의 수요 이동이 과한 경우가 종종 발생하게 된다. 좀 더 효과적인 제약 조건이 있을 수 있지만, 몇몇 제약 조건은 고객들로부터 심한 불만을 일으키는 경우가 있다. 예를 들어, 고객의 연 소득이 높을수록 다양한 요금 체계에 대해서 접근할 수 있도록 하거나 과거 제공받은 서비스 요금의 평균을 제공한다든지 하게 된다면 고객들로부터 심한 불만의 항의를 받게 된다.

다양한 요금 체계

우리가 본 수익 관리에서는 저가 요금과 고가 요금의 두 가지 요금 체계가 있었다. 현실에서는 이 보다 많은 요금 체계가 있을 수 있다. 다양한 요금 체계(multiple fare classes)에서는 각 요금에 대한 수요를 예측해야 하고 또 그에 따르는 다양한 예약한도(multiple booking limit)도 설정해야 한다.

소프트웨어 실행

수익 관리 소프트웨어에 대한 투자는 이로 인해 얻게 되는 수익에 비한다면 적다고 할 수 있지만 그렇다고 완전히 무료라고 할 수는 없다. 수익 관리 시스템은 예약 시스템 능력에 의해서 종종 좌우된다. 다른 말로 하면, 수익 관리 소프트웨어가 특정 요금에 대해서 예약을 받을지 아니면 받지 않을 것인지에 대한 결정을 내려야 하는 동시에 예약 시스템을 통하여 여행사나 고객에게 이러한 결정을 원활히 전달할 수 있어야 한다. American Airline에게는 고통스러웠지만 그들이 발견해낸 것과 같이 수익 관리 소프트웨어에는 결함이 있을 수도 있다. American Airline의 초기 소프트웨어는 저가 요금에 대한 예약을 너무 일찍 거부하기 시작해서 빈 좌석이 많이 발생하게 하는 오류를 가지고 있었다. 즉, 저가 요금에 대한 예약한도를 너무 낮게 설정한 것이다. American Airline은 이 오류를 좌석이 너무 적게 차고 있다는 사실을 통해서 발견하게 되었다. 그 당시에 이로 인해 약 $50,000,000로 추정되는 수익 손실을 보았다. 그러므로, 적절히 설정된 예약한도는 수익을 증가시키지만 그렇지 못한 경우에는 수익을 감소시키게 된다. 결과적으로 수익관리 시스템에 대한 세심한 관심이 필요하다.

서비스 구매에서의 변동성: 한 명의 고객이 항상 하나의 서비스만 구매하지는 않는다

두 고객이 같은 요금을 지불하지만 이 둘은 기업의 입장에서는 서로 다른 고객이 될 수도 있다. 예를 들어, 한 레저 여행객이 객실을 저가 요금에 하룻밤 투숙을 예약하는 반면에 다른 고객은 저가 요금으로 5일을 머물고자 한다고 가정해 보자. 이 두 고객은 하룻밤 투숙을 위해 같은 요금을 지불하지만 두 번째 고객의 예약을 받지 않는 것은 기회비용이 많이 발생한다는 것을 알 수 있다. 심지어 하룻밤 투숙을 위한 고가 요금 예약을 받지 않는 것보다도 기회비용이 많이 발생할 수도 있다.

항공사도 호텔이 여러 날을 투숙하는 고객들 예약을 받을 것인지와 비슷한 상황에 직면하게 된다. 할인 요금을 지불해서 Chicago(O'Hare)에서 New York(JFK)로 여행하는 두 승객을 생각해 보자. 한 승객에게는 JFK가 최종 도착지이지만 다른 승객에세는 JFK를 경유해서 같은 항공사의 다른 비행편으로 최종 도착지인 London(Heathrow)로 간다고 가정해 보자. 수익 관리 시스템은 갈아타지 않고 단일 구간(single-leg)만 이용하는 승객보다는 여러 번 갈아타서 여러 구간(multiple-leg)을 이용하는 승객이 항공사 입장에서 더 가치가 있다는 것을 인식해야 한다. 그러나 O'Hare와 JFK 구간에 대해서만 설정이 되어있는 예약한도(booking limit)로는 이 두 승객을 구분하지 못한다. 이는, 결정 규칙이 항공사 네트워크에서 특정 구간의 요금에 중점을 두고 설정이 되어 있는 단순한 형태의 수익 관리로는 단일 구간(single-leg or single-segment) 통제만 가능하다. Hyatt 호텔의 예는 특정일 저녁의 객실 예약에 관한 예이므로 단일 저녁(single-night) 통제라고 할 수 있다.

여러 구간 문제에 대한 하나의 솔루션으로는, 각 구간에 대한 각 요금 체계에 대한 예약한도를 설정하는 것이 아니라, 요금 체계와 여행 일정의 조합(fare class-itinerary combination)으로 설정하는 것이다. 이는 출발지-도착지 통제(origin-destination control) 또는 단순히 O-D control로 불린다. 예를 들어, O'Hare-JFK 여행 일정과 JFK를 경유하는 O'Hare Heathrow 여행 일정의 두 여행 일정에 대해서 고가 요금 순으로 *Y*, *M*, *Q*의 세 가지 요금체계(fare class)가 있다고 가정하자.

요금 등급	O'Hare to JFK	O'Hare to Heathrow
Y	$724	$1,610
M	475	829
Q	275	525

O'Hare-JFK 구간 사이에 좌석을 관리하기 위한 예약한도(booking limit)를 여섯 가지로 설정할 수 있다. 예를 들어 다음의 표를 참조하라:

요금 등급	O'Hare to JFK	O'Hare to Heathrow
Y		100
M		68
Y	60	
Q		40
M	35	
Q	20	

앞의 표와 같이 예약한도를 여섯 가지로 설정하였을 경우, O'Hare-JFK 구간에 Q 요금을 내고 이용하고자 하는 승객의 요구는 거절당하고 O'Hare-Heathrow구간에 Q 요금을 내고 이용하고자 하는 승객의 요구 즉 예약은 받아들일 수가 있다. 예를 들어 O'Hare-JFK 구간의 Q 요금에 대한 예약은 이미 20개가 다 받아들여져 있고, O'Hare-JFK 구간의 M와 Q 요금과 O'Hare-Heathrow 구간의 Q 요금에 대한 예약이 40개 미만인 경우를 생각하면 이해할 수 있을 것이다. 만약 O'Hare-JFK 구간에 세 가지의 요금 체계만 있다고 가정한다면, Q 요금에 대한 예약은 받아지거나 또는 거절당하거나 둘 중에 하나의 경우만 생기므로, Q 요금에 대한 예약 중에 일정 부분은 받고 나머지는 거절하는 것이 불가능해진다.

요금 체계와 여행 일정의 조합(fare class-itinerary combination)에 대한 예약한도를 사용하는 것이 좋은 솔루션 같지만, 대부분의 수익 관리에 적용하기에는 실효성이 떨어진다. 예를 들어, 현실에서는 O'Hare-JFK 구간을 이용하고자 하는 여행 일정이 수천 개가 있을 수 있다. 이미 설정이 된 예약한도를 실행하는 것은 말할 것도 없이, 이 많은 수의 여행 일정에 대한 예약한도를 계산하는 것만으로도 악몽 같은 일이 될 것이다. 이러한 문제에 대한 한 솔루션으로 가상내포화(virtual nesting)라는 것이 있다. 가상내포화를 사용하는 경우에는, 유한한 수의 버킷(bucket)을 설정하면서 동시에 각 버킷을 위한 예약한도와 이 각 버킷에 들어갈 요금 체계와 여행 일정의 조합(fare class-itinerary combination)도 동시에 설정해야 한다. 같은 버킷에 들어가는 요금 체계와 여행 일정의 조합들은 기업 입장에서 비슷한 가치를 가지는 것들을 넣어주고, 다른 버킷에 들어가는 요금 체계와 여행 일정의 조합들은 서로 다른 가치를 가지도록 설정한다.

예를 들어, 위의 예에 대해서 네 개의 버킷(0, 1, 2, 3)을 다음과 같이 설정할 수 있다.

버킷	구간	요금 등급
0	O'Hare to Heathrow	Y
1	O'Hare to Heathrow	M
	O'Hare to JFK	Y
2	O'Hare to Heathrow	Q
	O'Hare to JFK	M
3	O'Hare to JFK	Q

비슷한 수익($724와 $829)을 내는 O'Hare-JFK 구간의 Y요금과 O'Hare-Heathrow구간의 M요금을 같은 버킷(bucket)에 넣고, 수익이 $1,610인 O'Hare-Heathrow 구간의 Y요금은 다른 버킷(bucket)에 넣는다. 가상내포화를 사용하게 되면 같은 구간을 이용하면서 비슷한 요금을 내는 고객들로 구분이 가능해진다. 무엇보다도 가상내포화를 사용하게 되면 많은 수의 요금 체계와, 서로 다른 여행 일정을 가지는 승객들 또는 호텔 내에서 서로 다른 숙박일을 가지는 숙박객들과 같은, 많은 부류의 고객이 있는 경우에 사용하기

용이한 솔루션을 제공한다.

가상내포화가 위에 소개한 문제에 대한 처음으로 제기된 솔루션이기는 하지만 유일한 솔루션은 아니다. 최근에 입찰가격통제(bid-price control)라고 불리는 좀 더 정교한 형태의 솔루션이 제시되고 있다. 위의 항공기 예를 이용하여 입찰기격통제를 실피보도록 하자. 비록 O'Hare-JFK 구간을 이용하는 많은 여행 일정들이 서로 다른 수익을 내지만, 이 모든 일정들은 O'Hare-JFK 구간의 하나의 일반석이라는 같은 서비스를 사용한다. 입찰가격통제에서는 특정 비행 구간에서 사용되는 특정 서비스는 특정 입찰가격으로 설정해 놓는다. 그 다음에, 특정 요금 체계와 여행 일정의 조합의 요금이 여행 일정에 들어가는 구간에 설정이 되어있는 입찰가격의 합보다 높을 경우에는 이 요금 체계와 여행 일정의 조합은 사용 가능해진다. 예를 들어, 각 비행 구간 별 입찰가격이 다음과 같이 설정되었다고 하자.

Fare Class	O'Hare to JFK	O'Hare to Heathrow
입찰가격	\$290	\$170

O'Hare-JFK 간의 요금이 \$290이 넘을 경우에는 사용 가능해지고, JFK를 경유하는 O'Hare-Heathrow 간의 요금이 \$290+\$170=\$460을 넘을 경우에는 사용이 가능해진다. 그러므로, O'Hare-JFK 구간에서는 \$724인 Y와 \$475인 M요금은 사용 가능해진다. 반면에, O'Hare-Heathrow 구간에서는 \$1,610인 Y와 \$829인 M과 \$525인 Q요금 모두 \$290+\$170=\$460을 넘기 때문에 사용이 가능하다.

입찰가격통제에서는, 각 비행 구간 별로 하나의 입찰가격을 설정하기 때문에 실행 하기에 직관적이고 간편한 기법이다. 입찰가격통제를 적용하는 데 있어 가장 어려운 점은 정확한 입찰가격을 찾아내야 한다는 것인데 이는 상당히 복잡하고 정교한 최적화 기법을 요구하기 때문이다.

18.5 요약

수익 관리(revenue management)는 상대적으로 고정된 공급(상품/서비스) 하에서 가격과 공급에 대한 통제를 통하여 수익을 최대화하는 기법으로 정의가 된다. 이 장에서는 수익 관리 중에서 보호수준/예약한도(protection level/booking limit)와 초과예약(overbooking)과 관련한 상품/서비스의 통제 방법에 중점을 두었다. 보호수준/예약한도는 요금은 차별화할 수 있고 차별화된 각 요금에 대한 수요는 시차를 두고 도착한다는 가정 하에서 설정이 되었다. 즉, 레저 여행객이 주로 찾는 저가 요금(low fare)에 대한 예약이 비즈니스 여행객이 주가 되는 고가 요금(high fare)에 대한 예약보다 일반적으로 먼저 발생한다고 가정한다. 저가 요금에 대한 예약한도를 설정함으로써 시차적으로 나중에 발생하는 고가 요금에 대한 예약을 위해서 충분한 서비스를 보호하는 것이 가능해진다. 초과예약(overbooking)은 고객이 예약을 하고 나중에 나타나지 않는 경우에 유용하다. 즉, 일정 고객 중에 예약을 하고도 서비스를 사용하지 않는 다면, 서비스의 제공능력보다 더 많은 예약을 받는 것은 고려해 보아야 할 사항이다.

수익 관리는 굉장히 복잡한 분야지만 적극적으로 연구가 진행되는 연구 분야이다. 많은 어려움에도, 수익 관리는 강력하면서도 유용한 기법으로 인식되어 왔다. 이는 AMR사와 American Airline사의 CEO였던 Robert Crandall 다음과 같은 표현을 인용하면 잘 알 수 있다(Smith, Leimkuhler and Darrow, 1992).

> 나는 1979년 항공 요금 규제 철폐(airline deregulation) 이후에 수송 관리(transportation management) 분야에서 가장 중요한 기술적 개발은 수익 관리(revenue management)라고 생각한다. … 수익 관리의 개발은 항공 요금 규제 철폐 이후 American Airline 생존의 열쇠였다. 수익 관리가 없을 시기에는 가격 경쟁의 시장 환경에서 우리는 두 가지 만족스럽지 못한 대응에 직면하게 되었다. 가격경쟁이라는 시장 환경에 맞추기 위한 요금 할인을 통해서 재고를 줄이거나, 또는 가격 경쟁이라는 시장 환경과는 무관하게 요금을 할인하지 않음으로써 시장 점유율이 낮아지게 되었다. 그러나 수익관리는 세 번째 대안을 제시하였다. 즉, 재고의 일정 부분만 할인 요금으로 설정하고, 시차를 두고 늦게 발생은 하지만 고가 요금을 지불하는 고객들을 위해 재고를 남겨 놓는 것이 수익성이 높을 경우에는 할인 요금을 위한 재고는 남겨두지 않음으로써 할인 요금 예약을 받지 않는 것이다. 결과적으로, 우리는 수요와 공급을 더욱 효과적으로 일치시킬 수 있었다.

[표 18.4]는 이 장에서 소개된 주요 기호와 식을 요약한 것이다.

표 18.4 주요 기화와 식 요약

보호수준(protection level)과 예약한도(booking limit)의 선택 방법

r_h=고가요금과 r_l=저가요금 두 가지 요금 체계를 가지는 경우, 고가 요금에 대한 보호수준(protection level) Q는 다음과 같은 임계비(critical ratio)를 통해 계산한다.

$$\text{임계치} = \frac{C_u}{C_o + C_u} = \frac{r_h - r_1}{r_h}$$

(고가요금에 대한 수요가 Q 보다 작거나 같을 확률이 임계비와 같아지는 Q를 선택하라.)

저가요금에 대한 예약한도(booking limit)=처리능력(capacity)−Q 초과예약(overbooking) Y 값 선택방법

r_l를 저가요금이라고 하자. 최적의 초과예약(overbooking) Y 값은 다음의 임계비를 통해 계산한다.

$$\text{임계치} = \frac{C_u}{C_o + C_u} = \frac{r_l}{\text{예약하고도 수용되지 못하는 고객 한 명당 비용} + r_l}$$

심화학습

- 수익 관리가 발전되어 온 역사를 짧게 살펴보기 위해서는 Cross(1995)를 참조하라. 좀 더 자세히 살펴보고 싶다면 Cross(1997)을 참조하기 바란다. Cross(1997)에는 수이 관리에 대한 기술적인 면에 대해서도 기술되어 있다. Talluni and Van Ryzin(2004)에는 수익 관리에 대한 이론과 실제를 폭넓고 상세하게 다루고 있다. 이 보다 먼저 출판된 두 논문으로 McGill과 Van Ryzin(1999)과 Weather와 Bodily(1992)에서도 수익 관리 이론에 대해서 정리가 되어있다. 수익 관리를 자동차 렌탈, 골프장 그리고 음식점에 적용한 사례들을 보려면 Geraghtyand Johnson(1997), Kimes(2000) 그리고 Kimes, Chase, Choi, Lee and Ngonzi(1998)을 참조하라.

단원연습문제

다음 질문들은 이 장의 이해정도를 확인하는 데 도움을 줄 것이다. 각 질문 뒤의 [ ]는 관련된 해당 절을 나타내고 있다.

"*" 표시가 있는 문제의 해설은 부록 E에 있으며, Connect에서 영상을 참조하기 바란다.

18.1* **(The Inn at Penn)** The Inn at Penn 호텔은 표준 퀸 사이즈 객실을 150개 가지고 있으며 이 객실에 대한 요금은 정규요금 $200과 할인요금 $120 두 가지 요금 구조를 가지고 있다. 할인요금을 받으려면 적어도 숙박하려는 날 보다 2주 전에 예약을 하여야 한다. (이로써 일찍 예약하려 하는 여행 고객과 늦게 예약하려고 하는 비즈니스 고객을 구분하는데 수월하게 된다.) 특정 화요일 저녁에 호텔의 여행 고객의 수요는 모든 호텔 객실을 채울 만큼 많다고 보고 비즈니스 고객의 수요는 평균이 70이고 표준편차는 29인 정규 분포를 따른다고 보고 있다.

a. 50개의 객실이 정규 요금으로 보호되어 있다고 가정해 보자. 할인 요금에 대한 예약한도는 얼마가 되는가? [18.2]

b. 정규 요금에 대한 최적의 보호수준을 계산하라. (여기서 보호수준이란 할인 요금에 팔리는 것으로부터 보호하기 위한 객실의 수를 의미한다.) [18.2]

c. Sheraton 호텔이 비즈니스 고객을 위해 가격을 $150로 낮추면서 가격 전쟁을 선언하였다. The Inn at Penn 호텔은 수요를 유지하기 위해서 가격을 맞출 수밖에 없다. 그렇다면 최적의 보호수준은 증가, 감소 또는 동일하게 유지되어야 하는가? 과정을 설명하라. [18.2]

d. 정규 요금에 대한 보호수준을 61로 설정하면 평균적으로 얼마나 많은 객실의 수가 공실로 남아 있게 되는가? [18.2]

e. 만약 The Inn at Penn 호텔이 모든 정규 요금 고객을 다 받아들일 수 있다면 수익 기대

치는 얼마가 되는가? [18.2]

f. The Inn at Penn 호텔이 정규 요금을 위한 객실을 보호해 놓지 않고 여행 고객이 비즈니스 고객보다 먼저 예약을 한다고 한다면 The Inn at Penn 호텔의 수익 기대치는 얼마가 되는가? [18.2]

g. f 문제에서의 가정에 추가적으로 The Inn at Penn 호텔이 정규 요금에 대한 보호수준을 50으로 설정하였다고 한다면 수익 기대치는 얼마가 되는가? [18.2]

18.2* **(Overbooking The Inn at Penn)** 고객들의 노쇼(No-show)로 인해서, The Inn at Penn 호텔은 초과예약(overbooking)을 실행하고자 한다. 문제 18.1에서와 같이 객실의 수는 150개이며, 정규요금은 $200이고 할인 요금은 $120이다. 노쇼(No-show)의 수는 평균이 15.5인 포아송 분포를 따른다고 하고 이 포아송 분포의 손실 함수는 다음과 같다.

Y	$F(Y)$	$I(Y)$	Y	$F(Y)$	$I(Y)$	Y	$F(Y)$	$I(Y)$
8	0.0288	0.02	14	0.4154	0.90	20	0.8944	4.78
9	0.0552	0.05	15	0.5170	1.32	21	0.9304	5.68
10	0.0961	0.11	16	0.6154	1.83	22	0.9558	6.61
11	0.1538	0.20	17	0.7052	2.45	23	0.9730	7.56
12	0.2283	0.36	18	0.7825	3.15	24	0.9840	8.54
13	0.3171	0.58	19	0.8455	3.94	25	0.9909	9.52

The Inn은 동문들에게 제공하는 서비스의 질에 굉장히 민감하기 때문에, 예약을 하였는데도 숙박을 하지 못하는 경우 신용을 잃음으로 인해 발생하는 비용은 약 $325로 계산하고 있다.

a. 최적의 초과예약은 얼마인가? 즉, 총객실의 수 150개보다 최대 얼마나 더 많은 수의 예약을 받을 수 있는가? [18.3]

b. The Inn이 160까지 예약을 받는다면 The Inn이 예약한 고객에게 객실을 제공하지 못할 확률은 얼마인가? [18.3]

c. The Inn이 165까지 예약을 받는다면 The Inn의 모든 객실이 다 찰 확률은 얼마인가? [18.3]

d. The Inn이 170까지 예약을 받는다면 예약을 하고 나타났지만 초과예약으로 숙박하지 못한 고객들로 인해 발생하는 비용의 기대치는 얼마인가? [18.3]

18.3* **(WAMB)** WAMB는 저녁 시간 대에 30초짜리 광고 슬랏(slot)을 25개 가지고 있는 방송국이다. 현재는 1월인데 3월 24일 일요일에 대한 광고 슬랏을 판매하고자 한다. 현재 $4,000이면 모든 슬랏을 판매할 수 있다. 하지만, 3월 24일 일요일은 Oscar 시상식이 있는 날이기 때문에 3월 24일 이전 주중에는 광고 슬랏 가격을 비싸게 팔 수 있으며 슬랏당 $10,000에 판매할 수 있다. 현재로서는 미리 판매가 되지 않았고 마지막 주에 판매되지 않은 슬랏은 재사용이 불가하므로 WAMB에게는 무가치하다. 다음 표에 마지막 순간 즉 3월 24일 이전 주 수요에 대한 확률 분포가 주어져 있다.

슬랏(Slot)의 수, x	정확히 x개의 슬랏이 팔릴 확률
8	0.00
9	0.05
10	0.10
11	0.15
12	0.20
13	0.10
14	0.10
15	0.10
16	0.10
17	0.05
18	0.05
19	0.00

a. 얼마나 많은 슬랏을 사전에 판매하여야 하는가? [18.2]

b. 실제적으로 광고 메시지를 방송에 내보내고자 대기하고 있는 회사들이 있다. 이러한 것을 대기 광고 메시지라고 한다. 사전에 판매되지 않고 이전 마지막 주에도 판매되지 않은 빈 광고 슬랏이 생기는 경우 대기 광고 메시지를 이 빈 슬랏에 넣어 방송에 내보낼 수 있다. 이러한 슬랏이 생길지는 확신할 수 없기 때문에, 대기 광고 메시지는 매우 낮은 가격에 판매가 된다. 만약 사전에 판매되지 않고 마지막 주에도 판매되지 않은 광고 슬랏이 생기게 되는 경우 이 슬랏을 대기 광고 메시지에 사용되는 경우 $2,500을 받는다고 가정해 본다. 그렇다면 사전에 얼마나 많은 광고 슬랏을 판매하여야 하는가? [18.2]

c. 예약한도를 10개의 슬랏으로 WAMB는 설정하였다고 가정해 보자. 대기 메시지로 사용할 수 있는 빈 광고 슬랏이 생길 확률은 얼마인가? [18.2]

d. 3월에 있을 광고 예약을 1월에 미리 받는 경우의 문제점은 광고주가 종종 광고를 취소한다는 것이다.(일반적으로 이는 프로모션 전략에 변화가 생겨서 발생하게 된다. 예를 들면 광고를 하는 것이 상품 판매에 별 도움이 되지 않거나 오히려 역효과가 생기는 경우가 있다.) 광고주의 이러한 기회주의적인 행동 때문에, 방송 회사는 광고 슬랏을 초과예약받는 경우가 종종 있다. WAMB는 예약된 광고 취소 발생 횟수가 평균이 9인 포아송 분포를 따른다고 보고 있다. $4,000에 판매될 수 있었던 취소된 광고 슬랏은 대기하고 있는 회사에 $2,500에 판매된다. 미리 WAMB에 광고 예약을 해 두었지만 초과예약으로 광고를 내보내지 못하게 된 광고주에게 WAMB는 계약 위반으로 $10,000의 비용을 지불하게 된다. 최대 몇 개의 슬랏을 팔아야 하는가? [18.3]

e. 시간이 지나면서 광고 예약을 하고 취소하는 경우가 많아지면서 WAMB는 예약 취소하는 경우에 벌금으로 $1,000을 광고주에게 지불하도록 하였다.(광고 예약을 하는 경우 $1,000을 보증금으로 내게 하였고 이 금액은 WAMB가 초과예약으로 광고를 내보내지

못하는 경우에만 환불해 주었다.) 예약된 광고 취소 발생 횟수 기대치가 9에서 4.5로 반이 줄었다. 최대 얼마나 많은 수의 슬랏을 팔아야 하는가? [18.3]

18.4* **(Designer Dress)** California주 Santa Barbara시에 있는 패션 소매상은 새로운 드레스를 초대한 사람들을 위한 패션쇼에서 선보였다. 패션쇼가 끝난 다음 이 드레스는 이 패션 소매상의 부티크 매장에서만 $10,000에 판매된다. 이 드레스의 수요는 평균이 70이고 표준편차가 40인 정규 분포를 따른다고 보고 있다. 높은 가격과 독점성을 유지하기 위해서 100개의 드레스만을 만들어서 판매한다. 시즌이 끝나고 남은 드레슨 모두 파기하는 것이 이 회사의 방침이다.

a. 시즌이 끝나는 시점에 남은 드레스의 평균 수는 얼마인가? [18.2]
b. 이 소매상의 수익 기대치는 얼마인가? [18.2]
c. 패션 쇼에서 상품들이 고객들에게 더 새롭고 신선하게 보이는 동안 패션회사들은 종종 패션쇼에서 상품을 할인해서 판매하는 경우가 많다. 그래서 회사는 패션쇼에서 가격을 $6,000로 할인해서 판매함으로써 수익을 더 올려보고자 결정하였다. 패션쇼가 끝나고 남은 드레스는 부티크 매장에서 $10,000에 판매가 된다. 일반적으로 패션쇼에서 내놓은 드레스는 다 판매가 되고 그 이후 매장에서의 수요는 점점 줄어든다. 매장에서의 수요는 평균이 40이고 표준편차가 25인 정규 분포를 따른다고 한다. 얼마나 많은 수의 드레스를 패션쇼에서 판매하여야 하는가? [18.2]
d. c에서의 결과를 가지고 수익 기대치를 구하라. [18.2]
e. c에서의 결과를 가지고 남은 드레스의 수에 대한 기대치를 구하라. [18.2]

18.5* **(Overbooking PHL-LAX)** Philadelphi와 LA 구간의 비행기에는 200석이 있다. 비행기표 가격이 $475이고 예약을 하고 나타나지 않는(No-show) 고객의 수는 평균이 30이고 표준편차가 15인 정규 분포를 따른다. 초과예약을 설정하기로 하고 예약을 하고 나타났는데 초과예약으로 탑승하지 못한 고객에게는 $800을 지불한다.

a. 받아들일 수 있는 최대 예약 수는 얼마인가? [18.3]
b. 220개의 예약을 받기로 하였다고 하자. 초과예약으로 탑승이 거부되는 고객들로 인해 발생하는 비용의 기대치는 얼마인가? [18.3]
c. 220개의 예약을 받기로 하였다고 하자. 초과예약으로 탑승이 거부되는 고객이 발생할 확률을 구하라[18.3]

18.6 **(PHL-LAX)** 문제 16.5에 나온 상황을 다시 한번 보도록 하자. 좌석은 200이고 초과예약은 설정하지 않는다고 가정해 보자. 고가 요금은 $675이고 저가 요금은 $375이다. 저가 요금에 대한 수요는 충분한 반면 고가 요금에 대한 수요는 평균이 80이고 표준편차가 35인 정규 분포를 따른다고 하자. [18.2]

a. 고가 요금에 대한 보호수준을 최적으로 설정한다면 200개의 예약을 받을 확률은 얼마인가? [18.2]

b. 보호수준을 85로 설정하였다. 손실되는 고가 요금 고객의 평균 수는 얼마인가? [18.2]

c. 보호수준을 85로 설정하였다. 빈 좌석 수의 기대치는 얼마인가? [18.2]

18.7 **(Anneberg)** Anneberg Center의 디렉터인 Ron은 100개의 좌석으로 열어야 하는 뮤지컬에 대한 가격 전략을 짜고 있다. 정규 가격을 $80으로 설정하고 이 가격에 대한 수요는 평균이 40이고 표준편차가 30인 정규 분포를 따른다고 보고 있다. Ron은 학생에게만 사전 판매로 정규 가격에서 50% 할인을 제공하고자 한다. 학생 할인 가격에 대한 수요는 충분히 많고 정규 가격 수요보다 먼저 발생한다고 본다.

a. Ron은 학생 할인 가격에 대한 예약한도로 50을 설정하였다, 정규 가격으로 판매되는 좌석수의 기대치는 얼마인가? [18.2]

b. 다른 도시에서의 이 뮤지컬에 대한 리뷰를 기반으로 Ron은 정규 가격에 대한 수요가 평균이 60이고 표준편차가 40인 정규 분포를 따른다고 보았으나 가격을 바꾸지 않았다. 정규가격에 대한 최적의 보호수준을 구하라. [18.2]

c. Ron은 빈 좌석이 뮤지컬을 보러 온 다른 관객에게 부정적인 영향을 미친다는 사실을 지각하게 되었다. 그래서 학생 할인 가격을 정규 가격의 50%에서 55%로 바꾸기로 결정하고 최적의 보호수준을 설정하고자 하였다.(정규 가격에 대한 수요는 b와 마찬가지로 평균이 60이고 표준편차가 40인 정규 분포를 따른다고 본다.) 학생 할인 가격의 변화가 빈 좌석 수의 기대치에 어떤 영향을 미치는가? (증가, 감소 아니면 같거나 또는 어떻게 될지 결정하는 것이 불가능한지 설명하라.) [18.2]

d. Ron은 평균적으로 8개의 좌석이 예약하고 나타나지 않은 고객으로 빈다는 것을 안다. 또한 Ron은 빈 좌석 보다 한 명 이상 관객을 불러들이는 것이 10배 더 비용이 발생한다는 것을 알게 되었다. 최대 100개 좌석 이상으로 판매할 수 있는 좌석의 수는 얼마인가? [18.3]

18.8 **(Park Hyatt)** 교재에서 본 Philadelphia 주에 있는 Park Hyatt 호텔의 예를 다시 고려해 보도록 하자. 고가 요금은 $225이고 고가 요금에 대한 수요는 평균이 27.3인 포아송 분포를 따른다고 하고 저가 요금은 $159이고 객실의 수는 118개이다. 고객이 사용한 객실은 $45의 비용이 발생한다. 이 비용에는 방을 청소하고 추가 편의시설 사용 등등이 포함되어 있다. Park Hyatt은 수익 기대치보다는 이익 기대치를 최대화하고자 한다. 고가 요금에 대한 최적의 보호수준을 구하라. [18.2]

18.9 **(MBA Admission)** 정상 수준의 경영대학에 있는 입학 위원회는 매년 많은 수의 MBA 과정 입학원서를 받아서 입학 허가에 대한 결정을 내리고 있다. 입학 허가를 받은 학생 중에는 다른 학교로 가는 경우가 있기 때문에 입학위원회는 일반적으로 이상적인 클래스 사이즈인 720명 보다 더 많은 수의 학생에게 입학 허가를 준다. 당신은 이 입학 위원회가 적절한 수의 학생들에게 입학 허가를 주도록 도와주고 있다고 하자. 돌아오는 해에 입학 허가를 받아들이지 않는 학생의 수는 평균이 50이고 표준편차는 21인 정규분포를 따른다고 보고 있다. 현재

입학 웨이팅 리스트는 설정하지 않는다. 즉, 학생들은 입학 허가를 받거나 거절당하거나 둘 중에 하나뿐이다.

a. 750명이 입학 허가를 받았다고 하자. 클래스 사이즈가 적어도 720명 이상이 될 확률을 구하라. [18.2]

b. 입학 허가 수가 너무 많거나 또는 너무 적거나를 돈으로 환산하기는 쉽지가 않다. 그러나 일반적으로 720명 보다 더 많이 받아들여진 학생 한 명으로 인한 비용이 더 적게 받아들여져서 발생하는 비용보다 두 배가 더 크다라고 받아들여지고 있다. 최적의 입학 허가 수를 구하라. [18.3]

c. 너무 적게 입학 허가가 나간 경우에 웨이팅 리스트에 있는 학생들에게 추가로 허가를 줄 수 있기 때문에 웨이팅 리스트 제도는 너무 적게 허가를 준 경우에 발생하는 문제를 완화시킬 수 있다. 그러므로 입학 위원회는 720명 보다 더 많이 받아들여진 학생 한 명으로 인한 비용이 더 적게 받아들여져서 발생하는 비용보다 다섯 배가 더 크다라고 재 평가를 하였다. 이 재평가에 대해서 당신은 어떻게 생각하는가? [18.3]

18.10 (Air Cargo) 에어 카고 회사는 화물 공간을 어떻게 판매할 것인가 결정해야만 한다. 장기계약으로 화물 공간을 판매할 수 있으며 장기계약은 구매자가 정해진 가격으로 정해진 화물 공간의 양을 구매할 것이라는 조건을 규정하고 있다. 장기계약 가격은 적재 공간의 표준단위당 1,875달러이다. 만약 장기계약이 이루어지지 않으면 회사는 화물 공간을 현물시장(spot market)에 판매할 수 있다. 현물시장 가격은 유동적이기는 하지만 현물시장 가격의 기대치는 대략 2,100달러이다. 게다가 현물시장 수요는 유동적 이여서 고객을 찾아낼 수도 있고 때로는 고객을 찾지 못하는 수도 있다. 특정한 날에 특정한 비행을 생각해 보자. 회사가 제공 가능한 적재공간은 58이다. 게다가 회사는 현물시장 수요가 평균 65와 표준편차가 45인 정규분포를 따른다고 보고 있다. 평균적으로 회사는 화물 단위당 비행을 위해 연료, 취급, 유지에 330달러의 비용이 든다.

a. 에어 카고 회사는 오로지 현물시장에 의존하고 있다고 가정하자. 즉 장기계약은 없다고 하자. 회사의 수익의 기대치는 얼마가 될 것인가? [18.2]

b. 회사는 오로지 장기계약에 의존하고 있다고 가정하자. 회사의 이익 기대치는 얼마가 될 것인가? [18.2]

c. 회사는 장기계약과 현물시장 둘 다 이용하고 있다고 가정하자. 회사가 수익(revenue)을 최대화하기 위하여 장기계약으로 얼마나 많은 적재공간을 판매할 수 있는가? [18.2]

d. 회사는 장기계약과 현물시장 둘 다 이용하고 있다고 가정하자. 회사가 이익(profit)을 최대화하기 위하여 장기계약으로 얼마나 많은 적재공간을 판매할 수 있는가? [18.2]

CHAPTER

19 공급사슬의 조정

공급사슬(supply chain)의 성과(performance)는 공급사슬 내에 있는 모든 구성원들이 취하는 활동(action)들에 전적으로 달려있다. 하나의 약한 연결 고리로 인하여 사슬 내의 다른 모든 위치들이 악영향을 받을 수 있다. 모든 구성원들이 원칙적으로는 공급사슬 전체의 성과를 최적화하고자 하는데 협조하지만, 각 구성원의 주목적은 자기 자신의 성과를 최적화하는 데 있다. 그리고, 이 장에서 보게 되겠지만, 불행하게도 공급사슬 내 각 구성원들의 이기적인 행동으로 인하여 최적의 공급사슬의 성과보다 못한 성과를 내게 된다. 이러한 상황에서는, 공급사슬 내 구성원들은 운영적인 면에서 서로 좀 더 협조함으로써 각자 또한 더 나은 이윤을 얻을 수 있다.

이 장에서 공급사슬을 조정(supply chain coordination)하는데 직면하게 되는 여러 가지 어려운 점에 대해서 살펴보도록 하겠다. 첫 어려움으로는 채찍효과(bullwhip effect)를 들 수 있는데 이는 수요의 변동성이 공급사슬을 거슬러 올라갈수록 (소매업자 → 유통업자 → 공장 → 원자재 공급자들로의 이동) 상당히 커지는 것을 의미한다. 어떠한 형태의 변동성도 효과적인 운영의 측면에서는 늘 문제점이라고 본다면, 채찍효과는 바람직한 현상이라고 볼 수는 없다. 이 장에서는 우리는 채찍효과의 원인을 찾아보고 몇 가지 해결방안을 제안할 것이다.

공급사슬을 조정하는데 또 다른 어려운 점은 공급사슬 내의 독립적인 구성원들 사이에 발생하는 보상 충돌(incentive conflict)을 들 수 있다. 즉 한 구성원이 자신의 이윤을 극대화하는 활동(action)이 다른 구성원의 이윤을 극대화하지는 않는다는 것이다. 예를 들어, 한 구성원이 재고를 더 많이 확보함으로써 얻게 되는 보상(incentive) 또는 더 많은 생산 능력 확보로 인하여 얻게 되는 보상 또는 더 신속한 고객에 대한 서비스로 인하여 얻게 되는 보상이 또 다른 구성원이 얻게 되는 보상과 상이한 경우에 충돌(conflict)이 발생하게 된다. 우리는 이 장에서 선글라스의 공급사슬을 예를 사용하여 보상 충돌에 대해서 설명하고 이러한 문제점에 대한 해결 방안에 대해서 논의하려 한다.

19.1 채찍효과: 원인과 파장

Barilla사는 파스타를 생산하는 이탈리아의 선두 제조업체이다. [그림 19.1]은 일 년 기간 동안에 Cortese에 위치한 Barilla사의 물류센터(distribution center)에서 발송되어 나가는 파스타의 양(outbound shipment)과 Cortese에 있는 물류센터가 Barilla사의 상류 공장(upstream factories)에 주문하는 파스타의 양을 보여주고 있다. 발송되어 나가는 파스타의 양은 Barilla의 고객(downstream customer)이 Barilla에 주문하는 파스타의 양으로 볼 수 있고 Cortese에 있는 물류센터가 Barilla의 상류 공장에 주문하는 파스타의 양

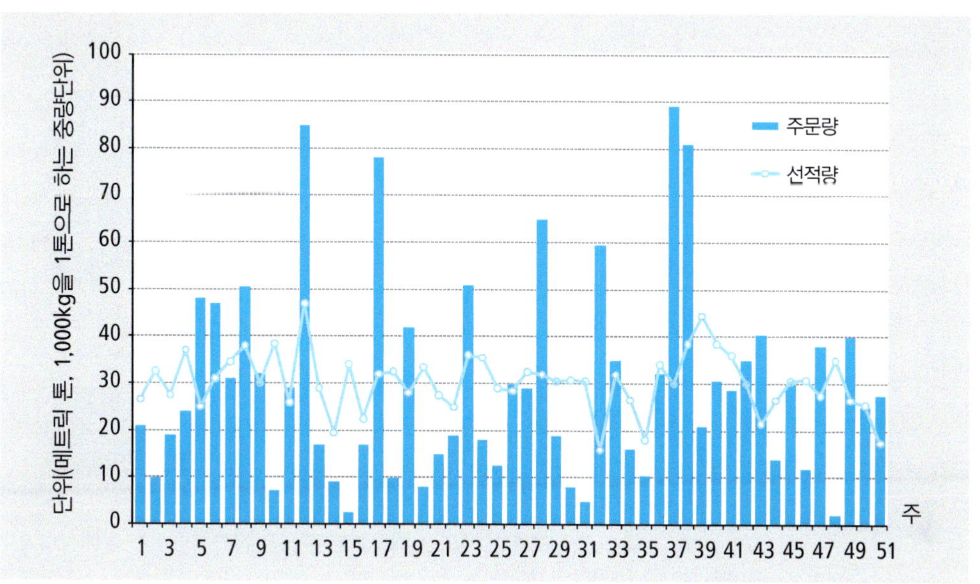

그림 19.1 Barilla사 Cortese 물류센터의 주문량과 선적량

은 Cortese에 있는 물류센터가 상류 공급자(upstream supplier)에게 주문하는 수요로 볼 수 있다. 그림을 통해 분명히 확인 가능한 것은 Cortese 물류센터로부터 상류 공급자(upstream supplier)가 직면하는 수요가 고객으로부터 Cortese 물류센터가 직면하는 수요보다 훨씬 불안정하다는 것이다.

공급사슬(supply chain) 내의 한 지점에서 직면하게 되는 수요의 변동성(volatility)에 비해 같은 지점에서 결정해야 하는 상류로의 주문에 대한 변동성이 더욱 크게 증폭되는 현상을 채찍효과(bullwhip effect)라고 부른다. 공급사슬에서 여러 단계가 존재한다면(예를 들어 소매상, 도매상, 유통업자, 공장과 같이 많은 단계가 존재할 수 있다), 이러한 증폭 현상은 더욱 가중된다—공급사슬 내 한 지점이 하부의 고객으로부터 증폭된 수요를 더욱 증폭시키게 된다. 변동성의 증폭은 채찍을 휘두를 때와 비슷한 모양을 보여 채찍효과라고 부른다. 사는 자사의 기저귀 공급사슬에서 볼 수 있는 현상을 묘사하는데 이 용어를 최초로 사용하였다. 기저귀의 최종 수요(아기들의 소비량) 자체는 꽤 안정적이지만 기저귀 공장에서 받는 수요의 양은 변동성이 굉장히 크다. 어느 경우에서든 변동성은 일반적으로 공급사슬을 따라 올라가면서 증폭된다.

채찍효과는 공급사슬의 성과를 높이는데 방해가 된다. 즉 공급사슬 내 한 곳에서 증가된 변동성으로 인하여 제품의 부족(product shortage), 과잉 재고(excess inventory), 생산 능력의 낮은 활용률(low utilization of capacity), 낮은 품질 등의 문제점을 야기시키기도 한다. 채찍효과는 공급사슬의 상류 지점(upstream stage)에 영향을 미치게 되는데 이는 공급사슬의 상류지점으로 하여금 변동이 심한 수요의 영향을 직면하게 만든다. 또한

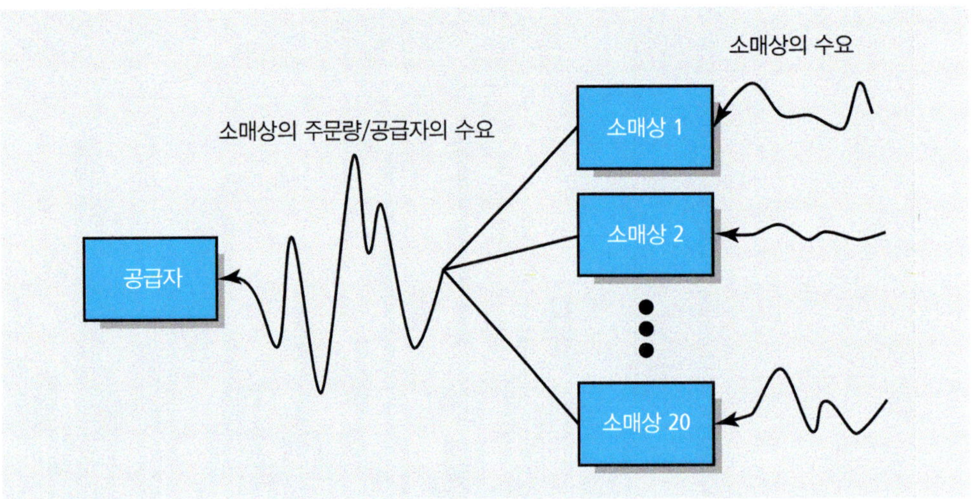

그림 19.2 하나의 공급자와 20개의 소매상으로 구성된 공급사슬. 각 소매상의 일간 수요는 평균이 1.0인 포아송 분포를 따른다.

채찍효과는 공급사슬의 하류 지점(downstream stage)에도 영향을 미치게 되는데 즉 하류 지점은 상류 지점으로부터의 재고 보충을 신뢰하기 힘든 상황에 직면하게 된다. 그러므로 채찍효과의 원인을 찾아내고 해결책 또는 적어도 완화시킬 수 있는 전략을 고안해 내야 한다.

[그림 19.1]은 채찍효과에 대한 현실 세계의 예를 보여주고 있지만 채찍효과의 원인을 이해하기 위해서 제한된 상황 속에서 생각해 볼 필요가 있다. 지금부터 보게 되는 제한된 상황은 두 단계(two levels)만으로 구성되어 있는 단순한 형태의 공급사슬이다. 가장 위에 있는 단계는 단독 공급자(single supplier)이고 다음 단계에는 각각 한 개의 상점을 가지고 있는 20명의 소매상으로 구성되어 있다. 이들 사이에 거래되는 제품은 한 종류라고 하고 각 소매상에서 이 제품에 대한 수요는 평균이 1개인 포아송(Poisson) 확률 분포를 따른다고 가정한다. 그러므로 전체 고객의 수요는 평균이 20개인 포아송 확률 분포를 따르게 된다(포아송 확률 분포의 합은 포아송 확률 분포라는 것을 상기하라). [그림 19.2]에 이러한 형태의 공급사슬을 보여주고 있다.

채찍효과의 원인을 찾아보기 전에, 어떻게 측정하고 확인할 것이지 결정을 해야 한다. 우선 몇 가지 용어를 살펴보자.

> 변동성(variability)은 변동계수(Coefficent of variation)를 이용하여 측정된다. 그리고 공급사슬 내 한 단계(level)에서의 변동성이 바로 다음 하류 단계(the next downstream level)에서의 변동성보다 클 경우에 채찍효과가 이 공급사슬 내에 존재한다고 정의한다.

예를 들어, 공급자의 수요에 대한 변동계수가 모든 소매상의 총수요에 대한 변동계수보다 큰 경우, 채찍효과가 이 공급사슬에서 존재한다고 본다.

우리는 이미 소매상의 총수요에 대한 변동계수를 구하는 방법을 알고 있다. 총수요는 평균이 20인 포아송 확률 분포이기 때문에 총수요의 표준편차는 20(수식)=4.47이고 변동계수는 4.47/20=0.22가 된다. 공급자의 총수요에 대한 변동계수는 (예를 들어 소매상들의 주문에 대한 변동계수를 생각할 수 있다) 소매상들이 공급자에게 주문을 어떻게 내리는 가에 달려있다.

흥미로운 사실은, 소매상들이 공급자에게 어떠한 방식으로 주문하느냐가 소매상들이 내리는 주문들의 표준편차에 영향을 미치는 반면에 소매상들이 내리는 주문들의 평균에는 아무런 영향을 미치지 않는다는 것이다. 좀 더 자세히 살펴보면, 질량 보존의 법칙에 따라 하나의 소매상으로 들어가는 양은 소매상으로부터 나오는 양과 평균적으로 같을 수밖에 없다. 그렇지 않다면 소매상이 가지고 있는 물건의 양이 불안정하게 될 것이다. 즉, 들어가는 양이 나오는 양보다 많다면 소매상의 재고는 계속 증가하게 될 것이고 들어가는 양이 나오는 양보다 적다면 소매상의 재고는 계속 감소하게 될 것이다. 그러므로 소매상이 공급자에게 어떠한 방식으로 주문하는가 와는 무관하게, 공급자들이 받는 총수요(즉, 소매상들이 내리는 총 주문량)는 소매상의 총수요와 같게 된다. 위의 예에서, 공급자들이 받는 총수요는 소비자들의 총수요와 같이 하루에 20개이다. 이러한 현상은 [그림 19.1]에서도 관찰할 수 있다. Cortese에서 선적되어 나가는 물건의 양의 평균은 약 30톤이고 주문의 평균도 약 30톤이다.

공급자가 받는 수요의 변동계수를 계산하기 위해서는 공급자가 받는 수요의 표준편차를 계산해야 한다. 여기서 공급자가 받는 수요는 위에서 언급하였듯이 소매상이 어떠한 방식으로 주문하는가에 영향을 받는다. 소매상은 공급자로부터 재고를 보충하기 위해서 기준재고모형(Order-up-to policy)을 사용한다고 가정하자.

기준재고모형의 주요한 특성으로 특정 기간(a period)에 내린 주문량은 그 특정 기간 바로 직전 기간(the previous period) 동안의 수요와 같다는 것을 상기하라(16장을 참조하기 바람). 결과적으로 모든 소매상들이 기준재고모형을 매일 재고 보충하는 데 사용한다고 가정하면 그들이 매일 내리는 주문량은 소매상들이 매일 받는 수요와 같게 된다. 즉, 채찍효과는 발생하지 않게 된다.

> 모든 소매상들이 기준재고 모형을 사용한다면, 소매상들이 특정 기간에 내리는 주문량의 표준편차는 소매상들이 특정 기간에 경험하는 수요의 표준편차와 같게 된다. 즉, 채찍효과는 발생하지 않는다.

채찍효과의 원인을 찾고자 하는 의도를 가지고 여러 가지를 살펴보았다. 그러나 실제적으로 채찍효과가 항상 발생하지는 않는다는 사실을 알게 되었다. 공급사슬 내 같은 단계에 있는 구성원들 모두가 각 기간에 "수요-끌기(demand-pull)" 방식의 재고 관리 정책(inventory policy)을 사용한다면 채찍효과가 발생하지 않는다. 즉, 구성원들이 내리는 주문량과 그들이 받는 수요량이 같다면 채찍효과는 발생하지 않는다. 그러나 불행하게도 주문과 수요가 같게 되는, 즉 왜곡이 발생하지 않도록, 재고 관리를 하는 기업들은 많지 않다. 현실에서 기업들이 공급사슬 내에서 왜곡이 발생하는 재고 관리 방법을 사용하는 데는 그들 나름대로의 이유가 있다. 그럼 지금부터 채찍효과를 발생시키는 왜곡들을 크게 다섯 가지로 나누어 설명해 보도록 하겠다.

주문 동기화

소매상들이 재고를 보충하기 위해서 기준 재고(order-up-to) 정책을 사용하고 재고 보충을 위한 주문은 일주일에 한 번 한다고 가정하자. 주문할 때마다 고정 주문비용(fixed ordering cost)이 발생하기 때문에 비용 절감을 위해 주문 횟수를 줄이고자 할 것이므로 매일 보다는 매주 한 번 주문하고자 할 것이다(16장 8절 참조). 한 주에 한 번 주문하기 때문에 매주의 시작 시점에 소매상은 바로 이전 주에 발생한 수요와 같은 양의 주문량을 공급자에게 보내게 된다. 그러나 우리는 공급자가 받는 일간 수요에 관심이 있기 때문에, 한 주 중 어느 시점에 소매상의 한 주가 시작하는지 확인해 볼 필요가 있다. 편의성을 위해 한 주는 5일로 구성되어 있고 소매상들의 주문은 한 주 동안 균등하게 분포되

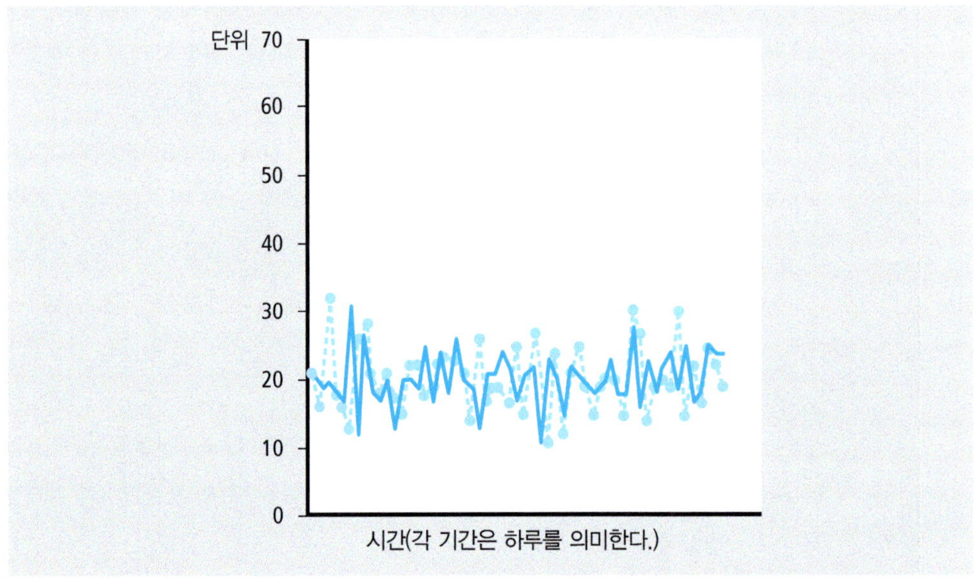

그림 19.3 시뮬레이션한 일간 소비자 수요(실선)와 일간 공급자 수요(원). 공급자의 수요는 소매상들의 총 주문량과 같다.

어 있다고 가정한다. 여기서 균등하게 분포되어 있다는 뜻은, 소매상이 20명이 있을 경우에, 이 중 4명은 월요일에 주문을 내리고 또 다른 4명은 화요일, 또 다른 4명은 수요일, 또 다른 4명은 목요일 그리고 나머지 4명은 금요일에 주문을 내린다는 것을 의미한다. [그림 19.3]은 이러한 시나리오에서 볼 수 있는 시뮬레이션 결과를 보여주고 있다. 이 그림을 보면, 소비자로 부터의 수요에 대한 변동성은 공급자가 받는 수요의 변동성과 거의 같다는 것을 알 수 있다. 사실, 더 많은 기간 동안 시뮬레이션을 할 경우에 소비자로부터의 수요에 대한 표준편차는 공급자가 받는 수요의 표준편차와 정확히 같게 된다. 즉, 이 경우에는 채찍효과(bullwhip effect)가 발생하지 않는다.

하지만 위의 시나리오에서는 하나의 중대한 가정을 하였다는 사실에 주목해야 한다. 이는 소매상들의 주문이 한 주 동한 균등하게 분포되어 있다는 것이다. 즉, 소매상들이 월요일, 화요일, 수요일, 목요일 그리고 금요일에 4명씩 나눠서 균등하게 매일 주문을 한다는 것이다. 그러나 이는 현실에서 일반적인 현상이 아니다. 즉, 일반적으로 소매상들은 한 주 중 특정 요일 또는 한 달 중 특정일에 주문을 내리는 것을 선호한다. 이러한 선호도의 결과를 설명하기 위해서, 소매상들은 한 주의 시작이나 끝에 주문을 내리는 것을 선호한다고 가정하자. 예를 들어 20명의 소매상들 중에서 9명은 월요일, 5명은 화요일, 한 명은 수요일, 2명은 목요일 그리고 3명은 금요일에 주문을 내린다고 하자. [그림 19.4]는 이러한 시나리오에 대한 시뮬레이션 결과를 보여주고 있다.

이제 채찍효과가 발생하는 것을 볼 수 있을 것이다. 공급자가 받는 수요가 소비자로

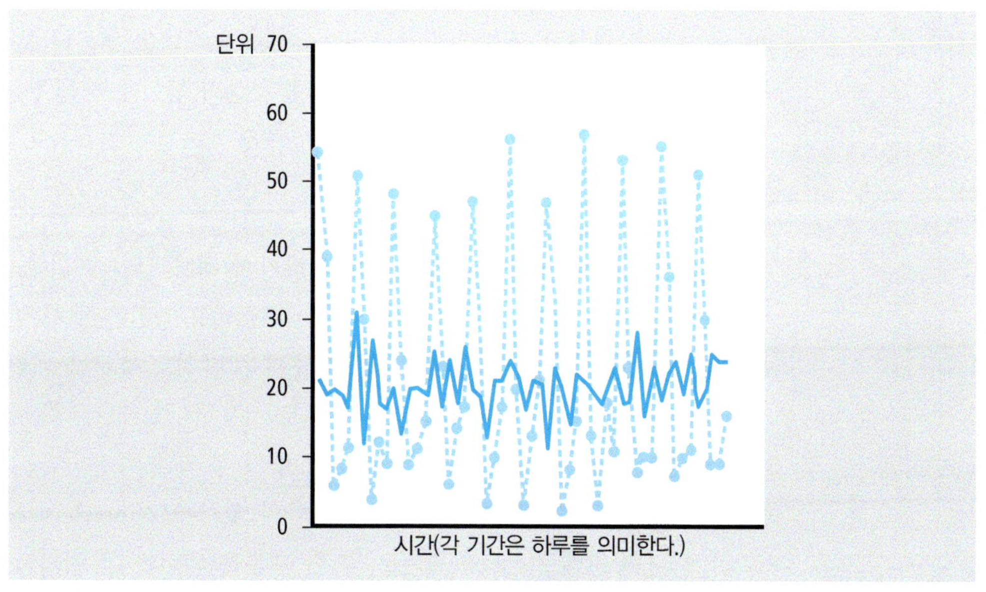

그림 19.4 소매상들이 한 주에 한 번 주문을 하는 경우에 대해 시뮬레이션 한 일간 소비자 수요(실선)와 일간 공급자 수요(원). 월요일에 9명의 소매상들이 화요일에는 5명, 수요일에는 1명, 목요일에는 2명, 금요일에는 3명이 주문을 한다.

부터의 수요보다 더 변동이 심한 것을 볼 수 있다. 이 예에서 보면 소비자의 수요에 대한 변동계수가 0.19인 반면에 공급자가 받는 수요의 변동계수는 0.78인 것을 볼 수 있다. 공급자가 받는 수요가 소비자로부터의 수요보다 4배 정도 더 변동성이 크다. 이는 특이한 경우에서 보이는 결과가 아니다. 즉, 기간을 길게 늘려서 시뮬레이션을 해 보면 같은 정성적인 결과를 얻게 된다. 비교를 위해서, [그림 19.3]과 [그림 19.4]에 보이는 소비자로부터의 수요를 보면 같다는 것을 알 수 있다.

이 예에서 채찍효과뿐만 아니라 이의 원인인 주문 동기화(order synchro-nization)도 확인할 수 있다. 만약 소매상들의 주문 주기(order cycle)가 동기화가 된다면 즉 소매상들이 비슷한 시기에 주문을 내리면 채찍효과가 발생한다. 소매상들은 소비자들로부터의 평균 수요와 일치시키기 위해 주문하지만 주문 동기화로 인해서 소매상들은 평균보다 더 많은 양을 주문하는 시기도 있고 평균보다 더 적은 양을 주문하는 시기도 있다. 이로 인해 공급자가 받는 수요에는 추가적인 변동성이 부가되게 된다.

주문 동기화는 공급사슬 내에서 더 증폭되는 것을 볼 수 있다. 예를 들어 공급자가 부품 재고의 보충을 관리하기 위해서 자재 소요량 계획(material requirement planning: MRP)을 사용한다고 가정해 보자(MRP는 미래 수요에 대한 예측과 생산 일정에 따른 부품 재고의 보충에 대한 시기와 양을 관리하기 위한 컴퓨터 시스템이다). 많은 기업들이 MRP 시스템을 한 달 기준으로 운영을 하고 더욱이 많은 기업들이 재고 보충을 위한 주문을 매 달 첫 주에 내리도록 MRP 시스템을 설정해 놓고 있다. 그러므로 공급자의 공급자는 한 달의 첫 주에 자사 제품에 대한 상당히 많은 양의 주문을 받고 한 달의 나머지 날에는 거의 주문이 없는 상황에 놓이게 된다. 이를 자재 소요량 계획 불안 요소(MRP jitters) 또는 하키채 현상(hockey stick phenomenon)이라고 부른다(한 달 동안의 수요 그래프를 보면 일련의 하키 채들과 같이 평평한 부분과 높이 올라간 부분이 있다).

뱃치 주문

우리는 소매상들이 과도한 주문비용을 피하기 위해서 일일 단위(daily)보다는 주 단위(weekly) 주문을 선호한다고 하였다. 하지만 주문비용 절감은 뱃치 주문(order batching)을 통해서도 가능하다. 각 소매상은 뱃치의 배수 단위로 주문을 내린다. 예를 들면, 각 소매상은 15개의 제품을 하나의 뱃치 단위로 사용한다고 하자. 즉 뱃치 하나를 주문한다는 것은 15개의 제품을 주문하는 것이고 뱃치 두 개를 주문한다는 것은 30개의 제품을 주문한다는 것을 의미한다. 여기서 하나의 뱃치 크기(batch size)는 하나의 주머니(case), 하나의 팔레트(pallet) 또는 트럭 한 대분을 의미한다. 여기서는 뱃치 하나를 하나의 팔레트의 분량을 의미한다고 하자. 뱃치 단위의 배수로 주문함으로써(즉, 팔레트 단위의 배수로 주문한다), 소매상은 창고 내의 이동과 트럭에 짐을 싣는 것을 좀 더 용

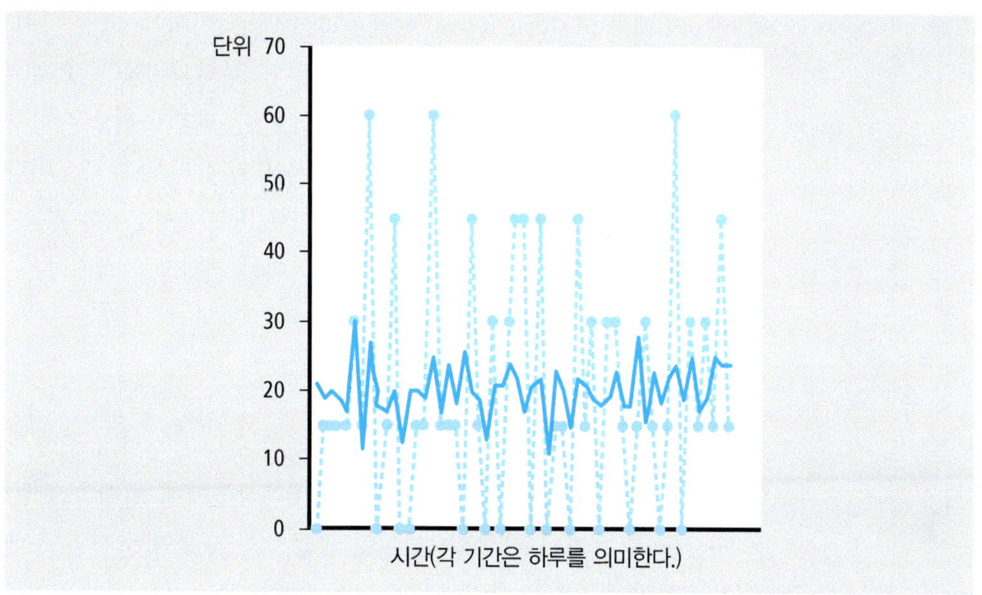

그림 19.5 소매상들이 15개를 뱃치 주문하는 경우에 대해 시뮬레이션 한 일간 소비자 수요(실선)와 일간 공급자 수요(원). 15번째 수요가 발생할 때 소매상은 15개의 제품이 들어있는 뱃치를 공급자에게 주문한다.

이하게 할 수 있다. 소매상은 언제 그리고 어떠한 방식으로 팔레트 분량의 주문을 내려야 할 것인가는 중요한 문제이다. 이 문제의 자연스러운 해결 방법은 마지막 주문 이후에 누적된 수요가 뱃치 크기를 넘어가면 뱃치 크기만큼 제품을 주문하는 것이다.

그러므로 위 예에서는 15번째 수요가 발생하는 시점에 팔레트 분량의 주문을 내리면 된다. 소매상은 뱃치 주문으로 주문 횟수를 줄일 수 있다.

$$\text{주문과 주문 사이의 평균 기} = \frac{\text{뱃치 크기}}{\text{한 기간 동안의 평균 수요}}$$

위의 예에서 소매상은 평균적으로 15/1=15 기간에 한 번 뱃치 주문을 내리게 된다.

[그림 19.5]는 뱃치 주문의 시뮬레이션 결과를 보여주고 있다. 소매상들은 팔레트 분량으로만 주문을 내리기 때문에, 공급자가 받는 수요는 15의 배수가 된다. 어느 날은 공급자가 받는 주문이 전혀 없고, 대부분의 날은 한 소매상이 팔레트 분량으로 주문을 내리고 몇몇 날들은 팔레트 4개 분량까지 주문이 있기도 하다.

여기서 우리는 다시 한번 채찍효과를 경험하게 된다. 공급자가 받는 수요의 변동성은 소비자로부터의 수요의 변동성보다 상당히 크다. 좀 더 자세히 보면, [그림 19.5]에서 공급자가 받는 수요의 변동계수는 0.87인 반면에 소비자로부터의 수요에 대한 변동계수는 0.19이다. 이로부터 우리는 또 다른 채찍효과의 원인인 뱃치 주문을 확인할 수 있다. 즉, 소매상들이 뱃치 크기 단위로 주문을 내리는 경우에는 채찍효과가 발생하게 된다. 여기서 하나의 뱃치 크기(batch size)는 제품 한 개 이상이어야 한다. 다시 한번 확인해 보면, 평균적으로 소매상이 내리는 주문량은 소비자로부터의 평균 수요와 같지만 변동성이 같지는 않다. 이는 뱃치 크기 단위로 주문해야 하는 제약 조건으로 한 기간에 소매상이 내리는 주문량은 같은 기간 동안에 발생하는 수요와 같지 않기 때문이다. 주문량은 일반적으로 수요보다 크거나 적은 경향이 있다. 다른 말로 하면, 비록 평균적으로 주문량과 수요량은 같지만, 뱃치 크기 단위로 주문해야 하는 제약으로 소매상은 수요보다 변동성이 더 커지는 방향으로 주문을 하게 된다.

거래촉진책과 선매

몇몇 산업에서 공급자는 그들의 고객인 소매상들에게 거래촉진책(trade promotions)을 제공한다. 여기서 거래촉진책이란 공급자가 자신의 고객인 소매상들에게 특정 짧은 기간 동안에 가격을 할인해 줌으로써 판매를 촉진하는 정책을 의미한다. 거래촉진책은 소매상으로 하여금 협상을 통해 제품을 구매하도록 유도하는데 이를 선매(forward buying)라고 하고 이를 통해 소매상들은 짧은 기간 동안에 자신들이 필요로 하는 양보다 더 많은 양을 구매하게 된다. 거래촉진책은 공급자가 채널 스터핑(channel stuffing)을 하고자 하는 시기에 꼭 사용하는 방법이다. 여기서 채널 스터핑이란 회계연도 말에 판매실적을 인위적으로 올리기 위해 공급자가 자신의 고객들인 소매상들에게 특별 혜택을 제공하여 필요 이상의 제품을 구매하도록 유도하는 것을 의미한다. 거래촉진책(trade promotions)은 많은 소매상들로 하여금 동시에 제품을 공급자에게 주문하도록 유도하고(주문 동기화) 또한 많은 소매상들로 하여금 많은 양을 주문하게 유도하기 때문에(뱃치 주문), 거래촉진책은 공급사슬 내에서 채찍효과를 유발할 수 있다. 이 현상을 단순한 시나리오로 설명해 보도록 하겠다.

한 공급업자가 닭고기 국수 수프(chicken noodle soup)를 판매하는데 이 제품을 이 공급자로부터 구매하는 한 소매상이 있다고 가정해 보자. 이 공급자의 가격은 개당 $20이지만 일 년 중 두 주를 선택해서 8%의 가격 할인을 한다고 한다. 예를 들어 1월의 첫 번째 주와 7월의 첫 번째 주에 할인을 한다고 가정해 보자. 이 소매상은 평균적으로 일주일에 100개를 판매하고 한 주 동안의 평균 판매량을 안전재고(safety stock)로 창고에 유지한다고 한다. 안전재고로 한 주 동안의 평균 판매량인 100개를 유지한다는 의미는 재고를 100개 이하로 떨어지지 않도록 한다는 것을 의미한다. 불필요한 복잡성을 피하기 위해서 한 주의 시작 시점에 소매상이 내리는 주문은 바로 배송이 되고 수요는 일정 비율로 발생한다고 가정한다. 소매상의 연간 재고 유지 비용(annual holding cost)은 재고 가치(value of inventory)의 24%이다.

이제부터 우리는 두 가지 서로 다른 주문 전략에 따른 소매상의 이윤을 비교해 보도록

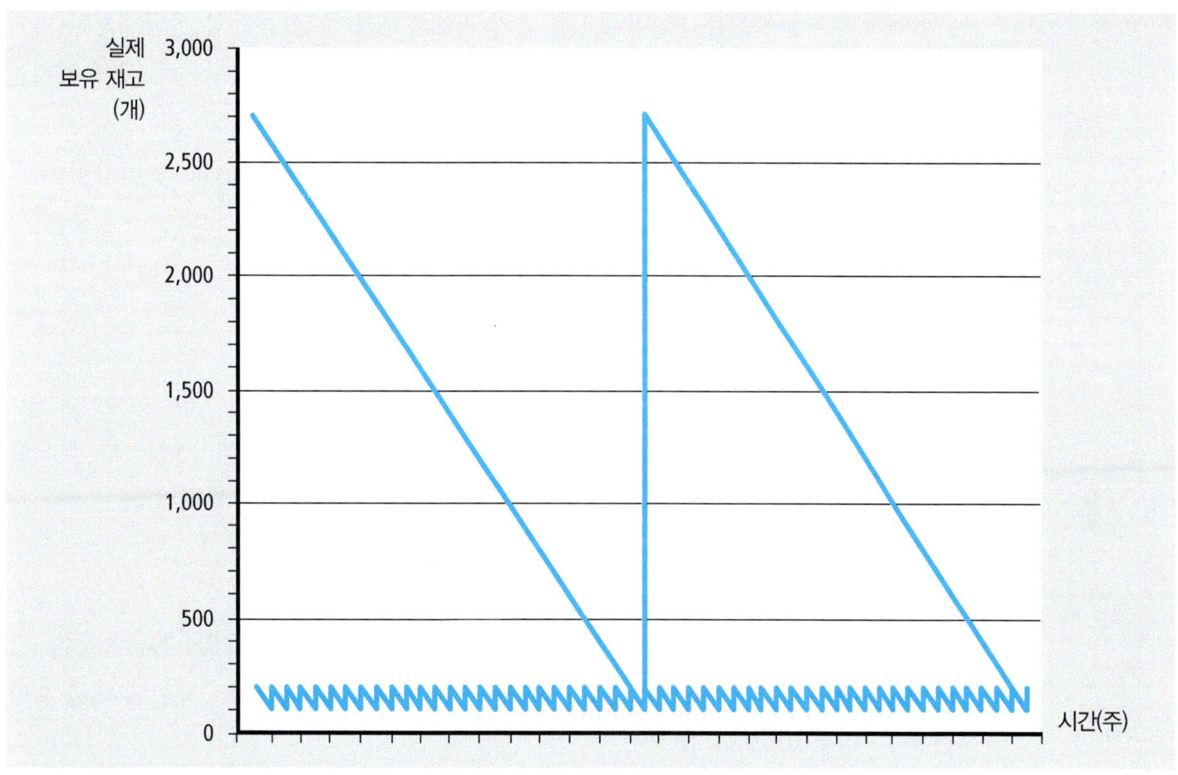

그림 19.6 두 가지 조달 전략에 따른 소매상의 닭고기 국수 수프의 실재 보유 재고. 수요 견인이라고 불리는 첫 번째 전략(아래 톱니 모양)을 사용하는 경우 소매상은 매주 100개를 주문한다. 선매라고 불리는 두 번째 전략(위 톱니 모양)을 사용하는 경우 소매상은 일 년에 두 번 2,600개를 주문한다.

하겠다. 첫 번째 주문 전략으로 소매상은 일 년 동안 매주 주문을 내린다. 두 번째 전략으로 소매상은 일 년에 두 번 즉 거래촉진책 기간 동안에만 주문을 내린다고 하자. 첫 번째 전략은 소매상이 현재 수요에 맞춰서 주문을 하기 때문에 수요 견인(demand-pull)이라고 부른다. 두 번째 전략은 각 주문이 미래에 발생하게 되는 수요의 상당 부분을 커버하기 때문에 선매(forward buying)라고 부른다. [그림 19.6]은 위에서 제시한 두 가지 전략에 따른 소매상의 실재 보유 재고(on-hand inventory)를 보여주고 있다.

수요 견인 전략에서는 소매상의 재고가 평균적으로는 150이고 200과 100 사이에서 톱니의 모양을 보이고 있다. 선매전략에서는 소매상의 재고가 마찬가지로 톱니의 모양을 보이지만 여기서는 평균은 1,400이고 2,700과 100 사이에서 톱니의 모양을 보인다. 이 책에서는 각 기간이 끝나는 시점에서의 재고를 측정의 단위로 사용하였지만, 지금은 각 기간 동안의 평균재고를 측정의 단위로 사용한다. 즉, 평균재고로 각 톱니의 최고점과 최저점의 중간 지점을 사용한다. 이러한 접근법은 측정하기 편리하기도 하고 정성적으로 거의 같은 수준의 결과물을 보여준다.

이제 각 전략 하에서 소매상의 총비용을 계산해 보도록 하자. 수요 견인 전략에서는 소매상의 평균재고는 150이다. 두 번의 거래촉진책 주간 동안의 평균재고의 가치를 돈으로 환산해 보면 개당 할인 가격이 $20×(1−0.08)=$18.40이므로 재고 가치는 150×$18.4=$2,760이다. 일 년 동안 나머지 50주 동안의 평균재고를 돈으로 환산해 보면 150 ×$20=$3,000이 된다. 이를 가중 평균재고 가치(average inventory in dollars)로 계산해 보면 다음과 같이 된다.

$$\frac{(\$2{,}760 \times 2) + (\$3{,}000 \times 50)}{52} = \$2{,}991$$

이에 대한 연간 재고 유지 비용(annual holding cost)을 계산해 보면 $2,991×24% =$718이 된다. 일 년 중 50주는 개당 $20에 구매를 하고 거래촉진책이 있는 두 주 동안에는 개당 $18.4에 구매하므로 일 년 동안의 총 구매 비용은 다음과 같이 된다.

$$(\$20 \times 100 \times 50) + (\$18.40 \times 100 \times 2) = \$103{,}680$$

수요 견인 전략을 통한 일 년 동안의 총비용은 $718+$103,680=$104,398이 된다.

선매전략에 대한 계산은 수요 견인 전략의 경우와 비슷하다. 이 두 계산에 대한 요약이 [표 19.1]에 정리되어 있다.

[표 19.1]에서 보면, 선매전략이 수요 견인 전략보다 소매상의 입장에서는 더 이윤이 난다는 것을 알 수 있다. 선매전략이 수요 견인 전략 보다 2.4%의 비용 절감이 발생한다. 이는 식료품 산업에서는 상당한 절감이라고 할 수 있다. 결과적으로 거래촉진책에 의한 약간의 제품 할인은 소매상으로 하여금 상당한 양의 제품을 구매하도록 유도하게 된다. 실제적으로 소매상은 공급자가 다음 거래촉진책을 제공하기 전까지의 수요를 감당할 수 있는 충분한 양의 제품을 구매하고자 한다. 하지만 소비자들은 8% 할인한다고

표 19.1 두 가지 주문 전략에 따른 총 재고 유지비용과 조달 비용의 분석. 수요 견인의 경우 소매상은 매주 주문을 하고 선매의 경우 소매상은 일 년에 두 번 공급자가 거래촉진책을 하는 시기에 주문을 한다.

	수요견인	선매
연간 구매량(개)	5,200	5,200
평균재고량(개)	150	1,400
돈으로 환산한 평균재고의 가치	**$2,991**	**$25,760**
재고 유지 비용(평균재고 원가의 24%)	**$718**	**$6,182**
정규 가격에 구매한 양	5,000	0
할인 가격에 구매한 양	200	5,200
총 구매비용	**$95,680**	
총 재고 유지 비용과 조달 비용	**$104,398**	**$101,862**

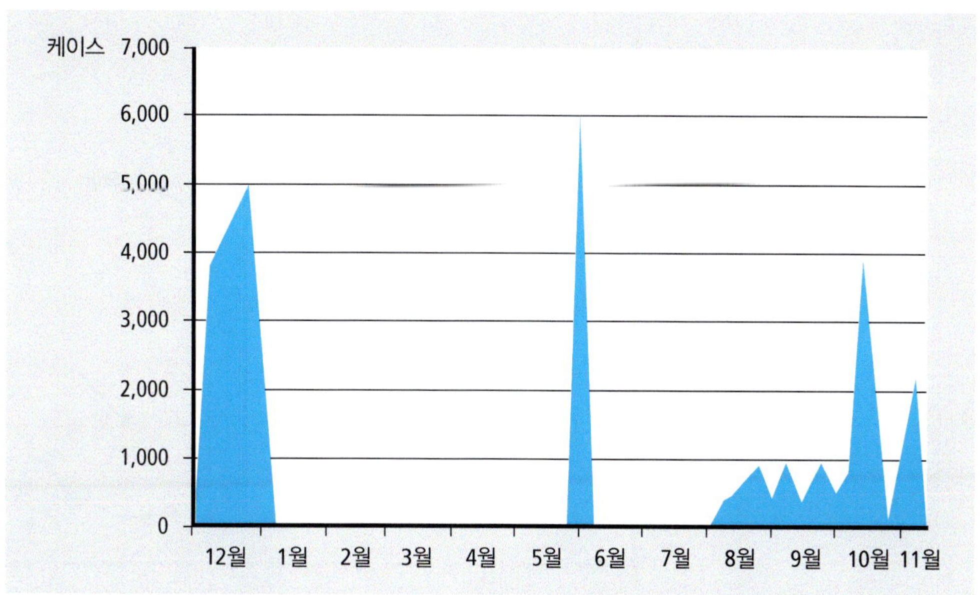

그림 19.7 일 년 동안 한 소매상이 구매하는 Campbell사의 닭고기 국수 수프의 양

해서 여섯 달 분의 닭고기 국수 수프를 미리 사놓으려고 하지는 않는다. 일반적으로 소매상들이 소비자보다 가격에 더 민감하다.

흥미로운 사실은 선매전략 하에서 소매상은 제품을 할인되지 않은 가격 즉 위의 예에서는 $20에 구매하지 않는다는 것이다. 그러므로 거래촉진책 없이 공급자가 소매상에게 일 년 내내 개당 가격으로 $18.40을 제공한다면 공급자의 수익(revenue)은 여전히 같게 된다. 그렇게 된다면 소매상은 매주 주문을 내리게 되고 재고 유지비용(holding cost)을 절감하는 효과를 보게 된다. 공급자가 일 년 내내 개당 $18.40에 제품을 판매하는 경우 소매상의 연간 총비용을 계산해 보면 $96.342가 되고 이는 선매전략보다는 5.4% 그리고 기존의 수요 견인 전략보다는 7.7%의 비용 절감 효과를 보게 된다. 그러므로 선매전략을 사용할 경우에 공급사슬 전체의 비용은 공급사슬 내에 기업들 즉 공급자와 소매상에게 아무런 이득도 주지 않고 약 5%의 비용만 추가로 발생시키게 된다(소매상은 확실히 추가적으로 재고비용만 발생시킬 뿐 아무런 다른 이득이 없고 공급자도 추가 수익 발생을 만들지 못할 뿐 아무런 이득이 없다).

지금까지가 닭고기 국수 수프에 대한 공급사슬에 대한 이론적인 분석이었지만, Campbelle사의 Soup에 대한 경험을 보면 위에서 보였던 이론적인 분석과 매우 일치한다는 사실을 알 수 있을 것이다. 예를 들어 [그림 19.7]은 일 년 동안의 Campbelle사의 닭고기 국수 수프를 구매하는 소매상의 구매량에 대한 데이터를 보여주고 있다. 이 제품은 일반적으로 겨울 시즌 동안 소비자들이 많이 소비함에도 불구하고 일 년 중 1월과 6월에 프로모션이 있다. 결과적으로 소매상은 선매를 통해 구입한 상당한 양의 제품을 보

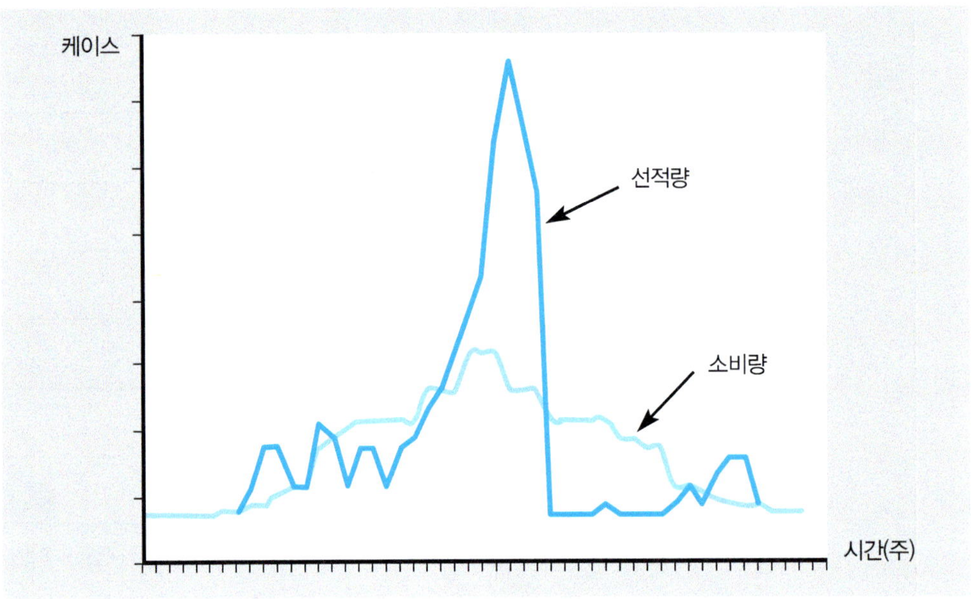

그림 19.8 일 년 동안의 소매상으로의 총 선적량과 Campbelle의 닭고기 국수 수프 소비자의 소비량(대략적으로 7월에서 다음 해 7월 사이)

관하기 위한 공간을 필요로 한다. 많은 다른 소매상들은 공격적으로 선매를 하기에는 재정적으로나 물리적인 공간 확보 능력에서 여의치 않은 경우가 많지만 어느 정도는 거래촉진책으로 이득을 보고자 할 것이다. [그림 19.8]을 보면 일 년 동안의 Campbelle사의 닭고기 국수 수프의 총 소비량(consumption)과 선적량을 알 수 있다. 이를 통해 우리는 선적량의 변동성이 소비량의 변동성에 비해 크다는 것을 알 수 있으며 이는 곧 채찍효과가 발생한다는 것을 의미한다.

매 해 1월에 있는 거래촉진책에 의한 수요의 증가를 만족시키고자 Campbelle사는 닭고기의 뼈 제거 공정을 9월과 10월에 실행하고 통조림 공정을 11월과 12월에 실행하고 1월에는 선적 설비를 추가 가동시킨다. 이러한 모든 공정 활동으로 생산 비용이 증가하는 데는 모두 공급자의 가격정책(pricing) 즉 거래촉진책으로 인한 수요의 증가 때문이다.

선매에 의한 부정적인 효과는 공급자의 운영 효율성의 침해에 국한되는 것이 아니다. 몇몇 소매상들은 소비자들에게 제품을 팔려고 공급자로부터 거래촉진책을 통해 구매하는 것이 아니다. 대신 이 소매상들은 재정적으로나 물리적인 공간 확보가 어려워 거래촉진책을 통해 구매하지 못하는 소매상들에게 물건을 되팔려고 한다. 다른 소매상들에게 제품을 판매하는 소매상들을 전환자(diverter)라고 부르고 이러한 행위를 전환(diversion)이라고 부른다. 질을 떨어뜨리거나 손상을 발생시킬 수 있는 추가 작업뿐만 아니라 전환 자체는 불필요한 운송비용을 추가시킨다. 특정 한 지역에서만 경쟁이 심화되어서 공급자가 제품의 가격을 낮추게 되면 마찬가지로 다른 지역으로의 전환이 발생한다. 이러한 형태의 전환은 미국 내에서 1980년대 말과 1990년대 초에 전국망을 가지고 있는 식료품 체인점들(Krogers, Safeway와 같은 식료품 체인점 등등)이 생기면서 점점 줄어들게 되었다. 이러한 전국망 식료품 체인점들은 공급자들로부터 일괄적으로 저가에 물건을 구매하기 때문에 지역적인 가격 차별화를 피할 수 있다고 주장한다.

반응적 그리고 과반응적 주문행위

지금까지 살펴본 공급사슬에서 소매상은 수요가 확률적으로 발생한다 하더라도 각 기간 동안 수요의 기댓값이 얼마인지 안다고 가정하였다. 이는 닭고기 국수 수프와 같이 안정화된 제품에서는 적절한 가정이라고 할 수 있다. 그러나 대부분의 경우에 소매상은 수요의 기댓값을 정확하게 알 수 없다. 그리고 이러한 불확실성은 소매상이 재고 관리를 하는데 어려움을 발생시키는 원인이 된다.

예를 들어 어느 한 기간에 발생하는 수요가 소매상이 평소 받는 양 보다 많이 발생하였다고 가정해 보자. 이러한 경우에 소매상은 어떻게 반응할 것인가? 이런 특이한 경우(outlier)에 대한 설명 중의 하나로 단순히 무작위로 발생한 동요라고 치부할 수도 있다. 이와 같이 단순히 무작위의 동요라고 보는 경우에 소매상은 미래 수요에 대한 기댓값은 변하지 않을 것이라고 보고 재고 관리에도 변화를 주지 않을 것이다. 그러나 다르게 보는 경우도 있다. 즉, 수요에 변화가 생겨 제품에 대한 실제 수요의 기댓값이 기존과는 다르게 높아지는 신호로 받아들일 수도 있다. 수요가 높아질 것이라는 신호로 받아들인다면 소매상은 추가적으로 늘어나게 될 수요를 감당하기 위해서 주문량을 늘이게 될 것이다. 그렇지 않으면 재고는 곧 바닥이 나게 될 것이다. 다른 말로 하면 평소와 달리 높은 수요가 관찰된다면 소매상 입장에서는 주문량을 늘이는 것이 합리적인 선택이 될 것이다. 유사하게 평소보다 낮은 수요가 관찰된다면 당연히 미래 수요가 기존보다 낮아질 것이기 때문에 소매상 입장에서는 주문량을 줄여야 할 것이다. 그러므로 소매상이 시간에 따른 수요가 안정적인지 아닌지를 확신할 수 없는 경우에는 적극적으로 수요의 변화에 반응을 보여야 한다.

그러나 소매상의 이러한 반응은 채찍효과의 원인을 제공한다. 소매상이 관찰한 높은 수요가 무작위로 발생한 단순 동요라고 하자. 그렇다면 소매상이 주문량을 늘려 높아진 수요에 반응을 보였지만 미래의 수요는 예상만큼 높게 유지되는 않을 것이다. 그러므로 소매상은 미래에 주문량을 줄임으로써 현재 사놓아 남은 재고를 감소시킬 수 있을 것이다. 지금 필요 이상으로 많이 주문하고 나중에 필요 이하로 주문한다는 것은 소매상의 주문량이 소매상의 수요보다 더 변동성이 더 크다는 것을 의미한다. 즉 채찍효과가 발생하게 되는 것이다.

극단적인 수요의 발생에 반응하는 것은 합리적인 동시에 그러한 정보에 과도하게 반응하는 것도 인간이기에 일어날 수 있는 일이다. 예를 들어, 높아진 수요로 소매상의 주문량을 125% 증가하는 것이 합리적인 판단이지만 소매상은 만약의 경우에 안전하게 대응하기 위해서 주문량을 150%로 증가시킨다. 아쉽게도 이 소매상은 이러한 행동이 어떠한 결과를 초래하는지 깨닫지 못하고 있다. 제품은 공급자, 유통업자, 도매상 그리고 소매상으로 이동된다. 소매상이 수요에서 일시적인 변화를 보게 되면 주문량을 많이 늘리게 된다. 이 소매상의 주문은 도매상의 수요가 되고 도매상은 수요가 커지는 일시적인 변화를 보게 된다. 이에 도매상도 역시 유통업자에게 주문량을 늘려서 반응을 하게 된다. 또한 유통업자도 주문량을 늘려서 공급자에게 보내고 이로 인해 공급자는 수요가 굉장히 많이 늘어난 것으로 알게 된다. 즉 과잉 반응은 전 공급사슬로 퍼지게 되어 채찍효과를 발생되게 만든다.

부족분 경기

정상적인 상황에서 소매상은 단기간의 수요를 커버할 수 있는 만큼의 재고, 즉 다음 재고가 보충되는 시기까지 버틸 수 있을 만큼만 주문을 내리게 된다. 그러나 다음 언제 재고 보충이 되는지를 항상 알 수 있는 것은 아니다. 수요는 증가하고 공급의 처리능력(capacity)이 제한적이라면 소매상은 다음 보충 시기까지 꽤 오래 기다려야 할지도 모른다. 이에 대한 합리적인 반응으로는 재고가 기본적으로 있는데도 불구하고 미래 보충 기회를 놓칠 수 있는 경우에 대비해서 많은 양의 제품을 주문하는 것이다.

인기 제품을 공급하는 공급자는 하나이고 이 공급자의 공급 가능한 처리능력은 제한적이며 이 제품을 구매하는 소매상은 여러 명이 있는 공급사슬을 상상해 보자. 각 소매상은 공급 능력이 제한 적이라는 사실을 알고 있다. 즉 공급자가 모든 소매상들의 주문량을 소화할 수도 있지만 그렇지 못하는 경우도 있다는 사실을 인지하고 있다. 소매상은 또한 공급자가 공급 능력이 부족한 경우에는 부족한 공급 능력을 소매상들에게 일정 비율로 할당해서 나누어준다는 사실도 알고 있다. 공급자는 자신의 공급 능력을 주문 비율에 따라 나누어서 할당한다. 도매상이 할당받게 되는 공급 능력의 할당 분은 소매상들 총주문량에서 자신의 주문량의 비율에 따라 받게 된다. 예를 들어, 한 특정 소매상의 주문량은 10이고 나머지 소매상들의 총주문량은 40일 경우에, 이 한 특정 소매상은 공급자의 공급 가능한 처리능력에서 5분의 1을 할당받을 수 있다. 즉, (10/(10+40)) 이러한 상황이 발생하는 경우 이 제품은 할당 상황(on allocation)에 있다고 말한다. 즉, 소매상들로부터의 총주문량이 공급자의 공급 가능한 처리능력을 넘어가는 경우에는 공급자는 공급 가능한 처리능력을 할당하게 된다.

제품이 할당 상황에 놓이게 될 수 있다는 것을 알고 있는 경우 소매상들의 주문 전략은 어떠해야 할까? 위의 예를 다시 보면 한 소매상은 10개를 원하지만 주문한 양의 5분의 1만 배달될 것이다. 그러므로 10개를 주문하면 원하는 양보다 훨씬 적은 2개만 받게 될 것이다. 당연한 해법은 주문량을 50개로 늘리는 것이다. 소매상의 주문량의 5분의 1을 받게 되고 50개를 주문하게 되면 소매상은 원하는 양인 10개를 받게 될 것이다. 그러나 다른 소매상들도 마찬가지도 똑같은 생각을 하고 있을 것이다. 그들도 주문량의 일정 부분만 받는다고 생각하기 때문에 필요 이상을 주문하게 될 것이다. 공급 능력이 부족하게 될 것이라고 생각하기 때문에 필요 이상을 주문하는 이러한 행위를 부족분 경기(shortage game) 또는 주문량 부풀리기(order inflation)이라고 부른다.

부족분 경기는 공급사슬을 상당히 엉망인 상황으로 만들 수 있다. 몇몇 소매상들은 주문량을 부풀리지 않았기 때문에 그들이 팔 수 있는 것보다 훨씬 적게 받게 되는 반면에 다른 소매상들은 주문량을 부풀림으로써 팔 수 있는 양 보다 더 많이 받게 될 수 있다. 예를 들어 위 예의 한 특정 소매상이 50개를 주문하고 실제로 주문량의 일정 부분인 12개를 받게 된다면 실제 원하는 10개 보다 2개를 더 받은 것이다. 뿐만 아니라 주문 부풀리기는 채찍효과를 발생시킨다. 소비자들이 공급자의 공급 능력이 제한될 수 있다는 사실을 인지하게 되면 소비자들은 주문량을 부풀리게 되어 공급자가 받는 수요에 상당한 변동성이 발생되도록 만든다. 흥미로운 사실은 소매상들이 원하는 양을 다 만족시킬 수 있는 공급능력이 있는 경우에도 주문 부풀리기가 발생한다는 것이다. 주문 부풀리기를 발생시키는데 필요한 것은 소매상들이 그들이 주문한 양 전부를 받지 못할 수 도 있다는 믿음이다.

공급자는 부족분 경기로 인해 취해야 하는 행동으로 채찍효과를 더욱 악화시킬 수 있다. 예를 들어 공급자는 소매상들에게 팔지 못한 재고는 반품할 수 있게 하였다고 하자. 이는 PC 산업에서 일반적으로 볼 수 있는 관례이다. 과잉재고에 대한 위험이 없어지면서 소매상들은 재고가 부족하게 되는 위험에 집중하게 되면서 소매상들은 좀 더 적극적으로 부족분 경기에 참여하게 된다.

소매상이 주문을 반품하는 또 다른 형태로는 소매상들은 주문한 것을 받기 전에는 주문한 것을 취소할 수도 있는 경우이다. 추가비용 없이 주문을 취소할 수 있는 경우에 소매상들은 재고가 부족할 경우를 대비해서 주문을 남발할 수 있다. 나중에 상당한 양의 주문이 유령처럼 사라짐에도 불구하고 내려지는 주문을 유령주문(phantom order)이라고 부른다.

19.2 채찍효과를 완화하기 위한 전략들

이 절에서는 기업들이 채찍효과에 대항하기 위해서 비즈니스 관행을 어떻게 변화시켜 왔는지에 대해서 살펴보도록 할 것이다. 식품 산업에서의 많은 변화는 1990년대 초반에 발의된 ECR(efficient customer response) 법안과 같이 시작되었다. 비즈니스 관행에 변화가 전반적으로 실행이 되었다면 미국 식품 산업에서의 비용을 300억 달러 가량 감소시킬 수 있었을 것이라고 주장되고 있다.

놀라운 일은 아니지만 효과적인 변화는 원인이 무엇인지 이해하는 것으로부터 시작된다. 채찍효과의 경우에 이전 절에서 다섯 가지 원인을 확인해 보았다. 주문 동기화(order synchronization), 뱃치 주문(order batching), 거래촉진책(trade promotions), 과반응적인 주문(overreactive ordering) 그리고 부족분 경기(shortage game)이다.

정보 공유

공급사슬 내 각 단계들 간의 상당한 양의 정보 공유는 채찍효과를 완화시키는 시발점이 된다. 이전 절에서 본 시뮬레이션 결과를 통해 우리는 소매상이 내리는 주문 패턴은 소매상이 받는 수요 패턴과는 거의 닮지 않는다는 것을 알 수 있다. 결과적으로 소매상이 내리는 주문이 급격하게 변동할 때 공급자가 수요를 예측하는 것은 상당이 어려운 일이며 또한 공급자가 이러한 변화에 과잉적인 반응을 보인다는 것은 어찌 보면 당연한 일이다. 공급자로 하여금 소비자의 실제 수요 정보에 좀 더 자주 접근할 수 있게 하면 공급자는 수요의 변화를 좀 더 정확하게 측정할 수 있을 것이며 그에 맞게 계획도 짤 수 있을 것이다.

그러나 현재 수요 정보의 공유로 채찍효과를 완화시키는 데는 충분하지가 않다. 가격 변화, 판촉, 거래촉진책으로 가격 할인 행사, 광고 그리고 구색을 맞추기 위한 계획과 같은 소매상이 제품을 소비자에게 판매할 때 결정하는 여러 반응들은 수요에 많은 영향을 끼치게 된다. 결과적으로 제품이 소매상으로부터 어떠한 취급을 받는지를 알지 못하는 한 공급자는 품의 판매 즉 소비자로부터의 수요를 정확하게 예측할 수 없다. 그러한 정보 없이 공급자는 매상들이 원하는 제품에 대해서는 충분한 공급 능력을 제공하지 못하고 오히려 소매상들의 심을 끌지 못하는 제품에 대한 공급 능력은 너무 많이 제공하게 될 수 도 있다. 공급자와 매상이 서로의 의사를 충분히 공유한다면 이 두 가지의 오류는 제거할 수 있을 것이다. 러한 공유 과정을 "공동계획, 예측 그리고 보충(collaborative planning, forecasting and replenishment, CPFR)"이라고 부른다.

소매상이 자신의 정보를 공급자와 공유하는 것은 상당히 고무적인 동시에 공급자가 공급 능력 여유에 대한 정보를 소매상들과 공유하는 것도 매우 유용하고 고무적인 일이다. 예를 들어 공급자가 a 부품이 부족하다는 사실을 인식하고 있는데 이 a라는 부품의 부족은 소매상이 판매 촉진에 들어가려고 하는 A 제품의 부족으로 이어지게 된다.(A라는 제품 생산에는 a 부품이 필요하다.) 이러한 정보를 공유한다면 소매상은 판매 촉진 활동을 좀 더 잘할 수 있을 것이다. 언제 공급 부족이 발생하지 않는지에 대한 유용한 정보를 공유 함으로써 부족분 경기도 방지할 수 있다.

제품 흐름 평활화

정보 공유는 채찍효과를 완화하는데 상당히 도움이 되기는 하지만 완전히 제거할 수는 없다. 채찍효과는 주문 동기화와 뱃치 주문과 같은 물리적인 제약들의 결과이기도 하다.

주문 동기화는 소매상들이 같은 시기에 주문하는 이유를(예를 들어 거래촉진책과 같은 이유) 제거함으로써 완화할 수 있다. 소매상들과 협조해서 주문 주기를 짜면 도움이 된다.

뱃치 주문을 감소시킨다는 것은 적은 양을 자주 주문한다는 것을 의미한다. 불행히도 이는 주문비용(ordering cost), 운송비용(transportation cost) 그리고 취급비용(handling cost)을 절감 의도와 대립된다. 언제 그리고 얼마의 양을 주문할 것인가를 결정하기 위해서 컴퓨터를 통한 자동 보충 시스템을 구축하면 공급자에게 주문을 할 때마다 발생하는 고정비용을 감소시킬 수 있다. 또한 주문을 전자 방식으로 교환하여 공급자에게 전달할 수 있도록 전자정보교환(electronic data interchange: EDI)과 같은 표준화된 기술을 적용할 필요가 있다.

트럭 배송 비용은 배송되는 물건의 양과는 거의 관계가 없기 때문에 적은 양의 뱃치로 운송을 하게 되면 운송비용은 높아지게 된다. 그러므로 일반적으로 트럭을 가득 채우려고 한다. 취급비용(handling cost)에도 규모의 경제를 고려해야 한다. 즉 제품을 개별적으로 배송하는 것보다는 케이스(case) 단위로 배송하는 것이 저렴하고 케이스(case) 단위보다는 팔레트(pallet) 단위로 배송하는 것이 저렴하게 된다. 그래서 중요한 점은 어떻게 하면 취급비용(handling cost)과 운송비용(transportation cost)을 컨트롤하면서 동시에 보충을 자주 할 수 있는가 하는 것이다.

한 방법으로 여러 소매상들이 한 공급자로부터 그들의 주문을 통합하여 유통업자를 통해서 배송받는 것이다. 직접 공급자에게 주문하는 대신에 유통업자를 통해 주문함으로써 소매상은 제품을 좀 더 자주 공급받을 수 있고 또한 여전히 트럭을 가득 채워서 받을 수 있다는 것이다. 공급자에게 직접 주문하는 경우에는 한 소매상이 한 공급자의 제품으로 트럭을 가득 채워서 주문해야만 하는 반면에 유통업자를 통하여 주문하는 경우에는 한 소매상은 하나의 트럭을 유통업자를 통해서 판매되는 여러 공급자들의 제품으로 채울 수 있다는 것이다.

고질적인 인센티브 제거하기

이전 절에서 보았듯이 거래촉진책은 소매상으로 하여금 선매를 하도록 강하게 유도하며 이로 인한 선매는 상당한 크기의 채찍효과를 발생시키는 원인이 된다. 도매가격(wholesale price)을 일정하게 유지하면 이러한 선매를 유도하는 동기를 제거할 수가 있다. 뿐만 아니라 특히 대부분의 소매상들이 정상 가격(regular price)에 구입을 하지 않는 상황에서는 더욱 그렇다. 도매가격을 일정하게 유지하는 것은 공급자의 매출에 크게 부담을 주지 않는다. 즉 매출에는 별 다른 부정적인 영향을 주지 않는다.

그러나 거래촉진책을 제거하는 것과 연관해서 부정적인 측면들도 지각되고 있다. 공급자들은 거래촉진책으로 최종 소비자의 수요를 늘이고자 하는데 이는 공급자의 거래촉진책으로 소매상들도 소비자에게 프로모션을 제공하면 소비자의 수요도 늘어난다는 논리에서이다. 사실 거래촉진책은 이러한 의도에서는 성공적인 면이 있다. 대부분의 소매상들은 거래촉진책 기간 동안에는 소매가격(retail price)을 낮추게 되는데 이는 소비자들에게도 거래촉진책에 의한 혜택을 어느 정도는 제공하게 되는 것이다. 그러므로 소매상들이 소비자에게 프로모션을 제공하도록 하는 거래촉진책을 더 이상 사용하지 않는 상황에서 소비자에게 프로모션은 제공할 필요가 있다고 생각된다면 공급자는 소비자에게 프로모션이 제공되도록 할 수 있는 다른 방법을 모색해야 한다.

반품(return)과 주문 취소(order cancellation)가 후한 정책은 부족분 경기와 유령주문을 자초하기 때문에 또 다른 고질적인 인센티브의 형태이다. 이에 대한 해결책은 이러한 정책들을 아예 폐기하거나 아니면 적어도 덜 후하게 만들어야 한다. 예를 들어, 공급자는 반품된 제품에 대해서 전액이 아닌 부분 환불을 해주거나 반품할 수 있는 제품의 수를 제한하거나 아니면 반품할 수 있는 기간을 제한하는 것이다. 공급자들은 주문 취소에 위약금을 부과하거나 아니며 주문을 할 때 환불이 안 되는 착수금(non-refundable deposit)을 내도록 한다.

소매상이 주문을 한꺼번에 내리는 것을 못하게 하면 부족분 경기는 제거될 수 있다. 이는 다음과 같이 설명할 수 있다. 공급자가 제품을 할당하는 상황(on allocation)이 되면(공급자의 공급 능력이 소매상들이 주문하는 양 보다 낮은 상황이므로 소매상이 실제 필요한 수의 제품을 주문하게 되면 주문량보다 적은 수의 제품을 받게 되므로) 각 소매상은 받을 수 있는 제품의 수 보다 더 많이 받기를 원하게 되며 또한 이러한 사실을 공급자는 숙지하고 있다고 가정하자. 그러므로 (소매상들은 그들이 실제로 필요한 제품의 수보다 많이 주문하기 때문에) 공급자는 소매상들이 내리는 주문들에는 신경을 쓰지 않게 된다. 그래서 공급자는 제품을 소매상들이 주문하는 수에 비례해서 할당하는 대신에 소매상들이 과거에 주문한 수에 비례해서 할당한다고 소매상들에게 공지를 한다. 자동차 산업에서는 이러한 제도를 실적–할당(turn-and-earn)이라고 부른다. 딜러가 자동차 한 대를 팔면(turn) 한 대를 할당(earn) 받을 권리를 받는다. 실적–할당 제도는 다양한 목적을 이룰 수 있다. 이 제도를 사용하면 공급자의 공급 능력은 전부 할당된다. 직관적으로 보면 이 제도는 실적이 좋은 소매상에게 더 많이 할당하게 되는 것으로써 소매상으로 하여금 공급자의 제품을 더 많이 팔도록 유도한다. 예를 들면 자동차 산업에서 한 공급자의 여러 다양한 자동차에 대한 판매 매출이 높은 딜러에게 이 공급자의 잘 팔리는 자동차 모델을 더 많이 할당하게 된다. 그러면 딜러는 잘 팔리는 자동차 모델을 더 많이 확보하고자 다른 모델의 판매 매출에도 신경을 쓰게 된다. 딜러에게 부여되는 동기가 자동차 제조사에게는 이윤이 될 수 있는 반면에 딜러에게 이윤을 주는지는 논란의 여지가 있다.

VMI(Vendor Managed Inventory)의 사용

Proctoer & Gamble과 Walmart는 채찍효과를 인식하고 완화하기 위해서 여러 가지 중요한 방법을 시도한 최초의 기업들 중에 포함된다(Campbell's Soup 또한 북미에 위치한 또 다른 초기 혁신 기업이다). 이들이 시도한 변화들은 종종 Vendor-Managed-Inventory 라는 이름으로 묶어서 설명이 된다(짧게 VMI라고 부른다). 많은 기업들이 그들만의 변화된 VMI를 실행하고 있지만 일반적으로 VMI는 다음과 같은 특성을 가지고 있다.

- 소매상은 더 이상 언제 얼마의 재고를 주문할지 결정하지 않는다. 대신, 공급자가 소매상에게 배송되는 시기와 양을 결정한다. 공급자와 소매상은 서로 공급자의 보충 결정 지침(목표 비축 재고 확률과 같은 결정)에 따를 것에 동의한다. 공급자들이 소매상의 권한 어디까지 접근해서 관리할 것인지는 다양하다. 몇몇 적용 예에서는, 공급자는 단순히 소매상의 물류센터의 재고 관리만 책임지고 소매상은 물류센터와 소매상점 사이의 재고 관리의 책임을 진다. 또 다른 예에서는, 공급자가 소매상의 상점 내 재고의 관리까지 책임을 진다. 공급자가 어디까지 관리할 것인지는 다양하게 달라진다. 일반적으로, 공급자는 자신이 공급하는 제품에 대해서만 관리한다. 하지만 때로는 소매상을 대신해서 한 공급자가 경쟁 공급자들이 공급하는 제품들도 포함해서 총체적으로 재고 보충에 대한 관리를 책임지는 경우도 있다.
- 공급자가 재고 보충에 대한 결정 권한을 가지게 되는 경우에는 정보도 또한 필요하게 된다. 그러므로 VMI를 적용하는 경우에 소매상은 공급자와 수요에 대한 정보를 공유해야 한다(예를 들어 물류센터로부터의 제품 배송과 소매상의 판매시점 정보(Point-Of-Sales, POS)등을 공유해야 한다). 공급자는 이러한 정보들을 자동 보충 시스템(automatic replenishment system)의 입력 정보로 사용한다. 여기서 자동 보충 시스템이란 관리하는 소매상 별로 각 제품에 대한 보충 시점과 양에 대한 결정을 내리는 컴퓨터 프로그램을 의미한다. 일상적인 수요의 움직임뿐만 아니라 공급자는 예측할 수 있는 잠재적인 수요의 변화도 신경을 써야 한다. 예를 들어 소매상이 수요를 약 20배 정도 늘이게 만드는 소비자 프로모션을 계획하고 있다면 공급자는 이 프

로모션이 언제 실행되는지에 신경을 써야한다. 이렇게 컴퓨터를 이용한 보충 시스템을 연속 보충(continuous replenishment) 또는 연속 제품 보충(continuous product replenishment)이라고 부른다. 그러나 제품이 연속적이라기보다 일정기간에 한 번씩 반복적으로 보충되는 것을 의미하기 때문에 이러한 이름은 다소 부적절한 명칭이라고 할 수 있다.

- VMI를 적용하게 되면 공급자와 소매상은 거래촉진책을 파기한다. 소매상은 선매로 인해서 발생하는 이윤을 포기하는 것이 쉬운 일이 아니기 때문에 소매상이 공급자에게 소매상의 재고 보충 결정에 대한 권한을 넘기게 된다면 선행적으로 거래촉진책을 파기하는 것은 필수적이다. 그러므로 VMI을 적용하는 데는 다음과 같은 동의가 필요하다. 공급자는 안정적이 가격을 유지하여야 하며 또한 공급자가 제시하는 이 가격은 소매상이 거래촉진책을 통한 구매를 포기하는 것에 대한 보상 차원에서 정상가격보다 낮게 유지되어야 한다.

VMI가 내포하고 있는 혁신적인 면들은 상호 보완적이며 채찍효과를 감소시키는 데 효과적이다. 예를 들어, 보충 권한이 소매상에서 공급자로 넘어가면서 공급자는 배송 시기를 통제하게 되며 이는 주문 동기화를 제거하지는 못한다 할지라도 감소는 시키게 된다. VMI를 통해서 공급자는 소매상이 재고 보충을 관리하면서 주문할 때보다는 적은 양으로 배송할 수 있게 되므로 채찍효과의 원인 중 하나인 뱃치 주문에 대응할 수 있게 된다. 예를 들어, VMI를 적용하기 이전에는 Campbell Soup의 소매상들은 각 수프 종류 별로 200개의 케이스(case)나 들어가는 팔레트를 한 번에 3~5개나 주문하였다. 소매상들은 자주 주문함으로써 발생하는 비용을 절감하기 위해서 여러 팔레트를 주문한 것이다. VMI를 적용하게 되면서 Campbell Soup는 잘 팔리는(fast-moving) 수프는 팔레트(pallet) 단위로 배송을 하고 잘 팔리지 않는(slow-moving) 수프는 1/2 또는 1/4 팔레트(pallet)와 같이 한 팔레트(pallet)를 쪼개서 배송하게 되었다. Cambell Soup 입장에서는 자동 보충 시스템을 구축하였기 때문에 자주 주문함으로써 발생하는 비용은 문제가 되지 않았다. 그러나 여전히 취급 비용과 운송 비용은 문제가 되고 있었다. 결과적으로 보면 VMI를 적용하게 되면서 팔레트(pallet)를 쪼개서 제품을 넣을 수도 있기 때문에 Campbell Soup는 약 20개의 팔레트를 실을 수 있는 트럭을 가득 채울 수 있게 되었다. 여기서 보면 VMI를 적용하게 된 이후 이 20개 팔레트의 각 팔레트는 서로 다른 제품들로 채울 수 있는 반면에 VMI를 적용하기 이전에는 각 팔레트는 같은 제품들만 넣을 수 있기 때문에 20개보다 적은 수가 한 트럭에(VMI 적용 이전에는 잘 팔리든 그렇지 않든 상관없이 한 제품은 팔레트 단위로만 팔리므로 각 제품에 대해서 한 팔레트 또는 그 이상을 주문해야만 한다) 실리게 된다. 그러므로 VMI를 적용하게 되면 각 제품은 적은 양으로도 주문되기 때문에 자주 제품을 주문하면서 동시에 트럭을 가득 채워서 배송할 수 있게 된다.

VMI를 통해 공급자는 여러 소매상들의 배송을 통합할 수 있기 때문에 일부 경우에서는 VMI가 뱃치 주문에 따른 문제점을 해결하는 데 도움이 된다. VMI를 적용하기 이전에는 기본적으로 두 소매상들이 자신들의 주문을 통합해서 한 트럭을 채우는 것은 본질적으로 불가능하다. 그러나 공급자가 이 두 소매상들과 VMI를 실행한다면 두 소매상들이 거리상으로 가깝기만 하다면 그들의 주문을 한 트럭에 실어 배송할 수 있게 된다. VMI를 통해 각 소매상의 재고를 한 트럭보다 적게 보충하면서 공급자는 채찍효과를 감소시킴과 동시에 운송의 효율성을 유지할 수 있다.

VMI는 채찍효과의 원인 중의 하나인 과잉 반응에 대해서도 대처할 수 있게 한다. 수요 정보가 공유되기 때문에 공급자는 수요의 변화에 덜 과잉적으로 반응을 하게 된다. 또한 VMI는 보충 전략을 입력한 컴퓨터 알고리즘으로 실행되기 때문에 VMI 시스템은 인간 구매자보다는 훨씬 덜 감정적이거나 덜 변덕스럽다.

VMI가 공급자와 소매상 사이의 공급사슬 관계에서 많은 측면에 변화를 주는 반면에 일부 측면에서는 일반적으로 변화가 발생되지 않기도 하다. 예를 들어, VMI는 거래촉진책을 제거하지만 소비자 프로모션을 제거하려고 하지는 않는다. 소비자 프로모션도 채찍효과 발생에 기여를 하기는 하지만 몇 가지 이유로 인해서 거래촉진책만큼 큰 변동성을 발생시키지는 않는다. 모든 소매상들이 같은 시기에 소비자 프로모션을 하지는 않기 때문에 주문 동기화가 거래촉진책만큼 나쁘지는 않다. 또한 소비자들은 소매상들처럼 많은 양의 제품을 선매하지는 않는다. 또한 몇몇 회사들은 거래촉진책을 포기할 의향이 있는 반면에 소비자 프로모션을 포기하고자 하는 회사는 적은 편이다. 소비자 프로모션은 경쟁에 있어서 필수적(competitive necessity)이라는 견해를 가진다.

채찍효과를 감쇄시키는 효과: 생산 평활화

채찍효과의 다양한 원인들 때문에 채찍효과는 거의 모든 공급사슬에 공통으로 잠재되어 있는 기본적 문제라고 보는 경향이 있다. 그러나 이는 다음과 같은 의문점을 제시하게 한다. 채찍효과는 모든 공급사슬에 존재하는가? 채찍효과가 모든 공급사슬에 존재한다면 이에 대응하는 자연력은 과연 존재하는가? 짧게 대답하자면, 채찍효과는 모든 공급사슬에 존재하는 것이 아니며 채찍효과를 감소시키는 자연력도 존재한다.

[그림 19.9]는 10년 동안 Walmart, Target 그리고 Kohl's와 같은 미국 내 잡화상들(general merchandisers)이 취급하는 제품들의 월간 유입(inflow)과 유출(outflow)을 보여주고 있다. 여기서 제품의 유출(outflow)은 수요를 의미한다고 본다. 즉 이는 잡화상들을 떠나 최종 소비자들의 손에 넘어가는 제품들의 양을 달러로 환산한 값이다. 제품들의 유입(inflow)은 잡화상들이 구매하는 제품의 양을 달러로 환산한 값이다. 이 그림을

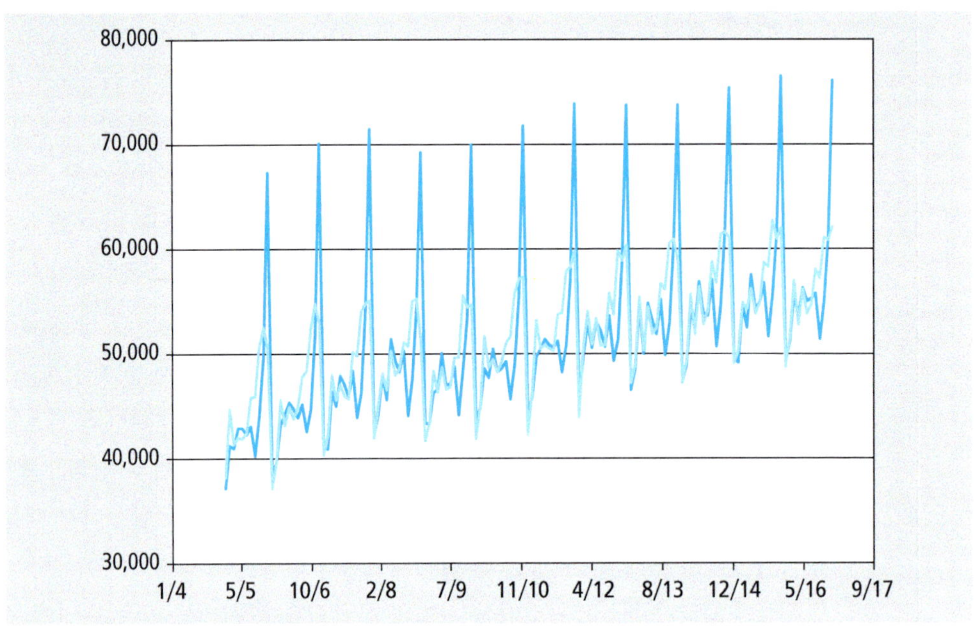

그림 19.9 미국 내 잡화상들이 취급하는 제품들의 월간 유입과 유출

보면 제품의 유입(inflow)은 제품의 유출(outflow) 보다 변동성이 적은 것을 알 수 있다. 다시 말하면 이 그림에서 보면 잡화상들에게 제품을 공급하는 공급자들이 보게 되는 수요들의 시리즈인 유입 시리즈(inflow series)는 잡화상들이 보게 되는 수요들의 시리즈인 유출 시리즈(outflow series)보다 변동성이 적은 것을 볼 수 있다. 즉 적어도 전체 산업을 통합해서 보고 기간이 월 단위인 레벨에서는 채찍효과는 나타나지 않고 있다. 그럼 왜 채찍효과가 나타나지 않는 것일까?

소매상들이 받게 되는 수요를 보면 매 해의 4분기마다 눈에 띄게 수요가 급증하는 것을 볼 수 있는데 특히 11월과 12월에 특히 강하게 급증하는 것을 볼 수 있다. 이 시기는 연말 휴가 세일 기간 동안의 판매 폭증 현상이라는 것을 알 수 있다. 이러한 연중 판매 급증으로 소매상들은 운영상의 상당한 어려움을 겪게 되는데 이 시기 동안에는 소비자들을 위한 노력이 많이 필요하게 되고 매장 재고도 보충할 필요가 있게 된다. 적시 생산 시스템(Just-In-Time) 기반으로 재고를 보충하는 데는 많은 노동력을 필요로 하게 되고 일시적인 판매 급증 기간 동안만 즉 11월과 12월에만 고용을 늘리게 되면 많은 비용이 발생하게 된다. 대신 소매상들은 4분기의 시작 시점인 9월과 10월에 재고를 창고와 매장으로 이동시키기 시작한다. 매년, [그림 19.9]에서 보이듯이 소매상들은 4분기의 시작 시점인 9월과 10월에는 순 유입(net inflow)이 양의 값을 가지게 되는데 이는 유입되는 제품의 양이 유출되는 제품의 양보다 많게 된다. 즉 11월 12월의 수요 급증에 대비해서 소매상들은 제품을 9월과 10월에 필요한 양 보다 더 많은 양을 자신들의 창고와 매장에 쌓아 놓으면서 재고를 늘려 놓게 되므로 유입되는 양과 유출되는 양의 차인 순 유입은 양의 값을 가지게 된다. 이와 같이 재고를 사전 대비(prepositioning)함으로써 소매상들은 제품이 유입되는 양을 평활화(smooth)할 수 있고 또한 일 년 중 가장 바쁜 시기에 필요한 일손을 줄일 수 있다. 소매상들은 생산평활화에도 효과적으로 관여되게 되는데 즉 판매 저조 시기 동안에 재고를 저장해 두고 판매 급증 시기에는 저장해 놓은 재고를 가져다 사용함으로써 판매 급증 시기에 생산 라인에 가해지는 일의 양이 너무 커지지 않도록 할 수 있다. 분명한 것은 직원 수의 변동성이 큰 것보다는 재고를 사전 대비하는 것이 비용 면에서 훨씬 절감이 된다. 생산 평활화 전략을 사용하는 소매상들에게 제품을 공급하는 공급자들의 경우에는 소매상들이 소비자들로부터 경험하는 수요의 변동성보다 적은 크기의 수요 변동성을 경험하게 된다.

일반적으로 소매상들이 계절적으로 큰 수요에 직면하는 경우에 이 소매상들은 생산 평활화에 관여하면 여러 이득이 있다. 위에서 살펴본 바와 같이 생산 평활화에 관여하는 것은 채찍효과를 감쇄시키는 효과가 있다. 이러한 감쇄시키고자 하는 힘이 채찍효과를 제거하는데 충분히 강한지 아닌지는 수요가 얼마나 계절적인지 그리고 채찍의 힘(bullwhip force)이 얼마나 강하게 작용하고 있는지에 달려있다. 적어도 산업 전체 수준에서 월간 테이터를 활용하여 계산할 때의 기준으로 보면 잡화상들은 연휴 세일 급증을 충분히 예측을 할 수 있기 때문에 채찍의 힘을 압도할 수 있게 된다. 개별 소매상들과 개별 제품 그리고 주간 또는 일간과 같은 짧은 기간 기준에서는 채찍효과가 발생하는 경우가 많다.

계절성(seasonality)은 채찍효과를 약화시키는 경향이 있지만 말 그대로 계절성은 공급사슬 내 변동성의 원인이기도 하다. 그러나 계절성이 변동성을 만들어 내기는 하지만 증폭시키지는 않는다. 심지어 잡화상들에게 제품을 공급하는 공급자들도 수요에 있어서 상당한 크기의 변동성과 계절성을 경험하게 되지만 소매상들이 경험하는 변동성보다는 작다.

19.3 선글라스 공급사슬 내 인센티브 충돌

채찍효과는 공급사슬을 거슬러 올라가면서 수요 변동성을 증폭시키고 이로 인해서 공급사슬 성과를 악화시킨다. 그러나 채찍효과가 발생하지 않는다고 해서 최적의 공급사슬 성과가 보장되는 것도 아니다. 이 절에서는 채찍효과가 발생하지 않는 상황에서도 공급사슬 내 두 기업 간에 발생할 수 있는 인센티브 충돌(incentive conflicts)에 대해서 살펴보도록 하겠다. 선글라스 공급사슬에 대한 예를 통해서 좀 더 자세히 인센티브 충돌에 대해서 설명해 보도록 하겠다.

Zamatia Ltd는 이탈리아의 고급 안경 제조업체이다. UV Inc는 미국에 있는 Zamatia Ltd의 소매상들 중 하나이다. 유행을 잘 따르기 위해서 UV Inc는 유행의 중심지에 작은 매장들을 운영하고 있다. 이 매장들 중 Florida주 Miami 해변에 위치한 매장을 중점적으로 살펴보도록 하겠다. Zamitia는 자사의 선글라스를 유럽과 아시아에서 제조하기 때문에 미국으로의 보충 조달 기간(lead time)이 오래 걸린다. 무엇보다도 선글라스의 판매 시즌은 짧고 유행은 매년 변화가 심한 편이다. 결과적으로 UV는 매년 판매 시즌 전에 Zamitia의 안경을 한 번만 배송받는다. 다른 패션 제품과 같이 몇몇 스타일은 잘 팔리고 다른 스타일은 시즌이 끝날 때까지 팔리지 않고 남게 된다.

이번 판매 시즌에 소개될 선글라스인 Bassano에 대해서 살펴보도록 하자. UV는 이 제품을 Zamatia로부터 개당 $75에 구매를 해서 $115에 소비자에게 판매한다. Zamatia가 이 제품을 생산하고 운송하는데 드는 비용(production and shipping cost)은 개당 $35이다. 판매 시즌이 끝나면 남은 제품에 대해서는 할인하여 처분하게 되는데 UV는 처분 가격으로 개당 $25로 책정하고 있다. UV의 Miami 해변에 위치한 매장에서 이번 판매 시즌 동안의 수요를 평균은 250개 표준편차는 125개인 정규 분포(Normal distribution)를 따른다고 예상하고 있다.

UV가 조달해야 하는 선글라스의 양은 뉴스벤더 모델을 사용하여 결정할 수 있다. Q를 UV의 주문량이라고 하자. UV의 개당 과소재고비용(underage cost) 즉 너무 적게 주문함으로써 발생하게 되는 개당 기회 비용은 $C_u=\$115-\$75=\$40$이 된다. UV의 개당 과다재고비용(overage cost)은 $C_o=\$75-\$25=\$50$이 된다. 잔여재고로 인한 비용이 재고가 모자라서 발생하게 되는 비용보다 더 크게 된다. UV의 임계비(critical ratio)는 다음과 같다.

$$\frac{C_u}{C_o+C_u}=\frac{40}{50+40}=\frac{4}{9}=0.4444$$

그러므로 기대이윤을 최대화하기 위해서는 재고가 남을 확률은 44.4% 그리고 재고가 모자랄 확률은 55.6%가 되도록 만드는 제품의 주문량을 선택하여야 한다.

표준정규분포표로부터 $\Phi(-0.14)=0.443$이고 $\Phi(-0.13)=0.4483$이므로 최적의 z-통계량은 -0.13이고 최적의 주문량은 다음과 같다.

$$Q=\mu+z\times\sigma=250-0.13\times125=234$$

14장에 나와 있는 식과 과정들을 사용하면 UV 매장에 대한 몇 가지 성과 측정을 해볼 수가 있다.

$$\text{기대판매량(expected sales)}=192$$

기대잔여재고(expected leftover inventory)=42

기대이윤(expected profit)=$5,580

Bassano 선글라스를 UV의 Miami 매장에 판매하고 얻게 되는 Zamitia의 이윤은 234×$40=$9,360이다. 여기시 234는 UV가 Bassano 선글라스를 구매하는 양이고 $40는 Zamatia의 이윤($75−$35=$40)이다.

UV가 $5,580의 이윤을 내는 것에 비해 Zamatia가 $9,360의 이윤을 내는 것을 고려하면 Zamatia는 상당히 좋은 상황이긴 하지만 꼭 그런 것만은 아닐 수 도 있다. 공급사슬 전체의 이윤은 $14,940(=$9,360+$5,580)이며 이는 더 높아질 수 도 있다. Zamtia와 UV의 기대이윤(expected profit)을 합산한 공급사슬 전체의 이윤을 최대화하기 위한 주문량을 선택한다고 가정해 보자. 다시 말하면 한 기업이 Zamatia와 UV를 소유하고 있다면 주문량은 얼마로 선택되어야 하는가? 이 주문량은 통합된 공급사슬(integrated supply chain)을 최대화하는 양이기 때문에 공급사슬 최적 주문량(supply chain optimal quantity)이라고 부르기로 하자.

공급사슬의 주문량과 성과 측정을 위해서 위에서와 같이 뉴스벤더 모델을 사용한다. 개당 판매 기회 손실(lost sales)로 인해서 공급사슬은 소매가격(retail price)과 생산 비용(production cost)의 차이만큼($115−$35=$80)의 기회비용이 발생하게 된다. 즉 공급사슬의 과소재고비용(underage cost)과 C_u=80이 된다. 개당 잔여재고로 인해서 공급 사슬은 생산 비용(production cost)와 잔존가치(salvage cost)의 차이만큼 비용($35−$25=$10)을 발생시킨다. 즉 공급사슬의 과다재고비용(overage cost)은 C_o=$10이 된다. 공급사슬의 임계비(critical ratio)는 다음과 같다.

$$\frac{C_u}{C_o + C_u} = \frac{80}{10 + 80} = 0.8889$$

표준정규분포표로부터 $\Phi(1.22)=0.8888$이고 $\Phi(1.23)=0.8907$이므로 위의 임계비(critical ratio)에 대한 적절한 z−통계량은 1.23이다. 공급사슬의 기대이윤을 최대화하는 주문량은 다음과 같다.

$$Q=\mu+z\times\sigma=250+1.23\times125=404$$

이는 UV의 주문량인 234개보다 상당히 높은 값이다. 공급사슬의 최적 주문량인 404개를 기반으로 공급사슬의 성과 측정을 해 보면 다음과 같다.

기대판매량(expected sales)=243

기대잔여재고(expected leftover inventory)=161

기대이윤(expected profit)=$17,830

Zamatia와 UV는 현재 기대이윤(expected profit)으로 총 $14,940을 보이는 반면에 이들을 통합한 공급사슬은 19% 더 높은 $17,830의 기대이윤(expected profit)을 보여주게 된다.

그렇다면 왜 현재의 공급사슬은 더 나은 성과로 가지 못하고 있는 것일까? 이에 대한 명백한 답변으로는 UV는 충분한 양의 선글라스를 주문하지 않았다는 것이다. UV는 234개를 주문하지만 공급사슬의 최적 주문량은 404개이어야 한다. 그럼 왜 UV는 충분한 양을 주문하지 않는 것일까? 이유는 UV가 자신의 이윤을 최대화하기 위해서만 주문량을 결정한다는 것이다. 더 자세히 들여다보면 UV는 개당 Bassano 선글라스에 $75를 Zamtia에 지불해야 하는데 이는 마치 UV가 Bassano 선글라스 하나를 생산하는데 실제로 발생하는 $35이 아닌 $75의 비용이 드는 것처럼 행동한다는 것이다. UV의 관점에서 보면 실제 생산 비용이 $35이건 $55이건 또는 심지어 $0이건 상관이 없다는 것이다. UV에서 보면 개당 구매 비용인 $75이 마치 생산 비용과 같이 사용된다는 것이다. UV는 판매할 때마다 개당 $40을 벌고 선글라스가 팔리지 않고 남을 경우 개당 $50을 잃게 된다는 것이다.

선글라스를 주문할 때 UV가 가지는 두려움은 이중 마진(double maginalization)이라는 현상 때문에 발생한다. UV의 이윤 폭인 $40은 공급사슬 내 두 이윤 폭 중 하나이고 이는 공급사슬의 총이윤 폭(profit margin)인 $80보다 필연적으로 작을 수밖에 없기 때문에 UV는 공급사슬의 최적 주문량보다 적게 주문하게 된다. UV는 선글라스를 하나 판매함으로써 벌어 들이게 되는 총이윤($80) 중 일부분($40)만 벌어들이기 때문에 UV는 공급사슬의 최적 주문량보다는 적게 구매하고자 한다.

이러한 관찰로 우리는 다음의 중요한 결과를 유추해 낼 수 있다.

> 공급사슬 내 각 기업들이 자신의 기대이윤을 최대화하기 위해 행동함으로써 얻게 되는 공급사슬의 총이윤은 전체 공급사슬을 최대화하는 이윤보다는 적게 된다.

다른 말로 하면 공급사슬 내 각 구성원들의 합리적이고 자기 최적인 행동이 반드시 최적의 공급사슬 성과로 이어지지는 않는다. 그렇다면 무엇 때문에 이렇게 되는 것일까? 이것이 우리가 다음에 살펴보아야 할 것들이다.

UV로 하여금 더 많은 Bassanos 선글라스를 주문하도록 하는 확실한 방법이 있다. Zamatia가 도매가격(wholesale price)을 내리는 것이다. 낮아진 도매가격은 UV의 과소재고비용을 증가시키게 되고 과다재고비용을 감소시키게 되는데 이는 재고가 모자라서 발생하는 비용을 증가시키게 되고 잔여재고로 인한 비용을 감소시키게 된다. 좀 더 기술적으로 보면 도매가격의 하락은 UV의 임계비(critical ratio)를 증가시키고 이로 인해서 UV는 더 많은 주문을 하게 된다. [표 19.2]는 다양한 도매가격에 따른 공급사슬의 성과

표 19.2 다양한 도매가격 계약에 따른 UV사의 주문량 Q와 그에 따른 성과 측도

	도매가격			
	$35	$65	$75	$85
C_u	$80	$50	$40	$30
C_o	$10	$40	$50	$60
임계비	0.8889	0.5556	0.4444	0.3333
z	1.23	0.14	–0.13	–0.43
Q	404	268	234	196
기대판매량	243	209	192	169
기대잔여재고	161	59	42	27
Umbra사의 기대이윤	$17,830	$8,090	$5,580	$3,450
Zamantia사의 기대이윤	$0	$8,040	$9,360	$9,800
공급사슬 전체의 이윤	$17,830	$16,130	$14,940	$13,250

를 보여주고 있다.

Zamatia가 도매가격을 $75에서 $65로 낮춘다면 UV는 Bassano 선글라스의 주문량을 234~268개로 증가시킬 것이다. UV입장에서는 이윤이 $5,580~$8,090으로 증가하기 때문에 꽤 만족하게 될 것이다. 뿐만 아니라 공급사슬 면에서 보아도 이윤이 $14,905~$16,130으로 증가하게 된다. 그렇다면 도매가격 인하를 왜 $10 이상으로 하면 안 되는 것일까? Zamatia가 도매가격을 생산비용인 $35까지 인하한다면, (1) UV는 공급사슬 전체를 최적화하는 주문량인 404개를 주문할 것이며 (2) 공급사슬의 이윤은 최적인 $17,830이 될 것이다. 이러한 전략을 한계비용 가격정책(marginal cost pricing)이라고 하는데 그렇게 부르는 이유는 공급자가 도매상에게 제품을 생산하는데 필요한 한계비용만을 청구하기 때문이다.

그러나 한계비용 가격정책이 UV와 공급사슬 입장에서는 굉장히 훌륭한 정책이지만 Zamatia 입장에서는 최악의 정책이 된다. 말 그대로 한계비용 가격정책에서 Zamatia의 이윤은 0이 된다.

지금부터 우리는 공급사슬 내에서 벌어지는 고전적인 갈등 상황을 살펴보게 될 것이다. 한 기업의 이윤 증가는 다른 기업의 이윤을 희생시킴으로써 얻게 된다. 이러한 분배상황을 제로–섬 게임이라고 부르기도 하지만 현실은 더 안 좋은 상황에 처하게 된다. 제로–섬게임(zero-sum game)에서는 두 기업이 고정된 총이윤을 어떻게 나누어 가질 것인가에 대한 협상의 문제이다. 하지만 우리가 가지고 있는 공급사슬 내의 갈등은 Zamatia와 UV사이에 분배할 총 양이 고정되어 있지도 않다. Zamatia의 이윤을 증가시키면 나누어 가질 총이윤이 줄어들게 된다.

공급사슬의 이윤 분배(allocation of supply chain profit)에서 기업들은 두 가지를 주의해야 한다.

1. 공급사슬 전체의 총이윤인 전체 파이(pie)의 크기
2. 전체 파이(pie)에서 각 기업이 가져가는 조각의 크기

각 기업은 전체 파이에서 큰 조각을 원하기 때문에 두 번째 사항은 당연히 주의해야 하는 사실이다. 첫 번째 사항은 좀 덜 자명하다. 고정된 수의 파이 조각에서 왜 기업은 전체 파이(pie)의 크기에 관심을 가져야 하는가? 즉 왜 다른 기업의 파이 조각에 관심을 가져야 하는가? 질투는 정답이 될 수 없다. 정답은 파이가 크면 더 큰 조각으로 나눌 수 있기 때문이다. 파이가 커질수록 각 기업에게 더 큰 파이 조각을 나누어 줄 수 있게 된다. 즉 파이가 커질수록 각 기업의 이윤은 증가하게 된다. 이러한 상황을 윈-윈 거래(win-win deal)이라고 부른다. 즉 모두가 더 나은 결과를 가져가게 되는 것이다.

Zamatia와 UV의 도매가격으로 돌아가서 보면 도매가격에 대한 논쟁은 각 기업의 파이 조각에 대한 논쟁과 비슷한 상황이다. 그러므로 파이를 어떻게 나누어 가질 것인지 논쟁하는 과정에서 기업들은 파이 한 부분을 망가뜨려 결과적으로 파이를 못 가지는 기업이 생길 수가 있다. 이러한 기업들이 필요한 것은 첫째 파이의 크기를 극대화($17,830)하는 것이고 그 다음으로 극대화한 크기의 파이를 망가뜨리지 않고 어떻게 나누어 가질 것인가 하는 것이다. 이러한 방법은 다음 절에서 논의할 것이다.

19.4 환매 계약

재고가 남아 발생하는 UV의 손실액을 Zamatia가 경감시켜줄 수만 있다면, 도매가격의 변동 없이도 Zamatia는 UV로 하여금 더 많은 Bassano 선글라스를 주문하도록 할 수 있을 것이다. UV는 시즌이 끝나면 잔여재고로 인해서 개당 $50이라는 꽤 큰 손실을 보게 된다. 하나의 해법으로는 잔여재고를 Zamatia가 UV로부터 개당 $75을 주고 전액 환불해서 환수해 가는 것이다. 즉 Zamatia는 UV에게 환불 정책(return policy)의 일환으로 환매 계약(buy-back contract)을 제시하는 것이다.

그러나 이 환매 계약으로 인해서 공급사슬에는 추가적인 비용이 발생한다. UV는 잔여재고를 Zamatia에게 보내야 하는데 이때 개당 $1.50이라는 배송 비용이 발생한다. 그리고 Zamatia에게는 이 남은 재고를 받은 다음 어떻게 처리해야 하는가 하는 문제도 남아 있는데 한 가지 처리 방법은 Zamatia가 환불해 주고받은 재고를 그냥 폐기 처분하는

것인데 이럴 경우 개당 잔존가치는 0이 된다. 그러나 또 다른 방법은 Zamatia가 받은 재고를 판매 호조를 보여 추가로 재고를 더 필요로 하는 유럽 내 다른 소매상에게 판매할 수도 있고 또는 아울렛 매장에서 싸게 팔아 어느 정도의 매출을 올릴 수도 있다. 판매 시즌이 끝나는 시점에 Zamatia가 잔여재고를 처리함으로써 심지어 UV가 처리하는 것 보다도 더 많은 잔존가치를 남길 수도 있다. 그럼 여기에서는 Zamatia가 시즌이 끝나고 Bassano 선글라스를 개당 $26.50에 처분할 수 있다고 가정해 보자. 그러므로 공급사슬의 입장에서 보면 UV가 시즌이 끝나고 Bassano 선글라스를 개당 $25에 처분하는 것이나 Zamatia가 시즌이 끝나고 Bassano 선글라스를 개당 $26.50(개당 배송 비용을 감안하면 개당 $25이 된다)에 처리하는 것이나 차이는 없다. 반면에 Zamatia와 UV는 누가 잔여재고를 처분할 것 인지에는 관심을 가지게 될 것이다. 이 문제에 대해서는 나중에 다시 언급하기로 하자.

환매 계약 하에서 UV의 최적 주문량을 계산해 보도록 하자. 환매 계약 하에서 UV의 과소재고비용(underage cost)은 여전히 판매 손실(lost sale)에 대한 기회 비용(opportunity cost)이므로 이는 C_u=$115−$75=$40가 된다. 그러나 UV의 과대 비용(overage cost)은 환매 계약이 없는 경우와는 그 값이 변하게 된다. 환매 계약 하에서 UV는 Zamatia가 잔여재고를 전액 환불해 주기 때문에 잔여재고 개당 배송비용만이 발생하기 때문에 과대 비용은 C_o=$1.50이 된다. 자 그럼 UV의 임계비(critical ratio)는 다음과 같이 계산된다.

$$\frac{C_u}{C_o + C_u} = \frac{40}{1.5 + 40} = 0.9639$$

0.9639의 임계비에 해당하는 z−통계량(z-statistic)은 1.8이 되므로 UV의 최적 주문량은 다음과 같이 계산된다.

$$Q = \mu + z \times \sigma = 250 + 1.8 \times 125 = 475$$

UV의 기대이윤(expected profit)을 계산해 보면 환매 계약이 없는 경우의 $5,580에서 $9,580으로 증가하는 것을 볼 수 있다. 뿐만 아니라, 475개의 주문량에서 UV의 기대잔여재고(expected leftover inventory)는 227개가 된다.

Zamatia는 UV로 하여금 주문량을 늘리게 하는데 충분한 인센티브를 제공하였지만 이러한 제안이 Zamatia에게도 좋은 것일까? Zamatia의 기대이윤을 계산하면 다음과 같다. 시즌이 시작하는 시점에 Zamtia는 UV에게 475개를 판매하게 되는데 이는 475×$75=$35,625의 매출을 발생시킨다. 그리고 생산 비용은 475×$35=$16,625이 발생한다. 또한 환매 계약으로 227의 기대잔여재고(expected leftover inventory)로 인해 227×$75=$17,025 만큼을 UV에게 환불해 주어야 한다. 그리고 환수한 재고는 227×\$26.5=\$6,016 만큼의 잔존가치를 가지게 된다. 이들을 합해서 계산해 보면 Zamatia의 기대이윤은 \$7,991이 되며 이는 환매 계약이 없을 경우에 벌어 들이는 기대이윤인 \$9,350 보다도 낮게 된다.

환매 계약 하에서 Zamatia는 무엇이 잘못된 것일까? Zamatia는UV에게 잔존재고에 대한 위험을 낮춰줌으로써 더 많이 주문하도록 유도하였다. 그러나 Zamatia는 이 위험을 너무 많이 낮춰줌으로써 UV는 공급사슬 전체의 최적 주문량보다 더 많이 주문하도록 유도하였고 이는 Zamatia로 하여금 환불해 주어야 할 재고를 너무 많이 짊어지게 만들었다. 낮은 잔존재고의 도매가격 계약과 높은 잔존재고의 전액 환불 환매 계약 사이에 절충안은 없는 것일까?(곧 알게 되겠지만 물론 존재한다.)

반환하는 재고에 대한 전액 환불 대신에 Zamatia는 일부 금액만 환불해줄 수도 있다. 예를 들어, Zamatia가 반품하는 선글라스를 개당 \$65에 환불해 준다고 가정해 보자. 이는 여전히 UV 입장에서는 그렇게 나쁜 거래가 아니니다. 과소재고비용은 여전히 $C_u=\$40$이지만 과대 비용은 $C_o=\$1.50+\$75-\$65=\$11.50$이 된다. 개당 잔여재고는 반품하는데 배송 비용이 \$1.50이 발생하고 추가로 일부 금액 환불(개당 구입 비용 \$75~\$65을 환불)로 개당 \$10의 손실이 발생한다. [표 19.3]에는 UV의 최적 주문량(optimal order quantity), 기대판매량(expected sales), 기대잔여재고(expected leftover inventory) 그리고 기대이윤(expected profit)을 정리해 놓았다. 이 표에서 보면 Zamatia의 기대이윤은 \$9,528로 환불 계약을 하지 않은 경우보다 조금 나아진 것을 볼 수 있다. 뿐만 아니라, 공급사슬 전체의 이윤은 \$17,600으로 향상되었는데 이는 최대이윤인 \$17,830에 꽤 근

표 19.3 다양한 도매가격 계약에 따른 UV사의 주문량 Q와 그에 따른 성과 측도

도매가격	\$75	\$75	\$75	\$85
환매가격	\$55	\$65	\$75	\$75
C_u	\$40	\$40	\$40	\$30
C_o	\$21.50	\$11.50	\$1.50	\$11.50
임계비	0.6504	0.7767	0.9639	0.7229
z	0.39	0.77	1.80	0.60
Q	299	346	475	325
기대판매량	221	234	248	229
기대잔여재고	78	112	227	96
기대이윤	\$0	\$8,040	\$9,360	\$9,800
Umbra	\$7,163	\$8,072	\$9,580	\$5,766
Zamatia	\$9,737	\$9,528	\$7,990	\$11,594
공급사슬	\$16,900	\$17,600	\$17,570	\$17,360

접한 값이다. 질적인 면에서 계약을 평가하는 한 가지 방법은 공급사슬의 효율성(supply chain efficiency)을 살펴보는 것이다. 여기서 공급사슬의 효율성이란 실제 공급사슬이 보이고 있는 이윤이 공급사슬이 도달할 수 있는 최대이윤으로 나눈 값으로 정의한다. 위의 경우에 공급사슬의 효율성은 17,600/17,830=99%이다. 즉 개당 $65라는 일부 환불 정책 하에서 공급사슬은 잠재적으로 가질 수 있는 최대이윤에서 99%의 이윤을 보이고 있다는 것을 의미한다.

좀 이해되는 것 같지만 여전히 확실한 가이드 없이 맴도는 느낌의 독자들이 있을 것으로 보인다. 도매가격과 환불 가격을 조합할 수 있는 가능성은 많다. 그렇다면 어떤 조합에 주목해야 할 것인가? 이전 절에서 본 것과 같이 우리의 목적인 파이(pie)의 크기를 최대화하고 그것을 어떻게 나눌 것인가에 대해서 생각해 보자. 파이가 크다면 각 기업이 나누어 가져 가는 조각도 커지게 될 것이다. 그러므로 우선 공급사슬 전체의 이윤을 최대화하는 도매가격과 환매가격의 조합을 찾아보도록 하자. 다른 말로 하면, UV의 이윤을 최대화하는 주문량이 공급사슬 전체를 최적화하는 주문량인 404가 되도록 만드는 도매가격과 환매가격의 조합을 찾아보도록 하자. 그러한 계약을 찾을 수만 있다면, 공급사슬은 100%의 효율성을 가지기 때문에, 즉 공급사슬은 잠재적인 최대이윤을 가지기 때문에, '계약이 공급사슬을 조정하였다(contract coordinates the supply chain)'라고 표현한다.

Excel을 이용해서 우리가 원하는 도매가격과 환매가격의 조합을 찾을 수 있다. 즉 각 도매가격에 대해서 UV가 404개를 주문하게 하도록 만드는 환매가격을 찾을 때까지 환불 가격을 조절해 본다. 또는 다음 식을 이용하여서 바로 원하는 값을 찾을 수도 있다.

$$\text{환매가격} = \text{배송비용} + \text{판매가격} - (\text{판매가격} - \text{도매가격}) \times \left(\frac{\text{판매가격} - \text{잔존가치}}{\text{판매가격} - \text{생산비용}} \right) \quad (19.1)$$

다른 말로 하면, 도매가격을 정하면 식(19.1)을 이용해서 UV가 공급사슬을 최적화하는 주문량을 선택하도록 하는 환매가격을 계산할 수 있다. 즉, 파이가 최대화하도록 할 수 있다. 즉 공급사슬을 조정할 수 있고 공급사슬의 효율성은 100%가 된다(위 식이 어떻게 유도되는지를 알고 싶다면 부록 D를 참조하라.). 식(19.1)을 이용해서 도매가격 $75에 대한 환매가격을 계산해 보자.

$$\text{환매가격} = \$1.50 + \$115 - (\$115 - \$75) \times \left(\frac{\$115 - \$25}{\$115 - \$35} \right) = \$71.50$$

그러므로, 도매가격이 $75이고 Zamatia가 잔여재고를 개당 $71.50에 환불해 주기로 한다면, UV는 404개의 Bassano 선글라스를 주문할 것이고 공급사슬은 잠재적인 최대이윤인 $17,830을 가지게 될 것이다.

표 19.4 환매가격가 공급사슬을 조정 하도록 선택되어지는 경우의 성과 측도

도매가격	$35	$45	$55	$65	$75	$85	$95	$105
환매가격	$26.50	$37.75	$49.00	$60.25	$71.50	$82.75	$94.00	$105.25
C_u	$80	$70	$60	$50	$40	$30	$20	$10
C_o	$10.00	$8.75	$7.50	$6.25	$5.00	$3.75	$2.50	$1.25
임계비	0.8889	0.8889	0.8889	0.8889	0.8889	0.8889	0.8889	0.8889
z	1.23	1.23	1.23	1.23	1.23	1.23	1.23	1.23
Q	404	404	404	404	404	404	404	404
기대판매량	243	243	243	243	243	243	243	243
기대잔여재고	161	161	161	161	161	161	161	161
기대이윤								
Umbra	$17,830	$15,601	$13,373	$11,144	$8,915	$6,686	$4,458	$2,229
Zamatia	$0	$2,229	$4,458	$6,686	$8,915	$11,144	$13,373	$15,601
공급사슬	$17,830	$17,830	$17,830	$17,830	$17,830	$17,830	$17,830	$17,830

[표 19.4]에서는 환매가격을 식(19.1)을 사용해서 계산한다는 가정하에 여러 도매가격에 따른 공급사슬의 성과에 대해서 보여주고 있다.

흥미롭게도, 도매가격이 $75인 경우에 기업들은 공급사슬의 이윤을 반으로 나누어 가지고 있다. 즉 각 기업은 $8,915씩의 이윤을 보이고 있다. 이 경우에, UV는 환매 계약이 없는 경우보다 훨씬 높은 이윤을 보이고 있지만 Zamatia의 경우에는 낮은 이윤을 보이고 있다. 그러나 이 두 기업은 도매가격이 $85이고 환매가격이 $82.75인 경우에 도매가격이 $75이고 환매 계약이 없는 경우보다 훨씬 높은 이윤을 보이고 있다.

[표 19.4]에서는 몇 가지 주목할 만한 사실을 보여주고 있다.

- 공급사슬의 이윤을 최대화하는 도매가격과 환매가격 조합은 여러 가지가 존재한다. 다른 말로 하면, 공급사슬의 효율성을 100%로 만드는 계약은 여러 가지가 존재한다.
- 사실상 두 기업 사이의 이윤은 어떠한 조합으로도 나눌 수 있다 즉, 공급사슬의 이윤 전부를 공급자에게 몰아주는 계약도 존재하고, 이윤을 똑같이 나누는 계약도 존재하고 공급사슬의 이윤 전부를 도매상에게 몰아주는 계약도 가능하다.
- 그러므로 기업들은 제로-섬 게임에 직면하게 된다. 즉 한 기업의 이윤을 증가시킨다는 것은 다른 기업의 이윤을 감소시키는 것을 의미한다. 그러나, 적어도 이 두 기업들이 서로 나누어 차지하려고 하는 이윤의 합은 공급사슬이 보일 수 있는 최대이윤이라는 점이다.

궁극적으로 기업들이 원하는 계약은 어떠한 것일까? 사실 이에 대답은 쉽지 않다. Zamatia가 더 나은 협상가라면 또는 Zamatia가 UV 보다 더 나은 흥정 능력을 가지고 있다면, Zamatia는 UV로 하여금 높은 도매가격 하에서 환매 계약을 하도록 할 것이다. Zamatia의 이윤이 상당히 늘어난다고 하더라도 환매 계약 자체는 전체 파이의 크기를 증가시키는 효과를 가지고 있기 때문에 UV의 이윤도 환매 계약이 없는 상황보다는 증가하게 될 것이다. 그러나, UV가 더 나은 협상 능력을 가지고 있다면, UV가 선호하는 계약을 유지하고자 할 것이다. 즉 낮은 도매가격 하에서 환매 계약을 하고자 할 것이다.

19.5 기타 공급사슬 계약

이전 절에서는 환매 계약(buy-back contract)에 대해서 살펴보았다. 그러나 환매 계약이 공급사슬 내에서 사용될 수 있는 유일한 형태의 계약은 아니다. 그래서 이번 절에서는 공급사슬 내에서 사용할 수 있는 다른 형태의 계약들에 대해서 살펴보고 그들이 어떻게 공급사슬 내에 만연하고 있는 인센티브 충돌을 경감시키는지에 대해서도 살펴볼 것이다. 지금부터 살펴보게 될 계약들이 실제로 볼 수 있는 모든 계약들을 총망라한 것은 결코 아니라는 것을 명심해야 하며 실제로는 이 보다 더 많은 형태의 계약들이 존재한다.

수량 할인

수량 할인(quantity discounts)은 널리 사용되고 있지만 여러 가지 형태를 가진다. 예를 들면 전 수량 할인(all-unit quantity discount)의 경우, 구매자는 일정 수량 이상을 주문하게 되면 주문하는 모든 수량에 대해서 할인을 받는다. 반면에 점진적 수량 할인(incremental quantity discount)의 경우에는 일정 수량 이상의 수량에 대해서만 할인을 받게 된다. 즉 개당 $10이고 100개 이상을 주문하면 10%의 할인을 해주는데 102개를 주문하는 경우 전 수량 할인의 총 주문 가격은 102×($10×0.9)=$918이 되고 점진적 수량 할인의 총 주문 가격은 100×$10+2×($10×0.9)=$1018이 된다. 어느 형태의 수량 할인이든 간에, 수량 할인은 구매하는 마지막 수량의 구매가격이 구매량의 증가에 따라 감소하기 때문에 구매자로 하여금 더 많은 양을 주문하도록 유도하는 효과가 있다.(5.6절을 참조하기 바란다.) 뉴스벤더 모델의 경우에 보면 수량 할인은 과소재고비용을 증가시키고 그 결과 임계비가 증가한다. 반면에 환매 계약의 경우에는 과다재고비용을 감소시킴으로써 임계비를 증가시킨다. 여기서 임계비의 증가는 주문량의 증가를 의미하게 된다.

옵션 계약

옵션 계약을 하는 경우에는 구매자는 옵션을 일정 가격 w_o에 행사할 수 있는 권리를 구매하고 구매한 옵션을 행사하기 위해서 행사 가격 w_e를 지불하고 행사를 한다. 이러한 계약은 구매자가 공급자로 하여금 판매 시즌 이전에 공급 능력을 구축하기를 바랄 때 많이 사용된다. 즉 판매 시즌 이전 시점에 구매자는 수요에 대한 불확실한 예측만 가지고 있다. 판매 시즌이 다가오면서 구매자는 더 나은 수요예측을 가지게 된다. 하지만 수요가 상당히 높게 발생한다면 그 시기에 공급 능력을 갑자기 늘리는 것은 쉬운 일이 아니다. 옵션 계약이 없는 상황에서 공급자는 공급사슬의 모든 위험을 짊어지기 때문에 공급 능력을 방어적으로 적게 구축하는 경향이 있다. 옵션 계약은 공급사슬 내의 기업들로 하여금 수요와 공급의 불일치로 발생하는 위험을 분산하는 효과가 있다. 공급자는 적어도 일정 부분을 선불로 받게 되고(옵션 가격, w_o) 구매자는 사용하지도 않을 물건에 대한 가격을 전부 지불하지 않게 된다(필요한 물건에 대한 구매를 행사하는 경우에만 행사가격 w_e를 지불한다.). 그러므로 환매 계약의 경우와 같이 옵션 계약을 하는 경우에도 공급사슬의 효율성이 100%가 되도록 할 수 있으며(즉 공급자가 정확한 양의 공급 능력을 구축하게 된다.) 공급사슬의 전체 이윤을 두 기업이 (공급자와 구매자) 나누어 가져 갈 수 있게 된다.(공급사슬을 조정할 수 있는 옵션 계약은 여러 가지가 존재한다.)

수익 공유

수익 공유(revenue sharing)에서는 소매상이 공급자에게 구매하는 물건마다 매우 낮은 구매 가격을 전부 지급하고 이 구매한 물건을 다시 소비자에게 판매하여서 벌어들이는 수익의 일부를 공급자와 공유하는 개념이다. 환매 계약과 같이 수익 공유도 공급사슬 내 수요와 공급의 불일치로 인해 발생하는 위험을 공급자와 소매상이 분산하여 공유하게 한다. 즉, 소매상은 공급자에게 선불로 일정 부분을 지급하지만 (구매가격) 이 물건으로 인해서 수익이 발생하는 경우에는 추가적인 지불을 하는 것이다.(수익 공유)

수량 유연화 계약

구매자와 공급자가 단발성이 아니라 지속적으로 거래가 있는 경우를 생각해 보자. 예를 들어 구매자는 Sun Microsystems이고 공급자는 Sony이며 거래 제품은 모니터라고 하자. Sun의 수요는 시간에 따라 지속적으로 변하고 있는데도 Sun은 Sony가 Sun의 요구 모두를 항상 만족시킬 수 있는 공급능력을 구축해 놓기를 바란다. 그러나 Sun은 유휴 공급능력으로 인해 발생하는 비용은 지불하지 않기 때문에 Sun은 좀 과장된 예측을 Sony에게 전달하면서 언제든지 원하는 양의 물건을 공급할 수 있는 공급 능력을 갖추기를 바란다. 그러나 Sony도 바보는 아니다. 즉 Sony는 Sun이 낙관적인 예측으로 편향되어 있으며 Sun의 예측을 의심하게 된다. 그러나 때론 이러한 Sun의 낙관적인 예측이 맞을 수도 있는데 Sun과 Sony 사이의 불신으로 Sony는 추가적인 공급 능력을 확보해 놓지 못한 경우가 발생한다.

이러한 관계의 문제점은 Sony 혼자 과대하게 구축해 놓은 공급 능력으로 발생하는 모든 위험을 짊어진다는 것이다. 그렇기 때문에 Sun은 낙관적인 예측으로 편향되는 경향이 있다. 하나의 해결 방법으로 수량 유연화(quantity flexibility: QF) 계약을 들 수 있다. QF 계약을 하는 경우 Sun은 초기 예측을 Sony에게 제공하고 이 예측의 일정량은 반듯이 구매해야 한다. 예를 들어 이 두 기업이 25%의 QF 계약에 동의하였다고 가정하자. 뿐만 아니라 한 해의 1분기에 Sun은 4분기의 수요를 2,000개로 예측을 하였다고 하자. 이 경우, 4분기가 되면 Sun은 적어도 1,500개를(예측의 75%) 구매하여야 하며 Sun에게 예측보다 더 많은 수요가 발생하는 경우에 Sony는 최대한 2,500개를(예측의 125%) 공급할 의무가 있다. 수요가 예측보다 상당히 적게 발생하는 경우에도 Sony는 최저 1,500개는 팔 수 있고 반대로 수요가 예측 보다 너무 많이 발생하는 경우에도 Sony가 추가 공급이 가능한 공급 능력을 구축해 놓았기 때문에 Sun은 추가 판매로 이득을 볼 수 있다. 그러므로 수량유연화 계약(quantity flexibility contract)으로 두 기업 다 이득을 볼 수 있다. 즉, 공급사슬 전체의 이윤 파이를 크게 만들어서 각 기업은 커진 조각을 나누어 가져 갈 수 있게 된다.

가격 보호

PC 산업에서 재고는 금방 구식이 되기 때문에 유통업자 입장에서는 너무 많은 재고를 유지하지 않으려고 한다. 즉, 재고가 많아지면 가격을 많이 할인을 해서라고 팔고자 한다. 그러나 재고를 많이 유지하지 않으려는 데는 또 다른 이유가 있다. 예를 들어 유통업자가 개당 $2,000에 1,000개의 컴퓨터를 구매하였다고 하자. 그리고 그다음 주에 공급자가 가격을 내려 개당 $1,800에 판매한다고 하자. 이 유통업자가 한 주 동안 1,000개의 컴퓨터를 다 판매하지 못한다면 유통업자 입장에서는 이번 주에는 $2,000에 조금만 사두고 한 주 뒤에 $1,800에 사는 것이 더 나을 것이다. 다른 말로 하면 공급자가 자주 그리고 사전 예고 없이 가격 할인을 하는 경향이 있는 경우에 유통업자는 많은 양을 한 번에 구매하지 않으려고 할 것이다. 유통업자가 공급사슬을 최적화하는 구매량 이하로 구매하려 한다면 구매자에게 더 많은 주문을 하도록 유도하여야 한다.

유통업자에게 재고를 반품할 수 있게 하면 유통업자로 하여금 더 많이 구매하도록 유도하는데 도움이 될 것이나 이 외에도 다른 방법은 존재한다. 가격 보호(price protection)가 한 방법이다. 가격 보호를 하는 경우에 공급자는 유통업자에게 가격 하락 또는 남은 재고에 대해서 보상을 해준다. 예를 들어, 한 주가 끝나갈 때 유통업자가 $2,000에 구매한 컴퓨터 1,000개 중에서 700개를 팔고 300개가 재고로 남았다고 하자. 가격 보호를 한 경우에 공급자는 유통업자에게 300×($2,000−$1,800)=$60,000를 돌려준다. 다른 말로 하면, 유통업자는 1,000개의 컴퓨터를 이번 주에 $2,000에 구매를 하거나 또는 이번 주에 700개의 컴퓨터를 $2,000에 구매하고 다음 주에 300대의 컴퓨터를 $1,800에 구매하는 것을 고민할 필요가 없다. 이유는 총비용에서 차이가 없기 때문이다.

19.6 요약

공급사슬 내 모든 기업들이 서로 자기 자신의 성과를 최적화하려고 한다면 최적의 공급사슬 성과를 내는 것은 쉽지 않은 일이다. 자신의 이윤 추구 그리고 분산된 의사 결정이 있는 한 근본적으로 공급사슬 효율성(supply chain efficiency)을 100% 발휘할 수 없다. 그러므로 공급사슬 내의 모든 기업들은 자신들의 행동과 결정을 조정함(coordination)으로써 더 나은 성과를 낼 수 있다.

채찍효과(bullwhip effect, 공급사슬 내에서 수요 변동의 증폭)는 공급사슬 운영에 상당한 문제점으로 제기된다. 채찍효과의 원인에는 많은 것들이(주문 동기화, 뱃치 주문, 거래촉진책, 과반응적 주문행위, 부족분 경기) 존재하고 이러한 원인들은 공급사슬 내에서 독자적이라기보다는 종종 여럿이 같이 나타나는 경우가 흔하게 발생한다. 수요 정보의 공유화, 고질적인 인센티브의 제거 그리고 VMI(vendor-managed inventory)와 같은 채찍효과의 해결책은 채찍효과의 원인들을 제거하기 위해서 제안된 방법들이다. 또한 채찍효과가 공급사슬에서 나타나는 유일한 문제점이 아니다. 공급사슬 내 구성원들 사이의 입장의 차이로 공급사슬 전체를 최적화하는 행동을 취하지 않는 경우가 많다. 예를 들어 단순한 구매가격 계약(wholesale price contract)의 경우에는 구매자가 일반적으로 공급사슬 전체를 최적화하는 주문량보다 적게 주문하는 경향이 있다. 이러한 현상을 "이중 마진화(double marginization)"라고 부른다. 다행히도, 이러한 인센티브 충돌은 환매 계약(buy-back contract)과 같은 방법으로 경감 또는 제거도 가능하다.

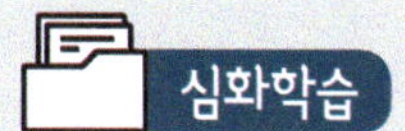

심화학습

- 채찍효과의 원인, 결과, 해결방안 등에 대한 자세한 설명은 Lee, Padmanabhan, and Whang(1997)을 참조하라.
- Buzzell, Quelch and Salmon(1990)은 프로모션의 역사를 보여주고, 찬반양론을 논의하고 있다.
- 환매 계약의 최초 연구는 Pasternack(1985)을 참조하라. 추가적으로 환매 계약의 관리적인 측면에서의 설명을 보고 싶다면 Padmanabhan, Png(1995)을 참조하라. 공급체인 계약의 이론적 접근은 Cachon(2003)에서 잘 설명하고 있다.

단원연습문제

다음 질문들은 이 장의 이해정도를 확인하는 데 도움을 줄 것이다. 각 질문 뒤의 [ ]는 관련된 해당 절을 나타내고 있다.

"*" 표시가 있는 문제의 해설은 부록 E에 있으며, Connect에서 영상을 참조하기 바란다.

19.1* **(Buying Tissues)** 'Puffs' 티슈 제조사인 P&G는 전통적으로 8개의 박스가 들어있는 케이스 하나당 $9.40에 판매한다. 주당 평균 수요는 SKU별(색상, 향 등) 25케이스이다. P&G는 두 가지 계획에 따라 가격 정책을 바꾸려고 한다. 첫 번째 계획은 케이스당 $9.25에 일 년 내내 일정하게 판매하는 것이다. 또 다른 계획은 기준가격을 케이스당 $9.40에 설정하고 각 분기의 시작 시점에 한 번에 주문을 하는 경우에는 케이스당 5%의 가격을 할인해 준다. 주문하고 배달되는데 걸리는 시간인 리드타임은 1주일이고 배송은 일주일에 한 번 이루어진다. 이들 계획에 있어 소매상이 재고를 매주 끝나는 시점에 확인해 보면 평균적으로 한 주 공급량의 재고가 있다고 가정한다. 주당 유지비용은 주말 재고 가치의 0.4%이고 1년은 52주로 가정한다.

a. 구매자(소매상)가 첫 번째 계획(1년 내내 케이스 하나당 $9.25에 판매)을 선택한다고 가정하자. 구매자의 연간 구매 및 재고 유지비의 기댓값은 얼마인가? [19.1]

b. 구매자(소매상)가 두 번째 계획을 선택하고 할인된 가격에만 산다고 가정하자($9.4이 기준 가격이고 각 분기 시작 시점에 5%의 할인된 가격을 제공받는다). 구매자의 연간 구매 및 재고 유지비의 기댓값은 얼마인가? [19.1]

c. 첫 번째 계획의 변형으로 매일 새로운 저가 가격을 제공한다고 하자. 이것을 세 번째 계획이라고 하자. P&G와 구매자(소매상) 모두가 두 번째 계획보다는 세 번째 계획을 선호하도록 세 번째 계획을 디자인 해 보라[19.1]

19.2* **(Returning books)** Dan McClure는 다가오는 판매 시즌의 시작 시점에 자신이 운영하는 서점에 얼마나 많은 책을 구매해 놓을 것인가에 대한 결정을 내려야 한다. 책은 $28.00에 소비자에게 판매한다. 출판사는 Dan에게 $20.00에 책을 공급한다. Dan은 시즌이 끝나고 팔리지 않은 책을 75% 할인하여 팔 것이다. Dan은 시즌 동안의 책에 대한 수요가 평균 100에 표준편차가 42인 정규분포라고 보고 있다.

a. Dan은 몇 권의 책을 주문해야 기대이윤을 극대화할 수 있는가? [19.3]

b. a번 문제에서 구한 구매량을 이용하면 Dan의 기대이윤은 얼마인가? [19.3]

c. 책 한 권당 출판자의 변동비용(variable cost)은 $7.5이다. a번 문제에서 구한 구매량을 이용할 경우 출판사의 기대이윤은 얼마인가? 출판사는 Dan에게 다음의 제안을 하려고 한다. 시즌 말에 출판사는 팔리지 않은 책을 미리 정해진 가격인 $15에 환매하려고 한다. 그러나 Dan은 출판사로 보내는데 필요한 수송비를 지불해야 하는데 이는 책 한 권당 1$이다. [19.3]

d. 환매 계약이 주어졌을 때 Dan은 그의 이윤을 최대화하기 위해 주문량을 얼마로 해야 하는가? [19.4]

e. d에서 주어진 구매량을 이용할 경우 Dan의 기대이윤은 얼마인가? [19.4]

f. 환매된 책에서 출판사의 취급비용(다른 책들은 제값에 팔리는 반면 일부 파본은 할인된 가격에 팔아야 한다)을 제외하고 권 당 평균 $6을 출판사는 번다고 가정하자. d에서 주어진 구매량으로는 출판사의 기대이윤은 얼마가 되겠는가? [19.4]

g. 출판사가 계속해서 책 한 권 당 $20에 판매하고 여전히 Dan이 각 책을 보내기 위해 출판사로 $1 비용을 지출한다고 가정하자. 출판사는 공급체인 전체의 이윤(출판사의 이윤과 Dan의 이윤의 합)을 극대화하기 위해 환매된 책에 가격을 얼마로 책정하여야 하는가? [19.4]

19.3 **(Component options)** 휴대폰 제조업자인 Handi Inc.는 옵션 계약을 통해 LCD사로부터 표준 액정모니터를 공급받는다. 1분기(Q1)의 시작 시점에 Handi 사는 LCD 한 개의 옵션 당 $4.5를 지불한다. Handi사는 2분기(Q2) 수요는 평균 24,000개이고 표준편차 8,000개인 정규 분포를 따를 것으로 예측하고 있다. 2분기 시작 시점에서 Handi사는 2분기의 정확한 수요를 알 수 있게 되는데 이때 필요한 양만큼의 옵션을 개당 $3.5에 행사한다. Handi사가 재고 없이 2분기를 시작하고 분기 말에 잔여재고는 가치가 없다고 가정하자. Handi사의 2분기 수요가 1분기에 구매한 옵션의 수보다 많다면 Handi사는 현물시장에서 추가로 필요한 양의 액정 모니터를 개당 $9에 구매할 수 있다. 예를 들면 Handi사가 1분기에 30,000개의 옵션 계약을 하였다고 가정하자. 그러나 2분기 시작 시점에 수요가 35,000개가 발생하였다고 하자. 그러면 Handi사는 자신의 구매한 옵션 3,000개를 다 행사하고 현물시장에서 5,000개의 추가 액정 모니터를 구매하면 된다. 반면에 만약 2분기 시작 점에 수요가 27,000개만 발생하였다면 구매한 3,000개의 옵션 중에서 27,000개의 옵션을 행사하면 된다.

a. Handi사가 30,000개의 옵션을 계약하였다고 가정하자. Handi사가 행사하게 될 옵션양

의 기댓값은 얼마인가? [19.5]

b. Handi사가 30,000개의 옵션을 계약하였다고 가정하자. Handi사가 현물시장에서 몇 개의 액정을 살 것으로 기대하는가? [19.5]

c. Handi사가 30,000개의 옵션을 구매한다고 가정하자. Handi사의 구매 비용의 기댓값은 얼마인가? [19.5]

d. Handi사는 LCD사로부터 몇 개의 옵션을 구매해야 하는가? [19.5]

e. d에서 구한 옵션 구매량으로 보면 핸디사의 총 구매 비용의 기댓값은 얼마인가? [19.5]

19.4 **(Selling grills)** Smith and Jackson Inc.는 (SJ)는 Cusano(소매상)에게 야외용 그릴을 판매한다. SJ의 그릴 도매가격은 $185이다(도매가격에는 Cusano로의 배송비도 포함되어있다). Cusano는 그릴을 다시 소비자에게 $250에 판다. 또한 SJ의 변동비용(variable cost)은 그릴 당 $100이다. Cusano는 그릴의 수요가 평균 8.75인 포아송 분포를 따른다고 예측하고 있다. Cusano는 판매 시즌 동안 한 가지 종류의 그릴만 팔매 한다. 시즌 말에 판매되지 않은 그릴은 75% 할인된 가격에 팔린다.

a. Cusano는 몇 개의 그릴을 주문해야 하는가? [19.3]

b. a에서 구해진 Cusano의 주문량을 사용하면 Cusano의 기대이윤은 얼마인가? [19.3]

c. a에서 구해진 Cusano의 주문량을 사용하면 SJ의 기대이윤은 얼마인가? [19.3]

d. 공급체인의 전체적인 이윤(SJ와 Cusano의 이윤의 총합)을 극대화하기 위해 Cusano에 몇 개의 그릴이 판매되어야 하는가? SJ는 시즌 말에 팔리지 않은 그릴에 대한 반품을 받아들이려고 한다. Cusano는 그릴을 SJ로 돌려보내는 데는 $15의 배송비용이 든다. 반품된 그릴 중 45%는 손상되는데 이 손상된 그릴을 SJ는 다음 시즌에 다시 팔지 못한다. 그러나 나머지 55%는 $185의 도매가격으로 다른 구매자에게 다시 판매할 수 있다. [19.3]

e. SJ에게 그릴이 반품될 수 있다면 공급체인의 총이윤을 최대화하기 위해 얼마나 많은 그릴이 Cusano에게 판매되어야 하는가? 반품된 그릴에 대해 SJ는 Cusano에게 판매금액의 90%만 돌려준다고 가정하자. 즉 SJ는 Cusano에게 반품 그릴당 $166.5를 지불한다. [19.5]

f. Cusano는 몇 개의 그릴을 주문해야 이윤이 최대가 되는가? [19.4]

g. f에서 구한 Cusano의 주문량을 사용할 경우 Cusano의 기대이윤은 얼마인가? [19.4]

h. f에서 구한 Cusano의 주문량을 사용할 경우 SJ의 기대이윤은 얼마인가? [19.4]

i. 공급체인의 총이윤을 극대화하기 위해 SJ의 환매 금액 비율은 몇%가 되어야 하는가?(현재 credit는 90%이다.) SJ의 판매 및 마케팅 담당 이사인 Dave Luna는 또 다른 조정안을 제안하려고 한다. 그는 SJ가 선매 할인(advanced purchase discount)을 제공하기를 제안한다. 그의 계획은 다음과 같다. 시즌 시작 전에 구매하는 그릴에 대해서는 10% 할인이 있지만 시즌 중에 구매자가 추가적인 그릴을 구매하려고 할 때는 일반 도매가격인 $185을 지불해야 한다. 구매자는 시즌 말에 잔여 그릴에 대해서는 알아서 처리를 해야 한다. 즉 반품은 받아들여지지 않는다. SJ는 Cusano의 시즌 동안 수요를 충분히 만족시킬 수

있는 그림을 만들어 제공할 수 있고 Cusano는 잔여 그림을 다음 시즌에 정상 가격으로 판매할 수 있다고 가정하자.

j. 이 선매 할인 계획 하에서 Cusano의 이윤을 극대화하기 위해 얼마나 많은 그림을 주문해야 하는가? [19.5]
k. j에서 구한 구매량으로 볼 때 Cusano의 기대이윤은 얼마인가? [19.5]
l. j에서 구한 구매량으로 볼 때 시즌 Cusano에 판매로 인한 SJ의 기대이윤은 얼마인가? [19.5]
m. 위의 여러 계약들을 볼 때 당신은 이 계약들 중 어떤 것을 SJ에 추천할 것인가? [19.5]

부록

통계학 참고서

이 부록은 이 책에서 다루고 있는 통계학에 대하여 정리한 참고서이다.

통계학이란 불확실성(또는 변동성이라 표현해도 좋다)에 대해 이해하고 이를 계량화하는 것이다. 우리가 확률적(stochastic)인 사건(event), 즉 그 결과가 불확실성을 가지고 발생되는 사건에 관심이 있다고 가정해 보자. 예를 들자면 제품의 수요, 콜센터에 아침 10시부터 10시 15분 사이에 걸려오는 전화의 회수, 응급실에 다음 환자가 도착하기까지 걸리는 시간 간격, 등등과 같은 수치들이 그러하다. 이 모든 경우는 수치로 표현된 확률적 사건의 결과들이다. 이러한 확률적 사건을 종종 확률변수(random variable)라고 부른다. 우리가 다루는 확률변수는 아주 다양한 상황을 다루게 되므로 이 통계학 참고서에서는 총칭해서 X로 명명해서 사용하도록 하자.

모든 확률변수는 기댓값(expected value)을 가지게 되는데 이는 평균(mean)값으로 불리기도 한다. 상황에 따라 평균값을 표현하기 위해서 다른 표시를 사용하기도 한다. 예를 들어 그리스 문자 μ는 확률적 수요의 평균값으로, a는 대기시스템에서 고객들 간 도착시간 간격의 평균값으로 나타낸다. 확률변수는 그 표준편차(standard deviation) 값으로도 특정되는데 이는 계략적으로 확률변수의 불확실성이 분포되는 크기를 표현한 값으로서 다시 말하자면 확률변수 값이 얼마나 넓게 퍼져서 분포하고 있는지를 나타내는 값이다. 확률변수의 표준편차를 표시하기 위해서 주로 그리스 문자 중 σ를 사용한다. 확률변수의 불확실성의 크기를 표시하는 또 다른 방법은 분산(variance)을 사용하는 것인데 이 값은 표준편차의 제곱값에 해당한다.

$$\text{분산} = (\text{표준편차})^2 = \sigma^2$$

그러므로 표준편차만 가지고 바로 분산값을 계산할 수 있기 때문에 표준편차만 가지고

도 확률변수의 불확실성의 크기를 나타내기에 충분하다.

표준편차는 확률변수가 분포하는 불확실성의 절대적 크기를 나타내는데 불확실성은 상대적인 크기로 이해하는 것이 효과적일 때가 많다. 예를 들어 두 확률변수를 생각해 보자. 한 확률변수는 평균값이 20이고 다른 하나는 200이라고 하자. 두 확률변수의 표준편차는 모두 10이라고 한다면 이 두 확률변수는 똑같은 절대적 크기의 불확실성을 가지고 있는 것이다. 표준편차의 크기가 10이라면 확률변수의 결과값들 중 약 2/3가 평균을 기준으로 10 이내에서 발생된다는 뜻이다. 그러므로 확률변수의 결과값들 중 평균 20을 기준으로 10 이내에서 2/3가 발생되는 것은 평균 200을 기준으로 10 이내에서 2/3가 발생되는 것과 비교할 때 상대적으로 변동성이 더 높다는 것을 의미한다. 그러므로 이 상대적인 크기의 불확실성을 측정하기 위하여 우리는 변동계수(coefficient of variation)라는 값을 사용하는데 이는 표준편차 값을 평균값으로 나눈 비율에 해당한다. 즉 σ/μ이다. 이 책의 몇몇 상황에서 변동계수에 해당하는 값을 사용한 적이 있는데 예를 들자면 대기시스템에서 CV_a를 대기장소에 고객이 도착하는 시간의 변동계수로 사용하였고 CV_p는 대기장소에서 서비스시간의 변동계수로 사용했었다.

모든 확률변수는 분포함수(distribution function)와 밀도함수(density function)로 정의되어 진다(좀 설명하기 복잡하긴 하지만 둘중 하나의 함수만으로도 확률변수를 정의하

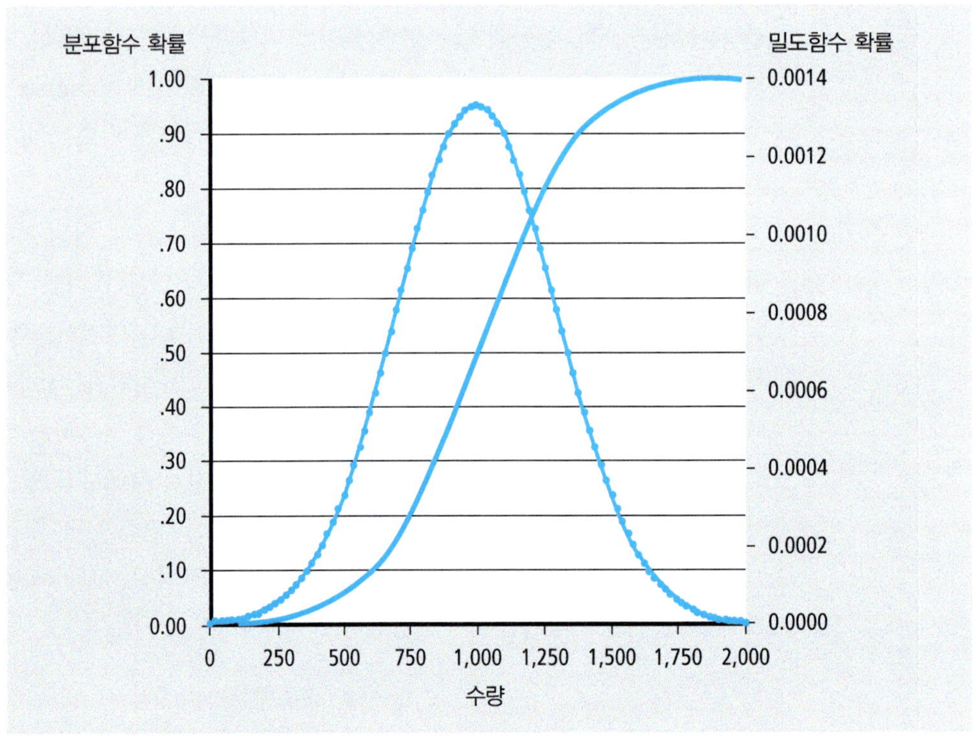

그림 A.1 평균이 1,000이고 표준편차가 300인 정규분포의 분포함수(선)와 밀도함수(점선)

는데 충분하다). 이제 $F(Q)$를 확률변수 X의 분포함수라고 하고 $f(Q)$를 확률변수 X의 밀도함수라고 하자. 률분포함수의 값은 확률적 사건의 결과값이 Q보다 작거나 같을 확률값을 나타내는 반면 확률밀도함수의 값은 확률적 사건의 결과값이 정확히 Q가 되는 확률값을 나타낸다.

$$F(Q) = \text{Prob}\{X\text{가 정확히 }Q\text{보다 작거나 같다}\}$$
$$f(Q) = \text{Prob}\{X\text{가 정확히 }Q\text{이다}\}$$

세상에는 무한히 많은 분포와 그 밀도함수가 존재하지만 그중 오직 몇몇 유용한 것들에 대해서만 이름이 부여되어 있다. 그 중 아마도 가장 많이 알려진 분포가 정규분포(thenormal distribution)인데 이 분포의 밀도함수는 종모양(bell-shaped)처럼 생겼다. 이 정규분포는 두 개의 모수(parameter)에 해당하는 평균(μ)과 표준편차(σ)에 의해서 정의된다. [그림 A.1]은 평균이 1,000이고 표준편차가 300인 정규분포의 분포함수와 밀도함수를 표현하고 있다.

분포함수의 값은 항상 0으로부터 1까지 증가해가고 (거의 모든 분포에 대하여) S자 모양을 가지고 있다. 밀도함수는 특정한 모양이 존재하지 않는데 그 중 어떤 것들은 정규분포와 같이 종모양을 하고 있기도 하고 어떤 것 들은 아래쪽으로 내려앉는 곡선 모양을 하고 있기도 하다.

정규분포만 해도 수많은 종류의 것이 존재(근본적으로 어떤 평균값이나 표준편차 값의 조합으로도 가능하기 때문) 하는데 특별히 한 형태의 정규분포에 대하여 표준정규(standard normal)분포라고 부른다. 표준정규분포는 평균이 0이고 표준편차가 1이다. 표준정규분포는 아주 특별한 분포이기 때문에 $\Phi(z)$와 같이 특별히 다른 표시를 하고 $\Phi(z)$의 값은 표준정규분포를 따르는 확률변수의 결과값이 z보다 작거나 같을 확률값을 나타낸다. 표준정규분포의 밀도함수는 $\phi(z)$로 나타낸다(Φ와 ϕ는 그리스 문자 표기로서 파이라고 읽으며 서로 대소문자 관계임).

정규분포는 연속분포(continuous distribution)이다. 왜냐하면 989.56과 같은 모든 실수에 대하여 확률변수의 결과값이 발생가능하기 때문이다. 포아송 분포(poisson distribution)도 일반적으로 잘 알려진 분포 중 하나인데 이 분포는 이산분포(discrete distribution)라고 하는데 그 이유는 포아송 분포를 따르는 확률변수의 결과값은 항상 정수(즉, 0, 1, 2, …)이기 때문이다. 포아송 분포는 하나의 모수에 의하여 정의가 되는데 그것은 평균값이다. 포아송 분포의 표준편차는 항상 그 평균의 제곱근의 값과 같은 특징이있다.

$$\text{포아송 분포의 표준편차} = \sqrt{(\text{포아송 분포의 평균})}$$

포아송 분포를 따르는 확률변수의 결과값은 항상 정수인 반면 그 평균값은 꼭 정수일

표 A.1 평균값이 1.24인 포아송 분포의 밀도함수 f(Q)와 분포함수 F(Q)

Q	f(Q)	F(Q)
0	0.28650	0.28650
1	0.35813	0.64464
2	0.22383	0.86847
3	0.09326	0.96173
4	0.02914	0.99088
5	0.00729	0.99816
6	0.00152	0.99968
7	0.00027	0.99995
8	0.00004	0.99999
9	0.00001	1.00000

필요가 없다. 평균이 1.25인 포아송 분포의 분포함수와 밀도함수가 [표 A.1]에 표시되어 있다. [그림 A.2]에는 6개의 서로 다른 포아송 분포의 밀도함수가 그려져 있다. 정규분포와 같이 익숙한 종모양과는 달리 포아송 분포는 정형화된 모양이 없다는 것을 알 수 있다. 평균값이 아주 작은 경우에 포아송 분포는 오른쪽 아래로 미끄러져 내려오는 커브모양을 하다가 평균값이 증가함에 따라 종모양의 형태로 점차 변해가는 것을 확인할 수 있다.

포아송 분포를 따르는 확률변수의 결과값은 항상 음이 아닌 정수이기 때문에 평균값

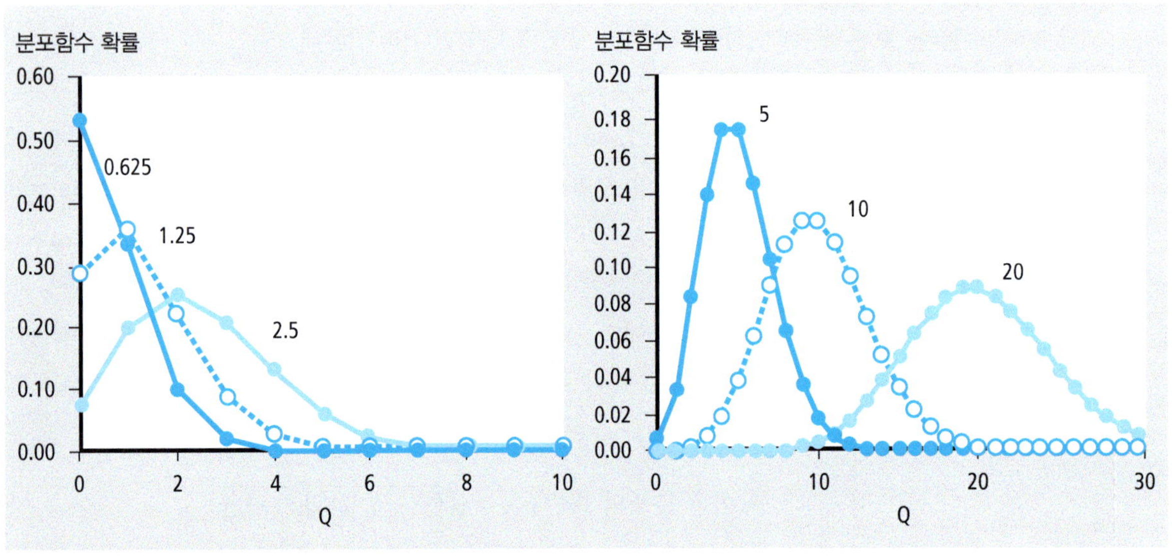

그림 A.2 평균값이 각각 0.625, 1.25, 2.5, 5, 10, 20인 6개 포아송 분포의 밀도함수

이 작은 경우(20보다 작은 경우)에 데이터가 잘 들어 맞는다. 평균값이 큰 경우 (20이상인 경우) 정규분포보다 데이터가 잘 들어맞지 않는 경향이 있는데 이는 다음과 같은 두 가지 이유 때문이다. (1) 포아송 분포의 모양이 종모양으로 변해감에 따라 모양이 가지는 이점이 사라진다. (2) 포아송 분포를 따르는 확률변수의 표준편차 값이 그 평균값의 제곱근 값과 같기 때문에 정규분포와 같이 자유롭게 종모양의 폭이 변경되는 것이 허용되지 않는다.(즉, 정규분포는 같은 평균값에서 여러 표준편차에 대하여 표현 가능하지만 포아송 분포의 경우는 오직 주어진 평균에는 단하나의 분포만이 존재하게 된다.)

우리는 이 책에서 지수분포(exponential distribution)에 대해서도 사용하게 되는데 이는 주로 고객의 도착시간간격(고객이 도착하는 시각과 시각의 간격)과 관련된 확률변수를 표현하는데 적합하기 때문이다. 지수분포는 평균을 나타내는 하나의 값에 의해서 정의 되어진다. 우리는 a라는 표시를 평균도착시간 간격으로 사용할 것이다. 그러므로 X가 고객도착시간 간격의 확률변수라고 하고 평균이 a인 지수분포를 따른다고 하면 X의 확률분포함수는

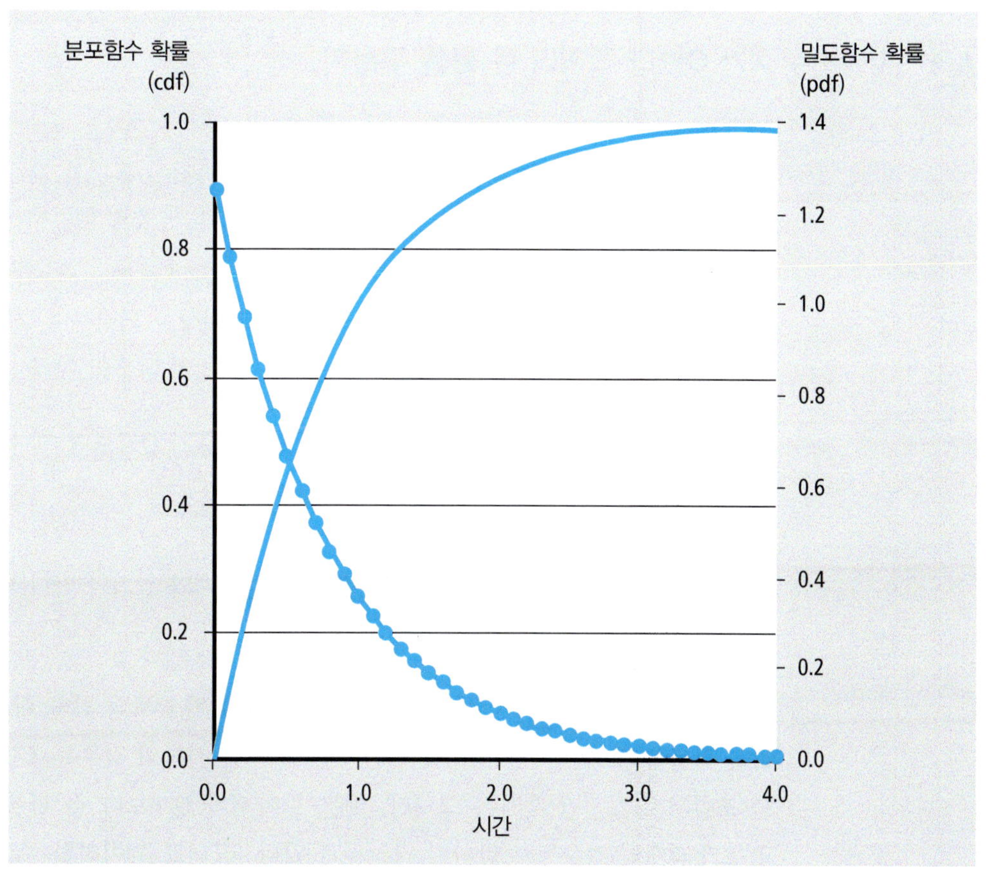

그림 A.3 평균이 0.8인 지수분포의 분포함수(실선)와 밀도함수(점선)

$$\text{Prob}\{X\text{가 } t\text{보다 작거나 같다}\} = F(X) = 1 - e^{-t/a}$$

여기 식에서 e는 자연상수(natural constant)라고 불리우는 값으로 약 2.718282에 해당한다. 엑셀을 활용하여 지수분포함수의 값을 계산할때 Exp 함수를 사용하여 1−Exp(−t/a)와 같이 입력할 수 있다. 여기서 지수분포함수는 연속분포함수임에 주의해야 하는데 시간이 그 측정단위가 될 것이므로 당연하다고 생각할 수 있다. [그림 A.3]에는 평균값이 0.8인 지수분포의 분포함수와 밀도함수를 표시하였다.

지수분포와 포아송 분포는 상호 밀접한 관련이 있다. 만약 고객의 도착시간간격이 평균 a로 지수분포를 하면 단위시간당 도착하는 고객의 수는 평균 1/a를 따르는 포아송 분포를 한다. 예를 들어 [그림 A.3]과 같이 고객도착시간 간격이 평균 0.8인 지수분포를 따른다고 한다면 단위시간 동안 도착하는 고객의 수는 평균 1/0.8=1.25([표 A.1] 참조)인 포아송 분포를 따르게 된다.

일반적으로 많이 사용되는 또 다른 분포로는 음이항분포(negative binomial distribution)와 감마분포(gamma distribution)등이 있지만 이 책에서는 사용되지 않는다.

A.1 확률변수 *X*가 *Q*보다 작거나 큰 확률 구하기

확률변수를 다룰 때 종종 우리는 그 확률변수의 결과값이 특정한 값보다 작거나 크게 발생하게 될 확률에 대하여 계산할 필요가 있다. 예를 들어 X를 평균이 1.25인 포아송 분포를 따르는 확률변수라고 할때[표 A.1]로부터 $F(4)$=99.088%라는 값을 구할 수 있다. 그렇다면 X가 4개보다 클 확률은 얼마인가? 즉 5개나 그 이상을 의미하며 다시 말해 X가 4개보다 작거나 같다던지 혹은 4개보다 많을 확률을 구하려면 다음의 관계를 이용하자.

$$\text{Prob}\{X\text{가 } Q\text{개와 같거나 작다}\} + \text{Prob}\{X\text{가 } Q\text{개보다 크다}\} = 1$$

위 식을 재정리하면

$$\text{Prob}\{X\text{가 } Q\text{개보다 크다}\} = 1 - \text{Prob}\{X\text{가 } Q\text{개와 같거나 작다}\} = 1 - F(Q)$$

그러므로 X가 4개보다 클 확률은 1−$F(4)$=0.00912가 된다.

이런 계산해서 조심해서 보아야 할것이 있는데 X가 Q보다 작을 확률과 X가 Q이거나 작을 확률을 계산할 때를 구분해야 한다는 점이다. 전자의 경우는 X가 정확히 Q일 경우를 포함하지 않지만 후자는 그렇다. 예를 들어 X가 Q개보다 클 확률을 계산하려 한다면 X가 Q개일 경우는 포함하지 않는것과 같다. 그러므로 이러한 주의점을 기억한다면 $F(Q)$는 X가 Q개 이거나 그보다 작을 확률이므로 X가 정확히 Q개일 확률을 포함한다는 점을 상기하자.

또한 X가 정규분포를 따를경우 X가 Q보다 클 확률을 구하거나 Q보다 작을 확률을 구하는 방법을 알아야 한다. 정규분포에서 평균과 표준편차의 값이 어떻게 변하던 이러한 확률값을 구하는 것이 그리 어렵지 않은 이유는 이 모든 경우가 표준정규분포를 활용하여 값을 구할 수 있기 때문이다. 바로 이런 이유 때문에 표준정규분포가 특별하고 중요한 것이다. 이제 표준정규분포를 활용하여 X가 Q보다 크거나 혹은 작을 확률을 구하는 방법을 살펴보자.

확률변수 X는 평균이 1,000이고 표준편차가 300인($\mu=1{,}000$, $\sigma=300$) 정규분포를 따른다고 할 때 X가 $Q=1{,}600$보다 작을 확률을 구하고자 한다. 우선 Q값을 X가 표준정규분포를 따른다는 가정하에 등가의 순서값에 맞추어야 한다. 이 등가의 순서값을 z로 표시할때 이 값을 z−통계량이라고 하고 이때 계산값은 다음과 같이 얻는다.

$$z = \frac{Q - \mu}{\sigma} = \frac{1{,}600 - 1{,}000}{300} = 2.0$$

즉, 평균이 1,000이고 표준편차가 300인 정규분포에서 1,600이라는 확률변수의 결과값은 표준정규분포에서 2.0이라는 결과값과 등가를 이루는 값이 됨을 의미한다. 그러므로 이제 우리가 찾고자 하는 값은 $\Phi(2.0)$이 되는데 이 값은 이 책의 부록 B에 있는 표준정규분포 함수표에서 찾으면 $\Phi(2.0)=0.9772$임을 알 수 있다. 다시 말해서 이 결과는 만약 X가 평균이 1,000이고 표준편차가 300인 정규분포를 따를 때 X가 1,600보다 작은 값을 가지게 될 확률은 97.72%가 된다는 의미이다.

그렇다면 X가 1,600보다 클 확률은 얼마나 될까? 이 값은 $1-\Phi(2.0)=0.0228$이 된다. 즉 X가 1,600보다 클 확률은 1에서 X가 1,600보다 작을 확률을 빼면 되는 것이다.

정규분포를 다룰 때는 포아송 분포와는 달리 "X가 Q보다 작을 확률" 과 "X 가 Q이거나 작을 확률"을 구별하지 않아도 크게 걱정할 필요가 없다. 포아송 분포는 첫 째로 이산확률분포이고 둘째로 평균값이 작아서 확률변수의 결과값이 몇개 발생하지 않는다(실제로는 무수히 많은 가능성은 존재하지만). 이 두 가지 이유 때문에 결과값이 정확히 Q일 확률은 상당한 크기로 존재하게 된다. 하지만 정규분포의 경우는 연속확률분포이기 때문에 "X가 Q보다 작을 확률"과 "X가 Q이거나 작을 확률"의 차이는 근본적으로 없다.

A.2 기댓값 구하기

우리는 어떤 일이 일어날것의 기댓값을 알아야 할 필요가 있다. 예를 들자면 우리가 어떤 의사결정을 하는데 그 결과가 두 가지 형태로 나타날 수 있다고 할 때 G를 좋은 결과로 B를 나쁜 결과로 나타내면 확률변수 X는 두 가지 결과 $X=G$나 $X=B$로 나타나게 된다. 만약 결과가 G이면 \$100을 벌 수 있고 B이면 \$40을 손해 본다고 가정해 보자. 더불어 우리는 확률값 $\text{Prob}\{X=G\}=0.25$와 $\text{Prob}\{X=B\}=0.75$로 알고 있다고 가정해 보자. (이때 두 확률값의 합은 꼭 1이 되어야 한다. 왜냐하면 두 가지 결과 외의 다른 결과가 불가능하기 때문이다). 이때 이 의사결정의 기댓값은 다음과 같다.

$$\begin{aligned} &\$100\times \text{Prob}\{X=G\}+(-\$40\times \text{Prob}\{X=B\}) \\ &=\$100\times 0.25+(-\$40\times 0.75) \\ &=-\$5 \end{aligned}$$

즉, 기댓값을 계산하기 위해서는 확률적인 시행의 모든 결과값과 각 시행결과가 나타날 확률을 모두 각각 곱한 후 더함으로서 구할 수 있다.

A.3 확률변수의 독립성, 상관관계, 결합(또는 분해)

우리는 때때로 여러개의 확률변수를 결합하거나 또는 분해 해야 할 필요에 직면하게 된다. 예를 들어 5개의 학률변수를 가지고 있다고 하자. 각각의 확률변수는 1주일의 특정한 날들에 대한 수요값이라고 하자. 우리는 이 값들을 합쳐서 하나의 한 주의 수요를 나타내는 확률변수로 표현하고 싶을 수 있다. 어쩌면 반대로 한달 동안의 수요를 나타내는 확률변수를 주간으로 나누어 표현하고 싶을 때는 이 확률변수를 주간 수요를 나타내는 확률변수로 분해해야 한다. 이와 같이 시간을 따라서 확률변수를 분해하거나 결합 하는 것을 넘어서 제품군이나 그 외 다른 범주를 따라서 확률변수를 분해하거나 결합할 수도 있다는 점을 알아두자.

만약 X_1, X_2, ⋯, X_n으로 표시된 n개의 확률변수를 하나의 확률변수 X로 결합하려고 한다고 하면 $X=X_1+X_2+ \cdots +X_n$과 같이 표현할 수 있다. 이제 이 n개의 확률변수들은 같은 “집안”에서 비롯되었다고 가정해 보자. 예를 들자면 이 확률변수들은 모두 정규분포를 하거나 또는 모두 포아송 분포를 한다고 한다. 그러므로 결합된 확률변수 X는 마찬가지로 같은 “집안” 소속이 되는 것이다. 다시 말해 정규분포를 따르는 두 확률변수의 합은 역시 정규분포를 따르고 포아송 분포를 따르는 두 확률변수의 합은 역시 포아송 분포를 따른다는 것이다. 그러므로 이제 확률변수 X를 표현해내기 위해서는 평균값과 표준편차 값을 알아야 한다. X의 평균값은 계산하기 쉽다.

$$\mu=\mu_1+\mu_2+\cdots+\mu_n$$

다시 말해 X의 평균은 n개의 개별적 확률변수의 평균의 합과 같다.

만약 확률변수 X의 표준편차가 필요하다면 n개의 각 확률변수가 상호 독립적이라는 가정하에 다음과 같이 계산하여 구할 수 있다.

$$\sigma = \sqrt{\sigma_1^2 + \sigma_2^2 + \cdots + \sigma_n^2}$$

즉, 확률변수 X의 표준편차는 n개의 독립된 확률변수의 분산의 합의 제곱근이 된다. 만약에 n개의 독립적 확률변수가 모두 같은 표준편차를 갖는다면 $(\sigma_1 = \sigma_2 = \cdots = \sigma_n)$ 위의 식은 $\sigma = \sqrt{n} \times \sigma_1$ 수식 참조 과 같이 단순화될 수 있다.

우리가 위와 같이 계산할 수 있는 아주 중요한 조건중의 하나는 모든 n개의 확률변수가 호 독립적이라는 가정이다. 대략적으로 말하자면 한 확률변수의 결과값이 다른 확률변수의 과값에 영향을 미치지 않는다면 두 확률변수는 상호독립(independent)이다. 예를 들어 한 확률변수가 상대적으로 높은 수요를 보인다고 하더라도 다른 하나의 확률변수가 높은 수요를 보일지 낮은 수요를 보일지에 전혀 영향을 미치지 않는다는 것이다.

하나의 확률변수의 결과값이 다른 확률변수의 결과값에 정보를 제공할 수 있다면 두 확률변수는 상관관계(correlation)가 있다고 한다. 만약 두 개의 결과가 같이 움직인다면 2개의 확률변수는 양의 상관관계를 가진다(positively correlated)고 하는데 다시 말해 하나의 확률변수 값이 높아지면 다른 하나도 높아지고 반대로 하나가 낮아지면 다른 하나도 낮아지는 관계를 가지는 것을 의미한다. 반대로 두 개의 확률변수의 값이 반대 방향으로 움직인다면 서로 음의 상관관계를 가진다(negatively correlated)고 한다. 즉 하나의 확률변수의 값이 높아지면 다른 확률변수의 값은 낮아지고, 그 반대로 한 확률변수의 값이 낮아지면 다른 하나는 값이 높아지는 경향을 가지는 것이다.

두 확률변수의 상관관계는 −1과 1사이의 값으로 표현한다. 상관관계가 −1이면 두 확률변수는 완벽한 음의 상관관계를 가진다고 하는데 하나의 확률변수의 결과값이 증가하면 다른 하나의 결과값은 무조건 증가하게 된다. 또 다른 극단은 상관관계가 1의 값을 가질 때인데 완벽한 양의 상관관계를 가진다고 하는데 이때는 하나의 확률변수의 결과값이 증가하면 다른 하나의 결과값은 무조건 감소하게 된다. 이 양극단의 중간값이 0에 해당하는데 이 경우는 두 확률변수가 독립인 상황이 된다.

그렇다면 확률변수 X가 두 개의 독립적이지 않은 확률변수의 합이라고 한다면 어떻게 X의 표준편차를 계산할 수 있겠는가? 다음과 같은 식을 사용하면 된다.

$$X\text{의 표준편차 } X = \sigma = \sqrt{\sigma_1^2 + \sigma_2^2 + 2 \times \sigma_1 \times \sigma_2 \times \text{Correlation}}$$

여기서 correlation은 앞서 설명한 두 확률변수 X_1과 X_2 상관관계의 값을 의미한다.

부록

B

함수표

이 부록에는 얼랑 손실 함수표(erlang loss function table)와 표준정규분포 및 여러 포아송 분포에 대한 분포표, 재고 및 손실 함수표를 포함하고 있다.

B.1 얼랑 손실 함수표

얼랑 손실 함수표는 m개의 병렬자원(parallel resources)로 구성된 한 프로세스 단계가 m개의 흐름단위(flow unit)들을 가지는 확률을 담고 있다. 즉 모든 m개의 자원들이 활용되는 것이다. 흐름단위의 도착간격은 평균이 a인 지수분포를 이룬다. 그리고 서비스 시간은 평균 p를가진다(서비스 시간은 지수분포를 따를 필요는 없다).

버퍼 공간이 없고 모든 m개의 서버가 서비스 중이면, 새롭게 도착한 흐름단위는 서비스를 받지 못하고 떠나게 된다. 표 안의 세로줄은 자원의 수 m을 의미하고, 표 안의 가로줄은 $r=p/a$(서비스 시간과 도착간격 시간 사이의 비율)값을 의미한다. 아래의 두 페이지는 2개의 표를 보여주는 데 하나는 r이 작은 경우이고 다른 하나는 r이 큰 경우이다.

예시: 세 개의 평행한 자원으로 이루어진 프로세스가 새로 도착하는 단위를 거부하게 되는 확률 $P_m(r)$을 찾아라. 흐름단위는 평균 $a=3$분에 하나씩 지수적인 시간간격으로 도착한다. 그리고 서비스하기 위한 시간 $p=2$분이다. 먼저 $r=p/a=2/3=0.67$을 정의하고 해당하는 행을 찾는다. 두 번째로 $m=3$인 열을 찾는다. 해당 열과 행의 교차점은 $P_m(r)=0.0255$이다. $P_m(r)$은 아래 공식을 통해서 곧바로 계산될 수 있다.

$$\text{Probability(모든 } m\text{개의 서버들이 바쁨)} = P_m(r)$$

얼랑손실함수표

0.10	0.0909	0.0045	0.0002	0.0000	0.0000	0.0000	0.0000	0.0000	0.0000	0.0000
0.20	0.1667	0.0164	0.0011	0.0001	0.0000	0.0000	0.0000	0.0000	0.0000	0.0000
0.25	0.2000	0.0244	0.0020	0.0001	0.0000	0.0000	0.0000	0.0000	0.0000	0.0000
0.30	0.2308	0.0335	0.0033	0.0003	0.0000	0.0000	0.0000	0.0000	0.0000	0.0000
0.33	0.2500	0.0400	0.0044	0.0004	0.0000	0.0000	0.0000	0.0000	0.0000	0.0000
0.40	0.2857	0.0541	0.0072	0.0007	0.0001	0.0000	0.0000	0.0000	0.0000	0.0000
0.50	0.3333	0.0769	0.0127	0.0016	0.0002	0.0000	0.0000	0.0000	0.0000	0.0000
0.60	0.3750	0.1011	0.0198	0.0030	0.0004	0.0000	0.0000	0.0000	0.0000	0.0000
0.67	0.4000	0.1176	0.0255	0.0042	0.0006	0.0001	0.0000	0.0000	0.0000	0.0000
0.70	0.4118	0.1260	0.0286	0.0050	0.0007	0.0001	0.0000	0.0000	0.0000	0.0000
0.75	0.4286	0.1385	0.0335	0.0062	0.0009	0.0001	0.0000	0.0000	0.0000	0.0000
0.80	0.4444	0.1509	0.0387	0.0077	0.0012	0.0002	0.0000	0.0000	0.0000	0.0000
0.90	0.4737	0.1757	0.0501	0.0111	0.0020	0.0003	0.0000	0.0000	0.0000	0.0000
1.00	0.5000	0.2000	0.0625	0.0154	0.0031	0.0005	0.0001	0.0000	0.0000	0.0000
1.10	0.5238	0.2237	0.0758	0.0204	0.0045	0.0008	0.0001	0.0000	0.0000	0.0000
1.20	0.5455	0.2466	0.0898	0.0262	0.0063	0.0012	0.0002	0.0000	0.0000	0.0000
1.25	0.5556	0.2577	0.0970	0.0294	0.0073	0.0015	0.0003	0.0000	0.0000	0.0000
1.30	0.5652	0.2687	0.1043	0.0328	0.0085	0.0018	0.0003	0.0001	0.0000	0.0000
1.33	0.5714	0.2759	0.1092	0.0351	0.0093	0.0021	0.0004	0.0001	0.0000	0.0000
1.40	0.5833	0.2899	0.1192	0.0400	0.0111	0.0026	0.0005	0.0001	0.0000	0.0000
1.50	0.6000	0.3103	0.1343	0.0480	0.0142	0.0035	0.0008	0.0001	0.0000	0.0000
1.60	0.6154	0.3299	0.1496	0.0565	0.0177	0.0047	0.0011	0.0002	0.0000	0.0000
1.67	0.6250	0.3425	0.1598	0.0624	0.0204	0.0056	0.0013	0.0003	0.0001	0.0000
1.70	0.6296	0.3486	0.1650	0.0655	0.0218	0.0061	0.0015	0.0003	0.0001	0.0000
1.75	0.6364	0.3577	0.1726	0.0702	0.0240	0.0069	0.0017	0.0004	0.0001	0.0000
1.80	0.6429	0.3665	0.1803	0.0750	0.0263	0.0078	0.0020	0.0005	0.0001	0.0000
1.90	0.6552	0.3836	0.1955	0.0850	0.0313	0.0098	0.0027	0.0006	0.0001	0.0000
2.00	0.6667	0.4000	0.2105	0.0952	0.0367	0.0121	0.0034	0.0009	0.0002	0.0000
2.10	0.6774	0.4156	0.2254	0.1058	0.0425	0.0147	0.0044	0.0011	0.0003	0.0001
2.20	0.6875	0.4306	0.2400	0.1166	0.0488	0.0176	0.0055	0.0015	0.0004	0.0001
2.25	0.6923	0.4378	0.2472	0.1221	0.0521	0.0192	0.0061	0.0017	0.0004	0.0001
2.30	0.6970	0.4449	0.2543	0.1276	0.0554	0.0208	0.0068	0.0019	0.0005	0.0001
2.33	0.7000	0.4495	0.2591	0.1313	0.0577	0.0220	0.0073	0.0021	0.0005	0.0001
2.40	0.7059	0.4586	0.2684	0.1387	0.0624	0.0244	0.0083	0.0025	0.0007	0.0002
2.50	0.7143	0.4717	0.2822	0.1499	0.0697	0.0282	0.0100	0.0031	0.0009	0.0002
2.60	0.7222	0.4842	0.2956	0.1612	0.0773	0.0324	0.0119	0.0039	0.0011	0.0003
2.67	0.7273	0.4923	0.3044	0.1687	0.0825	0.0354	0.0133	0.0044	0.0013	0.0003
2.70	0.7297	0.4963	0.3087	0.1725	0.0852	0.0369	0.0140	0.0047	0.0014	0.0004
2.75	0.7333	0.5021	0.3152	0.1781	0.0892	0.0393	0.0152	0.0052	0.0016	0.0004
2.80	0.7368	0.5078	0.3215	0.1837	0.0933	0.0417	0.0164	0.0057	0.0018	0.0005
2.90	0.7436	0.5188	0.3340	0.1949	0.1016	0.0468	0.0190	0.0068	0.0022	0.0006
3.00	0.7500	0.5294	0.3462	0.2061	0.1101	0.0522	0.0219	0.0081	0.0027	0.0008
3.10	0.7561	0.5396	0.3580	0.2172	0.1187	0.0578	0.0249	0.0096	0.0033	0.0010
3.20	0.7619	0.5494	0.3695	0.2281	0.1274	0.0636	0.0283	0.0112	0.0040	0.0013
3.25	0.7647	0.5541	0.3751	0.2336	0.1318	0.0666	0.0300	0.0120	0.0043	0.0014
3.30	0.7674	0.5587	0.3807	0.2390	0.1362	0.0697	0.0318	0.0130	0.0047	0.0016
3.33	0.7692	0.5618	0.3843	0.2426	0.1392	0.0718	0.0331	0.0136	0.0050	0.0017
3.40	0.7727	0.5678	0.3915	0.2497	0.1452	0.0760	0.0356	0.0149	0.0056	0.0019
3.50	0.7778	0.5765	0.4021	0.2603	0.1541	0.0825	0.0396	0.0170	0.0066	0.0023
3.60	0.7826	0.5848	0.4124	0.2707	0.1631	0.0891	0.0438	0.0193	0.0077	0.0028
3.67	0.7857	0.5902	0.4191	0.2775	0.1691	0.0937	0.0468	0.0210	0.0085	0.0031
3.70	0.7872	0.5929	0.4224	0.2809	0.1721	0.0960	0.0483	0.0218	0.0089	0.0033
3.75	0.7895	0.5968	0.4273	0.2860	0.1766	0.0994	0.0506	0.0232	0.0096	0.0036
3.80	0.7917	0.6007	0.4321	0.2910	0.1811	0.1029	0.0529	0.0245	0.0102	0.0039
3.90	0.7959	0.6082	0.4415	0.3009	0.1901	0.1100	0.0577	0.0274	0.0117	0.0046
4.00	0.8000	0.6154	0.4507	0.3107	0.1991	0.1172	0.0627	0.0304	0.0133	0.0053

얼랑손실함수표

1.0	0.5000	0.2000	0.0625	0.0154	0.0031	0.0005	0.0001	0.0000	0.0000	0.0000
1.5	0.6000	0.3103	0.1343	0.0480	0.0142	0.0035	0.0008	0.0001	0.0000	0.0000
2.0	0.6667	0.4000	0.2105	0.0952	0.0367	0.0121	0.0034	0.0009	0.0002	0.0000
2.5	0.7143	0.4717	0.2822	0.1499	0.0697	0.0282	0.0100	0.0031	0.0009	0.0002
3.0	0.7500	0.5294	0.3462	0.2061	0.1101	0.0522	0.0219	0.0081	0.0027	0.0008
3.5	0.7778	0.5765	0.4021	0.2603	0.1541	0.0825	0.0396	0.0170	0.0066	0.0023
4.0	0.8000	0.6154	0.4507	0.3107	0.1991	0.1172	0.0627	0.0304	0.0133	0.0053
4.5	0.8182	0.6480	0.4929	0.3567	0.2430	0.1542	0.0902	0.0483	0.0236	0.0105
5.0	0.8333	0.6757	0.5297	0.3983	0.2849	0.1918	0.1205	0.0700	0.0375	0.0184
5.5	0.8462	0.6994	0.5618	0.4358	0.3241	0.2290	0.1525	0.0949	0.0548	0.0293
6.0	0.8571	0.7200	0.5902	0.4696	0.3604	0.2649	0.1851	0.1219	0.0751	0.0431
6.5	0.8667	0.7380	0.6152	0.4999	0.3939	0.2991	0.2174	0.1501	0.0978	0.0598
7.0	0.8750	0.7538	0.6375	0.5273	0.4247	0.3313	0.2489	0.1788	0.1221	0.0787
7.5	0.8824	0.7679	0.6575	0.5521	0.4530	0.3615	0.2792	0.2075	0.1474	0.0995
8.0	0.8889	0.7805	0.6755	0.5746	0.4790	0.3898	0.3082	0.2356	0.1731	0.1217
8.5	0.8947	0.7918	0.6917	0.5951	0.5029	0.4160	0.3356	0.2629	0.1989	0.1446
9.0	0.9000	0.8020	0.7064	0.6138	0.5249	0.4405	0.3616	0.2892	0.2243	0.1680
9.5	0.9048	0.8112	0.7198	0.6309	0.5452	0.4633	0.3860	0.3143	0.2491	0.1914
10.0	0.9091	0.8197	0.7321	0.6467	0.5640	0.4845	0.4090	0.3383	0.2732	0.2146
10.5	0.9130	0.8274	0.7433	0.6612	0.5813	0.5043	0.4307	0.3611	0.2964	0.2374
11.0	0.9167	0.8345	0.7537	0.6745	0.5974	0.5227	0.4510	0.3828	0.3187	0.2596
11.5	0.9200	0.8410	0.7633	0.6869	0.6124	0.5400	0.4701	0.4033	0.3400	0.2811
12.0	0.9231	0.8471	0.7721	0.6985	0.6264	0.5561	0.4880	0.4227	0.3604	0.3019
12.5	0.9259	0.8527	0.7804	0.7092	0.6394	0.5712	0.5049	0.4410	0.3799	0.3220
13.0	0.9286	0.8579	0.7880	0.7192	0.6516	0.5854	0.5209	0.4584	0.3984	0.3412
13.5	0.9310	0.8627	0.7952	0.7285	0.6630	0.5987	0.5359	0.4749	0.4160	0.3596
14.0	0.9333	0.8673	0.8019	0.7373	0.6737	0.6112	0.5500	0.4905	0.4328	0.3773
14.5	0.9355	0.8715	0.8081	0.7455	0.6837	0.6230	0.5634	0.5052	0.4487	0.3942
15.0	0.9375	0.8755	0.8140	0.7532	0.6932	0.6341	0.5761	0.5193	0.4639	0.4103
15.5	0.9394	0.8792	0.8196	0.7605	0.7022	0.6446	0.5880	0.5326	0.4784	0.4258
16.0	0.9412	0.8828	0.8248	0.7674	0.7106	0.6546	0.5994	0.5452	0.4922	0.4406
16.5	0.9429	0.8861	0.8297	0.7739	0.7186	0.6640	0.6102	0.5572	0.5053	0.4547
17.0	0.9444	0.8892	0.8344	0.7800	0.7262	0.6729	0.6204	0.5687	0.5179	0.4682
17.5	0.9459	0.8922	0.8388	0.7859	0.7334	0.6814	0.6301	0.5795	0.5298	0.4811
18.0	0.9474	0.8950	0.8430	0.7914	0.7402	0.6895	0.6394	0.5899	0.5413	0.4935
18.5	0.9487	0.8977	0.8470	0.7966	0.7467	0.6972	0.6482	0.5998	0.5522	0.5053
19.0	0.9500	0.9002	0.8508	0.8016	0.7529	0.7045	0.6566	0.6093	0.5626	0.5167
19.5	0.9512	0.9027	0.8544	0.8064	0.7587	0.7115	0.6647	0.6183	0.5726	0.5275
20.0	0.9524	0.9050	0.8578	0.8109	0.7644	0.7181	0.6723	0.6270	0.5822	0.5380
20.5	0.9535	0.9072	0.8611	0.8153	0.7697	0.7245	0.6797	0.6353	0.5913	0.5480
21.0	0.9545	0.9093	0.8642	0.8194	0.7749	0.7306	0.6867	0.6432	0.6001	0.5576
21.5	0.9556	0.9113	0.8672	0.8234	0.7798	0.7364	0.6934	0.6508	0.6086	0.5668
22.0	0.9565	0.9132	0.8701	0.8272	0.7845	0.7420	0.6999	0.6581	0.6167	0.5757
22.5	0.9574	0.9150	0.8728	0.8308	0.7890	0.7474	0.7061	0.6651	0.6244	0.5842
23.0	0.9583	0.9168	0.8754	0.8343	0.7933	0.7525	0.7120	0.6718	0.6319	0.5924
23.5	0.9592	0.9185	0.8780	0.8376	0.7974	0.7575	0.7177	0.6783	0.6391	0.6003
24.0	0.9600	0.9201	0.8804	0.8408	0.8014	0.7622	0.7232	0.6845	0.6461	0.6079
24.5	0.9608	0.9217	0.8827	0.8439	0.8053	0.7668	0.7285	0.6905	0.6527	0.6153
25.0	0.9615	0.9232	0.8850	0.8469	0.8090	0.7712	0.7336	0.6963	0.6592	0.6224
25.5	0.9623	0.9246	0.8871	0.8497	0.8125	0.7754	0.7385	0.7019	0.6654	0.6292
26.0	0.9630	0.9260	0.8892	0.8525	0.8159	0.7795	0.7433	0.7072	0.6714	0.6358
26.5	0.9636	0.9274	0.8912	0.8552	0.8192	0.7835	0.7479	0.7124	0.6772	0.6422
27.0	0.9643	0.9287	0.8931	0.8577	0.8224	0.7873	0.7523	0.7174	0.6828	0.6483
27.5	0.9649	0.9299	0.8950	0.8602	0.8255	0.7910	0.7565	0.7223	0.6882	0.6543
28.0	0.9655	0.9311	0.8968	0.8626	0.8285	0.7945	0.7607	0.7269	0.6934	0.6600
28.5	0.9661	0.9323	0.8985	0.8649	0.8314	0.7979	0.7646	0.7315	0.6985	0.6656
29.0	0.9667	0.9334	0.9002	0.8671	0.8341	0.8013	0.7685	0.7359	0.7034	0.6710
29.5	0.9672	0.9345	0.9019	0.8693	0.8368	0.8045	0.7722	0.7401	0.7081	0.6763
30.0	0.9677	0.9356	0.9034	0.8714	0.8394	0.8076	0.7758	0.7442	0.7127	0.6813
30.5	0.9683	0.9366	0.9050	0.8734	0.8420	0.8106	0.7793	0.7482	0.7172	0.6863
31.0	0.9688	0.9376	0.9064	0.8754	0.8444	0.8135	0.7827	0.7521	0.7215	0.6910
31.5	0.9692	0.9385	0.9079	0.8773	0.8468	0.8164	0.7860	0.7558	0.7257	0.6957
32.0	0.9697	0.9394	0.9093	0.8791	0.8491	0.8191	0.7892	0.7594	0.7297	0.7002

$$= \frac{\frac{r^m}{m!}}{1+\frac{r^1}{1!}+\frac{r^2}{2!}+\cdots+\frac{r^m}{m!}} \text{(얼랑손실공식)}$$

공식에서의 느낌표(!)는 정수 값의 계승(factorial) 표시이다. 하나의 정수 x의 계승 값을 계산하기 위해서는 1에서 x까지의숫자를 모두 쓰고, 그 숫자들을 각각 곱하면 된다. 예를 들어 $4!=1\times2\times3\times4=24$와 같다. 이러한 계산은 엑셀에서 FACT($x$) 함수를 이용 해서 계산할 수 있다.

B.2 확률분포, 재고 및 손실 함수표

표준정규분포표(standard normal distribution function table)는 표준정규변수의 결과가 z이거나 그보다 작을 확률을 담고 있다. 표는 z값을 2개의 정확한 소수점까지 제공 한다. 먼저 찾고 있는 z값을 열과 행을 통해서 찾아보자. 열과 행의 교차점에는 찾고 있는 확률 $\Phi(z)$이 있다.

예시(1): 표준정규변수가 $z=-1.54$이거나 그보다 작을 때의 확률을 찾아보자. −1.54는 $(-1.5)+(-0.04)$이므로 먼저 행에서 −1.5를 찾고, 다음으로 열에서 −0.04를 찾아라. 행과 열의 교차점에는 확률 $\Phi(-1.54)=0.0618$이 있다.

예시(2): 표준정규변수가 z=0.52이거나 그보다 작을 때의 확률을 찾아보자. 0.52는 $(0.5)+(0.02)$이므로 먼저 행에서 0.5를 찾고, 다음으로 열에서 0.02를 찾아라. 행과 열의 교차점에는 확률 $\Phi(0.52)=0.6985$가 있다.

- 표준정규 재고 함수표와 표준정규 손실 함수표는 표준정규분포표와 같은 방식으로 구성되어 있다.
- 포아송 분포표는 주어진 평균(열에 표시된)을 가진 포아송 분포가 S이거나 더 작을 확률을 보여준다.
- 포아송 재고 함수표는 수요가 특정 평균을 모수로 하는 포아송 분포를 따르고 초기재고 S가 주어졌을 때 시즌 마지막에 남을 재고의 기댓값을 보여준다.
- 포아송 손실 함수표는 수요가 특정 평균을 모수로 하는 포아송 분포를 따를 때 S를 초과하는 수요의 기댓값을 보여준다.

예시(3): 평균이 2.25이고 $S=2$일때 포아송 분포의 재고함수값은 0.44795이다: 먼저 평균 2.25를 열에서 찾고 S=2를 행에서 찾으면 된다.

표준정규분포표, $\Phi(z)$

−4.0	0.0000	0.0000	0.0000	0.0000	0.0000	0.0000	0.0000	0.0000	0.0000	0.0000
−3.9	0.0000	0.0000	0.0000	0.0000	0.0000	0.0000	0.0000	0.0000	0.0000	0.0000
−3.8	0.0001	0.0001	0.0001	0.0001	0.0001	0.0001	0.0001	0.0001	0.0001	0.0001
−3.7	0.0001	0.0001	0.0001	0.0001	0.0001	0.0001	0.0001	0.0001	0.0001	0.0001
−3.6	0.0001	0.0001	0.0001	0.0001	0.0001	0.0001	0.0001	0.0001	0.0002	0.0002
−3.5	0.0002	0.0002	0.0002	0.0002	0.0002	0.0002	0.0002	0.0002	0.0002	0.0002
−3.4	0.0002	0.0003	0.0003	0.0003	0.0003	0.0003	0.0003	0.0003	0.0003	0.0003
−3.3	0.0003	0.0004	0.0004	0.0004	0.0004	0.0004	0.0004	0.0005	0.0005	0.0005
−3.2	0.0005	0.0005	0.0005	0.0006	0.0006	0.0006	0.0006	0.0006	0.0007	0.0007
−3.1	0.0007	0.0007	0.0008	0.0008	0.0008	0.0008	0.0009	0.0009	0.0009	0.0010
−3.0	0.0010	0.0010	0.0011	0.0011	0.0011	0.0012	0.0012	0.0013	0.0013	0.0013
−2.9	0.0014	0.0014	0.0015	0.0015	0.0016	0.0016	0.0017	0.0018	0.0018	0.0019
−2.8	0.0019	0.0020	0.0021	0.0021	0.0022	0.0023	0.0023	0.0024	0.0025	0.0026
−2.7	0.0026	0.0027	0.0028	0.0029	0.0030	0.0031	0.0032	0.0033	0.0034	0.0035
−2.6	0.0036	0.0037	0.0038	0.0039	0.0040	0.0041	0.0043	0.0044	0.0045	0.0047
−2.5	0.0048	0.0049	0.0051	0.0052	0.0054	0.0055	0.0057	0.0059	0.0060	0.0062
−2.4	0.0064	0.0066	0.0068	0.0069	0.0071	0.0073	0.0075	0.0078	0.0080	0.0082
−2.3	0.0084	0.0087	0.0089	0.0091	0.0094	0.0096	0.0099	0.0102	0.0104	0.0107
−2.2	0.0110	0.0113	0.0116	0.0119	0.0122	0.0125	0.0129	0.0132	0.0136	0.0139
−2.1	0.0143	0.0146	0.0150	0.0154	0.0158	0.0162	0.0166	0.0170	0.0174	0.0179
−2.0	0.0183	0.0188	0.0192	0.0197	0.0202	0.0207	0.0212	0.0217	0.0222	0.0228
−1.9	0.0233	0.0239	0.0244	0.0250	0.0256	0.0262	0.0268	0.0274	0.0281	0.0287
−1.8	0.0294	0.0301	0.0307	0.0314	0.0322	0.0329	0.0336	0.0344	0.0351	0.0359
−1.7	0.0367	0.0375	0.0384	0.0392	0.0401	0.0409	0.0418	0.0427	0.0436	0.0446
−1.6	0.0455	0.0465	0.0475	0.0485	0.0495	0.0505	0.0516	0.0526	0.0537	0.0548
−1.5	0.0559	0.0571	0.0582	0.0594	0.0606	0.0618	0.0630	0.0643	0.0655	0.0668
−1.4	0.0681	0.0694	0.0708	0.0721	0.0735	0.0749	0.0764	0.0778	0.0793	0.0808
−1.3	0.0823	0.0838	0.0853	0.0869	0.0885	0.0901	0.0918	0.0934	0.0951	0.0968
−1.2	0.0985	0.1003	0.1020	0.1038	0.1056	0.1075	0.1093	0.1112	0.1131	0.1151
−1.1	0.1170	0.1190	0.1210	0.1230	0.1251	0.1271	0.1292	0.1314	0.1335	0.1357
−1.0	0.1379	0.1401	0.1423	0.1446	0.1469	0.1492	0.1515	0.1539	0.1562	0.1587
−0.9	0.1611	0.1635	0.1660	0.1685	0.1711	0.1736	0.1762	0.1788	0.1814	0.1841
−0.8	0.1867	0.1894	0.1922	0.1949	0.1977	0.2005	0.2033	0.2061	0.2090	0.2119
−0.7	0.2148	0.2177	0.2206	0.2236	0.2266	0.2296	0.2327	0.2358	0.2389	0.2420
−0.6	0.2451	0.2483	0.2514	0.2546	0.2578	0.2611	0.2643	0.2676	0.2709	0.2743
−0.5	0.2776	0.2810	0.2843	0.2877	0.2912	0.2946	0.2981	0.3015	0.3050	0.3085
−0.4	0.3121	0.3156	0.3192	0.3228	0.3264	0.3300	0.3336	0.3372	0.3409	0.3446
−0.3	0.3483	0.3520	0.3557	0.3594	0.3632	0.3669	0.3707	0.3745	0.3783	0.3821
−0.2	0.3859	0.3897	0.3936	0.3974	0.4013	0.4052	0.4090	0.4129	0.4168	0.4207
−0.1	0.4247	0.4286	0.4325	0.4364	0.4404	0.4443	0.4483	0.4522	0.4562	0.4602
0.0	0.4641	0.4681	0.4721	0.4761	0.4801	0.4840	0.4880	0.4920	0.4960	0.5000

(계속)

표준정규분포표, $\Phi(z)$

0.0	0.5000	0.5040	0.5080	0.5120	0.5160	0.5199	0.5239	0.5279	0.5319	0.5359
0.1	0.5398	0.5438	0.5478	0.5517	0.5557	0.5596	0.5636	0.5675	0.5714	0.5753
0.2	0.5793	0.5832	0.5871	0.5910	0.5948	0.5987	0.6026	0.6064	0.6103	0.6141
0.3	0.6179	0.6217	0.6255	0.6293	0.6331	0.6368	0.6406	0.6443	0.6480	0.6517
0.4	0.6554	0.6591	0.6628	0.6664	0.6700	0.6736	0.6772	0.6808	0.6844	0.6879
0.5	0.6915	0.6950	0.6985	0.7019	0.7054	0.7088	0.7123	0.7157	0.7190	0.7224
0.6	0.7257	0.7291	0.7324	0.7357	0.7389	0.7422	0.7454	0.7486	0.7517	0.7549
0.7	0.7580	0.7611	0.7642	0.7673	0.7704	0.7734	0.7764	0.7794	0.7823	0.7852
0.8	0.7881	0.7910	0.7939	0.7967	0.7995	0.8023	0.8051	0.8078	0.8106	0.8133
0.9	0.8159	0.8186	0.8212	0.8238	0.8264	0.8289	0.8315	0.8340	0.8365	0.8389
1.0	0.8413	0.8438	0.8461	0.8485	0.8508	0.8531	0.8554	0.8577	0.8599	0.8621
1.1	0.8643	0.8665	0.8686	0.8708	0.8729	0.8749	0.8770	0.8790	0.8810	0.8830
1.2	0.8849	0.8869	0.8888	0.8907	0.8925	0.8944	0.8962	0.8980	0.8997	0.9015
1.3	0.9032	0.9049	0.9066	0.9082	0.9099	0.9115	0.9131	0.9147	0.9162	0.9177
1.4	0.9192	0.9207	0.9222	0.9236	0.9251	0.9265	0.9279	0.9292	0.9306	0.9319
1.5	0.9332	0.9345	0.9357	0.9370	0.9382	0.9394	0.9406	0.9418	0.9429	0.9441
1.6	0.9452	0.9463	0.9474	0.9484	0.9495	0.9505	0.9515	0.9525	0.9535	0.9545
1.7	0.9554	0.9564	0.9573	0.9582	0.9591	0.9599	0.9608	0.9616	0.9625	0.9633
1.8	0.9641	0.9649	0.9656	0.9664	0.9671	0.9678	0.9686	0.9693	0.9699	0.9706
1.9	0.9713	0.9719	0.9726	0.9732	0.9738	0.9744	0.9750	0.9756	0.9761	0.9767
2.0	0.9772	0.9778	0.9783	0.9788	0.9793	0.9798	0.9803	0.9808	0.9812	0.9817
2.1	0.9821	0.9826	0.9830	0.9834	0.9838	0.9842	0.9846	0.9850	0.9854	0.9857
2.2	0.9861	0.9864	0.9868	0.9871	0.9875	0.9878	0.9881	0.9884	0.9887	0.9890
2.3	0.9893	0.9896	0.9898	0.9901	0.9904	0.9906	0.9909	0.9911	0.9913	0.9916
2.4	0.9918	0.9920	0.9922	0.9925	0.9927	0.9929	0.9931	0.9932	0.9934	0.9936
2.5	0.9938	0.9940	0.9941	0.9943	0.9945	0.9946	0.9948	0.9949	0.9951	0.9952
2.6	0.9953	0.9955	0.9956	0.9957	0.9959	0.9960	0.9961	0.9962	0.9963	0.9964
2.7	0.9965	0.9966	0.9967	0.9968	0.9969	0.9970	0.9971	0.9972	0.9973	0.9974
2.8	0.9974	0.9975	0.9976	0.9977	0.9977	0.9978	0.9979	0.9979	0.9980	0.9981
2.9	0.9981	0.9982	0.9982	0.9983	0.9984	0.9984	0.9985	0.9985	0.9986	0.9986
3.0	0.9987	0.9987	0.9987	0.9988	0.9988	0.9989	0.9989	0.9989	0.9990	0.9990
3.1	0.9990	0.9991	0.9991	0.9991	0.9992	0.9992	0.9992	0.9992	0.9993	0.9993
3.2	0.9993	0.9993	0.9994	0.9994	0.9994	0.9994	0.9994	0.9995	0.9995	0.9995
3.3	0.9995	0.9995	0.9995	0.9996	0.9996	0.9996	0.9996	0.9996	0.9996	0.9997
3.4	0.9997	0.9997	0.9997	0.9997	0.9997	0.9997	0.9997	0.9997	0.9997	0.9998
3.5	0.9998	0.9998	0.9998	0.9998	0.9998	0.9998	0.9998	0.9998	0.9998	0.9998
3.6	0.9998	0.9998	0.9999	0.9999	0.9999	0.9999	0.9999	0.9999	0.9999	0.9999
3.7	0.9999	0.9999	0.9999	0.9999	0.9999	0.9999	0.9999	0.9999	0.9999	0.9999
3.8	0.9999	0.9999	0.9999	0.9999	0.9999	0.9999	0.9999	0.9999	0.9999	0.9999
3.9	1.0000	1.0000	1.0000	1.0000	1.0000	1.0000	1.0000	1.0000	1.0000	1.0000
4.0	1.0000	1.0000	1.0000	1.0000	1.0000	1.0000	1.0000	1.0000	1.0000	1.0000

표준정규 재고함수표, $I(z)$

−4.0	0.0000	0.0000	0.0000	0.0000	0.0000	0.0000	0.0000	0.0000	0.0000	0.0000
−3.9	0.0000	0.0000	0.0000	0.0000	0.0000	0.0000	0.0000	0.0000	0.0000	0.0000
−3.8	0.0000	0.0000	0.0000	0.0000	0.0000	0.0000	0.0000	0.0000	0.0000	0.0000
−3.7	0.0000	0.0000	0.0000	0.0000	0.0000	0.0000	0.0000	0.0000	0.0000	0.0000
−3.6	0.0000	0.0000	0.0000	0.0000	0.0000	0.0000	0.0000	0.0000	0.0000	0.0000
−3.5	0.0000	0.0000	0.0000	0.0000	0.0000	0.0000	0.0001	0.0001	0.0001	0.0001
−3.4	0.0001	0.0001	0.0001	0.0001	0.0001	0.0001	0.0001	0.0001	0.0001	0.0001
−3.3	0.0001	0.0001	0.0001	0.0001	0.0001	0.0001	0.0001	0.0001	0.0001	0.0001
−3.2	0.0001	0.0001	0.0001	0.0001	0.0002	0.0002	0.0002	0.0002	0.0002	0.0002
−3.1	0.0002	0.0002	0.0002	0.0002	0.0002	0.0002	0.0002	0.0002	0.0003	0.0003
−3.0	0.0003	0.0003	0.0003	0.0003	0.0003	0.0003	0.0003	0.0004	0.0004	0.0004
−2.9	0.0004	0.0004	0.0004	0.0004	0.0005	0.0005	0.0005	0.0005	0.0005	0.0005
−2.8	0.0006	0.0006	0.0006	0.0006	0.0006	0.0007	0.0007	0.0007	0.0007	0.0008
−2.7	0.0008	0.0008	0.0008	0.0009	0.0009	0.0009	0.0010	0.0010	0.0010	0.0011
−2.6	0.0011	0.0011	0.0012	0.0012	0.0012	0.0013	0.0013	0.0014	0.0014	0.0015
−2.5	0.0015	0.0016	0.0016	0.0017	0.0017	0.0018	0.0018	0.0019	0.0019	0.0020
−2.4	0.0021	0.0021	0.0022	0.0023	0.0023	0.0024	0.0025	0.0026	0.0026	0.0027
−2.3	0.0028	0.0029	0.0030	0.0031	0.0032	0.0033	0.0034	0.0035	0.0036	0.0037
−2.2	0.0038	0.0039	0.0040	0.0041	0.0042	0.0044	0.0045	0.0046	0.0047	0.0049
−2.1	0.0050	0.0052	0.0053	0.0055	0.0056	0.0058	0.0060	0.0061	0.0063	0.0065
−2.0	0.0066	0.0068	0.0070	0.0072	0.0074	0.0076	0.0078	0.0080	0.0083	0.0085
−1.9	0.0087	0.0090	0.0092	0.0094	0.0097	0.0100	0.0102	0.0105	0.0108	0.0111
−1.8	0.0113	0.0116	0.0119	0.0123	0.0126	0.0129	0.0132	0.0136	0.0139	0.0143
−1.7	0.0146	0.0150	0.0154	0.0158	0.0162	0.0166	0.0170	0.0174	0.0178	0.0183
−1.6	0.0187	0.0192	0.0197	0.0201	0.0206	0.0211	0.0216	0.0222	0.0227	0.0232
−1.5	0.0238	0.0244	0.0249	0.0255	0.0261	0.0267	0.0274	0.0280	0.0286	0.0293
−1.4	0.0300	0.0307	0.0314	0.0321	0.0328	0.0336	0.0343	0.0351	0.0359	0.0367
−1.3	0.0375	0.0383	0.0392	0.0400	0.0409	0.0418	0.0427	0.0436	0.0446	0.0455
−1.2	0.0465	0.0475	0.0485	0.0495	0.0506	0.0517	0.0527	0.0538	0.0550	0.0561
−1.1	0.0573	0.0584	0.0596	0.0609	0.0621	0.0634	0.0646	0.0659	0.0673	0.0686
−1.0	0.0700	0.0714	0.0728	0.0742	0.0757	0.0772	0.0787	0.0802	0.0817	0.0833
−0.9	0.0849	0.0865	0.0882	0.0899	0.0916	0.0933	0.0950	0.0968	0.0986	0.1004
−0.8	0.1023	0.1042	0.1061	0.1080	0.1100	0.1120	0.1140	0.1160	0.1181	0.1202
−0.7	0.1223	0.1245	0.1267	0.1289	0.1312	0.1334	0.1358	0.1381	0.1405	0.1429
−0.6	0.1453	0.1478	0.1503	0.1528	0.1554	0.1580	0.1606	0.1633	0.1659	0.1687
−0.5	0.1714	0.1742	0.1771	0.1799	0.1828	0.1857	0.1887	0.1917	0.1947	0.1978
−0.4	0.2009	0.2040	0.2072	0.2104	0.2137	0.2169	0.2203	0.2236	0.2270	0.2304
−0.3	0.2339	0.2374	0.2409	0.2445	0.2481	0.2518	0.2555	0.2592	0.2630	0.2668
−0.2	0.2706	0.2745	0.2784	0.2824	0.2863	0.2904	0.2944	0.2986	0.3027	0.3069
−0.1	0.3111	0.3154	0.3197	0.3240	0.3284	0.3328	0.3373	0.3418	0.3464	0.3509
0.0	0.3556	0.3602	0.3649	0.3697	0.3744	0.3793	0.3841	0.3890	0.3940	0.3989

(계속)

표준정규 재고함수표, $I(z)$

0.0	0.3989	0.4040	0.4090	0.4141	0.4193	0.4244	0.4297	0.4349	0.4402	0.4456
0.1	0.4509	0.4564	0.4618	0.4673	0.4728	0.4784	0.4840	0.4897	0.4954	0.5011
0.2	0.5069	0.5127	0.5186	0.5244	0.5304	0.5363	0.5424	0.5484	0.5545	0.5606
0.3	0.5668	0.5730	0.5792	0.5855	0.5918	0.5981	0.6045	0.6109	0.6174	0.6239
0.4	0.6304	0.6370	0.6436	0.6503	0.6569	0.6637	0.6704	0.6772	0.6840	0.6909
0.5	0.6978	0.7047	0.7117	0.7187	0.7257	0.7328	0.7399	0.7471	0.7542	0.7614
0.6	0.7687	0.7759	0.7833	0.7906	0.7980	0.8054	0.8128	0.8203	0.8278	0.8353
0.7	0.8429	0.8505	0.8581	0.8658	0.8734	0.8812	0.8889	0.8967	0.9045	0.9123
0.8	0.9202	0.9281	0.9360	0.9440	0.9520	0.9600	0.9680	0.9761	0.9842	0.9923
0.9	1.0004	1.0086	1.0168	1.0250	1.0333	1.0416	1.0499	1.0582	1.0665	1.0749
1.0	1.0833	1.0917	1.1002	1.1087	1.1172	1.1257	1.1342	1.1428	1.1514	1.1600
1.1	1.1686	1.1773	1.1859	1.1946	1.2034	1.2121	1.2209	1.2296	1.2384	1.2473
1.2	1.2561	1.2650	1.2738	1.2827	1.2917	1.3006	1.3095	1.3185	1.3275	1.3365
1.3	1.3455	1.3546	1.3636	1.3727	1.3818	1.3909	1.4000	1.4092	1.4183	1.4275
1.4	1.4367	1.4459	1.4551	1.4643	1.4736	1.4828	1.4921	1.5014	1.5107	1.5200
1.5	1.5293	1.5386	1.5480	1.5574	1.5667	1.5761	1.5855	1.5949	1.6044	1.6138
1.6	1.6232	1.6327	1.6422	1.6516	1.6611	1.6706	1.6801	1.6897	1.6992	1.7087
1.7	1.7183	1.7278	1.7374	1.7470	1.7566	1.7662	1.7758	1.7854	1.7950	1.8046
1.8	1.8143	1.8239	1.8336	1.8432	1.8529	1.8626	1.8723	1.8819	1.8916	1.9013
1.9	1.9111	1.9208	1.9305	1.9402	1.9500	1.9597	1.9694	1.9792	1.9890	1.9987
2.0	2.0085	2.0183	2.0280	2.0378	2.0476	2.0574	2.0672	2.0770	2.0868	2.0966
2.1	2.1065	2.1163	2.1261	2.1360	2.1458	2.1556	2.1655	2.1753	2.1852	2.1950
2.2	2.2049	2.2147	2.2246	2.2345	2.2444	2.2542	2.2641	2.2740	2.2839	2.2938
2.3	2.3037	2.3136	2.3235	2.3334	2.3433	2.3532	2.3631	2.3730	2.3829	2.3928
2.4	2.4027	2.4126	2.4226	2.4325	2.4424	2.4523	2.4623	2.4722	2.4821	2.4921
2.5	2.5020	2.5119	2.5219	2.5318	2.5418	2.5517	2.5617	2.5716	2.5816	2.5915
2.6	2.6015	2.6114	2.6214	2.6313	2.6413	2.6512	2.6612	2.6712	2.6811	2.6911
2.7	2.7011	2.7110	2.7210	2.7310	2.7409	2.7509	2.7609	2.7708	2.7808	2.7908
2.8	2.8008	2.8107	2.8207	2.8307	2.8407	2.8506	2.8606	2.8706	2.8806	2.8906
2.9	2.9005	2.9105	2.9205	2.9305	2.9405	2.9505	2.9604	2.9704	2.9804	2.9904
3.0	3.0004	3.0104	3.0204	3.0303	3.0403	3.0503	3.0603	3.0703	3.0803	3.0903
3.1	3.1003	3.1103	3.1202	3.1302	3.1402	3.1502	3.1602	3.1702	3.1802	3.1902
3.2	3.2002	3.2102	3.2202	3.2302	3.2402	3.2502	3.2601	3.2701	3.2801	3.2901
3.3	3.3001	3.3101	3.3201	3.3301	3.3401	3.3501	3.3601	3.3701	3.3801	3.3901
3.4	3.4001	3.4101	3.4201	3.4301	3.4401	3.4501	3.4601	3.4701	3.4801	3.4901
3.5	3.5001	3.5101	3.5201	3.5301	3.5400	3.5500	3.5600	3.5700	3.5800	3.5900
3.6	3.6000	3.6100	3.6200	3.6300	3.6400	3.6500	3.6600	3.6700	3.6800	3.6900
3.7	3.7000	3.7100	3.7200	3.7300	3.7400	3.7500	3.7600	3.7700	3.7800	3.7900
3.8	3.8000	3.8100	3.8200	3.8300	3.8400	3.8500	3.8600	3.8700	3.8800	3.8900
3.9	3.9000	3.9100	3.9200	3.9300	3.9400	3.9500	3.9600	3.9700	3.9800	3.9900
4.0	4.0000	4.0100	4.0200	4.0300	4.0400	4.0500	4.0600	4.0700	4.0800	4.0900

표준정규 손실함수표, $L(z)$

−4.0	4.0900	4.0800	4.0700	4.0600	4.0500	4.0400	4.0300	4.0200	4.0100	4.0000
−3.9	3.9900	3.9800	3.9700	3.9600	3.9500	3.9400	3.9300	3.9200	3.9100	3.9000
−3.8	3.8900	3.8800	3.8700	3.8600	3.8500	3.8400	3.8300	3.8200	3.8100	3.8000
−3.7	3.7900	3.7800	3.7700	3.7600	3.7500	3.7400	3.7300	3.7200	3.7100	3.7000
−3.6	3.6900	3.6800	3.6700	3.6600	3.6500	3.6400	3.6300	3.6200	3.6100	3.6000
−3.5	3.5900	3.5800	3.5700	3.5600	3.5500	3.5400	3.5301	3.5201	3.5101	3.5001
−3.4	3.4901	3.4801	3.4701	3.4601	3.4501	3.4401	3.4301	3.4201	3.4101	3.4001
−3.3	3.3901	3.3801	3.3701	3.3601	3.3501	3.3401	3.3301	3.3201	3.3101	3.3001
−3.2	3.2901	3.2801	3.2701	3.2601	3.2502	3.2402	3.2302	3.2202	3.2102	3.2002
−3.1	3.1902	3.1802	3.1702	3.1602	3.1502	3.1402	3.1302	3.1202	3.1103	3.1003
−3.0	3.0903	3.0803	3.0703	3.0603	3.0503	3.0403	3.0303	3.0204	3.0104	3.0004
−2.9	2.9904	2.9804	2.9704	2.9604	2.9505	2.9405	2.9305	2.9205	2.9105	2.9005
−2.8	2.8906	2.8806	2.8706	2.8606	2.8506	2.8407	2.8307	2.8207	2.8107	2.8008
−2.7	2.7908	2.7808	2.7708	2.7609	2.7509	2.7409	2.7310	2.7210	2.7110	2.7011
−2.6	2.6911	2.6811	2.6712	2.6612	2.6512	2.6413	2.6313	2.6214	2.6114	2.6015
−2.5	2.5915	2.5816	2.5716	2.5617	2.5517	2.5418	2.5318	2.5219	2.5119	2.5020
−2.4	2.4921	2.4821	2.4722	2.4623	2.4523	2.4424	2.4325	2.4226	2.4126	2.4027
−2.3	2.3928	2.3829	2.3730	2.3631	2.3532	2.3433	2.3334	2.3235	2.3136	2.3037
−2.2	2.2938	2.2839	2.2740	2.2641	2.2542	2.2444	2.2345	2.2246	2.2147	2.2049
−2.1	2.1950	2.1852	2.1753	2.1655	2.1556	2.1458	2.1360	2.1261	2.1163	2.1065
−2.0	2.0966	2.0868	2.0770	2.0672	2.0574	2.0476	2.0378	2.0280	2.0183	2.0085
−1.9	1.9987	1.9890	1.9792	1.9694	1.9597	1.9500	1.9402	1.9305	1.9208	1.9111
−1.8	1.9013	1.8916	1.8819	1.8723	1.8626	1.8529	1.8432	1.8336	1.8239	1.8143
−1.7	1.8046	1.7950	1.7854	1.7758	1.7662	1.7566	1.7470	1.7374	1.7278	1.7183
−1.6	1.7087	1.6992	1.6897	1.6801	1.6706	1.6611	1.6516	1.6422	1.6327	1.6232
−1.5	1.6138	1.6044	1.5949	1.5855	1.5761	1.5667	1.5574	1.5480	1.5386	1.5293
−1.4	1.5200	1.5107	1.5014	1.4921	1.4828	1.4736	1.4643	1.4551	1.4459	1.4367
−1.3	1.4275	1.4183	1.4092	1.4000	1.3909	1.3818	1.3727	1.3636	1.3546	1.3455
−1.2	1.3365	1.3275	1.3185	1.3095	1.3006	1.2917	1.2827	1.2738	1.2650	1.2561
−1.1	1.2473	1.2384	1.2296	1.2209	1.2121	1.2034	1.1946	1.1859	1.1773	1.1686
−1.0	1.1600	1.1514	1.1428	1.1342	1.1257	1.1172	1.1087	1.1002	1.0917	1.0833
−0.9	1.0749	1.0665	1.0582	1.0499	1.0416	1.0333	1.0250	1.0168	1.0086	1.0004
−0.8	0.9923	0.9842	0.9761	0.9680	0.9600	0.9520	0.9440	0.9360	0.9281	0.9202
−0.7	0.9123	0.9045	0.8967	0.8889	0.8812	0.8734	0.8658	0.8581	0.8505	0.8429
−0.6	0.8353	0.8278	0.8203	0.8128	0.8054	0.7980	0.7906	0.7833	0.7759	0.7687
−0.5	0.7614	0.7542	0.7471	0.7399	0.7328	0.7257	0.7187	0.7117	0.7047	0.6978
−0.4	0.6909	0.6840	0.6772	0.6704	0.6637	0.6569	0.6503	0.6436	0.6370	0.6304
−0.3	0.6239	0.6174	0.6109	0.6045	0.5981	0.5918	0.5855	0.5792	0.5730	0.5668
−0.2	0.5606	0.5545	0.5484	0.5424	0.5363	0.5304	0.5244	0.5186	0.5127	0.5069
−0.1	0.5011	0.4954	0.4897	0.4840	0.4784	0.4728	0.4673	0.4618	0.4564	0.4509
0.0	0.4456	0.4402	0.4349	0.4297	0.4244	0.4193	0.4141	0.4090	0.4040	0.3989

(계속)

표준정규 손실함수표, $L(z)$

0.0	0.3989	0.3940	0.3890	0.3841	0.3793	0.3744	0.3697	0.3649	0.3602	0.3556
0.1	0.3509	0.3464	0.3418	0.3373	0.3328	0.3284	0.3240	0.3197	0.3154	0.3111
0.2	0.3069	0.3027	0.2986	0.2944	0.2904	0.2863	0.2824	0.2784	0.2745	0.2706
0.3	0.2668	0.2630	0.2592	0.2555	0.2518	0.2481	0.2445	0.2409	0.2374	0.2339
0.4	0.2304	0.2270	0.2236	0.2203	0.2169	0.2137	0.2104	0.2072	0.2040	0.2009
0.5	0.1978	0.1947	0.1917	0.1887	0.1857	0.1828	0.1799	0.1771	0.1742	0.1714
0.6	0.1687	0.1659	0.1633	0.1606	0.1580	0.1554	0.1528	0.1503	0.1478	0.1453
0.7	0.1429	0.1405	0.1381	0.1358	0.1334	0.1312	0.1289	0.1267	0.1245	0.1223
0.8	0.1202	0.1181	0.1160	0.1140	0.1120	0.1100	0.1080	0.1061	0.1042	0.1023
0.9	0.1004	0.0986	0.0968	0.0950	0.0933	0.0916	0.0899	0.0882	0.0865	0.0849
1.0	0.0833	0.0817	0.0802	0.0787	0.0772	0.0757	0.0742	0.0728	0.0714	0.0700
1.1	0.0686	0.0673	0.0659	0.0646	0.0634	0.0621	0.0609	0.0596	0.0584	0.0573
1.2	0.0561	0.0550	0.0538	0.0527	0.0517	0.0506	0.0495	0.0485	0.0475	0.0465
1.3	0.0455	0.0446	0.0436	0.0427	0.0418	0.0409	0.0400	0.0392	0.0383	0.0375
1.4	0.0367	0.0359	0.0351	0.0343	0.0336	0.0328	0.0321	0.0314	0.0307	0.0300
1.5	0.0293	0.0286	0.0280	0.0274	0.0267	0.0261	0.0255	0.0249	0.0244	0.0238
1.6	0.0232	0.0227	0.0222	0.0216	0.0211	0.0206	0.0201	0.0197	0.0192	0.0187
1.7	0.0183	0.0178	0.0174	0.0170	0.0166	0.0162	0.0158	0.0154	0.0150	0.0146
1.8	0.0143	0.0139	0.0136	0.0132	0.0129	0.0126	0.0123	0.0119	0.0116	0.0113
1.9	0.0111	0.0108	0.0105	0.0102	0.0100	0.0097	0.0094	0.0092	0.0090	0.0087
2.0	0.0085	0.0083	0.0080	0.0078	0.0076	0.0074	0.0072	0.0070	0.0068	0.0066
2.1	0.0065	0.0063	0.0061	0.0060	0.0058	0.0056	0.0055	0.0053	0.0052	0.0050
2.2	0.0049	0.0047	0.0046	0.0045	0.0044	0.0042	0.0041	0.0040	0.0039	0.0038
2.3	0.0037	0.0036	0.0035	0.0034	0.0033	0.0032	0.0031	0.0030	0.0029	0.0028
2.4	0.0027	0.0026	0.0026	0.0025	0.0024	0.0023	0.0023	0.0022	0.0021	0.0021
2.5	0.0020	0.0019	0.0019	0.0018	0.0018	0.0017	0.0017	0.0016	0.0016	0.0015
2.6	0.0015	0.0014	0.0014	0.0013	0.0013	0.0012	0.0012	0.0012	0.0011	0.0011
2.7	0.0011	0.0010	0.0010	0.0010	0.0009	0.0009	0.0009	0.0008	0.0008	0.0008
2.8	0.0008	0.0007	0.0007	0.0007	0.0007	0.0006	0.0006	0.0006	0.0006	0.0006
2.9	0.0005	0.0005	0.0005	0.0005	0.0005	0.0005	0.0004	0.0004	0.0004	0.0004
3.0	0.0004	0.0004	0.0004	0.0003	0.0003	0.0003	0.0003	0.0003	0.0003	0.0003
3.1	0.0003	0.0003	0.0002	0.0002	0.0002	0.0002	0.0002	0.0002	0.0002	0.0002
3.2	0.0002	0.0002	0.0002	0.0002	0.0002	0.0002	0.0001	0.0001	0.0001	0.0001
3.3	0.0001	0.0001	0.0001	0.0001	0.0001	0.0001	0.0001	0.0001	0.0001	0.0001
3.4	0.0001	0.0001	0.0001	0.0001	0.0001	0.0001	0.0001	0.0001	0.0001	0.0001
3.5	0.0001	0.0001	0.0001	0.0001	0.0000	0.0000	0.0000	0.0000	0.0000	0.0000
3.6	0.0000	0.0000	0.0000	0.0000	0.0000	0.0000	0.0000	0.0000	0.0000	0.0000
3.7	0.0000	0.0000	0.0000	0.0000	0.0000	0.0000	0.0000	0.0000	0.0000	0.0000
3.8	0.0000	0.0000	0.0000	0.0000	0.0000	0.0000	0.0000	0.0000	0.0000	0.0000
3.9	0.0000	0.0000	0.0000	0.0000	0.0000	0.0000	0.0000	0.0000	0.0000	0.0000
4.0	0.0000	0.0000	0.0000	0.0000	0.0000	0.0000	0.0000	0.0000	0.0000	0.0000

포아송 함수표

	평균(Mean)									
0	0.95123	0.90484	0.86071	0.81873	0.77880	0.74082	0.70469	0.67032	0.63763	0.60653
1	0.99879	0.99532	0.98981	0.98248	0.97350	0.96306	0.95133	0.93845	0.92456	0.90980
2	0.99998	0.99985	0.99950	0.99885	0.99784	0.99640	0.99449	0.99207	0.98912	0.98561
3	1.00000	1.00000	0.99998	0.99994	0.99987	0.99973	0.99953	0.99922	0.99880	0.99825
4	1.00000	1.00000	1.00000	1.00000	0.99999	0.99998	0.99997	0.99994	0.99989	0.99983
5	1.00000	1.00000	1.00000	1.00000	1.00000	1.00000	1.00000	1.00000	0.99999	0.99999
6	1.00000	1.00000	1.00000	1.00000	1.00000	1.00000	1.00000	1.00000	1.00000	1.00000

	평균(Mean)									
0	0.57695	0.54881	0.52205	0.49659	0.47237	0.44933	0.42741	0.40657	0.38674	0.36788
1	0.89427	0.87810	0.86138	0.84420	0.82664	0.80879	0.79072	0.77248	0.75414	0.73576
2	0.98154	0.97688	0.97166	0.96586	0.95949	0.95258	0.94512	0.93714	0.92866	0.91970
3	0.99753	0.99664	0.99555	0.99425	0.99271	0.99092	0.98887	0.98654	0.98393	0.98101
4	0.99973	0.99961	0.99944	0.99921	0.99894	0.99859	0.99817	0.99766	0.99705	0.99634
5	0.99998	0.99996	0.99994	0.99991	0.99987	0.99982	0.99975	0.99966	0.99954	0.99941
6	1.00000	1.00000	0.99999	0.99999	0.99999	0.99998	0.99997	0.99996	0.99994	0.99992
7	1.00000	1.00000	1.00000	1.00000	1.00000	1.00000	1.00000	1.00000	0.99999	0.99999
8	1.00000	1.00000	1.00000	1.00000	1.00000	1.00000	1.00000	1.00000	1.00000	1.00000

	평균(Mean)									
0	0.28650	0.22313	0.17377	0.13534	0.10540	0.08208	0.06393	0.04979	0.03877	0.03020
1	0.64464	0.55783	0.47788	0.40601	0.34255	0.28730	0.23973	0.19915	0.16479	0.13589
2	0.86847	0.80885	0.74397	0.67668	0.60934	0.54381	0.48146	0.42319	0.36957	0.32085
3	0.96173	0.93436	0.89919	0.85712	0.80943	0.75758	0.70304	0.64723	0.59141	0.53663
4	0.99088	0.98142	0.96710	0.94735	0.92199	0.89118	0.85538	0.81526	0.77165	0.72544
5	0.99816	0.99554	0.99087	0.98344	0.97263	0.95798	0.93916	0.91608	0.88881	0.85761
6	0.99968	0.99907	0.99780	0.99547	0.99163	0.98581	0.97757	0.96649	0.95227	0.93471
7	0.99995	0.99983	0.99953	0.99890	0.99773	0.99575	0.99265	0.98810	0.98174	0.97326
8	0.99999	0.99997	0.99991	0.99976	0.99945	0.99886	0.99784	0.99620	0.99371	0.99013
9	1.00000	1.00000	0.99998	0.99995	0.99988	0.99972	0.99942	0.99890	0.99803	0.99669
10	1.00000	1.00000	1.00000	0.99999	0.99998	0.99994	0.99986	0.99971	0.99944	0.99898
11	1.00000	1.00000	1.00000	1.00000	1.00000	0.99999	0.99997	0.99993	0.99985	0.99971
12	1.00000	1.00000	1.00000	1.00000	1.00000	1.00000	0.99999	0.99998	0.99996	0.99992
13	1.00000	1.00000	1.00000	1.00000	1.00000	1.00000	1.00000	1.00000	0.99999	0.99998
14	1.00000	1.00000	1.00000	1.00000	1.00000	1.00000	1.00000	1.00000	1.00000	1.00000
15	1.00000	1.00000	1.00000	1.00000	1.00000	1.00000	1.00000	1.00000	1.00000	1.00000

(계속)

포아송 함수표

	평균(Mean)											
0	0.02352	0.01832	0.01426	0.01111	0.00865	0.00674	0.00525	0.00409	0.00318	0.00248	0.00193	0.00150
1	0.11171	0.09158	0.07489	0.06110	0.04975	0.04043	0.03280	0.02656	0.02148	0.01735	0.01400	0.01128
2	0.27707	0.23810	0.20371	0.17358	0.14735	0.12465	0.10511	0.08838	0.07410	0.06197	0.05170	0.04304
3	0.48377	0.43347	0.38621	0.34230	0.30189	0.26503	0.23167	0.20170	0.17495	0.15120	0.13025	0.11185
4	0.67755	0.62884	0.58012	0.53210	0.48540	0.44049	0.39777	0.35752	0.31991	0.28506	0.25299	0.22367
5	0.82288	0.78513	0.74494	0.70293	0.65973	0.61596	0.57218	0.52892	0.48662	0.44568	0.40640	0.36904
6	0.91372	0.88933	0.86169	0.83105	0.79775	0.76218	0.72479	0.68604	0.64639	0.60630	0.56622	0.52652
7	0.96238	0.94887	0.93257	0.91341	0.89140	0.86663	0.83925	0.80949	0.77762	0.74398	0.70890	0.67276
8	0.98519	0.97864	0.97023	0.95974	0.94701	0.93191	0.91436	0.89436	0.87195	0.84724	0.82038	0.79157
9	0.99469	0.99187	0.98801	0.98291	0.97636	0.96817	0.95817	0.94622	0.93221	0.91608	0.89779	0.87738
10	0.99826	0.99716	0.99557	0.99333	0.99030	0.98630	0.98118	0.97475	0.96686	0.95738	0.94618	0.93316
11	0.99947	0.99908	0.99849	0.99760	0.99632	0.99455	0.99216	0.98901	0.98498	0.97991	0.97367	0.96612
12	0.99985	0.99973	0.99952	0.99919	0.99870	0.99798	0.99696	0.99555	0.99366	0.99117	0.98798	0.98397
13	0.99996	0.99992	0.99986	0.99975	0.99957	0.99930	0.99890	0.99831	0.99749	0.99637	0.99487	0.99290
14	0.99999	0.99998	0.99996	0.99993	0.99987	0.99977	0.99963	0.99940	0.99907	0.99860	0.99794	0.99704
15	1.00000	1.00000	0.99999	0.99998	0.99996	0.99993	0.99988	0.99980	0.99968	0.99949	0.99922	0.99884
16	1.00000	1.00000	1.00000	0.99999	0.99999	0.99998	0.99996	0.99994	0.99989	0.99983	0.99972	0.99957
17	1.00000	1.00000	1.00000	1.00000	1.00000	0.99999	0.99999	0.99998	0.99997	0.99994	0.99991	0.99985
18	1.00000	1.00000	1.00000	1.00000	1.00000	1.00000	1.00000	0.99999	0.99999	0.99998	0.99997	0.99995
19	1.00000	1.00000	1.00000	1.00000	1.00000	1.00000	1.00000	1.00000	1.00000	0.99999	0.99999	0.99998

	평균(Mean)											
0	0.00117	0.00091	0.00071	0.00055	0.00043	0.00034	0.00026	0.00020	0.00016	0.00012	0.00010	0.00007
1	0.00907	0.00730	0.00586	0.00470	0.00377	0.00302	0.00242	0.00193	0.00154	0.00123	0.00099	0.00079
2	0.03575	0.02964	0.02452	0.02026	0.01670	0.01375	0.01131	0.00928	0.00761	0.00623	0.00510	0.00416
3	0.09577	0.08177	0.06963	0.05915	0.05012	0.04238	0.03576	0.03011	0.02530	0.02123	0.01777	0.01486
4	0.19704	0.17299	0.15138	0.13206	0.11487	0.09963	0.08619	0.07436	0.06401	0.05496	0.04709	0.04026
5	0.33377	0.30071	0.26992	0.24144	0.21522	0.19124	0.16939	0.14960	0.13174	0.11569	0.10133	0.08853
6	0.48759	0.44971	0.41316	0.37815	0.34485	0.31337	0.28380	0.25618	0.23051	0.20678	0.18495	0.16495
7	0.63591	0.59871	0.56152	0.52464	0.48837	0.45296	0.41864	0.38560	0.35398	0.32390	0.29544	0.26866
8	0.76106	0.72909	0.69596	0.66197	0.62740	0.59255	0.55770	0.52311	0.48902	0.45565	0.42320	0.39182
9	0.85492	0.83050	0.80427	0.77641	0.74712	0.71662	0.68516	0.65297	0.62031	0.58741	0.55451	0.52183
10	0.91827	0.90148	0.88279	0.86224	0.83990	0.81589	0.79032	0.76336	0.73519	0.70599	0.67597	0.64533
11	0.95715	0.94665	0.93454	0.92076	0.90527	0.88808	0.86919	0.84866	0.82657	0.80301	0.77810	0.75199
12	0.97902	0.97300	0.96581	0.95733	0.94749	0.93620	0.92341	0.90908	0.89320	0.87577	0.85683	0.83643
13	0.99037	0.98719	0.98324	0.97844	0.97266	0.96582	0.95782	0.94859	0.93805	0.92615	0.91285	0.89814
14	0.99585	0.99428	0.99227	0.98974	0.98659	0.98274	0.97810	0.97257	0.96608	0.95853	0.94986	0.94001
15	0.99831	0.99759	0.99664	0.99539	0.99379	0.99177	0.98925	0.98617	0.98243	0.97796	0.97269	0.96653
16	0.99935	0.99904	0.99862	0.99804	0.99728	0.99628	0.99500	0.99339	0.99137	0.98889	0.98588	0.98227
17	0.99976	0.99964	0.99946	0.99921	0.99887	0.99841	0.99779	0.99700	0.99597	0.99468	0.99306	0.99107
18	0.99992	0.99987	0.99980	0.99970	0.99955	0.99935	0.99907	0.99870	0.99821	0.99757	0.99675	0.99572
19	0.99997	0.99996	0.99993	0.99989	0.99983	0.99975	0.99963	0.99947	0.99924	0.99894	0.99855	0.99804
20	0.99999	0.99999	0.99998	0.99996	0.99994	0.99991	0.99986	0.99979	0.99969	0.99956	0.99938	0.99914
21	1.00000	1.00000	0.99999	0.99999	0.99998	0.99997	0.99995	0.99992	0.99988	0.99983	0.99975	0.99964
22	1.00000	1.00000	1.00000	1.00000	0.99999	0.99999	0.99998	0.99997	0.99996	0.99993	0.99990	0.99985
23	1.00000	1.00000	1.00000	1.00000	1.00000	1.00000	0.99999	0.99999	0.99998	0.99998	0.99996	0.99994
24	1.00000	1.00000	1.00000	1.00000	1.00000	1.00000	1.00000	1.00000	0.99999	0.99999	0.99999	0.99998

포아송 재고함수표

	평균(Mean)									
0	0.00000	0.00000	0.00000	0.00000	0.00000	0.00000	0.00000	0.00000	0.00000	0.00000
1	0.95123	0.90484	0.86071	0.81873	0.77880	0.74082	0.70469	0.67032	0.63763	0.60653
2	1.95002	1.90016	1.85052	1.80121	1.75230	1.70388	1.65602	1.60877	1.56219	1.51633
3	2.95000	2.90000	2.85002	2.80006	2.75014	2.70028	2.65051	2.60084	2.55131	2.50194
4	3.95000	3.90000	3.85000	3.80000	3.75001	3.70002	3.65003	3.60007	3.55011	3.50019
5	4.95000	4.90000	4.85000	4.80000	4.75000	4.70000	4.65000	4.60000	4.55001	4.50002
6	5.95000	5.90000	5.85000	5.80000	5.75000	5.70000	5.65000	5.60000	5.55000	5.50000

	평균(Mean)									
0	0.00000	0.00000	0.00000	0.00000	0.00000	0.00000	0.00000	0.00000	0.00000	0.00000
1	0.57695	0.54881	0.52205	0.49659	0.47237	0.44933	0.42741	0.40657	0.38674	0.36788
2	1.47122	1.42691	1.38342	1.34078	1.29901	1.25812	1.21813	1.17905	1.14089	1.10364
3	2.45276	2.40379	2.35508	2.30664	2.25850	2.21070	2.16325	2.11620	2.06955	2.02334
4	3.45029	3.40044	3.35063	3.30089	3.25121	3.20162	3.15212	3.10274	3.05347	3.00435
5	4.45003	4.40004	4.35007	4.30010	4.25015	4.20021	4.15029	4.10039	4.05052	4.00069
6	5.45000	5.40000	5.35001	5.30001	5.25002	5.20002	5.15003	5.10005	5.05007	5.00009
7	6.45000	6.40000	6.35000	6.30000	6.25000	6.20000	6.15000	6.10001	6.05001	6.00001
8	7.45000	7.40000	7.35000	7.30000	7.25000	7.20000	7.15000	7.10000	7.05000	7.00000

	평균(Mean)									
0	0.00000	0.00000	0.00000	0.00000	0.00000	0.00000	0.00000	0.00000	0.00000	0.00000
1	0.28650	0.22313	0.17377	0.13534	0.10540	0.08208	0.06393	0.04979	0.03877	0.03020
2	0.93114	0.78096	0.65165	0.54134	0.44795	0.36938	0.30366	0.24894	0.20356	0.16609
3	1.79961	1.58980	1.39562	1.21802	1.05729	0.91320	0.78511	0.67213	0.57313	0.48693
4	2.76134	2.52416	2.29481	2.07514	1.86672	1.67077	1.48815	1.31936	1.16454	1.02357
5	3.75221	3.50558	3.26191	3.02249	2.78870	2.56195	2.34353	2.13462	1.93619	1.74901
6	4.75038	4.50113	4.25278	4.00592	3.76134	3.51993	3.28270	3.05070	2.82501	2.60662
7	5.75006	5.50020	5.25058	5.00139	4.75297	4.50574	4.26026	4.01719	3.77728	3.54134
8	6.75001	6.50003	6.25011	6.00029	5.75070	5.50149	5.25292	5.00529	4.75902	4.51460
9	7.75000	7.50000	7.25002	7.00006	6.75015	6.50035	6.25076	6.00149	5.75273	5.50472
10	8.75000	8.50000	8.25000	8.00001	7.75003	7.50008	7.25018	7.00038	6.75076	6.50141
11	9.75000	9.50000	9.25000	9.00000	8.75001	8.50002	8.25004	8.00009	7.75020	7.50039
12	10.75000	10.50000	10.25000	10.00000	9.75000	9.50000	9.25001	9.00002	8.75005	8.50010
13	11.75000	11.50000	11.25000	11.00000	10.75000	10.50000	10.25000	10.00000	9.75001	9.50002
14	12.75000	12.50000	12.25000	12.00000	11.75000	11.50000	11.25000	11.00000	10.75000	10.50001
15	13.75000	13.50000	13.25000	13.00000	12.75000	12.50000	12.25000	12.00000	11.75000	11.50000

(계속)

포아송 재고함수표

	평균(Mean)											
0	0.00000	0.00000	0.00000	0.00000	0.00000	0.00000	0.00000	0.00000	0.00000	0.00000	0.00000	0.00000
1	0.02352	0.01832	0.01426	0.01111	0.00865	0.00674	0.00525	0.00409	0.00318	0.00248	0.00193	0.00150
2	0.13523	0.10989	0.08915	0.07221	0.05840	0.04717	0.03804	0.03065	0.02467	0.01983	0.01593	0.01278
3	0.41230	0.34800	0.29286	0.24579	0.20575	0.17182	0.14316	0.11903	0.09877	0.08180	0.06763	0.05582
4	0.89606	0.78147	0.67907	0.58808	0.50763	0.43684	0.37483	0.32073	0.27371	0.23300	0.19788	0.16766
5	1.57361	1.41030	1.25919	1.12019	0.99303	0.87734	0.77260	0.67824	0.59362	0.51806	0.45086	0.39134
6	2.39649	2.19543	2.00413	1.82312	1.65277	1.49330	1.34479	1.20716	1.08024	0.96374	0.85727	0.76038
7	3.31021	3.08476	2.86582	2.65417	2.45052	2.25548	2.06958	1.89320	1.72663	1.57004	1.42348	1.28690
8	4.27259	4.03363	3.79839	3.56758	3.34192	3.12211	2.90882	2.70268	2.50426	2.31402	2.13238	1.95966
9	5.25778	5.01226	4.76861	4.52732	4.28893	4.05402	3.82318	3.59704	3.37620	3.16126	2.95276	2.75123
10	6.25247	6.00413	5.75662	5.51023	5.26529	5.02219	4.78136	4.54326	4.30842	4.07733	3.85056	3.62862
11	7.25073	7.00129	6.75219	6.50356	6.25559	6.00849	5.76253	5.51801	5.27528	5.03471	4.79673	4.56178
12	8.25020	8.00038	7.75067	7.50116	7.25191	7.00304	6.75469	6.50702	6.26026	6.01462	5.77040	5.52790
13	9.25005	9.00010	8.75019	8.50035	8.25061	8.00102	7.75165	7.50257	7.25391	7.00579	6.75838	6.51187
14	10.25001	10.00003	9.75005	9.50010	9.25018	9.00032	8.75054	8.50089	8.25141	8.00217	7.75325	7.50477
15	11.25000	11.00001	10.75001	10.50003	10.25005	10.00010	9.75017	9.50029	9.25048	9.00077	8.75119	8.50181
16	12.25000	12.00000	11.75000	11.50001	11.25001	11.00003	10.75005	10.50009	10.25015	10.00026	9.75042	9.50066
17	13.25000	13.00000	12.75000	12.50000	12.25000	12.00001	11.75001	11.50003	11.25005	11.00008	10.75014	10.50022
18	14.25000	14.00000	13.75000	13.50000	13.25000	13.00000	12.75000	12.50001	12.25001	12.00002	11.75004	11.50007
19	15.25000	15.00000	14.75000	14.50000	14.25000	14.00000	13.75000	13.50000	13.25000	13.00001	12.75001	12.50002

	평균(Mean)											
0	0.00000	0.00000	0.00000	0.00000	0.00000	0.00000	0.00000	0.00000	0.00000	0.00000	0.00000	0.00000
1	0.00117	0.00091	0.00071	0.00055	0.00043	0.00034	0.00026	0.00020	0.00016	0.00012	0.00010	0.00007
2	0.01025	0.00821	0.00657	0.00525	0.00420	0.00335	0.00268	0.00214	0.00170	0.00136	0.00108	0.00086
3	0.04599	0.03784	0.03109	0.02551	0.02090	0.01711	0.01399	0.01142	0.00931	0.00759	0.00618	0.00502
4	0.14176	0.11961	0.10072	0.08466	0.07103	0.05949	0.04974	0.04153	0.03462	0.02882	0.02395	0.01988
5	0.33880	0.29260	0.25210	0.21672	0.18589	0.15912	0.13593	0.11589	0.09863	0.08378	0.07105	0.06015
6	0.67257	0.59331	0.52203	0.45815	0.40112	0.35036	0.30532	0.26549	0.23036	0.19947	0.17238	0.14868
7	1.16016	1.04302	0.93519	0.83631	0.74597	0.66373	0.58912	0.52167	0.46087	0.40625	0.35732	0.31362
8	1.79606	1.64173	1.49671	1.36095	1.23434	1.11669	1.00777	0.90726	0.81485	0.73015	0.65277	0.58229
9	2.55712	2.37082	2.19267	2.02292	1.86174	1.70924	1.56546	1.43037	1.30387	1.18580	1.07597	0.97411
10	3.41204	3.20132	2.99694	2.79932	2.60885	2.42586	2.25062	2.08334	1.92418	1.77321	1.63047	1.49594
11	4.33031	4.10280	3.87973	3.66156	3.44876	3.24175	3.04094	2.84671	2.65936	2.47920	2.30644	2.14127
12	5.28746	5.04945	4.81427	4.58232	4.35403	4.12983	3.91013	3.69537	3.48593	3.28221	3.08454	2.89326
13	6.26648	6.02245	5.78007	5.53965	5.30152	5.06603	4.83354	4.60445	4.37913	4.15798	3.94137	3.72968
14	7.25685	7.00964	6.76332	6.51809	6.27418	6.03185	5.79137	5.55304	5.31718	5.08413	4.85422	4.62782
15	8.25270	8.00392	7.75559	7.50783	7.26077	7.01459	6.76947	6.52561	6.28326	6.04266	5.80409	5.56783
16	9.25101	9.00152	8.75223	8.50322	8.25456	8.00636	7.75872	7.51178	7.26569	7.02063	6.77678	6.53436
17	10.25036	10.00056	9.75085	9.50126	9.25184	9.00264	8.75372	8.50517	8.25706	8.00952	7.76266	7.51663
18	11.25012	11.00020	10.75031	10.50047	10.25071	10.00105	9.75152	9.50217	9.25304	9.00420	8.75573	8.50770
19	12.25004	12.00007	11.75011	11.50017	11.25026	11.00040	10.75059	10.50087	10.25125	10.00177	9.75248	9.50342
20	13.25001	13.00002	12.75004	12.50006	12.25009	12.00014	11.75022	11.50033	11.25049	11.00072	10.75103	10.50145
21	14.25000	14.00001	13.75001	13.50002	13.25003	13.00005	12.75008	12.50012	12.25019	12.00028	11.75041	11.50059
22	15.25000	15.00000	14.75000	14.50001	14.25001	14.00002	13.75003	13.50004	13.25007	13.00010	12.75016	12.50023
23	16.25000	16.00000	15.75000	15.50000	15.25000	15.00001	14.75001	14.50001	14.25002	14.00004	13.75006	13.50009
24	17.25000	17.00000	16.75000	16.50000	16.25000	16.00000	15.75000	15.50000	15.25001	15.00001	14.75002	14.50003

포아송 손실함수표

	평균(Mean)									
0	0.05000	0.10000	0.15000	0.20000	0.25000	0.30000	0.35000	0.40000	0.45000	0.50000
1	0.00123	0.00484	0.01071	0.01873	0.02880	0.04082	0.05469	0.07032	0.08763	0.10653
2	0.00002	0.00016	0.00052	0.00121	0.00230	0.00388	0.00602	0.00877	0.01219	0.01633
3	0.00000	0.00000	0.00002	0.00006	0.00014	0.00028	0.00051	0.00084	0.00131	0.00194
4	0.00000	0.00000	0.00000	0.00000	0.00001	0.00002	0.00003	0.00007	0.00011	0.00019
5	0.00000	0.00000	0.00000	0.00000	0.00000	0.00000	0.00000	0.00000	0.00001	0.00002
6	0.00000	0.00000	0.00000	0.00000	0.00000	0.00000	0.00000	0.00000	0.00000	0.00000

	평균(Mean)									
0	0.55000	0.60000	0.65000	0.70000	0.75000	0.80000	0.85000	0.90000	0.95000	1.00000
1	0.12695	0.14881	0.17205	0.19659	0.22237	0.24933	0.27741	0.30657	0.33674	0.36788
2	0.02122	0.02691	0.03342	0.04078	0.04901	0.05812	0.06813	0.07905	0.09089	0.10364
3	0.00276	0.00379	0.00508	0.00664	0.00850	0.01070	0.01325	0.01620	0.01955	0.02334
4	0.00029	0.00044	0.00063	0.00089	0.00121	0.00162	0.00212	0.00274	0.00347	0.00435
5	0.00003	0.00004	0.00007	0.00010	0.00015	0.00021	0.00029	0.00039	0.00052	0.00069
6	0.00000	0.00000	0.00001	0.00001	0.00002	0.00002	0.00003	0.00005	0.00007	0.00009
7	0.00000	0.00000	0.00001	0.00001	0.00002	0.00002	0.00003	0.00005	0.00007	0.00009
8	0.00000	0.00000	0.00001	0.00001	0.00001	0.00002	0.00003	0.00004	0.00006	0.00008

	평균(Mean)									
0	1.25000	1.50000	1.75000	2.00000	2.25000	2.50000	2.75000	3.00000	3.25000	3.50000
1	0.53650	0.72313	0.92377	1.13534	1.35540	1.58208	1.81393	2.04979	2.28877	2.53020
2	0.18114	0.28096	0.40165	0.54134	0.69795	0.86938	1.05366	1.24894	1.45356	1.66609
3	0.04961	0.08980	0.14562	0.21802	0.30729	0.41320	0.53511	0.67213	0.82313	0.98693
4	0.01134	0.02416	0.04481	0.07514	0.11672	0.17077	0.23815	0.31936	0.41454	0.52357
5	0.00221	0.00558	0.01191	0.02249	0.03870	0.06195	0.09353	0.13462	0.18619	0.24901
6	0.00038	0.00113	0.00278	0.00592	0.01134	0.01993	0.03270	0.05070	0.07501	0.10662
7	0.00006	0.00020	0.00058	0.00139	0.00297	0.00574	0.01026	0.01719	0.02728	0.04134
8	0.00001	0.00003	0.00011	0.00029	0.00070	0.00149	0.00292	0.00529	0.00902	0.01460
9	0.00000	0.00000	0.00002	0.00006	0.00015	0.00035	0.00076	0.00149	0.00273	0.00472
10	0.00000	0.00000	0.00000	0.00001	0.00003	0.00008	0.00018	0.00038	0.00076	0.00141
11	0.00000	0.00000	0.00000	0.00000	0.00001	0.00002	0.00004	0.00009	0.00020	0.00039
12	0.00000	0.00000	0.00000	0.00000	0.00000	0.00000	0.00001	0.00002	0.00005	0.00010
13	0.00000	0.00000	0.00000	0.00000	0.00000	0.00000	0.00000	0.00000	0.00001	0.00002
14	0.00000	0.00000	0.00000	0.00000	0.00000	0.00000	0.00000	0.00000	0.00000	0.00001
15	0.00000	0.00000	0.00000	0.00000	0.00000	0.00000	0.00000	0.00000	0.00000	0.00000

(계속)

포아송 손실함수표

	평균(Mean)											
0	3.75000	4.00000	4.25000	4.50000	4.75000	5.00000	5.25000	5.50000	5.75000	6.00000	6.25000	6.50000
1	2.77352	3.01832	3.26426	3.51111	3.75865	4.00674	4.25525	4.50409	4.75318	5.00248	5.25193	5.50150
2	1.88523	2.10989	2.33915	2.57221	2.80840	3.04717	3.28804	3.53065	3.77467	4.01983	4.26593	4.51278
3	1.16230	1.34800	1.54286	1.74579	1.95575	2.17182	2.39316	2.61903	2.84877	3.08180	3.31763	3.55582
4	0.64606	0.78147	0.92907	1.08808	1.25763	1.43684	1.62483	1.82073	2.02371	2.23300	2.44788	2.66766
5	0.32361	0.41030	0.50919	0.62019	0.74303	0.87734	1.02260	1.17824	1.34362	1.51806	1.70086	1.89134
6	0.14649	0.19543	0.25413	0.32312	0.40277	0.49330	0.59479	0.70716	0.83024	0.96374	1.10727	1.26038
7	0.06021	0.08476	0.11582	0.15417	0.20052	0.25548	0.31958	0.39320	0.47663	0.57004	0.67348	0.78690
8	0.02259	0.03363	0.04839	0.06758	0.09192	0.12211	0.15882	0.20268	0.25426	0.31402	0.38238	0.45966
9	0.00778	0.01226	0.01861	0.02732	0.03893	0.05402	0.07318	0.09704	0.12620	0.16126	0.20276	0.25123
10	0.00247	0.00413	0.00662	0.01023	0.01529	0.02219	0.03136	0.04326	0.05842	0.07733	0.10056	0.12862
11	0.00073	0.00129	0.00219	0.00356	0.00559	0.00849	0.01253	0.01801	0.02528	0.03471	0.04673	0.06178
12	0.00020	0.00038	0.00067	0.00116	0.00191	0.00304	0.00469	0.00702	0.01026	0.01462	0.02040	0.02790
13	0.00005	0.00010	0.00019	0.00035	0.00061	0.00102	0.00165	0.00257	0.00391	0.00579	0.00838	0.01187
14	0.00001	0.00003	0.00005	0.00010	0.00018	0.00032	0.00054	0.00089	0.00141	0.00217	0.00325	0.00477
15	0.00000	0.00001	0.00001	0.00003	0.00005	0.00010	0.00017	0.00029	0.00048	0.00077	0.00119	0.00181
16	0.00000	0.00000	0.00000	0.00001	0.00001	0.00003	0.00005	0.00009	0.00015	0.00026	0.00042	0.00066
17	0.00000	0.00000	0.00000	0.00000	0.00000	0.00001	0.00001	0.00003	0.00005	0.00008	0.00014	0.00022
18	0.00000	0.00000	0.00000	0.00000	0.00000	0.00000	0.00000	0.00001	0.00001	0.00002	0.00004	0.00007
19	0.00000	0.00000	0.00000	0.00000	0.00000	0.00000	0.00000	0.00000	0.00000	0.00001	0.00001	0.00002

	평균(Mean)											
0	6.75000	7.00000	7.25000	7.50000	7.75000	8.00000	8.25000	8.50000	8.75000	9.00000	9.25000	9.50000
1	5.75117	6.00091	6.25071	6.50055	6.75043	7.00034	7.25026	7.50020	7.75016	8.00012	8.25010	8.50007
2	4.76025	5.00821	5.25657	5.50525	5.75420	6.00335	6.25268	6.50214	6.75170	7.00136	7.25108	7.50086
3	3.79599	4.03784	4.28109	4.52551	4.77090	5.01711	5.26399	5.51142	5.75931	6.00759	6.25618	6.50502
4	2.89176	3.11961	3.35072	3.58466	3.82103	4.05949	4.29974	4.54153	4.78462	5.02882	5.27395	5.51988
5	2.08880	2.29260	2.50210	2.71672	2.93589	3.15912	3.38593	3.61589	3.84863	4.08378	4.32105	4.56015
6	1.42257	1.59331	1.77203	1.95815	2.15112	2.35036	2.55532	2.76549	2.98036	3.19947	3.42238	3.64868
7	0.91016	1.04302	1.18519	1.33631	1.49597	1.66373	1.83912	2.02167	2.21087	2.40625	2.60732	2.81362
8	0.54606	0.64173	0.74671	0.86095	0.98434	1.11669	1.25777	1.40726	1.56485	1.73015	1.90277	2.08229
9	0.30712	0.37082	0.44267	0.52292	0.61174	0.70924	0.81546	0.93037	1.05387	1.18580	1.32597	1.47411
10	0.16204	0.20132	0.24694	0.29932	0.35885	0.42586	0.50062	0.58334	0.67418	0.77321	0.88047	0.99594
11	0.08031	0.10280	0.12973	0.16156	0.19876	0.24175	0.29094	0.34671	0.40936	0.47920	0.55644	0.64127
12	0.03746	0.04945	0.06427	0.08232	0.10403	0.12983	0.16013	0.19537	0.23593	0.28221	0.33454	0.39326
13	0.01648	0.02245	0.03007	0.03965	0.05152	0.06603	0.08354	0.10445	0.12913	0.15798	0.19137	0.22968
14	0.00685	0.00964	0.01332	0.01809	0.02418	0.03185	0.04137	0.05304	0.06718	0.08413	0.10422	0.12782
15	0.00270	0.00392	0.00559	0.00783	0.01077	0.01459	0.01947	0.02561	0.03326	0.04266	0.05409	0.06783
16	0.00101	0.00152	0.00223	0.00322	0.00456	0.00636	0.00872	0.01178	0.01569	0.02063	0.02678	0.03436
17	0.00036	0.00056	0.00085	0.00126	0.00184	0.00264	0.00372	0.00517	0.00706	0.00952	0.01266	0.01663
18	0.00012	0.00020	0.00031	0.00047	0.00071	0.00105	0.00152	0.00217	0.00304	0.00420	0.00573	0.00770
19	0.00004	0.00007	0.00011	0.00017	0.00026	0.00040	0.00059	0.00087	0.00125	0.00177	0.00248	0.00342
20	0.00001	0.00002	0.00004	0.00006	0.00009	0.00014	0.00022	0.00033	0.00049	0.00072	0.00103	0.00145
21	0.00000	0.00001	0.00001	0.00002	0.00003	0.00005	0.00008	0.00012	0.00019	0.00028	0.00041	0.00059
22	0.00000	0.00000	0.00000	0.00001	0.00001	0.00002	0.00003	0.00004	0.00007	0.00010	0.00016	0.00023
23	0.00000	0.00000	0.00000	0.00000	0.00000	0.00001	0.00001	0.00001	0.00002	0.00004	0.00006	0.00009
24	0.00000	0.00000	0.00000	0.00000	0.00000	0.00000	0.00000	0.00000	0.00001	0.00001	0.00002	0.00003

부록

C

기대재고 및 기대손실 함수의 계산

이 부록은 이산적인 분포함수의 기대재고 및 손실함수가 어떻게 효율적으로 계산될 수 있는가를 보여준다.

기대재고함수(expected inventory function) $L(Q)$는 시즌의 초반에 Q 단위의 제품이 구매되었을 때 수요가 결정된 이후의 남은 재고량이다. 기대손실함수(expected loss function) $L(Q)$는 확률변수가 특정 값을 초과하는 초과분의 기댓값이다. 예를 들면, 수요가 확률변수라면, $L(Q)$는 수요가 Q를 초과하는 초과분의 기댓값이다.

기대재고함수를 어떻게 계산하는지는 예를 들어 설명하는 것이 가장 쉽다. 다음과 같은 여섯 개의 결과값을 가지는 확률분포를 고려해 보자.

Q	*F*(Q)
0	0.1
1	0.3
2	0.4
3	0.7
4	0.9
5	1.0

F(*Q*)=수요가 *Q*보다 작거나 같은 확률

기대재고 함수값은 반복적인 계산으로 구해질 수 있다. 즉, 우리는 $I(0)$을 먼저 계산하고, 다음으로 $I(1)$, 그 다음으로 $I(2)$를 계산하는 방식이다. 먼저 $Q=0$의 수량이 주문되면 판매 시즌의 끝에 가서는 분명 재고로 0개가 남을 것이다. 따라서, $I(0)=0$이 된다. 다음으로 우리는 기대재고 함수값을 구하기 위해 아래 수식을 사용하게 된다.

$$I(t)=I(t-1)+F(t-1)$$

예를 들면, $I(1)=I(0)+F(0)$, $I(2)=I(1)+F(1)$, $I(3)=I(2)+F(2)$ 방식으로 계산하는 것이다. 이러한 방식으로 우리는 기대재고 함수표를 완성할 수 있다.

Q	$F(Q)$	$I(Q)$
0	0.1	0
1	0.3	$I(0)+F(0)=0.1$
2	0.4	$I(1)+F(1)=0.4$
3	0.7	$I(2)+F(2)=0.8$
4	0.9	$I(3)+F(3)=1.5$
5	1.0	$I(4)+F(4)=2.4$

예를 들어, 초기에 5개가 주문이 되고 수요는 누적확률분포함수 $F(Q)$를 따른다면, 위 표에서 기대재고함수값은 2.4개가 된다.

일단 기대재고함수값이 계산되면, 기대손실 함수값도 아래 수식으로 계산될 수 있다.

$$L(Q)=\mu-Q+I(Q)$$

이 수식을 위 표에 적용하면 다음과 같은 결과를 산출하게 된다.

Q	$F(Q)$	$I(Q)$	$L(Q)$
0	0.1	0	$2.6-0+0=2.6$
1	0.3	0.1	$2.6-1+0.1=1.7$
2	0.4	0.4	$2.6-2+0.4=1$
3	0.7	0.8	$2.6-3+0.8=0.4$
4	0.9	1.5	$2.6-4+1.5=0.1$
5	1.0	2.4	$2.6-5+2.4=0$

부록

D

방정식과 어림셈

이 부록은 이산적인 분포함수의 기대재고 및 손실함수가 어떻게 효율적으로 계산될 수 있는가를 보여준다.

D.1 뉴스벤더 모델에서 기대이윤 최대화를 위한 주문량의 미적분 계산법(14장)

판매가격을 p라고 두고, 한 개당 구매비용을 c, 그리고 남은 재고의 잔존가치는 v라고 하자. 기대이윤(expected profit) 함수는 다음과 같다.

$$\pi(Q) = -cQ + p\left(\int_0^Q xf(x)dx + (1 - F(Q))Q\right) + v\int_0^Q (Q - x)f(x)dx$$

$$= (p - c)Q + \int_0^Q (p - v)xf(x)dx - (p - v)F(Q)Q$$

여기서 $f(x)$는 밀도함수이고 $F(x)$는 누적분포함수이다. (즉 이들은 Prob$(D = x)$와 Prob$(D \le x)$를 각각 의미하고 여기서 D는 수요를 의미하는 변수이다)각 부분의 적분을 통해 기대이윤의 함수는 다음과 같이 표현된다.

$$\pi(Q) = (p - c)Q + (p - v)\left(QF(Q) - \int_0^Q F(x)dx\right) - (p - v)F(Q)Q$$

그리고 기대이윤 함수를 미분하게 되고, 여기서 누적분포함수의 미분값은 밀도함수와 같다는 것을 명심하자. 즉 $dF(x)/dx = f(x)$와 같다.

$$\begin{aligned}\frac{d\pi(Q)}{dQ} &= (p-c) + (p-v)(F(Q) + Qf(Q) - F(Q)) - (p-v)(F(Q) + f(Q)Q) \\ &= (p-c) - (p-v)F(Q)\end{aligned}$$

그리고

$$\frac{d^2\pi(Q)}{dQ^2} = -(p-v)f(Q)$$

이다.

이차 미분계수가 음수이기 때문에 이윤 함수는 오목한 형태를 띤다(concave). 그래서 일차 미분방정식에 대한 해답은 최적의 주문량이 된다.

$$\frac{d\pi(Q)}{dQ} = (p-c) - (p-v)F(Q) = 0$$

위 식을 재정리하면

$$F(Q) = \frac{p-c}{p-v}$$

식을 얻을 수 있다. 여기서 $C_o = c - v$이고, $C_u = p - c$인 것을 이용하면 위 식은

$$F(Q) = \frac{C_u}{C_u + C_o}$$

와 같이 표현될 수 있다.

D.2 올림규칙(14장)

올림규칙이 왜 올바른가를 이해하기 위해서 우리는 이산분포함수를 이용하여 최적의 주문량을 유도할 필요가 있다. 먼저 수요가 결과치의 유한한 집합 $D_\epsilon \in \{d_1, d_2, \cdots, d_n\}$에 포함된 한 값이 될 것이라고 가정하자. 예를 들어 Hammer 3/2 제품에 대한 경험분포함수에서 가능한 수요의 결과값들은 {800, 1184, ⋯ , 5120}이 된다. 분명히 최적의 주문

량은 이들 가능한 수요의 결과값들 중 하나가 될 것이다. 우리가 d_i개를 주문하기로 결정하고 d_{i+1}개를 주문할 것인지를 결정하려고 하는 상황이라고 가정하자. 이 더 큰 주문량으로부터의 기대이익(expected gain)이 적어도 기대비용(expected cost)만큼 크다면 이 결정은 신중해야 한다. 수요가 d_i보다 크다면 추가적인 $(d_{i+1}-d_i)$개를 팔 수 있고 이러한 확률이 $(1-F(d_i))$이기 때문에 기대이익은 다음과 같다.

$$C_u(d_{i+1} - d_i)(1 - F(d_i))$$

수요가 d_i이거나 이보다 작다면 우리는 추가적인 $(d_{i+1}-d_i)$개를 할인(salvage) 처리할 필요가 있고 이러한 확률 $F(d_i)$이기 때문에 기대손실(expected loss)는 다음과 같다.

$$C_o(d_{i+1} - d_i)F(d_i)$$

따라서 우리는 다음 아래와 같을 때 우리의 주문량을 d_i개에서 d_{i+1}개로 증가시켜야 한다.

$$C_u(d_{i+1} - d_i)(1 - F(d_i)) \geq C_o(d_{i+1} - d_i)F(d_i)$$

이 부등식은 다음과 같이 간소화 된다.

$$\frac{C_u}{C_o + C_u} \geq F(d_i)$$

그러므로 만약 임계비(critical ratio)가 $F(d_i)$보다 크다면 우리는 우리의 주문량을 d_i개에서 d_{i+1}개로 증가시켜야 한다. 임계비가 $F(d_i)$보다 크고 $F(d_{i+1})$보다 작을 때, 다시 말해, 표 내에서의 두 값들 사이에 있을 때, 우리는 d_{i+1}개를 주문하고 더 이상은 주문량을 증가시키지 말아야 한다. 다른 표현으로 말하자면, 임계비가 표 내의 두 값들 사이에 존재할 때에는 보다 큰 주문량을 우리는 선택해야 한다. 이것이 올림규칙이다.

흔히들 범하는 오류는 $F(\ )$를 임계비에 가까운 값으로 선택하려 한다는 것이다. 그러나 이러한 오류는 우리로 하여금 최적의 선택이 아닌 다른 선택으로 유도하는 것이다. 이를 설명하기 위해 수요가 평균이 1.0인 포아송 분포를 따르고 $C_u=1$, $C_o=0.21$이라고 가정해 보자. 임계비는 0.83이 되고 이는 $F(1)=0.74$와 $F(2)=0.92$의 약 중간쯤에 위치하고 있다. 그러나 주문량이 2인 경우의 기대이윤은 1인 경우에 비해 약 20%가 높아지게 된다. 다시 말해, 만약 $F(d_i)$와 $F(d_{i+1})$이 매우 근접해 있다면, 보다 적은 주문량을 선택하는 것이 엄청난 이윤의 손실을 유발하게 된다.

D.3 표준정규 재고 및 손실함수의 미분(14장)

우리는 아래와 같은 표준정규 재고 및 손실함수에 대한 식을 유도하고자 한다.

$$I(z) = \phi(z) + z\Phi(z)$$
$$L(z) = \phi(z) - z(1 - \Phi(z))$$

먼저 표준정규분포의 밀도함수를 생각해보면 다음과 같다.

$$\phi(z) = \frac{1}{\sqrt{2\pi}} e^{-z^2/2}$$

이것을 미분하면 다음과 같다.

$$\frac{d\phi(z)}{dz} = -z\frac{1}{\sqrt{2\pi}} e^{-z^2/2} = -z\phi(z)$$

기대재고함수(expected inventory function)는 다음 식과 같다.

$$I(z) = \int_{-\infty}^{z} (z - x)\phi(x)dx$$
$$= \int_{-\infty}^{z} z\phi(x)dx - \int_{-\infty}^{z} x\phi(x)dx$$

위 식의 첫 번째 적분 결과와 두 번째 적분 결과는 다음과 같다.

$$\int_{-\infty}^{z} z\phi(x)d(x) = z\Phi(z)$$

$$\int_{-\infty}^{z} x\phi(x)dx = -\phi(x)\Big|_{-\infty}^{z} = -\phi(z)$$

위 식에서 $d\phi(x)/dx = -x\phi(x)$이므로 결과적으로 다음이 성립한다.

이제 기대손실함수에 대해 논의하자. μ를 정규분포의 평균이라 하고 $S(z)$를 기대판매량(expected sales)라고 하면 $L(z) = \mu - S(z)$가 된다. 표준정규분포의 경우에는 $\mu = 0$이다. 기대손실함수는 기대재고함수와 연계되어 있다: $I(z) = z - S(z)$. 따라서, $L(z) = -z + I(z)$가 되고 이는 다음과 같이 간명하게 표시된다.

$$L(z)=\phi(z)-z(1-\Phi(z))$$

D.4 수요충족률의 계산(14장)

수요충족률은 고객이 재고에서 구매하고자 하는 제품을 발견하게 되는 확률이다. 이는 모든 수요가 충족되는 확률인 재고보유율(in-stock probability)과는 다른 개념이다 (왜 다른지를 살펴보기 위해 재고에는 9개의 제품이 가용하고 10명의 고객이 제품을 구매하기 위해 도착했다고 가정해 보자. 이 회사는 한 고객의 경우 하나의 제품을 구매할 수 없으므로 모든 필요 제품을 보유(in-stock)하고 있는 상황이 아니다. 그러나 각 고객은 제품을 구매하는 운 좋은 고객이 될 9/10의 가능성을 가지고 있다.)

수요충족률은 다음과 같은 공식으로 계산될 수 있다.

$$\text{수요충족률}=\frac{\text{기대판매량}}{\text{기대수요}}=\frac{\text{기대판매량}}{\mu}$$

예를 들어, O'Neill사가 3,500개의 Hammer 3/2 잠수복을 주문한다면, 우리는 14장에서 언급한대로 기대판매량=2,858이 된다. 기대수요는 3,192개이므로 수요충족률은 다음과 같다.

$$\text{수요충족률}=\frac{2{,}858}{3{,}192}=89.5\%$$

D.5 최대이윤의 비율로서의 불일치 비용(15장)

우리는 다음과 같은 표기법을 사용할 것이다.

μ=수요의 평균
σ=수요의 표준편차
Q=기대이윤을 최대화시키는 주문량
$z=(Q-\mu)/\sigma$=정규화된 주문량
$\phi(z)$=표준정규분포의 밀도함수
$\Phi(z)$=표준정규 분포함수

$\phi(z)$를 계산하는 가장 쉬운 방법은 Excel 함수인 Normdist(z, 0, 1, 0)을 사용하는 것이다. 그러나 이 값은 다음 함수를 통해 손으로 직접 계산될 수도 있다.

$$\phi(z) = e^{-(1/2)\times z^2} / \sqrt{2 \times \pi}$$

최대이윤의 비율로써의 불일치비용(mismatch cost)을 생각해 보자.

$$\begin{aligned}&\text{최대이윤의 \%로써의 불일치비용}\\&=(C_o\times\text{기대잔여재고})/(\mu\times C_u)+(C_u\times\text{기대손실판매량})/(\mu\times C_u)\end{aligned} \tag{D.1}$$

우리는 또한 아래와 같은 식도 알고 있다.

$$\text{기대잔여재고}=(Q-\text{기대판매량})=(Q-\mu+\text{기대 손실판매량}) \tag{D.2}$$

그리고 우리는 Q=μ+ z×σ의 식을 다음과 같이 재배열 할 수 있다.

$$z\times\sigma=(Q-\mu) \tag{D.3}$$

(D.2)식을 (D.3)식으로 대체하고, 그 식을 (D.1)식으로 대체하여 다음과 같이 간소화 시킨다.

$$\begin{aligned}&\text{최대이윤의 \%로써의 불일치 비용}\\&=((C_o\times z\times\sigma)+(C_o+C_u)\times\text{기대손실판매량})/(\mu\times C_u)\end{aligned} \tag{D.4}$$

여기서 다음을 상기하자.

$$\begin{aligned}\text{기대 손실판매량} &= \sigma\times(\phi(z)-z\times(1-\Phi(z)))\\ &= \sigma\times\left(\phi(z)-z\times\frac{C_o}{C_o+C_u}\right)\end{aligned} \tag{D.5}$$

여기서 수식의 2번째 줄은 임계비 $\Phi(z)=C_u/(C_o+C_u)$로부터 유도된다. 수식(D.4)를 (D.5)로 대체하고 이를 간소화 시키면 아래 수식을 얻을 수 있다.

$$\text{최대이윤의 \%로써의 불일치 비용} = \left(\frac{\phi(z)}{\Phi(z)}\right)\times\left(\frac{\sigma}{\mu}\right)$$

위의 수식은 $(z)/\Phi(z)$와 σ/μ 두 부분으로 구성되어 있다. 따라서 불일치 비용은 이들 두 부분의 곱이 클 때 커지게 된다. 두 번째 부분은 이미 앞에서 논의했던 변동계수(coefficient of variation)이다. 첫 번째 부분은 정규화된 주문량에서 계산되는 표준정규 밀도함수의 표준정규 분포함수에 대한 비율이다. 이 값은 z에 따라 변하고 z는 임계비에 따라 변하게 된다(임계비가 클수록 최적의 z통계량은 커진다). 사실상 단순한 그래프로

임계비가 증가함에 따라 $(z)/\Phi(z)$가 감소함을 보일 수 있다. 그러므로 불일치 비용은 임계비가 커짐에 따라 더욱 작아지게 된다. 다시 말하면, 두 제품이 있을 때 다른 모든 것들이 동일하다면 낮은 임계비를 가지는 제품이 더 큰 불일치 비용을 가지게 된다.

D.6 기준재고모형을 위한 정확한 재고 품절률(16장)

16.3절의 주요 결과인 한 기간이 끝나는 시점에서의 재고수준(inventory level)은 S에서 $(l+1)$기간 동안의 수요를 빼는 것과 같다는 것을 기억하기 바란다. 기간이 끝나는 시점에서 재고수준이 음의 값을 가진다면 하나 이상의 이월 주문이 내려진 것을 의미한다. 적어도 하나 이상은 이월 주문이 되어있고 가장 최근에 발생한 이월 주문은 $(l+1)$ 기간에서 마지막 기간에 발생하였을 경우에 $(l+1)$ 기간에 서 마지막 기간에 품절이 발생한다. 16장에 있는 식(16.1)은 적어도 하나 이상의 이월 주문이 되어 있다라는 첫 번째 조건은 포함하고 있지만 최근에 발생한 이월 주문이 $(l+1)$ 기간에서 마지막 기간에 발생한다라는 두 번째 조건은 포함하지 않고 있다.

예를 들어 $l=1$이고 $S=2$라고 하자. 두 기간 동안의 수요가 3개이라면 두 번째 기간이 끝나는 시점에 하나의 이월 주문이 발생한다. 수요 3개 중에 하나의 이월 주문이 두 번째 기간에 발생하기만 하면 품절은 두 번째 기간에 발생하게 된다. 그러나 수요 3개 모두가 첫 번째 기간에 발생하는 경우에는 두 번째 기간에는 품절이 발생하지 않는다. 그러므로 재고 품절률의 정확한 식은 다음과 같다.

$$\text{재고 품절률} = \text{Prob}\{l+1 \text{ 기간 동안의 수요} > S\}$$
$$- \text{Prob}\{l \text{기간 동안의 수요} > S\} \times \text{Prob}\{\text{한 기간 동안의 수요} = 0\}$$

위에 주어진 정확한 식에서 두 번째 항을 무시하였기 때문에 식(14.1)은 근사치이다. 두 번째 항은 $(l+1)$ 기간 동안 발생한 수요는 모두 처음 l기간 동안에 발생한 것을 의미한다. 즉, $(l+1)$ 기간에는 수요가 발생하지 않았음을 의미한다. 서비스 수준이 높다면 두 번째 항의 값은 매우 작을 것이다. 두 번째 항을 빼지 않았기 때문에 근사치는 정확한 품절 확률 값보다 크다. 그러므로 근사치는 보수적이라고 할 수 있다.

각 기간의 수요가 평균이 0.29인 포아송 분포를 따르고 리드타임이 두 기간이라고 한다면 근사치와 정확한 품절률 값은 다음과 같다.

S	재고품절률	
	근사치	정확한 값
0	44.010%	25.174%
1	11.536	8.937
2	2.119	1.873
3	0.298	0.280
4	0.034	0.033
5	0.003	0.003
6	0.000	0.000

D.7 기준재고모형에서의 충족률(16장)

충족률(fill rate)는 한 소비자가 한 개의 상품을 즉시 구매할 수 있을 확률이다(예를 들어 소비자가 이월 주문되지 않는 것이다). 충족률은 다음의 식으로 계산되어 질 수 있다.

$$\text{충족률} = 1 - \frac{\text{기대이월재고}}{\text{한 기간 동안의 기대수요}}$$

위 식의 기본 논리는 다음과 같다: 한 기간 동안의 소비자 수는 한 기간의 기대수요이고 한 기간 동안에 서비스를 받지 못한 소비자의 수는 기대이월 주문이다. 그래서 이월재고 기대치와 기대수요의 비율은 서비스 받지 못한 소비자들의 비율이다. 1에서 서비스 받지 못한 소비자들의 비율을 빼면 서비스 받은 소비자들의 비율 즉 충족률이 된다. 이 논리는 수요의 확률 분포가 무엇인지 와는 무관하게 성립한다(하지만 분자에 있는 이월 재고 기대치 계산 자체는 수요의 확률 분포에 따라 조금씩 달라진다). 아마도 충족률의 분모에 있는 기대수요가 $(l+1)$ 기간 동안이 아니라 한 기간 동안이라는 점에 의문을 가지는 독자가 있을 수 도 있다. 여기서 주의할 것은 우리는 재고 창고에서 즉시 서비스 받는 소비자의 비율에 관심 있다는 것이다. 리드타임은 서비스 받지 못한 한 기간 동한의 소비자들의 수에는 영향을 미치지만 소비자의 수에는 영향을 미치지 못한다. 그러므로 리드타임은 서비스 받지 못한 소비자의 수를 나타내는 분자에는 영향을 미치지만 상품을 사려고 하는 소비자의 수인 분모에는 아무런 영향을 미치지 못한다.

충족률에 대한 위의 식은 실제적으로는 정확한 값이 아닌 근사치이다. 충족률이 상당히 높은 값일 경우에는 (90% 이상일 경우) 위의 식은 굉장히 좋은 근사한 값을 보인다. 위 식의 장점은 사용하기에 상당히 용이하다는 것이다. 그러나 지금부터 정확한 충족률을 구하는 과정을 유도해 보도록 하겠다.

충족률은 1에서 한 기간 동안에 서비스 받지 못할 확률을 빼면 된다. 즉 다음과 같다.

$$\text{서비스 받지 못할 확률} = \frac{\text{한 기간 동안에 발생한 기대이월 주문}}{\text{한 기간 동안의 기대수요}}$$

위의 식에서 분모를 계산하는 것은 이미 알고 있다. 이제 분자만 계산하면 된다. 한 기간 동안에 발생한 기대이월 주문은 한 기간의 기대이월 주문과는 같지 않다. 차이점은 이월 주문 중에 일부분은 한 기간에 발생한 것이 아닐 수도 있다는 것이다(이는 품절 확률을 계산할 때 본 이슈와 같은 것이다). 예를 들어 한 기간의 이월 주문이 4개이고 이 기간 동안의 수요가 3이라고 한다면, 4개의 이월 주문 중 3개만 이 기간 동안 발생한 것이고 나머지는 이전에 이월 주문되어 내려온 것이다.

$$B(l) = \text{리드타임이 l인 경우의 기대이월 주문}$$

그러므로 $B(l)$은 이미 알고 있는 기대이월 주문과 같다. $(l+1)$기간의 $(l+1)$번째 기간이 끝나는 시점에서의 기대이월 주문은 $B(l)$이다. 이 기대이월 주문 $B(l)$에서 l번째 기간이 끝나는 시점에서의 이월기대치를 빼면 $(l+1)$기간 중 $(l+1)$번째 기간에 발생한 이월 주문의 수를 계산할 수 있다. 즉

$$\text{서비스 받지 못할 확률} = \frac{B(l)-B(l-1)}{\text{한 기간 동안의 기대수요}}$$

위의 식에서 분자를 말로 설명해 보면 기대이월 주문에서 리드타임이 한 기간 짧을 경우의 기대이월 주문을 뺀 것을 의미한다. 정확한 충족률에 대한 식은 다음과 같다.

$$\text{충족률} = 1 - \frac{\text{기대이월 주문}-B(l-1)}{\text{한 기간 동안의 기대수요}}$$

정확한 충족률의 두 번째 한의 분모에 있는 기대이월 주문에서 $B(l-1)$을 빼지 않기 때문에 맨 처음에 주어진 충족률은 정확한 값이 아닌 근사치이다. 서비스 수준이 상당히 높으면, $B(l-1)$은 매우 작은 값을 가지게 된다.

한 기간 동안의 수요의 평균이 0.29인 포아송 분포를 따르고 리드타임이 한 기간이면, 다음과 같은 근사치와 정확한 충족률을 계산할 수 있다.

S	재고품절률	
	근사치	정확한 값
0	−100.000%	0.000%
1	51.759	64.954
2	91.539	92.754
3	98.844	98.930
4	99.871	99.876
5	99.988	99.988
6	99.999	99.999

충족률이 낮을 경우에는 근사치는 정확한 충족률 보다 작은 값을 가진다. 그러나 충족률이 높을 경우에는 근사치는 상당히 정확한 것을 볼 수 있다.

D.8 환매가격의 조정(19장)

도매가격이 결정되면 소매상으로 하여금 공급 사슬 전체의 이익을 최대화하는 구매량을 주문하도록 하는 환매가격(buy-back price)을 결정할 필요가 있다. 최적의 주문량을 결정하는 것이 임계비(critical ratio)이기 때문에 이는 소매상의 임계비와 공급 사슬의 임계비를 같게 함으로 써 계산할 수 있다.

다음의 기호들을 정의하다.

p = 소매 가격
c = 생산 비용
v = 소매상의 잔존 가치
t = 배송 비용
w = 도매가격
b = 환매가격

$C_u = p-c$이고 $C_o = c-v$이기 때문에 공급 사슬의 임계비는 $(p-c)/(p-v)$이다. 환매 계약 하에서 소매상의 과소 재고 비용은 $C_u = p-w$이고 과다 비용은 $C_o = t+w-b$이다(과소 재고 비용은 배송 비용에 남는 재고를 반납할 때 돌려 받지 못하는 액수인 $w-b$를 더하면 된다). 그러므로 소매상의 임계비는 공급 사슬의 임계비와 같다는 것은 다음과 같이

쓸 수 있다.

$$\frac{p-c}{p-v}=\frac{p-w}{(t+w-b)+p-w}$$

위의 식을 다시 정리해 보면 식(19.1)이 나온다.

부록

E

단원연습문제 풀이

CHAPTER 02

2.1 Dell사

답은 [정리 2.1]에 나와 있는 방식으로 계산할 수 있다.

단계 1. 2001 회계년도 Dell사의 재고비용: $400백만

단계 2. 2001 회계년도 Dell사의 매출원가: $26,442백만

단계 3. 재고회전율 = 매출원가/재고 = $\frac{\$26,442\text{백만/년}}{\$400\text{백만}} = 66.105\text{회/년}$

단계 4. 단위당 재고비용 = 연간재고유지비용/재고회전율 = $\frac{40\%}{66.105/\text{년}} = 0.605\%/\text{개}$

CHAPTER 03

3.1 프로세스 분석–단일 흐름단위의 경우

[정리 3.1]의 절차를 준수하면

단계 1. 우선 프로세스의 각 단계별 처리능력을 계산한다.

- 자원 1: $\frac{2}{10}$ [개/분] = 0.2[개/분]
- 자원 2: $\frac{1}{6}$ [개/분] = 0.1666[개/분]
- 자원 3: $\frac{3}{16}$ [개/분] = 0.1875[개/분]

단계 2. 자원2가 가장 낮은 처리능력을 보이고 있다. 그러므로 프로세스 처리능력은 0.1666[개/분]인데 이는 10[개/시간]에 해당한다.

단계 3. 흐름률 = Min{프로세스 처리능력, 수요}

= Min{8[개/시간], 10[개/시간]}

= 8[개/시간]. 이는 0.133[개/분]에 해당한다.

단계 4. 각 자원에 대한 활용률을 계산하면

- 자원 1: 0.1333[개/분]/0.2[개/분] = 66.66%
- 자원 2: 0.1333[개/분]/0.1666[개/분] = 80%
- 자원 3: 0.1333[개/분]/0.1875[개/분] = 71.11%

3.2 프로세스 분석–복수 흐름단위의 경우

[정리 3.2]의 절차를 준수하면

단계 1. 우선 프로세스의 각 단계(자원)별 처리능력을 계산하면

자원	작업자의 수	하루 작업 분
1	2	2×8×60=960
2	2	2×8×60=960
3	1	1×8×60=480
4	1	1×8×60=480
5	2	2×8×60=960

단계 2. 프로세스 흐름도는

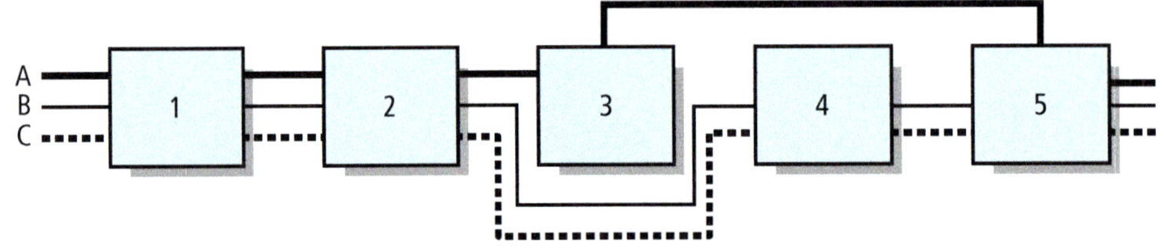

단계 3. 아래와 같이 어느 정도의 처리능력이 3가지 제품에 대하여 각각 필요하게 될지 각 자원별로 계산하는 표를 작성한다.

자원	제품 A에 의한 자원 요구량	제품 B에 의한 자원 요구량	제품 C에 의한 자원 요구량
1	5×40=200	5×50=250	5×60=300
2	3×40=120	4×50=200	5×60=300
3	15 ×40=600	0×50=0	0×60=0
4	0×40=0	3×50=150	3×60=180
5	6×40=240	6×50=300	6×60=360

단계 4. 각 자원에 요구작업량을 계산하기 위해서 모두 더하면

- 자원 1의 요구작업량: 200+250+300=750
- 자원 2의 요구작업량: 120+200+300=620
- 자원 3의 요구작업량: 600+0+0=600
- 자원 4의 요구작업량: 0+150+180=330
- 자원 5의 요구작업량: 240+300+360=900

자원	하루 작업 분 (단계 1 참조)	요구작업량 (단계 4 참조)	내재활용률 (단계 4값/단계 1값)
1	960	750	0.78
2	960	620	0.65
3	480	600	1.25
4	480	330	0.69
5	960	900	0.94

단계 5. 내재활용률 값을 비교하자. 즉, 자원 3이 병목지점에 해당된다. 이 프로세스의 경우 자원 3의 내재활용률에서 보듯이 25%의 자원이 부족하므로 제품 A를 하루에 40개씩 생산하지 못하고 하루에 32개(시간당 4개)만 생산할 수 있다. 만약 제품 A, B, C간의 비율이 40 : 50 : 60으로 일정해야 한다면 제품 B는 시간당 5개, 제품 C는 시간당 6개를 생산하게 될 것이다. 만약 각 제품별 비율이 일정하지 않아도 된다면 제품 A는 하루에 32개를 생산하고 제품 B와 C는 수요량 만큼 (하루에 각각 50개와 60개) 생산하게 될 것이다.

CHAPTER 04

4.1 비어있는 시스템, 노동활용률

■ 질문 a

다음의 계산은 [정리 4.1]을 바탕으로 하였다. 100개의 제품을 생산하는데 소요되는 시간은

단계 1. 첫 번째 제품을 생산하는데 10+6+16분=32분의 시간이 소요된다.

단계 2. 작업2가 병목지점이며 프로세스 처리능력은 분당 0.1666개이다.

단계 3. 100개를 마치는데 소요되는 시간은 $=32\text{분}+\dfrac{99\text{개}}{0.166\text{개/분}}=626\text{분}$

■ 질문 b, c, d

이 답은 [정리 4.1]를 바탕하였음.

단계 1. 처리능력은

$$작업\ 1:\ \frac{2}{10}\ 개/분=0.2개/분$$

$$작업\ 2:\ \frac{1}{6}\ 개/분=0.1666개/분$$

$$작업\ 3:\ \frac{3}{16}\ 개/분=0.1875개/분$$

작업 2가 병목지점이며 프로세스 처리능력은 0.1666개/분이 된다.

단계 2. 수요는 무한하다고 하므로 프로세스 흐름률은 프로세스의 처리능력에 의하여 결정된다. 그러므로 처리능력은 0.1666대/분이 되는데 이는 싸이클 타임 6분/대에 해당한다.

단계 3. 직접노동인건비 $=\dfrac{6\times \$10/시간}{60분/시간\times 0.1666개/분)}=\$6/대$

단계 4. 각 제품별로 각 작업자의 유휴시간을 계산하면

작업 1의 작업자 유휴시간 $=6분/대\times 2-10분/대=2분/대$

작업 2의 작업자 유휴시간 $=6분/대\times 1-6분/대=0분/대$

작업 3의 작업자 유휴시간 $=6분/대\times 3-16분/대=2분/대$

단계 5. 노동량 $=10+6+16분/대=32분/대$

단계 6. 평균 노동 활용률 $=\dfrac{32}{32+4}=0.888$

CHAPTER 05

5.1 Window Boxes

다음 계산은 [정리 5.1]에 기초하고 있다.

■ 질문 a

단계 1. 충분한 수요가 있기 때문에, 흐름률을 결정하는 단계는 (찍어내기 단계 보다) 조립공정이다. 조립공정에서 처리능력은 $\frac{12}{27}$ 개/분

단계 2. 생산주기는 다음 부분으로 구성된다.

- A를 위한 준비(120분)
- 부품 A생산(360×1분)

- B를 위한 준비(120분)
- 부품 B를 생산(720×0.5분)

단계 3. 생산주기에는 두 개의 준비가 있다. 그래서 준비시간 240분이다.

단계 4. 모든 완결된 창가 화단은 하나의 부품 A(단위당 1분)와 두 개의 부품 B(2×0.5분/단위)를 필요로 한다. 따라서, 단위당 작업시간은 단위당 2분이다.

단계 5. 다음 공식을 사용하자.

$$\text{뱃치 크기가 주어진경우 처리능력} = \frac{360\text{단위}}{240\text{분} + 360\text{단위} \times 2\text{분/단위}} = 0.375\text{단위/분}$$

단계 6. 일반적 뱃치 크기에 대한 찍어내기 단계에서 처리능력은 다음과 같다.

$$\frac{\text{뱃치 크기}}{240\text{분} + \text{뱃치 크기} \times 2\text{분/단위}}$$

우리는 다음 방정식을 뱃치 크기에 대하여 풀 필요가 있다.

$$\frac{\text{뱃치 크기}}{240\text{분} + \text{뱃치 크기} \times 2\text{분/단위}} = \frac{12}{27}$$

이 방정식을 푸는 뱃치 크기는 960이다. 우리는 똑같은 숫자를 다음공식을 이용하여 직접 구할 수 있다.

$$\text{적절한 뱃치 크기} = \frac{\text{흐름률} \times \text{생산준비시간}}{1 - \text{흐름률} \times \text{단위당 작업시간}} = \frac{\frac{12}{27} \times 240}{1 - \frac{12}{27} \times 2} = 960$$

5.10 Cat Food

■ 질문 a

유지비용은 $0.5×15%/50=0.0015/캔/주이다. 각 캔은 $0.50에 구입된다. 그래서 이 가격은 재고에 묶이는 가격이며 유지비용을 결정한다. 그럼 EOQ는

$$Q^* = \sqrt{\frac{2 \times 7 \times 500}{0.0015}} = 2160.247 \approx 2160$$

■ 질문 b

주문비용은 주문당 $7이다. 주당 주문 횟수는 500/EOQ이다. 따라서 일 년간 총 주문비용은=7×500/EOQ=$1.62/주=$81/연이다.

■ 질문 c

평균재고 수준은 EOQ/2이다. 주당 재고비용은 따라서 0.5×EOQ×0.0015=1.62불이

다. 연간 50주를 고려하면 연간 재고비용은 81불이다.

■ 질문 d

재고회전율=흐름률/재고

흐름률=500캔.주

재고=0.5×EOQ

따라서, 재고회전율=R/(0.5×EOQ)=0.462 회전/주=23.14 회전/년이다.

5.11 Beer Distributor

유지비용은 연간 25%=0.5%/주=8*0.005/주=$0.04/주이다.

(a) $EOQ=\sqrt{\frac{2\times 100\times 10}{0.04}}=223.6$

(b) 연간 재고회전율=흐름률/재고=100×50/(0.5×EOQ)=5000/EOQ=44.7회전/년이다.

(c) 단위당 재고비용= $\sqrt{\frac{2\times 0.04\times 10}{100}}=0.089$ \$/단위

(d) 여러분은 결코 $Q=600$을 초과하여 주문하지 않을 것이다.

$Q=600$에 대하여, 우리는 다음 비용을 가진다.

$$0.5\times 600\times 0.04\times 0.95+10\times 100/600=13.1$$

단위(케이스)당 비용은 13.1/100=$0.131이다.

수량 할인은 우리에게 5% 비용감소를 시켜주며, 이는 케이스당 $0.40이다. 하지만 우리의 운영비용은 $0.131−$0.089=$0.042로 증가한다. 따라서, 비용감소가 비용 증가보다 더 크기 때문에 한번에 600케이스를 주문하는 것이 더 좋다.

CHAPTER 06

6.1 Crazy Cab

■ 질문 a/b

ROIC 나무

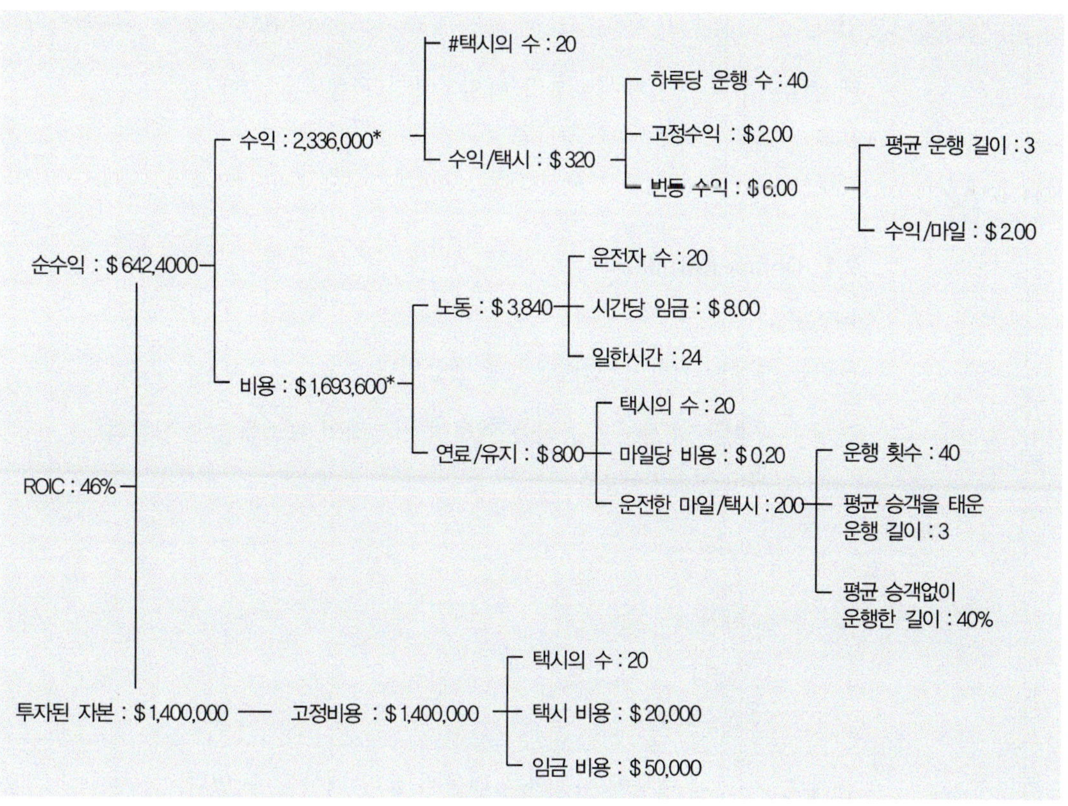

매일 운행 횟수, 평균 운행 길이, 운전자의 시간당 임금, 승객 없이 운행한 평균거리를 포함하는 운영 가치 동인으로 분류될 수 있는 여러 변수들이 있다. 승객 마일당 수익, 고정 수수료, 운행 마일당 유지/연료 비용 같은 다른 변수들은 관리를 통해 영향을 미치기 어렵다. 이는 이런 변수들이 택시 허가증을 통하여 규제되거나 또는 연료 가격에 의해 강하게 영향을 받기 때문이다(하지만 관리를 통하여 이런 비용을 줄이기 위하여 좀 더 연료 효율적인 차에 투자 할 수 있다).

고정 노동비 요구와 마찬가지로 택시와 허가증 구매와 연관된 높은 자본 투자를 고려하면 각 택시가 수입을 최대화하는 것이 중요하다. 특별히 만약 추가적 운행이 승객 사이의 유휴 운행을 대체한다면 이것은 거의 순수한 이익이 된다.

▪ 질문 d

노동 효율성 = 수익/노동 비용 = 수익/마일 × 마일/운행 × 운행/일 × 일/노동비용

이 방정식에서 처음 비율은 회사의 운영 수율을 측정한다. 이것은 대체로 회사의 가격 파워를 반영한다. 각 운행의 길이, 하루 동안 운행의 수라는 두 비율은 효율성의 척도이다. 마지막 비율은 자원 비용의 척도이다. 여기서 비용은 회사의 노동비용을 나타낸다. 유사한 방정식이 택시 무리 내에서 각 택시의 효율성을 결정하기 위하여 평가될 수

있다.

택시 효율성=수익/택시=수익/마일×마일/운행×운행/택시

CHAPTER 09

9.1 Online Retailer

■ 질문 a

우리는 계산을 위하여 [정리 9.1]을 사용한다.

단계 1. 우리는 대기시간 공식을 위하여 기본적인 요소들을 수집한다.

서비스 시간=4분

$CV_p = \frac{2}{4}$

도착간격=2분

$CV_a = 1$

자원수=3

단계 2. 이 단계 때문에 이용률을 다음과 같이 계산할 수 있다.

$p/am = 4/(2 \times 3) = 0.6666$

단계 3. 우리는 그런 다음 대기시간 공식을 사용한다.

$$T_q \approx \left(\frac{4}{3}\right) \times \left(\frac{0.666^{\sqrt{2(3+1)}-1}}{1-0.6666}\right) \times \left(\frac{1^2+0.5^2}{2}\right) = 1.19\text{분}$$

단계 4. 우리는 다음을 얻는다.

서비스중인 재고: $I_p = m \times u = 3 \times 0.6666 = 2$

대기행렬내 재고: $I_q = T_q/a = 1.19/2 = 0.596$

시스템내 재고: $I = I_p + I_q = 2.596$

■ 질문 b

받았지만 아직 응답되지 않은 이메일의 수는 이메일의 총재고에 해당한다. 이것은 2.596 이메일이다. (단계 4참조)

CHAPTER 10

10.1 Loss System

질문 a부터 c를 풀기위해 [정리 10.1]을 이용하자.

단계 1. 도착간격은 60분/시간을 1시간에 도착하는 개수, 55로 나누면 1개당 $a=1.0909$분의 도착간격이 된다. 서비스시간(처리시간)은 $p=6$분/개이다. 이를 통해 $r=p/a=6/1.0909=5.5$를 구할 수 있다.

단계 2. $r-5.5$, $m=7$일 때 얼랑손실 함수표에서 $P_7(5.5)$가 0.1525라는 것을 알 수 있다. 다른 방법으로, 실제 손실 공식으로 (부록 C 참조) 이용하여 7명의 모든 서버가 일을 하고 있을 확률을 구할 수 있다.

$$\text{Prob \{모든 서버가 바쁠 확률\}} = P_7(5.5) = \frac{\dfrac{5.5^7}{7!}}{1 + \dfrac{5.5^1}{1!} + \dfrac{5.5^2}{2!} + \cdots + \dfrac{5.5^7}{7!}} = 0.1525$$

단계 3. 흐름률을 계산하면: $R=1/a\times(1-P_m)=1/1.0909\times(1-0.153)=0.77$개/분 또는 46.585개/시간이다.

단계 4. 손실 고객수를 계산하면 :

손실 고객$=1/a\times P_m=1/1.0909\times 0.153=0.14$개/분이다.

이것은 시간당 8.415개와 일치한다. 따라서 시간당 55개가 도착하는 것으로부터 46.585개가 서비스되고 8.415개가 손실될 것이다.

CHAPTER 12

12.1 벤처 박람회

■ 질문 a

종속성행렬

Information-Providing Activity (Upstream)

Information-Receiving Activity (Downstream)

		1	2	3	4	5	6	7	8	9	10	11
1	Ideation											
2	Interview Customers	X										
3	Analyze Competing Products	X										
4	User/Customer Observation		X									
5	Send E-Mail Surveys		X									
6	Target Specifications			X	X	X						
7	Product Design						X					
8	Get Price Quotes							X				
9	Build Prototype							X				
10	Test Prototype with Customers									X		
11	Prepare Info for Venture Fair								X		X	
	Activity	1	2	3	4	5	6	7	8	9	10	11
	Days	3	6	12	10	4	5	10	6	4	5	3

■ 질문 b

주 경로는 A1 → A2 → A4 → A6 → A7 → A9 → A10 → A11다. 이때 총 소요시간은 3+ 6+10+5+10+4+5+3=46일이 된다. 그러므로 프로젝트 팀이 박람회(4월 17일)전에 프로젝트를 마치기 위해서는 최소 3월 3일(4월 17일을 기준으로 29일 작업일 이전에 해당함)에 프로젝트를 시작해야 한다.

CHAPTER 14

14.1 McClure Books

■ 질문 a

우리는 먼저 400(Dan의 책방에서 블록버스터가 되기 위한 최소 판매량)에 대한 z−통계량을 찾는다. $z=(400-200)/80=2.50$. 표준정규분포 함수표에 의해 $\Phi(2.50)=0.9938$임을 알 수 있다. 따라서 수요가 400 이하일 확률은 99.38%이다. 수요가 400보다 클 가능성은 $1-\Phi(2.50)=0.0062$; 다시 말해, 이것은 이 책이 블록버스터가 될 확률이 겨우 0.62%이라는 것이다.

■ 질문 b

우리는 먼저 100(Dan의 책방에서 어떤 책이 졸작"이라 불리게 되는 판매량)에 대한 z−통해 알 수 있다. $z=(100-200)/80=-1.25$. 표준정규분포 함수표에 의해 $\Phi(-1.25)=0.1056$임을 알 수 있다. 따라서 수요가 100 이하일 확률은 10.56%이다. 이는 이 책이"졸작"라 불릴 가능성이 10.56%임을 나타낸다.

■ 질문 c

수요가 $1.2\times200=240$과 $0.8\times200=160$ 사이이면 평균수요로부터 20% 이내이다. [정리 14.2]을 이용해 먼저 240개(이 범위의 상한선)의 z−통계량을 알 수 있다. $z=(240-200)/80=0.5$이다. 표준정규분포 함수표에 의해 $\Phi(0.\ 5)=0.6915$임을 알 수 있다. 이 범위의 하한선(160)에 대해서 이 과정을 반복하면: $z=(160-200)/80=-0.5$ 그리고 $\Phi(-0.5)=0.3085$이다. 수요가 160과 240 사이에 있을 가능성은 $\Phi(0.\ 5)-\Phi(-0.50)=0.6915-0.3085=0.3830$ 즉 38.3%이다.

■ 질문 d

과소재고비용 $C_u=20-12=8$이고 잔존가치는 $12-4=8$이다. 왜냐하면 댄은 남은 책을 전액(12달러) 환불 받을 수 있고 단 4달러의 배송 및 취급비용이 발생하기 때문이다. 따라서 과다재고비용은 비용−잔존가치, 즉 $C_o=12-8=4$이다. 임계비는 $C_u/(C_o+C_u)=8/12=0.6667$이다. 표준정규분포 함수표에 의해 $\Phi(0.43)=0.6664$ 그리고 $\Phi(0.44)=0.6700$임을 알 수 있다. 그래서 올림규칙을 이용해 $z=0.44$를 선택한다.이제 z

를 실제 수요 분포에 대한 주문량으로 변환하면: $Q=\mu+z\times\sigma=200+0.44\times80=235.2$이다.

■ 질문 e

우리는 $\Phi(z)=0.95$인 z를 찾길 원한다. 표준정규분포 함수표에 의해 $\Phi(1.64)=0.9495$이고 $\Phi(1.65)=0.9505$임을 알 수 있다. 따라서 $200+1.65\times80=332$를 사용한다.

■ 질문 f

재고보유율이 95%이면 재고품절률(우리가 구하는 값)은 1−재고보유율, 즉 1−95%=5%이다.

■ 질문 g

300개에 대한 z−통계량은 $z=(300-200)/80=1.25$이다. 표준정규분포 손실 함수표에 의해 $L(1.25)=0.0506$이다. 기대손실판매량은 $\sigma\times L(1.25)=4.05$, 기대판매량은 200−4.05=195.95, 기대잔여재고는 300−195.95=104.05, 그리고

$$
\begin{aligned}
\text{기대이윤} &= (\text{가격}-\text{비용})\times\text{기대판매량}-(\text{비용}-\text{잔존가치})\times\text{기대잔여재고} \\
&= (20-12)\times195.95-(12-8)\times104.05 \\
&= 1151.4
\end{aligned}
$$

14.2 EcoTable Tea

■ 질문 a

우리는 $Q=3$인 경우의 재고품절률을 계산할 필요가 있다. 포아송 분포 함수표에 의해 $F(3)=0.34230$임을 알 수 있다. 재고품절률은 $1-F(3)=65.8\%$이다.

■ 질문 b

만약 수요가 7개 이하이면 그들은 3개 이상을 할인(mark down)할 필요가 있을 것이다. 포아송 분포 함수표에 의해 $F(7)=0.91341$임을 알 수 있다. 따라서 이러한 상황이 발생할 확률은 91.3%이다.

■ 질문 c

먼저 임계비를 계산한다. 과소재고비용은 \$55−\$32=\$23, 과다재고비용은 \$32−\$20=\$12. 임계비는 $C_u/(C_o+C_u)=0.6571$. 평균이 4.5인 포아송 분포 함수표에 의해 $F(4)=0.53210$이고 $F(5)=0.70293$이다. 따라서 올림규칙을 적용하여 우리는 5개의 바구니를 주문한다.

■ 질문 d

포아송 손실 함수표에 의해 4 바구니의 경우에는 기대손실판매량이 1.08808이 된다. 기

대판매량은 4.5−1.08808=3.4.

■ 질문 e

포아송 손실 함수표에 의해 6바구니의 경우에는 기대손실판매량이 0.32312이 된다. 기대판매량은 4.5−0.32312=4.17688이고 기대잔여재고는 6−4.17688=1.72312≈1.8.

■ 질문 f

포아송 분포함수표에 의해 $F(6)=0.83105$이고 $F(7)=0.91314$이다. 따라서 최소 90%의 재고보유율을 달성하기 위해서는 7개의 바구니를 주문해야 한다.(사실상 재고보유율은 91.3%가 될 것이다.)

■ 질문 g

만약 그들이 8바구니를 주문한다면 기대손실판매량은 0.06758이 된다. 기대판매량은 4.5−0.06758=4.43242. 기대잔여재고는 8−4.43242=3.56758. 이윤은 $23×4.43242−$12×3.56758=$59.13.

14.3 Pony Express Creations

■ 질문 a

40,000개를 구매하고 수요가 30,000개 혹은 그 이하라면 10,000개 혹은 그 이상을 청산해야 한다. 제공된 표에 의해 $F(30,000)=0.7852$이다. 그래서 그들이 10,000개 또는 그 이상을 청산할 가능성은 78.52%이다.

■ 질문 b

과소재고비용 $C_u=12-6=6$이다. 과다재고비용 $C_o=6-2.5=3.5$이고 임계비는 6/(3.5+6)= 0.6316이다. 예상 수요표를 보면 $F(25,000)=0.6289$이고 $F(30,000)=0.7852$이다. 그래서 올림규칙을 이용하면 주문량은 30,000개이다.

■ 질문 c

우리는 $F(Q)=0.90$을 만족하는 Q를 찾기 원한다. 예상 수요표를 보면 $F(35,000)=0.8894$이고 $F(40,000)=0.9489$이다. 그래서 올림규칙을 이용하면 40,000개를 주문해야 한다. 그러면, 실제 재고보유율은 94.89%이다.

■ 질문 d

만일 $Q=50,000$이면 기대손실판매량은 단지 61개이다. 기대잔여재고=$Q-\mu$+기대 손실판매량=50,000−25,000+61=25,061이다.

■ 질문 e

100% 재고보유율은 75,000개의 주문량을 요구한다. Q=75,000이면 기대손실판매량은 0개이다. [정리 12.5]를 이용하여 기대판매량, 기대잔여재고, 기대이윤을 계산한다. 기대판매량은 평균수요−기대손실판매량=25,000−0=25,000이다. 기대잔여재고는 75,000−25,000=50,000이다.

기대이윤=(가격−비용)×기대판매량− (비용−잔존가치)×기대잔여재고
=(12−6)×25,000−(6−2.5)×50,000=−25,000

그래서 100% 재고보유율을 겨냥한다는 것은 손해보는 일이다.

14.4 Flextrola

■ 질문 a

실제수요가 750 이상이고 1,250 이하이면 예측 수요의 25% 이내가 된다. [정리 14.2]를 이용하라. 750에 대한 z−통계량은 z=(750−1,000)/600=−0.42이고, 1,250에 대한 z−통계량은 z=(1,250−1,000)/600=0.42이다. 표준정규분포 함수표에 따르면 Φ(−0.42)=0.3372이고 Φ(0.42)=0.6628이다. 따라서 수요가 750보다 적을 확률은 33.72%이고, 1,250보다 적을 확률은 66.28이다. 따라서 750와 1,250사이일 확률은 0.6628−0.3372=0.3256이다.

■ 질문 b

예측 수요는 1,000개이다. 수요가 1,400개를 초과하면 이 수요는 예측 수요의 40%를 넘는다. [정리 12.2]을 이용하여 1,400개에 해당하는 z−통계량을 찾자.

$$z = \frac{Q - \mu}{\sigma} = \frac{1,400 - 1,000}{600} = 0.67$$

표준 정규분포 함수표에 따르면 Φ(0.67)=0.7486이다. 그러므로 수요가 1,400개 이하일 확률은 거의 75%이다. 수요가 1,400개 이상일 확률은 1−Φ(0.67)=0.2514 즉, 25%이다.

■ 질문 c

기대이윤을 최대화하는 주문 수량을 찾기 위해서 먼저, 과소재고비용과 과다재고비용을 구한다. 과소재고비용은 C_u=121−72=49이다. 왜냐 하면 각 손실판매량은 Flextrola로 하여금 그것의 총마진 만큼의 비용을 초래한다. 과다재고비용은 각 잔존재고가 $50에 판매되기 때문에 C_o=72−50=22이다. 여기서 임계비를 계산하면,

$$\frac{C_u}{C_o + C_u} = \frac{49}{22 + 49} = 0.6901$$

표준 정규분포 함수표에 나오는 임계비를 보아라. $\Phi(0.49)=0.6879$이고 $\Phi(0.50)=0.6915$이므로, $z=0.50$을 택한다. 다음 z-통계량을 주문량으로 바꾸면 $Q=\mu+z+б=1{,}000+0.5\times600=1{,}300$이다.

■ 질문 d

기대손실판매량을 구하기 위해서 [정리 14.4]를 이용한 후 기대판매량을 구하기 위해 [정리 14.5]을 이용하자. $Q=1{,}200$이면, 이것에 상응하는 z-통계량은 $z=(Q-\mu)/б=(1{,}200-1{,}000)/600=0.33$이다. 표준 정규분포 손실표에 의해 따라 $L(0.33)=0.2555$이다. 기대손실판매량은 $б\times L(z)=600\times0.2555=153.3$이다. 마지막으로 기대판매량이 평균수요-기대손실판매량이라는 점을 되새긴다면, 기대판매량$=1{,}000-153.3=846.7$이다.

■ 질문 e

Flextrola는 잔여재고를 2차 마켓에서 판다. 그러므로 Q-기대판매량: $1{,}200-846.7=353.3$이다.

■ 질문 f

기대 총마진 %를 구하기 위해서

기대수익=(가격×기대판매량)+ (잔존가치×기대잔여재고)
$=(121\times846.7)+(50\times353.3)=120{,}116$

여기서 기대비용을 구하면 $Q\times c=1{,}200\times72=86{,}400$이다. 마지막으로 기대 총마진 %는 $1-86{,}400/120{,}116=28.1\%$이다.

■ 질문 g

기대이윤을 구하기 위해서 [정리 14.5]와 질문 d와 질문 e의 결과를 이용하면

기대이윤=(가격-비용)×기대판매량-(비용-잔존가치)×기대잔여재고
$=(121-72)\times846.7-(72-50)\times353.3=33{,}716$

■ 질문 h

제품들이 Flextrola에 $72에 팔리고 각각은 $52의 비용이 들기 때문에, Solectric의 기대이윤은 $1{,}200\times(72-52)=24{,}000$이다.

■ 질문 i

만약 수요량이 주문량보다 400개 이상으로 많다면, 즉 수요가 1,600개 이상이면 Flextrola는 400개 이상의 손실판매량을 초래하게 된다. 즉, 1,600개에 해당하는 z-통계량이 $z=(Q-\mu)/б=(1{,}600-1{,}000)/600=1$. 표준 정규분포 함수표에서 $\Phi(1)=0.8413$이

다. 즉, 수요가 1,600 이상일 확률은 $1-\Phi(1)$ =15.9%이다.

■ 질문 j

임계비는 0.6901이다. 분포함수의 그래프로부터 로그 정규 분포 상의 수요가 1,150이하일 확률은 약 0.70이다. 그러므로 로그 정규 분포상의 최적 주문 수량은 대략 1,150개이다.

14.5 Fashionables

■ 질문 a

과소재고비용은 $C_u=70-40=30$이고 과다재고비용은 $C_o=40-20=20$이다. 임계비는 $C_u/(C_o+C_u)=30/50=0.6$이다. 표준정규분포 함수표에 의해 $\Phi(0.25)=0.5987$이고 $\Phi(0.\ 26)=0.6026$이다. z-통계량을 주문량으로 변환하면 $Q=\mu+z\times\sigma=500+0.26\times200=552$. 운반비용은 이윤 극대화 주문량에 아무런 영향을 미치지 못함을 관찰하기 바란다.

■ 질문 b

우리는 $\Phi(z)$이 재고보유율이기 때문에 $\Phi(z)=0.9750$를 만족하는 z값을 표준정규분포 함수표에서 찾을 필요가 있다. $\Phi(1.96)=0.9750$이므로 우리는 $z=1.96$을 선택하게 된다. 이는 $Q=\mu+z\times\sigma=500+1.96\times200=892$로 변환된다.

■ 질문 c

만약 725벌이 주문된다면 이에 상응하는 z-통계량은 $z=(Q-\mu)/\sigma=(725-500)/200=1.13$이 된다. 우리는 기대이윤을 계산하기 전에 먼저 기대손실판매량, 기대판매량, 기대잔여재고 등을 계산할 필요가 있다. 표준정규분포상에서의 기대손실판매량은 표준정규 손실 함수표로부터 $L(1.13)$ =0.0646으로 구해진다. 기대손실판매량은 $\sigma\times L(z)=200\times0.0646=12.9$이다. 기대판매량은 $500-12.9=487.1$이고 기대잔여재고는 $725-487.1=237.9$, 그리고 스웨터 타입당의 기대이윤은$=(70-40)\times487.1-(40-20)\times237.9=9,855$이다.

총기대이윤은 이 기대이윤의 5배에서 요구되는 트럭수의 2000배를 뺀 값이다.

■ 질문 d

재고품절률은 수요가 주문량 725를 초과할 확률이다. 이는 $1-\Phi(1.13)=12.9$이다.

■ 질문 e

우리가 각 스웨터에 대해 기대이윤을 최대화시키는 주문량을 주문한다면 이는 $5\times552=2,760$벌의 스웨터가 된다. 552벌의 주문량에 의해 기대손실판매량은 $56.5=200\times L(0.26)=200\times0.2824$, 기대판매량은 $500-56.5=443.5$, 그리고 기대잔여재고는 552−443.5=108.5이다. 스웨터 타입당 기대이윤은 (70−40)×443.5−(40−20)×108.5=11,135이다. 두 대의 트럭이 요구됨으로 총 이윤은 5×11,136−2×2,000=51,675이다. 우리가 스웨터 타입당 500벌만을 주문한다면, 스웨터당 기대이윤은 11,010이 된다. 따라서 총이윤은 5×11,010−2,000=53,050이다. 그러므로 각 타입당 500벌의 트럭 한 대만큼을 주문하는 것이 더 낫다.

CHAPTER 15

15.1 Teddy Bower

■ 질문 a

테디는 수요가 1,500개를 초과하면 미국 공급자에게 주문을 할 것이다. $Q=1{,}500$이고 이에 상응하는 z–통계량은 $z=(1{,}500-2{,}100)/1{,}200=-0.5$이다. 표준정규분포 함수표에 의하면 $\Phi(0.50)=0.3085$임을 알 수 있다. 이것은 수요가 1,500 이하일 확률이다. 수요가 1,500을 초과할 가능성은 $1-\Phi(-0.50)=0.6915$, 즉 69%이다.

■ 질문 b

공급자의 평균 수요는 Teddy의 주문량이 1,500개일 때의 손실판매량과 일치한다. 표준 정규분포 손실함수에 의하면 $L(-0.50)=0.6978$이다. 기대손실판매량은 $\sigma\times L(z)=1{,}200\times 0.6978=837.4$이다.

■ 질문 c

과다재고비용은 $C_o=10-0=10$이다. 왜냐하면 파카는 1차 주문에서 10달러의 가격으로 구매되고 시즌이 끝나면 잔여재고는 가치를 상실한다. 과소재고 비용은 $C_u=15-10=5$이다. 왜냐하면 미국 도매상에게 $5의 프리미움이 있기 때문이다. 임계비는 5/(10+ 5)=0.3333이다. 표준정규분포 함수표에 의하면 $\Phi(-0.44)=0.3300$이고 $\Phi(-0.43)=0.3336$이다. 따라서 $z=-0.43$을 선택하고 Q는 $Q=2{,}100-0.43\times 1{,}200=1{,}584$로 구해진다.

■ 질문 d

먼저 몇몇 성과 측정치를 계산한다. 우리는 이미 $Q=1{,}584$에 해당하는 z–통계량은 −0.43임을 알고 있다. 표준정규분포손실함수에 의하면 $L(-0.43)=0.6503$이다. 기대손실판매량은 1,200×0.6503=780.4이다. 이것이 미국 도매상에 대한 기대주문량이 된다. 만일 미국도매상이 없다면 기대판매량은 2,100−780.4=1,319.6이 된다. 기대잔여재고는 1,584−1,319.6=264.4가 된다. 이제 미국 도매상의 가능 옵션을 계산해 보자. 기대수익은 2,100×22=$46,200이다. 1차 주문비는 1,584×10=$15,840이다. 잔여재고로부터의 잔존가치는 264.4×0=0이다. 끝으로 2차 주문비는 780.4×15=$11,706이다. 따라서 이윤은 46,200−15,840−11,706=$18,654가 된다.

■ 질문 e

Teddy가 미국 도매상으로부터로만 물건을 받는다면 기대이윤은 ($22−$15)×2,100=$14,700가 될 것이다. 왜냐하면 기대판매량이 2,100개이고, 각 물건에 대한 총마진이 $22−$15=$7가 되기 때문이다.

15.2 Flextrola

■ 질문 a

기대판매량은=1,000이고 판매량당 총마진=121−83.5=$37.5이다. 따라서 기대이윤은 1,000×$37.5=$37,500이다.

■ 질문 b

C_o=72−50=22이고 C_u=83.5−72=11.5이다. 따라서 XE로부터의 주문에 대한 프리미엄은 $11.5이다. 임계비는 11.5/(22+11.5)=0.3433. 표준정규분포 함수표에 의해, Φ(−0.41)=0.3409이고 Φ(−0.40)=0.3446이므로 $z=-0.40$. 이를 Q로 변환하면 Q=1,000−0.4×600=760.

■ 질문 c

한 추가적인 옵션이 구입되고 실현될 수 있다면 이 한 옵션의 과소재고비용은 해당 이윤의 변화량이다. 예를 들어, 만약 700 옵션이 구매되지만 수요가 701이라면, 이 하나의 추가적인 옵션은 구입될 수도 있었다. 옵션 자체와 이를 실현하는 비용은 $25+$50=$75이다. 옵션 없이 제품을 구입하는 비용은 $83.5이다. 따라서 옵션을 구입하는 것은 C_u=$83.5−$75=$8.5 만큼을 절약할 수 있을 것이다. 옵션의 과다재고비용은 이 옵션이 필요하지 않다는 가정하에 구입되지 않을 때 벌 수 있는 추가적인 이윤이다. 예를 들어, 수요가 699라면 마지막 옵션은 필요 없었을 것이다. 이 불필요한 옵션의 비용은 C_o=$25이다. 임계비는 8.5/(25+8.5)=0.2537이다. 표준정규분포 함수표에 의해 Φ(−0.67)=0.2514이고 Φ(−0.66)=0.2546이므로 $z=-0.66$이다. 이를 Q로 변환하면 1,000−0.66×600=604이다.

■ 질문 d

먼저 성과 측정치들을 계산하자. 기대손실판매량은 $\sigma \times L(-0.66)$=600×0.8128=487.7, 기대판매량은 1,000−487.7=512.3, 기대수익은 1,000×$121=$121,000. 따라서 이윤은 수익 빼기 옵션구매비용(604×$25=$15,100), 빼기옵션 실현 비용(512.3×$50=$25,615), 빼기 옵션 없이 구매된 제품들의 비용(487.7×$83.5=$40,723): 즉, 이윤=121,000−15,100−25,615−40,723=$39,562.

15.3 Wildcat Cellular

■ 질문 a

과소재고비용은 $C_u=0.4-0.05=\$0.35$: 만약 그녀의 사용시간이 그녀가 구매한 사용 시간을 초과한다면 그녀는 보다 많은 사용시간을 구매하는 것으로 인해 분당 $0.35만큼의 비용을 낮출 수 있었다. 과다재고비용은 $C_o=0.05$이다. 이는 구매한 각 분(minute)이 사용되지 않을 때 아무런 잔존가치가 없기 때문이다. 임계비는 $0.35/(0.05+0.35)=0.8749$가 된다. 표준정규분포 함수표에 의해 $\Phi(1.15)=0.8749$이고 $\Phi(1.16)=0.8770$이므로 $z=1.16$이 된다. 이를 Q로 변환하면 $250+1.16\times24=278$이 된다.

■ 질문 b

우리는 기대손실판매량을 계산할 필요가 있다. $z=(240-250)/24=-0.42$, $L(-0.42)=0.6436$, 그리고 기대손실판매량은 $24\times0.6436=15.4$분. 각 분은 $0.4의 비용을 초래하고 총비용은 $15.4\times\$0.4=\$6.16$이 된다.

■ 질문 c

먼저 상응하는 z-통계량을 구하자: $z=(280-250)/24=1.25$. 이제 성과측정치를 계산하자. $L(1.\ 25)=0.0506$, 그리고 기대손실판매량$=24\times0.0506=1.2$분, 즉, 단 1.2분만이 구매된 280분을 초과하여 평균적으로 필요하다. 280분(기대판매량)에서 사용된 분은 $250-1.2=248.8$. 사용되지 않은 시간(기대잔여재고)은 $280-248.8=31.2$.

■ 질문 d

먼저 상응하는 z-통계량을 구하자: $z=(260-250)/24=0.42$. 이제 260을 초과하여 필요한 분 수는 기대손실판매량이다. $L(0.42)=0.2236$, 그리고 기대손실판매량$=24\times0.2236=5.4$분. 총 청구액은 $260\times0.05+5.4\ \times0.4=\$15.16$.

■ 질문 e

표준정규분표 함수표에 의해 $\Phi(1.64)=0.9495$이고 $\Phi(1.65)=0.9505$이다. $z=1.65$이면 표준정규변수가 z미만일 확률이 95.05%가 된다. $Q=250+1.65\times24=290$.

■ 질문 f

통화 상품 "여러분 스스로 몇 분 일지를 결정하세요(Pick Your Minutes)"에서 최적의 분수는 278이다. 기대청구금액은 $14.46이다. $z=(278-250)/24=1.17$; $L(1.\ 17)=0.0596$; 기대 추가통화 분수$=24\times0.0596=1.4$; 기대 추가통화료$=\$0.4\times1.\ 4=\$0.56$; 구입비용은 $278\times0.05=\$13.9$; 따라서 총비용은 $\$13.9+0.56$. 통화 상품 "더 이상 최소 시간은 없다(No Minium)"에서 총 청구금액은 $22.5: 분 비용 $\$0.07\times250=\$17.5$; 더하기 고정 수수료 $5. 따라서 그녀는 처음 상품을 계속 고수해야 한다.

15.9 Steve Smith

Smith가 판매하는 모든 차에 대해, 그는 \$350을 벌게 되고 5대를 초과하는 매 차량에 대해 추가적인 \$50을 벌게 된다. 평균 5.5인 포아송 손실 함수표를 보자: 결과치가 0을 초과하는 만큼의 기대 수량은 $L(0)=5.5$ (평균과 동일)이고 결과치가 5을 초과하는 만큼의 기대 수량은 $L(5)=1.178$. 그러므로 기대 중개료는 $(350\times 5.5)+(50\times 1.178)=1{,}984$.

CHAPTER 16

16.1 Furniture Store

■ 질문 a

재고상태=재고수준+실제보유재고=100+85=185. 재고상태를 기준재고수준인 220까지 올리기 위해서는 220−185=35개의 책상을 주문하면 된다.

■ 질문 b

재고상태=160+65=225이고 기준재고수준은 220이므로 이 경우에는 주문을 할 필요가 없다.

■ 질문 c

[정리 16.6]을 사용하여 계산하면 된다. 표준정규 분포표를 사용하면 $\Phi(2.05)=0.9798$과 $\Phi(2.06)=0.9803$임을 알 수 있으므로 $z=2.06$이 된다. 리드타임 l은 2이므로 $\mu=(2+1)\times 40=120$이고 $\sigma=\sqrt{2+1}\times 20=34.64$가 된다. 그러므로 $S=\mu+z\times\sigma=120+2.06\times 34.64=191.36$

■ 질문 d

[정리 16.4]를 사용하여 계산하면 된다. $S=120$에 대응하는 z−통계량은 $S=(120-120)/34.64=0$이다. 이월 주문의 기대치는 $\sigma\times L(0)=34.64\times 0.3989=13.82$가 된다. 기대실제보유재고는 $S-\mu+$(이월 재고기대치)$=120-120+13.82=13.82$가 된다.

■ 질문 e

질문 d로부터 구한 실제보유재고는 13.82이고 이는 $13.82\times\$200=\$2{,}764$가 된다. 자본비용은 15%이므로 재고유지비용은 $0.15\times\$2{,}764=\$414.60$이 된다.

16.2 Campus Bookstore

■ 질문 a

[정리 16.6]을 사용하면 된다. $l+1$ 기간 동안의 평균 수요는 $0.5\times(4+1)=2.5$가 된다. 평균이 2.5인 포아송 분포 함수표를 보면 $F(6)=0.9858$이고 $F(7)=0.9958$이므로 99%의 재고보유율을 유지하기 위해서는 $S=7$이어야 한다.

■ 질문 b

[정리 16.4]를 사용하면 된다. 주문중재고는 l×(한 기간 동안의 수요)=4×0.5=2가 된다. 기준재고수준은 주문중재고에 아무런 영향을 미치지 않는다.

■ 질문 c

[정리 16.4]를 사용하라. 평균이 2.5인 포아송 분포 함수표를 보면 이월 주문의 기대치 $=L(5)=0.06195$가 된다. 기대 실제보유재고=5−2.5+0.06195=2.56이 된다.

■ 질문 d

품절은 $l+1$ 기간 동안의 수요가 7 이상일 경우에 발생한다. 즉 품절이 발생할 확률은 1에서 $l+1$ 기간 동안의 수요가 6보다 적을 확률을 빼면 된다. 평균이 2.5인 포아송 분포 함수표를 보면 $F(6)=0.9858$이고 $1-F(6)=0.0142$가 된다는 것을 알 수 있다. 즉 품절이 발생할 확률은 약 1.4%이다.

■ 질문 e

재고 없음(out-of-stock)은 l+1기간 동안의 수요가 6 이상일 경우에 발생한다. 즉 재고 없음이 발생할 확률은 1에서 $l+1$ 기간 동안의 수요가 5 보다 적을 확률을 빼면 된다. 평균이 2.5인 포아송 분포 함수표를 보면 $F(5)=0.9580$이고 $1-F(5)=0.0420$이 된다는 것을 알 수 있다. 즉 어느 한 주에 재고 없음이 발생할 확률은 4.2%이다.

■ 질문 f

$l+1$ 기간 동안의 수요가 5보다 적을 경우에 매장은 하나 이상의 재고를 가지게 된다. 질문 e을 보면 $F(5)=0.9580$이다. 즉 어느 한 주가 끝나는 시점에 재고가 하나 이상 있을 확률은 약 96%이다.

■ 질문 g

[정리 16.6]을 사용하라. 리드타임은 2 기간이다. (한 기간은 2주이므로 총 리드타임은 4주가 된다.) 한 기간 동안의 수요은 1이다. $l+1$ 기간 동안의 수요는 (2+1)×1=3.0이 된다. 평균이 3.0인 포아송 분포 함수표를 보면 $F(7)=0.9881$이고 $F(8)=0.9962$이다. 그러므로 99%의 재고보유율을 위해서는 $S=8$이어야 한다.

■ 질문 h

[정리 16.4]를 사용하라. 주문중재고는 l기간 동안의 평균 수요이므로 2×1=2가 된다.

16.3 Quick Print

■ 질문 a

$S=700$이고 재고상태가 523+180=703이면 재고상태가 기준재고수준 보다 크기 때문에

주문량은 0이 된다.

■ 질문 b

[정리 16.6]을 사용하라. 표준정규분포 함수표를 보면, $\Phi(2.32)=0.9898$이고 $\Phi(2.33)=0.9901$이므로 $z=2.33$을 선택하면 된다. 이를 변화시키면 $S=\mu+z\times\sigma=600+2.33\times159.22=971$이 된다.

16.4 Main Line Auto Distributor

■ 질문 a

식(16.2)를 사용하라. 임계비는 $25/($0.5+$25)=0.98039이다. 리드타임은 $l=0$이므로 $(l+1)$ 기간 동안의 수요는 평균이 1.5인 포아송 분포를 따른다. 평균이 1.5인 포아송 분포 함수표를 보면 $F(3)=0.9344$이고 $F(4)=0.9814$이므로 $S=4$를 선택하면 된다. 현재 주문 중이거나 실제 보유 중인 재고가 없으므로 재고상태를 4까지 올리기 위해서는 4개를 주문하면 된다.

■ 질문 b

재고보유율은 주중에 발생하는 수요가 충족될 확률이다. $S=3$일 경우 재고보유율은 $F(3)=0.9344$ 즉 93%의 확률이 된다.

■ 질문 c

수요가 5개 이상이면 수요가 충족되지 않는다. 즉 $1-[F(4)=0.9814]=1-0.9814=0.0186$이고 이는 약 1.9%이다.

■ 질문 d

[정리 16.6]을 사용하라. 평균이 1.5인 포아송 분포 함수표를 보면 $F(4)=0.9814$이고 $F(5)=0.9955$이므로 $S=5$를 선택하면 99.5%의 재고보유율을 유지할 수 있다.

■ 질문 e

[정리 16.4]를 사용하라. $S=5$일 경우 평균이 1.5인 포아송 손실 함수표를 보면 이월 주문 기대치는 $L(5)=0.0056$임을 알 수 있다. 기대 실제보유재고는 $S-(l+1)$ 기간 동안의 수요+이월 주문 기대치$=5-1.5+0.0056=3.51$이다. 재고 비용은 3.51×$0.5=$1.76이다.

16.5 Hotspices.com

■ 질문 a

표준정규분포 함수표를 보면 $\Phi(2.43)=0.9925$이다. 그러므로 $z=2.43$이 되고 이를 변환시키면 $S=\mu+z\times\sigma=159.62+2.43\times95.51=392$가 된다.

■ 질문 b

식(16.3)을 사용하라. 재고유지비용은 $h=0.75$이고 이월 재고로 인한 비용은 50이다. 임계비는 $50/(0.75+50)=0.9852$이다. 표준정규 분포표를 보면 $\Phi(2.17)=0.9850$이고 $\Phi(2.18)=0.9854$이다. 그러므로 $z=2.18$이 된다. 이를 변환하면 $S=\mu+z\times\sigma=159.62+2.18\times95.51=368$이 된다.

■ 질문 c

식(16.3)을 사용하라. 재고유지비용은 $h=0.05$이고 이월 재고로 인한 비용은 5이다. 임계비는 $5/(0.05+5)=0.9901$이다. $(l+1)$ 기간 동안의 수요는 평균이 $1\times3=3$인 포아송 분포를 따른다. 평균이 3인 포아송 분포 함수표를 보면 $F(7)=0.9881$이고 $F(8)=0.9962$이므로 $S=8$이 최적의 값이 된다.

CHAPTER 17

17.1 Egghead

■ 질문 a

새로운 표준편차는 $30\times\sqrt{50}=212$이다.

■ 질문 b

주문중재고=주 당 평균 수요×리드타임$=200\times50\times10=100{,}000$.

17.2 Two Products

총수요(통합된 수요)의 변동계수는 각 상품에 대한 수요의 변동계수에 (1+상관계수)/2의 루트 값을 곱하면 된다. 즉 $\sqrt{(1-0.7)/2}\times0.6=0.23$이다.

17.3 Fancy Paints

■ 질문 a

Fancy Paints가 기준재고모형을 사용한다고 보고 적절한 기준재고수준을 계산해 보자. 리드타임이 4주이므로 $4+1=5$주 동안의 수요의 평균은 $5\times1.25=6.25$이다. 포아송 분포 함수표를 보면 $F(10)=0.946$이고 $F(11)=0.974$이므로 95%의 재고보유율을 유지하기 위해서는 기준재고수준은 $S=11$이어야 한다. 한 주가 끝나는 시점에서의 실제보유재고는 ($S-6.25-$이월 주문 기대치)와 같다. 포아송 손실 함수표를 보면 이월 주문 기대치는 $L(11)=0.04673$이다. 그러므로 각 상품에 대한 실제보유재고는 $11-6.25+0.04673=4.8$

이 된다. 총 200개의 상품이 있으므로 총 재고는 200 ×4.8=960이 된다.

■ 질문 b

(4+1) 주 동안의 표준편차는 $\sigma=\sqrt{5}\times 8=17.89$이고 평균은 $\mu=5\times 50=250$이 된다. 표준정규분포 함수표를 보면 $\Phi(1.64)=0.9495$이고 $\Phi(1.65)=0.9505$이다. 그러므로 95%의 재고보유율을 위해서는 $z=1.65$을 선택해야 한다. 그러므로 기준재고수준은 $S=\mu+z\times\sigma=250+1.65\times 17.89=279.5$이 된다. 표준 정규 손실 함수를 보면 $L(1.65)=0.0206$이 된다. 그러므로 한 상품에 대한 실제보유재고는 (S−250+이월 주문 기대치)=279.5+ 250+17.89×0.0206=29.9가 된다. 5개의 기본 색상이 있으므로 매장에 총재고는 29.9×5= 149.5이다.

■ 질문 c

원래 재고 투자는 960×$14=$13,440이고 이로 인해 재고유지비용은 $13,440×0.20=$2,688이 발생한다. 재고보유율을 98%로 놓고 질문 b를 반복하라. 표준정규분포 함수표를 보면 $F(2.05)=0.9798$이고 $F(2.06)=0.9803$이다. 그러므로 98%의 재고보유율을 유지하기 위해서는 $z=2.06$을 선택하여야 한다. 기준재고수준은 $S=\mu+z\times\sigma=250+2.06\times 17.89=286.9$이 된다. 표준 정규 손실 함수표를 보면 $L(2.06)=0.0072$이다. 그러므로 한 상품에 대한 실제보유재고는 (S−250+이월 재고기대치)=286.9−250+17.89×0.0072=37.0이 된다. 5개의 색상이 있으므로 매장의 총재고는 37.0×5=185가 된다. 혼합 기계를 사용하는 경우 총 재고 투자는 185×$14=$2,590이 된다. 재고유지비용은 $2,590×0.2=$518이므로 원래 재고유지비용의 19% (518/2688) 정도만 발생한다.

17.4 Burger King

■ 질문 a

주문량을 계산하기 위해서 Newsvendor model을 사용한다. [정리 14.6]을 사용한다. 표를 보면 $F(3{,}500)=0.8480$이고 $F(4{,}000)=0.8911$이므로 각 매장을 위해서 4,000을 주문하여야 한다.

■ 질문 b

[정리 14.4]를 사용하여 기대손실판매량을 계산하고 [정리 12.5]를 사용하여 남는 재고기대치를 계산한다. 기대손실판매량은 표를 보고 계산하면 $L(4{,}000)=185.3$이 된다. 기대판매량은 $\mu-185.3=2{,}251-185.3=2{,}065.7$이 된다. 남는 재고기대치는 (Q−기대판매량)=4,000−2,065.7=1,934.3이 된다. 200개 매장 전부에서는 총 200×1,934.3=386,860의 재고가 남을 것으로 기대된다.

■ 질문 c

평균은 450,200이다. 각 매장의 변동계수는 1,600/2,251=0.7108이다. 총수요의 변동계수는 0.7108/2=0.3554이다. 그러므로 총수요의 표준편차는 450,200×0.3554=160,001이 된다. [정리 14.6]를 사용하여 재고보유율 85%를 유지하기 위한 최적의 주문량은 계산한다. 표준정규분포 함수표를 보면 Φ(1.03)=0.8485이고 Φ(1.04)=0.8508이므로 z=1.04를 선택하면 된다. 이를 변화시키면 Q=450,200+1.04×160,001=616,601이 된다.

■ 질문 d

기대손실판매량=160,001×$L(z)$=160,001×0.0772=12,352이다. 기대판매량=450,200−12,352=437,848이 된다. 남는 재고기대치=616,601−437,848=178,753이 된다. 이는 각 매장이 자신의 재고를 유지하는 경우 남는 재고의 46% 정도 밖에 안되는 수치이다.

■ 질문 e

총 주문량은 4,000×200=800,000이다. 450,200의 평균과 160,001의 표준편차를 사용하는 경우 이에 대응하는 z−통계량은 (800,000−450,200)/160,001=2.19가 된다. 표준정규 분포 함수표를 보면 Φ(2.19)=0.9857이므로 재고보유율은 재고를 98.57%이다. (각 매장에서 관리하는 경우의 재고보유율은 89.11%이다.)

17.5 Livingstion Tools

■ 질문 a

3주의 리드타임에서는 $\mu=(3+1)\times5{,}200=20{,}800$이고 $\sigma=\sqrt{3+1}\times3{,}800=7{,}600$이 된다. 목표 이월 재고기대치는 (5,200/7,600)×(1−0.999)=0.0007이 된다. 표준정규분포 함수표를 보면, Φ(3.10)=0.9990이 므로 재고보유율을 99.9%로 유지하기 위해서는 z=3.10을 선택해야 한다. 이월 주문 기대치는 7,600×0.0003=2.28이 된다. 각 상품에 대한 실제보유재고 기대치는 (44,360−20,800+2.28)=23,562가 된다. 두 상품에 대한 총 재고는 2×23,562−47,124가 된다.

■ 질문 b

두 상품에 대한 주간 수요의 평균은 5,200×2=10,400이다. 두 상품에 대한 주간 수요의 표준편차는 $\sqrt{2\times(1-\text{상관계수})}$×한 상품에 대한 표준편차=$\sqrt{2\times(1-0.20)}\times3{,}800$=4,806.66이 된다. l+1 기간 동안 수요의 평균은 10,400×4=41,600이 된다. (l+1) 기간 동안 수요의 표준편차는 $\sqrt{(3+1)}$×4,8066.66=9,613이 된다.새로운 수요를 가지고 질문 a를 반복하면 된다. S=41,600+3.10×9,613=71,401이 된다 . 이월 주문 기대치는 9,613×0.0003=2.88이 된다. 기대 실제보유재고는 71,401−41,600+2.88=29,804이다. 재고 투자는 (47,124 −29,804)/47,124=37%정도 감소한다.

17.9 Consulting Services

Option a는 가장 긴 사슬을 가지기 때문에 모든 분야를 커버할 수 있도록 한다. 이 옵션은 회사에 가장 큰 유연성을 제공하기 때문에 선택되어져야 한다. 가장 긴 사슬을 가진다는 것을 확인하기 위해서 Alice와 Bob은 Regulation을 다룰 수 있게 된다. Bob과 Doug는 Tax를 다룰 수 있게 된다. Doug와 Cathy는 Strategy를 다룰 수 있게 된다. Cathy와 Alice는 Quotas를 다룰 수 있게 된다. 그러므로 모든 직원들 사이에는 하나의 사슬이 생긴다. 또 다른 옵션으로는 하나의 사슬을 형성하지 않는 것이다.

CHAPTER 18

18.1 The Inn at Penn

■ 질문 a

예약 한도는 총 객실에서 보호 수준을 빼면 된다. 이는 150−50=100이다. 즉, 할인 요금으로 100개의 예약까지 받으면 된다.

■ 질문 b

[정리 18.1]을 사용하라. 과소재고비용은 $C_u=200-120=80$이고 과다비용은 $C_o=120$이 된다. 임계비는 80/(120+80)=0.4이다. 표준정규분포 함수표를 보면 Φ(−0.26)=0.3974이고 Φ(0.25)=0.4013이다. 그러므로 $z=-0.25$를 선택하면 된다. Q를 계산해 보면 $Q=70-0.25\times29=63$이 된다.

■ 질문 c

감소한다. 비즈니스 고객을 위한 할인 요금은 임계비를 감소시키므로 보호 수준을 작아지게 만든다. 즉, 정규 요금을 위한 객실을 보호하는 것은 가치가 없어 보인다.

■ 질문 d

보호 수준이 61인 경우의 공실 수는 남는 재고의 기대치와 같은 의미이다. 임계비를 계산해 보면 $z=(61-70)/29=-0.31$이 된다. 표준 정규 손실 함수표를 보면 $L(z)=0.5730$이 된다. 판매 손실의 기대치를 계산하면 29×0.5730=16.62이 되고 남는 재고기대치는 (61−70+16.62)=7.62가 된다. 그러므로 7.62개의 객실이 공실이 될 것으로 기대된다.

■ 질문 e

평균적으로 70개의 객실이 정규 요금으로 팔리고 150−70=80개의 객실이 할인 요금으로 팔리기 때문에, 70×$200+(150−70)×$120=$23,600.

■ 질문 f

150×$120=$18,000

■ 질문 g

50개가 보호되었다면 정규 요금에 판매되어지는 객실의 수를 결정할 필요가 있다. z-통계량은 (50−70)/29=−0.69이다. 기대손실판매량은 29 ×L(−0.69)=24.22가 된다. 기대판매량은 70−24.22=45.78이 된다. 수익은 (150−50)×$120+45.78×$200=$21,155가 된다.

18.2 Overbooking The Inn at Penn

■ 질문 a

[정리 18.2]를 사용하라. 과소재고비용은 할인 요금인 $120이 된다. 과다비용은 $325이다. 임계비는 120/(325+120)=0.2697이다. 표를 보면 $F(12)=0.2283$이고 $F(13)=0.3171$이므로 최적의 초과예약은 13이다.

■ 질문 b

노쇼(No-show)가 9 이하일 경우에는 예약한 고객 중에서 숙박하지 못하는 경우가 생긴다. $F(9)$ =0.0552이므로 호텔이 초과예약될 확률은 약 5.5%가 된다.

■ 질문 c

노쇼(No-show)가 15 이하일 경우에는 모든 객실이 다 차게 된다. 모든 객실이 다 차게 될 확률은 $F(15)=0.5170$이다.

■ 질문 d

예약을 하고도 숙박을 못하게 되는 고객은 20에서 노쇼의 수를 빼면 된다. (이는 남는 재고와 같은 개념이다.) 판매 손실은 $L(20)=0.28$, 기대판매량은 15.5−0.28=15.22이고 남는 재고기대치는 (예약을 하고도 숙박을 못하게 되는 고객의 수) 20−15.22=4.78이 된다. 하나당 비용이 $325이므로 총비용은 $325×4.78=$1,554가 된다.

18.3 WAMB

■ 질문 a

표에 주어진 밀도 함수을 이용하여 분포 함수을 계산해야 한다. $F(8)=0$, $F(9)=F(8)+0.05=$ 0.05, $F(10)=F(9)+0.10=0.15$, ⋯ Q를 나중에 판매하기 위해서 보호해 두어야 하는 슬랏을 수라고 하고 D를 $10,000에 판매할 수 있는 슬랏에 대한 수요하고 하자. 만약 $D>Q$이면 너무 적은 슬랏을 보호해 둔 거이고 과소재고비용은 C_u=$10,000−$4,000=$6,000이 된다. $D<Q$인 경우에는 너무 많은 슬랏을 보호해 둔 것이므로 과다비용은 C_o=$4,000이 된다. 임계비는 6,000/(4,000+6,000)=0.6이다. 표를 보면 $F(13)=0.6$이 되므로 최적의 보호 수준은 13이 된다. 그러므로 WAMB는 25−13=12개

의 슬랏을 미리 판매하여야 한다.

■ 질문 b

과소재고비용은 변함이 없다. 과다비용은 C_o=$4,000−$2,500=$1,500이 된다. 보호 수준을 너무 높게 설정하면 남는 슬랏으로 수익에 손실이 발생하게 된다. 그러나 지금은 적어도 $2,500을 남는 슬랏으로 벌어들일 수가 있으므로 손실은 $1,500만이 발생한다. 임계비는 6,000/(1,500+6,000)=0.8이 된다. 표를 보면 $F(15)$=0.8이 되므로 최적의 보호 수준은 15가 된다. 그러므로 25−15=10개의 슬랏을 미리 판매하여야 한다.

■ 질문 c

예약 한도는 10이라면 마지막 순간에 판매되기 위해 남겨 놓는 슬랏의 수는 15이다. 마지막 순간에 판매량이 15개 이하일 경우에는 대기 광고 메시지가 방송에 나가고 광고 메시지가 방송 나갈 확률 즉 빈 슬랏이 발생할 확률은 $F(14)$=0.70이다.

■ 질문 d

예약이 초과되었다는 것은 방송사가 $10,000의 벌금을 지불해야 한다는 것을 의미므로 C_o=10,000이 된다 . 예약이 초과되지 않는다는 것은 $4,000에 판매될 수 있었던 슬랏이 $2,500에 판매된다는 것을 의미하므로 C_u=4,000−2,500=1,500이 된다. 임계비는 1,500/(10,000+1,500)=0.1304가 된다. 평균이 9인 포아송 분포 함수표를 보면 F(5)=0.1157이고 $F(6)$=0.2068이 되므로 최적의 초과예약은 6이고 이는 총 25+6=31개의 슬랏을 판매하는 것을 의미한다.

■ 질문 e

과다비용은 변함이 없다. 예약 구매하고 최종적으로 슬랏을 배정받지 못하는 고객에게는 $10,000의 보상금(방송국 입장에서는 벌금)을 주고 $1,000의 보증금을 환불해 준다. 과소재고비용도 변함이 없다. 예를 들어 2개를 초과해서 예약 판매를 하였는데 3개의 취소가 발생하였다고 해 보자. 하나의 빈 슬랏이 생겼기 때문에 이 빈 슬랏을 $2,500에 판매할 수 있다. 2개가 아니라 3개를 초과예약 판매를 하였다면 $2,500이 아니라 $4,000을 벌을 수 있었을 것이다. 그리므로 이 차이가 과소재고비용 C_u=$4,000−$2,500=$1,500이 된다 . 어느 경우든 환불 안 되는 보증금 $1,000은 3개의 취소된 슬랏에서 부터 이미 받아 $4,000에 포함 되어있다. (그러므로 초과예약의 변화에 따른 이익 변화에는 반영시킬 필요가 없다.) 임계비는 1,500/(10,000+1,500)=0.1304이다. 평균이 4.5인 포아송 분포 함수표를 보면 $F(1)$=0.0611이고 $F(2)$=0.17358이므로 최적의 초과예약은 2개이고 이는 총 25+2=27개의 슬랏을 판매하는 것을 의미한다.

18.4 Designer Dress

■ 질문 a

z-통계량은 $(100-70)/40=0.75$이다. 기대손실판매량은 $40\times L(z)=40\times 0.1312=5.248$이다. 기대판매량은 $70-5.248=64.752$이다. 남는 재고의 기대치는 $100-64.752=35.248$이 된다.

■ 질문 b

기대수요는 $10,000×64.752=$647,520이 된다.

■ 질문 c

[정리 18.1]을 사용하라. 부티크 매장 판매를 위한 드레스 재고를 너무 적게 보호하면 수익에서 $4,000의 손실이 발생하기 때문에 과소재고비용은 $10,000−$6,000=$4,000이다. 너무 많이 보호해서 발생하는 비용은 $6,000이다. 임계비는 4,000/(6,000+4,000)=0.4이다. 표준정규분포 함수표를 보면 $\Phi(-0.26)=0.3974$이고 $\Phi(-0.25)=0.4013$이므로 $z=-0.25$을 선택한다. Q를 계산해 보면 $Q=40-0.25\times 25=33.75$가 된다. 부티크 매장 판매를 위해서 드레스를 34개 보호해 두어야 한다. 이는 100−34=66개의 드레스가 패션쇼에서 판매하는 것을 의미한다.

■ 질문 d

만약 34개의 드레스가 부티크 매장으로 보내진다면 기대손실판매량은 $\sigma\times L(z)=25\times L(-0.25)=25\times 0.5363=13.41$이 된다. 기대판매량은 $40-13.41=26.59$가 된다. 그러므로 수익은 26.59×$10,000+(100−34) ×6,000=$661,900이 된다.

■ 질문 e

질문 d로부터 기대판매량은 26.59이므로 남는 재고의 기대치는 34−26.59=7.41가 된다.

18.5 Overbooking, PHL-LAX

■ 질문 a

[정리 18.2]를 사용하라. 과다비용은 $800이다. (예약이 초과되면 예약하고도 탑승을 못하는 고객이 발생하는데 이로 인한 비용은 $800이다.) 과소재고비용은 (빈 좌석으로 인해 발생하는 비용인) $475이다. 임계비는 475/(800+475)=0.3725이다. 표준정규분포 함수표를 보면 $\Phi(-0.33)=0.3707$이고 $\Phi(-0.32)=0.3745$이므로 $z=-0.32$를 선택한다. Y를 계산하면 $Y=30-0.32\ \times 15=25.2$가 된다. 그러므로 받을 수 있는 최대 예약의 수는 200+25=225가 된다.

■ 질문 b

220−200=20개의 좌석이 초과예약되었다. 예약하고도 탑승하지 못하는 고객의 수는 20에서 노쇼의 수를 빼면 된다. 이는 주문량이 20일 경우에 남는 재고와 같은 의미를 가진다. z−통계량은 (20−30)/15=−0.67이 된다. $L(-0.67)=0.8203$이므로 판매 손실은 15×0.8203=12.3이 된다. 판매는 30−12.3−17.7이고 남는 재고의 기대치는 20−17.7=2.3이 된다. 2.3명의 고객의 예약을 하고도 탑승을 못하면 이로 인한 비용은 $800×2.3=$1,840이 된다.

■ 질문 c

19명 보다 적게 노쇼가 발생하면 예약하고 탑승 못하는 고객이 생긴다. z−통계량은 (19−30)/15=−0.73이 된다. $\Phi(-0.73)=0.2317$이므로 예약하고 탑승 못하는 고객이 발생할 확률은 약 23%이다.

CHAPTER 19

19.1 Buying Tissues

■ 질문 a

주문을 일주일에 한 번 한다고 하면 평균 주문량은 한 주 동안의 수요인 25와 같다. 한 주가 끝나는 시점에 한 주를 버틸 수 있을 만큼의 재고가 있다면 평균재고는 25/2+25=37.5가 된다. (이 경우에는 2주 분량의 재고와 한 주 분량의 재고를 톱니 모양으로 변화하므로 평균값은 1.5주 분량이 된다.) 평균적으로 재고의 가치는 37.5×9.25=$346.9가 된다. 연간 재고유지비용은 52 ×0.4%=20.8%가 된다. 그러므로 첫 번째 계획에 의한 재고 유지비용은 20.8%×$346.9=$72가 된다. 구매 비용은 52×25×$9.25=$12,025가 된다. 총비용은 $12,025+$72=$12,097이 된다.

■ 질문 b

매 년 4번의 주문을 내린다. 각 주문량의 평균은 (52/4)×25=325개가 된다. 평균재고는 325/2+25=187.5가 된다. 케이스 당 가격은 $9.4×0.95=$8.93이 된다. 재고의 가치는 187.5×$8.93=$1,674이고 $1,674×20.8%=$348이다. 그러므로 총비용은 $348+$11,609 =$11,957이 된다.

■ 질문 c

케이스 당 가격이 $8.93보다 높기만 하다면 P&G는 세 번째 계획을 선호하게 된다. 그러나 세 번째 계획으로 인한 총비용이 두 번째 계획으로 인한 총비용인 $11,957보다 낮도록 만드는 가격이 소매상에게는 필요하다. 질문 a에서 매주 주문으로 인해 발생하는 연간 재고유지비용은 약 $72이다. 만약 가격을 내린다면 이 재고유지비용은 좀 낮아지겠지만 $72을 근사치라고 보고 그대로 사용해 보도록 하자. 그러면 소매상의 구매 비용은 $11,957−$72=$11,885를 넘으면 안 된다. 총 구매량 ℵ≡ 25×52=1,300이다. 그러므로 만약 케이스 당 가격이 $11,885/1300=$9.14라고 한다면 소매상에게는 두 번째 계획 보다는 조금 나은 계획이라고 볼 수 있고 또한 P&G에게도 수익을 $11,885보다 $12,012을 벌어들일 수 있으므로 훨씬 낫다고 볼 수 있다.

19.2 Returning Books

■ 질문 a

Newsvendor model을 사용하라. 과다비용은 C_o=비용−잔존가치=$20−$28/4=$13이고 과소재고비용은 C_u=가격−비용=$28−$20=$8이 된다. 임계비는 8/(13+8)=0.3810이 된다. 표준 정규분포 함수표를 보고 적절한 z−통계량을 구하면 −0.30이다. 최적의 주문량은 $Q=\mu+\ z\times\sigma=100-0.30\times42=87$이 된다.

■ 질문 b

기대손실판매량=$L(z)\times\sigma=0.5668\times42=23.81$이고 여기서 $L(z)$는 표준정규 손실함수표에서 찾으면 되고 질문 a에서와 같이 $z=-0.30$이 된다. 기대판매량=μ−기대손실 판매량=100−23.81=76.2가 된다. 남는 재고기대치=Q−기대판매량=87−76.2=10.8이다. 이익기대치=가격×기대판매량+잔존가치×남는 재고기대치−Q×비용=$28×76.2+$7×10.8−87×$20=$469가 된다.

■ 질문 c

출판사의 이익기대치=Q×(도매가격−비용)=87×($20−$7.5)=$1,087.45.

■ 질문 d

판매 손실로 Dan은 단위 이익만큼 손해를 보기 때문에 과소재고비용은 여전히 C_u=$8이 된다. 그러나 Dan이 책을 출판사에 남는 책을 반납하는 경우에 과다비용은 변하게 된다. 책 한 권을 $20에 사서 남는 책을 출판사에 반납하면 한 권 당 $15−$1=$14을 환불 받는다. (여기서 $1은 배송비용이다.) 그러므로 과다비용은 C_o=비용−잔존가치=$20−$14=$6이 된다. 임계비는 8/(6+8)=0.5714가 된다. 표준정규분포 함수표에서 임계비에 해당하는 z−통계량을 찾아보면 0.18이 된다. 최적의 주문량은 $Q=\mu+z\times\sigma=100+0.18\times42=108$이 된다.

■ 질문 e

기대손실판매량=$L(z)\times\sigma=0.3154\times42=13.2$이고 여기서 $L(z)$는 표준정규 손실함수표를 보고 찾으면 되고 z−통계량은 질문 d에서와 같이 0.18이 된다. 기대판매량=μ−판매손실기대치=100−13.2=86.8이 된다. 남는 재고기대치=Q−기대판매량=108−

86.8=21.2가 된다. 이익기대치=가격×판매기대치+잔존가치×남는 재고기대치−Q×비용=\$28×86.8+\$14×21.2−108 ×\$20=\$567이 된다.

■ 질문 f

출판사의 판매 수익은 \$20×108=\$2,160이 된다. 생산 비용은 \$7.5×108=\$810이다. 출판사는 Dan에게 \$15×21.2=\$318을 지불한다. 반납된 책으로 인한 출판사의 총 잔존가치는 \$6×21.2=\$127.2가 된다. 이익기대치는 \$2,160−\$810−\$318+\$127.2=\$1,159가 된다. 여기서 주목할 만한 것은 출판사와 Dan은 이 환매계약으로 둘 다 이익을 본다는 것이다.

■ 질문 g

식(19.1)을 이용하면 공급사슬 전체를 조정하는 즉 공급사슬 전체의 이익을 극대화하는 환매가격을 계산할 수 있다. 환매가격은 \$1+\$28−(\$28−\$20)×(\$28−\$6)/(\$28−\$7.5)=\$20.41이 된다. 출판사는 Dan이 책을 반납할 때 배송비에 대한 보조금을 지원할 필요가 있기 때문에 출판사의 환매가격이 도매가격보다 높다는 것을 주의하기 바란다. 반납하는 책 한 권 마다 Dan의 순 손실은 \$20−(20.41−1)=\$0.59가 된다.

참고 문헌

Abernathy, F. H., J.T. Dunlop, J. Hammond, and D. Weil. *A Stitch in Time: Lean Retailing and the Transformation of Manufacturing—Lessons from the Apparel and Textile Industries.* New York: Oxford University Press, 1999.

Anupindi, R., S. Chopra, S. D. Deshmukh, J. A. Van Mieghem, and E. Zemel. *Managing Business Process Flows.* Upper Saddle River, NJ: Prentice Hall, 1999.

Bartholdi, J. J., and D. D. Eisenstein. "A Production Line That Balances Itself." *Operations Research* 44, no. 1 (1996), pp. 21–34.

Beatty, S. "Advertising: Infinity and Beyond? No Supply of Toys at Some Burger Kings." *The Wall Street Journal,* November 25, 1996, p. B-10.

Belobaba, P. "Application of a Probabilistic Decision Model to Airline Seat Inventory Control." *Operations Research* 37, no. 2 (1989), pp. 183–97.

Bohn, R. E., and R. Jaikumar. "A Dynamic Approach to Operations Management: An Alternative to Static Optimization." *International Journal of Production Economics* 27, no. 3 (1992), pp. 265–82.

Bohn, R. E., and C. Terwiesch. "The Economics of Yield-Driven Processes." *Journal of Operations Management* 18 (December 1999), pp. 41–59.

Breyfogle, F. W. *Implementing Six Sigma.* New York: John Wiley & Sons, 1999.

Brown, A., H. Lee, and R. Petrakian. "Xilinx Improves Its Semiconductor Supply Chain Using Product and Process Postponement." *Interfaces* 30, no. 4 (2000), p. 65.

Brynjolfsson, E., Y. Hu, and M. D. Smith. "Consumer Surplus in the Digital Economy: Estimating the Value of Increased Product Variety." *Management Science* 49, no. 11 (2003), pp. 1580–96.

Buzzell, R., J. Quelch, and W. Salmon. "The Costly Bargain of Trade Promotion." *Harvard Business Review* 68, no. 2 (1990), pp. 141–49.

Cachon, G. "Supply Chain Coordination with Contracts." In *Handbooks in Operations Research and Management Science: Vol. 11. Supply Chain Management, I: Design, Coordination, and Operation,* ed. T. Kok and S. Graves. Amsterdam: North-Holland, 2004.

Cannon, J., T. Randall, and C. Terwiesch. "Improving Earnings Prediction Based on Operational Variables: A Study of the U.S. Airline Industry." Working paper, The Wharton School and The Eccles School of Business, 2007.

W. Chan Kim and Renée Mauborgne. *Blue Ocean Strategy.* Harvard Business School Press. 2005.

Chase, R. B., and N. J. Aquilano. *Production and Operations Management: Manufacturing and Services.* 7th ed. New York: Irwin, 1995.

Chopra, S., and P. Meindl. *Supply Chain Management: Strategy, Planning and Operation.* 2nd ed. Upper Saddle River, NJ: Pearson Prentice Hall, 2004.

Cross, R. "An Introduction to Revenue Management." In *Handbook of Airline Economics,* ed. D. Jenkins, pp. 453–58. New York: McGraw-Hill, 1995.

Cross, R. *Revenue Management: Hard-Core Tactics for Market Domination.* New York: Broadway Books, 1997.

De Groote, X. Inventory Theory: A Road Map. Unpublished teaching note. INSEAD. March 1994.

Diwas Singh KC, Christian Terwiesch, (2012) An Econometric Analysis of Patient Flows in the Cardiac Intensive Care Unit. Manufacturing & Service Operations Management 14(1):50-65. https://doi.org/10.1287/msom.1110.0341

Drew, J., B. McCallum, and S. Roggenhofer. *Journey to Lean: Making Operational Change Stick.* New York: Palgrave Macmillan, 2004.

Feitzinger, E., and H. Lee. "Mass Customization at Hewlett-Packard: The Power of Postponement." *Harvard Business Review* 75 (January–February 1997), pp. 116–21.

Fisher, M. "What Is the Right Supply Chain for Your Product?" *Harvard Business Review* 75 (March–April) 1997, pp. 105–16.

Fisher, M., K. Rajaram, and A. Raman. "Optimizing Inventory Replenishment of Retail Fashion Products." *Manufacturing and Service Operations Management* 3, no. 3 (2001), pp. 230–41.

Fisher, M., and A. Raman. "Reducing the Cost of Demand Uncertainty through Accurate Response to Early Sales." *Operations Research* 44 (1996), pp. 87–99.

Fujimoto, T. *The Evolution of a Manufacturing System at Toyota.* New York: Oxford University Press, 1999.

Gans, N., G. Koole, and A. Mandelbaum. "Telephone Call Centers: Tutorial, Review, and Research Prospects." *Manufacturing & Service Operations Management* 5 (2003), pp. 79–141.

Gaur, V., M. Fisher, and A. Raman. "An Econometric Analysis of Inventory Turnover Performance in Retail Services." *Management Science* 51 (2005), pp. 181–94.

Geraghty, M., and E. Johnson. "Revenue Management Saves National Rental Car." *Interfaces* 27, no. 1 (1997), pp. 107–27.

Hall, R. W. *Queuing Methods for Services and Manufacturing.* Upper Saddle River, NJ: Prentice Hall, 1997.

Hansell, S. "Is This the Factory of the Future?" *New York Times,* July 26, 1998.

Harrison, M. J., and C. H. Loch. "Operations Management and Reengineering." Working paper, Stanford University, 1995.

Hayes, R. H., and S. C. Wheelwright. "Link Manufacturing Process and Product Life Cycles." *Harvard Business Review,* January–February 1979, pp. 133–40.

Hayes, R. H., S. C. Wheelwright, and K. B. Clark. *Dynamic Manufacturing: Creating the Learning Organization.* New York: Free Press, 1988.

Hillier, F. S., and G. J. Lieberman. *Introduction to Operations Research.* 7th ed. New York: McGraw-Hill, 2002.

Holweg, M., and F. K. Pil. *The Second Century: Reconnecting Customer and Value Chain through Build-to-Order, Moving beyond Mass and Lean Production in the Auto Industry.* New ed. Cambridge, MA: MIT Press, 2005.

Hopp, W. J., and M. L. Spearman. *Factory Physics I: Foundations of Manufacturing Management.* New York: Irwin/McGraw-Hill, 1996.

Jordon, W., and S. Graves. "Principles on the Benefits of Manufacturing Process Flexibility." *Management Science* 41 (1995), pp. 577–94.

Juran, J. *The Quality Control Handbook.* 4th ed. New York: McGraw-Hill, 1951.

Juran, J. *Juran on Planning for Quality.* New York: Free Press, 1989.

Karmarkar, U. "Getting Control of Just-in-Time." *Harvard Business Review* 67 (September–October 1989), pp. 122–31.

Kaufman, L. "Restoration Hardware in Search of a Revival." *New York Times,* March 21, 2000.

Kavadias, S., C. H. Loch, and A. DeMeyer, "DragonFly: Developing a Proposal for an Uninhabited Aerial Vehicle (UAV)." Insead case 600-003-1.

Kimes, S. "Revenue Management on the Links I: Applying Yield Management to the Golf-Course Industry." *Cornell Hotel and Restaurant Administration Quarterly* 41, no. 1 (February 2000), pp. 120–27.

Kimes, S., R. Chase, S. Choi, P. Lee, and E. Ngonzi. "Restaurant Revenue Management: Applying Yield Management to the Restaurant Industry." *Cornell Hotel and Restaurant Administration Quarterly* 39, no. 3 (1998), pp. 32–39.

Koller, T., M. Goedhart, and D. Wessels. *Valuation.* 4th ed. New York: John Wiley & Sons, 2005.

Lee, H. "Effective Inventory and Service Management through Product and Process Redesign." *Operations Research* 44, no. 1 (1996), pp. 151–59.

Lee, H., V. Padmanabhan, and S. Whang. "The Bullwhip Effect in Supply Chains." *MIT Sloan Management Review* 38, no. 3 (1997), pp. 93–102.

Loch C. H., A. DeMeyer, and M. T. Pich, *Managing the Unknown: A New Approach to Managing High Uncertainty and Risk in Projects.* John Wiley & Sons, 2006.

Magretta, J. 1998. "The Power of Virtual Integration: An Interview with Dell Computer's Michael Dell." *Harvard Business Review* 76 (March–April 1998), pp. 72–84.

McGill, J., and G. van Ryzin. "Revenue Management: Research Overview and Prospects." *Transportation Science* 33, no. 2 (1999), pp. 233–56.

McWilliams, G., and J. White. "Others Want to Figure Out How to Adopt Dell Model." *The Wall Street Journal,* December 1, 1999.

Antonio Moreno, Christian Terwiesch (2015) Pricing and Production Flexibility: An Empirical Analysis of the U.S. Automotive Industry. Manufacturing & Service Operations Management 17(4):428-444. https://doi.org/10.1287/msom.2015.0534

Motorola. "What Is Six Sigma?" Summary of Bill Weisz's videotape message, 1987.

Nahmias, S. *Production and Operations Analysis.* 5th ed. New York: McGraw-Hill, 2005.

Ohno, T. *Toyota Production System: Beyond Large-Scale Production.* Productivity Press, March 1, 1998.

Olivares, Marcelo, Christian Terwiesch, and Lydia Cassorla, "Structural Estimation of the Newsvendor Model: An Application to Reserving Operating Room Time," *Management Science,* Vol. 54, No. 1, 2008 (pp. 45–55).

Padmanabhan,V., and I. P. L. Png. "Returns Policies: Make Money by Making Good." *Sloan Management Review,* Fall 1995, pp. 65–72.

Papadakis, Y. "Operations Risk and Supply Chain Design." Working paper. The Wharton Risk Center, 2002.

Pasternack, B. "Optimal Pricing and Returns Policies for Perishable Commodities." *Marketing Science* 4, no. 2 (1985), pp. 166–76.

Petruzzi, N., and M. Dada. "Pricing and the Newsvendor Problem: A Review with Extensions." *Operations Research* 47 (1999), pp. 183–94.

Porter, M., M. Kramer. "Creating Shared Value: How to Reinvent Capitalism and Unleash a Wave of Innovation and Growth." *Harvard Business Review.* Jan–Feb, 2011.

Porteus, E. *Stochastic Inventory Theory.* Palo Alto, CA: Stanford University Press, 2002.

Ramstad, E. "Koss CEO Gambles on Inventory Buildup: Just-in-Time Production Doesn't Always Work." *The Wall Street Journal,* March 15, 1999.

Sakasegawa, H. "An Approximation Formula $L_q = \alpha\beta^{\rho}(1 - \rho)$." *Annals of the Institute of Statistical Mathematics* 29, no. 1 (1977), pp. 67–75.

Sechler, B. "Special Report: E-commerce, behind the Curtain." *The Wall Street Journal,* July 15, 2002.

Silver, E., D. Pyke, and R. Peterson. *Inventory Management and Production Planning and Scheduling.* New York: John Wiley & Sons, 1998.

Simchi-Levi, D., P. Kaminsky, and E. Simchi-Levi. *Designing and Managing the Supply Chain: Concepts, Strategies, and Case Studies.* 2nd ed. New York: McGraw-Hill, 2003.

Simison, R. "Toyota Unveils System to Custom-Build Cars in Five Days." *The Wall Street Journal,* August 6, 1999.

Smith, B., J. Leimkuhler, and R. Darrow. "Yield Management at American Airlines." *Interfaces* 22, no. 1 (1992), pp. 8–31.

Stevenson, W. *Operations Management.* 8th ed. McGraw-Hill/ Irwin, 2006.

Stringer, K. "As Planes Become More Crowded, Travelers Perfect Getting 'Bumped.'" *The Wall Street Journal,* March 21, 2002.

Talluri, K., and G. van Ryzin. *The Theory and Practice of Revenue Management.* Boston: Kluwer Academic Publishers, 2004.

Terwiesch, Christian, and Karl T. Ulrich, *Innovation Tournaments: Creating and Selecting Exceptional Opportunities,* Harvard Business School Press, 2009.

Terwiesch, C. "Paul Downs Cabinet Maker." Teaching case at The Wharton School, 2004.

Terwiesch, C., and C. H. Loch. "Pumping Iron at Cliffs and Associates I: The Cicored Iron Ore Reduction Plant in Trinidad." Wharton-INSEAD Alliance case, 2002.

Tucker, A. L. "The Impact of Operational Failures on Hospital Nurses and Their Patients." *Journal of Operations Management* 22, no. 2 (April 2004), pp. 151–69.

Ulrich, K. T., and S. Eppinger. *Product Design and Development.* 5th ed. McGraw Hill Irwin, 2011.

Upton, D. "The Management of Manufacturing Flexibility." *California Management Review* 36 (Winter 1994), pp. 72–89.

Upton, D. "What Really Makes Factories Flexible." *Harvard Business Review* 73 (July–August 1995), pp. 74–84.

Vitzthum, C. "Spain's Zara Cuts a Dash with 'Fashion on Demand.'" *The Wall Street Journal,* May 29, 1998.

Wadsworth, H. M., K. S. Stephens, and A. B. Godfrey. *Modern Methods for Quality Control and Improvement.* New York: John Wiley & Sons, 1986.

Weatherford, L. R., and S. E. Bodily. "A Taxonomy and Research Overview of Perishable-Asset Revenue Management: Yield Management, Overbooking and Pricing." *Operations Research* 40, no. 5 (1992), pp. 831–43.

Whitney, D. *Mechanical Assemblies: Their Design, Manufacture, and Role in Product Development.* New York: Oxford University Press, 2004.

Whitt, W. "The Queuing Network Analyzer." *Bell System Technology Journal* 62, no. 9 (1983).

Womack, J. P., D. T. Jones, and D. Roos. *The Machine That Changed the World: The Story of Lean Production.* Reprint edition. New York: Harper Perennial, 1991.

Zipkin, P. *Foundations of Inventory Management.* New York: McGraw-Hill, 2000.

Zipkin, P. "The Limits of Mass Customization." *Sloan Management Review,* Spring 2001, pp. 81–87.

찾아보기

가

나

다

라

마

바

사

아

자

차

카

타

파

하

기타

역자 소개

장병윤(아주대학교 경영학과 교수)
Georgia Institute of Technology, 산업공학 박사
(사)대한산업공학회 학술이사, (사)한국시뮬레이션학회 회장
❖ 주요 관심 분야: Data Science in Management, 생산운영 및 공급망관리, Simulation

정욱(동국대학교(서울캠퍼스) 경영대학 교수)
Georgia Institute of Technology, 산업공학 박사
(사)품질경영학회지 편집위원장, (사)한국생산관리학회지 편집위원,
(사)한국경영과학회지 편집위원
❖ 주요 관심 분야: Data Science for Business Analytics, 품질경영, 공급사슬관리

황승준(한양대학교 ERICA 경영학부 교수)
Georgia Institute of Technology, 산업공학 박사
(사)산업경영시스템학회 부회장, 한국경영과학지 편집위원
❖ 주요 관심 분야: 생산/서비스 시스템, 최적화, 비즈니스 모델 혁신, 공급사슬관리,
스마트팩토리, 셀메뉴펙튜어링, 경영컨설팅

이진표(홍익대학교 경영대학 교수)
Georgia Institute of Technology, 산업공학 박사
(사)한국경영학회 이사
❖ 주요 관심 분야: Dynamic stochastic process, 수익관리, 물류관리, RFID

이세원(부경대학교 경영학부 부교수)
성균관대학교, 산업공학 박사
(사)한국경영학회 이사, (사)한국생산관리학회 학술이사, (사)한국산업정보학회 이사,
품질경영학회지/산업정보학회논문지 편집위원
❖ 주요 관심 분야: 대기행렬이론, 확률모형, 시스템 최적화, Behavioral Operations Research